JACK LONDON

# Gesammelte Werke

JACK LONDON

# Gesammelte Werke

Aus dem Amerikanischen von
Isabelle Fuchs, Ulrich Horstmann, Bernd Samland
und Herbert Schnierle-Lutz

Anaconda

Die Deutsche Nationalbibliothek verzeichnet diese Publikation in der Deutschen Nationalbibliografie; detaillierte bibliografische Daten sind im Internet unter http://dnb.d-nb.de abrufbar.


Umschlagmotiv: © istock.com/traveler1116
Umschlaggestaltung: Druckfrei. Dagmar Herrmann, Bad Honnef
Satz und Layout: Roland Poferl Print-Design, Köln
Druck und Bindung: GGP Media GmbH, Pößneck
ISBN 978-3-7306-0531-8
www.anacondaverlag.de

# Inhalt

# Nordland-Storys

Zusammengestellt und
aus dem Amerikanischen neu übersetzt
von Herbert Schnierle-Lutz

# In einem fernen Land

Wenn ein Mensch in ein fernes Land reist, muss er bereit sein, viele Dinge zu vergessen, die er gelernt hat, und die Sitten anzunehmen, die in dem neuen Land zum Leben gehören. Er muss den alten Idealen und den alten Göttern abschwören, und oftmals muss er sogar die Grundsätze, die bisher sein Verhalten geprägt haben, gänzlich umstoßen. Für diejenigen, die die Fähigkeit zur Anpassung besitzen, mag das Neue einer solchen Veränderung geradezu ein Quell der Freude sein; doch für jene, welche die eingefahrenen Gleise nicht verlassen können, in denen sie aufwuchsen, ist die Zumutung einer fremdartigen Umgebung nahezu unerträglich, und sie scheuern sich unter den neuen Bedingungen, die sie nicht verstehen, an Leib und Seele wund. Dieses Wundscheuern erzeugt natürlich Reaktionen und Gegenreaktionen, die vielerlei Übel hervorbringen und zu allerlei Missgeschicken führen. Für den Menschen, der sich nicht an die neuen Verhältnisse anzupassen vermag, wäre es besser, wenn er in seine Heimat zurückkehren würde, denn ein zu langes Zögern wird sein sicherer Tod sein.

Wer den Annehmlichkeiten einer alten Zivilisation den Rücken kehrt, um der jugendlichen Wildheit und urtümlichen Natur des Nordens die Stirn zu bieten, darf Erfolg erwarten, der in einem umgekehrten Verhältnis zum Ausmaß und zur Art seiner hoffnungslos verfestigten Gewohnheiten steht. Wenn er ein brauchbarer Kandidat ist, wird er bald herausfinden, dass die materiellen Belange die weniger wichtigen sind. Der Tausch solcher Dinge, wie einem Feinschmeckermenü gegen grobe Kost, festen Lederschuhen gegen die weichen, formlosen Mokassins, Federbetten gegen eine Lagerstatt im Schnee, ist letzten Endes etwas Leichtes. Der kritische Augenblick wird erst kommen, wenn es gilt, die rechte Einstellung zu allen Dingen und insbesondere zu seinen Mitmenschen zu finden. Denn die

Höflichkeiten des gewöhnlichen Lebens muss er nun durch Uneigennützigkeit, Nachsicht und Duldsamkeit ersetzen. So, und nur so, kann er jene Perle von unschätzbarem Wert erlangen – die echte Kameradschaft. Er muss nicht »Dankeschön« sagen, er muss es meinen, ohne den Mund aufzutun, und es beweisen, indem er sich revanchiert. Kurzum, er muss das Wort durch die Tat ersetzen und den Buchstaben durch die Gesinnung.

Als die Welt von den Erzählungen über arktisches Gold widerhallte und der Lockruf des Nordens die Sehnsüchte der Menschen ergriff, warf Carter Weatherbee seine sichere Stellung als Buchhalter hin, überschrieb die Hälfte seiner Ersparnisse seiner Frau und kaufte sich vom Rest eine Ausrüstung. Es gab nichts Schwärmerisches in seinem Wesen – die Knechtschaft der Geschäftswelt hatte das alles bereits ausgelöscht; er hatte lediglich diesen unaufhörlichen Trott satt und war entschlossen, einen großen Einsatz für die Aussicht auf entsprechende Gewinne zu riskieren. Wie zahlreiche andere Dummköpfe, die die bewährten Routen verschmähten, welche die Nordlandpioniere seit vielen Jahren benutzten, eilte er im Frühjahr direkt nach Edmonton und schloss sich dort zum Unglück für sein Seelenheil einer Gruppe von Männern an.

Es war nichts Ungewöhnliches an dieser Gruppe, bis auf ihre Pläne. Ihr Ziel war, wie das aller anderen Gruppen auch, das Klondike-Gebiet. Aber die Route, die sie festgelegt hatten, um das Ziel zu erreichen, raubte selbst den unerschrockensten Einheimischen, die von klein auf mit den Herausforderungen des Nordens aufgewachsen waren, den Atem. Selbst Jacques Baptiste – der Sohn einer Chippewa-Frau und eines vom rechten Glauben abgefallenen Voyageurs –, der seinen ersten, durch seliges Saugen an rohem Talg gestillten Schrei in einer Hirschlederbehausung nördlich des 65. Breitengrades getan hatte, war überrascht. So trat er zwar in ihren Dienst und erklärte sich bereit, mit ihnen in die Region des ewigen Eises zu ziehen, aber er schüttelte, wann immer sein Rat gefragt war, bedenklich sein Haupt.

Auch Percy Cuthferts Unstern musste damals im Aufstieg begriffen gewesen sein, denn er schloss sich ebenfalls dieser Kompanie von Abenteurern an, die nach dem Goldenen Vlies auszogen. Er war ein gewöhnlicher

Mensch, dessen kulturelle Bildung so weit wie sein Bankkonto reichte, und das will was heißen. Er hatte keinen Grund, sich auf ein solches Abenteuer einzulassen – keinen Grund auf der Welt, außer dem, dass er an einem abnormalen Hang zur Gefühlsduselei litt. Er missverstand das alles als den wahren Geist von Romantik und Abenteuer. Vielen anderen Menschen ist es ebenso ergangen und sie haben denselben verhängnisvollen Fehler begangen.

Bei den ersten Anzeichen des Frühlings sah man die Gruppe dem Eisabtrieb des Elk River folgen. Es war eine beeindruckende Flotte mit einer umfangreichen Ausrüstung, und sie wurden von einem zwielichtigen Tross von Halbblut-Voyageuren sowie deren Frauen und Kinder begleitet. Tagein, tagaus schufteten sie in den Booten und Kanus, bekämpften die Moskitos und andere solcher Plagegeister oder schwitzten und fluchten an den Stellen, wo sie die Boote über Land transportieren mussten. Beständige Plackerei wie diese entblößt einen Menschen bis auf die Wurzeln seiner Seele, und noch bevor der Lake Athabasca sich im Süden verlor, hatte jedes Mitglied der Gruppe seinen wahren Charakter ans Tageslicht gebracht.

Die größten Drückeberger und ewigen Nörgler waren Carter Weatherbee und Percy Cuthfert. Die ganze Gruppe zusammen klagte weniger über ihre eigenen Beschwerden und Schmerzen als jeder der beiden. Nicht ein einziges Mal meldeten sie sich für die unzähligen kleinen Aufgaben im Lager freiwillig. Ob es galt, einen Eimer Wasser zu holen, einen extra Armvoll Holz zu hacken, das Geschirr abzuwaschen und abzutrocknen oder einen plötzlich benötigten Gegenstand in der Ausrüstung zu suchen – stets entdeckten diese beiden nutzlosen Abkömmlinge der Zivilisation Wehwehchen oder Blasen, die ihre ganze Aufmerksamkeit in Anspruch nahmen. Am Abend waren sie die ersten, die verschwanden, trotz einer Menge unerledigter Aufgaben; am Morgen standen sie als letzte auf, kurz bevor man zu frühstücken begann, wenn bereits alles zum Aufbruch hätte fertig sein sollen. Sie waren die ersten, die bei den Mahlzeiten zugriffen, und die letzten, die beim Kochen eine Hand rührten; die ersten, die sich auf einen seltenen Leckerbissen stürzten, die letzten, denen bewusst geworden wäre, dass sie zu ihrem eigenen Anteil noch den eines anderen verschlungen hatten. Wenn sie zum Rudern eingeteilt waren, schnitten sie bei jedem Ruderschlag flach in das Wasser und ließen das Ruderblatt durch die Fahrt des Bootes wieder nach oben treiben. Sie dachten, das bemerke keiner, aber ihre Gefährten verwünschten sie insgeheim und begannen sie zu hassen, während Jacques Baptiste sie offen verachtete und vom Morgen bis zum Abend verfluchte. Aber Jacques Baptiste war eben kein Gentleman.

Am Great Slave Lake kauften sie Hudson Bay-Hunde, und die Flotte wurde durch die zusätzliche Last von getrocknetem Fisch und Pemmikan bis zu den Dollborden ins Wasser gedrückt. Dann passten sich die Boote und Kanus der raschen Strömung des Mackenzie River an und glitten in die Great Barren Grounds hinein, die nordamerikanische Tundra. Jede Ader, die vielversprechend aussah, wurde untersucht, aber der gesuchte Goldstaub blieb eine immer weiter nach Norden tanzende Fata Morgana. Am Great Bear Lake begannen die Voyageure, übermannt von der allgemeinen Furcht vor den unbekannten Gegenden, sie im Stich zu lassen; bei Fort Good Hope sah man den letzten und tapfersten aus der Schleppkette ausscheren, als sie gegen die starke Strömung ankämpften, die sie zuvor so verführerisch rasch hinuntergeglitten waren. Allein Jacques Baptiste blieb noch bei ihnen. Hatte er doch geschworen, sogar bis ins ewige Eis mitzufahren.

Ab jetzt wurden die trügerischen Landkarten, die hauptsächlich auf der Basis des Hörensagens zusammengestellt waren, ständig um Rat befragt. Und sie fühlten, dass sie sich beeilen mussten, denn die Sonne hatte ihren nördlichen Wendepunkt schon hinter sich gelassen und geleitete bereits wieder den Winter südwärts. Entlang der Ufer der Bucht, wo der Mackenzie sich in das Polarmeer ergießt, erreichten sie die Mündung des Little Peel River. Nun begann der mühselige Kampf stromaufwärts, und den beiden Versagern erging es schlimmer denn je. Schleppseil und Stake, Paddel und Tragegurt, Stromschnellen und Portagen – diese Marterwerkzeuge waren dazu geeignet, dem einen einen tiefen Widerwillen gegen solche großen Wagnisse einzuflößen und schrieben für den anderen den mitreißenden Text über die wahre Romantik des Abenteuers. Eines Tages meuterten Weatherbee und Cuthfert heftig, und als sie von Jacques Baptiste unflätig beschimpft wurden, bäumten sie sich auf, wie Würmer es manchmal tun. Aber das Halbblut verprügelte beide und schickte sie blau geschlagen und blutend wieder an ihre Arbeit. Es war für beide das erste Mal überhaupt, dass sie geschlagen wurden.

Im Quellgebiet des Little Peel ließ die Gruppe ihre Wasserfahrzeuge zurück und verbrachte den Rest des Sommers damit, den Übergang über die Wasserscheide des Mackenzie zum West Rat River zu erlangen. Dieser kleine Fluss speist den Porcupine, der seinerseits in den Yukon mündet, wo diese mächtige Verkehrsader des Nordens den nördlichen Polarkreis berührt. Aber sie hatten den Wettlauf mit dem Winter bereits verloren, und eines Tages vertäuten sie ihre Flöße an den dicken Eisrändern des Flusses und schafften hastig ihre Habseligkeiten an Land. In dieser Nacht stauten und brachen die Eismassen auf dem Fluss mehrmals; am folgenden Morgen war er endgültig in seinen Winterschlaf gefallen.

*

»Wir können nicht weiter als vierhundert Meilen vom Yukon entfernt sein«, schloss Sloper, als er seine Daumennägel im Maßstab der Landkarte umgerechnet hatte. Die Beratung, in der die beiden Versager sich im Jammern überboten hatten, ging soeben zu Ende.

»Dort war mal ein Hudson Bay Posten. Jetzt nicht mehr benutzt.« Jacques Baptistes Vater hatte vor langer Zeit den Weg für die Pelzhandelskompanie gemacht und übrigens mit ein paar erfrorenen Zehen bezahlt.

»Verflucht noch mal«, schrie ein anderer der Gruppe, »keine Weißen dort?«

»Kein Weißer nirgendwo«, bestätigte Sloper lapidar, »aber es sind von dort nur noch fünfhundert Meilen den Yukon hinauf nach Dawson City. Schätze, wohl runde tausend von hier aus.«

Weatherbee und Cuthfert jammerten im Chor.

»Wie lang werden wir dafür brauchen, Baptiste?«

Das Halbblut rechnete einen Moment. »Wenn arbeiten wie der Teufel, alle spielen mit, zehn-zwanzig-vierzig-fünfzig Tage. Wenn Babys mitkommen« – er deutete auf die beiden Versager – »niemand kann sagen. Kann sein, wenn Hölle zufriert, kann sein auch nicht.«

Die Männer legten die Schneeschuhe und Mokassins, an denen sie arbeiteten, zur Seite. Jemand rief den Namen eines Abwesenden, der aus einer alten Blockhütte am Rand des Lagerplatzes kam und sich zu ihnen setzte. Diese Blockhütte war eines der vielen Geheimnisse, die in den ungeheuren Weiten des Nordens verborgen lagen. Kein Mensch konnte sagen, wann und von wem sie gebaut worden war. Zwei Gräber im Freien unter hoch aufgeschichteten Steinen bargen vielleicht das Geheimnis dieser frühen Pioniere. Aber wessen Hand hatte die Steine aufgeschichtet?

Der Augenblick der Entscheidung war gekommen. Jacques Baptiste unterbrach seine Arbeit an einem Hundegeschirr und drückte den sich wehrenden Hund in den Schnee. Der Koch protestierte stumm gegen den Zeitpunkt, indem er eine Handvoll Speck in einen brutzelnden Topf mit Bohnen warf und ihnen erst dann seine Aufmerksamkeit zuwandte. Sloper richtete sich auf. Sein Körper stand in einem komischen Kontrast zur gesunden Verfassung der beiden Versager. Gelb und schwach, einem südamerikanischen Fieberloch entflohen, war er ohne Rast durch die Klimazonen gereist und war trotzdem immer noch fähig, bei allen Strapazen seinen Mann zu stehen. Er wog vielleicht noch neunzig Pfund einschließlich des schweren Jagdmessers, und seine grauen Haare erzählten, dass er den Frühling des Lebens schon lange hinter sich hatte. Die jungen unverbrauchten Muskeln sowohl von Weatherbee als auch Cuthfert waren zehnmal kräftiger als die seinen; und dennoch konnte er beide bei einem Tagesmarsch in Grund und Boden laufen. Und heute hatte er den ganzen Tag über seine kräftigeren Gefährten angespornt, einen Marsch von tausend Meilen unter den härtesten Bedingungen zu wagen, die sich ein Mensch vorstellen kann. Er war die Verkörperung der Rastlosigkeit seiner Rasse; und die alte teutonische Unbeugsamkeit, vermischt mit der raschen Auffassungsgabe und Tatkraft des Yankee, hielten seinen Körper unter der Herrschaft seines Willens.

»Wer dafür ist, mit den Hunden weiterzuziehen, sobald das Eis fest ist, soll ›Ja‹ sagen.«

»Ja«, ertönten acht Stimmen – Stimmen, denen vorbestimmt war, endlose Flüche entlang eines mehrere hundert Meilen langen Leidensweges aneinanderzureihen.

»Gegenstimmen?«

»Hier!« Erstmals waren die beiden Versager in etwas anderem einig, als in der Verfolgung ihrer persönlichen Vorteile.

»Und was habt ihr nun vor zu tun?«, fügte Weatherbee kampfeslustig hinzu.

»Mehrheitsentscheidung! Mehrheitsentscheidung!«, brüllte der Rest der Gruppe.

»Ich weiß, dass die Expedition scheitern kann, wenn ihr nicht mitkommt«, antwortete Sloper freundlich, »aber ich schätze, wenn wir uns am Riemen reißen, können wir es auch ohne euch schaffen. Was meint ihr dazu, Jungs?«

Die Zustimmung kam wie aus der Pistole geschossen.

»Aber was bitte, was soll dann aus mir werden?«, wandte Cuthfert besorgt ein.

»Kommst du nicht mit uns?«

»N-nein.«

»Dann mach, was du willst. Wir werden dazu nichts mehr sagen.«

»Irgendwie wirst du's dir schon einrichten mit deinem allerliebsten Partner«, meinte ein schwerfälliger Westler aus Dakota, der dabei auf Weatherbee deutete. »Er wird dir sicherlich sagen, was du zu machen hast, wenn gekocht oder Holz gesammelt werden muss.«

»Dann betrachten wir die Sache als geregelt«, schloss Sloper. »Wir werden morgen aufbrechen und wenn wir nur fünf Meilen weiter lagern – so können wir alles marschbereit machen und rechtzeitig entdecken, ob wir etwas vergessen haben.«

★

Die Schlitten setzten sich auf ihren stählernen Kufen ächzend in Bewegung, und die Hunde stemmten sich lang gestreckt in ihre Zuggeschirre, in die sie hineingeboren waren, um darin auch zu sterben. Jacques Baptiste verharrte neben Sloper, um einen letzten Blick auf die Blockhütte zu werfen. Aus dem Kamin des Yukon-Ofens stieg eine schmale Rauchfahne. Die beiden Drückeberger beobachteten sie vom Eingang aus.

Sloper legte seine Hand auf die Schulter des anderen.
»Jacques Baptiste, hast du schon einmal von den Kilkenny-Katzen gehört?«
Das Halbblut schüttelte den Kopf.
»Dann pass mal auf, mein Freund und guter Kumpel. Die Kilkenny-Katzen kämpften miteinander, bis weder Haut noch Fell noch ein Jaulen übrig war. Verstehst du? – Bis nichts mehr übrig war. So weit, so gut. Nun, diese beiden Männer mögen die Arbeit nicht. Sie werden nicht arbeiten. Wir wissen das. Sie werden den ganzen Winter in ihrem Blockhaus alleine sein – einen verdammt langen, dunklen Winter. Kilkenny-Katzen! – Kapierst du?«
Der Franzose in Baptiste zuckte mit den Schultern, aber der Indianer in ihm schwieg. Gleichwohl war es ein beredtes Schulterzucken, das voll von Vorahnung war.

*

Die Dinge entwickelten sich zunächst gut in der kleinen Blockhütte. Der raue Spott ihrer Gefährten hatte Weatherbee und Cuthfert die gegenseitige Abhängigkeit bewusst gemacht, der sie nun ausgesetzt waren; außerdem gab es alles in allem nicht viel Arbeit für zwei gesunde Männer. Und das Verschwinden des grausamen Antreibers – oder mit anderen Worten: des reizbaren Halbbluts – hatte ein erleichtertes Aufatmen mit sich gebracht. Anfangs wetteiferten sie, den anderen zu übertreffen, und sie erledigten unbedeutende Aufgaben mit einer Hingabe, die ihre Gefährten, die nun Kopf und Kragen auf dem langen Marsch riskierten, hätte verwundert die Augen aufreißen lassen.
Alle Sorgen waren vertrieben. Der Wald, der sie von drei Seiten umschloss, war ein unerschöpflicher Holzvorrat. Ein paar Schritte von ihrer Tür entfernt schlief der Porcupine River, und ein Loch in seinem Winterkleid bildete eine sprudelnde Wasserquelle, kristallklar und eiskalt. Aber bald fanden sie auch daran etwas auszusetzen. Das Loch fror beständig zu und bescherte ihnen häufig eine mühevolle Stunde mit Eishacken. Die unbekannten Erbauer der Hütte hatten die seitlichen Balken so verlängert, dass dadurch

hinten ein Vorratslager entstand. In diesem war der Reservevorrat der Gruppe untergebracht. Essen war in großen Mengen vorhanden, dreimal mehr als die beiden zum Leben gebraucht hätten. Aber das meiste davon war kein Gaumenschmaus, sondern diente zum Aufbau von Kraft und Stärke. Sicher, es gab Zucker im Überfluss für zwei normale Menschen; aber diese beiden waren fast wie Kinder. Sie entdeckten bald die Vorzüge von heißem Wasser, das sie mit Zucker eindickten, und sie tränkten ihre Pfannkuchen verschwenderisch mit diesem süßen, weißen Sirup, in den sie auch ihre Brotrinden eintunkten. Kaffee und Tee und besonders die getrockneten Früchte hinterließen weitere verhängnisvolle Lücken im Zuckervorrat. Die erste Auseinandersetzung, die sie hatten, war deshalb auch wegen des Zuckers. Und es ist eine sehr ernste Sache, wenn zwei Menschen, die völlig aufeinander angewiesen sind, zu streiten beginnen.

Weatherbee liebte es, leidenschaftlich über Politik zu diskutieren, während Cuthfert, der dazu geneigt hatte, seine Aktiencoupons zu schneiden und die Politik machen zu lassen, was sie wollte, das Thema entweder ignorierte oder aber erstaunliche Ansichten darüber äußerte. Der Buchhalter Weatherbee war jedoch zu beschränkt, um diese kühn hingeworfenen Gedanken würdigen zu können, und es verdross Cuthfert bald, seine Gedankenmunition so zu vergeuden. Er war es gewöhnt, seine Mitmenschen durch brilliante Formulierungen zu blenden, und der jetzige Verlust seines Publikums machte ihm zu schaffen. Er fühlte sich persönlich gekränkt, und unbewusst machte er seinen begriffsstutzigen Kumpanen dafür verantwortlich.

Außer dem Überlebenswillen hatten sie nichts gemeinsam – sie kamen sich an keinem einzigen Punkt näher. Weatherbee war ein Buchhalter, der sein Leben lang nichts anderes als das Büro gekannt hatte; Cuthfert hatte Kunst studiert, mehr schlecht als recht selbst gemalt und einiges geschrieben. Der eine war ein Mann aus dem Volke, der sich für einen Gentleman hielt, und der andere war ein Gentleman, der sich dessen auch bewusst war. Daran mag man ersehen, dass jemand ein Gentleman sein kann, ohne auch nur das leiseste Gefühl für Kameradschaft zu besitzen. Der Buchhalter war so sinnenfreudig wie der andere schöngeistig, und seine Liebesabenteuer, die er langatmig erzählte und die hauptsächlich seiner Fantasie entsprangen, belästigten den überempfindlichen Akademiker ebenso wie die vielen übel riechenden Fürze. Er hielt den Buchhalter für einen unflätigen, unkultivierten Barbaren, der in den Schweinestall gehörte, und sagte ihm das auch; und er bekam als Retourkutsche zu hören, dass er ein milchgesichtiger Bubi und ein Flegel sei. Weatherbee wäre nicht in der Lage gewesen, »Flegel« näher zu definieren; aber es erfüllte seinen Zweck, was letztlich die Hauptsache im Leben zu sein schien.

Weatherbee sang stundenlang solche sentimentalen Lieder wie »The Boston Burglar« und »The Handsome Cabin Boy«, wobei er bei jeder dritten Note danebenlag, während Cuthfert vor Wut heulte, bis er es nicht mehr länger aushielt und hinaus in die Kälte floh. Aber es gab kein Entkommen. Der heftige Frost ließ sich nicht lange aushalten, und die kleine Hütte zwängte sie wieder auf einem Raum von vier auf fünf Schritt zusammen, einschließlich Betten, Ofen, Tisch und sonstigem Krempel. Die bloße Anwesenheit des einen wurde zum persönlichen Ärger des jeweils anderen, und sie verfielen in feindseliges Schweigen, das im Laufe der Zeit an Länge und Strenge zunahm. Gelegentlich ließen sie sich zu einem Blick aus den Augenwinkeln oder einer abschätzigen Mundbewegung hinreißen, obwohl sie miteinander wetteiferten, sich in diesen wortlosen Perioden vollkommen zu ignorieren. Und keiner vermochte zu begreifen, wie Gott jemals so etwas wie den anderen hatte erschaffen können.

Da sie so wenig zu tun hatten, wurde die Zeit für sie zur unerträglichen Bürde. Dies ließ sie noch träger werden. Sie sanken in eine körperliche Lethargie, aus der es kein Entrinnen gab und die sie gegen die Verrichtung der kleinsten Alltagsarbeit rebellieren ließ. Eines Morgens, als Weatherbee an der Reihe war, das gemeinsame Frühstück zu bereiten, wickelte er sich aus seinen Decken und zündete zuerst die Talglampe und dann das Feuer an, während sein Mitbewohner noch schnarchte. Das Wasser in den Kesseln war gefroren, und es gab kein Wasser in der Hütte, um sich zu waschen. Aber das war ihm gleichgültig. Während er darauf wartete, dass das Wasser in dem Kessel auftaute, schnitt er den Speck in Streifen und wandte sich dann der verhassten Pflicht zu, Brot zu backen. Cuthfert hatte ihn dabei durch seine halbgeöffneten Lider beobachtet. Es kam unvermeidlich zu einer Auseinandersetzung, während der sie sich inbrünstig verfluchten und dann beschlossen, dass künftig jeder für sich allein kochen solle. Eine Woche später verzichtete auch Cuthfert auf das morgendliche Waschen, ohne deshalb mit geringerem Appetit das Essen zu verzehren, das er sich gekocht hatte. Weatherbee registrierte es mit Grinsen. Ab nun verschwand die lästige Gewohnheit, sich zu waschen, ganz aus ihrem Leben.

Als der Zuckervorrat und andere kleine Luxusartikel schwanden, fürchteten beide, dass sie davon nicht den gerechten Anteil abbekommen könnten, und um zu verhindern, dass sie betrogen werden könnten, begannen sie, sich damit vollzustopfen. Die Leckereien litten unter diesem Wettstreit ebenso wie die Männer. Durch den Mangel an frischem Gemüse und Bewegung wurden sie blutarm, und ein ekelhafter purpurroter Ausschlag bedeckte ihre Körper. Doch sie weigerten sich, diese Warnung zu beachten. So begannen bald ihre Muskeln und Gelenke anzuschwellen, das Fleisch wurde schwärzlich, während Mund, Zahnfleisch und Lippen gelblich wurden. Anstatt dass sie aber nun durch ihr Elend zusammengerückt wären, beobachteten sie schadenfreudig die zunehmenden Krankheitszeichen beim anderen, als der Skorbut seinen Lauf nahm.

Sie verloren jeden Bezug zu ihrer persönlichen Erscheinung und, wenn wir schon dabei sind, auch zu den Regeln des Anstandes. Die Hütte wurde ein einziger Schweinestall, die Betten wurden nicht mehr gemacht oder frische Kiefernzweige unter sie gelegt. Trotzdem konnten sie nie so lange unter ihren Decken liegen bleiben, wie sie es gerne getan hätten, denn der Frost war unerbittlich und der Ofen verbrauchte viel Brennmaterial. Ihr Kopfhaar und ihre Bärte wurden lang und struppig, während ihre Kleider selbst einen Lumpensammler abgestoßen hätten. Aber sie kümmerten sich nicht darum. Sie waren krank, und es war niemand da, der sie sah; außerdem schmerzte sie jede Bewegung.

Zu all dem kam eine neue Bedrängnis hinzu: die Furcht des Nordens. Diese Furcht ist das gemeinsame Kind der Großen Kälte und der Großen Stille und wird in der Dunkelheit des Dezembers geboren, wenn die Sonne vollends hinter dem südlichen Horizont untertaucht. Sie berührte die beiden Männer entsprechend ihrem jeweiligen Naturell. Weatherbee verfiel gänzlich Wahnvorstellungen und versuchte alles, um die Geister wiederzuerwecken, die in den rätselhaften Gräbern vor der Hütte ruhten. Die Sache ließ ihn nicht mehr los, und in seinen Träumen kamen sie von draußen aus der Kälte zu ihm und kuschelten sich in seine Decken und erzählten ihm von ihren Mühsalen und Missgeschicken vor ihrem Tod. Er schreckte vor der eisigen Berührung zurück, wenn sie näherkamen und ihre gefrorenen Gliedmaßen um ihn schlangen; und wenn sie ihm Dinge, die noch geschehen würden, ins Ohr flüsterten, gellte die Hütte von seinen Angstschreien wider. Cuthfert verstand nichts, denn sie redeten nicht mehr miteinander, und deshalb griff er stets nach seinem Revolver, wenn er dadurch aufgeweckt wurde. Dann saß er aufrecht in seinem Bett, nervös zitternd und die Waffe auf den nichtsahnenden Träumer gerichtet. Cuthfert glaubte, dass der Mann verrückt werde, und begann deshalb um sein Leben zu fürchten.

Seine eigene Krankheit äußerte sich in einer weniger sichtbaren Weise. Der geheimnisvolle Baumeister, der die Hütte Balken für Balken aufgebaut hatte, hatte eine Windfahne am Firstbalken angebracht. Cuthfert bemerkte, dass sie stets nach Süden zeigte, und dieses unerschütterliche Beharren irritierte ihn so sehr, dass er sie eines Tages nach Osten drehte. Er beobachtete sie ungeduldig, aber es kam kein Lüftchen, das sie bewegt hätte. Daraufhin drehte er die Fahne nach Norden und beschloss, sie nicht mehr anzurühren, bevor tatsächlich Wind kommen würde. Aber die Luft in ihrer unwirklichen Unbewegtheit ängstigte ihn, und er stand oft mitten in der Nacht auf, um nachzuschauen, ob die Fahne sich bewegt habe, wobei ihn eine Drehung von zehn Grad schon zufriedengestellt hätte. Aber nein, sie stand über ihm so unverändert wie das Schicksal. Seine Fantasie begann verrückt zu spielen, bis die Fahne für ihn zum Fetisch wurde. Manchmal folgte er der Richtung, in die sie über der trostlosen Weite zeigte, und ließ es zu, dass sich seine Seele mit Furcht füllte. Er verbohrte sich in das Unsichtbare und Unbekannte, bis die Gedanken an die Ewigkeit ihn zu erdrücken begannen. Alles hier im Hohen Norden hatte diese erdrückende Wirkung – die Abwesenheit von Leben und Bewegung, die Dunkelheit, die auf dem leblosen Land lastende Friedhofsruhe, die geisterhafte Stille, die bereits das Echo des Herzschlags als Entweihung erscheinen ließ, und der dunkle Wald, der etwas Furchtbares, Unaussprechliches zu bewachen schien, das weder mit Worten noch mit Gedanken fassbar war.

Die Welt mit ihren geschäftigen Menschen und großen Unternehmungen, die er erst vor Kurzem verlassen hatte, erschien sehr weit entfernt. Gelegentlich drängten Erinnerungen durch – Erinnerungen an Märkte, Galerien und belebte Verkehrsstraßen, an gute Männer und liebenswürdige Frauen, die er gekannt hatte –, aber es waren blasse Erinnerungen an ein Leben, das er viele Jahrhunderte früher auf einem anderen Planeten gelebt hatte. Seine Wahnvorstellung war die Wirklichkeit. Wenn er unter der Windfahne stand, den Blick zum Polarhimmel gerichtet, konnte er sich nicht vorstellen, dass es das Südland tatsächlich gab, dass es in diesem Augenblick voll mit prallem Leben und lautem Treiben existierte. Es gab kein Südland, keine Menschen, die von Frauen geboren wurden, kein Geben und Nehmen in der Ehe. Hinter dem düsteren Horizont erstreckten sich gewaltige Einöden und hinter diesen noch gewaltigere Einöden. Keine Länder mit Sonnenschein und dem betäubenden Duft von Blumen. Solche Dinge existierten lediglich in den alten Vorstellungen vom Paradies. Die Sonnenländer des Westens und die Gewürzländer des Ostens, das liebliche Arkadien und die Insel der Seligen – ha! ha! ha! Sein Gelächter zeriss die Stille, und das ungewohnte Geräusch erschreckte ihn. Es gab keine Sonne. Das hier war das Universum, tot und kalt und dunkel, und er war der einzige Bewohner. Und Weatherbee? Weatherbee zählte in solchen Augenblicken nicht. Er war ein monströses Phantom, mit dem er für eine unermesslich lange Zeit zusammengekettet worden war, als Strafe für irgendwelche vergessenen Verbrechen.

Er lebte mit dem Tod unter den Toten, entmannt durch das Gefühl seiner eigenen Unbedeutendheit, erdrückt von der Übermacht der verrinnenden Zeit. Die Größe aller Dinge entsetzte ihn. Alles hatte an dieser Größe teil, nur er nicht – der vollständige Stillstand von Wind und Bewegung, die Unermesslichkeit der schneebedeckten Wildnis, die Höhe des Himmels und die Tiefe der Stille. Diese Windfahne – wenn sie sich nur bewegen würde. Wenn es einen Donnerschlag gäbe oder der Wald in Flammen aufginge. Wenn der Himmel aufrisse oder der Jüngste Tag anbräche – irgendetwas, irgendetwas! Aber nein, nichts regte sich; das Schweigen umzingelte ihn, und die Furcht des Nordens legte ihre eisigen Finger um sein Herz.

Einmal stieß er, wie damals Robinson Crusoe, am Flussufer auf eine Spur – die kaum wahrnehmbare Fährte eines Schneeschuhhasen auf der zerbrechlichen Schneekruste. Das war eine Offenbarung für ihn. Es gab also doch Leben im Nordland. Er wollte ihm folgen, es betrachten und sich an ihm erfreuen. Er vergaß seine schmerzenden Glieder und hastete voll überschäumender Erwartung durch den tiefen Schnee. Der Wald verschluckte ihn, und das kurze Zwielicht des Mittags verschwand, dennoch setzte er seine Suche fort, bis sein ausgezehrter Körper streikte und ihn hilflos in den Schnee sinken ließ. Da verfluchte er stöhnend seine Torheit und erkannte die Spur als Ausgeburt seiner Fantasie. Spät in der Nacht schleppte er sich auf allen Vieren zur Hütte, mit erfrorenen Wangen und einer merkwürdigen Taubheit in seinen Füßen. Weatherbee grinste boshaft und machte keine Anstalten, ihm zu helfen. Cuthfert stach Nadeln in seine Zehen und taute sie am Ofen auf. Eine Woche später begannen sie abzusterben.

Aber Weatherbee hatte seine ganz eigenen Probleme. Die toten Männer kamen nun häufiger aus ihren Gräbern und ließen ihn kaum noch in Ruhe, ob er nun wachte oder schlief. Er begann ihr Kommen zu erwarten und zu fürchten und ging nie ohne Schaudern an den Steinhügeln der beiden Gräber vorbei. Eines Nachts kamen sie im Schlaf zu ihm und zwangen ihn zu einer bestimmten Arbeit. Geängstigt bis hin zu einem unbeschreiblichen Entsetzen, erwachte er zwischen den Steinhügeln und flüchtete panisch in die Hütte zurück. Aber er musste dort bereits eine Weile gelegen haben, denn nun waren seine Wangen und Füße ebenfalls erfroren.

Manchmal geriet er wegen der beständigen Anwesenheit der toten Männer außer sich und tanzte in der Hütte herum, wobei er mit einer Axt Löcher in die Luft hieb und alles zerschlug, was im Weg war. Während dieser gespenstischen Gefechte verkroch sich Cuthfert in seine Decken mit geladenem Revolver und beobachtete den Verrückten, jederzeit bereit, ihn zu erschießen, wenn er ihm zu nahe kommen sollte. Aber einmal, als Weatherbee nach einem dieser Anfälle wieder zu sich kam, bemerkte er die auf ihn gerichtete Waffe. Sein Argwohn erwachte daraufhin, und ab diesem Zeitpunkt lebte auch er in der Furcht um sein Leben. Sie beobachteten sich danach gegenseitig sehr genau und fuhren erschreckt herum, sobald der eine hinter dem Rücken des anderen vorbeiging. Dieses Misstrauen wurde zu einer Besessenheit, die sie sogar im Schlaf beherrschte. Aus der gegenseitigen Furcht heraus ließen sie stillschweigend das Talglicht die ganze Nacht brennen und sorgten für einen reichlichen Vorrat an Talg, bevor sie sich schlafen legten. Bereits die kleinste Bewegung des einen ließ den anderen aufschrecken, und oft begegneten sich ihre Blicke dann gegenseitig, während sie zitternd und mit dem Finger am Abzug ihres Revolvers unter ihren Decken lagen.

Durch die Furcht des Nordens, die seelischen Belastungen und die zerstörerischen Auswirkungen der Krankheit verloren sie jegliche Ähnlichkeit mit Menschen und nahmen das Aussehen von wilden, gehetzten und verzweifelten Bestien an. Ihre Wangen und Nasen waren als Folge der Erfrierungen schwarz geworden. Ihre erfrorenen Zehen hatten begonnen, ab dem ersten oder zweiten Glied abzufallen. Jede Bewegung verursachte Schmerzen, aber der Heizofen war unersättlich und forderte ihren elenden Körpern große Torturen ab. Tagein, tagaus verlangte er sein Futter – ein wirkliches Pfund Fleisch – und so schleppten sie sich auf Knien in den Wald, um Holz zu hacken. Einmal, als sie so auf der Suche nach trockenen Ästen herumkrochen, gelangten sie, ohne voneinander zu wissen, von entgegengesetzten Seiten in ein Dickicht. Plötzlich, ohne Vorwarnung, starrten sich zwei Totenköpfe gegenseitig an. Ihre Leiden hatten sie so entstellt, dass sie sich gegenseitig nicht erkannten. Sie sprangen auf ihre Füße, brüllten auf vor Entsetzen und stürzten auf ihren verstümmelten Fußstümpfen davon, und als sie an der Hüttentür niederstürzten, krallten und kratzten sie wie Besessene, ehe sie ihren Irrtum erkannten.

★

Gelegentlich wurde ihr Zustand wieder normal, und während einer solchen gesunden Periode hatten sie den Hauptzankapfel, den Zucker, in zwei gleich große Portionen untereinander aufgeteilt. Mit besorgten Blicken hüteten sie ihren jeweiligen Beutel, den sie im Vorratslager verstaut hatten, denn es waren nur noch ein paar Tassen voll übrig, und sie hatten völlig das Vertrauen in den anderen verloren. Eines Tages beging Cuthfert dann einen Fehler. Kaum dazu fähig, sich zu bewegen, krank vor Schmerzen, mit schwindligem Kopf und blinden Augen, kroch er zum Vorratslager, nahm den Zuckerbeutel und verwechselte dabei Weatherbees Beutel mit seinem eigenen.

Der Januar war gerade ein paar Tage alt, als Folgendes geschah: Die Sonne hatte vor Kurzem ihren südlichen Tiefpunkt durchlaufen und warf nun um die Mittagszeit prächtige Streifen gelben Lichts über den Nordlandhimmel. Am Tag nach seinem Versehen mit dem Zuckersack fühlte sich Cuthfert an Leib und Seele besser. Als die Mittagszeit nahte und der Tag aufhellte, schleppte er sich hinaus, um das flüchtige Aufglühen zu genießen, das für ihn ein Vorgeschmack auf den wiederkehrenden Sonnenschein war. Weatherbee fühlte sich ebenfalls etwas besser und kroch neben ihn. Sie setzten sich unter die regungslose Windfahne in den Schnee und warteten.

Totenstille umgab sie. Wenn die Natur in anderen Breiten solche Stimmungen hervorbringt, ist die milde Luft von Erwartungen erfüllt, dem Lauschen auf einen kleinen Laut, der die unterbrochene Melodie des Lebens wieder aufnimmt. Nicht so im Norden. Die beiden Männer hatten scheinbar seit Ewigkeiten in dieser geisterhaften Stille gelebt. Sie konnten sich nicht mehr an die Klänge des Lebens aus der Vergangenheit erinnern und konnten sich auch keine zukünftige Melodie vorstellen. Diese unirdische Stille war schon immer da – die regungslose Stille der Ewigkeit.

Ihre Augen waren auf den Norden gerichtet. In ihrem Rücken, hinter den sich im Süden auftürmenden Bergen, stieg die Sonne für sie unsichtbar in den Zenit eines anderen Himmels als des ihrigen. Als einsame Betrachter dieser riesigen Leinwand beobachteten sie, wie die scheinbare

Morgendämmerung langsam zunahm. Ein blasses Licht begann aufzuglimmen und zu leuchten. Es nahm an Intensität zu und wandelte sich von rötlichem Gelb über Purpurrot zu Safrangelb. Es wurde so leuchtend, dass Cuthfert dachte, die Sonne müsse direkt dahinter sein – ein Wunder, die Sonne ging im Norden auf! Plötzlich jedoch war die Leinwand leer gefegt, ohne Vorwarnung und Übergang. Es war keine Farbe mehr am Himmel. Das Licht des Tages war erloschen. Seufzend atmeten sie aus. Aber da! Die Luft glitzerte von kristallenen Frostpartikeln, und dort, Richtung Norden, zeichnete sich die Windfahne in undeutlichen Umrissen ab. Ein Schatten! Ein Schatten! Es war genau Mittag. Eilig wandten sie ihre Köpfe gen Süden. Ein goldener Streifen blinzelte über die schneebedeckte Schulter des Berges, lächelte ihnen einen Augenblick zu und verschwand wieder aus ihrem Blickfeld.

Als sie sich gegenseitig anschauten, hatten die Männer Tränen in den Augen. Eine eigentümliche Rührung überkam sie. Sie fühlten sich unwiderstehlich zueinander hingezogen. Die Sonne kam zurück. Sie würde morgen wieder zu ihnen kommen, und übermorgen und die darauffolgenden Tage. Und sie würde jedes Mal länger bleiben, und eine Zeit würde kommen, in der sie Tag und Nacht am Himmel bleiben und überhaupt nicht mehr hinter dem Horizont verschwinden würde. Dann würde es keine Nacht mehr geben. Das frostige Wintergefängnis würde zerbrechen; der Wind würde wieder wehen und die Wälder rauschen, das Land in göttlichem Sonnenschein baden und das Leben erwachen. Hand in Hand würden sie diesen Albtraum hinter sich lassen und in das Südland zurückkehren. Sie torkelten halbblind vorwärts, und ihre Hände fanden sich – ihre armen, verkrüppelten Hände, die geschwollen und entstellt in den Handschuhen steckten.

Aber die Hoffnung sollte unerfüllt bleiben. Das Nordland ist das Nordland, und die menschlichen Gefühle folgen hier ganz eigenen Gesetzen, die diejenigen Menschen, die niemals in ferne Länder gereist sind, nicht verstehen können.

*

Eine Stunde später schob Cuthfert ein Blech mit Brot in den Ofen und hing Gedanken nach, was die Chirurgen wohl für seine Füße tun könnten, wenn er heimkommen würde. Die Heimat schien nun nicht mehr so fern zu sein. Weatherbee stöberte im Vorratslager herum. Plötzlich stieß er einen Schwall von Verwünschungen aus, der ebenso abrupt abbrach. Cuthfert hatte aus seinem Zuckersack geklaut. Immer noch hätte alles ganz anders ausgehen können, wenn nicht in diesem Moment die beiden toten Männer aus ihren Gräbern gestiegen wären und die hitzigen Worte in seiner Kehle zum Verstummen gebracht hätten. Sie führten ihn ganz sacht aus dem Vorratslager, das er zu verschließen vergaß. Die Stunde der Wahrheit war gekommen; nun würde geschehen, was sie ihm in seinen Träumen eingeflüstert hatten. Sie geleiteten ihn sanft, ganz sanft, zum Holzplatz, wo sie ihm die Axt in seine Hand legten. Dann halfen sie ihm, die Hüttentür aufzustoßen, und er war überzeugt, dass sie diese hinter ihm schlossen – jedenfalls hörte er sie zuschlagen und den Riegel einrasten. Und er wusste, dass sie da draußen warteten; darauf warteten, dass er seine Pflicht tat.

»Carter! Was hast du, Carter?«

Percy Cuthfert war aufgeschreckt durch den Ausdruck auf dem Gesicht des Buchhalters, und er brachte hastig den Tisch zwischen ihn und sich.

Carter Weatherbee folgte ihm ohne Eile und ohne Verbissenheit. Sein Gesicht verriet weder Erbarmen noch Erregung, jedoch besaß er den geduldigen, stupiden Ausdruck eines Menschen, der eine bestimmte Arbeit zu tun hat und sie systematisch in Angriff nimmt.

»Ich habe gefragt, was los ist!«

Der Buchhalter machte einen Sprung zur Seite, um ihm den Fluchtweg zur Tür abzuschneiden, ohne dabei einen Ton zu sagen.

»Hör zu, Carter, hör zu; lass uns reden. Sei ein guter Junge.«

Der Akademiker überlegte fieberhaft und beschloss dann einen raschen Sprung zum Bett, wo seine Smith & Wesson lag. Die Augen auf den Verrückten gerichtet, rollte er sich rückwärts auf die Schlafstelle und griff gleichzeitig nach der Pistole.

»Carter!«

Das Pulver explodierte Weatherbee mitten ins Gesicht, aber er schwang seine Waffe und hechtete vorwärts. Die Axt drang tief in das Rückgrat und Percy Cuthfert spürte, wie jegliches Gefühl aus seinen unteren Gliedmaßen wich. Dann stürzte der Buchhalter schwer auf ihn und packte ihn mit kraftlosen Fingern an der Kehle. Durch den schrecklichen Axthieb hatte Cuthfert die Pistole fallen lassen, und er fingerte suchend nach ihr in den Decken, während seine Lungen nach Luft schnappten. Dann fiel ihm etwas ein. Er schob eine Hand den Gürtel des Buchhalters entlang zu dessen Fahrtenmesser, und die beiden kamen sich bei dieser letzten Umarmung noch einmal sehr nah.

Percy Cuthfert fühlte seine Kräfte schwinden. Der untere Teil seines Körpers war gelähmt. Die leblose Masse von Weatherbee erdrückte ihn – zerquetschte ihn und hielt ihn fest wie einen Bären in einer Falle. In der Hütte verbreitete sich ein vertrauter Geruch, und er wusste, dass das Brot anbrannte. Aber was machte das jetzt noch aus? Er würde es nicht mehr brauchen. Und im Vorratslager waren noch volle sechs Tassen Zucker. Hätte er alles vorausgesehen, wäre er damit in den letzten Tagen nicht so sparsam umgegangen. Würde sich die Windfahne jemals drehen? Vielleicht drehte sie sich eben in diesem Augenblick. Warum nicht? Hatte er heute nicht auch die Sonne gesehen? Er würde gehen und nachschauen. Nein, es war ihm unmöglich, sich zu bewegen. Er hatte nicht gedacht, dass der Buchhalter so schwer wäre.

Wie schnell die Hütte auskühlte. Das Feuer musste erloschen sein. Die Kälte drang herein. Es musste schon unter null Grad sein, und das Eis kroch bereits an der Innenseite der Türe hoch. Er konnte es nicht sehen, aber seine Erfahrungen aus der letzten Zeit ließen ihn von der Hüttentemperatur auf das Fortschreiten der Vereisung schließen. Die untere Türangel musste bereits ganz weiß sein. Würde diese Geschichte jemals die Welt draußen erreichen? Wie würden seine Freunde sie aufnehmen? Sie würden sie wahrscheinlich beim Kaffeetrinken lesen und in den Klubs darüber diskutieren. Er konnte es ganz deutlich vor sich sehen.

»Armer alter Cuthfert«, würden sie murmeln, »war eigentlich gar kein schlechter Kerl.« Er lächelte bei ihren Lobreden und ging weiter, um ein türkisches Bad aufzusuchen. Es waren immer noch dieselben Leute wie früher in den Straßen. Seltsam, dass sie keine Notiz von seinen Elchledermokassins und seinen zerrissenen Wollsocken nahmen! Er würde eine Droschke nehmen. Und eine Rasur nach dem Bad würde nicht schaden. Nein, er würde zuerst speisen. Steak, Kartoffeln und Gemüse – wie frisch das alles war! Und was war das? Honig im Überfluss, tropfender flüssiger Bernstein! Aber warum brachten sie ihm so viel davon? Ha! Ha! Er konnte das niemals aufessen. Schuhputzen? Warum nicht. Er stellte seinen Fuß auf den Schuhputzkasten. Der Schuhputzer schaute ihn verwirrt an, und er erinnerte sich, dass er Elchledermokassins trug, und ging rasch weiter. Horch! Wahrscheinlich hatte sich die Windfahne gedreht. Nein, es war nur ein Geräusch in seinem Ohr. Nur ein Summen – mehr nicht. Das Eis musste nun bereits über das Türschloss hinaufgekrochen sein. Vielleicht war sogar schon die obere Türangel bedeckt. Zwischen dem mit Moos ausgestopften Dachgebälk begannen sich weiße Frostflecken zu bilden. Wie langsam sie wuchsen! Nein, doch nicht so langsam. Da tauchte ein neuer Fleck auf, und dort ein weiterer. Zwei, drei, vier; sie entstanden zu rasch, als dass er sie hätte zählen können. Dort wuchsen zwei zusammen. Und da gesellte sich ein dritter hinzu. Schließlich waren keine Flecken mehr da. Sie waren zusammengewachsen und bildeten eine weiße Fläche. Nun, er würde Gesellschaft haben. Wenn der Erzengel Gabriel je das Schweigen des Nordens durchbrechen würde, würden sie Hand in Hand vor den großen weißen Thron treten. Und Gott würde sie richten, Gott würde sie richten!

Percy Cuthfert schloss seine Augen und dämmerte in den Schlaf hinüber.

# Die Liebe zum Leben

Sie schleppten sich unter Schmerzen die Uferböschung hinab, und einmal kam der Vorausgehende der beiden Männer im herumliegenden Geröll ins Straucheln. Sie waren müde und erschöpft, und ihre Gesichter trugen die ausgezehrten Züge lang ertragener Strapazen. Sie waren schwer bepackt mit Deckenbündeln, die auf ihre Schultern geschnallt waren. Über die Stirn laufende Kopfgurte halfen ihnen, diese Bündel zu schleppen. Jeder der beiden trug ein Gewehr. Sie gingen in einer gebeugten Haltung, die Schultern weit nach vorne geschoben, den Kopf noch weiter vorne und die Augen auf den Boden gerichtet.

»Ich wünschte, wir hätten wenigstens zwei von den Patronen, die in unserem Vorratsversteck herumliegen«, sagte der zweite Mann.

Seine Stimme klang matt und ausdruckslos. Er sprach ohne jeden Nachdruck, und der Vorausgehende, der in den milchig über die Felsen schäumenden Fluss humpelte, würdigte ihn keiner Antwort.

Der andere folgte ihm auf den Fersen. Sie legten ihr Schuhwerk nicht ab, obwohl das Wasser eiskalt war – so kalt, dass ihre Knöchel schmerzten und ihre Füße taub wurden. An manchen Stellen schäumte das Wasser gegen ihre Knie, und die beiden Männer rangen um einen sicheren Stand.

Der Nachfolgende glitt auf einem glattgeschliffenen Stein aus, fiel beinahe, fing sich aber mit einer heftigen Anstrengung wieder, wobei er gleichzeitig einen durchdringenden Schmerzensschrei ausstieß. Er wirkte schwach und benommen und streckte seine Hand aus, während er taumelte, als suche er in der Luft einen Halt. Als er sich wieder gefangen hatte, ging er vorwärts, taumelte jedoch abermals und fiel beinahe. Daraufhin blieb er stehen und blickte zu dem anderen Mann, der nicht einmal seinen Kopf herumgedreht hatte.

Der Mann stand eine ganze Minute, als berate er mit sich selbst. Dann rief er:

»Hör mal, Bill, ich habe meinen Knöchel verstaucht.«

Bill watete weiter durch das milchigtrübe Wasser. Er sah sich nicht um. Der Mann beobachtete, wie Bill wegging, und obwohl sein Gesicht so ausdruckslos wie zuvor blieb, blickten seine Augen wie die eines weidwunden Hirsches.

Der andere Mann hinkte die gegenüberliegende Uferböschung hinauf und ging geradewegs weiter, ohne zurückzublicken. Der Mann im Fluss ließ ihn nicht aus den Augen. Seine Lippen bebten ein wenig, wodurch auch die struppigen braunen Bartstoppeln, die über sie hingen, sichtbar zitterten. Sogar seine Zunge züngelte heraus, um die Lippen zu befeuchten.

»Bill!«, schrie er.

Es war der flehende Schrei eines starken Mannes in Not, aber Bills Kopf wandte sich nicht um. Der Mann blickte ihm nach, wie er fortging und grotesk hinkend und mit taumelndem Gang den sanften Hang zur Anhöhe eines flachen Hügels hinauftorkelte. Er sah ihn gehen, bis er den Kamm überquerte und verschwand. Dann wandte er seinen Blick und musterte langsam den Umkreis von Welt, der ihm nun geblieben war, nachdem Bill ihn verlassen hatte.

Knapp über dem Horizont glomm kraftlos die Sonne, halb verdeckt von gestaltlosen Nebel- und Dunstschleiern, was einen Eindruck von Masse und Dichte ohne Form und Greifbarkeit hervorbrachte. Der Mann zog seine Uhr heraus, während er sein Gewicht auf einem Bein ruhen ließ. Es war vier Uhr, und da es etwa Ende Juli, Anfang August war – das genaue Datum auf ein oder zwei Wochen hin oder her kannte er nicht –, wusste er aufgrund der Jahreszeit, dass die Sonne ungefähr den Nordwesten markierte. Er schaute nach Süden und wusste, dass irgendwo hinter diesen trostlosen Hügeln der Great Bear Lake liegen musste, und er wusste ebenfalls, dass in dieser Richtung der Nordpolarkreis seine menschenfeindliche Linie durch die kanadische Tundra zog. Dieser Fluss, in dem er stand, war ein Zufluss zum Coppermine River, der nach Norden floß und in den Coronation-Golf und das Nordpolarmeer mündete. Er war dort noch nie gewesen, aber er hatte es einmal auf einer Landkarte der Hudson Bay Company gesehen.

Noch einmal schweifte sein Blick durch die Landschaft um ihn herum. Es war kein ermutigender Anblick. Überall dehnte sich ein verschwommener Horizont. Die Hügel waren durchweg niedrig. Es gab keine Bäume, keine Sträucher, keine Gräser – nichts als eine endlose und schreckliche Öde, die ihm mit einem jähen Schrecken seine Augen verdunkelte.
»Bill!«, flüsterte er, einmal und ein zweites Mal: »Bill!«
Er kauerte sich mitten in das milchigtrübe Wasser, als ob ihn die unendliche Weite mit übermächtiger Kraft niederdrücken und mit ihrer schrecklichen Gleichgültigkeit brutal zermalmen würde. Er begann zu zittern, als ob er Schüttelfrost hätte, bis das Gewehr aus seiner Hand fiel und ins Wasser platschte. Das ließ ihn aufschrecken. Er bekämpfte seine Angst und riss sich zusammen, während er im Wasser herumtastete und seine Waffe zurückholte. Er zerrte sein Gepäck weiter auf seine linke Schulter hinüber, um dadurch einen Teil des Gewichts von seinem verletzten Fußgelenk zu nehmen. Dann bewegte er sich langsam und vorsichtig zum Ufer, wobei er sich unter Schmerzen krümmte.
Er machte keinen Halt. Mit dem Wahnsinn der Verzweiflung und ohne auf die Schmerzen zu achten, hastete er den Hang zum Hügelkamm hinauf, über den sein Gefährte verschwunden war; dabei sah er noch viel grotesker und komischer aus als zuvor sein humpelnder und torkelnder Kumpan. Doch vom Kamm aus sah er nur ein flaches Tal ohne eine Spur von Leben. Wieder kämpfte er gegen seine Angst, überwand sie schließlich, zerrte sein Gepäck noch weiter auf seine linke Schulter und wankte den Hang hinunter.
Der Boden des Tals war mit Wasser vollgesogen, welches das dichte Moos wie ein Schwamm an der Oberfläche festhielt. Bei jedem Schritt quoll das Wasser unter seinen Füßen hervor, und jedes Mal, wenn er einen Fuß hob, entstand dabei ein schmatzendes Geräusch, da das Moos seinen saugenden Griff nur widerwillig löste. Er suchte seinen Weg von Moospolster zu Moospolster und folgte den Fußspuren des anderen Mannes die Felsriegel entlang, die wie kleine Inseln aus dem Meer von Moos ragten, und über sie hinweg.
Obwohl ganz allein, war er doch nicht verloren. Er wusste, dass er weiter

vorne zu einer Stelle gelangen würde, wo abgestorbene Tannen und Fichten ganz niedrig und verkrüppelt das Ufer eines kleinen Sees säumten, die *titchin-nichilie* genannt wurde, was in der Sprache der Indianer »Land der kleinen Stöcke« bedeutete. Und in diesen See floss ein schmaler Bach, dessen Wasser nicht milchigtrüb war. Es gab Röhricht an diesem Bach – daran erinnerte er sich gut –, aber kein Gehölz, und er würde dem Bach folgen, bis sein Rinnsal an einer Wasserscheide endet. Er würde diese Wasserscheide zum Ursprung eines anderen Baches überqueren, der nach Westen fließt, und diesem folgen, bis er in den Dease River mündet, und dort würde er ein Vorratslager finden unter einem umgekippten und mit vielen Steinen beschwerten Kanu. Und in diesem Vorratsversteck würden Munition für sein leer geschossenes Gewehr sein, Angelhaken und -schnüre, ein kleines Netz – all die notwendige Ausrüstung für das Fangen und Töten von Nahrung. Auch ein wenig Mehl würde er vorfinden, ein Stück Speck und ein paar Bohnen.

Bill würde dort auf ihn warten, und sie würden den Dease River südwärts zum Great Bear Lake hinunterpaddeln. Und weiter nach Süden über den See würden sie fahren, immer südwärts, bis zum Mackenzie River. Und nach Süden, immer weiter nach Süden würden sie gehen, während der Winter vergeblich hinter ihnen herrennt, Eis sich in den Strudeln bildet und die Tage frostig und klar werden; nach Süden zu irgendeinem warmen Handelsposten der Hudson Bay Company, wo der Wald hoch und üppig wächst und es Nahrung ohne Ende gibt.

Diese Gedanken gingen dem Mann durch den Kopf, während er sich vorwärtskämpfte. Aber so hart wie er mit seinem Körper rang, so hart rang er auch mit seinen Gedanken, indem er sich einzureden versuchte, dass Bill ihn nicht verlassen habe und dass Bill sicherlich beim Vorratslager auf ihn warten werde. Er zwang sich, sich dies einzureden, denn ansonsten hätte es keinen Sinn gehabt, so zu kämpfen, und er hätte sich ebenso gut gleich hinlegen können und sterben. Und als der dunkle Ball der Sonne langsam im Nordwesten versank, durchdachte er viele Male jeden Meter von seiner und Bills Flucht in den Süden vor dem heranrückenden Winter. Und wieder und wieder stellte er sich die Vorräte im Versteck und die

Verpflegung im Posten der Hudson Bay Company vor. Er hatte seit zwei Tagen nichts mehr gegessen, und seit viel längerer Zeit hatte er schon nicht mehr so viel gehabt, wie er gerne gegessen hätte. Oft bückte er sich und pflückte farblose Moosbeeren, steckte sie in den Mund, kaute und spuckte sie aus. Eine Moosbeere besteht aus ein wenig Samen, umschlossen von ein wenig Wasser. Im Mund verschwindet das Wasser und der zerkaute Samen schmeckt scharf und bitter. Der Mann wusste, dass die Beeren keinen Nährwert besaßen, aber er kaute sie weiterhin geduldig mit einer Art Hoffnung, die mächtiger war als das Wissen, und aller Erfahrung zum Trotz.

Um neun Uhr stieß er sich seinen Zeh an einem Felsriegel, und aus schierer Erschöpfung und Schwäche stolperte er und fiel um. Er blieb eine Weile regungslos auf der Seite liegen. Dann schlüpfte er aus den Gepäckgurten und wuchtete sich schwerfällig in eine sitzende Stellung. Es war noch nicht dunkel, und er fingerte in dem langsam anbrechenden Zwielicht zwischen den Felsen nach trockenen Moosbüscheln. Als er einen Haufen gesammelt hatte, machte er ein Feuer – ein schwelendes, qualmendes Feuer – und stellte einen Blechnapf mit Wasser zum Kochen darauf.

Er schnürte sein Bündel auf, und als Erstes zählte er seine Streichhölzer. Es waren siebenundsechzig. Er zählte sie dreimal, um ganz sicher zu gehen. Er teilte sie in mehrere Häufchen, verpackte sie in Ölpapier, verstaute ein Päckchen in seinem leeren Tabakbeutel, ein anderes im Schweißband seines verbeulten Hutes und ein drittes unter seinem Hemd im Brustbeutel. Kaum fertig damit, übermannte ihn eine panische Angst, und er packte alle wieder aus und zählte sie erneut. Es waren noch immer siebenundsechzig.

Er trocknete seine Fußbekleidung am Feuer. Die Mokassins bestanden nur noch aus aufgeweichten Fetzen. Die Wollsocken waren an einigen Stellen durchgescheuert und seine Füße wund und blutig. In seinem Knöchel pulsierte es, und er untersuchte ihn etwas genauer. Er war geschwollen und so dick wie sein Knie. Er riss einen langen Streifen von einer seiner beiden Decken ab und wickelte ihn straff um seinen Knöchel. Er riss noch weitere Streifen ab und wickelte sie um die Füße als Ersatz für die Mokassins und Socken. Dann trank er den Napf mit dampfend heißem Wasser, zog seine Uhr auf und kroch zwischen seine Decken.

Er schlief wie ein Toter. Die kurze Dunkelheit um Mitternacht kam und ging. Die Sonne ging im Nordosten auf – zumindest dämmerte der Tag in dieser Richtung herauf, denn die Sonne war hinter grauen Wolken verborgen.

Um sechs Uhr erwachte er, regungslos auf dem Rücken liegend. Er blickte starr in den grauen Himmel und spürte seinen Hunger. Als er sich auf seinen Ellbogen wälzte, wurde er durch ein lautes Schnauben erschreckt und sah einen Karibubullen, der ihn mit wachsamer Neugier beäugte. Das Tier war nicht weiter als zwanzig Schritte von ihm entfernt, und augenblicklich schoss dem Mann die Vorstellung und der Geruch von einem Karibusteak, das über dem Feuer brutzelte und briet, durchs Gehirn. Mechanisch griff er nach dem leer geschossenen Gewehr, zielte sorgfältig und betätigte den Abzug. Der Bulle schnaubte und galoppierte davon, wobei seine Hufe klapperten und lärmten, als er über die Steinriegel flüchtete.

Der Mann fluchte und schleuderte das nutzlose Gewehr von sich. Er stöhnte laut auf, als er sich auf die Füße zu wuchten begann. Es war eine langwierige und mühevolle Angelegenheit. Seine Gelenke waren wie rostige Scharniere. Sie bewegten sich knirschend in ihren Pfannen, mit großer Reibung, und jedes Beugen oder Strecken ließ sich nur mit seiner gesamten Willenskraft bewerkstelligen. Als er schließlich auf den Füßen stand, brauchte er noch einmal etwa eine Minute, um sich zu strecken, damit er so aufrecht stehen konnte, wie ein Mensch das normalerweise tut.

Er schleppte sich eine kleine Anhöhe hinauf und hielt Ausschau. Keine Bäume, keine Büsche, nichts als ein graues Meer aus Moos, nur ab und zu unterbrochen von grauen Felsen, grauen Tümpeln und grauen Wasserläufen. Auch der Himmel war grau. Weder die Sonne noch ein Hinweis auf sie war vorhanden. Er hatte keine Ahnung, wo Norden war, und er hatte die Richtung vergessen, aus der er am vergangenen Abend zu diesem Ort gekommen war. Aber er hatte sich nicht verirrt. Das wusste er. Bald würde er in das Land der kleinen Stöcke kommen. Er ahnte, dass es irgendwo linkerhand vor ihm lag, gar nicht weit, möglicherweise schon hinter dem nächsten flachen Hügel.

Er ging zurück, um sein Bündel für den Weitermarsch zu schnüren. Er vergewisserte sich, dass seine drei separat verpackten Streichholzpäckchen noch vorhanden waren, hielt sich aber nicht damit auf, sie zu zählen. Dagegen zögerte und überlegte er eine Weile bei einem prallen Beutel aus Elchleder. Er war nicht groß. Er konnte ihn unter seinen beiden Händen verbergen. Er wusste, dass er fünfzehn Pfund wog – so viel wie das gesamte übrige Gepäck –, und das bereitete ihm Kopfzerbrechen. Schließlich legte er ihn beiseite und fuhr fort, das Bündel zusammenzurollen. Er zögerte erneut, um den prallen Elchlederbeutel zu betrachten. Dann nahm er ihn hastig an sich, mit einem kämpferischen Blick, als ob die Einöde versucht hätte, ihm den Beutel zu rauben; und als er sich auf die Füße stellte, um in den Tag hineinzuhumpeln, befand sich der Beutel wieder in dem Bündel auf seinem Rücken.

Er schlug sich nach links und hielt dann und wann an, um Moosbeeren zu essen. Sein Fußgelenk war noch unbeweglicher geworden und sein Hinken hatte sich verschlimmert, aber der Schmerz dabei war nichts, verglichen mit der Pein in seinem Magen. Das Hungergefühl war quälend. Es nagte und nagte, bis er seine Gedanken nicht mehr auf den Weg zu konzentrieren vermochte, den er einschlagen musste, um das Land der kleinen Stöcke zu erreichen. Die Moosbeeren linderten diese Qual nicht, vielmehr machten sie seine Zunge und seinen Gaumen durch ihre beißende Säure wund.

Er kam in ein Tal, wo Schneehühner mit schwirrenden Flügeln von den Felsriegeln und Moosbeerbüschen aufflogen. »Kerr-kerr-kerr«, schrien sie dabei. Er warf Steine nach ihnen, aber er konnte sie nicht treffen. Er legte sein Gepäck auf den Boden und beschlich sie, wie eine Katze einen Sperling beschleicht. Die scharfen Felsen schnitten durch seine Hosenbeine, sodass seine Knie eine Blutspur hinterließen; doch der Schmerz ging in dem quälenden Hungergefühl unter. Er robbte über das nasse Moos, durchnässte seine Kleider und kühlte seinen Körper aus; aber er beachtete es gar nicht, so groß war seine Gier nach Nahrung. Und immer wieder flogen die Schneehühner schwirrend vor ihm auf, bis ihr »kerr-kerr-kerr« ihm wie ein Spottruf vorkam, und er sie verfluchte und sie laut mit ihrem eigenen Ruf nachäffte.

Einmal kroch er über eins, das geschlafen haben musste. Er sah es nicht, bis es ihm aus seinem Schlupfwinkel heraus ins Gesicht flatterte. Er schnappte zu, ebenso erschreckt wie das aufgescheuchte Schneehuhn, und drei Schwanzfedern blieben in seiner Hand zurück. Als er es davonfliegen sah, hasste er es, als ob es ihm ein schreckliches Unrecht zugefügt habe. Dann kehrte er um und schulterte sein Bündel.

Im weiteren Verlauf des Tages kam er in Täler oder Niederungen, wo das Wild zahlreicher war. Eine Herde von Karibus zog vorbei, zwanzig oder mehr Tiere, quälend nah in Schussweite. Er spürte ein wildes Verlangen, hinter ihnen herzurennen, und war sich sicher, dass er sie niederrennen könnte. Ein schwarzer Fuchs kam ihm entgegen, er schleppte ein Schneehuhn im Maul. Der Mann schrie. Es war ein furchterregender Schrei, aber der erschrocken davonrennende Fuchs ließ das Schneehuhn nicht fallen.

Spät am Nachmittag folgte er einem durch Kalk milchig gefärbten Bach, der durch vereinzelte Büschel von Binsen floss. Diese Halme packte er nah bei ihrer Wurzel und zog etwas heraus, was einem jungen Zwiebelschößling glich und nicht länger als ein kleiner Nagel war. Es war weich, und seine Zähne drangen mit einem Knacken in das Zwiebelchen hinein, das ein köstliches Essen versprach. Aber die Fasern waren zäh. Es bestand aus ungenießbaren Fäden, die mit Wasser gesättigt und wie die Moosbeeren ohne jeden Nährwert waren. Dennoch warf er sein Bündel weg und kroch auf Händen und Knien in die Binsen und kaute und mampfte wie ein Rindvieh.

Er war sehr erschöpft und hatte oft den Wunsch, zu rasten, sich hinzulegen und zu schlafen; aber er wurde beständig vorwärtsgetrieben – nicht so sehr durch seinen Wunsch, das Land der kleinen Stöcke zu erreichen, als vielmehr durch seinen Hunger. Er suchte kleine Tümpel nach Fröschen ab und durchpflügte die Erde mit seinen Fingernägeln nach Würmern, wenngleich er wusste, dass so hoch im Norden weder Frösche noch Würmer lebten.

Er schaute vergebens in jedes Wasserloch, bis er, als die Dämmerung allmählich einbrach, einen einzelnen Fisch von der Größe einer Elritze in einem solchen Loch entdeckte. Er stieß seinen Arm bis zur Schulter hinein, doch der Fisch wich ihm aus. Er grapschte nach ihm mit beiden Händen und wühlte den kalkigen Schlamm am Grund auf. In seiner Aufregung fiel er ins Wasser und durchnässte sich bis zur Hüfte. Danach war das Wasser zu trüb, um den Fisch sehen zu können, und er musste warten, bis der Schlamm sich wieder gesetzt hatte.

Dann begann die Jagd von Neuem, bis das Wasser wiederum eingetrübt war. Aber er konnte nicht länger warten. Er schnallte seinen Blechnapf los und begann, das Wasserloch leerzuschöpfen. Anfangs schöpfte er wie wild, bespritzte sich selbst und schleuderte das Wasser nicht weit genug weg, sodass es wieder in das Loch zurückfloss. Dann arbeitete er mit mehr Achtsamkeit und bemühte sich, Ruhe zu bewahren, obwohl sein Herz gegen seine Brust hämmerte und seine Hände zitterten. Nach einer halben Stunde schließlich war das Loch beinahe trockengelegt. Kaum ein Becher voll Wasser war noch übrig. Aber da war kein Fisch. Er fand einen versteckten Spalt zwischen den Steinen, durch welchen er in den angrenzenden größeren Tümpel entkommen war – einen Tümpel, den er selbst in einer Nacht und einem Tag nicht hätte ausschöpfen können. Hätte er von dem Spalt gewusst, hätte er ihn mit einem Stein verschließen können, und der Fisch wäre der seine gewesen.

Das dachte er zumindest und brach zusammen und sank auf die nasse Erde nieder. Anfänglich weinte er still vor sich hin, dann schrie er laut die unbarmherzige Einöde an, die ihn umgab, und noch eine lange Zeit danach wurde er von heftigen tränenlosen Schluchzern geschüttelt.

Er machte ein Feuer und wärmte sich, indem er literweise heißes Wasser trank, und bereitete sein Lager auf einem steinigen Streifen in derselben Art, wie er es schon in der Nacht zuvor getan hatte. Das Letzte, was er tat, war, nachzuschauen, ob seine Streichhölzer trocken geblieben waren, und seine Uhr aufzuziehen. Die Decken waren feucht und klamm. Sein Knöchel pulsierte vor Schmerz. Aber er spürte nur seinen Hunger, und in seinem unruhigen Schlaf träumte er von Festen und Gelagen und von Speisen, die in allen nur erdenklichen Weisen zubereitet und serviert wurden. Er erwachte fröstelnd und unwohl. Es war keine Sonne zu sehen. Das Grau der Erde und des Himmels war noch düsterer geworden, noch unergründlicher. Ein rauer Wind blies, und die ersten Schneeschauer färbten die Bergspitzen weiß. Die Luft um ihn wurde undurchsichtig grau, während er Feuer machte und wieder Wasser erhitzte. Nasser Schnee fiel, beinahe Regen, und die Flocken waren groß und pappig. Anfangs schmolzen sie, sobald sie in Kontakt mit der Erde kamen; aber immer mehr fielen, bedeckten schließlich den Boden, löschten das Feuer und verdarben seinen aus Moos bestehenden Vorrat an Brennmaterial.

Das war für ihn das Zeichen, sein Gepäck aufzuschnallen und weiterzuhumpeln, ohne zu wissen, wohin. Er dachte weder an das Land der kleinen Stöcke noch an Bill und das Vorratslager unter dem umgedrehten Kanu am Dease River. Er war vollkommen beherrscht vom Wort »essen«. Er war verrückt vor Hunger. Er gab nicht acht auf die Richtung, die er einschlug, solange der Weg ihn nur durch die Sumpfniederungen führte. Er suchte unter dem nassen Schnee nach wässerigen Moosbeeren und tastete nach Binsen, die er mit den Wurzeln herauszog. Aber es war geschmackloses Zeug und sättigte nicht. Er fand ein Unkraut, das sauer schmeckte, und er aß alles, was er davon finden konnte; es war aber nicht sonderlich viel, da es eine Kriechpflanze war, die bald unter einer Schicht Schnee verdeckt wurde.

In der folgenden Nacht hatte er weder Feuer noch heißes Wasser und kroch unter seine Decke, um den unerquicklichen Schlaf des Hungernden zu schlafen. Der Schnee verwandelte sich in einen kalten Regen. Er erwachte mehrmals davon, dass er ihm direkt aufs Gesicht tropfte. Der Tag brach an – ein grauer Tag ohne Sonne. Der Regen hatte aufgehört. Die Heftigkeit seines Hungers war verschwunden. Sein Empfindungsvermögen, soweit es das Verlangen nach Nahrung betraf, war erschöpft. Es gab einen dumpfen, drückenden Schmerz in seinem Magen, aber der belästigte ihn nicht so sehr. Er war jetzt klarer bei Verstand, und sein Interesse richtete sich wieder auf das Land der kleinen Stöcke und das Vorratslager am Dease River.

Er riss den Rest von einer seiner Decken in Streifen und verband seine blutenden Füße damit. Ebenso bandagierte er das verletzte Fußgelenk neu und bereitete sich auf einen Marschtag vor. Als er an sein Gepäck ging, verweilte er lange bei dem prallen Elchlederbeutel, aber schließlich nahm er ihn doch wieder mit.

Der Schnee war durch den Regen geschmolzen, nur die Bergkuppen waren noch weiß. Die Sonne kam hervor, und er konnte sich nach der Himmelsrichtung orientieren; nun erkannte er, dass er sich verlaufen hatte. Wahrscheinlich war er bei seinem Herumwandern in den letzten Tagen zu weit nach links abgekommen. Jetzt schlug er sich nach rechts, um die mögliche Abweichung von seinem eigentlichen Weg auszugleichen. Wenn auch der nagende Hunger nicht mehr quälend war, so fühlte er doch, wie schwach er war. Er war gezwungen, immer wieder Ruhepausen einzulegen, in denen er sich über die Moosbeeren und die Schilfgrasbüschel hermachte. Seine Zunge fühlte sich trocken und geschwollen an, als sei sie von einem feinen haarigen Pelz überzogen, und ein bitterer Geschmack war in seinem Mund. Sein Herz bereitete ihm große Beschwerden. Sobald er ein paar Minuten gelaufen war, begann es unbarmherzig zu hämmern und dann auf und ab zu hüpfen mit schmerzhaft flatternden Schlägen, die ihm die Luft nahmen und ihn kraftlos und benommen werden ließen.

Um die Mittagszeit fand er zwei kleine Fische in einem großen Wasserloch. Es war unmöglich, es auszuschöpfen, aber der Mann war jetzt ruhiger und schaffte es, sie in seinem Blechnapf zu fangen. Sie waren nicht länger als sein kleiner Finger, aber er war auch nicht besonders hungrig. Der dumpfe Schmerz in seinem Magen war noch dumpfer und schwächer geworden. Es schien fast so, als sei sein Magen eingedöst. Er aß die Fische roh und kaute dabei besonders sorgsam, denn dieses Essen war ein bloßer Akt der Vernunft. Wenn er auch kein Verlangen nach Essen hatte, so wusste er doch, dass er essen musste, um zu überleben.

Am Abend fing er drei weitere kleine Fische, aß zwei und sparte den dritten für das Frühstück auf. Die Sonne hatte einzelne Moosbüschel getrocknet, und er konnte sich nun mit heißem Wasser wärmen. Er hatte an diesem Tag nicht mehr als zehn Meilen geschafft, und am nächsten Tag, an dem er ging, wann immer sein Herz es zuließ, schaffte er nicht mehr als fünf Meilen. Sein Magen aber verursachte ihm nicht mehr die geringsten Beschwerden. Er war wie eingeschlafen. Der Mann befand sich nun in einer ihm fremden Gegend, und die Karibus wurden zahlreicher, wie auch die Wölfe. Ihr Heulen hallte häufig über die Einöde, und einmal sah er drei von ihnen sich vor seinem Weg davonschleichen.

Wieder eine Nacht; und am Morgen knotete er, vernünftiger geworden, den Lederriemen auf, der den prallen Elchlederbeutel verschloss. Aus seiner Öffnung ergoss sich ein gelber Schwall von grobkörnigem Goldstaub und Goldklumpen. Er teilte das Gold ungefähr in zwei Hälften, versteckte die eine Hälfte in ein Stück Decke verpackt an einem markanten Felsen und schüttete die andere Hälfte wieder in den Sack zurück. Er musste nun schon Streifen von seiner letzten ihm verbliebenen Decke für seine Füße benutzen. An sein Gewehr klammerte er sich immer noch, da es in jenem Vorratslager am Dease River Patronen geben würde.

Es war ein nebliger Tag, und an diesem Tag erwachte der Hunger in ihm von Neuem. Er war sehr schwach und wurde von Schwindelanfällen heimgesucht, durch die es ihm zeitweise schwarz vor den Augen wurde. Es kam nun häufig vor, dass er stolperte und fiel, und als er wieder einmal stolperte, fiel er mitten in ein Schneehuhnnest. Darin lagen drei frisch geschlüpfte Küken, einen Tag alt – kleine Häufchen pulsierenden Lebens, nicht mehr als ein Mundvoll; und er verschlang sie gierig, indem er sie sich lebendig in den Mund stopfte und sie zwischen seinen Zähnen wie Eierschalen zermalmte.

Die Mutter der Schneehühnchen flatterte mit großem Gezeter um ihn herum. Er benutzte sein Gewehr als Keule, um sie zu erschlagen, aber sie blieb außerhalb seiner Reichweite. Er warf Steine nach ihr, und durch einen Zufallstreffer zertrümmerte er ihr einen Flügel. Danach rannte sie flatternd und den gebrochenen Flügel nachschleifend davon und er ihr nach.

Die kleinen Küken hatten nichts weiter als seinen Appetit angestachelt. Er hüpfte und humpelte mit seinem verletzten Knöchel unbeholfen vor-

wärts, warf Steine und stieß zeitweise heisere Schreie aus; dann wieder hüpfte und humpelte er schweigend voran, raffte sich entschlossen und grimmig wieder auf, wenn er fiel, oder rieb sich die Augen mit der Hand, wenn das Schwindelgefühl ihn zu überwältigen drohte.
Die Jagd führte ihn über sumpfigen Grund in der Talniederung, und dabei stieß er im nassen Moos auf Fußspuren. Es waren nicht die seinen, das konnte er sehen. Es mussten Bills Spuren sein. Aber er konnte nicht anhalten, denn die Schneehuhnmutter rannte weiter. Er wollte sie zuerst fangen, dann zurückkommen und Nachforschungen anstellen.
Er ermüdete die Schneehuhnmutter, aber gleichzeitig auch sich selbst. Sie lag hechelnd auf der Seite. Ein Dutzend Schritte entfernt lag er, unfähig, zu ihr hinzukriechen. Und als er sich erholt hatte, hatte auch sie sich erholt und flatterte außer Reichweite, als seine hungrige Hand nach ihr griff. Die Jagd begann von Neuem. Als die Nacht hereinbrach, entkam sie. Er stolperte vor Schwäche, und mit seinem Gepäck auf dem Rücken fiel er kopfüber auf sein Gesicht und riss sich die Wange auf. Er bewegte sich längere Zeit überhaupt nicht; dann rollte er sich auf die Seite, zog seine Uhr auf, und lag so bis zum Morgen.
Ein weiterer nebliger Tag. Die Hälfte seiner letzten Decke war bereits für Fußbandagen draufgegangen. Es gelang ihm nicht, Bills Spur wiederzufinden. Es war ihm egal. Sein Hunger trieb ihn zu mächtig voran – lediglich die Frage, und nur diese eine, ob Bill sich eventuell auch verlaufen hatte, beschäftigte ihn. Gegen Mittag wurde ihm die Last seines Gepäcks zu schwer. Wieder teilte er das Gold auf. Diesmal schüttete er die Hälfte aber einfach auf den Boden. Am Nachmittag warf er den Rest vollends weg, sodass ihm nur noch die halbe Decke, der Blechnapf und das Gewehr blieben.
Jetzt begann ihn eine Wahnvorstellung zu quälen. Er war fest davon überzeugt, dass ihm noch eine Patrone geblieben war. Sie steckte im Magazin seines Gewehrs, und er hatte sie übersehen. Andererseits wusste er die ganze Zeit genau, dass das Magazin leer war. Aber die Wahnvorstellung hielt sich hartnäckig. Er bekämpfte sie stundenlang, dann riss er sein Gewehr auf und blickte in das leere Magazin. Die Enttäuschung war so groß, als hätte er wirklich erwartet, die Patrone zu finden.

Er war mühsam eine halbe Stunde vorwärtsgestapft, als die Wahnvorstellung wiederkam. Wieder wehrte er sich gegen sie, und trotzdem hielt sie sich hartnäckig, bis er zu seiner Entlastung das Gewehr abermals öffnete, um sich vom Gegenteil zu überzeugen. Manchmal schweiften seine Gedanken noch weiter ab, und er trottete dahin wie ein Automat, während merkwürdige Vorstellungen und Verrücktheiten wie Würmer an seinem Gehirn nagten. Aber diese Ausflüge aus der Wirklichkeit waren nur von kurzer Dauer, denn regelmäßig rief ihn der quälende Hunger wieder zurück. Einmal wurde er von einem solchen Ausflug durch einen Anblick jäh zurückgeholt, der ihm fast die Sinne raubte. Er taumelte und schwankte, torkelte wie ein Betrunkener, der sich auf den Beinen zu halten versucht. Vor ihm stand ein Pferd. Ein Pferd! Er traute seinen Augen nicht. Ein dichter Schleier war vor ihnen, und er sah Sternchen. Er rieb sich kräftig die Augen, um einen klaren Blick zu bekommen, und sah dann kein Pferd, sondern einen großen braunen Bär. Das Tier beobachtete ihn mit kampfeslustiger Neugier.

Der Mann hatte bereits sein Gewehr halb in Anschlag gebracht, bevor er kapierte. Er ließ es wieder sinken und zog sein Jagdmesser aus der perlenverzierten Scheide an seiner Hüfte. Vor ihm stand Fleisch und Leben. Er fuhr mit dem Daumen über die Schneide seines Messers. Es war scharf. Auch die Spitze war gut geschliffen. Er würde sich auf den Bären stürzen und ihn töten. Aber sein Herz begann warnend zu klopfen. Dann folgte ein wilder Hüpfer und ein Trommelwirbel von nervösen, unrhythmischen Schlägen, ein Druck auf seine Schläfen, wie von einem Eisenband, und ein schleichendes Schwindelgefühl in seinem Gehirn.

Sein Mut der Verzweiflung wurde von einer Woge der Angst hinweggeschwemmt. Was war, wenn das Tier ihn während seines Schwächeanfalls angriff? Er richtete sich auf und nahm eine möglichst drohende Haltung ein, umklammerte das Messer und starrte den Bären durchdringend an. Der Bär tappte plump ein paar Schritte vorwärts, richtete sich auf und gab ein unentschlossenes Brummen von sich. Falls der Mann wegrannte, würde er ihm nachrennen; aber der Mann rannte nicht weg. Er war nun vom Mut der Verzweiflung beseelt. Auch er brummte jetzt, wild und grimmig, und verlieh der Angst Ausdruck, die zum Leben gehört und mit dessen tiefsten Wurzeln verflochten ist.

Der Bär trollte sich unter drohendem Brummen seitwärts, erschreckt von dieser seltsamen Kreatur, die ihm aufrecht und furchtlos entgegentrat. Der Mann aber rührte sich nicht. Er stand wie eine Statue, bis die Gefahr vorüber war, und er von einem krampfhaften Zittern überwältigt wurde und in das nasse Moos niedersank.

Er raffte sich wieder auf und ging weiter, nun von einer neuen Art von Angst verfolgt. Es war nicht die Furcht, dass er aus Mangel an Nahrung langsam sterben, sondern dass er gewaltsam getötet werden könnte, bevor der Hungertod den letzten Funken Überlebenswille auslöschte. Da waren die Wölfe. Von allen Seiten hallte ihr Heulen über die Wildnis und verwob die ganze Luft zu einem Netz der Bedrohung, das so greifbar war, dass er sich ertappte, wie er es mit erhobenen Händen von sich wegzudrücken versuchte, als wäre es die Plane eines vom Wind niedergedrückten Zeltes.

Immer wieder kreuzten Wölfe in Rudeln von zwei oder drei Tieren seinen Weg. Aber sie wichen ihm aus. Sie waren nicht zahlreich genug, und außerdem jagten sie lieber das Karibu, das sich nicht wehrte, während dieses fremdartige Wesen, das aufrecht ging, eventuell kratzte und biss.

Am späten Nachmittag stieß er auf verstreute Knochen, wo die Wölfe Beute geschlagen hatten. Diese Überreste waren eine halbe Stunde zuvor noch ein blökendes, herumtollendes und sehr lebendiges Karibukalb gewesen. Er betrachtete nachdenklich die Knochen, die sauber abgenagt und blank waren und rosa von dem noch nicht abgestorbenen Zellsaft in ihnen. – Könnte es vielleicht sein, dass er selbst so aussah, noch ehe der Tag vorüber war? So ist das Leben nun mal, oder? Ein vergebliches und vergängliches Ding. Es ist allein das Leben, das schmerzt. Im Tod liegt kein Schmerz. Sterben ist wie Schlafen. Es bedeutet Stillstand, Ruhe. Warum war er dann nicht bereit zu sterben?

Aber er philosophierte nicht lange. Er hockte sich ins Moos, einen Knochen im Maul, und saugte die Lebensreste aus dem Knochen, die ihn noch blassrosa färbten. Der süßliche Fleischgeschmack, der schwach und flüchtig wie eine Erinnerung war, machte ihn verrückt. Er schob die Knochen zwischen seine Kiefer und biss zu. Manchmal waren es die Knochen, die brachen, manchmal seine Zähne. Schließlich zertrümmerte er die Knochen zwischen Steinen, zerstieß sie zu einem Brei und verschlang sie. Er schlug sich in seiner Hast dabei auf die Finger und wunderte sich einen Augenblick, dass die Finger kaum schmerzten, wenn sie unter den niedersausenden Stein gequetscht wurden.

Es kamen fürchterliche Tage voll Schnee und Regen. Er wusste kaum noch, wann er lagerte und wann er wieder aufbrach. Er wanderte in der Nacht ebenso viel wie am Tage. Er rastete, wo er gerade hinfiel, schleppte sich weiter, wann immer das erlöschende Leben in ihm aufflackerte und weniger schwach abbrannte. Er, als Mensch, kämpfte nicht länger. Es war das Leben in ihm, das nicht willens war zu sterben und ihn weitertrieb. Er litt nicht mehr. Seine Nerven waren stumpf, empfindungslos geworden, während sein Kopf mit verrückten Fantasien und wunderlichen Träumen gefüllt war.

Aber ständig saugte und kaute er an den letzten Überresten der Knochentrümmer des Karibukalbs, die er aufgesammelt und mitgenommen hatte. Er überquerte keine Hügel oder Kämme mehr, sondern folgte ohne zu überlegen einem breiten Fluss, der durch ein weites und flaches Tal floss. Er sah aber weder den Fluss noch das Tal. Er sah nichts als seine Traumbilder. Seele und Körper gingen oder krochen Seite an Seite, jeweils für sich; der Faden, der sie zusammenhielt, war nur noch sehr dünn.

Er wachte einmal auf einem Felsvorsprung auf dem Rücken liegend auf und war ganz bei Sinnen. Die Sonne schien strahlend und warm. Weit entfernt hörte er das Quäken eines Karibukalbes. Er hatte verschwommene Erinnerungen an Regen und Wind und Schnee, aber ob er dem Unwetter seit zwei Tagen oder zwei Wochen ausgesetzt gewesen war, konnte er nicht sagen.

Eine Zeit lang lag er bewegungslos da. Der Sonnenschein flutete über ihn und durchdrang seinen Körper mit belebender Wärme. Ein wunderbarer Tag, dachte er. Vielleicht würde er feststellen können, wo er sich gerade befand. Mit einer schmerzhaften Kraftanstrengung wälzte er sich auf die

Seite. Unterhalb von seinem Platz floss ein breiter und träger Fluss. Seine Fremdartigkeit verwirrte ihn. Langsam folgte er mit den Augen den weiten Schleifen, mit denen er sich durch die öden, kahlen Hügel wand – trostloser, kahler und flacher als alle Hügel, durch die er bis jetzt gekommen war. Langsam, bedächtig, ohne Aufregung oder mehr als ein flüchtiges Interesse folgte er dem Lauf des unbekannten Stroms bis zum Horizont und sah ihn dort in eine hell glitzernde See einmünden. Er war immer noch ganz ruhig. Sehr ungewöhnlich, dachte er, ein Wunschbild oder eine Luftspiegelung – wohl eine Fata Morgana, eine Vorspiegelung seiner verwirrten Sinne. Bestärkt in dieser Ansicht wurde er durch ein Schiff, das er inmitten der glitzernden See vor Anker liegen sah. Er schloss seine Augen eine Weile und öffnete sie dann wieder. Aber merkwürdig, das Trugbild blieb bestehen. Und doch wiederum nicht merkwürdig. Er wusste ja, dass es kein Meer und kein Schiff inmitten der Tundra gab, wie er auch gewusst hatte, dass keine Patrone mehr in seinem leer geschossenen Gewehr gewesen war.

Er hörte ein Geschnaufe hinter sich – ein halbersticktes Niesen und Husten. Wegen seiner ungeheuren Schwäche und Steifheit konnte er sich nur sehr langsam auf die andere Seite wälzen. In unmittelbarer Nähe vermochte er nichts zu erblicken, aber er wartete geduldig. Wieder erklang das Niesen und Husten, und er machte den grauen Kopf eines Wolfs aus, der sich kaum zwanzig Fußlängen von ihm entfernt zwischen zwei gezackten Felsblöcken abzeichnete. Die spitzen Ohren waren nicht so steil aufgerichtet, wie er es bei den anderen Wölfen gesehen hatte; die Augen waren trübe und blutunterlaufen, der Kopf schien schlapp und kraftlos herunterzuhängen. Das Tier blinzelte unablässig in das Sonnenlicht. Es schien krank zu sein. Während er es betrachtete, nieste und hustete es wieder.

Wenigstens dies ist wirklich, dachte er und drehte sich auf die andere Seite, damit er die Wirklichkeit jener Welt sehen könne, die ihm zuvor durch das Trugbild verschleiert gewesen war. Aber die See schimmerte in der Ferne, und das Schiff war deutlich sichtbar. War es also doch Wirklichkeit? Er schloss für eine lange Zeit seine Augen und dachte nach, dann wurde es ihm plötzlich klar. Er war nach Nordosten gezogen, weg von der Wasserscheide des Dease River und hinein in das Coppermine-Tal. Dieser breite und gemächliche Strom war der Coppermine; und diese glitzernde See war das Polarmeer. Das Schiff war ein Walfänger, den es von der Mündung des Mackenzie River weit nach Osten verschlagen hatte, und das nun im Coronation-Golf vor Anker lag. Er erinnerte sich an die Landkarte der Hudson Bay Company, die er vor langer Zeit gesehen hatte, und nun war ihm alles klar und nachvollziehbar.

Er setzte sich auf und wandte seine Aufmerksamkeit den näherliegenden Dingen zu. Er hatte seine Fußlappen durchgescheuert und seine Füße waren formlose Klumpen rohen Fleisches. Seine letzte Decke war aufgebraucht. Gewehr und Messer fehlten beide. Seinen Hut hatte er irgendwo verloren samt dem Bündel Streichhölzer darin, aber die Streichhölzer in seinem Tabakbeutel waren sicher und trocken in Ölpapier eingewickelt. Er sah auf seine Uhr. Sie zeigte elf Uhr an und lief noch. Offensichtlich hatte er sie regelmäßig aufgezogen.

Er war ruhig und gefasst. Trotz seiner extremen Schwäche hatte er keine Empfindung von Schmerz. Er war auch nicht hungrig. Der Gedanke an Nahrung war ihm nicht einmal angenehm, und alles was er tat, machte er allein aus der Notwendigkeit heraus. Er riss die Beine seiner Hosen bis zu den Knien weg und band sie um seine Füße. Irgendwie war es ihm gelungen, den Blechnapf zu behalten. Er wollte etwas heißes Wasser trinken, bevor er sich auf den Weg zum Schiff machte, der, wie er voraussah, fürchterlich werden würde.

Seine Bewegungen waren langsam. Er zitterte wie in einem Krampf. Als er anfing, trockenes Moos zu sammeln, merkte er, dass er nicht auf seine Füße kommen konnte. Er versuchte immer und immer wieder, sich hinzustellen, aber schließlich musste er sich damit behelfen, auf Händen und Knien herumzukriechen. Einmal geriet er dabei in die Nähe des kranken Wolfs. Das Tier schleppte sich widerwillig ein Stück seitwärts, wobei es sich die Lefzen mit der Zunge leckte, die kaum noch die Kraft zu haben schien, sich einzurollen. Der Mann bemerkte, dass die Zunge nicht das übliche gesunde Rot aufwies. Sie war gelblich-braun und schien mit einem zähen und halbtrockenen Schleim bedeckt.

Nachdem er einen Liter heißes Wasser getrunken hatte, merkte der Mann, dass er nun in der Lage war, aufzustehen und auch zu gehen, so gut es eben einem zu Tode erschöpften Mann möglich war. Ungefähr jede Minute musste er eine Pause einlegen. Seine Schritte waren kraftlos und unsicher, gerade so wie die des Wolfs, der ihm folgte. Und am Abend, als die glitzernde See von der Dunkelheit ausgelöscht wurde, wusste er, dass er ihr nicht mehr als vielleicht vier Meilen nähergekommen war.

Die ganze Nacht hindurch hörte er das Husten des kranken Wolfs und hin und wieder das Quäken der Karibukälber. Rund um ihn war Leben, aber es war kräftiges Leben, sehr lebendig und gesund, und er wusste, dass der kranke Wolf sich an die Spur des kranken Mannes heftete in der Hoffnung, dass der Mann vor ihm sterbe. Am Morgen, als er die Augen aufschlug, sah er den Wolf mit einem gierigen und hungrigen Blick auf ihn starren. Er stand geduckt da, mit dem Schwanz zwischen den Läufen wie ein elender, verwahrloster Köter. Er zitterte im kühlen Morgenwind und fletschte halbherzig die Zähne, als der Mann ihn mit einer Stimme anredete, die kaum mehr war als ein heiseres Flüstern.

Die Sonne ging strahlend auf, und den ganzen Morgen torkelte und wankte der Mann in Richtung des Schiffes in der glitzernden See. Das Wetter war bestens. Es war der kurze Nachsommer der hohen Breitengrade. Er würde vielleicht eine Woche andauern. Morgen oder übermorgen konnte er bereits wieder vorüber sein.

Am Nachmittag stieß der Mann auf eine Spur. Sie stammte von einem anderen Mann, der nicht ging, sondern sich auf allen Vieren vorwärtsschleppte. Der Mann dachte, dass es Bill sein könnte, aber er dachte es in einer gleichgültigen und uninteressierten Weise. Er empfand keine Neugier. Empfindungen und Gefühlsregungen hatten ihn gänzlich verlassen. Selbst Schmerzen empfand er nicht mehr. Magen und Nerven waren in einen Schlaf verfallen. Nur das nackte Leben in ihm trieb ihn noch vorwärts. Er war völlig ausgezehrt, aber das Leben weigerte sich zu sterben. Und weil es sich weigerte zu sterben, aß er immer noch Moosbeeren und kleine Fische, trank sein heißes Wasser und hatte ein wachsames Auge auf den kranken Wolf.

Er folgte der Spur des anderen Mannes, der sich dahinschleppte, und dann kam er an ihr Ende – eine Stelle mit ein paar frisch abgenagten Knochen, wo das Moos die Fußabdrücke vieler Wölfe aufwies. Er sah einen prallen Elchlederbeutel, ähnlich dem seinen, den scharfe Zähne aufgerissen hatten. Er hob ihn auf, obwohl sein Gewicht fast zu schwer war für seine kraftlosen Finger. Bill hatte ihn also bis zuletzt mit sich geschleppt. Ha! Ha! Wer zuletzt lacht, lacht am besten, Bill! Er würde überleben und den Beutel mit zu dem Schiff auf der glitzernden See nehmen. Sein Gelächter war heiser und hässlich wie das Krächzen eines Raben, und der kranke Wolf stimmte erbärmlich heulend ein. Der Mann verstummte abrupt. Wie hatte er nur über Bill lachen können, wenn das hier Bill war; wenn diese rosigweißen, blankgenagten Knochen Bill gewesen waren?

Er wandte sich ab. Sicher, Bill hatte ihn im Stich gelassen, aber er würde weder das Gold nehmen noch die Knochen aussaugen. Bill freilich hätte das im umgekehrten Fall getan, sinnierte er vor sich hin, als er weiterstakste.

Er kam an ein Wasserloch. Als er sich auf der Suche nach Fischen darüber beugte, zuckte er mit dem Kopf zurück, als ob er gestochen worden wäre. Er hatte für einen Augenblick sein Spiegelbild gesehen. Es war so schrecklich, dass sein Empfinden erwachte und er geschockt war. Es waren drei kleine Fische in dem Tümpel, der aber zu groß zum Trockenlegen war; und nach mehreren vergeblichen Versuchen, sie mit dem Blechnapf zu fangen, gab er es auf. Er hatte wegen seiner großen Schwäche Angst, dass er hineinfallen und ertrinken könnte. Aus dem selben Grund wagte er es auch nicht, sich rittlings auf einem der vielen Schwemmholzstämme, welche die Uferbänke säumten, den Fluss hinabtreiben zu lassen. An diesem Tag verkürzte er die Distanz zwischen sich und dem Schiff um etwa drei Meilen, am nächsten Tag nur um zwei, denn er kroch nun auf allen Vieren, wie Bill gekrochen war; und am Ende des fünften Tages befand er sich noch sieben Meilen vom Schiff entfernt und war nicht in der Lage, auch nur eine Meile am Tag zurückzulegen.

Noch dauerte der Nachsommer an, und er fuhr in stetem Wechsel damit fort, zu kriechen und ohnmächtig dazuliegen; und die ganze Zeit hustete und keuchte der kranke Wolf dicht auf seinen Fersen. Die Knie des Mannes waren zu rohem Fleisch geworden wie seine Füße, und obwohl er sie mit Teilen seines Hemdes umwickelte, hinterließ er eine rote Spur hinter sich auf dem Moos und den Steinen. Einmal, als er zurückblickte, sah er den Wolf hungrig seine blutige Spur auflecken, und er sah deutlich vor sich, was sein Ende sein würde – es sei denn –, es sei denn, er könnte den Wolf erledigen. Daraufhin begann eines der grimmigsten Dramen des Überlebens, die jemals gespielt wurden: ein kranker Mann, der dahinkroch, ein kranker Wolf, der hinkte, zwei Kreaturen, die ihre sterbenden Leiber durch die Wildnis schleppten und einander nach dem Leben trachteten.

Wäre es ein gesunder Wolf gewesen, hätte es dem Mann nicht so viel ausgemacht; aber der Gedanke, Futter für den Magen dieses ekelerregenden und fast schon toten Viehs abzugeben, war ihm zuwider. Da war er wählerisch. Sein Geist hatte wieder begonnen zu schweifen und sich in Wahnvorstellungen zu verwirren, wobei seine klaren Momente seltener und kürzer wurden.

Aus einer seiner Ohnmachten wurde er einmal durch ein Schnaufen dicht an seinem Ohr aufgeweckt. Der Wolf sprang kraftlos zurück, wobei er das Gleichgewicht verlor und vor Schwäche umfiel. Es sah lächerlich aus, aber dem Mann war nicht zum Lachen zumute. Andererseits hatte er auch keine Angst. Dafür war er bereits zu weit weggetreten. Aber sein Kopf war in diesem Moment klar, und er lag da und dachte nach. Das Schiff war nicht weiter als vier Meilen entfernt. Er konnte es ganz deutlich sehen, wenn er sich den Nebelschleier aus den Augen rieb, und er konnte das weiße Segel eines kleinen Bootes erkennen, welches das glitzernde Wasser durchquerte. Aber er würde nie und nimmer diese vier Meilen kriechen können. Er wusste das und war ganz ruhig angesichts dieser Erkenntnis. Er wusste, dass er nicht einmal mehr eine Meile kriechen konnte. Und trotzdem wollte er leben. Es war unvorstellbar, dass er sterben sollte nach all dem, was er durchgemacht hatte. Das Schicksal verlangte zu viel von ihm. Und bereits im Sterben weigerte er sich zu sterben. Es war wahrscheinlich reiner Wahnsinn, aber noch im Würgegriff des Todes wehrte er sich gegen diesen und weigerte sich zu sterben.

Er schloss seine Augen und konzentrierte sich mit großer Willensanstrengung. Er wappnete sich gegen die erdrückende Müdigkeit, die wie eine ansteigende Flut über alle Quellen seiner Lebenskraft schwappte. Es war wie ein Meer, diese tödliche Müdigkeit, die stieg und stieg und sein Bewusstsein Stück um Stück ertränkte. Manchmal war er ganz darin untergetaucht und schwamm mit versagenden Bewegungen ins Reich des Vergessens hinüber; aber dann, durch irgendeine geheimnisvolle Eigenart seiner Seele, erhaschte er erneut ein Stückchen Willen und kämpfte wieder stärker um sein Überleben.

Regungslos lag er auf dem Rücken und konnte das keuchende Ein- und Ausatmen des Wolfes hören, das langsam immer näher heranrückte. Es kam näher, immer näher, eine unendlich scheinende Zeit lang, und der Mann bewegte sich nicht. Jetzt war es an seinem Ohr. Die raue trockene Zunge rubbelte wie Schmirgelpapier über seine Wange. Seine Hände schossen nach vorn – zumindest befahl er ihnen vorzuschießen. Die Finger waren wie Krallen gekrümmt, aber sie griffen ins Leere. Schnelligkeit und Zielsicherheit erfordern Kraft, und diese Kraft hatte der Mann nicht mehr.

Die Geduld des Wolfs war grauenhaft. Die Geduld des Mannes war es nicht weniger. Einen halben Tag lang lag er regungslos, kämpfte gegen die Bewusstlosigkeit und wartete auf das Wesen, das ihn fressen wollte und das er wiederum auch fressen wollte. Manchmal schwappte ein Meer der Gleichgültigkeit über ihn, und er träumte endlose Träume; aber ob er nun wachte oder träumte, stets wartete er dabei auf den keuchenden Atem und die raue Liebkosung der Zunge.

Er hörte den Atem nicht und glitt erst langsam aus einem Traum zurück, als er die Zunge entlang seiner Hand spürte. Er wartete. Die Fänge des Wolfs packten kraftlos zu; dann erhöhte sich der Druck; der Wolf mobilisierte seine letzten Kräfte für den Versuch, seine Zähne in das Fleisch zu schlagen, auf das er so lange gewartet hatte. Aber auch der Mann hatte lange gewartet, und die gebissene Hand schloss sich um den Kiefer. Während der Wolf sich kraftlos wehrte und die Hand des Mannes kraftlos klammerte, kroch die andere Hand langsam hinüber und packte zu. Fünf Minuten später lag das ganze Körpergewicht des Mannes auf dem Wolf. Die

Hände hatten nicht genügend Kraft, um den Wolf zu erwürgen, aber das Gesicht des Mannes war dicht an die Kehle des Wolfes gepresst, und der Mund des Mannes war voller Haare. Schließlich nach einer halben Stunde bemerkte der Mann ein warmes Rieseln in seiner Kehle. Es war nicht angenehm. Es war, als ob man ihm geschmolzenes Blei in den Magen zwingen würde, und es wurde einzig durch seinen Willen hinuntergezwungen. Danach wälzte sich der Mann auf den Rücken und schlief.

★

An Bord des Walfängers »Bedford« befanden sich einige Mitglieder einer wissenschaftlichen Expedition. Diese bemerkten von Deck aus ein fremdartiges Wesen am Ufer. Es bewegte sich den Strand hinunter auf das Wasser zu. Sie waren nicht in der Lage, das Wesen einzuordnen, und da sie Wissenschaftler waren, kletterten sie in das längsseits liegende Beiboot und ruderten ans Ufer, um nachzusehen. Dort sahen sie etwas, das lebendig war, was aber kaum noch als Mensch bezeichnet werden konnte. Es war blind und nicht bei Sinnen. Es wand sich über den Boden wie ein monströser Wurm. Die meisten seiner Anstrengungen waren vergeblich, aber es war hartnäckig, und es krümmte und bog sich und kam so etwa zwanzig Fußlängen in der Stunde voran.

★

Drei Wochen später lag der Mann in einer Koje des Walfängers »Bedford« und erzählte unter Tränen, die seine ausgezehrten Wangen hinabliefen, wer er war und was er durchgemacht hatte. Er stammelte auch Unzusammenhängendes über seine Mutter, vom sonnigen kalifornischen Süden und von einem Haus inmitten von Orangenhainen und Blumen.

Nur wenige Tage später saß er bereits mit den Wissenschaftlern und den Schiffsoffizieren bei Tisch. Er freute sich an dem Anblick von so viel Nahrung und beobachtete ängstlich, wie diese in die Münder der anderen wanderte. Mit dem Verschwinden jedes einzelnen Bissens trat ein Ausdruck tiefen Bedauerns in seine Augen. Er war wieder ganz bei Verstand, und trotzdem hasste er diese Männer während der Mahlzeiten. Er wurde von der Angst umgetrieben, dass das Essen nicht ausreichen könnte. Er horchte den Koch, den Schiffsjungen und den Kapitän über die Vorräte an Bord aus. Diese beruhigten ihn unzählige Male; aber er konnte ihnen nicht glauben und spionierte heimlich in der Vorratskammer herum, um sich mit eigenen Augen zu überzeugen.

Es fiel auf, dass der Mann bald fett wurde. Er wurde mit jedem Tag beleibter. Die Wissenschaftler schüttelten die Köpfe und stellten Theorien auf. Sie kürzten die Mahlzeiten des Mannes, aber trotzdem wuchs sein Leibesumfang und schwoll mächtig unter seinem Hemd an.

Die Matrosen grinsten. Sie wussten Bescheid. Und als die Wissenschaftler den Mann unter Beobachtung stellten, begriffen auch sie. Sie sahen ihn nach dem Frühstück davonschleichen und wie einen Bettler mit ausgestreckter offener Hand einen Matrosen anbetteln. Der Seemann grinste und gab ihm ein Stück Schiffszwieback. Er griff gierig danach, blickte darauf wie ein Raffgieriger auf Gold und verwahrte es unter seinem Hemd. Ähnlich waren auch die Geschenke, die er von anderen grinsenden Matrosen erhielt.

Die Wissenschaftler waren verständnisvoll. Sie ließen ihn gewähren. Heimlich durchsuchten sie jedoch seine Koje. Sie war vollgestopft mit Zwieback; die Matratze war ausgestopft mit Zwieback; jeder Winkel und jede Ritze war gefüllt mit Zwieback. Dabei war der Mann bei klarem Verstand. Er traf nur Vorsorge für den Fall einer erneuten Hungersnot – das war alles. Er würde sich davon wieder befreien, sagten die Wissenschaftler, und das tat er auch, noch ehe der Anker der »Bedford« in der Bucht von San Francisco hinunterrasselte.

# Die Goldschlucht

Es war das grüne Herz der Schlucht, wo die Felswände in ihrem strengen Verlauf zurückwichen und die Schroffheit ihrer Linien durch eine kleine versteckte Bucht milderten, die schön, wohlgeformt und sanft war. Hier kamen alle Dinge zur Ruhe. Sogar der Bergbach unterbrach seinen strudelnden Lauf lang genug, um einen ruhigen, kleinen See zu bilden. Knietief in seinem Wasser, mit gesenktem Kopf und halb geschlossenen Augen, döste ein Hirschbock mit rotem Fell und weitverzweigtem Geweih.
Auf der einen Seite, unmittelbar am Zufluss des kleinen Sees, lag eine kleine Wiese, eine schattige federnde Grünfläche, die sich bis an den Fuß der düsteren Schluchtwand erstreckte. Auf der anderen Seite des Gewässers zog sich ein mäßig steiler Erdhang zur gegenüberliegenden Schluchtwand empor. Zartes Gras bedeckte diesen Hang – Gras, das mit Blumen durchsetzt war, die hier und dort farbige Flecken bildeten, orange, violett und golden. Unterhalb schloss sich die Schlucht wieder. Man konnte nicht mehr in die Ferne blicken. Die Felswände neigten sich abrupt gegeneinander, und die Schlucht verlor sich in einem Chaos von bemoosten Felsen, die unter einem Vorhang von wildem Wein, Schlingpflanzen und niederhängenden Ästen verborgen waren. Oberhalb der Schlucht erhoben sich weitläufige Hügel und Gipfel – die großen Vorberge, kiefernbestanden und einsam. Und weit dahinter, wie Wolken am Horizont, ragten weiße Türme in den Himmel, wo der ewige Schnee der Sierra die Strahlen der Sonne reflektierte.
In der Schlucht gab es keinen Staub. Die Blätter und Blüten waren rein und unberührt. Das Gras war frisch und samtig. Über den kleinen See ließen drei Pappeln ihre weißen flaumigen Samen durch die ruhige Luft schneien. Auf dem Hang erfüllten die Blüten der Heidekrautgewächse die Luft mit Frühlingsduft, während die Blätter, aus Erfahrung klug, be-

reits begannen, sich senkrecht gegen die Trockenheit des Sommers zu stellen. An den lichten Stellen des Hangs, wo der Schatten der Heidekrautgewächse nicht mehr hinreichte, schwebten die Blüten der Mariposa-Lilien wie ein Schwarm edelsteingeschmückter Falter, der plötzlich verharrt, aber bereits vibrierend vor dem Weiterflug steht. Hier und da hauchte der Erdbeerbaum, der Harlekin des Waldes, seinen Wohlgeruch aus den großen Trauben wachsbleicher glockenförmiger Blüten in die Luft, während gleichzeitig seine erbsengrünen Stämme sich krapprot färbten. Cremig weiß waren diese Glocken, geformt wie die Maiglöckchen und mit dem süßen Duft des Frühlings.

Es gab nicht die Spur eines Windhauchs. Die Luft war von ihren intensiven Düften ganz schlaftrunken. Wäre die Luft schwer und feucht gewesen, wäre sie einem zuwider gewesen. Aber die Luft war klar und leicht. Sie war wie Sternenlicht, verwandelt in Atmosphäre, durchdrungen und erwärmt vom Sonnenschein und durchtränkt von süßem Blütenduft.

Ab und zu flatterte ein Schmetterling durch die Flecken von Licht und Schatten. Und von überall her kam das leise schläfrige Summen der Bergbienen – schwelgenden Genießern, die einander bei den Blüten gutmütig wegdrängelten, aber keine Zeit für ernsthafte Unhöflichkeiten hatten. Der kleine Bach rieselte und plätscherte so ruhig durch die Schlucht dahin, dass er sich nur durch gelegentliches leises Gurgeln bemerkbar machte. Die Laute des Baches waren wie ein schläfriges Flüstern, das durch eine träumerische Stille unterbrochen wurde und immer wieder erwachte. Alles war in sanfter Bewegung, hier im Herzen der Schlucht. Sonnenstrahlen und Schmetterlinge zeigten sich zwischen den Bäumen und verschwanden wieder. Das Summen der Bienen und das Flüstern des Bachs bildeten eine ständig wechselnde Geräuschkulisse. Und die wechselnden Klänge und die wechselnden Farben schienen zusammen ein feines und unfassbar zartes Gespinst zu weben, das die besondere Eigenart des Ortes bildete. Sie war geprägt von Frieden; nicht dem ewigen Frieden des Todes, sondern dem des ruhig pulsierenden Lebens, von einer Stille, die kein Schweigen war, von einer Bewegung ohne Eile, von einer Ruhe, die voll Leben war, aber ohne die Anstrengungen und Mühsale des Überlebens-

kampfes. Der Geist des Ortes war der Geist friedvollen Lebens, einschläfernd in seiner Behaglichkeit, zufrieden in seinem Reichtum und ungestört vom Lärm ferner Kampfplätze.
Auch der Hirsch mit seinem roten Fell und weitverzweigten Geweih wusste um den besonderen Geist dieses Ortes und döste bis zu den Knien in dem kühlen, schattigen Gewässer stehend vor sich hin. Es schienen keine lästigen Fliegen da zu sein, und er war ganz träge von all der Ruhe. Manchmal spitzte er seine Ohren, wenn der Bach erwachte und flüsterte; aber sie bewegten sich ohne Eile, da sie bereits ahnten, dass es nur der Bach war, der bemerkt hatte, dass er eingeschlafen war, und nun wieder zu reden begann.
Aber dann spitzte der Hirsch die Ohren plötzlich schnell und lauschte angespannt nach Geräuschen. Sein Haupt drehte sich schluchtabwärts. Seine empfindsam witternden Nüstern prüften die Luft. Den grünen Vorhang, durch welchen der Bach verschwand, konnten seine Augen nicht durchdringen, aber seine Ohren fingen die Laute eines Menschen ein. Es war ein anhaltender, eintöniger Singsang. Einmal hörte der Hirsch den grellen Klang von Metall auf Stein. Bei diesem Geräusch tat er schnaubend einen plötzlichen Sprung, der ihn aus dem Wasser auf die Wiese brachte, wo seine Läufe in das frische samtige Grün einsanken, während er seine Ohren weiterhin spitzte und erneut die Luft prüfte. Dann lief er lautlos über die Wiese, hielt immer wieder an, um zu lauschen, und verschwand schließlich aus der Schlucht, leichtfüßig und lautlos wie ein Gespenst.
Das Geräusch nagelbeschlagener Sohlen auf den Felsen erklang, und die Stimme eines Mannes wurde lauter. Es war ein Gesang, der beim Näherkommen deutlicher wurde, sodass die Worte verständlich waren:

»Dreh dich um und dreh dein Gesicht,
Entdeck der lieblichen Hügel Licht,
Acht nicht auf die Macht des Bösen!
Schau herum im weiten Rund,
Schleuder dein Sündenbündel in den Grund,
Morgen früh wird der Herr dich erlösen!«

Das Lied war begleitet von lärmenden Geräuschen, und der Geist des Ortes floh auf der Fährte des Hirsches davon. Der grüne Vorhang wurde auseinandergerissen und ein Mann spähte heraus auf die Wiese, den kleinen See und den seitlichen Hang. Es war ein Mann der bedächtigen Art. Er verschaffte sich zunächst Überblick über die Umgebung, bevor seine Augen über die Einzelheiten wanderten, um seinen ersten Eindruck zu überprüfen. Dann, und erst dann, öffnete er seinen Mund zu einem lebhaften und feierlichen Jubel:

»Rauch des Lebens und Schlangen des Fegefeuers! Schaut doch mal auf das hier! Wald und Wasser und Gras und ein sanfter Hang! Eine Freude für jeden Goldjäger und ein Paradies für Ponys! Frisches Grün für müde Augen! Rosa Pillen für Bleichgesichtige gibt's hier nicht, aber eine verborgene Weide für Goldsucher und einen Rastplatz für müde Lastesel, verdammt!«

Er hatte eine sandfarbene Haut, und in seinem Gesicht schienen Freundlichkeit und Humor die prägenden Charakterzüge zu sein. Es war ein lebhaftes Gesicht, das sich je nach Stimmung und Gedanken rasch veränderte. Das Denken war bei ihm ein offen sichtbarer Vorgang. Die Gedanken flogen über sein Gesicht wie Windböen über die Oberfläche eines Sees. Sein dünnes ungekämmtes Haar war von genauso unbestimmbarer Farbe wie seine Gesichtsfarbe. Es schien so, als ob all die Farbe seines Äußeren in seine Augen gewandert sei – denn diese strahlten in einem erstaunlichen Blau. Außerdem waren es lachende und fröhliche Augen, die viel von der Unbefangenheit und dem Staunen eines Kindes hatten; und doch zeigten sie auf unbestimmte Weise viel ruhiges Selbstvertrauen an und eine Zielstrebigkeit, die auf Lebenserfahrung und Weltkenntnis beruhte.

Er warf aus dem Pflanzengewirr, hinter dem er stand, eine Bergmannshacke, eine Schaufel und eine Goldwaschpfanne heraus. Dann kroch er selbst ins Freie. Er trug eine abgetragene Latzhose und ein schwarzes Baumwollhemd, hatte grob beschlagene Stiefel an den Füßen und einen Hut auf dem Kopf, dessen Formlosigkeit und Flecken von Wind und Regen, Sonne und Lagerfeuerrauch gezeichnet waren. Er stand aufrecht da, überblickte mit weit geöffneten Augen das Geheimnis der Szenerie und sog genießerisch den warmen, süßen Atem dieses Gartens in der Schlucht durch seine Nasenflügel ein, die sich vor Entzücken weiteten und bebten. Seine Augen zogen sich zu lachenden blauen Schlitzen zusammen, sein Gesicht bekam einen freudigen Ausdruck, und um seinen Mund kräuselte sich ein Lächeln, als er ausrief:

»Bei allen fröhlich vergnügten Blumen, das riecht mir hier aber gut! Erzählt mir ruhig von euren Rosenparfüm- und Kölnischwasserfabriken! Die können da nicht mithalten!«

Er hatte die Angewohnheit, Selbstgespräche zu führen. Sein lebhaftes Mienenspiel hätte zwar bereits jeden seiner Gedanken und Stimmungen verraten, aber die Zunge musste unbedingt hinterherrennen und alles nachplappern, wie der Lobredner dem Dichter. Der Mann legte sich an den Rand des Wassers und trank lang daraus in tiefen Zügen.

»Das schmeckt mir gut«, murmelte er und hob seinen Kopf, um über das Wasser auf den seitlichen Hang zu blicken, während er mit dem Handrücken seinen Mund abwischte. Der Hang hatte seine Aufmerksamkeit erregt. Noch immer auf dem Bauch liegend, studierte er lange und sorgfältig den Aufbau des Hangs. Es war ein erfahrenes Auge, das zunächst den Hang hinauf bis zur bröckelnden Wand der Schlucht wanderte und dann zum Wasser zurück. Er richtete sich gemächlich auf und nahm, nun wieder auf den Füßen stehend, den Hang ein weiteres Mal in den Blick.

»Sieht mir gut aus«, befand er schließlich und hob Hacke, Schaufel und Goldpfanne auf.

Er überquerte den Bach unterhalb des kleinen Sees, indem er leichtfüßig von Stein zu Stein sprang. Wo der Hang ans Wasser reichte, grub er eine Schaufel Erde aus und schüttete sie in die Goldpfanne. Er hockte sich nieder, hielt die Pfanne mit beiden Händen und tauchte sie halb in den Bach. Dann versetzte er die Pfanne in eine kreisende Bewegung, welche das Wasser über die Erde und den Kies spülte. Die größeren und die leichteren Teile kamen dadurch an die Oberfläche, und diese spülte er mit einer geschickten Schwenkbewegung über den Rand der Pfanne hinaus. Gelegentlich, um die Sache zu beschleunigen, hielt er auch inne und las mit den Fingern die größeren Kiesel und Steinbrocken aus der Pfanne.

Der Inhalt der Pfanne wurde rasch weniger, bis schließlich nur noch feiner Sand und kleinste Kiesteilchen zurückblieben. Ab diesem Zeitpunkt begann er sehr bedächtig und sorgfältig zu arbeiten. Es war das Feinwaschen, und er wusch fein und feiner, scharf beobachtend und mit vorsichtigen, genauen Bewegungen. Zuletzt schien die Pfanne leer zu sein, bis auf das Wasser, aber mit einer raschen halbkreisförmigen Bewegung, welche das Wasser über den Rand in den Bach schwappte, brachte er eine Schicht schwarzen Sandes auf dem Pfannenboden zutage. Die Schicht war so dünn, dass sie wie ein Farbanstrich aussah. Er betrachtete sie von Nahem. In ihrer Mitte war ein kleines goldenes Körnchen. Er ließ ein wenig Wasser über die untere Kante in die Pfanne strömen. Mit einer raschen Drehung spülte er das Wasser über den Boden und wirbelte die schwarzen Sandkörner auf. Ein zweites kleines goldenes Körnchen belohnte seine Mühe.

Das Waschen war jetzt Feinarbeit geworden – viel feiner, als es sonst beim gewöhnlichen Goldwaschen notwendig war. Er bearbeitete den schwarzen Sand in kleinen Portionen auf dem flachen Rand der Pfanne. Jede dieser kleinen Portionen untersuchte er so genau, dass seine Augen jedes Körnchen davon sahen, bevor er ihm erlaubte, über den Rand der Pfanne zu gleiten. Sorgfältig ließ er nach und nach den schwarzen Sand verschwinden. Ein Goldkörnchen, nicht größer als ein Stecknadelkopf, erschien auf dem Rand und kehrte durch die Spülbewegungen wieder auf den Boden der Pfanne zurück. Auf diese Weise zeigte sich ein Körnchen nach dem anderen. Er ging mit ihnen sehr behutsam um. Wie ein Schäfer hütete er seine Herde von goldenen Körnchen, damit keines verloren gehe.

Schließlich war von der Pfanne voll Erde nichts mehr übrig, als diese goldene Herde. Er zählte sie, und dann, nach all der Arbeit, schleuderte er sie mit einem letzten Schwall Wasser aus der Pfanne hinaus. Aber seine blauen Augen leuchteten voller Begierde, als er sich aufrichtete.

»Sieben«, murmelte er hörbar; das war die Summe der Goldkörnchen, für die er sich so hart abgemüht und die er dann einfach so weggeworfen hatte. »Sieben«, wiederholte er mit Nachdruck, wie jemand, der sich eine Zahl einzuprägen versucht.

Er stand noch eine lange Zeit da und betrachtete den Hang. In seinen Augen stand eine verstärkte und brennende Neugierde. Da waren ein Frohlocken und eine Leidenschaft in seiner Haltung, wie bei einem jagenden Tier, das die frische Fährte von Wild aufgespürt hat.
Er ging den Bach ein paar Schritte hinab und nahm dort eine zweite Pfanne Erde. Wieder folgte das sorgfältige Waschen, das sorgsame Hüten der goldenen Körnchen und schließlich der Übermut, mit dem er sie in den Bach schleuderte, nachdem er ihre Zahl ermittelt hatte.
»Fünf«, murmelte er und wiederholte: »Fünf.«
Er konnte es nicht unterlassen, ein weiteres Mal den Hang zu mustern, bevor er die Pfanne noch weiter unten am Bach füllte. Seine goldene Herde wurde kleiner. »Vier, drei, zwei, zwei, eins«, waren seine Merkzahlen, als er sich bachabwärts bewegte. Als nur noch ein Goldkörnchen seine Wascharbeit belohnte, hörte er auf und machte ein Feuer aus trockenen Zweigen. In dieses Feuer hielt er die Goldpfanne und erhitzte sie, bis sie blauschwarz war. Er nahm sie hoch und prüfte sie sorgfältig. Dann nickte er zufrieden. Auf einem so geschwärzten Untergrund konnte er verhindern, dass sich das geringste gelbe Körnchen vor ihm verbarg.
Weiter den Bach hinabschreitend, füllte er die Pfanne erneut. Ein einziges Körnchen war sein Lohn. Eine dritte Pfanne enthielt überhaupt kein Gold mehr. Unzufrieden damit, wusch er drei weitere Male, wobei er die Schaufeln Erde in einem Abstand von jeweils einem Fuß entnahm. Jede Pfanne blieb ohne Gold, und dieser Sachverhalt schien ihn zu befriedigen, anstatt zu entmutigen. Seine Begeisterung wuchs mit jedem vergeblichen Waschvorgang, bis er sich erhob und frohlockend ausrief:
»Wenn das nicht das richtige Ding ist, soll mir der liebe Gott meinen Schädel durch einen sauren Apfel ersetzen.«
An den Ort zurückkehrend, an dem er mit dem Waschen angefangen hatte, begann er nun bachaufwärts zu waschen. Zunächst wuchs seine goldene Herde – sogar erstaunlich. »Vierzehn, achtzehn, einundzwanzig, sechsundzwanzig«, stiegen seine Merkzahlen. Unmittelbar oberhalb des kleinen Sees fand er seine reichste Pfanne – fünfunddreißig gelbe Körnchen.

»Beinah genug zum Aufbewahren«, meinte er bedauernd, als er dem Wasser erlaubte, sie wegzuschwemmen.

Die Sonne erreichte ihren höchsten Punkt am Himmel. Der Mann arbeitete weiter. Pfanne für Pfanne stieg er den Bach hinauf; die gezählte Ausbeute wurde dabei ständig geringer. Er aber frohlockte, als eine Schaufel nur noch ein einziges Goldkörnchen enthielt: »Es ist wirklich großartig, wie gleichmäßig es abnimmt!«

Als er in mehreren Pfannen gar keine Körnchen mehr fand, richtete er sich auf und betrachtete den Hang mit einem zuversichtlichen Blick. »Also, Mr Goldtasche«, rief er aus, als ob oberhalb von ihm im Hang ein Zuhörer verborgen wäre. »Also, Mr Goldtasche, ich komme! Ich komme und bin mir sicher, dass ich dich kriege! Hörst du mich, Mr Goldtasche? Ich werd dich kriegen, das ist so sicher, wie ein Kürbis kein Blumenkohl ist!«

Er drehte sich um und warf einen abschätzenden Blick auf die Sonne, die über ihm im Blau des wolkenlosen Himmels stand. Dann ging er in die Schlucht hinunter, folgte der Linie der Schaufellöcher, die er beim Füllen der Pfanne ausgehoben hatte. Er überquerte den Bach unterhalb des kleinen Sees und verschwand durch den grünen Vorhang. Der Geist des Ortes bekam dabei wenig Gelegenheit, mit seiner Stille und Gelassenheit zurückzukehren, denn die Stimme des Mannes erfüllte die Schlucht mit Ragtime-Songs und nahm sie in Besitz.

Nach einiger Zeit kehrte er mit kräftigen Geräuschen von eisenbeschlagenen Füßen auf Fels zurück. Der grüne Vorhang wurde heftig bewegt. Er wogte hin und her wie in einem Kampf. Es gab ein lautes Scharren und Klirren von Metall. Die Stimme des Mannes sprang in eine höhere Tonlage und gab scharfe Befehle. Ein großer Körper stampfte und schnaubte. Mit Knacken und Reißen brach inmitten eines Schauers von fallenden Blättern ein Pferd durch den grünen Vorhang. Auf seinem Rücken war eine Packtasche, an der abgebrochene Weinranken und herausgerissene Schlingpflanzen hingen. Das Pferd äugte mit weit geöffneten Augen auf die Szenerie, in die es verschlagen worden war, dann senkte es seinen Kopf ins Gras und begann zufrieden zu weiden. Ein zweites Pferd kämpfte sich ins Blickfeld und rutschte dabei auf den bemoosten Felsen aus und gewann sein Gleichgewicht erst wieder, als es mit seinen Hufen in den weichen Untergrund der Wiese sank. Es war reiterlos, aber auf seinem Rücken trug es einen hohen mexikanischen Sattel, der durch die lange Benutzung abgewetzt und ausgebleicht war.

Der Mann kam als Letzter. Er nahm die Packtasche und den Sattel herunter mit Blick auf einen geeigneten Lagerplatz und ließ die Pferde in Ruhe grasen. Dann packte er seine Lebensmittel aus, nahm einen Armvoll trockenes Holz und richtete mit ein paar Steinen eine Feuerstelle her.

»Meine Güte!«, sagte er, »hab ich jetzt einen Hunger! Ich könnt glatt Eisenfeilspäne mit Hufnägeln fressen und davon, vielen Dank für die Freundlichkeit, Madam, gleich noch 'ne zweite Portion!«

Er stand auf, und während er in den Taschen seiner Latzhose nach Streichhölzern kramte, wanderten seine Augen über das Wasser zu dem Hang hinüber. Seine Finger hatten die Streichholzschachtel bereits ergriffen, als er sie wieder losließ und seine Hand leer zum Vorschein kam. Der Mann war sichtlich unschlüssig. Er schaute auf seine Kochvorbereitungen und dann auf den Hang.

»Ich glaub, ich werd noch 'nen anderen Angriff auf ihn starten«, meinte er schließlich und machte sich auf, über den Bach zu gehen.

»Weiß schon, es ist eigentlich unsinnig«, nuschelte er entschuldigend. »Glaub aber, es wird keinen stören, wenn ich das Futtern noch 'ne Stunde verschiebe.«

Ein paar Fuß oberhalb seiner ersten Reihe von Probepfannen begann er eine zweite Reihe. Die Sonne sank am westlichen Himmel nieder und die Schatten wurden länger, aber der Mann arbeitete weiter. Er begann eine dritte Reihe von Probepfannen. Unermüdlich grub er eine Reihe über der anderen, quer über den Hang. Die Mitte jeder Reihe erbrachte jeweils die reichsten Pfannen, während ihre Enden jeweils dort lagen, wo keine Farbe mehr in der Pfanne zu entdecken war.

Als er sich so den Hang hinaufarbeitete, wurden seine Reihen sichtbar schmaler. Die Gleichmäßigkeit, mit der sich ihre Länge verringerte, ließ erahnen, dass irgendwo am Hang oben die letzte Reihe so schmal sein würde, dass sie überhaupt keine Breite mehr haben würde und nach ihr nur noch ein Punkt kommen konnte. Die Form wurde allmählich zu einem umgedrehten »V«. Die aufeinander zulaufenden Schenkel dieses »V« markierten die Grenzen der goldhaltigen Erde.

Die Spitze des »V« war ganz augenscheinlich das Ziel des Mannes. Sein Blick ging oft entlang der zusammenlaufenden Linien den Hang hinauf beim Versuch, den Ort der Spitze da droben zu bestimmen, an dem die goldhaltige Erde aufhören würde. Dort wohnte »Mr Goldtasche« – wie der Mann den imaginären Ort oberhalb von ihm am Hang nannte, als er ausrief:

»Komm heraus und herunter, Mr Goldtasche! Sei so liebenswürdig und entgegenkommend und steig schon runter!«

»Also gut«, fuhr er kurz danach mit einer Stimme fort, die in Entschlossenheit überging. »Also gut, Mr Goldtasche, dann ist's also an mir, raufzukommen und dich an deinem Glatzkopf rauszuziehen. Und das werd ich tun! Ich werd's tun.«

Jede einzelne Probepfanne trug er zum Waschen ans Wasser hinab, und als er am Hang höher hinaufkam, wurden die Pfannen ertragreicher, sodass er anfing, das Gold in einer leeren Backpulverdose zu sammeln, die er zufällig in seiner Hosentasche hatte. Er war so in seine mühsame Arbeit vertieft, dass er die lange Dämmerung der heraufziehenden Nacht gar nicht wahrnahm. Erst als er vergeblich versuchte, das Gold auf dem Boden der Pfanne zu sehen, bemerkte er, wie spät es bereits war. Er richtete sich abrupt auf. Ein Ausdruck von gespielter Verwunderung und Schreck breitete sich auf seinem Gesicht aus, als er in schleppendem Tonfall ausrief:

»Verflixt und zugenäht, jetzt hab ich doch glatt mein Mittagessen vergessen!«

Er stolperte in der Dunkelheit über den Bach hinüber und zündete sein lange vorbereitetes Feuer an. Seine Mahlzeit bestand aus Pfannkuchen mit Speck und aufgewärmten Bohnen. Danach rauchte er eine Pfeife neben dem glimmenden Feuer, lauschte dabei den Geräuschen der Nacht und betrachtete, wie der Mondschein die Schlucht erhellte. Danach entrollte er sein Bettzeug, zog seine schweren Schuhe aus und zog die Decken bis zum Kinn hoch. Im Mondlicht sah sein Gesicht bleich aus wie das einer

Leiche. Aber es war ein Leichnam, der um seine Wiederauferstehung wusste, denn der Mann richtete sich plötzlich auf einen Ellbogen auf und spähte zu dem Hang hinüber.

»Gute Nacht, Mr Goldtasche«, sagte er schläfrig. »Gute Nacht.«

Er verschlief das frühe Morgengrauen, bis die Sonnenstrahlen direkt auf seine geschlossenen Lider trafen, sodass er mit einem Ruck erwachte und um sich schaute, bis er ganz zu sich gekommen war und seine Gegenwart mit dem in Verbindung brachte, was er am Vortag erlebt hatte.

Um sich anzukleiden, musste er nur in seine Schuhe schlüpfen. Er betrachtete seinen Lagerplatz und dann seinen Hang, zögerte kurz, bezwang sich aber und machte ein Feuer.

»Lass dein Hemd an, Bill, lass dein Hemd an«, ermahnte er sich selbst. »Was soll die Eile? Es hat keinen Sinn zu hetzen und zu schwitzen. Mr Goldtasche wird schon auf dich warten. Er wird nicht davonrennen, bevor du dein Frühstück bekommen hast. Was du nun brauchst, Bill, ist etwas Frisches auf der Speisekarte. Also kümmer dich erst darum und hol dir was.«

Am Bachrand schnitt er eine kurze Rute von einem Busch und holte aus seiner Tasche ein Stück Schnur und eine etwas ramponierte Kunstfliege heraus, die früher mal ein königlicher Angelköder gewesen war. »Vielleicht beißen sie so früh am Morgen an«, murmelte er, als er seinen ersten Versuch in dem kleinen See unternahm. Und bereits einen Augenblick später konnte er vergnügt ausrufen: »Na, was hab ich dir gesagt? Was hab ich dir gesagt?«

Er hatte keine Kurbel an der Angel und auch keine Zeit zum Vergeuden, und so schleuderte er mit einem kurzen und schnellen Schwung eine glänzende handlange Forelle aus dem Wasser. Drei weitere, die er kurz hintereinander fing, komplettierten sein Frühstück. Als er danach auf dem Weg zu seinem Hang zu den Trittsteinen über den Bach kam, ging ihm plötzlich ein Gedanke durch den Kopf, und er hielt an.

»Ich sollte lieber mal einen Gang in das Tal hinunter machen«, sagte er. »Wer weiß, was für Burschen da herumschnüffeln.«

Aber dann überquerte er die Steine, und mit einem »Ich sollte den Gang wirklich mal machen« verschwand der Gedanke an Vorsicht aus seinem Bewusstsein, und er machte sich an die Arbeit.

Erst als die Nacht kam, hörte er auf. Sein Rücken war steif von der Schufterei in gebückter Haltung, und als er seine Hand darauf legte, um die geplagten Muskeln zu besänftigen, meinte er:

»Verdammt noch mal, was haltet ihr denn davon? Jetzt hab ich doch glatt schon wieder mein Mittagessen vergessen. Wenn ich nicht aufpasse, werde ich noch zu einem der Spinner, die nur zweimal am Tag was essen.«

»Diese Goldtaschen sind die verdammtesten Dinger, die ich je gesehen habe, um einem Mann das Hirn durcheinanderzubringen«, sagte er zu sich selbst, als er unter seine Decken kroch. Aber er vergaß auch nicht, zum Hang hinüberzurufen: »Gute Nacht, Mr Goldtasche, gute Nacht!«

Mit der Sonne aufstehend und ein hastiges Frühstück verschlingend, war er bereits früh wieder an der Arbeit. In ihm schien ein Fieber zu steigen, und die steigende Reichhaltigkeit der Probepfannen besänftigte dieses Fieber keineswegs. In seinem Gesicht war ein Glühen, das anders war als das durch die Sonnenhitze verursachte, und er vergaß seine Müdigkeit und die verstreichende Zeit. Sobald er eine Pfanne mit Erde gefüllt hatte, rannte er den Hang hinab zum Waschen, und danach konnte er es nicht lassen, sofort wieder den Hang hinaufzurennen, um die Pfanne erneut zu füllen, obwohl er dabei ins Keuchen und Stolpern kam.

Er war nun hundert Yards oberhalb des Wassers, und das umgedrehte »V« nahm erkennbare Umrisse an. Die Breite des goldhaltigen Erdreichs nahm ständig ab, und der Mann verlängerte in seinem Blick die Schenkel des »V« bis zu ihrem Treffpunkt hoch am Hang. Dies war sein Ziel, die Spitze des »V«, und er grub und wusch unermüdlich weiter, um sie ausfindig zu machen.

»Etwa zwei Yards oberhalb dieses Manzanita-Strauchs, und dann zwei Yards nach rechts«, meinte er schließlich.

Dann packte ihn die Gier. »Es ist ja so sicher, wie die Nase in deinem Gesicht«, sagte er, als er das arbeitsintensive Graben von Querreihen abbrach und zu der vermuteten Spitze hinaufkletterte. Dort füllte er eine Pfanne und trug sie den Hang hinab zum Waschen. Sie enthielt keine Spur von

Gold. Er grub tief, er grub flach, er füllte ein Dutzend Pfannen und wurde dabei nicht durch das kleinste Körnchen Gold belohnt. Er wurde wütend, dass er der Gier nachgegeben hatte, und verfluchte sich auf wüste und lästerliche Art. Dann ging er den Hang hinab und nahm die Grabungen von Querreihen wieder auf.

»Langsam, aber sicher, Bill, langsam, aber sicher«, besänftigte er sich. »Abkürzungen zum Glück sind nicht deine Sache, das solltest du allmählich wissen. Werd gescheit, Bill, werd gescheit. Langsam, aber sicher ist die einzige Spielart, die du spielen kannst; deshalb halt dich dran und bleib auch dabei.«

Je schmaler die Querreihen wurden und dadurch verdeutlichten, dass die Schenkel des umgedrehten »V« zusammenliefen, umso tiefer wurde das »V«. Die Goldspur tauchte in den Hang ab. Erst zweieinhalb Fuß unter der Oberfläche bekam er Farbtupfer in die Pfanne. Der Sand, den er in zwei und drei Fuß Tiefe fand, brachte ergebnislose Pfannen. An der Basis des »V«, unten an der Wasserkante, hatte er die Goldspuren schon in den Graswurzeln gefunden. Je höher er aber den Hang hinaufkam, desto mehr tauchte das Gold ab. Ein drei Fuß tiefes Loch zu graben, um eine Probepfanne zu bekommen, war eine recht mühselige Aufgabe, zumal zwischen dem Standort des Mannes und dem vermuteten höchsten Punkt noch unzählige solcher Löcher zu graben waren.

»Und da ist keiner, der einem erzählt, wie viel es noch tiefer gehen wird«, seufzte er in einer kurzen Arbeitspause, in der er mit den Händen seinen schmerzenden Rücken massierte.

Fiebernd vor Gier, mit schmerzendem Rücken und verkrampften Muskeln plagte sich der Mann den Hang hinauf, indem er mit Hacke und Schaufel die weiche braune Erde heraushackte und -kratzte. Vor ihm lag der feine Hang mit seinem betörenden Blumenduft. Hinter ihm war eine Verwüstung. Es sah so aus, als sei irgendeine zerstörerische Eruption aus der Oberfläche des Hangs hervorgebrochen. Sein langsames Vorwärtsarbeiten erinnerte an das einer Schnecke, die etwas Schönes mit ihrer hässlichen Spur verdirbt.

Während die tiefer absinkende Goldspur die Arbeit immer mehr erschwerte, ermutigte ihn gleichzeitig die steigende Ausbeute in den Pfannen. Zwanzig Cents, dreißig Cents, fünfzig Cents, sechzig Cents war das Gold wert, das er in den Pfannen fand, und bei Einbruch der Nacht wusch er seine ertragreichste Pfanne, die ihm Goldstaub im Wert von einem Dollar aus einer Schaufel Erde brachte.

»Ich möchte wetten, ich werde das Glück haben, dass irgendein neugieriger Bursche in meine Goldweide hier reinplatzen wird«, murmelte er schläfrig, als er in der Nacht seine Decken bis zum Kinn hochzog. Er setzte sich abrupt wieder auf: »Bill!«, sagte er scharf zu sich. »Hör mir zu, Bill, hörst du! Du musst morgen früh unbedingt mal eine Runde machen und dich umschauen, ob was zu sehen ist. Hast du verstanden? Gleich morgen früh, und vergiss es nicht!«

Dann gähnte er und sagte mit einem Blick auf den Hang: »Gute Nacht, Mr Goldtasche.«

Am Morgen vermied er einen Aufbruch in der Sonne, indem er das Frühstück bereits beendete, bevor ihre ersten Strahlen ihn trafen, und er kletterte die Schluchtwand an einer Stelle hinauf, an der sie abgebröckelt und dadurch begehbar war. Oben auf dem Aussichtspunkt fand er sich inmitten völliger Einsamkeit. Soweit er sehen konnte, schob sich Bergkette hinter Bergkette in sein Blickfeld. Im Osten stießen seine Augen, nachdem sie von Bergkette zu Bergkette über viele Kämme gesprungen waren, schließlich gegen die schneebedeckten Berge der Sierra – den Hauptkamm, wo das Rückgrat des Westens bis in den Himmel ragt. Nach Norden und Süden konnte er deutlich die Bergzüge sehen, welche quer zur Hauptrichtung dieses Meeres von Bergen verlaufen. Im Westen wurden die Ketten nach und nach niedriger und verflachten zu sanften Hügeln, die in das große Tal abfielen, das er nicht zu sehen vermochte.

Und in all dem mächtigen Stück Erde sah er keinerlei Anzeichen von Menschen oder menschlicher Siedlung und Arbeit. Die einzige Ausnahme war der aufgewühlte Schoß der Erde auf dem Hang in der unterhalb von ihm liegenden Schlucht. Einmal dachte er, weit unterhalb in seiner Schlucht eine schwache Andeutung von Rauch in der Luft zu sehen. Er schaute noch einmal und entschied, es sei der rötliche Dunst der Hügel, der vor einer Biegung der Schluchtwand in ihrem Rücken dunkel wirkte.

»Hey du, Mr Goldtasche«, rief er in die Schlucht hinab, »zeig dich! Ich komme hinunter, Mr Goldtasche! Ich komme!«

Durch die schweren Arbeitsschuhe wirkte der Mann unbeholfen, aber er schwang sich von der schwindelnden Höhe mit der Leichtigkeit und Geschicklichkeit einer Bergziege hinab. Ein Felsstück, das am Rande des Abgrunds unter seinem Fuß wegbrach, brachte ihn nicht aus der Fassung. Er kannte offensichtlich die genaue Zeitspanne, in der das Wegbrechen gefährlich wurde, und benutzte den trügerischen Tritt in dieser Spanne als kurzen Zwischentritt, der notwendig war, um in Sicherheit springen zu können. Selbst an Stellen, wo der Abhang so steil war, dass er unmöglich auch nur eine Sekunde aufrecht stehen konnte, zögerte der Mann nicht. Sein Fuß berührte die ungangbare Stelle nur für den Bruchteil einer Sekunde, um ihm den weiterführenden Sprung zu ermöglichen. Auch da, wo ein solcher Sekundenbruchteile dauernder Zwischenschritt nicht infrage kam, schwang er seinen Körper weiter mithilfe eines schnellen Handgriffs zu einem Felsvorsprung, einer Spalte oder einem einigermaßen verwurzelten Strauch. Zuletzt wechselte er mit einem wilden Sprung und Schrei aus der Schluchtwand in die darunter befindliche Geröllhalde und beendete den Abstieg inmitten von mehreren Tonnen schlitternden Gerölls.

Aus seiner ersten Pfanne an diesem Morgen wusch er über zwei Dollar grobkörniges Gold heraus. Es war aus dem Zentrum des »V«. An beiden Seiten davon nahm der Wert der Pfannen rasch ab. Die Längen seiner Quergrabungen wurden sehr kurz. Die aufeinander zulaufenden Schenkel des umgedrehten »V« waren nur noch ein paar Schritte auseinander. Und ihr vermutlicher Treffpunkt war lediglich ein paar Schritte oberhalb von ihm. Aber die goldhaltige Erde verschwand tiefer und tiefer im Erdboden. Am frühen Nachmittag musste er die Probelöcher auf fünf Fuß absenken, bevor die Pfannen Spuren von Gold zeigten.

Zur gleichen Zeit wurde die Goldspur aber mehr als nur eine Spur; es war bereits eine richtige Goldmine, und der Mann beschloss, an diese Stellen zurückzukehren und den Boden durchzuarbeiten, sobald er die Goldtasche gefunden und ausgebeutet hatte. Aber die zunehmende Reichhaltigkeit der Pfannen begann ihn auch zu verwirren. Am späten Nachmittag war der Wert der Pfannen auf drei und vier Dollar gestiegen. Der Mann kratzte sich erstaunt am Kopf und schaute die paar Schritte den Hang hinauf zu dem Manzanita-Strauch, der die Spitze des umgedrehten »V« markierte. Er wiegte sein Haupt und sagte dann orakelnd:

»Es gibt eine oder zwei Möglichkeiten, Bill, eine oder zwei. Entweder hat Mr Goldtasche sich über den ganzen Hang hinunter ausgekotzt, oder aber ist Mr Goldtasche so verdammt reich, dass du nicht in der Lage sein wirst, alles Gold abzutransportieren. Und das wäre höllisch, oder etwa nicht?« Bei der Betrachtung dieses angenehmen Problems musste er lachen.

Der Anbruch der Nacht fand ihn am Ufer des Bachs beim Auswaschen einer Fünfdollarpfanne, wobei seine Augen mit der zunehmenden Dunkelheit rangen.

»Ich wünschte, ich hätte elektrisches Licht, um weiterarbeiten zu können«, sagte er.

In dieser Nacht fand er nur schwer Schlaf. Viele Male drehte er sich herum und schloss fest die Augen, damit der Schlaf über ihn käme; aber sein Blut pulsierte mit zu starker Gier, und sooft seine Augen sich öffneten, murmelte er erschöpft: »Ich wünschte, die Sonne wäre schon da.«

Schließlich kam doch noch Schlaf über ihn, aber seine Augen waren bereits beim Verblassen der Sterne wieder offen, und die Morgendämmerung fand ihn fertig gefrühstückt beim Aufstieg am Hang in Richtung der verborgenen Ruhestätte des Mr Goldtasche.

In der ersten Querreihe, die der Mann anlegte, war nur noch für drei Löcher Platz, so schmal war die goldhaltige Strecke geworden, und so nah war er der Quelle des Goldstroms, dem er bereits seit vier Tagen folgte.

»Nur ruhig, Bill, ganz ruhig«, ermahnte er sich selbst, als er die Erde für das letzte Loch an der Stelle ausgrub, wo die Schenkel des »V« endlich in einem Punkt zusammengekommen waren. »Ich hab dich jetzt vollständig am Wickel, Mr Goldtasche, und du entkommst mir nicht mehr«, sagte er viele Male, als er das Loch tiefer und tiefer grub.

Vier Fuß, fünf Fuß, sechs Fuß tief grub er sich in die Erde hinein. Das Graben wurde beschwerlicher. Seine Hacke schlug auf brüchiges Gestein. Er untersuchte es. »Verwitterter Quarz«, stellte er fest, als er mit der Schaufel den Boden des Lochs von loser Erde säuberte. Er bearbeitete die bröckelnde Quarzschicht mit der Hacke; bei jedem Schlag zerbarst das Gestein.

Er zwängte seine Schaufel in das aufgelockerte Material. Da fingen seine Augen einen gelben Glanz ein. Sofort ließ er die Schaufel fallen und kauerte sich auf seine Fersen. Wie ein Farmer die hängen gebliebene Erde von frisch gegrabenen Kartoffeln abreibt, so rieb der Mann die Erde von einem verwitterten Stück Quarz, das er in seinen Händen hielt.

»Sodom und Gomorrha!«, schrie er. »Klumpen und Brocken davon! Klumpen und Brocken!«

Was er in seiner Hand hielt, war nur zur Hälfte Stein. Die andere war pures Gold. Er warf es in die Pfanne und untersuchte ein anderes Stück. Es war nur wenig von dem Gelb zu sehen, aber mit seinen starken Fingern brach er das brüchige Quarzgestein weg, bis seine beiden Hände mit leuchtendem Gelb gefüllt waren. Brocken für Brocken rubbelte er die Erde weg, um sie in die Pfanne zu werfen. Es war eine Schatzgrube. Der Quarz war so verrottet, dass von ihm weniger vorhanden war als vom Gold. Ab und zu fand er sogar einen Brocken an dem gar kein Gestein haftete – einen Brocken pures Gold. Ein Klumpen, bei dem die Hacke den Kern aus Gold freigelegt hatte, glitzerte wie eine Handvoll gelber Edelsteine, und mit schiefgelegtem Kopf betrachtete er das reiche Spiel des Lichts darauf, als er ihn hin- und herdrehte.

»Erzähl mir noch mal einer was von ertragreichen Goldgrabungen«, schnaubte der Mann verächtlich. »Gegen diese Grabung sehen die wie 30-Cent-Buddeleien aus. Das hier ist Gold pur. Und ab jetzt und heute nenne ich diese Schlucht die ›Goldschlucht‹, bei Gott!«

Er kauerte immer noch auf seinen Fersen und untersuchte weiterhin die Fundstücke und warf sie dann in die Pfanne. Da überkam ihn plötzlich eine Vorahnung von Gefahr. Es schien ihm so, als ob ein Schatten auf ihn gefallen sei. Aber da war kein Schatten. Sein Herz schlug ihm bis zum Hals hinauf und nahm ihm die Luft. Dann beruhigte sich sein Blut allmählich wieder und er fühlte den Schweiß in seinem Hemd kalt auf seiner Haut. Er sprang nicht auf und sah sich auch nicht um. Er bewegte sich überhaupt nicht. Er überlegte, was das für eine Vorahnung war, die ihn überkommen hatte, und versuchte, die Quelle der mysteriösen Warnung zu ergründen und die Gegenwart des unsichtbaren Vorgangs, der ihn bedrohte, zu erspüren. Es gibt eine Aura von feindseligen Dingen, die durch Botschaften bemerkbar werden, die zu fein für die normalen Sinne sind, um erkannt zu werden; und genau diese Aura spürte er, aber er wusste nicht, wie er sie spürte. Er hatte lediglich ein Gefühl, wie wenn eine Wolke sich vor die Sonne schiebt. Es erschien ihm so, als ob sich zwischen ihn und das Leben etwas Dunkles, Erstickendes und Bedrohliches geschoben habe; eine Düsternis gewissermaßen, die das Leben verschluckte und den Tod brachte – seinen Tod.

Sein gesamter Selbsterhaltungstrieb drängte ihn, aufzuspringen und sich der unsichtbaren Gefahr zu stellen, aber seine innere Kraft bezwang die Panik, und er blieb auf seine Fersen gekauert mit einem Goldklumpen in seinen Händen. Er wagte nicht, sich umzusehen, aber er wusste nun, dass etwas hinter und über ihm war. Er tat so, als ob er sich für das Gold in seiner Hand interessiere. Er untersuchte es genau, drehte es um und rubbelte die Erde weg. Aber die ganze Zeit wusste er, dass da etwas hinter ihm war, das über seine Schulter auf das Gold starrte.

Während er immer noch Interesse für den Goldklumpen vortäuschte, lauschte er intensiv und hörte das Atmen des Wesens hinter sich. Seine Augen suchten den Boden vor sich nach einer Waffe ab, aber er sah nur das ausgegrabene Gold, das nun in dieser extremen Situation wertlos für ihn war. Da war noch seine Hacke, eine handliche Waffe unter Umständen; aber die Umstände waren hier nicht so. Der Mann erkannte seine missliche Lage. Er steckte in einem Loch von sieben Fuß Tiefe. Sein Kopf erreichte nicht einmal die Erdoberfläche. Er war in einer Falle.

Er verharrte kauernd auf den Fersen – vollkommen kühl und gefasst; aber sein Verstand, der alle Möglichkeiten durchdachte, verdeutlichte ihm nur seine Hilflosigkeit. Er rubbelte weiterhin die Erde von den Fundstücken und warf das Gold in die Pfanne. Es gab nichts anderes, was er hätte tun können. Doch ihm war bewusst, dass er früher oder später aufstehen und sich der Gefahr stellen musste, die hinter ihm atmete.

Die Minuten gingen dahin, und beim Verstreichen jeder Minute wusste er, dass er dem Zeitpunkt näher kam, an dem er aufstehen musste, oder anderenfalls – und bei diesem Gedanken klebte sein nasses Hemd wieder kalt auf seiner Haut –, anderenfalls würde er den Tod finden, während er hier über seinen Schatz gebeugt war.

Immer noch kauerte er auf den Fersen und rubbelte Erde vom Gold und überlegte dabei, wie er sich aufrichten sollte. Er könnte mit einem Sprung aufstehen und den Weg aus dem Loch erkämpfen, um dem, was ihn bedrohte, auf gleicher Ebene gegenüberzutreten. Oder aber könnte er langsam und lässig aufstehen und so tun, als würde er erst jetzt das Ding entdecken, das hinter ihm atmete. Sein Instinkt und sein kämpferischer Wille favorisierten den wilden, rasenden Sprung an die Oberfläche. Sein Verstand und mit ihm die Klugheit favorisierten dagegen die langsame und vorsichtige Begegnung mit dem bedrohlichen Ding, das er nicht sehen konnte.

Aber während er noch mit sich rang, explodierte an seinem Ohr plötzlich ein krachendes Geräusch. Im selben Augenblick erhielt er einen wuchtigen Schlag auf die linke Seite seines Rückens, und von der getroffenen Stelle flammte ein Schmerz durch seinen Körper. Er sprang auf, aber brach auf halbem Weg zusammen. Sein Körper rollte sich ein, wie ein Blatt, das plötzlicher Hitze ausgesetzt ist, und er stürzte nieder und lag mit seiner Brust auf der Goldpfanne, das Gesicht auf der Erde und dem Geröll, die Beine verdreht und überkreuzt, wegen der Enge auf dem Boden des Lochs. Seine Füße zuckten mehrmals. Sein Körper wurde von einem heftigen Krampf geschüttelt. Die Lungen rangen nach Luft, wobei er tief stöhnte. Dann entwich die Luft langsam, sehr langsam, und sein Körper sank ebenso langsam leblos in sich zusammen.

Von oben spähte ein Mann mit einem Revolver in der Hand über die Kante des Lochs. Er starrte eine lange Zeit auf den bewegungslos auf dem Bauch liegenden Körper unter ihm. Nach einer Weile setzte der Fremde sich auf die Kante des Lochs, sodass er hineinsehen konnte, und legte den

Revolver auf sein Knie. Mit der Hand in eine Tasche fassend, zog er einen Fetzen braunes Papier heraus. Er streute darauf ein paar Krümel Tabak. Daraus entstand eine Zigarette, braun und schlank, mit zusammengezwirbelten Enden. Er zündete die Zigarette an und zog den Rauch mit einem genießerischen Atemzug in seine Lungen. Keine Sekunde ließ er den auf dem Boden liegenden Körper aus den Augen. Er rauchte bedächtig. Einmal ging ihm die Zigarette aus, und er zündete sie wieder an. Und die ganze Zeit betrachtete er den Körper da unten.

Schließlich warf er den Zigarettenstummel weg und stand auf. Er ging an den Rand des Lochs, stellte sich über das Loch, ging in die Knie und stützte jeweils eine Hand auf die beiden Ränder, wobei er in der rechten Hand immer noch den Revolver hatte, spannte seinen Körper und ließ sich in das Loch hinab.

In dem Augenblick, als seine Füße den Boden berührten, sah er den Arm des Goldgräbers hervorzucken, und seine Beine spürten einen raschen, ruckartigen Griff, der ihn umwarf. Bei dem Sturz blieb seine Hand mit dem Revolver über seinem Kopf. Genauso schnell, wie der Griff nach seinen Beinen war, riss er nun den Revolver herunter. Er war noch halb in der Luft, mitten im Fallen, als er bereits den Abzug betätigte. Der Knall war ohrenbetäubend in dem engen Raum. Rauch füllte das Loch so aus, dass er nichts mehr sehen konnte. Er schlug mit dem Rücken auf dem Boden auf, und wie eine Katze war der Goldgräber nun über ihm. In dem Moment, als der Körper des Goldgräbers sich auf ihn stürzte, winkelte der Fremde seinen rechten Arm an, um zu schießen; und im selben Moment traf der Goldgräber sein Handgelenk mit einem schnellen Hieb des Ellbogens. Der Lauf des Revolvers wurde nach oben geschlagen und die Kugel schlug in die Erde der Grubenwand.

Im nächsten Augenblick spürte der Fremde die Hand des Goldgräbers sein Handgelenk ergreifen. Der Kampf ging nun um den Revolver. Jeder der beiden Männer versuchte, ihn auf den Körper des anderen zu richten. Der Rauch in der Grube begann sich zu verziehen. Der auf dem Rücken liegende Fremde sah nun leicht verschwommen. Aber plötzlich war er blind durch eine Handvoll Erde, die sein Gegner ihm in die Augen geschleudert hatte. In diesem Schreckensmoment ließ er den Griff des Revolver los. Und im nächsten Augenblick fühlte er, wie sich eine zerstörerische Finsternis über sein Gehirn senkte, und in der Mitte dieser Finsternis verschwand sogar die Finsternis selbst.

Der Goldgräber aber feuerte wieder und wieder, bis der Revolver leer geschossen war. Dann schleuderte er ihn von sich weg und setzte sich heftig atmend auf die Beine des toten Mannes nieder.

Der Goldgräber schluchzte und rang nach Atem. »Elendes Stinktier!«, keuchte er, »schleicht mir nach, lässt mich die ganze Arbeit machen und schießt mich dann in den Rücken!«

Er schrie fast vor Zorn und Erschöpfung und starrte dem toten Mann ins Gesicht. Dieses war mit Erde verschmutzt, und es war schwer, seine Züge zu erkennen.

»Ist mir noch nie unter die Augen gekommen«, schloss der Goldgräber seine Musterung. »Bloß ein ganz gewöhnlicher Strauchdieb, verdammt noch mal! Und er hat mich in den Rücken geschossen! Er hat mich einfach in den Rücken geschossen!«

Er öffnete sein Hemd und betastete seine linke Seite vorne und hinten.

»Ist glatt durchgegangen und nichts passiert!«, rief er überglücklich. »Ich wette, er hat gut gezielt, hat aber den Revolver verzogen, als er abgedrückt hat – dieser verfluchte Kerl! Aber ich hab's ihm gegeben! Oh, ich hab's ihm gegeben!«

Seine Finger betasteten die Schusswunde in seiner Seite, und ein Schatten legte sich auf sein Gesicht. »Oh verdammt, sie versteift sich schon!«, sagte er. »Wird Zeit, sie zu verbinden und hier rauszukommen.«

Er kletterte aus dem Loch und ging den Hang hinunter und hinüber zu seinem Lager. Eine halbe Stunde später kehrte er mit seinem Packpferd zurück. Unter seinem offenen Hemd war ein Verband zu sehen, mit dem er mehr schlecht als recht seine Wunde bedeckt hatte. Die Bewegungen seines linken Arms waren langsam und unbeholfen, aber das hielt ihn nicht davon ab, ihn zu benutzen.

Mit der Schlinge eines Packgurts, die er dem toten Mann unter den Schultern durchschob, schaffte er es, ihn aus der Grube zu ziehen. Dann machte er sich daran, das Gold einzusammeln. Er arbeitete mehrere Stunden daran, musste aber öfters pausieren, um die sich versteifende Schulter ausruhen zu lassen und dabei immer wieder auszurufen: »Er hat mich einfach in den Rücken geschossen, dieses elende Stinktier! Einfach in den Rücken geschossen!«

Als er seinen Schatz sauber eingesammelt und sicher in kleine deckenumhüllte Päckchen verpackt hatte, versuchte er, den Wert zu schätzen: »Vierhundert Pfund, oder ich will ein Hottentotte sein«, meinte er. »Sagen wir, zweihundert davon sind Quartz und Dreck – da bleiben zweihundert Pfund Gold! Vierzigtausend Dollar! Und alles ist deins – alles deins!«

Vergnügt kratzte er sich am Kopf, wobei seine Finger in eine ungewohnte Furche gerieten. Sie tasteten sich darin fingerlang voran. Es war die Furche, welche die zweite Kugel durch seine Kopfhaut gepflügt hatte.

Er ging ärgerlich zu dem toten Mann hin.

»Du wolltest, du wolltest?«, sagte er bissig. »Du wolltest gern, was? Aber ich hab dich ganz schön abgefertigt, und ich werd dir auch noch ein schönes Begräbnis spendieren. Das ist mehr, als du für mich getan hättest.«

Er zog die Leiche zum Rand des Lochs und warf sie hinein. Sie schlug dumpf auf dem Boden auf, wobei sie auf der Seite zu liegen kam, mit dem Gesicht zum Licht gewandt. Der Goldgräber starrte hinab.

»Und du hast mich einfach in den Rücken geschossen!«, sagte er anklagend.

Dann schaufelte er das Loch zu. Anschließend lud er das Gold auf sein Pferd. Die Last war zu schwer für ein Tier, sodass er einen Teil davon auf sein Reitpferd umlud, als er sein Lager erreichte. Aber auch so musste er noch einen Teil seiner Ausrüstung zurückzulassen – die Hacke, die Schaufel und die Goldpfanne, überflüssigen Proviant und das Kochgeschirr sowie allerlei Krimskrams.

Die Sonne stand im Zenit, als der Mann die Pferde schluchtabwärts durch den Vorhang aus wildem Wein und Schlingpflanzen trieb. Um über die Felsen in der Schlucht zu kommen, waren die Pferde gezwungen, sich auf die Hinterhand zu stellen und sich blindlings durch den dschungelartigen

Pflanzenbewuchs zu kämpfen. Einmal stürzte das Reitpferd schwer, und der Mann musste die Ladung abnehmen, um es wieder auf die Beine zu bringen. Als es sich wieder in Bewegung setzte, blickte der Mann noch einmal durch das Grün zu dem Hang zurück.

»Dieses elende Stinktier!«, stieß er aus und ging dann weiter.

Das Reißen und Krachen von wildem Wein und Ästen war zu hören. Die Büsche schwankten vor und zurück und zeigten an, wo die Pferde sich ihren Weg durch sie bahnten. Eisenbeschlagene Hufe klirrten auf Stein, und hin und wieder war ein Fluch zu hören oder ein scharfer Kommandoruf. Dann erklang die Stimme des Mannes, die sang:

»Dreh dich um und dreh dein Gesicht,
Entdeck der lieblichen Hügel Licht,
Acht nicht auf die Macht des Bösen!
Schau herum im weiten Rund,
Schleuder dein Sündenbündel in den Grund,
Morgen früh wird der Herr dich erlösen!«

Der Gesang wurde allmählich leiser, und durch die Stille kehrte der Geist des Ortes zurück. Der Bach träumte und flüsterte wieder; das Summen der Bergbienen erhob sich schläfrig. Durch die duftgeschwängerte Luft schwebte der schneeige Flaum der Pappeln. Die Schmetterlinge flatterten unter den Bäumen hin und her, und über allem leuchtete der ruhige Sonnenschein. Nur die Hufspuren blieben in der Wiese zurück, und der aufgegrabene Hang erinnerte an das gierige Leben, das den Frieden des Ortes eine Weile unterbrochen hatte und dann weitergezogen war.

# Der Held von Mazy May

Walt Master war kein sehr großer Junge, aber in seiner Erscheinung zeigte sich etwas männliches, und obwohl er selbst vieles nicht wusste, was die meisten anderen Jungen wissen, wusste er doch sehr viel, was andere Jungen wiederum nicht wissen. Er hatte noch nie in seinem Leben eine Eisenbahn oder einen Aufzug gesehen, und ebenso hatte er noch niemals über ein Maisfeld oder einen Acker geschaut oder auf eine Kuh oder auch nur ein Huhn. Er hatte niemals ein paar Schuhe an seinen Füßen gehabt oder an einem Picknick oder einer Party teilgenommen oder mit einem Mädchen gesprochen. Aber er hatte die Mitternachtssonne und die Eisstauungen auf dem mächtigsten aller Flüsse gesehen und unter den Nordlichtern gespielt als einziges weißes Kind in tausenden von Quadratmeilen gefrorener Wildnis.

Walt war die gesamten vierzehn Jahre seines Lebens in sonnengegerbten Mokassins aus Elchhaut gelaufen, konnte in die Indianerlager gehen und mit den Männern palavern und mit Kattunstoff und Perlen für deren kostbare Pelze handeln. Er konnte Brot backen ohne Backpulver, Hefe oder Hopfen, schoss einen Elch auf dreihundert Yards und fuhr mit den wilden Wolfshunden fünfzig Meilen am Tag über den schneebedeckten Trail. Zudem hatte er ein gutes Herz und fürchtete sich nicht vor Dunkelheit und Einsamkeit, Menschen oder Tieren oder sonst was. Sein Vater war ein guter Mann, stark und mutig, und Walt kam ganz nach ihm.

Walt war etwa tausend Meilen weiter flussabwärts am Yukon in einem Handelsposten unterhalb der Hügel der Ramparts geboren worden. Nachdem seine Mutter starb, kam er mit seinem Vater etappenweise den Fluss herauf von Lager zu Lager, bis sie sich am Mazy May Creek im Klondike-Gebiet niederließen. Im vergangenen Jahr hatten sie und einige andere eine Menge Mühe und Zeit am Mazy May investiert und große Entbehrungen durchgestanden. Der Bach hatte gerade erst begonnen, seinen Goldreichtum zu zeigen und sie für ihre schwere Arbeit zu belohnen. Aber nach den Nachrichten von ihren Entdeckungen begannen fremde Männer aufzutauchen und geisterten durch die kurzen Tage und langen Nächte und taten den Männern, die so lange am Bach gearbeitet hatten, manches Unrecht an.

Si Hartmann war auf die Elchjagd gegangen und fand bei seiner Rückkehr neue Grenzpfähle vor und seinen Claim besetzt. George Lukens und sein Bruder verloren ihre Claims auf ähnliche Weise, als sie sich auf dem Weg nach Dawson zur Eintragung verspäteten. Kurzum, es war die alte Geschichte, und eine ganze Anzahl von ehrlichen, fleißigen Goldgräbern hatte ähnliche Verluste erlitten.

Walt Masters Vater hatte seinen Claim aber gleich zu Beginn eintragen lassen, sodass Walt nichts zu befürchten hatte, während sein Vater auf eine kurze Reise den White River hinaufgegangen war, um nach Quartz zu suchen. Walt war durchaus in der Lage, allein in der Hütte zu bleiben, sich drei Mahlzeiten am Tag zu kochen und nach allem zu schauen. Er schaute dabei nicht nur nach dem Claim seines Vaters, sondern hielt auch den benachbarten Claim von Loren Hall im Auge, der nach Dawson aufgebrochen war, um ihn eintragen zu lassen.

Loren Hall war ein alter Mann, und er hatte keine Hunde, weshalb er nur langsam zu Fuß reisen konnte. Nachdem er einige Zeit unterwegs war, kam die Kunde den Fluss herauf, dass er am Rosebud Creek durch das Eis gebrochen sei und dabei seine Füße so übel erfroren habe, dass er für etliche Wochen nicht in der Lage sein würde weiterzureisen. Später erhielt Walt Masters die Nachricht, dass der alte Loren fast wieder in Ordnung sei und nun so schnell nach Dawson weitermarschiere, wie es einem geschwächten alten Mann eben möglich ist.

Walt war trotzdem besorgt; der Claim war wegen dieser Verzögerung in Gefahr, jeden Augenblick besetzt zu werden, denn gerade hatte ein neuer Ansturm auf den Mazy May begonnen. Er mochte die Blicke der Neuankömmlinge nicht, und eines Tages, als fünf von ihnen mit erstklassigen Hundegespannen und besonders leichter Campingausrüstung auftauchten, erkannte er sofort, dass diese darauf vorbereitet waren, schnell zu handeln,

und beschloss deshalb, sie im Auge zu behalten. Er verschloss die Hütte und folgte ihnen, wobei er stets darauf bedacht war, unentdeckt zu bleiben.
Er hatte sie noch nicht lange beobachtet, als er sich bereits sicher war, dass sie professionelle Spekulanten waren, die beabsichtigten, alle greifbaren Claims zu besetzen. Walt kroch die Kante der Bachböschung entlang und sah sie drunten zahlreiche Markierungen verändern, indem sie alte zerstörten und neue anbrachten.
Am Nachmittag gingen sie, während Walt ihnen weiterhin auf den Fersen war, wieder den Bach hinunter, schirrten ihre Hunde aus und begannen zwei Claims von Walts Hütte entfernt zu lagern. Als er sie mit Kochvorbereitungen beschäftigt sah, eilte Walt nach Hause, um selbst etwas zu essen, und eilte dann wieder zurück. Er kroch so nahe wie möglich heran, um sie deutlich sprechen zu hören, und das Gebüsch beiseite biegend, konnte er gelegentlich auch Blicke auf sie werfen. Sie hatten das Essen beendet und saßen rauchend um das Feuer herum.
»Der Bach ist in Ordnung, Jungs«, sagte ein großer schwarzbärtiger Mann, der offensichtlich der Anführer war. »Und ich denke, das Beste, was wir tun können, ist heute Nacht aufzubrechen. Die Hunde können dem Trail folgen, es wird heute zudem mondhell. Was sagt ihr dazu?«
»Aber es wird doch tierisch kalt«, entgegnete einer. »Es hat bereits jetzt vierzig Grad unter Null.«
»Das schon, aber kannst du dich nicht warm halten, indem du abwechselnd auf dem Schlitten fährst und den Hunden nachrennst?«, rief ein Ire. »Und wer will da nicht mit? Der Bach ist so reich wie eine Münzanstalt der Vereinigten Staaten. Glaubt mir, es ist eine elegante Möglichkeit durch Rennen reich zu werden! Und wenn ihr jetzt nicht rennt, werdet ihr das Gold nicht bekommen, überhaupt nichts.«
»So ist's«, sagte der Anführer. »Wenn wir nach Dawson gelangen und eintragen lassen können, sind wir reiche Männer; und niemand weiß, wer auf unseren Spuren herumgeschlichen und vielleicht schon dabei ist, Alarm zu schlagen. Was wir zu tun haben, ist die Hunde ein wenig ausruhen zu lassen und dann so schnell wie möglich den Trail entlangzuprügeln. Was meint ihr dazu?«

Offensichtlich waren die Männer einer Meinung mit ihrem Anführer, denn Walt konnte nichts mehr hören, außer dem Klappern des Blechgeschirrs, das abgewaschen wurde. Vorsichtig hinausspähend sah er den Anführer, der ein Papier studierte. Walt wusste auf den ersten Blick, was es war – eine Liste aller noch nicht eingetragenen Claims am Mazy May. Jedermann konnte diese Liste bekommen, wenn er sie beim Goldkommissar anforderte.
»Zweiunddreißig«, sagte der Anführer, sein Gesicht den Männern zuwendend. »Zweiunddreißig ist nicht eingetragen, und dies hier ist dreiunddreißig. Kommt mit, lasst uns einen Blick darauf werfen. Ich sah niemand darauf arbeiten, als wir heute Morgen vorbeikamen.«
Drei der Männer gingen mit ihm; einer blieb im Lager. Walt kroch vorsichtig hinter ihnen her, bis sie zu Loren Halls Minenschacht kamen. Einer der Männer stieg hinunter und machte auf dem Grund ein Feuer, um den gefrorenen Kies aufzutauen, während die anderen Männer ein weiteres Feuer auf der Abraumhalde entzündeten und Wasser in ein paar Goldwaschpfannen schmolzen. Dieses schütteten sie in ein zwischen zwei Stämmen aufgespanntes Segeltuch, das von Loren Hall benutzt wurde, um sein Gold auszuwaschen.
Wenig später wurden von dem Mann im Schacht einige Eimer mit Erde hinaufgereicht, und Walt konnte die Männer gespannt um ihren Anführer gruppiert sehen, als dieser sie auswusch. Als dies getan war, starrten sie auf den breiten Streifen aus schwarzem Sand und gelben Körnchen auf dem Boden der Pfanne, und einer rief aufgeregt den Mann herbei, der im Lager geblieben war. Loren Hall hatte es reich angetroffen, und sein Claim war noch nicht eingetragen. Es war klar, dass sie dabei waren, ihn zu besetzen.
Walt lag angespannt nachdenkend im Schnee. Er war nur ein Junge, aber angesichts der drohenden Ungerechtigkeit gegen den alten, lahmen Loren Hall fühlte er, dass er etwas tun musste. Er wartete ab und beobachtete aufmerksam, bis er sah, dass die Männer neue Markierungspfosten setzten. Dann kroch er weg, bis er außer Hörweite war, und begann in Richtung des Lagers der Spekulanten zu laufen. Walts Vater hatte ihre eigenen Hunde mitgenommen, und der Junge wusste, dass es ihm unmöglich war, die siebzig Meilen nach Dawson ohne die Hilfe von Hunden zu bewältigen.

Als er das Lager erreichte, wählte er mit kundigem Auge den am leichtesten laufenden Schlitten aus und begann die Hunde der Spekulanten anzuschirren. Es waren drei Gespanne mit jeweils sechs Hunden, und von diesen wählte er die zehn besten aus. Er wusste, wie wichtig es war, einen guten Leithund zu haben, und bemühte sich, einen unter ihnen zu entdecken; aber er hatte wenig Zeit dafür, denn er konnte bereits die Stimmen der zurückkehrenden Männer hören. Als das Gespann und auch alles andere bereit waren, kamen die Claimbesetzer in Sichtweite auf einen freien Platz nicht mehr als hundert Schritt vom Trail entfernt, der hier zum Bachbett hinunterlief. Sie riefen Walt zu, aber er schenkte ihnen keine Beachtung, sondern schnappte einen ihrer Pelzmäntel, der lose im Schnee lag, und sprang auf den Schlitten.

»Vorwärts! Mush! Hi! Mush on!«, schrie er die Hunde an und ließ die Peitschenschnur knallend zwischen sie schnalzen.

Die Hunde sprangen gegen die Brustgeschirre, und der Schlitten ruckte so plötzlich vorwärts, dass Walt fast abgeworfen wurde. Dann kurvte er gefährlich auf einer Kufe balancierend in das Bachbett hinunter. Er war bereits außer Atem vor lauter Anspannung, als der Schlitten mit einem Ruck wieder in die richtige Spur kam und weiter vorwärts schoss. Das Bachufer war hoch, und er konnte nichts sehen, aber das Gebrüll der Männer hören, und wusste, dass sie rannten, um ihm den Weg abzuschneiden. Er wagte nicht daran zu denken, was geschehen würde, wenn sie ihn erwischten; er klammerte sich nur an den Schlitten mit wild klopfendem Herzen und beobachtete den Schneerand der Uferböschung über ihm.

Plötzlich flog über diesen Schneerand der Körper des Iren, der direkt in Richtung des Schlittens in der Absicht sprang, ihn zu packen; aber er kam einen Augenblick zu spät. Nur noch das Ende erreichend, wurde er von den Füßen und rückwärts in den Schnee gerissen. Doch mit der Schnelligkeit einer Katze hatte er das Schlittenende mit einer Hand gepackt, drehte sich um und wurde nun bäuchlings hinterhergeschleift, auf den Jungen fluchend und ihm alle möglichen schrecklichen Dinge androhend für den Fall, dass er die Hunde nicht sofort stoppe; aber Walt schlug ihm mit dem Griff der Hundepeitsche scharf über die Knöchel, bis er losließ.

Es waren acht Meilen von Walts Claim zum Yukon – acht sehr vertrackte Meilen, denn der Bach wand sich wie eine Schlange, »sich selbst verknotend«, wie George Lukens sagte. Und weil es so vertrackt war, konnten die Hunde nicht ihre volle Geschwindigkeit erreichen; der Schlitten schlug ständig heftig mit der Seite gegen die Ränder der Biegungen, bald rechts, bald links.

Reisende, die zu Fuß den Mazy May mit Gepäck auf dem Rücken heraufgekommen waren, hatten sich geweigert, all die Windungen auszulaufen, und hatten stattdessen Abkürzungen über die Bachschlaufen gemacht. Zwei der Verfolger waren zurückgegangen, um die verbliebenen Hunde anzuschirren, aber die anderen nutzten nun den Vorteil dieser fußläufigen Abkürzungen, und bevor Walt es bemerkte, hatten sie ihm beinahe den Weg abgeschnitten.

»Halt!«, schrien sie ihm hinterher. »Halt, oder wir werden schießen!«

Aber Walt feuerte die Hunde nur umso härter an und jagte um die Bachschleife mit ein paar um seine Ohren pfeifenden Revolverkugeln. Bei der nächsten Schleife waren sie noch näher gekommen, und die Kugeln schlugen ungemütlich nah bei ihm ein; aber an dieser Stelle streckte sich der Mazy May und verlief für eine halbe Meile so gerade wie eine Krähe fliegt. Hier streckten sich die Hunde und verfielen in ihren langen Wolfsgang, und die Verfolger kamen außer Atem, wurden langsamer und warteten schließlich, bis ihr eigener Schlitten kam.

Über die Schulter blickend, erkannte Walt, dass sie die Jagd keineswegs aufgaben und schon bald wieder hinter ihm sein würden. Deshalb hüllte er sich in den Pelzmantel, um die stechende Kälte abzuhalten, legte sich flach auf den leeren Schlitten und feuerte die Hunde an, so gut er konnte.

Schließlich kam er, sich plötzlich zwischen zwei Flussinseln herauswindend, auf den mächtigen Yukon, der hier majestätisch in Richtung Norden bog. Er vermochte nicht von Ufer zu Ufer zu blicken, und in der rasch hereinbrechenden Dämmerung wirkte der Fluss wie ein großes weißes Meer aus gefrorener Stille. Man hörte kein Geräusch, außer dem Hecheln der Hunde und dem Knirschen der Stahlkufen des Schlittens.

Seit mehreren Wochen war kein Schnee mehr gefallen, und der Verkehr hatte den Haupttrail auf dem Fluss festgefahren, bis er hart und glasig wie klares Eis war. Darüber flog nun der Schlitten, und die Hunde hielten recht gut den Kurs, obwohl Walt schnell bemerkt hatte, dass er beim Auswählen des Leithundes einen Fehler begangen hatte. Als sie in Reihe ohne Zügel gefahren waren, hatte er sie mit der Stimme lenken müssen, und es war offensichtlich geworden, dass der Hund an der Spitze nie die Bedeutung von »gee« und »haw«, rechts und links, gelernt hatte. Er nahm die Kurven zu eng, sodass er seine Gefährten hinter sich oft in den lockeren Schnee zwang und der Schlitten dabei mehrmals fast umstürzte.

Es wehte kein Wind, aber die Geschwindigkeit, mit der Walt fuhr, erzeugte einen heftigen Fahrtwind, und bei einer Temperatur kälter als minus vierzig Grad biss dieser durch die Felle und das Fleisch bis auf die Knochen. Er wusste, dass er sich zu Tode frieren würde, wenn er ständig auf dem Schlitten liegen bleiben würde, und weil er die Praxis der Arktis-Reisenden kannte, sprang er ab, wann immer er fror, und lief, mit einer Leine verbunden hinter dem Schlitten, bis die Wärme wiederkam. Dann kletterte er erneut auf den Schlitten, bis der Vorgang wiederholt werden musste.

Zurückschauend konnte er den Schlitten seiner Verfolger sehen, der von acht Hunden gezogen wurde und auf und ab über die Eisschollen sprang wie ein Boot bei Seegang. Der Ire und der schwarzbärtige Anführer waren dabei, sich im Laufen und Fahren abzuwechseln.

Die Nacht brach herein, und in der Dunkelheit der ersten Stunde mühte sich Walt verzweifelt mit den Hunden ab. Wegen des unfähigen Leithundes strampelten sie sich ständig abseits der festen Spur im lockeren Schnee ab, und der Schlitten schlitterte oft auf der Seite dahin oder schlug um. Diese Mühen und Strapazen stellten seine Kräfte auf eine harte Probe. Wäre er nicht in solcher Eile gewesen, hätte er viel davon vermeiden können, aber er befürchtete, die Verfolger könnten in der Dunkelheit herankommen und ihn einholen. Jedenfalls konnte er sie gelegentlich ihre Hunde anschreien hören und wusste vom Klang, dass sie nur sehr langsam herankamen.

Als der Mond aufging, war er an Sixty Mile vorüber, und Dawson war nur noch fünfzig Meilen entfernt. Er war ziemlich erschöpft und stieß einen Seufzer aus, als er wieder auf den Schlitten kletterte. Zurückschauend sah er seine Feinde auf weniger als vierhundert Yards herangekommen. In dieser Entfernung blieben sie als ein schwarzer, sich bewegender Fleck auf dem weißen, biestigen Fluss. So sehr sie sich auch abmühten, sie vermochten die Distanz nicht zu verkürzen, und er konnte sie nicht vergrößern, so sehr es auch versuchte.

Er hatte mittlerweile den richtigen Leithund entdeckt, und er wusste, dass er ihnen leicht davonfahren würde, wenn er nur den schlechten Leithund gegen den guten tauschen könnte. Aber das war unmöglich, denn die kleinste Verzögerung würde die Männer bei der Geschwindigkeit, mit der sie fuhren, direkt hinter ihn bringen.

Als er an der Mündung des Rosebud Creek vorbei war, gerade als er über eine Erhebung fuhr, sagte ihm der Einschlag einer Kugel im Eis neben ihm und der dazugehörige Knall, dass sie nun mit einem Gewehr auf ihn schossen. Von da an streckte er sich flach auf dem Schlitten aus, sobald er die Erhebung einer Eisstauung erreichte.

Allerdings ist es sehr schwer, auf einem fahrenden Schlitten zu liegen, der auf und ab hüpft und schlingert wie ein Boot vor dem Wind, und dabei durch das trügerische Mondlicht auf ein vierhundert Yards entferntes Ziel zu schießen, auf einem anderen Schlitten, der ähnlich wilde Eskapaden vollführt. Deshalb war es nicht verwunderlich, dass der Schwarzbärtige ihn nicht traf.

Nach einiger Zeit, in der ungefähr zwanzig Kugeln auf Walt abgefeuert worden waren, begann ihnen die Munition auszugehen, und ihre Schüsse wurden seltener. Sie warteten nun besser ab und feuerten nur bei den günstigsten Gelegenheiten auf ihn. Er begann gleichzeitig, sie weiter hinter sich zu lassen; die Distanz wuchs langsam auf sechshundert Yards an.

Beim Überqueren des Kammes der großen Eisstauung beim Indian River traf Walt Masters sein erstes Unglück. Eine Kugel pfiff an seinen Ohren vorbei und traf den schlechten Leithund. Das arme Tier stürzte auf der Stelle nieder und das übrige Gespann über ihn. Wie der Blitz war Walt bei dem Leithund. Die Leinen mit seinem Jagdmesser durchtrennend, zog er das sterbende Tier auf die Seite und richtete das Gespann neu aus.

Er schaute zurück. Der andere Schlitten näherte sich wie ein Expresszug.

Mit der Hälfte der Hunde noch über ihren Zugleinen stehend, schrie er: »Vorwärts! Mush on!« und sprang auf den Schlitten im selben Moment als das Verfolgergespann Seite an Seite zu ihm heranjagte.

Der Ire bereitete sich gerade vor, zu ihm herüberzuspringen – sie waren sich so sicher, ihn zu haben, dass sie nicht schossen –, da drehte Walt sich grimmig mit der Peitsche zu ihnen um.

Er schlug nach ihren Gesichtern, und die Männer mussten diese mit ihren Händen schützen. Dadurch konnten sie nicht auf ihn schießen. Bevor sie sich von dem heißen Hagel der Peitschenhiebe erholen konnten, sprang Walt von seinem Schlitten, packte ihren Leithund an seinen Vorderfüßen mitten im Sprung und warf ihn mit aller Kraft nieder. Dies brachte das gesamte Gespann in Aufruhr und seine Feinde hübsch durcheinander, während der Schlitten umstürzte.

Dann floh Walt, wobei die Kufen seines Schlittens laut klangen, als sie über die eisige Oberfläche rasten. Und was zunächst als Unglück erschien, erwies sich nun als versteckter Glücksfall. Nun war der richtige Leithund vorne und streckte sich lang auf dem Trail und heulte vor Freude, wobei er seine Gefährten mitriss.

Als Walt Ainslies Creek erreichte, siebzehn Meilen vor Dawson, hatte er seine Verfolger als winzigen Fleck in weiter Ferne hinter sich gelassen. Bei Monte Christo Island konnte er sie nicht mehr sehen. Und am Swede Creek, gerade als das erste Tageslicht die Kiefern silbern aufleuchten ließ, raste er voll in das Lager des alten Loren Hall hinein.

Ebenso schnell, wie Walt alles erzählte, hatte Loren seine Schaffelle zusammengerollt und sich zu Walt auf den Schlitten gesellt. Sie erlaubten den Hunden nun langsamer zu laufen, da kein Anzeichen von den Verfolgern hinter ihnen zu sehen war. Und zum selben Zeitpunkt, als sie in Dawson beim Büro des Beauftragten für die Registratur der Goldclaims vorfuhren, fiel Walt, der bis zuletzt die Augen offen gehalten hatte, in Schlaf.

Und wegen dem, was Walt Masters in dieser Nacht getan hatte, wurden die Männer am Yukon sehr stolz auf ihn und sprachen von ihm nur noch als dem Helden von Mazy May.

# Die Weisheit des Trails

Sitka Charley hatte das Unmögliche erreicht. Andere Indianer mögen ebenso viel über die Weisheit, die auf dem Trail notwendig ist, gewusst haben wie er; aber er allein kannte auch das Wissen des weißen Mannes, den Ehrenkodex des Trails und das Gesetz. Doch waren diese Dinge nicht über Nacht zu ihm gekommen. Die Ureinwohner sind langsam im Verallgemeinern, und deshalb müssen viele Dinge oft wiederholt werden, damit sie diese verstehen. Sitka Charley war von Kindheit an ständig in Kontakt mit weißen Männern gekommen, und als Mann hatte er beschlossen, seine weiteren Geschicke mit den ihren zu verknüpfen, indem er sich ein für alle Mal von seinen eigenen Leuten lossagte. Aber obwohl er die Macht des weißen Mannes anerkannte und fast verehrte, musste er zuerst noch ihr geheimes Wesen ergründen – den Ehrenkodex und das Gesetz. Und erst durch die Erfahrung vieler Jahre verstand er schließlich all das. Dann aber verstand er es besser als die weißen Männer selbst, obwohl er ein Außenstehender war. Als Indianer hatte er damit das Unmögliche erreicht.

Und aus all dem war ihm eine gewisse Verachtung für seine eigenen Leute erwachsen – eine Verachtung, die zu verbergen er sich angewöhnt hatte, die aber jetzt in einem vielsprachigen Sturm von Flüchen über die Köpfe von Kah-Chucte und Gowhee hereinbrach. Sie wichen vor ihm zurück wie ein Paar knurrender Wolfhunde, zu feige, um ihn anzuspringen, zu wölfisch, um ihre Zähne nicht zu fletschen. Sie waren keine schönen Kreaturen. Das war auch Sitka Charley nicht. Alle drei sahen furchterregend aus. In ihren Gesichtern war kein Fleisch; ihre Wangenknochen waren mit abscheulichem Schorf bedeckt, den der scharfe Frost abwechselnd aufbrach und wieder zufrieren ließ; gleichzeitig glommen ihre Augen blutrünstig mit der Glut, die aus Verzweiflung und Hunger geboren wird. Menschen in dieser Situation, die jenseits der Grenze von Ehre und Gesetz liegt, ist nicht zu trauen. Sitka Charley wusste das, und deshalb hatte er sie zehn Tage zuvor gezwungen, ihre Gewehre mit dem Rest ihrer Lagerausrüstung zurückzulassen. Nur sein eigenes Gewehr und das von Captain Eppingwell waren verblieben.

»Los, macht Feuer«, befahl er und zog die kostbare Zündholzschachtel samt dazugehörigen Streifen trockener Birkenrinde heraus.

Die beiden Indianer begannen missmutig abgestorbene Zweige und Reisig zu sammeln. Sie waren entkräftet und legten oft eine Pause ein, bewegten sich beim Bücken taumelnd oder torkelten zum Lagerplatz zurück, wobei ihre Knie wie Kastagnetten gegeneinanderschlugen. Nach jedem Gang rasteten sie einen Augenblick, als wären sie krank und todmüde. Zeitweise nahmen ihre Augen die stoische Geduld stummen Erleidens an, und dann schien plötzlich wieder ihr ganzer Wille hervorzubrechen mit seinem wilden Aufschrei: »Ich, ich, ich will weiterleben!« – dem beherrschenden Schrei des gesamten lebenden Universums.

Ein leichter Luftzug von Süden biss in ihre ungeschützten Körperpartien und trieb den Frost wie mit feurigen Nadeln durch die Pelze und das Fleisch in die Knochen. Deshalb zwang Sitka Charley seine widerstrebenden Reisegefährten, sobald das Feuer kräftig loderte und einen dampfenden Kreis in den Schnee schmolz, ihm beim Errichten eines Windschutzes zur Hand zu gehen. Es war eine primitive Vorrichtung; bloß eine gegen die Windrichtung hinter dem Feuer in einem Winkel von ungefähr fünfundvierzig Grad aufgespannte Plane. Diese hielt den frostigen Wind ab und warf die Wärme des Feuers zurück auf die, die sich in seinem Schutz zusammenkauern wollten. Dann wurde eine Lage grüner Fichtenzweige ausgebreitet, damit ihre Körper nicht in Kontakt mit dem Schnee kommen würden.

Als diese Aufgabe erledigt war, machten sich Kah-Chucte und Gowhee daran, sich um ihre Füße zu kümmern. Ihre eisverkrusteten Mokassins waren von dem vielen Reisen übel zugerichtet, und das scharfkantige Eis der Stauungen auf dem Fluss hatte sie in Fetzen gerissen. Ihre Indianersocken befanden sich in ähnlicher Verfassung, und als diese aufgetaut waren, erzählten die todbleichen Zehen mit ihren unterschiedlichen Stadien des Absterbens die schlichte Geschichte ihrer Reise.

Sitka Charley ließ die beiden beim Trocknen ihrer Fußbekleidung und ging auf dem selben Weg zurück, den sie gekommen waren. Auch er hatte ein mächtiges Verlangen, am Feuer zu sitzen und sich um sein schmerzendes Fleisch zu kümmern, aber der Ehrenkodex und das Gesetz verboten es ihm. Er schleppte sich schmerzerfüllt über die gefrorene Fläche, jeder Schritt eine Überwindung, jeder Muskel in Aufruhr. Mehrmals musste er an Stellen, an denen das offene Wasser erst vor Kurzem zugefroren war, seine Bewegung unter Schmerzen beschleunigen, als der unsichere Untergrund schwankte und hinter ihm brach. An solchen Stellen war der Tod schnell und leicht; aber er wollte noch nicht sterben.

Seine zunehmende Sorge schwand, als zwei Indianer hinter der Biegung des Flusses in sein Blickfeld kamen. Sie torkelten und keuchten wie mit schweren Lasten beladene Männer, wenngleich die Packen auf ihren Rücken nur wenige Pfund wogen. Er fragte sie gründlich aus, und die Antworten schienen ihn zu beruhigen. Er eilte weiter.

Als Nächste kamen zwei weiße Männer, die zwischen sich eine Frau stützten. Auch sie sahen wie Betrunkene aus, und ihre Körper schlotterten vor Schwäche. Aber die Frau stützte sich nur leicht auf sie und versuchte, sich aus eigener Kraft vorwärtszubewegen. Bei ihrem Anblick ging ein flüchtiges Aufleuchten von Freude über Charleys Gesicht. Er schätzte Mrs Eppingwell in hohem Maße. Er hatte viele weiße Frauen gesehen, aber diese war die erste, die eine Reise mit ihm unternahm. Als Captain Eppingwell ihm die gefährliche Unternehmung erläutert und ihm ein Angebot für seine Dienste gemacht hatte, hatte er seinen Kopf bedenklich geschüttelt, denn die Reise ins Unbekannte führte durch die trostlose Einöde des Nordlandes, und er wusste, dass sie die Seele der Menschen auf die härteste Probe stellen würde. Aber als er erfuhr, dass die Frau des Captains sie begleiten sollte, hatte er sich schlichtweg geweigert, noch irgendetwas mit der Sache zu tun zu haben. Wäre es eine Frau seiner eigenen Herkunft gewesen, hätte er keine Einwände gehabt; aber diese Frauen aus dem Südland – nein, nein, sie waren zu weichlich, zu zart für solche Unternehmungen.

Frauen dieser Art kannte Sitka Charley nicht. Fünf Minuten zuvor hatte er nicht einmal im Traum daran gedacht, die Führung dieser Expedition zu übernehmen; aber als sie mit ihrem wundervollen Lächeln zu ihm kam und in ihrem klaren verständlichen Englisch die Sache darlegte, ohne zu bitten oder zu überreden, hatte er sofort eingewilligt.

Wäre da eine Schwäche oder ein Betteln um Nachsicht in ihren Augen gewesen, ein Beben der Stimme, ein Ausnützen ihrer Weiblichkeit, wäre er hart geworden wie Stahl; dagegen hatten ihr klarer forschender Blick und ihre klare feste Stimme, ihre völlige Offenheit und die stillschweigende Annahme ihrer Gleichrangigkeit, ihn seiner Ablehnungsgründe beraubt. Er spürte, dass es sich hier um eine für ihn neue Art von Frau handelte; und noch ehe sie Reisegefährten für viele Tage wurden, begriff er, warum die Söhne dieser Frauen das Land und das Meer beherrschten und warum die Söhne der Frauen seiner eigenen Herkunft sich ihnen gegenüber nicht durchsetzen konnten.

*Zart und weich!* Tag für Tag beobachtete er sie, geschwächt, erschöpft, aber unbeugsam, und die Worte hämmerten sich als fortwährender Refrain in ihn hinein: *Zart und weich!* Er wusste, dass ihre Füße für einfache Wege in sonnigen Ländern gemacht waren, nicht für die schmerzerzeugenden Mokassins des Nordens, dass sie ungeküsst waren von den eisigen Lippen des Frostes, und dann beobachtete er bewundernd, wie sie sich dennoch leichtfüßig durch den beschwerlichen Tag bewegten.

Sie hatte stets ein Lächeln und ein aufmunterndes Wort, von dem nicht einmal der geringste Träger ausgeschlossen war. Als der Weg finsterer wurde, schien sie zu erstarken und größeres Durchhaltevermögen zu erlangen, und als Kah-Chucte und Gowhee, die sich damit gebrüstet hatten, dass sie jeden Abschnitt des Weges, wie ein Kind die Fellbündel im heimischen Zelt, kennen würden, zugeben mussten, dass sie nicht mehr wussten, wo sie waren, war sie es, die versöhnliche Worte inmitten der Flüche der Männer sprach. Sie hatte ihnen in jener Nacht Lieder gesungen, bis sie die Müdigkeit von sich abfallen fühlten und bereit waren, sich mit frischer Hoffnung dem Kommenden zu stellen. Und als die Lebensmittel zu Ende gingen und jede kleinste Portion eifersüchtig abgemessen wurde, war sie es, die gegen die Machenschaften Sitka Charleys und ihres Mannes rebellierte und forderte und auch erreichte, dass sie eine Portion erhielt, die weder größer noch kleiner war als die aller anderen.

Sitka Charley war stolz, diese Frau zu kennen. Ihre Gegenwart bereicherte sein Leben und erweiterte seinen Horizont. Bislang war er sein eigener Herr gewesen und hatte sich weder links noch rechts von jemandem beeinflussen lassen; er hatte sich nach seinem eigenen Willen geformt und seine Männlichkeit gepflegt, ohne Rücksicht auf andere Meinungen als die eigene zu nehmen. Zum ersten Mal hatte er nun von außerhalb einen Ruf gespürt, der das Beste, was in ihm steckte, forderte. Es bedurfte nur eines anerkennenden Blickes aus ihren klaren forschenden Augen, eines dankbaren Wortes mit ihrer klaren festen Stimme, nur eines schwachen Kräuselns ihrer Lippen zu diesem wundervollen Lächeln, und schon ging er für Stunden wie auf Wolken. Es war ein neuer Ansporn für seine Männlichkeit; zum ersten Mal erregten seine Fähigkeiten auf dem Trail bei ihm einen bewussten Stolz; und zusammen mit ihr richtete er die mutlos werdenden Herzen ihrer Reisegefährten immer wieder auf.

*

Die Gesichter der beiden Männer und der Frau hellten auf, als sie ihn sahen, denn letztendlich war er die Person, auf die sie sich stützten. Aber Sitka Charley versteckte strikt, wie es seine Art war, Schmerz und Freude gleichermaßen hinter seinen eisernen Gesichtszügen, fragte sie lediglich nach dem Befinden der nach ihnen Kommenden, teilte ihnen die Entfernung bis zum Feuerplatz mit und setzte dann seinen Rückmarsch fort.
Als Nächstes stieß er auf einen einzelnen Indianer, der ohne Gepäck dahinhinkte mit zusammengepressten Lippen und schmerzerfüllten Augen wegen seines Fußes, in dem das Leben einen aussichtslosen Kampf mit dem Tod führte. Man hatte jede erdenkliche Rücksicht auf ihn genommen, aber wenn es zum Äußersten kommt, müssen die Schwachen und Glücklosen untergehen, und Sitka Charley gab ihm nur noch wenige Tage. Der Mann konnte sich kaum noch aufrecht halten, und er ließ ihm deshalb ein paar raue aufmunternde Worte zukommen.
Danach kamen zwei weitere Indianer, denen er die Aufgabe zugeteilt hatte, Joe weiterzuhelfen, dem dritten weißen Mann. Sie hatten ihn im

Stich gelassen. Sitka Charley sah auf den ersten Blick die lauernde Spannung in ihren Körpern und wusste, dass sie ihm die Gefolgschaft aufgekündigt hatten. Deshalb traf es ihn nicht unerwartet, dass er stattdessen ihre Jagdmesser aufblitzen sah, die sie aus der Scheide zogen, als er ihnen befahl zurückzugehen, um den Zurückgelassenen zu suchen. Es war ein erbärmliches Schauspiel: Drei entkräftete Männer mobilisierten ihren kläglichen Rest Kraft inmitten der endlosen Weite; aber die beiden wichen vor den grimmigen Gewehrkolbenhieben des einen und kehrten wie geprügelte Hunde an die Leine zurück. Zwei Stunden später erreichten sie mit dem torkelnden Joe zwischen sich und Sitka Charley als Nachhut das Feuer, an dem der Rest der Expedition unter dem Windschutz kauerte.

»Ein paar Worte, meine Weggefährten, bevor wir schlafen«, sagte Sitka Charley, nachdem sie ihre karge Ration Fladenbrot verschlungen hatten. Er sprach zu den Indianern in ihrer eigenen Sprache, nachdem er den Weißen zuvor das Wesentliche mitgeteilt hatte. »Ein paar Worte, meine Weggefährten, zu eurem Besten, damit ihr vielleicht am Leben bleiben könnt. Ich will euch das Gesetz sagen; wer es bricht, wird den Tod auf sein Haupt herabbeschwören. Wir haben die Berge des Schweigens überschritten und reisen nun den oberen Stewart River hinab. Es kann noch eine Übernachtung dauern oder einige oder auch viele, aber schließlich werden wir die Menschen am Yukon erreichen, die große Vorräte haben. Es wäre gut, wenn wir das Gesetz beachten würden. Heute vergaßen Kah-Chucte und Gowhee, denen ich befahl, den Trail zu spuren, dass sie Männer sind und rannten wie ängstliche Kinder davon. Es ist wahr, sie vergaßen es; lasst es uns auch vergessen. Aber von nun an mögen sie sich daran erinnern. Sollte es geschehen, dass sie das nicht tun …« Er berührte sein Gewehr beiläufig, aber entschlossen. »Morgen sollen sie das Mehl tragen und achtgeben, dass der weiße Mann Joe sich nicht auf dem Weg hinlegt. Die Portionen des Mehl sind abgezählt; sollte auch nur eine Unze davon fehlen … Ihr versteht mich? Heute gab es noch zwei andere, die etwas vergaßen. Moose-Head und Three-Salmon ließen den weißen Mann Joe im Schnee liegen. Lasst sie nie mehr etwas vergessen. Sie sollen beim ersten Tageslicht aufbrechen und den Trail spuren. Ihr habt nun das Gesetz gehört. Achtet gut darauf, dass ihr es nicht brecht.«

★

Es gelang Sitka Charley nicht, die Reisegruppe dicht beieinanderzuhalten. Von Moose-Head und Three-Salmon, die vorneweg den Trail spurten, bis zu Kah-Chucte, Gowhee und Joe zog es sich über eine Meile. Jeder schleppte sich voran, fiel hin oder rastete, wie es ihm gerade passte. Die Marschkolonne war in einer Vorwärtsbewegung in Form einer Kette von unregelmäßigen Halten. Jeder mobilisierte den letzten Rest seiner Kraft, bis auch dieser verbraucht war; aber auf wundersame Weise gab es immer wieder einen weiteren letzten Rest. Jedes Mal, wenn einer fiel, war es in der festen Überzeugung, dass er sich nie wieder erheben werde; dennoch erhob er sich wieder und wieder und wieder. Das Fleisch war schwach, aber der Wille siegte; doch jeder Sieg war eine Tragödie.

Der Indianer mit dem erfrorenen Fuß ging nicht mehr aufrecht, sondern kroch auf Händen und Füßen. Er rastete selten, denn er kannte die Strafe, die der Frost dafür forderte. Selbst Mrs Eppingwells Lippen waren in einem versteinerten Lächeln erstarrt, und ihre Augen schauten, ohne etwas zu sehen. Sie hielt oft an und presste atemlos und schwindlig eine behandschuhte Hand auf ihr Herz.

Joe, der weiße Mann, hatte das Stadium des Leidens bereits hinter sich gelassen. Er bat nicht länger, alleingelassen zu werden und betete nicht mehr, endlich zu sterben, sondern war ruhig und zufrieden unter der Betäubung des Deliriums. Kah-Chucte und Gowhee schleiften ihn unsanft mit sich und bedachten ihn mit vielen wilden Blicken und Schlägen. Für sie war es der Gipfel der Ungerechtigkeit. Ihr Herz war verbittert von Hass und schwer von Furcht. Warum mussten sie ihre Kräfte für seine Schwäche verschwenden? Das zu tun, bedeutete den Tod; taten sie es aber nicht, so wartete das Gesetz von Sitka Charley auf sie und das Gewehr.

Joe fiel immer öfter, als das Tageslicht weniger wurde, und es war so schwer, ihn wieder aufzurichten, dass sie weiter und weiter zurückblieben. Manchmal fielen alle drei in den Schnee, so kraftlos waren die Indianer geworden. Aber auf ihrem Rücken trugen sie Leben und Stärke und Wärme. In den Mehlsäcken steckten alle Möglichkeiten des Überlebens. Sie konnten an nichts anderes denken als das, und es war zwangsläufig, was schließlich geschah. Sie waren neben einem großen Schwemmholzhaufen niedergestürzt, wo Unmengen Feuerholz auf das Zündholz warteten. In der Nähe war ein Wasserloch im Eis. Kah-Chucte schaute auf das Holz und das Wasser, ebenso Gowhee; dann schauten sie sich gegenseitig an. Sie sagten kein Wort. Gowhee entzündete ein Feuer; Kah-Chucte füllte einen Metallbecher mit Wasser und erhitzte es; Joe plapperte von Dingen in einem anderen Land in einer Sprache, die sie nicht verstanden. Sie mischten Mehl mit dem warmen Wasser, bis es ein dünner Brei war, und davon tranken sie viele Becher. Sie boten Joe keinen an, aber es kümmerte ihn nicht. Er kümmerte sich um nichts, nicht einmal um seine Mokassins, die in der Glut versengten und qualmten.

Ein kristallisierter Schneenebel fiel auf sie, weich und sanft, und hüllte sie in weiße Gewänder ein. Ihre Füße wären noch viele Wege gewandert, wenn das Schicksal nicht die Wolken beiseite geschoben und die Luft klar gemacht hätte. Zehn Minuten Verzögerung nur hätten bereits Rettung bedeutet. Aber Sitka Charley schaute zurück, sah die Rauchsäule ihres Feuers und wusste Bescheid. Und er schaute vorwärts zu denjenigen, die verlässlich waren, und auf Mrs Eppingwell.

★

»So, meine lieben Gefährten, ihr habt also erneut vergessen, dass ihr Männer seid. Gut! Sehr gut. So werden weniger Mägen zu füttern sein.«

Sitka Charley knüpfte den Mehlsack zu, während er sprach, und lud ihn zu dem Gepäck auf seinem Rücken. Er trat Joe, bis der Schmerz durch die Glückseligkeit im Delirium des armen Teufels drang und ihn zitternd auf die Füße brachte. Dann schubste er ihn auf den Trail und setzte ihn in Bewegung. Die Indianer unternahmen einen Versuch zu entkommen.

»Halt, Gowhee! Und du auch, Kah-Chucte! Hat das Mehl euren Beinen solche Kräfte verliehen, dass sie meinen, dem schnellen geflügelten Blei davonrennen zu können? Denkt nicht, das Gesetz betrügen zu können.

Seid ein letztes Mal Männer und seid zufrieden damit, dass ihr mit vollen Mägen sterbt. Kommt, steht auf, an den Baumstamm, Schulter an Schulter. Los!«

Die beiden Männer gehorchten, ruhig, ohne Furcht, denn es ist die Zukunft, die den Menschen bedrängt, nicht die Gegenwart.

»Du, Gowhee, hast ein Weib und Kinder und eine Behausung aus Tierhäuten in Chipewyan. Was ist dein letzter Wille für sie?«

»Gib ihr von den Sachen, die der Captain mir versprochen hat – die Decken, die Perlen, den Tabak, den Kasten, der seltsame Geräusche macht in der Art des weißen Mannes. Sag, dass ich auf dem Trail gestorben bin, aber sag nicht wie.«

»Und du, Kah-Chucte, der du weder Weib noch Kinder hast?«

»Ich habe eine Schwester, die Frau des Verwalters in Koshim. Gib ihr die Sachen, die mir durch den Vertrag zustehen, und sag ihr, dass es gut wäre, wenn sie zu ihren eigenen Leuten zurückkehren würde. Solltest du ihren Mann treffen und es für richtig halten, ihn sterben zu lassen, wäre das eine gute Tat. Er schlägt sie, und sie fürchtet ihn.«

»Seid ihr einverstanden, nach dem Gesetz zu sterben?«

»Wir sind es.«

»Dann lebt wohl, meine lieben Gefährten. Mögt ihr an wohl gefüllten Töpfen sitzen in warmen Behausungen, noch ehe der Tag vorbei ist.«

Als er das sagte, hob er sein Gewehr und viele Echos durchbrachen die Stille. Kaum waren sie verhallt, erklangen andere Gewehre in der Ferne. Sitka Charley horchte auf. Das war mehr als ein Schuss gewesen, aber in ihrer Gruppe gab es nur noch ein weiteres Gewehr. Er warf einen flüchtigen Blick auf die Männer, die so still dalagen, lächelte grimmig über die Weisheit des Trails, und eilte dann davon, um die Männer vom Yukon zu treffen.

# Weiter, immer weiter

Es ist lange her, sieben Jahre, Herbst 1897, da sah ich die Frau zum ersten Mal. Am Lake Linderman hatte ich ein Kanu liegen, ein sehr gutes Peterborough-Kanu. Ich kam über den Chilkoot Pass mit tausend Briefen für Dawson. Ich war Briefkurier. Alle wollten zu jener Zeit rasch in den Klondike. Viele Leute waren unterwegs. Sie fällten Bäume, um Boote daraus zu bauen. Es gab nur noch wenig offenes Wasser, Schnee in der Luft und Schnee am Boden, Eis auf dem See und Eis am Fluss um die Strudel. Jeden Tag mehr Schnee, mehr Eis. Vielleicht noch einen Tag, vielleicht drei Tage, vielleicht sechs Tage, jeden Tag konnte der große Frost kommen, dann gibt's kein Wasser mehr, nur noch Eis, jeder muss zu Fuß gehen, sechshundert Meilen nach Dawson, eine lange Wanderung. Boote sind dagegen sehr schnell. Jeder will noch mit dem Boot fahren. Alle sagen »Sitka Charley, du bekommst zweihundert Dollar, wenn du mich in deinem Kanu mitnimmst«, »Charley, dreihundert Dollar«, »Charley, vierhundert Dollar!« Ich sage nein, die ganze Zeit sage ich nein. Ich bin Briefkurier.

Am Morgen komme ich zum Lake Linderman. Ich bin die ganze Nacht marschiert und sehr müde. Ich mache Frühstück, ich esse und schlafe dann drei Stunden am Seeufer. Ich wache auf. Es ist zehn Uhr. Schnee fällt. Es ist windig, viel Wind, der günstig bläst. Aber da ist auch eine Frau, die im Schnee neben mir sitzt. Es ist eine weiße Frau, sie ist jung, sie ist hübsch, vielleicht fünfundzwanzig Jahre alt. Sie schaut mich an. Ich schaue sie an. Sie ist sehr müde. Sie ist kein Tanzmädchen. Ich sehe das sofort. Sie ist eine anständige Frau, und sie ist sehr erschöpft.

»Sie sind doch Sitka Charley«, sagt sie. Ich stehe rasch auf und rolle die Decken zusammen, damit kein Schnee hineinkommt.

»Ich muss nach Dawson«, sagt sie. »Ich fahre in Ihrem Kanu mit – was kostet es?«

Ich will niemanden in meinem Kanu haben. Aber ich sage nicht gern nein. Deshalb sage ich: »Eintausend Dollar.« Ich sag's nur so zum Spaß, damit die Frau nicht mit mir mitkommen kann, was besser ist, als nein zu sagen. Sie schaut mich sehr streng an, dann sagt sie: »Wann fahren Sie los?« Ich sage, jetzt gleich.

Da sagt sie, es wäre in Ordnung, sie werde mir tausend Dollar geben.

Was soll ich sagen? Ich will die Frau nicht mitnehmen, aber jetzt habe ich ihr mein Wort gegeben, dass sie für tausend Dollar mitkommen kann. Ich bin überrascht. Aber vielleicht macht sie nur Spaß, deshalb sage ich: »Lassen Sie mich die tausend Dollar sehen.«

Und diese Frau, diese junge Frau, die bei dem Schnee ganz allein unterwegs ist, sie holt tausend Dollar heraus, in Hunderterscheinen und drückt sie mir in die Hand. Ich schaue auf die Dollar, ich schaue auf sie. Was soll ich sagen? Ich sage: »Nein, mein Kanu ist zu klein. Es ist kein Platz für Ausrüstung darin.«

Sie lacht. Sie sagt: »Ich bin eine erfahrene Reisende. Das hier ist mein ganzes Gepäck.« Sie stößt mit dem Fuß an ein kleines Bündel im Schnee. Es besteht aus zwei Pelzjacken und einer Segeltuchtasche mit einiger Frauenkleidung drin. Ich hebe es hoch. Vielleicht fünfunddreißig Pfund. Ich bin überrascht. Sie nimmt es mir weg und sagt: »Kommen Sie, lassen Sie uns aufbrechen.« Sie verstaut das Bündel im Kanu. Was soll ich sagen? Ich lege meine Decken ins Kanu. Wir brechen auf.

So habe ich die Frau kennengelernt. Der Wind war günstig. Ich zog ein kleines Segel auf. Das Kanu fuhr sehr rasch, es flog wie ein Vogel über die hohen Wellen. Die Frau war recht ängstlich.

»Warum kommen Sie in den Klondike, wenn Sie sich fürchten?«, frage ich. Sie lacht mich an, ein hartes Lachen, aber sie fürchtet sich immer noch. Sie ist auch sehr erschöpft. Ich steuere das Kanu durch die Stromschnellen zum Lake Bennett. Das Wasser ist rau und die Frau schreit, weil sie sich fürchtet. Wir fahren den Lake Bennett hinunter bei Schnee, Eis und stürmischen Winden, aber die Frau ist müde und schläft ein.

In dieser Nacht lagern wir am Windy Arm. Die Frau sitzt am Feuer und isst zu Abend. Ich betrachte sie. Sie ist hübsch. Sie richtet ihr Haar. Viel

Haar, und es ist braun. Manchmal ist es im Licht des Feuers auch wie Gold. Wenn sie den Kopf dreht, glänzt es wie goldener Feuerschein. Die Augen sind groß und braun, manchmal warm wie eine Kerze hinter einem Vorhang, manchmal sehr hart und hell wie zerborstenes Eis, wenn die Sonne darauf scheint. Wenn Sie lächelt – wie soll ich sagen –, wenn sie lächelt, würden weiße Männer sie gerne küssen, einfach nur, weil sie lächelt. Sie hat noch nie harte Arbeit verrichtet. Ihre Hände sind so weich wie Kinderhände. Sie ist überall zart wie ein Baby. Sie ist nicht dünn, sondern mollig; ihre Arme, ihre Beine, ihre Muskeln, alles ist weich und rund wie bei Babys. Ihre Taille ist schmal, und wenn sie aufsteht, wenn sie geht oder ihren Kopf oder Arm bewegt, ist es – ich weiß das passende Wort nicht –, aber es ist schön anzuschauen, wie – vielleicht sollte ich sagen, sie ist gebaut wie die Form eines guten Kanus, genau so, und wenn sie sich bewegt, ist es wie die Bewegung des gut gebauten Kanus, das durchs stille Wasser gleitet, oder sich windet, wenn das Wasser weiß und schnell und wütend ist. Es ist schön anzuschauen.

Warum kommt sie in den Klondike, ganz allein, mit so viel Geld? Ich weiß es nicht. Am nächsten Tag frage ich sie. Sie lacht und sagt: »Das geht Sie nichts an. Ich gebe Ihnen tausend Dollar, um mich nach Dawson mitzunehmen. Nur das geht Sie etwas an.«

Am Tag danach frage ich Sie nach ihrem Namen. Sie lacht, und dann sagt sie: »Mary Jones, das ist mein Name.« Ich kenne ihren Namen nicht, aber ich weiß die ganze Zeit, dass Mary Jones nicht ihr Name ist.

Es ist sehr kalt im Kanu, und wegen der Kälte fühlt sie sich manchmal nicht wohl. Ein andermal fühlt sie sich gut und singt. Ihre Stimme klingt wie eine silberne Glocke, und ich fühle mich dann so gut, wie wenn ich in die Kirche der Holy Cross Mission gehe; wenn sie singt, fühle ich mich stark und paddle wie der Teufel. Dann lacht sie und sagt: »Charley, denken Sie, wir kommen noch nach Dawson, bevor alles zufriert?«

Manchmal sitzt sie im Kanu und ist in Gedanken weit weg, ihre Augen sind ganz leer. Sie sieht dann weder Sitka Charley noch das Eis noch den Schnee. Sie ist weit weg. Sehr oft ist sie mit den Gedanken weit weg.

Manchmal ist ihr Gesicht dann nicht schön anzuschauen. Es sieht aus wie ein Gesicht, das zornig ist, wie das Gesicht eines Mannes, wenn er einen anderen Mann töten will.

Der letzte Tag nach Dawson ist sehr übel. Ufereis an all den Strudeln, Treibeis im Strom. Ich kann nicht paddeln. Das Kanu friert im Eis fest. Ich komme nicht ans Ufer. Es ist sehr gefährlich. Die ganze Zeit treiben wir im Eis den Yukon hinab. In der Nacht macht das Eis viele Geräusche. Dann steht das Eis still, das Kanu steht still, alles steht.

»Lassen Sie uns ans Ufer gehen«, sagt die Frau. Ich sage nein, lieber noch warten. Nach und nach gerät wieder alles in Bewegung. Es schneit stark. Ich kann nichts sehen. Um elf Uhr nachts stoppt wieder alles. Um ein Uhr bricht wieder alles auf. Um drei Uhr stoppt erneut alles. Das Kanu ist zusammengedrückt wie eine Eierschale, aber es ist aufs Eis hinauf gedrückt und kann nicht sinken. Ich höre Hunde heulen. Wir warten. Wir schlafen. Nach und nach kommt der Morgen. Es schneit nicht mehr. Der große Winterfrost ist da, und dort ist Dawson. Das Kanu ist direkt bei Dawson zerdrückt und gestoppt worden. Sitka Charley ist mit dem letzten Wasser mit zweitausend Briefen angekommen.

Die Frau mietet sich eine Hütte auf dem Hügel, und eine Woche lang sehe ich sie nicht mehr. Dann, eines Tages, kommt sie zu mir.

»Charley«, sagt sie, »möchten Sie nicht für mich arbeiten? Sie fahren Hundeschlitten, machen das Lager und reisen mit mir.«

Ich sage ihr, dass ich zu viel gutes Geld mit den Briefkurierfahrten mache.

Sie sagt: »Charley, ich werde Ihnen mehr Geld geben.«

Ich erzähle ihr, dass die Arbeiter in den Minen mit Hacke und Schaufel fünfzehn Dollar am Tag verdienen.

Sie sagt: »Das sind vierhundertfünfzig im Monat.«

Und ich sage: »Sitka Charley ist kein Hacke-und-Schaufel-Mann.«

Da sagt sie: »Ich verstehe, Charley. Ich werde Ihnen siebenhundertfünfzig geben, jeden Monat.«

Das ist eine gute Bezahlung, und so beginne ich für sie zu arbeiten.

Ich kaufe Schlitten und Hunde für sie. Wir fahren den Klondike hinauf, den Bonanza und den Eldorado, hinüber zum Indian River, zum Sulphur

Creek, nach Dominion, zurück über die Wasserscheide nach Gold Bottom und Too Much Gold, und wieder zurück nach Dawson.

Die ganze Zeit hält sie nach etwas Ausschau, aber ich weiß nicht nach was. Ich bin verwirrt. »Nach was suchen Sie?«, frage ich. Sie lacht. »Sie suchen nach Gold?«, frage ich. Sie lacht und sagt dann: »Das geht Sie nichts an, Charley.« Danach frage ich nie mehr.

Sie hat einen kleinen Revolver, den sie an ihrem Gürtel trägt. Manchmal macht sie damit unterwegs Schießübungen. Ich lache.

»Warum lachen Sie, Charley?«, fragt sie.

»Warum spielen Sie mit dem Ding?«, sage ich. »Es ist nichts wert. Es ist zu klein. Es ist für ein kleines Kind, ein Spielzeug.«

Als wir zurückkommen nach Dawson, bittet sie mich, einen guten Revolver für sie zu kaufen. Ich kaufe einen 44er-Colt. Er ist ziemlich schwer, aber sie trägt ihn die ganze Zeit an ihrem Gürtel.

In Dawson kommt der Mann. Auf welchem Weg er gekommen ist, weiß ich nicht. Ich weiß nur, er ist ein Chechaquo, was ihr Weißen einen Grünschnabel nennt. Seine Hände sind so weich wie ihre. Er arbeitet niemals hart. Er ist ein Weichling. Zuerst denke ich, er ist vielleicht ihr Mann. Aber er ist zu jung dafür. Außerdem schlafen sie nachts in zwei Betten. Er ist vielleicht zwanzig Jahre alt. Seine Augen sind blau, seine Haare gelb und er hat einen kleinen Oberlippenbart, der ebenfalls gelb ist. Sein Name ist John Jones. Vielleicht ist er ihr Bruder. Ich weiß es nicht. Ich stelle keine Fragen mehr. Ich denke nur, sein Name ist nicht John Jones. Andere Leute nennen ihn Mr Girvan. Ich denke nicht, dass das sein Name ist. Ich denke auch nicht, dass Miss Girvan, wie andere Leute sie nennen, ihr Name ist. Ich glaube, niemand kennt ihre Namen.

Eines Nachts schlafe ich in Dawson. Er weckt mich auf. Er sagt: »Machen Sie die Hunde fertig, wir brechen auf.« Ich stelle keine Fragen mehr, und so mache ich die Hunde fertig und wir brechen auf.

Wir fahren den Yukon hinab. Es ist Nacht, es ist November, es ist sehr kalt – fünfundsechzig Grad unter Null. Sie ist zart. Er ist zart. Die Kälte beißt. Sie werden müde. Sie weinen lautlos in sich hinein. Schließlich sage ich, dass es besser ist, anzuhalten und zu lagern. Aber sie sagen, dass sie weiterfahren wollen. Drei Mal sage ich, dass es besser ist, das Lager aufzuschlagen und zu rasten, aber jedes Mal sagen sie, dass sie weiterfahren wollen. Danach sage ich nichts mehr.

Die ganze Zeit, Tag für Tag, geht es so. Sie sind sehr schwach. Sie werden steif und wund. Sie wissen nicht, wie sie in Mokassins laufen sollen, und ihre Füße quälen sie deswegen sehr. Sie hinken, sie stolpern vor sich hin wie Betrunkene, sie weinen lautlos in sich hinein, aber die ganze Zeit sagen sie: »Weiter! Weiter! Wir wollen weitergehen!«

Sie sind wie Verrückte. Die ganze Zeit gehen sie weiter und weiter. Warum gehen sie weiter? Ich weiß es nicht. Nur, dass sie immer weitergehen. Hinter was sind sie her? Ich weiß es nicht. Sie sind nicht hinter Gold her. Es ist kein Goldrausch. Außerdem geben sie eine Menge Geld aus. Aber ich stelle keine Fragen mehr. Ich gehe selbst weiter und weiter, weil ich stark bin auf dem Trail und weil ich gut bezahlt werde.

Wir kommen nach Circle City. Das, wonach sie suchen, ist nicht da. Ich denke, wir ruhen uns aus, lassen die Hunde sich erholen. Aber wir ruhen nicht aus, nicht für einen einzigen Tag rasten wir. »Komm«, sagt die Frau zu dem Mann, »lass uns weitergehen.«

Und wir gehen weiter. Wir verlassen den Yukon. Wir überqueren die Wasserscheide nach Westen und biegen ins Tanana Country ein. Dort gibt es neue Fundstellen. Aber das, nach dem sie suchen, ist nicht dort, und wir nehmen den Weg zurück nach Circle City.

Es ist eine harte Reise. Der Dezember ist bald vorbei. Die Tage sind kurz. Es ist sehr kalt. An einem Morgen siebzig Grad unter Null.

»Es ist besser, wir reisen heute nicht«, sage ich, »sonst bekommen wir die Frostluft ungewärmt in die Lungen, und die Ränder der Lunge werden davon zerfressen. Danach werden wir einen bösen Husten haben und im Frühjahr kann es sein, dass eine Lungenentzündung kommt.«

Aber sie sind Chechaquos. Sie verstehen die Gesetze des Trails nicht. Sie sind wie tot, sie sind erschöpft, aber sie sagen: »Lasst uns weitergehen.«

Wir gehen weiter. Der Frost zerfrisst ihre Lungen, und sie bekommen den trockenen Husten. Sie husten, bis die Tränen ihre Wangen hinunterlaufen. Wenn Speck gebraten wird, müssen sie vom Feuer wegflüchten und eine halbe Stunde in den Schnee husten. Ihnen erfrieren auch die Wangen, sodass die Haut schwarz und ganz wund wird. Dazu erfriert dem Mann der Daumen, und er muss einen großen Verband um seinen Handschuh tragen, um ihn warm zu halten. Und manchmal, wenn der Frost besonders scharf ist und der Daumen sehr kalt, muss er den Handschuh ausziehen und die Hand zwischen die Beine direkt auf die Haut legen, damit er wieder warm wird.

Wir schleppen uns nach Circle City, und selbst ich, Sitka Charley, bin müde. Es ist Heiligabend. Ich trinke, tanze und mache mir eine gute Zeit, denn morgen ist der erste Weihnachtstag und wir werden ausruhen. Aber nein. Es ist fünf Uhr am Morgen – am Weihnachtsmorgen. Ich schlafe seit zwei Stunden. Da steht der Mann neben meinem Bett. »Kommen Sie, Charley«, sagt er, »schirren Sie die Hunde an. Wir brechen auf.«

Habe ich nicht gesagt, dass ich keine Fragen mehr stelle? Sie zahlen mir siebenhundertfünfzig Dollar jeden Monat. Sie sind meine Herren. Ich bin ihr Mann. Wenn sie sagen »Charley, komm, lass uns zur Hölle aufbrechen«, werde ich die Hunde anschirren und die Peitsche schwingen und zur Hölle aufbrechen. Und so schirre ich die Hunde an, und wir fahren den Yukon hinunter. Wohin gehen wir? Sie sagen nichts. Sie sagen nur »Weiter! Weiter! Wir wollen weiter!«

Sie sind sehr erschöpft. Sie sind mehrere hundert Meilen gereist, und sie verstehen die Gebote der Wildnis nicht. Zudem ist ihr Husten sehr schlimm – der trockene Husten, der starke Männer fluchen lässt und schwache Männer weinen. Aber sie gehen weiter. Jeden Tag gehen sie weiter. Nie lassen sie die Hunde ausruhen. Sie kaufen andauernd neue Hunde. In jedem Lager, an jeder Poststation, in jedem Indianerdorf schneiden sie die erschöpften Hunde aus dem Geschirr und spannen neue Hunde ein. Sie besitzen viel Geld, Geld ohne Ende, und sie vergeuden es wie Wasser. Sind sie verrückt? Manchmal denke ich das, denn es ist ein Teufel in ihnen, der sie weiter und weiter treibt, immer vorwärts.

Was ist es, was sie suchen? Es ist nicht Gold. Sie graben nirgendwo. Ich denke lange darüber nach. Dann glaube ich, dass es ein Mann ist, den sie finden wollen. Aber was für einen Mann? Wir sehen ihn nie. Doch sie sind wie Wölfe auf dem Weg zum Töten. Aber es sind komische Wölfe, schwächliche Wölfe, Baby-Wölfe, die das Gesetz des Trails nicht kennen. Sie schreien nachts laut im Schlaf. Sie stöhnen und seufzen im Schlaf unter dem Schmerz der Erschöpfung. Und am Tag, wenn sie den Trail entlangstolpern, weinen sie lautlos in sich hinein. Sie sind komische Wölfe.

Wir passieren Fort Yukon. Wir passieren Fort Hamilton. Wir passieren Minook. Januar ist gekommen und fast schon vorbei. Die Tage sind sehr kurz. Um neun Uhr kommt das Tageslicht. Um drei Uhr kommt die Nacht. Es ist kalt. Und sogar ich, Sitka Charley, bin müde. Werden wir diesen Weg ewig weitergehen, ohne Ende? Ich weiß es nicht. Aber den ganzen Trail entlang schaue ich ständig nach dem, was sie suchen.

Es sind wenige Menschen auf dem Trail unterwegs. Manchmal reisen wir hundert Meilen und sehen keinerlei Zeichen von Leben. Es ist sehr still. Kein Laut zu hören. Manchmal schneit es, und wir sind wie wandernde Gespenster. Manchmal ist es klar, und am Mittag schaut die Sonne für einen Augenblick über die Hügel im Süden. Die Nordlichter flammen am Himmel und drei Sonnen tanzen und die Luft ist mit eisigen Kristallen erfüllt.

Ich bin Sitka Charley, ein starker Mann. Ich bin auf dem Trail geboren worden, und all meine Tage habe ich auf dem Trail gelebt. Und jetzt haben mich diese zwei Baby-Wölfe sehr müde gemacht. Ich bin mager wie eine hungernde Katze, ich bin nachts froh über mein Bett, und am Morgen bin ich immer noch furchtbar müde. Denn wir machen uns immer schon vor dem Tageslicht in der Dunkelheit auf den Weg, und die Dunkelheit findet uns noch nach Einbruch der Nacht auf dem Trail.

Diese zwei Babys sind Wölfe! Ich bin mager wie eine hungernde Katze, sie sind mager wie Katzen, die noch nie gefressen haben und gestorben sind. Ihre Augen liegen tief im Schädel, manchmal glänzend wie im Fieber und manchmal trübe wie die Augen von Toten. Ihre Wangen sind Höhlungen wie die Buchten eines Kliffs. Dazu sind die Wangen schwarz und brandig von den häufigen Erfrierungen. Manchmal ist es die Frau, die am Morgen sagt: »Ich kann nicht aufstehen. Ich kann nicht gehen. Lasst mich sterben.« Und es ist dann der Mann, der neben ihr steht und sagt: »Komm, lass uns weitergehen.« Und sie gehen weiter. Und manchmal ist es der Mann, der nicht aufstehen kann, und die Frau, die sagt: »Komm lass uns weitergehen.« Das Einzige, was sie tun und ständig tun, ist weiterzugehen. Immer gehen sie weiter.

Manchmal, an den Handelsposten, bekommen der Mann und die Frau Briefe. Ich weiß nicht, was in den Briefen steht. Aber es ist die Spur, der sie folgen; diese Briefe selbst sind die Spur. Einmal gibt ihnen ein Indianer einen Brief. Ich spreche heimlich mit ihm. Er sagt, es sei ein einäugiger Mann gewesen, der ihm die Briefe gegeben hat. Ein Mann, der eilig den Yukon hinabreist. Das ist alles. Aber ich weiß nun, dass die Baby-Wölfe hinter dem einäugigen Mann her sind.

Es ist Februar, und wir sind fünfzehnhundert Meilen gereist. Wir sind nahe dem Beringmeer, und dort gibt es Stürme und Blizzards. Das Vorwärtskommen ist hart. Wir kommen nach Anvig. Ich weiß es nicht sicher, aber ich vermute, dass sie einen Brief aus Anvig erhalten haben, denn sie sind aufgeregt und sie sagen: »Vorwärts, schnell! Lasst uns weitergehen!« Ich sage, dass wir Vorräte kaufen müssen, aber sie sagen, wir müssen leicht reisen und schnell. Sie sagen auch, dass wir in Charley McKeons Hütte Vorrat bekommen können. Nun weiß ich, dass sie die große Abkürzung nehmen wollen, denn Charley McKeon lebt an dem Trail, an dem der Schwarze Felsen steht.

Bevor wir aufbrechen, spreche ich vielleicht zwei Minuten mit dem Priester in Anvig. Ja, es gibt einen einäugigen Mann, der vorbeigekommen ist und sehr schnell reist. Und ich weiß nun, dass das, nach dem sie suchen, der einäugige Mann ist.

Wir verlassen Anvig mit wenig Proviant und reisen leicht und schnell. Sie haben drei frische Hunde in Anvig gekauft, und wir kommen sehr rasch voran. Der Mann und die Frau sind wie verrückt. Wir brechen früh am Morgen auf und reisen bis in die Nacht hinein. Ich erwarte manchmal, sie sterben zu sehen, diese zwei Baby-Wölfe, aber sie wollen nicht sterben. Sie gehen weiter und weiter.

Wenn der trockene Husten sie packt, pressen sie ihre Hände gegen den Bauch und krümmen sich im Schnee und husten und husten und husten. Es kann sein, dass sie zehn Minuten lang husten oder auch eine halbe

Stunde und sich dann aufraffen mit den auf ihre Gesichter gefrorenen Tränen vom Husten, und die Worte, die sie dann sagen sind: »Kommt! Lasst uns weitergehen.«

Sogar ich, Sitka Charley, bin schrecklich erschöpft, und ich denke, dass siebenhundertfünfzig Dollar eine billige Entlohnung für die Arbeit ist, die ich tun muss. Wir nehmen die große Abkürzung, und die Spur ist frisch. Die Baby-Wölfe haben ihre Nasen auf der Spur und sagen: »Vorwärts!« Die ganze Zeit sagen sie: »Vorwärts! Schneller! Schneller!« Es ist hart für die Hunde. Wir haben nicht viel Futter und können ihnen nicht genug zu fressen geben, sodass sie schwach werden. Trotzdem müssen sie hart arbeiten. Die Frau hat Mitleid mit ihnen, und oft sind wegen ihnen Tränen in ihren Augen. Aber der Teufel in ihr treibt sie und lässt sie nicht anhalten, damit die Hunde ausruhen können.

Und dann holen wir den einäugigen Mann ein. Er liegt im Schnee neben dem Trail, sein Bein ist gebrochen. Wegen des Beins hat er nur ein armseliges Lager und hat seit drei Tagen neben dem mühsam unterhaltenen Feuer auf seinen Decken gelegen. Als wir ihn finden, flucht er. Er flucht wie die Hölle. Nie habe ich einen Mann so fluchen gehört wie diesen Mann. Ich bin froh. Nun haben sie gefunden, wonach sie gesucht haben, und wir werden Ruhe haben. Aber die Frau sagt: »Lasst uns aufbrechen. Schnell!«

Ich bin überrascht. Aber der einäugige Mann sagt: »Kümmert euch nicht um mich. Gebt mir euren Vorrat. Ihr werdet morgen mehr Vorrat in McKeons Hütte bekommen. Schickt McKeon zurück zu mir. Aber geht nun weiter!«

Das ist ein anderer Wolf, ein alter Wolf, und auch er hat nur einen Gedanken: weiterzugehen. Also geben wir ihm unseren Vorrat, was nicht viel ist, und wir hacken Holz für sein Feuer. Dann nehmen wir die stärksten Hunde und gehen weiter. Wir ließen den einäugigen Mann dort im Schnee, und er starb dort, denn McKeon holte ihn nie ab. Wer dieser Mann war und warum er dort hingekommen ist, weiß ich nicht. Aber ich denke, er war wie ich großzügig bezahlt von dem Mann und der Frau, um die Arbeit für sie zu machen.

An diesem Tag und in der folgenden Nacht hatten wir nichts zu essen, und den ganzen nächsten Tag reisten wir schnell, obwohl wir schwach vor Hunger waren. Dann kamen wir an den Schwarzen Felsen, der sich fünfhundert Fuß über den Trail erhebt. Es war am Ende des Tages. Die Dunkelheit kam, und wir konnten die Hütte von McKeon nicht finden. Wir schliefen hungrig und suchten am Morgen nach der Hütte. Sie war nicht da, was äußerst seltsam war, denn jedermann wusste, dass McKeon in einer Hütte am Schwarzen Felsen wohnte.

Wir waren nahe der Küste, wo der Wind heftig bläst und es viel Schnee gibt. Überall waren kleine Hügel aus Schnee, die der Wind aufgetürmt hatte. Ich habe einen Einfall und grabe in etlichen dieser Schneehügel. Bald finde ich die Wände der Hütte und grabe mich zur Tür hinab. Ich gehe hinein. McKeon ist tot. Vielleicht schon seit zwei oder drei Wochen. Er war krank geworden, sodass er die Hütte nicht mehr verlassen konnte. Der Wind und der Schnee hatten die Hütte begraben. Er hatte seinen Vorrat verzehrt und war dann gestorben. Ich schaute in sein Vorratslager, aber da war kein Vorrat mehr drin.

»Lasst uns weitergehen«, sagte die Frau. Ihre Augen waren hungrig und ihre Hand lag auf ihrem Herzen, als komme von dort ein Schmerz. Sie wankte vor und zurück wie ein Baum, als sie da stand.

»Ja, lasst uns weitergehen«, sagte der Mann. Seine Stimme war hohl wie das Krächzen eines alten Raben, und er war verrückt vor Hunger. Seine Augen waren wie glimmende Kohlen eines Feuers, und seinen Körper warf es hin und her, wie auch seine Seele darin.

Und auch ich sagte: »Lasst uns weitergehen.« Denn dieser Gedanke, der wie ein Peitschenhieb auf jeder der fünfzehnhundert Meilen auf mir lag, hatte sich in meine Seele gebrannt, und ich glaube, dass auch ich verrückt war. Außerdem konnten wir nichts anderes tun, als vorwärtszugehen, denn es gab dort keine Vorräte. Und so gingen wir weiter, ohne einen Gedanken an den einäugigen Mann im Schnee.

Es gibt wenig Verkehr auf der großen Abkürzung. Manchmal kommt dort zwei oder drei Monate niemand vorbei. Der Schnee hatte den Trail zugedeckt, und es gab kein Zeichen, dass jemals Menschen auf diesem Weg gekommen oder gegangen waren. Jeden Tag blies der Wind und fiel Schnee, und jeden Tag reisten wir, während die Mägen durch den Hunger gequält und unsere Körper bei jedem Schritt schwächer wurden. Dann begann die Frau hinzufallen. Dann der Mann. Ich fiel nicht, aber meine Füße waren schwer, und ich stolperte viele Male über meine Zehen.

Es ist die letzte Nacht im Februar. Ich töte drei Schneehühner mit dem Revolver der Frau, und wir gewinnen daraus etwas Stärke. Aber die Hunde haben nichts zu fressen. Sie versuchen ihre Geschirre aufzufressen, die aus Leder und Walrosshaut sind, und ich muss sie mit einem Stock wegprügeln und die Geschirre an einem Baum aufhängen. Sie heulen die ganze Nacht und kämpfen unter dem Baum. Aber wir kümmern uns nicht darum. Wir schlafen wie Tote und stehen morgens auf wie Tote aus ihren Gräbern und gehen den Weg weiter.

Es ist der Morgen des ersten März, und an diesem Morgen sehe ich das erste Zeichen von dem, was die Baby-Wölfe suchen. Es ist klares Wetter und kalt. Die Sonne bleibt nun länger am Himmel und es flammen auf beiden Seiten von ihr Nebensonnen auf und die Luft glitzert von Eiskristallen. Es fällt kein Schnee mehr auf den Trail, und ich sehe die frischen Spuren von Hunden und Schlitten. Es ist ein Mann dabei, und ich sehe, dass er nicht bei Kräften ist. Auch er hat nicht genug zu essen.

Die jungen Wölfe bemerken die frischen Spuren auch, und sie sind sehr erregt. »Schnell!«, sagen sie. Die ganze Zeit rufen sie: »Schneller, Charley, schneller!«

Wir eilen sehr langsam voran. Der Mann und die Frau fallen die ganze Zeit hin. Sie versuchen auf dem Schlitten mitzufahren, aber die Hunde sind zu schwach und fallen auch hin. Es ist auch so kalt, dass sie erfrieren würden, wenn sie auf dem Schlitten fahren. Ein hungriger Mensch erfriert schnell.

Sobald die Frau fällt, hilft ihr der Mann wieder auf. Manchmal hilft auch die Frau dem Mann auf. Immer wieder fallen beide hin und können nicht aufstehen, und ich muss ihnen die ganze Zeit helfen, da sie sonst nicht hochkommen und im Schnee erfrieren. Das ist schwere Arbeit, weil ich sehr erschöpft bin und auch die Hunde lenken muss. Der Mann und die

Frau sind sehr schwer, so ohne eigene Kraft in ihren Körpern. Mit der Zeit beginne auch ich in den Schnee zu fallen, und es ist niemand da, um mir aufzuhelfen. Ich muss selbst hochkommen. Und jedes Mal stemme ich mich selbst hoch und helfe ihnen hoch und bringe die Hunde zum Weitergehen.

In dieser Nacht erlege ich ein Schneehuhn, und wir sind sehr hungrig. Und in dieser Nacht sagt der Mann zu mir: »Wann brechen wir morgen auf, Charley?« Es hört sich wie die Stimme eines Gespenstes an. Ich sage: »Bisher haben Sie den Aufbruch auf fünf Uhr festgelegt.«

»Morgen«, sagt er, »werden wir um drei Uhr aufbrechen.«

Ich lache mit großer Bitterkeit und sage: »Sie sind ein toter Mann.« Und er sagt: »Morgen werden wir um drei Uhr aufbrechen.«

Und wir starten um drei Uhr, denn ich bin ihr Mann, und was sie sagen, ist zu befolgen, und ich tu's. Es ist klar und kalt, und es ist windstill. Als das Tageslicht anbricht, können wir eine lange Strecke vor uns überblicken. Und es ist sehr still. Wir können keinen Ton hören, außer dem Schlagen unserer Herzen, was in dieser Stille sehr laut ist. Wir sind wie Nachtwandler und wandern in Träumen dahin, bis wir hinfallen und wieder aufstehen müssen und wieder den Trail sehen und wieder die Schläge unserer Herzen hören. Manchmal, wenn ich wie im Traum den Weg weitergehe, habe ich seltsame Gedanken: Warum lebt Sitka Charley?, frage ich mich selbst. Warum arbeitet Sitka Charley so hart und ist so hungrig und hat all diese Schmerzen? – Wegen der siebenhundertfünfzig Dollar im Monat, antworte ich mir und weiß, dass es eine dumme Antwort ist. Aber es ist auch eine wahre Antwort. Und ab diesem Zeitpunkt interessiere ich mich nicht mehr für Geld. An diesem Tag kam eine große Weisheit über mich. Es war eine große Erleuchtung, und ich sah klar und wusste, dass es nicht das Geld ist, für das der Mensch leben muss, sondern für Seelenfrieden, den kein Mensch geben, kaufen oder verkaufen kann, und der mehr wert ist als alles Geld der Welt.

Am Morgen kommen wir zu dem Nachtlager des Mannes, der vor uns ist. Es ist ein ärmliches Lager, so wie es einer macht, der hungrig und ohne Kraft ist. Im Schnee liegen Reste von Decken und Planen, und ich weiß, was geschehen ist. Seine Hunde haben ihr Geschirr aufgefressen, und er hat neues aus seinen Decken angefertigt.

Der Mann und die Frau blicken starr auf das, was zu sehen ist, und als ich sie anschaue, fühle ich es eisig über meinen Rücken laufen wie ein kalter Wind über die bloße Haut. Ihre Augen sind von den Anstrengungen und dem Hunger irre und glimmen tief in ihren Schädeln wie Glut. Ihre Gesichter sind wie Gesichter von Menschen, die an Hunger gestorben sind, und ihre Wangen sind schwarz vom toten Fleisch der vielen Erfrierungen.

»Lasst uns weitergehen«, sagt der Mann. Aber die Frau hustet und fällt in den Schnee. Es ist der trockene Husten, bei dem der Frost die Lungen angefressen hat. Sie hustet eine lange Zeit, dann kommt sie mühsam wieder auf die Füße, wie eine Frau, die aus ihrem Grab kriecht. Ihre Tränen sind Eis auf ihren Wangen, und sie atmet keuchend, aber sie sagt: »Lasst uns weitergehen.«

Wir gehen weiter. Wir wandern träumend durch die Stille. Und wenn wir gehen, ist es jedes Mal wie im Traum und wir haben keine Schmerzen; aber jedes Mal, wenn wir stürzen, ist es ein Erwachen, und wir sehen den Schnee und die Berge und die frische Spur des Mannes, der vor uns ist, und wir spüren unsere ganze Qual wieder. Wir kommen zu einer Stelle, von der wir über den Schnee eine lange Strecke des Trails überblicken und vor uns das sehen können, nach dem sie Ausschau halten. Eine Meile entfernt sind schwarze Punkte im Schnee. Diese schwarzen Punkte bewegen sich. Meine Augen sind verschleiert, und ich muss mich zusammenreißen, um sehen zu können. Und sehe dann einen Mann mit Hunden und einem Schlitten. Die Baby-Wölfe sehen es auch. Sie können nicht mehr reden, aber sie flüstern: »Weiter! Weiter! Beeilen wir uns.«

Sie fallen hin, aber sie gehen weiter. Der Mann ist vor uns. Seine aus Decken gefertigten Hundegeschirre brechen oft, und er muss anhalten und sie flicken. Unsere Geschirre sind gut, weil ich sie jede Nacht in die Bäume hänge. Um elf Uhr ist der Mann noch eine halbe Meile voraus. Um ein Uhr ist es noch eine viertel Meile. Er ist sehr schwach. Wir sehen ihn viele Male in den Schnee fallen. Einer seiner Hunde kann nicht mehr länger mitlaufen, und er schneidet ihn aus dem Geschirr. Aber er tötet ihn nicht. Ich töte ihn mit der Axt, als wir vorbeikommen, wie ich auch meine Hunde töte, wenn sie sich nicht mehr auf den Beinen halten und mitlaufen können.

Dann sind wir nur noch dreihundert Yards entfernt. Wir kommen sehr langsam voran. Es kann sein, dass wir in zwei, drei Stunden nur eine Meile schaffen. Wir gehen nicht. Wir fallen die ganze Zeit. Wir stehen wieder auf und torkeln zwei, vielleicht drei Schritte, dann fallen wir wieder hin. Und die ganze Zeit muss ich dem Mann und der Frau aufhelfen. Manchmal erheben sie sich auf die Knie und fallen vorwärts, manchmal vier oder fünf Mal, bevor sie auf ihre Füße kommen und zwei oder drei Schritte vorwärtstorkeln und wieder fallen. Aber immer fallen sie vorwärts. Ob stehend oder kniend, immer fallen sie vorwärts, dabei jedes Mal dem Weg eine Körperlänge abringend.

Manchmal kriechen sie auf Händen und Knien wie Tiere, die im Wald leben. Wir bewegen uns wie Schnecken, wie sterbende Schnecken; so langsam bewegen wir uns. Aber wir bewegen uns schneller vorwärts als der Mann, der vor uns ist. Denn auch er fällt die ganze Zeit hin, und da ist kein Sitka Charley, der ihn hochzieht. Dann ist er nur noch zweihundert Yards entfernt. Eine lange Zeit später sind es noch einhundert.

Es ist ein komischer Anblick. Ich möchte laut darüber lachen. Ha! Ha!, so etwa, es ist zu komisch. Es ist ein Wettrennen zwischen toten Menschen und toten Hunden. Es ist wie in einem Traum, wenn du einen Albtraum hast und sehr schnell um dein Leben rennen musst und nicht vorwärts kommst. Der Mann, der mit mir unterwegs ist, ist verrückt. Die Frau ist verrückt. Ich bin verrückt. Die ganze Welt ist verrückt, und ich möchte lachen, weil es so komisch ist.

Der fremde Mann vor uns lässt seine Hunde zurück und schleppt sich allein durch den Schnee. Nach langer Zeit kommen wir zu den Hunden. Sie liegen hilflos im Schnee mit ihrem Geschirr aus Decken- und Leinwandfetzen auf sich und dem Schlitten hinter sich. Als wir an ihnen vorbeigehen, heulen sie und weinen wie hungrige Babys.

Dann lassen auch wir unsere Hunde zurück und schleppen uns allein durch den Schnee. Der Mann und die Frau sind kurz vor dem Ende, und

sie seufzen und stöhnen und schluchzen, aber sie gehen weiter. Ich gehe ebenfalls weiter. Ich habe nur noch einen Gedanken: den fremden Mann einzuholen. Dann darf ich endlich ausruhen, nicht vorher darf ich es tun, und es kommt mir so vor, als ob ich mich dann hinlegen und tausende Jahre schlafen muss, so müde bin ich.
Der fremde Mann ist noch 50 Schritte entfernt, ganz allein im weißen Schnee. Er fällt und kriecht, torkelt und stürzt und kriecht wieder. Er ist wie ein Tier, das schwer verwundet ist und vor dem Jäger zu fliehen versucht. Schließlich kriecht er nur noch auf Händen und Knien. Er steht nicht mehr auf. Und die Frau und der Mann stehen auch nicht mehr auf. Aber ich stehe auf. Manchmal falle ich, aber ich stehe immer wieder auf.
Es ist ein merkwürdiger Anblick. Überall ist Schnee und die Stille, und mittendurch kriechen der Mann und die Frau und der fremde Mann vor ihnen. Auf jeder Seite der Sonne ist eine Nebensonne, sodass drei Sonnen am Himmel sind. Der kristallene Staub des Frostes glitzert wie Diamantenstaub, und die Luft ist erfüllt von ihm. Nun hustet die Frau und liegt im Schnee, bis der Anfall vorüber ist, und kriecht dann weiter. Nun schaut der Mann nach vorne, und er hat wie vom Alter getrübte Augen, die er erst reiben muss, damit er den fremden Mann sehen kann. Und jetzt schaut der fremde Mann über seine Schulter zurück. Und Sitka Charley steht aufrecht, wird vielleicht fallen, aber wieder aufstehen.
Nach einer langen Zeit kriecht der fremde Mann nicht mehr. Er müht sich langsam auf seine Füße und schwankt vor und zurück. Er zieht einen Handschuh aus und wartet mit einem Revolver in der Hand, und während er wartet, schwankt er vor und zurück. Sein Gesicht besteht nur noch aus Haut und Knochen und ist schwarzgefroren. Es ist ein gieriges Gesicht. Die Augen sind tief in seinen Schädel gesunken und seine Lippen beben knurrend. Der Mann und die Frau mühen sich ebenfalls auf ihre Füße und gehen sehr langsam auf ihn zu. Und ringsum ist Schnee und die Stille. Und am Himmel drei Sonnen, und in der Luft glitzert der Diamantenstaub.

Und da geschah es, dass ich, Sitka Charley, sah, wie die Baby-Wölfe ihr Töten erledigen. Kein Wort wird dabei gesprochen. Lediglich der fremde Mann knurrt mit seinem gierigen Gesicht. Er schwankt vor und zurück mit hängenden Schultern, die Knie gebeugt und die Beine weit auseinander, damit er nicht fällt. Der Mann und die Frau halten etwa zwanzig Schritte entfernt an. Auch ihre Beine sind weit gespreizt, damit sie nicht fallen, und ihre Körper schwanken vor und zurück.

Der Fremde ist sehr schwach. Sein Arm mit dem Revolver schlottert, sodass seine Kugel im Schnee einschlägt, als er auf den Mann schießt. Der Mann kann seine Handschuhe nicht ausziehen. Der Fremde schießt wieder auf ihn, und dieses Mal geht die Kugel in den Himmel. Dann nimmt der Mann den Handschuh zwischen die Zähne und zieht ihn herunter. Aber seine Hand ist gefroren und kann den Revolver nicht halten, der in den Schnee fällt. Ich blicke zu der Frau. Ihr Handschuh ist ausgezogen und der große Colt in ihrer Hand. Sie schießt drei Mal, schnell hintereinander. Das gierige Gesicht des fremden Mannes knurrt immer noch, als er vorwärts in den Schnee fällt.

Sie schauen den toten Mann nicht an. »Lasst uns weitergehen«, sagen sie. Und wir gehen weiter. Aber jetzt, nachdem sie gefunden haben, was sie suchten, sind sie wie tot. Die letzte Kraft ist aus ihnen entwichen. Sie können nicht mehr auf ihren Füßen stehen. Sie wollen nicht mehr kriechen, sondern sehnen sich nur noch danach, ihre Augen zu schließen und zu schlafen.

Ich sehe einen Platz für ein Lager, nicht weit weg. Ich trete sie. Ich nehme meine Hundepeitsche und treibe sie damit an. Sie schreien laut, aber sie müssen kriechen. Und sie kriechen zu dem Platz für das Lager. Ich mache ein Feuer, damit sie nicht frieren. Dann gehe ich zu den Schlitten zurück. Ich töte die Hunde des fremden Mannes, damit wir Fleisch haben und nicht sterben müssen. Ich wickle den Mann und die Frau in Decken, und sie schlafen. Ab und zu wecke ich sie und gebe ihnen ein wenig zu essen. Sie sind nicht wach, aber sie nehmen das Essen. Die Frau schläft einen ganzen Tag und einen halben. Dann wacht sie auf und schläft weiter. Der Mann schläft zwei Tage und wacht auf und schläft weiter.

Dann gehen wir zur Küste hinab nach St. Michael. Und als das Beringmeer eisfrei wird, fahren der Mann und die Frau mit dem Dampfschiff fort. Aber vorher zahlen sie mir siebenhundertfünfzig Dollar für jeden Monat. Sie machen mir auch ein Geschenk von tausend Dollar. Das war in jenem Jahr, in dem Sitka Charley viel Geld an die Mission von Holy Cross spendete.

# Eine Hütte für die Nacht

John Messner klammerte sich mit seiner behandschuhten Hand an die Steuerstange und hielt den bockenden Schlitten auf dem Weg. Mit der anderen behandschuhten Hand rieb er seine Wangen und die Nase. Er rieb sie in kurzen Abständen immer wieder. Um genau zu sein, er unterbrach das Reiben fast gar nicht, und manchmal, wenn ihre Taubheit zunahm, rieb er heftig. Seine Stirn wurde vom Schild seiner Pelzmütze bedeckt, deren Klappen über die Ohren gingen. Der Rest seines Gesichts war durch einen dichten Bart geschützt, der unter seinem Überzug aus Raureif goldbraun war.

Hinter ihm rumpelte ein schwer beladener Yukon-Schlitten, und vor ihm mühte sich ein Gespann von fünf Hunden. Der Strang, an dem sie den Schlitten zogen, rubbelte an der Seite von Messners Bein. Wenn die Hunde in eine Biegung des Weges schwenkten, stieg er über den Strang. Es gab viele Biegungen, sodass er gezwungen war, oft hinüberzusteigen. Manchmal trat er dabei auf den Strang oder stolperte, und die ganze Zeit war er unbeholfen, und dass der Schlitten ab und zu über seine Hacken fuhr, ließ seine große Müdigkeit erkennen.

Als er auf eine gerade Strecke des Wegs kam, wo der Schlitten für einen Augenblick ohne Lenkung sein konnte, ließ er die Steuerstange los und schlug seine rechte Hand heftig gegen das harte Holz. Er hatte Schwierigkeiten, die Blutzirkulation in dieser Hand aufrechtzuerhalten. Und während er diese Hand bearbeitete, hörte er keinen Moment auf, mit der anderen seine Nase und die Wangen zu reiben.

»Sei es, wie es will, jedenfalls ist es zu kalt zum Reisen«, sagte er. Er sprach laut, wie Männer es tun, die oft allein sind. »Nur ein Narr reist bei solchen Temperaturen. Wenn es nicht minus achtzig Grad Fahrenheit hat, dann sind es bestimmt neunundsiebzig.«

Er zog seine Uhr heraus, und nach einigem Gefummle brachte er sie wieder zurück in die Brusttasche seiner dicken wollenen Jacke. Dann betrachtete er den Himmel und ließ seine Augen auf der weißen Horizontlinie nach Süden gleiten.

»Zwölf Uhr mittags, ein klarer Himmel und keine Sonne«, murmelte er. Zehn Minuten zockelte er ruhig weiter und fügte dann hinzu, als wäre keine Unterbrechung seiner Rede gewesen: »Und kein Schnee auf dem Eis und zu kalt zum Reisen.«

Plötzlich rief er den Hunden »Stopp!« zu und hielt an. Er schien in einer wilden Panik wegen seiner rechten Hand zu sein und hämmerte sie wieder heftig gegen die Steuerstange.

»Ihr – armen – Teufel!«, rief er dabei den Hunden zu, die sich schwerfällig auf das Eis gelegt hatten, um auszuruhen. Durch die Heftigkeit, mit der er seine gefühllose Hand gegen das Holz hämmerte, war es eine stoßweise, abgehackte Ansprache. »Was habt ihr bloß verbrochen, dass ein anderes, zweibeiniges Tier kommen, euch ins Geschirr zwingen, alle eure Freiheiten einschränken und euch zu versklavten Tieren machen kann?«

Er rubbelte seine Nase, nicht nachdenklich, sondern kräftig, um das Blut wieder in sie zu bringen, und trieb dann die Hunde erneut an ihre Arbeit. Er fuhr auf der gefrorenen Oberfläche eines großen Flusses, der sich hinter ihm in einer mächtigen Biegung von mehreren Meilen erstreckte und sich dann in einem fantastischen Wirrwarr von schweigenden schneebedeckten Bergen verlor. Keine Tiere oder summenden Insekten unterbrachen die Stille. Kein Vogel flog in der frostigen Luft. Keine menschlichen Geräusche, keine Zeichen menschlicher Geschäftigkeit. Die Welt schlief, und es war wie der Schlaf des Todes.

John Messner schien sich der allgegenwärtigen Apathie zu beugen. Der Frost betäubte seine Sinne. Er zuckelte unaufmerksam weiter mit hängendem Kopf und rieb mechanisch seine Nase und Wangen und schlug seine Steuerhand während der geraden Wegstrecken gegen die Steuerstange.

Aber die Hunde waren aufmerksam und hielten plötzlich an, drehten ihre Köpfe und blickten auf ihren Herrn und Meister mit schwermütigen fragenden Augen. Ihre Augenlider waren weiß vom Raureif, ebenso ihre

Mäuler, und sie wirkten durch den Raureif und die Erschöpfung alle altersschwach.

Der Mann wollte sie gerade wieder antreiben, als er plötzlich einhielt, sich mit einer Anstrengung aufrichtete und um sich schaute. Die Hunde hatten neben einem Wasserloch gehalten; keinem Spalt, sondern einem von Menschen mühsam mit der Axt durch eine dreieinhalb Fuß dicke Eisdecke gemachten Loch. Eine dicke Schicht neuen Eises darin zeigte, dass es seit einiger Zeit nicht mehr benutzt wurde. Messner schaute sich um. Die Hunde zeigten bereits den Weg an; jede der schwermütigen raureifigen Schnauzen wandte sich dem undeutlich erkennbaren Pfad im Schnee zu, der den Hauptweg auf dem Fluss verließ und auf das Ufer einer Insel hinaufführte.

»In Ordnung, ihr wundfüßigen Bestien«, sagte er. »Ich werde nachschauen. Ihr habt wohl ebenso wenig dagegen, für heute Schluss zu machen, wie ich.«

Er stieg das Ufer hinauf und verschwand. Die Hunde legten sich aber nicht hin, sondern warteten ungeduldig auf seine Rückkehr. Als er zu ihnen zurückkam, nahm er das Zugseil von der Vorderseite des Schlittens und legte es über seine Schulter. Dann dirigierte er die Hunde nach rechts und setzte sie vor dem Uferabhang in die Spur. Es war ein harter Aufstieg, aber alle Müdigkeit fiel von den Hunden ab, als sie sich tief in den Schnee gekrallt und jaulend vor Eifer und Freude hinaufkämpften und dabei den letzten Rest Kraft aus ihren Körpern holten. Sobald ein Hund fiel oder strauchelte, kniff der hinter ihm ziehende sofort in sein Hinterteil. Der Mann feuerte sie an und warf sein ganzes Gewicht in das Zugseil.

Im Sturm erreichten sie das Ufer, schwenkten nach links und rannten auf eine kleine Blockhütte zu. Es war eine verlassene Hütte mit einem einzigen Raum im Innern, acht mal zehn Fuß messend. Messner spannte die Hunde aus, lud seinen Schlitten ab und nahm die Hütte in Besitz. Der letzte Benutzer hatte einen Vorrat an Feuerholz hinterlassen. Messner baute seinen leichten Blechherd auf und machte Feuer. Dann legte er fünf sonnengetrocknete Lachse in den Herd, um sie für die Hunde aufzutauen und füllte am Wasserloch seine Kaffeekanne und den Kochtopf.

Während er darauf wartete, dass das Wasser kochte, hielt er sein Gesicht über den Herd. Die Feuchtigkeit seines Atems hatte sich in seinem Bart gesammelt und war zu einer großen Masse Eis gefroren, die er aufzutauen versuchte. Als sie taute und auf den Ofen tropfte, zischte es und stieg als Dampf um ihn herum auf. Er half dabei mit den Fingern nach, indem er kleine Eisstückchen abbrach, die klirrend auf den Boden fielen.

Ein wildes Aufheulen der Hunde draußen hielt ihn nicht von dieser Beschäftigung ab. Er hörte das wölfische Knurren und Heulen fremder Hunde und dann Stimmen. An der Tür klopfte es.

Messner rief mit nuschelnder Stimme: »Kommt herein«, da er gerade ein Eisstückchen vom Bart auf seiner Oberlippe ablöste.

Die Tür ging auf, und durch die Dampfwolke konnte er auf der Türschwelle einen Mann und eine Frau erkennen.

»Kommt herein und schließt die Tür«, sagte er mit Nachdruck.

Durch den Dampf starrend, konnte er nur wenig von ihnen erkennen. Der Nasen- und Wangenschutz, den die Frau trug, und die Pelzmütze auf dem Kopf erlaubten lediglich den Blick auf ein Paar schwarzer Augen. Der Mann war dunkeläugig und glattrasiert, bis auf einen Oberlippenbart, der so vereist war, dass er seinen Mund verdeckte.

»Wir wollten uns nur erkundigen, ob es hier irgendwo noch eine andere Hütte gibt«, sagte der Mann und ließ seinen Blick über den unmöblierten Hüttenraum schweifen. »Wir dachten, diese Hütte wäre frei.«

»Es ist nicht meine Hütte«, erwiderte Messner. »Ich hab sie gerade vor ein paar Minuten gefunden. Kommt also herein und lasst euch nieder. Es ist genug Platz, und ihr werdet euren Ofen nicht benötigen. Es ist genug Platz für alle.«

Beim Klang seiner Stimme blickte die Frau ihn mit plötzlicher Neugier an.

»Zieh deine Sachen aus«, sagte ihr Begleiter zu ihr. »Ich werde abladen und Wasser holen, damit wir kochen können.«

Messner nahm die aufgetauten Lachse hinaus und fütterte seine Hunde. Er musste sie dabei gegen das andere Hundegespann schützen. Als er wieder in die Hütte kam, hatte der andere Mann mittlerweile den Schlitten abgeladen und Wasser geholt. Messners Topf kochte schon. Er warf Kaffee hinein, kühlte ihn mit einer halben Tasse kalten Wassers ab und nahm den Topf vom Feuer. Er taute einige Sauerteigbrötchen im Herd auf und erhitzte zur gleichen Zeit einen Topf Bohnen, den er am Abend zuvor gekocht und gefroren auf dem Schlitten mitgeschleppt hatte.

Dann räumte er seine Töpfe vom Herd, um den Neuankömmlingen Platz zum Kochen zu machen, setzte sich auf seine Bettrolle und benutzte seine Vorratskiste als Tisch zum Essen. Zwischen den Bissen unterhielt er sich über den Trail und die Hunde mit dem Mann, der mit dem Kopf über dem Ofen das Eis aus seinem Schnurrbart taute. Es gab zwei Schlafkojen in der Hütte, und in eine von ihnen warf der Mann seine Bettrolle, nachdem er seine Lippen vom Eis befreit hatte. »Wir werden hier schlafen«, sagte er, »es sei denn, Sie bevorzugen diese Koje. Sie sind zuerst gekommen und haben natürlich die erste Wahl.«

»Das ist in Ordnung«, antwortete Messner. »Die eine Koje ist eben so gut wie die andere.«

Er breitete sein eigenes Bettzeug in der zweiten Koje aus und setzte sich auf den Rand. Der Fremde schob eine kleine Arzttasche unter seine Decken, damit er sie als Kopfkissen nutzen konnte.

»Doktor?«, fragte Messner.

»Ja«, war die Antwort. »Aber ich versichere Ihnen, dass ich nicht in den Klondike gekommen bin, um zu praktizieren.«

Die Frau beschäftigte sich mit Kochen, während der Mann Speck abschnitt und den Herd schürte. Das Licht in der Hütte war dämmrig, es drang lediglich durch ein kleines Fenster Licht herein, das mit Ölpapier bespannt war, sodass John Messner nicht richtig erkennen konnte, wie die Frau aussah. Er versuchte es auch nicht. Er schien kein Interesse an ihr zu haben. Aber sie blickte von Zeit zu Zeit neugierig in die dunkle Ecke, in der er saß.

»Oh, es ist ein wunderbares Leben«, stellte der Doktor überschwänglich fest, als er beim Schärfen seines Jagdmessers am Ofenrohr eine Pause einlegte. »Was ich daran liebe, ist der Kampf, die Herausforderung, das Leben im Naturzustand, die Wirklichkeit des Ganzen.«

»Die Temperatur ist genug Wirklichkeit«, lachte Messner.

»Wissen Sie, wie kalt es momentan ist?«, fragte der Doktor.

Messner schüttelte den Kopf.
»Nun, ich werd's Ihnen sagen. Minus vierundsiebzig Grad Fahrenheit zeigt das Alkoholthermometer auf meinem Schlitten an.«
»Das sind einhundertsechs Grad unter dem Gefrierpunkt – zu kalt zum Reisen, oder?«
»Praktisch Selbstmord«, urteilte der Doktor. »Man strengt sich an. Man atmet schwer und bekommt den Frost direkt in die Lungen. Das unterkühlt die Lungen und lässt die Lungenspitzen erfrieren. Man bekommt einen trockenen, keuchenden Husten, weil sich das Lungengewebe ablöst, und stirbt im folgenden Sommer an Lungenentzündung, verwundert darüber, warum es so ist. Ich werde in dieser Hütte eine Woche bleiben, bis das Thermometer auf mindestens fünfzig unter Null gestiegen ist.«
»Tess«, sagte er im nächsten Augenblick, »glaubst du nicht, dass der Kaffee lang genug gekocht hat?«
Bei der Erwähnung des Namens der Frau wurde John Messner plötzlich hellhörig. Er schaute rasch zu ihr hin, während über sein Gesicht eine quälende Erinnerung zuckte, das Gespenst von einem begrabenen Kummer, der jäh auflebte. Aber im nächsten Moment begrub seine Willenskraft das Gespenst wieder. Sein Gesicht war nun so unbewegt wie zuvor, aber er war weiter wachsam, da er unzufrieden über das war, was das matte Licht ihm von dem Gesicht der Frau zeigte.
Sie hatte zunächst automatisch den Kaffeetopf weggestellt. Erst als sie das getan hatte, blickte sie zu Messner. Aber er hatte sich schon wieder im Griff. Sie sah lediglich einen Mann, der auf dem Rand seiner Bettstelle saß und gleichgültig die Spitzen seiner Mokassins betrachtete. Aber als sie sich wieder an ihre Kocherei machte, warf er erneut einen raschen Blick auf sie, und sie fing diesen auf, ebenfalls flüchtig zurückblickend. Er lenkte seinen Blick zu dem Mann hinter ihr, und ein flüchtiges Lächeln kräuselte seine Lippen, als er erkannte, dass sie ihn ertappt hatte.
Sie nahm eine Kerze aus ihrer Vorratskiste und zündete sie an. Ein Blick in ihr erleuchtetes Gesicht genügte für Messner. In der kleinen Hütte war die weiteste Entfernung nur ein paar Schritte, und im nächsten Augenblick war sie neben ihm. Sie hielt die Kerze absichtlich neben sein Gesicht

und starrte ihn an mit Augen, die sich wiedererkennend angstvoll weiteten. Er lächelte sie ruhig an.
»Nach was schaust du, Tess?«, fragte der Doktor.
»Haarnadeln«, erwiderte sie im Weitergehen und wühlte in einem Kleidersack in der Schlafkoje herum.
Sie verzehrten ihre Mahlzeit auf ihrer Vorratskiste, saßen dabei auf Messners Kiste und beobachteten ihn. Er hatte sich in seiner Koje ausgestreckt, auf der Seite liegend und den Kopf auf dem Arm. In der engen Unterkunft war es, als ob die drei zusammen am Tisch wären.
»Aus welchem Teil der Staaten kommen Sie?«, fragte Messner.
»San Francisco«, erwiderte der Doktor. »Ich bin schon seit zwei Jahren hier.«
»Mich hat's auch von Kalifornien hierher verschlagen«, bekannte Messner. Die Frau blickte ihn flehentlich an, aber er lächelte und fuhr fort: »Berkeley, wissen Sie.«
Der andere begann Interesse zu zeigen.
»University of California?«, fragte er.
»Ja, Jahrgangsklasse '86.«
»Ich meinte die Fakultät«, erklärte der Doktor. »Sie erinnern mich an jemand.«
»Das ist schade, dass sie so was sagen«, lächelte Messner. »Ich würde vorziehen, für einen Goldsucher oder einen Schlittenhundeführer gehalten zu werden.«
»Ich denke nicht, dass er noch wie ein Professor aussieht, wie du es immer noch tust als Doktor«, mischte sich die Frau ein.
»Danke«, sagte Messner, und dann sich an ihren Gefährten wendend: »Ach übrigens, Doktor, wie ist Ihr Name, wenn ich fragen darf?«
»Haythorne, wenn Sie sich mit meinem Wort begnügen. Ich habe meine Visitenkarten zusammen mit der Zivilisation aufgegeben.«
»Und Mrs Haythorne«, lächelte Messner und verbeugte sich.
Sie warf einen Blick auf ihn, der mehr ärgerlich als flehend war.
Haythorne war eben dabei, nach dem Namen seines Gegenübers zu fragen. Sein Mund hatte sich bereits geöffnet, um die Frage hervorzubringen, als Messner ihn unterbrach.

»Mir ist gerade etwas in den Kopf gekommen, Doktor, bei dem Sie möglicherweise in der Lage sein könnten, meine Neugier zu befriedigen. Es gab da eine Art Skandal in Universitätskreisen vor zwei oder drei Jahren. Die Frau eines Englischprofessors – ahm, verzeihen Sie bitte, Mrs Haythorne – verschwand mit einem Doktor aus San Francisco, so hörte ich, aber der Name kommt mir gerade nicht in den Sinn. Erinnern Sie sich an diesen Vorfall?«

Haythorne nickte. »Erregte damals ziemliches Aufsehen. Sein Name war Womble – Graham Womble. Er hatte eine gut gehende Praxis. Ich kannte ihn ein wenig.«

»Ah ja, was ich gerne herausgefunden hätte, ist, was aus ihnen geworden ist. Es würde mich wundern, wenn Sie etwas darüber gehört hätten. Die beiden verschwanden mit Haut und Haar, ohne jede Spur.«

»Er hat ihre Spuren geschickt verwischt.« Haythorne räusperte sich. »Es gab das Gerücht, dass sie in die Südsee gegangen seien – wo sie bei einem Taifun auf einem Segelschiff umgekommen seien, oder etwas in diese Richtung.«

»Davon habe ich nie gehört«, sagte Messner. »Sie erinnern sich auch an den Fall, Mrs Haythorne?«

»Ganz genau«, erwiderte sie mit einer Stimme, deren Gelassenheit in einem erstaunlichen Kontrast stand zu dem Ärger in ihrem Gesicht, das sie abwandte, damit Haythorne es nicht sah.

Letzterer war wieder kurz davor, nach seinem Namen zu fragen, als Messner anmerkte:

»Dieser Dr. Womble, habe ich gehört, war sehr gut aussehend, und – ahm – sozusagen ziemlich erfolgreich bei Frauen.«

»Nun, wenn er es war, dann hat er sich durch diese Affäre selbst erledigt«, grummelte Haythorne.

»Und die Frau war eine Furie, wurde mir gesagt. Man war in Berkeley allgemein der übereinstimmenden Auffassung, dass sie ihrem Ehemann das Leben, nun, nicht gerade zum Paradies gemacht habe.«

»Das habe ich nie gehört«, erwiderte Haythorne. »In San Francisco hörten sich die Gerüchte ganz anders an.«

»Die Frau als armes Opfer, was? – Gekreuzigt am Kreuz der Ehe?«
Der Doktor nickte. Messners graue Augen glitzerten neugierig, als er fortfuhr: »Das war zu erwarten – zwei Seiten einer Medaille. Da ich in Berkeley wohnte, habe ich nur eine Seite mitbekommen. Es scheint so, als ob's in San Francisco eine große Sache gewesen ist.«
»Etwas Kaffee, bitte«, sagte Haythorne.
Die Frau füllte einen Becher und brach im selben Augenblick in lautes Gelächter aus. »Ihr tratscht wie ein paar Klatschtanten«, schalt sie die beiden dann.
»Es ist einfach so interessant«, lächelte Messner sie an und wandte sich dann an den Doktor: »Der Ehemann hatte demzufolge keinen besonders guten Ruf in San Francisco?«
»Im Gegenteil, er war ein moralischer Musterknabe«, platzte Haythorne heraus mit offensichtlich übertriebener Herzlichkeit. »Er war ein kleiner gelehrter Wurm, ohne einen Tropfen roten Blutes in seinem Leib.«
»Kannten Sie ihn?«
»Hab ihn nie vor die Augen bekommen. Hab mich nie in den Universitätskreisen herumgetrieben.«
»Wieder nur eine Seite der Medaille«, sagte Messner mit dem Anschein, er wolle die Angelegenheit abwägen. »Nur weil er es nicht allzu weit gebracht hat, das ist wahr, würde ich kaum sagen wollen, er sei so ärmlich gewesen, wie behauptet. Er hatte ein lebhaftes Interesse an studentischen Leichtathletikwettbewerben. Und er hatte einige Talente. Er schrieb einmal ein Krippenspiel, das ihm vor Ort einigen Beifall einbrachte. Ich habe auch gehört, er sei für den Vorsitz der Englischen Abteilung vorgeschlagen worden, aber dann geschah die Affäre und er ging weg. Es zerstörte seine ganze Karriere, wenigstens schien es so. Auf jeden Fall, auf unserer Seite der Medaille sah es so aus, als sei es ein vollständiger Tiefschlag für ihn gewesen. Wir waren der Ansicht, er habe sich sehr um seine Frau gekümmert.«
Haythorne, der seinen Kaffee ausgetrunken hatte, brummte desinteressiert und zündete sich eine Pfeife an.
»Es war ein Glück, dass sie keine Kinder hatten«, fuhr Messner fort.

Aber Haythorne zog nach einem Blick auf den Ofen seine Mütze und seine Handschuhe an. »Ich geh hinaus, um noch etwas Holz zu holen«, sagte er. »Dann kann ich meine Mokassins ausziehen und es mir etwas bequemer machen.«

Die Tür schlug hinter ihm zu. Eine lange Minute herrschte im Raum Stille. Der Mann verharrte in unveränderter Haltung auf dem Bett. Die Frau saß auf der Proviantkiste und betrachtete ihn.

»Was hast du vor zu tun?«, fragte sie plötzlich.

Messner blickte sie mit schläfriger Unentschlossenheit an. »Was meinst du, was ich tun sollte? Nichts dramatisches, hoffe ich. Du siehst, dass ich steif und wund gelaufen bin, und diese Schlafkoje hier ist so erholsam.«

Sie kaute an ihrer Oberlippe und schäumte innerlich vor Wut. »Aber –«, begann sie plötzlich heftig, ballte die Hände und verstummte.

»Ich hoffe, du möchtest nicht, dass ich Mr – ahm – Haythorne töten soll«, sagte er sanft, fast bittend. »Es wäre sehr betrüblich, und, ich versichere dir, auch völlig unnötig.«

»Aber du musst etwas tun!«, schrie sie.

»Im Gegenteil, es ist durchaus denkbar, dass ich nichts tun muss.«

»Du willst hier bleiben?«

Er nickte.

Sie blickte verzweifelt in der Hütte umher und auf das Bettzeug, das zusammengerollt in der anderen Koje lag. »Die Nacht kommt heran. Du kannst hier nicht bleiben. Das kannst du nicht! Ich sage dir, das kannst du einfach nicht!«

»Natürlich kann ich. Ich möchte dich daran erinnern, dass ich die Hütte zuerst gefunden habe und ihr meine Gäste seid.«

Wieder irrten ihre Augen im Raum herum, und der Schrecken in ihnen stieg beim Anblick der anderen Bettstelle. »Dann werden wir gehen müssen«, verkündete sie entschlossen.

»Unmöglich. Du hast einen trockenen, keuchenden Husten – von der Art, die Mr – ahm – Haythorne so treffend beschrieben hat. Du hast deine Lunge bereits etwas erfroren. Außerdem, er ist Arzt und weiß das. Er würde deshalb niemals einverstanden sein.«

»Aber was willst du dann tun?«, forderte sie ihn erneut auf in einer angespannt ruhigen Art, die einen bevorstehenden Ausbruch ahnen ließ.
Messner schaute sie mit einem fast väterlichen Blick an, der ihr mit einer Mischung aus Mitleid und Geduld durch und durch ging. »Meine liebe Theresa, wie ich dir schon zuvor sagte: Ich weiß es nicht. Ich habe wirklich noch nicht darüber nachgedacht.«
»Oh! Du machst mich wahnsinnig!« Sie sprang auf, ihre Hände in ohnmächtiger Wut ringend. »Du bist früher nie so gewesen.«
»Ja, ich pflegte immer ganz nachgiebig und vornehm zu sein«, nickte er zustimmend. »Hast du mich deshalb verlassen?«
»Du bist so anders, so schrecklich gelassen. Du ängstigst mich. Ich fühle es, du hast etwas Furchtbares geplant, schon die ganze Zeit. Aber was immer du auch tust, mach nichts Unbesonnenes. Reg dich nicht auf –«
»Ich rege mich nicht mehr auf«, unterbrach er sie. »Nicht, seit du abgehauen bist.«
»Du hast dich weiterentwickelt – bemerkenswert«, erwiderte sie scharf.
Er lächelte anerkennend. »Bevor ich darüber nachdenken werde, was ich tun soll, werde ich dir nun sagen, was du zu tun hast: Erzähl Mr – ahm – Haythorne, wer ich bin. Das wird unseren Aufenthalt in dieser Hütte mehr – wie soll ich sagen – gesellig machen.«
»Warum bist du mir in dieses schreckliche Land gefolgt?«, fragte sie.
»Glaub nicht, ich sei hierher gekommen, um nach dir zu suchen, Theresa. Deine Eitelkeit sollte sich nicht wegen eines derartigen Missverständnisses geschmeichelt fühlen. Unser Zusammentreffen ist völlig zufällig. Ich brach mit dem akademischen Leben und musste irgendwo hingehen. Um ehrlich zu sein, ich kam in den Klondike, weil ich dachte, das sei die Gegend, die für dich am wenigsten erträglich sei.«
Es wurde am Türriegel gefummelt, dann schwang die Tür auf und Haythorne kam mit einem Armvoll Feuerholz herein. Beim ersten Geräusch hatte Theresa beiläufig begonnen, das Geschirr wegzuräumen. Haythorne ging noch einmal hinaus, um noch mehr Holz zu besorgen.
»Warum hast du uns nicht vorgestellt?«, beschwerte sich Messner.

»Ich werde es ihm sagen«, antwortete sie mit einer selbstbewussten Bewegung ihres Kopfes. »Glaub nicht, dass ich davor Angst habe.«
»Ich hab dich nie als jemand gekannt, der vor irgendetwas viel Angst hatte.«
»Und ich habe auch keine Angst vor Schuldgeständnissen«, sagte sie mit sanfter werdender Stimme und Gesicht.
»Ich fürchte, in deinem Fall sind Schuldgeständnisse Ausnutzungen von Umwegen, Profitmacherei mit List und Selbstverherrlichung zu Lasten von Gott.«
»Werd nicht literarisch«, schmollte sie mit zunehmender Koketterie. »Ich hab geistreiche Diskussionen nie gemocht. Übrigens, ich fürchte mich auch nicht davor, dich um Verzeihung zu bitten.«
»Da gibt es nichts zu vergeben, Theresa. Ich sollte dir vielmehr danken. Es ist wahr, anfangs habe ich gelitten, aber dann kam es mit der ganzen Gnade des Frühlings über mich, und es dämmerte mir, dass ich froh sein konnte, sehr froh sogar. Es war eine sehr überraschende Entdeckung.«
»Aber was wäre, wenn ich zu dir zurückkehren würde?«, fragte sie.
»Ich wäre«, er schaute sie spöttisch an, »äußerst beunruhigt.«
»Ich bin deine Frau. Du weißt, du hast nie eine Scheidung bekommen.«
»Ich sehe«, sagte er nachdenklich, »ich war nachlässig. Es wird eines der ersten Dinge sein, um die ich mich kümmern werde.«
Sie kam auf seine Seite herüber und legte ihm die Hand auf den Arm. »Du willst mich nicht mehr, John?« Ihre Stimme war sanft und verführerisch, ihre Hand lag da wie ein Lockvogel. »Wenn ich dir sagen würde, dass ich einen Fehler begangen habe? Wenn ich dir sagen würde, dass ich sehr unglücklich war – und noch bin? Und: Ich habe einen Fehler begangen.«
Bei Messner wuchs die Verunsicherung. Er fühlte sich matt werden unter der sanft aufgelegten Hand. Die Situation entglitt ihm, all seine Gelassenheit war am Verschwinden. Sie schaute ihn mit schmelzenden Augen an, und auch er schien ganz ergriffen und am Dahinschmelzen. Er fühlte sich am Rande eines Abgrundes, machtlos der Kraft zu widerstehen, die ihn hinabzog.

»Ich komme zurück zu dir, John. Ich komme zurück – heute noch … jetzt.«
Er wand sich unter der Hand wie in einem Albtraum. Während sie sprach, glaubte er sanft lockend das Lied von der Lorelei zu hören. Es war, als würde irgendwo ein Piano spielen und die Noten würden in seine Trommelfelle eindringen.
Plötzlich sprang er auf, stieß sie weg, als ihre Arme versuchten, ihn zu umklammern, und ging rückwärts zur Tür. Er war in Panik. »Ich werde etwas Unbesonnenes tun!«, schrie er.
»Ich habe dich gewarnt, dich nicht aufzuregen.« Sie lachte spöttisch und machte sich daran, das Geschirr zu waschen. »Niemand will dich. Ich hab nur mit dir gespielt. Ich bin glücklicher, wo ich jetzt bin.«
Aber Messner glaubte es nicht. Er erinnerte sich an die Leichtigkeit, mit der sie die Seiten wechselte. Sie hatte die Seite nun gewechselt. Es war Ausnutzung über Umwege. Sie war nicht glücklich mit dem anderen Mann. Sie hatte ihren Fehler entdeckt. Die Flamme seines Egos loderte auf bei diesem Gedanken. Sie wollte zu ihm zurückkommen, was aber zugleich das war, was er nicht wollte. Unbewusst rüttelte seine Hand am Türriegel.
»Renn nicht weg«, lachte sie. »Ich werde dich nicht beißen.«
»Ich renne nicht weg«, erwiderte er mit kindlichem Trotz und zog zugleich seine Handschuhe an. »Ich gehe nur etwas Wasser holen.«
Er sammelte die leeren Eimer und Kochtöpfe zusammen und öffnete die Tür. Er blickte zurück zu ihr. »Vergiss nicht, du solltest Mr – ahm – Haythorne erzählen, wer ich bin.«
Messner zerbrach die Eisschicht, die sich über dem Wasserloch innerhalb einer Stunde gebildet hatte und füllte die Eimer. Aber er ging nicht sofort zurück zur Hütte. Die Eimer am Weg stehen lassend, ging er auf und ab, rasch, um nicht zu erfrieren, denn der Frost biss ihn ins Fleisch wie Feuer. Sein Bart war bereits weiß von seinem gefrorenen Atem, als sich auf seinem Gesicht endlich eine Entscheidung abzeichnete. Er hatte sich zurechtgelegt, wie er handeln wollte, und seine eingefrorenen Lippen und Wangen brachen in ein Gelächter darüber aus. Die Eimer waren bereits

wieder mit neuem Eis überzogen, als er sie nahm und in die Hütte ging. Als er den Raum betrat, fand er den anderen Mann wartend neben dem Ofen stehen, mit einer gewissen steifen Verlegenheit und Unentschlossenheit in seiner Haltung. Messner stellte die Wassereimer ab.

»Es freut mich, Sie zu treffen, Graham Womble«, sagte er in einem förmlichen Ton, um so den Anfang zu machen. Er bot ihm dabei aber nicht seine Hand.

Womble reagierte unsicher, er fühlte gegenüber dem anderen den Hass, den man gegenüber jemandem zu fühlen geneigt ist, dem man Unrecht getan hat.

»Sie sind also der Kerl«, sagte Messner mit verwunderter Betonung. »Gut, gut. Sie sehen, ich bin wirklich froh, Sie zu treffen. Ich war immer – ahm – neugierig darauf, zu erfahren, was Theresa an Ihnen fand, wo, sagen wir, die Anziehung lag. Gut, gut.« Dabei schaute er den anderen von unten bis oben an, wie ein Mann ein Pferd von unten bis oben ansehen würde.

»Ich kann mir denken, wie Sie sich mir gegenüber fühlen«, begann Womble.

»Erwähnen Sie das nicht«, unterbrach ihn Messner mit übertriebener Freundlichkeit in Stimme und Gestik. »Lassen wir das. Was ich aber gerne wüsste, ist, wie Sie Theresa finden? Nach Ihren Erwartungen? Hat sie sich gut betragen? War das Leben seither immer ein glücklicher Traum?«

»Werde nicht idiotisch«, unterbrach ihn Theresa.

»Ich kann nicht damit dienen, unbefangen zu sein«, erklärte Messner.

»Sie können ebenso gut sachlich und sachdienlich sein«, sagte Womble scharf. »Was wir wissen wollen, ist, was Sie vorhaben.«

Messner machte eine gut gespielte Geste der Hilflosigkeit. »Ich weiß es wirklich nicht. Es ist eine dieser unmöglichen Situationen, für die es keine Vorbereitung gibt.«

»Es können nicht alle drei von uns in der Hütte bleiben.«

Messner nickte zustimmend.

»Dann muss jemand gehen.«

»Das ist ebenfalls unbestreitbar«, stimmte Messner zu. »Wenn drei Körper nicht den selben Raum zur selben Zeit belegen können, muss einer gehen.«

»Und Sie sind dieser eine«, kündigte Womble grimmig an. »Es ist ein Zehnmeilen-Marsch zum nächsten Lager, und Sie können das gut machen.«

»Und das ist die erste Fehleinschätzung in Ihrer Argumentation«, wandte Messner ein. »Warum soll gerade ich derjenige sein, der zu gehen hat? Ich habe diese Hütte zuerst gefunden.«

»Aber Tess kann nicht mehr hinaus«, erklärte Womble. »Ihre Lungen sind bereits angegriffen.«

»Ich stimme Ihnen zu. Sie kann bei diesem Frost nicht zehn Meilen gehen. Also muss sie hier bleiben.«

»Dann ist es so, wie ich sagte«, stellte Womble endgültig fest.

Messner räusperte sich. »Aber Ihre Lungen sind in Ordnung, oder nicht?«

»Schon, aber was soll das jetzt?«

Messner räusperte sich wieder und sagte dann mit Nachdruck und in richterlichem Ton: »Na also, ich möchte dazu nichts sagen, außer, ahm, übereinstimmend mit Ihrer Argumentation, dass es nichts gibt, Ihre Abreise zu verhindern mit der Sie sozusagen auf einer Strecke von zehn Meilen dem Frost ein Schnippchen schlagen. Sie können das gut schaffen.«

Womble schaute mit plötzlichem Argwohn auf Theresa und fing in ihren Augen ein Glitzern von Genugtuung auf.

»Was meinst du dazu?«, forderte er sie auf.

Sie zögerte, und eine Woge der Entrüstung verdunkelte ihr Gesicht. Womble wandte sich wieder an Messner: »Genug jetzt. Sie können nicht hierbleiben.«

»Doch, ich kann.«

»Ich werde Sie nicht lassen.« Womble plusterte seine Schultern auf. »Ich bestimme hier.«

»Ich werde trotzdem bleiben«, beharrte der andere.

»Ich werde Sie hinauswerfen.«

»Ich werde zurückkommen.«

Womble hielt einen Moment inne, um seine Stimme zu beruhigen und sich unter Kontrolle zu bringen. Dann sagte er langsam mit einer ruhigen festen Stimme: »Schauen Sie, Messner, wenn Sie sich weigern zu gehen, werde ich Sie verprügeln. Wir sind hier nicht in Kalifornien. Ich werde Sie mit meinen beiden Fäusten zu Brei schlagen.«

Messner zuckte die Schultern. »Wenn Sie das machen, werde ich eine Goldgräber-Versammlung einberufen und sie am nächsten Baum hängen sehen. Wie Sie sagten, hier ist nicht Kalifornien. Das sind einfache Kerle, diese Goldgräber, und alles, was ich zu tun haben werde, ist ihnen die Spuren der Schläge zu zeigen und die Wahrheit über Sie zu erzählen sowie mein Recht auf meine Frau nachzuweisen.«

Die Frau versuchte etwas zu sagen, aber Womble drehte sich wütend zu ihr um. »Du hältst dich da raus!«, schrie er.

In deutlichem Gegensatz dazu sagte Messner: »Theresa, bitte misch dich nicht ein.«

Durch den Ärger und die aufgewühlten Gefühle verfielen ihre angeschlagenen Lungen in einen trockenen, keuchenden Husten, und sie wartete mit blutrotem Gesicht und einer gegen den Brustkorb gepressten Hand auf das Vorübergehen des Anfalls.

Womble schaute angesichts des Hustens finster zu ihr hin.

»Etwas muss geschehen«, sagte er. »Ihre Lungen dürfen jetzt nichts mehr ausgesetzt werden. Sie kann nicht mehr reisen, bevor die Temperaturen steigen. Und ich bin nicht bereit, auf sie zu verzichten.«

Messner zögerte, räusperte sich, druckste herum und sagte dann halb verlegen: »Ich bräuchte ein wenig Geld.«

In Wombles Gesicht zeigte sich sofort Verachtung. Nun hatte sich der andere letztlich als niederträchtiger als er selbst entlarvt.

»Sie haben einen fetten Sack Goldstaub«, fuhr Messner fort. »Ich sah, wie Sie ihn vom Schlitten abluden.«

»Wie viel wollen Sie?«, fragte Womble mit einer ebensolchen Verachtung in der Stimme wie in seinem Gesicht.

»Ich habe den Sack geschätzt, und ich – ahm – würde sagen, er wiegt etwa zwanzig Pfund. Was sagen Sie, wenn wir uns auf viertausend Dollar verständigen?«

»Aber das ist alles, was ich habe, Mann!«, schrie Womble auf.

»Sie haben dafür Theresa bekommen«, sagte der andere besänftigend. »Sie muss es Ihnen wert sein. Bedenken Sie, was ich aufgegeben habe. Es ist sicherlich ein angemessener Preis.«

»Also gut.« Womble eilte hinüber zu dem Goldsack. »Ich kann diesen Handel gar nicht schnell genug hinter mich bringen, Sie – Sie elender Wurm!«

»Nun, da irren Sie sich«, war die lächelnde Erwiderung. »Ist im moralisch-ethischen Sinne der Mann, der Bestechungsgelder gibt, nicht ebenso schlecht wie der, der sie annimmt? Der Annehmende ist gleich schlecht wie der Dieb, wissen Sie; und Sie brauchen sich deshalb nicht mit einer eingebildeten moralischen Überlegenheit über diesen kleinen Deal zu trösten.«

»Zur Hölle mit Ihrer Ethik!«, platzte der andere heraus. »Kommen Sie nur her und schauen Sie beim Abwiegen des Staubs zu. Ich könnte Sie betrügen.«

Die Frau, die gegen die Koje gelehnt stand, beobachtete hilflos, wie sie aufgewogen wurde gegen gelben Staub und Goldbrocken mithilfe einer auf der Vorratskiste aufgestellten Goldwaage. Die Waage war klein und machte viele Wiegevorgänge notwendig, und Messner bestätigte mit präziser Sorgfalt jeden einzelnen.

»Da ist zu viel Silber drin«, merkte er an, als er den Goldsack zuschnürte. »Ich denke nicht, dass es ganze sechzehn Dollar pro Unze bringen wird. Sie haben also einen kleinen Nachlass bekommen, Womble.«

Er behandelte den Sack liebevoll und trug ihn mit gebührender Würdigung seines Wertes hinaus zu seinem Schlitten. Wieder zurück, sammelte er seine Töpfe und Pfannen ein, packte seine Vorratskiste und rollte sein Bettzeug zusammen. Als der Schlitten verschnürt war und die jaulenden Hunde angeschirrt, kehrte er noch einmal in die Hütte zurück, um seine Handschuhe zu holen.

»Leb wohl, Tess«, sagte er an der offenen Tür stehend.

Sie drehte sich zu ihm um und rang nach Worten, war aber zu sehr außer sich, um die Leidenschaft, die in ihr brannte, in Worte zu bringen.

»Leb wohl, Tess«, wiederholte er sanft.

»Gemeiner Schuft!«, brachte sie endlich hervor.

Sie drehte sich um und wankte zu der Koje, in die sie sich mit dem Gesicht nach unten warf und schluchzte: »Ihr Schufte! Ihr gemeinen Schufte!«

John Messner schloss die Tür behutsam hinter sich und schaute, als er die Hunde antrieb, mit großer Erleichterung im Gesicht zu der Hütte zurück. Am Fuße der Uferböschung, neben dem Wasserloch, hielt er den Schlitten an. Er holte den Goldsack aus der verschnürten Ladung heraus und trug ihn zu dem Loch. Es hatte sich bereits wieder eine neue Eisschicht gebildet. Er durchstieß sie mit seiner Faust, löste den Knoten von dem Sack mit den Zähnen und leerte den Inhalt in das Wasserloch. Der Fluss war seicht an dieser Stelle, und zwei Fuß unter der Wasseroberfläche konnte er den Flussgrund in dem schwindenden Licht mattgelb glänzen sehen. Bei diesem Anblick spuckte er in das Loch.

Er trieb die Hunde entlang des Yukon-Trails an. Vor Schwäche heulend nahmen sie widerwillig ihre Arbeit auf. Sich mit der rechten Hand an die Steuerstange klammernd und mit der linken seine Nase und Wangen reibend, stolperte Messner über den Zugstrang, als die Hunde in eine Biegung schwenkten.

»Lauft, ihr armen, wundpfotigen Kreaturen!«, schrie er. »Gut so, lauft!«

# Ein Feuer machen

Der Tag war kalt und grau angebrochen, ungewöhnlich kalt und grau, als der Mann vom Hauptweg am Yukon abbog und die hohe Böschung hinaufkletterte, wo ein nur undeutlich erkennbarer, wenig begangener Pfad ostwärts durch die ausgedehnten Fichtenwälder führte. Es war ein steiler Hang, und er hielt oben an, um Atem zu schöpfen, was er vor sich selbst mit einem Blick auf die Uhr rechtfertigte. Es war neun Uhr. Von der Sonne war nichts zu sehen, nicht einmal eine Andeutung, obwohl keine Wolke am Himmel stand. Es war ein klarer Tag, und dennoch schien ein gespenstischer Schleier über allem zu liegen, eine durchdringende melancholische Stimmung, die den Tag verdüsterte, und all das war der Abwesenheit der Sonne zuzuschreiben. Den Mann bedrückte dies nicht weiter. Er war an das Fehlen der Sonne bereits gewöhnt. Er hatte die Sonne schon seit Tagen nicht mehr gesehen, und er wusste, dass noch weitere Tage vergehen mussten, bevor das belebende Gestirn gerade mal im Süden über den Horizont blinzeln würde, um sogleich wieder aus dem Blick zu verschwinden.

Der Mann warf einen Blick zurück auf den Weg, den er gekommen war. Dort lag der Yukon, eine Meile breit und unter einer drei Fuß dicken Eisschicht verborgen. Auf der Eisdecke war noch einmal eine ebenso dicke Schneedecke. Alles war von makellosem Weiß, das sich in sanften Wellen hob, wo sich die Eismassen beim Zufrieren gestaut hatten. Nach Norden wie nach Süden, so weit der Mann blicken konnte, war alles schneeweiß, bis auf eine dunkle haarfeine Linie, die sich um eine fichtenbestandene Insel nach Süden und ebenso nach Norden schlängelte, wo sie hinter einer anderen, ebenfalls fichtenbestandenen Insel verschwand. Diese dunkle haarfeine Linie war der Weg, der Hauptweg, der fünfhundert Meilen nach Süden zum Chilkoot Pass, nach Dyea und ans

Meer führte und siebzig Meilen nordwärts nach Dawson und weitere tausend Meilen nordwärts nach Nulato, bis er schließlich nach eintausendfünfhundert Meilen in St. Michael am Beringmeer endete.

Aber all dies, der geheimnisvolle haarfeine in die Ferne strebende Pfad, die Abwesenheit der Sonne am Himmel, die bittere Kälte, die Fremdartigkeit und das Unheimliche von alledem, machte keinen Eindruck auf den Mann. Nicht, weil er das schon seit Langem gewohnt gewesen wäre. Er war ein Neuling in diesem Land, ein »Chechaquo«, und dies war sein erster Winter hier. Sein Problem war, dass er keine Vorstellungskraft besaß. Er war flink und geschickt in den praktischen Dingen des Lebens, aber die Bedeutung der Dinge erfasste er nicht. Fünfzig Grad Fahrenheit unter Null bedeuten über achtzig Grad unter dem Gefrierpunkt. Dies empfand er als kalt und ungemütlich, aber das war alles. Es ließ ihn nicht über seine Gefährdung als temperaturabhängiges Wesen nachdenken oder über die Gefährdung des Menschen überhaupt, der ja nur innerhalb bestimmter enger Grenzen von Wärme und Kälte zu leben vermag. Und ebenso wenig brachte ihn die Eiseskälte zum Nachdenken über die Sterblichkeit und die Bedeutung des Menschen im Universum. Fünfzig Grad Fahrenheit unter Null stehen für einen bissigen Frost, der Erfrierungen bringt und gegen den man sich mit Fausthandschuhen, Ohrenwärmern, warmen Mokassins und dicken Socken schützen muss. Für ihn aber waren fünfzig Grad unter Null einfach genau fünfzig Grad unter Null. Dass es etwas darüber hinaus bedeuten könnte, kam ihm nicht in den Sinn.

Als er sich zum Weitergehen anschickte, spuckte er einmal probehalber aus. Das erzeugte ein scharfes, explosionsartiges Knistern, das ihn aufschreckte. Er spuckte noch einmal. Und wieder kristallisierte der Speichel in der Luft, noch bevor er auf den Schnee fiel. Er wusste, dass bei minus fünfzig Grad der Speichel auf dem Schnee kristallisierte, aber dieser Speichel war bereits in der Luft gefroren. Es war zweifellos kälter als minus fünfzig Grad – wie viel kälter, das wusste er nicht. Aber die Temperatur war unwichtig. Er musste das alte Goldgräbercamp an der linken Gabelung des Henderson Creek erreichen, wo die anderen Jungs schon waren. Die waren über die Wasserscheide aus dem Gebiet des Indian Creek gekommen, während er diesen Umweg gemacht hatte, um nach Möglichkeiten Ausschau zu halten, im Frühjahr Holzstämme von den Inseln im Yukon-Tal herbeischaffen zu können. Er würde bis sechs Uhr im Lager sein; freilich ein wenig nach Einbruch der Dunkelheit, aber die Jungs würden ja da sein, ein Feuer würde brennen und ein warmes Abendessen bereitstehen. Was das Mittagessen betraf, presste er seine Hand gegen das Päckchen, das seine Jacke ausbeulte. Es war in ein Tuch eingewickelt und sogar noch unter seinem Hemd, direkt auf der nackten Haut. Das war die einzige Möglichkeit, die Brötchen vor dem Gefrieren zu schützen. Er lächelte zufrieden in sich hinein, als er an diese Brötchen dachte; jedes war aufgeschnitten und in Schinkenfett getaucht, und jedes enthielt eine ordentliche Scheibe gebratenen Specks.

Er stapfte mit raschen Schritten in den hohen Fichtenwald hinein. Die Spur war kaum noch zu erkennen. Fußtiefer Schnee war darauf gefallen, seit der letzte Schlitten hier gefahren war, und er war froh, dass er keinen Schlitten, sondern nur leichtes Gepäck hatte. Tatsächlich trug er nichts bei sich, außer dem in das Tuch eingewickelten Mittagessen. Aber die Kälte verwunderte ihn nun doch. Es war tatsächlich bitterkalt, stellte er fest, als er sich die empfindungslos gewordene Nase und die Wangen mit der behandschuhten Hand rieb. Er besaß einen wärmenden Backenbart, aber die Barthaare schützten nicht die hohen Wangenknochen und die vorwitzige Nase, die sich keck in die frostige Luft vorwagte.

Dem Mann dicht auf den Fersen trottete ein Hund, ein großer einheimischer Husky, ein echter Wolfshund mit grauem Fell und ohne jeden Unterschied in Aussehen oder Temperament zu seinem Bruder, dem wildlebenden Wolf. Das Tier war durch die entsetzliche Kälte eingeschüchtert. Es wusste, dass jetzt nicht die Zeit für Wanderungen war. Was ihm sein Instinkt mitteilte, war zuverlässiger als das, was das menschliche Urteilsvermögen dem Mann sagte. In Wirklichkeit war es nicht nur kälter als minus fünfzig Grad; es war kälter als sechzig Grad, ja sogar kälter als siebzig Grad. Es hatte fünfundsiebzig Grad unter Null. Da auf der Fahrenheit-Skala der Gefrierpunkt zweiunddreißig Grad über Null liegt, herrschten also einhundertsieben Grad Frost. Der Hund verstand nicht das Geringste von

Thermometern. Vielleicht gab es in seinem Gehirn auch kein klares Bewusstsein vom Zustand großer Kälte, wie es das im Gehirn des Menschen gibt. Aber das Tier hatte seinen Instinkt. Es verspürte eine unbestimmte, aber beunruhigende Ahnung, die es bedrückte und es dicht auf den Fersen des Mannes dahinschleichen ließ. Und diese Ahnung ließ es auch jede unplanmäßige Bewegung des Mannes aufmerksam beobachten, als ob es erwarte, dass er endlich irgendwo ein Lager aufschlage oder Schutz suche und ein Feuer mache. Der Hund hatte Feuer kennengelernt, und er wollte ein Feuer haben oder sich wenigstens unter dem Schnee eingraben, um sich geschützt vor der Eisluft wärmend zusammenrollen zu können.

Der gefrorene Hauch seines Atems hatte sich als feiner Reif in seinem Fell niedergeschlagen, und besonders seine Kehle, die Schnauze und die Wimpern waren weiß von seinem kristallisierten Atem. Der rote Backenbart und Schnurrbart des Mannes waren ebenso bereift, bloß noch stärker, da der Niederschlag bereits die Form von Eis angenommen hatte und mit jedem feuchtwarmen Atemzug, den er ausstieß, anwuchs. Außerdem kaute der Mann Tabak, und der Maulkorb aus Eis machte seine Lippen so unbeweglich, dass es ihm unmöglich war, sein Kinn sauber zu halten, wenn er den Tabaksaft ausspuckte. Das Resultat war, dass unter seinem Kinn ein kristallener Bart von der Farbe und Härte von Bernstein wuchs, der immer länger wurde. Wenn er hinfiele, würde der Bart wie Glas in tausend Stücke zerspringen. Aber er kümmerte sich nicht um dieses Anhängsel. Es war der leidige Preis, den alle Tabakkauer in diesem eisigen Land auf sich nehmen mussten, und er war schon früher zweimal während Kälteeinbrüchen unterwegs gewesen. So eisig wie dieser, das wusste er, waren sie nicht gewesen, aber er wusste von dem Alkoholthermometer in Sixty Miles, dass auch sie mit minus fünfzig und fünfundfünfzig Grad gemessen worden waren.

Er hielt sich mehrere Meilen geradeaus durch die baumbestandene Ebene, durchquerte eine weite Fläche mit zugeschneiten Sträuchern und schlitterte einen Abhang zum zugefrorenen Bett eines schmalen Wasserlaufs hinab. Das war der Henderson Creek, und er wusste, dass er nun noch zehn Meilen von der Gabelung entfernt war. Er schaute auf seine

Uhr. Es war zehn Uhr. Er schaffte über vier Meilen in der Stunde, und er rechnete aus, dass er um halb eins an der Gabelung ankommen würde. Das beschloss er zu feiern, indem er dort sein Mittagessen verzehren wollte.

Als der Mann das Tal entlangmarschierte, folgte der Hund ihm wieder dicht auf den Fersen mit einem verzagt eingekniffenen Schwanz. Die alte Schlittenspur war deutlich zu sehen, aber knöchelhoher Schnee bedeckte die letzten Kufenspuren. Seit einem Monat war kein Mensch den abgelegenen Wasserlauf mehr herauf- oder heruntergekommen. Der Mann ging unbeirrt weiter. Er war kein besonders nachdenklicher Mensch, und im Moment hatte er auch nichts anderes zu denken, als dass er an der Gabelung Mittagessen wollte und um sechs Uhr im Lager bei den Jungs sein würde. Es war niemand da, mit dem er hätte reden können; und hätte er jemanden gehabt, wäre ihm das Sprechen unmöglich gewesen, wegen des Maulkorbs aus Eis. Also fuhr er fort, stumm seinen Tabak zu kauen und seinen Bernsteinbart in die Länge wachsen zu lassen.

Immer wieder einmal drängte sich ihm der Gedanke auf, dass es sehr kalt sei und dass er noch nie eine solche Kälte erlebt habe. Er rieb sich im Gehen seine Wangenknochen und die Nase mit der Rückseite seiner behandschuhten Hand. Er machte das ganz automatisch, wobei er hin und wieder die Hand wechselte. Aber er konnte reiben wie er wollte – sobald er aufhörte, wurden seine Wangenknochen wieder gefühllos, und kurz darauf auch seine Nasenspitze. Er war sich sicher, dass seine Wangen erfrieren würden; er wusste das, und er bedauerte plötzlich schmerzlich, dass er sich kein solches Nasenband besorgt hatte, wie es Bud bei starker Kälte trug. Ein solches Band ging auch über die Wangen und schützte diese ebenfalls. Letzten Endes war das aber nicht so wichtig. Was machten erfrorene Wangen schon aus? Es war ein bisschen schmerzhaft, das war alles; es war nicht wirklich besorgniserregend.

Obwohl das Gehirn des Mannes gedankenleer war, beobachtete er andererseits aufmerksam und bemerkte jede Veränderung des Bachlaufs, die Krümmungen und Biegungen und das Stauholz, und stets achtete er scharf darauf, wohin er seinen Fuß setzte. Einmal, als er um eine Biegung kam, scheute er plötzlich zurück wie ein erschrecktes Pferd, kehrte auf der

Stelle um und ging ein paar Schritte auf dem Pfad zurück. Er wusste, dass der Bach bis auf den Grund hinunter gefroren war; kein Bach konnte in einem solchen arktischen Winter Wasser führen; aber er wusste auch, dass es dort Quellen gab, die tief aus den Hängen sprudelten und unter dem Schnee entlang auf das Eis liefen. Er wusste, dass selbst die stärksten Kälteeinbrüche diese Quellen nicht gefrieren ließen, und er wusste auch um ihre Gefahren. Sie waren Fallen. Sie bildeten Wasserpfützen unter dem Schnee, die knöcheltief, aber auch knietief sein konnten. Manchmal waren sie von einer dünnen Eisschicht überzogen, die wiederum mit Schnee bedeckt war. Manchmal gab es auch abwechselnd Schichten von Wasser und Eis, sodass jemand, der einbrach, eine Zeit lang immer weiter absackte und manchmal bis zur Hüfte nass wurde.

Deshalb war er in solcher Panik zurückgeschreckt. Er hatte ein Nachgeben unter seinen Füßen gespürt und das Knacken einer unter dem Schnee versteckten Eisschicht gehört. Und sich bei einer solchen Temperatur nasse Füße zu holen, bedeutete Ärger und Gefahr. Zumindest bedeutete es eine Verzögerung, denn er würde gezwungen sein, anzuhalten und ein Feuer zu machen, um in seinem Schutz die Füße zu entblößen und die Socken und Mokassins trocknen zu können. Er blieb stehen, studierte den Lauf des Gewässers und seine Ufer und kam zu dem Ergebnis, dass der Wasserzufluss von rechts kam. Er überlegte eine Weile, rieb sich seine Nase und die Wangen, und ging dann links herum, wobei er bei jedem Schritt vorsichtig auftrat und die Trittfestigkeit prüfte. Sobald er die gefährliche Stelle hinter sich hatte, nahm er ein frisches Stück Kautabak und verfiel wieder in seinen Viermeilenschritt.

Im Laufe der nächsten zwei Stunden kam er an mehrere ähnliche Gefahrenstellen. Gewöhnlich war der Schnee über den verborgenen Wasserpfützen eingesunken und hatte eine kristallisierte Oberfläche, wodurch die Gefahr signalisiert wurde. Trotzdem entging er ihr einmal nur um Haaresbreite; und ein andermal, als er Gefahr vermutete, zwang er den Hund vorauszugehen. Der Hund wollte nicht gehen. Er sträubte sich, bis der Mann ihn vorwärtsschob, da lief er schnell über die weiße, unberührte Fläche. Plötzlich brach er ein, warf sich strampelnd auf die Seite und erreichte wieder festeren Untergrund. Er hatte sich seine Vorderläufe und -pfoten nass gemacht, und das Wasser an ihnen wurde fast auf der Stelle zu Eis. Er unternahm hastige Versuche, das Eis von seinen Läufen wegzulecken, dann ließ er sich in den Schnee fallen und begann das Eis herauszubeißen, das sich zwischen seinen Zehen festgesetzt hatte. Dies war eine instinktive Handlung. Das Eis dort zu lassen, hätte wunde Pfoten bedeutet. Der Hund wusste das nicht. Er gehorchte einfach dem geheimnisvollen Impuls, der aus den tiefen Schichten seines Wesens aufstieg. Aber der Mann wusste es, weil er sich die Sache durch den Kopf hatte gehen lassen, und deshalb entfernte er den Handschuh von seiner rechten Hand und half dem Hund die Eispartikel herauszuzupfen. Er war erstaunt, wie rasch seine Finger gefühllos wurden, obwohl er sie nicht länger als eine Minute entblößt hatte. Es war wirklich kalt. Er zog den Handschuh hastig wieder an und schlug die Hand heftig gegen seine Brust.

Um zwölf Uhr erreichte der Tag seine größte Helligkeit. Doch war die Sonne auf ihrer Winterreise zu weit im Süden, um über den Horizont zu kommen. Zwischen ihr und dem Henderson Creek, an dem der Mann unter einem klaren Mittagshimmel wanderte und keinen Schatten warf, lag die Krümmung des Erdballs. Auf die Minute genau eine halbe Stunde nach zwölf erreichte er die Gabelung des Bachs. Er war sehr zufrieden mit dem Marschtempo, das er vorgelegt hatte. Wenn er es durchhielt, würde er sicher um sechs bei den Jungs sein. Er knüpfte seine Jacke und sein Hemd auf und zog sein Lunchpaket heraus. Das dauerte nicht länger als eine Viertelminute, aber dieser kurze Augenblick genügte, um seine entblößten Finger taub werden zu lassen. Er zog den Handschuh nicht wieder an, sondern schlug stattdessen die Finger ein Dutzend Mal heftig gegen sein Bein. Dann setzte er sich auf einen schneebedeckten Baumstamm, um zu essen. Das Prickeln, das sich in den Fingern nach den Schlägen gegen das Bein einstellte, verschwand so schnell wieder, dass er unruhig wurde. Er hatte nicht einmal einen Bissen von seinem Brötchen nehmen können. Er schlug die Finger noch einmal gegen das Bein, steckte sie wieder in den Fausthandschuh und entblößte die andere Hand zum Essen. Er versuchte einen Bissen zu nehmen, aber der Maulkorb aus

Eis verhinderte es. Er hatte vergessen, ein Feuer zu machen und ihn aufzutauen. Er lachte über seine Dummheit, und dabei stellte er fest, dass die Taubheit bereits wieder in seine entblößten Finger kroch. Außerdem bemerkte er, dass das Kribbeln, das er beim Hinsetzen zunächst in seinen Zehen gespürt hatte, schon wieder verschwand. Er wusste nicht, ob die Zehen warm oder taub waren. Er bewegte sie in den Mokassins und kam zu dem Ergebnis, dass sie taub waren.

Hastig zog er den Handschuh an und stand auf. Er bekam ein wenig Angst. Er stapfte auf und ab, bis das Prickeln in die Füße zurückkehrte. Es ist wirklich verdammt kalt, dachte er dabei. Der Mann vom Sulphur Creek hatte also die Wahrheit gesagt, als er erzählte, wie kalt es in diesem Landstrich manchmal werden konnte. Und er hatte ihn damals ausgelacht! Das zeigte, dass man sich einer Sache niemals zu sicher sein sollte. Es war keine Übertreibung – es war wirklich kalt. Er lief mit den Füßen stampfend und die Arme um den Körper schlagend auf und ab, bis das zurückkehrende Wärmegefühl ihn beruhigte. Dann holte er Streichhölzer heraus und begann ein Feuer zu machen. Sein Feuerholz bekam er aus dem Unterholz, wo das Hochwasser des vergangenen Frühjahrs einen Haufen dürrer Äste abgelagert hatte. Da er behutsam arbeitete und mit kleinem Brennmaterial begann, hatte er bald ein prasselndes Feuer, über dem er das Eis von seinem Gesicht taute und in dessen Schutz er seine Brötchen aß. Vorläufig hatte er der Kälte außen herum ein Schnippchen geschlagen. Auch der Hund genoss das Feuer und streckte sich nah genug daran aus, dass er es warm hatte, aber weit genug entfernt, damit er sich nicht das Fell versengte.

Als der Mann mit Essen fertig war, stopfte er seine Pfeife und nahm sich in aller Ruhe Zeit zum Rauchen. Dann zog er seine Handschuhe an, befestigte die Klappen seiner Mütze dicht an seinen Ohren und nahm den Pfad entlang des linken Bacharms. Der Hund war enttäuscht und sehnte sich zum Feuer zurück. Dieser Mann wusste nicht, was Kälte ist. Möglicherweise hatten all die Generationen seiner Vorfahren keine Erfahrungen mit Kälte gemacht, mit wirklicher Kälte, die einhundertundsieben Grad unter dem Gefrierpunkt lag. Aber der Hund kannte sie; all seine Vorfahren kannten sie, und er hatte dieses Wissen geerbt. Und er wusste deshalb, dass es nicht klug war, in einer solch furchtbaren Kälte unterwegs zu sein. Es war vielmehr die Zeit, um geborgen zusammengerollt in einem Schneeloch zu liegen und darauf zu warten, bis sich ein Wolkenvorhang vor das Weltall schob, aus dem diese Kälte kam. Andererseits gab es zwischen dem Hund und dem Mann keine starke Bindung. Der eine war der Arbeitssklave des anderen, und die einzige Zuwendung, die der Hund je empfangen hatte, war die der Peitsche und der scharfen drohenden Kehllaute, die sie ankündigten. Aus diesem Grund machte der Hund keinen Versuch, dem Mann seine Beunruhigung mitzuteilen. Er war nicht besorgt um das Wohlergehen des Mannes; es war um seiner selbst willen, dass er ans Feuer zurückwollte. Aber der Mann pfiff und rief nach ihm in einem Ton, der nach Peitschenhieben klang, und deshalb heftete sich der Hund wieder an die Fersen des Mannes und folgte ihm.

Der Mann nahm ein Stück Kautabak und begann, sich einen neuen Bernsteinbart wachsen zu lassen. Sein feuchter Atem puderte auch rasch seinen Schnurrbart, seine Augenbrauen und seine Wimpern wieder mit weißen Kristallen. Es schien so, als ob es an diesem linken Arm des Henderson nicht so viele Quellen geben würde, denn eine halbe Stunde lang sah der Mann keinerlei Anzeichen davon.

Und dann geschah es. An einer Stelle, wo nichts zu sehen war, wo der weiche, nicht eingesunkene Schnee den Anschein eines soliden Untergrunds machte, brach der Mann ein. Es war nicht tief. Er wurde nass bis halb unter die Knie, bevor er auf festen Grund zurücksprang.

Er war wütend und verfluchte lautstark sein Missgeschick. Er hatte gehofft, bis sechs Uhr im Lager bei den Jungs zu sein, und das hier würde ihn mindestens eine Stunde aufhalten, denn er musste nun ein Feuer machen und seine Fußbekleidung trocknen. Dies war unerlässlich bei diesen niedrigen Temperaturen – so viel wusste er; und so ging er seitwärts zur Uferböschung, wo er hinaufkletterte. Oben war, verfangen im Gestrüpp einiger kleiner Fichten, ein vom Hochwasser zurückgebliebenes Lager mit trockenem Feuerholz und Reisig, aber auch größere Stücke dürrer Äste, sowie feines, trockenes Gras vom Vorjahr. Er warf einige große Äste auf den Schnee. Dies diente als Unterlage und bewahrte die zart auflodernde Flamme davor, sich selbst auszulöschen in dem Schnee, den sie sonst schmelzen würde. Diese Flamme brachte er zustande, indem er ein Streichholz an ein Stückchen Birkenrinde hielt, das er aus seiner Tasche holte und das schneller brannte als Papier. Er legte das auflodernde Stückchen auf die Unterlage und fütterte die kleine Flamme mit trockenen Grasbüscheln und den winzigsten trockenen Zweigen.

Er arbeitete langsam und vorsichtig, da er sich der Gefahr bewusst war, in der er sich befand. Nach und nach, als die Flamme stärker wurde, legte er immer größere Zweige auf, um sie zu schüren. Er kauerte im Schnee, zog die Zweige aus dem Gestrüpp im Unterholz und schob sie direkt ins Feuer. Er wusste, dass er keinen Fehler machen durfte. Bei fünfundsiebzig Grad minus darf einem Menschen der erste Versuch, ein Feuer zu machen, nicht fehlschlagen – jedenfalls nicht, wenn seine Füße durchnässt sind. Wenn seine Füße trocken sind, und es misslingt, so kann er ein paar hundert Meter den Pfad entlang rennen und seinen Kreislauf wieder in Schwung bringen. Aber die Durchblutung von nassen und erfrierenden Füßen kann nicht durch Rennen wiederhergestellt werden, wenn es minus fünfundsiebzig Grad sind. Egal, wie schnell man rennt, die nassen Füße werden trotzdem erfrieren.

All das wusste er. Der alte Mann am Sulphur Creek hatte es ihm im vergangenen Herbst gesagt, und nun wusste er diesen Hinweis zu schätzen. Aus seinen Füßen war mittlerweile jedes Gefühl gewichen. Um das Feuer zu machen, war er gezwungen gewesen, seine Handschuhe auszuziehen, und die Finger waren rasch taub geworden. Solange er im Viermeilentempo gelaufen war, hatte sein Herz das Blut bis an die Oberfläche seines Körpers und in alle Gliedmaßen gepumpt. Aber sobald er anhielt, sackte die Blutzirkulation wieder ab. Die kosmische Kälte prallte auf den ungeschützten Pol des Planeten, und ihn, der sich im Bereich dieses ungeschützten Pols befand, traf ihre volle Wucht. Das Blut in seinem Körper schreckte vor dieser Kälte zurück. Das Blut war lebendig wie der Hund, und wie der Hund wollte es sich zurückziehen und sich vor dieser schrecklichen Kälte schützen. Das Viermeilentempo hatte das Blut an die

Oberfläche getrieben, ob es wollte oder nicht, aber nun ebbte es ab und zog sich zurück in das Innere seines Körpers. Die Gliedmaßen waren die ersten, die das Fernbleiben spürten. Seine nassen Füße erfroren umso rascher, und seine bloßen Finger wurden schneller taub, auch wenn sie noch nicht zu erfrieren begonnen hatten. Nase und Wangen hatten bereits Frost abbekommen, während die Haut seines gesamten Körpers auskühlte, sobald die Blutzirkulation zurückging.

Aber er fühlte sich sicher. Zehen, Nase und Wangen würden nur leicht vom Frost geschädigt werden, denn das Feuer begann nun kräftig zu brennen. Er schürte es mit fingerdicken Ästen. In einer Minute würde er Äste, so dick wie sein Handgelenk, nachlegen können, und dann konnte er seine nasse Fußbekleidung ausziehen, und, während sie trocknete, die nackten Füße am Feuer warmhalten, die er zuvor natürlich mit Schnee massieren würde.

Das Feuer war ein Erfolg. Er war in Sicherheit. Er dachte an den Rat des alten Mannes vom Sulphur Creek und lächelte. Der Alte hatte eine sehr ernste Miene gemacht, als er als ehernes Gesetz verkündete, dass kein Mensch im Klondike-Gebiet bei Temperaturen unter minus fünfzig Grad allein unterwegs sein dürfe. Gut, aber er war nun einmal hier, er hatte Pech gehabt, er war allein, und er hatte sich selbst geholfen. Diese alten Männer waren halt ziemlich verweichlicht, zumindest einige von ihnen, dachte er. Alles was ein Mann zu tun hatte, war einen klaren Kopf zu behalten, und alles war in Ordnung. Jeder Mann, der ein richtiger Mann war, konnte allein unterwegs sein. Aber es war schon überraschend, mit welcher Schnelligkeit einem die Nase und die Wangen anfroren. Und er hatte nicht gedacht, dass seine Finger in so kurzer Zeit leblos werden könnten.

Leblos waren sie in der Tat, denn er konnte sie kaum zusammen bewegen, um einen Zweig zu greifen, und sie schienen von seinem Körper und seinem Willen wie abgetrennt zu sein. Wenn er einen Zweig anfasste, musste er hinschauen und nachsehen, ob er ihn schon in der Hand hielt oder nicht. Die Verbindungen zwischen seinem Willen und seinen Fingerspitzen waren praktisch nicht mehr vorhanden.

Doch das alles zählte wenig. Das Feuer brannte, knackend und prasselnd und mit jeder tanzenden Flamme Leben versprechend. Er begann seine Mokassins aufzuschnüren. Sie waren mit Eis überzogen; die dicken Wollsocken waren bis zur halben Kniehöhe wie Röhren aus Eisen, und die Riemen der Mokassins glichen Stahldrähten, die eine Brandkatastrophe verbogen und verknäuelt hat. Zunächst zerrte er mit seinen gefühllosen Fingern daran herum, aber als ihm klar wurde, wie unsinnig das war, zog er sein Messer aus der Scheide.

Aber noch bevor er die Riemen durchschneiden konnte, geschah es. Es war seine eigene Schuld oder vielmehr sein Fehler. Er hätte das Feuer nicht unter der Fichte machen dürfen. Er hätte es im Freien machen müssen. Aber es war eben einfacher gewesen, die Zweige aus dem Unterholz zu ziehen und an Ort und Stelle auf das Feuer zu werfen. Der Baum, unter dem er das Feuer gemacht hatte, trug jedoch eine große Schneelast auf seinen Ästen. Wochenlang hatte kein Wind geblasen, und jeder Ast trug eine schwere Last. Und jedes Mal, wenn der Mann einen Zweig herausriss, verursachte das eine leichte Erschütterung des Baumes – eine kaum wahrnehmbare Erschütterung, die er selbst gar nicht bemerkte, die aber ausreichte, die Katastrophe auszulösen. Hoch oben im Baum entlud ein Ast sich von seiner Schneelast. Sie fiel auf die darunterliegenden Äste und entlud diese. Der Prozess setzte sich fort, dehnte sich aus und ergriff den ganzen Baum. Er wuchs wie eine Lawine an und stürzte dann ohne Vorwarnung auf den Mann und das Feuer, und das Feuer wurde ausgelöscht! Wo es gebrannt hatte, lag nun ein Haufen frischer Schnee.

Der Mann war geschockt. Es war, als ob er soeben sein eigenes Todesurteil verkündet bekommen hätte. Einen Moment lang saß er da und starrte auf die Stelle, wo das Feuer gewesen war. Dann wurde er sehr ruhig. Vielleicht hatte der Alte vom Sulphur Creek doch recht. Wenn er einen Weggefährten gehabt hätte, wäre er jetzt in keiner solchen Gefahr gewesen. Der Gefährte hätte Feuer machen können. Aber nun war es eben seine Sache, noch einmal Feuer zu machen, und dieses zweite Mal durfte ihm kein Fehler unterlaufen. Selbst wenn er es schaffte, würde er höchstwahrscheinlich ein paar Zehen einbüßen. Seine Füße hatten inzwischen sicherlich böse Erfrierungen, und es würde noch einige Zeit vergehen, bevor das zweite Feuer so weit war.

Das waren seine Gedanken, aber er saß nicht herum, während sie ihm durch den Kopf gingen, sondern war die ganze Zeit an der Arbeit. Er baute eine neue Unterlage für das Feuer, diesmal im Freien, wo keine heimtückischen Bäume es löschen konnten. Als Nächstes sammelte er trockenes Gras und kleine Zweige aus dem Hochwasserstrandgut. Er konnte zwar seine Finger nicht zusammenbringen, um beides herauszuklauben, aber er konnte sie zwischen beide Hände klemmen. Auf diese Weise bekam er zwar auch viele verfaulte Zweige und Büschel von grünem Moos mit, die nicht brauchbar waren, aber es war das Einzige, was er tun konnte. Er arbeitete planvoll und sammelte sogar einen Armvoll größere Äste, um sie später benutzen zu können, wenn das Feuer kräftig genug war. Die ganze Zeit über saß der Hund da und beobachtete ihn mit einem sehnsüchtigen Verlangen in den Augen, denn er betrachtete den Mann als den Feuerspender, und das Feuer ließ auf sich warten.

Als alles bereit war, griff der Mann in seine Tasche nach einem zweiten Stück Birkenrinde. Obwohl er sie mit den Fingern nicht fühlen konnte, wusste er, dass die Rinde dort war, und er konnte ihr trockenes Rascheln hören, als er nach ihr tastete. Er bekam sie aber nicht zu fassen, so sehr er sich auch bemühte. Und die ganze Zeit war er sich des Umstandes bewusst, dass seine Füße immer weiter abfroren. Dieser Gedanke versetzte ihn unterschwellig in Panik, aber er kämpfte dagegen an und blieb ruhig. Er zog sich mit den Zähnen seine Handschuhe an und warf die Arme vor und zurück, wobei er seine Hände mit aller Kraft gegen seine Seiten schlug. Er tat dies sowohl im Sitzen als auch im Stehen. Und währenddessen saß der Hund im Schnee, seinen buschigen Wolfsschwanz wärmend über seine Vorderpfoten geringelt, die spitzen Wolfsohren nach vorne gerichtet, und beobachtete den Mann. Während der Mann seine Arme schwang und um sich warf, stieg großer Neid in ihm auf, als er das Tier so erblickte, das in seinem Naturkleid warm und geschützt war.

Nach einiger Zeit bemerkte er die ersten Anzeichen wiederkehrenden Gefühls in seinen malträtierten Fingern. Das schwache Kribbeln wurde stärker, bis es zu einem stechenden Schmerz anwuchs, der qualvoll war, den der Mann jedoch mit einiger Befriedigung über sich ergehen ließ. Er streifte sich den Handschuh von der rechten Hand und holte die Birkenrinde hervor. Die entblößten Finger wurden rasch wieder gefühllos. Als Nächstes kramte er ein Bündel Schwefelhölzer heraus. Aber die furchtbare Kälte hatte bereits wieder alles Leben aus seinen Fingern vertrieben. Beim Versuch, ein Streichholz von den anderen zu trennen, fiel ihm das ganze Bündel in den Schnee. Er versuchte es aus dem Schnee aufzuklauben, aber vergeblich. Die leblosen Finger konnten weder fühlen noch greifen. Er war ganz konzentriert. Er vertrieb den Gedanken an seine erfrierenden Füße, die Nase und die Wangen aus seinem Kopf und widmete seine ganze Aufmerksamkeit den Streichhölzern. Er gab genau acht, benutzte statt des Tastsinns den Augenschein und schloss die Finger, als er sie auf beiden Seiten des Bündels sah – das heißt, er wollte sie schließen, denn seine Finger gehorchten nicht, weil die Verbindungsbahnen zu ihnen unterbrochen waren. Er zog den Handschuh über die rechte Hand und schlug sie heftig gegen sein Knie. Dann schaufelte er das Streichholzbündel samt einer Menge Schnee mit den beiden behandschuhten Händen in seinen Schoß. Damit war allerdings noch nicht viel gewonnen.

Mit einiger Anstrengung schaffte er es, das Bündel zwischen seinen Fausthandschuhen einzuklemmen. So führte er es an den Mund. Das Eis knackte und krachte, als er mit einer gewaltsamen Anstrengung den Mund öffnete. Er schob den Unterkiefer nach hinten, zog die Oberlippe nach oben aus dem Weg und nagte mit seinen Schneidezähnen an dem Bündel, um ein einzelnes Streichholz abzutrennen. Es gelang ihm tatsächlich, eines abzulösen, das er in seinen Schoß fallen ließ. Damit war ihm freilich noch nicht geholfen. Er konnte es ja nicht aufheben. Da kam ihm ein Ausweg. Er packte das Streichholz mit seinen Zähnen und rieb es über sein Bein. Zwanzigmal rieb er wohl, bevor es ihm gelang, es zu entzünden. Als es brannte, hielt er es mit seinen Zähnen an die Birkenrinde. Aber der brennende Schwefel stieg ihm in die Nasenlöcher und die Lunge und bescherte ihm einen Hustenkrampf. Das Streichholz fiel in den Schnee und erlosch.

Der Alte am Sulphur Creek hat recht gehabt, dachte er in diesem Moment gelinder Verzweiflung: Bei mehr als fünfzig Grad minus sollte ein Mann nur mit einem Partner unterwegs sein. Er schlug seine Hände zusammen, aber er spürte nichts. Plötzlich entblößte er beide Hände, indem er die Handschuhe mit den Zähnen herunterzerrte. Er klemmte das ganze Streichholzbündel zwischen seine Handballen. Seine Armmuskulatur, die nicht erstarrt war, ermöglichte es ihm, seine Handballen fest gegen die Streichhölzer zu pressen. Dann ratschte er mit dem ganzen Bündel an seinem Bein entlang. Es flammte lodernd auf, siebzig Schwefelhölzer auf einmal! Und es gab keinen Wind, der sie ausblasen konnte. Er drehte seinen Kopf seitwärts, um dem beißenden Rauch auszuweichen, und hielt das lodernde Bündel an die Birkenrinde. Als er es so hielt, spürte er seine Hände wieder. Sein Fleisch verbrannte. Er konnte es riechen und tief unter der Haut spüren. Die Empfindung verwandelte sich rasch in einen heftigen Schmerz. Noch ertrug er ihn und hielt die Flamme der Streichhölzer unbeholfen an die Rinde, die nicht gleich brennen wollte, weil seine eigenen brennenden Hände im Weg waren und den größten Teil der Flamme abdeckten.

Schließlich, als er es nicht länger aushalten konnte, riss er seine Hände auseinander. Die brennenden Streichhölzer fielen zischend in den Schnee, aber die Birkenrinde brannte. Er begann trockenes Gras und kleinste Zweige auf die Flamme zu legen. Er konnte nichts sortieren und auswählen, weil er das Brennmaterial zwischen seinen Handballen aufnehmen musste. An den Zweigen hingen kleine Stücke von verrottetem Holz und grünem Moos, die er wegbiss, so gut er das mit seinen Zähnen vermochte. Er hütete die Flamme sorgfältig und unbeholfen. Sie bedeutete Leben und durfte nicht absterben. Der Rückzug des Blutes von der Oberfläche seines Körpers ließ ihn zittern, und er wurde noch ungeschickter. Ein großes Stück grünes Moos fiel mitten auf das kleine Feuer. Er versuchte es mit den Fingern herauszustochern, sein zitternder Körper ließ ihn aber zu stark stochern, sodass er den Kern des kleinen Feuers zerstörte und das brennende Gras und die kleinen Zweige auseinanderriss und zerstreute. Er versuchte, sie wieder zusammenzustochern, aber trotz größter Wil-

lensanstrengung unterlag er seinem Zittern, und die Zweige blieben hoffnungslos zerstreut. Jeder Zweig stieß ein Dampfwölkchen aus und erlosch. Der Feuermacher war gescheitert. Als er resigniert um sich schaute, fiel sein Blick auf den Hund, der ihm gegenüber vor dem ruinierten Feuer saß, wobei er sich mit gekrümmtem Rücken unruhig bewegte, bald den einen bald den anderen Vorderlauf ein wenig anhob und sein Gewicht mit ungeduldigem Verlangen von dem einen auf den anderen verlagerte.
Der Anblick des Hundes trieb eine verrückte Idee in den Kopf des Mannes. Er erinnerte sich an die Geschichte von einem Mann, der von einem Schneesturm überrascht wurde und überlebte, indem er einen Ochsen tötete und in dessen Leib kroch. Er würde den Hund töten und seine Hände in dessen warmem Körper vergraben, bis die Kältestarre aus ihnen weichen würde. Dann könnte er ein neues Feuer machen. Er sprach mit dem Hund und rief ihn zu sich; aber in seiner Stimme war ein fremder, ängstlicher Tonfall, der das Tier erschreckte, da es den Mann niemals zuvor so hatte sprechen hören. Irgendetwas stimmte nicht, und seine misstrauische Natur ließ ihn Gefahr wittern – er wusste nicht, was für eine Gefahr, aber irgendwo und irgendwie erwachte in seinem Hirn ein Misstrauen gegen den Mann. Er legte beim Klang seiner Stimme die Ohren an, und seine ruhelosen geduckten Bewegungen und das abwechselnde Auf und Ab seiner Vorderpfoten verstärkten sich, aber er ging nicht zu dem Mann hin. Der Mann ließ sich auf seine Hände und Knie sinken und kroch auf den Hund zu. Diese ungewöhnliche Haltung verstärkte aber das Misstrauen des Tieres, und es schlich langsam seitwärts weg.
Der Mann setzte sich einen Moment im Schnee auf und rang um Gelassenheit. Dann zog er die Handschuhe mithilfe seiner Zähne an und stand auf. Er musste zuerst an sich hinunterschauen, um sich zu vergewissern, dass er wirklich aufrecht stand, denn das fehlende Gefühl in seinen Füßen hatte ihn den Kontakt zum Erdboden verlieren lassen. Seine aufrechte Haltung ließ bereits das Misstrauen im Gehirn des Hundes schwinden; und als er dann noch gebieterisch mit dem Klang von Peitschenhieben in der Stimme sprach, zeigte der Hund seine gewohnte Unterwürfigkeit und kam zu ihm. Als er auf Reichweite heran war, verlor der Mann die Be-

herrschung. Seine Arme schnellten auf den Hund zu, und er erlebte die böse Überraschung, dass seine Hände nicht zupacken konnten und er die Finger weder zu krümmen vermochte noch ein Gefühl in ihnen hatte. Er hatte für einen Moment vergessen, dass sie erfroren waren und immer weiter abstarben. All das geschah ganz schnell, und bevor das Tier weglaufen konnte, umfasste er seinen Körper mit seinen Armen. Er setzte sich in den Schnee und hielt so den Hund fest, der knurrte, winselte und sich sträubte.

Aber das war alles, was er tun konnte: den Körper des Hundes mit den Armen umklammern und dasitzen. Er wurde sich bewusst, dass er nicht in der Lage war, den Hund zu töten. Es gab keine Möglichkeit dazu. Mit seinen hilflosen Händen konnte er weder sein Messer ziehen noch es halten noch den Hund erwürgen. Er ließ ihn frei, und dieser sprang mit einem wilden Satz davon, den Schwanz zwischen den Beinen und noch immer knurrend. In fünfzehn Schritt Entfernung hielt er an und beäugte ihn argwöhnisch mit spitz nach vorne gerichteten Ohren. Der Mann starrte auf seine Hände, um zu sehen, wo sie waren, und fand sie an den Enden seiner Arme hängen. Es kam ihm merkwürdig vor, dass er seine Augen gebrauchen musste, um herauszufinden, wo seine Hände waren. Er begann seine Arme um den Körper zu werfen, wobei er mit den behandschuhten Händen gegen die Rippen schlug. Fünf Minuten machte er das, mit großer Heftigkeit, bis sein Herz genug Blut an die Körperoberfläche pumpte, um sein Zittern zu stoppen. Aber in den Händen hatte sich kein Gefühl eingestellt. Es fühlte sich an, als ob sie wie Ballast an den Enden seiner Arme hingen; aber als er versuchte, dieser Empfindung nachzugehen, konnte er sie nicht ergründen.

Eine plötzliche Todesangst, düster und beklemmend, überkam ihn. Diese Angst überwältigte ihn, als er begriff, dass es nun nicht mehr nur um das Erfrieren der Finger und Zehen oder um den Verlust der Hände und Füße, sondern um Leben und Tod ging, wobei seine Aussichten schlecht waren. Das versetzte ihn in Panik, und er wandte sich um und rannte das Bachbett hinauf, entlang des alten, kaum erkennbaren Pfades. Der Hund schloss sich ihm an und blieb dicht hinter ihm. Er rannte blindlings, ohne

Plan, von einer Furcht getrieben, wie er sie in seinem ganzen Leben noch nie verspürt hatte. Allmählich, als er so durch den Schnee stampfte und torkelte, begann er die Dinge um sich herum wieder wahrzunehmen – die Uferböschungen des Baches, die alten Stauholzhaufen, die blattlosen Espen und den Himmel. Das Rennen tat ihm gut. Er zitterte nicht mehr. Vielleicht würden seine Füße auftauen, wenn er weiterrannte; und wenn er lange genug rannte, könnte er sogar das Lager und seine Kumpel erreichen. Sicherlich würde er ein paar Finger und Zehen verlieren und Erfrierungen im Gesicht davontragen; aber die Jungs würden sich schon um ihn kümmern und den Rest von ihm retten, wenn er zu ihnen käme. Und zur gleichen Zeit ging ihm ein anderer Gedanke durch den Kopf, der ihm einflüsterte, dass er niemals zum Lager und den Jungs kommen würde, dass es zu viele Meilen entfernt sei, dass der Frost ihn bereits zu sehr im Griff habe und dass er bald steif und tot sein werde. Er verdrängte diesen Gedanken und weigerte sich, ihm nachzuhängen. Manchmal drängte er sich jedoch von selbst auf und forderte Gehör, aber er wehrte sich dagegen und bemühte sich, an andere Dinge zu denken.

Es kam ihm sonderbar vor, dass er überhaupt fähig war, mit seinen Füßen zu rennen, die er gar nicht spüren konnte, wenn sie die Erde berührten und das Gewicht seines Körpers trugen. Er hatte den Eindruck, als schwebe er über den Boden und habe keinen Kontakt mit der Erde. Irgendwo hatte er einmal einen geflügelten Merkur gesehen, und er fragte sich, ob Merkur wohl dasselbe wie er fühlte, wenn er über die Erde schwebte.

Sein Vorhaben, zu rennen, bis er das Lager und die Jungs erreichte, hatte einen Schwachpunkt: Es mangelte ihm dazu an Durchhaltevermögen. Er stolperte mehrmals, und schließlich schwankte er, knickte ein und fiel. Als er aufzustehen versuchte, gelang es nicht. Er beschloss, er müsse sich setzen und ausruhen, und dann würde er nur noch weitergehen, ohne anzuhalten. Als er so dasaß und wieder zu Atem kam, bemerkte er, dass er sich ganz warm und gut fühlte. Er fror nicht, und es schien ihm sogar eine wohlige Wärme in seine Brust und seinen Unterleib geströmt zu sein. Und dennoch spürte er nichts, wenn er seine Nase oder seine Wangen berührte. Rennen würde sie nicht auftauen. Ebenso wenig würde es seine

Hände und Füße erwärmen. Da kam ihm der Gedanke, dass sich die Erfrierungen an seinem Körper ausdehnen würden. Er versuchte diesen Gedanken zu unterdrücken, ihn zu vergessen, etwas anderes zu denken; er war sich des panikartigen Gefühls bewusst, das er auslöste, und er fürchtete diese Panik. Aber der Gedanke drängte sich von selbst in den Vordergrund und hielt sich hartnäckig, bis er die Vision eines vollständig steif gefrorenen Körpers erzeugte. Das war zuviel, und der Mann rannte wieder wie wild den Pfad entlang. Einmal verlangsamte er auf Schritttempo, aber der Gedanke an die sich ausbreitenden Erfrierungen ließen ihn wieder rennen.

Und die ganze Zeit folgte ihm der Hund auf den Fersen. Als der Mann ein zweites Mal hinfiel, ringelte das Tier seinen Schwanz um die Vorderpfoten, setzte sich vor ihn hin und betrachtete ihn mit merkwürdig gespannter Aufmerksamkeit. Die Wärme und Sicherheit des Tieres ärgerten ihn, und er beschimpfte es, bis es beschwichtigend seine Ohren hängen ließ. Das Zittern überkam den Mann diesmal rascher. Er war nun dabei, den Kampf mit dem Frost zu verlieren. Dieser kroch von allen Seiten in seinen Körper. Der Gedanke daran trieb ihn wieder vorwärts, aber er rannte nicht weiter als dreißig Schritte, bis er erneut strauchelte und der Länge nach hinfiel. Das war seine letzte panische Gegenwehr. Als er wieder bei Atem war und sich unter Kontrolle hatte, setzte er sich auf und begann in Betracht zu ziehen, dem Tod mit Würde zu begegnen. Diese Einsicht kam ihm allerdings nicht mit diesen Worten. Seine Vorstellung von ihr war, dass er sich selbst lächerlich gemacht habe, als er wie ein kopfloses Huhn herumrannte – das war der Vergleich, der ihm in den Sinn kam. Nun gut, er war so oder so dazu verurteilt zu erfrieren, da konnte er es ebenso gut mit Würde hinnehmen. Mit diesem neugefundenen Seelenfrieden kamen zugleich die ersten Anzeichen von Schläfrigkeit. Eine gute Idee, dem Tod entgegenzuschlafen, dachte er. Es war wie die Einnahme eines Betäubungsmittels. Erfrieren war nicht so schlimm, wie die Leute dachten. Es gab da eine Menge schlimmere Arten zu sterben.

Er malte sich aus, wie die Jungs seinen Körper am nächsten Tag finden würden. Und plötzlich befand er sich unter ihnen und kam mit ihnen den

Pfad entlang, um nach ihm zu suchen. In ihrer Begleitung kam er um eine Biegung des Pfades und fand sich selbst im Schnee liegen. Er war nicht länger er selbst, denn eben jetzt war er außerhalb seiner selbst und stand bei den Jungs und betrachtete sich im Schnee. Es ist wirklich kalt, dachte er dabei. Wenn er in die Staaten zurückkehrte, konnte er den Leuten erzählen, was wirkliche Kälte bedeutete. Nun glitt er in einen weiteren Traum über, hinüber zu dem alten Mann vom Sulphur Creek. Er konnte ihn ganz deutlich sehen, warm und behaglich und eine Pfeife rauchen.

»Du hast recht gehabt, Alterchen, du hast recht gehabt«, sagte er murmelnd zu dem Alten vom Sulphur Creek.

Dann dämmerte der Mann in einen Zustand hinüber, der ihm als der angenehmste und behaglichste Schlaf erschien, den er je gehabt hatte. Der Hund saß da, beobachtete ihn und wartete. Der kurze Tag ging mit einer lang anhaltenden Dämmerung seinem Ende entgegen. Es gab aber keine Anzeichen, dass ein Feuer gemacht würde, und außerdem hatte der Hund noch nie einen Mann ohne Feuer so im Schnee sitzend erlebt. Als die Dämmerung stärker wurde, ergriff den Hund ein mächtiges Verlangen nach Feuer, und er winselte leise, während er unruhig von einem Vorderfuß auf den anderen trat und dabei die Ohren anlegte, weil er erwartete, von dem Mann zurechtgewiesen zu werden. Aber der Mann blieb still. Später winselte der Hund laut auf. Und noch etwas später kroch er zu dem Mann hin und witterte den Geruch des Todes. Das ließ das Tier erschauern, und es sprang zurück. Es zögerte noch eine Weile und heulte die Sterne an, die am eisigen Himmel flackerten, tanzten und hell funkelten. Dann machte es kehrt und trottete den Pfad entlang in Richtung des Lagers, das er kannte und in dem andere waren, die für Futter und Feuer sorgen konnten.

# Das Weiße Schweigen

»Carmen wird nicht mehr länger als ein paar Tage durchhalten.« Mason spuckte ein Eisstückchen aus und betrachtete das bemitleidenswerte Tier sorgenvoll; dann nahm er ihre Pfote wieder an den Mund und fuhr fort, das Eis herauszubeißen, das sich zwischen ihren wund gelaufenen Zehen gebildet hatte.

»Ich hab noch nie einen Hund mit einem so hochtrabenden Namen gesehen, der was wert gewesen ist«, sagte er, als er seine Arbeit beendet hatte und Carmen auf die Seite schob. »Sie brechen unter den Anforderungen einfach zusammen und sterben. Habt ihr das schon einmal gesehen bei einem Hund mit einem vernünftigen Namen wie Cassiar, Siwash oder Husky? Ich nicht! Schaut euch Shookum hier an; der ist –«

Schnapp! Die magere Bestie fuhr hoch, und seine weißen Zähne verfehlten Masons Hals nur knapp.

»Das hättest du gerne, was?« Ein gezielter Hieb mit dem Griff der Hundepeitsche hinter das Ohr warf das Tier in den Schnee, wo es zitternd liegen blieb, während gelber Geifer aus seinen Fängen tropfte.

»Wie ich's gesagt habe: Schaut euch Shookum hier an – der weiß, was Sache ist. Ich wette, er wird Carmen auffressen, noch bevor die Woche um ist.«

»Ich würde mit einer anderen Wette dagegen halten«, erwiderte Malemute Kid, während er ein zum Auftauen ans Feuer gelegtes Brot wendete. »Shookum wird von uns aufgefressen, bevor die Reise zu Ende ist. Was würdest du sagen, Ruth?«

Die Indianerin, die gerade aus einem Eisbrocken Wasser für den Kaffee schmolz, blickte von Malemute Kid zu ihrem Mann, aber gab keine Antwort. Die Wahrscheinlichkeit des Gesagten war so offensichtlich, dass eine Antwort nicht nötig war. Mehr als zweihundert Meilen ungespurten Wegs vor ihnen, mit dürftigem Proviant für sechs Tage und keinem Futter für die

Hunde, ließen keine anderen Möglichkeiten offen. Die zwei Männer und die Frau setzten sich um das Feuer und begannen ihre karge Mahlzeit. Die Hunde lagerten angeschirrt daneben, da es nur ein mittäglicher Zwischenhalt war, und beobachteten gierig jeden Bissen, den sie aßen.

»Ab heute keine Mittagsmahlzeiten mehr«, sagte Malemute Kid. »Und wir werden die Hunde im Auge behalten müssen – sie werden langsam bösartig. Sie würden jederzeit einen von uns schnappen, wenn sie die Chance dazu bekämen.«

»Und dabei bin ich mal Vorsitzender einer christlichen Jugendgruppe gewesen und habe in der Sonntagschule unterrichtet.« Nachdem Mason diese etwas merkwürdige Aussage gemacht hatte, verfiel er in eine träumerische Betrachtung seiner dampfenden Mokassins, aus der ihn Ruth herausholte, indem sie seine Tasse füllte. »Gott sei Dank haben wir noch 'ne Menge Tee. Ich hab ihn selbst wachsen sehen, drunten in Tennessee. Was würde ich jetzt geben für ein warmes Maisbrot! Aber mach dir nichts daraus, Ruth; du wirst nicht mehr lange hungern und Mokassins tragen müssen.«

Die Frau schüttelte bei diesen Worten ihre Niedergeschlagenheit ab, und in ihren Augen leuchtete eine große Liebe für ihren weißen Gebieter auf – den ersten weißen Mann, den sie überhaupt gesehen hatte, und den ersten Mann, den sie kennenlernte, der eine Frau als etwas Besseres behandelte als ein bloßes Arbeits- und Lasttier.«

»Ja, Ruth«, fuhr ihr Ehemann in dem Kauderwelsch fort, in dem sie sich allein verständigen konnten, »warte nur, bis wir hier raus sind und in die Welt reisen. Wir nehmen das große Kanu des weißen Mannes und gehen ans Salzwasser. Ja, schlechtes Wasser, wildes Wasser, große Berge, die auf und ab tanzen die ganze Zeit. Und so groß, so weit, sehr weit – du reist zehn, zwanzig, vierzig Tage« – er zählte die Tage an seinen Fingern ab – »überall Wasser, schlechtes Wasser. Aber dann kommst du zu einem großen Dorf mit so vielen Menschen, wie Moskitos im Sommer. Wigwams, oh, so hoch wie zehn, zwanzig Bäume. Hiyu skookum – beim großen Häuptling!«

Er hielt nach Worten ringend inne und blickte Hilfe suchend zu Malemute Kid, als er die zwanzig Bäume aufeinanderzustellen versuchte. Malemute

Kid grinste mit gutmütigem Zynismus; aber Ruths Augen weiteten sich vor Bewunderung und Freude, denn sie dachte, er würde mit ihr scherzen, und diese Zuwendung erfreute das bescheidene Herz der Frau.
»Und dann steigst du in einen – einen Kasten, und schwupp! fährst du hinauf!« Er warf seine Tasse in die Luft, um es zu demonstrieren; und als er sie wieder geschickt auffing, schrie er: »Und schwupp! kommst du wieder runter. Oh, große Medizinmänner! Du gehst Fort Yukon, ich gehe Arctic City – fünfundzwanzig Tage – großer Draht überall – ich nehme den Draht – ich sage: ›Hallo Ruth, wie geht's dir?‹ – und du sagst: ›Bist du's, mein lieber Ehemann?‹ – und ich sage: ›Ja‹ – und du sagst: ›Ich kann kein gutes Brot backen, kein Backpulver da‹ – dann sage ich: ›Schau im Vorratsschrank beim Mehl. Auf Wiedersehen!‹ Du schaust und findest viel Backpulver. Und die ganze Zeit bist du in Fort Yukon, ich in Arctic City. Hiyu, beim heiligen Geist!«
Ruth lächelte so gutgläubig über diese unglaubliche Schilderung, dass die beiden Männer in Gelächter ausbrachen. Eine Rauferei unter den Hunden setzte den Erzählungen über die Wunder der weiten Welt draußen ein abruptes Ende, und während die wild knurrenden Hunde getrennt wurden, machte Ruth den Schlitten reisefertig.
»Vorwärts! Los! He! Vorwärts mit euch!« Mason setzte seine Peitsche ein, und als die Hunde sich ins Geschirr stemmten, brach er mit der Steuerstange den angefrorenen Schlitten los. Ruth folgte mit dem zweiten Gespann, und Malemute Kid bildete, nachdem er ihr beim Start geholfen hatte, die Nachhut. Obwohl der starke Mann einen Ochsen mit einem Schlag umhauen konnte, brachte er es nicht fertig, die armen Tiere zu schlagen, sondern war so freundlich zu ihnen – wie man es unter den Hundeführern selten findet –, und weinte beinahe über ihr Elend.
»Kommt! Lauft, ihr armen wund gelaufenen Kreaturen!«, seufzte er nach mehreren vergeblichen Versuchen, den Schlitten in Gang zu bringen. Seine Geduld wurde schließlich aber belohnt, und die Hunde schlossen rasch zu ihren Leidensgenossen der beiden anderen Gespanne auf, auch wenn sie dabei vor Schmerzen jaulten.
Keiner sprach mehr. Die Mühsal des Weges ließ solche Kraftverschwen-

dung nicht zu. Nordlandreisen sind von allen mörderischen Anstrengungen die schlimmsten. Die Leute können von Glück sagen, wenn sie eine Tagesreise um den Preis des Schweigens überstehen, und das auf einem gespurten Weg.
Von allen unsäglichen Knochenarbeiten ist das Spuren eines Weges die kraftraubendste. Bei jedem einzelnen Schritt sinkt der Fuß mit dem großen geflochtenen Schneeschuh bis in Kniehöhe ein. Dann muss man den anderen senkrecht anheben, wobei die geringste Abweichung bereits die Gefahr eines Sturzes heraufbeschwört, bis der Schneeschuh wieder über der Schneeoberfläche ist, um ihn dann einen Schritt vorwärts wieder runterdrücken zu können und auf diese Weise einen halben Meter Weg zu gewinnen. Wer das zum ersten Mal versucht, wird – wenn er es mit Glück und Geschick vermeidet, die Schneeschuhe übereinanderzubringen und dadurch auf dem tückischen Untergrund der Länge nach zu stürzen – es dennoch nach hundert Metern erschöpft aufgeben. Diejenigen, die es aber schaffen, den ganzen Tag vor den Hunden zu bleiben, dürfen am Abend mit reinem Gewissen und Stolz, der nicht zu beschreiben ist, in den Schlafsack kriechen; und wer es schafft, zwanzig Tagesmärsche auf den langen Fahrten des Nordens so unterwegs zu sein, den dürften selbst die Götter beneiden.
Der Nachmittag ging dahin, und die schweigsamen Reisenden verrichteten ihre Arbeit mit der ehrfürchtigen Demut, welche das Weiße Schweigen hervorbringt. Die Natur besitzt viele Wege, auf denen sie den Menschen von seiner Endlichkeit überzeugen kann – den unablässigen Wechsel der Gezeiten, die Schrecken der Stürme, die Erschütterungen durch Erdbeben, das anhaltende Donnern der Himmelsartillerie –, aber das Ungeheuerlichste und das Beeindruckendste von allem ist die absolute Stille des Weißen Schweigens. Jede Bewegung erstirbt, der Himmel wird kristallklar, das leiseste Flüstern erscheint als Sakrileg, und der Mensch wird furchtsam, erschrickt vor dem Laut seiner eigenen Stimme. Er ist ein einsames Fleckchen Leben, das die gespenstischen Weiten einer toten Welt durchwandert, die seinen Wagemut erschüttert und ihn erkennen lässt, dass er nicht mehr als ein Wurm ist. Sonderbare Gedanken steigen dann in ihm auf, und das Ge-

heimnis aller Dinge strebt nach Offenbarung. Und die Furcht vor dem Tod, vor Gott, vor dem Universum kommt über ihn – die Hoffnung auf Wiederauferstehung und das Leben, die Sehnsucht nach Unsterblichkeit, das vergebliche Streben der gefesselten Seele –, aber hier, wenn überhaupt, wandert der Mensch allein mit Gott.

So ging der Tag dahin. Der Flusslauf machte einen großen Bogen, und Mason lenkte sein Gespann auf das nahe Ufer zu, um ihn über Land abzukürzen. Aber die Hunde scheuten an der steilen Uferböschung. Wieder und wieder rutschten sie zurück, obwohl Ruth und Malemute Kid den Schlitten schieben halfen. In einer vereinten Anstrengung mobilisierten die elenden vom Hunger geschwächten Kreaturen ihre letzten Kräfte. Hinauf! – hinauf! – der Schlitten schwebte schon auf dem Uferrand, als der Leithund die Hundemeute plötzlich nach rechts drängte und sich in Masons Schneeschuhen verhedderte. Die Folgen waren schwerwiegend. Mason wurde zu Boden gerissen; einer der Hunde fiel ins Geschirr, und der Schlitten rutschte wieder hinunter, alles mit sich reißend.

Masons Peitsche fuhr wild knallend auf die Hunde nieder, besonders auf den gestrauchelten.

»Nicht, Mason«, bat Malemute Kid, »die armen Teufel pfeifen auf dem letzten Loch. Warte, dann spannen wir mein Gespann davor.«

Mason hielt die Peitsche still, bis das letzte Wort verklungen war, dann ließ er den langen Peitschenstrang wieder hinausschnellen auf den Körper der schuldigen Kreatur. Carmen – denn sie war es, die gefallen war – kauerte im Schnee und jaulte jämmerlich, dann fiel sie auf die Seite.

Es war ein tragischer Augenblick, ein mitleiderregender Vorfall auf der Reise – ein sterbender Hund und zwei zornige Weggefährten. Ruth blickte besorgt von einem Mann zum anderen. Aber Malemute Kid beherrschte sich, obwohl sein Blick vorwurfsvoll war, und beugte sich über den Hund, um ihn aus dem Geschirr zu schneiden. Kein Wort wurde dabei gesprochen. Dann wurden die Schlitten mit den zusammengeschirrten Gespannen die Böschung hinaufgezogen und nahmen die Fahrt wieder auf. Der sterbende Hund schleppte sich hinterher. Solange ein Tier laufen konnte, wurde es nicht erschossen, verbunden mit der letzten

Chance, sich ins Lager zu schleppen, und der Hoffnung, dass ein Elch erlegt werden konnte.

Bereits seine wütende Aktion bereuend, aber zu starrsinnig, um Wiedergutmachung zu leisten, plagte sich Mason an der Spitze des Zuges, ohne die Gefahr zu erahnen, die in der Luft lag. Die Bäume standen in dichten Gruppen in dem geschützten Tal, durch das sie ihren Weg bahnten. Fünfzehn oder zwanzig Schritt neben ihrem Weg ragte eine mächtige Kiefer in die Höhe. Seit Generationen stand sie so da, und seit Generationen hatte das Schicksal dieses Ende für sie vorgesehen – und vielleicht war das Gleiche auch für Mason vorgesehen.

Er hielt an, um den gelockerten Riemen seines Mokassins festzuziehen. Die Schlitten kamen zum Stehen, und die Hunde legten sich in den Schnee, ohne einen Laut von sich zu geben. Die Stille war unheimlich; kein Lufthauch bewegte den frostbereiften Wald; die Kälte und Stille des Alls hatten das Herz der Natur erstarren lassen und ihre zitternden Lippen verschlossen. Da pulsierte plötzlich ein ächzender Ton durch die Luft – sie schienen ihn nicht wirklich zu hören, sondern eher zu fühlen, wie den Vorboten einer Bewegung in dieser reglosen Leere. Dann spielte der große Baum mit seiner Last an Jahren und Schnee seine letzte Rolle in der Tragödie des Lebens. Mason hörte das warnende Krachen und versuchte aufzuspringen, als ihn, fast schon stehend, der fallende Baum an der Schulter erwischte.

Die plötzliche Gefahr, der schnelle Tod – wie oft hatte Malemute Kid sie schon erlebt. Die Äste der Kiefer zitterten noch, als er seine Anweisungen gab und hinzusprang. Auch die Indianerin wurde weder ohnmächtig noch hielt sie sich mit nutzlosem Wehklagen auf, wie viele ihrer weißen Schwestern es getan hätten. Auf seine Anweisung hin warf sie ihr Gewicht auf eine rasch improvisierte Hebelstange, um den Druck des Baums auf ihren stöhnenden Mann zu verringern, während Malemute Kid dem Baum mit seiner Axt zu Leibe rückte. Der Stahl klang hell auf, sobald er in das gefrorene Holz eindrang, und jeder Schlag wurde begleitet von einem laut vernehmbaren »Uff!« – »Uff!«, das der Holzhauer von sich gab.

Dann konnte Kid das erbärmliche Etwas, das einmal ein Mann gewesen war, in den Schnee legen. Näher als die Schmerzen seines Kameraden ging ihm die stumme Angst im Gesicht der Frau, ihr zwischen Hoffnung und Verzweiflung herumirrender Blick. Es wurde wenig gesprochen; die Nordländer lernen früh die Nutzlosigkeit von Worten und den unschätzbaren Wert der Taten. Bei einer Temperatur von minus fünfundzwanzig Grad kann ein Mann nicht lange im Schnee liegend überleben. Deshalb wurden die Schlittenverschnürungen aufgeschnitten und der Verletzte in Pelze gehüllt und auf ein Lager von Zweigen gelegt. Vor seinem Lager brannte ein Feuer, das mit den Ästen des Baums genährt wurde, der sein Unglück verursacht hatte. Hinter ihm und teilweise auch über ihm war ein einfacher Kälteschutz aufgebaut – ein Stück Segeltuch, das die vom Feuer ausgestrahlte Wärme auffing und von hinten und oben zu ihm zurückstrahlte – ein Kniff, wie ihn Menschen lernen, die Physik im Schoß der Natur studieren.

Menschen, die ihr Bett mit dem Tod geteilt haben, wissen, wann sie abberufen werden. Mason war schrecklich zerschlagen. Bereits die erste Untersuchung bestätigte das. Sein rechter Arm, das Bein und der Rücken waren gebrochen; von der Hüfte abwärts waren seine Glieder gelähmt, und die Wahrscheinlichkeit von inneren Verletzungen war groß. Ein gelegentliches Stöhnen war sein einziges Lebenszeichen.

Es gab keine Hoffnung; nichts, was getan werden konnte. Die trostlose Nacht zog sich endlos dahin für Ruth, die es mit der stoischen Verzweiflung ihres Volkes ertrug, und auch für Kid, auf dessen braunes Antlitz sich tiefe Furchen eingruben. Im Grunde litt Mason selbst am wenigsten, denn er verbrachte die Zeit im östlichen Tennessee in den Great Smoky Mountains, wo er die Szenen seiner Kindheit noch einmal durchlebte. Besonders anrührend war es, wenn er von den Badeplätzen und Waschbärjagden und Wassermelonenraubzügen fantasierte und dabei in seinen lange nicht mehr benutzten Südstaatendialekt verfiel. Für Ruth war das Chinesisch, aber Kid verstand es und fühlte mit ihm – fühlte, wie nur einer fühlen kann, der jahrelang von allem abgeschnitten war, was Zivilisation bedeutet.

Am Morgen erlangte der Sterbende das Bewusstsein wieder, und Malemute Kid beugte sich näher zu ihm, um sein Flüstern zu verstehen.

»Erinnerst du dich, wie wir uns am Tanana trafen? Nächstes Frühjahr werden es vier Jahre sein. Damals machte ich mir noch nicht viel aus ihr. Ich denke, es war mehr, weil sie hübsch war und es einen aufregenden Reiz hatte. Aber inzwischen, weißt du, habe ich sie sehr schätzen gelernt. Sie war mir eine gute Frau, immer Seite an Seite mit mir, wenn's drauf ankam. Und beim Tauschhandel, das weißt du, ist ihr niemand ebenbürtig. Weißt du noch, wie sie die Moosehorn-Stromschnellen hinunterfuhr, um dich und mich von diesem Felsen zu holen, während die Gewehrkugeln das Wasser wie Hagelkörner peitschten? – Und an die Zeit der Hungersnot in Nuklukyeto? – Oder als sie mit der Eisschmelze um die Wette lief, um mir die Nachricht zu bringen? Ja, sie war mir eine gute Frau; besser als die andere. Darüber weißt du wahrscheinlich nichts? Davon habe ich dir wohl nie erzählt, oder? Ja, ich hatte es schon mal probiert, drunten in den Staaten. Deshalb bin ich hier. Wir sind sogar zusammen aufgewachsen. Ich bin dann weg, um ihr 'ne Chance zu geben, sich scheiden zu lassen. Das tat sie dann auch.

Aber das hat nichts mit Ruth zu tun. Ich hatte vor, nächstes Jahr die Zelte hier abzubrechen und zurückzugehen – zusammen mit ihr –, aber nun ist's zu spät. Schick sie nicht zu ihren Leuten zurück, Kid. Es ist unmenschlich hart für eine Frau, dorthin zurückzukehren. Überleg mal! – Fast vier Jahre hat sie mit unserem Speck, mit Bohnen, mit Mehl und Trockenfrüchten gelebt, und dann soll sie wieder zurück zu Fisch und Karibufleisch. Es ist nicht gut für sie, unsere Lebensweise so kennengelernt zu haben und zu wissen, dass sie angenehmer ist als die ihrer Leute, und dann wieder zurückkehren zu müssen. Kümmere dich um sie, Kid – versuch doch –, aber nein, du hast ja immer eine Scheu vor Frauen gehabt – und du hast mir auch nie erzählt, warum du eigentlich in dieses Land gekommen bist. Sei gut zu ihr und schick sie, sobald du kannst, in die Staaten. Aber richte es so ein, dass sie nicht wieder zurückkommen kann – falls sie Heimweh bekommt, weißt du.

Und das Kind – es hat uns einander noch näher gebracht, Kid. Ich hoffe, es wird ein Junge. Denk daran, Kid, er ist mein Fleisch und Blut. Er sollte nicht im Land hier bleiben. Und wenn es ein Mädchen wird, schon gar nicht. Verkauf meine Pelze; sie werden mindestens fünftausend Dollar bringen, und noch einmal so viel habe ich bei der Handelsgesellschaft auf dem Konto. Nimm meine Interessen dabei wahr, als ob es deine eigenen wären. Ich denke auch, dass mein Goldclaim noch etwas einbringen wird. Sorge auf alle Fälle dafür, dass das Kind eine gute Schulausbildung bekommt, Kid, und lass es vor allem nicht zurückkommen. Dieses Land hier ist nicht gemacht für weiße Menschen.

Ich bin ein sterbender Mann, Kid. Höchstens noch drei oder vier Tage. Ihr müsst weiterziehen. Denk daran, es ist meine Frau und mein Kind. Oh Gott, ich hoffe, es ist ein Junge! Ihr könnt nicht bei mir bleiben – und als ein sterbender Mann beschwöre ich dich, sofort weiterzuziehen.«

»Gib mir drei Tage«, bat Malemute Kid. »Es könnte sich zum Guten wenden; es könnte aufwärts gehen.«

»Nein.«

»Nur drei Tage.«

»Ihr müsst weiterziehen.«

»Zwei Tage.«

»Es geht um meine Frau und um mein Kind, Kid. Du würdest es selbst nicht verlangen.«

»Einen Tag.«

»Nein, nein! Ich befehle dir –«

»Nur einen Tag. Wir können es mit dem Proviant einrichten, und vielleicht schieße ich auch einen Elch.«

»Nein – na gut, einen Tag, aber nicht eine Minute länger. Und Kid, lass mich – lass mich hiermit nicht allein zurück. Nur ein Schuss, ein Zug am Drücker. Du verstehst. Denk darüber nach. Denk darüber nach. Mein eigen Fleisch und Blut, und ich werd's nie sehen! Schick Ruth her. Ich möchte mich von ihr verabschieden und ihr sagen, dass sie an das Kind denken muss und nicht warten kann, bis ich tot bin. Wenn ich's ihr nicht sage, könnte sie sich weigern, mit dir weiterzuziehen. Leb wohl, alter Freund, leb wohl!

Kid, was ich noch sagen wollte – du musst auf dem Claim einen Schacht graben in der Nähe des Hangrutsches; ich hab dort vierzig Cent pro

Pfanne rausgewaschen. Und Kid«, Kid beugte sich zu dem Sterbenden hinunter, um seine fast kaum noch hörbaren Worte zu verstehen, »es tut mir leid – wegen – du weißt schon – Carmen.«

Kid ließ die leise schluchzende Ruth bei ihrem Mann zurück und schlüpfte in seinen Parka und die Schneeschuhe, nahm sein Gewehr unter den Arm und schlich sich fort in den Wald. Er war kein Anfänger bezüglich der harten Prüfungen des Nordlandes, aber mit einer so schweren Herausforderung war er noch nie konfrontiert worden. In der Theorie war es eine einfache mathematische Rechnung: drei überlebensfähige Leben gegen ein zum Sterben verurteiltes. Aber dennoch zögerte er. Seit fünf Jahren hatten sie ihre Kameradschaft immer fester geknüpft, Seite an Seite, auf den Flüssen und Pfaden, in den Camps und Goldminen, im Angesicht tödlicher Gefahren durch Wildnis, Fluten und Hungersnöte. Das Band war so eng, dass er sogar eine unbestimmte Eifersucht seit der Zeit verspürte, als Ruth zwischen sie getreten war. Und nun sollte er diese Verbindung mit eigener Hand durchtrennen.

Obwohl er zum Himmel um einen Elch flehte, nur einen einzigen Elch, schien alles Wild diesen Landstrich verlassen zu haben, und die Dämmerung sah ihn völlig erschöpft ins Lager zurückwanken, mit leeren Händen, aber mit schwerem Herzen. Da beschleunigte plötzlich ein Aufruhr unter den Hunden und das schrille Schreien von Ruth seine Schritte.

Ins Lager hineinstürmend, sah er die junge Frau in der Mitte der aufgebrachten Meute, gegen die sie sich mit der Axt zu wehren versuchte. Die Hunde hatten das eiserne Gesetz ihrer Gebieter gebrochen und hatten sich auf die Vorräte gestürzt. Kid mischte sich mit dem umgedrehten Gewehrkolben in das Gerangel ein, und das uralte Spiel des Kampfes ums Überleben nahm seinen Lauf mit all der Unbarmherzigkeit seiner urzeitlichen Herkunft. Gewehrkolben und Axt fuhren auf und nieder und trafen oder verfehlten ihr Ziel mit der selben Regelmäßigkeit; geschmeidige Körper schnellten hoch, mit wilden Augen und gefletschten Zähnen; und Mensch und Tier kämpften bis zum bitteren Ende um die Vorherrschaft. Dann krochen die geschlagenen Bestien in eine Ecke des Feuerscheins, um dort ihre Wunden zu lecken und ihr Elend zu den Sternen hinauf zu heulen.

Der gesamte Vorrat an getrocknetem Lachs war aufgefressen, und an Mehl waren kaum noch fünf Pfund übrig, mit dem sie nun 200 Meilen durch die Wildnis kommen mussten. Ruth ging zu ihrem Mann, während Malemute Kid einen der Hunde zerlegte, dem die Axt den Schädel zerschmettert hatte. Die Portionen wurden sorgfältig verpackt und verstaut, bis auf die Haut und die Innereien, die denen vorgeworfen wurden, die bis vor wenigen Augenblicken seine Gefährten gewesen waren.

Der Morgen brachte neue Probleme. Die Tiere fielen sich gegenseitig an. Carmen, die sich immer noch an ihren dünnen Lebensfaden klammerte, wurde von der Meute angegriffen. Die Peitschenhiebe vermochten sie nicht davon abzubringen. Sie jaulten und krümmten sich unter den Hieben, aber wichen nicht zurück, bis der letzte verfilzte Fetzen verschwunden war – Knochen, Haut, Haare, alles.

Danach ging Malemute Kid an die Arbeit und hörte nebenbei Mason zu, der wieder in Tennessee war und sich in wirre Diskussionen mit den Glaubensbrüdern früherer Tage verstrickte, die er heftig ermahnte.

Kid nutzte den Sachverhalt, dass zwei Kiefern in unmittelbarer Nachbarschaft wuchsen, und arbeitete zielstrebig. Ruth konnte ihn beobachten, wie er eine Vorrichtung baute, ähnlich denen, die manchmal von Jägern benutzt werden, um ihr erbeutetes Fleisch vor Vielfraßen und Hunden zu schützen. Er zog nacheinander die Spitzen der zwei nicht allzu großen Kiefern fast auf den Boden herunter und befestigte sie gegeneinander am Boden mit Riemen aus Elchhaut. Dann prügelte er die Hunde zum Gehorsam und spannte sie vor zwei der Schlitten, die er mit allem belud, außer den Pelzen, in die Mason eingepackt war. Diese verschnürte er dicht um Masons Körper und befestigte dann jedes Ende des Pelzbündels an einem der herabgebogenen Kiefernspitzen. Ein einziger Schnitt seines Jagdmessers würde nun die Kiefern befreien und den in Pelze gehüllten Körper Masons hoch in die Luft befördern.

Ruth hatte den letzten Wunsch ihres Mannes gehört und sträubte sich nicht dagegen. Die arme Frau hatte ihre Lektion in Sachen Gehorsam gut gelernt. Von Kindesbeinen an hatte sie sich gefügt und hatte alle Frauen sich fügen sehen vor den Herren der Schöpfung, und es schien ihr nicht in der Natur der Frauen zu liegen, sich zu widersetzen. Aber Kid gestattete ihr einen Gefühlsausbruch, als sie ihren Mann küsste – ein Brauch, den ihr eigenes Volk nicht kannte –, dann führte er sie zum vordersten Schlittengespann und half ihr die Schneeschuhe anzuziehen. Ohne zu überlegen, ganz instinktiv ergriff sie die Steuerstange und Peitsche und trieb die Tiere auf den Trail. Dann kehrte Malemute Kid zu Mason zurück, der ins Koma gefallen war, und kauerte noch lange am Feuer, als sie längst außer Sichtweite war, und wartete, hoffte und betete dafür, dass sein Kamerad sterben möge.

Es ist schwer erträglich, mit schmerzlichen Gedanken im Weißen Schweigen allein zu sein. Nur die Stille der Dämmerung ist barmherzig und schützt einen und strömt ein unfassbar großes Mitgefühl aus; aber das gleißende Weiße Schweigen, klar und kalt unter einem stählernen Himmel, ist mitleidslos.

Eine Stunde verging, zwei Stunden, aber der Mann wollte nicht sterben. Um die Mittagszeit warf die Sonne, ohne über den südlichen Rand des Horizontes zu steigen, einen feurigen Lichtstreifen an den Himmel, um gleich darauf wieder zu verschwinden. Malemute Kid erhob sich und ging unter Aufbietung seiner ganzen Kraft zu seinem Kameraden hin. Er blickte sich um. Das Weiße Schweigen schien ihn zu verhöhnen, und eine große Furcht überkam ihn. Dann ein scharfer Knall; Mason schwang hinauf in sein luftiges Grab; und Malemute Kid peitschte die Hunde in einen wilden Galopp, als er über die Schneeflächen flüchtete.

# Die Willenskraft der Frauen

Ein wölfischer Kopf mit sehnsüchtigen Augen und reifbedecktem Fell schob die Zeltplane beiseite.

»He! Zurück! Siwash! Raus, du Satansbraten!«, protestierten die Zeltbewohner im Chor. Bettles schlug den Hund heftig mit einem Blechteller, worauf dieser sich hastig zurückzog. Louis Savoy befestigte die Plane neu, stieß eine Bratpfanne mit einem Tritt gegen die Unterkante und wärmte sich die Hände. Es war eiskalt draußen. Achtundvierzig Stunden zuvor war das Alkoholthermometer bei minus achtundsechzig Grad Fahrenheit geplatzt, und seit dieser Zeit hatte die Eiseskälte immer weiter zugenommen. Es war nicht abzusehen, wann dieser Kälteeinbruch enden würde. Und es ist nicht ratsam, sich in solchen Zeiten allzu weit vom Ofen weg zu wagen oder mehr kalte Luft einzuatmen als unbedingt notwendig – es sei denn, ein höherer Wille verlangt es. Manchmal tun die Menschen es dann, und manchmal erfrieren sie sich dabei die Lungen. Das führt zu einem trockenen, harten Husten, der durch die Dämpfe gebratenen Specks besonders unangenehm gereizt wird. Danach, irgendwann im Frühjahr oder Sommer, wird dann ein Loch in den gefrorenen Boden gebrannt. In dieses wird der Leichnam hineingeworfen, mit Moos bedeckt und in der Gewissheit zurückgelassen, dass er am Jüngsten Tag tiefgekühlt und dadurch unversehrt auferstehen wird. Allen Kleingläubigen, die an der leiblichen Auferstehung an diesem Schicksalstag zweifeln, kann kein geeigneteres Land als die Klondike-Region zum Sterben empfohlen werden. Aber hieraus darf nicht geschlossen werden, dass es ein ebenso geeignetes Land zum Leben sei.

Draußen war es bitterkalt, und auch drinnen war es nicht übermäßig warm. Der einzige Gegenstand, den man als Möbelstück bezeichnen konnte, war der Ofen, und für diesen zeigten die Männer eine unverkennbare Wertschätzung. Der Zeltboden war zur Hälfte mit Fichtenzweigen bedeckt; über diesen waren die Schlafpelze ausgebreitet, unter ihnen lag die winterliche Schneedecke. Der Rest des Bodens bestand aus festgetretenem Schnee, der mit Töpfen und Pfannen und den anderen Ausrüstungsgegenständen eines nordischen Winterlagers übersät war. Der Ofen bullerte rotglühend, aber kaum einen knappen Meter entfernt lag ein Eisblock so scharfkantig und trocken, als wäre er eben erst aus dem Eis des Flusses herausgebrochen worden. Der Druck der Kälte von draußen trieb die Hitze drinnen nach oben. Unmittelbar über dem Ofen, wo das Rohr durch das Dach nach draußen führte, gab es einen winzigen Kreis trockenen Zeltstoffes; dann, immer noch mit dem Ofenrohr als Zentrum, einen Kreis mit dampfendem Stoff, dann einen feuchten Ring mit Kondenswasser und schließlich den Rest des Zeltes, die Seitenwände und das Dach mit einer zentimeterdicken Schicht trockenen, weißen, kristallisierten Rauhreifs.

»Oh! Oh!! Oh!!!« Ein junger Bursche, der bärtig, bleich und erschöpft in den Fellen schlief, stöhnte schmerzerfüllt auf, und ohne dass er aufwachte, wurden seine Qualen immer größer und stärker. Sein Körper hob sich halb aus den Decken und zitterte und zog sich krampfhaft zusammen, als ob er von einem Lager voller Brennnesseln fliehen wollte.

»Dreht ihn um!«, befahl Bettles. »Er hat Krämpfe.«

Daraufhin stürzte sich ein halbes Dutzend williger hilfsbereiter Kameraden mit mitleidslosem Einsatz auf ihn, und er wurde herumgerollt, durchgeknetet und durchgewalkt.

»Verdammte Fahrt«, murmelte er leise, als er die Felle beiseite warf und sich aufsetzte. »Ich bin Querfeldeinrennen gelaufen, habe drei Spielzeiten lang Rugby gespielt und mich auf jede Art und Weise abgehärtet; und dann pilgere ich in dieses gottverlassene Land, nur um mich als Weichling ohne den leisesten Hauch von Männlichkeit wiederzufinden!« Er kauerte sich vor das Feuer und rollte sich eine Zigarette. »Oh, ich will nicht jammern. Ich kann meine Medizin schlucken, schon gut, schon gut; aber ich bin halt ziemlich enttäuscht von mir, das ist alles. Hier bin ich nach lumpigen dreißig Meilen so erledigt und steif und schlapp wie ein grünes Salonbürschchen nach einem Fünfmeilenmarsch auf einer ebenen Landstraße. Mann, das macht mich ganz krank! – Hat jemand ein Streichholz?«

»Nun krieg mal nich' gleich 'nen Koller, Junge!« Bettles reichte das gewünschte Streichholz und wurde ganz väterlich. »Du solltest dir ein wenig Zeit lassen zum Eingewöhnen. Du liebe Zeit, wenn ich bloß dran denke, wie ich mich seinerzeit auf der ersten Fahrt herumgeplagt habe! Steif? Ich hab Zeiten erlebt, da brauchte ich zehn Minuten, um mein Maul aus'm Wasserloch zu kriegen und auf die Beine zu kommen – jedes Gelenk ächzend und zu Tode erschöpft. Krämpfe? Ich war so verknotet, dass die vom Lager einen halben Tag brauchten, um mich zu entzerren. Du bist ganz in Ordnung für'n Frischling, und du hast die richtige Einstellung. Heute übers Jahr wirst du uns alte Böcke jederzeit in Grund und Boden marschieren. Und dein größter Vorteil ist, dass du nicht diese Fettschicht angesetzt hast, die schon so manchen starken Kerl vor seiner Zeit in Abrahams Schoß zurückbefördert hat.«

»Fettschicht? Was für 'ne Fettschicht?«

»Tja, hat mit'm Wanst zu tun. Die Dicken sind nicht gerade die Besten, wenn's unterwegs drauf ankommt.«

»Noch nie davon gehört.«

»Was, noch nie davon gehört? Nun, das is' 'ne nackte Tatsache, klipp und klar und nich' dran zu drehen. Dickwänste mögen für 'ne kurze gewaltige Anstrengung taugen, aber ohne Durchhaltevermögen is' das 'nen Pfifferling wert; und Ausdauer und dicker Wanst sind nicht gerade Brüder. Es sind die dünnen, drahtigen Burschen, die das Rennen machen, wenn's mal so richtig dick kommt und einer sich festbeißen muss wie 'n halbverhungerter Köter an 'nem Knochen. Tja, zum Teufel, die Dicken können da einfach nich' mithalten!«

»Bei Gott«, warf Louis Savoy ein, »das ist nicht, was ihr nennt Geschwätz. Isch weiß eine Mann, so mächtisch wie eine Büffel. Mit dieses Mann ging bei das Sulphur Creek Goldrausch eine kleine Mann mit Namen Lon McFane. Du weißt, Lon McFane, das kleine Ire mit das rote Haar und das Grinsen. Un' sie laufen un' laufen un' laufen das ganze Tag un' das ganze Nacht lang. Un' das große Mann wird sehr müde und legt sich viel in Schnee. Und das kleine Mann tretet das große Mann, und das schreit wie, was ihr nennt – ah, was ihr nennt eine Säugling. Und das kleine Mann tretet un' tretet un' tretet das große Mann eine lange Zeit un' lange Weg bis in meine Lager hinein. Drei Tage später erst es kriecht wieder aus meine Decken. Nie habe isch so fette Squaw gesehen. No, niemals. Das Mann hat gehabt, was du nennst ›das Fettschicht‹. Das kannst du glauben mir.«

»Aber was war dann mit Axel Gunderson?«, mischte sich Prince ein. Der große Skandinavier, dessen Ende von so tragischen Ereignissen überschattet war, hatte bei dem Bergbauingenieur einen tiefen Eindruck hinterlassen. »Er liegt irgendwo da oben.« Er machte eine Handbewegung in die ungefähre Richtung des dunklen Ostens.

»Er war der beleibteste Mann, der jemals dem Meer den Rücken gewandt hat und der an Land 'nen Elch mit bloßer Willenskraft niederwerfen konnte«, fügte Bettles hinzu, »aber er war die Ausnahme, die die Regel bestätigt. Aber schaut euch seine Frau Unga an; die brachte gerade hundertzehn Pfund auf die Waage, pures Fleisch und kein Gramm Fett. Sie setzte ihre Willenskraft gegen die seine, und so viel er auch hatte, sie nahm es mit ihm auf und übertraf ihn noch, wenn's möglich war. Nichts auf dieser Erde, über ihr oder unter ihr, was sie nicht fertiggebracht hätte.«

»Aber sie liebte ihn«, wandte der Ingenieur ein.

»Das war es nicht. Es – –«

»Passt mal auf, Brüder«, mischte sich da Sitka Charley von seinem Platz auf der Vorratskiste aus ein. »Ihr habt von der Fettschicht gesprochen, die sich in die Muskeln starker Männer einlagert, von der Kraft der Frauen und von der Liebe, und ihr habt wahr gesprochen; aber ich erinnere mich an Dinge, die geschehen sind, als dieses Land noch unberührt war und die Feuerstellen der Menschen darin so vereinzelt wie die Sterne. Damals war es, als ich es mit einem großen Mann mit einer Fettschicht und mit einer Frau zu tun bekam. Und die Frau war klein, aber ihr Herz war größer als das Bullenherz des Mannes, und sie besaß Willenskraft. Wir reisten auf einem beschwerlichen Weg in Richtung Meer, die Kälte war bitter, der Schnee tief und der Hunger groß. Und die Liebe der Frau war mächtig – anders kann man es nicht sagen.«

Er legte eine Pause ein und hackte mit dem Beil Eisstücke von dem großen Klotz neben sich. Diese warf er in die Goldwäscherpfanne auf dem

Ofen, in der sie das Trinkwasser schmolzen. Die Männer rückten näher heran, und der von Krämpfen Geplagte versuchte vergeblich seinen steifen Körper etwas bequemer zu betten.

»Brüder, ich habe das rote Blut der Indianer, aber mein Herz ist weiß. Durch die Fehler meiner Väter besitze ich das eine, durch die Tugenden meiner Freunde das andere. Als ich noch ein Kind war, wurde mir eine wichtige Wahrheit offenbart. Ich habe begriffen, dass euch und eurer Art die Erde gegeben ist, dass die Indianer euch nicht widerstehen können und wie das Karibu und der Bär in der Kälte umkommen müssen. Deshalb kam ich in die Wärme und ließ mich unter euch nieder, an eure Feuern, und siehe, ich wurde einer von euch. Ich habe viel gesehen in meinem Leben. Ich habe eigenartige Dinge erlebt und auf großen Fahrten mit Männern aus vielen Ländern hart gekämpft. Und unter diesen Umständen habe ich eure Art angenommen, Taten zu bewerten, Menschen zu beurteilen und Dinge zu durchdenken. Und weil das so ist, weiß ich, dass ihr es nicht falsch verstehen werdet, wenn ich über einen von eurer Art hart urteile; und wenn ich hochachtungsvoll von einer aus meines Vaters Volk spreche, werdet ihr es nicht so auffassen, dass ihr sagt: ›Sitka Charley ist halt doch ein Indianer, in seinen Augen ist ein falsches Glitzern und auf seiner Zunge wenig Ehre.‹ – Ist es nicht so?«

Die Runde der Zuhörer brachte mit kehligen Lauten ihre Zustimmung zum Ausdruck.

»Die Frau hieß Passuk. Ich bekam sie durch einen fairen Handel von ihren Leuten, die von der Küste stammten und deren Totempfahl am Ende eines Fjordes stand. Mein Herz erwärmte sich kaum für die Frau, noch achtete ich auf ihr Aussehen, denn sie hob selten ihren Blick vom Boden. Sie war schüchtern und ängstlich, wie Mädchen es sind, wenn sie in die Arme eines Fremden gegeben werden, den sie noch nie zuvor gesehen haben. Wie ich schon sagte, gab es keinen Platz in meinem Herzen für sie zum Hineinschlüpfen, denn ich hatte eine große Reise im Sinn und benötigte lediglich jemanden, der meine Hunde fütterte und mit mir während der langen Tage auf dem Fluss paddelte. Die Decke sollte dabei für zwei reichen; deshalb wählte ich Passuk.

Habe ich schon erwähnt, dass ich im Dienst der Regierung stand? Wenn nicht, solltet ihr's wissen. Ich wurde an Bord eines Kriegsschiffes genommen samt Schlitten, Hunden und Nahrungsmittelvorräten, und Passuk kam mit mir. Wir fuhren nach Norden zum winterlichen Eisrand des Beringmeers, wo wir an Land gesetzt wurden – ich und Passuk und die Hunde. Ich hatte von der Regierung Geld bekommen, weil ich in ihrem Dienst stand, und auch Karten von Gebieten, die noch nie ein menschliches Auge erblickt hatte, und Nachrichten. Diese Nachrichten waren versiegelt und sorgfältig vor Unwetter geschützt; ich sollte sie den Walfangschiffen überbringen, die beim großen Mackenzie River im Eis festlagen. Es gibt keinen mächtigeren Strom, ausgenommen unseren Yukon, den Fluss aller Flüsse.

Aber das tut alles nichts zur Sache, denn meine Geschichte handelt weder von den Walfangschiffen noch von dem Winter, den ich vom Eis eingeschlossen am Mackenzie verbrachte. Danach, im Frühling, als die Tage wieder länger wurden und der Schnee eine Kruste bekam, gingen wir südwärts, Passuk und ich, in das Land am Yukon. Eine mühsame Reise, aber die Sonne zeigte unseren Füßen den Weg. Es war damals wie gesagt ein unbesiedeltes Land, und wir arbeiteten uns mit Stakstange und Paddel den Strom hinauf, bis wir nach Forty Mile kamen. Es war gut, wieder einmal weiße Gesichter zu sehen, und deshalb legten wir am Ufer an.

Der folgende Winter wurde ein harter Winter. Die Dunkelheit und die Kälte senkten sich über uns und mit ihnen der Hunger. Der Verwalter der Handelsgesellschaft händigte jedem vierzig Pfund Mehl und zwanzig Pfund Speck aus. Bohnen gab es keine. Die Hunde heulten immerzu, es gab leere Mägen und eingefallene Gesichter, und die starken Männer wurden schwach, und die schwachen Männer starben. Viele erkrankten auch an Skorbut.

Dann kamen wir eines Abends im Vorratslager zusammen, und die leeren Regale ließen uns unsere eigene Leere noch stärker empfinden. Wir unterhielten uns niedergeschlagen beim Schein des Feuers, denn die Kerzen waren für jene beiseite gelegt worden, die im Frühjahr noch atmen würden. Eine Beratung wurde abgehalten und vorgeschlagen, dass sich einer zum Salzwasser durchschlagen müsse, um der Welt von unserer Misere zu berichten. Hierbei richteten sich alle Augen auf mich, denn es war bekannt, dass ich ein sehr ausdauernder Fahrtengänger war. ›Es sind siebenhundert Meilen bis zur Haines-Mission am Meer, und jeder Schritt muss mit Schneeschuhen zurückgelegt werden‹, sagte ich. ›Gebt mir die stärksten Hunde und das Beste von eurem Proviant, dann bin ich bereit zu gehen. Und Passuk soll mit mir gehen.‹

Alle waren damit einverstanden. Aber dann erhob sich einer, Long Jeff, ein Yankee, mit großen Knochen und starken Muskeln. Auch seine Worte waren groß. Er sagte, er sei auch ein gewaltiger Marschierer, mit Schneeschuhen aufgewachsen und mit Büffelmilch großgezogen. Er wolle mit mir gehen, damit er für den Fall, dass ich auf dem Marsch umkäme, die Nachricht zur Mission bringen könne. Ich war jung und kannte die Yankees damals noch nicht. Wie sollte ich wissen, dass große Reden die Fettschicht verrieten und dass die Yankees, die tatsächlich große Dinge leisten konnten, ihr Maul im Zaum hielten? Also suchten wir die stärksten Hunde und das Beste vom Proviant aus und nahmen den Weg in Angriff, wir drei: Passuk, Long Jeff und ich.

Nun, ihr habt euch alle schon durch Neuschnee gekämpft, mit Schlitten gearbeitet und seid auch nicht ungeübt im Packeisfahren auf Flüssen; deshalb will ich euch nicht viel von der Plackerei erzählen, außer, dass wir an manchen Tagen zehn Meilen, an anderen dreißig schafften, aber meistens die zehn. Und der beste Proviant war nicht gut genug, da wir von Anfang an auf Hungerrationen gehen mussten. Auch die ausgewählten Hunde taugten nicht viel, und wir mussten viel Mühe aufwenden, sie auf den Beinen zu halten. Am White River wurden aus unseren drei Schlitten zwei, und wir waren erst zweihundert Meilen vorangekommen. Aber wir ließen nichts zurück; die Hunde, die aus dem Zuggeschirr kippten, wanderten in die Mägen derjenigen, die übrig blieben.

Nicht ein Lebenszeichen, kein Kräuseln von Rauch, bis wir Pelly erreichten. Dort hatte ich mit neuem Proviant gerechnet und Long Jeff zurücklassen wollen, der wund gelaufen und weinerlich war. Aber der Verwalter dort hatte eine rasselnde Lunge, fiebrige Augen und sein Vorratslager war nahezu leer. Er zeigte uns die verlassene Kammer des Missionars und sein Grab mit den darüber aufgehäuften Steinen, um die Hunde fernzuhalten. Ein Grüppchen Indianer war auch da, aber keine Säuglinge und keine alten Leute, und es war klar, dass nur wenige den Frühling erleben würden.

Also zogen wir weiter mit leerem Magen und schwerem Herzen und mit fünfhundert Meilen Schnee und Einsamkeit zwischen uns und der Haines-Mission am Meer. Es war die dunkelste Zeit, und sogar am Mittag stieg die Sonne nicht mehr über den Horizont im Süden. Aber die Eisbarrieren waren nun kleiner, das Vorwärtskommen leichter; deshalb trieb ich die Hunde hart an und fuhr von früh bis spät. Wie ich in Forty Mile prophezeit hatte, musste jeder Schritt mit Schneeschuhen getan werden. Und die Schneeschuhe scheuerten uns große Blasen an die Füße, die aufplatzten und verschorften, aber nicht heilen wollten. Und mit jedem Tag wurden sie schmerzhafter, bis Long Jeff am Morgen, wenn wir die Schuhe anschnallten, wie ein kleines Kind heulte. Ich ließ ihn vor dem leichten Schlitten gehen, um die Spur zu legen, aber er zog die Schneeschuhe aus Bequemlichkeit aus. Deshalb wurde die Spur nicht fest; seine Mokassins machten große Löcher, und in diesen Löchern strauchelten die Hunde. Das war nicht gut für sie, da ihnen die Knochen ohnehin fast schon durchs Fell drangen. Ich wies den Mann deshalb mit strengen Worten zurecht, und er gab sein Wort, brach es dann aber wieder. Da schlug ich ihn mit der Hundepeitsche, und daraufhin strauchelten die Hunde nicht mehr. Er war wie ein Kind, weil er Schmerzen und die Fettschicht hatte. Dagegen Passuk. Während der Mann am Feuer lag und jammerte, kochte sie, und am Morgen half sie die Schlitten anzuschirren und am Abend sie wieder abzuschirren. Und sie hielt die Hunde am Leben. Stets ging sie vorne mit den geflochtenen Schneeschuhen und machte den Weg passierbar. Passuk – was soll ich sagen? –, ich nahm es für ganz selbstverständlich hin, dass sie diese Dinge machte und dachte nicht weiter darüber nach. Denn mein Kopf war mit anderen Dingen beschäftigt, und außerdem war ich noch jung und verstand wenig von Frauen. Erst im Rückblick habe ich alles begriffen.

Und der Mann wurde nutzlos. Die Hunde hatten nur noch wenig Kraft, aber er legte sich trotzdem heimlich auf den Schlitten, wenn er hinterher trödelte. Passuk sagte, dass sie den einen Schlitten übernehmen wolle, sodass der Mann nichts mehr zu tun habe. Am Morgen gab ich ihm seinen gerechten Anteil am Proviant und schickte ihn allein auf den Weg. Dann brachen die Frau und ich das Lager ab, packten die Schlitten und spannten die Hunde ein. Gegen Mittag, wenn die Sonne uns falsche Hoffnungen machte, holten wir ihn dann ein, mit gefrorenen Tränen auf seinen Wangen und zogen an ihm vorbei. Am Abend schlugen wir das Lager auf, stellten seinen Anteil an Proviant beiseite und breiteten seine Felle aus. Außerdem machten wir ein großes Feuer, damit er uns finden konnte. Und Stunden später kam er angehinkt, aß seinen Proviant unter Ächzen und Stöhnen und schlief dann. Er war nicht krank, dieser Mann. Er war einfach wund gelaufen, erschöpft und geschwächt vom Hunger. Aber Passuk und ich waren auch wund gelaufen und müde; und wir machten die ganze Arbeit, und er tat nichts. Er hatte die Fettschicht, von der unser Freund Bettles gesprochen hat. Wir gaben dem Mann dennoch weiterhin seinen gerechten Anteil vom Proviant.

Dann trafen wir eines Tages zwei Gespenster, die durch das Weiße Schweigen zogen. Es waren ein Mann und ein Junge, und sie waren Weiße. Das Eis auf dem Lake Le Barge war gebrochen, und sie hatten den größten Teil ihrer Ausrüstung dadurch eingebüßt. Eine einzige Decke trug jeder über den Schultern. Nachts machten sie ein Feuer und kauerten sich davor zusammen bis zum Morgen. Sie besaßen ein wenig Mehl. Dieses rührten sie in warmes Wasser und tranken es. Der Mann zeigte mir acht Tassen Mehl – das war alles, was sie hatten, und Pelly, selbst ein Ort des Hungers, war noch zweihundert Meilen entfernt. Sie berichteten auch, dass ein Indianer hinter ihnen komme, dass sie gerecht geteilt hätten, er aber nicht mit ihnen mithalten könne. Ich nahm ihnen aber nicht ab, dass sie gerecht geteilt hatten, sonst hätte der Indianer mithalten können. Ich konnte ihnen keinen Proviant geben. Sie versuchten einen Hund zu stehlen – den dicksten, der auch bereits völlig abgemagert war –, aber ich hielt ihnen meine Pistole vor die Nase und befahl ihnen weiterzuziehen. Und sie gingen wie Betrunkene fort durch das Schweigen in Richtung Pelly.

Ich hatte inzwischen noch drei Hunde und einen Schlitten, und die Hunde waren nur noch Haut und Knochen. Wenn es wenig Holz gibt, brennt das Feuer schwach und die Hütte wird kalt. So erging es uns. Bei der kargen Nahrung biss der Frost scharf, und unsere Gesichter waren so schwarz und erfroren, dass unsere eigenen Mütter uns nicht erkannt hätten. Und unsere Füße waren vollkommen wund. Am Morgen, wenn ich mich auf den Weg machte und der Schmerz von den Schneeschuhen mich quälte, trieb mir die Anstrengung, den Schrei zu unterdrücken, den Schweiß auf die Stirn. Passuk sagte niemals einen Ton, aber ging nach vorne, um den Weg zu bahnen. Der Mann flennte.

Der Thirty Mile River war reißend, die Strömung fraß das Eis von unten her weg, es gab viele Luftlöcher und Risse und viel offenes Wasser. Eines Tages holten wir den Mann ein, der rastete, denn er war am Morgen, wie gewöhnlich, vorausgegangen. Aber zwischen uns war offenes Wasser. Dieses hatte er umgangen, indem er auf dem Randeis gelaufen war, das aber für einen Schlitten zu schmal war. Deshalb suchten wir eine Eisbrücke. Passuk wog wenig und ging zuerst, mit einer langen Stange quer in den Händen für den Fall, dass sie einbrechen würde. Aber sie war leicht und ihre Schuhe groß, und so kam sie hinüber. Dann rief sie die Hunde. Doch die hatten weder Stangen noch Schneeschuhe und brachen durch und wurden vom Wasser hinuntergezogen. Ich hielt mich von hinten am Schlitten fest, bis die Riemen rissen und die Hunde unterm Eis verschwanden. Es war nur noch wenig Fleisch an ihnen dran gewesen, aber ich hatte mit ihnen als Proviant für eine Woche gerechnet, und nun waren sie fort.

Am nächsten Morgen teilte ich den wenigen verbliebenen Vorrat in drei Teile und sagte Long Jeff, dass er mit uns kommen könne oder auch nicht, wie er wolle; denn wir wollten leicht und schnell marschieren. Aber er begann zu schreien und jammerte über seine wunden Füße und seine Beschwerden und sagte wüste Dinge gegen die Kameradschaft. Passuks Füße waren wund, und meine Füße waren wund – ja, noch wunder als seine, denn wir hatten mit den Hunden gearbeitet und hatten den Weg erkundet. Long Jeff beteuerte, dass er lieber sterben werde, als den Marsch noch einmal aufzunehmen; deshalb nahm Passuk einen Fellmantel und ich einen Kochtopf und eine Axt, und wir machten uns für den Abmarsch fertig. Aber sie blickte auf seine Essensration und sagte: ›Es ist falsch, gutes Essen an einen Weichling zu vergeuden. Es ist besser, er stirbt.‹ Ich schüttelte den Kopf und sagte nein – einer, der einmal ein Kamerad war, bleibt immer ein Kamerad. Da sprach sie von den Männern von Forty Mile; dass es viele und gute Männer seien und sie mir vertrauen würden, dass sie im Frühjahr Nahrung bekämen. Aber als ich immer noch nein sagte, schnappte sie die Pistole aus meinem Gürtel, sehr schnell, und Long Jeff ging, wie unser Freund Bettles hier es ausgedrückt hat, vor seiner Zeit in den Schoß Abrahams zurück. Ich schalt Passuk deswegen; aber sie zeigte keine Reue und bedauerte nichts. Und in meinem Herzen wusste ich, dass sie recht hatte.«

Sitka Charley machte eine Pause und warf Eisstücke in die Goldwaschpfanne auf dem Ofen. Die Männer waren still, und es liefen ihnen bei dem Gejaule, mit dem die Hunde ihr Elend in der Kälte draußen kundtaten, kalte Schauder den Rücken hinunter.

»Tag für Tag kamen wir im Schnee an den Nachtlagern der beiden Gespenster vorbei, und wir wussten, wir würden dafür noch dankbar sein, ehe wir das Salzwasser erreichten. Dann begegneten wir dem Indianer; einem weiteren Gespenst, unterwegs in Richtung Pelly. Sie hatten nicht fair mit ihm geteilt, der Mann und der Junge, sagte er, er hatte bereits seit drei Tagen kein Mehl mehr. Jeden Abend kochte er Teile seiner Mokassins in einem Topf und aß sie. Von den Mokassins war nicht mehr viel übrig. Er war ein Küstenindianer, und er erzählte uns diese Dinge mit Passuks Hilfe, die seiner Sprache mächtig war. Im Yukon-Gebiet war er fremd, und er kannte den Weg nicht, aber er ging der Nase nach in Richtung Pelly. Wie weit war es dahin? Zweimal schlafen? Zehnmal? Hundertmal? – Er wusste es nicht, aber er wollte nach Pelly. Es war zu spät zum Umkehren; er konnte nur noch weitergehen.

Er fragte nicht nach Proviant, denn er konnte sehen, dass wir selbst knapp dran waren. Passuk sah zu dem Mann hin, dann zu mir, wobei sie hin- und hergerissen schien wie eine Rebhuhnmutter, deren Junge in Gefahr sind. Deshalb wandte ich mich zu ihr und sagte: ›Dieser Mann ist ungerecht behandelt worden. Soll ich ihm eine Portion von unserem Proviant geben?‹ Ich sah ihre Augen freudig aufleuchten; aber sie schaute lange auf den Mann und mich, ihr Mund wurde schmal und hart, und dann sagte sie: ›Nein. Das Salzwasser ist noch weit, und der Tod liegt auf der Lauer. Es ist besser, er holt diesen Fremdling und verschont meinen Mann Charley.‹ So ging der Mann weiter durch das Weiße Schweigen in Richtung Pelly. In dieser Nacht weinte sie. Nie zuvor hatte ich sie weinen gesehen. Am Rauch des Feuers konnte es nicht liegen, denn das Holz war trocken. Deshalb fragte ich mich erstaunt nach dem Grund ihres Kummers und dachte, ihr Frauenherz sei durch die Trostlosigkeit des Weges und die Schmerzen weich geworden.

Das Leben geht seltsame Wege. Ich habe viel darüber nachgedacht und lange darüber gegrübelt, aber seine Rätsel werden nicht weniger, sondern täglich mehr. Warum gibt es dieses Verlangen nach Leben? Es ist ein Spiel, bei dem kein Mensch gewinnt. Leben heißt, sich hart plagen und Not leiden, bis sich das Alter schwer auf uns legt und wir unsere Hände sinken lassen in die kalte Asche erloschener Feuer. Das Leben ist hart. Unter Schmerzen tut das Neugeborene seinen ersten Atemzug und der alte Mensch seinen letzten, und all seine Tage sind voll von Sorgen und Nöten; dennoch geht er, wenn er dem Tod in die Arme stolpert und fällt, mit zurückgewandtem Kopf und bis zuletzt dagegen ankämpfend. Und dabei ist der Tod freundlich. Es sind lediglich das Leben und die Dinge des Lebens, die verletzen. Trotzdem lieben wir das Leben und hassen den Tod. Das ist sehr seltsam.

An den folgenden Tagen sprachen wir sehr wenig, Passuk und ich. In den Nächten lagen wir wie Tote im Schnee, und am Morgen machten wir uns auf unseren Weg und marschierten wie Tote. Alles um uns war tot. Es gab keine Schneehühner, keine Eichhörnchen, keine Schneehasen – nichts. Der Fluss machte unter seiner weißen Decke keinerlei Geräusch. In den Bäumen war der Saft gefroren. Und es wurde kalt, so wie jetzt; in der

Nacht wurden die Sterne groß und klar und hüpften und tanzten; und am Tag narrten uns die Sonnenspiegelungen, bis wir viele Sonnen sahen und die ganze Luft flimmerte und waberte und der Schnee wie Diamantstaub war. Und es gab keine Wärme, keinen Laut, nur die bittere Kälte und die Stille. Wie ich bereits erwähnte, wanderten wir wie Tote, wie in einem Traum, und wir achteten nicht auf die Zeit. Wir wandten lediglich unsere Gesichter in Richtung des Meeres, unsere Seelen strebten dem Meer zu, und unsere Füße trugen uns ihm entgegen. Wir campierten am Tahkeena und bemerkten es nicht. Unsere Augen blickten auf den White Horse und sahen ihn nicht. Unsere Füße betraten die Portage in der Schlucht, aber sie spürten es nicht. Wir fühlten nichts. Und wir fielen unterwegs oft hin, aber wir fielen stets mit dem Gesicht in Richtung des Meeres.

Unser letzter Proviant ging dahin, und wir hatten gerecht geteilt, Passuk und ich, aber sie fiel immer öfter hin, und bei Caribou Crossing verließen sie die Kräfte. Am Morgen lagen wir gemeinsam unter der Decke und machten uns nicht auf den Weg. Ich hatte im Sinn, hierzubleiben und den Tod zu erwarten, Hand in Hand mit Passuk, denn ich war erwachsen geworden und hatte die Liebe einer Frau erfahren. Außerdem waren es noch achtzig Meilen zur Haines-Mission und dazwischen erhob der mächtige Chilkoot Pass bis weit über die Baumgrenze sein sturmgepeitschtes Haupt. Aber Passuk sprach mich an, leise, ihre Lippen an meinem Ohr, sodass ich sie verstehen konnte. Und dann, weil sie nun nicht mehr meinen Unmut fürchten musste, ließ sie ihr Herz sprechen, gestand mir ihre Liebe und erzählte von vielen Dingen, die ich nicht verstand.

Sie sagte: ›Du bist mein Mann, Charley, und ich bin dir eine gute Frau gewesen. All die Tage habe ich dir Feuer gemacht, dir Essen gekocht, deine Hunde gefüttert, das Paddel geschwungen oder die Spur gelegt. Und ich habe mich nicht beklagt oder gesagt, dass es in der Behausung meines Vaters wärmer war, oder dass es dort am Chilkat mehr zu essen gab. Wenn du gesprochen hast, habe ich zugehört. Wenn du befohlen hast, habe ich gehorcht. Ist es nicht so, Charley?‹

Und ich antwortete: ›Ja, so ist es.‹

Und sie sagte: ›Als du zum ersten Mal zum Chilkat gekommen bist und mich gar nicht anschautest, aber mich gekauft hast wie ein Mann einen Hund kauft und mich mitnahmst, war mein Herz verschlossen gegen dich und gefüllt mit Bitterkeit und Furcht. Aber das ist lange her. Denn du warst freundlich zu mir, Charley, wie ein guter Mann es zu seinem Hund ist. Dein Herz war kalt, und es war kein Platz darin für mich; dennoch hast du mich anständig behandelt und dich gerecht verhalten. Und ich war bei dir, als du kühne Taten vollbrachtest und große Unternehmungen anführtest. Und ich verglich dich mit den Männern anderer Herkunft und sah, dass dein ehrenvolles Wesen ihnen in nichts nachstand und deine Worte weise waren und deine Sprache ehrlich. Und ich wurde stolz auf dich, bis du mein ganzes Herz ausfülltest und meine Gedanken nur noch dir gehörten. Du warst wie die Mittsommersonne, wenn ihr Lauf goldglänzend den Himmel umrundet und nie untergeht. Wohin ich die Augen auch wandte, stets sah ich die Sonne. Aber dein Herz war immer kalt, Charley, und es war kein Platz darin.‹

Da sagte ich: ›Du hast recht. Es war kalt, und es war kein Platz darin. Aber das war einmal. Nun ist mein Herz wie der Schnee im Frühling, wenn die Sonne aufgegangen ist. Es ist ein gewaltiges Tauen und Aufbrechen darin, ein Rauschen von strömendem Wasser und ein Keimen und Sprießen von grünem Leben. Und da ist das Balzen der Schneehühner, das Singen der Rotkehlchen und festliche Musik, denn die Herrschaft des Winters ist gebrochen, Passuk, und ich habe die Liebe einer Frau erfahren.‹

Sie lächelte und gab mir durch eine Bewegung zu verstehen, sie noch enger zu umarmen, und sagte: ›Ich bin glücklich.‹ Danach lag sie eine lange Zeit ganz still, ruhig atmend, den Kopf an meiner Brust. Dann flüsterte sie: ›Mein Weg endet hier und ich bin müde. Aber erst will ich noch von anderen Dingen reden. Vor langer Zeit, als ich ein kleines Mädchen am Chilkat war, spielte ich einmal allein zwischen den Fellbündeln in der Behausung meines Vaters, denn die Männer waren auf der Jagd und die Frauen und Jungen schafften das Fleisch heran. Es war im Frühling, und ich war allein. Da schob ein großer brauner Bär, der gerade hungrig aus dem Winterschlaf erwacht war und dem das Fell faltig vor Magerkeit über die

Knochen hing, seinen Kopf in die Behausung und sagte: ›Uff!‹ Mein Bruder kam gerade mit dem ersten Schlitten voll Fleisch zurück. Und er attackierte den Bären mit brennenden Stöcken aus dem Feuer, und die Hunde in ihrem Geschirr mit dem Schlitten dahinter stürzten sich auf den Bären. Es war ein gewaltiger Kampf mit viel Lärm. Sie rollten in das Feuer, die Fellbündel wurden auseinandergerissen, die Behausung umgeworfen. Aber am Ende lag der Bär tot da, mit den Fingern meines Bruders in seinem Maul und den Spuren seiner Klauen auf dem Gesicht meines Bruders. Hast du bei dem Indianer auf dem Weg nach Pelly seinen Handschuh ohne Daumen bemerkt und seine Hand, die er an unserem Feuer wärmte? Es war mein Bruder. Und ich habe gesagt, er solle keinen Proviant erhalten. Und er ging ohne Nahrung in die Einsamkeit.‹

Das, meine Freunde, war die Liebe Passuks, die im Schnee bei Caribou Crossing starb. Es war eine mächtige Liebe, denn sie verleugnete ihren Bruder für den Mann, der sie auf mühsamen Wegen an ein bitteres Ende führte. Und die Liebe dieser Frau war sogar so groß, dass sie sich selbst verleugnete. Bevor ihre Augen sich endgültig schlossen, nahm sie ein letztes Mal meine Hand und schob sie unter ihr Schneehemd aus Eichhörnchenfell bis zu ihrer Taille. Dort fühlte ich einen prall gefüllten Beutel und entdeckte das Geheimnis ihres Kräfteschwunds. Tag für Tag hatten wir gerecht geteilt bis zum allerletzten Bissen; aber Tag für Tag hatte sie nur die Hälfte ihres Anteils gegessen. Die andere Hälfte war in den nun prall gefüllten Beutel gewandert.

Und sie sagte: ›Hier endet der Weg für Passuk; aber dein Weg, Charley, geht noch weiter, weiter über den mächtigen Chilkoot Pass, hinunter zum Meer und zur Haines-Mission. Und er führt immer weiter unter dem Licht vieler Sonnen durch unbekannte Länder und über fremde Gewässer und dauert viele Jahre und ist erfüllt von Ehre und großem Ruhm. Er wird dich in die Heime vieler Frauen, guter Frauen führen, aber niemals zu einer größeren Liebe, als der von Passuk.‹

Ich wusste, dass sie die Wahrheit sprach. Aber ich war wie von Sinnen und warf den prall gefüllten Beutel von mir und beteuerte, dass auch mein Weg zu Ende sei, bis ihre müden Augen sich mit Tränen verschleierten

und sie sagte: ›Zu allen Leuten hat sich Sitka Charley ehrenhaft verhalten, und immer hat man sich auf sein Wort verlassen können. Vergisst er diese Ehre nun, indem er hier am Caribou Crossing nutzlose Worte spricht? Erinnert er sich nicht mehr an die Menschen von Forty Mile, die ihm ihren besten Vorrat und ihre kräftigsten Hunde gaben? Passuk war stets stolz auf ihren Mann. Er soll sich deshalb nun einen Ruck geben, seine Schneeschuhe anschnallen und weitergehen, damit Passuk sich ihren Stolz weiterhin bewahren kann.‹
Als sie in meinen Armen entschlafen war, erhob ich mich, suchte den prall gefüllten Beutel, schnallte meine Schneeschuhe an und machte mich taumelnd auf den Weg, denn meine Knie waren schwach, mein Kopf war benommen, in meinen Ohren dröhnte es und vor meinen Augen blitzte es. Vergessene Erinnerungen aus der Kindheit tauchten plötzlich auf. Ich saß an den vollen Töpfen des Potlatsch-Festes, erhob meine Stimme zum Singen und tanzte zum Gesang der Männer und Mädchen und dem Takt der Trommeln aus Walrosshaut. Und Passuk hielt meine Hand und schritt an meiner Seite. Wenn ich mich zum Schlafen hinlegte, weckte sie mich. Wenn ich strauchelte und hinfiel, hob sie mich auf. Wenn ich in tiefen Schnee geriet, führte sie mich auf den Weg zurück. Und auf diese Weise, wie ein seines Verstandes beraubter Mann, der seltsame Visionen hat und dessen Gedanken vom Wein berauscht sind, kam ich zur Haines-Mission am Meer.«
Sitka Charley schlug die Zeltplane zur Seite. Es war Mittag. Im Süden, knapp oberhalb der kahlen Wasserscheide am Henderson, schwebte die bleiche, kalte Sonne. Zu beiden Seiten flimmerten Nebensonnen. Die Luft war ein Gespinst aus glitzerndem Frost. Davor, gleich neben dem Weg, stieß ein Wolfshund mit gegen den Frost gesträubtem Fell seine lange Schnauze himmelwärts und heulte.

# Eine Odyssee des Nordens

## I

Die Schlitten sangen ihr ewiges Klagelied mit ächzenden Geschirren und den bimmelnden Glöckchen der Leithunde; die Männer dagegen waren müde und schwiegen. Der Weg war durch den frisch gefallenen Schnee mühsam, und sie kamen bereits von weit her. Die Kufen klebten mit einer fast menschlichen Hartnäckigkeit unter der Last von Ladungen steinhart gefrorener Elchhäute am ungespurten Untergrund fest. Die Dämmerung brach an, aber es gab keinen Lagerplatz für die Nacht. Der Schnee rieselte sanft durch die windstille Luft; keine Flocken, sondern kleine wunderbar geformte Eiskristalle. Es war sehr warm – höchstens zehn Grad unter Null –, und das machte den Männern gar nichts aus. Meyers und Bettles hatten ihre Ohrenklappen hochgeschlagen, während Malemute Kid sogar seine Handschuhe ausgezogen hatte.

Die Hunde waren am frühen Nachmittag erschöpft gewesen, aber nun zeigten sie neue Energie. Unter den klügsten herrschte eine beständige Rastlosigkeit – eine Ungeduld beim Anspannen der Zugleinen, ein dauernder Wechsel des Tempos, ein fortwährendes Wittern mit der Nase und Spitzen der Ohren. Sie wurden erbost über ihre trägeren Brüder und trieben diese durch zahlreiche heimliche Bisse in die Hinterläufe an. Die solchermaßen Angetriebenen wurden ihrerseits von dem Eifer angesteckt und halfen, ihn weiter zu verbreiten. Dann endlich ließ der Leithund des vordersten Schlittens ein Freudengeheul ertönen und warf sich ins Geschirr, wobei er beinahe mit dem Bauch den Schnee berührte. Die anderen schlossen sich ihm an. Die Rücken- und Zugleinen strafften sich, und die Schlitten schossen vorwärts, während die Männer sich an den Steuerstangen festklammerten und schnell ihre Füße hochzogen, damit sie nicht unter die

Schlittenkufen gerieten. Die ganze Müdigkeit des Tages fiel von ihnen ab, und sie feuerten die Hunde an. Die Tiere antworteten ihnen mit freudigem Gebell. In rasendem Galopp glitten sie durch die zunehmende Dunkelheit. »He! He!«, schrien die Männer abwechselnd, wenn ihre Schlitten vom Weg abkamen und sich wie Segelboote im Wind auf einer Kufe zur Seite neigten. Dann folgte ein Hundertyards-Endspurt zu einem erleuchteten mit Pergamentpapier bespannten Fenster, das von einer schützenden Hütte, einem prasselnden Yukon-Ofen und dampfenden Teetassen kündete.

Aber die Hütte war besetzt. Sechzig Schlittenhunde kläfften sie herausfordernd an und ebenso viele zottelige Kreaturen stürzten sich auf die Hunde, die den ersten Schlitten zogen. Die Hüttentür flog auf und ein Mann, der die scharlachrote Uniform der North-West Mounted Police trug, ging knietief zwischen die rasenden Tiere und sorgte ruhig und gelassen mit dem starken Ende seiner Hundepeitsche für Ordnung. Danach begrüßten sich die Männer händeschüttelnd, und so wurde Malmute Kid in seiner eigenen Hütte von einem Fremden empfangen.

Stanley Prince, der ihn eigentlich hätte empfangen sollen und der für den Yukon-Ofen und den oben erwähnten heißen Tee verantwortlich war, war durch die Gäste in Anspruch genommen. Es war ungefähr ein Dutzend von jener bunten, unbeschreiblichen Truppe, die der Queen bei der Durchführung ihrer Gesetze oder der Auslieferung der Post dienten. Sie waren von verschiedener Herkunft, aber ihr gemeinsames Leben hatte sie zu einem bestimmten Typ geformt – einem hageren und drahtigen Typ mit gestählten Muskeln von den Fahrten, sonnengebräuntem Gesicht und einem unbekümmerten Gemüt, das vorwärtsgerichtet, aufmerksam und zuverlässig war. Sie fuhren die Hundegespanne der Queen, versetzten die Herzen ihrer Widersacher in Furcht, aßen ihre einfache Kost und waren zufrieden. Sie hatten das Leben gesehen und Taten vollbracht und ganze Abenteuerromane erlebt, ohne dass ihnen das bewusst war.

Und sie fühlten sich hier ganz wie zu Hause. Zwei von ihnen lümmelten in Malemute Kids Schlafkoje herum und sangen Lieder, die bereits ihre französischen Vorfahren in jenen Tagen sangen, als sie erstmals das Nordwestland erreicht und sich Indianerfrauen genommen hatten. Bettles

Schlafkoje hatte eine ähnliche Besetzung erlebt mit drei oder vier munteren Voyageurs, die mit den Zehen in den Decken wühlten, während sie der Erzählung eines Kameraden lauschten, der in der Bootsbrigade unter Wolseley gedient hatte, als dieser sich den Weg nach Khartum erkämpfte. Und als er ermüdete, erzählte ein ehemaliger Cowboy von Schlössern und Königen und hohen Herren und Damen, die er gesehen hatte, als er mit Buffalo Bill durch die Hauptstädte Europas reiste. In einer Ecke saßen zwei Mischlinge, Kameraden aus einem verlorenen Feldzug, flickten Hundegeschirre und erzählten von den Tagen, in denen der Nordwesten in Aufruhr geriet und Louis Riel König war.

Derbe Scherze und noch derbere Witze flogen hin und her, und große Abenteuer zu Lande und zu Wasser wurden als etwas ganz Alltägliches erzählt, an die man sich nur wegen eines lustigen oder haarsträubenden Umstandes erinnerte. Prince wurde mitgerissen von diesen ungekrönten Helden, welche erlebt hatten, wie Geschichte gemacht wurde, aber das Große und Romantische dabei nur als das Normale und Beiläufige im Gang des Lebens betrachteten. Er ließ seinen kostbaren Tabak mit verschwenderischer Großzügigkeit unter ihnen kreisen, wodurch die rostigen Ketten der Erinnerung gelöst und vergessene Odysseen ihm zuliebe wiederbelebt wurden.

Als die Unterhaltung schließlich einschlief und die Reisenden sich ihre letzte Pfeife stopften und ihre zusammengerollten Schlaffelle aufschnürten, wandte Prince sich an Malemute Kid, um weitere Informationen über die Gäste zu erhalten.

»Nun, du weißt schon, wer der Cowboy ist«, antwortete Malemute Kid, während er seine Mokassins aufschnürte, »und das englische Blut seines Bettgenossen ist nicht schwer zu erraten. Und die anderen sind Nachkommen der *coureurs du bois*, der französischen Waldläufer, gemischt mit Gott weiß wie viel anderem Blut. Die beiden in der Nähe der Tür sind regelrechte *Bois-Brûlés*, Mischlinge mit indianischem Blut. Der Bursche mit dem Tuchumhang – beachte seine Augenbrauen und die Form seiner Kinnlade – zeigt, dass ein Schotte im verräucherten Zelt seiner Mutter zugange war. Und der gut aussehende Kerl, der sich den Mantel unter den

Kopf gelegt hat, ist ein französisches Halbblut – du hast ihn sprechen hören; er kann die beiden Indianer, die sich neben ihn gelegt haben, nicht leiden. Dazu musst du wissen, dass die Indianer friedlich blieben, als die Halbblut unter Louis Riel revoltierten, und deshalb haben sie seither nicht mehr allzu viel füreinander übrig.«

»Aber sag mal, was für einer ist der finster blickende Bursche beim Ofen? Ich möchte wetten, er kann kein Englisch. Hat den ganzen Abend das Maul nicht aufgemacht.«

»Da liegst du falsch. Er versteht durchaus Englisch. Hast du seine Augen beobachtet, als er zuhörte? Ich schon. Jedenfalls ist er weder blutsverwandt noch sonst irgendwie mit den anderen verbunden. Als sie ihr Patois sprachen, konnte man sehen, dass er nichts verstand. Ich frage mich selbst, wer er ist. Lass es uns herausfinden.«

»Leg ein paar Stück Holz im Ofen nach«, befahl Malemute Kid seine Stimme erhebend und zu dem fraglichen Mann hinüberblickend. Dieser gehorchte sofort.

»Man hat ihm irgendwo Disziplin eingebläut«, sagte Prince leise.

Malemute Kid nickte, zog seine Socken aus und suchte sich einen Weg durch die ruhenden Männer zum Ofen hin. Dort hängte er seine feuchten Socken zwischen etwa zwei Dutzend andere.

»Wann wollt ihr in Dawson sein?«, fragte er nebenbei.

Der Mann blickte ihn einen Augenblick forschend an, bevor er antwortete: »Sie sagen, es wären fünfundsiebzig Meilen oder so. Vielleicht in zwei Tagen.«

Ein gewisser Akzent war zu erkennen, aber er sprach ohne zu stocken oder nach Worten zu suchen.

»Schon früher hierzulande gewesen?«

»Nein.«

»Nordwestterritorium?«

»Ja.«

»Da geboren?«

»Nein.«

»Na, zum Teufel, wo bist du denn dann geboren worden? Du bist keiner von denen da.« Malemute Kid schwenkte mit der Hand über die Hundetreiber und schloss dabei auch die beiden Polizisten mit ein, die sich in die Koje von Prince zurückgezogen hatten. »Woher kommst du? Ich habe Gesichter wie deines schon mal gesehen, aber ich kann mich nicht erinnern wo.«

»Ich kenne dich«, antwortete dieser beiläufig und lenkte so von Malmute Kids Fragen ab.

»Du hast mich schon einmal gesehen? Wo?«

»Nein, deinen Partner, den Priester, in Pastilik, vor langer Zeit. Er fragte mich, ob ich dich gesehen habe. Er gab mir Proviant. Ich rastete nicht lange. Hat er von mir erzählt?«

»Oh! Du bist der Bursche, der die Otterfelle gegen Hunde eintauschte?« Der Mann nickte, klopfte seine Pfeife aus und gab sein Desinteresse an einer weiteren Unterhaltung zu erkennen, indem er sich in seine Felle wickelte. Malemute Kid blies daraufhin die Tranlampe aus und kroch neben Prince unter die Decken.

»Nun, wer ist er?«

»Keine Ahnung, hat mich abgewimmelt und sich dann verschlossen wie eine Venusmuschel. Aber er ist ein Bursche, der einen neugierig macht. Ich hab schon von ihm gehört. Die gesamte Küste hat sich vor etwa acht Jahren über ihn gewundert. Ein mysteriöser Typ, weißt du. Er reiste vom Norden herunter im tiefsten Winter, tausende von Meilen von hier, von irgendwo am Beringmeer und das in einem Tempo, als ob der Teufel hinter ihm her wäre. Niemand konnte in Erfahrung bringen, woher er kam, aber er musste von sehr weit her kommen. Er war schwer erschöpft von der Reise, als er Proviant von der schwedischen Mission an der Golowin Bay erhielt und sich nach dem Weg südwärts erkundigte. Das wurde uns später erzählt. Dann verließ er die Küstenlinie und fuhr direkt über den Norton Sound. Fürchterliches Wetter, Schneestürme und Gegenwind, aber er kam durch, wo tausende anderer Männer umgekommen wären, verfehlte St. Michael, erreichte das Land aber bei Pastilik. Er hatte alle Hunde bis auf zwei verloren und wäre beinahe den Hungertod gestorben. Er war so darauf fixiert weiterzugehen, dass Pater Roubeau ihn mit Provi-

ant ausstattete, aber Hunde konnte er ihm keine geben, da er ungeduldig auf meine Ankunft wartete, um selbst auf eine Reise zu gehen. Mr Odysseus war zu erfahren, um ohne Hunde aufzubrechen, und saß deshalb ein paar Tage unruhig herum. Er hatte auf seinem Schlitten ein Bündel mit wunderbar präparierten Otterfellen, Seeotter weißt du, die Gold wert sind. In Pastilik gab es einen alten Shylock, einen russischen Händler, der Hunde im Überfluss hatte. Nun, sie schacherten nicht lange, aber als der große Unbekannte weiter gen Süden fuhr, war es hinter einem schnellen Hundegespann. Mr Shylock hatte dafür natürlich die Otterfelle. Ich habe sie gesehen, sie waren prachtvoll. Wir überschlugen grob, dass die Hunde ihm mindestens fünfhundert Dollar das Stück gebracht hatten. Und es sah nicht aus, als ob der große Unbekannte nicht gewusst hätte, was die Seeotterfelle wert waren; er war ein Indianer irgendeines Stammes, und so wenig er auch sprach, zeigte er doch, dass er unter Weißen gelebt hatte.
Als das Meer eisfrei wurde, hörten wir von Nunivak Island, dass er sich dort Proviant besorgt hatte. Dann verlor sich seine Spur, und dies ist nun das erste Lebenszeichen von ihm seit acht Jahren. Wo kam er aber jetzt her? Und warum kam er von dort? Er ist Indianer und niemand weiß, wo er gewesen ist, und er besitzt Disziplin, was ungewöhnlich für einen Indianer ist. Das ist ein weiteres Rätsel des Nordens zum Lösen für dich, Prince.«
»Danke ergebenst, aber ich habe schon zu viele am Hals«, erwiderte dieser.
Malemute Kid begann bereits zu schnarchen, aber der junge Mineningenieur starrte weiter in die Dunkelheit und wartete darauf, dass die seltsame Erregung, die sein Blut aufwühlte, abflauen würde. Und als er schließlich schlief, arbeitete sein Gehirn weiter und für einen Moment wanderte er nun selbst durch die weiße Wildnis, kämpfte sich mit den Hunden über endlose Trails und sah Männer leben und arbeiten und sterben wie Männer.

*

Am nächsten Morgen brachen die Polizisten und die Hundetreiber lange vor Tagesanbruch nach Dawson auf. Die Mächte, die über die Interessen Ihrer Majestät wachten und die Geschicke ihrer Untertanen regelten, ließen den Postboten wenig Zeit zur Rast; bereits eine Woche später tauchten sie wieder am Stewart River auf, schwer beladen mit Briefen für Salt Water. Wenigstens waren ihre Hunde gegen frische ausgetauscht worden; aber das waren ja auch Hunde.

Die Männer hatten einen Aufenthalt in Dawson erwartet, um ausruhen zu können. Außerdem war der Klondike ein neues Gebiet des Nordlandes, und sie hätten sich gewünscht, ein wenig von der Goldenen Stadt zu sehen, in der das Gold wie Wasser floss und die Tanzhallen mit nie endenden Feiern konkurrierten. Dennoch trockneten sie ihre Socken und rauchten ihre Feierabendpfeifen mit nahezu dem selben Behagen, wie bei ihrem ersten Aufenthalt, obwohl der eine oder andere Unruhegeist über Desertion und die Möglichkeit nachdachte, die unerforschten Rocky Mountains zu überqueren, um dann über das Mackenzie Valley ihre alten vertrauten Gefilde im Chippewyan County zu erreichen. Zwei oder drei beschlossen sogar, in ihre Heimat auf diesem Wege zurückzukehren, sobald ihre Dienstzeit zu Ende sein würde, und begannen Pläne zu schmieden, wobei sie über dieses gefahrvolle Unternehmen in einer Art und Weise sprachen, wie Stadtbewohner über einen Ferientag in den Wäldern.

Der mit den Otterfellen schien sehr rastlos zu sein, weshalb er wenig Interesse an der Unterhaltung zeigte, und schließlich zog er Malemute Kid auf die Seite und sprach mit ihm eine Zeit lang mit leiser Stimme. Prince warf neugierige Blicke in ihre Richtung, und seine Verwirrung wurde noch größer, sobald sie ihre Mützen und Handschuhe nahmen und hinausgingen. Als sie zurückkamen, stellte Malemute Kid seine Goldwaage auf den Tisch, wog sechzig Unzen Gold ab und schüttete sie in den Beutel des Fremden. Dann kam der Anführer der Hundetreiber dazu, und ein gewisser Handel wurde mit ihm vereinbart. Am nächsten Tag fuhr die Gruppe den Fluss hinauf, aber der mit den Otterfellen nahm etliche Pfund Proviant mit und lenkte seine Schritte zurück nach Dawson.

*

»Ich hab nicht gewusst, was ich machen sollte«, erklärte Malemute Kid auf die Nachfragen von Prince, »aber der arme Kerl wollte aus dem einen oder anderen Grund unbedingt den Dienst quittieren – wenigstens schien es für ihn ein sehr wichtiger Grund zu sein, auch wenn er damit nicht herausrücken wollte. Weißt du, es ist ganz wie in der Armee; er unterschrieb für zwei Jahre, und die einzige Möglichkeit, vorher frei zu kommen, war, sich selbst herauszukaufen. Er konnte nicht desertieren und dann einfach hier bleiben, und er war ganz wild darauf, in der Gegend zu bleiben. Er hat sich dazu entschlossen, als er in Dawson war, sagte er, hat aber niemanden, der ihn kennt, und besitzt keinen Cent; ich war der einzige, mit dem er mehr als zwei Worte gesprochen hatte. Deshalb besprach er es mit dem Vizegouverneur und schloss eine Vereinbarung ab für den Fall, dass er das Geld von mir bekommen würde – leihweise, weißt du. Er sagt, er würde es im Lauf des Jahres zurückzahlen, und wenn ich wollte, würde er mir zu einer gewinnversprechenden Sache verhelfen. Er habe sie nicht selbst gesehen, er wisse aber, dass sie sehr lohnend sei.

Will dir sagen, warum ich's tat! Als er mich draußen hatte, war er fast am Weinen. Bettelte und flehte, warf sich vor mich in den Schnee, bis ich ihn hochzog. Redete auf mich ein wie ein Verrückter. Beschwor, dass er jahrelang auf diese eine Sache hingearbeitet habe und es nicht ertragen könnte, wenn jetzt alles vergeblich sei. Ich fragte ihn, was für eine Sache das sei, aber das wollte er nicht sagen. Sagte, dass es möglich sei, dass sie ihn auf einer anderen Strecke einsetzen, und er in den zwei Jahren dann nicht mehr nach Dawson kommen würde und alles zu spät wäre. Ich hab noch nie einen Mann erlebt, der so auf mich eindrang. Und als ich ihm sagte, dass ich ihm das Gold geben würde, musste ich ihn noch einmal aus dem Schnee hochziehen. Ich sagte ihm, dass ich es als Beteiligung an seiner gewinnversprechenden Sache sehen würde. Denkst du, er hat sich darauf eingelassen? Nein, Sir! Er schwor, dass er mir alles geben und mich reicher machen würde als in den gierigsten Träumen, und all so 'n Zeug. Normalerweise findet es ein Mann schon hart genug, wenn er von dem, für das er sein Leben und seine Zeit einsetzt, die Hälfte wegen einer Beteiligung abgeben muss. Aber hier steckt offensichtlich etwas anderes dahinter, Prince; du wirst sehen. Wir werden noch von ihm hören, wenn er im Land bleibt –«

»Und wenn nicht?«

»Dann bekommt meine Gutmütigkeit einen Dämpfer, und ich bin sechzig Unzen los, die zu viel waren.«

*

Das kalte Wetter mit den langen Nächten war gekommen, und die Sonne hatte ihr uraltes Versteckspiel am südlichen Schneehorizont begonnen, bevor irgendetwas von Malemute Kids Investition zu hören war. Aber dann, an einem trüben Morgen Anfang Januar, fuhr ein schwer beladener Hundeschlittenzug vor seine Hütte am Stewart River. Der mit den Otterfellen war gekommen, und mit ihm kam ein Mann, wie die Götter ihn kaum noch zu schaffen wissen. Unter Männern wurde damals niemals von Glück und Mut und Fünfhundertdollarstaub gesprochen, ohne den Namen Axel Gunderson zu erwähnen; ebenso wenig vermochten Erzählungen über Nervenproben und Stärke und Kühnheit an den Lagerfeuern landauf und landab auskommen, ohne seine Taten zu beschwören. Und wenn die Unterhaltung über ihn erlosch, flammte sie bei der Erwähnung der Frau neu auf, die sein Schicksal teilte.

Wie bereits erwähnt, hatten sich die Götter bei der Erschaffung Axel Gundersons ihrer alten Kunstfertigkeit erinnert und hatten ihn in der Art der Männer erschaffen, die geboren wurden, als die Welt noch jung war. Volle sieben Fuß ragte er empor in seinem malerischen Kostüm, das ihn als König von Eldorado auswies. Seine Brust, sein Nacken und seine Gliedmaßen waren die eines Riesen. Um seine dreihundert Pfund an Knochen- und Muskelmasse zu tragen, waren seine Schneeschuhe mehr als drei Fuß länger als die anderer Männer. Grobschlächtig, mit buschigen Augenbrauen und mächtiger Kinnlade und unbeirrbaren Augen von hellstem Blau, erzählte sein Gesicht die Geschichte von einem, der kein anderes Gesetz als das der Macht kannte. Sein frostbereiftes Haar von der seidigen Farbe reifen Maises erhellte sein Gesicht wie der Tag die Nacht und floss weit hinab auf seinen Bärenfellmantel. Als er an der Spitze der Hunde auf dem Weg näherkam, erinnerte etwas an ihm ans Meer, und er schlug mit dem dicken Ende seiner Hundepeitsche gegen die Tür von

Malemute Kids Hütte, wie ein nordischer Seeräuber auf einem Raubzug nach Süden an ein Burgtor gedonnert haben mag, um Einlass zu fordern. Prince krempelte seine Ärmel hoch und begann Sauerteigbrot zu kneten, wobei er manchen Seitenblick auf die drei Gäste warf – drei Gäste, wie sie im Leben nur selten unter dem Dach eines Mannes zusammenkommen. Der rätselhafte Unbekannte, dem Malemute Kid den Namen Odysseus gegeben hatte, faszinierte ihn immer noch; aber sein hauptsächliches Interesse schwankte nun zwischen Axel Gunderson und seiner Frau.

Sie spürte die Strapazen der Tagesreise und war müde, denn sie hatte ein komfortables Leben geführt, seit ihr Mann es geschafft hatte, reiche Goldquellen im gefrorenen Boden zu erschließen. Sie ruhte an seine breite Brust gelehnt, wie eine schlanke Blume an eine Mauer, während sie zurückhaltend auf Malemute Kids aufmunternde Scherze antwortete und Princes Blut in Wallung brachte durch einen gelegentlichen Blick aus ihren tiefen dunklen Augen, denn Prince war ein gesunder junger Mann und hatte wenig Frauen in den letzten Wochen gesehen. Allerdings war sie älter als er und außerdem Indianerin. Aber sie unterschied sich von all den Indianerfrauen, die er bislang getroffen hatte: Sie war weit gereist und unter anderem auch in seinem Land gewesen, wie er aus der Unterhaltung erfuhr; und sie kannte die meisten Dinge, welche die Frauen seiner Rasse beherrschten, und darüber hinaus vieles, was man von ihnen nicht erwarten konnte. Sie konnte ein Essen aus sonnengetrocknetem Fisch bereiten oder ein Nachtlager im Schnee; zudem erstaunte sie alle durch appetitanregende Details von mehrgängigen Mahlzeiten und verursachte die eine oder andere Meinungsverschiedenheit unter ihnen durch die Erwähnung mehrerer wohlbekannter Speisen, die sie fast schon vergessen hatten. Sie kannte den Elch, den Bär und den kleinen Blaufuchs sowie die wilden Seetiere des Nordmeeres; sie war mit den Wäldern und den Flüssen vertraut, und die feine Schneekruste, in welche die Spuren von Menschen, Vögeln und Tieren eingeschrieben war, las sie wie ein aufgeschlagenes Buch. Prince beobachtete das zunehmende Glitzern in ihren Augen, als sie die Regeln des Lagers studierte. Diese Regeln waren von dem unsterblichen Bettles zu einer Zeit aufgeschrieben worden, als er gut drauf war, und sie bezeugten einen Humor, der geradeheraus und unkompliziert war. Prince drehte die Tafel vor der Ankunft von Ladies immer zur Wand; aber wer konnte ahnen, dass diese Indianerin – nun, jetzt war es zu spät.

Das war also die Frau von Axel Gunderson, eine Frau, deren Name und Ruhm sich Hand in Hand mit dem ihres Mannes über das gesamte Nordland verbreitet hatte. Bei Tisch neckte Malemute Kid sie mit der Selbstverständlichkeit eines alten Freundes, und auch Prince legte seine anfängliche Schüchternheit ab und schloss sich an. Aber sie hielt sich gut in dem ungleichen Wortgefecht, während ihr nicht so wortgewandter Mann weniger beisteuerte, nur gelegentlich applaudierte. Er war sehr stolz auf sie; jeder Blick und jede Regung verriet die Bedeutung des Platzes, den sie in seinem Leben eingenommen hatte. Der mit den Otterfellen aß schweigend, unbeachtet in dem lustigen Wortgefecht, und erhob sich lange bevor die anderen fertig waren vom Tisch, um draußen nach den Hunden zu schauen. Doch bald zogen sich auch seine Reisegefährten ihre Handschuhe und Parkas an und folgten ihm.

Es hatte viele Tage nicht mehr geschneit, und der Schlitten glitt auf dem festgefahrenen Yukon-Trail so leicht dahin wie auf blankem Eis. Odysseus lenkte den ersten Schlitten; mit dem zweiten fuhren Prince und Axel Gundersons Frau, während Malemute Kid und der gelbhaarige Riese den dritten führten.

»Es ist nur eine Spekulation, Kid«, sagte Gunderson, »aber ich denke, es ist was dran. Er ist selbst nie dort gewesen, aber er hat eine überzeugende Geschichte erzählt und eine Karte gezeigt, von der ich bereits vor ein paar Jahren gehört habe, als ich in den Kootenays war. Ich hätte gerne, dass du mitkommst, aber er ist ein eigenartiger Typ und hat geschworen, dass er die Sache hinschmeißt, wenn noch jemand beteiligt würde. Aber wenn ich zurückkomme, wirst du als Erster Informationen bekommen, und ich steck dir was neben mir ab und geb dir außerdem die Hälfte der Bauplätze in der Stadt, die daneben entsteht.«

»Nein! Nein!«, rief er sofort, als Malemute Kid ihn unterbrechen wollte. »Ich zieh die Sache durch, und damit ich's machen kann, brauche ich zwei Köpfe. Wenn's klappt, warum soll es dann nicht ein zweites Cripple Creek werden, Mann? Verstehst du? Ein zweites Cripple Creek! Dort ist Quarz, weißt du, kein Sand; und wenn wir's richtig anpacken, stecken wir das Ganze in den Sack – Millionen über Millionen! Ich hab von dem Platz schon früher gehört, und du auch. Wir werden eine Stadt bauen für tausende Arbeiter – gute Wasserwege – Dampfschifflinien – große Frachter – Dampfer mit geringem Tiefgang für Zugang weit rauf – eine Eisenbahn, eventuell – Sägemühlen – Elektrizitätswerke – eigene Banken – Handelskompanien – Kapitalgesellschaften – Versprich mir, dass du dicht hältst, bis ich wiederkomme!«

Die Schlitten hielten an, wo der Trail die Mündung des Stewart River kreuzte. Ein unberührtes Meer aus Frost, dessen Weiten sich in den unbekannten Osten erstreckten. Von den Schlitten wurden die Schneeschuhe losgebunden. Axel Gunderson schüttelte Malemute Kid und Prince die Hände und ging nach vorne, damit seine großen geflochtenen Schuhe, die anderthalb Fuß tief in die pulverige Oberfläche einsanken, den Schnee so festtreten würden, dass die Hunde nicht strauchelten. Seine Frau reihte sich hinter dem letzten Schlitten ein und zeigte, dass sie lange Übung im Umgang mit dem schwierigen Schuhwerk besaß. Die Stille wurde durch lebhafte Abschiedsgrüße unterbrochen, während die Hunde heulten und der mit den Otterfellen einem bockigen Zugtier mit der Peitsche zuredete.

Eine Stunde später war die Kolonne nur noch wie ein schwarzer Bleistift zu sehen, der in einer langen geraden Linie über einen mächtigen Bogen weißen Papiers vorankroch.

## II

Eines Nachts, viele Wochen später, versuchten Malemute Kid und Prince gerade Schachprobleme von einer herausgerissenen Seite einer alten Zeitschrift zu lösen. Kid war vor Kurzem von seiner Bonanza zurückgekehrt, und ruhte sich aus in Vorbereitung auf eine lange Elchjagd. Auch Prince war fast den ganzen Winter unterwegs gewesen und sehnte sich nach einer erholsamen Woche in der Hütte.

»Setz den Springer dazwischen und bedroh den König. Nein, das würde nicht funktionieren. Schau, der nächste Zug –«

»Warum den Bauern zwei Felder nach vorne setzen? Er ist gezwungen, schräg zu schlagen, und wenn dann der Läufer aus dem Weg ist –«

»Aber warte mal. Da gibt es eine Lücke, und –«

»Nein, er ist gedeckt. Mach weiter. Du wirst sehen, es geht.«

Es war sehr unterhaltsam. Da klopfte jemand an die Tür, dann ein zweites Mal, bevor Malemute Kid sagte: »Herein.« Die Tür ging auf. Etwas stolperte herein. Prince bekam es zu Gesicht und sprang sofort auf. Der Schrecken in seinen Augen veranlasste Malemute Kid sich umzudrehen; und auch er war entsetzt, obwohl er schon allerhand schlimme Dinge gesehen hatte. Das Etwas wankte blindlings auf sie zu. Prince wich zurück, bis er den Nagel erreichte, an dem sein Smith & Wesson hing.

»Mein Gott! Was ist das?«, flüsterte er Malemute Kid zu.

»Weiß nicht. Sieht aus wie das Ergebnis von viel Frost und keinem Essen«, antwortete Kid nach der anderen Seite hin ausweichend. »Pass auf! Es könnte verrückt sein«, warnte er, als er die Tür geschlossen hatte.

Das Etwas näherte sich dem Tisch. Die helle Flamme der Tranlampe erleuchtete seine Augen. Das erheiterte es, und es stieß gackernde, krächzende Töne aus, die Freude ausdrücken sollten. Dann, plötzlich, schwankte er – denn es war ein Mann – zurück, zerrte seine Lederhosen hoch und begann ein Seemannslied zu singen, wie Matrosen es tun, wenn sie an Deck arbeiten und das Meer in ihre Ohren heult:

»Yankee-Schiff kam runter 'n Fluss,
Zieht, meine bösen Buben, zieht!
Wollt ihr wissen, wer Käpt'n ist?
Zieht! Meine bösen Buben, zieht!
Jonathan Jones aus South Carolina,
Zieht, meine bösen –«

Er brach plötzlich ab, wankte mit einem wölfischen Knurren zum Vorratsschrank und riss mit seinen Zähnen, noch bevor sie es verhindern konnten, an einem Stück rohen Speck herum. Ein wilder Kampf zwischen ihm und Malemute Kid ging los; aber seine wahnsinnige Kraft verließ ihn so plötzlich, wie sie gekommen war, und entkräftet ließ er seine Beute los. Gemeinsam setzten sie ihn auf einen Hocker, wo er mit dem halben Körper über den Tisch sank. Ein Schlückchen Whiskey kräftigte ihn so weit, dass er einen Löffel in die Zuckerdose tauchen konnte, die Malemute Kid vor ihn hinstellte.

Nachdem sein Hunger ein wenig gestillt war, reichte Prince ihm schaudernd eine Schüssel mit dünner Fleischbrühe. Die Augen der Kreatur funkelten in einer düsteren Erregung, die bei jedem Löffel aufflammte und wieder verging. Eingesunken und ausgezehrt bot dieses Gesicht nur noch wenig Ähnlichkeit mit einem menschlichen Antlitz. Eine Frostverletzung nach der anderen hatte sich tief hineingebissen, eine jede hatte neuen Schorf über den nur halb verheilten älteren Narben hinterlassen. Diese trockene verschorfte Oberfläche hatte eine blutig-schwarze Farbe, durchzogen von tiefen Rissen, in denen das rohe rote Fleisch hervorschaute. Seine Pelzkleidung war schmutzig und in Fetzen, und die Behaarung war auf einer Seite versengt und weggebrannt und zeigte, wo er dem Feuer zugewandt gelegen hatte. Malemute Kid deutete auf eine Stelle, wo das gegerbte Leder weggeschnitten worden war, Streifen für Streifen – das grausige Zeugnis von Hungersnot.

»Wer bist du?«, fragte Kid langsam und nachdrücklich.

Der Mann schenkte ihm keine Beachtung.

»Wo kommst du her?«

»Yankee-Schiff kam runter ’n Fluss«, war die zittrige Antwort.

»Kein Zweifel, der arme Teufel kam den Stewart runter«, sagte Kid und schüttelte ihn in der Hoffnung, eine verständlichere Unterhaltung mit ihm in Gang zu bringen.

Aber der Mann schrie bei der Berührung auf und griff sich mit der Hand an seine Seite in offensichtlichem Schmerz. Er richtete sich langsam auf und lehnte halb über den Tisch.

»Sie hat mich ausgelacht – so – voller Hass in den Augen, und sie – wollte – nicht – mitkommen.«

Seine Stimme erstarb, und er sank nach hinten, als Malemute Kid ihn am Handgelenk packte und rief: »Wer? Wer wollte nicht mitkommen?«

»Sie, Unga. Sie lachte und stach nach mir und so. Und dann –«

»Ja?«

»Und dann –«

»Was dann?«

»Dann lag er ganz still im Schnee, sehr lange. Er ist – immer noch – im – Schnee.«

Die Männer blickten sich hilfesuchend an.

»Wer ist im Schnee?«

»Sie, Unga. Sie schaute auf mich, voller Hass in den Augen, und dann –«

»Ja, dann?«

»Dann nahm sie das Messer, so, einmal, zweimal – sie war schwach. Ich bin sehr langsam gereist. Und da ist viel Gold an dem Ort, sehr viel Gold.«

»Wo ist Unga?« Malemute Kid wusste nur, dass sie vielleicht eine Meile entfernt sterbend liegen konnte. Er schüttelte den Mann heftig und wiederholte seine Frage wieder und wieder: »Wo ist Unga? Wo ist Unga?«

»Sie – ist – im – Schnee.«

»Und weiter!« Kid presste sein Handgelenk kräftig.

»Da – wollte – ich – im – Schnee – bleiben –, aber – ich – musste – eine – Schuld – bezahlen –, eine – Schuld – bezahlen – musste – ich –« Der stammelnde Wortstrom stockte, als er an seiner Tasche fummelte und einen hirschledernen Beutel herauszog. »Eine – Schuld – bezahlen – fünf – Pfund – Gold – geliehen – von – Malemute – Kid. Ich –«

Der ausgemergelte Kopf sank erschöpft auf den Tisch; Malemute Kid konnte ihn nicht wieder hochziehen.

»Es ist Odysseus«, sagte er leise und warf den Beutel mit Gold auf den Tisch. »Vermute, dass die Tage von Axel Gunderson und seiner Frau gezählt sind. Komm, lass uns ihn ins Bett bringen. Er ist Indianer; er wird's durchstehen und uns dann seine Geschichte erzählen.«

Als sie seine Kleider aufschnitten, entdeckten sie nahe seiner rechten Brust zwei unverheilte, scharfrandige Messerstiche.

## III

»Ich werde über die geschehenen Dinge sprechen, in meiner eigenen Weise; aber ihr werdet verstehen. Ich will vorne anfangen und von mir und der Frau erzählen und danach von dem Mann.«

Der mit den Otterfellen drängte sich an den Ofen wie Männer, denen das Feuer lange vorenthalten war und die befürchten, das Geschenk des Prometheus könnte jederzeit wieder verschwinden. Malemute Kid drehte die Tranlampe höher und platzierte sie so, dass ihr Licht auf das Gesicht des Erzählers fiel. Prince glitt von seinem Bett herab und gesellte sich zu ihnen.

»Ich bin Naass, ein Häuptling und der Sohn eines Häuptlings, geboren zwischen einem Sonnenuntergang und einem Sonnenaufgang auf dem dunklen Meer im Boot meines Vaters. Die ganze Nacht über mühten sich die Männer an den Rudern, und die Frauen schöpften aus, was die Wellen über uns hineinschütteten, und wir kämpften mit dem Sturm. Die salzige Gischt gefror auf der Brust meiner Mutter, bis ihr Atem mit dem Abflauen der Flut erlosch. Aber ich – ich erhob meine Stimme mit dem Wind und dem Sturm und lebte. Wir wohnten auf Akutan –«

»Wo?«, fragte Malemute Kid.

»Auf Akutan, einer der Aleuten-Inseln; Akutan hinter Chignicks, hinter Kardalak, hinter Unimak. Wie ich bereits sagte, wir lebten in Akutan, das inmitten des Meeres am Rande der Welt liegt. Wir jagten auf der salzigen See nach Fisch, Robben und Otter, und unsere Behausungen drängten sich dicht aneinander auf dem felsigen Streifen zwischen dem Rand des Waldes und dem gelben Strand, an dem unsere Kajaks lagen. Wir waren nicht viele, und unsere Welt war sehr klein. Im Osten lag fremdes Land – Inseln wie Akutan, sodass wir dachten, die ganze Welt bestünde aus Inseln, und nicht darüber hinausdachten.

Ich war anders als mein Volk. Im Sand des Strandes steckten gebogene Spanten und von den Wellen gekrümmte Planken eines Bootes, wie es meine Leute nie gebaut hatten; und ich erinnere mich, dass auf dem Hügel der Insel, der den Ozean nach drei Seiten überblickte, ein Kiefernbaum stand, glatt und gerade und hoch, wie er sonst nirgendwo wuchs. Es wurde erzählt, dass zwei Männer an diesen Platz kamen und viele Tage blieben. Die zwei kamen übers Meer in dem Boot, dessen Überreste am Strand lagen. Und sie waren weiß, wie ihr, und schwach wie die kleinen Kinder, wenn die Seehunde weggeschwommen sind und die Jäger mit leeren Händen nach Hause kamen. Ich weiß von diesen Dingen von den alten Männern und alten Frauen, die es von ihren Vätern und Müttern erfahren haben. Diesen fremden weißen Männern gefiel am Anfang unsere Art zu leben nicht, aber sie wurden stark durch die Fische und das Tranöl, und sie wurden überheblich. Sie bauten sich jeder ein eigenes Haus, nahmen die besten unserer Frauen, und mit der Zeit kamen Kinder. So wurde der geboren, welcher der Vater von meines Vaters Vater wurde.

Wie ich bereits sagte, war ich anders als mein Volk, denn ich trage das starke fremde Blut dieses weißen Mannes in mir, der über das Meer gekommen war. Es wird gesagt, dass wir andere Gesetze gehabt hatten in den Tagen vor diesen Männern; aber sie waren mächtig und streitsüchtig und kämpften mit unseren Männern, bis es keinen mehr gab, der wagte, mit ihnen zu kämpfen. Da machten sie sich selbst zu Häuptlingen und beseitigten unsere alten Gesetze und gaben uns neue, nach denen der Mann der Sohn seines Vaters war und nicht seiner Mutter, wie es bei uns üblich gewesen war. Sie bestimmten auch, dass der erstgeborene Sohn alle Dinge bekommen sollte, die seinem Vater gehören, und dass seine Brüder und Schwestern für sich selbst sorgen sollen. Und sie gaben uns noch andere Gesetze. Sie zeigten uns neue Wege, Fische zu fangen und Bären zu töten, von denen es viele in den Wäldern gab, und sie lehrten uns, größere Vorratslager anzulegen für die Zeiten von Hungersnöten. Und diese Dinge waren gut.

Aber als sie Häuptlinge geworden waren und es keine Männer mehr gab, die wagten, sich ihrem Zorn zu widersetzen, kämpften diese starken Männer gegeneinander. Und der eine, dessen Blut ich in mir habe, schleuderte seinen Jagdspeer so, dass er den Körper des anderen um Armeslänge durchbohrte. Ihre Kinder führten diesen Kampf fort und die Kinder ihrer

Kinder; und es herrschte ein großer Hass zwischen ihnen und böse Dinge geschahen, auch noch zu meiner Zeit, sodass in jeder Familie nur noch einer lebte, um das Blut seiner Vorfahren weiterzugeben. Von meinem Geblüt war ich der einzige; von dem des anderen Mannes gab es nur ein Mädchen, Unga, die bei ihrer Mutter lebte. Ihr Vater und mein Vater kamen eines Nachts nicht mehr vom Fischen zurück; aber später wurden sie an den Strand gespült von der Flut, und sie hielten sich umschlungen.

Die Leute wunderten sich darüber, da unsere Häuser verfeindet waren, und die alten Männer schüttelten ihre Köpfe und sagten, der Kampf werde weitergehen, sobald Kinder von ihr und Kinder von mir geboren würden. Sie erzählten mir das als Knabe, bis ich es glaubte und Unga als Feindin betrachtete, die Mutter von Kindern werden würde, die gegen meine Kinder kämpfen würden. Ich dachte über diese Dinge täglich nach, und als ich zu einem Jüngling herangewachsen war, begann ich zu fragen, warum das so sein müsse. Und sie antworteten: »Wir wissen es nicht, aber so war es auch bei deinen Vorfahren.« Aber es war mir unverständlich, warum die, die kommen würden, die Streitigkeiten austragen sollten von denen, die gegangen waren, und ich konnte darin keinen Sinn erkennen. Aber die Leute sagten, es müsse so sein, und ich war zu der Zeit noch ein Grünschnabel.

Und sie sagten auch, ich müsse mich beeilen, dass mein Geblüt älter und stärker würde als ihres. Das war leicht, denn ich war Häuptling und die Leute sahen zu mir auf, wegen der Taten und Leistungen meines Vaters und meinem Reichtum. Jede Jungfrau wäre zu mir gekommen, aber ich fand keine, die ich wollte. Die alten Männer und die Mütter der Jungfrauen forderten mich auf, mich zu beeilen, denn zu der Zeit boten Jäger Ungas Mutter bereits große Geschenke; und wenn Ungas Kinder vor meinen stark würden, müssten meine sicherlich sterben.

Aber ich fand keine Jungfrau, bis ich eines Abends vom Fischen zurückkam. Das Sonnenlicht ging unter, sodass es tief und voll in die Augen schien, der Wind war frisch und die Kajaks glitten durch die weißschäumenden Wogen. Plötzlich schloss der Kajak von Unga zu mir auf, und sie schaute mich an, ihr schwarzes Haar flog wie eine Nachtwolke und ihre

Wangen waren nass von der Gischt. Wie ich bereits sagte, die Sonne schien mir voll in die Augen, und ich war noch ein Grünschnabel; aber irgendwie war plötzlich alles klar, und ich wusste, dass es der Ruf zwischen den Geschlechtern war. Als sie vorbeiglitt, schaute sie sich zwischen den Paddelschlägen um – schaute, wie nur die Frau Unga schauen konnte –, und wieder begriff ich es als klaren Ruf. Die Leute riefen laut, als wir an den schweren Oomiak-Booten vorbeisausten und sie weit hinter uns ließen. Aber sie war schnell mit dem Paddel, und ich erreichte sie nicht, obwohl mein Herz wie ein schwellendes Segel war. Der Wind frischte auf, die See schäumte und wir schossen wie in der Brandung springende Seehunde den goldenen Pfad des Sonnenlichtes entlang.«

Naass war halb von seinem Stuhl in eine Haltung gerutscht, als ob er paddelte und das Rennen erneut durchlebte. Irgendwo jenseits des Ofens sah er den auf den Wellen tanzenden Kajak Ungas und ihr wehendes Haar. Die Stimme des Windes war in seinen Ohren und das Salz biss frisch in seine Nasenflügel.

»Dann erreichte sie die Küste, rannte lachend den Strand hinauf zum Haus ihrer Mutter. In dieser Nacht kam mir der Gedanke – ein Gedanke würdig für den, der Häuptling war für das gesamte Volk von Akutan. Deshalb ging ich, als der Mond aufgegangen war, hinunter zum Haus von Ungas Mutter und betrachtete die Geschenke von Yash-Noosh, einem starken Jäger, der im Sinn hatte, der Vater der Kinder von Unga zu werden. Bereits andere Männer hatten ihre Geschenke hier aufgehäuft und wieder abholen müssen; und jeder dieser jungen Männer hatte einen Stapel gemacht, der größer als der vorherige war.

Da lachte ich den Mond und die Sterne an und ging zu meinem Haus zurück, in dem ich meinen Reichtum aufbewahrte. Und ich ging viele Male hin und her, bis mein Stapel so viel Mal größer war als der Stapel von Yash-Noosh, wie Finger an einer Hand sind: Fische, an der Sonne getrocknet und geräuchert, und vierzig Felle von Haarrobben und halb so viele von Pelzrobben, und alle Felle waren am Maul zugenäht und prall gefüllt mit Öl; weitere zehn Felle von Bären, die ich in den Wäldern getötet hatte, als sie im Frühjahr ihre Höhlen verließen. Und Perlen und Decken und scharlachfarbene Tücher, die ich beim Handeln mit Leuten erworben hatte, die östlich von uns wohnten, und die sie beim Handel mit Leuten erhalten hatten, die noch weiter im Osten lebten.

Dann blickte ich auf den Stapel von Yash-Noosh und lachte; denn ich war der Häuptling auf Akutan und mein Reichtum größer als der aller jungen Männer, und meine Vorfahren hatten Taten vollbracht und Gesetze erlassen und ihre Namen für alle Zeiten in das Gedächtnis des Volkes gebracht.

Also ging ich zum Strand hinunter, als der Morgen kam, und blickte aus den Augenwinkeln zum Haus von Ungas Mutter. Mein Geschenkstapel stand unberührt da. Und die Frauen lächelten und tuschelten hinter meinem Rücken miteinander. Ich war erstaunt, denn noch nie war ein solches Angebot gemacht worden; und in der Nacht fügte ich noch mehr zu dem Stapel hinzu und legte außerdem ein Kajak aus gut gegerbten Häuten daneben, das noch nie im Meer geschwommen war. Aber am nächsten Tag lag es noch da, zum Hohngelächter aller Männer. Die Mutter Ungas war schlau, und ich ärgerte mich über die Schande, in der ich vor all meinen Leuten dastand. Deshalb fügte ich in der Nacht so viel hinzu, dass es ein riesiger Stapel wurde; und ich schleppte noch mein Oomiak-Boot hinzu, das mehr wert war als zwanzig Kajaks. Und am nächsten Morgen war kein Stapel mehr da.

Da machte ich mich an die Vorbereitung meiner Hochzeit, und das Volk, das östlich von uns wohnte, kam zum Festessen und um die Potlatsch-Geschenke zu bekommen. Unga war in der Art, wie wir die Jahre zählen, vier Sonnen älter als ich. Ich war noch ein Jüngling, aber das machte nichts, da ich der Häuptling war und der Sohn eines Häuptlings.

Aber dann schob ein Schiff sein Segel an den Rand des Ozeans und wurde größer durch den Atem des Windes. Aus seinen Speigatten rann klares Wasser und die Männer waren in Eile und arbeiteten hart an den Pumpen. Vorne auf dem Deck stand ein gewaltiger Mann, der die Wassertiefe beobachtete und mit donnernder Stimme Kommandos gab. Seine Augen waren von dem Blau tiefen Wassers, und sein Kopf war von einer Mähne umgeben wie bei einem Seelöwen. Sein Haar war gelb wie das Stroh bei einer Ernte im Süden oder die Manila-Seile, welche die Seeleute flechten.

Im vorherigen Jahr hatten wir Schiffe von ferne gesehen, aber dieses war das erste, das an die Küste von Akutan kam. Das Fest wurde unterbrochen und die Frauen und Kinder flüchteten in die Häuser, während wir Männer unsere Bogen spannten und mit Speeren in der Hand warteten. Aber als der Bug des Schiffes den Strand berührte, nahmen die fremden Männer gar keine Notiz von uns, sondern waren mit ihren eigenen Arbeiten beschäftigt. Mit dem fallenden Wasser legten sie das Schiff auf die Seite und flickten ein großes Loch in seinem Boden. So kamen die Frauen zurück und das Fest ging weiter.

Als die Flut kam, bugsierten die Seefahrer den Schoner ins tiefe Wasser zurück und kamen dann zu uns. Sie trugen Geschenke mit sich und waren freundlich; deshalb ließ ich Platz für sie machen und gab ihnen aus der Großzügigkeit meines Herzens heraus Geschenke, wie ich sie allen Gästen gegeben hatte, denn es war mein Hochzeitstag und ich war der Häuptling von Akutan.

Und der mit der Seelöwenmähne war auch da, so groß und stark, dass man schaute, ob die Erde unter seinen Schritten erbebte. Er blickte oft und direkt zu Unga, seine Arme gekreuzt, und blieb, bis die Sonne unterging und die Sterne hervorkamen. Dann ging er hinunter zu seinem Schiff. Danach nahm ich Unga an der Hand und führte sie in mein Haus. Dort war Gesang und großes Gelächter und die Frauen sagten hintersinnige Dinge in der Art, wie Frauen es bei solchen Gelegenheiten tun. Aber wir machten uns keine Sorgen. Dann ließen uns die Leute alleine und gingen nach Hause.

Der letzte Lärm war noch nicht verklungen, als der Anführer der Seeleute zur Tür hereinkam. Und er hatte schwarze Flaschen bei sich, aus denen wir tranken und fröhlich wurden. Bedenkt, ich war erst ein Jüngling und hatte mein ganzes Leben am Rande der Welt gelebt. So wallte mein Blut wie loderndes Feuer und mein Herz war so leicht wie Schaum, der von der Brandung zum Kliff fliegt. Unga saß still unter ihren Fellen in der Ecke mit weit geöffneten Augen, denn sie schien sich zu fürchten. Und der

Mann mit der Mähne eines Seelöwens schaute direkt und lange zu ihr hin. Dann kamen seine Männer mit Bündeln von Gaben, und er häufte vor mir einen Reichtum auf, wie er in ganz Akutan nicht vorhanden war: Gewehre, sowohl große als auch kleine, und Pulver und Kugeln und Zündhütchen, breite Äxte und Messer aus Stahl und kunstfertige Werkzeuge und fremdartige Dinge, wie ich sie noch nie gesehen hatte. Als er mir durch Zeichen bedeutete, dass dies alles mir gehören solle, dachte ich angesichts dieser Freigiebigkeit, er sei ein großer Mann; aber er gab mir auch zu verstehen, dass dafür Unga mit ihm auf sein Schiff gehen müsse. Versteht ihr? Dass Unga mit ihm auf sein Schiff mitkommen solle. Das Blut meiner Vorfahren flammte plötzlich heiß auf, und ich versuchte ihn mit meinem Speer zu durchbohren. Aber der Geist aus den Flaschen hatte die Kraft meiner Arme gelähmt, und er packte mich im Genick und schlug meinen Kopf gegen die Wand des Hauses. Ich wurde schwach wie ein neugeborenes Kind und meine Füße wollten mich nicht mehr tragen. Unga schrie und klammerte sich an die Dinge im Haus, bis alles über uns zusammenfiel, als er sie zur Tür schleppte. Da nahm er sie in seine großen Arme, und als sie an seinem gelben Haar riss, lachte er mit einem Laut wie die großen Robenbullen in der Brunftzeit.

Ich kroch an den Strand und rief nach meinen Leuten; aber sie hatten Angst. Nur Yash-Noosh war ein Mann, doch sie schlugen ihn mit einem Ruder auf den Kopf, bis er mit dem Gesicht im Sand lag und sich nicht mehr bewegte. Dann hissten sie die Segel, und das Schiff fuhr mit dem Wind davon.

Mein Volk sagte, es sei gut so, denn nun würde es keinen Krieg der Blutsbünde mehr in Akutan geben; aber ich sagte kein Wort und wartete bis zur Zeit des Vollmondes, in der ich Fisch und Öl in mein Kajak lud und gen Osten paddelte. Ich sah viele Inseln und viele Völker, und ich, der ich am Rand der Welt gelebt hatte, erkannte, dass sie sehr groß war. Ich sprach mit Zeichen, aber sie hatten weder einen Schoner gesehen noch einen Mann mit der Mähne eines Seelöwen, und sie deuteten stets nach Osten. Ich schlief an seltsamen Orten und aß absonderliche Dinge und traf fremdartige Gesichter. Viele lachten, denn sie dachten, ich sei ein Schwachkopf;

aber manchmal drehten alte Männer mein Gesicht zum Licht und segneten mich, und die Augen junger Frauen wurden sanft, als sie mich nach dem fremden Schiff und dem Seefahrer ausfragten.

Und auf diese Art und Weise, durch raue See und große Stürme, kam ich nach Unalaska. Dort lagen zwei Schoner, aber keiner war der, den ich suchte. So ging ich weiter nach Osten, wobei die Welt immer größer wurde, aber weder auf Unimak Island war eine Spur von dem Schiff noch in Kadiak oder Atognak. Und so kam ich eines Tages zu einem felsigen Land, wo Männer große Löcher in die Berge gruben. Und dort war ein Schoner, aber nicht mein Schoner, und Männer luden ihn voll mit den ausgegrabenen Steinen. Ich dachte, dies sei kindisch, da ja die ganze Welt aus Steinen besteht; aber sie gaben mir Arbeit und Essen. Als der Schoner tief im Wasser lag, gab der Kapitän mir Geld und sagte, ich soll gehen; aber ich fragte, wohin er segeln werde, und er deutete nach Süden. Ich sagte ihm, dass ich mitfahren wolle, und er lachte zuerst darüber, aber dann nahm er mich mit für die Arbeit auf dem Schiff, da er knapp an Männern war. So lernte ich, in ihrer Weise zu sprechen und Segel zu setzen und die Segel einzuholen bei plötzlichen Sturmböen und meine Schicht am Steuerrad zu machen. Aber all das war nicht fremd für mich, weil das Blut meiner Vorfahren das Blut von Seefahrern war.

Ich dachte, es wäre eine einfache Aufgabe, den zu finden, den ich suchte, wenn ich zu seinem Volk gehen würde; als wir jedoch eines Tages an Land kamen und vom Meer eine Einfahrt zum Hafen passierten, hielt ich Ausschau nach vielleicht so vielen Schonern, wie mein Hände Finger haben. Aber die Schiffe lagen meilenlang an den Kais, dicht gedrängt wie viele Fische, und als ich zu ihnen ging, um nach dem Mann mit der Mähne eines Seelöwen zu fragen, lachten sie und antworteten mir in den Sprachen vieler Völker. Und ich fand heraus, dass sie von den fernsten Teilen der Erde kamen.

Ich ging in die Stadt, um das Gesicht jeden Mannes zu betrachten, aber sie waren alle gleich wie der Kabeljau, wenn er im Schwarm über die Sandbänke zieht, und ich konnte sie nicht zählen. Und der Lärm drang auf mich ein, bis ich nicht mehr hören konnte und sich mir im Kopf von dem ganzen Gewimmel alles drehte. So ging ich weiter und weiter, durch Länder, die im warmen Sonnenschein lagen, wo die reiche Ernte auf den Ebenen stand und die Städte überquollen von Männern, die lebten wie Frauen, mit falschen Worten in ihren Mäulern und Herzen, die schwarz waren vor Gier nach Gold. Und während all der Zeit jagte und fischte mein Volk in Akutan und war zufrieden in dem Glauben, dass die Welt klein sei.

Die ganze Zeit aber war der Blick in die Augen Ungas, als sie vom Fischen heimfuhr, in meinem Kopf, und ich wusste, dass ich sie finden würde, wenn die Zeit gekommen war. Sie wanderte durch stille Straßen in der Dämmerung des Abends oder lockte mich durch die dichten vom Morgentau feuchten Felder, und es lag ein Versprechen in ihren Augen, wie es nur eine Frau, nur Unga geben konnte.

So wanderte ich durch tausend Städte. Manche waren freundlich und gaben mir zu essen, andere lachten über mich und wieder andere verfluchten mich, aber ich hielt meine Zunge im Zaum und ging seltsame Wege und sah merkwürdige Dinge. Manchmal schuftete ich, der ich ein Häuptling und der Sohn eines Häuptlings war, für Männer – für Männer mit derber Sprache und hart wie Eisen, die Gold herauspressten aus dem Schweiß und Kummer ihrer Mitmenschen. Jedoch bekam ich keine Antwort auf meine Suche, bis ich wieder zum Meer zurückkehrte wie eine Robbe in ihre heimischen Gefilde. Aber es war ein anderer Hafen in einem anderen Land, das im Norden lag. Und da hörte ich düstere Erzählungen von dem gelbhaarigen Seefahrer und erfuhr, dass er ein Robbenjäger und gerade weit fort auf dem Ozean sei.

Da fuhr ich auf einem Robbenschoner zusammen mit faulen Küstenindianern und folgte seinem fährtenlosen Weg in den Norden, wo die Robbenjagd im Gange war. Wir waren mühselige Monate unterwegs, und ich sprach mit manchem aus der Flotte und hörte viel über die wilden Taten jenes, den ich suchte; aber niemals kamen wir ihm auf dem Meer nahe. Wir fuhren nach Norden, sogar bis zu den Pribilof-Inseln und töteten herdenweise Robben auf dem Strand und brachten ihre warmen Körper an Bord, bis aus unseren Speigatten Tran und Blut floss und niemand mehr an Deck stehen konnte. Da wurden wir von einem langsamen Dampfschiff gejagt, das mit großen Geschützen auf uns schoss. Aber wir setzten die Segel, bis die See über unsere Decks fegte und sie sauber spülte, und entkamen im Nebel.

Es wurde gesagt, dass zu dieser Zeit, als wir mit Furcht im Herzen flohen, der gelbhaarige Seefahrer in die Pribilofs eingefallen sei und dort ein Warenlager geplündert habe. Während ein Teil seiner Männer die Bediensteten in Schach gehalten habe, habe der andere Teil zehntausende frische Felle aus den Salzhäusern verladen. Ich sage, so wurde es erzählt, aber ich glaube es, denn während ich die Küsten entlangreiste, ohne ihn je zu treffen, hallten die nördlichen Meere wider von seiner Wildheit und seinem Wagemut, bis die drei Nationen, die dort Land haben, ihn mit ihren Schiffen suchten. Und ich hörte auch von Unga, da die Kapitäne laute Loblieder auf sie sangen, denn sie war stets bei ihm. Sie sagten, sie habe die Lebensart seines Volkes gelernt und sei glücklich. Aber ich wusste es besser – wusste, dass ihr Herz sich zurücksehnte zu ihrem eigenen Volk am gelben Strand von Akutan.

Dann, nach einer langen Zeit, kam ich zurück in den Hafen, der an einem Zugang zum Meer liegt; und dort erfuhr ich, dass er quer über den ganzen Ozean gefahren sei, um um Robben zu jagen im Osten des Landes, das sich vom Russischen Meer südwärts erstreckt. Und ich, der ein Seemann geworden war, schiffte mich mit Männern seiner Rasse ein und fuhr ihm hinterher zur Jagd auf die Robben. Es waren wenig Schiffe in diesem neuen Land unterwegs; aber wir hingen uns an die Flanken der Robbenherden und jagten sie nordwärts den ganzen Frühling lang. Aber als die Robbenkühe, die schwer von ihren Jungen waren, über die russische Grenze schwammen, murrten unsere Männer und fürchteten sich, denn es gab viel Nebel und jeden Tag gingen Männer in den Booten verloren. Als sie nicht weiter arbeiten wollten, kehrte der Kapitän auf der Route zurück, auf der wir gekommen waren. Ich aber wusste, der gelbhaarige Seefahrer hatte keine Angst und würde sich an die Herden hängen, auch bei den russischen Inseln, zu denen sich wenige Männer wagen. Deshalb nahm ich in der Schwärze der Nacht, als der Wachhabende auf dem Vorderdeck vor sich hin döste, ein Boot und ruderte allein zu dem langen warmen Land. Dort reiste ich südwärts, um die wilden und furchtlosen Männer der Yeddo-Bucht zu treffen. Und in Yoshiwara waren die Mädchen klein und glänzend wie Stahl und gut anzuschauen, aber ich konnte nicht bleiben, denn ich wusste, dass Unga auf dem tosenden Schauplatz bei den Robbenkolonien des Nordens kreuzte.

Die Männer in der Yeddo-Bucht waren von allen Enden der Welt zusammengekommen und hatten weder Götter noch Heimat und segelten unter der Flagge Japans. Und mit diesen fuhr ich zu den reichen Stränden von Copper Island, wo unsere Stapel mit eingesalzenen Fellen immer größer wurden. In dieser ruhigen See sahen wir keinen Menschen, bis wir fertig waren für die Rückreise.

Dann, eines Tages, hob sich der Nebel durch starke Winde, und ein Schoner hielt auf uns zu, der in seinem Kielwasser dichtauf die rauchenden Schornsteine eines russischen Kriegsschiffes hatte. Wir flüchteten querschiffs im Wind, während der Schoner immer näher kam, drei Fuß zurücklegend, während wir nur zwei machten. Und auf seinem Steuerdeck stand der Mann mit der Mähne eines Seelöwen, die Reling mit den Segeln unter Wasser setzend und vor Lebenskraft und Übermut lachend. Und Unga war dort – ich erkannte sie sofort –, aber er schickte sie unter Deck, als die Kanonen über das Meer zu donnern begannen.

Wie ich sagte, er segelte mit drei Fuß gegenüber unseren zwei, bis wir sein grünes Ruder bei jedem Wellenschlag auftauchen sahen – und ich legte das Ruder um und fluchte, da wir die russischen Geschütze in unserem Rücken hatten. Wir wussten, dass er vorhatte, sich vor uns zu setzen, damit er entfliehen konnte, während wir gefangen wurden. Und so schossen sie unsere Masten zusammen, bis wir im Wind schlingerten wie eine verwundete Möwe. Er aber segelte davon über die Kante der Horizontlinie – er und Unga.

Was konnten wir tun? Die frischen Felle sprachen für sich. So nahmen sie uns mit zu einem russischen Hafen und danach zu einem einsamen Landstrich, wo sie uns zur Arbeit in Salzminen zwangen. Einige von uns starben – und einige starben nicht.«

Naass zog die Decke von seinen Schultern und zeigte das vernarbte und zerfurchte Fleisch, das von den unverkennbaren Striemen der Knute gekennzeichnet war. Prince bedeckte ihn hastig wieder, da es kein schöner Anblick war.

»Wir waren eine endlose Zeit dort; manchmal entflohen Männer nach Süden, aber sie kamen alle wieder zurück. Deshalb gingen wir, die von der Yeddo-Bucht gekommen waren, gen Norden, nachdem wir in der Nacht revoltiert und den Wachen die Gewehre abgenommen hatten. Das Land war riesig, mit Ebenen voll moorigen Wassers und großen Wäldern. Und die Kälte kam, viel Schnee fiel auf die Erde, und niemand wusste den Weg. Mühselige Monate liefen wir durch den endlosen Wald – ich erinnere mich nicht mehr genau, denn es gab wenig Nahrung, und oft legten wir uns hin zum Sterben. Aber schließlich erreichten wir doch das Polarmeer; nicht mehr als drei waren von uns übrig, um es zu sehen. Einer von uns war als Kapitän von Yeddo gekommen und wusste, wie Russland und Alaska zueinander lagen und auch die Gegend, wo man von einem zum anderen Land auf dem Eis gelangen konnte. Und er führte uns – ich weiß nicht wie lange –, bis wir nur noch zu zweit waren. Als wir die Gegend erreichten, trafen wir fünf fremdartige Menschen, die in diesem Land leben, und sie hatten Hunde und Felle, während wir völlig mittellos waren. Wir kämpften im Schnee, bis sie und auch der Kapitän starben. Die Hunde und die Felle gehörten nun mir. Dann überquerte ich das Eis, das bereits gebrochen war, und auf einmal driftete ich dahin, bis mich ein Sturm von Westen an die Küste trieb. Danach kam ich zur Golovin Bay, nach Pastilik und zu dem Priester. Dann südwärts, immer weiter südwärts zu dem warmen Sonnenland, wo ich mich zuerst herumgetrieben hatte.

Aber die Seefahrt brachte nichts mehr ein, und diejenigen, die weiter zur Robbenjagd fuhren, hatten wenig Ertrag und ein hohes Risiko. Die Flotten lösten sich auf, und die Kapitäne und Mannschaften wussten kein Wort über diejenigen, die ich suchte. Und so verließ ich den Ozean, der niemals ruht, und ging in die Landstriche, in denen die Häuser, die Bäume und die Berge immer an ihrem Platz sind und sich nicht wegbewegen. Ich reiste weit und lernte viele Dinge, sogar wie man Bücher liest und schreibt. Es war gut, dass ich das tat, denn es fiel mir ein, dass Unga diese Dinge auch wissen musste und eines Tages, wenn die Zeit kommen würde – wir –, ihr versteht, wenn die Zeit kommen würde.

So trieb ich dahin, wie jene kleinen Fische, die ein Segel in den Wind stellen, aber nicht steuern können. Aber meine Augen und Ohren waren stets wachsam, und ich mischte mich unter die Männer, die viel reisten, denn ich wusste, sie mussten die, die ich suchte, nur einmal gesehen haben, um sich an sie zu erinnern.

Schließlich traf ich einen Mann, der gerade aus den Bergen kam mit Gesteinsbrocken, in denen erbsengroße Goldeinlagerungen steckten; und er hatte Neuigkeiten, er hatte ihn getroffen, er kannte sie. Sie seien reich, sagte er, und würden an einem Ort leben, an dem sie das Gold aus dem Boden holten.

Es war in einem wilden Land und sehr weit entfernt, aber ich kam rechtzeitig zu der zwischen den Bergen versteckten Ansiedlung, wo die Männer Tag und Nacht ohne jedes Sonnenlicht arbeiteten. Aber die Zeit war noch nicht gekommen. Ich lauschte den Gesprächen der Leute. Aber er war weggegangen – sie waren weggegangen –, nach England, wurde gesagt, um dort Männer mit viel Geld zusammenzubringen und mit ihnen Kompanien zur Goldgewinnung zu gründen. Ich sah das Haus, in dem sie lebten; es war mehr ein Palast, wie man sie in den alten Ländern sieht. In der Nacht kletterte ich durch ein Fenster, damit ich sehen konnte, wie er sie behandelte. Ich ging von Raum zu Raum und dachte, dass so Könige und Königinnen leben müssen, denn es war alles sehr prachtvoll. Und alle sagten, dass er sie wie eine Königin behandelte, und viele rätselten, aus welcher Rasse sie stamme, denn es war anderes Blut in ihren Adern und das unterschied sie von den Frauen von Akutan, weshalb auch niemand erkannte, woher sie stammte. Ja, sie war eine Königin; aber ich war ein Häuptling und der Sohn eines Häuptlings und hatte für sie einen unermesslichen Preis mit Fellen, Booten und Perlen bezahlt.

Aber warum so viele Worte? Ich war Seemann und kannte die Wege der Schiffe über die Meere. Ich folgte ihnen nach England und in zwei weitere Länder. Manchmal hörte ich etwas über sie, manchmal las ich etwas in den Zeitungen, jedoch gelang es mir nie, ihnen nahe zu kommen, denn sie hatten viel Geld und reisten schnell, während ich nur ein armer Mann war. Dann gerieten sie in Schwierigkeiten, und ihr Reichtum verschwand eines Tages wie eine Rauchwolke. Die Zeitungen waren damals voll damit; aber danach war davon nicht mehr die Rede, und ich wusste, dass sie dahin zurückgegangen waren, wo noch mehr Gold aus der Erde herausgeholt werden konnte.

Als nun arme Leute waren sie aus der Aufmerksamkeit der Welt verschwunden; und so wanderte ich von Lager zu Lager ganz nach Norden ins Kootenay-Land, wo ich die erkaltete Spur wiederfand. Sie waren gekommen und wieder gegangen; die einen sagten dies, die anderen sagten das, und wieder andere sagten, sie seien in das Land am Yukon gegangen. Und ich ging hierhin und dorthin, immer von einem Ort zum anderen reisend, bis es schien, dass ich der Welt, die so groß war, überdrüssig wurde. Aber in den Kootenays ging ich einen schlechten und langen Weg mit einem Indianer aus dem Nordwesten, der sich zum Sterben hinlegte, als der Hunger kam. Er war am Yukon gewesen auf einem unbekannten Weg über die Berge, und als er wusste, dass seine letzte Stunde geschlagen hatte, gab er mir die Landkarte und verriet mir das Geheimnis eines Ortes, von dem er bei seinen Göttern schwor, dass dort viel Gold zu holen sei.

Zu der Zeit begann alle Welt in den Norden zu strömen. Ich war ein armer Mann, und so verkaufte ich mich als Hundetreiber. Den Rest kennt ihr. Ich traf ihn und sie in Dawson. Sie erkannte mich nicht, denn ich war damals ein Jüngling gewesen, und ihr Leben war so ereignisreich, dass sie keine Zeit hatte, sich an den einen zu erinnern, der einen unermesslichen Preis für sie bezahlt hatte.

Und dann? Du, Malemute Kid, hast mich aus meiner Dienstverpflichtung herausgekauft. Ich ging zurück, um die Dinge in meiner Weise zu regeln, denn ich hatte lange darauf gewartet, und nun, als ich meine Hand über ihm hatte, war keine Eile geboten. Wie ich schon sagte, ich wollte es auf meine Art tun. Ich blickte auf mein Leben zurück, auf all das, was ich gesehen und erlitten hatte, und ich erinnerte mich an die Kälte und den Hunger in den endlosen Wäldern an der Russischen See. Wie ihr wisst, habe ich ihn dann nach Osten geführt – ihn und Unga –, in den Osten, wohin viele gegangen und wenige zurückgekehrt sind. Ich führte sie zu dem Ort, wo die Knochen und Flüche von Männern zusammen mit dem Gold liegen, das sie nicht bekommen sollten.

Der Weg war lang und ungespurt. Wir hatten eine Menge Hunde und die fraßen viel; unsere Schlitten konnten das, was wir bis zum Frühjahr benötigten, nicht transportieren. Wir mussten zurück sein, bevor der Fluss eisfrei wurde. Wir legten hier und dort Vorratsdepots an, damit unsere Schlitten leichter wurden und für den Rückweg keine Gefahr von Hungersnot bestand. Am McQuesten River waren drei Männer, und in der Nähe von ihnen bauten wir ein Vorratsdepot; dasselbe taten wir am Mayo, wo das Jagdlager von einem Dutzend Pelly-Indianer war, welche die Wasserscheide von Süden her überquert hatten. Danach sahen wir auf unserem Weg nach Osten keine Männer mehr; nur den schlafenden Fluss, die regungslosen Wälder und das Weiße Schweigen des Nordens. Wie ich bereits sagte, es war es ein langer und ungespurter Weg. An manchem mühseligen Tag machten wir nicht mehr als acht Meilen, oder zehn, und nachts schliefen wir wie Tote. Und niemals träumten sie, dass ich Naass war, Häuptling von Akutan, der Rächer des Unrechts.

Wir legten nun kleinere Vorratsdepots an, und nachts war es ein Leichtes für mich, auf der Spur, die wir gekommen waren, zurückzugehen und die Depots so zu zerstören, dass Vielfraße als die Räuber verdächtigt wurden. Außerdem gab es Stellen, an denen der Fluss Gefälle hat und das Wasser unruhig ist und sich deshalb Eis bildet, das von unten wieder weggefressen wird. An einer solchen Stelle brach der Schlitten, den ich lenkte, mitsamt den Hunden durch das Eis. Für ihn und Unga erschien dies als Unglück und nicht mehr. Auf diesem Schlitten war viel Vorrat und es waren die stärksten Hunde gewesen. Aber er lachte in seinem Übermut nur darüber und gab den verbliebenen Hunden weniger Fressen, bis wir sie aus den Geschirren schnitten, einen nach dem anderen, und an ihre Leidensgenossen verfütterten. Er sagte, wir könnten ohne Hunde und Schlitten leicht wieder zurückkommen, indem wir von einem Depot zum anderen wanderten und uns dort verpflegten. Unsere Vorräte waren aber sehr

knapp, und der letzte Hund starb in den Strängen in der Nacht, als wir zu dem Gold und den Knochen und Flüchen der Männer kamen.
Die Karte sagte die Wahrheit – um diesen Platz tief im Herzen der großen Berge zu erreichen, mussten wir an einer Wasserscheide Stufen in das Eis einer Felswand schlagen. Wir schauten nach einem Tal dahinter, aber dort war kein Tal, nur eine Schneefläche, eben wie ein Getreidefeld, und ringsum erhoben mächtige Berge ihre weißen Häupter unter den Sternen. Aber mitten auf dieser seltsamen Ebene fiel der Schnee steil hinab, geradewegs in das Herz der Erde. Wären wir keine Seeleute gewesen, uns wäre bei diesem Blick hinunter schwindlig geworden; aber wir standen an dem schwindelerregenden Abgrund und überlegten einen Weg, um hinunter zu kommen. Und auf einer Seite, und nur auf dieser einen Seite, fiel die Wand schräg ab, vergleichbar der Neigung eines Schiffsdecks während einer Fahrt unter vollen Segeln. Ich weiß nicht, warum das so sein musste, aber es war so. ›Das ist das Tor zur Hölle‹, sagte er. ›Lasst uns hinuntergehen.‹ Und wir gingen hinunter.
Auf dem Grund war eine Hütte, gebaut von irgendeinem Mann mit Holzstämmen, die er von oben hinuntergeworfen hatte. Es war eine sehr alte Hütte, denn viele Männer waren dort zu verschiedenen Zeiten gestorben, und auf Birkenrindenstücken lasen wir ihre letzten Worte und Flüche. Einer war an Skorbut gestorben; einem anderen war von seinem Partner, der sich davonmachte, der letzte Vorrat und das Pulver gestohlen worden; ein dritter wurde von einem übellaunigen Bär zerfleischt; ein vierter versuchte Wild zu jagen und verhungerte – und so ging es weiter. Sie hatten alle das Gold nicht zurücklassen wollen und waren auf die eine oder andere Weise an seiner Seite gestorben. Und das wertlose Gold, das sie gesammelt hatten, ließ den Fußboden der Hütte gelb glänzen wie in einem Traum.
Der Mann aber, den ich von so weit hergeführt hatte, war unbestechlich in seiner Seele und klar im Kopf. Er sagte: ›Wir haben nichts zu essen und werden deshalb dieses Gold nur betrachten und nachschauen, woher es kommt und wie viel es ist. Dann werden wir rasch weggehen, bevor es uns in die Augen sticht und uns den Verstand raubt. Und auf diese Weise

können wir später mit mehr Proviant zurückkommen und alles in Besitz nehmen.‹ So begutachteten wir die große Goldader, welche die Wand der Grube durchzog, wie es sich für eine richtige Ader gehört; und wir folgten ihr nach oben und unten und vermaßen sie und schlugen die Eckpfosten der Claims ein und brannten die Zeichen für unsere Besitzansprüche in die Bäume. Dann kletterten wir ein letztes Mal die mächtige Wand hinauf und machten uns auf den Rückweg mit vor Hunger zitternden Knien, schmerzenden Mägen und Herzen, die bis zum Hals hinauf schlugen.

Die letzte Strecke trugen wir Unga zwischen uns und fielen oft hin, aber schließlich erreichten wir das Depot. Doch siehe, es gab keinen Vorrat mehr. Es war gut gemacht, denn er dachte, es seien die Vielfraße gewesen, und er verfluchte seine Götter mit dem selben Atemzug. Aber Unga war tapfer und lächelte und legte ihre Hand in die seine, sodass ich mich abwenden musste, um mich beherrschen zu können. ›Wir wollen am Feuer bis morgen ausruhen und aus unseren Mokassins Kraft holen‹, sagte sie. So schnitten wir die oberen Teile unserer Mokassins in Streifen und kochten sie die halbe Nacht, damit wir sie zerkauen und verschlingen konnten. Und am Morgen unterhielten wir uns über unsere Aussichten. Zum nächsten Depot war es eine Fünftagesreise; das konnten wir nicht schaffen. Wir mussten Wild finden.

›Lasst uns weitergehen und jagen‹, sagte er.

›Ja‹, sagte ich, ›wir wollen weitergehen und jagen.‹

Er bestimmte, dass Unga beim Feuer bleiben und ihre Kräfte schonen sollte. Und wir gingen vorwärts, er auf der Suche nach Elchen, und ich zu dem Depot, das ich verlagert hatte. Aber ich aß nur wenig, damit sie mich nicht zu sehr bei Kräften sahen. Als er in der Nacht zum Lager zurückkam, fiel er oft hin. Und ich täuschte auch große Schwäche vor beim Stolpern mit meinen Schneeschuhen, als ob jeder Schritt mein letzter sein könnte. Wieder stärkten wir uns an unseren Mokassins.

Er war ein beeindruckender Mann. Seine Seele stützte seinen Körper bis zuletzt; er äußerte keine laute Klage, außer um Unga willen. Am zweiten Tag folgte ich ihm, damit ich das Ende nicht versäumte. Und er legte sich oft hin, um auszuruhen. In dieser Nacht war sein Ende nah, aber am Morgen fluchte er schwach und zog wieder los. Er war wie ein Betrunkener, und ich schaute oft zu ihm, ob er nicht aufgebe; aber er hatte die Stärke der Starken, und seine Seele war die Seele eines Riesen, denn er schleppte seinen Körper durch den ganzen mühseligen Tag. Und er schoss zwei Schneehühner, wollte sie jedoch nicht essen. Er brauchte kein Feuer; sie bedeuteten Leben; aber er dachte nur an Unga und kehrte zum Lagerplatz zurück. Er ging nicht mehr, sondern kroch auf Händen und Füßen durch den Schnee.

Ich ging zu ihm hin und sah den Tod in seinen Augen. Selbst da war es noch nicht zu spät, von den Schneehühnern zu essen. Er warf sein Gewehr weg und trug die Vögel in seinem Maul wie ein Hund. Ich ging an seiner Seite, aufrecht. Und er schaute auf mich in den Momenten, in denen er rastete, und wunderte sich, warum ich so stark war. Ich konnte es sehen, obwohl er nicht mehr sprach; wenn seine Lippen sich bewegten, bewegten sie sich ohne einen Laut. Wie ich sagte, er war ein großer Mann und mein Herz bat um Mitleid; aber dann blickte ich auf mein Leben und erinnerte mich an die Kälte und den Hunger in den endlosen Wäldern bei der Russischen See. Außerdem, Unga gehört mir, ich hatte für sie einen unermesslichen Preis bezahlt mit Fellen und Booten und Perlen.

Auf diese Weise kamen wir durch die weißen Wälder mit einem Schweigen, das so schwer auf uns lastete wie ein feuchter Seenebel. Und die Gespenster der Vergangenheit waren in der Luft und überall um uns, und ich sah den gelben Strand von Akutan und die vom Fischen heimkommenden Kajaks und die Häuser am Rande des Waldes. Und die Männer, die sich selbst zu Häuptlingen gemacht hatten, waren auch da, die Gesetzgeber, deren Blut ich in mir trage und deren Blut ich in Unga heiratete. Ja, und Yash-Noosh ging mit mir, den nassen Sand in seinem Haar, seinen Jagdspeer noch in der Hand, der brach, als er auf ihn fiel. Und ich wusste, dass die Zeit gekommen war, und sah in Ungas Augen das Versprechen. Wie ich schon sagte, wir kamen so durch den Wald, bis der Geruch des Lagerfeuers in unsere Nasen stieg. Da beugte ich mich über ihn und zog die Schneehühner aus seinen Zähnen. Er drehte sich auf die Seite und rastete, während Verwunderung in seine Augen stieg und seine untere Hand langsam in Richtung des Messers an seiner Hüfte glitt. Aber ich nahm es weg und lächelte ihm von ganz nah ins Gesicht. Selbst da verstand er noch nicht. Deshalb tat ich so, als ob ich aus schwarzen Flaschen trinken und einen großen Stapel von Gaben hoch über den Schnee bauen würde und als würden die Dinge jetzt wieder geschehen, die in der Nacht meiner Hochzeit geschahen. Ich sprach kein Wort, aber er verstand. Noch hatte er keine Angst. Es lag ein spöttisches Grinsen um seine Lippen und kalte Wut, und er schöpfte aus dem Wissen neue Stärke. Es war nicht weit, aber der Schnee war tief und er schleppte sich sehr langsam vorwärts. Einmal lag er so lange, dass ich ihn umdrehte und in seine Augen schaute. Und manchmal schaute er vorwärts und manchmal wie tot. Aber wenn ich ihn losließ, kämpfte er sich weiter. Auf diese Weise kamen wir zum Feuer. Unga war sofort neben ihm. Seine Lippen bewegten sich lautlos, dann deutete er auf mich, damit Unga verstünde. Und danach lag er im Schnee, sehr still, für eine lange Zeit. Noch jetzt liegt er dort im Schnee.

Ich sagte kein Wort, bis ich die Schneehühner gekocht hatte. Dann sprach ich mit ihr in ihrer eigenen Sprache, die sie seit vielen Jahren nicht mehr gehört hatte. Sie richtete sich auf, ihre Augen wurden groß vor Verwunderung und sie fragte, wer ich sei und wo ich diese Sprache gelernt habe.

›Ich bin Naass‹, sagte ich.

›Du?‹, sagte sie. ›Du?‹ Und sie kroch nah heran, damit sie mich anschauen konnte.

›Ja‹, antwortete ich, ›ich bin Naass, Häuptling von Akutan, der Letzte seines Blutes, wie du die Letzte deines Blutes bist.‹

Da lachte sie. Bei all den Dingen, die ich gesehen habe, und den Taten, die ich getan habe, möchte ich nie mehr ein solches Lachen hören. Es ließ meine Seele erfrieren, als ich so in dem Weißen Schweigen saß, allein mit dem Toten und dieser Frau, die lachte.

›Komm!‹, sagte ich, denn ich dachte, sie sei verwirrt. ›Iss von dem Essen und lass uns dann gehen. Es ist ein weiter Weg von hier nach Akutan.‹

Aber sie grub ihr Gesicht in seine gelbe Mähne und lachte, bis es den Anschein hatte, dass die Himmel über unsere Ohren zusammenstürzen muss-

ten. Ich hatte gedacht, sie würde bei meinem Anblick außer sich vor Freude sein und begierig darauf, zu den Erinnerungen an die alten Zeiten zurückzukehren; aber es schien mir eine seltsame Wendung zu nehmen.
›Komm!‹, schrie ich und nahm sie entschlossen an der Hand. ›Der Weg ist lang und dunkel. Los, lass uns gehen!‹
›Wohin?‹, fragte sie, sich aufsetzend und mit ihrer seltsamen Heiterkeit innehaltend.
›Nach Akutan‹, antwortete ich und suchte nach der aufkommenden Freude in ihrem Gesicht bei diesem Gedanken. Aber sie reagierte wie er mit einem spöttischen Grinsen auf den Lippen und kalter Wut.
›Ja‹, sagte sie, ›wir wollen Hand in Hand nach Akutan gehen, du und ich. Und wir wollen dort in den schmierigen Hütten leben und uns von Fisch und Tran ernähren und eine Brut zeugen – eine Brut, auf die wir bis ans Ende unserer Tage stolz sind. Wir wollen die Welt vergessen und glücklich sein, sehr glücklich. Es ist gut, sehr gut. Komm! Beeilen wir uns! Lass uns zurückgehen nach Akutan!‹
Und sie strich mit der Hand durch sein gelbes Haar und lachte in einer Art und Weise, die nicht gut war. Und es lag kein Versprechen in ihren Augen.
Ich saß schweigend und rätselte über die Eigentümlichkeit dieser Frau. Ich dachte an die Nacht zurück, als er sie mir raubte und sie schrie und an seinen Haaren riss – an seinen Haaren, mit denen sie nun spielte und von denen sie nicht lassen wollte. Dann erinnerte ich mich an den Preis und die langen Jahre des Wartens, und ich packte sie fest und zerrte sie weg, wie er es getan hatte. Und sie wehrte sich so wie in jener Nacht und kämpfte wie eine Katze um ihre Jungen. Und als das Feuer zwischen uns und dem Mann war, ließ ich sie los, und sie saß da und hörte mir zu. Und ich erzählte ihr von all dem, was dazwischen lag, über all das, was mir auf fremden Meeren widerfahren war, über all das, was ich in den fremden Ländern getan hatte, von meiner mühsamen Suche und den Hungerjahren und von dem Versprechen, das ich mir damals gegeben hatte. Ja, ich erzählte ihr alles, was geschehen war, selbst das, was an diesem Tag zwischen dem Mann und mir vorgefallen ist, und von den vergangenen Tagen. Und

als ich so sprach, sah ich das Versprechen wachsen in ihren Augen, voll und groß wie der Anbruch der Dämmerung. Und ich las Mitleid darin, die Zärtlichkeit der Frauen, die Liebe, das Herz und die Seele Ungas. Und ich wurde wieder zum Jüngling, denn der Blick war der Blick Ungas, als sie lachend den Strand hinauf zum Haus ihrer Mutter rannte. Die starke Unruhe war fort und der Hunger und das quälende Warten. Die Zeit war gekommen. Ich spürte den Ruf ihrer Brust und mir war, als sollte ich dort meinen Kopf betten und vergessen. Sie öffnete ihre Arme für mich, und ich kam ihr entgegen. Plötzlich jedoch flammte Hass in ihren Augen auf, ihre Hand war an meiner Hüfte. Und einmal, zweimal stach sie mit meinem Messer zu.

›Du Hund!‹, schrie sie höhnisch, als sie mich in den Schnee schleuderte. ›Du Schwein!‹ Und dann lachte sie, bis die Stille zerbrach und sie zu ihrem Toten zurückkehrte.

Wie ich bereits sagte, sie stach mit dem Messer einmal und zweimal zu; aber sie war zu schwach vor Hunger, und ich sollte einfach noch nicht sterben. Zuerst dachte ich daran, an jenem Ort zu bleiben und meine Augen zu schließen für den letzten langen Schlaf mit diesen beiden, deren Leben das meine gekreuzt und meine Füße auf unbekannte Wege geführt hatte. Aber es lastete noch eine Schuld auf mir, welche mich nicht ruhen ließ.

Und der Weg war lang, bitterkalt, und es gab nur wenig Nahrung. Die Pelly-Indianer hatten keine Elche gefunden und deshalb mein Depot ausgeraubt. Und dasselbe hatten die drei weißen Männer getan; aber sie lagen dürr und tot in ihrer Hütte, als ich vorbeikam. Danach kann ich mich an nichts mehr erinnern, bis ich hierher kam und Essen und Feuer fand – viel Feuer.«

Als er geendet hatte, kroch er dicht, fast gierig an den Ofen. Einige Zeit warfen die Schatten der Tranlampe unheimliche Schatten an die Wand.

»Aber Unga!«, schrie Prince dann, dem die Szenen deutlich vor Augen standen.

»Unga? Sie wollte nichts von den Schneehühnern essen. Sie lag da mit ihren Armen um seinen Nacken, ihr Gesicht tief in seinem gelben Haar. Ich zog das Feuer dicht zu ihr hin, damit sie nicht den Frost spüren sollte, aber sie kroch auf die andere Seite. Und ich machte dort Feuer; es nützte nichts, da sie nichts essen wollte. Und so liegen sie immer noch da oben im Schnee.«

»Und was ist mit dir?«, fragte Malemute Kid.

»Ich weiß es nicht; aber Akutan ist zu klein und ich habe kein großes Verlangen dorthin zurückzugehen und am Rand der Welt zu leben. Das Leben dort bietet wenig. Ich kann zu Inspektor Constantine gehen, der mich in Ketten legen wird, und eines Tages werden sie ein Stück Seil knüpfen und ich werde gut schlafen. Aber jetzt? – Nein, ich weiß nicht.«

»Aber Kid«, protestierte Prince, »er ist ein Mörder!«

»Schweig!«, befahl Malemute Kid. »Es gibt Dinge, die weit größer sind als unser Wissen und jenseits unserer Gerechtigkeit liegen. Wir vermögen nicht zu sagen, was hier Recht und Unrecht ist, und es ist nicht an uns, hier zu richten.«

Naass drängte sich noch enger ans Feuer. Im Raum war eine große Stille, und vor dem geistigen Auge der Männer kamen und gingen viele Bilder.

# Der Bund der alten Männer

In der Polizeikaserne wurde über Leben und Tod eines Mannes verhandelt. Es war ein alter Mann, ein Indianer vom Whitefish River, der unterhalb des Lake Le Barge in den Yukon fließt. Ganz Dawson war aufgebracht wegen des Falls, und ebenso die Siedler am Yukon tausend Meilen flussauf- und flussabwärts.

Es war bei den land- und seeräuberischen Angelsachsen üblich, den unterworfenen Völkern ihre Gesetze zu geben, und oftmals waren diese unerbittlich. Aber im Fall von Imber schienen die Gesetze unpassend und unzureichend zu sein. Bei einer mathematischen Aufrechnung der Sache entsprachen die Schuld und die Strafe, die dafür vorgesehen war, einander nicht. Seine Strafe stand schon von vornherein fest, daran konnte kein Zweifel bestehen; es war ein Kapitalverbrechen, aber Imber hatte nur ein Leben, während die Anklage gegen ihn unzählige auflistete.

Tatsächlich klebte das Blut von so vielen Menschen an seinen Händen, dass die Morde, die ihm angelastet wurden, eine genaue Zählung nicht zuließen. Männer, die eine Rauchpause auf dem Trail einlegten oder am Ofen rasteten, versuchten eine grobe Schätzung der Zahl derer, die durch seine Hand umgekommen waren. Es waren ausschließlich Weiße gewesen, diese armen ermordeten Menschen, und sie waren allein, zu zweit oder in ganzen Gruppen umgebracht worden. Und diese Morde waren so sinnlos und willkürlich gewesen, dass sie lange Zeit ein Rätsel für die North-West Mounted Police gewesen waren, schon in der Zeit der Captains, wie auch später, als die kanadische Regierung, nachdem an den Bächen viel Gold gefunden wurde, einen Gouverneur schickte, um im Land Steuern auf die Gewinne zu erheben.

Aber noch geheimnisvoller war, dass Imber von sich aus nach Dawson gekommen war, um sich zu stellen. Es war im fortgeschrittenen Frühjahr, und der Yukon bäumte sich grollend unter seiner Eislast, als der alte Indianer unter Schmerzen die Uferböschung vom Flusstrail hochkletterte und blinzelnd auf der Hauptstraße stehen blieb. Männer, die bei seiner Ankunft anwesend waren, bemerkten, dass er schwach war und schwankend ging, und dass er auf einen Haufen Bauholz zugewankt sei, auf den er sich setzte. Er saß dort einen ganzen Tag, regungslos auf die unablässige Flut von weißen Männern starrend, die vorbeiströmte. Viele Köpfe wandten sich ihm neugierig zu, um seinem starren Blick zu begegnen, und mehr als eine Bemerkung fiel über den alten Siwash mit dem so fremdartigen Ausdruck in seinem Gesicht. Nicht wenige Männer erinnerten sich später, dass sie von seiner außergewöhnlichen Gestalt beeindruckt gewesen seien, und brüsteten sich vor allem mit ihrem raschen Gespür für das Ungewöhnliche der Situation.

Aber es war Dickensen, Little Dickensen, vorbehalten, die Hauptfigur des Geschehens zu werden. Little Dickensen kam einst ins Land mit großen Träumen und einer Hosentasche voll Bargeld; aber zeitgleich mit dem Bargeld verschwanden auch seine Träume, und um Geld für die Rückreise in die Staaten zu verdienen, hatte er eine Buchhalterstelle bei der Maklerfirma Holbrook & Mason angenommen. Deren Büro lag gegenüber dem Bauholzstapel auf der anderen Straßenseite, auf dem Imber saß. Dickensen beobachtete ihn durch das Fenster, bevor er zum Mittagessen ging; als er zurückkam, schaute er wieder aus dem Fenster, und der alte Siwash war immer noch da.

Dickensen setzte seine Beobachtungen aus dem Fenster fort, und auch er brüstete sich später über seine schnelle Auffassungsgabe. Er war ein romantischer kleiner Kerl, und so verklärte er den stoischen alten Heiden, der ruhigen Auges die Masse der eingewanderten Weißen beobachtete, zum Sinnbild der indianischen Rasse.

Die Stunden gingen dahin, aber Imber veränderte seine Haltung nicht und bewegte seine Muskeln um keine Haaresbreite; Dickensen erinnerte das an den Mann, der aufrecht auf seinem Schlitten in der Hauptstraße gesessen hatte, in der beständig Menschen auf und ab gegangen waren. Sie dachten, der Mann würde sich bloß ausruhen, aber später, als sie ihn anfassten, fanden sie ihn steif und kalt, erfroren mitten auf der belebten Straße. Damit er in einen Sarg passte, waren sie gezwungen gewesen, ihn an ein Feuer zu schleppen und aufzutauen, damit sie ihn gerade biegen konnten. Dickensen schauderte bei der Erinnerung daran.

Später ging Dickensen auf den Gehsteig hinaus, um eine Zigarre zu rauchen und sich abzukühlen; und wenig später kam zufällig Emily Travis vorbei. Emily Travis war zierlich, anmutig und reizend und kleidete sich, ob sie sich nun in London oder im Klondike befand, immer so, wie es sich für die Tochter eines millionenschweren Mineningenieurs gehörte. Little Dickensen legte seine Zigarre auf ein Fensterbrett, wo er sie wieder finden konnte, und zog den Hut.

Sie unterhielten sich ungefähr zehn Minuten, als Emily Travis Dickensen über die Schulter schaute und einen aufgeregten kleinen Schrei ausstieß. Dickensen drehte sich um und erschrak ebenfalls. Imber hatte die Straße überquert und stand nun vor ihnen, als ein hagerer und hungrig dreinblickender Schatten mit auf das Mädchen starrendem Blick.

»Was willst du?«, fragte Dickensen zitternd vor Mut.

Imber murmelte etwas und starrte weiter auf Emily Travis. Er musterte sie genau und sorgfältig von Kopf bis Fuß. Besonders schien er an ihrem seidigen braunen Haar interessiert zu sein und der Farbe ihrer Wangen, die leicht angehaucht und sanft schien, wie der samtige Glanz eines Schmetterlingsflügels. Er ging um sie herum, betrachtete sie genau mit dem prüfenden Blick eines Mannes, der die Linien und den Bau eines Pferdes oder Bootes studiert. Bei seiner Umrundung kam ihm die rosarote Muschel ihres Ohres gegen die Abendsonne vors Auge, und er hielt an, um ihr rosiges Leuchten zu betrachten. Dann kehrte sein Blick zu ihrem Gesicht zurück, und er schaute lange und gebannt in ihre blauen Augen. Er murmelte etwas und legte seine Hand auf ihren Arm zwischen Schulter und Ellbogen. Mit der anderen Hand hob er ihren Unterarm an und winkelte ihn ab. Sein Gesicht zeigte Widerwillen und Verwunderung, und er ließ ihren Arm mit einem geringschätzigen Knurren los. Dann murmelte er ein paar kehlige Laute, drehte ihr den Rücken zu und wandte sich an Dickensen.

Dickensen verstand seine Sprache nicht, und Emily Travis lachte. Imber blickte stirnrunzelnd von ihm zu ihr, aber beide schüttelten den Kopf. Er wollte schon weggehen, als sie laut rief:

»Oh, Jimmy! Komm her!«

Jimmy kam von der anderen Seite der Straße herüber. Er war ein großer, massiger Indianer, der sich im Stil weißer Männer zu kleiden versuchte und einen großen Hut wie die Eldorado-Könige auf dem Kopf trug. Er sprach mit Imber, stockend und mit vielen Kehllauten. Jimmy war ein Sitka-Indianer, der nur wenige Kenntnisse von den Dialekten aus dem Landesinneren besaß.

»Er Whitefish-Mann«, sagte er zu Emily Travis. »Ich kennen Sprache nicht viel. Er wollen sehen Häuptling Weißer Mann.«

»Den Gouverneur«, mutmaßte Dickensen.

Jimmy sprach noch etwas mit dem Whitefish-Indianer, wobei sein Gesicht einen ernsten und verwirrten Ausdruck bekam.

»Ich denken, er wollen Captain Alexander«, erklärte er. »Er sagen, er töten weiße Männer, weiße Frauen, weiße Jungen, viel töten weiße Menschen. Er wollen sterben.«

»Ich vermute, er ist geisteskrank«, sagte Dickensen.

»Was du meinen?«, fragte Jimmy.

Dickensen drückte zur Verdeutlichung einen Finger an seinen Kopf und versetzte ihn in rotierende Bewegung.

»Kann sein so, kann sein«, meinte Jimmy und wandte sich wieder an Imber, der weiterhin den Häuptling der weißen Männer sehen wollte.

Ein Mann der North-West Mounted Police, der gerade zu Fuß seinen Dienst versah, trat zu der Gruppe und hörte Imber seinen Wunsch wiederholen. Es war ein kräftiger junger Bursche, breitschultrig und breitbrüstig mit langen strammen Beinen, und so groß Imber auch war, er überragte ihn doch um eine halbe Hauptеslänge. Seine Augen waren kühl, grau und ruhig, und er strahlte jenes eigenartige Selbstvertrauen aus, das durch Herkunft und Tradition hervorgebracht wird. Seine beeindruckende Männlichkeit wurde durch seine Jugendfrische betont – er war noch ein junger Bursche –, und seine glatten Wangen schienen ebenso leicht zu erröten wie die eines Mädchens.

Imber war von ihm sogleich angetan. Feuer glomm in seinen Augen auf, als er auf seiner Wange die Narbe eines Säbelhiebes erblickte. Er ließ seine alterswelke Hand an den jugendlichen Beinen hinabgleiten und tätschelte die strammen Waden. Mit seinen Knöcheln schlug er auf dessen breite Brust und presste und knetete die dicken Muskelpakete, die seine Schultern wie Schutzpanzer umschlossen.

Die Ansammlung war mittlerweile angewachsen durch neugierige Passanten – stämmige Goldsucher, Bergarbeiter und Abenteurer, die Nachkommen langbeiniger und breitschultriger Pioniere. Imber schaute von einem zum anderen und sagte dann laut etwas in der Whitefish-Sprache.

»Was hat er gesagt?«, fragte Dickensen.

»Er sagen, das richtige Männer, das Polizeimann«, übersetzte Jimmy.

Dickensen war klein, und wegen Miss Travis bedauerte er nun, gefragt zu haben.

Der Polizist hatte Mitleid mit ihm und half ihm aus der Verlegenheit: »Ich glaube, es könnte an der Geschichte was dran sein. Ich werde ihn zum Captain für ein Verhör mitnehmen. Jimmy, sag ihm, er soll mit mir mitkommen.«

Jimmy erklärte es ihm mit vielen kehligen Lauten, und Imber grunzte zustimmend und sah zufrieden aus.

»Aber frag ihn vorher noch, Jimmy, was er sagte und meinte, als er meinen Arm angefasst hat.«

Das sagte Emily Travis, und Jimmy fragte und erhielt Antwort.

»Er sagen, du nicht Angst haben«, übersetzte er.

Emily Travis schaute zufrieden.

»Er sagen, du nicht skookum, nicht kräftig, überall weich wie ein Baby. Er brechen können dich mit Händen zu kleine Stücke. Ihm sehr komisch, sehr Rätsel, wie du können werden Mutter von große, starke Männer wie Polizeimann.«

Emily Travis senkte ihre Augen nicht und hielt stand, aber ihre Wangen verfärbten sich dunkelrot. Little Dickensen errötete ebenfalls und war ganz verlegen. Dem Polizisten schoss das Blut jünglingshaft ins Gesicht.

»Komm jetzt mit«, sagte er schroff und bahnte sich mit seinen Schultern den Weg durch die Menge.

So kam es, dass Imber seinen Weg in die Polizeikaserne fand, wo er ein vollständiges und freiwilliges Geständnis ablegte, und deren Bereich er nie mehr verlassen sollte.

*

Imber sah sehr müde aus. Sein Gesicht war von der Erschöpfung gezeichnet, die durch seine Hoffnungslosigkeit und sein Alter verursacht wurde. Er ließ deprimiert die Schultern hängen, und seine Augen waren glanzlos. Sein Haarschopf hätte weiß sein müssen, aber Sonne, Wind und Wetter hatten ihm so zugesetzt, dass er strähnig, leblos und ausgebleicht herunterhing. Imber nahm keinen Anteil an dem, was um ihn herum vor sich ging. Der Gerichtssaal war überfüllt mit Männern, die von den Flüssen und Trails gekommen waren, und in ihren tiefen Stimmen war ein bedrohlich klingendes Rumoren und Raunen, das an seine Ohren wie das Grollen des Meeres in tiefen Höhlen drang.

Er saß nahe am Fenster, und hin und wieder ruhte sein lebloser Blick auf der trostlosen Landschaft draußen. Der Himmel war bedeckt, und ein grauer Nieselregen fiel. Es war Hochwasserzeit am Yukon. Das Eis war geschmolzen, und der Fluss stand in den Straßen der Stadt. Auf der Hauptstraße waren die rastlosen Menschen ständig in Kanus und Ruderbooten unterwegs. Viele Boote sah er von der Straße abbiegen und in das überflutete Quadrat des Exerzierplatzes der Polizeikaserne kommen. Manchmal verschwanden sie direkt unter ihm, und er hörte die Boote an der Balkenwand des Hauses entlangschrammen und ihre Insassen durch die Fenster des darunterliegenden Stockwerks klettern. Danach vernahm er das Rauschen des Wassers gegen ihre Beine, wenn sie durch den Raum wateten, um die Treppe zu erreichen. Dann tauchten sie im Vorraum auf mit gezogenen Hüten und triefenden Seemannsstiefeln und gesellten sich zu der wartenden Menge.

Und während sie ihre Blicke auf ihn fixierten und in grimmiger Vorfreude sich bereits die Strafe vorstellten, die er zu zahlen hatte, schaute Imber seinerseits auf sie und sann über ihre Verhaltensweisen nach und ihr Gesetz, das niemals schlief, sondern ununterbrochen wirkte, in guten und schlechten Zeiten, bei Flut und Hungersnot, bei Problemen und Gewalt und Tod, und das, wie ihm schien, unverändert weiterwirken würde, bis ans Ende der Zeit.

Ein Mann klopfte hart auf einen Tisch, und die Gespräche wichen einer Stille. Imber schaute zu dem Mann, der geklopft hatte. Er schien Befehlsgewalt zu besitzen, aber Imber erahnte, dass der Mann mit der breiten Stirn, der an einem Tisch weiter hinten saß, der Häuptling über sie alle war und auch über den Mann, der geklopft hatte. Ein anderer Mann am selben Tisch erhob sich und begann laut das vorzulesen, was auf vielen feinen Blättern Papier stand. Am Beginn jedes Blattes räusperte er sich, und am Ende feuchtete er sich die Finger an. Imber verstand nichts davon, aber andere taten es, und er begriff, dass es sie zornig machte. Manchmal machte es sie sehr zornig, und einmal verfluchte ihn ein Mann mit kurzen, scharfen und stechenden Worten, bis der Mann am Tisch ihn durch Klopfen zum Schweigen brachte.

Der Mann las unendlich lange vor. Sein eintöniger Singsang verführte Imber zum Träumen, und er war tief darin versunken, als der Mann verstummte. Nun sprach plötzlich eine Stimme zu ihm in seiner eigenen Whitefish-Sprache, und er kam zu sich und erkannte ohne Überraschung zu zeigen das Gesicht des Sohnes seiner Schwester, eines jungen Mannes, der vor Jahren weggegangen war, um bei den Weißen zu leben.

»Du wirst dich nicht mehr an mich erinnern«, sagte dieser anstelle einer Begrüßung.

»Doch«, erwiderte Imber. »Du bist Howkan, der fortging. Deine Mutter ist gestorben.«

»Sie war eine alte Frau«, sagte Howkan.

Aber Imber hörte nicht mehr zu, und Howkan weckte ihn wieder, indem er die Hand auf seine Schulter legte.

»Ich soll dir sagen, was der Mann gesagt hat über die Geschichte der Untaten, die du begangen hast und die du großer Narr dem Captain Alexander erzählt hast. Dadurch sollst du verstehen und sagen, ob das Gesagte wahr ist oder nicht wahr ist. So ist es befohlen.«

Howkan war zu den Missionaren gegangen und von ihnen im Lesen und Schreiben unterrichtet worden. In seinen Händen hielt er die vielen feinen Papierblätter, von denen der Mann laut vorgelesen hatte, und die von einem Protokollanten beschrieben worden waren, als Imber sein von Jimmy übersetztes Geständnis bei Captain Alexander abgelegt hatte. Howkan begann zu übersetzen. Imber hörte eine Weile zu, bis Verwunderung auf seinem Gesicht erschien und er Howkan abrupt unterbrach.

»Das ist meine Rede, Howkan. Von deinen Lippen kommt nun, was deine Ohren nicht gehört haben.«

Howkan grinste selbstgefällig. Sein Haar war in der Mitte gescheitelt. »Nein, ach Imber, es kommt von dem Papier. Meine Ohren haben es nie gehört. Es kommt vom Papier durch meine Augen in meinen Kopf und dann aus meinem Mund zu dir. So geht das.«

»So geht das? Es ist in dem Papier?« Imbers Stimme sank zu einem ehrfürchtigen Flüstern herab, als er die Papierseiten zwischen Daumen und Zeigefinger rieb und auf die sorgfältig darauf geschriebenen Buchstaben starrte. »Das ist großer Zauber, Howkan, und du bist ein Zauberer.«

»Das ist es nicht, es ist nicht so«, antwortete der junge Mann lässig und stolz. Er übersetzte eine zufällige Stelle aus der Anklageschrift: »In diesem Jahr, vor dem Brechen des Eises, kamen ein alter Mann und ein Junge, der lahm war auf einem Bein. Diese erschlug ich auch, und der alte Mann machte dabei viel Lärm –«

»Das ist wahr«, unterbrach Imber ihn atemlos. »Er machte viel Lärm und wollte lange nicht sterben. Aber wie kannst du das wissen, Howkan? Der Häuptling der weißen Männer wird es wohl erzählt haben? Keiner war dabei, nur ihm allein habe ich es erzählt.«

Howkan schüttelte ungeduldig seinen Kopf. »Habe ich dir nicht gesagt, dass es in diesem Papier gesagt wird, du Narr?«

Imber starrte intensiv auf das tintenbeschriebene Blatt. »Es ist wie bei dem Jäger, der auf den Schnee schaut und sagt, hier ist gestern ein Kaninchen vorbeigekommen, und hier bei dem Weidengebüsch ist es gesessen und hat gelauscht und hat etwas gehört und war ängstlich; und hier drehte es um und lief zurück auf seinem Weg, und da kam mit größerer Schnelligkeit und weiteren Sprüngen ein Luchs, und hier, wo die Klauen tief in den Schnee griffen, machte der Luchs einen sehr großen Sprung, und da schlug er zu, das Kaninchen unter sich auf den Rücken rollend, und hier geht die Luchsspur allein fort, und da gibt es kein Kaninchen mehr – so wie der Jäger auf die Spuren im Schnee schaut und sagt, da und so und hier, tust auch du, Howkan, schaust auf das Papier und sagst, da und so und hier sind die Dinge, die der alte Imber getan hat?«

»Genau so«, sagte Howkan. »Und nun sollst du zuhören und deine geschwätzige Zunge zwischen den Zähnen ruhig halten, bis du aufgefordert wirst zu sprechen.«

Danach trug Howkan ihm eine lange Zeit das Geständnis vor, und Imber blieb nachdenklich und still. Am Ende sagte er: »Es war meine Rede, und die Rede ist wahr, aber ich bin alt geworden, Howkan, und vergessene Dinge sind mir wieder eingefallen, von denen es gut ist, wenn der weiße Häuptling sie weiß. Zum einen war da ein Mann, der über die vereisten Berge kam mit kunstfertigen Fallen aus Eisen und am Whitefish River nach Bibern suchte. Ihn erschlug ich. Dann waren da drei Männer, die vor langer Zeit am Whitefish Gold suchten. Sie erschlug ich auch und überließ sie den Vielfraßen. Und an den Five Finger-Stromschnellen war ein Mann mit einem Floß und viel Fleisch –«

In den Momenten, in denen Imber Pausen einlegte, um sich zu erinnern, übersetzte Howkan, und ein Schreiber protokollierte es. Im Zuschauerraum hörten sie regungslos jeder der schlicht erzählten Tragödien zu, bis Imber von einem rothaarigen Mann erzählte, dessen Augen schielten und den er mit einem bemerkenswerten Weitschuss getötet hatte.

»Mein Gott!«, sagte ein Mann in der vordersten Zuschauerreihe. Er sagte es betroffen und kummervoll. Er war rothaarig. »Mein Gott!«, wiederholte er. »Das war mein Bruder Bill.« Und im weiteren Verlauf der Verhandlung war sein betroffenes »Mein Gott!« in regelmäßigen Abständen im Gerichtssaal zu hören, und weder seine Kameraden hielten ihn davon ab noch rief ihn der Mann am Tisch zu Ordnung.

Imbers Kopf sank ein weiteres Mal herunter, und seine Augen wurden ausdruckslos, als ob ein Schleier sie vor der Welt verbergen wollte. Und er träumte von der kolossalen Vergeblichkeit der Jugend, wie nur das Alter es kann.

Später weckte Howkan ihn wieder auf und sagte: »Steh auf, Imber. Es wird befohlen, dass du erzählen sollst, warum du diese Untaten begangen und diese Menschen erschlagen hast und warum du schließlich hierher gekommen bist, dich dem Gesetz zu stellen.«

Imber erhob sich mühsam und schwankte vor und zurück. Er begann mit einer schwachen und leise murmelnden Stimme zu sprechen, aber Howkan unterbrach ihn.

»Dieser alte Mann ist verdammt verrückt«, sagte er auf Englisch zu dem Mann mit der breiten Stirn. »Seine Rede ist närrisch und wie die eines Kindes.«

»Wir wollen seine Rede hören, auch wenn sie wie die eines Kindes klingt«, sagte der Mann mit der breiten Stirn. »Und wir wollen alles hören, Wort für Wort, so wie er spricht. Hast du verstanden?«

Howkan verstand, und Imbers Augen blitzten auf, als er den Zweikampf zwischen dem Sohn seiner Schwester und dem Mann, der das Sagen hatte, beobachtete. Und dann begann er seine Erzählung, das Epos eines bronzehäutigen Patrioten, das selbst in Bronze gegossen werden müsste für die nachkommenden Generationen. Die Zuhörerschar wurde ungewöhnlich still, und der Mann mit der breiten Stirn stützte den Kopf in seine Hand und dachte über seine Seele und die Seele seines Volkes nach. Es waren nur noch die tiefen Laute Imbers zu hören, die sich regelmäßig mit der aufgeregten Stimme des Übersetzers abwechselte und von Zeit zu Zeit dem wie die Glocke Gottes ertönenden verwunderten und fassungslosen »Mein Gott« des rothaarigen Mannes.

»Ich bin Imber vom Volk der Whitefish.« So begann die Übersetzung Howkans, den seine indianische Herkunft wieder ergriff und der seine Missionskultur und anerzogene Zivilisation verlor, als ihn der urtümliche Klang und Rhythmus der Erzählung des alten Imber gefangen nahm.

»Mein Vater war Otsbaok, ein starker Mann. Als ich ein junger Mann war, war das Land warm vom Sonnenschein und der Lebensfreude. Das Volk war nicht gierig nach fremden Dingen und hörte nicht auf neue Stimmen, die Lebensart ihrer Väter war auch die ihre. Die Frauen fanden Gefallen in den Augen der jungen Männer, und die jungen Männer schauten auf sie mit Wohlgefallen. Die Säuglinge hingen an der Brust der Frauen, und die waren breithüftig vom Nachwuchs für den Stamm. Männer waren in jenen Tagen Männer. Sie waren Männer im Frieden und im Überfluss und im Krieg und in der Hungersnot.

Zu jener Zeit gab es mehr Fische im Wasser als jetzt und mehr Wild im Wald. Unsere Hunde waren Wölfe mit dichtem, warmem Fell und unempfindlich gegen Frost und Sturm. Und so wie unsere Hunde waren auch wir abgehärtet gegen Frost und Sturm. Und wenn die Pellys in unser Land kamen, töteten wir sie und wurden getötet. Denn wir waren Männer, wir Whitefish, und unsere Väter und unserer Väter Väter hatten gegen die Pellys gekämpft und die Grenzen des Landes festgelegt.

Wie ich schon sagte, wie mit unseren Hunden war es auch mit uns. Und eines Tages kam der erste weiße Mann. Er schleppte sich auf Händen und Knien durch den Schnee. Und seine Haut war straff gespannt, und die Knochen standen spitz heraus. Das war nie im Leben ein Mann, dachten wir, und fragten uns, aus was für einem unbekannten Stamm und Land er sei. Und er war schwach, sehr schwach, wie ein kleines Kind, sodass wir ihm einen Platz am Feuer gaben und warme Pelze zum Zudecken, und wir gaben ihm Nahrung, wie kleinen Kindern Nahrung gegeben wird.

Und mit ihm kam ein Hund, so groß wie drei von unseren Hunden und sehr schwach. Das Fell dieses Hundes war kurz und wärmte nicht, und sein Schwanz war erfroren, sodass sein Ende abfiel. Und diesen fremdartigen Hund fütterten wir und betteten ihn ans Feuer und beschützten ihn vor unseren Hunden, die ihn sonst getötet hätten.

Durch das Elchfleisch und den sonnengetrockneten Lachs gewannen der Mann und der Hund an Stärke, und durch die Stärke wurden sie groß und furchtlos. Der Mann sprach laut, lachte über die alten und die jungen Männer und schaute begehrlich auf die Mädchen. Und der Hund kämpfte mit unseren Hunden und brachte trotz seines kurzen Fells und seiner Weichlichkeit drei an einem Tag um.

Wenn wir den Mann über sein Volk befragten, sagte er: ›Ich habe viele Brüder‹, und lachte in einer Weise, die nicht gut war. Und als er wieder bei vollen Kräften war, ging er weg, und mit ihm ging Noda, die Tochter unseres Häuptlings. Kurz danach warf eine unserer Hündinnen Junge. Und nie zuvor gab es eine solche Brut von Hunden – großköpfig, breitmäulig, kurzhaarig und hilflos. Nun, ich erinnere mich gut an meinen Vater Otsboak, einen starken Mann. Sein Gesicht war schwarz vor Ärger über diese Hilflosigkeit, und er nahm einen Stein, und dann gab es keine Hilflosigkeit mehr. Und zwei Sommer später kam Noda zu uns zurück mit einem kleinen Jungen auf dem Arm.

Und das war erst der Anfang. Es kam ein zweiter weißer Mann mit kurzhaarigen Hunden, die er zurückließ, als er ging. Und mit ihm gingen sechs von unseren stärksten Hunden, für die er beim Handel Koo-So-Tee, dem Bruder meiner Mutter, eine wundervolle Pistole gab, die mit großer Geschwindigkeit sechs Mal hintereinander feuern konnte. Und Koo-So-Tee tat sehr groß wegen der Pistole und lachte über unsere Bogen und Pfeile. ›Spielzeug‹ nannte er sie und ging mit der Pistole in der Hand auf den kahlgesichtigen Grizzlybären los. Heute wissen wir, dass es nicht gut ist, den Grizzly mit einer Pistole zu jagen, aber wie sollten wir das damals wissen, und wie sollte es Koo-So-Tee wissen. Und so ging er auf den Grizzly los, sehr tapfer, und feuerte mit der Pistole mit großer Geschwindigkeit sechs Mal, aber der Grizzly brummte nur und zerschlug ihm den Brustkorb, als wäre er ein Ei, und das Hirn von Koo-So-Tee tropfte auf den Boden wie Honig aus einem Bienennest. Er war ein guter Jäger, und nun gab es niemanden mehr, um seiner Frau und seinen Kindern Fleisch zu bringen. Und wir wurden verbittert und sagten: ›Was für einen weißen Mann gut ist, ist nicht gut für uns.‹ Und das ist wahr. Es gibt viele fette weiße Männer, aber ihr Handeln hat uns wenige werden lassen und mager.

Dann kam der dritte weiße Mann mit großem Reichtum an vielerlei Dingen und wohlschmeckender Nahrung. Dafür handelte er uns zwanzig unserer stärksten Hunde ab. Außerdem lockte er mit Geschenken und großen Versprechungen zehn unserer jungen Männer mit sich auf die Reise, von der keiner wusste, wohin sie ging. Es wird erzählt, dass sie im Schnee der eisigen Berge umgekommen sind, wo nie zuvor ein Mann war, oder in den Hügeln des Schweigens, die hinter dem Ende der Welt liegen. Wie dem auch sei, die Hunde und die jungen Jäger wurden nie mehr gesehen vom Volk der Whitefish.

Und mit den Jahren kamen mehr weiße Männer, und immer lockten sie gegen Bezahlung und Geschenke die jungen Männer mit sich. Und manchmal kamen die jungen Männer zurück mit fremdartigen Erzählungen über Gefahren und Mühsale in den Ländern jenseits des Landes der Pellys, und manchmal kamen sie gar nicht mehr zurück. Da sagten wir: ›Wenn diese weißen Männer ein Leben ohne Furcht führen, dann ist es, weil sie viele Leben haben; wir Whitefish aber sind wenige, und wir wollen nicht mehr, dass die jungen Männer weggehen.‹ Aber die jungen Männer gingen weiterhin fort; und die jungen Frauen gingen auch; und wir waren sehr zornig.

Es ist wahr, wir aßen Mehl und gepökeltes Fleisch und tranken mit Genuss Tee; aber wenn wir keinen Tee bekommen konnten, war es sehr schlecht und wir wurden schweigsam und gerieten schnell in Zorn. So wuchs unser Hunger nach diesen Dingen, die der weiße Mann zum Handeln mitbrachte. Handel! Handel! Es gab nur noch Handel! In einem Winter verkauften wir unser Vorratsfleisch gegen Uhren, die nicht gingen, und Uhren, die kaputt waren, und abgenutzte Feilen und Pistolen ohne Patronen und Wert. Und dann kam der Hunger, und wir hatten kein Fleisch, und viele von uns starben, bevor das Frühjahr kam.

›Nun sind wir schwach‹, sagten wir, ›und die Pellys werden uns überfallen und unsere Grenzen zu Fall bringen.‹ Aber den Pellys war es genauso ergangen wie uns, und sie waren zu schwach, um gegen uns zu ziehen.

Mein Vater Otsbaok, ein starker Mann, war nun alt und sehr weise. Und er sagte zum Häuptling: ›Schau, unsere Hunde sind wertlos. Sie haben kein dickes Fell mehr und sind nicht mehr stark, und sie sterben im Frost und beim Schlittenziehen. Lass uns ins Dorf gehen und sie töten, bis auf die Wolfshündinnen, und lass uns die dann in der Nacht im Wald draußen anbinden, dass sie sich mit den wilden Wölfen paaren. So werden wir wieder warmfellige und starke Hunde bekommen.‹

Und man hörte auf seine Worte, und wir Whitefish wurden berühmt für unsere Hunde, welche die besten im Land waren. Aber uns selbst rühmte niemand. Die besten unserer jungen Männer und Frauen waren fortgegangen mit den weißen Männern, um zu Land und zu Wasser an ferne Orte zu reisen. Und die jungen Frauen kamen verbraucht und gebrochen zurück, so wie Noda einst, oder sie kamen überhaupt nicht mehr zurück. Und die jungen Männer kamen zurück, um eine Weile an unseren Feuern zu sitzen mit viel Gerede und schlechten Manieren, üble Getränke trinkend und Tag und Nacht spielend, und mit einer ständigen großen Unruhe in ihren Herzen, bis wieder ein Ruf des weißen Mannes zu ihnen kam und sie wieder zu den unbekannten Orten fortgingen. Sie waren ohne Ehre und hatten keinen Respekt, verachteten unsere althergebrachten Sitten und lachten dem Häuptling und dem Schamanen ins Gesicht.

Wie ich bereits sagte, wir waren ein schwaches Volk geworden, wir Whitefish. Wir verkauften unsere warmen Felle und Pelze für Tabak und Whiskey und dünnes Baumwollzeug, das uns in der Kälte zittern ließ. Und der Husten kam zu uns, und Männer und Frauen husteten und schwitzten in den langen Nächten, und die Jäger spuckten bei der Jagd Blut in den Schnee. Und einer nach dem anderen blutete bald aus dem Mund und starb. Und die Frauen gebaren nur noch wenige Kinder, und die, die sie gebaren, waren schwach und kränklich.

Noch andere Krankheiten kamen durch den weißen Mann zu uns, von einer Art, wie wir sie nicht gekannt hatten und nicht verstehen konnten. Pocken oder Masern habe ich sie diese Krankheiten nennen gehört, und wir starben durch sie wie die Lachse in den stillen Bergbächen, wenn sie im Herbst ihre Eier abgelegt haben und es keine weitere Notwendigkeit für ihr Leben gibt.

Das Unerklärliche ist aber, dass die weißen Männer selbst nicht sterben, obwohl sie als Atem des Todes kommen und alle ihre Wege zum Tod führen und ihre Nasenlöcher damit gefüllt sind. Ihnen gehören der Whiskey und der Tabak und die kurzhaarigen Hunde; sie haben die vielen Krankheiten, die Pocken und Masern, den Husten und das Blutspucken; sie haben die weiße Haut und die Schwäche gegenüber Frost und Sturm; und von ihnen sind die Pistolen, die sehr schnell sechs Mal schießen und wertlos sind. Und doch werden sie fett mit ihren vielen Übeln und wachsen und legen ihre schwere Hand auf die ganze Welt und treten die Völker gewaltsam mit Füßen. Und dabei sind ihre Frauen weichlich wie Säuglinge und zerbrechlich und werden doch Mütter von starken Männern, und aus all dieser Weichlichkeit kommt Stärke und Kraft und Macht. Sie sind Götter oder Teufel, wie es auch sein mag. Ich weiß es nicht. Was weiß ich schon, ich, Imber von den Whitefish? Ich weiß nur, dass sie nicht zu verstehen sind, diese weißen Männer, diese ruhelosen Wanderer und Krieger, die überall auf der Erde sind.

Wie ich schon sagte, das Wild in den Wäldern wurde weniger und weniger. Es ist wahr, die Gewehre des weißen Mannes sind sehr gut, und sie können über eine lange Strecke hinweg töten. Aber zu was sind diese Gewehre gut, wenn es kein Wild mehr zum Jagen gibt? Als ich ein Knabe war, gab es im Whitefish-Land Elche auf jedem Hügel, und jedes Jahr kamen unzählige Karibus. Aber nun ist der Jäger oft zehn Tage auf der Jagd, ohne dass auch nur ein Elch seine Augen erfreut, während die unzähligen Karibus überhaupt nicht mehr kommen. Ein Gewehr, das über eine lange Strecke hinweg tötet, ist wenig wert, sage ich, wenn es nichts mehr zum Schießen gibt. Und ich, Imber, dachte über diese Dinge nach, während ich die Whitefish beobachtete und die Pellys und all die Stämme des Landes, die dahinstarben, wie das Wild in den Wäldern. Lange habe ich nachgedacht. Ich sprach mit den Schamanen und den alten Männern, die erfahren waren. Ich ging weg, damit der Lärm des Dorfes mich nicht stören sollte, und ich aß kein Fleisch, damit mein Bauch mich nicht beherrschte und meine Augen und Ohren träge werden ließ. Ich saß lange und schlaflos im Wald, mit weit geöffneten Augen und geduldig lauschenden Ohren auf das Zeichen und das Wort wartend, das kommen musste. Und ich wanderte allein in der Dunkelheit der Nacht an das Ufer des Flusses, wo der Wind raunte und das Wasser murmelte, um Erleuchtung von den dahingegangenen Geistern alter Schamanen in den Bäumen und Wassern zu erhalten. Schließlich kamen mir, wie in einer Vision, die kurzhaarigen und abscheulichen Hunde vor Augen, und der Weg schien klar zu sein. Durch die Weisheit von Otsbaok, meinem Vater und einem starken Mann, war das

Blut unserer Wolfshunde wieder rein geworden, sodass sie ein warmes Fell behielten und stark bei der Arbeit vor dem Schlitten blieben. Also ging ich ins Dorf zurück und hielt vor den Männern eine Rede. ›Diese weißen Männer sind ein Stamm‹, sagte ich. ›Ein sehr großer Stamm, und zweifellos gibt es kein Fleisch mehr in ihrem Land, und sie kommen deshalb zu uns, um ein neues Land für sich zu suchen. Aber sie schwächen uns, und wir sterben. Sie sind ein sehr hungriges Volk. Wir sind bereits vom Fleisch gefallen, und wenn wir leben wollen, wäre es notwendig, dass wir sie behandeln würden, wie wir bei unseren Hunden gehandelt haben.‹

In der weiteren Ansprache habe ich zum Kampf geraten. Und die Männer der Whitefish hörten zu, und einer antwortete so und ein anderer so, und wieder ein anderer redete wertloses Zeug, und kein Mann sprach sich mutig für Taten und Krieg aus. Aber während die jungen Männer schwach waren wie Wasser und ängstlich, beobachtete ich, dass die alten Männer still saßen und Feuer in ihren Augen kam und ging. Deshalb holte ich später, als das Dorf schlief und niemand etwas bemerkte, die alten Männer in den Wald hinaus zu weiteren Beratungen. Und nun waren wir einig, und wir erinnerten uns der guten früheren Jahre und des freien Landes und der Zeiten der Zufriedenheit, der Freude und des Sonnenscheins. Und wir nannten uns Brüder, vereinbarten große Geheimhaltung und taten einen mächtigen Schwur, das Land zu säubern von der bösen Brut, die über es gekommen war. Es ist heute klar, dass wir unwissende Narren waren, aber wie konnten wir das damals wissen, wir alten Männer der Whitefish?

Um die anderen zu ermutigen, beging ich die erste Tat. Ich hielt Wache am Yukon, bis das erste Kanu herunterkam. Darin waren zwei weiße Männer, und als ich aufrecht am Ufer stand und meine Hand hob, änderten sie ihren Kurs und fuhren zu mir her. Und als der Mann im Bug seinen Kopf hob, um zu erfahren, was ich von ihnen wollte, sang mein Pfeil geradewegs durch seine Kehle, sodass er es wusste. Der zweite Mann, der im Heck paddelte, hatte sein Gewehr halb an der Schulter, als der erste meiner drei Speerwürfe ihn niederstreckte.

›Das sind die ersten‹, sagte ich, als die alten Männer sich um mich sammelten. ›Später werden wir die alten Männer aller Stämme verbünden und danach die jungen Männer, die stark geblieben sind, und dann wird es leicht.‹

Die beiden Männer warfen wir in den Fluss. Und mit dem Kanu, das ein sehr gutes Kanu war, machten wir ein Feuer, in dem wir auch alle Dinge, die drin waren, verbrannten. Aber zuerst schauten wir uns diese Dinge an, und da waren Beutel aus Leder, die wir mit unseren Messern aufschnitten. Und in diesen Beuteln waren viele Papiere, wie die, aus denen du vorgelesen hast, Howkan, mit Zeichen darauf, die uns verwunderten und die wir nicht verstehen konnten. Nun, nachdem ich weise geworden bin, weiß ich, dass es die Rede von Menschen ist, wie du mir erklärt hast.«

Ein Flüstern und Summen erhob sich im Gerichtssaal, als Howkan mit der Übersetzung des Überfalls auf das Kanu geendet hatte, und die Stimme eines Mannes ertönte: »Das war der verlorene Posttransport von 1891; Peter James und Delaney beförderten sie und Matthews vom Lake Le Barge sprach zuletzt mit ihnen.« Die Feder des Gerichtsschreibers kratzte beständig über das Papier und fügte der Geschichte des Nordens ein weiteres Kapitel hinzu.

»Es gibt nicht viel mehr zu sagen«, fuhr Imber zögerlich fort. »Die weiteren Dinge, die wir taten, sind dort auf dem Papier. Wir waren alte Männer und waren unwissend. Auch ich, Imber, verstand nicht. Wir töteten heimlich und fuhren immer fort zu töten, denn unsere Jahre hatten uns listig werden lassen, und wir hatten gelernt, wie rasch es ging, wenn man ohne Hast war.

Als weiße Männer mit finsteren Blicken und rauen Worten zu uns kamen und sechs unserer jungen Männer mit eisernen Fesseln hilflos zusammenbanden und mitnahmen, wussten wir, dass wir weiter entfernt töten mussten. Und ein alter Mann nach dem anderen ging den Fluss hinauf oder hinunter in unbekannte Gegenden. Es war eine mutige Sache. Wir waren alt und nicht ängstlich, aber die Furcht vor fernen Orten ist eine schreckliche für Männer, die alt sind.

So töteten wir ohne Hast und erfolgreich. Auf dem Chilkoot Pass und im Yukon-Delta töteten wir von den Pässen bis zum Meer, wo immer der

weiße Mann campierte oder marschierte. Es ist wahr, sie starben, aber es war ohne Wert. Unaufhörlich kamen sie über die Berge, unaufhörlich wurden sie mehr und mehr, während wir alt waren und weniger und weniger wurden. Ich erinnere mich an das Lager eines weißen Mannes bei Caribou Crossing. Es war ein sehr kleiner weißer Mann, und drei von uns alten Männern überfielen ihn im Schlaf. Und am nächsten Tag fand ich alle vier. Allein der weiße Mann atmete noch und hatte noch genug Atem, um mich heftig zu verfluchen, bevor er starb.
Und so ging es weiter, bald der eine alte Mann, bald ein anderer. Manchmal erreichte uns die Kunde, wie sie gestorben waren, lange danach, und manchmal erreichte sie uns gar nicht. Und die alten Männer der anderen Stämme waren oft schwach und ängstlich und wollten sich uns nicht anschließen. Wie ich bereits sagte, einer nach dem anderen starb, bis ich allein übrig war. Ich bin Imber vom Volk der Whitefish. Von den alten Männern bin ich der letzte. Die jungen Männer und jungen Frauen sind weggegangen, einige, um mit den Pellys zu leben, andere mit den Salmons und die meisten mit den weißen Männern. Ich bin sehr alt und sehr müde, denn es war ein vergeblicher Kampf gegen das Gesetz, wie du sagtest, Howkan, und ich bin gekommen, um das Gesetz zu suchen.«
»Oh Imber, du bist in der Tat ein Narr«, sagte Howkan.
Aber Imber träumte. Der Richter mit der breiten Stirn träumte ebenfalls, wobei ihm sein ganzes Volk in einer mächtigen Vision erschien – sein mit Eisen gepanzertes Volk, das sich als Gesetzgeber und Weltenrichter unter der Menschheitsfamilie gab. Er sah sie rotflackernd durch dunkle Wälder brechen und über finstere Meere segeln; er sah sie blutig und rot lodern, um ihren triumphalen Mittag zu erreichen, und sah den blutroten Sand die verschatteten Abhänge hinab in die Nacht fließen. Und durch das alles hindurch betrachtete er das mächtige und mitleidlose, stets unbeirrbare und stets bestimmende Gesetz, das größer war als die kleinen unbedeutenden Menschen, die es erfüllten oder von ihm zerbrochen wurden, und das auch größer war als er, dessen Herz für Gnade plädierte.

# Nam-Bok, der Lügner

»Eine Bidarka, oder nicht? Schaut! Eine Bidarka und ein Mann, der tollpatschig mit dem Paddel umgeht.«

Die alte Bask-Wah-Wan erhob sich auf ihre Knie, zitternd vor Schwäche und Aufregung, und starrte auf das Meer hinaus.

»Nam-Bok war schon immer ungeschickt beim Paddeln«, nuschelte sie nachsinnend, als sie mit der Hand die Augen vor der Sonne schützte und über das glitzernde Wasser schaute. »Nam-Bok war immer tollpatschig. Ich erinnere mich …«

Aber die Frauen und Kinder lachten laut darüber, und es war ein sanftmütiger Spott in ihrem Lachen, der Bask-Wah-Wans Stimme leiser werden ließ, bis sich ihre Lippen lautlos bewegten.

Koogah hob sein grauhaariges Haupt von seiner Elfenbeinschnitzerei und folgte ihrer Blickrichtung. Da hielt ein Boot auf den Strand zu, wenn es nicht gerade von der weiten Dünung aus dem Kurs gebracht wurde. Sein Insasse paddelte mit mehr Anstrengung als Geschicklichkeit und bewegte sich auf einer Zickzacklinie gegen die Dünung vorwärts. Koogah wandte den Kopf wieder seiner Arbeit zu und kerbte in den elfenbeinernen Walrosszahn die Rückenflosse eines Fisches, wie noch nie einer im Meer geschwommen ist.

»Es ist sicherlich der Mann aus dem Nachbardorf, der kommt, um von mir das Schnitzen zu lernen«, meinte er. »Dieser Mann ist ungeschickt. Er wird's nie lernen.«

»Es ist Nam-Bok«, beharrte die alte Bask-Wah-Wan. »Soll ich etwa meinen Sohn nicht kennen?«, fuhr sie kreischend fort. »Ich sage, und ich sage es noch einmal, es ist Nam-Bok.«

»Das sagst du nun schon viele Sommer lang«, tadelte eine der Frauen sie nachsichtig. »Immer wenn das Eis vom Meer verschwand, bist du dagesessen und hast den lieben langen Tag Ausschau gehalten und bei jedem Kanu gesagt: ›Das ist Nam-Bok.‹ Nam-Bok ist tot, Bask-Wah-Wan, und Tote kommen nicht zurück. Es ist unmöglich, dass Tote zurückkommen.«

»Nam-Bok!«, schrie die alte Frau so laut und heftig, dass das ganze Dorf aufschreckte und zu ihr hin schaute.

Sie kämpfte sich auf ihre Füße und tappelte den Strand hinunter. Sie stolperte dabei über ein Kleinkind, das in der Sonne lag; die Mutter beruhigte sein Schreien und schimpfte hinter der alten Frau her, die keine Notiz davon nahm. Die Kinder rannten ihr voraus an den Strand, und als der Mann in der Bidarka näherkam und durch seine ungelenken Paddelschläge fast kenterte, folgten auch die Frauen. Koogah ließ seinen Walrosszahn fallen und ging ebenfalls hinunter, schwer auf seinen Stock gestützt, und hinter ihm kamen auch die Männer zu zweit und dritt angeschlendert.

Das Boot stellte sich quer und die Brandung drohte es unter Wasser zu setzen, als ein nackter Junge ins Wasser rannte und den Bug auf den Sand hinaufzog. Der Mann stand auf und ließ einen suchenden Blick über die Dorfbewohner schweifen. Ein regenbogenfarbener Pullover, schmutzig und abgetragen, hing locker über seine breiten Schultern, und er hatte ein rotes Baumwollhalstuch in Matrosenmanier um seinen Hals gebunden. Eine Fischermütze auf seinem kurz geschorenen Kopf, Latzhosen und schwere Arbeitsschuhe komplettierten seine Bekleidung.

Aber dennoch war er eine eindrucksvolle Erscheinung für dieses Fischervolk im großen Delta des Yukons, das sein Leben lang über das Beringmeer geschaut und in der ganzen Zeit nur zwei weiße Männer erblickt hatte – den Volkszählungsbeauftragten der Regierung und einen verirrten Jesuitenpater. Sie waren ein armes Volk, das weder Goldland noch reiche Pelzgründe besiedelte, sodass die Weißen sie ungeschoren gelassen hatten. Zudem hatte der Yukon über tausende von Jahren diese Gegend des Meeres so mit Geröll aus Alaska überschwemmt, dass Segelschiffe bereits außerhalb der Sichtweite auf Grund gelaufen wären. Die verlandete Küste mit ihren weit ins Land reichenden flachen Wasserläufen und ihren großen schlammigen Inseln, mit der das Fischervolk umzugehen wusste, wurde deshalb von den Schiffen der Weißen gemieden.

Koogah, der Elfenbeinschnitzer, wich plötzlich mit großer Hast zurück, stolperte über seinen Stock und fiel hin. »Nam-Bok!«, schrie er, während er wild strampelte, um wieder auf die Füße zu kommen. »Nam-Bok, der auf das Meer hinausgeblasen worden ist, ist wieder da!«

Die Männer und Frauen schreckten zurück, und die Kinder versteckten sich zwischen ihren Beinen. Nur Opee-Kwan war mutig, wie es sich für den Häuptling des Dorfes gehörte. Er schritt vorwärts und blickte lang und ernst auf den Ankömmling.

»Es ist Nam-Bok«, sagte er schließlich, und durch den überzeugten Ton in seiner Stimme heulten die Frauen furchtsam auf und zogen sich noch weiter zurück.

Die Lippen des Fremden bewegten sich unschlüssig, und seine gebräunte Kehle zuckte und kämpfte mit noch nicht ausgesprochenen Worten.

»Tralala, es ist Nam-Bok«, trällerte Bask-Wah-Wan und schielte in sein Gesicht hinauf. »Ich hab's immer gesagt, dass Nam-Bok zurückkommt.«

»Jawohl, Nam-Bok ist zurückgekommen.« Diesmal war es Nam-Bok selbst, der sprach, während er ein Bein über die Bordwand der Bidarka schwang und mit einem Bein im Boot und einem auf dem Strand stand. Wieder zuckte und kämpfte seine Kehle, als er um vergessene Wörter rang. Und als die Wörter hervorkamen, klangen sie fremd und ein Stottern der Lippen begleitete die Kehllaute. »Seid gegrüßt, ihr Brüder«, sagte er, »meine Brüder aus den alten Zeiten, bevor ich mit dem ablandigen Wind wegfuhr.«

Er trat mit beiden Füßen auf den Sand, aber Opee-Kwan wies ihn zurück. »Du bist tot, Nam-Bok«, sagte er.

Nam-Bok lachte: »Ich bin wohlgenährt.«

»Tote sind nicht wohlgenährt«, gab Opee-Kwan. »Es muss dir gut gehen, aber es ist unheimlich. Kein Mensch kann sich mit dem ablandigen Wind einlassen und nach Jahren zurückkehren.«

»Ich bin zurückgekommen«, erwiderte Nam-Bok ganz einfach.

»Es mag sein, dass du ein vorübergehender Schatten des Nam-Bok bist, der einmal war. Schatten kommen zurück.«

»Ich bin hungrig. Schatten essen nicht.«

Aber Opee-Kwan zweifelte weiter und strich sich ratlos mit der Hand über seine Augenbrauen. Nam-Bok war ebenfalls ratlos, und als er die Reihen hinauf- und hinabschaute, fand er kein Willkommen in den Augen des Fischervolkes. Die Männer und Frauen flüsterten miteinander. Die Kinder versteckten sich ängstlich hinter den Älteren, und Hunde umschlichen mit gesträubtem Fell den Ankömmling und beschnüffelten ihn misstrauisch.

»Ich habe dich geboren, Nam-Bok, und ich habe dich gesäugt, als du klein warst«, wimmerte Bask-Wah-Wan und rückte näher. »Und ob du nun ein Schatten bist oder kein Schatten, ich werde dir zu essen geben.«

Nam-Bok versuchte, zu ihr zu gehen, aber ein furchtsames und drohendes Gemurmel hielt ihn zurück. Er sagte etwas in einer fremden Sprache, das wie »Verdammt noch mal« klang, und fügte hinzu: »Ich bin kein Schatten, sondern ein Mann.«

»Wer kann wissen, wie diese geheimnisvollen Dinge zusammenhängen?«, fragte Opee-Kwan halb sich selbst, halb seine Stammesleute. »Wir sind, und einen Atemzug später sind wir nicht mehr. Wenn ein Mann zu einem Schatten werden kann, kann dann nicht auch ein Schatten zu einem Mann werden? Nam-Bok war, aber ist nicht mehr. Das wissen wir, aber wir wissen nicht, ob dieser Mann Nam-Bok ist oder nur der Schatten von Nam-Bok.«

Nam-Bok räusperte sich und antwortete dann: »In den alten, lang vergangenen Zeiten, Opee-Kwan, ging deines Vaters Vater weg und kam Jahre später zurück. Trotzdem gab es niemanden, der ihm den Platz am Feuer verweigerte. Es wurde gesagt …« Er legte eine bedeutungsvolle Pause ein und sie warteten auf den Fortgang seiner Ausführung. »Es wurde gesagt«, wiederholte er, um die rechte Wirkung zu erzielen, »dass Sipsip, seine Frau, ihm nach der Rückkehr zwei Söhne geboren hat.«

»Aber er hatte nichts mit den ablandigen Winden zu schaffen«, erwiderte Opee-Kwan. »Er ging weg ins Herz des Landes hinein, und es ist eine ganz natürliche Sache, dass ein Mann in das Land weiter und immer weiter hineingehen kann.«

»Und genauso ist es mit dem Meer«, sagte Nam-Bok. »Doch das bringt uns hier nicht weiter. Es wurde gesagt, dass der Vater deines Vaters fremdartige Geschichten erzählt hat über die Dinge, die er gesehen hat.«

»Das ist richtig, er erzählte fremdartige Geschichten.«

»Ich habe auch fremdartige Geschichten zu erzählen«, erklärte Nam-Bok listig. Und als sie wankelmütig wurden, fügte er hinzu: »Und ich habe auch Geschenke.«

Er zog aus dem Boot einen Umhängetuch hervor, wunderbar in Farbe und Webart, und legte es seiner Mutter um die Schultern. Die Frauen ließen einen gemeinschaftlichen Seufzer der Bewunderung hören, und die alte Bask-Wah-Wan rieb den schönen Stoff und befühlte ihn und sang dabei mit kindischer Freude vor sich hin.

»Er hat Geschichten zu erzählen«, murmelte Koogah.

»Und er hat Geschenke«, ergänzte eine Frau.

Opee-Kwan wusste nun, dass sein Volk begierig darauf war, und außerdem bemerkte er auch bei sich selbst eine kribbelnde Neugier auf diese neuen Geschichten. »Der Fischfang war gut«, sagte er deshalb einlenkend, »und wir haben viel Öl. Also komm, Nam-Bok, und lass uns ein Festmahl halten.«

Zwei der Männer luden die Bidarka auf ihre Schultern und trugen sie zum Feuerplatz. Nam-Bok ging an der Seite von Opee-Kwan, und die Dorfbevölkerung folgte ihnen, bis auf die Frauen, die einen Moment zurückblieben, um mit liebkosenden Fingern das Umhängetuch zu befühlen.

Während des Festschmauses wurde kaum gesprochen, aber viele neugierige Blicke auf den Sohn von Bask-Wah-Wan gerichtet. Dies brachte ihn in Verlegenheit – nicht etwa, weil er ein bescheidener Mensch war, sondern weil der heftige Geruch des Robbentrans ihm den Appetit geraubt hatte und er sich das nicht anmerken lassen wollte.

»Iss, du musst hungrig sein«, forderte ihn Opee-Kwan auf, und Nam-Bok schloss beide Augen und stieß seine Hand in den großen Topf mit stinkendem Fisch.

»Ja, ja, nicht so bescheiden. Die Robben waren zahlreich in diesem Jahr, und starke Männer sind immer hungrig«, sagte Bask-Wah-Wan und tunkte ein besonders fettes Stück Lachs in den Tran und reichte es triefend und fürsorglich ihrem Sohn.

Als warnende Vorzeichen ihm bewusst machten, dass sein Magen nicht mehr so widerstandsfähig wie früher war, stopfte er aus Verzweiflung seine Pfeife und begann zu rauchen. Die Leute futterten geräuschvoll weiter, aber beobachteten ihn dabei. Nur wenige kannten ein so kostbares Tabakkraut, denn nur gelegentlich hatten sie kleine Mengen von schlechter Qualität im Handel mit den nordwärts lebenden Inuit erhalten. Koogah, der neben Nam-Bok saß, deutete an, dass er nicht abgeneigt war, einen Zug zu nehmen, und zog dann zwischen zwei Maulvoll Fisch mit trantriefenden Lippen an dem Bernsteinmundstück. Nam-Bok hielt hierauf mit zitternder Hand seinen Magen und lehnte die angebotene Rückgabe der Pfeife ab.

Koogah könne die Pfeife behalten, sagte er, denn er habe von Anfang an vorgehabt, ihn damit zu beschenken. Die Leute leckten daraufhin ihre Finger ab und priesen seine Freigiebigkeit.

Opee-Kwan erhob sich. »Und nun, Nam-Bok, ist die Festmahlzeit beendet, und wir würden gerne von den fremden Dingen hören, die du gesehen hast.«

Die Leute des Fischervolkes applaudierten und bereiteten sich auf das Zuhören vor, indem sie ihre Arbeiten zur Hand nahmen. Die Männer waren damit beschäftigt, Speere und Elfenbeinschnitzereien herzustellen, während die Frauen das Fett von den Häuten der Haarrobben abschabten und sie geschmeidig machten oder Muclucs, Stiefel aus Seehundfell, mit Tiersehnen zusammennähten.

Nam-Boks Augen schweiften über die Szenerie, aber er fand darin nicht den Reiz, den seine Erinnerung ihm versprochen hatte. Während der ganzen Jahre seiner Wanderschaft hatte er sich immer auf diese Szenerie am Feuerplatz gefreut, und nun, als er sie vor sich hatte, war er enttäuscht. Er erkannte, wie armselig und karg das Leben war, nicht zu vergleichen mit dem, das er draußen kennengelernt hatte. Aber er würde ihnen die Augen etwas öffnen, und seine Augen funkelten bei diesem Gedanken.

»Brüder«, begann er mit der selbstgefälligen Haltung eines Mannes, der von seinen großen Taten zu erzählen beginnt, »es war im späten Sommer, als ich fortging, viele Sommer ist es her, bei ebensolchem Wetter, wie es gerade wieder zu werden scheint. Ihr werdet euch alle an den Tag erinnern, als die Möwen niedrig flogen und der Wind vom Land her blies und ich mit meiner Bidarka nicht dagegen ankam. Ich schnürte die Abdeckung des Bootes um mich herum fest, sodass das Wasser nicht eindringen konnte, und dann kämpfte ich die ganze Nacht mit dem Sturm. Am Morgen sah ich kein Land mehr – nur das Meer – und der ablandige Wind hielt mich in seinem Griff und trieb mich vor sich her. Drei solche Nächte gingen in die Morgendämmerung über, ohne Land in Sicht, und der ablandige Wind wollte mich nicht loslassen.

Als der vierte Tag kam, war ich ein geschlagener Mann. Ich konnte vor lauter Hunger nicht mehr paddeln, und der Durst, der mich quälte, machte meinen Kopf verrückt. Aber das Meer war nicht länger aufgebracht und ein sanfter Südwind blies, und als ich mich umschaute, sah ich etwas, das mich denken ließ, ich sei tatsächlich verrückt geworden.«

Nam-Bok legte eine Pause ein, um ein Stückchen Lachsgräte aus seinen Zähnen zu entfernen, und die Männer und Frauen saßen erwartungsvoll da mit ruhenden Händen und vorgebeugten Köpfen.

»Es war ein Kanu, ein großes Kanu. Wenn alle Kanus, die ich jemals gesehen habe, zu einem Kanu zusammengefügt würden, wäre es nicht so groß, wie dieses war.«

Zweifelnde Zwischenrufe wurden hörbar, und Koogah, der an Jahren Älteste, schüttelte den Kopf.

»Wenn jede Bidarka ein Sandkorn wäre«, fuhr Nam-Bok unbeeindruckt fort, »und es so viele Bidarkas geben würde wie Sandkörner am Strand, könnte daraus immer noch kein so großes Kanu gemacht werden, wie ich es am Morgen des vierten Tages erblickte. Es war ein sehr großes Kanu und wurde Schoner genannt. Ich sah dieses Wunderding, diesen großen Schoner, auf mich zukommen, und darauf sah ich Männer –«

»Halt ein, Nam-Bok!«, unterbrach ihn Opee-Kwan. »Was für eine Art von Männern war das? Große Männer?«

»Nein, es waren Männer so groß wie du und ich.«

»Kam das Kanu rasch heran?«

»Ja.«

»Die Bordwände waren also hoch und die Männer klein.« Opee-Kwan betonte diese Feststellungen mit Nachdruck. »Und ruderten diese Männer mit langen Paddeln?«

Nam-Bok lächelte und sagte: »Es gab gar keine Paddel.«

Die Zuhörer saßen mit offenen Mündern da, und ein langes Schweigen entstand. Opee-Kwan borgte sich Koogahs Pfeife für ein paar nachdenkliche Züge. Eine der jüngeren Frauen kicherte nervös und zog dadurch ärgerliche Blicke auf sich.

»Es gab also keine Paddel?«, fragte Opee-Kwan leise, als er die Pfeife zurückgab.

»Der Südwind war hinter ihnen«, erklärte Nam-Bok.

»Aber der Wind treibt nur langsam voran.«

»Der Schoner hatte Flügel – so.« Nam-Bok skizzierte eine Zeichnung von Masten und Segeln in den Sand, und die Männer rückten heran und studierten sie. Der Wind wehte frisch, und zur Veranschaulichung fasste er das Umhängetuch seiner Mutter an den Enden und spannte es auf, damit es sich wie ein Segel blähte.

Bask-Wah-Wan schimpfte und wehrte sich, wurde aber ein ganzes Stück strandwärts geblasen, wo sie atemlos in einem Haufen Treibholz strandete. Die Männer gaben anerkennende Grunzlaute von sich, aber Koogah warf plötzlich sein altehrwürdiges Haupt nach hinten.

»Ha! Ha!«, lachte er. »Ein verrücktes Ding, dieses große Kanu! Ein völlig verrücktes Ding! Ein Spielzeug für den Wind! Wohin auch immer der Wind geht, es muss mitgehen. Kein Mensch, der darin reist, kann sagen, an welchem Strand er landen wird, denn er muss immer mit dem Wind gehen, und der Wind geht irgendwohin, aber kein Mensch kann sagen wohin.«

»So ist es«, bestätigte Opee-Kwan ernst. »Mit dem Wind zu gehen ist leicht, aber gegen den Wind muss man hart kämpfen, und wenn die Männer auf dem großen Kanu keine Paddel hatten, konnten sie auch nicht kämpfen.«

»Sie mussten nicht kämpfen«, rief Nam-Bok ärgerlich. »Der Schoner konnte auch gegen den Wind fahren.«

»Und was sagtest du, machte den Sch-Sch-Schoner fahren?«, fragte Koogah, wobei das fremde Wort ihn heftig ins Straucheln brachte.

»Der Wind«, war die ungeduldige Antwort.

»Und dann ließ der Wind den Sch-Sch-Schoner gegen den Wind fahren?«

Der alte Koogah schickte einen spöttischen Blick zu Opee-Kwan und fügte unter dem anschwellenden Gelächter um ihn herum hinzu: »Der Wind bläst von Süden und bläst den Schoner nach Süden. Der Wind bläst gegen den Wind. Der Wind bläst in die eine und die andere Richtung zur selben Zeit. Es ist ganz einfach. Wir verstehen, Nam-Bok. Wir verstehen es voll und ganz.«

»Du bist ein Dummkopf!«, sagte Nam-Bok.

»Wahrheit trieft aus deinen Lippen«, antwortete Koogah sanft. »Ich habe zu lange gebraucht, um zu verstehen; dabei war die Sache ganz einfach.«

Aber Nam-Boks Gesicht war düster, und er sagte erregte Worte, die sie noch nie gehört hatten. Das Elfenbeinschnitzen und Häutebearbeiten wurde daraufhin wieder aufgenommen, aber Nam-Bok hielt nun seine Lippen vor der Zunge verschlossen, der nicht geglaubt wurde.

»Dieser Sch-Sch-Schoner«, fragte Koogah hartnäckig, »wurde er aus einem großen Baum gemacht?«

»Ja, aus vielen Bäumen«, knurrte Nam-Bok kurz angebunden. »Er war sehr groß.«

Er versank wieder in missmutiges Schweigen, und Opee-Kwan stieß Koogah an, der seinen Kopf mit einiger Verwunderung schüttelte und murmelte: »Es ist äußerst merkwürdig.«

Nam-Bok nahm die Herausforderung an. »Das ist noch gar nichts«, sagte er lässig. »Ihr solltet erst mal die *Dampfschiffe* sehen. Wie das Sandkorn sich zur Bidarka und die Bidarka sich zum Schoner verhält, so verhält sich der Schoner zum Dampfschiff. Außerdem ist das Dampfschiff aus Eisen gemacht. Es ist ganz aus Eisen.«

»Halt, halt, halt, Nam-Bok«, schrie der Häuptling, »wie soll das gehen? Eisen sinkt immer auf den Grund. Schau, ich hab einst im Handel mit dem Häuptling aus dem Nachbardorf ein Messer aus Eisen erhalten, und gestern ist mir das Eisenmesser aus der Hand geglitten und tief, sehr tief im Meer verschwunden. Für alle Dinge gibt es Gesetze. Es gibt nichts außerhalb dieser Gesetze. Das wissen wir. Und außerdem wissen wir, dass gleichartige Dinge das gleiche Gesetz haben und alles Eisen dieses Gesetz hat. Deshalb nimm deine Worte zurück, Nam-Bok, damit wir dich noch achten können.«

»Es ist aber so«, beharrte Nam-Bok. »Die Dampfschiffe sind ganz aus Eisen und sinken nicht.«

»Nein, nein, das kann nicht sein!«

»Ich habe es mit eigenen Augen gesehen.«

»Es ist gegen die Natur der Dinge.«

»Aber sag mal, Nam-Bok«, unterbrach sie Koogah, der befürchtete, die Erzählung könnte nicht weitergehen, »sag mir, wie diese Männer ihren Weg über das Meer finden, wenn kein Land sichtbar ist, das sie ansteuern können?«

»Die Sonne zeigt ihnen den Weg.«

»Aber wie?«

»Am Mittag nimmt der Häuptling des Schoners ein Ding, durch welches sein Auge auf die Sonne schauen kann und sie dann aus dem Himmel zum Rand der Erde herabsteigen lässt.«

»Das ist jetzt aber ein böser Zauber!«, schrie Opee-Kwan, entsetzt über diese Gottlosigkeit. Die Männer erhoben in großem Schrecken ihre Hände und die Frauen stöhnten laut. »Das ist böser Zauber. Es ist nicht gut, die große Sonne irrezuführen, welche die Nacht vertreibt und uns die Robben, den Lachs und das warme Wetter gibt.«

»Warum soll es böser Zauber sein?«, erwiderte Nam-Bok trotzig. »Ich habe selbst durch das Ding auf die Sonne geschaut und habe sie aus dem Himmel herabsteigen lassen.«

Die ihm am nächsten saßen, zogen sich rasch vor ihm zurück, und eine Frau bedeckte das Gesicht des Kindes an ihrer Brust, damit sein Blick nicht auf es fallen sollte.

»Aber am Morgen des vierten Tages, Nam-Bok«, versuchte Koogah es wieder, »am Morgen des vierten Tages, als der Sch-Sch-Schoner auf dich zukam?«

»Ich hatte keine Kraft mehr in mir und konnte nicht fliehen. Und so wurde ich an Bord geholt, wo man mir Wasser einflößte und gutes Essen gab.

Zwei Mal, meine Brüder, habt ihr bereits weiße Männer gesehen. Diese Männer waren alle weiß, und es waren so viele wie ich Finger und Zehen habe. Und als ich bemerkte, dass sie sehr freundlich waren, fasste ich Mut und beschloss, über alles, was ich sah, Kunde zurück zu euch zu bringen. Und sie lehrten mich die Arbeit, die sie taten, und gaben mir gutes Essen und einen Platz zum Schlafen. Und Tag für Tag fuhren wir über das Meer, und jeden Tag zog der Häuptling die Sonne aus dem Himmel herunter und ließ sie erzählen, wo wir uns befanden. Und wenn die Wellen freundlich waren, jagten wir die Pelzrobben, und ich wunderte mich sehr, denn immer warfen sie das Fleisch und das Fett weg und behielten nur das Fell.«

Opee-Kwans Mund zuckte heftig, und er war kurz davor, diese Verschwendung anzuprangern, als Koogah ihn anstieß, damit er schwieg.

»Nach einer anstrengenden Zeit, als die Sonne gegangen und der beißende Frost gekommen war, drehte der Häuptling die Nase des Schoners südwärts. Für viele Tage reisten wir gen Süden und Osten, ohne irgendwelches Land in Sicht, bis wir nahe des Dorfes waren, aus welchem die Männer stammten –«

»Wie konnten sie wissen, dass sie in der Nähe waren?«, wollte Opee-Kwan wissen, der sich nicht länger zurückhalten konnte. »Da war doch kein Land zu sehen.«

Nam-Bok sah ihn zornig an: »Habe ich nicht gesagt, dass der Häuptling die Sonne aus dem Himmel herunterholte?«

Koogah schlichtete, und Nam-Bok fuhr fort zu erzählen.

»Wie ich sagte, als wir nahe dem Dorf waren, erhob sich ein großer Sturm, und in der Nacht waren wir hilflos und wussten nicht, wo wir uns befanden –«

»Du hast doch gesagt, der Häuptling wusste –«

»Sei still, Opee-Kwan! Du bist ein Dummkopf und verstehst es einfach nicht. Wie ich sagte, wir waren hilflos in der Nacht, als ich durch das Gebrüll des Sturmes das Geräusch der Meeresbrandung an der Küste hörte. Und schon strandeten wir mit einem mächtigen Krachen und ich schwamm im Wasser. Es war eine Felsenküste, die auf eine weite Strecke hin nur eine einzige Sandbucht hatte, und mein Schicksal wollte es, dass ich meine Hände in deren Sand graben und mich aus der Brandung herausziehen konnte. Die anderen Männer muss es gegen die Felsen geschlagen haben, denn keiner von ihnen kam an Land, außer dem Häuptling, den ich nur noch an dem Ring an seinem Finger erkennen konnte. Als der Tag anbrach und nichts mehr von dem Schoner zu sehen war, drehte ich mein Gesicht zum Land und lief dorthin, damit ich Nahrung finden und in die Gesichter der Bewohner blicken konnte. Und als ich zu einem Haus kam, wurde ich aufgenommen und bekam zu essen, denn ich hatte ihre Sprache gelernt und die weißen Menschen sind sehr freundlich. Und es war ein Haus, größer als alle Häuser, die von uns und unseren Vorfahren je gebaut wurden.«

»Es war ein mächtiges Haus«, sagte Koogah und versteckte seinen Zweifel hinter Verwunderung.

»Und es wurden viele Bäume gebraucht für den Bau eines solchen Hauses«, ergänzte Opee-Kwan, den Faden fortführend.

»Das ist noch gar nichts«, sagte Nam-Bok geringschätzig mit den Schultern zuckend. »So klein unsere Häuser gegenüber diesem Haus sind, so klein war dieses Haus gegenüber den Häusern, die ich danach sah.«

»Und es waren keine großen Menschen?«

»Nein, es sind Menschen wie du und ich«, antwortete Nam-Bok. »Ich hatte einen Stock geschnitten, um bequem zu wandern, und erinnerte mich daran, dass ich euch, meine Brüder, Kunde bringen wollte; also begann ich für jeden Menschen, der im Haus lebte, eine Kerbe in den Stock zu schneiden. Und ich blieb viele Tage dort und arbeitete, wofür sie mir *Geld* gaben – eine Sache, von der ihr nichts wisst, die aber sehr gut ist. Und eines Tages verließ ich diesen Ort, um weiter in das Land hineinzugehen. Und als ich wanderte, traf ich viele Menschen, sodass ich kleinere Kerben in den Stock schneiden musste, damit Platz für alle war. Dann traf ich auf eine fremdartige Sache. Auf dem Boden vor mir war eine Eisenstange, so dick wie mein Arm, und einen großen Schritt entfernt war eine weitere Eisenstange –«

»Dann warst du ein reicher Mann«, meinte Opee-Kwan, »denn Eisen ist mehr wert als alles andere auf der Welt. Daraus könnten viele Messer gemacht werden.«

»Nein, es gehörte mir nicht.«

»Es war dein Fund und du der rechtmäßige Finder.«

»Es war anders: Die weißen Männer hatten das Eisen dorthin gelegt. Und außerdem waren diese Stangen so lang, dass kein Mensch sie wegtragen könnte – so lang, dass ich, so weit ich blickte, kein Ende erkennen konnte.«

»Nam-Bok, das ist sehr viel Eisen«, gab Opee-Kwan zu Bedenken.

»Ja, es war kaum zu glauben, was ich mit meinen eigenen Augen sah; aber ich konnte meinen Augen nicht widersprechen. Und als ich schaute, hörte ich …« Nam-Bok drehte sich abrupt zum Häuptling hin. »Opee-Kwan, du hast den Seelöwen zornig brüllen gehört. Stell dir mal vor, so viele Seelöwen brüllen zu hören, wie Wellen auf dem Meer sind, und stell dir vor, aus all diesen Seelöwen würde ein einziger gemacht und dieser Seelöwe würde dann brüllen, so brüllte das Ding, das ich hörte.«

Das Fischervolk schrie laut auf vor Erstaunen, und Opee-Kwans Kinnlade klappte herunter und blieb so.

»Und in der Ferne erblickte ich ein Ungeheuer, groß wie tausend Wale. Es war einäugig und spie Rauch aus und fauchte mit unvorstellbarer Lautstärke. Ich fürchtete mich und rannte mit zitternden Beinen den Pfad zwischen den Eisenstangen davon. Aber es kam mit der Geschwindigkeit des Windes heran, dieses Ungeheuer, und ich sprang von den Eisenstangen mit seinem heißen Atem in meinem Gesicht.«

Opee-Kwan gewann wieder Kontrolle über seine Kinnlade. »Und – und dann, Nam-Bok?«

»Dann kam es auf den Eisenstangen herangerauscht und tat mir nichts, und als ich wieder auf den Beinen war, war es aus dem Blick verschwunden. Und es ist eine ganz gewöhnliche Sache in jenem Land. Nicht einmal die Frauen und Kinder fürchten sich vor ihm. Und die Männer lassen diese Ungeheuer für sich arbeiten.«

»So, wie wir unsere Hunde für uns arbeiten lassen?«, fragte Koogah mit einem skeptischem Zwinkern in seinen Augen.

»Ja, so wie wir unsere Hunde arbeiten lassen.«

»Und wie züchten sie diese – diese Dinge?«, fragte Opee-Kwan.

»Sie züchten sie überhaupt nicht. Männer bauen sie kunstfertig aus Eisen und füttern sie mit Steinen und geben ihnen Wasser zum Trinken. Der Stein wird zu Feuer und das Wasser zu Dampf, und der Dampf aus dem Wasser ist der Atem aus ihren Nüstern und –«

»Genug, genug, Nam-Bok«, unterbrach ihn Opee-Kwan. »Erzähl uns noch von anderen Wundern. Wir werden müde von dem, was wir nicht verstehen.«

»Ihr versteht das nicht?«, fragte Nam-Bok enttäuscht.

»Nein, wir verstehen es nicht«, antworteten die Männer und Frauen klagend. »Wir können es nicht verstehen.«

Nam-Bok dachte an Ernte- und Dreschmaschinen und die Apparate, durch die Bilder von lebenden Menschen gesehen werden konnten, und die Apparate, aus denen die Stimmen der Menschen kommen, und er begriff, dass seine Leute das niemals begreifen konnten.

»Darf ich noch sagen, dass ich selbst auf diesem eisernen Ungeheuer durch das Land gefahren bin?«, fragte er verbittert.

Opee-Kwan hob seine weit gespreizten Hände mit nach außen gekehrten Flächen in offensichtlicher Ungläubigkeit: »Erzähl weiter, sag alles. Wir hören zu.«

»Ich fuhr also mit dem eisernen Ungeheuer, wofür ich Geld gab –«

»Du sagtest, es wurde mit Steinen gefüttert.«

»Und ebenso sagte ich, du Dummkopf, dass Geld etwas ist, von dem ihr nichts wisst. Wie ich schon sagte, ich fuhr mit dem Ungeheuer durch das Land und durch viele Dörfer, bis ich zu einem sehr großen Dorf an einem salzigen Arm des Meeres kam. Und die Häuser dort streckten ihre Dächer zu den Sternen in den Himmel hinauf und die Wolken flogen zwischen ihnen durch und überall war viel Rauch. Und der Lärm in dem Dorf war wie der Lärm des Meeres bei Sturm, und die Menschen waren so viele, dass ich meinen Stock wegwarf und nicht länger an die Kerben auf ihm dachte.«

»Hättest du kleine Kerben gemacht«, tadelte Koogah, »so hättest du ihn uns nun zeigen können.«

Nam-Bok wandte sich ihm ärgerlich zu: »Hätte ich kleine Kerben gemacht! Hör zu, Koogah, du Knochenkratzer! Wenn ich kleine Kerben gemacht hätte, hätten weder der eine noch zwanzig weitere Stöcke gereicht – nein, nicht einmal all die Treibholzstöcke der Strände zwischen diesem Dorf und dem nächsten hätten das. Und wenn ihr alle, einschließlich der Frauen und Kinder, zwanzig Mal so viele wärt, und jeder von euch zwanzig Hände hätte und in jeder Hand einen Stock und ein Messer, könnten die Kerben für alle Leute, die ich gesehen habe, immer noch nicht eingekerbt werden, so viele waren es und so schnell kamen und gingen sie.«

»Es kann nicht so viele Menschen auf der Welt geben«, beharrte Opee-Kwan, da er fassungslos war und sein Verstand eine so große Menge von Zahlen nicht begreifen konnte.

»Was weißt du von der ganzen Welt und wie groß sie ist?«, forderte Nam-Bok ihn heraus.

»Aber es können doch nicht so viele Menschen an einem Ort leben.«

»Wer bist du, dass du sagen kannst, was sein kann und was nicht?«

»Es ist doch klar, dass nicht so viele Menschen an einem Ort sein können. Ihre Kanus würden die Wasserwege verstopfen, bis es keinen Platz mehr gibt. Und sie würden das Meer leer fischen, und es wäre nicht genug Essen für alle da.«

»Das könnte man denken«, antwortete Nam-Bok abschließend. »Aber so war es nicht. Ich habe es mit meinen eigenen Augen gesehen und meinen Stock weggeworfen.« Er gähnte und erhob sich. »Ich bin von weit her gepaddelt. Der Tag war lang und ich bin müde. Nun will ich schlafen, und morgen können wir weitere Gespräche über das führen, was ich gesehen habe.«

Bask-Wah-Wan humpelte besorgt voran, zwar stolz, aber auch eingeschüchtert von ihrem wunderbaren Sohn, führte ihn in ihre Behausung und bereitete ihm in den schmierigen übel riechenden Fellen ein Schlaflager. Die Männer aber verweilten am Feuer und hielten Stammesrat mit viel Geflüster und einer leise geführten Diskussion.

Eine Stunde verging und eine zweite, und Nam-Bok schlief, während die

Diskussion weiterging. Die Abendsonne sank gen Nordwesten, und um elf Uhr stand sie fast genau im Norden. Da begab es sich, dass der Häuptling und der Elfenbeinschnitzer sich aus der Ratsrunde entfernten und Nam-Bok weckten. Er blinzelte in ihre Gesichter und drehte sich dann auf die andere Seite, um weiterzuschlafen. Opee-Kwan packte ihn am Arm und rüttelte ihn freundlich, aber entschlossen wach.

»Komm, Nam-Bok, steh auf!«, befahl er. »Es ist Zeit.«

»Noch ein Festmahl?«, rief Nam-Bok. »Nein, ich bin nicht hungrig. Esst weiter und lasst mich schlafen.«

»Es ist Zeit zum Gehen!«, donnerte Koogah.

Opee-Kwan sprach nachsichtiger mit ihm: »Du warst mein Bootskamerad, als wir Jungen waren«, sagte er. »Zusammen haben wir die ersten Robben gejagt und den Lachs aus den Fallen gezogen. Und du, Nam-Bok, hast mich ins Leben zurückgeholt, als das Meer über mir zusammenschlug und mich zu den schwarzen Felsen hinunterzog. Zusammen hungerten wir und ertrugen den Frost, und zusammen krochen wir unter ein Fell und lagen dicht beieinander. Deshalb und wegen unserer Freundschaft, in der ich stets zu dir stand, bereitet es mir großen Kummer, dass du als ein so ungeheuerlicher Lügner zurückgekehrt bist. Wir können es nicht verstehen, und in unseren Köpfen dreht sich alles von den Dingen, die du uns erzählt hast. Das ist nicht gut, und der Stammesrat hat lange darüber beraten. Und deshalb schicken wir dich fort, damit unsere Köpfe klar und stark bleiben und nicht verwirrt werden von diesen unbegreiflichen Dingen.«

»Die Dinge, über die du uns erzählt hast, sind Geistererscheinungen«, führte Koogah weiter aus. »Du hast sie aus der Schattenwelt mitgebracht, und in die Schattenwelt musst du sie deshalb wieder zurückbringen. Deine Bidarka liegt bereit, und die Stammesgenossen warten. Sie werden nicht schlafen, bevor du gegangen bist.«

Nam-Bok war verwirrt und bestürzt, aber hörte auf die Stimme des Häuptlings.

»Wenn du Nam-Bok bist«, sagte Opee-Kwan, »dann bist du der fürchterlichste und wunderlichste Lügner; wenn du aber der Schatten von Nam-

Bok bist, dann sprachst du von Geistererscheinungen, von denen zu wissen, für die lebenden Menschen nicht gut ist. Dieses große Dorf, von dem du erzählt hast, halten wir für das Dorf der Schattenwelt. Dorthin flattern die Seelen der Toten, denn die Toten sind viele und die Lebendigen wenige. Die Toten kommen nicht mehr zurück. Niemals kam ein Toter zurück – außer dir mit deinen wunderlichen Geschichten. Es gehört sich nicht, dass die Toten zurückkommen, und wenn wir es zulassen würden, könnte großes Unheil über uns kommen.«

Nam-Bok kannte sein Volk gut und war sich dessen bewusst, dass die Entscheidung des Stammesrates unumstößlich war. Deshalb willigte er ein, sich an den Strand führen zu lassen, wo er in seine Bidarka gesetzt wurde und das Paddel in die Hand gedrückt bekam. Eine verirrte Wildgans schrie irgendwo auf dem Meer draußen und die Brandung brach sich träge rollend am Strand. Ein trübes Zwielicht dämmerte über Land und Meer, und im Norden glomm die Sonne schwach und verschwommen inmitten blutroter Nebelbänke. Die Möwen flogen tief. Der vom Festland kommende Wind blies scharf und kalt, und die schwelenden Wolkenmassen, die er brachte, verkündeten schlechtes Wetter.

»Vom Meer bist du gekommen«, sprach Opee-Kwan in beschwörendem Ton, »und zurück aufs Meer musst du gehen. So kommt alles wieder ins Gleichgewicht und dem Gesetz wird Genüge getan.«

Bask-Wah-Wan humpelte an den Rand der Brandung und rief: »Ich segne dich dafür, Nam-Bok, dass du dich an mich erinnert hast.«

Aber Koogah riss ihr das Umhängetuch von den Schultern und warf es ins Boot, bevor er dieses mit Nam-Bok vom Strand ins Wasser hinausschob.

»Es ist kalt in den langen Nächten«, jammerte sie, »und der Frost kneift vor allem in die alten Knochen.«

»Das Ding ist ein Geisterding«, antwortete der Elfenbeinschnitzer, »und Geisterdinge können nicht wärmen.«

Nam-Bok stand auf, damit seine Stimme gut hörbar wurde: »Bask-Wah-Wan, Mutter, die mich gebar!«, rief er. »Höre auf die Worte von Nam-Bok, deinem Sohn. Es ist Platz für zwei in der Bidarka, und er möchte, dass du mit ihm kommst. Denn seine Reise geht dahin, wo es Fisch und

Öl im Überfluss gibt. Dort gibt es keinen Frost, und das Leben ist leicht, und die Dinge aus Eisen tun die Arbeit für die Menschen. Willst du mitkommen, Bask-Wah-Wan?«

Sie zögerte einen Moment, während die Bidarka langsam von ihr weg driftete, und rief dann mit hoher zittriger Stimme: »Ich bin alt, Nam-Bok, und bald werde ich hinunterreisen in die Schattenwelt. Aber ich will nicht vor meiner Zeit gehen. Ich bin alt, Nam-Bok, und ich fürchte mich.«

Ein Lichtstrahl schoss über das im Dämmerlicht liegende Meer und erleuchtete das Boot und den Mann mit rotgoldenem Glanz. Dann legte sich ein Schweigen über das Fischervolk, und es war nur noch das Pfeifen des vom Festland kommenden Windes und das Schreien der tief durch die Lüfte segelnden Möwen zu hören.

# Das Gesetz des Lebens

Der alte Koskoosh lauschte begierig. Obwohl sein Augenlicht schon lange geschwunden war, hatte er immer noch ein feines Gehör, und das leiseste Geräusch drang zu dem glimmenden Bewusstsein, das weiterhin hinter seiner runzligen Stirn hauste, auch wenn es nicht länger vorwärts schaute auf die Dinge dieser Welt. Ah! Das war Sit-cum-to-ha, die mit schriller Stimme die Hunde verwünschte, während sie diese ins Schlittengeschirr drängte und prügelte. Sit-cum-to-ha war die Tochter seiner Tochter, aber sie war zu beschäftigt, um einen Gedanken an ihren gebrechlichen Großvater zu verschwenden, der dort allein im Schnee saß, einsam und hilflos. Das Lager musste abgebrochen werden. Der lange Weg wartete, während der kurze Tag sich weigerte zu verweilen. Das Leben forderte sie und die Pflichten des Lebens, nicht der Tod. Und er war nun dem Tod sehr nah.

Dieser Gedanke versetzte den alten Mann für einen Augenblick in Panik, und er streckte seine altersschwache Hand aus, die zitternd über den kleinen Haufen trockenen Holzes neben ihm tastete. Nachdem er sich vergewissert hatte, dass es tatsächlich da war, kehrte seine Hand wieder in den Schutz seiner abgenutzten Pelze zurück, und er begann erneut zu lauschen. Das widerspenstige Knarren halbgefrorener Häute erzählte ihm, dass die mit Elchhäuten bedeckte Behausung des Häuptlings abgebaut und danach in transportable Packen gefaltet und gepresst wurde.

Der Häuptling war sein Sohn, tapfer und stark, der beste Mann des Stammes und ein mächtiger Jäger. Während die Frauen sich mit dem Lagergepäck abmühten, erscholl seine Stimme, die sie ihrer Langsamkeit wegen tadelte. Der alte Koskoosh lauschte angespannt. Es sollte das letzte Mal sein, dass er diese Stimme hörte. Jetzt war Geehows Behausung dran! Und Tuskens! Sieben, acht, neun; jetzt konnte nur noch die des Schamanen stehen.

Da! Sie arbeiteten auch schon an ihr. Er konnte den Schamanen ächzen hören, als er alles auf dem Schlitten verstaute.

Ein Kind wimmerte, und eine Frau beruhigte es mit sanftem kehligem Gesang. Klein Koo-tee, dachte der alte Mann, ein unruhiges Kind und nicht sehr kräftig. Es würde vielleicht bald sterben, und sie würden ein Grab in die gefrorene Tundra brennen und Steine darüber häufen, um die Vielfraße abzuhalten. Nun, was machte den Unterschied? Ein paar Jahre bestenfalls, und ebenso viele mit leerem wie mit vollem Magen. Und am Schluss wartete der Tod, der immer Hungrige, der Hungrigste von allen. Was war das? Oh, die Männer schirrten die Schlitten an und zogen die Leinen fest. Er lauschte, er, der nie mehr lauschen würde. Die Peitschenschnüre knallten und fuhren beißend zwischen die Hunde. Hör sie heulen! Wie sie die Arbeit und den Trail hassten! Jetzt brachen sie auf! Schlitten hinter Schlitten ächzte langsam hinaus in die Stille. Sie waren fort. Sie waren aus seinem Leben verschwunden, und er sah sich der letzten bitteren Stunde alleine gegenüber. Nein. Der Schnee knirschte unter Mokassins; ein Mann stand neben ihm; auf seinen Kopf legte sich behutsam eine Hand. Sein Sohn war so gut, dies zu tun. Er erinnerte sich an andere alte Männer, deren Söhne nicht geblieben waren nach dem Aufbruch. Aber sein Sohn war geblieben. Er schweifte in die Vergangenheit zurück, bis die Stimme des jungen Mannes ihn zurückholte.

»Ist es in Ordnung?«, fragte dieser.

Und der alte Mann antwortete: »Es ist in Ordnung.«

»Da liegt Holz neben dir«, fuhr der jüngere fort, »und das Feuer brennt hell. Der Morgen ist grau, und die Kälte hat nachgelassen. Es wird gleich schneien. Gerade fängt es zu schneien an.«

»Ja, es schneit bereits.«

»Die Stammesleute haben es eilig. Ihre Lasten sind schwer und ihre Bäuche flach vom Mangel an Nahrung. Der Weg ist lang und sie fahren schnell. Ich gehe nun. Ist das in Ordnung?«

»Es ist in Ordnung. Ich bin wie ein Blatt aus dem vergangenen Jahr, das sich noch lose an seinen Zweig klammert. Beim ersten Windhauch, der weht, werde ich fallen. Meine Stimme ist die einer alten Frau geworden.

Meine Augen zeigen mir nicht länger den Weg für meine Füße, und meine Füße sind schwer, und ich bin müde. Es ist in Ordnung.«

Er neigte demutsvoll sein Haupt, bis das letzte Geräusch des knirschenden Schnees erstarb und er wusste, dass er nun seinen Sohn nicht mehr zurückrufen konnte. Hastig griff seine Hand nach dem Holz. Allein dieses stand jetzt noch zwischen ihm und der Ewigkeit, die sich über ihm auftat. Das Maß seines Lebens war nun eine Handvoll Brennholz. Ein Stück nach dem anderen würde dahingehen, um das Feuer zu füttern, und gleichzeitig würde Schritt für Schritt der Tod zu ihm herankriechen. Sobald das letzte Holzstück seine Wärme verströmt haben würde, würde der Frost seine Gewalt entfalten. Zuerst würden seine Füße erfrieren, dann seine Hände; und die Erfrierungen würden langsam von seinen Gliedern zu seinem Leib fortschreiten. Sein Kopf würde vorwärts auf seine Knie fallen, und er würde ruhen. Es war einfach. Alle Menschen mussten sterben. Er beklagte sich nicht. Das war der Lauf des Lebens, und es war in Ordnung so. Der Erde verbunden war er geboren worden; der Erde verbunden hatte er auch gelebt, und ihr Gesetz war ihm deshalb nicht neu. Es war das Gesetz, dem alles Fleisch unterworfen war. Die Natur war nicht freundlich zum Fleisch. Sie kümmerte sich nicht um jenes einzelne Ding, das Individuum genannt wurde. Ihr Interesse galt nur der Spezies, der Gattung. Das war die tiefste Erkenntnis, welche der ungeschulte Verstand des alten Koskoosh begreifen konnte, aber diese hatte er verinnerlicht. Er sah sie in allem Leben veranschaulicht. Das Steigen der Säfte, das aufbrechende Grün der Weidenknospen, der Fall der gelben Blätter – schon allein darin war die ganze Geschichte erzählt. Nur eine Aufgabe stellte die Natur dem Einzelwesen. Erfüllte es diese nicht, so starb es. Erfüllte es sie, musste es aber ebenfalls sterben. Die Natur kümmerte sich nicht darum; es waren genügend vorhanden, die dem Gesetz gehorchten, und es war bei dieser Sache nur der Gehorsam, nicht der Gehorchende, der lebte und ewig lebte.

Koskooshs Stamm war sehr alt. Die alten Männer, die er gekannt hatte, als er ein Knabe war, hatten bereits alte Männer gekannt. Deshalb war es wahr, dass der Stamm lebte, dass er für den Gehorsam all seiner Mitglieder stand, bis hinab zu jenen der vergessenen Vergangenheit, deren genaue

Grabstätten unbekannt waren. Sie zählten nicht; sie waren vorübergehende Erscheinungen. Sie waren verschwunden wie die Wolken an einem Sommerhimmel. Er war selbst nur eine vorübergehende Erscheinung und würde ebenfalls verschwinden. Die Natur kümmerte sich nicht darum. Um zu leben, stellte sie nur eine Aufgabe und gab nur ein Gesetz vor: Sich fortzupflanzen war die Aufgabe des Lebens, das Gesetz war der Tod.

Eine junge Frau war schön anzusehen, mit vollen Brüsten und stark, mit dem Frühling in ihrem Gang und in ihren leuchtenden Augen. Aber nun stand ihre Aufgabe vor ihr. Das Licht in ihren Augen wurde heller, ihr Gang geschmeidiger, sie war den jungen Männern gegenüber bald herausfordernd, bald zurückhaltend, und sie steckte diese mit ihrer eigenen Unruhe an. Und schöner und immer schöner wurde ihr Anblick, bis ein Jäger, der sich nicht länger zurückhalten konnte, sie in seine Behausung nahm, damit sie für ihn kochte und arbeitete und die Mutter seiner Kinder wurde. Aber mit dem Nachwuchs schwand ihre Schönheit. Ihre Glieder wurden müde, ihr Gang schleppend, ihre Augen stumpf und trübe, und nur die kleinen Kinder freuten sich noch über die alte Frau am Feuer mit ihren runzeligen Wangen. Ihre Aufgabe war erfüllt. Nur noch eine kleine Weile, und sie würde beim ersten Anzeichen einer Hungersnot oder vor einer langen Wanderung zurückgelassen werden, so wie er, Koskoosh, zurückgelassen worden war im Schnee mit einem kleinen Bündel Holz. So war das Gesetz.

Er legte sorgfältig ein Stück Holz auf das Feuer und kehrte dann zu seinen Betrachtungen zurück. Es war das Gleiche mit allen Dingen. Die Stechmücken verschwanden mit dem Frost. Das kleine Eichhörnchen verkroch sich, um zu sterben. Wenn das Kaninchen ins Alter kam, wurde es langsam und schwerfällig und konnte seinen Feinden nicht mehr entkommen. Sogar der große Bär wurde tapsig und blind und reizbar, bis er zuletzt von einer Handvoll kläffender Wolfshunde zu Boden gerissen wurde.

Er erinnerte sich, wie er seinen eigenen Vater zurückgelassen hatte am Oberlauf des Klondike in jenem Winter, bevor der Missionar mit seinen geschwätzigen Büchern und seiner Kiste voll Medizin kam. Viele Male hatte Koskoosh die Lippen geleckt in Erinnerung an diese Kiste. Der »Schmerztöter« war besonders gut gewesen. Aber der Missionar war letztlich eine

Last geworden, da er kein Fleisch ins Lager brachte, aber herzhaft aß, sodass die Jäger murrten. Er erfror sich dann die Lungen beim Übergang über die Wasserscheide beim Mayo Lake, und die Hunde schoben danach die Steine von seinem Grab weg und kämpften um seine Knochen.

Koskoosh legte ein weiteres Stück Holz aufs Feuer und lauschte tiefer in die Vergangenheit hinein. Da war die Zeit der Großen Hungersnot, als die alten Männer mit leerem Magen am Feuer kauerten und von ihren Lippen dunkle Geschichten aus früheren Tagen kamen, als der Yukon drei Winter offen floss, aber dann drei Sommer unter Eis lag. Koskoosh hatte während dieser Hungersnot seine Mutter verloren. Im Sommer war die Wanderung der Lachse ausgeblieben, und der Stamm hatte auf den Winter mit dem Eintreffen der Karibus gehofft. Der Winter kam, aber keine Karibus mit ihm. Ähnliches hatte man noch nie erlebt, nicht einmal zu Zeiten der alten Männer. Aber die Karibus kamen nicht, und es war bereits das siebte Jahr, und selbst die Kaninchen hatten sich nicht vermehrt, und die Hunde waren nur noch Bündel aus Haut und Knochen. Und während der Zeit der langen Dunkelheit weinten und starben die Kinder und die Frauen und die alten Männer; nur einer von jeweils zehn Stammesangehörigen überlebte und traf die Sonne wieder, als sie im Frühjahr zurückkam. Das war eine Not!

Aber er hatte auch Zeiten des großen Überflusses erlebt, in denen ihnen das viele Fleisch verdarb und die Hunde fett wurden und faul vor Übersättigung – Zeiten, in denen sie das Wild entkommen ließen und die Frauen fruchtbar waren und die Behausungen überfüllt mit herumkrabbelnden Jungen und Mädchen. Da wurden auch die Männer übermütig und belebten frühere Kampfrituale wieder, indem sie über die Wasserscheide im Süden zogen, um gegen die Pellys zu kämpfen, und nach Westen, um an den erloschenen Feuern der Tanana zu sitzen.

Er erinnerte sich auch, wie er als Knabe in einer Zeit des Überflusses einen Elch beobachtete, der von Wölfen gerissen wurde. Im Schnee lag dabei neben ihm Zing-ha, der später der beste Jäger wurde, und der am Ende in ein Eisloch im Yukon fiel. Sie fanden ihn einen Monat später zu Eis gefroren in dem Loch, aus dem er halb wieder herausgekrochen war.

Aber zurück zu dem Elch: Zing-ha und er waren an dem Tag hinausgegangen, um Jäger zu spielen wie die erwachsenen Männer. Im Flussbett stießen sie auf die frische Spur eines Elchs und dabei die Spuren vieler Wölfe. »Ein alter Bulle«, sagte Zing-ha, der schneller beim Lesen der Spuren war. »Einer der nicht mehr mit der Herde mithalten kann. Die Wölfe haben ihn von seinen Brüdern getrennt und werden nicht mehr von ihm ablassen.« Und so war es. Es war ihre Art zu jagen. Bei Tag und bei Nacht, niemals ruhend, stets an seinen Läufen, nach seiner Nase schnappend, würden sie bei ihm bis zu seinem Ende bleiben. Zing-ha und er fühlten, wie das Jagdfieber in ihnen stieg. Dieses Ende würde ein sehenswertes Schauspiel werden!
Leichtfüßig nahmen sie die Verfolgung auf, und selbst er, Koskoosh, der weniger scharfäugige und unerfahrenere Fährtensucher, hätte ihr blind folgen können, so deutlich war sie. Erregt hefteten sie sich den Jägern an die Fersen und lasen bei jedem Schritt die frisch in den Schnee geschriebene grimmige Tragödie. Bald kamen sie an eine Stelle, wo der Elch sich gewehrt hatte. Der Schnee war ringsum auf der Länge von drei erwachsenen Männern niedergetrampelt und aufgewühlt. In der Mitte waren die tiefen Hufspuren des Wildes und darum herum, überall, die leichteren Pfotenabdrücke der Wölfe. Einige hatten sich, während ihre Brüder die Beute bedrängten, in den Schnee gelegt und ausgeruht. Die Abdrücke ihrer voll ausgestreckten Körper im Schnee waren so perfekt, als ob sie eben erst entstanden wären. Ein Wolf war bei der Gegenwehr des verrückt gemachten Elchs zu Tode getrampelt worden. Ein paar sauber abgenagte Knochen bezeugten es.
An einem zweiten Kampfplatz ließen sie erneut ihre Schneeschuhe ruhen. Hier hatte das große Tier verzweifelt gekämpft. Zwei Mal war der Elch zu Boden gerissen worden, wie der Schnee verriet, und zwei Mal hatte er seine Angreifer abgeschüttelt und war wieder auf die Beine gekommen. Er hatte seine Lebensaufgabe längst erfüllt, aber dennoch war ihm sein Leben noch lieb. Zing-ha sagte, dass es eine erstaunliche Sache sei, dass ein Elch, der bereits niedergerissen war, wieder hochkäme; aber dieser hier hatte es ganz offensichtlich geschafft. Der Schamane würde darin Zeichen und Wunder sehen, wenn sie es ihm erzählten.

Und dann kamen sie zu der Stelle, wo der Elch über die Flussböschung den dahinterliegenden Wald zu erreichen versucht hatte. Aber seine Feinde hatten sich von hinten auf ihn geworfen, bis er sich aufbäumte und rückwärts auf sie stürzte, wobei er zwei von ihnen tief in den Schnee hinein zermalmt hatte. Ihre Brüder hatten sie zurückgelassen, ohne sie anzurühren, was deutlich darauf hinwies, dass das tödliche Ende des Kampfes bevorstand.
Sie eilten an zwei weiteren Schauplätzen vorbei mit Kämpfen von kurzer Dauer und nah beieinander. Die Fährten wurden nun rot und die raumgreifenden Schritte des großen Tieres kurz und schleppend. Dann hörten sie die ersten Geräusche des Kampfes – nicht das vollkehlige Geheul des Jagdrudels, sondern das kurze schnappende Kläffen und Knurren, das vom Kampf und in Fleisch verbissenen Fängen kündete. Zing-ha kroch auf dem Bauch gegen den Wind darauf zu, und mit ihm kroch er, Koskoosh, der im nächsten Jahr Häuptling des Stammes würde. Zusammen schoben sie die unteren Zweige einer jungen Fichte beiseite und spähten nach vorne. Es war das Ende, das sie sahen.
Dieses Bild, wie alle Jugendeindrücke, sah er noch klar und deutlich vor sich, und hinter seinen trüb gewordenen Augen sah er das Ende des Kampfes ebenso lebendig wie in dieser lange zurückliegenden Zeit. Koskoosh wunderte sich darüber, denn in den Zeiten, die folgten, als er der Anführer der Männer und Oberhaupt des Stammes war, hatte er große Taten vollbracht und seinen Namen zum Fluch in den Mündern der Pellys werden lassen, ganz zu schweigen von dem offenen Kampf, Messer gegen Messer, in dem er den fremden weißen Mann getötet hatte.
Lange sinnierte Koskoosh über die Tage seiner Jugend, bis das Feuer zusammensank und der Frost beißender wurde. Er schürte es diesmal mit zwei Holzstücken und maß seine Lebensfrist an den verbleibenden. Wenn Sit-cum-to-ha nur mehr an ihren Großvater gedacht und einen größeren Armvoll Holz gesammelt hätte, dann wären ihm mehr Stunden geblieben. Es wäre leicht für sie gewesen. Aber sie war schon immer ein gedankenloses Kind und hatte ihre Vorfahren nicht mehr geehrt, seit der Biber, der Sohn von Zing-has Sohn, ein Auge auf sie geworfen hatte. Nun, was soll-

te es. Hatte er sich in seiner Jugend nicht ähnlich gedankenlos verhalten? Er lauschte eine Weile in die Stille hinein. Vielleicht würde sich das Herz seines Sohnes erweichen, und er würde mit den Hunden zurückkommen, um seinen alten Vater zusammen mit dem Stamm dorthin zu nehmen, wo die Karibus zahlreich und fettbäuchig waren.

Er strengte seine Ohren an, und sein rastloses Gehirn ruhte für einen Augenblick. Nichts regte sich, gar nichts. Nur er selbst atmete in der Mitte des großen Schweigens. Er war sehr einsam.

Horch! Was war das? Ein Schauder ging durch seinen Körper. Das wohlbekannte lang gezogene Heulen durchbrach die Stille, und es war ganz nah. Hinter seinen erblindeten Augen erschien das Bild des Elches – des alten Elchbullen – mit wirrer Mähne, das große ausladende Geweih gesenkt, daliegend in den letzten Zuckungen. Er sah die vorschnellenden grauen Leiber, die geifernden Fänge. Und er sah den erbarmungslosen Kreis sich schließen, bis er zu einem dunklen Punkt in der Mitte des zerstampften Schnees wurde.

Eine kalte Schnauze stieß gegen seine Wange, und bei dieser Berührung sprang seine Seele in die Gegenwart zurück. Seine Hand schoss ins Feuer und zog ein brennendes Holzstück heraus. Die uralte Furcht vor dem Menschen ließ die Bestie für einen Augenblick zurückweichen, wobei sie einen auffordernden Ruf an ihre Brüder ausstieß; und diese antworteten gierig darauf und bildeten rundherum allmählich einen Ring von kriechendem, geiferndem Grau. Der alte Mann hörte, wie der Kreis sich immer enger zusammenzog. Er schwenkte wild das brennende Holz, und das Hecheln wurde zum Knurren; aber die lechzenden Bestien weigerten sich zu weichen. Nun schob eine ihre Brust nach vorn, den Hinterleib nachziehend, dann eine zweite, dann eine dritte, und keine einzige wich noch zurück.

Warum sollte er sich ans Leben klammern?, fragte sich Koskoosh da und warf das brennende Holzstück in den Schnee. Es zischte und erlosch. Der Kreis knurrte verunsichert, aber hielt seine Stellung. Wieder sah Koskoosh den letzten Kampf des alten Elchbullen, und er ließ sein Haupt erschöpft auf seine Knie sinken. Was sollte es jetzt noch? War es nicht das Gesetz des Lebens?

# Ruf der Wildnis

Aus dem amerikanischen Englisch
von Bernd Samland

ERSTES KAPITEL

# Ins Primitive

»Nomadisch schießen alte Triebe,
zerren an der Sitte Kette;
aus seinem Winterschlaf erwacht
wieder der wilde Drang.«

Buck las keine Zeitungen, sonst hätte er gewusst, dass sich Unheil zusammenbraute, nicht allein für ihn selbst, sondern für alle Hunde an der Küste vom Puget Sound bis San Diego, die starke Muskeln und ein warmes, dichtes Fell hatten. Denn Männer, die in arktischer Dunkelheit tappten, hatten ein gelbes Metall gefunden, und weil Dampfschiff- und Transport-Gesellschaften diesen Fund zu ihren Zwecken befeuerten, strömten bald Männer zu Tausenden ins Nordland. Diese Männer brauchten Hunde, und sie brauchten schwere Hunde mit starken Muskeln fürs schwere Schuften und einem dicken Fell zum Schutz vor Frost.

Buck lebte in einem großen Haus im sonnenverwöhnten Santa Clara Valley. Judge Millers Anwesen, so wurde es in diesem Tal genannt. Es stand etwas abseits der Straße halb versteckt zwischen Bäumen, durch die man einen Blick auf die breite, kühle Veranda erhaschen konnte, die sich um alle vier Seiten zog. Zum Haus führten geschotterte Auffahrten, die sich durch ausladende Rasenflächen schlängelten und unter verschlungenen Ästen hoher Pappeln entlangführten. Hinter dem Haus war alles noch viel geräumiger als vorne. Dort befanden sich große Stallungen, in denen ein Dutzend Pferdeknechte und Stallburschen das Sagen hatten, Reihen von grünbewachsenen Häuschen für die Dienerschaft, eine endlose und wohlgeordnete Reihe von Nebengebäuden, lange Weinlauben, grüne Weiden, Gärten und Beerenbeete. Dann waren da noch das Pumpwerk für den artesischen Brunnen und das große Zementbassin, wo Judge Millers Jungs ihr morgendliches Bad nahmen und sich an heißen Nachmittagen abkühlten.

Und über diesen großen Landsitz herrschte Buck. Hier war er geboren, und hier hatte er die bisherigen vier Jahre seines Lebens verbracht. Es stimmte zwar, es gab noch andere Hunde. Auf so einem großen Anwesen musste es ja noch weitere Hunde geben, doch die zählten nicht. Sie kamen und gingen, hausten in den dicht bevölkerten Zwingern oder lebten verborgen in den Winkeln des Hauses nach Art von Toots, dem japanischen Mops, oder Ysabel, der mexikanischen Nackthündin – seltsame Geschöpfe, die kaum je die Nase an die frische Luft steckten oder ein Bein auf den Erdboden setzten. Andererseits waren da die Foxterrier, mindestens zwanzig an der Zahl, die Toots und Ysabel fürchterliche Versprechen zukläfften, wenn diese aus dem Fenster schauten und beschützt wurden von einem Heer von Dienstmädchen, bewaffnet mit Besen und Wischmops.

Doch Buck war weder Haushund noch Zwingerhund. Sein war das ganze Reich. Er sprang ins Schwimmbassin oder ging mit den Söhnen des Richters auf die Jagd; er begleitete Mollie und Alice, die Töchter des Richters, auf langen Spaziergängen in der Abenddämmerung oder am frühen Morgen; an Winterabenden lag er zu Füßen des Richters vor dem knisternden Kaminfeuer in der Bibliothek; er trug die Enkelsöhne des Richters auf dem Rücken oder rollte sie durchs Gras, und er behütete ihre Schritte durch wilde Abenteuer bis zum Brunnen im Hof des Stalles und sogar noch weiter bis dorthin, wo die Koppeln waren und die Beerenbeete lagen. Unter den Terriern schritt er gebieterisch einher, Toots und Ysabel würdigte er keines Blickes, denn er war König – König über alles, was auf Judge Millers Anwesen kreuchte und fleuchte, ging oder stand, Menschen inbegriffen.

Sein Vater Elmo, ein riesiger Bernhardiner, war der unzertrennliche Begleiter des Richters gewesen, und Buck machte alle Anstalten, ein würdiger Nachfolger seines Vaters zu werden. Er war nicht ganz so massig – er wog nur an die einhundertvierzig Pfund –, denn seine Mutter Shep war eine schottische Schäferhündin. Und doch versetzten ihn diese einhundertvierzig Pfund, zu denen sich noch die Würde gesellte, die ein gutes Leben und allseitiger Respekt mit sich bringen, in die Lage, sich geradezu königlich aufzuführen. In den vier Jahren seit seiner Hundekindheit hatte er das Leben eines satten Aristokraten geführt; er zeigte einen vornehmen Stolz auf sich selbst, war sogar ein wenig egoistisch, wie es Landadel in abgeschiedener Lage bisweilen wird. Aber ihn rettete, dass er kein verwöhnter Haushund geworden war. Die Jagd und verwandte Vergnügen im Freien hatten ihn vor Verfettung bewahrt und seine Muskeln gefestigt, und die Liebe zum Wasser war für ihn, wie für alle Arten von Kaltbadern, ein Tonikum und ein Gesundheitsbeschützer gewesen.

Und so stand es um den Hund Buck im Herbst 1897, als der Glücksfund von Klondike Männer aus aller Welt in den gefrorenen Norden lockte. Doch Buck las keine Zeitungen, und er wusste nicht, dass Manuel, einer der Gärtnergehilfen, ein lästiger Geselle war. Manuel war ein Gewohnheitssünder. Er spielte liebend gern chinesische Lotterie. Und in seiner Spielleidenschaft war er zudem einer unausrottbaren Schwäche verfallen – er glaubte an ein System, und dieser Glaube besiegelte seine Verdammnis. Denn um mit System zu spielen, braucht man Geld, wohingegen der Lohn eines Gärtnergehilfen für nicht mehr reichte als die Bedürfnisse einer Ehefrau und zahlreicher Sprösslinge.

An jenem denkwürdigen Abend von Manuels Verrat befand sich der Richter auf einer Verbandssitzung der Rosinenbauern, und die Jungs waren soeben damit beschäftigt, einen Sportverein zu organisieren. Niemand hat gesehen, wie er mit Buck durch den Garten verschwand, auf einen kurzen Spaziergang nur, wie Buck glaubte. Und mit Ausnahme eines einzigen Mannes hat niemand gesehen, wie sie den kleinen Bedarfsbahnhof namens College Park erreichten. Dieser Mann redete mit Manuel, und zwischen ihnen klimperte Geld.

»Könntest die Ware ruhig besser verpacken, bevor du sie lieferst«, sagte der Fremde schroff, und Manuel wickelte unter dessen Halsband einen starken Strick doppelt um Bucks Kehle.

»Dreh dran und du nimmst ihm ordentlich die Luft«, sagte Manuel, und der Fremde brummte kurz zur Bestätigung.

Buck hatte den Strick mit stiller Würde akzeptiert. Gewiss, das war eine ungewohnte Aktion, aber er hatte gelernt, den Männern, die er kannte, zu vertrauen und ihnen eine Klugheit zuzuschreiben, die die seine weit übertraf. Doch als die Enden des Stricks in die Hände des Fremden gelangten, knurrte er bedrohlich. Er hatte lediglich sein Missfallen bekundet, weil er glaubte – stolz wie er war –, bekunden sei dasselbe wie befehlen. Doch zu seiner Überraschung zog sich der Strick um seinen Hals zusammen und raubte ihm den Atem. In wilder Wut stürzte er sich auf den Mann, der sich ihm entgegenstellte, ihn dicht bei der Kehle packte und mit geschicktem Griff auf den Rücken warf. Während Buck sich rasend wehrte, zog der Strick sich gnadenlos zusammen, sodass ihm die Zunge aus dem Maul hing und sein großer Brustkorb vergeblich nach Luft schnappte. In seinem ganzen Leben war er nie so schändlich behandelt worden, in seinem ganzen Leben war er nie so wütend gewesen. Doch seine Kraft ließ nach, die Augen wurden ihm glasig, und als das Flaggensignal die Einfahrt des Zuges anzeigte und die beiden Männer ihn in den Gepäckwagen warfen, wusste er nicht mehr, wie ihm geschah.

Als nächstes merkte er erst wieder, wie ihm benommen bewusst wurde, dass ihm die Zunge weh tat und dass er in irgendeinem ratternden Transportmittel fortgetragen wurde. Der schrille Pfeifton einer Lokomotive an einem Bahnübergang verriet ihm, wo er war. Er war zu oft mit dem Richter gereist, als dass er die Empfindung nicht gekannt hätte, in einem Gepäckwaggon zu fahren. Er öffnete die Augen, und sie spiegelten den grenzenlosen Zorn eines entführten Königs. Der Mann griff ihm an die Kehle, doch Buck war zu schnell für ihn. Seine Kiefer bohrten sich in die Hand und lösten sich erst wieder, als ihm die Sinne abermals aus dem Leib gewürgt wurden.

»Jau, kriegt Anfälle«, sagte der Mann und verbarg seine Hand vor dem Gepäckschaffner, den der Kampflärm zum Schauplatz gelockt hatte. »Ich bring ihn für den Boss nach Frisco. Ein Eins A Hundedoktor meint, er kann ihn heilen.«

In einer kleinen Bude hinter einer Kaschemme im Hafen von San Francisco äußerte der Mann sehr wortgewandt seine Meinung zu dieser Nachtfahrt.

»Ich krieg nur einen Fuffi dafür«, grummelte er, »und ich würd es selbst für'n Tausender bar auf die Kralle nich noch mal tun.«
Seine rechte Hand war mit einem blutigen Taschentuch verbunden, sein rechtes Hosenbein vom Knöchel bis zum Knie aufgerissen.
»Wie viel hat der andere Trottel bekommen?«, fragte der Kneipenwirt.
»Hundert«, lautete die Antwort. »Ging nicht einen Sechser runter, war nichts zu machen.«
»Macht zusammen hundertfuffzig«, rechnete der Kneipenwirt zusammen. »Und das ist er auch wert, oder ich bin ein Holzkopf.«
Der Entführer löste den blutigen Verband und sah sich seine zerfetzte Hand an. »Wenn ich jetzt keine Tollwut kriege …«
»Liegt es daran, dass du dazu geboren bist, am Galgen zu enden«, lachte der Kneipenwirt. »Hier, hilf mir mal, bevor du dich vom Acker machst«, fügte er hinzu.
Benommen und von der Kehle bis zur Zunge von unerträglichen Schmerzen gequält, nachdem er fast erdrosselt worden war, versuchte Buck, sich seinen Peinigern entgegenzustellen. Doch er wurde niedergeworfen und wiederholt gewürgt, bis es ihnen gelang, sein schweres Messinghalsband abzufeilen. Dann wurde der Strick entfernt, und er wurde in eine käfigartige Kiste geworfen.
Dort lag er den Rest der beschwerlichen Nacht und hegte seinen Zorn und seinen verletzten Stolz. Er konnte nicht verstehen, was das alles zu bedeuten hatte. Was wollten sie mit ihm machen, diese fremden Männer? Warum hielten sie ihn gefangen, eingepfercht in dieser engen Kiste? Er wusste nicht warum, doch ihn bedrückte eine unbestimmte Ahnung drohenden Unheils. Mehr als einmal sprang er in dieser Nacht auf die Beine, als die Schuppentür sich klappernd öffnete, weil er hoffte, den Richter zu sehen oder zumindest die Jungs. Aber jedes Mal war es das rundliche Gesicht des Kneipenwirts, das im schwachen Licht einer Talgkerze zu ihm hineinspähte. Und jedes Mal verkehrte sich das freudige Bellen, das in Bucks Kehle schwang, in ein wildes Knurren.
Doch der Kneipenwirt ließ ihn in Ruhe, und am Morgen kamen vier Männer und trugen die Kiste hinaus. Weitere Peiniger, dachte Buck, denn

die Gestalten sahen böse aus, zerlumpt und ungepflegt; und durch die Stäbe stürmte und wütete er gegen sie. Die Männer lachten nur und piesackten ihn mit Stöcken, die er sofort mit seinen Zähnen attackierte, bis ihm klar wurde, dass sie genau das wollten. Daraufhin legte er sich mürrisch hin und ließ zu, dass die Kiste auf einen Wagen verladen wurde. Damit begann für ihn und die Kiste, in der er gefangen war, ein Weg durch viele Hände. Angestellte im Transportbüro nahmen sich seiner an, dann karrte man ihn in einem weiteren Wagen durch die Gegend, ein Rollwagen brachte ihn mit einer Ansammlung von Kartons und Paketen auf einen Fährdampfer, auf einer Lastkarre wurde er vom Dampfer in ein großes Bahndepot transportiert, und schließlich lud man ihn in einen Eilwaggon.

Zwei Tage und zwei Nächte wurde dieser Gepäckwaggon am Schwanzende von kreischenden Lokomotiven mitgeschleppt; und zwei Tage und zwei Nächte gab es für Buck nichts zu fressen, nichts zu trinken. In seinem Zorn hatte er auf die ersten Annäherungen der Kurierboten mit Knurren reagiert, die hatten es ihm mit Hänseleien vergolten. Als er sich zitternd und schäumend gegen die Stäbe warf, verlachten und verspotteten sie ihn. Sie knurrten und bellten wie räudige Köter, miauten und flatterten mit den Armen und krähten. Das war alles sehr albern, wie er wusste, aber gerade deshalb eine so große Verletzung seiner Würde, und so wuchs und wuchs seine Wut. Der Hunger machte ihm nicht so stark zu schaffen, doch der Wassermangel verursachte ihm schwere Qualen und fachte seinen Zorn zu Fieberhöhen an. Da er höchst empfindlich und leicht reizbar war, hatte ihn die schlechte Behandlung ohnehin schon in Fieber versetzt, das die Entzündung seiner ausgedörrten und geschwollenen Kehle und Zunge noch verstärkte.

Über eines war er allerdings froh: Er hatte keinen Strick mehr um den Hals. Damit hatten sie einen unfairen Vorteil gehabt; doch jetzt, da er weg war, würde er es ihnen zeigen. Sie sollten ihm nicht noch einmal einen Strick um den Hals legen. Dazu war er fest entschlossen. Zwei Tage und zwei Nächte hatte er nichts zu fressen, nichts zu trinken bekommen, und in diesen zwei qualvollen Tagen und Nächten war in ihm ein Zorn angestiegen, der jedem Böses verhieß, der ihm als Erster in die Quere käme. Seine Augen waren blutunterlaufen, er hatte sich in eine rasende Furie verwandelt. Er war so verändert, dass selbst der Richter ihn nicht wiedererkannt hätte; und die Transportburschen atmeten erleichtert auf, als sie ihn in Seattle endlich aus dem Zug schafften.

Vorsichtig schleppten vier Männer die Kiste vom Karren in einen kleinen, von hohen Mauern umgebenen Hinterhof. Ein gedrungener Mann im roten, am Hals stark ausgeleierten Pullover kam heraus und unterschrieb beim Fahrer die Papiere. Das war der Mann, ahnte Buck, der nächste Peiniger, und er sprang wie ein Wilder gegen die Stäbe. Der Mann lächelte grimmig und holte ein Beil und eine Keule.

»Sie werden ihn doch jetzt nicht rauslassen?«, fragte der Fahrer.

»Klar«, antwortete der Mann und hieb das Beil in die Kiste, um sie aufzubrechen.

Sofort verteilten sich die vier Männer, die die Kiste angeschleppt hatten, auf die hohen Mauern, um das Spektakel aus sicherer Entfernung zu beobachten.

Buck sprang gegen das splitternde Holz, bohrte seine Zähne hinein, kämpfte und rang. Wo immer das Beil außen traf, war er innen zur Stelle, knurrend und zähnefletschend und schäumend vor Wut, ebenso begierig, nach draußen zu kommen, wie der Mann im roten Pullover in aller Ruhe daran arbeitete, ihn herauszuholen.

»Jetzt aber, du rotäugiger Teufel«, sagte er, als er eine Öffnung geschlagen hatte, die groß genug war für Bucks Körper. Er ließ das Beil fallen und nahm sogleich den Knüppel in die rechte Hand.

Und Buck war tatsächlich ein rotäugiger Teufel, als er zum Sprung ansetzte, mit gesträubtem Fell, Schaum vorm Maul und irrem Glitzern in den blutunterlaufenen Augen. Geradewegs dem Mann entgegen schleuderte er seine einhundertvierzig Pfund Raserei, aufgeladen mit der eingepferchten Leidenschaft von zwei Tagen und zwei Nächten. Mitten in der Luft, just als seine Kiefer zupacken wollten, erhielt er einen Hieb, der seinem Körper Einhalt gebot und seine Zähne mit einem marternden Schlag zusammenprallen ließ. Er drehte sich in der Luft und ging rückwärts und seitwärts zu Boden. Er war noch nie im Leben mit einem Knüppel geschlagen worden, und er begriff nicht, was geschah. Mit einem Knurren, das teils ein Bellen, aber viel mehr noch Aufschrei war, sprang er wieder auf die Beine und schoss in die Luft. Und abermals kam der Hieb, und er wurde zu Boden geschmettert. Diesmal war ihm klar, das war der Knüppel, doch sein Wahnsinn kannte keine Vorsicht. Ein Dutzend Mal setzte er zum Angriff an, und ebenso oft brach der Knüppel ihm die Kraft und schlug ihn nieder.

Nach einem besonders heftigen Schlag kam er nur schleppend wieder auf die Beine, zu benommen, um aufs Neue loszustürmen. Er taumelte schlapp umher, Blut floss ihm aus Nase, Schnauze und Ohren, sein schönes Fell von blutigem Sabber bespritzt und befleckt. Da trat der Mann auf ihn zu und versetzte ihm in voller Absicht einen furchtbaren Schlag auf die Nase. Alle erlittenen Schmerzen waren nichts, verglichen mit der grenzenlosen Qual von jetzt. Mit einem Gebrüll, fast löwenhaft in seiner Wildheit, warf er sich dem Mann erneut entgegen. Doch der wechselte nur den Knüppel von der rechten in die linke Hand und traf ihn ungerührt am Unterkiefer, während er sich nach unten und hinten zugleich duckte. Buck vollführte eine volle Drehung in der Luft und noch eine halbe dazu, dann krachte er mit Kopf und Brustkorb auf die Erde.

Ein letztes Mal sprang er auf. Der Mann setzte den geschickten Schlag, den er bewusst so lange zurückgehalten hatte, und Buck sackte in sich zusammen und ging zu Boden, ganz und gar bewusstlos geschlagen.

»Der is kein Schlappschwanz, wenn's ums Abrichten geht, sach ich mal«, rief begeistert einer der Männer auf der Mauer.

»Da würd ich lieber jeden Tag Indianerponys abrichten, und immer wieder sonntags zweimal«, lautete die Antwort des Kutschers, als er auf den Wagen stieg und die Pferde in Trab setzte.

Buck kam wieder zu Bewusstsein, aber nicht zu Kräften. Er lag, wo er gefallen war, und beobachtete von dort den Mann im roten Pullover.

»›Hört auf den Namen Buck‹«, murmelte der Mann vor sich hin und zitierte damit aus dem Brief des Kneipenwirts, der ihm die Lieferung der Kiste samt Inhalt angekündigt hatte. »Tja, Buck, mein Junge«, fuhr er mit freundlicher Stimme fort, »wir hatten unsere kleine Keilerei, und das Beste für uns beide wär, es dabei bewenden zu lassen. Du hast gelernt, wo dein Platz ist, und ich kenne meinen. Wenn du ein guter Hund bist und wir uns vertragen, wird alles gut. Wenn du ein böser Hund bist, zieh ich dir das Fell über die Ohren. Verstanden?«

Während er das sagte, tätschelte er furchtlos den Kopf, auf den er so gnadenlos eingeschlagen hatte, und auch wenn sich Bucks Fell bei der Berührung unwillkürlich sträubte, erduldete er die Hand doch ohne Gegenwehr. Als der Mann ihm Wasser brachte, trank er es begierig, und später verschlang er eine üppige Portion rohes Fleisch, Stück für Stück, dem Mann direkt aus der Hand.

Er war geschlagen (das wusste er); doch er war nicht gebrochen. Er begriff ein für alle Mal, dass er gegen einen Mann mit einem Knüppel keine Chance hatte. Er hatte seine Lektion gelernt, und er hat sie sein Leben lang nicht mehr vergessen. Der Knüppel war eine Offenbarung. Er war seine Einweisung in die Herrschaft des Urgesetzes, und er machte ihre Bekanntschaft auf halbem Wege. Das Leben verschärfte sich; und während er sich dem furchtlos stellte, tat er es zugleich mit all der unterschwelligen und jetzt erwachten Gerissenheit seiner Natur. Im Lauf der Tage trafen weitere Hunde ein, in Kisten und an Stricken, manche gefügig, andere rasend und tobend, so wie er hier angekommen war; und einen nach dem andern sah er sie unter die Herrschaft des Mannes im roten Pullover geraten. Wieder und wieder wurde Buck, während er das brutale Spiel verfolgte, die Botschaft eingebläut: Ein Mann mit einem Knüppel war ein Gesetzgeber, ein Herr und Meister, dem es zu gehorchen galt, im Einverständnis oder nicht. Eben diesem hatte Buck sich niemals schuldig gemacht, auch wenn er mit angesehen hatte, wie geprügelte Hunde vor dem Mann zu Boden krochen, mit dem Schwanz wedelten und ihm die Hand leckten. Er hatte aber auch gesehen, wie ein Hund, der weder gehorchen, noch sich aussöhnen wollte, im Kampf um die Macht schließlich getötet wurde.

Hin und wieder kamen Männer, Fremde, die aufgeregt, anbiedernd und in allen möglichen Tonlagen mit dem Mann im roten Pullover redeten.

Und wenn bei solchen Gelegenheiten Geld von einer Hand in die andere wechselte, nahmen die Fremden einen Hund oder auch mehrere mit. Buck fragte sich, wo sie blieben, denn sie kamen nie zurück; doch die Angst vor der Zukunft setzte ihm schwer zu, und er war jedes Mal froh, wenn die Wahl nicht auf ihn fiel.

Am Ende kam auch seine Zeit, und zwar in Gestalt eines kleinen, hutzligen Mannes, der nur gebrochen Englisch sprach und viele fremde, grobe Brocken spie, die Buck nicht verstehen konnte.

»Sacre bleu!«, rief er aus, als sein Blick auf Buck fiel. »Das is ja eine prima Hund! Na? Comme wie viel?«

»Dreihundert, und das ist glatt geschenkt«, lautete die prompte Antwort des Mannes im roten Pullover. »Und da's Geld von der Regierung is, brauchst du dir nicht in die Hosen zu machen, was, Perrault?«

Perrault grinste. Da der Preis für Hunde aufgrund der ungewohnten Nachfrage in astronomische Höhen geschossen war, war das keine unangemessene Summe für ein so prächtiges Tier. Der kanadischen Regierung würde es keine Schande machen, und ihre Depeschen würden auch nicht langsamer übermittelt. Perrault kannte sich mit Hunden aus, und wenn er Buck so ansah, wusste er, der war einer unter Tausend. »Einer unter Zehntausend«, sagte er sich im Stillen.

Buck sah, wie Geld von einem zum andern ging, und war nicht überrascht, als Curly, ein gutmütiger Neufundländer, und er selbst von dem kleinen, hutzligen Mann vom Platz geführt wurden. Das war sein letzter Blick auf den Mann im roten Pullover, und als Curly und er vom Deck der *Narwhal* aufs langsam entschwindende Seattle schauten, war das sein letzter Blick aufs warme Südland. Curly und er wurden von Perrault unter Deck gebracht und einem schwarzgesichtigen Riesen namens François übergeben. Perrault war Franko-Kanadier und dunkelhäutig; aber François war Franko-Kanadier und Halbblut dazu und also doppelt so dunkel. Sie waren für Buck ein neuer Menschentyp (von dem er noch viele weitere kennenlernen sollte), und auch wenn er keinerlei Zuneigung für sie entwickelte, wuchs in ihm doch ein ehrlicher Respekt vor ihnen. Er lernte schnell, dass Perrault und François aufrechte Männer waren, die ruhig und unparteiisch Gerechtigkeit übten und sich mit Hunden viel zu gut auskannten, um sich von ihnen zum Narren halten zu lassen.

In den Zwischendecks der *Narwhal* schlossen sich Buck und Curly zwei anderen Hunden an. Der eine war ein großer, schneeweißer Bursche aus Spitzbergen, den der Kapitän eines Walfangschiffes mitgebracht hatte und der später eine geologische Erkundungsfahrt in die Barrens begleitet hatte. Er war freundlich, doch auf irgendwie trügerische Weise, lächelte einem ins Gesicht und plante hinterrücks ein falsches Spiel, zum Beispiel, als er Buck das Fressen stahl, als sie zum ersten Mal gefüttert wurden. Als Buck ihn ansprang, um ihn abzustrafen, sirrte François' Peitsche durch die Luft und traf zuerst den Schuldigen; da musste sich Buck nur noch den Knochen sichern. Das war fair von François, dachte sich Buck, und so begann das Halbblut in seiner Achtung allmählich zu steigen.

Der andere Hund ging auf niemanden zu und niemand auf ihn. Er versuchte auch nicht, die Neuankömmlinge zu bestehlen. Er war ein düsterer, mürrischer Bursche, und er zeigte Curly deutlich, dass er nichts weiter wollte als seine Ruhe, und dass es Ärger gäbe, würde er nicht in Ruhe gelassen. Sie nannten ihn »Dave«, und er fraß nur und schlief und gähnte zwischendurch und zeigte an nichts Interesse, nicht einmal, als die *Narwhal* den Queen Charlotte Sound durchquerte und stampfte, schaukelte und schlingerte wie besessen. Als Buck und Curly halb wild vor Angst in Aufregung gerieten, hob er nur den Kopf wie leicht belästigt, beehrte sie mit einem gleichgültigen Blick, gähnte und schlief wieder ein.

Tag und Nacht erbebte das Schiff vom unermüdlichen Antrieb der Schraube, und derweil sich kaum ein Tag vom nächsten unterschied, entging es Buck doch nicht, dass es zunehmend kälter wurde. Endlich stand eines Morgens die Schiffsschraube still, und die *Narwhal* war von aufgeregter Stimmung erfüllt. Er fühlte sie, wie auch die anderen Hunde sie fühlten, und wusste, dass eine Veränderung bevorstand. François leinte sie an und brachte sie an Deck. Beim ersten Schritt auf die kalte Oberfläche versanken Bucks Pfoten in einem weißen matschigen Etwas, das Schlamm sehr ähnelte. Schnaubend sprang er zurück. Mehr von diesem weißen Zeug fiel durch die Luft. Er schüttelte sich, doch mehr landete auf ihm.

Er beschnüffelte es neugierig, dann leckte er ein bisschen mit der Zunge auf. Es brannte wie Feuer und war im nächsten Augenblick verschwunden. Das war ihm ein Rätsel. Er versuchte es noch einmal, mit dem gleichen Ergebnis. Die Umstehenden brachen in schallendes Gelächter aus, und er schämte sich, auch wenn er nicht wusste warum, denn es war sein erster Schnee.

ZWEITES KAPITEL

# Das Gesetz von Knüppel und Reißzahn

Bucks erster Tag am Strand von Dyea war wie ein Albtraum. Jede Stunde war erfüllt von Schreck und Überraschung. Er war plötzlich mitten aus dem Herz der Zivilisation gerissen und mitten ins Herz urweltlicher Verhältnisse geworfen worden. Kein faules, sonnenverwöhntes Leben mehr für ihn, in dem es nichts weiter zu tun gab, als gelangweilt herumzulungern. Hier gab es keinen Frieden, keine Ruhe, keinen Augenblick der Sicherheit. Alles war Gewimmel und Aktivität, und in jedem Augenblick waren Leib und Leben in Gefahr. Oberstes Gebot war, unaufhörlich auf der Hut zu sein, denn diese Hunde und diese Männer waren keine Städtebewohner. Sie waren allesamt Wilde, und sie kannten kein anderes Gesetz als das von Knüppel und Reißzahn.

Er hatte Hunde nie so kämpfen sehen, wie diese wölfischen Geschöpfe kämpften, und seine erste Erfahrung erteilte ihm eine unvergessliche Lektion. Es stimmt, es war eine indirekte Erfahrung, sonst wäre sie sein Tod und keine Lehre gewesen. Curly war das Opfer. Die Hunde lagerten in der Nähe des Brennholzverschlags, dort näherte sie sich freundlich, wie es ihre Art war, einem Husky von der Größe eines ausgewachsenen Wolfes, auch wenn er nur halb so groß war wie sie. Es gab keine Vorwarnung, nur einen blitzschnellen Sprung, ein metallisches Klicken der Zähne, ein ebenso schneller Sprung zurück, und Curlys Kopf war vom Auge bis zum Kiefer aufgerissen.

Das war die Kampfart der Wölfe, zuschlagen und wegspringen; doch das war noch nicht alles. Dreißig oder vierzig Huskies kamen angerannt und bildeten einen stummen und gespannten Kreis um die Kämpfer. Buck verstand weder diese stumme Gespanntheit noch die eifrige Lust, mit der sie sich die Lippen leckten. Curly stürzte sich auf ihren Gegner, der abermals zuschlug und zur Seite sprang. Ihren nächsten Angriff wehrte er mit der Brust ab, auf ganz seltsame Weise, die sie augenblicklich zu Fall brachte. Sie kam nicht wieder auf die Beine. Genau darauf hatten die zuschauenden Huskies nur gewartet. Knurrend und bellend fielen sie über Curly her, und schreiend vor Schmerzen wurde sie unter der wütenden Menge der Hundeleiber begraben.

Das alles geschah so plötzlich und so unerwartet, dass Buck ganz bestürzt war. Er sah, wie Spitz seine scharlachrote Zunge aus dem Maul streckte, so wie er sonst immer lachte; und er sah, wie François mit geschwungener Axt mitten in die Hundemeute sprang. Drei Männer mit Knüppeln halfen ihm, die Hunde auseinanderzutreiben. Es dauerte nicht lange. Zwei Minuten, nachdem Curly zu Boden gegangen war, hatten sie die letzten ihrer Angreifer weggeknüppelt. Doch sie lag schlaff und leblos da im blutigen, zertrampelten Schnee, fast buchstäblich in Stücke zerrissen, und das schwarze Halbblut stand über ihr und fluchte fürchterlich. Das Bild ließ Buck nicht los, es kehrte oft wieder und quälte ihn im Schlaf. So also ging es zu. Kein ehrliches Spiel. Einmal am Boden, das war's. Nun, er würde dafür sorgen, dass er nie zu Boden ging. Wieder zeigte Spitz seine Zunge und lachte, und Buck hasste ihn von da an mit einem bitteren, ewigen Hass.

Bevor er sich von dem Schock durch Curlys tragischen Tod erholt hatte, traf ihn ein neuer Schlag. François zwängte ihn in ein Gehänge aus Riemen und Schnallen. Es war ein Geschirr, wie es die Knechte daheim, das hatte er gesehen, den Pferden anlegten. Und so wie er die Pferde hatte arbeiten sehen, wurde nun auch er zur Arbeit gezwungen, zog François auf einem Schlitten zum Wald, der das Tal umgab, und kehrte mit einer Ladung Brennholz zurück. Obwohl in seiner Würde schmerzlich verletzt, indem man ihn zum Zugtier degradiert hatte, war er doch zu klug, um sich zu widersetzen. Er unterwarf sich mit eisernem Willen und gab sein Bestes, auch wenn alles neu und fremd war. François war streng, er bestand auf sofortigem Gehorsam, und er bekam sofortigen Gehorsam kraft seiner Peitsche, während Dave, der ein erfahrener Deichselhund war, Buck nur jedes Mal ins Hinterteil kniff, wenn ihm ein Fehler unterlief. Spitz war der Anführer, ebenfalls erfahren, und auch wenn er nicht immer an Buck herankam, knurrte er doch hin und wieder vorwurfsvoll oder warf gekonnt sein Gewicht in die Zugriemen, um Buck auf die richtige Spur zu bringen. Buck lernte rasch, und unter der Anleitung durch seine beiden Gefährten und François machte er bemerkenswerte Fortschritte. Noch ehe sie ins Lager zurückkehrten, wusste er genug, um bei »Ho!« zu halten und bei »Los!« zu laufen, in den Kurven weit auszuschwenken und sich vor dem Deichselhund zu sputen, wenn der beladene Schlitten ihnen dicht auf den Hacken bergab schoss.

»Trei sehr güte Hünde«, sagte François zu Perrault. »Der Buck da, der ssieht wie ein Teufel. Ihm bring ich bei so schnell wie nix.«

Am Nachmittag kehrte Perrault, der es eilig hatte, mit seinen Sendungen unterwegs zu sein, mit zwei weiteren Hunden zurück. »Billee« und »Joe« nannte er sie, zwei Brüder, beides echte Huskies. Zwar waren sie Söhne derselben Mutter, doch so verschieden wie Tag und Nacht. Billees einziger Fehler war seine ausnehmende Gutmütigkeit, während Joe das ganze Gegenteil war, bitter und in sich gekehrt, ständig knurrend und mit einem bösen Blick. Buck empfing sie kameradschaftlich, während Dave sie ignorierte und Spitz sofort zum Angriff überging, erst den einen, dann den andern attackierte. Billee wedelte versöhnlerisch mit dem Schwanz, ergriff die Flucht, als er begriff, dass ihm Beschwichtigung nichts nützte, und schrie auf (noch immer versöhnlerisch), als Spitz' scharfe Zähne sich in seine Flanke bohrten. Joe, so schnell ihn Spitz auch umkreiste, wirbelte auf den Hinterpfoten herum und stellte sich ihm entgegen, die Nackenhaare gesträubt, die Ohren angelegt, die Lefzen fauchend und verzerrt, mit Kiefern, die so schnell zusammenschlugen, wie er zuschnappen konnte, und einem diabolischen Leuchten in den Augen – die Inkarnation angriffslustiger Angst. So schrecklich war seine Erscheinung, dass Spitz gezwungen war, auf seine Strafaktion zu verzichten. Um seine eigene Niederlage zu verbergen, ging er auf den harmlosen, wimmernden Billee los und trieb ihn an den Rand des Lagers.

Bis zum Abend hatte sich Perrault noch einen weiteren Hund beschafft, einen alten Husky, lang und schlank und mager, mit einem kampfvernarbten Gesicht und nur noch einem Auge, aus dem ein bedrohlicher Wagemut blitzte, der Respekt gebot. Er hieß Sol-leks, das heißt der Zornige. Er verlangte nichts, vergab nichts, erwartete nichts, so wie Dave; und als er langsam und gemessen in ihre Mitte marschierte, ließ sogar Spitz ihn in Ruhe. Er hatte eine Besonderheit, und Buck hatte leider das Pech, sie zu entdecken. Er mochte es nicht, wenn man sich ihm auf seiner blinden Seite näherte. Dieses Vergehens machte Buck sich ungewollt schuldig und wurde über seine Taktlosigkeit aufgeklärt, als Sol-leks sich wirbelnd auf ihn stürzte und ihm die Schulter drei Zoll weit bis auf den Knochen aufschlitzte. Von da an mied Buck seine blinde Seite und hatte bis ans Ende ihrer Kameradschaft keinen Ärger mehr. Sein einzig erkennbarer Ehrgeiz lag wie bei Dave darin, in Ruhe gelassen zu werden, auch wenn Buck später erfahren sollte, dass beide noch einen weiteren und weitaus entscheidenderen Ehrgeiz besaßen.

In jener Nacht stand Buck vor dem großen Problem des Nachtquartiers. Das Zelt, von einer Kerze erleuchtet, glühte behaglich inmitten der weißen Ebene; und als er es ganz selbstverständlich betrat, bombardierten ihn Perrault und François mit Flüchen und Küchengeräten, bis er sich von seiner Bestürzung erholt hatte und schmählich nach draußen in die Kälte floh. Es wehte ein eisiger Wind, der ihm zusetzte und ihn böse in die verletzte Schulter biss. Er legte sich in den Schnee und versuchte zu schlafen, aber der Frost brachte ihn bald wieder zitternd auf die Beine. Elend und trostlos streunte er zwischen den vielen Zelten umher und stellte doch nur fest, dass es an der einen Stelle genauso kalt war wie an der anderen. Hier und dort stürzten wilde Hunde auf ihn zu, doch er sträubte nur die Nackenhaare und knurrte bloß (denn er lernte schnell), und so ließen sie ihn unbehelligt weiterziehen.

Schließlich kam ihm eine Idee. Er wollte zurückkehren und nachsehen, was seine Gespann-Gefährten machten. Zu seinem Erstaunen waren sie verschwunden. Wieder wanderte er kreuz und quer durch das große Lager, suchte nach ihnen und kehrte ein weiteres Mal zurück. Waren sie im Zelt? Nein, das konnte nicht sein, sonst hätte man ihn ja nicht daraus vertrieben. Wo konnten sie dann stecken? Mit hängendem Schwanz und zitternden Gliedern, elend und verzweifelt, umkreiste er ziellos das Zelt.

Plötzlich gab der Schnee unter seinen Vorderläufen nach, und er sank ein. Etwas zappelte unter seinen Füßen. Er sprang zurück, knurrend und mit gesträubtem Fell, aus Angst vor dem Unsichtbaren und Unbekannten. Doch ein kurzes freundliches Kläffen beruhigte ihn, und er setzte seine Erkundung fort. Ein Hauch warmer Luft stieg ihm in die Nase, und da, behaglich unter dem Schnee zusammengerollt, lag Billee. Der winselte besänftigend, krümmte sich und wand sich, um seine friedlichen Absichten kundzutun, und wagte es sogar, als Schmiermittel für den Frieden, mit seiner warmen feuchten Zunge Bucks Gesicht zu lecken.

Noch eine Lektion. So wurde das hier also gemacht, wie? Voll Zuversicht suchte sich Buck eine Stelle und machte sich mit übergroßer Mühe daran, ein Loch für sich zu graben. Im Nu füllte seine Körperwärme den engen Raum, und schon war er eingeschlafen. Es war ein langer und anstrengender Tag gewesen, er schlief tief und ungestört, auch wenn er knurrte und bellte und mit schlechten Träumen kämpfen musste.

So schlug er die Augen erst wieder auf, als der Lärm des erwachenden Lagers ihn aufscheuchte. Zuerst wusste er nicht, wo er war. Es hatte die Nacht über geschneit, und er war völlig begraben. Die Schneemauern bedrängten ihn von jeder Seite, und ihn durchfuhr eine reißende Woge der Angst – die Angst des wilden Tieres vor der Falle. Damit war bewiesen, dass er sein altes Leben hinter sich ließ, um wieder der Fährte seiner Vorfahren zu folgen; denn er war ein zivilisierter Hund, ein all zu zivilisierter Hund, kannte aus eigener Erfahrung keine Falle und konnte sie folglich von sich aus nicht fürchten. Instinktiv zogen sich sämtliche Muskeln seines Körpers krampfhaft zusammen, das Fell auf Nacken und Schultern stand spitz gesträubt, und mit einem grimmigen Knurren sprang er stracks in den blendend hellen Tag, sodass der Schnee ihn als leuchtende Wolke umstob. Noch bevor er wieder stand, sah er das weiße Lager vor sich ausgebreitet, wusste, wo er war, und erinnerte sich an alles, was geschehen war, von dem Spaziergang mit Manuel bis zu dem Loch, das er am Abend zuvor für sich gegraben hatte.

François begrüßte sein Erscheinen lautstark. »Sach isch nicht?«, rief der Hundekutscher Perrault zu. »Der Buck lernt klar so schnell wie sonst keiner.«

Perrault nickte ernst. Als Kurier im Dienst der kanadischen Regierung, der wichtige Sendungen zu überbringen hatte, war er stets darauf aus, die besten Hunde zu ergattern, und dass er Buck bekommen hatte, machte ihn besonders froh.

Binnen einer Stunde wurden drei weitere Huskies ins Gespann geholt, jetzt zählten sie insgesamt neun, und keine Viertelstunde später waren sie angeschirrt und unterwegs zum Dyea Cañon. Buck war froh, endlich fort zu sein, und obwohl die Arbeit schwer war, stellte er doch fest, dass er sie nicht sonderlich verschmähte. Er war überrascht von dem Eifer, der das gesamte Gespann belebte und sich auf ihn übertrug; aber noch überraschender war die Veränderung, die sich in Dave und Sol-leks vollzog. Sie waren ganz neue Hunde, völlig verwandelt durch das Geschirr. Alle Passivität, alle Gleichgültigkeit war von ihnen abgefallen. Sie waren achtsam und aktiv, danach bestrebt, dass die Arbeit gut lief, und sie reagierten äußerst gereizt auf alles, Verzögerung oder Verwirrung, was diese Arbeit behinderte. Das Joch der Riemen schien höchster Ausdruck ihres Wesens zu sein und alles, wofür sie lebten, das Einzige, an dem sie Freude empfanden.

Dave war »Wheeler« oder Schlittenhund, vor ihm zog Buck, dann kam Sol-leks, der Rest des Gespanns lief in Einerreihe vor ihnen her, bis zum Leithund; diese Position besetzte Spitz.

Buck war mit Absicht zwischen Dave und Sol-leks gespannt worden, damit er von ihnen angelernt werden konnte. Fähiger Schüler, der er war, waren sie ebenso fähige Lehrer, die ihm einen Fehler nie lange durchgehen ließen, und ihren Lektionen mit scharfen Zähnen Nachdruck verliehen. Dave war fair und sehr klug. Er schnappte nach Buck nie ohne Grund, und er unterließ nie, nach ihm zu schnappen, wenn der es verdient hatte. Da François ihn mit seiner Peitsche unterstützte, fand Buck es billiger, sein Verhalten zu ändern, als es ihm heimzuzahlen. Einmal, als Buck sich bei einem kurzen Halt in den Gurten verhedderte und den Aufbruch verzögerte, stürzten sich Dave und Sol-leks auf ihn und verabreichten ihm eine ordentliche Tracht Prügel. Das führte zwar zu noch viel schlimmerer Verhedderung, doch von da an achtete Buck sorgsam darauf, die Riemen frei zu halten; und ehe der Tag vergangen war, hatte er seine Arbeit so gut gemeistert, dass seine Gefährten aufhörten, auf ihm herumzuhacken. François ließ seine Peitsche weniger häufig knallen, und Perrault erwies Buck sogar die Ehre, seine Pfoten hochzuheben und sie sorgfältig zu untersuchen.

Es war eine harte Tagesstrecke, den Cañon hoch, quer durch Sheep Camp, vorbei an den Scales und der Baumgrenze, über Gletscher und Schneeverwehungen, Hunderte Fuß tief, und über die große Chilcoot Divide, jene Bergkette, die zwischen dem Salz- und dem Süßwasser steht und furchteinflößend den traurigen, einsamen Norden bewacht. Während der Fahrt entlang der Seenkette, die die Krater erloschener Vulkane füllt, legten sie ein gutes Tempo vor und erreichten spät abends das riesige Lager an der Spitze von Lake Bennett, wo Tausende von Goldsuchern in Erwartung der Eisschmelze im Frühling ihre Boote bauten. Buck buddelte sich seine Höhle im Schnee und schlief den Schlaf des erschöpften Gerechten, doch wurde viel zu früh in die kalte Dunkelheit getrieben und mit seinen Gefährten ins Geschirr gelegt und vor den Schlitten gespannt. An diesem Tag schafften sie vierzig Meilen, da die Piste ausgefahren war; doch am nächsten Tag und an vielen folgenden Tagen bahnten sie sich ihre eigene Piste, arbeiteten schwerer und waren langsamer. In der Regel zog Perrault ihnen voraus, trat mit seinen Flechtschuhen den Schnee fest, um es ihnen leichter zu machen. François, der den Schlitten lenkte, wechselte sich bisweilen mit ihm ab, aber nicht oft. Perrault war in Eile, und er brüstete sich mit seinem Wissen über das Eis, unerlässliches Wissen, denn das Herbsteis war sehr dünn, und auf fließendem Wasser gab es überhaupt kein Eis.

Tag um Tag, endlose Tage lang schuftete Buck in den Riemen. Immer brachen sie das Lager im Dunkeln ab, und das erste Grau der Morgendämmerung traf sie auf der Piste, nachdem sie längst schon viele Meilen zurückgelegt hatten. Und immer schlugen sie ihr Lager nach Einbruch der Dunkelheit auf, fraßen ihren Fisch und krochen zum Schlafen in den Schnee. Buck hatte einen Bärenhunger. Die anderthalb Pfund sonnengetrockneter Lachs, seine Tagesration, schienen nirgendwo zu landen. Er bekam nie genug und litt ständig unter nagendem Hunger. Die anderen Hunde bekamen jedoch, weil sie weniger wogen und für dieses Leben geboren waren, nur ein Pfund Fisch und schafften es trotzdem, in guter Verfassung zu bleiben.

Schnell legte er die Verwöhntheit ab, die sein altes Leben bestimmt hatte. Als genüsslicher Fresser stellte er fest, dass seine Gefährten immer vor ihm fertig waren und ihm die letzten Bissen seiner Ration klauten. Dagegen war kein Kraut gewachsen. Derweil er zwei oder drei von ihnen fortjagte, verschwand der Rest seiner Ration in den Kehlen der andern. Um dem abzuhelfen, fraß er so schnell wie sie, und war sich, so stark nagte der Hunger an ihm, nicht zu schade, sich zu nehmen, was nicht ihm gehörte. Er beobachtete und lernte. Als er sah, dass Pike, einer der neuen Hunde, ein geschickter Dieb und Simulant, hinter Perraults Rücken klammheimlich eine Scheibe Speck klaute, machte er das Schelmenstück am folgenden Tag nach und entkam mit dem ganzen Batzen. Ein großer Aufruhr war die Folge, doch auf ihn fiel kein Verdacht; dafür wurde Dub, ein arger Stümper, der sich immer erwischen ließ, für Bucks Missetat bestraft.

Der erste Diebstahl kennzeichnete Buck als überlebensfähig in den feindlichen Nordland-Gefilden. Er kennzeichnete sein Anpassungsvermögen, seine Fähigkeit, sich auf wechselnde Umstände einzustellen; hätte es ihm daran gefehlt, wäre ein schneller und schrecklicher Tod die Folge gewesen. Er kennzeichnete außerdem den Niedergang oder vielmehr den Zerfall seiner Moral, eine pure Eitelkeit und ein Nachteil im rücksichtslosen Kampf ums Dasein. Es war im Südland ja ganz schön, unter dem Gesetz von Liebe und Brüderlichkeit privaten Besitz und persönliche Gefühle zu achten, aber im Nordland, unter dem Gesetz von Knüppel und Reißzahn, war jeder ein Dummkopf, der diese Dinge auch nur in Betracht zog, und würde es, sofern er sich nach ihnen richtete, nie zu etwas bringen.

Nicht, dass Buck durch Nachdenken darauf gekommen wäre. Er war fit, das war alles, und unbewusst fügte er sich in die neue Lebensweise ein. Nie in seinem Leben war er, ganz gleich wie die Chancen standen, vor einem Kampf davongelaufen. Doch der Knüppel des Mannes im roten Pullover hatte ihm einen wesentlicheren und primitiveren Kodex eingebläut.

Als zivilisierter Hund hätte er für einen moralischen Beweggrund, etwa die Verteidigung von Judge Millers Reitpeitsche, sein Leben gelassen; wie vollständig er jetzt entzivilisiert war, bezeugte nun seine Fähigkeit, vor der Verteidigung moralischer Beweggründe zu fliehen und damit seine Haut zu retten. Er klaute nicht zum Spaß, sondern weil ihm der Magen knurrte. Er klaute nicht in aller Offenheit, sondern klammheimlich und gerissen, aus Respekt vor Knüppel und Reißzahn. Kurzum, er tat, was immer er jetzt tat, weil es leichter war, es zu tun, als es nicht zu tun.

Seine Entwicklung (oder Rückbildung) war rasant. Seine Muskeln wurden eisenhart, und er stumpfte ab gegen alle gewöhnlichen Schmerzen. Er fand zu innerer wie äußerer Ökonomie. Er konnte alles fressen, egal wie eklig oder ungenießbar, und sobald er es gefressen hatte, zogen seine Magensäfte daraus noch den allerletzten jämmerlichen Nährstoff; sein Blut trug ihn in die fernsten Ecken und Enden seines Körpers und fertigte daraus das festeste und kräftigste Gewebe. Seh- und Geruchssinn wurden gewaltig geschärft, während sein Gehör eine solche Feinheit entwickelte, dass er selbst im Schlaf das leiseste Geräusch wahrnahm und auf der Stelle wusste, ob es von Frieden oder Fährnis kündete. Er lernte, mit den Zähnen das Eis wegzubeißen, das sich zwischen seinen Zehen angesammelt hatte; und wenn er Durst hatte und eine dicke Eisschicht auf dem Wasserloch lag, richtete er sich auf und zerschlug sie mit steifen Vorderläufen. Seine bemerkenswerteste Eigenschaft war die Fähigkeit, den Wind zu riechen und seine Richtung schon in der Nacht davor vorauszusagen. Wie still die Luft auch immer war, wenn er sich an einem Baum oder Wall sein Nachtlager grub, traf ihn der Wind, der später wehte, unweigerlich im Lee, gut geschützt und mollig warm.

Und er lernte nicht nur aus Erfahrung, auch längst abgestorbene Instinkte wurden wieder lebendig. Die domestizierten Generationen fielen von ihm ab. Nebelhaft erinnerte er sich zurück an die Frühzeit seiner Rasse, an die Zeit, als wilde Hunde in Meuten den Urwald durchstreiften und ihr Beutefleisch zur Strecke brachten. Es war ein Leichtes für ihn zu lernen, wie man mit Reißen, Schlitzen und dem schnellen Wolfsbiss kämpfte. Auf diese Weise hatten vergessene Vorfahren gekämpft. Sie erweckten das alte Leben in ihm, und die alten Tricks, die sie dem Erbe der Rasse eingeprägt hatten, waren jetzt auch seine. Sie kamen zu ihm ohne Mühe und Suche, als hätten sie immer schon zu ihm gehört. Und wenn er in den stillen kalten Nächten mit der Nase auf einen Stern zeigte und lange heulte wie ein Wolf, waren es seine Vorfahren, gestorben und zu Staub zerfallen, die mit der Nase auf den Stern wiesen und durch die Jahrhunderte heulten, und durch ihn. Und seine Töne waren ihre, Töne, die Ausdruck ihres Kummers waren und all dessen, was für sie die Bedeutung der Stille, der Kälte und des Dunkels war.

So durchströmte ihn, als Zeichen dafür, was für ein Puppenspiel das Leben ist, das uralte Lied, und er fand zu sich selbst zurück; und das allein, weil Männer im Norden ein gelbes Metall gefunden hatten und Manuel ein Gärtnergehilfe war, dessen Lohn die Bedürfnisse seiner Frau und der vielen kleinen Abziehbilder seiner selbst nicht deckte.

## DRITTES KAPITEL

# Das dominierende Urtier

Das dominierende Urtier war stark in Buck, und unter den harten Bedingungen der Strecke wuchs und wuchs es immer weiter. Aber es war ein heimliches Wachstum. Seine neu gewonnene Gerissenheit gab ihm Sicherheit und Kontrolle. Doch er war zu sehr damit beschäftigt, sich an das neue Leben zu gewöhnen, um sich darin heimisch zu fühlen. Deshalb brach er nicht nur keinen Streit vom Zaun, sondern ging ihm wo immer möglich, auch tunlichst aus dem Weg. Eine gewisse Besonnenheit kennzeichnete seine Haltung. Er neigte nicht zu Hast und Überstürzung, und in der bitteren Feindschaft zwischen ihm und Spitz zeigte er keinerlei Ungeduld, verzichtete auf jede Provokation.

Andererseits ließ Spitz, vielleicht weil er in Buck einen gefährlichen Rivalen witterte, keine Gelegenheit aus, die Zähne zu zeigen. Er gab sich jede erdenkliche Mühe, Buck zu drangsalieren, und lauerte ständig auf den Kampf, der nur mit dem Tod des einen oder des anderen enden konnte. Am Anfang der Fahrt Tour wäre es fast dazu gekommen, hätte sich nicht ein ungewöhnlicher Zwischenfall ereignet. Gegen Abend jenes Tages schlugen sie ein düsteres, elendes Lager an den Ufern des Lake Le Barge auf. Schneetreiben, ein Wind so schneidend wie ein glühendheißes Messer und die Dunkelheit hatten sie gezwungen, praktisch blindlings einen Lagerplatz zu suchen. Sie hätten es kaum schlimmer treffen können. In ihrem Rücken stand eine senkrechte Felswand, und Perrault und François mussten auf dem Eis des Sees ihr Feuer entfachen und ihre Schlafsäcke ausrollen. Das Zelt hatten sie in Dyea zurückgelassen, um leichter vorwärtszukommen. Ein paar Treibholzstöcke versorgten sie mit einem Feuer, das im tauenden Eis erlosch und sie im Dunkeln zu Abend essen ließ. Dicht unter dem schützenden Felsen machte Buck sich sein Lager. Es war so kuschelig und warm, dass er es nur ungern verließ, als François den

Fisch verteilte, den er über dem Feuer aufgetaut hatte. Doch als Buck seine Ration verputzt hatte und zurückkehrte, fand er sein Lager besetzt. Ein drohendes Knurren verriet ihm, dass Spitz der Eindringling war. Bis dahin hatte Buck jeden Ärger mit seinem Feind vermieden, doch das war zu viel. Tobend erhob sich in ihm das wilde Tier. Er stürzte sich auf Spitz mit einem Zorn, der beide überraschte, vor allem jedoch Spitz, denn all seine Erfahrung hatte ihn gelehrt, dass Buck ein ungewöhnlich furchtsamer Hund war, der sich nur behaupten konnte, weil er so groß und schwer war.

Auch François war überrascht, ein wirres Knäuel aus dem aufgestörten Nest herausschießen zu sehen, und er ahnte den Grund für das Gezänk. »A-a-h!«, rief er Buck zu. »Gips iihm, na los! Gips iihm, dem treckigen Tieb!«

Spitz war ebenfalls kampfbereit. Er heulte vor schierer Wut und Gier, während er kreisend vorstieß und zurückwich und nach einer Möglichkeit zum Angriff suchte. Buck war nicht weniger eifrig und nicht weniger vorsichtig, während auch er kreisend vorstieß und zurückwich und seinen Vorteil suchte. Doch dann geschah das Unerwartete, das, was ihren Kampf um die Vorherrschaft in ferne Zukunft verlegte, in eine Zeit nach vielen anstrengenden Meilen des Wegs und der Mühsal.

Ein Fluch von Perrault, der weithin schallende Schlag eines Knüppels auf einen knochigen Körper und ein schrill jaulender Schmerzensschrei gaben das Signal zum Ausbruch eines höllischen Tumults. Das Lager verwandelte sich urplötzlich in einen Tummelplatz verborgen lauernder Pelzleiber – verhungernde Huskys, achtzig oder hundert an der Zahl, die das Lager von irgendeinem Indianerdorf aus gewittert hatten. Sie waren eingedrungen, während Buck und Spitz miteinander kämpften, und als die beiden Männer mit harten Knüppeln auf sie losgingen, bleckten sie die Zähne und wehrten sich. Der Geruch von Nahrung hatte sie durchdrehen lassen. Perrault sah einen an der Vorratskiste, den Kopf darin vergraben. Sein Knüppel traf die dürren Rippen hart, und die Kiste schlug auf den Boden. Im selben Augenblick balgten sich an die zwanzig ausgehungerte Tiere um Brot und Speck. Die Knüppel krachten unbeachtet auf sie nieder. Sie jaulten und heulten unter dem Hagel der Schläge und kämpften trotzdem tobend weiter, bis der letzte Krümel verschlungen war. Inzwischen waren die aufgeschreckten Gespannhunde aus ihren Lagern herausgeschnellt, nur um im nächsten Moment von den wilden Eindringlingen angegriffen zu werden. Noch nie hatte Buck solche Hunde gesehen. Ihre Knochen schienen ihre Haut zu durchstoßen. Sie waren bloße Skelette, schlaff in verdreckte Felle gehüllt, mit glühenden Augen und geifernden Reißzähnen. Doch der Hungerwahn machte sie furchterregend, unbezwingbar. Sich ihnen zu widersetzen war unmöglich. Die Gespannhunde wurden gleich beim ersten Angriff an die Felswand zurückgetrieben. Buck wurde von drei Huskies in die Mangel genommen, und im Nu waren sein Kopf und seine Schultern zerfetzt und aufgeschlitzt. Der Lärm war entsetzlich. Billee jaulte wie gewöhnlich. Dave und Sol-leks, aus vielen Wunden blutend, kämpften tapfer Seit an Seite. Joe biss wie besessen um sich. Einmal schnappten seine Zähne sich die Vorderläufe eines Huskies und er zermalmte bohrend den Knochen. Pike, der Drückeberger, sprang auf das verletzte Tier und brach ihm mit kurz aufblitzenden Zähnen und einem Ruck das Genick. Buck packte einen geifernden Gegner bei der Kehle und wurde mit Blut bespritzt, als er seine Zähne in die Halsschlagader schlug. Der warme Geschmack in seinem Mund stachelte ihn zu noch größerer Raserei an. Er warf sich auf einen anderen Hund und spürte gleichzeitig, wie sich Zähne in seine eigene Kehle bohrten. Es war Spitz mit einem heimtückischen Angriff von der Seite.

Perrault und François hatten ihren Teil des Lagers befreit und beeilten sich nun, ihre Schlittenhunde zu retten. Die wilde Welle ausgehungerter Tiere wogte vor ihnen zurück, und Buck schüttelte sich los. Aber das währte nur kurz. Die beiden Männer mussten zurücklaufen, um den Proviant zu retten, daraufhin setzten die Huskies ihren Angriff auf das Gespann fort. Billee, vor lauter Angst ganz tapfer geworden, sprang durch den grausamen Kreis und flüchtete übers Eis. Pike und Dub folgten ihm dicht auf den Fersen, das restliche Gespann hinterher. Als Buck alle Kraft sammelte, um ihnen nachzusetzen, sah er aus dem Augenwinkel, wie Spitz auf ihn zustürzte, mit der unverkennbaren Absicht, ihn umzureißen. Einmal am Boden und unter der Masse an Huskies begraben, gab es keine Hoffnung mehr für ihn. Doch er widersetzte sich dem Ansturm von Spitz' Übergriff, dann schloss er sich der Flucht hinaus auf den See an.

Später sammelten sich die neun Schlittenhunde und suchten gemeinsam Schutz im Wald. Sie wurden zwar nicht mehr verfolgt, doch sie befanden sich in einem beklagenswerten Zustand. Es war nicht einer unter ihnen, der nicht an vier, fünf Stellen verwundet war, einige von ihnen erheblich. Dub war an einem Hinterbein schwer verletzt; Dolly, der als letzter Husky in Dyea ins Gespann aufgenommen worden war, hatte eine übel aufgerissene Kehle; Joe hatte ein Auge verloren, und der gutmütige Billee, ein Ohr zerbissen und in Fetzen, winselte und heulte die ganze Nacht durch. Bei Tagesanbruch humpelten sie vorsichtig zurück ins Lager, dort waren die Plünderer abgezogen, doch die beiden Männer übelster Laune. Gut die Hälfte ihres Proviants war weg. Die Huskies hatten die Schlittenschnüre und die Packleinwände durchkaut. Nichts, was auch nur im Entferntesten essbar war, war ihnen entgangen. Sie hatten ein Paar von Perraults elchledernen Mokassins gefressen, große Bissen aus den ledernen Zugriemen und sogar ein zwei Fuß langes Stück vom Ende von François' Peitsche. Er löste sich aus der düsteren Betrachtung seiner Knute und widmete sich den verwundeten Hunden.

»Ach, meine Freunde«, sagte er leise, »vleicht macht euch das zu tollwütig Hunde, diese viele Bisse. Vleicht alle tollwütig Hunde, sacrebleu! Na, was meinstu, Perrault?«

Der Kurier schüttelte bedenklich den Kopf. Bei immer noch vierhundert Meilen zwischen hier und Dawson konnte er sich Tollwut unter seinen Hunden schwerlich leisten. Zwei Stunden Plackerei unter Fluchen brachten die Geschirre in Form, und das wundenlahme Gespann war wieder unterwegs, kämpfte sich mühsam durch das schwerste Stück der Strecke, das es bis jetzt zu bewältigen hatte, eigentlich das schwerste bis Dawson.

Der Thirty Mile River war weit offen. Sein wildes Wasser trotzte dem Frost, und nur in der Nebenströmung und an stillen Stellen hielt das Eis überhaupt. Sechs Tage Knochenarbeit bis zur Erschöpfung waren nötig, um diese schrecklichen dreißig Meilen zurückzulegen. Und schrecklich waren sie, weil jeder Schritt unter Lebensgefahr für Hund und Mensch errungen wurde. Ein Dutzend Mal brach Perrault, der tastend nach dem Weg suchte, auf den Eisbrücken ein, gerettet nur von einer langen Stange, die er bei sich führte und so hielt, dass sie jedes Mal quer über das Loch fiel, das sein Körper ins Eis gerissen hatte. Doch es herrschte eine beißende Kälte, das Thermometer zeigte fünfundvierzig Grad unter Null, und jedes Mal, wenn er einbrach, musste er rasch ein Feuer machen und seine Kleider trocknen – um nicht zu verrecken.

Nichts konnte ihn schrecken. Und weil ihn nichts schrecken konnte, war er zum Kurier der Regierung gemacht worden. Er nahm alle Gefahren auf sich, stemmte sein schmales, runzliges Gesicht entschlossen dem Frost entgegen und kämpfte sich durch vom grauen Morgen bis zum Abend. Er umfuhr die zerklüfteten Küsten auf dem Randeis, das sich unter ihren Füßen bog und knackte und auf dem sie nicht zu halten wagten. Einmal brach der Schlitten ein, mit Dave und Buck, die halb ertrunken und erfroren waren, als man sie endlich herauszog. Das übliche Feuer musste her, um sie zu retten. Sie waren mit einer dicken Eisschicht überzogen, und die beiden Männer ließen sie ums Feuer laufen, schwitzend und schmelzend, und sie kamen den Flammen so nahe, dass sie sich versengten.

Ein andermal brach Spitz ein und riss das ganze Gespann bis hin zu Buck mit, der mit aller Kraft zurückdrängte, die Vorderpfoten an der rutschigen Kante, während das Eis auf allen Seiten zitterte und knackte. Doch hinter ihm war Dave, der ebenfalls zerrte, und hinter dem Schlitten zog François, bis ihm die Sehnen knackten.

Wieder brach das Randeis weg, vor und hinter ihnen, und es gab keinen anderen Ausweg als den Fels hinauf. Perrault erklomm ihn wie durch ein Wunder, während François für dieses Wunder betete; und mit jedem Riemen, jeder Schlittenschnur und dem letzten Stück Geschirr, zu einem langen Strick verzurrt, wurden die Hunde einer nach dem anderen auf den Kamm gezerrt. François kam als letzter, nach dem Schlitten und der Ladung. Dann folgte die Suche nach einer geeigneten Stelle für den Abstieg, der schließlich erneut mit Hilfe des Stricks bewerkstelligt wurde, und nach einer Tagesleistung von einer Viertelmeile waren sie bei Einbruch der Dunkelheit wieder am Fluss.

Als sie den Hootalinqua erreichten und damit wieder sicheres Eis, war Buck erledigt. Den anderen Hunden ging es nicht besser, doch Perrault wollte verlorene Zeit aufholen, und so trieb er sie von früh bis spät an. Am ersten Tag schafften sie fünfunddreißig Meilen bis zum Big Salmon; am nächsten weitere fünfunddreißig Meilen bis zum Little Salmon; am dritten Tag vierzig Meilen, was sie bis in die Nähe der Five Fingers führte.

Bucks Pfoten waren nicht so fest und hart wie die der Huskies. Sie waren weicher geworden im Lauf der Generationen, seit der letzte seiner wilden Vorfahren von einem Höhlenmenschen oder Mann am Fluss gezähmt worden war. Den ganzen Tag über humpelte er unter qualvollen Schmerzen, und als das Lager aufgeschlagen war, legte er sich hin wie ein sterbender Hund. So hungrig er war, er rührte sich nicht mehr vom Fleck, nicht einmal, um sich seine Ration Fisch abzuholen; die musste François ihm bringen. Der Hundeführer rieb zudem jeden Abend nach dem Essen eine halbe Stunde lang Bucks Pfoten und opferte sogar das Oberleder seiner Mokassins, um vier Mokassins für Buck zu machen. Die sorgten für erhebliche Linderung, und eines Morgens brachte Buck sogar das runzlige Gesicht Perraults dazu, sich zu einem Grinsen zu verziehen, als François die Mokassins vergessen hatte und Buck auf dem Rücken lag, mit allen Vieren flehend in der Luft zappelte und sich weigerte, ohne seine zweiten Sohlen aufzustehen. Später wurden seine Pfoten hart genug für die Strecke, und die abgewetzten Fußschützer wurden weggeworfen.

Als sie am Pelly eines Morgens ins Geschirr gespannt wurden, drehte Polly, die noch nie verdächtige Symptome gezeigt hatte, plötzlich durch. Sie verkündete ihren Zustand mit einem langen, herzzerreißenden Wolfsgeheul, das jedem Hund vor Angst das Fell sträubte, und ging dann direkt auf Buck los. Er hatte noch nie erlebt, wie ein Hund durchdreht, und hatte auch keinerlei Grund, sich vor der Tollwut zu fürchten, doch er wusste, hier blühte ihm etwas Entsetzliches, und so flüchtete er in panischer Angst. Er rannte schnurstracks davon, Dolly keuchend und schäumend eine Sprunglänge hinter sich; doch weder konnte sie ihn einholen, so groß war sein Entsetzen, noch konnte er sie abschütteln, so groß war ihre Tollheit. Er stürzte durchs bewaldete Ufer der Insel, stürmte zum unteren Ende, durchquerte einen Flussarm voller Packeis zu einer anderen Insel, landete auf einer dritten, rannte im Bogen zurück zum Hauptfluss und machte sich aus lauter Verzweiflung daran, ihn zu überqueren. Und die ganze Zeit, auch wenn er sich nicht umschaute, hörte er nur eine Körperlänge hinter sich das Knurren. François rief ihm aus einer Viertelmeile Entfernung etwas zu, und er machte kehrt, immer noch mit einer Körperlänge Vorsprung, schnappte mühsam nach Luft und setzte seine ganze Hoffnung darauf, dass François ihn rettete. Der Hundeführer hielt die Axt hoch erhoben in der Hand, und als Buck an ihm vorbeischoss, krachte sie auf den Schädel der tollwütigen Dolly nieder.

Buck taumelte gegen den Schlitten, erschöpft, nach Luft ringend, hilflos. Das war die Gelegenheit für Spitz. Er stürzte sich auf Buck, und zweimal bohrten sich seine Zähne in den wehrlosen Feind, rissen und schlitzten ihm das Fleisch bis zu den Knochen auf. Dann ging François' Peitsche auf ihn nieder, und Buck sah mit Genugtuung, wie Spitz die schlimmste Prügel bezog, die je ein Hund des Gespanns erhalten hatte.

»Ein Teufel, der Spitz«, bemerkte Perrault. »Eines verdammten Tages bringt er Buck noch um.«

»Der Buck zwei Teufel«, erwiderte François. »Immer wenn ich mir den anseh, weiß ich das genau. Isch sag dir: Eines verdammt schön Tages dreht er wahnsinnig durch, dann schnappt er sich den Spitz und spuckt ihn stückweis wieder aus in'n Schnee. Ganz klar. Isch weiß das.«

Seitdem herrschte Krieg zwischen ihnen. Spitz sah als Leithund und unangefochtener Herr des Gespanns seine Vormachtstellung durch diesen seltsamen Südlandhund gefährdet. Und seltsam war Buck für ihn, denn keiner der vielen Südlandhunde, die er kennengelernt hatte, hatte sich als respektabel erwiesen, nicht im Lager noch unterwegs. Sie waren alle zu weich, starben an Überanstrengung, Frost und Hunger. Buck war die Ausnahme. Er hielt als Einziger durch und kam voran, da er dem Husky an Stärke, Wildheit und Gerissenheit in nichts nachstand. Außerdem war er ein herrischer Hund, und gefährlich machte ihn der Umstand, dass der

Knüppel des Mannes im roten Pullover allen leichtsinnigen Schneid, alle Unbesonnenheit aus seiner Herrschsucht herausgeprügelt hatte. Er war äußerst gerissen und konnte mit geradezu primitiver Geduld den richtigen Augenblick abpassen.

Es war unvermeidlich, dass es zum Kampf um die Führung kommen würde. Buck wollte ihn. Er wollte ihn, weil es in seiner Natur lag, weil er gepackt worden war von jenem namenlosen, unbegreiflichen Stolz der Piste und Spur – jenem Stolz, der Hunde bis zum letzten Atemzug in den Riemen hält, der sie dazu verführt, freudig im Geschirr zu sterben, und ihnen das Herz bricht, wenn sie ausgemustert werden. Das war der Stolz von Dave als Deichselhund, von Sol-leks, wenn er mit aller Kraft zog; der Stolz, der sie ergriff, wenn sie aus dem Lager aufbrachen und störrische, missmutige Bestien in eifrig zerrende, ehrgeizige Geschöpfe verwandelte; der Stolz, der sie den ganzen Tag über ansponte und am Abend beim Aufschlagen des Lagers wieder verschwand, sie in düstere Unruhe und Unzufriedenheit zurückfallen ließ. Das war der Stolz, mit dem sich Spitz behauptete, um Schlittenhunde zu bestrafen, die in den Zugriemen schluderten und kniffen oder sich morgens zur Anspannzeit verdrückten. Es war der gleiche Stolz, der ihn Buck als möglichen Leithund fürchten ließ. Und es war auch Bucks Stolz.

Unverhohlen forderte er die Führung des anderen heraus. Er stellte sich zwischen ihn und die Kneifer, die er hätte bestrafen sollen. Und er tat es mit Absicht. Eines Nachts hatte es heftig geschneit, und am Morgen glänzte Pike, der Drückeberger, durch Abwesenheit. Er hielt sich sicher verborgen in seinem Lager unter einem Fuß Schnee. François rief und suchte ihn vergeblich. Spitz tobte vor Wut. Er stürmte durchs Lager, schnüffelte und buddelte an jeder erdenklichen Stelle und knurrte dabei so furchterregend, dass Pike ihn hörte und in seinem Versteck erschauderte.

Doch als er schließlich aufgestöbert war und Spitz sich auf ihn stürzte, um ihn zu bestrafen, stürzte sich Buck mit gleicher Wut dazwischen. Das kam unerwartet und war so geschickt gemacht, dass es Spitz nach hinten riss und er den Halt verlor. Pike, der elendig gezittert hatte, fasste sich angesichts dieser unverhohlenen Meuterei ein Herz und ging auf seinen gestürzten Führer los. Buck, für den Fair Play inzwischen ein vergessener Kodex war, ging ebenfalls auf Spitz los. Doch François, obwohl der Vorfall ihn erheiterte, ließ Gerechtigkeit walten und zog Buck mit voller Wucht die Peitsche über. Damit ließ Buck sich von seinem niedergestreckten Rivalen jedoch nicht vertreiben, und so kam der Peitschengriff zum Einsatz. Halb benommen von dem Schlag, stürzte Buck rückwärts zu Boden, und die Peitsche fuhr wieder und wieder auf ihn herab, während Spitz den notorischen Missetäter Pike gehörig bestrafte.

An den folgenden Tagen, als Dawson immer näher rückte, hörte Buck nicht auf, sich zwischen Spitz und die Übeltäter zu stellen; aber er ging schlauer vor, tat es, wenn François nicht in der Nähe war. Aus Bucks verdeckter Meuterei erwuchs eine allgemeine Auflehnung, die immer weiter um sich griff. Dave und Sol-leks ließen sich davon nicht anstecken, doch bei den anderen wurde es immer schlimmer. Nichts lief mehr glatt. Ständig gab es Zank und Streit. Immer lauerte irgendwo Ärger, und Buck steckte hinter allem. Er hielt François auf Trab, denn der Hundeführer erwartete jederzeit den Kampf auf Leben und Tod, der, wie er wusste, früher oder später zwischen den beiden stattfinden musste; und in mehr als einer Nacht trieb ihn der Lärm zankender, streitender Hunde aus dem Schlafpelz, weil er fürchtete, dass Buck und Spitz nun aufeinander losgingen.

Doch die Gelegenheit dazu bot sich nicht, und so zogen sie eines trostlosen Nachmittags in Dawson ein, ohne dass der große Kampf schon stattgefunden hätte. Hier gab es viele Männer und zahllose Hunde, und Buck fand sie alle bei der Arbeit. Es gehörte anscheinend zur geheiligten Ordnung der Dinge, dass Hunde arbeiten mussten. Den ganzen Tag über kutschierten sie in langen Gespannen die Hauptstraße hinauf und hinunter, und noch in der Nacht hörte man ihre bimmelnden Glöckchen vorbeiziehen. Sie transportierten Baumstämme für Blockhütten und Brennholz, schafften Fracht zu den Goldminen hoch und verrichteten alle möglichen Arbeiten, die im Santa Clara Valley von Pferden geleistet wurden. Gelegentlich traf Buck auf einen Südlandhund, doch hauptsächlich entstammten die Tiere der wilden Rasse der Wolfshuskies. Pünktlich um neun, zwölf und drei in der Nacht stimmten sie ein Lied an, einen irren, unheimlichen Gesang, in den Buck gern einfiel.

Derweil das Polarlicht kalt über ihnen glühte, die Sterne im Frosttanz sprangen und das Land erstarrt und gefroren unter seinem Leichentuch aus Schnee lag, hätte dieses Lied der Huskies ein Abgesang aufs Leben sein können, doch erklang es in Moll, unterbrochen von langgezogenen Klagen und heimlichen Schluchzern, und so beschwor es mehr den flehentlichen Wunsch nach Leben, war Ausdruck der geschundenen Existenz. Es war ein altes Lied, so alt wie die Rasse selbst – eines der ersten Lieder der noch jungen Welt in einer Zeit, als die Gesänge alle traurig waren. Sie barg das Leid unzähliger Generationen, diese Wehklage, die Buck so seltsam bewegte. Wenn er winselte und wimmerte, lag darin der Schmerz des Lebens, der von Alters her der Schmerz seiner wilden Vorväter war, und die Angst vor Kälte und Dunkel und ihr Geheimnis, die auch für sie Angst und Rätselhaftigkeit bedeuteten. Und dass es ihn so bewegte, war ein Zeichen dafür, wie vollständig es ihn durch die Zeiten des Herdfeuers und des Daches zurückzog zu den rauen Anfängen des Lebens in den Zeiten des Geheuls.

Sieben Tage nach ihrer Ankunft in Dawson glitten sie das Steilufer bei der Kaserne hinunter zum Yukon Trail und schlugen den Weg nach Dyea und Salt Water ein. Perrault hatte Sendungen dabei, noch dringender als die, die er hergebracht hatte; außerdem hatte ihn der Kurierstolz gepackt, und er setzte sich zum Ziel, den Streckenrekord des Jahres aufzustellen. Einiges sprach dabei für ihn. Die einwöchige Ruhepause hatte die Hunde wieder zu Kräften und in Bestform gebracht. Die Spur, die sie gebahnt hatten, war von Gespannen nach ihm festgefahren worden. Außerdem hatte die Polizei an zwei, drei Stellen Versorgungsposten für Hund und Mensch eingerichtet, und so fuhr er mit geringer Last los.

Sie schafften es am ersten Tag bis Sixty Mile, was einer Strecke von fünfzig Meilen entspricht; am zweiten Tag schossen sie den Yukon hinauf und kamen fast bis nach Pelly. Doch ein so glorreiches Tempo wurde nicht ohne viel Mühe und Ärger für François erzielt. Die hinterlistige, von Buck angeführte Revolte hatte die Harmonie des Gespanns zerstört. Es lief nicht mehr wie ein Hund, der an den Riemen zog. Bucks Ermunterung der Rebellen verführte sie zu allerlei kleinen Vergehen. Spitz war nicht länger der Anführer, den man groß zu fürchten hatte. Der alte Respekt schwand dahin, und sie waren bereit, seine Autorität herauszufordern. Pike raubte ihm eines Abends einen halben Fisch und verschlang ihn unter Bucks Schutz. An einem anderen Abend kämpften Dub und Joe mit Spitz und brachten ihn zum Verzicht auf die Strafe, die sie verdient hatten. Und selbst der gutmütige Billee war längst nicht mehr so gutmütig und winselte bei weitem nicht mehr so beschwichtigend wie früher. Buck kam nie in Spitz' Nähe, ohne drohend zu knurren und das Fell zu sträuben. Eigentlich verhielt er sich jetzt wie ein Tyrann, und er liebte es, direkt vor Spitz' Nase auf und ab zu stolzieren.

Der Zerfall der Disziplin wirkte sich auch auf das Verhältnis der Hunde untereinander aus. Sie stritten und zankten sich mehr denn je, zuweilen war das Lager das reinste Tollhaus. Nur Dave und Sol-leks blieben unverändert, auch wenn das endlose Hickhack sie reizbar machte. François stieß seltsame barbarische Flüche aus, stampfte in sinnloser Wut im Schnee und raufte sich die Haare. Ständig surrte seine Peitsche zwischen die Hunde, aber es half nicht viel. Kaum kehrte er ihnen den Rücken, balgten sie sich wieder. Er unterstützte Spitz mit seiner Peitsche, derweil Buck das übrige Gespann unterstützte. François wusste, dass er hinter dem ganzen Aufruhr steckte, und Buck wusste, dass François es wusste; doch Buck war zu gerissen, um sich noch einmal auf frischer Tat ertappen zu lassen. Er schuftete treu im Geschirr, denn die Arbeit war ihm zum Vergnügen geworden; noch größer jedoch war das Vergnügen, klammheimlich Streit unter seinen Gefährten anzuzetteln und die Riemen zu verheddern.

An der Mündung des Tahkeena spürte Dub eines Abends nach dem Essen einen Schneeschuhhasen auf, beging aber einen Fehler und ließ ihn entwischen. In Sekundenschnelle war das ganze Gespann in Aufruhr. Hundert Yards entfernt befand sich ein Lager der Northwest Police mit fünfzig Hunden, Huskies allesamt, die sich an der Verfolgung beteiligten. Der Hase rannte den Fluss hinunter und bog dann ab auf einen kleinen

Bach, an dessen zugefrorenen Lauf er sich hielt. Leichtfüßig sprang er über den Schnee, während die Hunde mit aller Kraft hindurchpflügen mussten. Buck führte die Meute an, gut sechzig Tiere, um eine Biegung nach der nächsten, doch er konnte nicht aufholen. Er legte sich mächtig ins Zeug, rannte, jaulte verbissen, sein prächtiger Körper preschte im fahlen Mondlicht Sprung um Sprung voran. Sprung um Sprung aber preschte wie ein bleiches Frostgespenst auch der Schneeschuhhase vor ihm weiter davon.
Das Aufwallen alter Instinkte, das in regelmäßigen Abständen Menschen aus den lärmenden Städten hinaus in Wald und Flur treibt, um mit chemisch angetriebenen Bleikugeln zu töten, die Blutlust, die Freude am Töten – all das erfüllte Buck, nur war es unendlich viel tiefer in ihm angelegt. Er führte die Meute an, wollte das Tier zur Strecke bringen, das lebendige Fleisch, um mit den eigenen Zähnen zu töten und seine Schnauze bis zu den Augen in warmem Blut zu baden.
Es gibt eine Ekstase, die den Gipfel des Lebens darstellt, jenseits dessen das Leben nicht mehr ansteigt. Und eben darin besteht der Widersinn des Lebens, dass man diese Ekstase erlebt, wenn man am lebendigsten ist, und dass sie mit dem völligen Vergessen einhergeht, dass man lebendig ist. Diese Ekstase, diese Lebensvergessenheit erlebt der Künstler, der völlig entgrenzt von einer Feuerwand erfasst wird; sie erlebt der Soldat, der kriegswütig im Kampfgemetzel keine Gnade kennt; und sie erfasste Buck, der die Meute anführte, den alten Wolfsschrei ausstieß und dem Fressen nachjagte, das noch lebte und schnell durchs Mondlicht vor ihm das Weite suchte. Er ließ die Tiefen seiner Natur ertönen, und die noch tiefer liegenden Teile seiner Natur, die zurückreichten in den Schoß der Zeit. Er wurde übermannt vom schieren Anbranden des Lebens, der Flutwelle des Seins, der vollkommenen Freude jedes einzelnen Muskels, Gelenks und jeder Sehne bei dem, was alles war, nur nicht der Tod, da es glühte, sprungbereit, sich niederschlug in Bewegung und voll Überschwang dahinflog unter den Sternen und über die Oberfläche toter, unbewegter Materie.
Doch Spitz, kalt und berechnend selbst in größter Euphorie, scherte aus der Meute aus und lief quer über eine enge Landzunge, um die der Bach

eine lange Schleife zog. Buck bekam das nicht mit, und als er der Biegung folgte, das Frostgespenst eines Hasen immer noch vor ihm her flitzend, sah er noch ein Frostgespenst, viel größer, von einem Überhang dem Hasen direkt in den Weg springen. Es war Spitz. Der Hase konnte nicht umkehren, und als die weißen Zähne ihm hoch in der Luft das Genick brachen, schrie er gellend auf, wie wohl ein verwundeter Mensch schreien mag. Als er ertönte, dieser Schrei des Lebens, das im Griff des Todes von seinem Gipfelpunkt abstürzt, brach die ganze Meute an Bucks Fersen in einen höllischen Chor der Begeisterung aus.

Buck gab keinen Laut von sich. Ohne anzuhalten fiel er über Spitz her, Schulter an Schulter, so heftig, dass er die Kehle verfehlte. Sie wälzten und wälzten sich im Pulverschnee. Spitz stand rasch wieder auf den Beinen, als hätte ihn nichts umgehauen, er schlitzte Buck die Schulter auf und befreite sich aus der Lage. Zweimal schnappten seine Zähne zu, wie die Stahlkiefer einer Falle, während er zurückwich, um einen besseren Stand zu finden, mit schmalen, entblößten Lefzen, die sich fauchend verzerrten. Im Nu hatte Buck begriffen. Der Moment war gekommen. Es ging um Leben und Tod. Während sie einander umkreisten, mit angelegten Ohren, und auf die Chance lauerten, wurde Buck die Szene wieder bewusst, mit einem Gefühl der Vertrautheit. Er schien sich an alles zu erinnern – die weißen Wälder, die weiße Erde, das Mondlicht und die Kampflust. Über dem Weiß und der Stille lag eine gespenstische Ruhe. Es wehte nicht das kleinste Lüftchen – nichts rührte sich, kein Blatt zitterte am Baum, der Atem der Hunde stieg langsam in die eisige Luft und blieb dort sichtbar stehen. Mit dem Schneeschuhhasen hatten sie kurzen Prozess gemacht, diese Hunde, die eigentlich schlecht gezähmte Wölfe waren; und jetzt hatten sie einen erwartungsvollen Kreis gebildet. Auch sie waren still, nur ihre Augen funkelten und ihr Atem stieg langsam empor. Für Buck war das nichts Neues, nichts Fremdes, diese Szene aus alter Zeit. Es war, als sei es immer so gewesen, der gewohnte Gang der Dinge.

Spitz war ein erfahrener Kämpfer. Von Spitzbergen durch die Arktis, quer durch Kanada und die Tundra von Neufundland hatte er sich bei den verschiedensten Hunden Respekt verschafft und sie sich unterworfen. Große Wut kannte er wohl, blinde Wut niemals. Getrieben von der Lust, zu reißen und vernichten, vergaß er doch nie, dass auch sein Feind von der Lust getrieben wurde, zu reißen und zu vernichten. Er setzte nie zum Sturm an, ohne selbst mit einem Sturm zu rechnen; er griff erst an, wenn er einen Angriff abgewehrt hatte.

Vergeblich bemühte sich Buck, seine Zähne in den Nacken des großen weißen Hundes zu jagen. Wo auch immer seine Reißzähne ins weiche Fleisch schlagen wollten, stießen sie auf Spitz' Reißzähne. Reißzahn traf auf Reißzahn, und die verwundeten Lefzen bluteten, doch Buck gelang es nicht, die Abwehr seines Feindes zu durchbrechen. Dann war er in Stimmung und verwickelte Spitz in einen wahren Angriffswirbel. Immer wieder zielte er auf die schneeweiße Kehle, wo dicht unter der Haut das Leben pulsierte, und jedes Mal versetzte Spitz ihm einen Hieb und kam davon. Darauf tat Buck nur so, als wollte er ihm an die Kehle, zog aber auf einmal den Kopf zurück und rückte ihm von der Seite auf den Pelz, wollte seine Schulter wie einen Rammbock gegen Spitz' Schulter werfen, um ihn umzustoßen. Doch Spitz sprang leichtfüßig davon und schlitzte Bucks Schulter dabei jedes Mal auf.

Spitz blieb unversehrt, während Buck blutüberströmt war und heftig keuchte. Es wurde ein verzweifelter Kampf. Und die ganze Zeit wartete der stumme, wölfische Kreis darauf, jenem Hund den Rest zu geben, der endgültig zu Boden ging. Als Buck nun immer mehr die Luft wegblieb, ging Spitz zur Attacke über und nötigte ihn, schwankend nach festem Stand zu suchen. Einmal kippte Buck um, und schon sprang der ganze Kreis aus sechzig Hunden auf; aber Buck kam wieder zu Kräften, fast mitten im Fallen, und der Kreis sank wieder nieder und wartete.

Doch Buck besaß eine Eigenschaft, die zur Größe befähigt – Einbildungskraft. Er kämpfte mit Instinkt, doch er konnte es ebenso gut mit Verstand. Er stürmte los wie beim alten Schultertrick, warf sich aber im letzten Moment tief in den Schnee. Seine Zähne schnappten nach Spitz' linkem Vorderbein. Ein lautes Knirschen brechender Knochen war zu hören, und der weiße Hund stand ihm auf drei Beinen gegenüber. Dreimal versuchte Buck, ihn umzuwerfen, dann wiederholte er seinen Trick und brach ihm das rechte Vorderbein. Seiner Schmerzen und Hilflosigkeit zum Trotz kämpfte Spitz wie wahnsinnig darum, sich aufrecht zu halten. Er sah den stummen Kreis – die Augen glühten, die Zungen hingen hechelnd heraus und silberner Atem stieg in die Luft –, und er schloss sich um ihn, so wie sie sich in der Vergangenheit um seine geschlagenen Widersacher geschlossen hatten. Nur war diesmal er der Geschlagene.

Es gab keine Hoffnung für ihn. Buck war unerbittlich. Gnade war etwas für ein freundlicheres Klima. Er präparierte sich für den finalen Vorstoß. Der Kreis war enger geworden, näher gerückt, bis er den Atem der Huskies auf seinen Flanken spürte. Er konnte sie sehen, hinter Spitz, und auf beiden Seiten, halb kauernd auf dem Sprung, ihre Augen fest auf ihn gerichtet. Eine Pause schien eingetreten. Alle Tiere waren reglos, wie zu Stein erstarrt. Nur Spitz zitterte und sträubte das Fell, während er schwankend zurückwich und vorstieß, dabei entsetzlich fauchte, als wollte er den drohenden Tod vertreiben. Dann sprang Buck mehrfach auf ihn los, und wenn er an ihm dran war, standen sie endlich Schulter an Schulter. Der dunkle Kreis wurde zum Punkt auf dem mondbeschienenen Schnee, als Spitz von der Bildfläche verschwand. Buck stand auf und schaute sich um, der siegreiche Champion, das dominierende Urtier, das seinen tödlichen Schlag gelandet hatte und das genoss.

VIERTES KAPITEL

## Wer hat die Herrschaft gewonnen

»Na? Was habbisch gesacht? Isch hab recht, wenn isch sach, dieser Buck ist zwei Teufel.«

So François am nächsten Morgen, als er Spitz vermisste und Buck mit Wunden übersät sah. Er zog ihn ans Feuer und zeigte in dessen Schein darauf.

»Der Spitz hat wie ein Wilder gekämpft«, sagte Perrault, als er die klaffenden Wunden in Augenschein nahm.

»Un der Buck hat wie zwei Wilde gekämpft«, gab François zur Antwort. »Un jetzt kommen wir schneller weiter. Kein Spitz, keine Probleme mehr, bestimmt.«

Während Perrault die Lagerausrüstung zusammenpackte und den Schlitten belud, machte sich der Hundeführer daran, den Tieren das Geschirr anzulegen. Buck stapfte an die Stelle, die Spitz als Leithund beansprucht hatte, doch François, der ihn nicht bemerkte, setzte Sol-leks an die begehrte Position. Seiner Ansicht nach war Sol-leks der beste Leithund, den sie noch hatten. Buck sprang voller Wut auf Sol-leks zu, vertrieb ihn und nahm seinen Platz ein.

»Na na?«, rief François aus und schlug sich fröhlich auf die Schenkel. »Sieh ma einer an, dieser Buck. Erst macht er Spitz kalt, jetz meint er, er kriecht seine Stelle.«

»Weg, Dummerjan!«, rief er aus, doch Buck weigerte sich, den Platz zu räumen.

Er packte Buck am Genick, und obwohl der Hund bedrohlich knurrte, zog er ihn zur Seite und stellte Sol-leks wieder vorne auf. Dem alten Hund gefiel das gar nicht, er zeigte deutlich, dass er Angst hatte vor Buck. François blieb hartnäckig, doch kaum hatte er ihnen den Rücken gekehrt, stand Buck wieder an der Stelle von Sol-leks, der keineswegs unwillig war, seinen Platz zu räumen.

François wurde wütend. »Jetz hau aber ab, oder ich mach dich fertisch!«, schrie er, nun mit einem dicken Knüppel in der Hand.
Buck erinnerte sich an den Mann im roten Pullover und wich langsam zurück; er probierte auch keinerlei Angriff, als Sol-leks erneut vorne an die erste Stelle gesetzt wurde. Doch er streunte gerade außer Reichweite des Knüppels herum, verbittert zornig knurrend; derweil er streunte, behielt er den Knüppel im Blick, um sich vor François' Schlag zu ducken, denn aus seiner Erfahrung in Sachen Knüppel war er klug geworden.
Der Führer machte sich an seine Arbeit, und als er so weit war, Buck wieder an seinen alten Platz vor Dave zu spannen, rief er ihn. Buck wich zwei, drei Schritte zurück. François folgte ihm, woraufhin er wieder zurückwich. Nachdem das einige Zeit so gegangen war, warf François den Knüppel hin in dem Glauben, Buck fürchte seinen Schlag. Doch Buck probte den Aufstand. Er wollte nicht der Prügel entgehen, er wollte die Führung übernehmen. Sie stand ihm zu. Er hatte sie sich verdient, und mit weniger würde er sich nicht zufriedengeben.
Perrault kam zu Hilfe. Gemeinsam rannten sie ihm fast eine ganze Stunde hinterher. Sie schmissen Knüppel nach ihm. Er duckte, verdrückte sich. Sie verfluchten ihn, seine Väter und Mütter, seine Vorfahren wie seine Nachfahren bis ins sechste, siebte Glied, außerdem jedes Haar auf seinem Leib und jeden Tropfen Blut in seinen Adern; er reagierte auf jeden Fluch mit einem Knurren und hielt sie auf Distanz. Er versuchte nicht davonzulaufen, sondern zog dichte Kreise um das Lager, womit er deutlich zu verstehen gab, dass er kommen und ein braver Hund sein würde, wenn man seinen Wunsch erfüllte.
François setzte sich und kratzte sich am Kopf. Perrault schaute auf die Uhr und fluchte. Die Zeit raste dahin, und sie hätten schon seit einer Stunde unterwegs sein sollen. François kratzte sich wieder am Kopf. Er schüttelte ihn und grinste den Kurier hilflos an; der zuckte nur die Achseln, zum Zeichen, dass sie geschlagen waren. Dann ging François zu Sol-leks und rief nach Buck. Buck lachte nur, wie Hunde lachen, blieb aber auf Distanz. François löste die Gurte von Sol-leks und setzte ihn wieder an seinen alten Platz. Das Team stand in gerader Linie ins Geschirr vor den

Schlitten gespannt, startbereit. Für Buck gab es keinen anderen Platz als ganz vorn. François rief noch einmal, und noch einmal lachte Buck und hielt sich fern.

»Schmeiß den Knüppel hin«, befahl Perrault.

François tat, wie ihm geheißen, woraufhin Buck mit einem triumphierenden Lachen angetrabt kam und die Position an der Spitze des Gespanns einnahm. Er wurde ins Geschirr gezurrt, der Schlitten fuhr los, beide Männer liefen neben ihm, und so ging es los auf den Weg den Fluss entlang.

So hoch der Hundeführer Buck eingeschätzt hatte mit seinen zwei Teufeln, es zeigte sich, als der Tag noch jung war, dass er ihn unterschätzt hatte. Unversehens übernahm Buck die Aufgaben des Anführers; und wo Urteil, schnelles Denken und rasches Handeln erforderlich waren, erwies er sich sogar Spitz überlegen, den François für unerreicht gehalten hatte. Doch wie er die Regeln aufstellte und seine Kameraden dazu brachte, sie zu befolgen, darin ragte Buck hervor. Dave und Sol-leks war der Wechsel an der Spitze gleichgültig. Das ging sie nichts an. Ihre Aufgabe war es, unterwegs zu schuften und noch mehr zu schuften. Solange da nicht eingegriffen wurde, war ihnen egal, was passierte. Ihretwegen hätte auch der gutmütige Billee führen können, solange er Ordnung hielt. Der Rest des Gespanns war allerdings in Spitz' letzten Tagen aufsässig geworden, und so waren sie schon mächtig überrascht, wie Buck sie nun auf Vordermann brachte.

Pike, der hinter Buck zog und nie ein Gramm mehr Gewicht ins Brustband warf als nötig, wurde schnell und wiederholt wegen Faulheit angegangen; und noch ehe der erste Tag geschafft war, zog er stärker als je zuvor im Leben. Am ersten Abend im Lager wurde der mürrische Joe ordentlich bestraft – was Spitz niemals gelungen war. Buck drückte ihn einfach mit seinem größeren Gewicht zu Boden und biss ihn, bis er vom Zuschnappen abließ und um Gnade zu winseln begann.

Die Stimmung im Gespann verbesserte sich auf der Stelle. Es gewann seinen früheren Zusammenhalt zurück, und die Hunde sprangen wieder wie ein Hund in der Spur. Bei den Stromschnellen der Rink Rapids stießen zwei einheimische Huskies dazu, Teek und Koona; und die Schnelligkeit, mit der Buck sie abrichtete, verschlug François den Atem.

»Son Hund wie Buck noch nie dagewesen!«, rief er aus. »Nee, jamais, noch nie! Der is woll tausen Dollar wert, bei Gott! Na? Was sachsten du, Perrault?«

Und Perrault nickte. Er hatte den Rekord schon längst eingeholt und legte noch jeden Tag zu. Die Piste war in hervorragendem Zustand, hart und fest zusammengepresst, und es gab keinen Neuschnee, mit dem man fertig werden musste. Es war nicht zu kalt. Die Temperatur fiel auf fünfundvierzig Grad unter Null und blieb so die ganze Fahrt über. Die Männer liefen und fuhren abwechselnd, und die Hunde wurden auf Trab gehalten, mit nur wenigen Haltepausen.

Der Thirty Mile River war verhältnismäßig dicht mit Eis bedeckt, und sie legten auf der Rückfahrt an einem Tag die Strecke zurück, für die sie bei der Hinfahrt zehn Tage gebraucht hatten. In einem Rutsch schafften sie die sechzig Meilen vom Seeufer des Lake Le Barge bis zu den White Horse Rapids. Über siebzig Meilen zugefrorener Seen (Marsh, Tagish und Bennett) sausten sie so schnell, dass derjenige, der gerade laufen musste, sich mit einem Seil ans Ende des Schlittens band. Und am letzten Abend der Woche überquerten sie oben den White Pass und fuhren den Küstenabhang hinunter, die Lichter von Skaguay und auf den Schiffen zu ihren Füßen.

Es war eine Rekordfahrt. Vierzehn Tage hatten sie jeden Tag im Schnitt vierzig Meilen zurückgelegt. Drei Tage lang fuhren Perrault und François mit stolzgeschwellter Brust die Hauptstraße von Skaguay auf und ab und wurden unentwegt zu einem Getränk eingeladen, während das Gespann im Mittelpunkt der kultischen Verehrung von Hundezähmern und Hundeschlittenführern stand. Dann versuchten drei, vier Wild-West-Ganoven den Ort aufzumischen, wurden für ihr Bemühen durchlöchert wie Pfefferstreuer, und das öffentliche Interesse wandte sich neuen Helden zu. Als nächstes kam eine amtliche Verfügung. François rief Buck zu sich, schloss ihn in die Arme, weinte über ihn. Und das war es mit François und Perrault. Wie andere Männer verschwanden sie für immer aus Bucks Leben.

Ein schottisches Halbblut übernahm ihn und seine Kameraden, und gemeinsam mit einem Dutzend weiterer Hundegespanne machte er sich auf den beschwerlichen Weg zurück nach Dawson. Jetzt war es keine leichte Fahrt, keine Rekordzeit, sondern hartes Schuften jeden Tag, mit einer schweren Last im Rücken, denn dies war der Postzug, der Botschaften aus der Welt zu den Männern trug, die im Schatten des Pols nach Gold suchten.

Buck gefiel das gar nicht, doch er nahm die Arbeit auf sich, erledigte sie gut, weil er stolz auf sie war, ganz nach dem Vorbild von Dave und Solleks, und weil er sah, dass seine Kameraden, ob sie nun selbst stolz waren oder nicht, ihren Teil dazu beitrugen. Es war ein eintöniges Leben, lief es doch ab mit maschinenartiger Gleichmäßigkeit. Ein Tag war ziemlich so wie der andere. Morgens erschienen zu einer bestimmten Zeit die Köche, Feuer wurden entfacht, und es wurde gefrühstückt. Während die einen dann das Lager abbauten, schirrten andere die Hunde an, und etwa eine Stunde, bevor das sich lichtende Dunkel die Morgendämmerung ankündigte, waren sie unterwegs. Abends wurde das Lager aufgeschlagen. Die einen stellten die Zelte auf, andere hackten Feuerholz und schlugen Nadelzweige für die Betten, und wieder andere schleppten Wasser oder Eis für die Köche heran. Außerdem wurden die Hunde gefüttert. Für sie war das der Höhepunkt des Tages, auch wenn es schön war, nach dem Fischmahl ein Stündchen mit den anderen Hunden herumzulungern, derer es inzwischen mehr als hundert waren. Unter ihnen befanden sich wilde Kämpfer, aber drei Kämpfe mit dem Wildesten verschafften Buck die Herrschaft, sodass sie ihm, wenn er nur die Zähne bleckte und das Fell sträubte, aus dem Weg gingen.

Wohl am liebsten lag er am Feuer, die Hinterbeine unter sich verschränkt, die Vorderbeine vor sich ausgestreckt, mit erhobenem Kopf, verträumt in die Flammen blinzelnd. Bisweilen dachte er an das große Haus von Judge Miller im sonnenverwöhnten Santa Clara Valley, an das zementierte Schwimmbassin und an Ysabel, die mexikanische Nackthündin, und an Toots, die japanische Möpsin; doch viel öfter erinnerte er sich an den Mann im roten Pullover, den Tod von Curly, den großen Kampf mit Spitz und die guten Sachen, die er verspeist hatte oder noch gerne verspeisen wollte. Heimweh hatte er nicht. Das Sonnenland war nebelhaft und sehr weit weg, und Erinnerungen daran hatten keine Macht über ihn. Weitaus stärker waren Erinnerungen an sein Erbe, die nie gesehene Dinge vertraut erscheinen ließen; die Instinkte (nichts anderes als zur Gewohnheit gewordene Erinnerungen an seine Vorfahren), die in späterer Zeit und dann auch in ihm selbst erloschen waren, erwachten und wurden wieder lebendig.

Wenn er dort so hockte und verträumt in die Flammen blinzelte, schien ihm bisweilen, dass dort die Flammen eines anderen Feuers loderten und dass er, während er an diesem Feuer hockte, jemand anderes als diesen Halbblut-Koch vor sich sah. Dieser Mann hatte kürzere Beine und längere Arme, seine Muskeln waren eher sehnig und knorrig als gerundet und ausgeprägt. Das Haar des Mannes war lang und verfilzt, und er hatte von den Augen bis zum Haar eine fliehende Stirn. Er gab seltsame Laute von sich und schien große Angst vor der Dunkelheit zu haben, in die er fortwährend starrte, während er mit der Hand, die tief zwischen Knie und Fuß hing, einen Stock umklammerte, an dessen Ende ein schwerer Stein befestigt war. Er war fast nackt, nur ein zerfetztes und versengtes Fell bedeckte ein Stück seines Rückens, doch dafür war sein Körper stark behaart. An manchen Stellen, auf der Brust und den Schultern und auf den Oberseiten von Armen und Beinen bildete das Haar einen verfilzten, ziemlich dicken Pelz. Er stand nicht aufrecht, vielmehr bog sich sein Rumpf ab der Hüfte vorwärts, und das auf Beinen, die in den Knien einknickten. Sein Körper besaß eine eigentümliche Widerstandskraft oder Elastizität, fast katzenartig, und ein gutes Reaktionsvermögen wie jemand, der in ständiger Angst vor sichtbaren und unsichtbaren Dingen lebte.

Ein andermal hockte dieser behaarte Mann am Feuer, den Kopf zwischen den Beinen, und schlief. Dabei ruhten seine Ellbogen auf den Knien, seine Hände waren über dem Kopf verschränkt wie um sich mit den behaarten Armen vor Regen zu schützen. Und hinter dem Feuer, in der Dunkelheit umher, konnte Buck lauter glühende Kohlen sehen, paarweise, immer paarweise, und er wusste, das waren die Augen großer Raubtiere. Und er konnte hören, wie ihre Leiber durchs Unterholz brachen, dazu die Geräusche, die sie nachts machten. Und wenn Buck dort am Ufer des Yukon träumte, mit trägen Augen ins Feuer blinzelte, bewirkten diese Bilder und Töne aus einer anderen Welt, dass sich das Haar auf seinem Rücken aufrichtete, bis es quer über seine Schultern bis zum Nacken gesträubt war, bis er leise und gepresst winselte oder sanft knurrte und der Halbblutkoch ihm zurief: »He, du Buck, wach auf!« Daraufhin verschwand die andere Welt, und die wirkliche Welt trat ihm wieder vor Augen, und dann stand er auf, gähnte und dehnte sich, als hätte er geschlafen.

Es war eine anstrengende Fahrt mit der Post hinten auf dem Schlitten, die schwere Arbeit zermürbte sie. Sie hatten an Gewicht verloren und waren in schlechter Verfassung, als sie Dawson erreichten, und hätten zehn Tage oder zumindest eine Woche Pause machen müssen. Doch schon nach zwei Tagen fuhren sie von der Kaserne das Yukon-Ufer hinunter, beladen mit Briefen für die Welt da draußen. Die Hunde waren müde, die Fahrer mürrisch, und zu allem Übel schneite es auch noch jeden Tag. Das bedeutete einen weichen Weg, größeren Kraftaufwand für die Läufer und dass die Hunde schwerer zu ziehen hatten; doch die Hundeführer waren durchweg fair und taten ihr Bestes für die Tiere.

Abends wurden zuerst die Hunde versorgt. Sie bekamen zu fressen, bevor die Hundeführer etwas aßen, und kein Mann verschwand in seinem Schlafsack, bevor er nicht nach den Pfoten der Hunde gesehen hatte, die in seinem Gespann liefen. Trotzdem verloren sie an Kraft. Seit Winteranfang hatten sie achtzehnhundert Meilen zurückgelegt und über die gesamte ermüdende Strecke Schlitten geschleppt; und achtzehnhundert Meilen wirken sich selbst auf die Zähesten aus. Buck ertrug es, hielt seine arbeitenden Kameraden bei der Stange und wachte über die Disziplin, obwohl auch er sehr müde war. Billee heulte und winselte nachts regelmäßig im Schlaf. Joe war noch griesgrämiger als sonst, und Sol-leks war unzugänglich, auf der blinden Seite wie auf der anderen.

Doch von allen am meisten litt Dave. Etwas stimmte nicht mit ihm. Er wurde immer mürrischer und reizbarer, und wenn das Lager aufgeschlagen wurde, grub er sich sofort seinen Unterschlupf, wo ihn sein Führer fütterte. Wenn ihm das Geschirr abgenommen war und er sich hinlegte, stand er am nächsten Morgen erst wieder zum Anspannen auf. Wenn unterwegs der Schlitten plötzlich zum Stehen kam und dadurch an ihm zerrte, oder wenn er sich anstrengte, ihn wieder in Fahrt zu bringen, heulte Dave auf vor Schmerzen. Der Fahrer untersuchte ihn, konnte aber nichts finden. Alle Fahrer interessierten sich für seinen Fall. Sie sprachen über ihn beim Essen und bei ihrem letzten Pfeifchen vorm Schlafengehen, und eines Abends hielten sie eine Beratung ab. Dave wurde aus seinem Unterschlupf ans Feuer geholt, abgetastet, gedrückt und geknetet, bis er viele Male aufheulte. Etwas stimmte nicht in ihm drin, doch sie konnten keine Knochenbrüche feststellen, kamen nicht hinter sein Problem.

Als sie Cassiar Bar erreichten, war er so schwach, dass er wiederholt in den Riemen umfiel. Das schottische Halbblut ordnete einen Halt an, nahm ihn aus dem Gespann und setzte den nächsten Hund, Sol-leks, direkt vor den Schlitten. Damit wollte er Dave Zeit zur Erholung gönnen, er sollte frei hinter dem Schlitten herlaufen. So krank Dave auch war, es störte ihn doch, ausgespannt zu werden, sodass er murrte und knurrte, während ihm die Riemen abgenommen wurden, und herzzerreißend winselte, als er Sol-leks an der Position sah, die er so lange innegehabt und ausgeübt hatte. Denn Geschirr und Piste waren sein ganzer Stolz, und obwohl todkrank, konnte er nicht ertragen, dass ein anderer Hund seine Arbeit erledigen sollte.

Als der Schlitten losfuhr, zappelte Dave sich im lockeren Schnee neben der festen Piste ab, schnappte nach Sol-leks, rempelte ihn an, damit er in den lockeren Schnee auf der anderen Seite stürzen sollte, gab sich alle Mühe, in die Spur zu springen und sich zwischen ihn und den Schlitten zu drängen, und die ganze Zeit über jaulte, heulte und winselte er vor Kummer und Schmerz. Das Halbblut versuchte, ihn mit der Peitsche zu vertreiben; doch Dave ignorierte die beißende Peitschenschnur, und der Mann hatte nicht das Herz, stärker zuzuschlagen. Dave weigerte sich, ruhig auf der Piste hinter den Schlitten zu laufen, wo der Weg leicht war, sondern zappelte sich weiterhin im lockeren Schnee daneben ab, wo am schwersten voranzukommen war, bis er erschöpft war. Dann fiel er um und blieb liegen, wo er gefallen war, und heulte erbärmlich, während der lange Zug der Schlitten vorbeirauschte.

Mit letzter Kraft schaffte er es, taumelnd hinten mitzulaufen, bis der Zug wieder Halt machte; dann schlug er sich mühsam an den Schlitten vorbei bis zu seinem durch, wo er sich neben Sol-leks stellte. Sein Fahrer hielt einen Moment inne, um sich Feuer für seine Pfeife von seinem Hintermann geben zu lassen. Dann nahm er seinen Platz erneut ein und gab seinen Hunden das Startzeichen. Auffallend kraftlos schwenkten sie auf die Piste ein, drehten unruhig die Köpfe und blieben überrascht stehen. Auch der Fahrer war überrascht; der Schlitten hatte sich kein Stück bewegt. Er rief seine Kameraden, um zu sehen, welcher Anblick sich bot. Dave hatte beide Riemen von Sol-leks durchgebissen und stand direkt vor dem Schlitten an seinem angestammten Platz.

Er flehte mit seinen Augen, dort bleiben zu dürfen. Der Fahrer war verwirrt. Seine Kollegen erzählten, es könne einem Hund das Herz brechen, wenn ihm die Arbeit verweigert werde, die ihn umbringt, und erinnerten sich an Fälle, da Hunde, die zu alt oder zu verletzt für die Plackerei, gestorben waren, weil man sie aus dem Gespann ausgemustert hatte. Da Dave ohnehin sterben musste, hielten sie es für einen Akt der Gnade, ihn in den Riemen sterben zu lassen, leichten Herzens und zufrieden. Deshalb wurde ihm das Geschirr wieder angelegt, und stolz wie in alten Zeiten zog er los, auch wenn er mehr als einmal vor inneren schneidenden Schmerzen unwillkürlich aufheulte. Mehrmals fiel er um und wurde vom Gespann mitgeschleift, und einmal überfuhr ihn der Schlitten, sodass er hinterher auf einem Hinterbein hinkte.

Doch er hielt durch, bis das Lager erreicht war, wo ihm sein Fahrer einen Platz am Feuer bereitete. Am nächsten Morgen erwies er sich als zu schwach für die Weiterfahrt. Als es ans Anschirren ging, versuchte er, zu seinem Fahrer zu kriechen. Mit krampfhafter Anstrengung kam er auf die Beine, taumelte und fiel um. Dann quälte er sich langsam kriechend den Weg weiter und weiter zu der Stelle, wo seinen Kameraden die Geschirre angelegt wurden. Er schob seine Vorderbeine vor und zog seinen Körper mit einer ruckartigen Bewegung nach, dann schob er seine Vorderbeine wieder vor und zog sich ruckartig wieder ein Stückchen weiter. Seine Kraft verließ ihn, und als Letztes sahen seine Kameraden ihn im Schnee keuchen im sehnlichen Versuch, zu ihnen zu gelangen. Sie hörten ihn noch traurig heulen, als sie hinter einem Waldstück am Fluss aus dem Blickfeld verschwanden.

Hier wurde der Zug angehalten. Das schottische Halbblut ging langsamen Schrittes den Weg zurück in Richtung Lager, das sie verlassen hatten. Die Männer redeten nicht weiter. Ein Revolverschuss war zu hören. Der Mann kam eilig zurück. Die Peitschen knallten, die Glöckchen klingelten fröhlich, die Schlitten sausten über die Piste; doch Buck wusste wie jeder Hund, was geschehen war hinter den Bäumen am Fluss.

FÜNFTES KAPITEL

## Schuften im Gespann und auf der Piste

Dreißig Tage nach ihrem Aufbruch in Dawson erreichte der Salt-Water-Postdienst mit Buck und seinen Kameraden voran Skaguay. Sie waren in einem elenden Zustand, entkräftet, erschöpft und ausgemergelt. Buck hatte von einhundertvierzig Pfund auf einhundertfünfzehn abgenommen. Seine Kameraden, leichtere Hunde zwar, hatten verhältnismäßig noch mehr an Gewicht verloren als er. Pike, der Drückeberger, der sein Betrügerleben lang oft genug und mit Erfolg ein verletztes Bein vorgetäuscht hatte, humpelte jetzt wirklich. Auch Sol-leks humpelte, und Dub litt an einer Schulterzerrung.

Sie alle hatten schrecklich wunde Pfoten. Nicht die geringste Energie und Spannkraft war mehr in ihnen. Ihre Pfoten fielen schwer auf die Piste, das zehrte an ihren Leibern und verdoppelte die Ermüdung nach einem Tagesmarsch. Sonst fehlte ihnen nichts, sie waren einfach nur todmüde. Das war nicht die Todmüdigkeit nach einer kurzen, übermäßigen Anstrengung, von der sich zu erholen nur eine Sache von Stunden ist; es war vielmehr die Todmüdigkeit, die sich aus langsamem und anhaltendem Kräfteverschleiß nach monatelangem Schuften einstellt. Es war keine Kraft mehr vorhanden, die sich erholen konnte, es waren keine Kraftreserven mehr auf Abruf. Alles war aufgebraucht, bis zum bitteren letzten Rest. Jeder Muskel, jede Faser, jede Zelle war müde, todmüde. Und dafür gab es einen Grund. In weniger als fünf Monaten hatten sie zweitausendfünfhundert Meilen zurückgelegt, und auf den letzten achtzehnhundert Meilen hatten sie nur fünf Tage Ruhepause gehabt. Als sie in Skaguay ankamen, pfiffen sie offenkundig auf dem letzten Loch. Sie konnten die Zugriemen kaum noch straff halten, und in abschüssigem Gelände so gerade eben den Schlitten ausweichen.

»Einfach weiterlaufen, arme wunde Pfoten«, sagte der Fahrer anspornend, als sie die Hauptstraße von Skaguay hinunter trotteten. »Dann is erstmal Schluss. Jetz wird ausgeruht. Na? Aber klar. Schön lang ausgeruht.«

Die Fahrer rechneten sich einen langen Aufenthalt aus. Sie hatten schließlich zwölfhundert Meilen mit nur zwei Ruhetagen zurückgelegt, und es war so vernünftig wie gerecht, dass sie sich eine Pause zum Faulenzen verdient hatten. Doch so zahlreich wie die Männer, die ins Gebiet von Klondike geeilt waren, waren auch die Schätzchen, Ehefrauen und Anverwandten, die nicht hergeeilt waren, sodass die Postberge alpine Ausmaße annahmen; dazu kamen noch die amtlichen Verfügungen. Ein frischer Schub Hunde von der Hudson Bay sollte diejenigen ablösen, die für die Piste wertlos geworden waren. Die Wertlosen sollten abgestoßen werden, und da Dollars mehr zählten als Hunde, sollten sie verkauft werden.

Drei Tage vergingen, und in dieser Zeit spürten Buck und seine Kameraden erst richtig, wie müde und schwach sie waren. Dann kamen am Morgen des vierten Tages zwei Männer aus den Staaten an und kauften sie, samt Geschirr und allem, für ein Butterbrot. Die Männer redeten einander mit »Hal« und »Charles« an. Charles war ein hellhäutiger Mann mittleren Alters mit schlechten tränenden Augen und einem Schnauzer, der wild und kraftvoll hochgezwirbelt war und die schlaffe Hängelippe Lügen strafte, die er verbarg. Hal war ein junger Bursche von neunzehn oder zwanzig Jahren, mit einem großen Colt und einem Jagdmesser im Gürtel, der von Patronen strotzte. Dieser Gürtel war das Auffälligste an ihm. Er unterstrich seine Unerfahrenheit – eine reine und unsagbare Unerfahrenheit. Beide Männer waren sichtlich fehl am Platze, und warum zwei wie sie sich zum Abenteuer des Nordens aufschwangen, bleibt Teil des Geheimnisses, das alles Verstehen übersteigt.

Buck hörte das Feilschen, sah, wie das Geld zwischen dem Mann und dem Regierungsbeamten die Hände wechselte, und wusste, dass das schottische Halbblut und die Postzugfahrer nun wie Perrault und François und den andern zuvor aus seinem Leben verschwanden. Als er mit seinen Kameraden zum Lager des neuen Besitzers getrieben wurde, bot sich Buck ein schäbiges, schlampiges Bild, das Zelt halb eingefallen, das Geschirr nicht gespült, alles in Unordnung. Dann sah er eine Frau, »Mercedes« nannten sie die Männer. Sie war die Frau von Charles und die Schwester von Hal – ein schönes Familienbild.

Buck beobachtete sie mit Sorge, als sie daran gingen, das Zelt abzubauen und den Schlitten zu beladen. Sie strengten sich zwar mächtig an, doch was sie taten, ließ keinen sachlichen Umgang erkennen. Das Zelt wurde zu einem unhandlichen Bündel gerollt, dreimal größer als es hätte sein dürfen. Das Blechgeschirr wurde ungespült eingepackt. Mercedes flatterte unaufhörlich zwischen ihren Männern hin und her und lag ihnen atemlos schnatternd mit Rat und Tat in den Ohren. Als sie einen Kleidersack vorne auf den Schlitten packten, kam sie mit dem Vorschlag, der solle besser hinten drauf; und als sie ihn hinten auf den Schlitten gepackt und mehrere andere Bündel darauf gelegt hatten, entdeckte sie übersehene Gegenstände, die nirgendwo anders verstaut werden konnten als in ebenjenem Sack; also wurde wieder abgeladen.

Drei Männer kamen aus einem Nachbarzelt, schauten zu und grinsten einander augenzwinkernd an.

»Das habt ihr ja toll beladen«, sagte einer von ihnen; »es geht mich nichts an, was ihr macht, aber an eurer Stelle würde ich das Zelt nicht mitschleppen.«

»Nicht im Traum dran zu denken!«, rief Mercedes aus und riss in geziertem Entsetzen die Arme hoch. »Wie in aller Welt soll ich ohne Zelt auskommen?«

»Es ist Frühling, jetzt kommt keine Kälte mehr«, antwortete der Mann.

Sie schüttelte entschieden den Kopf, und Charles und Hal packten den letzten Krimskrams auf den hochbeladenen Schlitten.

»Und ihr meint, der fährt?«, fragte einer der Männer.

»Warum denn nicht?«, entgegnete Charles kurz angebunden.

»Nee nee, schon gut, schon gut«, beeilte sich der Mann mit sanfter Stimme. »War nur so ein Gedanke, mehr nicht. Kam mir ein bisschen vor wie überladen.«

Charles wandte ihm den Rücken zu und zurrte die Schnüre fest so gut er konnte, was nicht im mindesten gut genug war.

»Und selbstverständlich können die Hunde den ganzen Tag marschieren mit dem Vehikel hinter sich«, bekräftigte ein zweiter Mann.

»Aber sicher«, sagte Hal mit eisiger Höflichkeit, packte die Deichsel mit einer Hand und schwang mit der anderen seine Peitsche. »Los!«, rief er. »Los und vorwärts!«

Die Hunde warfen sich in ihre Brustgurte, strengten sich kurzzeitig stark an, dann ließen sie nach. Sie waren außerstande, den Schlitten zu bewegen.

»Diese faulen Tiere, denen werd' ich's zeigen«, schrie er und wollte schon mit der Peitsche auf sie einschlagen.

Doch Mercedes ging dazwischen und rief: »Nein, Hal, tu's nicht«, während sie die Peitsche zu packen bekam und sie ihm mit einem Ruck entriss. »Die armen Herzchen! Du musst mir versprechen, dass du unterwegs nicht grob zu ihnen bist, sonst mach ich keinen Schritt weiter.«

»Du verstehst ja richtig was von Hunden«, sagte er hämisch, »und jetzt lass mich in Ruhe. Sie sind faul, das sag ich dir, und man muss sie peitschen, um was aus ihnen rauszuholen. So sind sie nun mal. Kannst du jeden fragen. Frag einen dieser Männer.«

Mercedes schaute sie flehend an, unsagbarer Ekel stand in ihr schönes Gesicht geschrieben, den ihr der Anblick von Schmerz bereitete.

»Die sind durch den Wind, wenn Sie's wissen wollen«, lautete die Antwort eines der Männer. »Völlig fix und fertig, das ist los. Sie brauchen eine Ruhepause.«

»Zum Teufel mit der Ruhepause«, sagte Hal mit seinem bartlosen Mund; und Mercedes sagte »Ach!«, voll Schmerz und Kummer über diese Verwünschung.

Doch sie war ein Geschöpf mit starkem Familiensinn und sprang ihrem Bruder sofort verteidigend bei. »Hör nicht auf den Mann«, sagte sie scharf. »Du führst unsere Hunde und machst mit ihnen, was du für das Beste hältst.«

Wieder sauste Hals Peitsche auf die Hunde nieder. Sie warfen sich gegen ihre Brustgurte, gruben ihre Pfoten in den festen Schnee, gingen tief in die Knie und wandten ihre ganze Kraft auf. Der Schlitten blieb an Ort und Stelle wie ein Anker. Nach zwei Versuchen standen sie keuchend still. Die

Peitsche pfiff wie wild, als Mercedes sich wieder einmischte. Mit Tränen in den Augen fiel sie vor Buck auf die Knie und legte ihre Arme um seinen Hals.

»Ihr armen, armen Kleinen«, rief sie voller Mitleid, »warum zieht ihr denn nicht feste? Dann würdet ihr auch nicht gepeitscht.« Buck hatte nichts für sie übrig, doch er fühlte sich zu elend, um ihr Widerstand zu leisten und nahm es als Teil der elenden Arbeit des Tages.

Einer der Umstehenden, der bislang die Zähne zusammengebissen hatte, um seine Wut zu unterdrücken, ergriff jetzt das Wort:

»Mir ist völlig schnuppe, was aus dir wird, doch um der Hunde willen sage ich dir, du kannst ihnen sehr helfen, indem du den Schlitten von der Piste löst. Die Kufen sind festgefroren. Du musst dich mit voller Wucht links und rechts gegen das Gestänge schmeißen, dann löst sich der Schlitten.«

Ein dritter Versuch wurde unternommen, und diesmal löste Hal, dem Rat folgend, die im Schnee festgefrorenen Kufen. Der überladene und schwerfällige Schlitten ruckte mit voller Wucht an, während Buck und seine Kameraden unter dem Hagel von Schlägen verzweifelt kämpften. Hundert Yards vor ihnen beschrieb der Weg eine Kurve und führte dann ziemlich steil auf die Hauptstraße. Es hätte eines erfahrenen Mannes bedurft, den überladenen Schlitten aufrecht zu halten, doch Hal war nicht dieser Mann. Als sie in die Kurve einbogen, kippte der Schlitten um und verstreute dabei aufgrund der losen Verschnürungen seine halbe Ladung. Die Hunde blieben nicht stehen. Der leichter gewordene Schlitten hüpfte regelrecht hinter ihnen auf der Seite. Sie waren wütend, wegen der schlechten Behandlung und der übermäßigen Ladung. Buck war rasend. Er rannte wie losgelassen, das Gespann folgte seiner Führung. Hal rief: »Halt! Halt!«, doch sie hörten nicht darauf. Er stolperte und wurde von den Füßen geholt. Der gekenterte Schlitten fuhr über ihn hinweg, und die Hunde preschten weiter die Straße hinauf, trugen zur Erheiterung von Skaguay bei, als sie den Rest der Ausrüstung zu beiden Seiten der Hauptdurchfahrt verstreuten.

Gutherzige Bürger nahmen sich der Hunde an und sammelten die verstreuten Habseligkeiten ein. Außerdem gaben sie einen guten Rat. Halbe

Ladung und doppelt so viele Hunde, wenn sie vorhätten, Dawson jemals zu erreichen, so lautete er. Hal, seine Schwester und sein Schwager hörten sich das unwillig an, stellten sich zusammen und gingen die Ausrüstung noch einmal durch. Zum Vorschein kamen Konservendosen, worüber die Männer lachen mussten, denn auf dem Langen Weg konnte man von Konserven nur träumen. »Decken für ein Hotel«, so einer der Männer, die lachend zur Hand gingen. »Die Hälfte weniger ist noch zu viel; weg damit. Werft das Zelt weg und das ganze Geschirr – sowieso, wer wäscht denn das ab? Herr im Himmel, ihr glaubt wohl, ihr reist im Pullman-Wagen.«

Und so nahm sie ihren Lauf, die unerbittliche Beseitigung alles Überflüssigen. Mercedes weinte, als ihre Kleidersäcke auf den Boden gekippt und Stück für Stück ausgemustert wurden. Sie weinte ganz allgemein, und sie weinte im Besonderen über jedes Stück, das dran glauben musste. Sie umklammerte ihre Knie mit den Händen und wiegte sich gebrochenen Herzens vor und zurück. Sie verkündete, sich keinen Zoll mehr weiter zu bewegen, nicht für ein Dutzend Männer wie Charles. Sie wandte sich flehend an alle und alles, wischte sich schließlich die Augen und ging daran, auch ganz und gar unerlässliche Stücke rauszuwerfen. Und als sie mit ihren Sachen fertig war, nahm sie im Eifer die Habseligkeiten ihrer Männer in Angriff und wütete darin wie ein Wirbelsturm.

Als das geschafft war, war die Ausrüstung zwar auf die Hälfte geschrumpft, doch immer noch eine gewaltige Menge. Am Abend machten sich Charles und Hal auf und kauften sechs weitere Hunde. Diese Hunde, zusätzlich zu den sechs des ursprünglichen Gespanns und den Huskies Teek und Koona, die auf der Rekordfahrt an den Rink Rapids erworben worden waren, brachten das Gespann auf vierzehn an der Zahl. Doch diese neuen Hunde, obwohl sie seit ihrer Ankunft praktisch eingearbeitet worden waren, machten wenig her. Drei waren kurzhaarige Vorstehhunde, einer war ein Neufundländer, und die andern beiden waren Mischlinge unbestimmter Herkunft. Sie schienen von nichts eine Ahnung zu haben, diese Neulinge. Buck und seine Kameraden betrachteten sie voller Abscheu, und wenn er ihnen auch schnellstens beibrachte, an welchen Platz sie gehörten und was sie nicht tun durften, so konnte er ihnen doch nicht beibringen, was sie zu tun hatten. Sie reagierten nicht dienlich auf Gespann und Piste. Von den beiden Mischlingen abgesehen, waren sie von der wilden, wildfremden Umgebung, in der sie sich befanden, und der üblen Behandlung, die ihnen widerfuhr, völlig verwirrt; das alles hatte ihren Willen gebrochen. Die beiden Mischlinge hatten keinerlei Charakterstärke; das einzige, was man ihnen brechen konnte, waren ihre Knochen.

Da die Neulinge mutlos und verzweifelt waren und das alte Gespann nach zweitausendfünfhundert Meilen fortwährender Fahrt auf der Piste ausgelaugt war, waren die Aussichten alles andere als rosig. Gleichwohl waren die beiden Männer ziemlich fröhlich. Und stolz waren sie noch dazu. Sie zogen die Sache durch, stilvoll, mit vierzehn Hunden. Sie hatten die Abfahrt von Schlitten gesehen, die den Weg über den Pass nach Dawson nahmen, und die Ankunft von Schlitten aus Dawson, aber noch nie hatten sie einen Schlitten mit so vielen Hunden gesehen, vierzehn an der Zahl. Es gab einen guten Grund dafür, warum auf Reisen in arktischem Gelände keine vierzehn Hunde einen Schlitten ziehen sollten, und der Grund war schlicht und einfach, dass ein Schlitten nicht das Fressen für vierzehn Hunde mitschleppen kann. Charles und Hal wussten das nicht. Sie hatten die Fahrt mit Bleistift und Papier geplant, soviel pro Hund, so viele Hunde, so viele Tage, Q.E.D. Mercedes schaute ihnen über die Schulter und nickte zustimmend, es war ja alles so einfach.

Am nächsten Vormittag führte Buck das lange Gespann die Straße hinauf. Nichts Lebhaftes strahlten die Hunde aus, keinen Schmiss, kein Schwung steckte in ihm und seinen Gesellen. Sie machten sich todmüde auf den Weg. Viermal hatten sie die Strecke zwischen Salt Water und Dawson zurückgelegt, und dass er ermattet und erschöpft den gleichen Weg noch einmal bewältigen sollte, erbitterte ihn. Er war nicht mit dem Herzen bei der Sache, kein Hund war mit dem Herzen dabei. Die Neuen waren furchtsam und ängstlich, die Alten hatten kein Vertrauen zu ihren Herren. Buck hatte das unbestimmte Gefühl, dass auf diese beiden Männer und die Frau kein Verlass war. Sie hatten von nichts eine Ahnung, und nach einigen Tagen wurde klar, dass sie auch nichts lernten. Sie waren nachlässig in allen Dingen, ohne Ordnung, ohne Disziplin. Sie brauchten die halbe Nacht, um ein schlampiges Lager zu errichten, und den halben Morgen, um das Lager wieder abzubauen und den Schlitten zu beladen, allerdings so nachlässig, dass sie den ganzen Tag damit beschäftigt waren, immer wieder anzuhalten und die Ladung umzuschichten. An manchen Tagen schafften sie nicht einmal zehn Meilen. An anderen Tagen brachten sie es nicht mal zum Start. Und an keinem Tag gelang es, mehr als die Hälfte der Distanz zurückzulegen, die den Männern als Grundlage für ihre Berechnung in Sachen Hundefutter diente.

So war unvermeidlich, dass ihnen mit der Zeit das Hundefutter ausgehen würde. Doch das beschleunigten sie noch durch Überfütterung, womit der Tag immer näher rückte, an dem die Unterfütterung begann. Die neuen Hunde, deren Verdauung nicht durch chronischen Hunger trainiert war, das Wenige optimal zu nutzen, hatten einen mordsmäßigen Appetit. Als die erschöpften Huskies auch noch schlecht und schwach zogen, kam Hal zu dem Schluss, dass die Regelration zu klein sei. Er verdoppelte sie. Und weil Mercedes mit Tränen in ihren schönen Augen und Tremolo in der Stimme ihn nicht erweichen konnte, den Hunden noch mehr zu geben, stahl sie zu allem Überfluss aus den Fischsäcken und fütterte sie heimlich. Doch Buck und die Huskies brauchten nicht mehr Nahrung, sie brauchten Ruhe. Und wenn sie auch nur langsam vorwärtskamen, so zehrte doch vor allem die schwere Last, die sie ziehen mussten, an ihren Kräften.

Dann kam die Unterfütterung. Als Hal eines Morgens aufwachte, wurde ihm der Umstand bewusst, dass sein Hundefutter zur Hälfte aufgezehrt war; dabei hatten sie erst ein Viertel der Strecke zurückgelegt; zudem ließ sich nicht für Geld und gute Worte zusätzliches Futter beschaffen. Deshalb verringerte er sogar die Regelration und versuchte, das zu fahrende Tagespensum zu erhöhen. Schwester und Schwager sprangen ihm dabei zur Seite; doch der schwere Schlitten und ihre eigene Unfähigkeit machten ihm einen Strich durch die Rechnung. Es war ein Leichtes, den Hunden weniger zu fressen zu geben, aber es war unmöglich, sie schneller vorankommen zu lassen, denn das eigene Unvermögen, morgens früher auf die Strecke zu gehen, hinderte sie daran, längere Zeit zu fahren. Sie wussten nicht nur nicht, wie man mit Hunden umgeht, sie wussten auch nicht, wie sie mit sich selbst umgehen mussten.

Als erster musste Dub dran glauben. Er war zwar ein armer, stümpernder Dieb, der immer erwischt und bestraft wurde, aber gleichwohl ein getreuer Arbeiter. Seine Schulterzerrung, unbehandelt und ungeschont, verschlimmerte sich ständig, bis Hal ihn letzten Endes mit seinem großen Colt erschoss. Die Leute hier sagen, dass ein Hund aus der Fremde mit der Ration eines Huskys verhungert, also konnten die sechs neuen Hunde unter Buck nichts weiter tun, als mit der halben Husky-Ration zu sterben. Der Neufundländer ging als erster, gefolgt von den drei Kurzhaar-Vorstehhunden, während die beiden Mischlinge sich noch verbissen ans Leben klammerten, doch am Ende gingen auch sie.

Inzwischen war den drei Leuten alles Angenehme und Freundliche des Südlandes abhanden gekommen. Seines Glanzes, seiner Romantik beraubt, wurde das arktische Reisen für sie zu einer Wirklichkeit, die für Mann und Frau zu hart und rau war. Mercedes weinte nicht länger über die Hunde, da sie viel zu beschäftigt war, über sich selbst zu weinen und mit ihrem Mann und ihrem Bruder zu streiten. Miteinander zu streiten war das einzige, dessen sie nie müde wurden. Ihre Reizbarkeit erwuchs aus ihrem Elend, steigerte sich mit ihm, verdoppelte sich und ließ es weiter hinter sich. Die bewundernswerte Geduld jener Männer auf der Piste, die schwer schuften und schlimm leiden und doch umgänglich und freundlich bleiben, war diesen beiden Männern und dieser Frau nicht gegeben. Von dieser Geduld hatten sie keinen Schimmer. Sie waren stocksteif und hatten Schmerzen; die Muskeln taten ihn weh, die Knochen taten ihnen weh, ja, selbst die Herzen taten ihnen weh, und deshalb redeten sie gehässig, bissige Worte gingen über ihre Lippen vom Morgen bis spät in den Abend.

Hal und Charles zankten, wann immer Mercedes ihnen dazu die Gelegenheit bot. Beide waren fest davon überzeugt, selbst den größeren Anteil an der Arbeit zu leisten, und keiner verkniff es sich, bei jeder sich bietenden Gelegenheit diese Überzeugung kundzutun. Mercedes schlug sich manchmal auf die Seite ihres Mannes, manchmal auf die Seite ihres Bruders. Dabei kam stets ein wunderschöner und endloser Familienstreit heraus. In einen Disput darüber, wer das bisschen Holz fürs Feuer hacken sollte (ein Disput, der nur Charles und Hal betraf), wurde sofort die ganze Familie hineingezogen, Väter, Mütter, Cousins, Menschen, die Tausende von Meilen entfernt waren, einige von ihnen längst tot. Dass Hals Ansichten über Kunst oder Gesellschaftsstücke, die der Bruder seiner Mutter schrieb, etwas mit dem Hacken von ein paar Scheiten Brennholz zu tun haben sollten, übersteigt alles Verstehen; trotzdem nahm der Streit immer wieder gerne diesen Verlauf oder ging in Richtung der von Charles gehegten politischen Vorurteile. Und dass die Klatschsucht von Charles' Schwester von Bedeutung für die Errichtung einer Feuerstelle am Yukon sein sollte, leuchtete nur Mercedes ein, die sich allerhand Meinungen über das Thema vom Herzen redete und bei der Gelegenheit über ein paar Eigenschaften herzog, die unerfreulicherweise der Familie ihres Mannes eigen waren. Unterdessen blieben das Feuer kalt, das Lager unfertig und die Hunde ohne Futter.

Mercedes hegte einen besonderen Groll – den Groll ihres Geschlechts. Sie war hübsch und sanft und im Lauf ihres Lebens immer galant behandelt worden. Doch die momentane Behandlung durch ihren Mann und ihren Bruder war alles andere als galant. Daher gewöhnte sie sich eine Hilflosigkeit an. Die Männer beklagten sich. Und nun, da sie in Frage gestellt hatten, was ihr als das wesentliche Privileg ihres Geschlechts galt, machte sie ihnen das Leben zur Hölle. Sie kümmerte sich nicht mehr um die Hunde, erschöpft und eingeschnappt beharrte sie auf einem Platz auf dem Schlitten. Sie war hübsch und sanft, doch sie wog hundertzwanzig Pfund – der letzte Rest für die Last, die von den schwachen und verhungernden Tieren gezogen wurde. Tagelang ließ sie sich kutschieren, bis sie auf der Piste umkippten und der Schlitten zum Stillstand kam. Charles und Hal baten sie, abzusteigen und zu Fuß zu gehen, beknieten sie, flehten sie an, derweil sie weinte und den Himmel mit einem Klagelied über die Brutalität der beiden bestürmte.

Einmal holten sie sie mit Gewalt vom Schlitten. Das taten sie nie wieder. Mercedes knickte wie ein verzogenes Gör in den Knien ein und hockte sich auf die Piste. Sie fuhren mit dem Schlitten weiter auf ihrem Weg, doch sie rührte sich nicht vom Fleck. Nachdem sie drei Meilen zurückgelegt hatten, luden sie den Schlitten ab, gingen zurück, um sie zu holen, und mit Gewalt hievten sie sie wieder zurück auf den Schlitten.

Da ihr eigenes Elend für sie viel zu groß war, blieben sie unempfänglich für das Leiden ihrer Tiere. Hals Motto, das er an andern erprobte, lautete: Gelobt sei, was hart macht. Erst hatte er es seiner Schwester und seinem Schwager gepredigt. Da er bei ihnen keinen Erfolg hatte, hämmerte er es seinen Hunden mit dem Knüppel ein. Auf Höhe der Five Finger Rapids, der Stromschnellen, ging das Hundefutter aus, und eine zahnlose alte Squaw machte das Angebot, ihnen ein paar Pfund gefrorenen Pferdefells einzutauschen gegen den Colt, der dem großen Jagdmesser an Hals Hüfte Gesellschaft leistete. Ein jämmerlicher Nahrungsersatz war dieses Fell, das den verhungerten Pferden der Viehtreiber vor sechs Monaten abgezogen worden war. Gefroren glich es eher verzinktem Eisenblech in Streifen, und wenn ein Hund es hinuntergewürgt hatte, taute es dort auf zu dünnen, nährstofflosen Lederschnüren und zu einer Härchenmasse, die den Magen reizte und unverdaulich war.

Durch alles das wankte Buck weiter an der Spitze des Gespanns wie in einem Albtraum. Er zog, solange er konnte; wenn er nicht mehr konnte, fiel er hin und blieb liegen, bis Knüppel- oder Peitschenhiebe ihn wieder auf die Beine trieben. Aller Glanz, alle Festigkeit waren aus seinem schönen Fell gewichen. Das Haar hing struppig und schmutzig herunter, verfilzt mit getrocknetem Blut, wo Hals Knüppel ihn verletzt hatte. Seine Muskeln waren zu knotigen Faserbändern geschrumpft und seine Fleischreserven verbraucht, sodass jeder Knochen und jede Rippe sich klar abzeichnete unter der schlaffen Haut, die runzlige Falten schlug über dem, was nicht mehr da war. Es war herzzerreißend; allein Bucks Herz war unzerstörbar. Der Mann im roten Pullover hatte das bewiesen.

So wie es um Buck stand, stand es auch um seine Kameraden. Sie waren wandelnde Skelette. Mit ihm waren sie insgesamt noch sieben. In ihrem großen Elend waren sie unempfindlich geworden für die schneidende Peitsche und den verletzenden Knüppel. Der Schmerz der Schläge war so dumpf und fern wie das, was ihre Augen sahen und ihre Ohren hörten. Sie waren nicht mehr halb am Leben, nicht mal ein Viertel. Sie waren bloß noch Haut und Knochen, in denen ein schwacher Funke Leben flackerte. Als Halt gemacht wurde, fielen sie auf der Piste um wie tot, und der Funke glomm weniger, verblasste und schien verlöschen zu wollen. Als Knüppel oder Peitsche auf sie niedersausten, flackerte der Funke schwächlich auf, und sie kamen wacklig wieder auf die Beine und zogen taumelnd weiter.

Es kam der Tag, als der gutmütige Billee umfiel und nicht mehr aufstehen konnte. Da Hal seinen Revolver eingetauscht hatte, nahm er die Axt und schlug Billee noch auf der Piste den Schädel ein, dann schnitt er den Kadaver aus dem Geschirr und schleppte ihn auf die Seite. Buck sah das, seine Kameraden sahen das, und sie wussten, dass genau das immer näher auf sie selbst zukam. Am nächsten Tag machte sich Koona davon, und jetzt waren sie nur noch zu fünft: Joe, zu stark geschwächt für Bösartigkeiten; Pike, lahm humpelnd, nur noch halb bei Bewusstsein und nicht mehr genug, um weiter den Drückeberger zu spielen; Sol-leks, der Einäugige, immer noch der Qual des Gurtes und der Piste treu ergeben und betrübt, dass er so wenig Kraft zum Ziehen hatte; Teek, der in diesem Winter nicht so weit gelaufen war und jetzt stärker geschlagen als die andern, weil er noch frischer war; und Buck, der weiterhin an der Spitze des Gespanns stand, aber nicht mehr für Disziplin sorgte und sich auch nicht mehr um sie bemühte, die Hälfte der Zeit vor Schwäche blind und noch in der Spur, weil er sie ahnte und schwach unter seinen Pfoten spürte.

Es war herrliches Frühlingswetter, doch das entging Hunden wie Menschen. Die Sonne ging jeden Tag früher auf und später unter. Gegen drei in der Früh dämmerte der Morgen, und die Abenddämmerung zog sich hin bis nach neun. Den lieben langen Tag schien die Sonne. Die gespenstische Winterstille war dem großen Frühlingsrauschen des erwachenden Lebens gewichen. Dieses Rauschen erhob sich überall im Land, erfüllt von Lebensfreude. Es kam von allem, was lebte und sich jetzt wieder regte, was in den langen Frostmonaten wie tot gewesen war und sich nicht geregt hatte. Der Saft stieg in den Kiefern. An den Weiden und Pappeln brachen junge Knospen aus. Büsche und Sträucher legten ein neues grünes Kleid an. Nachts sangen die Grillen, und tagsüber strebten raschelnd alle möglichen kriechenden und krabbelnden Wesen in die Sonne. Rebhühner knurrten, Baumspechte klopften im Wald. Eichhörnchen plapperten, Vögel sangen, und hoch über allem schrien die Wildgänse auf ihrem Flug aus dem Süden, in kluger Keilformation, die die Luft zerteilte. Von jedem Berghang erklang das Plätschern fließender Wasser, die Musik unsichtbarer Quellen. Alles taute, spannte sich, bäumte sich auf. Der Yukon strengte sich an, das Eis aufzubrechen, abzuwerfen, das ihn gefesselt hielt. Er fraß daran von unten; die Sonne fraß von oben. Es bildeten sich Luftlöcher, Risse taten sich auf und wurden größer und breiter, sodass dünne Eisschichten im Fluss untergingen. Und inmitten dieses Aufbrechens, Aufbäumens und Pulsierens des erwachenden Lebens taumelten, unter der gleißenden Sonne und im sanft säuselnden Wind, wie Wanderer auf Todesfahrt die beiden Männer, die Frau und die Huskies.

Die Hunde waren immer wieder gestürzt, Mercedes weinte auf dem Schlitten, Hal fluchte harmlos und Charles' wässrige Augen füllten sich mit Tränen der Wehmut: So erreichten sie taumelnd John Thorntons Lager an der Mündung des White River. Als sie Halt machten, fielen die Hunde um, als hätte sie alle der tödliche Schlag getroffen. Mercedes wischte ihre Tränen ab und blickte John Thornton an. Charles hockte sich auf einen Baumstamm, um sich auszuruhen. Sehr langsam und mühsam setzte er sich, denn seine Steifheit machte ihm zu schaffen. Hal führte das Gespräch. John Thornton legte letzte Hand an einen Axtgriff, den er aus einem Stück Birkenholz gemacht hatte. Er schnitzte und hörte zu, gab einsilbige Antworten und auf Nachfrage knappe Ratschläge. Er kannte dieses Völkchen, und er gab seine Ratschläge in der Gewissheit, dass sie niemand befolgte.

»Weiter oben wurde uns gesagt, dass der Boden der Piste wegbricht und es für uns am besten wäre, die Fahrt zu verschieben«, sagte Hal als Reaktion auf Thorntons Warnung, auf dem brüchigen Eis keine Risiken mehr einzugehen. »Man hat uns gesagt, wir würden es nicht mehr über den White River schaffen, und nun sind wir hier.« Die letzten Worte mit dem hämischen Unterton des Triumphs.

»Und sie haben euch die Wahrheit gesagt«, entgegnete Thornton. »Der Boden wird jeden Augenblick wegbrechen. Nur Narren mit dem blinden Glück von Narren schaffen das. Ich sag euch unverblümt, auf dem Eis würde ich meine Haut nicht riskieren, nicht für alles Gold in Alaska.«

»Weil du kein Narr bist, nehme ich an«, sagte Hal. »Trotzdem, wir fahren weiter nach Dawson.« Er entrollte seine Peitsche. »Auf die Beine, Buck! He! Auf die Beine! Vorwärts!«

Thornton schnitzte weiter. Wie er wusste, war es müßig, sich zwischen einen Narren und seine Narrheit zu stellen, denn zwei oder drei Narren mehr oder weniger änderten nichts an den Verhältnissen.

Doch das Gespann reagierte nicht auf den Befehl. Es befand sich schon lange in dem Stadium, wo es nur Schläge in Bewegung setzten. Hier und da sauste die Peitsche nieder und überbrachte ihre gnadenlose Botschaft. John Thornton presste die Lippen zusammen. Sol-leks quälte sich als Erster wieder auf die Beine. Teek folgte. Als nächster kam Joe, der vor Schmerzen jaulte. Pike machte schmerzhafte Anstrengungen. Zweimal fiel er um, als er schon halb stand, beim dritten Versuch schaffte er es aufzustehen. Buck unternahm keinerlei Anstrengung. Er blieb still da liegen, wo er umgefallen war. Schneidend traf ihn die Peitsche immer wieder, doch er winselte nicht, noch wehrte er sich. Thornton schien mehrfach etwas sagen zu wollen, überlegte es sich dann aber anders. Seine Augen wurden feucht, und als das Peitschen kein Ende nahm, stand er auf und ging unschlüssig auf und ab.

Es war das erste Mal, dass Buck versagte und damit Grund genug, Hal zur Raserei zu treiben. Statt der Peitsche nahm er nun den gewohnten Knüppel. Unter dem Hagel heftiger Schläge, der jetzt auf ihn niederprasselte, war Buck zu keiner Regung bereit. Wie seine Kameraden konnte er kaum aufstehen, aber anders als bei ihnen war es sein fester Entschluss. Er hatte das unbestimmte Gefühl von bevorstehendem Verderben. Das war schon ausgeprägt, als er mit letzter Kraft das Ufer erreichte, und es hatte ihn nicht verlassen. Wie bei dem dünnen, brüchigen Eis, das er den ganzen Tag unter seinen Pfoten gespürt hatte, schien er das nahende Unheil zu wittern, dort draußen vor ihm auf dem Eis, wohin sein Herr ihn treiben wollte. Er verweigerte jede Regung. Er hatte inzwischen so sehr gelitten und war so weit weggetreten, dass die Schläge nicht besonders weh taten. Und während sie weiterhin auf ihn niedergingen, flackerte der Funke Leben in ihm und wurde immer kleiner. Er war fast erloschen. Buck fühlte sich seltsam taub. Ihm war klar, dass er geschlagen wurde, wenn auch nur aus weiter Ferne. Die letzten Schmerzempfindungen verließen ihn. Er fühlte gar nichts mehr, hörte nur noch sehr schwach den Schlag des Knüppels auf seinen Körper. Es war nicht mehr sein Körper, er schien so weit weg zu sein.

Und dann, urplötzlich, ohne Vorwarnung, mit einem Schrei, der in seiner Undeutlichkeit mehr dem Schrei eines Tieres glich, stürzte sich John Thornton auf den knüppelschwingenden Mann. Hal wurde auf den Rücken geschleudert, wie von einem fallenden Baum getroffen. Mercedes kreischte. Charles schaute nachdenklich zu, wischte sich die feuchten Augen, stand aber nicht auf, seine Glieder waren zu steif.

John Thornton stellte sich vor Buck, konnte sich kaum beherrschen und brachte vor Zorn kein Wort hervor.

»Wenn du den Hund noch einmal schlägst, bring ich dich um«, sagte er schließlich mit erstickter Stimme.

»Das ist mein Hund«, erwiderte Hal und wischte, wieder zu sich gekommen, Blut von seinem Mund. »Geh mir aus dem Weg, oder ich mach dich fertig. Ich fahre nach Dawson.«

Thornton stand zwischen ihm und Buck und machte keine Anstalten, aus dem Weg zu gehen. Hal zog sein langes Jagdmesser. Mercedes kreischte, brüllte, lachte und zeigte all die anderen Anzeichen eines hysterischen Anfalls. Thornton schlug Hal mit dem Axtstiel auf die Finger und haute ihm so das Messer aus der Hand. Er schlug ihm noch einmal auf die Finger, als er es vom Boden aufheben wollte. Dann bückte er sich, hob es selber auf und zerschnitt mit zwei Handgriffen Bucks Riemen.

Hals Kampflust war aufgebraucht. Außerdem hatte er alle Hände voll zu tun mit seiner Schwester, oder eher alle Arme; und Buck war dem Tod zu nahe, um weiter als Schlittenhund nützlich zu sein. Minuten später brachen sie vom Ufer auf und fuhren den Fluss hinab. Buck hörte sie losfahren und hob den Kopf, um etwas zu sehen. Pike war an der Spitze, Solleks direkt vorm Gefährt, und zwischen ihnen waren Joe und Teek. Sie humpelten und taumelten. Mercedes thronte auf dem überladenen Schlitten. Hal führte die Deichsel, und Charles stolperte am Ende hinterher. Während Buck ihnen noch nachschaute, kniete Thornton sich neben ihm hin und tastete ihn mit rauen, freundlichen Händen nach Knochenbrüchen ab. Als seine Untersuchung nichts weiter als viele Platzwunden und schreckliche Unterernährung festgestellt hatte, war der Schlitten eine Viertelmeile weit weg. Hund und Mann schauten ihm nach, wie er übers Eis schlich. Dann sahen sie, dass das Schlittenende plötzlich verschluckt wurde, wie in einem Graben versank, und die Deichsel, an die Hal sich klammerte, hoch in die Luft schoss. Der Schrei von Mercedes drang an ihre Ohren. Sie sahen, wie Charles sich umdrehte, einen Schritt zurück machte, und dann, dass eine große Eisfläche nachgab und Hunde und Menschen verschwanden. Ein gähnendes Loch, nichts weiter war mehr zu sehen. Der Boden der Piste hatte nachgegeben.

John Thornton und Buck sahen einander an.

»Du armer Teufel«, sagte John Thornton, und Buck leckte ihm die Hand.

SECHSTES KAPITEL

## Aus Liebe zu einem Menschen

Als John Thornton im vorigen Dezember die Füße erfroren waren, hatten seine Partner es ihm bequem gemacht für seine Genesung, dann waren sie ohne ihn aufgebrochen und den Fluss hinaufgefahren, um ein Floß aus Baumstämmen nach Dawson zu bringen. Er humpelte immer noch leicht zu der Zeit, als er Buck rettete, doch bei dem anhaltend warmen Wetter wurde er sogar dieses leichte Humpeln los. Und hier, während er ganze Frühlingstage über am Flussufer lag, aufs fließende Wasser schaute und müßig den Liedern der Vögel und dem Summen der Natur lauschte, kam Buck langsam wieder zu Kräften.

Eine Ruhepause kommt sehr gelegen, wenn man dreitausend Meilen in den Knochen hat, und offen gestanden wurde Buck faul, während seine Wunden heilten, seine Muskeln Kontur annahmen und er wieder Fleisch auf die Knochen bekam. Eigentlich waren sie alle Faulenzer – Buck, John Thornton und Skeet und Nig –, derweil sie auf die Ankunft des Floßes warteten, das sie nach Dawson bringen sollte. Skeet war ein kleiner Irish Setter, eine Hündin, die sich schon früh mit Buck anfreundete, der, noch sterbensschwach, ihr die ersten Avancen nicht verübeln konnte. Sie hatte das Helfersyndrom, wie so mancher Hund; und wie eine Katzenmutter ihre Kleinen putzt, so putzte und säuberte sie leckend Bucks Wunden. Regelmäßig nach dem Frühstück ging morgens diese selbst auferlegte Aufgabe über die Bühne, bis er auf ihre guten Dienste schließlich so freudig wartete wie auf die von Thornton. Nig, ebenso freundlich, wenn er es auch weniger zeigte, war ein großer schwarzer Hund, halb Bluthund und halb Windhund, mit lachenden Augen und unendlich gutmütig.

Zu Bucks Überraschung legten diese Hunde ihm gegenüber keinerlei Eifersucht an den Tag. Sie schienen John Thorntons Freundlichkeit und Großmütigkeit zu teilen. Als Buck kräftiger wurde, verleiteten sie ihn zu allerhand albernen Spielen, bei denen mitzumachen selbst Thornton sich nicht verkneifen konnte; und so tobte sich Buck durch seine Genesung in ein neues Leben hinein. Zum ersten Mal verspürte er echte, leidenschaftliche Liebe. So etwas hatte er bei Judge Miller unten im sonnenverwöhnten Santa Clara Valley nie erlebt. Mit den Söhnen des Richters, auf der Jagd und beim Wandern, hatte es eine Arbeitsfreundschaft gegeben, mit den Enkeln des Richters eine Art selbsternannte Schutzfunktion; und mit dem Richter selbst eine erhabene und würdevolle Freundschaft. Doch eine fieberhafte, brennende Liebe, die Anbetung, ja, Wahnsinn war, die vermochte erst John Thornton zu erwecken.

Dieser Mann hatte sein Leben gerettet, das war an sich schon etwas; darüber hinaus war er der ideale Herr. Andere Männer sorgten aus reinem Pflichtgefühl oder praktischer Zweckdienlichkeit für das Wohl ihrer Hunde; er sorgte für das Wohl seiner Hunde, als wären sie seine eigenen Kinder, er konnte nicht anders. Und nicht nur das. Er vergaß niemals einen freundlichen Gruß oder ein aufmunterndes Wort, und sich zu ihnen zu setzen zu einem langen Gespräch (»Plausch« nannte er das), bereitete ihm ebenso viel Vergnügen wie ihnen. Er hatte eine spezielle Art, Bucks Kopf ruppig zwischen seine Hände zu nehmen und seinen Kopf auf den von Buck zu legen, wobei er ihn vor und zurück wiegte und Buck mit Schimpfnamen bedachte, die für Buck Kosenamen waren. Buck kannte keine größere Freude als diese ruppige Umarmung und den Klang gemurmelter Flüche, und bei jedem Ruck vor und zurück schien ihm das Herz aus dem Leib zu springen, so sehr geriet es in Verzückung. Wenn er dann losgelassen wurde, sprang er auf die Beine, mit lachender Schnauze, beredten Augen, unausgesprochene Laute in der Kehle, und in dieser Weise blieb er reglos stehen, dass John Thornton ehrfürchtig ausrief: »Mein Gott! Du kannst ja fast sprechen!«

Bucks Methode, seine Liebe zu äußern, glich dem Zufügen von Schmerzen. Oft schnappte er sich Thorntons Hand mit dem Maul und schloss es so fest, dass der Abdruck seiner Zähne noch lange danach zu sehen war. Und wie Buck die Flüche als Kosenamen aufnahm, so nahm der Mann diesen vorgetäuschten Biss als Zärtlichkeit auf.

Meist jedoch äußerte sich Bucks Liebe in Anhimmelung. Er war außer sich vor Glück, wenn Thornton ihn berührte oder mit ihm redete, aber er suchte diese Bezeugungen nicht. Anders als Skeet, die ihre Nase gerne unter Thorntons Hand schob und solange stupste, bis sie gestreichelt wurde, oder Nig, der heranstolzierte und seinen mächtigen Kopf Thornton aufs Knie legte, reichte Buck die Verehrung aus Distanz. So lag er Stunde um Stunde, immer wachsam und auf der Hut, zu Thorntons Füßen und schaute ihm ins Gesicht, verweilte dort, studierte es, verfolgte mit innigstem Interesse jeden flüchtigen Ausdruck, jede Regung, jede Änderung in den Gesichtszügen. Oder er lag, wenn es sich zufällig so ergab, weiter weg, irgendwo seitlich oder hinter ihm, und beobachtete die Konturen des Mannes und die gelegentlichen Bewegungen seines Körpers. Und oftmals, denn derart war die Verbindung untereinander, ließ die Kraft von Bucks Blick John Thornton den Kopf wenden, und dann erwiderte er den Blick, wortlos, strahlte ihm doch sein Herz in den Augen, ganz so wie Bucks Herz strahlte.

Nach seiner Rettung hatte Buck es lange Zeit gar nicht gern, wenn Thornton ihm aus dem Blick geriet. Deshalb blieb er ihm dicht auf den Fersen, sobald er das Zelt verlassen hatte und bis zu seiner Rückkehr. Seit er ins Nordland gekommen war, hatten seine wechselnden Herrn in ihm die Angst erzeugt, dass es keinen Herrn auf Dauer geben konnte. Er hatte Angst, dass Thornton aus seinem Leben verschwinden würde wie zuvor Perrault und François und das schottische Halbblut verschwunden waren. Selbst nachts in seinen Träumen wurde er von dieser Angst heimgesucht. Dann schüttelte er sich den Schlaf aus den Gliedern und schlich durch die Kühle zum Eingang des Zeltes, wo er stehenblieb und den Atemzügen seines Herrn lauschte.

Doch trotz dieser großen Liebe zu John Thornton, die einen gewissen zivilisierenden Einfluss verriet, blieb der Zug des Urzeitlichen, den das Nordland in ihm erweckt hatte, in ihm wirksam und lebendig. Treue und Hingabe, entstanden unter einem Dach und am Feuer, die hatte er; und doch bewahrte er sich seine Wildheit und Schläue. Er war ein Geschöpf der Wildnis, aus der Wildnis gekommen, um an John Thorntons Feuer zu sitzen, und kein Hund des lieblichen Südlandes, seit Generationen geprägt von der Zivilisation. Um diesen Mann zu bestehlen, war seine Liebe zu groß, doch bei jedem anderen Mann in jedem anderen Lager zögerte er nicht einen Augenblick; dabei ging er so geschickt vor, dass er nie geschnappt wurde.

Sein Gesicht und sein Körper waren von den Zähnen vieler Hunde gezeichnet, und er kämpfte so wild wie eh und je, doch viel gerissener. Skeet und Nig waren zu gutmütig für Streitereien – außerdem gehörten sie ja John Thornton. Doch der fremde Hund, gleich welcher Herkunft oder wie tapfer, musste schnell Bucks Vormachtstellung anerkennen; andernfalls musste er gegen einen schrecklichen Gegner um sein Leben kämpfen. Und Buck war gnadenlos. Er hatte das Gesetz von Knüppel und Reißzahn verinnerlicht, er verzichtete nie auf einen Vorteil und ließ nie von einem Gegner ab, der schon auf dem Weg Richtung Tod war. Er hatte seine Lektion von Spitz gelernt und von den maßgeblichen Kampfhunden bei Polizei und Post, und so wusste er, es gab keinen Mittelweg. Entweder beherrschte, besiegte er sie, oder er wurde besiegt; jedes Zeichen von Gnade war Schwäche. Gnade gab es nicht im urtümlichen Leben. Sie wurde als Angst missverstanden, und solche Missverständnisse bedeuteten Tod. Töten oder getötet werden, fressen oder gefressen werden, so lautete das Gesetz; und diesem Gebot aus den tiefsten Tiefen der Zeit gehorchte er.

Er war älter als die Tage, die er gesehen, und die Luft, die er geatmet hatte. Er verknüpfte die Vergangenheit mit der Gegenwart, und die Ewigkeit hinter ihm durchpulste ihn in jenem mächtigen Rhythmus, dem er folgte wie die Gezeiten und Jahreszeiten. Er saß an John Thorntons Feuer, ein Hund mit breiter Brust, weißen Reißzähnen und langem Fell; doch hinter ihm lagen die Schatten der verschiedensten Hunde, von wolfsblütigen Hunden und wilden Wölfen, die ihn drängten und antrieben, die vom selben Fleisch kosteten, das er fraß, nach dem Wasser dürsteten, das er trank, mit ihm die Fährte witterten, mit ihm lauschten und ihm die Geräusche des Wildes im Wald zutrugen; sie bestimmten seine Launen, leiteten sein Handeln, legten sich mit ihm schlafen, wenn er sich hinlegte, und sie träumten mit ihm und noch viel weiter als er und wurden selbst zum Stoff, aus dem seine Träume waren.

So gebieterisch riefen ihn diese Schatten, dass die Menschen und die Forderungen der Menschen ihm mit jedem Tag weiter entglitten. Tief im Wald ertönte ein Ruf, und so oft er diesen geheimnisvoll packenden und lockenden Ruf vernahm, spürte er den Drang, dem Feuer und dem ausgetretenen Boden drumherum den Rücken zu kehren und sich in den Wald zu stürzen, immer weiter und tiefer hinein, ohne zu wissen, wohin und warum; und er fragte sich auch nicht, warum und wohin, denn dieser Ruf erklang herrisch tief im Wald. Doch jedes Mal, wenn er den weichen, ungepflügten Boden und das grüne Dunkel erreicht hatte, zog ihn die Liebe zu John Thornton wieder ans Feuer zurück.

Allein Thornton hielt ihn. Der Rest der Menschheit galt ihm nichts. Mochten ihn auch bisweilen Durchreisende loben und streicheln, es ließ ihn kalt, und vor einem zu aufdringlichen Menschen machte er sich einfach auf und davon. Als Thorntons Partner Hans und Pete auf dem langerwarteten Floß eintrafen, weigerte Buck sich zunächst, sie überhaupt zur Kenntnis zu nehmen, bis er erkannte, dass sie Thornton nahestanden; danach duldete er sie auf passive Weise, indem er sich ihre Gunstbezeugungen gefallen ließ wie um ihnen einen Gefallen zu erweisen. Sie waren vom selben großen Typ wie Thornton, lebten erdverbunden, dachten einfach und sahen klar; noch bevor sie das Floß in den großen Strudel vor der Sägemühle in Dawson steuerten, hatten sie Buck und sein Verhalten begriffen und beharrten nicht länger auf einer Nähe wie zu Skeet und Nig. Seine Liebe zu Thornton jedoch schien immer weiter zuzunehmen. Er allein unter allen Menschen durfte bei den Sommertouren Bucks Rücken beladen. Nichts war zu schwer für Buck, wenn Thornton es befohlen hatte. Eines Tages (sie hatten sich aus den Erlösen für das Floß reichlich mit Proviant versorgt, Dawson verlassen und sich ins Quellgebiet des Tanana begeben) saßen Männer und Hunde hoch oben auf dem Kamm einer Klippe, die steil abfiel auf nacktes Grundgestein dreihundert Fuß in der Tiefe. John Thornton saß direkt am Rand, Buck an seiner Seite. Eine unbedachte Laune packte Thornton, und er lenkte die Aufmerksamkeit von Hans und Pete auf das bevorstehende Experiment. »Spring, Buck!«, befahl er und wies mit seinem Arm weit hinaus über den Abgrund. Im nächsten

Augenblick musste er sich schon am äußersten Rand an Buck klammern, und Hans und Pete zogen sie zurück in Sicherheit.

»Das ist unheimlich«, sagte Pete hinterher, als sie die Sprache wiedergefunden hatten.

Thornton schüttelte den Kopf. »Nein, es ist herrlich und schrecklich zugleich. Wisst ihr, manchmal jagt es mir Angst ein.«

»Ich möchte nicht der Mann sein, der dir was tun will, während er in der Nähe ist«, verkündete Pete abschließend und nickte dabei in Richtung Buck.

»Meine Fresse!«, steuerte Hans bei. »Ich auch nicht.«

Es war in Circle City, lange bevor das Jahr zu Ende ging, als Petes Befürchtung Wirklichkeit wurde. »Black« Burton, ein bösartiger und heimtückischer Mann, hatte mit einem Neuling an der Bar einen Streit vom Zaun gebrochen, als Thornton sich in aller Freundlichkeit zwischen die Beiden stellte. Buck lag, wie es seine Gewohnheit war, in einer Ecke, den Kopf auf den Pfoten, und verfolgte jeden Schritt seines Herrn. Burton schlug zu, ohne Warnung, direkt aus der Schulter. Thornton geriet ins Trudeln und bewahrte sich vorm Stürzen nur, indem er die Querstange am Tresen zu packen bekam.

Alle, die zuschauten, hörten etwas, das weder Gebell noch ein Jaulen war, sondern sich am besten als Gebrüll beschreiben lässt, und sie sahen, wie Buck buchstäblich in die Luft ging und sich auf Burtons Kehle stürzte. Der Mann rettete sein Leben, indem er instinktiv den Arm vorstieß, doch er wurde rückwärts zu Boden geschleudert, und Buck lag auf ihm. Buck löste die Zähne aus dem Fleisch des Armes und ging wieder auf die Kehle los. Diesmal gelang dem Mann die Abwehr nicht ausreichend, und so wurde ihm die Kehle aufgeschlitzt. Dann stürzte sich die Menge auf Buck, und er wurde vertrieben; doch während ein Arzt die Wunde untersuchte, schlich er auf und ab, knurrte rasend vor Zorn, versuchte immer wieder vorzudringen und konnte nur von einem Aufgebot feindlicher Knüppel zurückgehalten werden. Eine auf der Stelle einberufene »Schürfersitzung« entschied, dass der Hund hinreichend provoziert worden sei, und Buck wurde freigesprochen. Doch damit hatte er seinen Ruf weg, und von jenem Tag an verbreitete sich sein Name in allen Lagern Alaskas.

Später, im Herbst jenes Jahres, rettete er auf ganz andere Weise John Thornton das Leben. Die drei Partner bugsierten einen langen, schmalen Kahn mit einer Stange durch eine schlimme Strecke von Stromschnellen im Forty Mile Creek. Hans und Pete liefen am Ufer entlang, hangelten ihn von Baum zu Baum an einem dünnen Hanfseil vorwärts, während Thornton den hinabtreibenden Kahn mit einer Stange steuerte und seinen Kameraden Richtungsanweisungen zurief. Buck lief am Ufer immer dem Kahn voran, voller Sorge und Furcht, und ließ dabei seinen Herrn nie aus den Augen.

An einer besonders gefährlichen Stelle, an der eine Art Riff kaum überspülter Felsen aus dem Fluss ragte, ließ Hans das Seil schleifen, gab ihm Spiel, und während Thornton den Kahn mit der Stange hinaus auf den Strom trieb, lief er mit dem Ende in der Hand das Ufer hinunter, um den Kahn, nachdem er das Riff passiert hatte, mit einem Ruck wieder ans Seil zu nehmen. Er umschiffte es, und der Kahn schoss in einem Strom so schnell wie ein Flutgang, als Hans ihn mit dem Seil bremste, zu plötzlich bremste. Der Kahn kenterte und bohrte sich in den Ufergrund, Thornton wurde geradewegs hinausgeschleudert, flussabwärts getrieben hin zur schlimmsten Stelle der Stromschnellen, einer Wildwasserpassage, in der kein Schwimmer überleben konnte.

Im Nu war Buck ins Wasser gesprungen, und nach dreihundert Yards, inmitten eines tosenden Wasserwirbels, hatte er Thornton erreicht. Als er spürte, dass der ihn am Schwanz gepackt hatte, peilte Buck das Ufer an und schwamm mit all seiner herrlichen Kraft los. Doch dorthin ging es nur langsam voran, hingegen erstaunlich schnell flussabwärts. Von unten kam das verhängnisvolle Brausen, wo die wilde Strömung immer wilder wurde und sie von den Felsen, die wie Zähne eines Riesenkamms emporragten, zu Spritzern sprühender Gischt zerstoben wurden. Der Sog des Wassers war bedrohlich, als es zur letzten abschüssigen Stelle kam, und Thornton wusste, das Ufer war unerreichbar. Er schrammte an einem Felsen vorbei, verletzte sich am zweiten und knallte mit voller Kraft gegen den dritten. Mit beiden Händen klammerte er sich an dessen glitschige Spitze, ließ Buck los und schrie über das Brausen des wirbelnden Wassers: »Los, Buck! Los!«

Buck konnte sich nicht mehr halten, und als er flussabwärts getrieben wurde, kämpfte er verzweifelt dagegen an, vergeblich. Er vernahm Thorntons wiederholten Befehl und reckte sich aus dem Wasser, hob den Kopf wie zu einem letzten Blick, dann schlug er gehorsam den Weg zum Ufer ein. Er schwamm mit voller Kraft und wurde von Pete und Hans an genau dem Punkt ans Ufer gezogen, an dem das Weiterschwimmen unmöglich wurde und die Vernichtung gewiss war.

Sie wussten, es ging um Minuten, wenn sich ein Mensch in peitschender Strömung an einen glitschigen Felsen klammerte, und so rannten sie so schnell sie konnten an eine Stelle am Ufer, weit vor jener, wo Thornton sich festhielt. Sie legten das Seil, mit dem sie den Kahn gezogen und gebremst hatten, um Bucks Hals und Schultern, achteten darauf, dass es ihn nicht würgte oder beim Schwimmen störte, und ließen ihn so zu Wasser. Er machte sich kühn ans Werk, schwamm aber nicht zielgenau genug in den Fluss hinaus. Er bemerkte seinen Fehler erst, als Thornton ein halbes Dutzend Schwimmzüge entfernt vor ihm war und er hilflos an ihm vorbeigetrieben wurde.

Hans zog sofort am Seil, als sei Buck ein Boot. Das Seil spannte sich dadurch fester um ihn im reißenden Strom, er wurde unter die Oberfläche gezogen, und er blieb unter der Oberfläche, bis sein Körper gegen das Ufer schlug und man ihn herauszog. Er war halb ertrunken, und Hans und Pete warfen sich auf ihn, drückten die Atemluft in ihn hinein und das Wasser aus ihm heraus. Er kam taumelnd auf die Beine und fiel um. Schwach drang die Stimme Thorntons zu ihnen, und sie mussten die Worte nicht verstehen, um zu wissen, dass es bald um ihn geschehen war. Die Stimme seines Herrn wirkte auf Buck wie ein Elektroschock. Er sprang auf die Beine und lief vor den Männern das Ufer entlang bis zu der Stelle, an der zuvor losgeschwommen war.

Wieder wurde das Seil an ihm befestigt und wurde er zu Wasser gelassen, und wieder schwamm er los, diesmal direkt hinaus in den Fluss. Er hatte sich einmal verrechnet, doch ein zweites Mal würde ihm das nicht passieren. Hans führte das Seil, ohne es schlaff werden zu lassen, während Pete aufpasste, dass es sich nicht verhedderte. Buck machte weiter, bis er auf einer Linie direkt vor Thornton war; dann machte er kehrt und schoss wie ein D-Zug auf ihn los. Thornton sah ihn kommen, und als Buck mit der ganzen Kraft der Strömung wie ein Rammbock auf ihn zustieß, hob er die Arme und schlang sie um den struppigen Hals. Hans befestigte das Seil an einem Baum, Buck und Thornton zog es unter Wasser. Fast erdrosselt, erstickend, mal der eine obenauf, mal der andere, wurden sie über den schartigen Boden geschleift, gegen Felsen und andere Hindernisse geschleudert, drehten bei und wurden ans Ufer gespült.

Thornton kam zu sich, als er, bäuchlings auf einem Treibholzstamm liegend, von Hans und Pete geschüttelt wurde. Sein erster Blick galt Buck, über dessen schlappen und anscheinend leblosen Körper Nig in ein Geheul ausbrach, während Skeet ihm das nasse Gesicht und die geschlossenen Augen leckte. Thornton war selbst geschunden und verwundet, und sorgfältig untersuchte er Bucks Körper, der ihm gebracht worden war, und er entdeckte drei gebrochene Rippen.

»Damit beschlossene Sache«, verkündete er. »Hier schlagen wir unser Lager auf.« Und dort lagerten sie, bis Bucks Rippen zusammengewachsen waren und er wieder auf Fahrt gehen konnte.

In jenem Winter in Dawson vollbrachte Buck noch eine Großtat, die vielleicht nicht ganz so heldenhaft war, doch seinen Namen auf dem Totem des Ruhms in Alaska ein paar Stellen höher rückte. Diese Großtat war für die drei Männer sehr einträglich; sie bescherte ihnen eine Ausrüstung, die sie dringend brauchten, um eine langersehnte Fahrt in den jungfräulichen Osten zu unternehmen, wo noch keine Goldgräber aufgetaucht waren. Dazu führte ein Gespräch im Eldorado Saloon, bei dem sich Männer über ihre Lieblingshunde großtaten. Buck war wegen seiner Leistungen Zielscheibe dieser Männer, und das provozierte Thornton, ihn hartnäckig zu verteidigen. Nach einer halben Stunde erklärte einer der Männer, sein Hund könne einen Schlitten mit fünfhundert Pfund beladen in Bewegung setzen und ziehen, ein zweiter prahlte mit sechshundert Pfund für seinen Hund, und ein dritter sprach von siebenhundert Pfund.

»Ach was!«, sagte John Thornton, »Buck kann tausend Pfund in Bewegung setzen.«
»Und nicht nur in Bewegung setzen? Sondern auch noch hundert Yards weiter ziehen?«, hakte Matthewson nach, ein Goldgräber-König, der mit den siebenhundert Pfund.
»Und nicht nur in Bewegung setzen, sondern auch noch hundert Yards weiter ziehen«, sagte John Thornton lässig.
»So«, sagte Matthewson langsam und bedächtig, sodass alle es hören konnten, »ich habe tausend Dollar, die behaupten, das kann er nicht. Und die setze ich hier.« Mit diesen Worten knallte er einen Beutel Goldstaub von der Größe einer Fleischwurst auf den Tresen.
Niemand sagte etwas. Thornton sollte nach seinem Bluff, wenn es denn ein Bluff war, seine Karten auf den Tisch legen. Er spürte, wie ihm warmes Blut ins Gesicht schoss. Seine Zunge hatte ihm einen Streich gespielt. Er wusste nicht, ob Buck tausend Pfund in Bewegung setzen konnte. Eine halbe Tonne! Die Riesenmenge entsetzte ihn. Er hatte großes Vertrauen in Bucks Stärke und es oft für möglich gehalten, dass er eine solche Ladung vom Fleck bringt; doch noch nie hatte er sich, wie jetzt, da nun ein Dutzend Männer stumm und erwartungsvoll die Augen auf ihn richtete, mit der Möglichkeit konfrontiert gesehen, den Beweis zu erbringen, Hans und Pete übrigens auch nicht.
»Ich habe draußen vor der Tür einen Schlitten, beladen mit zwanzig Säcken zu je fünfzig Pfund Mehl«, sagte Matthewson geradeheraus, »tu dir also keinen Zwang an.«
Thornton erwiderte nichts. Er wusste nicht, was er sagen sollte. Er schaute flüchtig von Gesicht zu Gesicht, mit der Geistesabwesenheit eines Menschen, der die Kraft des Denkens verloren hat und nun nach irgend etwas sucht, das sie wieder in Gang setzt. Da fiel sein Blick auf Jim O'Brien, Goldgräber-König am Mastodon Creek und Kumpel aus alten Zeiten. Der kam ihm wie gerufen, schien ihn zu etwas anzustacheln, an das er nie im Traum gedacht hätte.
»Kannst du mir einen Tausender leihen?«, fragte er fast im Flüsterton.
»Klar«, antwortete O'Brien und knallte einen prallen Beutel neben den

von Matthewson auf den Tresen. »Auch wenn ich nur wenig Hoffnung habe, John, dass das Tier das schafft.«

Das Eldorado leerte sich, alle Gäste wollten auf der Straße den Versuch sehen. Die Tische waren verwaist, und die Händler und Buchmacher traten vor, um Gebote entgegenzunehmen und die Quote festzulegen. Mehrere hundert Männer in Pelzen und mit Fäustlingen scharten sich in geringer Entfernung um den Schlitten. Matthewsons Schlitten, beladen mit tausend Pfund Mehl, stand schon seit ein paar Stunden vor der Bar, und in der großen Kälte (es herrschten über fünfzig Grad unter Null) waren die Kufen auf dem harten Eis festgefroren. Die Männer setzten zwei zu eins, dass Buck den Schlitten nicht vom Fleck bringen würde. Man stritt ein wenig über die Formulierung »vom Fleck bringen«. O'Brien war der Ansicht, Thornton habe das Recht, die Kufen vom Eis zu lösen, damit Buck den Schlitten dann aus dem Ruhezustand »vom Fleck bringen« könne. Matthewson beharrte darauf, die Formulierung besage sehr wohl, dass die Kufen auch festgefroren vom Fleck zu bringen seien. Die Mehrheit der Männer, die der Entstehung der Wette beigewohnt hatten, schlug sich auf seine Seite, woraufhin die Chancen auf drei zu eins gegen Buck stiegen.

Es gab keine Gegengebote. Nicht ein Mann glaubte, er schaffe diese Heldentat. Thornton war in die Wette gedrängt worden, schwer zweifelnd; und als er jetzt auf den Schlitten schaute, die konkrete Wirklichkeit, mit dem regulären Gespann aus zehn Hunden, die sich im Schnee davor zusammengerollt hatten, erschien die Aufgabe umso unmöglicher. Matthewson frohlockte lauthals.

»Drei zu eins!«, verkündete er. »Bei der Quote lege ich noch mal einen Tausender drauf, Thornton. Was sagst du?«

Thorntons Zweifel standen ihm ins Gesicht geschrieben, doch sein Kampfgeist war erwacht – jener Kampfgeist, der alle Risiken ignoriert, eine Unmöglichkeit nicht zu erkennen vermag und taub ist für alles bis auf das Geschrei, das da lautet, auf in die Schlacht. Er rief Hans und Pete zu sich. Ihre Beutel waren schmal, und mit seinem eigenen kratzten die drei Partner nur dreihundert Dollar zusammen. Auf dem Tiefstand ihres Vermögens war diese Summe ihr gesamtes Kapital, und doch setzten sie es ohne Zögern gegen sechshundert von Matthewson.

Das Gespann aus zehn Hunden wurde losgebunden, und Buck wurde mit eigenem Geschirr vor den Schlitten gespannt. Er hatte sich von der Aufregung anstecken lassen, und er spürte, er musste etwas Großes für John Thornton vollbringen, wie auch immer. Ein bewunderndes Raunen erhob sich angesichts seiner prächtigen Erscheinung. Er war in bester Verfassung, hatte keine Unze überflüssiges Fleisch am Leib, und seine einhundertundfünfzig Pfund Gewicht waren ebenso viele Pfund an Mumm und Kraft. Sein Fell glänzte wie Seide. Vom Nacken bis quer über die Schultern sträubte sich leicht seine Mähne, die ansonsten ruhig dalag, und schien sich mit jeder Bewegung weiter aufzurichten, als machte ein Übermaß an Energie jedes einzelne Haar lebendig und aktiv. Die breite Brust und die schweren Vorderbeine standen in rechter Proportion zum ganzen Körper, wo sich die Muskeln unter der Haut in festen Wölbungen abzeichneten. Die Männer befühlten diese Muskeln und befanden sie für hart wie Eisen, und die Quote fiel auf Zwei zu Eins.

»Guter Gott, Sir! Guter Gott, Sir!«, stotterte ein Mitglied der jüngsten Dynastie, ein König der Schürfgründe am Skookum. »Ich biete Ihnen achthundert für ihn, Sir, vor dieser Prüfung, Sir; achthundert so wie er da steht.«

Thornton schüttelte den Kopf und trat neben Buck.

»Du musst Abstand von ihm halten«, protestierte Matthewson. »Freies Spiel und genügend Platz.«

Die Menge verstummte; jetzt hörte man nur noch die Stimmen der Spieler, die vergeblich Eins zu Zwei boten. Alle waren sich einig, Buck war ein prächtiges Tier, doch zwanzig Säcke Mehl zu je fünfzig Pfund waren in ihren Augen ein zu schweres Argument, um ihre Geldbeutel zu erleichtern.

Thornton kniete neben Buck nieder. Er nahm dessen Kopf in beide Hände und drückte seine Wange an ihn. Er schüttelte ihn nicht spielerisch, wie er es gerne tat, und er murmelte keine sanften Liebesflüche; er flüsterte ihm ins Ohr: »Da du mich liebst, Buck. Da du mich liebst.« Das hat er geflüstert. Buck winselte vor aufgestautem Tatendrang.

Die Menge schaute neugierig zu. Die Geschichte wurde geheimnisvoll.

Die Szene wirkte wie eine Beschwörung. Als Thornton aufstand, schnappte Buck seine Hand im Fäustling mit der Schnauze, drückte die Zähne hinein und ließ dann langsam, halb widerwillig los. Das war die Antwort, nicht in Form von Worten, sondern von Liebe. Thornton trat einige Schritte zurück.

»Jetzt, Buck«, sagte er.

Buck spannte die Riemen an, ließ sie dann ein paar Zoll locker hängen. So hatte er es gelernt.

»Ho!«, erscholl Thorntons Stimme scharf in der spannungsgeladenen Stille. Buck schwenkte nach rechts, ließ die Bewegung in einen Sprung münden, der die Riemen straffte, und brachte mit einem jähen Ruck seine einhundertundfünfzig Pfund zum Stehen. Die Ladung zitterte, und von den festgefrorenen Kufen kam ein knisterndes Knacken.

»Hepp!«, befahl Thornton.

Buck wiederholte das Manöver, diesmal nach links. Das Knacken ging in ein Knallen über, der Schlitten ruckte und die Kufen rutschten und knirschten einige Zoll zur Seite. Der Schlitten war vom Fleck bewegt worden. Die Männer hielten unwillkürlich den Atem an.

»Nun LOS!«

Thorntons Befehl kam krachend wie ein Pistolenschuss. Buck warf sich vorwärts, straffte die Riemen mit einem quietschenden Ruck. Sein ganzer Körper war bei dieser ungeheuren Anstrengung fest auf sich konzentriert, die Muskeln zuckten und pochten wie eigene Lebewesen unter dem seidigen Fell. Seine breite Brust hing tief über den Boden, sein Kopf vorwärtsgebeugt, während seine Pfoten wie verrückt sausten und seine Klauen dabei parallele Furchen in den hartgefrorenen Schnee kratzten. Der Schlitten zitterte und schaukelte, kam ein bisschen voran. Buck rutschte mit einer Pfote aus, und ein Mann stöhnte lauthals auf. Dann zuckelte der Schlitten weiter, es sah nach einer schnellen Abfolge ruckartiger Bewegungen aus, aber er kam niemals wieder völlig zum Stehen … einen halben Zoll … einen Zoll … zwei Zoll … Die ruckartigen Bewegungen nahmen sichtlich ab; den Schwung des Schlittens nahm Buck jedes Mal auf, bis er sich gleichmäßig vorwärts bewegte.

Den Männern blieb die Luft weg und sie bekamen gar nicht mit, dass sie einen Moment lang aufgehört hatten zu atmen. Thornton lief hinterher und spornte Buck mit knappen, aufmunternden Worten an. Die Strecke war zuvor abgesteckt worden, und als er sich dem Stapel Brennholz näherte, der das Ende der hundert Yards anzeigte, erhob sich ein Jubel, der sich immer weiter steigerte, bis ein wahres Gebrüll ausbrach, als er an dem Brennholz vorbeifuhr und auf Befehl anhielt. Jeder ließ seiner Begeisterung freien Lauf, sogar Matthewson. Hüte und Fäustlinge flogen in die Luft. Männer schüttelten wahllos einander die Hände und sprudelten über in einem allgemeinen Wortewirrwarr.

Doch Thornton fiel neben Buck auf die Knie. Kopf an Kopf, schüttelte er ihn hin und her. Wer herangeeilt war, hörte, wie er Buck verfluchte, und verfluchte ihn lange und heftig, und sanft und liebevoll.

»Mein Gott, Sir! Mein Gott, Sir!«, plapperte der Schürferkönig von Skookum Bench. »Ich geben Ihnen eintausend für ihn, Sir, eintausend, Sir – zwölfhundert, Sir.«

Thornton stand auf. Seine Augen waren feucht. Tränen flossen ihm über die Wangen. »Sir«, sagte er zum Schürferkönig von Skookum Bench, »nein, Sir. Sie können zur Hölle gehen, Sir. Was Besseres kann ich für Sie nicht tun, Sir.«

Buck schnappte mit seinen Zähnen Thorntons Hand. Thornton schüttelte ihn hin und her. Wie durch einen gemeinsamen Impuls gingen die Zuschauer auf respektvolle Distanz und waren nicht noch einmal so taktlos zu stören.

SIEBTES KAPITEL

## Der Ruf ertönt

Als Buck in fünf Minuten sechzehnhundert Dollar für John Thornton verdiente, ermöglichte er seinem Herrn, gewisse Schulden zu bezahlen und mit seinen Partnern nach Osten zu fahren, um dort nach einer sagenumwobenen versunkenen Mine zu suchen, deren Geschichte so alt war wie die Geschichte des Landes. Viele Männer hatten nach ihr gesucht, wenige hatten sie gefunden, und noch viel weniger waren von der Suche zurückgekehrt. Diese versunkene Mine war in ein tragisches Licht getaucht und geheimnisumwittert. Niemand wusste, wer sie als erster entdeckt hatte. Die älteste Überlieferung reichte nicht bis zu ihm zurück. Eine alte, klapprige Hütte stand an ihrem Anfang. Das beschworen Männer noch auf ihrem Totenbett, auch die Existenz der Mine, deren Stelle die Hütte bezeichnete, und sie belegten dies mit Nuggets von einem Goldgehalt, der sonst nirgendwo im Nordland bekannt war.

Doch kein Lebender hatte diese Schatzkammer geplündert, und die Toten waren tot; deshalb fuhren John Thornton, Hans und Pete mit Buck und einem halben Dutzend weiterer Hunde in den Osten, auf einem unbekannten Weg, um dort zu erreichen, woran Männer und Hunde, nicht schlechter als sie selbst, gescheitert waren. Sie fuhren mit dem Schlitten siebzig Meilen den Yukon hinauf, bogen links ab auf den Stewart River, passierten den Mayo und den McQuestion und hielten sich auf dem Fluss, bis der Stewart selbst zum Flüsschen wurde, das sich durch die aufragenden Gipfel schlängelte, das Rückgrat des Kontinents.

John Thornton erwartete wenig von Mensch und Natur. Er fürchtete sich nicht vor der Wildnis. Mit einer Handvoll Salz und einer Flinte konnte er in die Wildnis eintauchen und sich dort ergehen, wo er wollte und wie lange er wollte. Da er, ganz nach Art der Indianer, keine Eile hatte, erlegte er seine Mahlzeit irgendwann am Tag; und wenn ihm der Braten versagt blieb, zog er wie der Indianer einfach weiter, in der Gewissheit, ihn früher oder später zu finden. Deshalb stand auf dieser großen Fahrt in den Osten schlichtes Fleisch auf der Speisekarte, Munition und Werkzeuge bestimmten die Ladung des Schlittens, und die Zeitkarte war auf unbegrenzte Zukunft gestempelt.

Für Buck war es ein grenzenloses Vergnügen, das Jagen, Angeln und endlose Schweifen durch fremde Gebiete. Wochenlang zogen sie ständig weiter, Tag für Tag, und wochenlang schlugen sie hier und dort auf Zeit ihr Lager auf; die Hunde lagen dann auf der faulen Haut, und die Männer tauten mit Feuer Löcher in den gefrorenen Boden aus Dreck und Geröll und wuschen an der Hitze der Flammen zahllose Pfannen Erde. Manchmal mussten sie hungern, manchmal schmausten sie ausgelassen, je nach Wildaufkommen und Jagdglück. Der Sommer kam, und Hunde und Männer mit bepackten Rücken überquerten auf Flößen blaue Bergseen oder fuhren in schmalen Booten, gesägt aus den Bäumen ringsum, unbekannte Flüsse hinab oder hinauf.

Die Monate kamen und gingen, und vor und zurück auf verschlungenen Pfaden schlugen sie sich durch die unerforschte Weite, wo es keine Menschen gab, doch wo einmal Menschen gewesen waren, wenn die Legende von der Verlorenen Hütte stimmte. Sie überquerten in Schneestürmen die Höhen von Wasserscheiden, zitterten unter der Mitternachtssonne auf nackten Felsen zwischen Baumgrenze und ewigem Eis, stiegen in sommerliche Täler, umschwirrt von Schnaken und Fliegen, und pflückten im Schatten der Gletscher Erdbeeren und Blumen nicht weniger reif und schön als jene im Südland. Im Herbst des Jahres drangen sie in eine gespenstische Seenlandschaft vor, trostlos und still, wo einst Wildvögel gehaust hatten, wo es jetzt jedoch nicht das geringste Anzeichen von Leben gab – nur das Wehen kalter Winde, Eisbildung an geschützten Stellen und das melancholische Kräuseln von Wellen an einsamen Ufern.

Und einen weiteren Winter hindurch wanderten sie auf den verwischten Spuren von Männern, die früher dort gegangen waren. Einmal stießen sie auf einen durch den Wald geschlagenen Pfad, einen uralten Pfad, und die Verlorene Hütte schien sehr nah. Doch der Pfad begann im Nirgendwo und endete im Nirgendwo, und so blieb er ein Geheimnis, wie der Mann, der ihn angelegt, und der Grund, warum er ihn angelegt, ein Geheimnis blieben. Ein Andermal stießen sie zufällig auf die von der Zeit gezeichneten Trümmer einer Jagdhütte, und in den Fetzen verrotteter Decken fand John Thornton einen Vorderlader mit langem Lauf. Er erkannte darin sofort eine Waffe der Hudson Bay Company aus den frühen Tagen im Nordwesten, als sie einen dichtgepackten Stapel Biberfelle, so hoch wie die Waffe lang, wert war. Und das war alles – kein Hinweis sonst auf den Mann, der einmal die Hütte errichtet und das Gewehr unter den Decken hinterlassen hatte.

Wieder einmal wurde es Frühling, und am Ende all ihrer Streifzüge fanden sie zwar nicht die Verlorene Hütte, dafür aber eine flache Stelle in einem weiten Tal, wo sich Gold wie gelbe Butter am Boden der Waschpfanne zeigte. Sie suchten nicht weiter. Jeder Arbeitstag brachte ihnen Tausende von Dollars in reinem Goldstaub und Nuggets ein, und sie arbeiteten jeden Tag. Das Gold wurde in Elchledersäcken verstaut, fünfzig Pfund pro Sack, und wie Brennholz neben der Hütte aus Kiefernästen gestapelt. Sie schufteten wie Riesen, die Tage flitzten in rascher Folge dahin wie Träume, während sie den Schatz aufhäuften.

Für die Hunde gab es nichts zu tun, außer hin und wieder das Wild anzuschleppen, das Thornton erlegt hatte, und Buck verbrachte lange Stunden gedankenversunken am Feuer. Das Bild des kurzbeinigen behaarten Mannes erschien ihm jetzt immer häufiger, da nun so wenig zu tun war; und oft, am Feuer blinzelnd, wanderte Buck mit ihm in jene andere Welt, an die er sich erinnerte.

Das hervorstechende Merkmal dieser anderen Welt schien Furcht zu sein. Wenn er dem behaarten Mann zuschaute, schlafend am Feuer, den Kopf zwischen den Knien und die Hände darüber verschränkt, sah Buck, dass er unruhig schlief, oft hochschreckte und aufwachte, dann furchtsam ins Dunkel spähte und mehr Holz aufs Feuer warf. Wenn sie an einem Strand am Meer entlanggingen, wo der behaarte Mann Muscheln sammelte und sie gleich aß, so geschah das mit schweifendem Blick, der überall nach Bedrohungen Ausschau hielt, und mit allzeit bereiten Beinen, um bei ersten

Anzeichen einer Gefahr loszurennen wie der Wind. Durch den Wald schlichen sie lautlos, Buck dem behaarten Mann immer auf den Fersen; und sie waren aufmerksam und wachsam, die Beiden, mit gespitzten Ohren und bebenden Nüstern, denn Gehör und Geruchssinn des Mannes waren ebenso scharf wie bei Buck. Der behaarte Mann konnte hoch in die Bäume springen und sich dort so schnell fortbewegen wie auf der Erde, denn er hangelte sich mit den Armen von Ast zu Ast, manchmal über eine Distanz von zwölf Fuß, ließ er den einen los, hatte er den anderen schon gepackt, ohne je zu fallen, ohne je den Griff zu verfehlen. In den Bäumen schien er ebenso heimisch wie auf dem Boden; und Buck beschlichen Erinnerungen an Nachtwachen unter Bäumen, in denen der behaarte Mann sich zur Ruhe gelegt hatte, festgeklammert in den Zweigen, während er schlief.

Und eng verwandt mit den Bildern vom behaarten Mann war der Ruf, der noch in den Tiefen des Waldes ertönte. Er erfüllte ihn mit großer Unruhe und seltsamer Sehnsucht. Er bereitete ihm eine unbestimmte, süße Freude, und er spürte, wie wildes Verlangen sich in ihm regte; nur wusste er nicht, wonach. Manchmal folgte er dem Ruf in den Wald, suchte nach ihm wie nach etwas Greifbarem, bellte leise oder herausfordernd, wonach ihm gerade war. Er steckte seine Nase ins kühle Moos der Bäume oder in den schwarzen Boden, wo hohe Gräser wuchsen, und schnüffelte lustvoll die Gerüche der fetten Erde; oder er lag kauernd stundenlang, wie im Verborgenen, hinter von Pilzgewächsen bedeckten Stämmen gefallener Bäume, mit offenen Augen und offenen Ohren für alles, was da rund um ihn kreuchte und fleuchte und Geräusche machte. Wie er da so lag, mochte es sein, dass er hoffte, diesen Ruf, den er nicht verstand, zu ertappen. Doch er wusste nicht, warum er das alles machte. Etwas zwang ihn dazu, und er dachte nicht im geringsten über die Gründe nach.

Unwiderstehliche Triebe packten ihn. Wenn er im Lager lag und sich faul in der Hitze des Tages aalte, hob sich sein Kopf plötzlich und seine Ohren spitzten sich, lauschten gespannt, und dann sprang er auf und rannte davon, immer weiter, stundenlang, durch die Schneisen im Wald und quer über offene Weiten, wo sich die Binsenbüschel ballten. Allzu gern lief er ausgetrocknete Wasserläufe hinunter und schlich dann weiter, um die Vogelwelt im Wald auszuspähen. Er lag bisweilen den ganzen Tag im Unterholz, wo er die Rebhühner beobachten konnte, wie sie mit den Flügeln trommelten und auf und ab stolzierten. Aber besonders gern lief er im Dämmerlicht der sommerlichen Mitternacht, lauschte dem gedämpften und schläfrigen Murmeln des Waldes, las die Zeichen und Töne, wie der Mensch wohl ein Buch lesen mag, und suchte das geheimnisvolle Etwas, das rief – zu allen Zeiten nach ihm rief, ob er wachte oder schlief, und ihn zum Kommen aufforderte.

Eines Nachts fuhr er aus dem Schlaf auf, die Augen erwartungsvoll, die Nüstern bebten und schnüffelten, sein Fell sträubte sich in wiederkehrenden Wellen. Aus dem Wald kam der Ruf (jedenfalls ein Ton davon, denn der Ruf war vieltönig), so deutlich und entschieden wie nie zuvor – ein langgezogenes Geheul, wie das eines Huskys und doch ganz anders. Und er erkannte ihn, auf die alte, vertraute Weise, als einen bekannten Klang. Er sprang durchs schlafende Lager und stürmte in schneller Stille durch die Wälder. Als er dem Ruf näher kam, wurde er langsamer, mit Vorsicht in jeder Bewegung, bis er zu einer offenen Lichtung zwischen den Bäumen gelangte, und als er hinschaute, sah er, aufrecht hockend, die Schnauze zum Himmel gestreckt, einen langen, mageren Wolf.

Buck hatte kein Geräusch gemacht, doch der Wolf hörte auf zu heulen und versuchte dem Ankömmling auf die Spur zu kommen. Buck ging halb geduckt ins Offene, den Körper fest in sich gesammelt, den Schwanz steif und gerade, die Pfoten mit ungewohnter Vorsicht setzend. Jede Bewegung signalisierte eine Mischung aus Drohung und freundlicher Annäherung. Es war die bedrohliche Atempause, wie sie die Begegnung wilder Raubtiere kennzeichnet. Doch der Wolf flüchtete bei seinem Anblick. Er folgte ihm mit rasenden Sprüngen, wollte ihn mit Macht überholen. Er hetzte ihn in eine Sackgasse im Bachbett, wo ein Hindernis aus gestürzten Bäumen den Weg versperrte. Der Wolf wirbelte herum, drehte sich auf den Hinterbeinen, ganz wie Joe und alle in die Enge getriebenen Huskies, fauchend und mit wütend gesträubtem Fell, und in rascher Folge schlug er immer wieder die Zähne aufeinander.

Buck griff nicht an, sondern umkreiste ihn und rückte ihm mit freundlichen Annäherungsversuchen dichter auf den Pelz. Der Wolf war misstrauisch und ängstlich, Buck war nämlich dreimal so schwer wie er, und sein Kopf reichte kaum bis zu Bucks Schulter. Er lauerte auf seine Chance, stürzte dann davon, und die Jagd ging weiter. Immer wieder wurde er in die Enge getrieben, und es wiederholte sich die alte Geschichte, doch er war wohl in schlechter Verfassung, sonst hätte Buck ihn nicht so leicht einholen können. Er rannte, bis Buck auf Höhe seiner Flanke war, dann wirbelte er in höchster Bedrängnis herum und schoss bei der ersten Gelegenheit wieder davon.

Doch am Ende wurde Bucks Beharrlichkeit belohnt, denn der Wolf erkannte, dass man ihm nichts Böses wollte, und rieb schließlich schnuppernd die Nase an seiner. Dann wurden sie freundlich zueinander und spielten herum in der nervösen, fast scheuen Art und Weise, mit der wilde Tiere ihre Wildheit Lügen strafen. Nachdem das einige Zeit so gegangen war, lief der Wolf in leichten Sprüngen davon, in einer Weise, die eindeutig zeigte, dass er ein Ziel hatte. Er gab Buck ein Zeichen, mitzukommen, und so liefen sie Seite an Seite durchs trübe Dämmerlicht, geradewegs das Bett des kleinen Flusses hinauf, in die Schlucht, aus der er kam, und über die öden Höhen, wo er entsprang.

Auf der anderen Seite der Wasserscheide kamen sie den Abhang hinunter in ein ebenes Land, wo sich weite Wälder erstreckten und viele Bäche flossen, und durch diese Weiten liefen sie stetig, Stunde um Stunde, während die Sonne immer höher stieg und der Tag immer wärmer wurde. Bucks Glück war unbändig. Er wusste, endlich antwortete er dem Ruf, nun, da er an der Seite seines Waldbruders hin zu jenem Ort lief, von dem der Ruf sicherlich kam. Alte Erinnerungen überfielen ihn und wühlten ihn auf, wie ihn früher die Wirklichkeiten aufgewühlt hatten, deren Schatten sie waren. Er hatte das hier schon einmal gemacht, irgendwo in jener anderen, dunkel erinnerten Welt, und jetzt machte er es wieder, da er frei durchs Offene lief, die unbelastete Erde unter den Füßen, den weiten Himmel über sich.

An einem strömenden Bach hielten sie an, um zu trinken, und dabei erinnerte sich Buck an John Thornton. Er hockte sich hin. Der Wolf machte sich weiter auf den Weg zu dem Ort, von dem der Ruf kommen musste, kehrte dann zu ihm zurück, schnüffelte Nase an Nase und tat dies und das, um ihn aufzumuntern. Doch Buck drehte sich um und machte sich langsam auf den Rückweg. Fast eine Stunde lief der wilde Bruder leise winselnd an seiner Seite. Dann hockte er sich hin, zeigte mit der Schnauze in die Höhe und heulte. Es war ein klagendes Geheul, und während Buck unbeirrt an seinem Weg festhielt, hörte er es immer schwächer werden, bis es sich in der Ferne verlor.

John Thornton saß gerade beim Abendbrot, als Buck ins Lager gestürmt kam, voll rasender Zuneigung auf ihn lossprang, ihn vom Stuhl riss, auf ihm herumkletterte, sein Gesicht leckte, in seine Hand biss – »einfach herumalberte«, wie John Thornton dazu sagte, derweil er Buck hin und her schüttelte und ihn liebevoll verfluchte.

Zwei Tage und Nächte verließ Buck das Lager nicht mehr, ließ Thornton nicht mehr aus den Augen. Er folgte ihm zu seiner Arbeit, schaute ihm beim Essen zu, begleitete ihn abends, wenn er unter seine Decken schlüpfte, stand dabei, wenn er sie morgens abwarf. Doch nach zwei Tagen ertönte der Ruf im Wald mächtiger denn je. Die alte Unruhe befiel Buck erneut, und er wurde heimgesucht von Erinnerungen an den wilden Bruder, an das einladende Land jenseits der Wasserscheide und an das gemeinsame Streifen Seit an Seite durch die Weiten der Wälder. So machte er sich wieder auf den Weg durch die Waldungen, doch der wilde Bruder, er kam nicht mehr; und so sehr er auch durchwachte Nächte lang lauschte, das klagende Geheul erklang nicht mehr.

Er begann, nachts draußen zu schlafen und hielt sich tagelang vom Lager fern; und einmal überquerte er die Wasserscheide an der Quelle des Flüsschens und ging hinab ins Land der Bäume und Bäche. Dort streifte er eine Woche lang umher, suchte vergeblich nach einem neuen Zeichen des wilden Bruders, erlegte sein Fleisch, während er wanderte, und er wanderte mit weit ausholenden Schritten in einem lockeren Gang, der nie zu ermüden scheint. Er fischte Lachse in einem breiten Bach, der sich irgendwo ins Meer ergoss, und an diesem Bach tötete er einen großen schwarzen Bären, der beim Fischen von Moskitos geblendet wurde und hilflos wütend durch den Wald raste. Trotzdem war es ein harter Kampf, und er weckte die letzten noch schlummernden Reste von Bucks Wildheit. Als er zwei Tage später zu seinem erlegten Tier zurückkehrte und ein Dutzend Vielfraße vorfand, die sich um die Beute stritten, vertrieb er sie, dass sie wie Spreu zerstoben; und die Flüchtenden ließen zwei zurück, die zum letzten Mal gestritten hatten.

Der Blutdurst wurde immer stärker. Er war ein Mörder, der auf der Lauer lag und auf Raubzüge ging, er lebte von anderen Lebewesen, ohne fremde Hilfe, allein, kraft seiner eigenen Stärke und Tapferkeit, er überlebte siegreich in einer feindlichen Umgebung, wo nur die Starken überlebten. Deswegen erfasste ihn ein großer Stolz auf sich selbst, der sich wie eine Ansteckung auf seine körperliche Verfassung übertrug. Dies zeigte sich in all seinen Bewegungen, war im Spiel jedes einzelnen Muskels zu erkennen, sprach deutlicher als alle Worte aus seiner Haltung und ließ sein glänzendes Fell noch prächtiger glänzen, wenn das überhaupt möglich war. Wäre da nicht das beiläufige Braun auf seiner Schnauze und über seinen Augen und der weiße Streifen mitten über seine Brust gewesen, man hätte ihn mit einem riesigen Wolf verwechseln können, größer als der Größte seiner Art. Von seinem Vater, dem Bernhardiner, hatte er Größe und Gewicht geerbt, doch seine Mutter, die Schäferhündin, hatte der Größe und dem Gewicht erst Gestalt gegeben. Seine Schnauze war die lange Wolfsschnauze, nur dass sie größer war als die eines Wolfs; und sein Schädel, etwas breiter, war der Wolfsschädel in wuchtiger Ausführung.

Seine List war Wolfslist, seine Intelligenz die Intelligenz von Schäferhündin und Bernhardiner; dies alles, samt der Lehren aus der härtesten aller Schulen, machte ihn zu einem gebieterischen Geschöpf, wie kaum ein zweites die Wildnis durchstreifte. Als fleischfressendes Tier, das von nichts als Fleisch lebte, stand er auf dem Höhepunkt seines Lebens in voller Blüte, übersprudelnd vor Kraft und Herrlichkeit. Wenn Thornton ihm mit der Hand streichelnd über den Rücken fuhr, folgte der Hand ein Knistern und Knacken, da jedes Haar bei der Berührung seinen gespeicherten Magnetismus entlud. Jeder Teil, ob von Hirn und Körper, Nervengewebe und Faser, war aufs Allerfeinste abgestimmt, und zwischen allen Teilen herrschte das perfekte Gleichgewicht, die ideale Anpassung. Auf Bilder, Töne und Ereignisse, die Handeln erforderten, reagierte er in Blitzesschnelle. So flink ein Husky von Verteidigung auf Angriff umschalten konnte, er konnte doppelt so schnell umschalten. Er sah die Bewegung, hörte das Geräusch und hatte längst reagiert, wenn ein anderer Hund das Gesehene oder Gehörte noch verarbeitete. Er nahm wahr, traf eine Entscheidung und reagierte in ein und demselben Augenblick. Natürlich war der Dreischritt von Wahrnehmung, Entscheidung und Reaktion eine Abfolge von Handlungen; doch so unendlich kurz waren die zeitlichen Abstände dazwischen, dass sie wie gleichzeitig geschehen wirkten. Seine Muskeln waren übervoll mit Kraft und schnellten jäh ins Spiel wie Stahlfedern. Leben durchströmte ihn in herrlicher Flut, fröhlich und ungezügelt, bis es schien, es werde ihn in reiner Ekstase in Stücke reißen und sich großzügig über die Welt ergießen.

»Noch nie hat es solch einen Hund gegeben«, sagte John Thornton eines Tages, als die Partner zuschauten, wie Buck aus dem Lager marschierte.

»Als er gebacken wurde, ist die Form zersprungen«, sagte Pete.

»Meine Fresse! Tas klaub ich auch«, pflichtete Hans ihm bei.

Sie sahen zwar, wie er aus dem Lager marschierte, doch sie sahen nicht die schreckliche Verwandlung, die sich vollzog, sobald er sich im Wald verborgen wusste. Er marschierte nicht länger. Sofort wurde er zu einem Wesen der Wildnis, schlich auf leisen Sohlen dahin, ein flüchtiger Schatten, der inmitten von Schatten auftauchte und untertauchte. Er wusste jede Tarnung zu seinem Vorteil zu nutzen, konnte auf dem Bauch kriechen wie eine Schlange und wie eine Schlange hochschnellen und zuschlagen. Er konnte ein Schneehuhn aus seinem Nest holen, einen schlafenden Hasen erlegen und sich mitten in der Luft die kleinen Backenhörnchen schnappen, die sich eine Sekunde zu spät in die Bäume flüchteten. Fische in offenen Seen waren nicht zu schnell für ihn und die Biber, die ihre Dämme flickten, nicht zu wachsam für ihn. Er tötete, um zu fressen, nicht aus Übermut; doch am liebsten fraß er, was er selbst getötet hatte. Eine Lauerhaltung durchzog sein Tun, und es bereitete ihm großes Vergnügen, sich an die Eichhörnchen ranzuschleichen und sie, wenn er sie fast gefasst hatte, davonkommen zu lassen, damit sie in Todesangst schnatternd in die Baumwipfel sprangen.

Als der Herbst des Jahres anbrach, tauchten in größerer Zahl die Elche auf, die allmählich aus den Höhenlagen herabkamen, um den Winter in den tieferen und weniger harten Tälern zu verbringen. Buck hatte bereits ein verirrtes, fast erwachsenes Kalb zur Strecke gebracht, doch er wünschte sich sehnlich ein größeres, gewaltigeres Beutetier, und auf das stieß er eines Tages auf der Wasserscheide am Bachquell. Ein Rudel von zwanzig Elchen aus dem Land der Flüsse und Bäume hatte diese überquert, und aus ihm ragte ein großer Bulle hervor. Er war übel gelaunt, und da er mehr als sechs Fuß in die Höhe reichte, war er der gewaltigste Gegner, den sich Buck nur wünschen konnte. Vor und zurück warf der Bulle sein großes, vierzehnendiges Schaufelgeweih, sieben Fuß von Spitze zu Spitze. In seinen kleinen Augen brannte ein böses, bitteres Licht, und er röhrte wütend, als er Buck erblickte.

Aus der Seite des Bullen, knapp vor der Flanke, ragte das gefiederte Ende eines Pfeils heraus, was sein Wüten erklärte. Geleitet vom Instinkt aus den alten Jagdzeiten der Urwelt, machte sich Buck daran, den Bullen von der Herde zu trennen. Das war kein leichtes Unterfangen. Er bellte und tanzte vor dem Bullen herum, eben außer Reichweite der großen Schaufeln und der schrecklichen breiten Hufe, die mit einem einzigen Tritt sein Leben hätten beenden können. Ohne Aussicht, der beißwütigen Gefahr den Rücken zu kehren, geriet der Bulle in immer neue Wutanfälle. Dann griff er Buck an, der sich geschickt zurückzog und ihn aus der Reserve lockte, indem er so tat, als könne er nicht fliehen. Derart von seinen Artgenossen getrennt, gingen stets zwei oder drei der jüngeren Bullen zum Angriff auf Buck über, sodass der verwundete Bulle ins Rudel zurückkehren konnte.

Die Wildnis kennt eine Geduld – zäh, unermüdlich, beharrlich wie das Leben selbst –, sie lässt die Spinne stundenlang reglos in ihrem Netz, die Schlange zusammengerollt und den Panther in seinem Hinterhalt verweilen; diese Geduld legt das Leben besonders dann an den Tag, wenn es sein lebendes Fressen jagt; und sie legte Buck an den Tag, als er sich an die Flanke des Rudels heftete, dessen Weiterziehen verzögerte, die jungen Bullen reizte, die Kühe mit ihren halbwüchsigen Kälbern beunruhigte und den verwundeten Bullen wahnsinnig machte und in hilflose Wut trieb. Einen halben Tag ging das so weiter. Buck vervielfachte sich, griff von allen Seiten an, umklammerte das Rudel mit einem Wirbelwind von Bedrohung, schnitt sein Opfer rasch wieder von seinen Artgenossen ab, kaum dass es sich ihnen wieder angeschlossen hatte, erschöpfte die Geduld der gejagten Kreaturen, die geringer ist als die Geduld jagender Kreaturen.

Als der Tag sich zum Ende neigte und die Sonne im Nordwesten zur Ruhe sank (die Dunkelheit war zurückgekehrt, und die Herbstnächte waren sechs Stunden lang), gingen die jungen Bullen immer widerwilliger ihren Weg zurück, um ihrem bedrängten Anführer zur Hilfe zu kommen. Der nahende Winter trieb sie weiter in tiefergelegene Gefilde, und dieses unermüdliche Geschöpf, das sie aufhielt, konnten sie offenbar nicht mehr abschütteln. Außerdem war ja nicht das Leben der Herde gefährdet und nicht das der jungen Bullen. Gefordert war das Leben nur eines Artgenossen, der sie nicht so interessierte wie ihr eigenes Leben, und so waren sie schließlich bereit, den Preis zu zahlen und das Opfer zu bringen.

Als die Abenddämmerung hereinbrach, stand der alte Bulle mit gesenktem Kopf da und schaute auf seine Gefährten – die Kühe, die er beglückt hatte, die Kälber, die er gezeugt hatte, die Bullen, die er im Zaum gehalten hatte –, während sie durchs schwindende Licht im schnellen Trott weiterzogen. Er konnte nicht folgen, denn vor seiner Nase sprang gnadenlos mit gefletschten Reißzähnen der pure Schrecken, der ihn nicht ziehen ließ. Dreihundert Pfund mehr als eine halbe Tonne hatte er an Gewicht; er hatte ein langes, gutes Leben gelebt, voller Konflikt und Kampf, und am Ende sah er sich einem Tod durch die Zähne eines Geschöpfes gegenüber, dessen Kopf nur bis zu den Knien seiner langen Beine reichte.

Von da an ließ Buck seine Beute Tag und Nacht nicht mehr aus den Augen, gönnte ihr keinen Augenblick Ruhe, gestattete ihr nicht, an den Blättern von Bäumen oder an den Schösslingen junger Birken und Weiden zu knabbern. Auch gab er dem verwundeten Bullen keine Gelegenheit, seinen brennenden Durst in den schmalen rieselnden Bächen zu löschen, die sie durchquerten. Oft trieb ihn die Verzweiflung zu längeren Fluchten. Buck versuchte dann erst gar nicht, ihn aufzuhalten, sondern folgte ihm leichtfüßig auf den Fersen, denn er war ganz zufrieden damit, wie das Spiel lief, legte sich hin, wenn der Elch still stand und griff ihn heftig an, wenn er fressen oder trinken wollte.

Der große Kopf sank immer tiefer unter seinem schweren Astwerk von Geweih, und der schlurfende Trott wurde schwächer und schwächer. Er musste jetzt immer lange stehenbleiben, Nase am Boden, die schlaffen Ohren mutlos herabbaumelnd; Buck dagegen fand mehr Zeit, sich mit Wasser zu versorgen und sich auszuruhen. In solchen Momenten, wenn er mit roter hängender Zunge japste und den großen Bullen fest im Blick hatte, bekam Buck den Eindruck, dass sich ein Wandel der Situation anbahnte. Er spürte, es regte sich etwas im Land. Mit den Elchen, die ins Land kamen, erreichten es auch andere Lebensformen. Wälder, Gewässer und Luft schienen pulsierend von ihrer Gegenwart zu zeugen. Das Neue erspürte er nicht durch Sehen, Hören oder Riechen, es war ein anderer, viel feinfühligerer Sinn. Er hörte nichts, sah nichts, wusste aber doch, dass das Land irgendwie anders war, dass darin seltsame Dinge im Gange waren; und er beschloss, dem nachzugehen, sobald er die direkt vor ihm stehende Aufgabe erledigt hatte.

Schließlich, am Ende des vierten Tages, erlegte er den großen Elch. Einen Tag und eine Nacht blieb er bei seiner getöteten Beute, immer wieder abwechselnd fressend und schlafend. Dann, ausgeruht, erfrischt und stark, machte er sich auf den Weg zum Lager und zu John Thornton. Er verfiel in die leichten Sprünge und lief weiter, Stunde um Stunde, ließ sich nie vom verschlungenen Pfad beirren, strebte durch fremdes Land direkt nach Hause mit einer Gewissheit für die richtige Richtung, der gegenüber der Mensch mit seiner Magnetnadel einpacken konnte.

Beim Weiterlaufen wurde ihm die neue Erregung im Land immer bewusster. Es hatte sich ein Leben ausgebreitet, das anders war als das Leben, wie es hier den ganzen Sommer hindurch geherrscht hatte. Diese Tatsache drängte sich ihm jetzt nicht mehr auf irgendeine kaum merkliche, mysteriöse Weise auf. Die Vögel sprachen davon, die Eichhörnchen plapperten darüber, selbst der Wind flüsterte es. Mehrmals blieb er stehen und sog in tiefen Zügen die frische Morgenluft ein, las daraus eine Botschaft, die ihn noch schneller weiterspringen ließ. Auf ihm lastete das Gefühl von hereinbrechendem Unheil, wenn nicht von bereits hereingebrochenem Unheil; und als er die letzte Wasserscheide überquert hatte und hinunter ins Tal lief in Richtung Lager, ging er mit größerer Vorsicht weiter.

In drei Meilen Entfernung stieß er auf eine frische Spur, die ihm die Nackenhaare zu Berge stehen ließ. Sie führte direkt zum Lager und zu John Thornton. Buck eilte weiter, rasch und umsichtig, jeder Nerv angestrengt und angespannt, hellwach für all die Einzelheiten, aus denen sich eine Geschichte ergibt – bis auf das Ende. Seine Nase lieferte ihm eine wechselnde Beschreibung von der Wanderung des Lebens, dem er jetzt auf den Fersen folgte. Er bemerkte das trächtige Schweigen im Walde. Die Vogelwelt hatte sich aus dem Staub gemacht. Die Eichhörnchen hielten sich versteckt. Er sah nur ein einziges – ein glattes graues Bürschchen, an einen grauen toten Ast gepresst, sodass es ein Teil von ihm zu sein schien, ein hölzerner Auswuchs am Holz.

Während Buck mit der Unschärfe eines schleichenden Schattens weiter dahin schlüpfte, wurde seine Nase plötzlich seitwärts gelenkt, wie ergriffen und gezogen von einer positiven Kraft. Er folgte dem neuen Geruch in ein Dickicht und fand Nig. Er lag auf der Seite, tot dort, wohin er sich geschleppt hatte, ein Pfeil hatte ihn durchbohrt, dessen Spitze und gefiedertes Ende aus seinem Körper ragten.

Hundert Yards weiter stieß Buck auf einen der Schlittenhunde, die Thornton in Dawson gekauft hatte. Dieser Hund wand sich im Todeskampf, direkt auf dem Pfad, und Buck lief um ihn herum, ohne stehenzubleiben. Aus dem Lager ertönte schwach der Klang vieler Stimmen, an- und abschwellend in einem monotonen Singsang. Bäuchlings zum Rand der Lichtung kriechend, fand er Hans, der auf dem Gesicht lag, gespickt mit Pfeilen wie ein Stachelschwein. Im selben Augenblick schaute Buck dorthin, wo die Hütte aus Kiefernästen gestanden hatte, und was er sah, ließ sein Fell im Nacken und auf den Schultern hochschnellen. Ein rasender Wutanfall überwältigte ihn. Er wusste nicht, dass er knurrte, doch er knurrte lauthals mit schrecklicher Wildheit. Zum letzten Mal in seinem Leben ließ er die Leidenschaft über Schläue und Vernunft siegen, und es geschah aus seiner großen Liebe zu John Thornton, dass er den Kopf verlor.

Die Yeehats tanzten um die Ruinen der Holzhütte, als sie entsetzliches Brüllen hörten und sahen, wie ein Tier auf sie losstürzte, wie sie es noch nie gesehen hatten. Es war Buck, ein leibhaftiger Wirbelsturm wütender Raserei, der sich in seinem Vernichtungswahn auf sie warf. Er sprang den vordersten Mann an (es war der Häuptling der Yeehats), riss ihm die Kehle weit auf, bis aus der aufgeschlitzten Halsschlagader in einer Fontäne das Blut spritzte. Er hielt sich nicht damit auf, das Opfer weiter zu malträtieren, sondern riss wie nebenbei mit dem nächsten Sprung einem zweiten Mann die Gurgel weit auf. Nichts konnte ihn aufhalten. Er wütete mitten unter ihnen, zerriss, zerfetzte, zerstörte, in ständiger, Schrecken verbreitender Bewegung, die allen Pfeilen trotzte, mit denen sie auf ihn zielten. Seine Bewegungen waren so unfassbar schnell und die Indianer so dicht ineinander verknäult, dass sie sich gegenseitig mit den Pfeilen erschossen; und ein junger Jäger, der völlig frei einen Speer auf Buck schleuderte, durchbohrte damit die Brust eines anderen Jägers mit solcher Kraft, dass die Spitze durch die Rückenhaut austrat und weit hervorragte. Dann erfasste Panik die Yeehats, sie flüchteten voller Entsetzen in die Wälder und verkündeten auf ihrer Flucht, dies sei die Ankunft des Bösen Geistes. Und Buck war wahrlich der leibhaftige Teufel, so wie er sich rasend an ihre Fersen heftete und sie bezwang wie Jagdwild, während sie durch die Bäume rannten. Es war ein Schicksalstag für die Yeehats. Sie zerstreuten sich weit und breit übers ganze Land, und erst eine Woche später versammelten sich die letzten Überlebenden in einem tiefer gelegenen Tal und zählten ihre Verluste. Buck hingegen wurde der Verfolgung müde und kehrte ins verwüstete Lager zurück. Er fand Pete in seinen Decken, wo er im ersten Augenblick der Überraschung getötet worden war. Thorntons verzweifelter Kampf stand dem Erdboden frisch eingeschrieben, und Buck erschnüffelte jede Spur bis hin zum Ufer eines tiefen Sees. Am Ufer, Kopf und Vorderpfoten im Wasser, lag Skeet, getreu bis in den Tod. Der

See, trüb und verfärbt von den Goldwaschrinnen, verbarg, was in ihm lag, und er barg John Thornton; denn Buck folgte seiner Spur bis ins Wasser, aus dem keine Spur wieder herausführte.

Den ganzen Tag über brütete Buck am See oder strich ruhelos durchs Lager. Er kannte den Tod als das Ende jeder Bewegung, als den Abschied aus dem Kreis der Lebenden, weg von ihnen, und er wusste, John Thornton war tot. Das hinterließ in ihm eine große Leere, dem Hunger nicht unähnlich, nur war es eine Leere, die weh, unendlich weh tat und mit Nahrung nicht ausgefüllt werden konnte. Bisweilen, wenn er innehielt und nachdenklich die Leichen der Yeehats betrachtete, vergaß er den Schmerz darüber; und dann spürte er einen großen Stolz auf sich selbst – größer als je ein Stolz, den er empfunden hatte. Er hatte Menschen erlegt, das edelste Jagdwild überhaupt, und er hatte vor und nach dem Gesetz von Knüppel und Reißzahn getötet. Er beschnüffelte neugierig die Leichen. Sie waren so leicht gestorben. Es war schwieriger, einen Husky zu töten als sie. Sie waren im Grunde überhaupt keine Gegner, hätten sie nicht über Pfeile, Speere und Knüppel verfügt. Von nun an würde er sich nicht mehr vor ihnen fürchten, außer vor den Pfeilen, Speeren und Knüppeln in ihren Händen.

Die Nacht fiel herab, und ein Vollmond stieg auf über den Bäumen hoch am Himmel, schien übers ganze Land, bis es in ein gespenstisches Licht getaucht dalag. Und mit Anbruch der Nacht wurde Buck, brütend und trauernd am See, empfänglich für die Regungen des neuen Lebens im Wald, doch anderen als die von den Yeehats verursachten. Er stand auf, lauschte und schnüffelte. Aus weiter Ferne drang ein schwaches, hohes Jaulen, gefolgt von einem Chor gleichartigen hohen Heulens. Mit der Zeit kam das Geheul näher und wurde lauter. Wieder erkannte Buck darin das, was er in jener anderen Welt gehört hatte, die in seinem Gedächtnis weiterbestand. Er ging in die Mitte der Lichtung und lauschte. Es war der Ruf, der vielstimmige Ruf, lockender und zwingender als je zuvor. Und wie nie zuvor war er nun bereit, ihm zu folgen. John Thornton war tot. Das letzte Band war zerrissen. Der Mensch und die Ansprüche des Menschen konnten ihn nicht mehr binden.

Da sie ihr lebendes Fleisch genauso jagten, wie die Yeehats es jagten, nämlich an den Flanken der wandernden Elche, hatten die Wölfe im Rudel schließlich das Land der Wälder und der Wasser verlassen und waren in Bucks Tal eingedrungen. Auf die Lichtung, wo sich das Mondlicht ergoss, strömten sie in einer silbrigen Flut; und in der Mitte der Lichtung stand Buck, reglos, eine Statue, und wartete auf ihre Ankunft. Sie waren ehrfürchtig, so ruhig und groß stand er da, und es dauerte eine Weile, bis der Kühnste sich geradewegs auf ihn stürzte. Blitzartig schlug Buck zu und brach ihm das Genick. Dann stand er wieder da, ohne eine Bewegung, wie zuvor, während der geschlagene Wolf sich hinter ihm in Todesqualen wand. Drei andere versuchten es in schneller Folge; und einer nach dem anderen musste sich zurückziehen, heftig blutend aus aufgeschlitzter Kehle oder Schulter.

Das genügte dem Rudel, um sich kopfüber ins Getümmel zu stürzen, dicht gedrängt, blockiert und verwirrt durch den Eifer, die Beute zur Strecke zu bringen. Bucks wunderbare Schnelligkeit und Beweglichkeit kamen ihm zugute. Er drehte sich auf den Hinterläufen um die eigene Achse, und wenn er zuschnappend Wunden riss, war er sofort überall zur Stelle, bildete eine schier undurchdringliche Front, denn er wirbelte so schnell von Seite zu Seite und blieb auf der Hut. Doch damit die Gegner nicht hinter ihn gelangten, zog er sich zurück, hinunter zum See, an ihm vorbei und hinein ins Bachbett, bis er zu einer hohen Geröllbank kam. Er arbeitete sich voran zu einer rechtwinkligen Stelle am Damm, den die Männer bei der Goldsuche aufgeworfen hatten, und in diesem Winkel fand er sich auf drei Seiten geschützt, wo er nichts weiter tun musste, als die Front zu halten.

Und die hielt er so gut, dass sich die Wölfe nach einer halben Stunde geschlagen gaben. Allen hing japsend die Zunge aus dem Maul, dass die weißen Reißzähne grausam im Mondschein glänzten. Manche legten sich nieder, mit gereckten Köpfen und nach vorne gespitzten Ohren, andere blieben stehen und beobachteten ihn, und wieder andere schlabberten Wasser aus dem See. Ein Wolf, lang und hager und grau, näherte sich vorsichtig, auf freundliche Weise, und Buck erkannte in ihm den wilden Bruder, mit dem er einen Tag und eine Nacht gelaufen war. Er winselte leise, und als auch Buck winselte, berührten sie einander mit der Nase. Dann trat ein alter Wolf vor, ausgemergelt und von Kampfnarben gezeichnet. Buck verzog die Lefzen, um zum Fauchen anzusetzen, doch dann beschnüffelten sie sich. Woraufhin sich der alte Wolf hinhockte, mit der Nase hoch zum Mond zeigte und in das lange Wolfsgeheul ausbrach. Die anderen hockten sich hin und heulten mit. Und nun ereilte Buck der Ruf in unmissverständlichen Tönen. Auch er hockte sich hin und heulte. Danach kam er aus seinem Winkel heraus, und das Rudel umringte ihn, beschnüffelte ihn auf teils freundliche, teils wilde Art und Weise. Die Leitwölfe stimmten den bellenden Ruf des Rudels an und sprangen davon in die Wälder. Die anderen Wölfe folgten ihnen und jaulten im Chor. Und Buck lief mit ihnen mit, Seit an Seite mit dem wilden Bruder, und jaulte beim Laufen.

★

Und hier nun könnte sie zu Ende sein, die Geschichte von Buck. Es dauerte nur wenige Jahre, da bemerkten die Yeehats eine Veränderung am Nachwuchs der Wölfe, denn man entdeckte welche mit einem beiläufigen Braun auf Kopf und Schnauze, dazu mit einem weißen Streifen mitten auf der Brust. Doch weitaus merkwürdiger als das: Die Yeehats erzählen von einem Geisterhund, der an der Spitze des Rudels läuft. Sie haben Angst vor diesem Geisterhund, ist er doch viel listiger als sie, stiehlt in grimmigen Wintern aus ihren Lagern, räubert ihre Fallen, erlegt ihre Hunde und trotzt ihren tapfersten Jägern.
Die Berichte werden sogar noch schlimmer. Einige Jäger sind nicht mehr ins Lager zurückgekehrt, und manche fanden Männer ihres Stammes mit grausam aufgeschlitzten Kehlen, umgeben von wölfischen Fußspuren im Schnee, größer als die Spuren irgendeines Wolfes. Wenn die Yeehats im Herbst dem Zug der Elche folgen, gibt es ein Tal, das sie nie betreten. Und manche Frauen werden traurig, wenn am Feuer erzählt wird, wie der Böse Geist jenes Tal sich einst zum Aufenthaltsort erwählt hat.
Im Sommer gibt es allerdings einen Besucher des Tals, von dem die Yee-

hats nichts wissen. Er ist ein großer Wolf mit prächtigem Fell, ein Wolf unter Wölfen, und doch ganz anders. Er kommt allein herüber aus dem lächelnden Land der Wälder und steigt hinab ins Offene zwischen den Bäumen. Hier fließt aus modernden Elchlederbeuteln ein gelber Bach und versickert im Boden, aus dem hohe Gräser wachsen, sodass eine dichte Pflanzendecke ihn überwuchert und sein Gelb vor der Sonne verbirgt; und hier hockt er sinnend eine Weile, heult einmal auf, lang und klagend, bevor er sich davonmacht.

Doch nicht immer ist er allein. Wenn die langen Winternächte kommen und die Wölfe ihrer Beute in die tieferen Täler folgen, kann man ihn an der Spitze des Rudels laufen sehen, durchs bleiche Mondlicht oder durchs schimmernde Nordlicht, wie er mit gewaltigen Sprüngen seine Gefährten überflügelt und aus voller, starker Kehle einsetzt, wenn er ein Lied der noch jungen Welt singt, das Lied des Rudels.

# Der Seewolf

Herausgegeben und
– unter Mitarbeit von Georg Heinemann und Josef Pesch –
aus dem Amerikanischen übersetzt
von Ulrich Horstmann

## 1. KAPITEL

Ich weiß kaum, wo ich anfangen soll, obwohl ich manchmal spaßeshalber alles Charley Furuseth in die Schuhe schiebe. Er hatte ein Ferienhaus in Mill Valley am Fuße des Mount Tamalpais, das er nur in den Wintermonaten bewohnte, um dort auf der faulen Haut zu liegen, Nietzsche und Schopenhauer zu lesen und so auch im Kopf Ferien zu machen. Sobald es aber Sommer wurde, stürzte er sich wieder in das heiße und staubige Stadtleben und schuftete im Schweiße seines Angesichts rund um die Uhr. Wäre es nicht meine Gewohnheit gewesen, ihn jeden Samstagnachmittag zu besuchen und übers Wochenende zu bleiben, hätte ich mich an jenem besonderen Montagmorgen nicht in der Bucht von San Francisco befunden. Sichere Schiffsplanken unter den Füßen, versteht sich, denn die *Martinez* war ein neues Dampfschiff, das im Fährdienst zwischen Sausalito und San Francisco eingesetzt wurde und eben seine vierte oder fünfte Fahrt absolvierte. Sie war gefährlich, weil dichter Nebel über der Bucht lag, was ich als Landratte aber kaum begriff. Vielmehr erinnere ich mich noch an die milde Erregung, mit der ich auf dem oberen Vorderdeck direkt unter dem Ruderhaus Aufstellung nahm und meine Einbildungskraft von dem geheimnisvollen Nebel gefangen nehmen ließ. Es ging eine frische Brise, und eine ganze Zeit lang stand ich allein in den undurchdringlichen Schwaden – und doch in Gesellschaft, denn über mir im Glaskasten befanden sich der Lotse und ein Mann, den ich für den Kapitän hielt, und auf eine verschwommene Weise war mir ihre Anwesenheit bewusst.

Wie angenehm sie doch war, dachte ich damals, diese Arbeitsteilung, die einen der Mühe enthob, sich mit Nebel, Wind, Gezeiten und Navigation auszukennen, wenn man seinen Freund auf der anderen Seite des Meeresarms besuchen wollte. Es war gut, dass sich die Menschen spezialisierten, kam mir in den Sinn. Die Spezialkenntnisse des Lotsen und des Kapitäns reichten für Tausende von Passagieren, die vom Meer und der Navigation ebenso wenig verstanden wie ich. Auf der anderen Seite brauchte ich meine Energie nicht darauf zu verschwenden, mir eine Vielzahl von Dingen anzueignen, sondern konnte sie auf einige wenige Gegenstände konzentrieren, so beispielsweise auf die Untersuchung der Stellung Poes in der amerikanischen Literatur – übrigens das Thema meines in der letzten Ausgabe des *Atlantic* abgedruckten Essays. Als ich an Bord ging und den Passagierraum durchquerte, hatten meine begierigen Augen einen beleibten Herrn ausgemacht, der den *Atlantic* las und ausgerechnet meine Abhandlung aufgeschlagen hatte. Und da stieß ich also wieder auf die Arbeitsteilung, das Spezialwissen des Lotsen und Kapitäns, das dem beleibten Herrn erlaubte, mein Spezialwissen über Poe zur Kenntnis zu nehmen, während sie ihn sicher von Sausalito nach San Francisco transportierten.

Ein rotgesichtiger Mensch, der die Tür des Passagierraums hinter sich zuschlug und an Deck stapfte, unterbrach meine Überlegungen, obwohl ich mir das Thema für eine künftige Abhandlung merkte, die den Titel tragen sollte: »Unverzichtbare Freiheit. Ein Plädoyer für den Künstler«. Der Rotgesichtige warf einen Blick zum Ruderhaus, äugte in den Nebel, stampfte (offenbar auf Prothesen) quer über das Deck und zurück und hielt endlich, breitbeinig und mit einer von großem Vergnügen zeugenden Miene, neben mir an. Mein erster Eindruck, dass er sein Leben auf See verbracht hatte, sollte sich rasch bestätigen.

»So eine Waschküche hat schon manchem vor der Zeit graue Haare beschert«, sagte er und nickte zum Ruderhaus hinüber.

»Ich wusste gar nicht, dass das so viel Mühe macht«, antwortete ich. »Es scheint doch ganz kinderleicht. Sie können die Richtung vom Kompass ablesen, kennen die Entfernung und die Geschwindigkeit, und der Rest ergibt sich – mit mathematischer Sicherheit.«

»Mühe!«, schnaubte er. »Kinderleicht! Mit mathematischer Sicherheit!«

Es schien, als lehne er sich gegen den Wind und mache sich auf einiges gefasst, während er mich anstarrte. »Und was ist mit dem Tidenstrom unter der Golden Gate?«, bellte er mehr, als er fragte. »Strömungsgeschwindigkeit? Abdrift, eh? Hören Sie sich das gefälligst mal an. Eine Glockenboje.

Und wir halten genau darauf zu. Merken Sie, wie sie den Kurs ändern?«
Aus dem Nebel drang Trauergeläut, und ich konnte sehen, wie der Lotse das Ruder herumwirbelte. Die Glocke, die gerade noch direkt vor uns zu liegen schien, tönte nun von seitwärts herüber. Unser Signalhorn gab heisere Laute von sich, und ab und zu drang das Getute anderer Schiffe durch den Nebel.
»Das ist irgendein Fährboot«, sagte mein neuer Nachbar und meinte damit ein von rechts kommendes Tuten. »Und das da. Hören Sie's? Mit dem Mund geblasen. Ein Leichter wahrscheinlich. Der Mann auf dem Kahn soll bloß aufpassen. Ah, hab' ich mir's doch gedacht. Jetzt schmort der aber im eigenen Saft.«
Das unsichtbare Fährboot tutete wieder und wieder, und der Bläser auf dem Leichter stieß jetzt panikartig in sein Horn.
»Und nun ziehen sie den Hut voreinander und sehen zu, dass sie Abstand gewinnen«, fuhr der Rotgesichtige fort, als das frenetische Lärmen aufhörte.
Sein Gesicht leuchtete, und die Augen blitzten vor Erregung, während er die Sprache der Hörner und Sirenen in menschliche Laute übersetzte. »Das ist eine Dampfsirene, dort drüben auf der linken Seite. Und was so klingt, als hätte jemand einen Frosch in der Kehle, stammt von einem Schoner, soweit ich das beurteilen kann, der sich von Heads kommend gegen die Strömung vorwärtskämpft.«
Ein schrilles, dünnes Tuten in einem verrückten Stakkato ertönte direkt von vorn und aus unmittelbarer Nähe. Auf der *Martinez* schlug man die Gongs. Unsere Schaufelräder hielten an, und ihr pulsierendes Schlagen verebbte, um dann von Neuem einzusetzen. Das schrille, dünne Tuten, wie Grillenzirpen inmitten des Gebrülls mächtiger Tiere, drang jetzt mehr von seitwärts durch den Nebel und wurde schnell schwächer. Ich wartete darauf, dass mich mein Gefährte aufklärte.
»Eine von diesen rücksichtslosen Barkassen«, sagte er. »Fast wünschte ich, wir hätten den Rowdy auf den Meeresgrund geschickt. Diese Dinger verursachen immer mehr Ärger. Und gut sind sie zu überhaupt nichts. Jeder Trottel setzt sich rein und schippert damit von Pontius zu Pilatus, über-

tönt mit seiner Tröte das ganze Orchester und verklickert dem Rest der Welt, bloß aufzupassen, weil jetzt einer kommt, der nicht auf sich selbst achtgeben kann. Weil so einer kommt. Dabei hat man schon genug am Hals. Vorfahrt! Zivilisiertes Betragen! Die wissen nicht einmal, was diese Worte bedeuten.«

Ich fand seinen Wutanfall ganz amüsant, und während er entrüstet herumstapfte, beschäftigte ich mich in Gedanken mit dem romantischen Zauber des Nebels. Denn fraglos war er romantisch – der Nebel. Wie der graue Schatten eines unergründlichen Geheimnisses lag er über unserem herumgewirbelten Fleckchen Erde; und die Menschen, bloße Sonnenstäubchen und beladen mit dem Fluch einer irrwitzigen Arbeitswut, drangen auf ihren Rössern aus Holz und Stahl tief ins Innere des Geheimnisses ein, tasteten sich blindlings vorwärts und gaben dabei mit viel Lärm und Getöse ihrer Zuversicht Ausdruck, während ihre Herzen in Wirklichkeit schwer waren vor Ungewissheit und Furcht.

Die Stimme meines Gefährten ließ mich auflachend wieder zu mir kommen. Auch ich war Halt suchend herumgetapst, während ich mir einbildete, sehenden Auges das Geheimnis zu durchdringen.

»Oho, einer kommt auf uns zu«, sagte er gerade. »Hören Sie das? Und zwar schnell. Schnurstracks. Hört uns wahrscheinlich noch nicht. Der Wind weht aus der falschen Richtung.«

Die frische Brise blies uns direkt ins Gesicht, und ich konnte das Horn nicht weit voraus und etwas seitlich ganz deutlich hören.

»Fähre?«, fragte ich.

Er nickte und setzte dann hinzu: »Sonst hätte sie nicht so ein Tempo drauf.« Er gluckste in sich hinein. »Die werden unruhig da oben.«

Ich schaute hoch. Der Kapitän hatte Kopf und Schultern aus dem Ruderhaus gesteckt und starrte so durchdringend in den Nebel, als könne er ihn durch bloße Willensstärke vertreiben. Sein Gesicht war ebenso besorgt wie das meines Gefährten, der sich über das Geländer beugte und mit derselben Konzentration nach der unsichtbaren Gefahr ausspähte.

Dann passierte es, und zwar mit unvorstellbarer Geschwindigkeit. Der Nebel riss auf, als sei er mit einem Keil gespalten worden, und der Bug eines Dampfers erschien, von dem an beiden Seiten Nebelgirlanden herabhingen wie Seetang aus dem Maul eines Meeresungeheuers. Ich konnte das Ruderhaus sehen und einen Mann mit einem weißen Bart, der sich, auf seine Ellbogen gestützt, halb herauslehnte. Er trug eine blaue Uniform, und ich weiß noch, wie untadelig ruhig er aussah. Unter diesen Umständen war seine Ruhe fürchterlich. Er akzeptierte das Schicksal, marschierte im Gleichschritt mit ihm und schätzte kühl den Schlag ab, zu dem es ausholte. Während er dort lehnte, ließ er seinen Blick gelassen und nachdenklich über unser Schiff schweifen, als wolle er den genauen Zeitpunkt des Zusammenstoßes ausmachen, und er zeigte keinerlei Reaktion, als ihm unser vor Wut erbleichter Lotse zuschrie: »Jetzt hast du es endlich geschafft.«

Als ich wieder nach vorn schaute, bemerkte ich, dass die Offensichtlichkeit dieser Bemerkung jede Antwort überflüssig machte.

»Halten Sie sich irgendwo fest«, sagte der Rotgesichtige zu mir. Sein aufbrausendes Wesen war von ihm abgefallen, und die übernatürliche Ruhe schien sich auf ihn übertragen zu haben. »Und Ohren auf, wenn die Frauen schreien«, ergänzte er grimmig und, wie es mir vorkam, mit einem Anflug von Bitterkeit, als hätte er diese Erfahrung schon einmal machen müssen.

Die Schiffe havarierten, bevor ich seinem Rat folgen konnte. Wir müssen wohl genau mittschiffs gerammt worden sein, denn ich bekam nichts davon mit, weil der seltsame Dampfer schon wieder aus meinem Gesichtskreis verschwunden war. Die *Martinez* legte sich ruckartig auf die Seite; Holz splitterte und barst. Ich stürzte auf das nasse Deck, und noch bevor ich wieder auf den Beinen war, hörte ich die Frauen schreien. Das war es ohne Frage – dieses ganz unbeschreibliche Geschrei, bei dem einem das Blut in den Adern gefriert –, was mich in Panik versetzte. Ich erinnerte mich an die Schwimmwesten im Passagierraum, aber an der Tür traf ich auf ein wildes Gedränge herausstürzender Menschen, die mich mitrissen. Was in den nächsten Minuten geschah, weiß ich nicht mehr, obwohl ich mich ganz genau daran erinnern kann, dass ich Schwimmwesten aus dem Lattenrost unter der Decke herauszog, während der Rotgesichtige sie einer hysterischen Gruppe von Frauen anlegte. Dieser Gedächtniseindruck ist so klar und scharf wie manch andere Bilder, die mir noch vor Augen stehen. Es ist ein Bild, und ich sehe es vor mir – die zersplitterten Ränder des Lochs in der Passagierraumseite, durch das der graue Nebel hereinwirbelte und -strudelte; die leeren Polstersitze, übersät mit allen Anzeichen einer hastigen Flucht: mit Paketen, Mappen, Schirmen und Schals. Der füllige Herr, der meinen Essay gelesen hatte und jetzt in Kork und Segeltuch verpackt war, aber die Zeitschrift immer noch in der Hand hielt und mich mit monotoner Beharrlichkeit fragte, ob meiner Meinung nach irgendeine Gefahr bestünde. Der Rotgesichtige, der – die Ritterlichkeit selbst – auf seinen Prothesen herumstapfte und alle Neuankömmlinge mit Schwimmwesten versorgte. Und endlich die Frauen, die kreischten wie im Irrenhaus.

Ihr Geschrei ging mir am meisten auf die Nerven. Und der Rotgesichtige muss sich genauso gefühlt haben, denn ich habe ein weiteres Bild im Kopf, das nie verblassen wird. Der Beleibte stopft die Zeitschrift in seine Rocktasche und sieht neugierig zu. Ein Knäuel von Frauen mit weißen, verzerrten Gesichtern und offenen Mündern kreischt wie ein Chor verlorener Seelen. Und der Rotgesichtige, inzwischen vor Wut purpurn angelaufen, die Arme über den Kopf gereckt, als wolle er Blitze schleudern, dröhnt: »Schnabel halten! So haltet doch endlich den Schnabel!«

Ich weiß noch, dass diese Szene mich plötzlich zum Lachen reizte, und im nächsten Augenblick bemerkte ich, dass ich selbst hysterisch wurde, denn die Frauen waren meinesgleichen wie meine Mutter und meine Schwestern, und sie klammerten sich voll Todesangst ans Leben. Die Laute, die sie hervorbrachten, erinnerten mich an das Gequieke von Schweinen unter dem Messer, und die schlagende Ähnlichkeit erfüllte mich mit Schrecken. Diese Frauen waren zu den erhabensten Gefühlen, der zartesten Zuneigung fähig, aber jetzt rissen sie den Mund auf und kreischten. Sie wollten leben, sie saßen hilflos wie Ratten in der Falle, und sie kreischten.

Es war schrecklich und trieb mich nach draußen an Deck. Ich fühlte mich schlecht und angewidert und setzte mich auf eine Bank. Wie durch einen Schleier sah und hörte ich Männer hin- und herlaufen und rufen, wäh-

rend sie sich bemühten, die Rettungsboote klarzumachen. Es war genauso, wie ich es in Büchern, die solche Szenen beschreiben, gelesen hatte. Die Taljen blockierten. Nichts funktionierte. Ein Boot brachten sie zu Wasser, ohne das Spundloch zu verstopfen; erst füllte es sich mit Frauen und Kindern, dann mit Wasser, und schließlich schlug es um. Ein anderes schwang nur an einem Ende frei, blieb mit dem anderen am Davit hängen und musste aufgegeben werden. Von dem seltsamen Dampfer, der das Unglück verursacht hatte, war nichts mehr zu sehen, obwohl ich einige Männer sagen hörte, er würde uns mit Booten zu Hilfe kommen.
Ich stieg zum Unterdeck hinab. Die *Martinez* sank schnell und lag schon sehr tief im Wasser. Viele Passagiere sprangen über Bord. Andere, die schon im Wasser trieben, verlangten flehentlich, wieder an Deck gezogen zu werden. Niemand beachtete sie. Ein Schrei ertönte, dass wir sänken. Ich wurde durch die dadurch ausgelöste Panik mitgerissen und stürzte in einer Woge von Körpern über die Reling. Wie ich hinüberkletterte, weiß ich nicht mehr, dafür wurde mir augenblicklich klar, warum die Leute im Wasser so erpicht darauf gewesen waren, wieder an Bord zu kommen. Das Wasser war kalt – so kalt, dass es wehtat. Als ich eintauchte, durchzuckte mich ein heftiger Schmerz, als hätte ich mich verbrannt. Er ging bis ins Mark. Der Schmerz und der Schock ließen mich nach Luft ringen, und noch bevor mich die Schwimmweste wieder an die Oberfläche zog, waren meine Lungen mit Wasser gefüllt. Ich hatte einen starken Salzgeschmack im Mund und erstickte fast an dem ätzenden Zeug in meiner Kehle und meiner Brust.
Aber die Kälte machte mir am meisten zu schaffen. Ich spürte, dass ich nicht länger als ein paar Minuten würde überleben können. Um mich herum strampelten und zappelten Menschen im Wasser. Ich konnte hören, wie sie sich gegenseitig anriefen. Auch Rudergeräusche drangen an mein Ohr. Offensichtlich hatte der seltsame Dampfer Boote ausgesetzt. Während die Zeit verging, wunderte ich mich darüber, noch am Leben zu sein. Meine Füße und Beine spürte ich schon nicht mehr, während eine betäubende Kälte mein Herz umschloss und allmählich einsickerte. Kleine Wellen mit boshaften Schaumkronen schlugen ständig über mir

zusammen, schwappten in meinen Mund und lösten neue Erstickungsanfälle aus. Die Geräusche wurden schwächer und verschwammen, obwohl ich noch einen Schlusschor von Verzweiflungsschreien mitbekam, der mir verriet, dass die *Martinez* untergegangen war. Später – wie viel später weiß ich nicht – kam ich wieder zu mir, von Angst geschüttelt. Ich war allein. Ich konnte keine Rufe oder Schreie mehr hören, sondern nur noch das Geräusch der Wellen, ein hohles und nachhallendes Schwappen, das der Nebel noch unheimlicher machte. Panik in einer Menge, in der alle von demselben Wunsch beseelt sind, ist weniger schrecklich als Panik in der Isolation; und eben unter ihr litt ich jetzt. Wohin trieb ich? Der Rotgesichtige hatte gesagt, dass der Ebbestrom unter der Golden Gate hindurchführte. Wurde ich also aufs offene Meer hinausgetragen? Und was war mit der Schwimmweste, die mich über Wasser hielt? Konnte sie sich nicht in jedem Augenblick in ihre Bestandteile auflösen? Ich hatte von welchen gehört, die aus Papier und Binsen gemacht waren, sodass sie sich schnell vollsaugten und keinen Auftrieb mehr lieferten. Und ich konnte nicht schwimmen. Ich war allein und trieb offensichtlich mitten in einer urtümlichen grauen Weite. Ich gebe zu, dass ich den Verstand verlor, dass ich laut aufschrie, wie die Frauen geschrien hatten, und mit meinen gefühllosen Händen das Wasser schlug.

Wie lange alles das dauerte, davon habe ich keine Vorstellung mehr, denn es trat ein Zustand der völligen Apathie ein, von dem mir ebenso wenig in Erinnerung geblieben ist wie von einer unruhigen Nacht. Als ich erwachte, schienen mir Jahrhunderte verstrichen zu sein, und ich sah fast unmittelbar über mir den Bug eines Schiffs mit drei Dreieckssegeln, die sich auf raffinierte Weise überlappten und im Winde blähten, aus dem Nebel auftauchen. Wo der Steven durchs Wasser schnitt, schäumte und gurgelte es heftig, und das Schiff schien direkt auf mich zuzuhalten. Ich versuchte zu rufen, aber ich war zu erschöpft. Der Bug tauchte tief ein, verfehlte mich um Haaresbreite und überschüttete meinen Kopf mit einem Wasserschwall. Dann glitt schwarz die lange Flanke vorüber, so nah, dass ich sie mit den Händen hätte berühren können. Ich fasste den wahnwitzigen Entschluss, mich mit den Nägeln am Rumpf festzukrallen, aber meine Arme waren zu leblos und zu schwer. Wieder versuchte ich zu rufen, brachte aber keinen Laut heraus.

Das Schiffsheck schoss vorbei und sank im selben Moment in ein Wellental; ich konnte einen Mann am Ruder ausmachen und einen zweiten, der anscheinend allein damit befasst war, eine Zigarre zu rauchen. Ich sah den Rauch zwischen seinen Lippen austreten, während er langsam den Kopf wandte und die Augen in meiner Richtung über das Wasser schweifen ließ. Es war ein gleichgültiger und beiläufiger Blick, Teil jener zufälligen Dinge, die Menschen tun, wenn sie keinen unmittelbaren Verpflichtungen nachkommen müssen, sondern handeln, weil sie lebendig und von Tatendrang beseelt sind.

Aber in jenem Blick lag Leben und Tod. Ich konnte sehen, wie der Nebel das Schiff verschlang. Ich sah den Rücken des Rudergängers und den Kopf des anderen, der sich drehte, langsam drehte, während seine Augen auf dem Wasser ruhten und ganz willkürlich auf mich zuwanderten. Sein Gesichtsausdruck wirkte abwesend, als sei er tief in Gedanken versunken, und ich bekam Angst, dass er mich nicht wahrnehmen würde, selbst wenn ich in sein Blickfeld geriete. Aber es passierte, er sah mir direkt in die Augen, und er bemerkte mich, denn er sprang ans Ruder, stieß den Mann zur Seite und wirbelte es mit übereinandergreifenden Händen herum, während er gleichzeitig laut irgendwelche Befehle gab. Das Schiff schien jetzt abzufallen, und der Nebelvorhang schloss sich fast im selben Moment hinter ihm.

Ich fühlte, dass ich wieder in die Bewusstlosigkeit abglitt, und versuchte mit aller Willenskraft gegen die erstickende Leere und Dunkelheit anzukämpfen, die mich zu überfluten drohte. Wenig später vernahm ich Ruderschläge, die näher und näher kamen, und die Rufe eines Mannes. Als er ganz nahe war, hörte ich ihn ärgerlich hervorstoßen: »Warum zum Teufel antwortet der Kerl nicht?« Damit bin ich gemeint, dachte ich, und dann schlug die Leere und Dunkelheit über mir zusammen.

## 2. KAPITEL

Mir war, als schwänge ich an einem mächtigen Pendel durch grenzenlose Weiten. Gleißende Lichtpunkte schossen Funken sprühend an mir vorbei. Ich wusste, es waren Sterne und Kometen, die mir auf meinem Flug zwischen den Sonnen Gesellschaft leisteten. Als ich den äußersten Punkt des Pendelausschlags erreichte und mich darauf vorbereitete, in Gegenrichtung zurückzustürzen, ertönte dröhnend ein großer Gong. Eine Ewigkeit lang und geborgen im angenehmen Dahinplätschern der Jahrhunderte genoss ich nachdenklich meine ungeheure Reise.

Aber das Traumgesicht änderte sich, denn ich zweifelte nicht daran, dass ich träumte. Die Schwingungsdauer schrumpfte immer mehr. Mit befremdlicher Hast wurde ich hin- und hergestoßen. Kaum konnte ich Atem schöpfen, so ungestüm schleuderte es mich nunmehr durch die Himmelssphären. Der Gong dröhnte häufiger und wilder. Ich erwartete sein Donnern jetzt mit namenloser Furcht. Dann war mir, als würde ich über Sand gezogen, der wie Schleifpapier war und sich weiß und heiß im Sonnenlicht dehnte. Dieses Gefühl wurde von einem unerträglichen Schmerz abgelöst. Meine Haut brannte wie Feuer. Der Gong schepperte und dröhnte. Die gleißenden Lichtpunkte schossen in einem endlosen Strom an mir vorüber, als ob das ganze Firmament in sich zusammenstürzte. Ich keuchte, rang mühsam nach Luft und öffnete die Augen. Zwei Männer knieten neben mir und massierten meinen Körper. Die mächtige Pendelbewegung war das Stampfen eines Schiffes auf offener See. Der furchtbare Gong war eine Bratpfanne, die an der Wand hing und mit jedem Eintauchen des Schiffsrumpfes klapperte und schepperte. Der feuerheiße und scheuernde Sand waren die rauen Hände des einen Mannes, der meine nackte Brust rieb. Ich wand mich, weil er mir wehtat, und hob halb den Kopf. Meine Brust war gerötet und wund, und ich konnte se-

hen, dass sich unter der malträtierten und entzündeten Haut kleine Blutblasen gebildet hatten.
»Das reicht, Yonson«, sagte einer der Männer. »Kannst du nicht sehen, dass du dem Herrn fast das Fell über die Ohren gerubbelt hast?«
Der Mann, den er Yonson nannte und der dem schweren skandinavischen Menschenschlag angehörte, hörte auf, mich abzureiben, und richtete sich unbeholfen auf. Der ihn angesprochen hatte, war ohne Frage ein Cockney und hatte die glatten, verweichlichten, ja fast schon ins Weibische spielenden Gesichtszüge eines Menschen, der den Klang der Bow Bells mit der Muttermilch eingesogen hat. Die vor Schmutz starrende Musselinmütze auf dem Kopf und der um seine schmalen Hüften gewickelte dreckige Jutesack verrieten, dass er der Koch und Herr der nicht weniger schmuddeligen Kombüse war, in der ich mich befand.
»Und wie ist nun das werte Befinden, Euer Gnaden?«, fragte er mit dem devoten Grinsen, das nur Generationen Trinkgeld heischender Vorfahren ihm vererbt haben konnten.
Als Antwort rappelte ich mich in eine sitzende Stellung hoch, und dann half mir Yonson auf die Beine. Das Klappern und Scheppern der Bratpfanne zehrte furchtbar an meinen Nerven. Ich konnte meine Gedanken nicht zusammenhalten. Ich suchte Halt an der Holzverschalung der Kombüse – wobei mir zugestandenermaßen das Fett, von dem sie triefte, den Magen umdrehte –, griff quer über den heißen Ofen nach dem anstößigen Utensil, nahm es vom Haken und verstaute es sicher im Kohlekasten. Der Koch grinste über mein dünnhäutiges Nervenkostüm und drückte mir einen dampfenden Krug mit den Worten in die Hand: »Hier, das hilft.«
Es war ein übles Gepansche – Schiffskaffee –, aber es war heiß und weckte die Lebensgeister. Während ich das glutflüssige Zeug herunterschluckte, musterte ich meine wunde und blutige Brust und wandte mich an den Skandinavier.
»Vielen Dank, Mr. Yonson«, sagte ich, »aber waren Ihre Maßnahmen nicht vielleicht doch etwas zu energisch?«
Weil er den Vorwurf in meinem Verhalten besser verstand als meine Worte, hielt er mir seine Handflächen hin, damit ich sie untersuchen konnte.

Sie waren bemerkenswert schwielig. Ich ließ meine Hand über die hornigen Wülste gleiten, und der schreckliche Schmirgeleffekt, den das erzeugte, setzte mir einmal mehr zu.

»Mein Name ist Johnson, nicht Yonson«, sagte er in sehr gutem, wenn auch langsamem Englisch, das er fast ganz ohne Akzent sprach.

Seine blassblauen Augen erhoben milde Einspruch, und überhaupt war da eine scheue Offenheit und Mannhaftigkeit in ihm, die mich für ihn einnahm.

»Vielen Dank, Mr. Johnson«, berichtigte ich mich und streckte ihm die Hand entgegen.

Er zögerte, unbeholfen und schüchtern, trat von einem Bein aufs andere, griff dann wie aus Versehen zu und schüttelte meine Hand kräftig.

»Hätten Sie vielleicht passende Sachen zum Anziehen?«, fragte ich den Koch.

»Sicher doch«, antwortete er zuvorkommend, »ich sehe mal unten nach, was sich finden lässt, wenn mein Zwirn gut genug ist für den Herrn.«

Er entschwand durch die Kombüsentür oder vielmehr, er glitt hinaus, und zwar in einer so flinken und geschmeidigen Art, dass sie weniger katzenhaft als ölig wirkte. Und dieses Geölte oder Geschmierte war tatsächlich, wie ich später herausfand, das wohl herausragende Kennzeichen seiner Persönlichkeit.

»Und wo befinde ich mich?«, fragte ich Johnson, den ich ganz zu Recht für einen der Matrosen hielt. »Wie heißt das Schiff, und wohin geht die Reise?«

»Auf der Höhe der Farallones, Kurs Südwest«, antwortete er langsam und mit Bedacht, so als suche er nach seinem besten Englisch, und ohne einen Deut von der Reihenfolge meiner Fragen abzuweichen. »Der Schoner heißt *Ghost*, unterwegs zur Robbenjagd vor Japan.«

»Und wer ist der Kapitän? Ich muss ihn sprechen, sobald ich umgezogen bin.«

Johnson wirkte verwirrt und verlegen. Er zögerte, während er nach den richtigen Worten tastete und einen vollständigen Antwortsatz zusammenfügte. »Der Kapitän ist Wolf Larsen, oder so nennen ihn die Männer.

Ich kenne seinen anderen Namen nicht. Aber Sie sollten sich in Acht nehmen, wenn Sie mit ihm reden. Heute Morgen ist er ganz außer sich. Der Maat –«

Aber er beendete den Satz nicht. Der Koch war hereingeschlüpft.

»Mach lieber die Biege, Yonson«, sagte er, »der Alte braucht dich an Deck, und heute kommst du ihm besser nicht verquer.«

Folgsam wandte sich Johnson zur Tür, warf mir aber gleichzeitig über die Schulter des Kochs einen erstaunlich eindringlichen und unheilschwangeren Blick zu, als wolle er dem unterbrochenen Satz noch einmal Nachdruck verleihen und mich bei meinem Gespräch mit dem Kapitän zur Zurückhaltung mahnen.

Über dem Arm des Kochs hing ein loser und unansehnlicher Haufen zerknitterter Kleidungsstücke, die einen säuerlichen Geruch verströmten.

»Bisschen feucht gelagert«, erklärte er von oben herab. »Aber es muss halt gehen, bis das Herdfeuer Ihre Sachen getrocknet hat.«

Ich hielt mich am Balkenwerk fest, stolperte bei jedem Rollen des Schiffs, brachte es mithilfe des Kochs aber immerhin fertig, mir ein grobes wollenes Unterhemd über den Kopf zu streifen. Augenblicklich juckte mir die Haut unter dem kratzenden Stoff. Er bemerkte mein unfreiwilliges Zucken und Grimassieren und griente:

»Hoffentlich brauchen Sie sich bloß nie im Leben an so etwas zu gewöhnen – ich meine, weil Sie doch eine so weiche Haut haben, echt wie 'ne Dame. Denn dass Sie ein feiner Herr sind, das hab' ich auf den ersten Blick mitgekriegt.«

Er war mir von Anfang an unsympathisch gewesen, und während er mir beim Ankleiden half, steigerte sich meine Abneigung noch. Irgendetwas stieß mich ab, wenn er mich berührte. Ich zuckte vor seiner Hand zurück, mir schauderte. Und eingezwängt zwischen ihm und den Dünsten, die aus den verschiedenen Töpfen aufstiegen, die auf dem Kombüsenfeuer vor sich hinkochten und blubberten, hatte ich es eilig, an die frische Luft zu kommen. Außerdem musste ich dringend den Kapitän sprechen, um zu klären, wie ich wieder an Land kommen konnte.

Ein billiges Baumwollhemd mit ausgefranstem Kragen und Flecken auf der Brust, die wohl von längst eingetrocknetem Blut stammten, wurde mir unter einer wahren Kanonade von Erläuterungen und Entschuldigungen übergestreift. Meine Füße steckten in derben Arbeitsschuhen, und die Rolle der Hose übernahmen in meiner Ausstattung blassblaue und verwaschene Overalls, bei denen ein Bein um volle fünfundzwanzig Zentimeter kürzer war als das andere. Das ausgefranste Hosenbein sah so aus, als hätte der Teufel nach der Cockneyseele gekrallt und statt ihres schattenhaften Wesens etwas Stofflicheres in die Klauen bekommen.

»Und wem habe ich für diese freundliche Hilfe zu danken?«, fragte ich, als ich vollständig eingekleidet war, inklusive jener winzigen Schiffsjungenmütze, die ich auf dem Kopf trug, und der dreckigen gestreiften Baumwolljacke, die mir nur bis ins Kreuz reichte und deren Ärmel direkt unter meinen Ellbogen endeten. Der Koch heuchelte auf seine aalglatte Art Bescheidenheit und grinste selbstlos. Aufgrund meiner Erfahrungen mit den Stewards auf der Transatlantikroute, und zwar insbesondere am Ende der Reise, hätte ich schwören können, dass er auf sein Trinkgeld wartete. Da ich diese Kreatur noch besser kennenlernen sollte, kann ich rückblickend sagen, dass er die Pose unbewusst einnahm. Auslöser dafür war zweifellos eine ererbte Servilität.

»Mugridge, wenn's beliebt«, schwänzelte er, und seine weibischen Züge verschmolzen zu einem fettigen Lächeln. »Thomas Mugridge, stets zu Diensten.«

»Schön, Thomas«, sagte ich. »Ich werde mich erkenntlich zeigen – sobald meine Sachen trocken sind.«

Ein sanftes Leuchten überzog sein Gesicht, und seine Augen glänzten, als ob irgendwo in der Tiefe seines Wesens wieder Leben in seine Vorfahren gekommen wäre und blasse Erinnerungen an zu Lebzeiten empfangene Trinkgelder in ihnen rumorten.

»Ich danke auch schön«, sagte er überaus bescheiden.

In eben der Art, wie die Tür zurückglitt, bewegte auch er sich zur Seite, und ich trat aus der Kombüse. Ich war immer noch geschwächt von meinem langen Aufenthalt im Wasser. Ein Windstoß ließ mich über das schwankende Deck bis zur Ecke der Kajüte torkeln, an der ich mich Halt suchend festklammerte. Der Schoner, der jetzt weit überholte, stampfte und rollte in der langen Dünung des Pazifiks. Wenn sie nach Südwesten segelten, wie Johnson behauptet hatte, kam der Wind nach meiner Berechnung fast genau von Süden. Der Nebel hatte sich aufgelöst, und stattdessen tanzten glitzernde Sonnenstrahlen über die Wasseroberfläche. Ich drehte mich ostwärts, wo Kalifornien liegen musste, konnte aber nur flache Nebelbänke ausmachen – zweifellos eben den Nebel, der die *Martinez* ins Unglück gestürzt und mich in die gegenwärtige Situation gebracht hatte. Im Norden ragte eine Gruppe kahler Felsen aus dem Meer, wobei ich auf einer Spitze einen Leuchtturm ausmachen konnte. Im Südwesten, fast auf Gegenkurs, zeichneten sich die Segel eines Schiffes ab.

Nachdem ich den Horizont abgesucht hatte, wandte ich mich meiner unmittelbaren Umgebung zu. Mein erster Gedanke war, dass ein Mensch, der einen Schiffbruch hinter sich hatte und dem Tod nahe gewesen war, eigentlich mehr Aufmerksamkeit verdiente, als mir hier zuteil wurde. Außer dem Rudergänger, der neugierig über das Kajütendach lugte, würdigte mich niemand auch nur eines Blickes.

Alle interessierten sich anscheinend mehr dafür, was mittschiffs vor sich ging. Dort lag ein großer Kerl rücklings auf einem Luk. Er war vollständig bekleidet, obwohl sein Hemd vorne aufgerissen war. Trotzdem war von seinem Brustkorb nichts zu sehen, denn dieser war mit einer solchen Menge schwarzer Haare bedeckt, dass man das Fell eines Hundes vor sich zu haben glaubte. Gesicht und Hals waren hinter einem schwarzen Bart verborgen, in dem sich graue Strähnen zeigten und der eigentlich buschig und voll sein musste, jetzt aber besudelt und triefnass herunterhing. Die Augen hielt er geschlossen, und er war offensichtlich bewusstlos; dabei stand sein Mund weit offen, sein Brustkorb blähte sich, als sei er dem Ersticken nahe, und laut keuchend rang er nach Luft. Routinemäßig ließ ein Matrose in bestimmten Zeitabständen einen Segeltucheimer an einer Leine ins Meer gleiten, zog ihn Hand über Hand wieder an Deck und leerte ihn über dem Hingestreckten aus.

Neben dem Luk ging ein Mann auf und ab und kaute ungestüm auf einer Zigarre herum. Es war derselbe, dessen beiläufiger Blick mich vor dem Ertrinken gerettet hatte. Er war vielleicht ein Meter fünfundsiebzig oder ein Meter achtzig groß; aber mein erster Eindruck, das Gefühl, das dieser Mensch auslöste, war nicht das von Größe, sondern von Kraft. Und doch hätte man diese Kraft trotz seines schweren Körperbaus, seiner breiten Schultern und des kräftigen Brustkorbs nicht als rohe Stärke bezeichnen können. Vielmehr handelte es sich um die sehnige, knorrige Robustheit, die wir hageren und drahtigen Menschen nachsagen, die aber bei ihm wegen seines gedrungenen Körperbaus etwas gattungsüberschreitend Gorillahaftes besaß. Dabei erinnerte er äußerlich in keiner Weise an einen Gorilla. Was ich hier so bemüht umschreibe, ist diese Kraft selbst, die eigentlich mit seinem physischen Erscheinungsbild wenig zu tun hatte. Es war die Kraft, die wir für gewöhnlich mit dem Urtümlichen zusammenbringen, mit wilden Tieren und den Baum bewohnenden Kreaturen, als die wir uns unsere Vorfahren vorstellen – eine wilde, ungezähmte Kraft, in sich lebendig und der Inbegriff des Lebens, das ja nichts anderes als Aktivität und Bewegung darstellt, der Urstoff selbst, aus dem die zahllosen Formen des Vitalen hervorgegangen sind; kurz das, was sich im Schlangenkörper windet, nachdem der Kopf abgeschlagen ist und die Schlange als Schlange tot daliegt, oder das, was in einem gestaltlosen Klumpen Schildkrötenfleisch fortexistiert und zittert und zurückschreckt, wenn man es mit dem Finger anstößt.

Diesen Eindruck von Kraft hatte ich bei dem Mann, der dort auf und ab ging. Er stand fest auf den Beinen, jeder Schritt auf dem schwankenden Deck war sicher und exakt. Jede Muskelbewegung, vom Anheben der Schultern bis zu den sich um die Zigarre schließenden Lippen, war von Entschlossenheit geprägt und schien aus einer überbordenden Kraftquelle gespeist zu werden. Jede Handlung war von dieser Kraft durchdrungen, und doch schien sie nur auf ein noch größeres Potenzial zu verweisen, das im Inneren verborgen lag, sich von Zeit zu Zeit wie im Schlaf regte, aber in jedem Augenblick mobilisiert werden konnte, furchtbar und unwiderstehlich wie die Wut eines Löwen oder das Toben des Sturms.

Der Koch steckte den Kopf aus der Kombüsentür und spendierte mir ein aufmunterndes Grinsen, wobei er gleichzeitig mit dem Daumen in die

Richtung des Mannes wies, der neben dem Luk auf und ab marschierte. So gab er mir zu verstehen, dass er der Kapitän war, der »Alte«, in der Ausdrucksweise des Kochs, die Person, mit der ich reden musste und die ich damit behelligen würde, mich irgendwie wieder an Land zu bringen. Ich hatte mich fast schon in Bewegung gesetzt, um die nächsten fünf Minuten hinter mich zu bringen, die zweifellos stürmisch ausfallen würden, als der unglückliche Mensch, der dort auf dem Rücken lag, von einem noch heftigeren Erstickungsanfall heimgesucht wurde. Er wand sich, von Krämpfen geschüttelt. Das Kinn und der feuchte schwarze Bart reckten sich immer höher empor, während die Nackenmuskulatur sich versteifte und die Brust sich in einer instinktiven und bewusstlosen Anstrengung dehnte, um mehr Luft zu schöpfen. Die vom Bart verdeckte Haut war unsichtbar, aber ich wusste, dass sie sich purpurrot färbte.

Der Kapitän oder Wolf Larsen, wie ihn seine Männer nannten, blieb stehen und betrachtete den Sterbenden. Sein Todeskampf war jetzt so heftig, dass selbst der Seemann, der ihn mit Wasser begossen hatte, seine Tätigkeit unterbrach und ihn neugierig anstarrte, wobei der Inhalt des schräg stehenden Segeltucheimers teilweise herausschwappte. Mit seinen Hacken schlug der Sterbende einen Trommelwirbel auf dem Luk, streckte dann die Beine aus und versteifte den Körper in einer einzigen riesigen Anstrengung, wobei sein Kopf von einer Seite zur anderen rollte. Dann entspannten sich die Muskeln, der Kopf kam zur Ruhe, und so etwas wie ein Seufzer tiefster Erlösung stieg von seinen Lippen auf. Der Unterkiefer fiel herab, die Oberlippe zog sich zurück und entblößte eine Reihe vom Tabak braun gefärbter Zähne. Auf seinen erstarrten Gesichtszügen lag ein teuflisches Grinsen, mit dem er sich von einer Welt verabschiedete, die er doch noch überlistet hatte.

Dann geschah etwas ganz und gar Unerwartetes. Der Kapitän legte los und ließ seine Verwünschungen wie Donnerschläge auf den Toten herabprasseln. Die Flüche kamen ihm in einem ununterbrochenen Strom von den Lippen. Und es waren keine Kindereien oder bloße Unanständigkeiten. Jedes Wort war gotteslästerlich, und der Worte waren viele. Sie knisterten und knackten wie elektrische Entladungen. Ich hatte so etwas in

meinem ganzen Leben noch nicht gehört und hätte es nicht für möglich gehalten. Mit meinem Hang zur literarischen Ausdrucksweise und der Vorliebe für aussagekräftige Bilder und Formulierungen wusste ich, wie ich zu behaupten wage, die besondere Lebendigkeit, Kraft und blasphemische Absolutheit seiner Vergleiche besser zu würdigen als jeder andere Zuhörer. Der ganze Vorfall war, soweit ich das mitbekam, dadurch ausgelöst worden, dass der Mann, der als Maat angeheuert hatte, vor der Abfahrt in San Francisco auf das Ausschweifendste Abschied gefeiert hatte und dann taktlos genug war, zu Reisebeginn zu sterben und die Mannschaft Wolf Larsens zu dezimieren.
Ich brauche, zumindest für meine Freunde, nicht hinzuzufügen, dass ich schockiert war. Flüche und anzügliche Formulierungen jeder Art haben mich immer abgestoßen. Ich fühlte, wie mich der Mut verließ und der Beklommenheit Platz machte oder, wie ich ebenso gut sagen könnte, dass mich Schwindel ergriff. Für mich war der Tod immer mit Feierlichkeit und Würde einhergegangen. Er war friedvoll gewesen, wenn er eintrat, und er wurde von heiligen Ritualen begleitet. Aber die schmutzige und fürchterliche Seite des Todes, das war etwas, mit dem ich bisher noch keine Bekanntschaft gemacht hatte. Wie gesagt, während ich die Sprachgewalt der gräulichen Verwünschungen, die den Mund von Wolf Larsen verließen, zu würdigen wusste, war ich gleichzeitig ungemein entsetzt. Der glutheiße Wortschwall hätte das Gesicht des Leichnams eigentlich verdorren lassen müssen. Ich wäre jedenfalls nicht überrascht gewesen, wenn der nasse schwarze Bart angefangen hätte, zu schmoren und sich zu kräuseln, und schließlich rauchend in Flammen aufgegangen wäre. Aber den Toten berührte das alles nicht. Er grinste weiter mit sarkastischem Spott, zynisch und voller Trotz. Er war Herr der Lage.

## 3. KAPITEL

Wolf Larsen hörte ebenso plötzlich zu fluchen auf, wie er damit begonnen hatte. Er zündete seine Zigarre wieder an und schaute sich um. Zufällig traf sein Blick den Koch.

»Nun, Smutje?«, begann er mit einer kalten Höflichkeit, die etwas Stählernes hatte.

»Yes, Sir«, unterbrach ihn der Koch eilfertig und mit begütigender Unterwürfigkeit.

»Meinst du nicht, dass du dir den Hals jetzt lange genug ausgerenkt hast? Das ist nämlich ungesund. Der Maat ist hinüber, und ich kann es mir nicht leisten, dich auch noch abschreiben zu müssen. Also musst du sehr, sehr gut auf dich aufpassen, Smutje. Kapiert?«

Im Gegensatz zur Sanftheit der vorhergehenden Äußerung war das letzte Wort wie ein Peitschenhieb. Dem Koch sank das Herz.

»Yes, Sir«, lautete die demütige Antwort, während der anstößige Kopf in der Kombüse verschwand.

Nach dieser summarischen Abmahnung, für die der Koch nur der Auslöser gewesen war, verlor der Rest der Mannschaft das Interesse, und jeder wandte sich irgendeiner Aufgabe zu. Einige aber, die keine Matrosen zu sein schienen und sich am Niedergang zwischen Kombüse und Luk aufhielten, redeten in gedämpftem Ton weiter miteinander. Das, so erfuhr ich später, waren die Jäger, die Männer, die die Robben erlegten und haushoch über den gemeinen Teerjacken standen.

»Johansen!«, rief Wolf Larsen. Ein Seemann trat gehorsam vor. »Hol dir Segelhandschuh und Nadel und näh die Jammergestalt ein. Im Segelspind ist noch altes Tuch. Das muss reichen.«

»Womit soll ich seine Füße beschweren?«, fragte der Mann nach dem üblichen »Aye, aye, Sir.«

»Findet sich schon«, antwortete Wolf Larsen und rief laut nach dem Koch. Thomas Mugridge kam aus seiner Kombüse geschossen wie ein Stehaufmännchen aus seiner Schachtel.

»Geh nach unten und schaufel einen Sack voll Kohlen.«

»Hat irgendeiner eine Bibel oder ein Gebetbuch?«, war die nächste Frage des Kapitäns, die sich diesmal an die Jäger richtete, die immer noch am Niedergang standen.

Alle schüttelten den Kopf, und einer machte eine witzige Bemerkung, die ich nicht mitbekam, obwohl sie allgemeine Heiterkeit auslöste. Wolf Larsen fragte die Matrosen dasselbe. Bibel und Gebetbücher schienen Mangelware zu sein, aber einer der Männer erbot sich, einmal bei der Freiwache nachzufragen. Eine Minute später war er wieder da und erstattete Fehlanzeige.

Der Kapitän zuckte mit den Schultern. »Dann geht er eben ohne Palaver über Bord, es sei denn, unser Schiffbrüchiger kann die Liturgie von Seebestattungen auswendig – wie ein Pfaffe aussehen tut er ja.«

Inzwischen hatte er sich ganz herumgedreht und sah mir ins Gesicht.

»Sie sind doch ein Gottesmann, oder?«, fragte er.

Die Jäger – es waren sechs – machten ausnahmslos kehrt und musterten mich. Ich war mir schmerzlich bewusst, dass ich wie eine Vogelscheuche aussah. Meine Erscheinung löste Gelächter aus – Gelächter, das durch den Toten, der grinsend vor uns auf dem Deck lag, weder gemildert noch gedämpft wurde; Gelächter, so rau, so unwirsch und unverstellt wie die See selbst, das aus derben Gefühlen und einem abgestumpften Empfindungsvermögen geboren war und von Naturen stammte, die weder Höflichkeit noch Zartgefühl kannten.

Wolf Larsen lachte nicht, obwohl in seinen grauen Augen ein Schimmer der Belustigung aufglomm, und in diesem Moment – ich war inzwischen dicht vor ihn hingetreten – sah ich zum ersten Mal den Menschen selbst, unabhängig von seinem Körper und der Flut der Verwünschungen, die er ausgespien hatte. Das Gesicht mit seinen markanten Zügen war breit, voll und wirkte auf den ersten Blick massig; aber wie bei seinem Körper verlor sich der Eindruck des Vierschrötigen und machte der Überzeugung Platz, dass unter der Oberfläche und in der Tiefe seines Wesens eine gewaltige und überbordende intellektuelle oder geistige Kraft schlummerte. Der Kiefer, das Kinn, die hochgeschwungenen und sich über den Augen wulstig aufwerfenden Brauen – all das war außergewöhnlich stark ausgebildet und verriet eine seelische Stärke und Mannhaftigkeit, die sich der direkten Wahrnehmung entzog. Solch einen Geist konnte man nicht ausloten, vermessen, umgrenzen oder klassifizieren und mit anderen seines Schlages in einer Schublade ablegen.

Die Augen – mein Schicksal wollte es, dass ich sie besonders gut kennenlernte – waren groß und ausdrucksvoll; sie standen weit auseinander wie bei einem wahren Künstler, von einer ausgeprägten Stirn geschützt und dichten schwarzen Augenbrauen überschattet. Die Pupillen selbst besaßen jenes irritierende Grau, das sich ständig ändert und niemals gleich bleibt, sondern so viele Farbnuancen und Abschattungen aufweist wie Moiréseide im Sonnenlicht: mal hell, mal dunkel, mal ins Grünliche spielend und bisweilen so klar und blau wie das abgrundtiefe Meer. Diese Augen verhüllten die Seele mit tausenderlei Verkleidungen und öffneten sich doch bei seltenen Anlässen, sodass sie hervortreten konnte, als käme sie nackt und bloß in die Welt, um irgendein wundervolles Abenteuer zu bestehen. Diese Augen konnten mit der hoffnungslosen Düsterkeit bleierner Himmel brüten, sie konnten Funken sprühen wie ein durch die Luft sausendes Schwert, sie konnten eisig werden wie eine arktische Szenerie und doch wiederum auch warm und mild sein, von liebevoller Springlebendigkeit, durchdringend und männlich konnten sie blicken, verführerisch und unwiderstehlich, und die Frauen wurden davon gleichzeitig fasziniert und gefangen genommen, bis sie die freudige Erregung überwältigte und sie erleichtert und hingebungsvoll alle Gegenwehr einstellten.

Aber um den Faden wieder aufzunehmen – ich teilte ihm mit, dass ich kein Prediger sei und also die Bestattung nicht vornehmen könne, worauf er mit scharfer Stimme fragte:

»Und womit verdienen Sie dann Ihren Lebensunterhalt?«

Ich gestehe, dass ich das noch nie gefragt worden war und mir die Sache bisher auch kein Kopfzerbrechen bereitet hatte. Ich war also um eine Antwort verlegen, und bevor mir etwas Passendes einfiel, stammelte ich auch schon den albernen Satz: »Ich – ich bin ein Gentleman.«

Seine Lippen verzogen sich zu einem spöttischen Lächeln.

»Ich habe gearbeitet, ich arbeite noch«, stieß ich hervor, als ob er mein Richter wäre und ich mich vor ihm zu rechtfertigen hätte. Und gleichzeitig war mir nur zu bewusst, wie ausgesprochen dumm es war, sich überhaupt auf dieses Thema einzulassen.

»Sie arbeiten für Ihren Lebensunterhalt?«

Er strahlte etwas so Herrisches und Gebieterisches aus, dass ich nicht mehr ich selbst war – »verdattert« hätte Furuseth dazu gesagt –, wie ein Schulkind, das vor seinem strengen Lehrer zitterte.

»Wer ernährt Sie?«, lautete seine nächste Frage.

»Ich habe Vermögen«, antwortete ich wacker und hätte mir im nächsten Moment auf die Zunge beißen mögen. »Aber all das hat, wenn ich mir die Bemerkung gestatten darf, ganz und gar nichts mit meinem eigentlichen Anliegen zu tun.«

Aber er überging meinen Einwand.

»Wer hat es verdient, dieses Vermögen? Dachte ich es mir doch. Ihr Vater. Sie stehen auf den Beinen von Toten. Eigene haben Sie nie besessen. Sie könnten sich zwischen zwei Sonnenaufgängen nicht aus eigener Kraft fortbewegen und für Ihren Magen keine drei Mahlzeiten zusammenkratzen. Zeigen Sie mir Ihre Hände.«

Entweder muss sich seine gewaltige und schlummernde Kraft schnell und zielgenau geregt haben, oder ich war einen Augenblick abwesend, jedenfalls hatte er, bevor ich wusste, wie mir geschah, zwei Schritte vorwärts getan, meine rechte Hand ergriffen und sie hochgehoben, um sie zu untersuchen. Ich versuchte, meine Hand zurückzuziehen, aber seine Finger packten ohne sichtbare Anstrengung fester und fester zu, bis ich das Gefühl hatte, zerquetscht zu werden. Es ist schwierig, unter solchen Umständen seine Würde zu wahren. Ich konnte mich doch nicht wie ein Schuljunge winden oder herumzappeln. Auch konnte ich bei solch einem Geschöpf nicht zum Gegenangriff übergehen, weil es mir sonst mit einer Drehung den Arm gebrochen hätte. Mir blieb nichts anderes übrig, als stillzuhalten und mich in die würdelose Situation zu schicken. Dabei hatte ich Muße genug mitzubekommen, dass man die Taschen des Toten auf Deck ausgeleert hatte und sein grinsender Leichnam in eine Leinwand gewickelt worden war, die der Matrose Johansen jetzt mit derbem weißen Zwirn zusammennähte, wobei er die Nadel mit einem Lederschutz durch das Gewebe schob, den er auf seiner Handfläche befestigt hatte.

Wolf Larsen ließ meine Hand mit einer wegwerfenden Bewegung fallen. »Totenhände haben die hier so weich bleiben lassen. Für nichts zu gebrauchen außer zum Tellerwaschen und für die Arbeit eines Küchenjungen.«

»Ich möchte an Land gesetzt werden«, sagte ich bestimmt, denn jetzt hatte ich mich wieder in der Gewalt. »Ich werde für alle Unkosten aufkommen, die Ihnen aus der Verzögerung entstehen.«

Er sah mich neugierig an. Seine Augen glänzten spöttisch.

»Ich habe Ihnen einen Gegenvorschlag zu machen, und Ihre Seele wird es mir danken. Mein Maat ist abgängig, und also wird es etliche Beförderungen geben. Ein Matrose zieht nach achtern in die Koje des Maats, der Kajütensteward wechselt nach vorn in die Matrosenquartiere, und Sie heuern an seiner Stelle an, unterschreiben den Vertrag für diesen Törn, zwanzig Dollar pro Monat plus Verpflegung. Was sagen Sie dazu? Und vergessen Sie nicht, es ist zum Besten Ihrer Seele. Hier können Sie Ihr Glück machen. Vielleicht lernen Sie nämlich, auf eigenen Beinen zu stehen und sogar ein bisschen darauf vorwärts zu watscheln.«

Ich reagierte nicht darauf. Die Segel des Schiffes, das ich im Südwesten gesehen hatte, waren größer geworden und deutlicher sichtbar. Es war dieselbe Schonertakelage, wie sie auch die *Ghost* besaß, obwohl ich sehen konnte, dass der Schiffskörper kleiner war. Sie war hübsch anzusehen, wie sie da auf uns zuflog und zusprang, und sie würde unseren Kurs in geringem Abstand kreuzen. Der Wind hatte plötzlich aufgefrischt, und die Sonne war nach ein paar letzten verärgerten Strahlen hinter den Wolken verschwunden. Die See wurde rauer, nahm eine stumpfe bleigraue Färbung an und schickte weiße Gischt gen Himmel. Wir machten mehr Fahrt und krängten stärker. In einer Böe tauchte einmal sogar die Reling ein, und die entsprechende Deckseite wurde für einen Augenblick vom Meerwasser überflutet, sodass die Jäger hastig ihre Füße hoben.

»Das Schiff dort dürfte uns bald passieren«, sagte ich nach einer kleinen Pause. »Da es in Gegenrichtung fährt, wird es wahrscheinlich San Francisco anlaufen.«

»Sehr wahrscheinlich«, lautete Wolf Larsens Antwort, während er sich halb von mir wegdrehte und »Smutje, he Smutje!«, rief.

Der Cockney steckte seinen Kopf aus der Kombüse.

»Wo ist der Steward? Schick ihn zu mir.«

»Yes, Sir«, und Thomas Mugridge sauste nach achtern und verschwand auf einem anderen Niedergang neben dem Ruder. Kurz darauf tauchte er wieder auf, einen untersetzten Burschen von achtzehn oder neunzehn im Schlepp, der finster und verschlagen dreinblickte.

»Hier ist er, Sir«, sagte der Koch.

Aber Wolf Larsen übersah dieses ehrenwerte Mannschaftsmitglied und wandte sich gleich an den Steward.

»Wie heißt du, Junge?«

»George Leach, Sir«, kam mürrisch die Antwort, und das Benehmen des Stewards ließ keinen Zweifel daran, dass er den Grund erriet, dessentwegen er gerufen worden war.

»Kein irischer Name«, schnauzte der Kapitän, »O'Toole oder McCarthy würde viel besser zu deiner Visage passen. Aber bestimmt hat deine Mutter auch mal mit einem irischen Scheit Feuer gemacht.«

Ich sah, wie der Kerl die Fäuste ballte und ihm die Beleidigung das Blut in den Nacken schießen ließ.

»Aber Schwamm drüber«, fuhr Wolf Larsen fort. »Vielleicht hast du gute Gründe, deinen Namen zu vergessen, und solange du spurst, ist mir das einerlei. Natürlich ist Telegraf Hill dein Heimathafen, das steht dir im Gesicht geschrieben. Da fallen alle gleich ungehobelt aus, aber dafür bist du doppelt hinterhältig. Ich kenne die Sorte. Aber hier an Bord treiben wir dir das schon noch aus. Du musst es nur wollen. Klar? Wer hat dich überhaupt angeheuert?«

»McCready und Swanson.«

»Sir!«, donnerte Larsen.
»McCready und Swanson, Sir«, berichtigte sich der Steward, und in seinen Augen stand Verbitterung.
»Wer bekam den Vorschuss?«
»McCready und Swanson, Sir.«
»Das habe ich mir gedacht. Solltest heilfroh darüber sein. Konntest dich bestimmt nicht schnell genug verdrücken, weil du gehört hattest, dass einige Herrschaften hinter dir her waren.«
Augenblicklich verwandelte sich der Steward in einen Wilden. Sein Körper kauerte sich wie zum Sprung zusammen, und sein Gesicht nahm den Ausdruck eines gereizten Tieres an, als er knurrend hervorstieß: »Das ist eine …«
»Was ist das?«, fragte Wolf Larsen mit einer seltsam milden Stimme, als könne er es kaum abwarten, das nicht ausgesprochene Wort zu hören.
Der Junge zögerte und gewann dann seine Selbstbeherrschung wieder.
»Nichts, Sir. Ich nehme es zurück.«
»Damit hast du mir bewiesen, dass ich recht hatte«, sagte Wolf Larsen mit einem zufriedenen Lächeln. »Wie alt bist du?«
»Gerade sechzehn geworden, Sir.«
»Lügner. Schon über achtzehn. Groß für dein Alter mit Muskeln wie ein Pferd. Pack deine Sachen und scher dich in die Back. Ab sofort bist du Ruderer. Eine Beförderung, kapierst du?«
Ohne auf seine Zustimmung zu warten, wandte sich der Kapitän dem Matrosen zu, der gerade mit seiner grausigen Aufgabe, den Leichnam einzunähen, fertig geworden war: »Johansen, hast du eine Ahnung von Navigation?«
»Nein, Sir.«
»Macht nichts; du bist jetzt trotzdem Maat. Verstau deine Siebensachen in seiner Koje.«
»Aye, aye, Sir«, kam die frohgemute Antwort, als sich Johansen in Bewegung setzte.
Unterdessen hatte sich der ehemalige Steward nicht gerührt.
»Worauf wartest du noch?«, fragte Wolf Larsen.

»Hab' nicht als Ruderer angeheuert, Sir«, erwiderte er. »In meinem Vertrag steht Kajütensteward. Nichts vom Pullen. Und ich will's auch nicht reinhaben.«

»Pack zusammen und scher dich nach vorn.«

Dieses Mal war der Befehlston schneidend. Der Junge blickte mürrisch und finster drein, aber er rührte sich nicht.

Wiederum regte sich Wolf Larsens gewaltige Kraft. Der Ausbruch kam völlig unerwartet, und in zwei Sekunden war alles vorüber. Mit einem Satz hatte er volle zwei Meter zurückgelegt und dem anderen einen Fausthieb in den Magen versetzt. Als wäre ich selbst getroffen worden, fühlte ich schlagartig, wie sich die Übelkeit in meiner Magengrube breitmachte. Ich erwähne das als Beispiel für die damalige Empfindlichkeit meines Nervensystems und dafür, wie fremd mir solche brutalen Schauspiele waren. Der Steward – er wog bestimmt seine einhundertundfünfzig Pfund – klappte zusammen. Sein Körper hing einen Augenblick über der Faust wie ein nasser Lappen über einem Stock, beschrieb dann in der Luft eine flache Kurve und schlug neben dem Leichnam mit Kopf und Schultern zuerst auf dem Deck auf, wo er liegen blieb und sich vor Schmerzen krümmte.

»Also?«, wollte Larsen von mir wissen, »hast du dich entschieden?«

Ab und zu hatte ich zu dem Schoner hinübergeblickt, der ständig nähergekommen war und sich jetzt im Abstand von ein paar hundert Yards fast auf gleicher Höhe mit uns befand. Es war ein sehr schmuckes und adrettes kleines Schiff. Auf einem seiner Segel konnte ich eine große schwarze Nummer entdecken, und ich hatte auch schon Bilder von Lotsenbooten gesehen.

»Was ist das für ein Schiff?«, fragte ich.

»Das Lotsenboot *Lady Mine*«, sagte Wolf Larsen grimmig. »Hat seine Lotsen abgesetzt und segelt zurück nach San Francisco. Bei diesem Wetter ist es in fünf bis sechs Stunden da.«

»Können Sie ihm also bitte ein Signal geben, damit es mich übernimmt und an Land setzt.«

»Leider nicht. Mir ist mein Signalbuch über Bord gegangen«, bemerkte er, und die Gruppe der Jäger grinste.

Ich ging einen Augenblick mit mir zurate und sah ihm dabei direkt in die Augen. Ich war Zeuge der schrecklichen Behandlung des Stewards geworden und wusste, dass er wahrscheinlich genauso oder sogar schlimmer mit mir umspringen würde. Wie gesagt, ich ging mit mir zurate, und dann tat ich etwas, das ich für die heldenhafteste Handlung meines Lebens halte. Ich rannte zur Reling, schwenkte meine Arme und rief:

»*Lady Mine* ahoi! Bringt mich an Land! Tausend Dollar, wenn ihr mich an Land setzt!«

Ich wartete, zwei Männer im Blick, die am Ruder standen und von denen der eine steuerte. Der andere hob das Sprachrohr an die Lippen. Ich drehte meinen Kopf nicht, obwohl ich jeden Augenblick den tödlichen Hieb der menschlichen Bestie hinter mir gewärtigte. Endlich, Jahrhunderte schienen verstrichen zu sein, konnte ich die Anspannung nicht mehr ertragen und sah mich um. Er hatte sich nicht bewegt. Er stand da in derselben Haltung, fing mühelos das Rollen des Schiffes ab und steckte sich gerade eine neue Zigarre an.

»Was ist los? Etwas nicht in Ordnung?«

Das kam von der *Lady Mine.*

»Allerdings!« Ich schrie mir schier die Lunge aus dem Leib. »Es geht um Leben und Tod! Tausend Dollar, wenn ihr mich an Land bringt.«

»Zuviel Schnaps in sich reingeschüttet in Frisco, wie die ganze Mannschaft!«, rief Wolf Larsen hinterher. »Der da« – er zeigte mit dem Daumen auf mich – »sieht Seeschlangen und Affen.«

Das Antwortlachen des Mannes von der *Lady Mine* kam aus dem Schalltrichter. Das Lotsenboot stampfte vorbei.

»Dann macht ihm mal schön die Hölle heiß!«, lautete der letzte Ruf, und die beiden Männer winkten zum Abschied mit den Armen.

Ich lehnte mich verzweifelt über die Reling und sah zu, wie sich das öde Stück Ozean zwischen uns und dem schmucken Schoner schnell vergrößerte. Und in fünf oder sechs Stunden würde er wahrscheinlich in San Francisco sein. Mein Kopf wollte mir zerspringen. Meine Kehle schmerzte, als ob mein Herz darin pochte. Eine sich brechende Welle schlug gegen den Rumpf und spritzte mir salzige Gischt auf die Lippen. Heftige

Windböen kamen auf; die *Ghost* holte stark über und tauchte ihre Leereling in die Fluten. Ich konnte hören, wie sich das Wasser über das Deck ergoss.

Als ich mich einen Augenblick später umdrehte, sah ich den Steward, der sich eben aufrappelte. Sein Gesicht war weiß wie die Wand und zuckte vor Schmerzen, die er nicht zeigen wollte. Er sah sehr mitgenommen aus.

»Also, Leach, gehst du nun nach vorn?«, fragte Wolf Larsen.

»Yes, Sir«, kam die Antwort einer verängstigten Seele.

»Und du?«, fragte er mich.

»Ich gebe Ihnen tausend –«, begann ich, bevor er mich unterbrach.

»Halt's Maul! Übernimmst du jetzt die Pflichten eines Steward, oder muss ich erst handgreiflich werden?«

Was sollte ich machen? Mich auf brutale Weise zusammenschlagen und vielleicht sogar umbringen zu lassen, würde mir nichts nützen. Ich sah fest in die grausamen grauen Augen. Sie hätten aus Granit sein können, so wenig Licht und menschliche Wärme enthielten sie. In manchen Augen spiegeln sich die Regungen des Herzens, aber seine waren ausdruckslos und kalt und grau wie das Meer.

»Also?«

»Ja«, sagte ich.

»Sag ›Yes, Sir‹.«

»Yes, Sir«, berichtigte ich mich.

»Wie heißt du?«

»Van Weyden, Sir.«

»Vorname?«

»Humphrey, Sir; Humphrey van Weyden.«

»Alter?«

»Fünfunddreißig, Sir.«

»Das langt. Ab zum Koch und lass dir zeigen, was du zu tun hast.«

Und so geriet ich unfreiwillig in die Dienste von Wolf Larsen. Er war stärker als ich, mehr nicht. Aber damals war das alles sehr unwirklich. Jetzt, wo ich daran zurückdenke, ist es nicht weniger irreal. Es wird für mich immer absurd und unbegreiflich bleiben, ein schrecklicher Albtraum.

»Bleib hier, geh noch nicht.«
Schon auf dem Weg zur Kombüse blieb ich gehorsam stehen. »Johansen, ruf die Mannschaft zusammen. Jetzt, wo alle Probleme aus der Welt sind, nehmen wir auch die Beisetzung vor und säubern das Deck von nutzlosem Plunder.«
Während Johansen die Freiwache von unten heraufbeorderte, legten ein paar Matrosen unter Leitung des Kapitäns den eingenähten Leichnam auf einen Lukendeckel. Auf jeder Deckseite waren etliche kleine Boote kieloben an der Reling festgezurrt. Einige Männer hoben den Lukendeckel mit seiner grausigen Fracht, trugen ihn nach Lee hinüber und setzten ihn so auf den Booten ab, dass die Füße über Bord ins Leere zeigten. An ihnen war der Sack voll Kohle befestigt, den der Koch geholt hatte.
Ich hatte mir ein Seebegräbnis immer als ein sehr feierliches und Ehrfurcht gebietendes Ereignis vorgestellt, aber ich war bald um eine Illusion ärmer, jedenfalls was diese Beisetzung anging. Einer der Jäger, ein kleiner Mann mit dunklen Augen, den seine Genossen »Smoke« nannten, erzählte Geschichten, die er freizügig mit Flüchen und Anzüglichkeiten garnierte, und etwa in Minutenabständen stieß die Gruppe der Jäger ein Gelächter aus, das für mich wie ein Wolfschor oder das Geheul der Höllenhunde klang. Die Matrosen polterten im Trupp nach achtern, wobei sich die zur Nachtwache eingeteilten noch den Schlaf aus den Augen rieben, und redeten leise miteinander. Ihre Gesichter hatten einen unheilvollen und besorgten Ausdruck. Es war offensichtlich, dass ihnen die Aussicht auf eine Fahrt unter einem solchen Kapitän und mit einem derart unglücklichen Auftakt nicht zusagte. Von Zeit zu Zeit trafen Wolf Larsen verstohlene Blicke, und ich konnte sehen, dass sie sich vor dem Mann fürchteten.
Er trat an den Lukendeckel, und alle nahmen die Mützen ab. Ich musterte sie der Reihe nach – insgesamt zwanzig Mann, zweiundzwanzig, wenn man den Rudergänger und mich selbst mitzählte. Ich denke, man wird mir meine Neugier verzeihen, denn mein Schicksal war es ja wohl, in diesem schwimmenden Mikrokosmos mit ihnen zusammengepfercht leben zu müssen, und zwar viele Wochen oder sogar Monate lang. Die Matrosen waren hauptsächlich Engländer und Skandinavier, und ihre Gesichter ge-

hörten zur stumpfen und sturen Sorte. Auf der anderen Seite hatten die Jäger ausgeprägtere und weniger uniforme Züge mit harten Linien und den Spuren ungezügelter Leidenschaft. Seltsam – und ich bemerkte es sofort –, dass Wolf Larsens Gesicht dieses Kainsmal des Bösen nicht trug. Seine Züge hatten nichts Lasterhaftes. Sicher hatten sich Linien eingegraben, aber sie zeugten von Festigkeit und Entschlusskraft. Sein Gesicht wirkte im Gegenteil freimütig und offen, was noch dadurch unterstrichen wurde, dass er glatt rasiert war. Ich konnte – bis zum nächsten Zwischenfall – kaum glauben, dass es einem Mann gehörte, der zu einem Verhalten fähig war, wie er es gegenüber dem Steward an den Tag gelegt hatte.

In dem Augenblick, als er zur Ansprache ansetzte, traf eine Reihe von Böen den Schoner und drückte eine Seite unter Wasser. In der Takelage heulte wild der Wind. Einige der Jäger blickten besorgt nach oben. Die Leereling, auf der der Tote lag, tauchte ins Meer, und als der Schoner sich wieder aufrichtete, strömte das Wasser über das Deck und schwappte uns über die Schuhe. Ein Regenguss prasselte nieder, und jeder Tropfen schmerzte wie ein Hagelkorn. Als es vorüber war, begann Wolf Larsen zu sprechen, und die Männer schwankten mit entblößtem Haupt einträchtig im Takt des eintauchenden und wieder hochgerissenen Decks.

»Ich kann mich nur an einen Teil der Zeremonie erinnern«, sagte er, »und der lautete: ›Und der Leib soll dem Meer übergeben werden.‹ Also werft ihn rein.«

Er schwieg. Die Männer, die den Lukendeckel trugen, schienen verwirrt und waren zweifellos durch die Kürze der Beisetzungsfeier vor den Kopf gestoßen. Wütend fuhr er sie an.

»Hebt das Ende hoch, verdammt noch eins. Was zum Teufel ist los mit euch?«

Sie stemmten den Lukendeckel auf einer Seite mit jämmerlicher Hast in die Höhe, und wie ein Hund, den man über Bord wirft, rutschte die Leiche, Füße voran, ins Meer. Die Kohlen zogen sie in die Tiefe, und schon war der Mann verschwunden.

»Johansen«, wandte sich Larsen munter an den neuen Maat, »die Mannschaft bleibt an Deck, wenn sie schon mal hier ist. Holt die Topp- und

Focksegel ein, und macht es anständig. Uns steht ein Sturm aus Südost bevor. Und refft auch gleich das Schoner- und Großsegel, wo ihr schon dabei seid.«

Einen Augenblick später war das ganze Deck in Aufruhr, Johansen bellte Befehle, und die Männer holten Taue unterschiedlicher Sorte an oder fierten sie auf – ein ganz und gar verwirrender Vorgang für eine Landratte wie mich. Aber die Herzlosigkeit des Ganzen hatte mich besonders betroffen gemacht. Der Tote war eine Episode, mit der man abgeschlossen hatte, eine Nebensache, der man sich entledigte, leinwandumhüllt und mit einem Sack Kohle, während das Schiff weitereilte und die Arbeit weiterging. Niemand hatte Anteil genommen. Die Jäger lachten über eine neue Geschichte Smokes, die Matrosen zogen und zerrten, und zwei von ihnen enterten auf. Wolf Larsen studierte inzwischen den sich verdüsternden Himmel in Windrichtung, und der Tote, der auf so schamlose Weise gestorben und nicht weniger schäbig beigesetzt worden war, sank tiefer, immer tiefer …

Da schlug die Grausamkeit der See, ihre erbarmungslose und schreckliche Erhabenheit über mir zusammen. Das Leben war billig und wertlos geworden, etwas Animalisches und Ungestaltes, ein seelenloses Sichregen des Schlicks und Schleims. Ich hielt mich an der Luvreling ganz in der Nähe des Wanttaus fest und blickte über die öden Wellen mit ihren Schaumkronen zu den flachen Nebelbänken hinüber, die San Francisco und die Küste von Kalifornien verhüllten. Dazwischen peitschten Regenböen, und ich konnte den Nebel kaum ausmachen. Und dieses seltsame Gefährt mit seiner schrecklichen Besatzung, das von Wind und Wellen ständig unter Wasser gedrückt wurde und immer wieder auftauchte, verlor sich Richtung Südwesten in den riesigen und verlassenen Weiten des Pazifischen Ozeans.

## 4. KAPITEL

Was mir als Nächstes auf dem Robbenfänger *Ghost* zustieß, während ich mich bemühte, mich in meiner neuen Umgebung einzuleben, war schmerzhaft und erniedrigend. Der Koch, den die Mannschaft »den Doktor«, die Gruppe der Jäger »Tommy« und Wolf Larsen »Smutje« nannte, war plötzlich ein anderer Mensch. Meine veränderte Stellung an Bord erzeugte auch einen entsprechenden Wandel in seinen Umgangsformen. So unterwürfig und kriecherisch er vorher gewesen war, so selbstherrlich und kampfeslustig gab er sich jetzt. Ich war wahrhaftig nicht mehr der feine Herr mit einer so weichen Haut wie »'ne Dame«, sondern ein ganz gewöhnlicher und ganz wertloser Steward.

Absurderweise bestand er darauf, dass ich ihn als Mr. Mugridge anredete, und sein Benehmen und Verhalten waren unerträglich, als er mich in meinen Pflichten unterwies. Außer meiner Arbeit in der Kajüte mit ihren vier kleinen Einzelkabinen hatte ich ihm auch noch in der Kombüse zur Hand zu gehen, und meine kolossale Hilflosigkeit beim Kartoffelschälen und Abwaschen fettiger Töpfe war ihm eine Quelle endloser und höhnischer Verwunderung. Er weigerte sich, in Rechnung zu stellen, wer ich war oder vielmehr, wie mein Leben und seine Selbstverständlichkeiten ausgesehen hatten. Das war Teil der Haltung, die er mir gegenüber einnahm, und ich gestehe, dass ich ihn noch vor Ende des Tages mit einer Inbrunst hasste, wie ich sie noch nie in meinem Leben empfunden hatte.

Dieser erste Tag wurde mir zusätzlich durch die Tatsache verleidet, dass die *Ghost* mit gesteckten Reffen (solche Ausdrücke sollte ich erst später lernen) durch ein Wetter pflügte, das Mr. Mugridge einen »heulenden Südost« nannte. Unter seiner Aufsicht deckte ich um halb sechs den Tisch in der Kajüte und befestigte die bei stürmischer See verwendeten Tabletts, dann trug ich den Tee und das Essen aus der Kombüse hinunter. Und ich kann es mir in diesem Zusammenhang nicht verkneifen, mein erstes Erlebnis beim Servieren an Bord zu erzählen.

»Sei auf dem Kieker, oder du bekommst eine Dusche ab«, lautete der Befehl, den mir Mr. Mugridge mit auf den Weg gab, als ich die Kombüse verließ – eine große Teekanne in einer Hand und in der Beuge des anderen Arms mehrere frischgebackene Brotlaibe. Einer der Jäger, ein großer, schlaksiger Kerl namens Henderson, ging gerade vom Zwischendeck (diesen anmaßenden Namen benutzten die Jäger für ihr mittschiffs gelegenes Schlafquartier) zur Kajüte. Wolf Larsen stand auf dem Achterdeck und rauchte seine unvermeidliche Zigarre.

»Da kommt's. Hak dich ein!«, rief der Koch.

Ich blieb stehen, denn ich wusste nicht, was er meinte, und sah, wie die Kombüsentür mit einem Knall ins Schloss fiel. Dann sah ich Henderson, der wie ein Verrückter zum Takelwerk sprintete und an der Innenseite der Wanten hochkletterte, bis er ein, zwei Meter über meinem Kopf angelangt war. Ich sah auch eine mächtige schäumende und sich brechende Welle, die sich über der Reling auftürmte. Ich stand direkt unter ihr. Mein Kopf arbeitete im Schneckentempo, denn alles war noch so neu und fremd. Immerhin begriff ich, dass ich in Gefahr schwebte, aber das war alles. Ich war gelähmt vor Schreck. Da rief Wolf Larsen vom Achterdeck:

»Halt dich fest, du – du Döspaddel.«

Aber es war zu spät. Ich hastete zur Takelage, an der ich mich hätte festklammern können, aber noch bevor ich sie erreichen konnte, stürzte die Wasserwand über mir zusammen. Was danach passierte, war äußerst verwirrend. Ich befand mich unter Wasser und war im Begriff zu ersticken und zu ertrinken. Meine Füße fanden keinen Halt mehr, ich wurde immer wieder herumgewirbelt und wusste nicht, wohin es mich fortriss. Einige Male kollidierte ich mit harten Gegenständen, und einmal prellte ich mir ganz furchtbar das rechte Knie. Dann schien sich die Flut urplötzlich zu verlaufen, und ich atmete wieder frei. Ich war gegen die Kombüse geworfen worden und dann von der Wetterseite um die Rudertreppe herum gegen die Speigatts in Lee. Mein verletztes Knie schmerzte heftig. Ich konnte es nicht belasten, oder ich glaubte das jedenfalls und war mir sicher, dass ich das Bein gebrochen hatte. Aber der Koch war schon hinter mir her und schrie durch die Kombüsentür in Lee:

»He du! Willste da einpennen? Wo ist die Kanne? Über Bord gegangen? Selbst schuld, wenn du dir den Hals brichst.«

Irgendwie kam ich auf die Beine. Die große Teekanne hatte ich noch in der Hand. Ich humpelte zur Kombüse und gab sie ihm. Aber er war außer sich vor Empörung, wobei ich nicht wusste, ob sie echt war oder gespielt.

»Gottverdammich, wenn du kein Trottel bist. Möchte wissen, wozu so einer taugt. Was? Wozu taugst du eigentlich? Kann kein Schlückchen Tee nach achtern tragen, ohne alles zu verschütten. Jetzt kann ich neuen kochen.«

»Und was schniefste rum?«, fuhr er mich – erneut aufbrausend – an. »Weil es sein armes kleines Beinchen gestoßen hat, das arme kleine Muttersöhnchen.«

Dabei schniefte ich nicht, wenngleich mein Gesicht vermutlich schmerzverzerrt war und zuckte. Aber ich nahm mich zusammen, biss die Zähne aufeinander und humpelte von der Kombüse zur Kajüte und zurück, ohne dass mir ein weiteres Malheur passierte. Mein Missgeschick hatte mir zwei Dinge eingebracht: eine verletzte Kniescheibe, die niemand versorgte und die mir über endlose Monate zu schaffen machte, und die Bezeichnung Döspaddel, mit der Wolf Larsen mich vom Achterdeck aus belegt hatte. Anschließend redete mich jeder so an, bis der Spitzname Teil meiner Gedankengänge wurde und ich mich damit identifizierte und Döspaddel dachte, wenn ich mich meinte, als ob das immer schon ein und dasselbe gewesen wäre.

Es war keine leichte Aufgabe, am Kajütentisch zu bedienen, an dem Wolf Larsen, Johansen und die sechs Jäger saßen. Zunächst einmal war es eng, und die Notwendigkeit, mich zu bewegen, wurde mir nicht gerade dadurch versüßt, dass der Schoner aufs Heftigste stampfte und rollte. Aber was mir am meisten zu schaffen machte, war der völlige Mangel an Mitgefühl vonseiten der Männer, die ich bediente. Ich konnte spüren, wie mein Knie unter dem Stoff anschwoll und immer dicker wurde, und mir war übel vor Schmerzen. Im Kajütenspiegel sah ich schemenhaft mein leichenblasses und schmerzverzerrtes Gesicht. Jeder der Anwesenden musste bemerkt haben, in welchem Zustand ich mich befand, aber keiner verlor ein Wort darüber oder nahm mich auch nur zur Kenntnis, sodass ich Wolf Larsen fast dankbar war, als er später (ich spülte das Geschirr) zu mir sagte:

»Lass dich von solchen Kleinigkeiten nicht stören. Man gewöhnt sich mit der Zeit daran. Vielleicht bleibt das Bein etwas steif, aber du wirst trotzdem laufen lernen.«

»So etwas nennt man ein Paradox, oder?«, fügte er hinzu. Es schien ihm zu gefallen, als ich zu dem automatischen »Yes, Sir« mit dem Kopf nickte.

»Vermutlich verstehst du etwas von Literatur? Was? Gut. Irgendwann reden wir mal drüber.«

Und dann drehte er mir den Rücken zu, ohne mich weiter zu beachten, und stieg an Deck.

Nachdem ich mich an jenem Abend endlos abgeschuftet hatte, schickte man mich zum Schlafen ins Zwischendeck, wo ich mir eine freie Koje zurechtmachte. Ich war froh, von der abscheulichen Gegenwart des Kochs erlöst zu sein und nicht mehr auf den Beinen sein zu müssen. Zu meiner Überraschung war mir die Kleidung am Leib getrocknet, und es gab keine Anzeichen dafür, dass ich mir entweder durch die letzte kalte Dusche oder das lange Treiben im Wasser nach dem Schiffbruch der *Martinez* eine Erkältung geholt hätte. Unter normalen Umständen wäre ich nach all dem, was ich durchgemacht hatte, wohl reif fürs Krankenlager und die Zuwendung des Pflegepersonals gewesen.

Aber meine Verletzung machte mir furchtbar zu schaffen. Soweit ich feststellen konnte, schien die Kniescheibe aufrecht in der Schwellung zu stecken. Als ich auf der Koje saß und mein Knie untersuchte (die sechs Jäger waren alle im Zwischendeck, rauchten und unterhielten sich laut), sah sich Henderson die Sache flüchtig an.

»Sieht nicht gut aus«, lautete sein Kommentar. »Binde einen Lappen drum, dann renkt sich das wieder ein.«

Das war alles. Und an Land hätte ich auf dem Rücken dagelegen, ein Chirurg hätte sich um mich gekümmert und strenge Bettruhe verordnet. Aber ich muss diesen Leuten Gerechtigkeit widerfahren lassen. So gleichgültig sie meinem Leiden gegenüber waren, so abgestumpft reagierten sie auch, wenn ihnen selbst etwas zustieß. Und das ließ sich, wie ich glaube, erstens auf Gewohnheit und zweitens auf die Tatsache zurückführen, dass sie einfach weniger empfindlich veranlagt waren. Ich glaube fest daran, dass ein sensibler und reizbarer Mensch zwei- oder dreimal mehr unter derselben Verletzung gelitten haben würde als sie.

So müde oder besser, so erschöpft ich auch war, der Schmerz in meinem Kniegelenk raubte mir den Schlaf. Meine Kräfte reichten gerade so weit, ein lautes Stöhnen zu unterdrücken. Zu Hause hätte ich mir sicherlich Luft gemacht, aber diese neue und elementare Umwelt schien nach einem Nichtzulassen derartiger Regungen zu verlangen. Wie bei einem Wilden war die Haltung dieser Männer stoisch bei bedeutenden Anlässen und kindisch bei nichtigen. Ich erinnere mich daran, zu einem späteren Zeitpunkt Zeuge geworden zu sein, wie Kerfoot, einer der Jäger, einen Finger verlor, der ihm zu Brei zerquetscht wurde. Und er murrte nicht einmal, und auch sein Gesichtsausdruck blieb derselbe. Und doch habe ich wieder und wieder gesehen, wie eben dieser Mann wegen einer Kleinigkeit in Wut geraten und alle Selbstbeherrschung verlieren konnte.

Genau das tat er jetzt, er brüllte, schrie, ruderte mit den Armen, fluchte wie der Leibhaftige, und alles nur, weil er sich mit einem anderen Jäger darüber stritt, ob ein Robbenjunges instinktiv schwimmen könne. Eben dieser Meinung war er und behauptete, es könne schwimmen, sobald es auf die Welt gekommen sei. Der andere Jäger, Latimer, ein hagerer Yankee mit verschlagenen Schlitzaugen, hielt dagegen und meinte, die Jungen würden eben deshalb an Land geboren, weil sie nicht schwimmen könnten, und das Muttertier müsste dem Nachwuchs das Schwimmen ebenso beibringen wie die Vögel ihrer Brut das Fliegen.

Meistenteils saßen die übrigen vier Jäger vornübergelehnt am Tisch oder lagen in ihren Kojen und überließen den beiden Widersachern die Diskussion. Dabei nahmen sie trotzdem größten Anteil, denn alle paar Minuten ergriffen sie energisch Partei, und manchmal redeten sie alle gleichzeitig, bis ihre Stimmen an den engen Wänden anbrandeten und fast wie auf- und abschwellender Donner klangen. So kindisch und belanglos ihr Gesprächsgegenstand war, die Art und Weise, wie sie argumentierten, war noch kindischer und belangloser. In Wirklichkeit gab es nur wenige Argumente oder auch gar keine. Ihre Methode bestand aus Behauptung, Annahme und Verunglimpfung. Sie bewiesen, dass ein Robbenjunges bei der Geburt schwimmen oder nicht schwimmen kann, indem sie eben diese Behauptung streitlustig in die Welt setzten und als Nächstes kein gutes Haar an der Urteilskraft, dem gesunden Menschenverstand, der Nationalität oder Lebensgeschichte des Gegners ließen. Die Widerlegung funktionierte genauso. Ich erzähle das, um das geistige Format der Menschen zu verdeutlichen, in deren Gesellschaft ich geraten war. Intellektuell waren sie Kinder, die den Körper eines Mannes bewohnten.

Und sie rauchten, rauchten ununterbrochen ihren groben, billigen und stinkenden Tabak. Die Luft war zum Schneiden und hätte mich in Verbindung mit den heftigen Bewegungen des sich durch den Sturm kämpfenden Schiffes sicherlich seekrank werden lassen, wenn ich anfällig dafür gewesen wäre. Da das aber nicht der Fall war, verursachte mir der Rauch nur Übelkeit, die aber ebenso gut von dem Schmerz in meinem Bein und der Erschöpfung herrühren konnte.

Als ich dort lag und mir die Gedanken durch den Kopf gingen, beschäftigte ich mich natürlich auch mit mir selbst und meiner Situation. Nicht im Traum wäre ich, Humphrey van Weyden, ein Gelehrter und Schöngeist, wenn man so will, auf die unerhörte Idee gekommen, dass ich mich eines Tages in der Koje eines Robbenfängers auf dem Weg in die Beringsee wiederfinden würde. Steward! Ich hatte noch nie in meinem Leben harte körperliche Arbeit oder Küchendienst verrichtet. Ich hatte friedlich, ohne große Aufregungen und sesshaft dahingelebt – das Dasein eines Gelehrten und Einsiedlers geführt und ein gesichertes Einkommen bezogen, das mich aller Sorgen enthob. Alles Ungestüme und Kraftmeierische hatte mir nie etwas bedeutet. Ich war immer ein Bücherwurm gewesen, und so hatten mich meine Schwestern und mein Vater während meiner Jugend auch genannt. Nur einmal im Leben war ich Zelten gewesen, hatte der Gruppe aber fast sofort den Rücken gekehrt, um mich wieder der Annehmlichkeiten eines Daches über dem Kopf zu versichern. Und hier lag ich nun mit Aussichten auf eine öde und nicht enden wollende Zukunft, die aus Tischdecken, Kartoffelschälen und Abspülen bestehen würde. Und ich war nicht robust. Die Ärzte hatten immer behauptet, ich besäße eine bemerkenswerte Konstitution, aber ich hatte sie nie durch körperliche Anstrengungen gefestigt. Meine Muskeln waren unausgebildet und schlaff wie die einer Frau; jedenfalls hatten die Ärzte auch das ständig betont, um mir irgendwelchen athletischen Firlefanz aufzuschwatzen. Aber ich hatte lieber meinen Kopf benutzt als meinen Körper, und deshalb war ich in keiner Weise auf das raue Leben vorbereitet, das mir bevorstand.

Dies ist nur einiges von dem, was mir durch den Kopf ging, und ich erzähle davon, um von vornherein verständlich zu machen, warum ich eine so armselige und unvorteilhafte Figur abgab. Aber ich dachte auch an meine Mutter und meine Schwestern und malte mir ihren Kummer aus. Ich war unter den vermissten Opfern des *Martinez*-Unglücks, ein Leichnam, der nicht geborgen worden war. Ich hatte die Schlagzeilen in den Zeitungen vor Augen und meine Freunde im University Club und im Bibelot, die den Kopf schüttelten und »armer Teufel« sagten. Und ich sah Charley Furuseth vor mir, von dem ich mich heute Morgen verabschiedet hatte, während er im Morgenmantel auf den Kissen seiner Couch am Fenster lag und rätselhafte und düstere Epigramme drechselte.

Und die ganze Zeit über kämpfte sich der Schoner *Ghost*, rollend, eintauchend, die flüssigen Berge erklimmend und stampfend in die schäumenden Täler hinabgleitend, tiefer und tiefer in das Herz des Pazifik vor – und ich war an Bord. Oben konnte ich den Wind hören. Er drang als gedämpftes Brausen durch die Planken, über die ab und zu Füße stampften. Überall um mich herum knarrte es unaufhörlich, das Holz und die Beschläge stöhnten und knirschten und klagten in tausend Tonarten. Die Jäger stritten sich immer noch und lärmten wie seltsames Wasserlandgetier, das irgendwo auf dem Weg zum Menschen stehen geblieben war. Die Luft war geschwängert mit Flüchen und Anzüglichkeiten. Ich konnte ihre geröteten und ärgerlichen Gesichter sehen, wobei die im Schiffsrhythmus hin und her schaukelnden Bordlampen mit ihrem gelblichen Gefunzel die Brutalität des Ausdrucks zugleich verzerrten und betonten. Durch die Rauchschlieren wirkten die Kojen wie die Schlafplätze von Tieren in einer Menagerie. Ölzeug und Seestiefel hingen an den Wänden, und dazwischen waren Gewehre und Flinten sicher in Regalen verstaut. Das waren wohl noch Installationen für die Freibeuter und Piraten vergangener Zeiten. Meine Einbildungskraft ging mit mir durch, und trotzdem konnte ich nicht einschlafen. Es wurde eine lange, lange Nacht, düster, trostlos und ohne Ende.

## 5. KAPITEL

Aber meine erste Nacht im Zwischendeck der Jäger war auch meine letzte. Am nächsten Tag wurde Johansen, der neue Maat, von Wolf Larsen aus der Kajüte vertrieben und zum Schlafen fürs Zwischendeck eingeteilt, während ich es mir in der kleinen Kammer einrichtete, die am ersten Tag der Reise bereits zwei Bewohner gehabt hatte. Der Grund für diesen Wechsel blieb den Jägern nicht lange verborgen und sorgte späterhin noch für manche Nörgelei. Johansen schien nämlich im Schlaf alle Ereignisse des Tages noch einmal zu durchleben. Sein endloses Reden, Rufen und Befehle-Erteilen waren für Wolf Larsen zu viel gewesen, und folglich hatte er den nächtlichen Störenfried seinen Jägern aufgehalst.

Nach einer schlaflosen Nacht erhob ich mich schwach und immer noch von Schmerzen gepeinigt, um durch meinen zweiten Tag auf der *Ghost* zu humpeln. Thomas Mugridge warf mich um halb sechs ungefähr so liebevoll aus der Koje, wie Bill Sykes seinen Hund wachgerüttelt haben muss. Aber seine Brutalität mir gegenüber wurde ihm auf dieselbe Art und mit Zins und Zinseszins vergolten. Der überflüssige Lärm, den er machte (schließlich hatte ich die ganze Nacht kein Auge zugetan), musste einen der Jäger geweckt haben, denn ein Schuh sauste durch das Halbdunkel, und nach einem schrillen Schmerzensschrei entschuldigte sich Mr. Mugridge bei allen untertänigst für die Störung. Später in der Kombüse bemerkte ich, dass sein Ohr verletzt und angeschwollen war. Es nahm nie wieder ganz die alte Form an, und die Matrosen nannten es einen »Blumenkohllöffel«.

Der Tag war angefüllt mit vielfältigem Elend. Ich hatte meine getrocknete Kleidung am Abend vorher von der Kombüse mit hinuntergenommen, und das Erste, was ich tat, war, sie gegen die Sachen des Kochs auszutauschen. Ich suchte nach meiner Geldbörse. Neben Wechselgeld (und in solchen Dingen trügt mich mein Gedächtnis nie) hatte sie einhundertfünfundachtzig Dollar in Goldmünzen und Scheinen enthalten. Die Börse fand sich, aber der Inhalt war mit Ausnahme des Kleingelds verschwunden. Ich sprach den Koch darauf an, als ich an Deck kam, um meinen Dienst in der Kombüse anzutreten, und obwohl ich auf eine grobe Antwort gefasst war, traf mich die giftige Gardinenpredigt doch unvorbereitet.

»Obacht, Döspaddel«, begann er knurrend und mit einem bösartigen Glanz in den Augen, »willste eins auf die Nuss? Wenn du meinst, ich klaue, schluck's runter, oder du kriegst eingebläut, wie mächtig du dich irrst. Der Herr soll mich mit Blindheit schlagen, wenn das nicht wahre Dankbarkeit ist. Da kommt so ein armseliger Fetzen Abschaum, ich nehme ihn in meiner Kombüse auf, behandle ihn anständig, und das ist nun der Dank. Das nächste Mal kannst du gleich zur Hölle fahren, und ich habe nicht übel Lust, dir mit einer Tracht Prügel den Weg zu zeigen.«

Und mit diesen Worten hob er die Fäuste und griff mich an. Zu meiner Schande muss ich gestehen, dass ich mich duckte und aus der Kombüsentür rannte. Was blieb mir anderes übrig. Gewalt, die nackte Gewalt, regierte auf diesem Schiff voller Unmenschen. Gütliches Zureden war unbekannt. Stellen Sie sich das bildlich vor: Ein schlanker, nicht übermäßig großer Mann ohne Muskelpakete, der ein friedliches und geruhsames Leben geführt hat und mit keiner Form von Gewalttätigkeit vertraut ist – was sollte ein solcher Mensch anderes tun? Sich diesem Tier in Menschengestalt entgegenzustellen war ebenso aberwitzig wie sich vor einem wütenden Bullen aufzubauen.

So reimte ich mir das damals zusammen, weil ich das Bedürfnis hatte, mich vor mir selbst zu rechtfertigen und mein Gewissen zu beruhigen. Aber die Rechtfertigung überzeugte mich nicht. Noch kann mein Mannesmut bis zum heutigen Tag auf diese Ereignisse zurückblicken, ohne dass ein schaler Nachgeschmack bliebe. Die Situation lag außerhalb der Reichweite rationaler Verhaltensmuster und verlangte mehr als kalte Vernunftschlüsse. Im Licht der formalen Logik gibt es keinen Grund, sich zu schämen, aber trotzdem begleitet dieses Gefühl meine Erinnerung, und mein männlicher Stolz gibt mir zu verstehen, dass meine Ehre als Mann in schwer fassbarer Weise beschmutzt und befleckt worden war.

Aber das alles gehört an eine andere Stelle. Die Geschwindigkeit, mit der ich aus der Kombüse stürzte, löste in meinem Kniegelenk so unerträgliche Schmerzen aus, dass ich hilflos zusammensank, kaum dass ich den Absatz des Achterdecks erreicht hatte. Aber der Cockney hatte mich nicht verfolgt.

»Sieh einer an, sieh einer an«, hörte ich ihn rufen, »und das alles mit einem lahmen Bein! Komm zurück, du armes Muttersöhnchen. Ich hau dich nicht, nein, ganz bestimmt nicht.«

Ich ging zurück und arbeitete weiter, und hier endete die Episode zunächst einmal, obwohl sie noch weitere Verwicklungen im Gefolge haben sollte. Ich deckte in der Kabine den Frühstückstisch für die Jäger und erwartete sie und die Offiziere um sieben Uhr. Der Sturm hatte sich während der Nacht offensichtlich ausgetobt, obwohl die See immer noch hoch ging und eine steife Brise wehte. Während der Morgenwache war die *Ghost* unter Segel gegangen, sodass sie jetzt mit Ausnahme der beiden Toppsegel und des Außenklüvers voll aufgeheißt dahineilte. Diese drei Segel, so entnahm ich der Unterhaltung, sollten direkt nach dem Frühstück gesetzt werden. Ich erfuhr auch, dass Wolf Larsen so viel wie möglich aus dem Sturm herausholen wollte, der ihn nach Südwesten in jenes Seegebiet trieb, wo er auf den Nordostpassat zu treffen hoffte. Auf diese stetigen Winde setzte er für den größten Teil der Japanreise, wobei er zunächst in weitem Bogen nach Süden und in die Tropen zu segeln und bei Annäherung an die asiatische Küste wieder nach Norden abzubiegen gedachte.

Nach dem Frühstück hatte ich ein weiteres unschönes Erlebnis. Als ich mit dem Geschirrspülen fertig war, säuberte ich den Kajütenofen und trug den Aschekasten an Deck, um ihn auszuleeren. Wolf Larsen und Henderson standen in der Nähe des Ruders, ganz in ihr Gespräch vertieft. Der Matrose Johnson steuerte. Als ich nach Luv hinüberging, sah ich, wie er eine abrupte Kopfbewegung machte, die ich fälschlich für eine Geste des Wiedererkennens und der Begrüßung hielt. In Wirklichkeit wollte er mich veranlassen, meine Asche in Lee auszuleeren. Ohne meinen Fehler zu bemerken, ging ich an Wolf Larsen und dem Jäger vorbei und schüttete meine Asche gegen den Wind über Bord. Der trieb sie zurück, nicht nur mir, sondern auch Henderson und dem Kapitän ins Gesicht. Im nächsten Augenblick trat mich Wolf Larsen so heftig wie einen Köter. Ich hatte nicht gewusst, dass ein Tritt derart schmerzhaft sein konnte. Ich taumelte von ihm weg und lehnte mich halb bewusstlos an die Kajüte. Alles verschwamm mir vor den Augen und mir wurde schlecht. Die Übelkeit übermannte mich, doch gelang es mir noch, bis zur anderen Seite zu kriechen. Aber Wolf Larsen verfolgte mich nicht. Nachdem er sich die Asche von der Kleidung geklopft hatte, nahm er die Unterhaltung mit Henderson wieder auf. Johansen, der die ganze Sache vom Achterdeck aus mit angesehen hatte, schickte ein paar Matrosen nach vorn, um den Schmutz zu beseitigen.

Später am Morgen wurde mir eine Überraschung ganz anderer Art zuteil. Auf Befehl des Kochs war ich in Wolf Larsens Kammer gegangen, um dort Ordnung zu schaffen und das Bett zu machen. Nahe dem Kopfende der Koje befand sich ein Regal voller Bücher. Ich überflog die Sammlung und bemerkte mit Erstaunen Namen wie Shakespeare, Tennyson, Poe und De Quincey. Auch wissenschaftliche Werke waren vorhanden, darunter Tyndall, Proctor und Darwin. Astronomie und Physik fehlten ebenso wenig, und ich stieß auf Bulfinchs *Zeitalter der Fabel*, Shaws *Geschichte der englischen und amerikanischen Literatur* sowie Johnsons *Naturgeschichte* in einer zweibändigen Ausgabe. Mehrere Grammatiken kamen hinzu, unter anderem die von Metcalf, Reed und Kellogg, und ich konnte mir ein Lächeln nicht verkneifen, als mir ein Exemplar mit dem Titel *Korrektes Englisch* in die Augen fiel.

Nach den Erfahrungen, die ich mit ihm gemacht hatte, konnte ich den Mann und diese Bücher nicht zusammenbringen und fragte mich, ob er sie wohl lesen würde. Aber als ich dann sein Bett machte, fand ich eine vollständige Browning-Ausgabe zwischen den Decken, die ihm offensichtlich im Augenblick des Einschlafens entglitten war. Das aufgeschlagene Gedicht hieß »Auf einem Balkon«, und ich bemerkte, dass hier und da Zeilen unterstrichen waren. Als mir der Band wegen heftigen Schlingerns aus den Fingern rutschte, fiel auch noch ein Blatt Papier heraus. Es war vollgekritzelt mit Diagrammen und eigentümlichen Berechnungen. Offensichtlich war dieser schreckliche Mensch nicht der unwissende Tölpel, als der er aufgrund seiner rohen Auftritte unausweichlich erschien. Vielmehr wurde er auf der Stelle rätselhaft. Für sich war jede der beiden Seiten seiner Natur völlig nachvollziehbar, aber zusammen lösten sie Verwirrung aus. Ich hatte schon bemerkt, dass seine Ausdrucksweise vorbildlich war und er sich nur gelegentlich leichte Regelverstöße zuschulden kommen ließ. Natürlich gab es grammatische Fehler zuhauf, wenn er sich mit den Matrosen und Jägern unterhielt, aber das lag am Jargon selbst; die wenigen Sätze jedoch, die er an mich gerichtet hatte, waren klar und fehlerlos gewesen.

Der Blick, den ich von seiner zweiten Seite erhascht hatte, muss mir Mut gemacht haben, denn ich fasste den Entschluss, ihn auf das entwendete Geld hin anzusprechen.

»Ich bin bestohlen worden«, teilte ich ihm kurze Zeit später mit, als ich ihn auf dem Achterdeck antraf, wo er auf und ab ging.

»Sir«, korrigierte er mich, nicht grob, aber bestimmt.

»Ich bin bestohlen worden, Sir«, verbesserte ich mich.

»Wie ist das passiert?«, fragte er.

Daraufhin legte ich ihm die Umstände dar: Wie meine Kleidung zum Trocknen in der Kombüse zurückgeblieben war und wie ich später fast vom Koch verprügelt worden wäre, als ich die Sache erwähnte.

Er lächelte über meine Schilderung. »Langfinger«, folgerte er, »die langen Finger unseres Smutje. Und glaubst du nicht, dass dein armseliges Leben die Investition wert war? Nimm's als Lektion. So allmählich wirst du schon lernen, selbst auf dein Geld aufzupassen. Bisher hat das bestimmt dein Anwalt oder dein Bevollmächtigter für dich erledigt.«

Der versteckte Hohn in seinen Worten entging mir nicht, aber ich fragte: »Wie kann ich es zurückbekommen?«

»Das musst du schon allein ausklamüsern. Hier hast du keinen Anwalt oder Bevollmächtigten und bist auf dich selbst angewiesen. Wenn du einen Dollar in die Finger bekommst, halt ihn fest. Jemand, der sein Geld wie du herumliegen lässt, verdient es nicht besser. Außerdem hast du gesündigt. Du hast kein Recht, deine Mitgeschöpfe in Versuchung zu führen. Du hast den Smutje verleitet, und er ist der Versuchung erlegen. Damit hast du seine unsterbliche Seele in Gefahr gebracht. Glaubst du übrigens an die Unsterblichkeit der Seele?«

Als er die Frage stellte, hoben sich langsam seine Lider, und mir war, als täten sich Abgründe auf und seine Seele läge unverhüllt vor mir. Aber das war Einbildung. So tief ihm der Einblick auch vorgekommen sein mag, noch nie hat jemand in die Seele Wolf Larsens gesehen oder sie auch nur von fern zu Gesicht bekommen – davon bin ich überzeugt. Wie ich erfahren sollte, war es eine sehr einsame Seele, die sich nicht enthüllte, obwohl sie in seltenen Augenblicken so tat, als ließe sie die Maske fallen.

»Ich sehe die Unsterblichkeit in Ihrem Blick«, antwortete ich und unterschlug das »Sir« – ein Versuch, der mir durch die Vertraulichkeit unseres Gesprächs gerechtfertigt schien.

Er nahm keine Notiz davon. »Was du siehst, ist Leben, aber das muss nicht notwendig ewig dauern.«

»Ich erkenne mehr als das«, setzte ich kühn hinzu.

»Dann ist es das Bewusstsein. Du erkennst die Bewusstheit lebendigen Lebens, aber nichts darüber hinaus, keine Unendlichkeit.«

Wie klar seine Gedanken waren, und wie gut er sie ausdrücken konnte! Er hatte mich neugierig gemustert und drehte jetzt den Kopf, um die Augen über die bleierne See in Luv wandern zu lassen. Sein Blick trübte und entleerte sich, die Züge um seinen Mund wurden streng und hart. Offenbar war er in einer pessimistischen Stimmung.

»Wozu denn?«, fragte er abrupt und wandte sich mir erneut zu. »Wenn ich unsterblich bin – weshalb?«

Ich stutzte. Wie konnte ich diesem Menschen eine Vorstellung von meinem Idealismus vermitteln? Wie sollte ich in Worte kleiden, was man fühlt wie eine im Schlaf gehörte Melodie, etwas, das allen Zweifel beseitigt und doch unser Ausdrucksvermögen übersteigt.

»Wenn Sie nicht daran glauben, woran dann?«, konterte ich.

»Ich glaube, dass das Leben ein großes Durcheinander ist«, antwortete er ohne Zögern. »Wie Hefe oder ein Ferment, etwas, das sich regt und eine Minute, eine Stunde, ein Jahr oder hundert Jahre lang bewegt, aber schließlich und endlich doch wieder erstarrt. Die Großen fressen die Kleinen, damit sie in Bewegung bleiben können, die Starken verschlingen die Schwachen, um ihre Kraft zu erhalten. Die Glücklichen fressen das meiste und rühren sich am längsten, damit hat sich's. Was hältst du von diesen Wesen da?«

Er gestikulierte ungeduldig und deutete mit einer weit ausholenden Armbewegung auf ein paar Matrosen, die mittschiffs an einem Tau herumspleißten.

»Sie bewegen sich; Quallen tun das auch. Sie regen sich fürs Futter, das sie weiter in Bewegung hält. So sieht es aus. Sie leben für ihren Magen und ihr Magen für sie. Alles dreht sich im Kreis. Und auch die da können nicht ausbrechen. Am Ende kommen sie unweigerlich zum Stillstand. Sie bewegen sich nicht mehr. Sie sind tot.«

»Aber sie träumen«, unterbrach ich ihn, »sie haben glanzvolle, strahlende Träume …«

»Vom Futtern«, setzte er kurz und bündig hinzu.

»Und von höheren …«

»Futterbergen. Sie träumen von größerem Appetit und von glücklicheren Umständen, um ihn zu befriedigen.« Seine Stimme klang hart, und er sprach ohne Ironie. »Denn sie fantasieren von erfolgreichen Reisen, die ihnen mehr Geld einbringen werden, davon, Schiffsmaat zu werden und ihr Glück zu machen – kurz, alles läuft darauf hinaus, ihresgleichen besser ausbeuten zu können, keine Nachtwache schieben zu müssen, gut zu essen und für die Drecksarbeit jemand anderen einzuteilen. Du und ich sind auch nicht besser. Es gibt keinen Unterschied mit Ausnahme der Tatsache, dass wir mehr und besser gegessen haben. Ich zehre jetzt von ihnen und du auch. Aber in der Vergangenheit hast du dir mehr einverleibt als ich. Du hast in besseren Betten geschlafen, bessere Sachen getragen, gute Mahlzeiten zu dir genommen. Wer hat die Betten gemacht, die Kleidung angefertigt, die Speisen zubereitet? Du nicht. Du hast nie etwas im Schweiße deines Angesichts hergestellt. Du lebst von einem Vermögen, das dein Vater verdient hat. Du bist wie ein Fregattvogel, der auf die Tölpel herabstößt und ihnen die Fische abjagt, die sie gefangen haben. Du machst gemeinsame Sache mit einer Zusammenrottung von Menschen, die sich eine Regierung nennen und zu Herren aller anderen aufgeworfen haben, um das zu verzehren, was andere heranschaffen und nur zu gern selbst aufessen würden. Du trägst die warmen Sachen. Sie haben sie angefertigt, laufen aber selbst frierend in ihren Lumpen herum und bitten dich, den Anwalt oder den Bevollmächtigten, der dein Geld verwaltet, um Arbeit.«

»Aber das ist ein ganz anderes Thema«, stieß ich hervor.

»Ganz und gar nicht.« Er sprach jetzt schnell, und seine Augen blitzten. »Diese gierige Gefräßigkeit ist das Leben. Und welchen Sinn oder Nutzen hätte deren Unsterblichkeit? Wo liegt der Zweck? Was soll die ganze Geschichte? Du hast nichts Nahrhaftes produziert. Und doch hätte die Nahrung, die du verzehrt oder verschwendet hast, zwanzig jener Elendsgestalten das Leben retten können, die diese Nahrungsmittel gemacht, sie aber nicht gegessen haben. Welchem unsterblichen Zweck hast du gedient? Oder sie? Betrachte uns beide. Was ist die von dir gerühmte Unsterblichkeit wert, wenn dein Leben mit meinem kollidiert? Du gingst liebend gern an Land zurück, wo deine Art von Gefräßigkeit bestens aufgehoben ist. Aus einer Laune heraus behalte ich dich an Bord dieses Schiffes, wo meine Gefräßigkeit prächtig gedeiht. Und hier bleibst du! Vielleicht mache ich einen ganzen Kerl aus dir, oder ich bin dein Ruin. Mag sein, dass du heute stirbst, diese Woche oder im nächsten Monat. Ich könnte dich auf der Stelle mit einem Faustschlag umbringen, denn du bist ein jämmerlicher Schwächling. Aber wenn wir unsterblich sind, weshalb benehmen wir uns dann so? Ein Leben lang gefräßig zu sein wie du und ich, das scheint mir für Unsterbliche wohl kaum die richtige Beschäftigung. Also noch einmal, was soll das alles? Warum habe ich dich hierbehalten? –«

»Weil Sie stärker sind«, platzte ich heraus.

»Aber wieso stärker«, drehte sich das Fragekarussell weiter. »Weil ich ein größeres Stück Ferment bin als du? Verstehst du denn immer noch nicht?«

»Aber die Hoffnungslosigkeit des Ganzen«, wandte ich ein.

»Ganz meine Meinung«, antwortete er. »Also warum überhaupt Bewegung und damit Leben? Wenn wir uns nicht bewegten und Teil der Hefe würden, gäbe es diese Hoffnungslosigkeit nicht. Aber – und da haben wir die Ursache – wir wollen leben und uns regen, obwohl wir um gute Gründe verlegen sind, weil das nun einmal in der Natur des Lebens liegt. Lägen die Dinge anders, wäre das Leben ausgestorben. Und weil du diesen Lebenswillen in dir hast, träumst du von der Unsterblichkeit. Der Lebensfunke in dir will in alle Ewigkeit weiterglühen. Pah! Die Verewigung der Gefräßigkeit.«
Er machte auf dem Absatz kehrt und marschierte los. Am Ende des Achterdecks hielt er an und rief mich zu sich.
»Wieviel hat sich der Smutje übrigens unter den Nagel gerissen?«, fragte er.
»Einhundertfünfundachtzig Dollar, Sir«, gab ich zur Antwort.
Er nickte. Einen Moment später, als ich die Treppe zur Kajüte hinunterstieg, um den Tisch für das Abendessen zu decken, hörte ich, wie er mittschiffs ein paar Mannschaftsmitglieder mit Flüchen überschüttete.

## 6. KAPITEL

Am folgenden Morgen war der Sturm gänzlich abgeflaut, und die *Ghost* rollte sacht in der ruhigen See. Ab und zu war in der Flaute immerhin ein Windhauch spürbar, und Wolf Larsen schritt unentwegt das Achterdeck ab, wobei seine Augen die See im Nordosten absuchten, von wo der Passat kommen musste.

Alle Mann waren an Deck und damit beschäftigt, die Boote für die Jagdsaison herzurichten. An Bord sind insgesamt sieben Boote, das Dingi des Kapitäns und die sechs anderen, die die Jäger benutzen. Die Bootsbesatzung besteht aus drei Leuten, dem Jäger, dem Ruderer und dem Steuermann. Die Gruppe der Ruderer und Steuerleute bildete an Bord des Schoners die Besatzung. Aber auch die Jäger wurden zu den Wachen eingeteilt und unterstanden jederzeit dem Befehl von Wolf Larsen.

All dies und mehr habe ich gelernt. Die *Ghost* gilt als der schnellste Schoner in den Flotten von San Francisco und Victoria. Schließlich war sie früher eine Privatjacht und auf Geschwindigkeit ausgelegt. Ihre Linienführung und ihre Ausstattung – Sachen, von denen ich im Übrigen nicht die geringste Ahnung habe – sprechen für sich selbst. Johnson hat mir das bei einem kurzen Schwatz, den ich gestern während der zweiten Hundewache mit ihm hielt, erzählt. Er sprach mit Begeisterung über das Schiff, und offenbar begegnet er diesem eleganten Fahrzeug mit einer Liebe, wie sie andere gegenüber Pferden empfinden. Die Reiseaussichten gefallen ihm ganz und gar nicht, und er gab mir zu verstehen, dass Wolf Larsens Ruf unter den Robbenfängerkapitänen denkbar schlecht ist. Die *Ghost* selbst hatte Johnson dazu verführt, für diesen Törn anzuheuern, aber er fing schon an, seine Entscheidung zu bedauern.

Wie er mir sagte, ist die *Ghost* ein Schoner von achtzig Bruttoregistertonnen und bemerkenswert guter Bauweise. Ihre Breite beträgt acht, ihre

Länge etwas mehr als dreißig Meter. Ein Bleikiel von sagenhaftem Gewicht – genaue Zahlen kennt niemand – macht sie trotz der enormen Segelfläche sehr stabil. Vom Deck bis zum Flaggenkopf des Großmastes sind es rund dreiunddreißig Meter, während der Fockmast mit seiner Bramstenge zwei oder drei Meter kürzer ist. Ich erwähne diese Einzelheiten, damit die Ausmaße dieser schwimmenden Welt, die zweiundzwanzig Mann beherbergte, deutlich werden. Es war ein sehr kleines Zuhause, ein Stäubchen, ein Nichts, und ich kann es immer noch nicht fassen, dass Menschen sich mit einer so winzigen und zerbrechlichen Konstruktion aufs Meer hinauswagen.

Wolf Larsen steht auch in dem Ruf, rücksichtslos zu übertakeln. Ich habe mitbekommen, wie Henderson und ein anderer Jäger darüber sprachen. Vor zwei Jahren hatte er die *Ghost* während eines Sturms in der Beringsee entmastet, und daraufhin wurden die jetzigen Mastbäume installiert, die in jeder Beziehung stärker und schwerer waren. Als sie aufgestellt wurden, soll er bemerkt haben, er wolle mit seinem Boot lieber kentern, als noch einmal die Masten verlieren.

Mit Ausnahme von Johansen, der durch seine Beförderung ganz überwältigt ist, scheint jeder der Männer an Bord eine Entschuldigung fürs Anheuern auf der *Ghost* zu haben. Die Männer im Vorschiff sind vorher zur Hälfte auf Hochseeklippern gefahren und reden sich damit heraus, nichts über das Schiff und seinen Kapitän gewusst zu haben. Und die, die im Bilde waren, behaupten hinter vorgehaltener Hand, dass die Jäger zwar ihr Handwerk ausgezeichnet verstünden, aber wegen ihrer Streitsucht und ihrer Schurkereien schon so berüchtigt wären, dass sie auf keinem anständigen Schoner mehr unterkommen könnten.

Ich habe inzwischen die Bekanntschaft eines weiteren Mannschaftsmitglieds gemacht – Louis heißt er, ein rundlicher Ire aus Nova Scotia mit einem jovialen Gesicht. Er ist ein sehr geselliger Mensch und redet, solange er einen Zuhörer hat. Nachmittags, als der Koch unter Deck schlief und ich die ewigen Kartoffeln schälte, kam Louis in die Kombüse, um sein Seemannsgarn zu spinnen. Seine Entschuldigung dafür, an Bord zu sein, lautete, er sei beim Unterschreiben betrunken gewesen. Er versicherte mir wieder und wieder, dass er im nüchternen Zustande nicht im Traum so gehandelt haben würde. Anscheinend fährt er schon seit zehn oder zwölf Jahren regelmäßig zur Robbenjagd, und er gilt als einer der zwei oder drei besten Steuerleute auf den Beibooten beider Flotten.

»Ah, mein Junge«, sagte er mit einem nichts Gutes verheißenden Kopfschütteln, »dies ist der schlimmste Schoner, den du dir aussuchen konntest, und dabei warst du noch nicht einmal betrunken wie ich. Die Robbenjagd ist ein Seemannsparadies – auf allen anderen Schiffen. Der Maat war der Erste, aber, mein Wort drauf, vor dem Ende der Reise wird es noch mehr Tote geben. Unter uns gesagt, und ich hoffe, der Pfosten da kann schweigen, dieser Wolf Larsen ist ein wahrer Teufel, und die *Ghost* wird sich als der Höllenkahn erweisen, der sie immer gewesen ist, seit er sie in die Finger bekam. Ich weiß Bescheid! Und ob! Ich erinnere mich an Hakodate, wo er vor zwei Jahren Streit bekam und vier seiner eigenen Leute erschoss. War nämlich an Bord der *Emma L.* Und keine dreihundert Yards weg. Und dann hat er im selben Jahr noch jemand mit einem Faustschlag vom Leben zum Tod befördert. Yes, Sir, über den Jordan. Der Kopf muss dem zersprungen sein wie eine Eierschale. Und sind der Gouverneur der Kura-Inseln und der Polizeipräfekt, beides Japaner, nicht eines Tages als seine Gäste an Bord gekommen samt ihren Frauen – niedliche kleine Dinger, wie man sie auf bemalten Fächern findet. Und als er in Fahrt kam, sind da nicht die liebenden Gatten wie durch ein Versehen in ihrem Sampan achternaus zurückgeblieben? Und hat man die armen Damen nicht eine Woche später auf der gegenüberliegenden Inselseite abgesetzt, sodass sie keine andere Wahl hatten, als auf ihren klitzekleinen Strohsandalen, die sich nach einer Meile auflösen, über die Berge nach Hause zu laufen? Ich weiß Bescheid. So ein Ungeheuer ist dieser Wolf Larsen – das Große Tier der Offenbarung, und es wird kein gutes Ende mit ihm nehmen. Aber ich will kein Wort gesagt haben, verstehst du. Keine Silbe ist über meine Lippen gekommen, denn der alte dicke Louis will die Reise überleben, auch wenn hier Mann und Maus untergehen.«

»Wolf Larsen!«, schnaubte er einen Augenblick später. »Hör dir den Namen nur genau an! Ein Wolf – das ist er. Er hat kein böses Herz wie manche Leute. Er hat überhaupt keins. Sein Wesen ist wölfisch, einfach wölfisch. Wundert's dich immer noch, dass sie ihn so passend getauft haben?«

»Aber wenn jedem klar ist, mit wem er es zu tun hat«, wollte ich wissen, »wieso kriegt er dann Leute dazu, bei ihm zu fahren?«

»Wie kriegt man Leute dazu, auf Gottes Erdboden oder seinen Fluten überhaupt etwas zu tun?«, fragte er mit keltischem Feuer zurück. »Wie hätte ich an Bord geraten können, wenn ich nicht sturzbetrunken gewesen wäre, als ich meinen Namen aufs Papier setzte? Da sind die, die wie die Jäger nicht mehr auf besseren Booten unterkommen, und die, die keine Ahnung haben, wie die armen Windjammerteufel im Vorschiff. Aber es wird ihnen noch aufgehen, ganz bestimmt geht es ihnen noch auf, und es wird ihnen leid tun, dass sie überhaupt auf die Welt gekommen sind. Ich würde Tränen vergießen um diese bedauernswerten Geschöpfe, könnte ich vorher nur den armen alten dicken Louis vergessen und das, was er hier alles noch durchmachen muss. Aber über meine Lippen ist nie eine Silbe gekommen, verstehst du, keine Silbe.«

»Die Jäger sind ein übles Völkchen«, brach es wieder aus ihm heraus, denn er litt unter angeborener Redewut. »Aber warte nur ab, bis die gute Laune verfliegt und sie sich in die Haare kriegen. Dann wird er es ihnen schon zeigen. Der pflanzt ihnen noch die Gottesfurcht in die rabenschwarzen Herzen. Sieh dir nur mal meinen Jäger an, Horner. ›Jock‹ Horner nennen sie ihn, und er ist so ruhig, umgänglich und freundlich wie ein Mädchen, als könne er kein Wässerchen trüben. Und doch hat er letztes Jahr seinen Steuermann umgebracht. Sie haben es als bedauernswerten Unfall hingestellt, aber ich habe seinen Ruderer in Yokohama getroffen, und der hat mir reinen Wein eingeschenkt. Und dann ist da Smoke, der kleine schwarze Satan – den haben die Russen für drei Jahre in die Salzminen von Sibirien gesteckt, weil er auf Copper Island, das ein russisches Protektorat ist, gewildert hatte. An Händen und Füßen war er mit einem Mitgefangenen zusammengeschmiedet. Dann gab es wohl eine Auseinandersetzung oder Schlägerei – denn Smoke schickte den anderen in einem Eimer den Schacht hoch, Stück für Stück, heute ein Bein, morgen einen Arm, übermorgen den Kopf und so weiter.«

»Das meinen Sie nicht ernst!«, rief ich aus, von der Furchtbarkeit des Geschehens überwältigt.

»Was soll ich gemeint haben?«, fragte er blitzschnell zurück. »Ich habe kein Sterbenswörtchen gesagt. Taub und stumm bin ich, und du solltest es genauso machen, schon wegen deines alten Mütterleins. Und wenn ich mal den Mund aufmache, so nur, um die Jäger über den grünen Klee zu loben und ihn natürlich auch, Gott verfluche seine Seele, er soll zehntausend Jahre im Fegefeuer schmoren und dann zur tiefsten und letzten Hölle fahren.«

Johnson, der mich wund massiert hatte, als ich an Bord kam, schien auf dem ganzen Schiff aus dem geradesten Holz zu sein. Und wirklich hatte er nichts Zwiespältiges an sich. Seine Direktheit und Mannhaftigkeit machten sofort Eindruck, zumal sie durch eine Bescheidenheit abgemildert wurden, die man hätte für Schüchternheit halten können. Aber schüchtern war er nicht. Vielmehr besaß er den Mut, zu seinen Überzeugungen zu stehen, und war sich seines mannhaften Wesens sicher. Diese Charaktereigenschaften ließen ihn zu Beginn unserer Bekanntschaft dagegen aufbegehren, Yonson genannt zu werden. Und auch darüber und über ihn hielt Louis mit seinen Richtersprüchen und Prophezeiungen nicht hinter dem Berg.

»'nen prima Kerl haben wir da im Vorschiff, diesen Dickschädel Johnson«, sagte er. »Der beste Seemann in der Back. Er ist mein Puller. Aber so sicher die Funken nach oben fliegen, so sicher wird er mit Wolf Larsen aneinandergeraten. Ich weiß Bescheid. Ich kann's kommen und aufziehen sehen wie einen Sturm am Himmel. Wie einen Bruder hab ich ihn bekniet, aber er sieht keinen Grund, seine Befeuerung abzustellen oder falsche Signalflaggen hochgehen zu lassen. Er murrt, wenn die Dinge nicht nach seiner Mütze gehen, und irgendein Plappermaul findet sich immer, das beim Wolf petzt. Der Wolf ist stark, und es liegt in seiner Natur, andere Stärke zu hassen. Und die wird er in Johnson entdecken – kein Zu-Kreuze-Kriechen und ›Yes, Sir, schönen Dank, Sir‹ nach einem Fluch oder Schlag. Oh, ich seh's kommen, ich seh's kommen. Weiß der Himmel, wo ich einen anderen Ruderer hernehmen soll. Warum muckt der

Trottel auf, wenn der Alte ihn Yonson nennt: ›Mein Name ist Johnson, Sir‹ und buchstabiert's ihm dann auch noch vor. Das Gesicht des Alten hättest du sehen sollen! Ich dachte, er hätte ihn auf der Stelle verdroschen. Tat er nicht, holt er aber noch nach, und das wird dem Dickkopf das Rückgrat brechen – oder ich habe keine Ahnung, wie es unter Seeleuten zugeht.«

Thomas Mugridge wird unerträglich. Er zwingt mich, ihn bei jeder Gelegenheit mit Mister und Sir anzureden. Einer der Gründe dafür ist, dass Wolf Larsen ihn anscheinend ins Herz geschlossen hat. Dass ein Kapitän dick mit seinem Koch befreundet ist, war wohl noch nie da, aber genau darauf hat es Wolf Larsen offensichtlich angelegt. Zwei- oder dreimal hat er seinen Kopf in die Kombüse gesteckt und Mugridge gut gelaunt aufgezogen, und heute Nachmittag stand er sogar auf dem Absatz des Achterdecks und hat eine geschlagene Viertelstunde mit ihm geplaudert. Als es vorbei war und Mugridge wieder in der Kombüse stand, strahlte er wie frisch eingefettet und sang bei der Arbeit Lieder fliegender Händler – und das mit einer misstönenden Fistelstimme, die einem die letzten Nerven raubte.

»Mit den Offizieren komm' ich immer klar«, zog er mich ins Vertrauen. »Ich weiß, wie man's anstellt und sich 'ne Reputation erwirbt. Also, mein letzter Skipper – da war es ganz selbstverständlich, dass ich mal auf ein Schwätzchen und ein Glas unter Freunden in seine Kammer kam. ›Mugridge‹, sagte der zu mir, ›Mugridge‹, sagte der, ›du hast deinen Beruf verfehlt.‹ ›Und wie das?‹, sag ich. ›Du hättest als Gentleman auf die Welt kommen sollen und keinen Finger krumm machen müssen.‹ Ich will auf der Stelle tot umfallen, Döspaddel, wenn das nicht seine Worte waren. Und ich saß da in seiner Kammer, guter Dinge und aufs Bequemste, rauchte seine Zigarren und trank seinen Rum.«

Dieses Gequatsche brachte mich zur Raserei. Ich habe noch keine Stimme so gehasst. Sein öliger, einschmeichelnder Tonfall, sein aalglattes Lächeln, seine absurde Aufgeblasenheit gingen mir derart auf die Nerven, dass ich an allen Gliedern zitterte. Er war fraglos die widerwärtigste und abstoßendste Person, die mir je über den Weg gelaufen war. Seine Unsauberkeit beim Kochen spottete jeder Beschreibung, und weil jedes Gericht, das an Bord gegessen wurde, aus seinen Töpfen kam, war ich gezwungen, alles, was ich zu mir nahm, mit großer Vorsicht auszusuchen, und mich nur bei seinen weniger schmuddeligen Manschereien zu bedienen.

Meine Hände, die keine Arbeit gewohnt waren, machten mir sehr zu schaffen. Die Nägel verfärbten sich und wurden schwarz, während der Schmutz sich so in der Haut festsetzte, dass nicht einmal eine Scheuerbürste dagegen half. Dann entwickelten sich schmerzhafte Blasen ohne Ende, und an meinem Unterarm hatte ich eine große Verbrennung, die daher rührte, dass ich einmal beim Rollen des Schiffes das Gleichgewicht verloren hatte und an den Kombüsenherd gestoßen war. Auch der Zustand meines Knies war noch der alte. Die Schwellung war nicht zurückgegangen, und die Kniescheibe stand immer noch hochkant. Dass ich von morgens bis abends auf dem Bein herumhumpelte, tat ihm auch nicht besonders gut. Wenn ich wieder gesund werden wollte, brauchte ich vor allem Ruhe.

Ruhe. Die wahre Bedeutung dieses Wortes war mir vorher nie aufgegangen. Ich hatte mich mein ganzes Leben lang ausgeruht und es nicht einmal bemerkt. Aber wenn ich jetzt eine halbe Stunde still sitzen konnte und nichts zu tun brauchte – nicht einmal denken –, war mir das das größte Vergnügen, das die Welt zu bieten hatte. Andererseits ist es auch eine Art Offenbarung. Das Leben der Arbeiterklasse erscheint mir jetzt in einem ganz anderen Licht. Ich wusste nicht, dass Arbeiten so schrecklich sein kann. Von morgens halb sechs bis abends um zehn bin ich jedermanns Sklave und habe keinen Augenblick für mich selbst, außer denen, die ich zum Ende der zweiten Hundewache abknapsen kann. Kaum nehme ich mir eine Minute Zeit, um das Funkeln der Sonnenstrahlen auf dem Meer zu betrachten oder einem Matrosen zuzusehen, der zum Gaffeltoppsegel hochklettert oder auf dem Bugspriet balanciert, ertönt ganz bestimmt diese verhasste Stimme: »He, du, Döspaddel, faulenz' nicht rum. Du hast meine Klüsen im Nacken.«

Im Zwischendeck gibt es Anzeichen für zunehmend dicke Luft, und es geht das Gerücht, Smoke und Henderson hätten eine handgreifliche

Auseinandersetzung gehabt. Henderson scheint der anständigste der Jäger zu sein, ein behäbiger Mensch, den so schnell nichts aus der Ruhe bringt. Aber Smoke muss es doch geschafft haben, denn anschließend lief er mit einem blauen Auge herum und sah besonders gemein aus, als er zum Abendessen in die Kajüte kam.

Kurz vorher ereignete sich ein grausamer Vorfall, der die Abgestumpftheit und Animalität dieser Männer verdeutlicht. Es gibt einen Grünschnabel in der Mannschaft, Harrison mit Namen, einen unbeholfenen Jungen vom Land, der wohl von der Abenteuerlust getrieben zum ersten Mal zur See fährt. In den schwachen und umspringenden Winden hatte das Boot oft über Stag gehen müssen, wobei die Segel von einer Seite auf die andere schwenken und ein Mann nach oben muss, um das Vorgaffeltoppsegel zu bedienen. Als Harrison dabei war, klemmte irgendwie die Schot in dem Block, durch den sie am Ende der Gaffel geführt wird. Nach meinem Kenntnisstand gibt es zwei Möglichkeiten, sie wieder freizubekommen – entweder man holt das Schonersegel nieder, was relativ einfach und gefahrlos ist, oder man klettert über das Piekfall selbst bis zum Ende der Gaffel, ein äußerst risikoreiches Unterfangen.

Johansen befahl Harrison, Letzteres zu tun. Es war jedem klar, dass der Junge Angst hatte. Und das war ihm auch nicht zu verdenken, wenn er sich fünfundzwanzig Meter über dem Deck diesen dünnen und tückischen Seilen anvertrauen sollte. Bei einer stetigen Brise wäre das alles halb so schlimm gewesen, aber die *Ghost* rollte leer in einer langen Dünung, und bei jedem Hin- und Herschwingen flappte das Segel und füllte sich wieder, und die Falltaue hingen durch und wurden dann wieder zum Zerreißen gespannt. Sie konnten dabei einen Mann wegschleudern wie eine auf einer Peitschenschnur sitzende Fliege.

Harrison hörte den Befehl und verstand, was von ihm verlangt wurde, zögerte aber trotzdem. Wahrscheinlich war er zum ersten Mal in seinem Leben in den Wanten. Johansen, der sich von Larsens herrischem Wesen hatte anstecken lassen, stieß einen Schwall von Flüchen und Beleidigungen aus.

»Das reicht, Johansen«, sagte Wolf Larsen barsch, »ich erledige auf diesem

Schiff das Fluchen. Wenn ich deine Hilfe brauche, sage ich Bescheid. Merk dir das!«

»Yes, Sir«, bestätigte der Maat unterwürfig.

Inzwischen hatte sich Harrison auf das Fall hinausbegeben. Ich blickte aus der Kombüsentür zu ihm hoch, und ich konnte sehen, dass er wie im Fieber am ganzen Körper zitterte. Er arbeitete sich langsam und vorsichtig vor, Zentimeter um Zentimeter. Gegen den blauen Himmel sah er aus wie eine riesige Spinne, die über die Fäden ihres Netzes vorwärtskriecht. Es ging etwas bergauf, denn die Gaffelpiek war hoch angesetzt, und das Fall, das an der Gaffel und am Mast durch mehrere Blöcke lief, gab unabhängig voneinander seinen Händen und seinen Füßen Halt. Die Schwierigkeit lag darin, dass der Wind nicht kräftig genug war, die Segel ständig zu füllen. Als er den halben Weg hinter sich hatte, krängte die *Ghost* weit nach Luv und schwenkte dann in einem Wellental wieder zurück. Harrison stellte seine Fortbewegung ein und klammerte sich fest. Fünfundzwanzig Meter tiefer konnte ich sehen, wie sich seine Muskeln verkrampften, weil es ums nackte Überleben ging. Das Segel flappte, und die Gaffel schwang nach mittschiffs herum. Das Fall wurde schlaff, und obwohl alles sehr schnell ging, konnte ich sehen, wie es unter seinem Körpergewicht durchsackte. Dann schwang die Gaffel ganz plötzlich wieder aus, das große Segel blähte sich mit einem Donnerschlag, und die drei Reihen von Reffbändseln prasselten wie eine Gewehrsalve gegen das Segeltuch. Harrison, der sich immer noch festhielt, fuhr auf einer schwindelerregenden Bahn durch die Luft. Dann kam die Bewegung abrupt zum Stillstand. Das Fall straffte sich augenblicklich wie eine Peitschenschnur. Es ging über seine Kräfte. Eine Hand verlor den Halt, mit der anderen klammerte er sich noch einen Moment verzweifelt fest, bevor das Tau ihm auch hier aus den Fingern schnellte. Sein Körper wurde nach hinten geschleudert, stürzte, aber irgendwie schaffte er es, sich mit den Beinen einzuhaken und sein Leben zu retten. Kopfüber hing er dort oben. Mit einem schnellen Einknicken brachte er die Hände wieder ans Tauwerk, aber er brauchte lange, um erneut in die Ausgangsstellung zu kommen, in der er verharrte – ein Bild des Jammers.

»Wetten, dass er zum Abendessen nicht den rechten Appetit mitbringt«, hörte ich Wolf Larsen hinter der Kombüsenecke sagen. »Zur Seite, Johansen. Pass auf. Gleich kommt's.«

Und wirklich war es Harrison so übel wie jemandem, der seekrank ist. Eine ganze Zeit lang klammerte er sich an seine wackelige Spiere, ohne ein Glied zu rühren. Johansen aber trieb ihn rücksichtslos an, seine Aufgabe zu erledigen.

»Eine Schande ist das«, hörte ich Johnson in seinem quälend langsamen und übergenauen Englisch brummen. Er stand neben dem Haupttrigg, einen Schritt von mir entfernt. »Der Junge gibt sich doch alle Mühe. Er lernt das schon, wenn man ihm nur Gelegenheit dazu gibt. Aber das ist – « Er machte eine kleine Pause, denn sein letztes Wort lautete »Mord«.

»Still doch«, zischelte ihm Louis zu. »Halt den Mund, wenn dir dein altes Mütterchen lieb ist.«

Aber Johnson sah weiter zu und hörte nicht auf zu murren.

»Hören Sie«, wandte sich Standish, der Jäger, an Wolf Larsen, »das ist mein Puller, und ich will ihn nicht verlieren.«

»In Ordnung, Standish«, lautete die Antwort. »Er ist dein Ruderer, wenn du ihn in deinem Boot hast, aber hier an Bord ist er mein Matrose, und hier mache ich mit ihm, was ich will, verdammt noch eins.«

»Aber das ist kein Grund …«, begann es aus Standish herauszusprudeln.

»Es langt, und immer schön ruhig«, setzte Larsen dagegen. »Ich hab dir gesagt, wie die Dinge liegen, und dabei lassen wir es bewenden. Der Mann gehört mir, und wenn mir der Sinn danach steht, koche ich Suppe aus ihm und esse sie auf.«

Die Augen des Jägers funkelten ärgerlich, aber er machte auf dem Absatz kehrt und ging zur Zwischendecktreppe, von wo aus er das weitere Geschehen verfolgte. Alles war jetzt an Deck, die Augen nach oben gerichtet, wo es um Leben oder Tod ging. Die Teilnahmslosigkeit jener Leute, denen die industrielle Zivilisation Gewalt über Menschenleben gab, war entsetzlich. Ich, der ich fern dem Mahlstrom der Welt gelebt hatte, hätte mir nie träumen lassen, dass die anfallende Arbeit auf diese Weise erledigt würde. Das Leben schien mir immer besonders heilig zu sein, aber hier zählte es nicht, war eine bloße Ziffer in kommerziellen Berechnungen. Ich muss allerdings zugestehen, dass die Matrosen selbst mitfühlend waren, wie das Verhalten Johnsons beweist. Aber die Herren (die Jäger und der Kapitän) waren von herzloser Gleichgültigkeit. Sogar der Einspruch Standishs rührte nur daher, dass er seinen Ruderer nicht verlieren wollte. Wäre es der Ruderer eines anderen Jägers gewesen, hätte er, wie sie, nur amüsiert danebengestanden.

Aber wenden wir uns wieder Harrison zu. Johansen brauchte volle zehn Minuten, um den armen Wicht mit Schmähungen und Beschimpfungen wieder in Bewegung zu bringen. Wenig später hatte er das Ende der Gaffel erreicht, wo er sich, rittlings auf dem Rundholz sitzend, besser festhalten konnte. Er löste die verklemmte Schot und hatte jetzt nur noch den leicht abschüssigen Rückweg über das Fall bis zum Mast vor sich. Aber er war mit seinen Nerven am Ende. So unsicher seine jetzige Position war, so sehr sträubte er sich dagegen, sie gegen die noch gefährlichere auf dem Fall einzutauschen.

Er besah sich den luftigen Pfad, den er hinter sich bringen musste, und blickte dann auf das Deck hinunter. Seine Augen waren weit aufgerissen und starr, und er zitterte heftig. Noch nie hatte ich ein menschliches Gesicht gesehen, das so drastisch den Stempel der Angst trug. Umsonst forderte ihn Johansen auf, herunterzusteigen. In jedem Augenblick konnte er von der Gaffel heruntergeschleudert werden, aber die Angst hatte ihn gelähmt. Wolf Larsen, der auf und ab ging und sich dabei mit Smoke unterhielt, schenkte ihm keine Beachtung mehr, obwohl er einmal dem Rudergänger schneidend zurief: »Du bist vom Kurs abgekommen, Kerl. Pass auf, oder du kriegst Ärger!«

»Aye, aye, Sir«, antwortete der Mann am Ruder und drehte es einige Spaken zurück.

Sein Vergehen war gewesen, dass er die *Ghost* ein paar Strich vom Kurs hatte abfallen lassen, damit das bisschen Wind, das überhaupt ging, das Schonersegel füllte und die Leinen straff hielt. Er hatte versucht, dem unglücklichen Harrison zu helfen, auch auf die Gefahr hin, sich Wolf Larsens Ärger zuzuziehen.

Die Zeit verging, und für mich war die Anspannung schrecklich. Thomas Mugridge dagegen fand die Angelegenheit lächerlich und steckte seinen Kopf dauernd aus der Kombüsentür, um Witzchen zu reißen. Wie ich ihn hasste! Und welch riesige Ausmaße mein Hass gegen ihn während dieser angsterfüllten Minuten erreichte! Erstmals in meinem Leben hatte ich das Verlangen zu morden – »sah rot«, wie das einige Schriftsteller in ihrer malerischen Sprache ausdrücken. Das Leben im Allgemeinen mochte schon heilig sein, aber das Leben in diesem besonderen Fall, der sich Thomas Mugridge nannte, war eine ganz und gar profane Sache geworden. Ich erschrak, als mir bewusst wurde, dass ich rot sah, und die Frage fuhr mir durch den Kopf, ob die Brutalität meiner Umgebung schon auf mich abgefärbt hatte. Auf mich, der sogar bei den schändlichsten Verbrechen die Berechtigung und Gerechtigkeit der Todesstrafe in Abrede gestellt hatte.

Eine volle halbe Stunde verstrich, und dann sah ich, dass sich Johnson und Louis stritten. Es endete damit, dass Johnson Louis' Arm zur Seite stieß, der ihn aufhalten wollte, und losmarschierte. Er überquerte das Deck, schwang sich in das Takelwerk und kletterte los. Aber schon hatte ihn Wolf Larsen gesehen.

»He, du, was hast du vor«, rief er.

Johnson unterbrach seinen Aufstieg. Er sah seinem Kapitän in die Augen und antwortete bedächtig: »Ich hol' den Jungen runter.«

»Du kommst sofort aus dem Geschirr, und zwar wie ein geölter Blitz. Verstanden? Runter da!«

Johnson zögerte, aber dann übermannten ihn die langen Jahre, in denen er den Befehlen des Schiffsherrn hatte gehorchen müssen, und verdrossen ließ er sich aufs Deck fallen und ging nach vorn.

Um halb sechs begab ich mich nach unten, um den Kajütentisch zu decken, aber ich wusste kaum, was ich tat, denn das Bild eines bleichen und zitternden Menschen, der sich, auf lächerliche Weise an einen Käfer erinnernd, an der herumschlagenden Gaffel festklammerte, wollte mir nicht aus dem Kopf. Um sechs, als ich das Abendessen auftrug und an Deck kam, um die Speisen aus der Kombüse zu holen, sah ich Harrison immer noch in derselben Position. Am Tisch drehte sich die Unterhaltung um andere Dinge. Niemand schien sich für das Leben zu interessieren, das so fahrlässig aufs Spiel gesetzt worden war. Aber als ich wenig später noch einmal zur Kombüse ging, sah ich zu meiner großen Freude, dass Harrison mit letzter Kraft vom Rigg zum Backluk wankte. Er hatte endlich den Mut gefunden, herunterzusteigen.

Bevor ich den Bericht über diesen Zwischenfall beende, muss ich noch einen Ausschnitt des Gesprächs wiedergeben, das ich in der Kajüte mit Wolf Larsen führte, während ich das Geschirr spülte.

»Du sahst heute Nachmittag etwas angegriffen aus«, begann er. »Was ist los?« Offensichtlich wusste er genau, dass mich die Sache kaum weniger mitgenommen hatte als Harrison selbst, und wollte mich aus der Reserve locken. »Es war wegen der brutalen Behandlung des Jungen«, antwortete ich.

Er lachte kurz auf. »Ist wohl wie Seekrankheit. Einige kriegen es, andere nicht.«

»O nein«, wandte ich ein.

»O doch«, fuhr er fort. »Die Erde ist so voll von Brutalität wie die See von Bewegung. Und einigen Leuten wird übel von dem ersten und anderen von dem zweiten. Das ist der einzige Grund.«

»Aber Sie, die Sie für das menschliche Leben nur Hohn und Spott übrig haben, können Sie denn überhaupt keinen Wert darin entdecken?«

»Wert? Welchen Wert?« Er sah mich an, und obwohl sein Blick fest und unverwandt war, schienen seine Augen zynisch zu lächeln. »Was für einen Wert? Wie misst man den? Wer setzt ihn fest?«

»Ich tue das«, gab ich zur Antwort.

»Was ist das Leben dann also für dich wert? Das Leben eines anderen, meine ich. Also los, was?«

Der Wert des Lebens? Wie konnte ich dem Leben so etwas wie einen handfesten Preis anheften? Ich, der um Formulierungen nie verlegen war, verlor diese Fähigkeit in Gegenwart von Wolf Larsen. Inzwischen habe ich mir überlegt, dass das teilweise auf seine Persönlichkeit zurückzuführen war, in weitaus größerem Maße aber mit seiner ganz unvereinbaren Weltanschauung zu tun hatte. Im Gegensatz zu anderen Materialisten, die mir begegnet waren und mit denen ich immerhin gewisse Prämissen teilte, gab es hier keinerlei Gemeinsamkeiten. Vielleicht war es auch die elementare Schlichtheit seines Geistes, die ihn für mich rätselhaft machte. Er kam so direkt zum Kern der Sache, entkleidete eine Frage so rigoros aller überflüssigen Details und stellte sie mit solcher Endgültigkeit, dass mir immer der Grund unter den Füßen weggezogen wurde und ich in die größten Schwierigkeiten geriet. Wert des Lebens? Wie sollte ich mir eine Antwort aus dem Ärmel schütteln? Für mich war an der Heiligkeit des Lebens nicht zu rütteln gewesen. Dass es in sich wertvoll war, galt mir als Gemeinplatz, den ich nie infrage gestellt hatte. Aber als er eben das tat, verschlug es mir die Sprache.

»Gestern haben wir darüber geredet«, sagte er. »Ich habe behauptet, dass das Leben ein Ferment ist, etwas Hefiges, das Leben verschlingt, um sich selbst am Leben zu erhalten, und dass es im Grunde auf eine erfolgreiche Gefräßigkeit hinausläuft. Wenn also an der Vorstellung von Angebot und Nachfrage überhaupt etwas dran ist, ist Leben die wertloseste Sache auf Erden. Es gibt nur einen begrenzten Vorrat an Wasser, Erde, Luft, aber das Leben hat ein grenzenloses Bedürfnis, zur Welt zu kommen. Die Natur ist verschwenderisch. Sieh dir nur die Fische mit ihren Millionen von Eiern an. Oder nimm einfach uns beide. In unseren Lenden steckt die Möglichkeit millionenfachen Lebens. Könnten wir nur Zeit und Gelegenheit genug finden und das ungeborene Leben in uns bis zur Neige ausschöpfen, könnten wir Väter ganzer Nationen sein und Kontinente bevölkern. Leben? Pah! Es hat keinen Wert. Von allen billigen Dingen ist es das billigste. Überall geht es am Bettelstab. Die Natur teilt es mit vollen Händen aus. Wo ein Leben Platz hätte, sät sie tausend, und deshalb frisst sich das Leben selbst, bis nur die Stärksten und Unersättlichsten übrig bleiben.«

»Sie haben Darwin gelesen«, sagte ich. »Aber Sie haben ihn falsch verstanden, wenn Sie aus seinen Ausführungen schließen, dass der Kampf ums Dasein Ihre leichtfertige Zerstörung von Leben rechtfertigt.«

Er zuckte mit den Schultern. »Natürlich ist das bei dir nur auf menschliches Leben gemünzt, denn Tiere, Geflügel, Fisch zerstörst du ebenso skrupellos wie ich oder jeder andere. Und menschliches Leben unterscheidet sich in keiner Weise davon, obwohl du das gefühlsmäßig behauptest und glaubst, es zusätzlich mit Argumenten belegen zu können. Warum also sollte ich mit einem Leben geizen, das billig und wertlos ist? Es gibt mehr Matrosen, als die Schiffe aller Weltmeere fassen können, mehr Arbeiter, als sich in den Fabriken und an den Maschinen unterbringen lassen. Du lebst an Land und weißt nur zu gut, dass ihr die Armen in die Slums abschiebt, Hunger und Pest auf sie loslasst und dass trotzdem immer noch mehr Elende übrig bleiben, die eine Brotkruste und ein Stück Fleisch am Leben hielte, als ihr beschäftigen könnt. Bist du jemals Zeuge gewesen, wenn die Londoner Dockarbeiter wie wilde Tiere um Arbeit kämpfen?«

Er ging zum Niedergang, drehte aber für sein Schlusswort noch einmal den Kopf: »Weißt du, dass der einzige Wert, den das Leben hat, der ist, den es sich selbst zumisst? Und dabei überschätzt es sich natürlich, weil es notwendig für sich selbst Partei ergreift. Nimm den Mann da oben. Er klammerte sich fest, als wäre er überaus kostbar, ein Schatz, mehr wert als Diamanten und Rubine. Für dich? Nein. Für mich? Ganz und gar nicht. Für sich selbst. Ja. Aber ich schließe mich seiner Selbsteinschätzung nicht an. Sie ist jämmerlich überzogen. So viel Leben will geboren werden. Wäre er abgestürzt und sein Hirn aufs Deck getropft wie Honig aus einer Wabe, wäre das für die Welt kein Verlust gewesen. Das Angebot ist zu groß. Wertvoll war er nur für sich selbst, und wie unwirklich sogar dieser Wert ist, zeigt sich darin, dass er sich des Verlusts nicht einmal bewusst ist, sobald er tot daliegt. Nur er selbst hält sich für kostbarer als Diamanten und Rubine. Aber sie sind futsch, über Deck gespritzt, um mit einem Eimer Seewasser weggespült zu werden, und er weiß nicht einmal mehr, dass sie hin sind. Er erleidet keinen Verlust, denn das Bewusstsein, etwas verloren zu haben, verliert er im selben Moment. Verstehst du? Und was fällt dir dazu ein?«

»Dass Sie immerhin die Logik auf Ihrer Seite haben«, war alles, was ich herausbrachte; und dann spülte ich weiter.

## 7. KAPITEL

Endlich, nach drei Tagen wechselnder Winde, haben wir den Nordostpassat erwischt. Ich hatte trotz meines lädierten Knies eine ruhige Nacht, und als ich an Deck kam, sah ich die *Ghost* in der Gischt dahinjagen, mit Ausnahme der Fock voll aufgeheißt und mit einem kräftigen Wind von achtern in allen Segeln. Ah, das Wunder des mächtigen Passats! Den ganzen Tag über machten wir gute Fahrt, ebenso in der Nacht und am folgenden Tag und auch am übernächsten, Tag für Tag, den Wind immer von achtern, immer stetig und stark. Der Schoner segelte ganz von selbst. Es gab keine Arbeit an Schoten und Taljen, kein Übergehen der Toppsegel, und für die Matrosen blieb nichts weiter zu tun, als das Schiff auf Kurs zu halten. Wenn gegen Abend die Sonne unterging, wurden die Schoten gelockert. Sobald sie in den Morgenstunden die Feuchtigkeit des Taus ausgedunstet hatten und durchhingen, wurden sie wieder angezogen – das war auch schon alles.

Unsere Geschwindigkeit schwankt; mal sind es zehn Knoten, mal zwölf, dann wieder nur elf. Und immer weht aus Nordosten ein prächtiger Wind, der uns von einer Dämmerung zur nächsten zweihundertundfünfzig Meilen näher ans Ziel bringt. Das Tempo, mit dem wir San Francisco hinter uns lassen und den Tropen entgegeneilen, erfüllt mich mit Wehmut, aber auch mit Freude. Von Tag zu Tag wird es spürbar wärmer. Während der zweiten Hundewache kommen die Matrosen unbekleidet an Deck und übergießen sich gegenseitig mit Meerwasser. Die ersten fliegenden Fische tauchen auf, und des Nachts hört man die Wache auf der Jagd nach denen, die an Bord gelandet sind, über Deck hasten. Hat man Thomas Mugridge ausreichend geschmiert, so durchzieht am Morgen ein angenehmer Bratenduft die Kombüse. Delfinbraten für die gesamte Mannschaft gibt es immer dann, wenn es Johnson gelingt, eines jener wunderschönen Tiere von der Spitze des Bugspriets aus zu fangen.

Johnson scheint seine gesamte Freizeit entweder dort oder hoch oben in der Saling zu verbringen, von wo aus er beobachtet, wie die *Ghost* unter vollen Segeln durchs Wasser pflügt. Sein Blick ist voller Leidenschaft, ja Anbetung, und er bewegt sich an Bord in einer Art Trance, während er verzückt die geschwellten Segel und das aufschäumende Kielwasser betrachtet und verfolgt, wie das Schiff, sich hebend und senkend, die Wasserberge überwindet, die uns in majestätischer Prozession begleiten.

Die Tage und Nächte sind »ein einziges Wunder und wildes Vergnügen«, und obwohl meine eintönige Arbeit mir nur wenig Zeit lässt, stehle ich mich doch immer wieder für kurze Augenblicke davon, um mich an der unendlichen Pracht sattzusehen, von der ich nicht im Traum geglaubt hätte, dass sie auf dieser Welt existiert. Der Himmel über uns ist von makellosem Blau – genauso blau wie die See selbst, die unter der Kielspitze die Farbe und den Glanz azurner Seide besitzt. Der Horizont ist mit fahlen, flockigen Wolken gesäumt, die sich nie verändern oder bewegen und so einen silbernen Rahmen für das ebenmäßige Türkis des Himmels abgeben.

Nie werde ich jene eine Nacht vergessen, in der ich statt im Bett vorn auf der Back lag und auf das gespenstische Schaumgekräusel herabblickte, das vom Steven der *Ghost* erzeugt wurde. Es klang wie das Murmeln eines über moosbewachsene Steine dahinplätschernden Bachs in einem stillen Tal, und der leise Singsang trug mich fort, auch von mir selbst, bis ich nicht länger Döspaddel, der Steward, und auch nicht mehr van Weyden war, der Mann, der fünfunddreißig Jahre seines Lebens zwischen Büchern verträumt hatte. Doch da schreckte mich eine hinter mir ertönende Stimme auf, die unverwechselbare Stimme Wolf Larsens, deren fester Klang das unerschütterliche Selbstvertrauen dieses Mannes bezeugte, während die einfühlsame Weise, in der er die Worte vortrug, ihr zugleich einen weichen Anflug gab:

»Oh, feurig flammende Tropennacht, die das Kielwasser glitzern und glänzen macht,
sodass Himmelsglut nicht daran reicht,

und der gurgelnde Steven zerschneidet ein Sternenzelt, das
Wellen kleidet
und sich schließt über Walen, quecksilbern und leicht,
die Beschläge, mein Schatz, strahlt die Sonne uns stumpf,
und das Takelwerk strafft uns der Tau,
denn wir brausen voran, fahrn ins Weite, der Kurs
führt nach Süden, nach Süden – ach, komm mit und schau.«

»Nun, Döspaddel? Was empfindest du dabei?«, fragte er nach einer den Worten und der Situation angemessenen Pause.
Ich sah in sein Gesicht. Es glühte wie die See, und seine Augen blitzten im Glanz der Sterne.
»Es erscheint mir, gelinde gesagt, bemerkenswert, dass Sie sich überhaupt für etwas begeistern können«, antwortete ich kühl.
»Wieso, Mensch? Das hier nenne ich lebendig, das ist das Leben«, rief er.
»Bei dem es sich um eine billige und wertlose Sache handelt«, parierte ich mit seinen eigenen Worten.
Er lachte, und zum ersten Mal war so etwas wie ungetrübte Heiterkeit in seiner Stimme.
»Ach, ich kann es dir nicht begreiflich machen, du kriegst es einfach nicht in deinen Kopf, was dieses Leben bedeutet. Natürlich ist jedes Leben wertlos, außer für sich selbst. Und ich kann dir versichern, dass mein Leben gerade jetzt ordentlich zählt – nämlich für mich. Es ist nicht mit Gold aufzuwiegen, was, wie du zugeben musst, eine fürchterliche Übertreibung darstellt, aber ich kann's nun mal nicht ändern, denn es ist das Leben in mir, das den Preis festlegt.«
Er schien auf die Worte zu warten, die seine Gedanken am besten auszudrücken vermochten, und fuhr dann fort:
»Weißt du, ich fühle mich seltsam erhoben. Mir ist, als ob alle Zeiten in mir widerklängen, als ob ich alle Kraft der Welt besäße. Ich bin im Besitz der Wahrheit, bin in der Lage, das Gute vom Bösen und das Rechte vom Falschen zu unterscheiden. Ich kann klar und weit sehen. Beinahe könnte ich sogar an Gott glauben. Aber« – und mit einem Mal änderte sich sei-

ne Stimme, und das Leuchten verschwand aus seinem Gesicht – »in welchem Zustand befinde ich mich denn? Diese Lebensfreude? Dieser Überschwang der Gefühle? Diese Inspiration, wie man es auch nennen kann? Das stellt sich doch alles ganz von selbst ein, wenn die Verdauung stimmt, wenn der Magen vernünftig arbeitet, der richtige Appetit vorhanden ist und man keine Beschwerden hat. So besticht uns das Leben, mit diesem Champagner im Blut, diesem Aufquellen des Gärstoffes – nur daran liegt es, wenn einige Leute fromme Gedanken haben, während andere Gott sehen oder ihn sich wenigstens einbilden, wenn ihnen das misslingt. Mehr steckt nicht dahinter, die Trunkenheit der Existenz, das Kribbeln und Krabbeln der Hefe, das ewige Geplapper des Lebens, das das Bewusstsein seiner eigenen Lebendigkeit ganz närrisch macht. Und überhaupt – pah! Schon morgen werde ich dafür zu bezahlen haben wie ein Betrunkener für seinen Rausch. Denn mir wird bewusst werden, dass ich sterben muss, aller Voraussicht nach auf See, dass ich aufhören werde, aus eigener Kraft herumzukrabbeln, um dann meinerseits von den Wellen und vom Gewusel der Verwesung verschlungen zu werden; um anderen als Futter zu dienen, um als ein Stück Aas all die Kraft und Geschmeidigkeit meiner Muskeln dafür herzugeben, dass sie sich in den Flossen, den Schuppen und dem Gedärm von Fischen wiedergebiert. Pah! Und noch einmal pah! Der Champagner schmeckt schon schal. Das Perlen und Sprudeln ist entwichen, und zurück bleibt ein fades Gesöff.«

Er verließ mich so plötzlich, wie er gekommen war, indem er mit der Schwere und der Anmut eines Tigers zurück aufs Deck sprang. Die *Ghost* pflügte weiter. Das Glucksen unter dem Kiel klang wie ein Schnarchen, und während ich ihm zuhörte, verlor sich langsam der Eindruck, den Wolf Larsens jäher Sturz aus der Hochgestimmtheit in die Verzweiflung auf mich gemacht hatte. Dann klang von mittschiffs der volle Tenor eines Hochseematrosen herüber, der das »Lied vom Passat« angestimmt hatte:

»Oh, ich bin's, der Wind, den die Seefahrer loben –
Ich bin stetig und mächtig und lau;

sie folgen dem Kurs nach den Wolken dort droben,
die segeln im grundlosen, tropischen Blau.

Bei Tag und bei Nacht begleit' ich die Barken,
wie ein Hund häng' ich an ihrer Spur;
Bin mittags am stärksten, doch straff ich die Laken
mit Böen wohl rund um die Uhr.«

## 8. KAPITEL

Manchmal denke ich, Wolf Larsen ist verrückt, zumindest nicht ganz zurechnungsfähig, wenn man nur an seine sonderbaren Launen und Grillen denkt. Dann wiederum halte ich ihn für einen großartigen Menschen, ein Genie, das sein Ziel verfehlt hat. Und schließlich bin ich davon überzeugt, dass er das perfekte Abbild eines Primitiven darstellt, der um ein Jahrtausend oder um viele Generationen zu spät geboren wurde und in unserem hochzivilisierten Zeitalter nun ein Anachronismus ist. Ohne Zweifel handelt es sich bei ihm um einen ausgesprochenen Individualisten. Aber nicht nur das, denn er ist auch sehr einsam. Zwischen ihm und der Mannschaft besteht keinerlei Geistesverwandschaft. Seine ungeheure Manneskraft und sein Scharfsinn machen ihn zum Außenseiter. Die anderen sind für ihn eher wie Kinder, die Jäger eingeschlossen, und ebenso behandelt er sie auch, indem er sich notgedrungen auf ihr Niveau hinabbegibt und mit ihnen spielt wie ein Mensch mit Hundewelpen. Dann wiederum untersucht er sie mit der erbarmungslosen Hand des Anatomen, dringt tastend in ihre Gedankenwelt ein und legt ihre Seele bloß, als wolle er sehen, woraus ihr Innenleben gemacht ist.

Ich habe wohl einige Dutzend Mal erlebt, wie er bei Tisch diesen oder jenen Jäger beleidigt hat, mit kaltem, stechendem Blick und obendrein noch mit einem gewissen Ausdruck des Interesses, während er ihre Handlungen, Antworten oder ihr lächerliches Aufbrausen mit einer Neugier verfolgte, die mir als verständigem Beobachter fast schon komisch vorkam. Was seine eigenen Wutausbrüche betrifft, so bin ich mir sicher, dass sie nicht für bare Münze zu nehmen sind. Manchmal mag es sich dabei um eines seiner Experimente handeln, in der Regel jedoch entspringen sie jener gewohnheitsmäßigen Pose oder Haltung, die er im Umgang mit seinen Leuten für angebracht hält. Ich weiß, dass ich ihn bis auf den Zwischenfall mit dem toten Maat nie wirklich wütend gesehen habe; und ich habe auch nicht den Wunsch, ihn jemals so außer sich zu erleben, dass er alle Kräfte mobilisiert.

Weil ich gerade bei seinen sonderbaren Einfällen bin, will ich berichten, was Thomas Mugridge in der Kajüte widerfuhr, und gleichzeitig jenen Vorfall zu Ende erzählen, auf den ich bereits ein- oder zweimal zu sprechen gekommen bin. Eines Tages, es war kurz nach dem Mittagessen und ich hatte soeben die Kajüte in Ordnung gebracht, kamen Wolf Larsen und Thomas Mugridge den Niedergang herab. Obwohl der Koch ein winziges Schlafkämmerchen hatte, das von der Kajüte aus zu betreten war, hatte er es doch nie gewagt, sich längere Zeit dort blicken zu lassen, sondern flitzte ein- oder zweimal am Tag wie ein furchtsames Gespenst durch den Raum.

»Du weißt also, wie man ›Nap‹ spielt«, hörte ich Wolf Larsen in zufriedenem Ton sagen. »Hätte ich mir denken können, dass ein Engländer was davon versteht, hab' es ja schließlich selbst auf englischen Schiffen gelernt.«

Thomas Mugridge war ganz aus dem Häuschen, vollkommen weggetreten, so sehr freute er sich über die Leutseligkeit des Kapitäns. Sein affiges Getue und der bemühte Versuch, die ungezwungene Haltung eines Mannes von Welt an den Tag zu legen, wären ekelerregend gewesen, hätten sie nicht so lächerlich gewirkt. Meine Anwesenheit wurde von ihm schlichtweg ignoriert, wobei ich ihm zugutehalten muss, dass er wohl außerstande war, mich wahrzunehmen. Seine blassen, wässrigen Augen schwammen in dem Glanz träger Sommermeere, auch wenn die paradiesischen Visionen, die sie schauten, jenseits meiner Vorstellungskraft lagen.

»Die Karten raus, Döspaddel«, befahl Wolf Larsen, als sie am Tisch Platz nahmen. »Und bring auch die Zigarren und den Whiskey aus meiner Koje.«

Ich kam mit dem Gewünschten gerade noch rechtzeitig zurück, um zu hören, wie der Cockney sich breit darüber ausließ, dass es ein Geheimnis um seine Geburt gäbe und dass er möglicherweise der Sohn eines vornehmen Herrn sei, der sich einen Fehltritt oder irgendetwas in dieser Richtung geleistet habe. Außerdem erhalte er regelmäßig finanzielle Zuwendungen und

werde dafür bezahlt, dass er England fernbleibe. »Großzügig bezahlt, Sir«, wie er sich ausdrückte, »großzügig dafür bezahlt, dass ich mich vom Acker mache und dort nicht wieder blicken lass.«
Ich hatte die üblichen Schnapsgläser hervorgeholt, doch Wolf Larsen runzelte die Stirn, schüttelte den Kopf und machte mir mit der Hand ein Zeichen, die Trinkbecher zu holen. Er füllte sie zu zwei Dritteln mit unverdünntem Whiskey – »genau das Richtige für 'nen Gentleman«, wie Thomas Mugridge bemerkte, – und dann stießen sie auf das grandiose Spiel ›Nap‹ an, entzündeten ihre Zigarren und begannen mit dem Mischen und Austeilen der Karten.
Sie spielten um Geld. Die Einsätze wuchsen. Dabei tranken sie Whiskey, pur, und ich musste neuen holen. Ich weiß nicht genau, ob Wolf Larsen schummelte oder nicht – zuzutrauen wäre es ihm gewesen –, jedenfalls gewann er ein Spiel nach dem anderen. Der Koch verschwand mehrmals in seinem Kämmerchen, um neues Geld zu holen. Und obwohl er jeden neuen Gang großsprecherisch ankündigte, brachte er doch nie mehr als ein paar Dollar auf einmal mit. Bald wurde er rührselig, auf plumpe Art vertraulich, und konnte kaum noch seine Karten erkennen oder aufrecht sitzen. Als Vorspiel zu einem weiteren Ausflug Richtung Koje hakte er seinen schmierigen Zeigefinger in Wolf Larsens Knopfloch und erklärte mehrmals mit tonloser Stimme: »Ich hab' Geld. Ich hab' Geld. Ich sag's Ihnen, ich bin der Sohn eines Gentleman.«
Wolf Larsen war vom Alkohol nichts anzumerken, obschon er ein Glas nach dem anderen trank, und seine waren eher noch voller. An ihm war keinerlei Veränderung festzustellen. Er schien sich nicht einmal über die Possen seines Tischgenossen zu amüsieren.
Zu guter Letzt hatte der Koch unter lauten Beteuerungen, dass er auch wie ein Gentleman verlieren könne, sein letztes Geld gesetzt und eingebüßt. Daraufhin schlug er die Hände vors Gesicht und begann zu heulen. Wolf Larsen betrachtete ihn zunächst neugierig, als ob er ihn ausforschen und lebendig sezieren wolle, änderte dann aber seine Meinung, als sei ihm mit einem Mal aufgegangen, dass es da nichts weiter auszuforschen gab. »Döspaddel«, sagte er mit aufgesetzter Höflichkeit zu mir, »sei so freund-

lich, Mr. Mugridge unterzuhaken und ihn an Deck zu begleiten. Er fühlt sich offenbar nicht wohl.«

»Und«, fügte er nur für meine Ohren bestimmt hinzu, »sag Johnson, er soll ihm ein paar Eimer Salzwasser verpassen.«

Ich ließ Mr. Mugridge an Deck in der Hand mehrerer grinsender Seeleute zurück, die zur Ausführung des Auftrags abgestellt worden waren. Mr. Mugridge blubberte schläfrig in einem fort, dass er der Sohn eines Gentleman sei. Aber während ich den Niedergang hinabstieg, um den Tisch abzuräumen, hörte ich ihn laut aufschreien, als ihn der erste Eimer Wasser traf.

Wolf Larsen war damit beschäftigt, seinen Gewinn zu zählen.

»Genau einhundertfünfundachtzig Dollar«, sagte er laut. »Grad wie ich's mir gedacht habe. Der Bettler ist ohne einen Cent an Bord gekommen.«

»Und was Sie da gewonnen haben, gehört mir«, setzte ich forsch hinzu.

Er bedachte mich mit einem spöttischen Grinsen. »Döspaddel, ich habe seinerzeit im Grammatikunterricht das eine oder andere mitbekommen, und ich glaube, du verwechselst da die Zeitformen. ›Gehörte mir‹, muss es heißen, nicht ›gehört mir‹.«

»Das ist keine Frage der Grammatik, sondern eine Frage der Ethik«, gab ich zur Antwort.

Es dauerte wohl eine Minute, ehe er weiterredete.

»Weißt du, Döspaddel«, sagte er mit ruhigem Ernst, in den sich unmerklich eine Spur von Traurigkeit mischte, »das ist das erste Mal, dass ich das Wort ›Ethik‹ aus dem Munde eines Menschen höre. Du und ich sind die einzigen Leute auf diesem Schiff, die seine Bedeutung kennen.«

»Es gab eine Zeit in meinem Leben«, fuhr er nach einer weiteren Pause fort, »da träumte ich davon, dass ich mich eines Tages mit Leuten unterhalten würde, die so reden, dass ich mich über den mir von Geburt zugewiesenen Platz im Leben erheben, mich in Konversation üben und mit Menschen Umgang pflegen könnte, die sich mit eben solchen Dingen wie Ethik befassen. Und heute ist es das erste Mal, dass ich das Wort laut ausgesprochen höre. Was allerdings alles nichts zur Sache tut, denn du hast unrecht. Es handelt sich nämlich weder um eine Frage der Grammatik noch der Ethik, sondern um nackte Tatsachen.«

»Ich verstehe«, sagte ich, »Tatsache ist, dass Sie im Besitz des Geldes sind.« Sein Gesicht hellte sich auf. Meine Geistesgegenwart schien ihm zu gefallen.

»Aber man drückt sich damit nur um die eigentliche Frage«, fuhr ich fort, »nämlich um die Frage nach dem Recht.«

»Aha«, stieß er hervor und verzog dabei gequält den Mund, »wie ich sehe, glaubst du immer noch an solche Dinge wie Recht und Unrecht.«

»Sie etwa nicht? Nicht im Geringsten?«, fragte ich zurück.

»Nein, ganz und gar nicht. Wer die Macht hat, ist im Recht. Mehr gibt es dazu nicht zu sagen. Der Schwächling tut unrecht, was eingestandenermaßen eine armselige Umschreibung dafür ist, dass es einem selbst gut bekommt, stark zu sein, während Schwäche von Übel ist. Oder besser noch, dass es Freude macht, stark zu sein, angesichts der vielen Vorteile, die das bringt, wohingegen Schwäche schmerzt, weil sie Bestrafungen nach sich zieht. Gerade jetzt ist der Besitz dieses Geldes eine angenehme Sache. Es tut gut, es zu haben. Da ich nun einmal in der Lage bin, es zu behalten, würde ich mir selbst und dem in mir steckenden Leben unrecht tun, wenn ich es dir gäbe und mich damit um die Freude an seinem Besitz brächte.«

»Aber Sie fügen mir Unrecht zu, indem Sie es mir vorenthalten«, wandte ich ein.

»Überhaupt nicht. Ein Mensch kann gegen einen anderen Menschen gar nicht unrecht handeln. Er kann sich nur selbst ins Unrecht setzen. So wie ich die Dinge sehe, handle ich immer dann unrecht, wenn ich Rücksicht nehme auf die Interessen der anderen. Findest du nicht auch? Wie können zwei Hefepartikel einander unrecht tun, wenn sie sich gegenseitig zu verschlingen suchen? Es ist ihnen angeboren, alles daranzusetzen, um nicht selbst verschlungen zu werden. Wenn sie davon ablassen, versündigen sie sich.«

»Dann glauben Sie also nicht an Altruismus?«, fragte ich.

Er nahm das Wort auf, als besäße es für ihn einen vertrauten Klang, dachte jedoch angestrengt nach. »Lass mich überlegen, es hat etwas mit Kooperation zu tun, stimmt's?«

»Nun, in gewisser Weise besteht da schon eine Art Zusammenhang«, antwortete ich, ohne erneut von derartigen Lücken in seinem Vokabular überrascht zu werden. Seinen Wortschatz hatte er, wie sein gesamtes Wissen, mühsam als Autodidakt erworben, der von niemandem bei seinen Studien angeleitet worden war und der viel nachgedacht, aber wenig oder gar nicht geredet hatte. »Eine altruistische Handlung ist eine Handlung, die zum Wohl der anderen geschieht. Sie ist selbstlos, im Gegensatz zu einer eigennützigen Handlung, die man als selbstsüchtig bezeichnen würde.«

Er nickte mit dem Kopf. »O ja, nun fällt's mir wieder ein. Ich bin bei Spencer darauf gestoßen.«

»Spencer!«, rief ich erstaunt. »Haben Sie ihn tatsächlich gelesen?«

»Nicht gerade viel«, räumte er ein. »Von seinen *Grundprinzipien* habe ich ja noch eine Menge verstanden, aber seine *Biologie* hat mir den Wind aus den Segeln genommen, und bei seiner *Psychologie* herrschte dann in meinem Kopf tagelang Flaute. Ich konnte ehrlich gesagt nicht begreifen, worauf er eigentlich hinauswollte. Ich habe es damals auf eine geistige Blindheit meinerseits zurückgeführt, bin aber inzwischen zu dem Schluss gekommen, dass es an der fehlenden Vorbereitung lag. Ich besaß ganz einfach keine entsprechenden Vorkenntnisse. Nur Spencer und ich wissen, wie ich mich abgerackert habe. Aber seine *Grundlagen der Ethik* haben mir doch einiges gebracht. Dort stieß ich auch auf den Begriff ›Altruismus‹, und nun fällt mir auch wieder ein, wie der Begriff von ihm verwendet wurde.«

Ich fragte mich, was dieser Mensch wohl von so einem Werk gehabt haben konnte. An Spencer konnte ich mich immerhin noch gut genug erinnern, um zu wissen, dass der Altruismus ein zwingender Bestandteil seines Ideals vollendeter Lebensführung war. Wolf Larsen, so viel war offensichtlich, hatte die Lehren des großen Philosophen gesiebt und dabei entsprechend seinen Bedürfnissen und Wünschen Einzelnes verworfen, Anderes ausgesondert.

»Und worauf sind Sie sonst noch gestoßen?«, fragte ich.

Seine Brauen zogen sich unter der Anstrengung, Gedanken, die er niemals zuvor artikuliert hatte, in die richtigen Worte zu kleiden, leicht zusammen. Ich empfand ein geistiges Hochgefühl. Nun drang ich in seine Seelensubstanz ein, so wie er es sich zur Gewohnheit gemacht hatte, das Innenleben der anderen auszuforschen. Ich erkundete gänzlich unberührtes Terrain. Eine unbekannte, eine erschreckend fremdartige Region tat sich vor meinen Augen auf.

»Um es so kurz wie möglich zu machen«, hob er an, »Spencer sieht die Dinge etwa so: Erstens, der Mensch muss zu seinem eigenen Wohl handeln – ein solches Handeln ist moralisch und gut. Dann muss er für das Wohl seiner Kinder handeln. Und drittens muss er zum Wohl seiner Gattung handeln.«

»Und von der höchsten, besten und gerechtesten Form des Verhaltens«, warf ich ein, »zeugt eine Tat, die zur gleichen Zeit dem Wohl des Einzelnen, dem seiner Kinder und dem der gesamten Gattung dient.«

»Ich würde das nicht unterschreiben«, antwortete er. »Sehe keine Notwendigkeit und auch keinen vernünftigen Grund dafür. Lassen wir also die Gattung und die Kinder aus dem Spiel. Für beide würde ich keine Opfer bringen. Das ist doch alles nur frommes Gerede und Gefühlsduselei, zumindest, und das musst selbst du zugeben, für jemanden, der nicht an ein ewiges Leben glaubt. Mit der Aussicht auf Unsterblichkeit wäre der Altruismus eine gewinnbringende Kapitalanlage. Ich könnte meine Seele in alle nur erdenklichen Höhen emporläutern. Da sich aber nun vor mir nichts Ewiges außer dem ewigen Tod auftut und mir nur diese kurze Spanne des Krabbelns und hefigen Gewusels bleibt, die man Leben nennt, also, unter diesen Umständen wäre es doch unmoralisch von mir, so zu handeln, dass ich Opfer bringen müsste. Jedes Opfer, das mich auch nur um einen Moment des Krabbelns und Wuselns betrügt, ist eine Dummheit, mehr noch, es ist ein Unrecht, das ich mir selbst zufüge, und deshalb von Übel. Wenn mir daran liegt, das meiste aus dem Gärstoff herauszuholen, dann darf ich auf keine einzige Krabbel- und Wuselbewegung verzichten. Und die ewige Starre, die mich erwartet, wird mir um nichts leichter oder schwerer gemacht durch die Opferbereitschaft oder die Selbstsucht, die ich während meiner Umtriebigkeit an den Tag lege.«

»Dann sind Sie ein Individualist, ein Materialist und logischerweise auch ein Hedonist.«

»Große Worte«, sagte er lächelnd. »Aber was ist ein Hedonist?«
Auf meine Erklärung hin nickte er zustimmend.
»Aber heißt das auch«, fuhr ich fort, »dass man Ihnen selbst bei einer Bagatelle nicht vertrauen darf, wenn Sie einen persönlichen Vorteil herausschlagen könnten?«
»Langsam dämmert's bei dir«, sagte er, und seine Miene hellte sich auf.
»Sie sind also ein Mensch ohne eine Spur dessen, was landläufig Moral heißt?«
»Genau das.«
»Ein Mensch, vor dem man ständig Angst haben muss?«
»Du sagst es.«
»So wie man sich vor einer Schlange, einem Tiger oder einem Haifisch fürchtet?«
»Nun hast du mich durchschaut«, sagte er, »und du kennst mich jetzt so wie alle Welt, die mich ›Wolf‹ nennt.«
»Sie sind eine Art Monster«, setzte ich kühn hinzu, »ein Kaliban, der über Setebos nachgedacht hat und der so handelt, wie Sie es in Ihren Mußestunden tun, nach reiner Lust und Laune.«
Seine Stirn verdüsterte sich bei dieser Anspielung. Er verstand sie nicht, und ich fand schnell heraus, dass er das Gedicht nicht kannte.
»Ich lese gerade Browning«, eröffnete er mir, »kein leichtes Geschäft. Ich bin noch nicht sehr weit gediehen, und wie's aussieht, habe ich auch schon die Orientierung verloren.«
Um nicht zu weit auszuholen, berichte ich nur, dass ich das Buch aus seiner Kabine holte und »Kaliban« laut vorlas. Er war sehr davon angetan. Das war genau jene primitive Art, sich ein Urteil zu bilden und die Dinge zu betrachten, die er voll und ganz nachvollziehen konnte. Immer wieder unterbrach er mich, um einen Kommentar einzuflechten oder Kritik zu äußern. Als ich geendet hatte, wollte er, dass ich das Gedicht ein zweites Mal vorlese, und dann noch ein drittes. Danach gerieten wir ins Diskutieren – Philosophie, Naturwissenschaften, Evolution, Religion. Seine Äußerungen verrieten die Schwachstellen des Autodidakten, aber eingestandenermaßen auch die Sicherheit und Direktheit des primitiven Denkens. Gerade in der

Schlichtheit seiner Überlegungen lag ihre Stärke, und sein Materialismus war weitaus überzeugender als die vertrackte Variante eines Charley Furuseth. Nicht dass ich – ein überzeugter Idealist und, in Furuseths Worten, ohnehin so veranlagt – umzustimmen gewesen wäre; aber dieser Wolf Larsen berannte die letzten Bastionen meines Glaubens mit einer Energie, die mir Respekt abnötigte, auch wenn sie mich nicht zu überzeugen vermochte.

Die Zeit verging. Schon stand das Abendessen bevor, und der Tisch war nicht gedeckt. Ich wurde unruhig, und als Thomas Mugridge mit käsigem und wütendem Gesicht den Niedergang hinabstierte, machte ich Anstalten, meinen Pflichten nachzukommen. Aber Wolf Larsen rief zu ihm hoch:

»Smutje, heute Abend musst du dich sputen. Ich bin mit Döspaddel beschäftigt; sieh zu, dass du ohne ihn klarkommst.«

Wieder einmal war etwas bis dahin nie Dagewesenes eingetreten. In dieser Nacht saß ich mit dem Kapitän und den Jägern am Tisch, während Thomas Mugridge uns bediente und nachher das Geschirr spülte – eine plötzliche Laune, eine jener Kaliban-Stimmungen Wolf Larsens, und noch dazu eine, die mir garantiert Ärger einbringen würde. In der Zwischenzeit redeten und redeten wir, sehr zum Verdruss der Jäger, die von all dem kein einziges Wort verstanden.

## 9. KAPITEL

Drei Ruhetage, drei himmlische Ruhetage verbrachte ich bei Wolf Larsen, nahm meine Mahlzeiten mit ihm ein und tat nichts anderes, als über das Leben, die Literatur und das Universum zu reden, während Thomas Mugridge vor Wut schäumte und sich mit der doppelten Arbeit abplagte.

»Wenn ich dir einen Rat geben darf, mach dich auf ein Unwetter gefasst«, gab mir Louis während einer freien halben Stunde an Deck zu verstehen, als Wolf Larsen einen Streit unter den Jägern schlichten musste.

»Schwer zu sagen, was da auf dich zukommt«, antwortete Louis auf meine Bitte, sich doch deutlicher auszudrücken. »Der Kerl ist so unberechenbar wie die Strömungen in der Luft oder im Wasser. Bei dem weiß man nie, woran man ist. Kaum dass du denkst, du kennst die Richtung und liegst an, schon ist der Wind umgeschlagen, bläst dir direkt ins Gesicht und reißt sämtliche Schönwettersegel in Stücke.«

Ich war deshalb nicht völlig überrascht, als sich das von Louis prophezeite Unwetter tatsächlich entlud. Wir hatten uns die Köpfe heißgeredet – natürlich über das Leben –, und ich erdreistete mich und übte harsche Kritik an Wolf Larsen und seinem Lebenswandel. Genauer gesagt, ich trieb anatomische Studien mit ihm und arbeitete mich so einschneidend und gründlich in seine Seelensubstanz vor, wie er es selbst gewöhnlich bei anderen tat. Es mag eine meiner Schwächen sein, dass ich mit verletzender Offenheit rede, aber ich schlug nun einmal alle Mahnungen in den Wind und schnitt und schlitzte herum, bis alles an ihm knurrte. Sein sonnengebräuntes Gesicht wurde schwarz vor Zorn, und seine Augen blitzten. Die Klarheit des gesunden Menschenverstandes war aus ihnen gewichen, die furchtbare Wut des Wahnsinns an seine Stelle getreten. Ich hatte den Wolf vor mir, und obendrein noch als tobende Bestie.

Mit ersticktem Gebrüll stürzte er sich auf mich und packte meinen Arm.

Ich hatte all meinen Mut zusammengenommen, um mich gegen ihn zu behaupten, obschon ich innerlich bebte; aber die übermächtige Kraft dieses Mannes war zu viel für mein Stehvermögen. Mit einer Hand umklammerte er meinen Bizeps, und als diese Zange sich schloss, machte ich schlapp und schrie laut auf. Meine Beine sackten weg. Ich war einfach außerstande, mich aufrecht zu halten und diese Qualen zu ertragen. Die Muskeln versagten ihren Dienst. Der Schmerz war zu groß. Mein Bizeps wurde zu Brei zerquetscht.

Dann schien er wieder zu sich zu kommen, denn seine Augen wurden klar, und mit einem kurzen Auflachen, das eher wie ein Knurren klang, lockerte er seinen Griff. Ich fiel zu Boden, ausgepumpt und elend, während er Platz nahm, sich eine Zigarre anzündete und mich beobachtete wie eine Katze die erbeutete Maus. Als ich mich so am Boden krümmte, bemerkte ich jene Neugier in seinen Augen, die mir schon so oft aufgefallen war, jene Verwunderung und Verwirrung, jenes Forschen und die von ihm unablässig gestellte Frage, wozu das alles wohl gut sei.

Schließlich rappelte ich mich hoch und stieg den Niedergang hinauf; die Schönwetterperiode war vorüber, und mir blieb nichts anderes übrig, als zur Kombüse zurückzukehren. Mein linker Arm war ohne Gefühl, wie gelähmt, und es vergingen Tage, ehe ich ihn wieder gebrauchen konnte, während es Wochen dauerte, bis Steifheit und Schmerz ganz aus ihm gewichen waren. Und er hatte doch nur seine Hand darumgelegt und zugedrückt. Ohne jedes Drehen, jeden Ruck. Bloß die Finger fest zusammengepresst. Was er tatsächlich hätte anrichten können, wurde mir erst tags darauf bewusst, als er seinen Kopf in die Kombüse steckte und mich zum Zeichen seines neuerlichen Wohlwollens danach fragte, wie es meinem Arm ginge.

»Hätte schlimmer kommen können«, sagte er grinsend.

Ich saß gerade über den Kartoffeln. Er nahm eine aus der Pfanne. Sie war mittelgroß, fest und noch ungeschält. Er umschloss sie mit seiner Hand, drückte zu, und die Kartoffel spritzte breiig zwischen seinen Fingern hindurch. Den matschigen Rest ließ er in die Pfanne fallen und wandte sich ab. Ich aber konnte mir auf einmal ein genaues Bild von dem machen, was mir zugestoßen wäre, hätte das Ungeheuer seine wahren Kräfte an mir erprobt.

Aber die drei Ruhetage waren trotz alledem eine gute Sache, denn sie hatten meinem Knie die so dringend benötigte Erholungspause gewährt. Es sah schon viel besser aus, die Schwellung war deutlich zurückgegangen, und die Kniescheibe schien wieder auf den für sie bestimmten Platz zuzuwandern. Die drei Tage brachten mir jedoch auch den Ärger ein, den ich vorausgesehen hatte.

Thomas Mugridges Absicht, es mich büßen zu lassen, war ganz offensichtlich. Er behandelte mich wie einen Dreck, verfluchte mich ununterbrochen und überhäufte mich mit seinen eigenen Aufgaben. Er wagte es sogar, die Faust gegen mich zu erheben, doch befand ich mich inzwischen selbst auf dem Wege zum Tier und fauchte ihn so fürchterlich an, dass er sich erschreckt zurückzog. Es ist nicht gerade ein hübsches Bild, was da vor meinem geistigen Auge auftaucht: Humphrey van Weyden, in einer Ecke dieser widerlichen Schiffskombüse über seinem Tagewerk hockend, den Blick auf jene Kreatur gerichtet, die mir ans Leder will, die Lippen hochgezogen und knurrend wie ein Hund, in den flackernden Augen Angst, Hilflosigkeit und der Mut der Verzweiflung, den diese beiden Gefühle freisetzen. Ich mag dieses Bild nicht. Es erinnert mich zu sehr an eine Ratte in der Falle. Ich vergesse es lieber gleich wieder, aber wirkungsvoll war die Drohgebärde schon. Der Fausthieb jedenfalls blieb aus.

Thomas Mugridge zog sich mit Blicken, die den meinen an Hass und Heimtücke in nichts nachstanden, zurück. Wir waren zwei wilde Bestien, die man zusammengesperrt hatte und die nun ihre Zähne fletschten. Er war ein Feigling, der sich davor fürchtete, mich zu schlagen, weil ich nicht von vornherein klein beigegeben hatte; also suchte er nach einem neuen Weg, mich einzuschüchtern. Es gab nur ein einziges Kombüsenmesser, das als Messer etwas hermachte. Durch den jahrelangen Gebrauch und die Abnutzung war seine Klinge lang und dünn geworden. Dadurch sah es ungewöhnlich furchterregend aus, und anfangs hatte es mich immer geschaudert, wenn ich es benutzte. Der Koch besorgte sich von Johansen einen Stein und begann, das Messer zu schärfen. Er machte ein großes Getue darum und warf mir ständig vernichtende Blicke zu. Den ganzen Tag lang wetzte er die Klinge. In jeder freien Minute, die er hatte, holte er Messer und Stein hervor und schliff munter drauflos. Der Stahl wurde rasiermesserscharf. Er überprüfte ihn mit dem Daumenballen oder Fingernagel. Er rasierte sich Haare vom Handrücken, besah sich die Schneide mit mikroskopischer Genauigkeit und entdeckte dabei, wirklich oder vorgeblich, immer wieder eine kleine Unebenheit. Dann legte er es erneut auf den Stein und wetzte und wetzte und wetzte, dass ich laut hätte auflachen können, so furchtbar komisch schien mir das Ganze.

Nur konnte ich es nicht auf die leichte Schulter nehmen, zumal ich mitbekam, dass er sehr wohl in der Lage war, das Messer auch zu gebrauchen. Denn hinter seiner ganzen Feigheit verbarg sich ein erbärmlicher Mut, der ihn, nicht anders als bei mir, dazu anstachelte, genau das zu tun, wogegen sein ganzes Wesen sich auflehnte und wovor er große Furcht empfand. »Smutje schärft sein Messer für Döspaddel«, flüsterten die Matrosen untereinander, und manche zogen ihn mächtig damit auf. Er nahm es gelassen hin, und es schien ihm sogar zu gefallen, denn er antwortete nur mit einem unheilschwangeren und geheimnisvollen Nicken, bis George Leach, der ehemalige Steward, ihn deshalb zu hänseln versuchte.

Leach war zufällig einer der Matrosen, die dazu abkommandiert worden waren, Mugridge nach seinem Kartenspiel mit dem Kapitän eine kalte Dusche zu verabreichen. Und Leach hatte diese Aufgabe mit einer Gründlichkeit erfüllt, die Mugridge ihm offenbar nicht verziehen hatte, denn zwischen beiden fielen böse Worte, und sie machten gegenseitig ihre Vorfahren schlecht. Mugridge drohte mit dem Messer, das er gerade wieder für mich schärfte. Leach lachte nur und überschüttete ihn weiter mit seinem Straßenjungenjargon, und noch bevor er oder ich recht begriffen hatten, was geschah, war sein rechter Arm auch schon mit einem blitzschnellen Hieb vom Ellbogen bis zum Handgelenk aufgeschlitzt. Der Koch sprang mit einem teuflischen Gesichtsausdruck zurück und streckte das Messer in Abwehrhaltung vor. Leach aber reagierte ganz gelassen, obwohl sein Blut über Deck spritzte wie Wasser aus einer Quelle.

»Ich krieg dich schon noch, Smutje«, sagte er, »und dann mach' ich dich fertig. Aber es hat keine Eile. Und ein Messer wirst du auch nicht dabeihaben, wenn ich dich erwische.«

Mit diesen Worten drehte er sich um und ging ruhig nach vorn. Mugridges Gesicht wurde bleich, weil er sich vor den Folgen seiner Tat fürchtete und vor dem Angst bekam, was früher oder später von dem Mann zu erwarten stand, den er soeben mit dem Messer angefallen hatte. Mir gegenüber nahm er sich allerdings mehr heraus denn je. Trotz seiner Angst vor der noch offenen Rechnung bemerkte er doch, dass er mir eine Lektion erteilt hatte, und wurde deshalb immer tyrannischer und überheblicher. Außerdem regte sich in ihm auch eine an Wahnsinn grenzende Mordlust, die mit dem Anblick des Blutes, das er vergossen hatte, erwacht war. Wohin er auch schaute, überall begann er rot zu sehen. Und obwohl es sich um heillos verworrene psychologische Vorgänge handelte, konnte ich das, was in seinem Kopf vorging, doch so problemlos entziffern wie die Zeilen eines Buches.

Mehrere Tage vergingen, die *Ghost* flog immer noch vor dem Passat dahin, und ich hätte schwören können, in Thomas Mugridges Augen Zeichen zunehmender Geistesgestörtheit zu erkennen. Ich gebe offen zu, dass ich Angst bekam, sehr große Angst sogar. Wetz, wetz, wetz, es wollte einfach kein Ende nehmen. Wenn er über die scharfe Schneide strich und mich dabei ansah, war der Ausdruck seiner Augen ohne jeden Zweifel raubtierhaft. Ich hatte Angst, ihm den Rücken zuzuwenden, und verließ die Kombüse nur im Rückwärtsgang – sehr zum Vergnügen der Matrosen und Jäger, die es sich nicht nehmen ließen, diesem Schauspiel in Gruppen beizuwohnen. Die Belastung war einfach zu groß für mich. Manchmal glaubte ich, den Verstand zu verlieren, was eine durchaus angemessene Reaktion auf diesem Schiff voller Verrückter und Rohlinge gewesen wäre. Jede Stunde, jede Minute meines Daseins schwebte ich in höchster Gefahr: eine menschliche Seele in Not, und doch fand sich auf dem ganzen Schiff niemand, der genügend Mitgefühl aufbrachte, um mir zu Hilfe zu kommen. Es gab Zeiten, da wollte ich mich auf Gedeih und Verderb Wolf Larsen ausliefern, aber die Vorstellung jenes spöttischen Teufels in seinen Augen, der das Leben infrage stellte und verlachte, war jedes Mal stärker und zwang mich, von diesem Plan abzulassen. Dann wiederum zog ich den Freitod ernsthaft in Erwägung, und es bedurfte der ganzen Überzeugungskraft meines philosophischen Optimismus, mich davon abzuhalten, im Schutz der Dunkelheit einfach über Bord zu springen.

Wolf Larsen versuchte mehrere Male, mich in ein Gespräch zu verwickeln, doch ich antwortete kurz und knapp und wich ihm aus. Schließlich befahl er mir, für einige Zeit erneut am Kajütentisch Platz zu nehmen und den Koch meine Arbeit verrichten zu lassen. Da redete ich dann frei heraus und erzählte ihm, was ich wegen der drei Tage Vorzugsbehandlung von Thomas Mugridge erdulden müsse. Wolf Larsen sah mich lächelnd an.

»Du hast es also mit der Angst zu tun bekommen, was?«, höhnte er.

»Ja«, sagte ich offen und ehrlich, »ich habe Angst.«

»So ist das mit euch Typen«, rief er ein wenig aufgebracht, »quatscht dumm über die Unsterblichkeit eurer Seelen daher und habt Angst vor dem Tod. Schon der bloße Anblick eines scharfen Messers und eines feigen Cockney genügt, damit sich das Leben am Leben verkrallt und alles andere vergessen ist. Warum nur, mein Lieber, wo du doch ewig weiterexistieren wirst? Du bist ein Gott, und Gott kann bekanntlich nicht getötet werden. Smutje kann dir gar nichts tun. Denn du bist dir deiner Auferstehung doch sicher. Wovor also müsstest du Angst haben?

Das ewige Leben liegt vor dir. Du bist ein Millionär, was deine Unsterblichkeit angeht, ein Millionär, dessen Reichtümer nicht verloren gehen können und dessen Schätze weniger vergänglich sind als die Sterne und so dauerhaft wie Raum und Zeit. Es ist ganz ausgeschlossen, dass sich dein Kapital verringert. Denn die Unsterblichkeit ist eine Sache ohne Anfang und Ende. Ewigkeit ist Ewigkeit, und obwohl du hier und jetzt stirbst, wirst du doch an einem anderen Ort weiterleben. Und es ist noch dazu ganz wunderbar, dieses Abschütteln des Fleisches und das Aufsteigen der Seele aus ihrem Kerker. Smutje kann dir nicht gefährlich werden. Er kann dich nur ein Stück auf dem Weg voranschubsen, dem du bis in alle Ewigkeit folgen musst.

Wenn du aber nicht unbedingt jetzt schon weiterbefördert werden möchtest, warum tust du dann Smutje nicht den Gefallen? Deinen Vorstellungen nach muss er doch auch ein Millionär in Sachen Unsterblichkeit sein. Du kannst ihn also nicht in den Bankrott treiben. Seine Aktien notieren ohne Kursschwankungen weiter. Du kannst nicht einmal seine Lebensspanne verringern, indem du ihn tötest, denn auch seine Existenz ist ohne Anfang und Ende. Auch er muss ewig weiterleben, irgendwie, irgendwo. Also verpaß ihm einen Schubs. Stoß ihm ein Messer zwischen die Rippen und schenk seiner Seele die Freiheit. Gegenwärtig befindet sie sich in einem lausigen Zwinger, sodass du ihm nur einen Gefallen tust, wenn du die Türen aufbrichst. Und wer weiß? Vielleicht ist es sogar eine überaus schöne Seele, die sich dann aus dem hässlichen Kadaver in den blauen Himmel aufschwingen wird. Sorg für seinen Abflug, und du kriegst seinen Posten; immerhin verdient er fünfundvierzig Dollar im Monat.«

Es war klar, dass ich von Wolf Larsen keine Hilfe und kein Mitleid erwarten konnte. Was zu tun war, musste ich allein in die Hand nehmen; und so fasste ich mit dem Mut der Verzweiflung den Plan, Thomas Mugridge mit seinen eigenen Waffen zu schlagen. Von Johansen lieh ich mir einen Wetzstein. Louis, der Steuermann, hatte mich schon vorher um Kondensmilch und Zucker angebettelt. Der Proviantraum, in dem solche Delikatessen aufbewahrt wurden, befand sich unter dem Kajütenboden. Bei der nächsten Gelegenheit ließ ich fünf Dosen Milch mitgehen, und in der Nacht, als Louis an Deck Wache schieben musste, tauschte ich sie gegen einen Dolch ein, der genauso spitz und furchterregend aussah wie Thomas Mugridges Gemüsemesser. Er war rostig und stumpf, aber Louis verpasste ihm einen neuen Schliff, während ich den Wetzstein drehte. In dieser Nacht schlief ich besser als sonst.

Am nächsten Morgen, kurz nach dem Frühstück, begann Thomas Mugridge wieder mit seinem Wetzen, Wetzen, Wetzen. Ich beobachtete ihn aufmerksam, denn ich kniete gerade am Boden und räumte den Herd aus. Als ich die Asche über Bord gekippt hatte und mich wieder auf dem Weg zur Kombüse befand, sah ich ihn mit Harrison reden, dessen ehrliches Bauerntölpelgesicht Begeisterung und Erstaunen ausdrückte.

»Aber ja doch«, sagte Mugridge, »und was brummt mir Euer Gnaden auf, volle zwei Jahre in Reading. Bei Gott, als ob mich das groß gejuckt hätte. Der andere Ganove war jedenfalls hinüber. Hättest ihn sehen sollen. So ein Messer wie dies hier. Ich hab's in ihn reingeschoben wie in weiche Butter, und quieken konnte der besser als beim Zweigroschentheater.« Er warf einen Blick in meine Richtung, um zu sehen, ob ich auch alles mitbekam, und fuhr dann fort. »›Ich hab's doch nicht so gemeint, Tommy‹, heulte er rum, ›bei Gott, ich hab's nicht so gemeint!‹ – ›Dich mach ich fix und fertig‹, hab' ich gesagt und bin drangeblieben. Ich hab' ihn in Stücke zersäbelt, genau das hab' ich gemacht, und der war die ganze Zeit am Quieken. Einmal hat er das Messer mit der Hand zu fassen gekriegt und versucht, es festzuhalten. Hatte seine Finger drum, aber ich hab's rausgezogen und sie bis auf die Knochen aufgeschlitzt. O Mann, der Kerl sah aus, ich kann dir sagen!«

Ein Ruf des Steuermanns unterbrach die blutrünstige Geschichte, und Harrison ging nach achtern. Mugridge ließ sich auf der erhöhten Kombüsenschwelle nieder und nahm sein Messerschleifen wieder auf. Ich stellte die Schaufel weg und setzte mich direkt gegenüber auf den Kohlenkasten. Er bedachte mich mit einem starren und heimtückischen Blick. Immer noch ruhig, obwohl mein Herz wie rasend schlug, zog ich Louis' Dolch hervor und fing an, ihn auf dem Stein zu schleifen. Ich hatte mit einem Wutausbruch gerechnet, aber zu meiner großen Überraschung schien er mein Tun nicht einmal zu bemerken. Er fuhr fort, sein Messer zu schleifen. Ich war auch nicht faul. Geschlagene zwei Stunden saßen wir einander gegenüber und wetzten und wetzten, bis die Neuigkeit die Runde gemacht hatte und die halbe Mannschaft sich am Kombüseneingang drängelte, um diesem Schauspiel beizuwohnen.

Es fehlte nicht an aufmunternden Worten und guten Ratschlägen, und Jock Horner, der ruhige, gradlinige Jäger, der so aussah, als ob er keiner Fliege etwas zuleide tun könne, empfahl mir, nicht zwischen die Rippen zu stechen, sondern die Klinge lieber von unten ins Gedärm zu stoßen und dabei eine Bewegung zu vollführen, die er die »spanische Drehung« nannte. Leach, der seinen bandagierten Arm weithin sichtbar vor sich hertrug, bat darum, ihm wenigstens ein paar Reste des Kochs übrig zu lassen. Und selbst Wolf Larsen blieb ein- oder zweimal am Rand des Achterdecks stehen, um einen interessierten Blick auf jenes Sich-Regen und Quellen der hefigen Masse zu werfen, die er mit dem Leben gleichsetzte.

Auch ich gestehe, dass das Leben in diesem Moment für mich die nämliche Schäbigkeit besaß. Da war nichts Anziehendes, nichts Göttliches – nur zwei feige Kreaturen, die Stahl auf Stein wetzten, sowie eine Gruppe weiterer Wesen, die feige oder wie auch immer zusahen. Die Hälfte von ihnen, dessen bin ich mir sicher, wartete nur darauf, dass wir gegenseitig unser Blut vergossen. Das wäre wenigstens unterhaltsam gewesen. Und ich glaube nicht, dass auch nur einer der Anwesenden sich bei einem Kampf auf Leben und Tod dazwischen geworfen hätte.

Andererseits war die ganze Situation lächerlich und kindisch. Wetzen, wetzen, wetzen – Humphrey van Weyden wetzte sein Messer in einer Schiffskombüse und überprüfte die Schneide mit seinem Daumen! Von allen möglichen Situationen war das wohl die absurdeste. Meinesgleichen hätte sie gewiss für undenkbar gehalten. Schließlich hatte man mich nicht ohne Grund immer nur »Waschlappen« Weyden genannt; dass aber dieser »Waschlappen« so etwas tatsächlich fertigbrachte, war eine Offenbarung für Humphrey van Weyden, der nicht so recht wusste, ob er darüber nun erfreut oder eher beschämt sein sollte.

Aber nichts geschah. Nach zwei Stunden steckte Thomas Mugridge Messer und Stein weg und streckte mir die Hand entgegen.

»Warum sollten wir beide für die Halunken hier groß Zirkus machen?«, fragte er. »Denen sind wir schnuppe, und sie wären verdammt noch mal froh, wenn wir uns gegenseitig die Kehle aufschlitzten. Bist 'n anständiger Kerl, Döspaddel! Du hast Zunder, wie ihr Yankees sagt, und du gefällst mir irgendwie. Komm, reich mir die Flosse.«

Ich mochte ein Feigling sein, aber er übertraf mich noch. Ich hatte einen klaren Sieg errungen, und ich weigerte mich, auch nur auf ein Quäntchen davon zu verzichten, indem ich seine abscheuliche Hand schüttelte.

»Also gut«, sagte er, ohne aufzubegehren, »ganz wie du willst, bist aber trotzdem in Ordnung.« Und um sein Gesicht nicht zu verlieren, fuhr er wutentbrannt die Zuschauer an: »Schiebt ab von meiner Kombüsentür, ihr elendes Gesocks!«

Dieser Order wurde mit einem Kessel kochenden Wassers Nachdruck verliehen, bei dessen Anblick die Matrosen sich eilig verdrückten. Das wiederum war nun eine Art Sieg für Thomas Mugridge; er erlaubte es ihm, die Niederlage, die ich ihm beigebracht hatte, mit Anstand wegzustecken, wobei er allerdings klug genug war, nicht auch noch die Jäger zum Gehen aufzufordern.

»Das ist Smutjes Ende«, hörte ich Smoke zu Horner sagen.

»Darauf kannst du Gift nehmen«, kam die Antwort, »von nun an gehört Döspaddel die Kombüse, und Smutje zieht die Hörner ein.«

Mugridge hatte mitgehört und warf mir einen verstohlenen Blick zu, aber ich tat so, als ob ich das Gespräch nicht mitbekommen hätte. Ich konnte einfach nicht glauben, dass mein Sieg so weitreichend und vollständig ausgefallen sein sollte, war jedoch fest entschlossen, ihn bis zum Letzten auszukosten. Im Laufe der nächsten Tage bestätigte sich Smokes Prophezeiung. Der Cockney benahm sich mir gegenüber sogar noch unterwürfiger und hündischer als gegenüber Wolf Larsen. Ich siezte ihn nicht länger, spülte keine schmierigen Töpfe und schälte auch keine Kartoffeln mehr. Ich tat meine Arbeit, keinen Handschlag darüber hinaus, und zwar wann und wie ich es für richtig hielt. Außerdem trug ich den Dolch nach Matrosenart in einer Scheide an meiner Hüfte und behielt Thomas Mugridge gegenüber eine Haltung bei, die sich zu gleichen Teilen aus Überheblichkeit, Hohn und Verachtung zusammensetzte.

## 10. KAPITEL

Die Vertrautheit zwischen mir und Wolf Larsen wächst – wenn man unter Vertrautheit jene Beziehung verstehen will, die zwischen Herr und Knecht besteht, oder, besser noch, zwischen König und Hofnarr. Ich bin nur ein Spielzeug in seinen Händen, und es liegt ihm auch so viel oder so wenig an mir wie einem Kind an seinen Spielsachen. Meine Aufgabe ist es, ihn zu unterhalten; solange mir das gelingt, geht alles gut. Aber kaum dass er sich langweilt oder eine seiner düsteren Stimmungen über ihn kommt, werde ich schon von der Kajüte in die Kombüse verbannt, wobei ich mich noch glücklich schätzen darf, mit dem Leben und heiler Haut davongekommen zu sein.

Die Einsamkeit dieses Menschen wird mir erst allmählich bewusst. Alle an Bord hassen oder fürchten ihn, und es gibt keinen, den er nicht verachten würde. Er scheint von einer ungeheuren Kraft, die in ihm steckt und die niemals einen angemessenen Ausdruck fand, verzehrt zu werden. Nicht anders erginge es Luzifer, würde man diesen stolzen Geist in die Gesellschaft von seelenlosen Gespenstern verfrachten, wie sie Kiplings Tomlinson verkörpert.

Diese Isolation wäre an sich schon schlimm genug, aber was die Sache noch ärger macht, ist, dass ihn die angeborene Schwermut seiner Rasse bedrückt. Seit ich ihm begegnet bin, sind mir die alten skandinavischen Mythen verständlicher geworden. Diese weißhäutigen, blonden Wilden, die sich jenes schreckliche Pantheon ausdachten, waren aus dem gleichen Holz geschnitzt. Die Unbeschwertheit romanischer Völker, die so gerne lachen, geht ihm gänzlich ab. Wenn er einmal lacht, dann aus einer wilden Aufwallung heraus. Aber er lacht selten; allzu oft ist er traurig. Dabei handelt es sich um eine Schwermut, die so tiefe Wurzeln hat, wie die Rasse, der er angehört. Das ist ihre Mitgift, diese Trübsinnigkeit, die diese Menschen umsichtig, anständig und auf fanatische Weise sittsam gemacht hat und die, gerade was den letztgenannten Punkt betrifft, in der Reformierten Kirche Englands und bei den viktorianischen Tugendaposteln ihren Höhepunkt erreicht.

Die Religion in ihren zerquälteren Formen ist in der Tat das wichtigste Ventil für diese ureigene Schwermut gewesen. Wolf Larsen jedoch bleibt der Trost einer solchen Religion versagt. Sein brachialer Materialismus lässt das nicht zu. Wenn ihn also eine seiner trüben Stimmungen befällt, bleibt ihm nichts anderes übrig, als teuflisch zu werden. Wäre er nicht eine so Furcht einflößende Gestalt, könnte ich zuweilen Mitleid mit ihm empfinden, wie zum Beispiel vor drei Tagen, als ich in seine Kabine ging, um seine Wasserflasche aufzufüllen und er nicht mit mir rechnete. Er bemerkte mich nicht einmal. Er hatte den Kopf in den Händen vergraben, und seine Schultern hoben und senkten sich krampfartig, als ob er schluchzen würde. Ein großer Kummer schien ihn zu quälen. Als ich mich leise zurückzog, hörte ich ihn »Mein Gott! Mein Gott!« stöhnen. Nicht etwa, dass er tatsächlich zu Gott flehte, es war nicht mehr als ein Fluch, aber der kam ihm aus tiefster Seele.

Beim Essen fragte er die Jäger nach einem Mittel gegen Kopfschmerzen, und am Abend war dieser Kraftprotz halb blind und taumelte in der Kajüte umher.

»Ich bin mein ganzes Leben lang nicht krank gewesen, Döspaddel«, sagte er, als ich ihn in seine Kajüte brachte. »Kopfschmerzen habe ich auch nie gehabt, außer dem einen Mal, als eine Spillspake meinen Kopf fünfzehn Zentimeter lang aufgeschlitzt hatte und die Wunde verheilte.«

Drei Tage lang hielten diese rasenden Kopfschmerzen an. Er durchlitt sie, wie wilde Tiere leiden und wie man überhaupt an Bord zu leiden schien, ohne Klage, ohne Mitgefühl und ganz allein.

Als ich heute Morgen seine Kabine betrat, um das Bett zu machen, fand ich ihn jedoch wohlauf und in seine Arbeit vertieft. Tisch und Koje waren übersät mit Skizzen und Berechnungen. Er war gerade dabei, mit Kompass und Winkelmaß in der Hand etwas auf einen großen Bogen Transparentpapier zu übertragen, das wie eine Art Raster aussah.

»Hallo Döspaddel«, begrüßte er mich jovial. »Ich lege gerade letzte Hand an. Willst du wissen, wie es funktioniert?«

»Was ist es denn überhaupt?«, fragte ich.

»Eine Arbeitserleichterung für Seeleute, Navigation als Kinderspiel«, gab er aufgeräumt zur Antwort. »Von heute an wird ein Kind in der Lage sein, ein Schiff zu steuern. Keine ellenlangen Berechnungen mehr. Alles, was du brauchst, ist ein einziger Stern am bedeckten Nachthimmel, und schon weißt du, wo du dich befindest. Pass auf, ich lege dieses durchsichtige Raster so auf die Sternenkarte, dass der Drehpunkt sich über dem Nordpol befindet. Auf der Skala habe ich die Höhenkreise und die Peillinien eingezeichnet. Nun brauche ich nichts weiter zu tun, als sie auf einen Stern hin auszurichten und die Skala so weit zu drehen, bis ihr die Zahlen auf der Unterkante genau opponieren, und presto, schon haben wir die genaue Ortsbestimmung des Schiffes!«

In seiner Stimme schwang ein triumphierender Ton mit, und seine Augen, die an diesem Morgen so klar und blau wie das Meer waren, sprühten vor Licht.

»Sie müssen sich gut auf Mathematik verstehen«, sagte ich. »Wo sind Sie zur Schule gegangen?«

»Hab nie eine von innen gesehen, leider«, kam die Antwort. »Ich musste mir alles selbst zusammenklamüsern.«

»Und was meinst du, warum ich dieses Ding hier gemacht habe?«, fragte er plötzlich. »Weil ich davon träume, meine Fußstapfen im Sand der Zeiten zu hinterlassen?« Er lachte ein furchtbares, spöttisches Lachen. »Ganz und gar nicht. Ich will es patentieren lassen, eine Menge Geld damit verdienen, die ganze Nacht freihaben und mich suhlen, während die anderen die Arbeit tun. Genau das habe ich vor. Und außerdem hat's mir auch Spaß gemacht, das Ganze auszutüfteln.«

»Schöpferfreude«, murmelte ich.

»Meinetwegen kann man es ruhig so nennen. Zumal es nur eine andere Art und Weise ist, die Verzückung des Lebens über sein eigenes Lebendigsein auszudrücken, den Sieg der Bewegung über die Materie, des Vitalen über das Tote, den Stolz der Hefe, weil sie Hefe ist und quillt.«

Mit einer hilflosen Geste versuchte ich, meiner Ablehnung seines eingefleischten Materialismus Ausdruck zu verleihen, und begann, sein Bett zu machen. Er fuhr fort, Linien und Zahlen auf das transparente Raster zu übertragen. Es war eine Aufgabe, die äußerste Sorgfalt und Genauigkeit verlangte, und ich konnte die Geschicklichkeit bewundern, mit der er seine Kräfte zügelte, um sie der subtilen Aufgabe anzupassen.
Als ich das Bett hergerichtet hatte, ertappte ich mich dabei, dass ich ihn fasziniert anstarrte. Er war ohne Frage ein ansehnlicher Mann – schön im maskulinen Sinne. Und einmal mehr bemerkte ich staunend das völlige Fehlen von Boshaftigkeit, Hinterlist oder Verderbtheit in seinem Gesicht. Es war zweifelsohne das Gesicht eines Mannes, der sich nie etwas zuschulden kommen ließ. Nicht, dass man mich hier missversteht. Ich meine damit, dass es das Gesicht eines Mannes war, der entweder nie gegen sein Gewissen handelte oder gar kein Gewissen besaß. Ich neige eher zu der zweiten Erklärung. Er war ein prachtvoller Atavismus, ein Mann von so reiner Urwüchsigkeit, dass er jenem Menschentyp entsprach, der vor der Ausprägung des Moralbewusstseins diese Welt bewohnt hat. Er war deshalb nicht unmoralisch, sondern einfach nur ohne Moral.
Wie ich schon sagte, er besaß ein im maskulinen Sinn schönes Gesicht. Glatt rasiert zeichnete sich jede Linie ab, und die Konturen traten so deutlich heraus wie bei einer Kamee, während Sonne und Meer seiner von Natur aus hellen Haut einen dunklen Bronzeton verliehen hatten, der von Kampf und Anstrengung zeugte und seine Wildheit und Schönheit gleichermaßen hervorhob. Seine Lippen waren voll, besaßen aber zugleich auch die Festigkeit, ja fast schon Strenge, die für dünne Lippen charakteristisch ist. Die Mundpartie, Kinn und Kiefer waren gleichfalls von herber Prägnanz, wobei die ganze Wildheit und Unbezwingbarkeit des männlichen Wesens hinzutrat – ebenso die Nase. Es war die Nase eines Geschöpfs, dem das Erobern und Befehlen in die Wiege gelegt waren. Sie erinnerte ganz entfernt an einen Adlerschnabel. Griechisch oder auch römisch hätte sie sein können, war jedoch für das Erste eine Spur zu wuchtig, für Letzteres ein wenig zu fein gebaut. Und während sein Gesicht insgesamt Wildheit und Stärke ausstrahlte, schien die angeborene Schwer-

mut, unter der er litt, die Linien von Mund, Augen und Brauen zu betonen und seinem Gesicht eine Größe und Vollkommenheit zu verleihen, die ihm ansonsten gefehlt hätten.
Ich ertappte mich also dabei, wie ich untätig dastand und ihn musterte. Dabei vermag ich kaum zu sagen, wie sehr mich dieser Mann zu interessieren begonnen hatte. Wer war er? Was war er? Wie war so etwas möglich gewesen? Alle Kräfte schienen ihm zur Verfügung, alle Wege offenzustehen – warum also war dann aus ihm nicht mehr geworden als der unbekannte Kapitän eines Robbenfängers, der unter den Robbenjägern für seine grausame Härte berüchtigt war?
Meine Neugier machte sich in einem plötzlichen Wortschwall Luft.
»Warum haben Sie auf dieser Welt nichts Großes vollbracht? Mit der Ihnen verliehenen Kraft hätten Sie jedes Ziel erreichen können. Da Ihnen ein Gewissen oder der moralische Instinkt fehlt, hätten Sie die Welt beherrschen, sie nach Ihrem Willen formen können. Und dennoch befinden Sie sich hier, in der Blüte Ihrer Jahre, wo der Rückschritt einsetzt und das Absterben beginnt, und führen ein unscheinbares und unwürdiges Leben, jagen Meerestiere, um die Eitelkeit und die Prunksucht der Frauen zu befriedigen, und suhlen sich, um mit Ihren eigenen Worten zu reden, in einer Nichtswürdigkeit, die das Gegenteil alles Prachtvollen ist. Warum nur haben Sie bei all dieser wunderbaren Kraft nichts aus Ihrem Leben gemacht? Es gab kein Hindernis, das Ihnen im Wege stand oder Sie hätte aufhalten können. Was also stimmte nicht? Fehlte Ihnen der Ehrgeiz? Sind Sie Versuchungen erlegen? Was waren nur die Ursachen? Wo lagen die Gründe?«
Zu Beginn meines Ausbruchs hatte er zu mir aufgeschaut und mir dann gelassen zugehört, bis ich geendet hatte und nun atemlos und über mich selbst erschrocken vor ihm stand. Er wartete einen Moment, wie um nach einem Anfang zu suchen, und sagte dann:
»Döspaddel, kennst du das Gleichnis vom Sämann, der ausging zu säen? Du wirst dich vielleicht erinnern, dass ein Teil der Saat auf steinigen Boden fiel, wo es kaum Erde gab und die Saatkörner sofort aufgingen, weil sie nicht tief genug im Boden lagen. Als dann die Sonne aufstieg, ver-

dorrten sie, und weil die Wurzeln fehlten, welkte alles dahin. Ein anderer Teil fiel unter die Dornen, und die Dornen wuchsen und erstickten ihn.«

»Schön und gut«, sagte ich.

»Schön und gut?«, fragte er leicht gereizt zurück. »Eben nicht. Ich war eines dieser Saatkörner.«

Er beugte den Kopf über das Raster und fuhr mit dem Abzeichnen fort. Ich beendete meine Arbeit und wollte gerade zur Tür hinausgehen, als er weitersprach.

»Döspaddel, wenn du dir auf der Karte von Norwegen die Westküste ansiehst, wirst du eine Einbuchtung entdecken, die den Namen Romsdal Fjord trägt. Etwa einhundert Meilen davon entfernt wurde ich geboren. Aber nicht als Norweger. Ich bin Däne. Mein Vater und meine Mutter waren Dänen, und ich weiß nicht, was sie auf dieses trostlose Stück Land an der Westküste verschlagen hatte. Sie haben es mir nie verraten. Alles Weitere jedoch ist keineswegs geheimnisvoll. Beide waren arme und ungebildete Leute wie die Generationen vor ihnen – Bauern des Meeres, die ihre Söhne auf den Wogen aussäten, wie es seit ewigen Zeiten Sitte war. Mehr gibt es dazu nicht zu sagen.«

»O doch«, wandte ich ein, »mir scheint das Ganze noch immer unverständlich.«

»Wovon soll ich erzählen?«, fragte er mit wieder aufflackernder Wildheit. »Von einer kärglichen Kindheit? Von ewigen Fischmahlzeiten und dem rauen Leben? Vom Ausfahren in den Booten, sobald ich krabbeln konnte? Von meinen Brüdern, die einer nach dem anderen fortgingen, um die Ernte des Meeres einzubringen und nie zurückkehrten? Von mir selbst, Analphabet und im reifen Alter von zehn Jahren Steward auf den Küstenschiffen meines Heimatlandes? Von der schlechten Verpflegung und der noch schlechteren Behandlung, bei der es statt Kost und Logis nur Tritte und Prügel gab und diese das Reden ersetzten, während Furcht, Hass und Schmerz meine einzige Seelennahrung waren? Ich denke nicht gern daran zurück. Sogar jetzt noch steigt eine wahnsinnige Wut in mir hoch, wenn ich es versuche. Es gab Kapitäne auf Küstenschiffen, zu denen ich zurückkehren und die ich umbringen wollte, sobald ich genügend Manneskraft besaß, nur hatte mich mein Schicksal zu dieser Zeit schon in andere Gegenden verschlagen. Vor wenigen Jahren kehrte ich dann doch zurück, aber die Kapitäne waren alle gestorben, bis auf einen, der damals Steuermann gewesen war. Als ich ihn wiedertraf, war er Kapitän, und als ich ihn verließ, ein Krüppel, der nie wieder gehen lernen würde.«

»Aber Sie haben doch Spencer und Darwin gelesen, obwohl Sie niemals eine Schule von innen gesehen haben. Wie haben Sie denn lesen und schreiben gelernt?«, fragte ich.

»In der englischen Handelsmarine. Steward mit zwölf, Schiffsjunge mit vierzehn, Leichtmatrose mit sechzehn, Vollmatrose und erster Mann in der Back mit siebzehn; grenzenloser Ehrgeiz und grenzenlose Einsamkeit. Da ich weder auf Hilfe noch Mitgefühl hoffen konnte, musste ich mir alles selbst beibringen – Navigation, Mathematik, Naturwissenschaften, Literatur und was weiß ich noch. Und was hat mir das alles genutzt? Auf der Höhe meines Lebens bin ich Kapitän und Besitzer eines Schiffes, zu einem Zeitpunkt, da, wie du sagst, der Rückschritt und das Absterben beginnen. Armselig, nicht wahr? Und als die Sonne aufging, verdorrte ich, und da ich keine Wurzeln hatte, welkte ich dahin.«

»Aber die Geschichte weiß von Sklaven, die sich eine Krone erkämpften«, sagte ich vorwurfsvoll.

»Und die Geschichte weiß auch von den günstigen Gelegenheiten, die jene gekrönten Sklaven ergriffen haben«, gab er zornig zur Antwort. »Niemand schafft sich solche Gelegenheiten selbst. Alles, was die Großen taten, war, die Chance zu erkennen, wenn sie sich bot. Der Korse erkannte sie. Ich hatte keine geringeren Träume als er. Ich hätte die Chance erkannt, aber sie kam nie. Die Dornen wucherten und erstickten mich. Und, Döspaddel, ich kann dir versichern, dass du jetzt mehr über mich weißt als jeder andere Mensch, mein Bruder ausgenommen.«

»Und was ist er? Und wo befindet er sich?«

»Er ist Kapitän auf dem Dampfschiff *Macedonia*, ein Robbenfänger«, lautete die Antwort. »Sehr wahrscheinlich werden wir uns vor der japanischen Küste begegnen. Die Männer nennen ihn ›Tod‹ Larsen.«

»Tod Larsen!«, rief ich unwillkürlich aus. »Ist er wie Sie?«

»Kaum. Er ist ein Stück Vieh ohne Verstand. Er besitzt meine … ganze … ganze …«

»Rohheit«, warf ich ein.

»Ja, vielen Dank für das Wort, meine ganze Rohheit, aber er kann kaum lesen und schreiben.«

»Und er hat auch nie über das Leben nachgedacht«, fügte ich hinzu.

»Nein«, antwortete Wolf Larsen mit einem unbeschreiblichen Anflug von Trauer. »Und er ist um so vieles glücklicher, weil er sich darum nicht schert. Er ist viel zu sehr damit beschäftigt, sein Leben zu leben, um darüber nachzudenken. Es war ein großer Fehler, dass ich meine Nase in die Bücher gesteckt habe.«

## 11. KAPITEL

Die *Ghost* hat den südlichsten Punkt des Bogens erreicht, den sie auf dem Pazifik beschreibt, und ist bereits nach Nordwesten abgeschwenkt, um, wie gerüchteweise zu vernehmen ist, eine einsame Insel anzusteuern, auf der die Wasserfässer gefüllt werden sollen, bevor das Schiff zur japanischen Küste aufbricht, wo die Jagdsaison begonnen hat. Die Jäger haben so lange mit ihren Büchsen und Schrotflinten herumhantiert und sich eingeschossen, bis sie zufrieden waren, und die Ruderer und Steuermänner haben Sprietsegel hergestellt und die Riemen und Riemenklampen mit Leder und Platting umwickelt, damit sie beim Anschleichen an die Seehunde keinen Lärm verursachen. Auf ihren Booten ist alles in Butter, um Leachs dem heimatlichen Herd entlehnten Ausdruck zu gebrauchen.
Sein Arm ist nebenbei bemerkt gut verheilt, obwohl er die Narbe sein Leben lang behalten wird. Thomas Mugridge lebt in ständiger Todesangst vor ihm und fürchtet sich, nach Anbruch der Dunkelheit das Deck zu betreten. Aus der Back sind zwei oder drei schwelende Auseinandersetzungen zu vermelden. Louis erzählt mir, dass das Matrosengerede nach achtern durchsickere und dass zwei der Plappermäuler von ihren Kameraden übel zugerichtet worden seien. Was die Zukunftsaussichten des Matrosen Johnson angeht, der als Ruderer mit ihm in einem Boot sitzt, so hat er dafür nur ein bedenkliches Kopfschütteln. Johnson äußere sich zu freimütig und sei auch schon zwei- oder dreimal mit Wolf Larsen wegen der Aussprache seines Namens aneinandergeraten.
Erst kürzlich habe er Johansen des Nachts mittschiffs windelweich geprügelt, und seither redet der Maat ihn richtig an. Aber natürlich würde Johnson es nie wagen, sich auch an Wolf Larsen zu vergreifen.
Von Louis habe ich außerdem zusätzliche Informationen über Tod Larsen erhalten, die zu der kurzen Beschreibung des Kapitäns passen. Wahr-

scheinlich werden wir Tod Larsen vor der japanischen Küste begegnen. »Und mach dich auf Scherereien gefasst«, war Louis' Prophezeiung, »denn die zwei hassen sich wie Wölfe aus einem Wurf, was sie ja auch sind.« Tod Larsen hat das Kommando über das einzige Dampfschiff der Flotte, die *Macedonia*, die mit vierzehn Booten bestückt ist, während der Rest der Robbenfänger nur über sechs Boote verfügt. Es kursieren wilde Gerüchte über Kanonen an Bord und über geheimnisvolle Kriegs- und Beutezüge, die sie unternehmen soll, angefangen vom Opiumschmuggel in die USA und Waffenschiebereien nach China bis hin zu Sklavenhandel und offener Piraterie. Trotzdem kann ich nicht umhin, Louis Glauben zu schenken, denn er hat mich noch nie hinters Licht geführt und verfügt außerdem über ein enzyklopädisches Wissen, was die Robbenjagd und die dafür angeheuerten Mannschaften angeht.

So wie es im Vorschiff und in der Kombüse aussieht, geht es auf diesem wahren Höllenkahn auch auf dem Zwischendeck und achtern zu. Die Männer bekämpfen sich rücksichtslos und trachten einander nach dem Leben. Die Jäger spekulieren jeden Augenblick auf eine Schießerei zwischen Smoke und Henderson, deren alter Zwist immer noch fortschwelt, während Wolf Larsen unmissverständlich erklärt hat, dass er den Sieger des Zweikampfs umbringen werde, sollte es so weit kommen. Er gibt offen zu, dass er sich nicht aus moralischen Erwägungen so verhalte und dass die Jäger sich seinetwegen ruhig gegenseitig auslöschen und auffressen könnten, wenn er sie nicht lebend für die Robbenjagd benötigte. Falls sie sich nur bis zum Ende der Jagdsaison Zügel anlegten, verspreche er ihnen ein rauschendes Fest, auf dem alle alten Rechnungen beglichen werden sollten. Anschließend könnten die Überlebenden die auf der Strecke Gebliebenen ja über Bord werfen und sich eine gute Geschichte ausdenken, warum die fehlenden Mannschaftsmitglieder auf See geblieben seien. Ich glaube, sogar die Jäger sind erschrocken über diese Kaltblütigkeit. Auch wenn es ruchlose Menschen sind, so haben sie offensichtlich große Angst vor ihm.

Thomas Mugridge legt mir gegenüber eine hündische Unterwürfigkeit an den Tag, während ich insgeheim Angst vor ihm habe. Er besitzt den Mut der Verzweiflung – eine merkwürdige Sache, die ich von mir selbst her gut kenne –, und in jedem Augenblick kann dieser Mut seine Furcht besiegen und ihn dazu treiben, mich vom Leben zum Tod zu befördern. Meinem Knie geht es viel besser, auch wenn es noch häufig und lange schmerzt, und die Steifheit meines Arms, die ich Wolf Larsens Zupacken verdanke, klingt langsam ab. Sonst bin ich in glänzender Verfassung und spüre das auch. Meine Muskeln werden härter und kräftiger. Meine Hände hingegen bieten einen traurigen Anblick. Sie sehen aus wie halb gesotten, die Nägel sind eingewachsen, abgebrochen und verfärbt, und die Nagelhaut scheint an den Rändern pilzartig zu wuchern. Außerdem leide ich unter Furunkeln, was sehr wahrscheinlich auf die einseitige Ernährung zurückzuführen ist, denn ich hatte noch nie Ärger damit.

Amüsiert war ich, als ich Wolf Larsen vor einigen Tagen abends bei der Bibellektüre antraf. Nachdem die Suche nach einem Exemplar zu Beginn der Reise fruchtlos verlaufen war, hatte sich eins in der Seemannskiste des toten Steuermanns gefunden. Ich fragte mich, was Wolf Larsen mit diesem Buch wohl anzufangen wusste, und er las mir laut aus dem Prediger Salomo vor. Während er las, schien es mir, als seien es seine eigenen Worte und Gedanken, und seine Stimme, die dunkel und klagend in der Kabine widerhallte, bezauberte und fesselte mich. Wenn er auch ohne Schulbildung ist, so versteht er es doch sehr wohl, die Bedeutung des geschriebenen Wortes auszudrücken. Ich kann ihn noch deutlich hören, so wie ich ihn immer hören werde, während er mit der urtümlichen Schwermut in seiner Stimme weiter vorlas:

»Ich sammelte mir auch Silber und Gold und von den Königen und Ländern einen Schatz; ich schaffte mir Sänger und Sängerinnen und die Wonne der Menschen, allerlei Saitenspiel;

und nahm zu über alle, die vor mir zu Jerusalem gewesen waren; auch blieb meine Weisheit bei mir;

und alles, was meine Augen wünschten, das ließ ich ihnen und wehrte meinem Herzen keine Freude, dass es fröhlich war von aller meiner Arbeit; und das hielt ich für meinen Teil von aller meiner Arbeit.

Da ich aber ansah alle meine Werke, die meine Hand getan hatte, und die Mühe, die ich gehabt hatte, siehe, da war alles eitel und Haschen nach Wind und kein Gewinn unter der Sonne.
Es begegnet dasselbe einem wie dem anderen: dem Gerechten wie dem Gottlosen, dem Guten und Reinen wie dem Unreinen, dem, der opfert, wie dem, der nicht opfert; wie es dem Guten geht, so geht's auch dem Sünder; wie es dem, der schwört, geht, so geht's auch dem, der den Eid fürchtet.
Das ist ein böses Ding unter allem, was unter der Sonne geschieht, dass es einem geht wie dem andern; daher auch das Herz der Menschen voll Arges wird, und Torheit ist in ihrem Herzen, dieweil sie leben; danach müssen sie sterben.
Denn bei allen Lebendigen ist, was man wünscht: Hoffnung; denn ein lebendiger Hund ist besser als ein toter Löwe.
Denn die Lebendigen wissen, dass sie sterben werden; die Toten aber wissen nichts, sie haben auch keinen Lohn mehr – denn ihr Gedächtnis ist vergessen, dass man sie nicht mehr liebt noch hasst noch neidet – und haben kein Teil mehr auf der Welt an allem, was unter der Sonne geschieht.«

»Da hast du's, Döspaddel«, sagte er, während er das Buch zuklappte, aber einen Finger zwischen den Seiten behielt und zu mir aufsah. »Der Prediger, der als König in Jerusalem über Israel herrschte, dachte so wie ich. Du schimpfst mich einen Pessimisten. Ist aber sein Pessimismus nicht noch ungleich schwärzer? – ›Alles ist eitel und Haschen nach Wind‹, ›kein Gewinn unter der Sonne‹, ›es begegnet dasselbe einem wie dem anderen‹, den Dummen wie den Weisen, den Reinen wie den Unreinen, den Sündern wie den Heiligen, und dieses Los ist der Tod, eine schlimme Sache, so sagt er. Denn der Prediger liebte das Leben und wollte nicht sterben, deshalb meint er: ›Ein lebendiger Hund ist besser als ein toter Löwe.‹ Er zog das Eitle und den Seelenkummer der ewigen Grabesstille und Totenruhe vor. Genau wie ich. Alles Herumkrabbeln bleibt eine nichtsnutzige Sache; aber nicht herumzukrabbeln, tot wie ein Lehmklumpen oder ein

Stein zu sein, ist ein unerträglicher Gedanke. Er widerstrebt dem Leben, das in mir steckt und dessen wahre Essenz Bewegung ist, die Kraft, sich zu bewegen und ein Bewusstsein dieser Kraft zu besitzen. Das Leben selbst kann nicht zufriedenstellen, aber dem Tod ins Auge zu sehen ist noch weitaus unbefriedigender.«

»Sie sind noch schlimmer dran als Omar«, sagte ich. »Denn der fand, nachdem er das übliche Fegefeuer der Jugend überstanden hatte, wenigstens inneren Seelenfrieden und machte seinen Materialismus zu einer fröhlichen Angelegenheit.«

»Wer war Omar?«, fragte Wolf Larsen, und schon brauchte ich den ganzen Tag über nicht mehr zu arbeiten, ebenso wenig den nächsten und übernächsten.

Bei seiner ziellosen Lektüre war er nie auf den *Robâijjât* gestoßen, der für ihn wie die Entdeckung eines großen Schatzes war. Vieles, etwa zwei Drittel der Vierzeiler, kannte ich auswendig und konnte den Rest ohne große Schwierigkeiten ergänzen. Ganze Stunden verbrachten wir damit, über einzelne Strophen zu reden, und ich stellte fest, dass er aus ihnen ein Wehklagen und eine Auflehnung herauslas, die ich mein Lebtag nicht darin entdeckt hätte. Möglicherweise trug ich die Strophen mit einem gewissen mir eigenen heiteren Schwung vor, denn – sein Gedächtnis war gut und speicherte einen Vierzeiler nach dem zweiten, oft schon nach dem ersten Vorlesen – er rezitierte dieselben Zeilen und verlieh ihnen dabei einen Ton innerer Unruhe und leidenschaftlicher Auflehnung, der beinahe überzeugend wirkte.

Ich wollte wissen, welcher Vierzeiler ihm wohl am meisten bedeutete, und war keineswegs überrascht, als er sich für den entschied, der sein Entstehen einer vorübergehenden Gereiztheit verdankte und sich deutlich von der selbstgenügsamen Weisheit und den heiteren Lebensregeln des Persers unterschied:

»Was denn? Ganz ungebeten tauchst du auf – *woher?*
Und ohne Abschied weilst du plötzlich hier nicht mehr!

> Anmaßender, nur viele Gläser vom verbotenen Wein
> waschen mir die Erinnerung davon wieder rein.«

»Großartig!«, rief Wolf Larsen. »Einfach großartig! Das trifft den Kern der Sache. Anmaßung! Er hätte kein besseres Wort finden können.«
Vergebens hielt ich dagegen. Er überschwemmte und überwältigte mich mit einer Flut von Argumenten.
»Es liegt nicht in der Natur des Lebens, anders zu sein. Ein Leben, das sein Ende kommen sieht, wird sich immer dagegen auflehnen. Es kann gar nicht anders. Der Prediger fand das Leben und alle menschlichen Taten eitel, für ihn war es eine üble und verdrießliche Sache. Den Tod aber, das Ende aller Eitelkeit und Verdrießlichkeit, betrachtete er als ein noch größeres Übel. Kapitel um Kapitel ängstigt ihn das Los, das uns alle erwartet. So ergeht es Omar, so ergeht es mir, und so ergeht es dir, ja, auch dir, denn du hast dich gegen das Sterben aufgelehnt, als Smutje sein Messer für dich wetzte. Du hattest Angst vor dem Tod; das Leben, das du spürst, das dich ausmacht und größer ist als du selbst, wollte nicht sterben. Du hast vom Vorgefühl der Unsterblichkeit gesprochen. Ich spreche vom Überlebensinstinkt, der Leben bedeutet und der über die sogenannte Unsterblichkeitsahnung triumphiert, wenn der Tod sich groß und mächtig abzeichnet. Er hat auch in dir triumphiert (das kannst du nicht leugnen), weil ein verrückter Cockney sein Messer schärfte.
Auch jetzt hast du Angst vor ihm. Und vor mir. Gib's zu. Wenn ich dich an der Kehle packe, ungefähr so«, seine Hand umklammerte meinen Hals und drückte mir den Atem ab – »und das Leben langsam aus dir herauspresse Stück für Stück, dann muss deine Unsterblichkeitsahnung verglimmen, und dein Überlebensinstinkt, der nach Leben hungert, wird auflodern, und du wirst alles daransetzen, dich zu retten. Ist es nicht so? Ich sehe Todesangst in deinen Augen. Du wirbelst mit deinen Armen in der Luft herum. Du strengst all deine mickrigen Kräfte an, um zu leben. Deine Hand greift nach meinem Arm und fühlt sich an wie ein Schmetterling, der darauf rastet. Dein Brustkorb bebt, die Zunge tritt hervor, deine Haut färbt sich dunkel, und die Augen verschwimmen. Du schreist nach

›Leben! Leben! Leben!‹ und danach, hier und jetzt zu existieren, nicht in einem fernen Jenseits. Du zweifelst an deiner Unsterblichkeit, wie? Haha! Du bist dir da nicht mehr so sicher, willst es nicht unbedingt darauf ankommen lassen. Nur dieses Leben ist ganz bestimmt real. Ah, nun wird es schwärzer und schwärzer. Es ist die Schwärze des Todes, das Ende des Seins, des Fühlens und der Bewegung, das dich umfängt, sich herabsenkt und langsam von unten aufsteigt. Deine Augen werden starr, der Blick glasig. Meine Stimme klingt schwach und fern. Du kannst mein Gesicht nicht mehr ausmachen. Und immer noch windest du dich in meinem Griff. Du zappelst mit den Füßen. Dein Körper verknotet sich wie der einer Schlange. Deine Brust will zerspringen. Leben! Leben! Leben –«
Ich hörte nichts mehr. Mein Bewusstsein versank in jener Schwärze, die er so anschaulich beschrieben hatte, und als ich wieder zu mir kam, lag ich am Boden, während er eine Zigarre rauchte und mich nachdenklich und mit dem mir so vertrauten Glanz der Neugier in den Augen ansah.
»Nun, habe ich dich überzeugt?«, fragte er. »Hier, nimm einen Schluck. Ich möchte dir ein paar Fragen stellen.«
Ich rollte den Kopf verneinend hin und her. »Ihre Argumente sind etwas zu – uh – nachdrücklich«, stieß ich hervor, wobei meine Kehle von der Anstrengung noch heftiger schmerzte.
»In einer halben Stunde bist du wieder wohlauf«, versicherte er mir. »Und ich verspreche dir auch, dass ich von weiteren praktischen Demonstrationen absehen werde. Hoch jetzt. Setz dich auf einen Stuhl.«
Und so – denn schließlich war ich nur ein Spielzeug in den Klauen dieses Monstrums – wurde die Diskussion über Omar und den Prediger wieder aufgenommen. Die halbe Nacht blieben wir auf und redeten darüber.

## 12. KAPITEL

In den letzten vierundzwanzig Stunden ist ein Fest der Brutalität gefeiert worden. Anscheinend hatte sich von der Achterkajüte bis zur Back alles angesteckt. Ich weiß kaum, wo ich anfangen soll. Wolf Larsen war der eigentliche Grund. Durch Streitereien, Fehden und Missgunst waren die Beziehungen zwischen den Männern ohnehin aus dem Lot und die Nerven bis zum Zerreißen gespannt, und immer wieder flackerten verhängnisvolle Leidenschaften auf wie verdorrtes Präriegras.

Thomas Mugridge ist ein Schleimer, ein Spion, ein Denunziant. Er versuchte, sich beim Kapitän lieb Kind zu machen und seine Gunst wiederzugewinnen, indem er das Geschwätz der Männer weitertrug. Er war es auch, das weiß ich genau, der Wolf Larsen Johnsons hitzige Äußerungen hinterbrachte. Johnson hatte anscheinend Ölzeug aus dem Schiffsmagazin gekauft, das wohl von reichlich schlechter Qualität war. Und damit hielt er auch keineswegs hinter dem Berg. So ein Magazin ist eine Art winziger Textilladen, der auf allen Robbenfängern anzutreffen ist und alles vorrätig hat, was Seeleute benötigen. Was immer ein Seemann dort erwirbt, wird später von dem abgezogen, was er in den Robbengründen verdient. Denn bei den Ruderern und Steuerleuten ist es nicht anders als bei den Jägern: Anstelle eines festen Gehalts erhalten sie einen »Schnitt«, einen bestimmten Anteil für jedes Fell, das ihr Boot an Bord bringt.

Von Johnsons Nörgelei wusste ich allerdings nichts, und so kam das, was ich mit ansehen musste, völlig überraschend. Ich hatte gerade die Kajüte gefegt und mich von Wolf Larsen in eine Diskussion über Hamlet, den er von allen Shakespearefiguren am meisten liebte, hineinziehen lassen, als Johansen, von Johnson gefolgt, den Niedergang herunterkam. Johnson nahm seine Mütze ab, wie es auf See üblich ist. Er hielt sich respektvoll in der Mitte der Kajüte, schwankte dabei heftig gegen das Rollen des Schoners an und sah dem Kapitän mit gemischten Gefühlen ins Gesicht.

»Schließ die Tür und schieb den Riegel vor«, sagte Wolf Larsen zu mir.

Während ich den Befehl ausführte, bemerkte ich einen ahnungsvollen Glanz in Johnsons Augen, aber den Grund dafür hätte ich nie erraten. Ich hätte mir nicht im Traum vorstellen können, was passieren würde, er aber wusste von Anfang an, was ihm bevorstand, und sah allem tapfer entgegen. Sein Verhalten widerlegte für mich Wolf Larsens Materialismus zur Gänze. Der Matrose Johnson wurde von Ideen, Prinzipien, Wahrheit und Aufrichtigkeit geleitet. Er hatte recht, wusste, dass er recht hatte, und war folglich ohne Furcht. Er würde für sein Recht sterben, wenn es notwendig sein sollte. Er würde sich selbst treu bleiben, lauter bis ins Innerste seiner Seele. Hierin zeigte sich der Sieg des Geistes über das Fleisch, die Unbeugsamkeit und moralische Größe einer Seele, die keine Fesseln kennt, die sich über Zeit, Raum und Materie mit einer Selbstgewissheit und Unbezwingbarkeit erhebt, die ihren Ursprung allein in der Ewigkeit und in der Unsterblichkeit haben kann.

Aber zurück zur Geschichte. Ich bemerkte den ahnungsvollen Glanz in Johnsons Augen, schrieb ihn aber der natürlichen Scheu und Verlegenheit des Mannes zu. Johansen, der Maat, stand seitlich etwas mehr als einen Meter von ihm entfernt. Wolf Larsen saß ihm in drei Metern Abstand in einem drehbaren Kajütstuhl gegenüber. Nachdem ich die Tür geschlossen und verriegelt hatte, trat eine spürbare Unterbrechung ein, eine Stille, die bestimmt eine volle Minute andauerte. Dann brach Wolf Larsen das Schweigen.

»Yonson«, begann er.

»Ich heiße Johnson, Sir«, berichtigte der Maat unerschrocken.

»Gut, Johnson also, verdammt noch mal! Kannst du dir denken, warum ich dich herbefohlen habe?«

»Ja und nein, Sir«, lautete die bedächtige Antwort. »Meine Arbeit ist in Ordnung. Der Maat weiß es, und Sie wissen es auch, Sir. Da kann es also keine Beschwerden geben.«

»Und ansonsten?«, fragte Wolf Larsen mit sanfter, säuselnder Stimme.

»Ich weiß, dass Sie es auf mich abgesehen haben«, fuhr Johnson unverändert langsam und schwerfällig fort. »Sie können mich nicht leiden. Sie … Sie …«

»Nur zu«, half Wolf Larsen nach. »Keine Angst, ich bin nicht zart besaitet.«

»Ich habe keine Angst«, erwiderte der Seemann, dem sein Ärger trotz des Sonnenbrands ins Gesicht stieg. »Ich spreche nicht schnell, weil ich noch nicht so lange von zu Hause fort bin wie Sie. Sie können mich nicht leiden, weil ich zu sehr Mann bin, das ist der wahre Grund, Sir.«

»Du hast mehr von einem Mann an dir, als für die Schiffsdisziplin gut ist, wenn es das ist, was du meinst, und wenn du verstehst, was ich sage«, entgegnete Wolf Larsen.

»Ich verstehe Englisch, und ich verstehe, was Sie sagen, Sir«, antwortete Johnson, und durch die Anspielung auf seine Sprachkenntnisse nahm sein Gesicht eine noch dunklere Rötung an.

»Johnson«, kam Wolf Larsen zur Sache, und zwar in einem Ton, der das Bisherige zur bloßen Vorrede herabstufte, »ich höre, dass du mit diesem Ölzeug nicht ganz zufrieden bist.«

»Nein, bin ich nicht. Es taugt nichts, Sir.«

»Und das hast du überall herumposaunt.«

»Ich sage, was ich denke, Sir«, erwiderte der Matrose fest, ohne dabei das von der Schiffsordnung geforderte »Sir« am Ende jedes Satzes zu vergessen.

In diesem Moment fiel mein Blick zufällig auf Johansen, dessen große Fäuste sich ballten und entspannten und dessen Gesicht wahrhaft teuflisch wirkte, so schadenfroh sah er Johnson an. Ich bemerkte eine leichte, schwarze, kaum noch sichtbare Verfärbung unter seinem Auge, den letzten Hinweis auf die Prügel, die er vor einigen Nächten von dem Matrosen bezogen hatte. Jetzt erst hatte ich das Gefühl, dass sich etwas Furchtbares abspielen würde – aber was, konnte ich mir beim besten Willen nicht vorstellen.

»Weißt du, was mit einem passiert, der solche Sachen über mich und mein Magazin verbreitet?«, erkundigte sich Wolf Larsen.

»Das weiß ich, Sir«, war die Antwort.

»Was?«, fragte Wolf Larsen scharf und herrisch.

»Das, was Sie und der Maat jetzt mit mir machen werden, Sir.«

»Schau ihn dir genau an, Döspaddel«, sagte Wolf Larsen zu mir, »betrachte dieses Stückchen belebten Staubs, diese Ansammlung von Materie, die sich bewegt, atmet und sich mir nicht fügt, aber felsenfest davon überzeugt ist, aus etwas Gutem zu bestehen. Man hat ihr gewisse menschliche Einbildungen mit auf den Lebensweg gegeben, Rechtschaffenheit und Ehrlichkeit. Und trotz aller damit verbundenen persönlichen Unannehmlichkeiten und Gefahren versucht sie, sich nach ihnen zu richten. Was hältst du von ihm? Was denkst du über ihn, Döspaddel?«

»Ich halte ihn für einen besseren Menschen, als Sie es sind«, antwortete ich, von dem Verlangen getrieben, etwas von dem Zorn, der sich über Johnson entladen würde, auf mich zu ziehen. »Diese menschlichen Einbildungen, wie Sie sie zu nennen belieben, machen den wahren Edelmut und die wahre Mannhaftigkeit aus. Sie haben keine Einbildungen, keine Träume, keine Ideale. Sie sind bettelarm.«

Er nickte mit barschem Entgegenkommen. »Genau richtig, Döspaddel, genau richtig. Ich leide nicht unter den Einbildungen wahren Edelmuts und der wahren Mannhaftigkeit. Ein lebendiger Hund ist besser als ein toter Löwe, sage ich mit dem Prediger. Meine einzige Lehre ist die der Zweckdienlichkeit, und ihr geht es ums Überleben. Dieses Stückchen Ferment, das wir ›Johnson‹ nennen, wird, sobald es nicht mehr Ferment ist, sondern nur noch Staub und Asche, keinen Deut mehr Edelmut besitzen als jedes andere Staubkorn und jedes andere Stück Schlacke, während ich immer noch lebe und brülle.«

»Weißt du, was ich jetzt tun werde?«, fragte er.

Ich schüttelte den Kopf.

»Also, ich werde jetzt von meinem Recht zu brüllen Gebrauch machen und dir zeigen, wie es dem Edelmut dabei ergeht. Pass auf!«

Drei Meter saß er von Johnson entfernt. Volle drei Meter! Und doch verließ er den Stuhl mit einem Satz, ohne vorher aufzustehen. Direkt aus seiner sitzenden Haltung sprang er auf wie ein wildes Tier, wie ein Tiger, und durchmaß den Zwischenraum in Raubtiermanier. Er war eine Lawine des Zorns, die Johnson vergeblich abzuwehren versuchte. Johnson riss einen Arm nach unten, um seine Magengrube zu schützen, den anderen nach oben vor seinen Kopf. Aber Wolf Larsens Faust bohrte sich mitten zwischen den beiden Armen mit vernichtender Wucht in den Brustkorb seines Gegners. Die Luft entwich schlagartig aus Johnsons Mund, dann stockte ihm der Atem genauso plötzlich und vernehmlich wie jemandem, der mit der Axt zuschlägt. Fast wäre er hintenüber gefallen, und er wankte von einer Seite zur anderen, während er sein Gleichgewicht wiederzufinden suchte.

Ich kann die Einzelheiten der schrecklichen Szene, die folgte, nicht wiedergeben. Es war zu widerwärtig. Mir wird jetzt noch übel, wenn ich daran denke. Johnson schlug sich tapfer, aber er war Wolf Larsen nicht gewachsen, und noch weniger Wolf Larsen und dem Maat. Es war fürchterlich. Ich hätte nicht gedacht, dass ein Mensch so viel aushalten, überleben und trotzdem weiterkämpfen könnte. Und wie Johnson kämpfte! Natürlich hatte er keine Chance, und das wusste er so gut wie ich, aber die Mannhaftigkeit, die in ihm steckte, ließ ihm keine Wahl; ihretwegen konnte er nicht aufgeben.

Schon das Zuschauen war zu viel für mich. Ich glaubte, wahnsinnig zu werden, und rannte den Niedergang hinauf, um die Tür zu öffnen und auf Deck zu entkommen. Aber Wolf Larsen ließ für einen Moment von seinem Opfer ab, war mit einem seiner großen Sätze an meiner Seite und warf mich in die hinterste Ecke der Kajüte.

»Das Phänomen des Lebens, Döspaddel«, rief er mir höhnisch zu. »Hiergeblieben und Augen auf! Hier kannst du vielleicht Daten über die Unsterblichkeit sammeln. Außerdem weißt du ja, dass wir Johnsons Seele kein Leid antun können. Nur die vergängliche Hülle können wir auseinandernehmen.«

Die Prügelei schien ewig weiterzugehen, auch wenn wahrscheinlich kaum mehr als zehn Minuten vergingen. Wolf Larsen und Johansen bearbeiteten den armen Kerl von allen Seiten. Sie malträtierten ihn mit den Fäusten, traten ihn mit ihren schweren Schuhen, schlugen ihn nieder und zogen ihn wieder hoch, um die Prozedur zu wiederholen. Johnsons Augen waren zugequollen, sodass er nichts mehr sehen konnte, und das Blut, das ihm aus Ohren, Nase und Mund drang, verwandelte die Kajüte in ein

Schlachthaus. Selbst als er schon nicht mehr aufstehen konnte, wurde er am Boden weiter geschlagen und getreten.

»Lass gut sein, Johansen, das reicht jetzt«, sagte Wolf Larsen schließlich. Aber das Tier im Maat war los, sodass Wolf Larsen gezwungen war, ihn mit einer Armbewegung beiseitezuschieben. Obwohl er dabei offenbar große Zurückhaltung übte, warf es Johansen wie ein Stück Kork nach hinten, wo sein Kopf krachend gegen die Wand stieß. Er fiel zu Boden, war für einen Moment fast betäubt, atmete heftig und zwinkerte wie verrückt mit den Augen.

»Mach die Türen los, Döspaddel«, wurde ich angewiesen.

Ich tat wie befohlen, und die zwei Unmenschen hoben den besinnungslosen Mann wie einen Müllsack hoch, trugen ihn den Niedergang herauf und durch die enge Tür hinaus an Deck. Blut ergoss sich in einem roten Strom aus seiner Nase über die Schuhe des Rudergängers, der kein anderer war als Louis aus seinem Boot. Aber Louis drehte das Steuerrad eine Spake weiter und eine zurück und blickte unbewegt auf das Kompassgehäuse.

Ganz anders fiel die Reaktion von George Leach aus, dem ehemaligen Schiffsjungen. Vom Bug bis zum Heck hätte uns nichts mehr überraschen können als sein jetziges Verhalten. Er kam ohne Befehl aufs Hüttendeck und zog Johnson nach vorn, wo er begann, seine Wunden, so gut es ging, zu versorgen, und es ihm so bequem wie möglich zu machen. Johnson war nicht wiederzuerkennen: Sein Gesicht hatte in den wenigen Minuten, die zwischen dem Beginn der Schlägerei und dem Abtransport des Körpers vergangen waren, alle menschlichen Züge verloren, so sehr war es aufgequollen und blau verfärbt.

Aber zurück zu Leachs Verhalten. Bis ich mit der Reinigung der Kajüte fertig war, hatte er Johnson verarztet. Ich war an Deck gekommen, um etwas frische Luft zu schnappen und um meine strapazierten Nerven zu beruhigen. Wolf Larsen rauchte eine Zigarre und kontrollierte das Patentlog, das wir normalerweise im Schlepp hatten, das aber jetzt aus irgendeinem Grund eingeholt worden war. Plötzlich hörte ich Leachs Stimme. Sie klang angespannt und heiser vor überschäumender Wut. Ich drehte mich um und sah ihn direkt unter dem Hüttendeck stehen, auf der Steuerbordseite der Kombüse. Sein Gesicht war wutverzerrt und kreideweiß, seine Augen sprühten Feuer, und er schwang die Fäuste über dem Kopf.

»Der Teufel soll deine Seele holen, Wolf Larsen, aber die Hölle ist noch zu gut für dich, du Feigling, du Mörder, du Schwein!«, waren seine ersten Worte.

Ich war wie vom Donner gerührt. Ich erwartete seine sofortige Auslöschung. Aber Wolf Larsen war nicht danach, ihn zu vertilgen. Er schlenderte langsam bis zum vorderen Rand des Hüttendecks, stützte sich mit seinem Ellbogen an der Kajütenecke ab und sah neugierig und aufmerksam auf den aufgeregten Jungen herunter.

Der klagte Wolf Larsen an, wie er noch nie angeklagt worden war. Die Matrosen versammelten sich ängstlich direkt vor dem Backluk, um zuzusehen und zuzuhören. Die Jäger quollen in wildem Durcheinander aus dem Zwischendeck, aber während Leach weiterschimpfte, bemerkte ich, dass ihre Gesichter keinerlei Heiterkeit zeigten. Sogar sie hatten Angst, nicht vor den wüsten Tiraden des Jungen, sondern aufgrund seiner schrecklichen Verwegenheit. Es schien undenkbar, dass irgendein lebendiges Wesen Wolf Larsen solche Dinge ins Gesicht schleudern könnte. Ich für meinen Teil war jedenfalls gleichermaßen schockiert wie von Bewunderung für den Jungen erfüllt. In ihm erkannte ich die herrliche und unbezwingbare Unsterblichkeit, die sich über das Fleisch und sein Zittern erhebt und wie bei den alten Propheten das Unrecht verurteilt und verdammt.

Und welches Verdammungsurteil wurde hier gesprochen! Er entblößte Wolf Larsens Seele ganz und gar und überließ sie der Verachtung der Menschen. Er überschüttete sie mit Flüchen Gottes und der himmlischen Mächte, ließ sie unter Schmähungen verdorren, die an einen mittelalterlichen Kirchenbann gemahnten. Er erschöpfte das gesamte Repertoire der Verunglimpfungen, erhob sich in Höhen des Zorns, die hehr und nahezu göttlich waren, und sank dann vor Erschöpfung wieder auf das Niveau gemeinster und unanständigster Verwünschungen zurück.

Er war wahnsinnig vor Wut. Auf seinen Lippen stand seifiger Schaum, und manchmal verschluckte er sich, gurgelte und brachte nur noch un-

verständliches Zeug hervor. Die ganze Zeit aber verharrte Wolf Larsen ruhig und bewegungslos, stützte sich auf seinen Ellbogen, blickte herunter und schien völlig in seiner Neugier aufzugehen. Dieses ungestüme Aufquellen der Lebenshefe, dieses fürchterliche Aufbegehren, diese Widerspenstigkeit der belebten Materie erstaunten und beschäftigten ihn.
Jeden Augenblick erwartete ich, wie auch die anderen Zuschauer, dass er auf den Jungen zuspringen und ihn vernichten würde. Aber dazu war er nicht in der Stimmung. Seine Zigarre erlosch, und trotzdem schaute er weiter hinunter, ruhig und neugierig.
Leach hatte sich in eine Ekstase ohnmächtiger Wut hineingesteigert.
»Schwein! Schwein! Schwein!«, schrie er sich die Lunge aus dem Leibe. »Warum kommst du nicht herunter und bringst mich um, du Mörder? Das kannst du doch! Ich habe keine Angst! Keiner wird dich hindern! Es ist verdammt besser, tot und aus deiner Reichweite zu sein, als hier lebendig in deinen Klauen. Komm her, du Feigling! Bring mich um! Schlag mich tot! Schlag mich doch tot!«
An diesem Punkt betrat Mugridge auf Geheiß seiner wankelmütigen Seele den Schauplatz. Er hatte hinter der Tür der Kombüse gelauscht, kam aber jetzt heraus, scheinbar, um Abfälle über Bord zu werfen, in Wirklichkeit aber, um dem Mord und Totschlag beizuwohnen, der zweifelsohne bevorstand. Er grinste schleimig nach oben, wo Wolf Larsen stand, der ihn aber nicht zu sehen schien. Doch den Cockney ritt offenbar der Teufel. Er wandte sich Leach zu und sagte:
»Solche Ausdrücke! Igitt!«
Leachs Wut war nicht länger ohnmächtig. Jetzt geriet endlich etwas in greifbare Nähe. Und zum ersten Mal seit der Messerstecherei war der Koch ohne Waffen aus der Kombüse herausgekommen. Er hatte die Worte kaum ausgesprochen, da hatte Leach ihn auch schon niedergeschlagen. Dreimal rappelte er sich hoch und versuchte, die Kombüse zu erreichen, jedes Mal aber ging er unter Leachs Fäusten wieder zu Boden.
»Mein Gott«, schrie er. »Hilfe! Hilfe! Haltet ihn fest! So haltet ihn doch fest!«
Die Jäger lachten vor lauter Erleichterung. Die Tragödie war abgewendet, die Farce hatte begonnen. Die Matrosen drängten sich jetzt unerschro-

cken, grinsend und schlurfend nach achtern, um mitzuerleben, wie der verhasste Cockney zurechtgestutzt wurde. Sogar ich spürte freudige Erwartung in mir aufwallen. Ich muss zugeben, dass mir die Prügel, die Thomas Mugridge bezog, Vergnügen bereiteten, obwohl sie fast so schrecklich waren wie die, die Johnson Mugridges Petzerei zu verdanken hatte. Der Gesichtsausdruck von Wolf Larsen änderte sich jedoch nicht. Er stand immer noch am gleichen Platz und schaute mit großer Neugier zu. Trotz all seiner tatkräftigen Selbstsicherheit schien es, als beobachte er das Spiel und die Bewegungen des Lebens in der Hoffnung, etwas mehr darüber in Erfahrung zu bringen und in seinen verrücktesten Zuckungen etwas zu entdecken, das ihm bisher entgangen war – den Schlüssel zu seinem Geheimnis, der alles aufklären und offenbaren würde.

Aber diese Prügelei! Sie lief kaum anders ab als die, deren Zeuge ich in der Kajüte geworden war. Der Cockney versuchte vergeblich, sich vor dem wütenden Jungen zu schützen. Vergeblich waren auch seine Versuche, in die Sicherheit seiner Kombüse zu entkommen. Er rollte auf sie zu, kroch auf sie zu, fiel auf sie zu, wenn er niedergeschlagen wurde, aber die Schläge prasselten in unglaublichem Tempo auf ihn nieder. Er flog umher wie ein Federball, bis er schließlich, wie Johnson hilflos auf Deck liegend, weiter getreten und geschlagen wurde. Niemand griff ein. Leach hätte ihn umbringen können, aber da das Maß seiner Rache offensichtlich voll war, zog er sich von seinem niedergestreckten Gegner zurück, der wie ein Welpe winselte und wimmerte, und ging nach vorn.

Diese Zwischenfälle eröffneten allerdings erst das Programm des Tages. Am Nachmittag gerieten Smoke und Henderson aneinander, und eine Salve von Schüssen drang aus dem Zwischendeck nach oben, gefolgt vom Getrampel der vier anderen Jäger, die von unten heraufstürzten. Eine Säule dicken, beißenden Rauchs, wie Schwarzpulver ihn immer entwickelt, quoll aus dem offenen Niedergang herauf, und durch ihn hindurch sprang Wolf Larsen nach unten. Dann drangen Schläge und Kampfgeräusche an unsere Ohren. Beide Männer waren verwundet, aber er prügelte sie trotzdem durch, weil sie seine Befehle missachtet und sich vor Anbruch der Jagdsaison außer Gefecht gesetzt hatten. Sie waren so schwer verletzt, dass er nach den Schlägen begann, sie auf höchst unsanfte Art und Weise chirurgisch zu behandeln und ihre Wunden zu versorgen. Ich ging ihm als Assistent zur Hand, während er die Einschussbahnen auskratzte und säuberte, und erlebte, wie die beiden Männer seine groben Eingriffe ohne Betäubungsmittel und nur von einem großen Glas Whiskey benebelt durchstanden.

Dann, während der ersten Hundewache, brach in der Back Streit aus. Er entstand aus dem Tratsch und den Klatschgeschichten, die schon Johnson Prügel eingebracht hatten. Das, was wir hören konnten, und die Verletzungen der Männer, die am nächsten Morgen zu sehen waren, ließen den Schluss zu, dass die eine Hälfte der Back die andere windelweich geprügelt hatte.

Die zweite Hundewache und der ganze Tag endeten mit einer Auseinandersetzung zwischen Johansen und Latimer, dem schmächtigen, wie ein Yankee aussehenden Jäger. Anlass waren Bemerkungen Latimers über die Geräusche, die der Maat im Schlaf von sich gab, aber obwohl Johansen Schläge einstecken musste, hielt er das Zwischendeck für den Rest der Nacht wach, indem er, tief und fest schlafend, den Kampf wieder und wieder durchlebte.

Ich selbst wurde von Albträumen gequält. Auch der Tag war schließlich wie ein böser Traum gewesen. Eine Brutalität war der anderen gefolgt; Gefühlsausbrüche und kaltblütige Grausamkeit hatten Männer dazu gebracht, sich gegenseitig nach dem Leben zu trachten, sich zu verletzen, zu verkrüppeln, zu vernichten. Es war ein Schock für meine Nerven, der auch meinen Geist nicht verschonte. Mein bisheriges Leben hatte ich in fast vollkommener Unkenntnis der animalischen Seite des Menschen verbracht. Denn de facto waren mir nur seine geistigen Höhenflüge vertraut. Brutalität kannte ich zwar, aber dabei handelte es sich um die Brutalität des Intellekts, den schneidigen Sarkasmus von Charley Furuseth, die erbarmungslosen Epigramme und den gelegentlich beißenden Witz der Mitglieder des Bibelot-Clubs oder aber die zynischen Bemerkungen einiger Professoren in meinen ersten Jahren an der Universität.

Das war alles. Aber dass Männer ihren Zorn an anderen ausließen, indem sie sie körperlich misshandelten und blutig schlugen, das war mir fremd und

schrecklich neu. Nicht umsonst hatte man mich Waschlappen Weyden genannt, dachte ich, während ich mich zwischen zwei Albträumen ruhelos in meiner Koje hin und her wälzte. Es schien mir, als sei meine Blauäugigkeit in der Tat vollkommen gewesen. Ich lachte voller Bitterkeit in mich hinein und konnte mich des Eindrucks nicht erwehren, in Wolf Larsens abstoßender Philosophie eine bessere Erklärung des Lebens zu finden als in meiner eigenen.
Als ich die Richtung erkannte, die meine Gedanken genommen hatten, erschrak ich. Die ständige Brutalität um mich herum hatte eine verderbliche Wirkung. Sie war imstande, alles zu zerstören, was mir als das Beste und Schönste im Leben galt. Mein Verstand sagte mir, dass die Prügel, die Thomas Mugridge bezogen hatte, etwas Böses waren, aber nichts auf der Welt konnte meine Seele davon abhalten, Freude darüber zu empfinden. Selbst während mich die Ungeheuerlichkeit meiner Verfehlung niederdrückte – denn um nichts anderes handelte es sich –, lachte mein Herz in irrwitzigem Vergnügen. Ich war nicht mehr Humphrey van Weyden; ich war Döspaddel, Schiffsjunge auf dem Schoner *Ghost.* Wolf Larsen war mein Kapitän, Thomas Mugridge und die anderen waren meine Gefährten, und derselbe Stempel hinterließ seine Abdrücke auf mir, der auch sie geprägt hatte.

## 13. KAPITEL

Drei Tage lang verrichtete ich zusätzlich zu meiner Arbeit die von Thomas Mugridge, und ich schmeichle mir, dass ich seine Aufgabe gut erledigte. Wolf Larsen jedenfalls reagierte mit Anerkennung, während die Seeleute in der kurzen Zeit meines Regiments vor Zufriedenheit strahlten.

»Der erste saubere Bissen, seit ich an Bord bin«, sagte Harrison an der Kombüsentür zu mir, als er die Töpfe und Pfannen vom Abendessen aus der Back zurückbrachte. »Irgendwie schmeckte Tommys Fraß immer nach Fett, ranzigem Fett, und ich glaube, dass er seit Frisco sein Hemd nicht mehr gewechselt hat.«

»Hat er nicht, so viel ist sicher«, antwortete ich.

»Und ich möchte wetten, er schläft auch drin«, fügte Harrison hinzu.

»Die Wette hast du schon gewonnen«, pflichtete ich ihm bei. »Ein und dasselbe Hemd, und er hat es die ganze Zeit kein einziges Mal ausgezogen.«

Aber Wolf Larsen gestand ihm zur Erholung von den Nachwirkungen der Prügel nicht mehr als drei Tage zu. Am vierten Tag wurde er, noch lahm, mit schmerzenden Gliedern und derart verquollenen Augen, dass er kaum etwas sehen konnte, am Kragen aus seiner Koje herausbefördert und an seinen Platz gestellt. Er wimmerte und heulte, aber Wolf Larsen war erbarmungslos.

»Und pass ja auf, dass du kein Spülwasser mehr auftischst«, herrschte er ihn zum Schluss an. »Kein Geschmiere und keinen Dreck mehr und hin und wieder ein frisches Hemd, sonst gehst du über Bord, und wir nehmen dich ein Stück in Schlepp. Verstanden?«

Thomas Mugridge schlurfte geschwächt durch die Kombüse, als ein Schlingern der *Ghost* ihn aus dem Gleichgewicht brachte. Er versuchte, sich irgendwo festzuhalten, und griff nach dem Geländer, das den Herd umschloss und die Töpfe und Pfannen vor dem Herunterrutschen bewahrte. Aber er verfehlte die Stange und landete, vom Körpergewicht vorwärtsgeschoben, mit der ganzen Handfläche auf der heißen Herdplatte. Es zischte. Der Geruch von versengtem Fleisch breitete sich aus, und ein durchdringender Schmerzensschrei war zu hören.

»Ogottogottogott, was hab' ich nur verbrochen?«, heulte er, ließ sich auf den Kohlenkasten sinken und versuchte, den neuen Schmerz zu lindern, indem er hin- und herschaukelte. »Womit hab' ich das alles verdient? Macht mich richtig krank, ehrlich, und ich geb' mir doch solche Mühe, ohne anzuecken durchs Leben zu kommen und tu' niemandem was zuleide.«

Tränen rannen über die geschwollenen und verfärbten Wangen, sein Gesicht war schmerzentstellt, und ein Anflug von Wildheit huschte darüber hin.

»Oh, wie ich ihn hasse! Oh, wie ich ihn hasse!«, stieß er hervor.

»Wen?«, fragte ich, aber der arme Kerl beweinte schon wieder sein Unglück. Dabei war es einfacher zu erraten, wen er hasste, als in Erfahrung zu bringen, wen er nicht hasste. Denn ich vermutete einen bösartigen Teufel in ihm, der ihn dazu zwang, die ganze Welt zu verabscheuen. Oft glaubte ich, er hasse sogar sich selbst, auf so groteske und monströse Weise war das Leben mit ihm umgesprungen. In solchen Augenblicken überströmte mich tiefes Mitgefühl, und ich schämte mich, angesichts seines Missgeschicks und seiner Schmerzen jemals Schadenfreude empfunden zu haben. Das Leben hatte ihn schlecht behandelt. Es hatte ihm einen üblen Streich gespielt, als es ihn zu dem machte, was er war, und seitdem hatte es ihn immer wieder böse hereingelegt. Welche Möglichkeit hatte er gehabt, sich anders zu entwickeln? Als hätte er meine Gedanken erraten, jammerte er:

»Nie hat man mir eine Chance gegeben, nicht mal 'ne halbe! Keiner da, der mich in die Schule geschickt oder mir meinen hungrigen Bauch gefüllt oder mir meine Schnoddernase geputzt hätte, als ich klein war! Wer hat irgendwas für mich getan, eh? Wer, frag ich?«

»Mach dir nichts draus, Tommy«, sagte ich, und legte ihm beruhigend meine Hand auf die Schulter. »Kopf hoch. Das wird schon noch. Du hast noch viele Jahre vor dir, und du kannst noch alles aus dir machen, was du willst.«

»Das ist gelogen! Eine verdammte Lüge!«, schrie er mir ins Gesicht und schüttelte meine Hand ab. »Das ist eine Lüge, und du weißt es. An mir ist nichts mehr zu ändern. Ich bestehe nur aus Resten und Abfällen. Für dich ist das was anderes, Döspaddel. Du bist als Gentleman auf die Welt gekommen, du weißt nicht, was es heißt, hungrig zu sein, sich in den Schlaf zu weinen, wenn dein kleiner Bauch an dir nagt und frisst wie eine Ratte. Nichts wird werden. Wenn ich morgen Präsident der Vereinigten Staaten würde, könnte das nachträglich meinen leeren Kinderbauch füllen? Ach was, sag' ich. Ich bin für Leid und Tränen geschaffen. Ich hab' mehr durchlitten als zehn Männer, jawohl. Die Hälfte meines Lebens habe ich im Lazarett verbracht. Ich hatte Fieber in Aspinwall, in Havanna, in New Orleans. An Skorbut bin ich fast verreckt; hab' damit sechs Monate in Barbados gefault. Pocken in Honolulu, beidseitiger Beinbruch in Schanghai, Lungenentzündung in Unalaska, drei kaputte Rippen und darunter ein großes Kuddelmuddel in Frisco. Und jetzt bin ich hier. Sieh mich an! Sieh mich nur an! Wieder haben sie mir die Rippen vom Rückgrat getreten. Vor acht Glasen werde ich wieder Blut spucken. Wie kann das alles an mir wiedergutgemacht werden, eh, das möchte ich mal wissen? Wer soll's mir vergelten? Gott? Der muss mich verdammt gehasst haben, als er mich zur großen Fahrt in dieser seiner verdammten Welt anheuerte!«

Seine Tirade gegen das Schicksal zog sich über mehr als eine Stunde hin. Dann machte er sich an seine Arbeit, humpelnd und stöhnend und den Hass auf die ganze Schöpfung in seinen Augen. Seine Diagnose erwies sich allerdings als zutreffend, denn er hatte ab und zu Anfälle, bei denen er Blut spuckte und große Schmerzen litt. Nur schien ihn Gott, wie er selbst sagte, zu sehr zu hassen, um ihn sterben zu lassen, denn schließlich und endlich erholte er sich langsam, wurde aber noch heimtückischer als zuvor.

Es dauerte noch etliche Tage, bis Johnson an Deck auftauchte und halbherzig seine Arbeit wieder aufnahm. Er war immer noch krank, und mehr als einmal konnte ich beobachten, wie er sich unter Schmerzen zu einem Toppsegel hinaufkämpfte oder zusammengesackt am Ruder stand.

Schlimmer aber war, dass sein Geist gebrochen schien. Wolf Larsen begegnete er mit Unterwürfigkeit und kroch beinahe vor Johansen. Ganz anders verhielt sich da Leach. Er lief auf Deck umher wie ein junger Tiger und warf Wolf Larsen und Johansen in aller Offenheit hasserfüllte Blicke zu.

»Dir werd' ich's noch zeigen, plattfüßiger Schwede«, hörte ich ihn eines Nachts an Deck zu Johansen sagen.

Der Maat verfluchte ihn im Dunkeln, und im nächsten Moment hörte ich ein Wurfgeschoss hart auf die Kombüsenwand prallen. Ich vernahm weitere Flüche und ein höhnisches Lachen. Als alles ruhig war, stahl ich mich nach draußen und fand ein schweres Messer, das drei Zentimeter tief im massiven Holz steckte. Einige Minuten später hörte ich den Maat umhergehen und danach tasten. Am folgenden Tag gab ich es heimlich Leach zurück. Er griente, als ich es ihm überreichte. Und doch war es ein Lächeln, das mehr aufrichtige Dankbarkeit enthielt als das ganze blumige Geschwätz, das in meiner Gesellschaftsschicht verbreitet ist.

Im Gegensatz zu allen anderen an Bord lag ich jetzt mit keinem im Streit, sondern hatte zu allen ein gutes Verhältnis. Die Jäger duldeten mich wohl bloß, aber immerhin gab es keinen unter ihnen, der mich nicht leiden konnte. Smoke und Henderson, die sich unter dem Sonnensegel erholten und Tag und Nacht in ihren Hängematten schaukelten, versicherten mir sogar, dass ich besser wäre als jede Krankenschwester und dass sie mich am Ende der Fahrt, am Zahltag, nicht vergessen würden. (Als ob ich ihr Geld nötig gehabt hätte! Ich, der sie mit Sack und Pack ein Dutzend Mal hätte aufkaufen können, und den Schoner mit vollständiger Ausrüstung dazu!) Aber da mir die Aufgabe zugefallen war, ihre Verletzungen zu pflegen und sie durchzubringen, tat ich mein Bestes.

Wolf Larsen hatte eine weitere schwere Kopfschmerzattacke, die zwei Tage andauerte. Es musste dieses Mal besonders schlimm sein, denn er rief mich zu sich und folgte meinen Anweisungen wie ein krankes Kind. Ich konnte ihm jedoch nicht helfen. Auf meinen Rat hin gab er allerdings das Rauchen und das Trinken auf. Dass aber so ein prachtvolles Tier wie er überhaupt Kopfschmerzen haben sollte, wunderte mich.

»Das ist die Hand Gottes, glaub' mir«, lautete die Erklärung aus Louis' Blickwinkel. »Das ist die Heimsuchung für die Taten seiner schwarzen Seele, und es wird noch schlimmer kommen, oder …«

»Oder?«, hakte ich nach.

»… Gott schläft und tut seine Pflicht nicht, obwohl es mir nicht zukommt, so was zu sagen.«

Ich habe mich geirrt, als ich behauptete, zu allen ein gutes Verhältnis zu haben. Nicht nur hasst mich Thomas Mugridge nach wie vor, er hat sogar einen neuen Grund dafür gefunden. Es dauerte etwas, bis ich es mir zusammengereimt hatte, aber schließlich wurde mir klar, dass er mir nachtrug, unter glücklicheren Umständen auf die Welt gekommen zu sein als er, war ich doch als »Gentleman geboren«, wie er sich ausdrückte.

»Immer noch keine neuen Toten«, zog ich Louis auf, als Smoke und Henderson gemeinsam und sich freundschaftlich unterhaltend ihren ersten Spaziergang an Deck unternahmen.

Louis betrachtete mich mit seinen klugen grauen Augen und schüttelte bedeutungsvoll den Kopf. »Es kommt noch über uns, ich sag's dir, dann fliegen uns Segel und Tauwerk um die Ohren, dann heißt's ›Alle Mann an Deck‹, wenn's zu heulen anfängt. Ich spür's schon lange in den Knochen, und jetzt spür ich's so deutlich, wie ich die Takelage im Dunkeln fühlen kann. Es ist nah, es ist nah.«

»Wer ist zuerst dran?«, wollte ich wissen.

»Der fette, alte Louis jedenfalls nicht, das kann ich dir versprechen«, lachte er. »Denn ich hab's in den Knochen, nächstes Jahr um diese Zeit schaue ich meiner Mutter in die Augen, die müde sind vom Rausstarren auf die See, der sie fünf Söhne gegeben hat.«

»Was hat er dir erzählt?«, fragte mich Thomas Mugridge einen Augenblick später.

»Dass er eines Tages nach Hause fährt, um seine Mutter wiederzusehen«, antwortete ich diplomatisch.

»Hab' nie eine gehabt«, gab der Cockney zurück und blickte mich mit stumpfen, hoffnungslosen Augen an.

## 14. KAPITEL

Mir ist bewusst geworden, dass ich den Wert weiblicher Gesellschaft nie richtig zu schätzen wusste. Obwohl ich, soweit ich das beurteilen kann, kein Schürzenjäger bin, war ich bisher immer von Frauen umgeben. Meine Mutter und meine Schwestern waren unablässig um mich, und ich versuchte ständig, ihnen zu entkommen, denn ihre Sorgen um meine Gesundheit brachten mich ebenso zur Raserei wie ihre regelmäßigen Vorstöße in meine Höhle, bei denen sie jedes Mal mein ordentliches Durcheinander, auf das ich stolz war, in ein noch größeres Chaos mit noch weniger System verwandelten, obwohl anschließend alles aufgeräumt wirkte. Wenn sie verschwunden waren, konnte ich überhaupt nichts mehr wiederfinden. Jetzt aber wäre mir das Gefühl ihrer Gegenwart höchst willkommen gewesen, sogar das Rauschen und Knistern ihrer Kleider, das ich aus tiefster Seele verabscheut hatte. Ich bin sicher, wenn ich jemals wieder nach Hause kommen sollte, werde ich nie wieder gereizt reagieren. Sie können mich morgens, mittags und abends mit Arzneien vollstopfen und an mir herumdoktern, jeden Tag in meiner Höhle Staub wischen, putzen, aufräumen und herumstöbern, ich werde mich nur zurücklehnen, zusehen und dafür dankbar sein, dass ich eine Mutter und einige Schwestern besitze.

Und das hat mich nachdenklich gemacht. Wo sind die Mütter der rund zwanzig Männer der *Ghost*? Es scheint mir gegen die Natur und ungesund, dass Männerhorden ganz ohne weibliche Gesellschaft allein auf dieser Welt umherziehen. Grobheit und Brutalität sind die unausweichlichen Folgen. Diese Männer auf dem Boot sollten Ehefrauen, Schwestern und Töchter haben, dann wären sie auch zu Weichherzigkeit, Zärtlichkeit und Mitleid fähig. So wie die Dinge stehen, ist aber keiner von ihnen verheiratet. Seit vielen, vielen Jahren hat hier niemand mehr mit einer anständigen Frau zu tun gehabt, war keiner dem erlösenden Einfluss ausgesetzt, den ein solches Geschöpf in unwiderstehlicher Weise ausstrahlt. Es gibt kein Gegengewicht in ihrem Leben. Ihre Männlichkeit, an sich schon animalisch, ist überentwickelt. Die andere, geistige Seite ihres Wesens ist zwergwüchsig – verkümmert, um genau zu sein.

Sie leben in einer Gemeinschaft von Zölibatären, geraten ständig hart aneinander und werden folglich, was ihre Gefühle angeht, immer abgestumpfter. Oft scheint es mir undenkbar, dass sie alle Mütter hatten. Für mich sah es aus, als wären sie halb Tier, halb Mensch, eine eigene Rasse, in der es keine Geschlechter gab, als würden sie entweder von der Sonne ausgebrütet wie die Eier der Meeresschildkröten oder als werde ihnen das Leben zumindest auf ähnlich schäbige Weise eingehaucht, als sei ihre ganze Existenz von Brutalität und Bosheit zerfressen, bis sie zuletzt so unschön zu Tode kamen, wie sie gelebt hatten.

Diese ungewohnten Gedankengänge weckten Neugier in mir, und so unterhielt ich mich letzte Nacht mit Johansen – die ersten nicht notwendigen Worte, mit denen er mich seit Beginn der Reise beehrte. Er hat Schweden verlassen, als er achtzehn war, ist jetzt achtunddreißig und in all der Zeit nicht einmal zu Hause gewesen. Vor einigen Jahren hat er in einem Matrosenheim in Chile einen Mann aus seiner Heimatstadt getroffen und erfahren, dass seine Mutter noch lebt.

»Sie muss schon eine ziemlich alte Frau sein«, sagte er und blickte nachdenklich auf den Kompass. Dann warf er Harrison, der einen Grad vom Kurs abgewichen war, einen scharfen Blick zu.

»Wann haben Sie ihr zuletzt geschrieben?«

Er rechnete laut nach. »'81, nein, '82, oder war es '83? Ja, '83. Vor zehn Jahren. Aus einem kleinen Hafen in Madagaskar. Ich war auf großer Fahrt damals.«

»Weißt du«, fuhr er fort, als würde er um den halben Erdball herum mit seiner vernachlässigten Mutter sprechen, »jedes Jahr wollte ich nach Hause kommen. Wozu also schreiben? War doch immer nur noch ein Jahr. Und jedes Jahr passierte was, und ich konnte nicht fahren. Aber jetzt bin ich Maat, und wenn ich in Frisco ausbezahlt werde, vielleicht mit fünfhundert Dollar, werd' ich auf einem Windjammer anheuern, der um Kap Hoorn nach Liverpool segelt, da verdien' ich noch mehr. Und dann kann ich meine Heimfahrt bezahlen. Dann braucht sie nicht mehr zu arbeiten.«

»Aber arbeitet sie denn noch? Immer noch? Wie alt ist sie denn?«

»Um die siebzig«, entgegnete er und fügte stolz hinzu, »in meinem Land arbeiten wir von unserer Geburt an, bis wir sterben. Darum leben wir so lange. Ich will leben, bis ich hundert Jahre alt bin.«

Ich werde diese Unterhaltung nie vergessen. Es waren die letzten Worte, die ich je von ihm hörte. Vielleicht waren es überhaupt die letzten, die über seine Lippen kamen. Auf dem Weg in meine Kajüte entschloss ich mich, draußen zu schlafen, denn unter Deck war es zu stickig. Es war eine ruhige Nacht. Wir befanden uns nicht mehr in der Passatzone, und die *Ghost* machte kaum einen Knoten Fahrt. Also stopfte ich mir eine Decke und ein Kissen unter den Arm und ging hoch an Deck.

Als ich zwischen Harrison und dem auf dem Dach der Kajüte eingebauten Kompass hindurchging, bemerkte ich, dass er diesmal volle drei Grad abgefallen war. Ich glaubte, er wäre eingeschlafen, und da ich ihm Ärger oder Schlimmeres ersparen wollte, sprach ich ihn an. Er schlief aber nicht. Seine Augen waren weit aufgerissen und starrten nach vorne. Er schien sehr verstört und nicht in der Lage, mir zu antworten.

»Was ist los mit dir?«, fragte ich. »Bist du krank?«

Er schüttelte den Kopf und holte mit einem tiefen Seufzer Luft, als wäre er gerade aufgewacht.

»Dann solltest du besser Kurs halten«, ermahnte ich ihn.

Er drehte das Steuerrad einige Spaken weiter, und ich sah, dass die Kompassnadel langsam auf NNW vorrückte und sich dort einpendelte.

Ich nahm mein Bettzeug wieder fest unter den Arm und wollte gerade weitergehen, als eine Bewegung meine Aufmerksamkeit erregte. Ich blickte nach achtern. Eine sehnige, triefnasse Hand umfasste die Reling. Eine zweite Hand tauchte in der Dunkelheit daneben auf. Ich sah fasziniert zu. Welch sonderbaren Besuch aus den düsteren Tiefen würde ich zu Gesicht bekommen? Was immer es war, es kletterte offensichtlich an der Leine des Patentlogs an Bord. Ich sah einen Kopf mit nassem, glattem Haar Gestalt annehmen und dann die unverkennbaren Augen und das Gesicht Wolf Larsens. Seine rechte Wange war rot vom Blut, das aus einer Kopfwunde rann. Er zog sich mit einem Ruck an Bord und stand auf. Dabei warf er dem Rudergänger einen kurzen Blick zu, als wolle er sich vergewissern, wer dort stand und dass ihm von dieser Person keine Gefahr drohe. Das Salzwasser floss in Strömen an ihm herab und machte leise glucksende Geräusche, die mich ablenkten. Als er auf mich zukam, wich ich instinktiv zurück, denn ich sah Verderben in seinen Augen.

»Also, Döspaddel«, sagte er leise, »wo ist der Maat?«

Ich schüttelte den Kopf.

»Johansen!«, rief er sanft. »Johansen!«

»Wo steckt er?«, wollte er von Harrison wissen.

Der junge Mann schien seine Fassung wiedererlangt zu haben, denn er antwortete ganz ruhig: »Ich weiß nicht, Sir. Ich habe ihn vor einer Weile nach vorn gehen sehen.«

»Genau wie mich, aber du hast doch sicher bemerkt, dass ich nicht auf dem gleichen Weg zurückgekommen bin. Kannst du dir das erklären?«

»Sie müssen über Bord gegangen sein, Sir.«

»Soll ich ihn im Zwischendeck suchen, Sir?«, fragte ich.

Wolf Larsen schüttelte den Kopf. »Du würdest ihn nicht finden, Döspaddel. Aber du kommst mir gerade recht. Los! Kümmere dich nicht um dein Bettzeug, lass es einfach da liegen.«

Ich folgte ihm auf den Fersen. Mittschiffs regte sich nichts.

»Diese verfluchten Jäger«, bemerkte er. »Zu faul und zu fett, um eine vierstündige Wache durchzustehen.«

Aber vorn auf der Back fanden wir drei schlafende Matrosen. Er drehte sie um und blickte ihnen ins Gesicht. Es war die Deckwache. Es war Brauch an Bord, die Wachen bei gutem Wetter schlafen zu lassen, mit Ausnahme des Offiziers, des Rudergängers und des Ausgucks.

»Wer ist Ausguck?«, wollte er wissen.

»Ich, Sir«, antwortete Holyoak, einer der Hochseematrosen mit leichtem Zittern in der Stimme. »Mir sind vor einer Minute die Augen zugefallen, Sir. Entschuldigung, Sir. Es wird nicht wieder vorkommen.«

»Hast du irgendetwas an Deck gehört oder gesehen?«
»Nein, Sir, ich …«
Aber Wolf Larsen hatte sich mit einem angewiderten Schnauben abgewandt und ließ einen Matrosen zurück, der sich, erstaunt darüber, mit heiler Haut davongekommen zu sein, die Augen rieb.
»Jetzt ganz leise«, warnte mich Wolf Larsen flüsternd, als er sich bückte, um den Backniedergang hinunterzusteigen.
Ich folgte ihm mit Herzklopfen. Ich wusste ebenso wenig, was geschehen würde, wie ich wusste, was geschehen war. Aber Blut war geflossen, und es sah nicht so aus, als wäre Wolf Larsen freiwillig mit einer klaffenden Kopfwunde über Bord gegangen. Außerdem war Johansen verschwunden.
Es war mein erster Abstieg in die Back, und ich werde den Eindruck, der sich mir am Fuß der Leiter bot, nicht so schnell vergessen. Die Back war direkt in die Spitze des Schoners hineingebaut und hatte die Form eines Dreiecks. An allen drei Seiten standen Kojen, je zwei übereinander, insgesamt zwölf Stück. Sie war nicht größer als die kleinste Schlafkammer eines ärmlichen Hauses, dennoch waren in diesem Raum zwölf Männer zusammengepfercht, die ihn als Schlaf-, Ess- und Wohnzimmer benutzten. Mein Schlafzimmer zu Hause war nicht besonders groß, aber es hätte ein Dutzend solcher Backs in sich aufnehmen können, und wenn man die Höhe mitrechnete, sogar mindestens zwanzig.
Es roch muffig und sauer, und im schwachen Licht der schwingenden Schiffslaterne sah ich, dass jedes freie Stückchen Wand mit mehreren Lagen von Seestiefeln, Ölzeug und schmutziger wie sauberer Kleidung aller Art vollgehängt war. Diese Sachen schwangen allesamt mit jedem Rollen des Schiffs hin und her und gaben ein fegendes Geräusch von sich wie Bäume, deren Äste über ein Dach oder über eine Wand streichen. Irgendwo polterte ein Stiefel laut und unregelmäßig gegen die Wand. Und obwohl es eine ruhige Nacht auf See war, ertönte ununterbrochen ein Chor von ächzenden Balken, Schotten und jenen abgründigen Geräuschen, die durch die Dielen heraufdrangen.
Den Schlafenden machte es nichts aus. Es waren die acht Mann der bei-

den Freiwachen. Die Luft war stickig von ihrer Körperwärme und dem Geruch ihres Atems. Und in den Ohren hatte ich ihr Schnarchen, ihre Seufzer und ihr gedämpftes Stöhnen, alles unverkennbare Merkmale ruhender Menschentiere. Aber schliefen sie wirklich? Alle? Oder hatten sie geschlafen? Das wollte Wolf Larsen offenbar herausfinden. Welche Männer taten nur, als würden sie schlafen, welche schliefen nicht, und welche waren noch kürzlich hellwach gewesen? Wolf Larson ging das auf eine Art und Weise an, die mir eine Geschichte Boccaccios in Erinnerung rief.

Er nahm die Schiffslaterne aus ihrer schwingenden Halterung und gab sie mir. Den Anfang machte er mit den ersten Kojen vorne auf der Steuerbordseite. In der oberen lag Oofty-Oofty, der Kanake, ein hervorragender Matrose, der von seinen Kameraden so getauft worden war. Er lag auf dem Rücken und atmete gleichmäßig und ruhig wie eine Frau. Einen Arm hatte er unter dem Kopf, der andere lag auf der Decke. Wolf Larsen legte Daumen und Zeigefinger um sein Handgelenk und maß den Puls. Dabei wurde der Kanake wach. Er erwachte so sanft, wie er geschlafen hatte. Sein Körper rührte sich überhaupt nicht, nur seine Augen bewegten sich. Sie öffneten sich plötzlich weit, groß und schwarz, und starrten, ohne zu blinzeln, in unsere Gesichter. Wolf Larsen legte zum Zeichen des Schweigens einen Finger auf seine Lippen, und Ooftys Augen schlossen sich wieder.

In der unteren Koje lag Louis, ekelig fett, warm und verschwitzt – unruhig, aber ohne Zweifel tief schlafend. Während Wolf Larsen sein Handgelenk hielt, regte er sich, spannte seinen Körper an, sodass er für einen Moment nur auf Schultern und Fersen lag. Seine Lippen bewegten sich und formulierten rätselhafte Sätze:

»Ein Schilling ist einen Vierteldollar wert, aber halte deine Klüsen auf bei Dreipennystücken, sonst werden sie dir von den Wirten als Sechspennystücke angedreht.«

Dann wälzte er sich mit einem tiefen, seufzenden Schluchzer herum und sagte:

»Sechspence heißen Tanner, und Schilling nennt man Bob; aber was ein Pony ist, weiß ich nicht.«

Wolf Larsen hatte sich von der Echtheit des Schlafs der beiden überzeugt und ging zu den nächsten beiden Kojen der Steuerbordseite, die, wie wir im Schein der Schiffslaterne sehen konnten, oben von Leach und unten von Johnson belegt waren.

Als Wolf Larsen sich zur unteren Koje herabbeugte, um Johnsons Puls zu fühlen, sah ich, aufrecht stehend und die Lampe haltend, wie Leach vorsichtig seinen Kopf anhob und über die Kante der Koje nach unten spähte, um zu sehen, was vorging. Er musste Wolf Larsens Trick durchschaut und erkannt haben, dass er unvermeidlich entdeckt werden würde, denn im selben Augenblick wurde mir die Lampe aus der Hand geschlagen, und die Back war auf einmal stockfinster. Gleichzeitig hatte er sich wohl direkt auf Wolf Larsen gestürzt.

Die ersten Geräusche erinnerten an einen Zusammenstoß zwischen einem Bullen und einem Wolf. Ich hörte Wolf Larsen ein lautes, wütendes Schnauben hervorstoßen, und von Leach kam ein verzweifeltes Knurren, das einem das Blut in den Adern gefrieren ließ. Johnson muss ihm sofort zur Hilfe geeilt sein. Sein niedergedrücktes und kriecherisches Verhalten während der vergangenen Tage war offenbar nur ein Täuschungsmanöver gewesen.

Ich war durch diesen Kampf im Dunkeln so gelähmt, dass ich mich zitternd an die Leiter klammerte und nicht fähig war, sie hinaufzuklettern. Wieder hatte ich jenes flaue Gefühl in der Magengrube, das der Anblick von roher Gewalt stets bei mir auslöst. In diesem Fall konnte ich zwar nichts sehen, aber ich hörte den Aufprall der Schläge, das zermalmende Geräusch, das entsteht, wenn Fleisch und Fleisch gewaltsam aufeinandertreffen. Dann hörte ich den wiederholten Aufprall der verkeilten Körper, das gequälte Atmen, die kurzen, keuchenden Schmerzenslaute.

Es müssen aber noch andere Männer an der Verschwörung gegen den Kapitän und den Maat beteiligt gewesen sein, denn den Geräuschen entnahm ich, dass Leach und Johnson schnell Verstärkung von ihren Kameraden erhielten.

»Holt mir doch ein Messer!«, schrie Leach.

»Schlagt ihm auf den Kopf! Quetscht sein Gehirn raus!«, tönte Johnsons Schlachtruf.

Nach seinem ersten Schnauben gab Wolf Larsen keinen Ton mehr von sich. Er kämpfte lautlos und verbissen um sein Leben und war in arger Bedrängnis. Gleich zu Anfang war er niedergeworfen worden und schaffte es nicht, wieder auf die Beine zu kommen. Ich war davon überzeugt, dass es trotz seiner enormen Kraft kein Entrinnen für ihn gab.

Die Gewalt des Kampfes blieb mir lebhaft in Erinnerung, denn im Hin- und Hergewoge der Körper ging ich zu Boden und holte mir etliche Prellungen. Doch gelang es mir, in eine leere Koje zu kriechen und so dem Getümmel zu entkommen.

»Alle herhören! Wir haben ihn! Wir haben ihn!«, hörte ich Leach rufen.

»Wen?«, wollten die wissen, die wirklich geschlafen hatten und nicht wussten, wie ihnen geschah.

»Es ist der verdammte Maat!«, war Leachs listige Antwort, die er ganz erstickt hervorbrachte.

Dies wurde mit Freudenrufen quittiert, und von da an hatte Wolf Larsen sieben starke Männer über sich. Nur Louis, glaube ich, griff nicht ein. Die Back glich einem aufgeregten Bienenschwarm, der sich gegen einen Eindringling wehrt.

»Was ist los? Was ist los da unten?«, hörte ich Latimer den Niedergang herunterrufen. Aber er war zu vorsichtig, um sich in das Inferno der Leidenschaften herabzuwagen, das dort unten in der Dunkelheit tobte.

»Gebt mir doch schon ein Messer! Wer, zum Teufel, gibt mir endlich ein Messer?«, flehte Leach im ersten relativ ruhigen Moment.

Die große Zahl der Angreifer führte zu einer heillosen Verwirrung. Sie behinderten sich gegenseitig, während Wolf Larsen nur ein Ziel vor Augen hatte und es auch erreichte. Kriechend kämpfte er sich zur Leiter vor. Trotz der Finsternis konnte ich hören, wie er sich voranarbeitete. Nur ein Gigant hätte es ihm in dem gleichtun können, was er fertigbrachte, als er den Fuß der Leiter erreicht hatte. Obwohl die ganze Meute an ihm hing und ihn zurückzuzerren versuchte, zog er sich allein mit den Armen Sprosse um Sprosse hoch, bis er aufrecht stand. Dann kämpfte er sich langsam mit Händen und Füßen und wieder Sprosse um Sprosse die Leiter hinauf.

Die allerletzte, die er erklomm, konnte ich sogar sehen, da Latimer endlich mit einer Laterne zurückgekommen war und herunterleuchtete. Wolf Larsen war fast oben. Ich nahm aber nur die vielen Männer wahr, die an ihm hingen. Sie umgaben ihn wie eine riesige, vielbeinige Spinne und schwangen mit dem gleichmäßigen Rollen des Schiffes hin und her. Trotzdem stieg dieser Menschenklumpen Sprosse um Sprosse weiter empor. Einmal verlor er beinahe das Gleichgewicht und wäre fast zurückgestürzt; aber da gewann er auch schon wieder festen Halt und kletterte weiter.

»Wen habt ihr da?«, schrie Latimer.

Im Laternenschein sah ich sein ratloses Gesicht hinunterspähen.

»Larsen«, hörte ich eine dumpfe Stimme aus der Masse sagen.

Latimer streckte seine freie Hand herunter. Ich sah eine andere Hand hochschießen, die seine ergriff. Latimer zog, und die nächsten Sprossen waren im Nu erklommen. Dann erschien Wolf Larsens Linke und schloss sich um den Rand des Luks. Das Menschenknäuel schwang von der Leiter weg, doch die Männer klammerten sich immer noch an ihr entfliehendes Opfer. Dann aber mussten die Ersten loslassen, an der scharfkantigen Eckplanke abgestreift oder von kräftigen Tritten getroffen, die die Beine jetzt austeilten. Leach war der Letzte; er fiel von der Leiterspitze rückwärts und prallte mit Kopf und Schultern auf seine am Boden ausgestreckten Kumpane. Wolf Larsen und die Laterne verschwanden. Wir blieben im Dunkeln zurück.

## 15. KAPITEL

Unter Fluchen und Stöhnen kamen die Männer am Fuße der Leiter wieder auf die Beine.

»Mach doch einer Licht, mein Daumen ist ausgekugelt«, rief einer der Männer. Es war Parsons, der dunkelhäutige, finstere Steuermann aus Standishs Boot, in dem Harrison Ruderer war.

»Das wird sich schon wieder einrenken«, antwortete Leach und setzte sich auf die Kante der Koje, in der ich versteckt war.

Im Dunkeln wurden Streichhölzer gesucht und angerissen, dann flackerte die Sturmlaterne auf, schwach und rußend. In ihrem gespenstischen Licht sah ich Männer mit nackten Beinen umhergehen, ihre Verletzungen versorgen und die Prellungen behandeln. Oofty-Oofty griff sich Parsons' Daumen, zog mit einem kräftigen Ruck daran und ließ ihn dann zurückschnappen. Gleichzeitig sah ich, dass die Haut über den Knöcheln des Kanaken aufgeplatzt war. Er grinste, und man konnte seine ebenmäßigen weißen Zähne sehen, während er seine Verletzungen herumzeigte und erklärte, die Wunde rühre daher, dass er Wolf Larsen eins aufs Maul gegeben habe.

»Du warst das also, was, du schwarzer Nichtsnutz?«, wollte jemand wutschnaubend wissen. Es war Kelly, ein Amerikaner irischer Abstammung, ehemaliger Hafenarbeiter, der zum ersten Mal zur See fuhr und Kerfoots Ruderer war.

Mit der Frage spuckte er einen Mundvoll Blut und Zähne aus und rückte Oofty-Oofty mit kampfeslüsterner Miene auf den Leib. Der Kanake war mit einem Satz an seiner Koje und ebenso schnell mit einem langen Messer zurück, mit dem er herumfuchtelte.

»Hört auf, ihr geht mir auf die Nerven«, schritt Leach ein. Trotz seiner Jugend und Unerfahrenheit hatte er offensichtlich das Sagen in der Back.

»Mach schon, Kelly! Lass Oofty in Ruhe! Wie zum Teufel sollte er im Dunkeln sehen, dass du es warst?«

Kelly gab murrend nach, und der Kanake entblößte seine weißen Zähne zu einem dankbaren Lächeln. Er war ein ansehnlicher Mensch mit gefälligen und beinahe weiblichen Körperformen und weichen, verträumten Augen, die zu seinem wohlverdienten Ruf als Draufgänger und Mann der Tat nicht zu passen schienen.

»Wie konnte er uns nur entkommen?«, fragte Johnson.

Er saß am Rand seiner Koje, und seine Körperhaltung verriet abgrundtiefe Niedergeschlagenheit und Verzweiflung. Nach der Anstrengung des Kampfes flog sein Atem immer noch. Sein Hemd war in dem Getümmel völlig zerrissen. Blut floss aus einer Platzwunde in der Wange über seine nackte Brust, hinterließ eine rote Spur auf seinem weißen Oberschenkel und tropfte auf den Boden.

»Weil er der Teufel ist, ich hab's euch ja gesagt«, antwortete Leach. Er sprang auf und machte wütend und mit Tränen in den Augen seiner Enttäuschung Luft.

»Und keiner von euch wollte mir ein Messer geben!«, beklagte er sich immer wieder.

Die anderen aber hatten höllische Angst vor den Folgen, die das alles noch nach sich ziehen würde, und schenkten ihm keine Beachtung.

»Woher soll er wissen, wer hier was gemacht hat«, fragte Kelly und blickte alle mordlustig an, während er fortfuhr, »wenn uns nicht jemand verrät?«

»Er weiß Bescheid, sobald er nur ein Auge auf uns wirft«, antwortete Parsons. »Er braucht dich nur anzusehen, das reicht völlig!«

»Sag ihm einfach, das Deck wäre hochgehüpft und hätte dir die Zähne aus dem Kiefer gerammt«, grinste Louis. Er war der Einzige, der noch in seiner Koje lag und heilfroh, weil er keine Verletzungen hatte, die seine Teilnahme am Kampf dieser Nacht hätten bezeugen können. »Wartet's nur ab, bis er morgen früh eure Visagen sieht«, gluckste er, »die von der ganzen Bande.«

»Wir sagen einfach, wir dachten, es wäre der Maat«, meinte einer, und ein anderer: »Ich weiß, was ich sage – dass ich einen Krawall gehört habe, aus der Koje gesprungen bin, für meine Mühe ordentlich einen auf die Nuss bekommen und dann fleißig mitgemischt hätte. Wusste auch nicht, wen oder was ich da im Dunklen traf, sondern schwang meine Fäuste aufs Geratewohl.«

»Und mich hast du dabei erwischt, klar, eh?«, spann Kelly den Faden weiter, und seine Züge hellten sich einen Moment lang auf.

Leach und Johnson nahmen an diesem Gespräch nicht teil. Von ihren Kumpanen wurden sie offenbar für hoffnungslose Fälle gehalten, die auf das Schlimmste gefasst sein mussten, für Männer, die rettungslos verloren und schon so gut wie tot waren. Leach ertrug ihre Angst und ihre Vorhaltungen eine Zeit lang, dann aber brach es aus ihm heraus:

»Ihr geht mir auf die Nerven! Ein schöner Haufen von Stümpern seid ihr! Wenn ihr weniger reden und dafür öfter zupacken würdet, wär' der schon längst erledigt. Warum konnte nicht einer von euch mir ein Messer zustecken, als ich danach gerufen habe. Ihr macht mich krank! Heult und lamentiert, als würd' der euch umbringen, wenn er euch in die Finger kriegt! Ihr wisst verdammt gut, dass er's nicht macht. Kann der sich auch gar nicht leisten! Hier gibt's keine Schiffsagenten und herumlungerndes Pack – und der braucht euch fürs Geschäft! Dringend braucht er euch! Wer rudert und steuert, wer segelt das Schiff, wenn ihr's nicht tut? Nur für mich und Johnson ist's zappenduster. Verdrückt euch in die Kojen und haltet die Fresse. Ich will pennen.«

»Ist ja schon gut, ist schon gut«, sagte Parsons daraufhin. »Vielleicht schont er uns, aber glaubt mir, die Hölle wird von jetzt an ein Eisklotz sein im Vergleich zu diesem Schiff hier.«

Die ganze Zeit über hatte ich meine eigene missliche Lage nicht vergessen. Was würde mit mir passieren, wenn die Männer meine Anwesenheit bemerkten? Ich konnte mir niemals den Weg freikämpfen, wie es Wolf Larsen getan hatte. In diesem Augenblick rief Latimer herunter:

»Döspaddel! Der Alte will dich sehen!«

»Der ist nicht hier!«, gab Parsons zurück.

»Doch, ist er«, sagte ich, rutschte aus der Koje heraus und versuchte nach Kräften, meiner Stimme einen mutig-festen Klang zu geben. Die Matrosen sahen mich verdutzt an. Furcht stand ihnen im Gesicht geschrieben, aber auch die Teufelei, die aus solcher Furcht entsteht.

»Ich komme!«, schrie ich zu Latimer hoch.

»Tust du nicht!«, tönte Kelly und trat zwischen mich und die Leiter. Seine rechte Hand wurde zur veritablen Würgerklaue. »Du verdammter Schnüffler! Ich stopf dir das Maul.«

»Lass ihn gehen«, befahl Leach.

»Nicht ums Verrecken«, kam es ärgerlich zurück.

Leach rührte sich nicht von der Kante seiner Koje. »Lass ihn in Ruhe, sage ich«, wiederholte er, aber diesmal mit scharfer, metallener Stimme.

Der Ire wurde unsicher, und als ich einen Schritt auf ihn zu machte, trat er beiseite. Nachdem ich die Leiter erreicht hatte, wandte ich mich zu dem Kreis brutaler und heimtückischer Gesichter um, die mich aus dem Halbdunkel anstarrten. Ein plötzliches und tiefes Mitleid ergriff mich. Ich erinnerte mich an die Worte des Cockney. Wie Gott sie gehasst haben musste, um sie derartigen Torturen auszusetzen!

»Ich habe nichts gesehen und nichts gehört, das könnt ihr mir glauben«, sagte ich ruhig.

»Ich sag's euch, der ist in Ordnung«, hörte ich Leach sagen, als ich die Leiter hinaufstieg. »Der kann den Alten genauso wenig leiden wie du oder ich.«

Ich fand Wolf Larsen in der Kajüte, entkleidet und blutig. Er hatte mich erwartet und begrüßte mich mit einem spöttischen Lächeln.

»Los, ran an die Arbeit, Doktor. Es sieht ganz so aus, als gäbe es auf dieser Fahrt reichlich Gelegenheit zu praktizieren. Ich weiß nicht, was ohne dich aus der *Ghost* hätte werden sollen. Wenn ich solch' noble Gefühle nur zu hegen wüsste, könnte ich dir von der tiefen Dankbarkeit ihres Schiffsführers berichten.«

Der Inhalt des schlichten Arzneischranks der *Ghost* war mir vertraut. Und während ich auf dem Kajütenofen Wasser abkochte und das Verbandszeug zusammensuchte, ging er umher, lachte, plauderte und taxierte seine Blessuren. Nie zuvor hatte ich ihn unbekleidet gesehen, und sein Körperbau verschlug mir den Atem. Die Vergötterung des Leibes gehörte nie zu meinen Schwächen, ganz im Gegenteil, aber ich habe genug Künstlerblut in mir, um Wunderbares auch hier nicht zu übersehen.

Ich muss gestehen, dass mich die perfekten Proportionen von Wolf Larsens Figur in ihrer schrecklichen Schönheit faszinierten. Ich hatte die Männer in der Back betrachtet. Obwohl einige von ihnen sehr muskulös waren, hatten ihre Körper Makel, die die Symmetrie zerstörten. Hier war etwas zu schwach entwickelt, dort zu stark, Verkrümmungen und Missbildungen traten auf, zu kurze oder zu lange Beine, zu sehniger oder zu knochiger Körperbau oder eine gewisse Schwammigkeit. Nur Oofty-Oofty war von tadelloser Statur, jedoch wirkten seine Formen meiner Meinung nach nur insoweit gefällig, als sie feminin waren.

Wolf Larsen hingegen war der männliche, der maskuline Typ und von nahezu göttlicher Vollkommenheit. Wenn er umherging oder seine Arme hob, spielten unter seiner seidenglatten Haut mächtige Muskeln. Ich vergaß zu sagen, dass nur sein Gesicht braun gebrannt war. Der Rest des Körpers war wie bei seinen skandinavischen Vorfahren so weiß wie der der hellhäutigsten Frau. Ich weiß noch, wie er seine Hand hob, um die Verletzung am Kopf zu betasten, und wie ich seinen Bizeps betrachtete, der sich wie ein lebendiges Wesen unter seiner weißen Hülle bewegte. Dieser Muskel hatte mir einmal fast das Leben geraubt und unter meinen Augen schon viele Verderben bringende Schläge ausgeteilt. Ich konnte die Augen nicht von ihm wenden. Ich stand bewegungslos da, während sich die antiseptische Binde in meiner Hand abspulte und über den Boden verteilte.

Plötzlich bemerkte er, dass ich ihn anstarrte.

»Gott hat Sie gut gebaut«, sagte ich.

»Hat er!«, gab er zurück. »Hab' ich auch schon oft gedacht und mich gefragt, warum.«

»Höhere Absicht …«, begann ich.

»Reine Zweckmäßigkeit«, unterbrach er mich. »Dieser Körper wurde zum Gebrauch geschaffen. Seine Muskeln sind zum Greifen und zum Zerreißen da, und um alle Lebewesen zu vernichten, die sich zwischen mich und das Leben stellen. Das ist auch bei anderen Geschöpfen so, auch sie haben auf die eine oder andere Art Muskeln zum Greifen, Zerreißen und Vernichten. Wenn sie sich aber zwischen mich und das Leben stellen, dann greife ich fester zu und zerreiße mehr und vernichte schneller als sie. Höhere Absicht liefert keine Erklärung dafür, reine Zweckmäßigkeit wohl.«

»Die ist nicht schön«, wandte ich ein.

»Du meinst, das Leben ist nicht schön.« Er lächelte. »Und doch sagst du, dass ich gut gebaut bin. Schau her!«

Er spannte Beine und Füße an und drückte seine Zehen so fest auf den Kajütenboden, als wolle er sich dort festklammern. Muskelknoten, -kämme und -wälle warfen sich unter seiner Haut auf und bebten.

»Greif hin«, befahl er.

Seine Muskeln waren hart wie Stahl. Außerdem sah ich, dass sich sein ganzer Körper unbewusst gespannt hatte, wie zum Sprung bereit. Die muskulösen Schwellungen nahmen um die Hüften herum Gestalt an und wanderten dann sacht über den Rücken und die beiden Schultern hinauf. Seine Arme waren leicht angehoben, und auch ihre Muskeln waren gespannt, sodass die Finger sich nach innen bogen und die Hände wie Klauen aussahen. Sogar seine Augen hatten einen anderen Ausdruck angenommen und wirkten wachsam, abwägend und kampfbereit.

»Stabilität, Gleichgewicht«, sagte er, entspannte seinen Körper plötzlich und ließ ihn in die Ruhehaltung zurücksinken. »Füße, mit denen man Wurzeln schlägt, Beine, auf denen man sicher stehen und widerstehen kann, während man mit Armen und Händen, Zähnen und Nägeln darum kämpft, zu töten und nicht getötet zu werden. Absicht? Zweckmäßigkeit ist das bessere Wort.«

Ich bestritt es nicht. Ich hatte die Mechanik der primitiven, ums Überleben kämpfenden Kreatur gesehen, und ich war so beeindruckt, als hätte ich die Maschinen eines großen Schlachtschiffs oder Ozeanriesen vor mir.

Nach dem verbissenen Kampf in der Back wunderte es mich, dass er nur leichtere Verletzungen davongetragen hatte, und ich bilde mir ein, sie geschickt verbunden zu haben. Bis auf ein paar tiefere Blessuren gab es nur starke Prellungen und Fleischwunden. Lediglich der Schlag auf den Kopf, den er erhalten hatte, bevor er über Bord ging, hatte seine Kopfhaut über mehrere Zentimeter aufplatzen lassen. Unter seiner Anleitung reinigte ich die Stelle, rasierte die Wundränder und vernähte sie. Außerdem war seine Wade so übel zugerichtet, als wäre sie von einer Bulldogge zerfleischt worden. Wie er mir sagte, hatte ein Matrose sie zu Beginn des Kampfes mit den Zähnen zu packen gekriegt, sich verbissen und erst losgelassen, als er ihm oben auf der Leiter einen Tritt versetzte.

»Ach, übrigens, Döspaddel, wie ich schon sagte, bist du gut zu gebrauchen«, begann Wolf Larsen, als ich mit der Arbeit fertig war. »Wie du weißt, fehlt uns ein Maat. Von jetzt an wirst du also auch Wache schieben, fünfundsiebzig Dollar im Monat erhalten und bist von allen, Mannschaften und Offizieren, mit ›Herr van Weyden‹ anzusprechen.«

»Ich … ich weiß doch überhaupt nichts von Navigation«, stotterte ich.

»Völlig unnötig.«

»Außerdem liegt mir nichts an exponierten Stellungen«, wandte ich ein. »Selbst meine gegenwärtige bescheidene Position an Bord macht mir das Leben sauer genug. Ich habe doch gar keine Erfahrung. Das Mittelmaß hat eben auch seine guten Seiten.«

Er lächelte, als wäre alles längst abgemacht.

»Auf diesem Höllenschiff werde ich nicht Maat!«, rief ich trotzig.

Ich sah seine Gesichtszüge hart werden und ein gnadenloses Glitzern in seinen Augen erscheinen. Er ging zur Tür seiner Kajüte und sagte:

»Nun denn, gute Nacht, Herr van Weyden.«

»Gute Nacht, Herr Larsen«, antwortete ich kleinlaut.

## 16. KAPITEL

Die erfreulichste Seite meiner Beförderung bestand darin, dass ich nun kein Geschirr mehr zu spülen brauchte. Von den Aufgaben eines Steuermanns hatte ich nicht die geringste Ahnung und wäre übel dran gewesen, wenn die Matrosen nicht mitgespielt hätten. Ich wusste nicht, worauf es beim Tauwerk und bei der Takelung ankam und was beim Trimmen und Setzen der Segel im Einzelnen zu beachten war. Aber die Matrosen gaben sich große Mühe, mir alles beizubringen – Louis erwies sich dabei als besonders talentiert –, und mit meinen Untergebenen hatte ich so gut wie keine Probleme.

Bei den Jägern lagen die Dinge anders. Sie waren alle mehr oder weniger mit der See vertraut und betrachteten mich als eine Art Witz. Offen gestanden kam es mir selbst wie ein schlechter Scherz vor, dass ausgerechnet ich, die reinste Landratte, den Posten eines Maats bekleiden sollte; dass aber andere dasselbe dachten, machte sehr wohl einen Unterschied. Ich beklagte mich nicht, doch Wolf Larsen bestand in meinem Fall auf der peinlichsten Einhaltung der an Bord üblichen Umgangsformen, und zwar bis zu einem Grad, der dem armen Johansen nie zugebilligt worden war. Und mithilfe mehrerer Schlägereien, offener Drohungen und ständiger Unmutsbekundungen machte er die Jäger gefügig. Für die gesamte Mannschaft war ich nur »Mr. van Weyden«, und selbst Wolf Larsen sprach mich nur noch privat mit »Döspaddel« an.

Das Ganze war schon komisch. Hatte sich beispielsweise beim Mittagessen die Windrichtung geringfügig geändert, sagte er, wenn ich vom Tisch aufstand: »Mr. van Weyden, würden Sie jetzt bitte über Steuerbordbug segeln.« Daraufhin ging ich an Deck, holte Louis zu mir und ließ mir erklären, was zu tun war. Und wenn ich dann nach einigen Minuten seine Anweisungen begriffen hatte und das Manöver in allen Einzelheiten beherrschte, begann ich, meine Befehle zu erteilen. Ich erinnere mich noch genau an einen jener frühen Auftritte, bei dem Wolf Larsen gerade in dem Augenblick die Szene betrat, als ich Order zu geben begann. Er rauchte seine Zigarre und sah schweigend zu, bis alles ausgeführt war. Dann ging er mit mir an Luv das Achterdeck entlang.

»Döspaddel«, begann er, »Verzeihung, Mr. van Weyden, meinen aufrichtigen Glückwunsch. Ich denke, Sie können die Beine Ihres Vaters zurück in sein Grab verfrachten. Sie haben Ihre eigenen entdeckt und gelernt, sicher darauf zu stehen. Noch ein wenig Spleißen, Segelmachen und Bekanntschaft mit Stürmen und Ähnlichem – und am Ende der Reise können Sie auf jedem Küstenschiff anheuern.«

Während dieser Zeit, zwischen Johansens Tod und der Ankunft in den Robbengründen, verbrachte ich meine schönsten Stunden an Bord der *Ghost*. Wolf Larsen verhielt sich ungewöhnlich rücksichtsvoll, die Matrosen kamen mir entgegen, und ich musste auch nicht mehr die quälende Nähe Thomas Mugridges erdulden. Ich gestehe sogar ein, dass ich allmählich und insgeheim einen gewissen Stolz entwickelte. So aberwitzig die Situation war – eine Landratte als zweiter Mann an Bord –, meine Sache machte ich gut. In diesem kurzen Intervall war ich stolz auf mich, und ich lernte das Eintauchen und Schlingern der *Ghost* unter meinen Füßen lieben, während sie nordwestwärts durch die tropische See pflügte, jenem Eiland entgegen, auf dem wir unsere Wasserkanister füllen wollten.

Aber mein Glück war nicht ungetrübt. Es handelte sich lediglich um eine Phase vergleichsweise geringen Elends, eingezwängt zwischen einer durch und durch elenden Vergangenheit und einer ebenso elenden Zukunft. Denn für die Mannschaft war die *Ghost* ein Höllenkahn der übelsten Sorte. Die Matrosen fanden niemals Ruhe und Frieden. Wolf Larsen hatte den Anschlag auf sein Leben und die Prügel, die er in der Back bezogen hatte, nicht vergessen. Und von morgens bis abends, ja selbst nachts widmete er sich der Aufgabe, ihnen das Leben unerträglich zu machen.

Er kannte sich in der Psychologie der kleinen Schikanen bestens aus, und es waren gerade die Nichtigkeiten, mit denen er die Mannschaft an den Rand des Wahnsinns trieb. Ich selbst habe miterlebt, wie Harrison aus seiner Koje geholt wurde, weil er einen herumliegenden Pinsel wegräumen sollte, und dazu wurden noch die beiden Freiwachen aus ihrem wohlverdienten Schlaf gerissen, um alles mit anzusehen. Selbstverständlich eine Lappalie, aber man braucht sie nur mit den tausend anderen Sticheleien zu multiplizieren und erhält einen ungefähren Eindruck von der geistigen Verfassung der Männer in der Back.

Natürlich wurde viel gemurrt, und kleinere Ausbrüche waren an der Tagesordnung. Schläge wurden ausgeteilt, und immer kurierten zwei oder drei der Männer irgendwelche Verletzungen aus, die ihnen von der unmenschlichen Bestie, die über sie herrschte, zugefügt worden waren. Ein gemeinsames Vorgehen war angesichts der großen Waffenbestände im Zwischendeck und in der Kajüte unmöglich. Leach und Johnson hatten unter den teuflischen Launen Wolf Larsens besonders zu leiden, und mir blutete das Herz, wenn ich den Ausdruck tiefer Schwermut auf Johnsons Gesicht und in seinem Blick sah.

Bei Leach, dieser animalischen Kämpfernatur, war es anders. Eine unstillbare Wut erstickte jeden Kummer. Seine Lippen verzerrte ein unablässiges Knurren, das schon beim bloßen Anblick Wolf Larsens grässlich und drohend aus ihm hervorbrach, wobei er sich dessen wohl nicht einmal bewusst war. Ich habe ihn dabei beobachtet, wie er Wolf Larsen mit den Blicken verfolgte, mit denen ein gefangenes Tier seinen Wärter fixiert, während das animalische Knurren tief in seiner Kehle ertönte und als dumpfes Vibrieren zwischen den Zähnen entwich.

Ich erinnere mich daran, dass ich ihm einmal am helllichten Tag an Deck auf die Schulter tippte, um ihm einen Befehl zu erteilen. Er stand mit dem Rücken zu mir, und sobald er meine Hand spürte, machte er einen riesigen Satz nach vorn, wobei er laut knurrte und mir noch in der Luft den Kopf zuwandte. Er hatte mich versehentlich für den Mann gehalten, den er hasste.

Er oder auch Johnson hätten Wolf Larsen bei jeder sich bietenden Gelegenheit getötet, aber sie kam nie. Wolf Larsen war viel zu gerissen, und außerdem fehlten ihnen die richtigen Waffen. Allein mit den Fäusten konnten sie nichts ausrichten. Immer wieder stellte Larsen sich zum Kampf, wobei Leach wie eine Wildkatze mit Zähnen, Nägeln oder Fäusten auf ihn losstürzte, bis er erschöpft oder bewusstlos auf Deck lag. Aber er ging deshalb der nächsten Auseinandersetzung nicht aus dem Weg. Der Teufel in ihm forderte den Teufel in Wolf Larsen heraus. Sie brauchten nur gleichzeitig an Deck zu kommen, und schon fielen sie fluchend, knurrend und schlagend übereinander her, und ich habe mit eigenen Augen gesehen, wie Leach Wolf Larsen ohne jede Vorwarnung und ohne Anlass attackierte. Einmal schleuderte er sein schweres Seemannsmesser nach ihm, und es verfehlte Wolf Larsens Kehle nur um Zentimeter. Ein anderes Mal ließ er einen stählernen Marlspieker von der Besamsaling herabfallen. Auf einem rollenden Schiff ist das Zielen schwierig, aber die scharfe Spitze des Spiekers schoss pfeifend fünfundzwanzig Meter durch die Luft, verfehlte Wolf Larsens Kopf nur knapp, als dieser aus dem Kajütenaufgang auftauchte, und bohrte sich fünf Zentimeter oder tiefer in die harten Deckplanken. Beim dritten Mal schließlich schlich er ins Zwischendeck, griff eine geladene Flinte und wollte damit an Deck stürzen, bevor er von Kerfoot gestellt und entwaffnet wurde.

Ich fragte mich oft, warum Wolf Larsen ihn nicht tötete und der Sache ein Ende machte. Aber er lachte nur und schien Gefallen daran zu finden. Er liebte wohl den Nervenkitzel wie jene Männer, die sich damit vergnügen, wilde Tiere handzahm zu machen.

»Es elektrisiert«, erklärte er mir, »wenn man ein Leben in der Hand hat. Der Mensch ist ein geborener Spieler und das Leben sein höchster Einsatz. Je höher das Risiko, desto höher der Kitzel. Warum sollte ich mir das Vergnügen versagen, Leachs Seele in fiebernde Erregung zu versetzen? Ich tue ihm doch nur einen Gefallen damit. Die emotionale Hochspannung erleben beide Seiten. Er lebt königlicher als jeder andere in der Back, obwohl er es nicht weiß. Denn er hat etwas, das den anderen fehlt – einen festen Vorsatz, der ihn beschäftigt und den er unbedingt ausführen muss, ein ihn ganz beanspruchendes Ziel, den Wunsch, mich zu töten, und die Hoffnung, dass ihm das gelingt. Wirklich, Döspaddel, er lebt mit jeder Faser. Ich wage zu bezweifeln, dass er jemals so atemlos und leidenschaftlich existiert hat, und manchmal beneide ich ihn sogar, wenn ich ihn auf der Höhe seiner Leidenschaften und Gefühle wüten sehe.«

»Ja, aber es ist feige, einfach feige«, rief ich, »denn Sie sind eindeutig im Vorteil.«
»Wer von uns beiden, du oder ich, ist denn hier der größere Feigling?«, fragte er ernst. »Dir gefällt die Situation nicht? Warum schließt du dann einen faulen Kompromiss mit deinem Gewissen und arrangierst dich? Wenn du wirklich Mut hättest, dir gegenüber ehrlich wärst, würdest du dich auf die Seite von Leach und Johnson schlagen. Aber du hast Angst, einfach Angst. Du willst leben. Das Leben in dir schreit danach weiterzuexistieren, koste es, was es wolle. Und so lebst du schmählich dahin, wirst deinen träumerischen Idealen untreu, versündigst dich an all deinen erbärmlichen Lebensregeln und schicktest deine Seele geradewegs zur Hölle, wenn es eine gäbe. Pah! Da bin ich doch weniger feige. Ich versündige mich nicht, denn ich gehorche meinen unmittelbaren Regungen. Und deshalb bin ich – im Gegensatz zu dir – zumindest mit meiner Seele im Reinen.«
Seine Worte hatten mich getroffen. Vielleicht spielte ich wirklich die Rolle des Feiglings. Je länger ich darüber nachdachte, desto unabweisbarer schien mir die Verpflichtung, seinem Ratschlag zu folgen, mich Johnson und Leach anzuschließen und auf seinen Tod hinzuarbeiten. Genau in diesem Punkt kam wohl das strenge Gewissen meiner puritanischen Vorfahren ins Spiel, das mich zu finsteren Taten trieb und sogar den gerechten Mord billigte. Ich dachte weiter darüber nach. Es wäre doch eine höchst moralische Tat, die Welt von einem solchen Ungeheuer zu befreien. Die Menschheit würde dadurch besser und glücklicher und das Leben schöner und angenehmer.
Ich grübelte lange nach, verbrachte schlaflose Nächte in meiner Koje und ließ mir alles wieder und wieder durch den Kopf gehen. Während der Nachtwachen, wenn Wolf Larsen sich unten aufhielt, redete ich mit Johnson und Leach. Beide hatten alle Hoffnung aufgegeben – Johnson, weil er ohnehin zur Verzagtheit neigte, und Leach, weil er sich in dem aussichtslosen Kampf völlig verausgabt hatte. Aber eines Nachts nahm er meine Hand, drückte sie heftig und sagte:
»Ich glaube, Sie sind in Ordnung, Mr. van Weyden. Aber bleiben Sie bloß

dort, wo Sie sind, und halten Sie lieber den Mund. Sie haben nichts gesehen und nichts gehört. Wir beide sind so gut wie tot, das weiß ich. Sie aber könnten uns vielleicht noch einmal einen Gefallen tun, wenn wir es bitter nötig haben.«

Schon am folgenden Tag, als die Insel Wainwright querab in Luv auftauchte, tat Wolf Larsen eine Prophezeiung. Er hatte Johnson angegriffen, war selbst von Leach attackiert worden und hatte dann beide verprügelt.

»Leach«, sagte er, »du weißt, dass ich dich früher oder später umbringen werde, oder?«

Ein Knurren war die Antwort.

»Und was dich betrifft, Johnson – noch bevor ich mit dir fertig bin, wirst du das Leben so satthaben, dass du freiwillig über Bord gehst. Wart's ab.«

»Das ist ein Vorschlag zur Güte«, fügte er, nur für meine Ohren bestimmt, hinzu. »Ich wette mit dir einen ganzen Monatslohn, dass er darauf eingeht.«

Ich hatte gehofft, seine Opfer würden beim Auffüllen der Wasserfässer fliehen können, aber Wolf Larsen hatte die Stelle gut gewählt. Die *Ghost* lag an einem einsamen Strand eine halbe Meile vor der Brandungslinie. Hier mündete eine tiefe Schlucht mit steil aufragenden Wänden aus Vulkangestein, die kein Mensch erklettern konnte. Und genau an dieser Stelle und unter seiner persönlichen Aufsicht – denn er war selbst an Land gegangen – füllten Leach und Johnson die Wasserfässchen und rollten sie zum Strand hinab. So hatten sie nicht die geringste Chance, mit einem der Boote einen Fluchtversuch zu unternehmen.

Harrison und Kelly jedoch wagten es. Sie bildeten eine der Bootsmannschaften, deren Aufgabe darin bestand, zwischen dem Schiff und der Küste hin und her zu pendeln und jedes Mal ein Fass mitzunehmen. Kurz vor dem Mittagessen, als sie gerade mit einem leeren Fass auf dem Rückweg zum Strand waren, änderten sie plötzlich ihren Kurs und hielten nach links, um das Kap, das sie von der Freiheit trennte, zu umrunden. Hinter den Kliffs, an denen sich die Wellen brachen, lagen die einladenden Dörfer der japanischen Siedler und liebliche Täler, die sich weit ins Landesinnere erstreckten. Hatten die beiden Männer dort erst Unterschlupf gefunden, so waren sie vor Wolf Larsen sicher.

Schon den ganzen Morgen über hatte ich Henderson und Smoke an Deck herumlungern sehen, und nun erfuhr ich auch den Grund dafür. Sie holten ihre Gewehre und eröffneten in aller Seelenruhe das Feuer auf die beiden Flüchtenden. Das Ganze war eine kaltblütige Vorführung ihrer Schießkunst. Zuerst zischten die Kugeln noch harmlos über die Wasserfläche und links und rechts am Boot vorbei. Als aber die Männer kräftig weiterruderten, schlugen die Projektile in immer größerer Nähe ein.

»Nun passt auf, wie ich Kellys rechtes Ruder abschieße«, sagte Smoke, während er sorgfältiger zielte.

Ich hatte gerade das Fernglas vor Augen und sah, wie nach dem Schuss das Ruderblatt zersplitterte. Henderson machte es ihm nach, indem er Harrisons rechtes Ruder demolierte. Das Boot schwenkte herum, und die beiden linken Ruder gingen genauso schnell in Stücke. Die beiden Männer versuchten mit den Überresten weiterzukommen, doch auch die schoss man ihnen aus den Händen. Kelly riss eine Bodenplanke los und begann damit zu paddeln, ließ sie aber mit einem Aufschrei fallen, als sich die Holzsplitter in seine Hand bohrten. Danach gaben sie auf und ließen ihr Boot treiben, bis ein zweites Boot, das Wolf Larsen vom Strand aus losgeschickt hatte, sie in Schlepp nahm und an Bord zurückbrachte.

Am späten Nachmittag lichteten wir die Anker und segelten davon. Vor uns lag nichts als die drei oder vier Jagdmonate in den Robbengründen. Wahrhaft düstere Aussichten. Schweren Herzens ging ich meiner Arbeit nach. Eine Art Beerdigungsstimmung schien sich auf die *Ghost* herabgesenkt zu haben. Wolf Larsen hatte sich mit einem seiner merkwürdigen Migräneanfälle in seine Koje zurückgezogen. Harrison stand apathisch am Ruder, auf das er sich stützte, als ob ihm schon das Gewicht seines eigenen Körpers zu viel sei. Der Rest der Mannschaft war missmutig und schweigsam. Ich stieß auf Kelly, der auf der Leeseite des Backluks kauerte, die Stirn auf den Knien und die Arme über dem Kopf, in einer Haltung unsäglicher Niedergeschlagenheit.

Johnson lag ausgestreckt vorn auf der Back, wo er in das Gebrodel am Steven starrte, und ich erinnerte mich mit Schrecken an den Vorschlag, den Wolf Larsen gemacht hatte. Er schien seine Wirkung nicht zu verfehlen.

Ich versuchte, die düsteren Gedanken des Mannes zu verscheuchen, indem ich ihn zu mir rief, aber er lächelte mir nur traurig zu und kam der Aufforderung nicht nach.

Auf dem Weg nach achtern trat Leach an mich heran.

»Ich möchte Sie um einen Gefallen bitten, Mr. van Weyden«, sagte er. »Wenn Sie glücklich wieder nach Frisco zurückkommen sollten, würden Sie dann Matt McCarthy aufsuchen? Das ist mein alter Herr. Er wohnt auf dem Hügel hinter der Mayfair-Bäckerei. Er betreibt dort eine Schusterwerkstatt, die jeder kennt, sodass Sie ihn mühelos finden werden. Sagen Sie ihm, dass ich den Kummer, den ich ihm gemacht habe, bereue und die Dummheiten, die ich angestellt habe, auch, und – dass ich ihm Gottes Segen wünsche.«

Ich nickte, sagte aber dann: »Wir werden alle nach San Francisco zurückkehren, Leach, und du wirst dabei sein, wenn ich Matt McCarthy besuche.«

»Das möchte ich liebend gern glauben«, erwiderte er und schüttelte mir die Hand, »aber ich kann nicht. Wolf Larsen wird mich umbringen, ich weiß es; und ich kann nur hoffen, dass das Ende bald kommt.«

Und als er mich verließ, spürte ich in meinem Innersten denselben Wunsch. Wenn es schon anstand, dann sollte man es auch hinter sich bringen. Die allgemeine Grabesstimmung hatte auch mich in ihren Bann geschlagen. Das Schlimmste schien unvermeidlich; und während ich Stunde um Stunde über Deck wanderte, merkte ich, dass mich Wolf Larsens widerwärtige Ideen angesteckt hatten. Wozu war das alles gut? Wo war die Erhabenheit des Lebens, wenn es diese mutwillige seelische Verwüstung zuließ? Letztlich war dieses Leben doch eine billige und schäbige Sache, und je früher es vorüber war, desto besser. Schluss und aus! So lehnte ich mich über die Reling, starrte sehnsüchtig ins Meer, und die Gewissheit überkam mich, früher oder später selbst tiefer und tiefer hinabsinken zu müssen in die kühlen grünen Abgründe seines Vergessens.

## 17. KAPITEL

So seltsam es klingen mag, trotz all dieser dunklen Vorahnungen geschah auf der *Ghost* nichts Besonderes. Wir segelten weiter nach Nordwesten, bis die japanische Küste in Sicht kam und wir auf die große Robbenherde stießen. Aus dem grenzenlosen Pazifik kommend zogen sie auf ihrer jährlichen Wanderschaft nordwärts zu den Sommerquartieren in der Beringsee. Und wir begleiteten sie, mordeten und vernichteten, warfen die abgezogenen Kadaver den Haien vor und salzten die Felle ein, damit sie später einmal die zarten Schultern der Städterinnen zieren konnten.

Es war ein hemmungsloses Abschlachten, und alles nur für die Damenwelt. Kein Mensch aß von dem Robbenfleisch oder trank den Tran. Nach einem guten Schlachttag waren unsere Decks mit Häuten und Kadavern bedeckt, glitschig von Fett und Blut, während sich aus den Speigatts rote Ströme ergossen; Masten, Tauwerk und die Reling waren mit Blut bespritzt, und die Männer, wie Fleischer ihrem Handwerk nachgehend, mit nackten, roten Armen und Händen, schwangen unermüdlich ihre Trenn- und Flensmesser, um den edlen Meeresgeschöpfen, die sie erlegt hatten, das Fell abzuziehen.

Meine Aufgabe bestand darin, eine Strichliste über die Felle zu führen, die von den Booten angeliefert wurden, das Abhäuten und anschließende Saubermachen der Decks zu überwachen und darauf zu achten, dass alles wieder blitzblank war. Das war keine angenehme Arbeit. Meine Seele revoltierte, und mein Magen drehte sich um, und doch war es in gewisser Weise gut für mich, den Männern Anweisungen und Befehle geben zu müssen. Die begrenzten Führungsqualitäten, die ich besaß, entfalteten sich dadurch, und ich spürte, dass ich an Härte und Entschlossenheit gewann, was für den Waschlappen van Weyden nur von Vorteil sein konnte.

Dass es kein Zurück zu meinem früheren Leben mehr gab, wurde mir immer deutlicher. Denn auch wenn mein hoffnungsvoller Glaube an den Wert menschlichen Lebens der vernichtenden Kritik Wolf Larsens standgehalten hatte, so wurde sie doch Auslöser für etliche weniger grundsätzliche Meinungsänderungen. Er hatte mir eine Wirklichkeit erschlossen, von der ich so gut wie nichts wusste und vor der ich zuvor stets zurückgeschreckt war. Ich hatte gelernt, das Leben illusionsloser zu betrachten, anzuerkennen, dass es so etwas wie unumstößliche Fakten gab, aus der Welt des Geistes und der Ideen hinauszutreten und den handgreiflichen und objektiven Seinsbereichen einen gewissen Wert zuzugestehen.

Wolf Larsen sah ich öfter denn je, nachdem wir die Jagdgründe erreicht hatten. Denn wenn das Wetter gut war und wir uns inmitten der Herde befanden, waren alle mit den Booten unterwegs, und an Bord blieben nur er, ich und Thomas Mugridge zurück, der ohnehin nicht zählte. Aber für Kurzweil blieb keine Zeit. Die sechs Boote, die sich fächerförmig vom Schiff aus verteilten, bis die beiden äußeren Fahrzeuge zwischen zehn und zwanzig Meilen voneinander entfernt waren, hielten schnurgerade ihren Kurs, solange die Dämmerung oder schlechtes Wetter sie nicht zurücktrieb. Wir hatten die Aufgabe, die *Ghost* so weit in Lee des letzten Leebootes zu halten, dass alle Beiboote uns bei plötzlichen Böen oder aufziehendem Unwetter leicht erreichen konnten.

Es ist keine Kleinigkeit für zwei Männer, insbesondere wenn ein kräftiger Wind geht, ein Schiff wie die *Ghost* zu bedienen, Kurs zu halten, die Boote nicht aus den Augen zu verlieren und Segel zu setzen oder einzuholen. Ich musste also hinzulernen, und das möglichst schnell. Das Steuern begriff ich ohne große Mühe, aber in den Wanten bis zur Saling zu klettern und mein ganzes Körpergewicht nur mit der Armmuskulatur herumzuschwingen, wenn ich die Webeleinen verließ, um noch höher zu steigen, das war weitaus schwieriger. Aber auch das meisterte ich schnell, denn irgendwie verspürte ich den brennenden Wunsch, mich in Wolf Larsens Augen zu bewähren, mein Lebensrecht nicht nur auf geistigem Gebiet unter Beweis zu stellen. Ja, es kam die Zeit, wo es mir Spaß machte, mit dem Masttopp hin und her zu pendeln und mich mit den Beinen in schwindelnder Höhe festzuklammern, während ich mit dem Fernglas die See nach den Booten absuchte.

Ich erinnere mich an einen schönen Tag, an dem die Boote früh ausgelaufen waren und das Schießen immer schwächer und leiser wurde, bis es gar nicht mehr zu hören war und sich die Boote in der Weite verloren. Von Westen her ging ein laues Lüftchen. Aber auch damit war es vorbei, kaum dass wir es geschafft hatten, unsere Lee-Position zu erreichen. Vom Masttopp aus beobachtete ich, wie die sechs Boote eins nach dem anderen hinter der Erdkrümmung verschwanden, während sie den Robben nach Westen folgten. Wir lagen beinahe unbeweglich auf der ruhigen See und waren außerstande, ihnen nachzusetzen. Wolf Larsen machte sich Sorgen. Das Barometer war gefallen, und der Himmel im Osten beunruhigte ihn. Er beobachtete ihn mit gespannter Aufmerksamkeit.

»Wenn es von dort richtigt aufbrist«, sagte er, »und uns mit einem Mal ins Luv der Boote drückt, dann wird's vermutlich leere Kojen im Zwischendeck und in der Back geben.«

Gegen elf Uhr war die See spiegelglatt. Zur Mittagszeit herrschte beklemmende Hitze, obwohl wir uns weit in nördlichen Breitengraden befanden. Die Luft war zum Schneiden, stickig und drückend und erinnerte mich an das, was alte Kalifornier »Erdbebenwetter« nennen. Es lag etwas Unheilvolles darin, und man hatte das unbestimmte Gefühl, dass das Schlimmste bevorstünde. Im Osten zog sich der Himmel langsam mit Wolken zu, die sich wie die dunklen Gebirgszüge einer Höllenlandschaft über uns auftürmten. Schluchten, Schlünde und verschattete Abgründe waren so deutlich auszumachen, dass man unwillkürlich nach der weißen Brandungslinie und den Höhlen Ausschau hielt, in denen die See brüllend gegen das Land anrannte. Aber immer noch schaukelten wir sanft, und kein Windhauch war zu spüren.

»Das ist keine Böe«, bemerkte Wolf Larsen. »Die gute Mutter Natur wird sich auf die Hinterbeine stellen und sich richtig austoben. Wir werden uns ordentlich tummeln müssen, Döspaddel, wenn wir auch nur die Hälfte der Boote retten wollen. Du enterst besser mal auf und gibst den Toppsegeln Lose.«

»Aber wenn es über uns hereinbricht, und wir sind nur zu zweit an Bord?«, versuchte ich einzuwenden.
»Wir müssen einfach das Beste aus den ersten Windstößen machen und zu unseren Booten kommen, bevor es uns die Segel zerfetzt. Was danach geschieht, kümmert mich nicht. Die Masten werden's schon überstehen, und du und ich müssen genauso durchhalten, auch wenn es knüppeldick kommt.«
Die Windstille dauerte an. Wir aßen zu Mittag, für mich eine hastige und bedrückende Mahlzeit, da sich doch achtzehn Männer draußen auf See und hinter dem Horizont befanden und sich das Wolkengebirge langsam auf uns zuschob. Wolf Larsen schien davon unberührt, obwohl ich nach unserer Rückkehr an Deck ein leichtes Zittern seiner Nasenflügel und eine spürbare Beschleunigung seiner Bewegungen bemerkte. Sein Gesicht war ernst, die Züge hatten sich verhärtet, und doch lag in seinen Augen, die an diesem Tag hellblau strahlten, ein seltsamer Glanz, ein funkelndes Licht. Ich hatte den Eindruck, dass er sich auf eine wilde und unbändige Art freute, dass er den bevorstehenden Kampf begrüßte und dass ihn das Wissen elektrisierte, einer der großen Augenblicke des Lebens, in denen der Lebensstrom zur Flut anschwillt, stehe unmittelbar bevor.
Einmal lachte er selbstvergessen, spöttisch und trotzig dem herannahenden Unwetter ins Gesicht. Ich sehe ihn noch vor mir stehen, wie ein Zwerg aus Tausendundeiner Nacht vor dem riesigen Antlitz irgendeines bösen Geistes. Er forderte das Schicksal heraus, und er kannte keine Furcht.
Er ging zur Kombüse. »Smutje, wenn du mit den Töpfen und Pfannen fertig bist, wirst du an Deck gebraucht. Halte dich also bereit.«
»Döspaddel«, sagte er, als er den faszinierten Blick bemerkte, mit dem ich ihn anstarrte, »das hier ist besser als Whiskey und etwas, das deinem Omar abgeht. Ich glaube, er hat doch nur zur Hälfte gelebt.«
Die westliche Himmelshälfte hatte sich inzwischen zugezogen. Die Sonne war immer blasser geworden und schließlich ganz verschwunden. Es war erst zwei Uhr nachmittags, aber ein gespenstisches Zwielicht, in dem es hier und da purpurn aufleuchtete, umfing uns. In diesem Licht glühte

auch Wolf Larsens Gesicht, und meine erregte Fantasie umgab ihn mit einem Heiligenschein. Wir lagen mitten in einer unirdischen Stille, während sich überall um uns herum die ominösen Vorzeichen des heraufziehenden Unwetters verdichteten. Die drückende Hitze war nicht mehr auszuhalten. Der Schweiß stand mir auf der Stirn, und ich spürte, wie er über die Nase herunterrann. Mir war, als würde ich ohnmächtig, und Halt suchend griff ich nach der Reling.

In diesem Moment strich ein kaum merkliches Lüftchen vorbei. Es kam aus dem Osten und war nur ein leises Flüstern. Die schlaffen Segel bewegten sich nicht, und doch hatte mein Gesicht den kühlen Luftzug gespürt.

»Smutje«, rief Wolf Larsen gedämpft. Thomas Mugridge drehte sich mit einem jämmerlichen und verängstigten Gesichtsausdruck um. »Wirf den Schonerbaum los, und sobald das Segel übergeht, holst du ordentlich wieder an. Und wenn du die Leinen durcheinanderbringst, ist das das letzte Kuddelmuddel deines Lebens. Verstanden?«

»Mr. van Weyden, halten Sie sich bereit, die Vorschoten zu bedienen. Dann ran an die Toppsegel, und machen Sie sie klar, so schnell Sie können – je flinker Sie sind, desto leichter geht's von der Hand. Und wenn Smutje pennt, geben Sie ihm eins zwischen die Augen.«

Ich hatte das Kompliment mitbekommen und freute mich, dass die Anweisungen bei mir nicht von einer Drohung begleitet wurden. Wir lagen mit dem Bug nach Nordwesten, und seine Absicht war es, mit dem ersten Windstoß zu halsen.

»Wir kriegen einen Vierungswind«, erklärte er mir. »Nach den letzten Schüssen zu urteilen, sind die Boote in leicht südwestlicher Richtung zu finden.«

Er machte kehrt und ging nach hinten ans Ruder. Ich lief nach vorn und nahm meinen Platz an der Fock ein. Ein zweiter Windhauch und direkt danach noch einer strichen vorbei. Das Segeltuch flappte träge.

»Gott sei Dank kommt nicht alles auf einmal, Mr. van Weyden«, stieß der Cockney erleichtert hervor.

Auch ich war dankbar, denn ich hatte inzwischen genug gelernt, um zu wissen, welches Unheil in diesem Fall über ein Schiff unter Vollzeug hereinbrechen würde. Aus dem leisen Flüstern wurden Windstöße, die Segel blähten sich, und die *Ghost* geriet in Bewegung. Wolf Larsen legte das Ruder hart an Backbord, und wir begannen uns zu drehen. Der Wind kam nun direkt von achtern, immer stärker auffrischend, und meine Vorsegel flatterten kräftig. Ich konnte nicht sehen, was anderswo vor sich ging, doch ich spürte das heftige Schlingern und Krängen des Schoners, als der Winddruck wechselte und das Schoner- und Großsegel umschwenkte. Ich hatte mit dem Außenklüver, der Fock und dem Stagsegel alle Hände voll zu tun. Und als ich diesen Teil meiner Aufgabe erledigt hatte, schoss die *Ghost* bereits vor dem Vierungswind nach Südwesten, und sämtliche Segel standen auf dem anderen Bug. Ohne Atem zu schöpfen und obgleich mein Herz vor Anstrengung wie ein Schmiedehammer raste, sprang ich zu den Toppsegeln, und bevor der Wind zu stark geworden war, hatten wir sie ordentlich gesetzt und rollten die Taue zusammen. Danach ging ich nach achtern, um neue Befehle entgegenzunehmen.

Wolf Larsen nickte anerkennend und übergab mir das Ruder. Der Wind nahm ständig an Stärke zu, und die See wurde bewegter. Eine Stunde lang steuerte ich, was mit jedem Augenblick schwieriger wurde. Ich war noch nicht erfahren genug, um bei unserem Tempo und bei Backstagwind Kurs zu halten.

»Nun mit dem Fernglas nach oben und versuch, einige unserer Boote zu entdecken. Wir haben bestimmt zehn Knoten gemacht und liegen im Augenblick bei zwölf oder dreizehn. Das alte Mädchen weiß, wie man vorankommt.«

Ich begnügte mich mit der unteren Saling, etwa fünfundzwanzig Meter über Deck. Während ich die leere Wasseroberfläche absuchte, begriff ich, dass Eile nottat, wenn wir noch irgendjemanden bergen wollten. Beim Blick auf die aufgewühlte See, durch die wir dahinjagten, stiegen in mir Zweifel auf, ob da draußen überhaupt noch Boote schwammen. Es schien unmöglich, dass derart zerbrechliche Fahrzeuge einem solchen Ansturm von Wind und Wellen standhalten konnten.

Die volle Stärke des Windes wurde nicht spürbar, denn wir bewegten uns mit ihm, aber von meinem luftigen Ausguck aus blickte ich auf die *Ghost* herab, als befände ich mich nicht mehr an Bord, und sah ihre Umrisse, die sich scharf gegen die schäumende See abzeichneten, während sie wie ein lebendiges Tier vorwärtshetzte. Manchmal hob sie sich aus dem Wasser und durchschnitt eine mächtige Woge, die ihre Steuerbordreling verschluckte und ihr Deck bis zu den Luken unter dem Gebrodel des Ozeans verschwinden ließ. In solchen Momenten, wenn das Schiff nach Luv krängte, wurde ich in schwindelerregendem Tempo durch die Luft gewirbelt, als ob ich mich am Ende eines riesigen kopfstehenden Pendels befände, das in größeren Wellentälern über zwanzig Meter weit ausschlug. Einmal übermannte mich die Angst vor dieser wirbelnden Drehung, und eine Weile klammerte ich mich mit Händen und Füßen fest, hilflos zitternd und außerstande, die See weiter nach den vermissten Booten abzusuchen oder etwas anderes wahrzunehmen als den Hexenkessel unter mir, der die *Ghost* zu verschlingen suchte.

Aber der Gedanke an die Männer da draußen gab mir neue Kraft, und über der Suche nach ihnen vergaß ich mich selbst. Mehr als eine Stunde lang sah ich nichts als die leere, trostlose See. Plötzlich aber erblickte ich dort, wo ein umherirrender Lichtstrahl aufs Meer fiel und seine Oberfläche in aufgewühltes Silber verwandelte, einen winzigen schwarzen Fleck, der für einen kurzen Moment himmelwärts geschleudert und dann wieder verschluckt wurde. Geduldig wartete ich. Und wieder hob sich der kleine dunkle Punkt backbord voraus gegen das zornige Leuchten ab. Ich versuchte erst gar nicht zu rufen, sondern teilte Wolf Larsen die Neuigkeit gestikulierend mit. Er änderte den Kurs, und ich gab ein Zeichen, als sich der Fleck genau vor uns zeigte.

Er wurde größer, und zwar so schnell, dass ich zum ersten Mal eine Vorstellung von unserem Tempo bekam. Wolf Larsen winkte mich herunter, und als ich neben ihm am Ruder stand, gab er mir Anweisungen fürs Beidrehen.

»Gleich bricht die Hölle los«, warnte er mich, »aber kümmere dich nicht darum. Tu deine Arbeit und sorge dafür, dass Smutje an der Fockschot bleibt.«

Mir gelang es, mich nach vorn durchzukämpfen, obwohl es keinen Unterschied machte, auf welcher Seite man ging, da die Luvreling ebenso oft untertauchte wie die Reling an Lee. Nachdem ich Thomas Mugridge instruiert hatte, kletterte ich mühsam ein Stück weit in die Takelage. Das Boot war jetzt ganz nah, und ich konnte deutlich ausmachen, dass es frontal zu Wind und Wellen trieb und an Mast und Segel zerrte, die man als Treibanker über Bord geworfen hatte. Die drei Männer schöpften. Jeder heranrollende Wellenberg entzog sie den Blicken, und ich wartete mit einer krankmachenden Ungeduld, weil ich fürchtete, sie würden niemals wieder auftauchen. Dann wieder schoss das Boot urplötzlich durch den schäumenden Wellenkamm, den Bug gen Himmel gerichtet und seinen ganzen schwarz glänzenden Boden entblößend, bis es senkrecht in der Luft zu stehen schien. Für einen kurzen Moment konnte man die drei Männer in panischer Hast schöpfen sehen, bevor das Boot vornüber kippte und in das gähnende Tal stürzte, wobei es wiederum fast senkrecht stand und nun sein gesamtes Inneres darbot. Und jedes Mal war es ein Wunder, dass es wieder auftauchte.

Plötzlich änderte die *Ghost* ihren Kurs und drehte ab, und der schockierende Gedanke durchzuckte mich, dass Wolf Larsen die Bergung für unmöglich hielt und aufgegeben hatte. Doch dann wurde mir klar, dass er versuchte beizudrehen, und ich sprang zurück aufs Deck, um bereit zu sein. Der Wind kam nun genau von hinten, das Boot war weit entfernt und mit uns auf gleicher Höhe. Ich spürte, wie sich der Schoner schlagartig beruhigte, wie das Arbeiten des Schiffskörpers einen Augenblick lang fast ganz aufhörte und er gleichzeitig zügig Fahrt aufnahm. Die *Ghost* drehte sich um ihre eigene Achse.

Als sie querab zum Seegang lag, packte uns der Wind (den wir bislang im Rücken gehabt hatten) mit voller Wucht. Ahnungslos, wie ich war, bot ich ihm meine volle Körperfläche. Er erdrückte mich wie eine Wand und füllte meine Lungen mit Luft, die ich nicht wieder herauspressen konnte. Während ich mit dem Ersticken kämpfte und die *Ghost* für einen Moment schlingerte und sich, ihre Breitseite zum Wind, krängend herumwälzte, sah ich eine riesige Welle hoch über mir. Ich drehte mich weg, holte tief

Luft und sah wieder hin. Die Welle überragte die *Ghost*, und ich starrte nach oben direkt in sie hinein. Ein Sonnenstrahl fuhr über den sich kräuselnden Kamm, und für Augenblicke sah ich sein durchscheinendes, niederstürzendes Grün vor dem Hintergrund einer milchigen Gischtwolke. Dann prasselte es herab, die Hölle brach los, und alles passierte auf einmal. Ich erhielt einen wuchtigen, betäubenden Schlag, der mich an keiner bestimmten Stelle und doch überall zugleich traf. Ich konnte mich nicht festhalten, befand mich unter Wasser, und der Gedanke blitzte auf, dass ich jetzt genau wie in den schrecklichen Erzählungen von Bord gespült würde. Mein herumgeschleuderter Körper erhielt Stöße und Schläge, während ich mich hilflos überschlug, und als ich die Luft nicht länger anhalten konnte, atmete ich das stechende Salzwasser ein. Die ganze Zeit aber klammerte ich mich an den einen Gedanken: »*Du musst die Fock nach Luv umlegen.*« Ich hatte keine Angst vor dem Tod. Zweifellos würde ich durchkommen. Und während diese Vorstellung, Wolf Larsens Befehl ausführen zu müssen, sich hartnäckig in meinem benommenen Hirn behauptete, glaubte ich ihn inmitten dieses Tumults am Ruder stehen zu sehen, seinen Willen mit dem des Sturmes messend und ihm trotzig die Stirn bietend.

Ich schlug heftig gegen etwas, das ich für die Reling hielt, und bekam wieder Luft in die Lungen. Als ich aufzustehen versuchte, stieß ich mir jedoch den Kopf und landete erneut auf Händen und Füßen. Durch eine Laune der Strömung war ich direkt in die Spitze der Back und zwischen die Klüsen gespült worden. Wie ich auf allen vieren herauskroch, stieß ich auf Thomas Mugridge, der sich wimmernd am Boden krümmte. Für eine genaue Untersuchung war jedoch keine Zeit. Ich musste die Fock umlegen.

An Deck schien sich ein Weltuntergang abzuspielen. Um mich herum brach und barst Holz, Stahl und Leinwand. Die *Ghost* wurde zerlegt und in Stücke gerissen. Das Schonersegel und das vordere Toppsegel, die durch unser Manöver aus dem Wind genommen und von niemandem rechtzeitig geborgen worden waren, gingen in Fetzen, und der schwere Mastbaum schlug von einer Reling zur anderen und zersplitterte. Die Luft war voller fliegender Wrackteile; abgerissene Seile und Stagen zischten und tanzten wie Schlangen, und auf das alles krachte mit einem Mal die Gaffel des Schonersegels herunter.

Das Rundholz konnte mich nur um wenige Zentimeter verfehlt haben, aber es spornte mich zum Handeln an. Vielleicht gab es doch noch eine Rettung. Ich erinnerte mich an die Warnung Wolf Larsens. Er hatte ein Höllenspektakel erwartet, und es hatte stattgefunden. Wo aber steckte er? Ich bekam mit, wie er sich an der Großschot abschuftete und sie mit seiner ungeheuren Muskelkraft anholte, während sich das Heck des Schiffes hoch in die Luft hob und seine Gestalt sich gegen das Weiß einer vorbeischäumenden Sturzsee abzeichnete. All das und noch vieles mehr – eine ganze Welt des Chaos und des Ruins – hatte ich in kaum fünfzehn Sekunden mit Augen und Ohren registriert und geistig erfasst.

Ich versuchte nicht herauszufinden, was aus dem kleinen Boot geworden war, sondern sprang sofort zum Focksegel. Die Fock selbst begann hin und her zu schlagen, wobei sie sich unter lautem Knallen teilweise blähte und wieder zusammenfiel. Aber unter Aufbietung all meiner Kräfte gelang es mir schließlich doch noch, das Segel backzusetzen. Und eines weiß ich: Ich gab mein Bestes. Ich zog, dass mir alle Fingerkuppen aufplatzten, und noch während ich mich mühte, zerfetzte es donnernd den Außenklüver und das Stagsegel.

Aber ich holte weiter an und sicherte das Stückchen, das ich jeweils schaffte, mit einer doppelten Seilwindung, bis die Schot beim nächsten Schlagen abermals nachgab. Schließlich ging es leichter, und Wolf Larsen nahm mir den Rest ab, während ich mich um die Lose kümmerte.

»Mach fest!«, rief er. »Und komm!«

Als ich ihm folgte, fiel mir auf, dass auf dem Trümmerfeld doch noch eine grobe Ordnung herrschte. Die *Ghost* hatte beigedreht. Sie war immer noch manövrierfähig und seetüchtig. Die restlichen Segel hatte es weggerissen, aber die nach Luv übergegangene Fock und das niedergeholte Großsegel hielten und konnten den Bug des Schiffes leicht gegen die wütende See ausrichten.

Ich suchte das Boot, und während Wolf Larsen die Bootstaljen klarmachte, entdeckte ich es in Lee, von einer riesigen Welle emporgehoben und keine zehn Meter von uns entfernt. Er hatte alles so genau berechnet, dass wir direkt darauf zutrieben und nichts weiter zu tun blieb, als die Taljen an beiden Enden einzuhaken und es an Bord zu hieven. Was sich leicht hinschreibt, aber schwierig auszuführen war.

Kerfoot saß im Bug, Oofty-Oofty im Heck und Kelly mittschiffs. Als wir näherkamen, wurde das Boot von einer Welle emporgehoben, während wir in das Wellental sanken, bis ich die Köpfe der beiden Männer beinahe direkt über mir sah, die ihren Hals über den Bootsrand reckten und zu uns hinabblickten. Im nächsten Augenblick wurden wir dann hochgehoben und emporgewuchtet, während sie in die Tiefe sanken. Die nächste Welle, hätte man glauben mögen, würde die winzige Eierschale unter die *Ghost* geraten lassen.

Doch im richtigen Moment warf ich dem Kanaken die Talje zu, und Wolf Larsen machte vorn dasselbe mit Kerfoot. Beide Taljen waren im Handumdrehen eingehakt, und die drei Männer passten geschickt die nächste Welle ab und sprangen mit einem Satz an Bord. Als die *Ghost* aus dem Wasser krängte, wurde das Boot eng an den Schiffsrumpf gedrängt, und noch bevor die Gegenbewegung einsetzte, hatten wir es an Bord gehievt und kieloben auf dem Deck abgesetzt. Ich bemerkte, dass Kerfoots linke Hand stark blutete. Irgendwie war sein Mittelfinger zu Brei zerquetscht worden. Aber er ließ keinen Schmerz erkennen, sondern half uns mit seiner unversehrten rechten Hand, das Boot an seinem Platz festzuzurren.

»Oofty, halt dich bereit, die Fock umzulegen!«, befahl Wolf Larsen, kaum dass wir mit dem Boot fertig waren. »Kelly, komm mit nach hinten und fier die Großschot auf! Du, Kerfoot, gehst nach vorn und siehst nach, was Smutje macht. Und Sie, Mr. van Weyden, entern wieder auf und schneiden unterwegs das zerrissene Zeug weg!«

Nach diesen Anweisungen eilte er mit seinen eigenartigen Tigersprüngen nach hinten ans Ruder. Während ich mich die Fockwanten hinaufkämpfte, drehte sich die *Ghost* langsam wieder in den Wind. Als wir jedoch diesmal in das Gebläse gerieten und überflutet wurden, konnten keine Segel mehr weggerissen werden. Auf halbem Weg zur Saling wurde ich von der vollen Kraft des Windes flach ans Takelwerk gepresst, sodass ich unmöglich hätte fallen können. Die *Ghost* befand sich in extremer Schräglage, und ihre Masten standen parallel zum Wasser, sodass ich nicht auf das Deck hinuntersah, sondern es waagerecht neben mir hatte. Aber da war kein Deck, denn eine wilde Sturzflut hatte es meinen Blicken entzogen. Nur die zwei Masten ragten aus dem Wasser, mehr nicht. Für einen Moment war die *Ghost* unter der See begraben. Aber als sie mehr und mehr abdrehte und so dem Seitendruck entkam, richtete sie sich wieder auf, und ihr Deck stieß wie der Rücken eines Wals durch die Oberfläche des Ozeans.

Dann schossen wir über die wilde See, während ich wie eine Fliege an der Saling hing und nach den übrigen Booten Ausschau hielt. Nach einer halben Stunde erblickte ich Nummer zwei, vollgelaufen und kieloben treibend, und Jock Horner, der dicke Louis und Johnson klammerten sich verzweifelt daran fest. Diesmal blieb ich, wo ich war, und Wolf Larsen gelang es beizudrehen, ohne dass wir in eine Sturzsee gerieten. Wie beim ersten Mal ließen wir uns auf das Boot zutreiben. Taljen wurden festgemacht und den Männern Seile zugeworfen, an denen sie wie Affen an Bord kletterten. Das Boot selbst zerschellte beim Bergungsversuch an der Schiffswand. Aber das Wrack wurde dennoch sicher vertäut, denn es konnte ausgebessert und wieder flottgemacht werden.

Wieder wurde die *Ghost* vom Sturm unter Wasser gedrückt und tauchte diesmal so tief ein, dass ich sekundenlang dachte, sie würde nie wieder zum Vorschein kommen. Sogar das Steuerrad, das sich ein ganzes Stück über dem Mitteldeck befand, wurde wieder und wieder überspült. In solchen Momenten fühlte ich mich seltsam allein mit Gott, allein mit ihm und dem Chaos seines Zorns. Aber dann tauchte das Ruder wieder auf und mit ihm Wolf Larsens breite Schultern, während seine Hände die Spaken umklammerten und den Schoner auf Kurs hielten; er selbst war ein irdischer Gott, der den Sturm bezwang, das herabstürzende Wasser abschüttelte und sich Wind und Wellen untertan machte. Und was für ein Wunder! Was für ein Wunder! Dass winzige Menschenwesen hier leben, atmen und arbeiten und eine so zerbrechliche Konstruktion aus Holz und

Segeltuch heil durch das ungeheure Toben der Elemente lenken konnten! Wie zuvor schwang die *Ghost* herum, reckte ihr Deck erneut aus der See und eilte vor dem heulenden Sturm dahin. Inzwischen war es halb sechs, und eine halbe Stunde später, als der Tag in trübem und flackerndem Zwielicht endete, sichtete ich ein drittes Boot. Es trieb kieloben, und von seiner Mannschaft fehlte jede Spur. Wolf Larsen wiederholte sein Manöver, indem er verlangsamte, in Luv abdrehte und sich auf das Boot zutreiben ließ. Aber diesmal verfehlte er es um etwa fünfzehn Meter, und das Boot driftete achteraus an uns vorbei.

»Boot Nummer vier!«, schrie Oofty-Oofty, der die Zahl mit seinen Adleraugen in der einen Sekunde las, als sie kopfstehend aus der Gischt auftauchte.

Es war Hendersons Boot, und mit ihm hatten wir Holyoak und Williams, einen unserer Hochseematrosen, verloren. Die Männer waren zweifellos ertrunken, aber das Boot war noch da, und Wolf Larsen unternahm einen weiteren waghalsigen Versuch, um es zu bergen. Ich war an Deck hinuntergestiegen und sah, wie Horner und Kerfoot vergebens dagegen protestierten.

»Bei Gott, ich werde mir von keinem Sturm, den die Hölle losgelassen hat, eines meiner Boote wegnehmen lassen!«, brüllte er, und obwohl wir vier die Köpfe zusammengesteckt hatten, um besser verstehen zu können, klang seine Stimme schwach und dünn, als käme sie aus weiter Ferne.

»Mr. van Weyden!«, schrie er durch das Getöse, und die Worte erreichten mich als leises Flüstern. »Halten Sie sich mit Johnson und Oofty an der Fock bereit! Der Rest sieht zu, dass er nach hinten an die Großschot kommt! Und zwar etwas plötzlich! Oder ich segle euch alle in die himmlische Herrlichkeit! Verstanden?«

Und als er dann das Steuer hart umlegte und der Bug der *Ghost* herumschwenkte, konnten die Jäger gar nicht umhin, zu gehorchen und das Beste aus der riskanten Situation zu machen. Wie groß dieses Risiko war, begriff ich erst, als die aufgewühlte See erneut über mir zusammenschlug und ich mich unten an der Nagelbank des Fockmastes festklammerte wie am lieben Leben. Doch meine Finger wurden losgerissen, ich driftete seitlings ab und wurde über Bord gespült. Ich konnte nicht schwimmen, doch bevor ich untersank, schleuderte mich die See auch schon zurück. Eine starke Hand hielt mich fest, und als die *Ghost* schließlich auftauchte, wurde mir klar, dass ich Johnson mein Leben verdankte. Er blickte sich besorgt um, und ich bemerkte, dass Kelly, der im letzten Moment nach vorn gekommen war, fehlte.

Da wir uns nach dem gescheiterten Bergungsversuch in einer anderen Position als sonst befanden, war Wolf Larsen gezwungen, auch anders zu manövrieren. Zunächst lief er mit allen Segeln über Steuerbord vor dem Wind, stoppte dann auf und kam hart am Wind mit Backbordhalsen zurück.

»Großartig!«, schrie Johnson mir ins Ohr, nachdem wir die dieses Manöver begleitende Sintflut überstanden hatten, und ich wusste, er meinte damit nicht Wolf Larsens Seemannskünste, sondern das Verhalten der *Ghost* selbst.

Es war mittlerweile so dunkel geworden, dass das Boot nicht mehr auszumachen war. Wolf Larsen aber steuerte wie von einem unfehlbaren Instinkt geleitet durch das fürchterliche Unwetter. Obwohl das Schiff nach wie vor ständig überflutet wurde, gerieten wir diesmal zumindest nicht in ein Wellental und trieben genau auf das gekenterte Boot zu, das beim Einholen arg ramponiert wurde.

Dann folgten zwei Stunden der Schinderei, in denen wir alle zusammen – zwei Jäger, drei Matrosen, Wolf Larsen und ich – nacheinander Fock- und Großsegel refften. Unter der nur noch spärlichen Beseglung drehte das Schiff bei, und unsere Decks wurden nur noch selten überspült, während die *Ghost* auf den Brechern wie ein Korken auf und nieder tanzte.

Ich hatte mir gleich zu Beginn die Fingerkuppen aufgerissen, und beim Reffen waren mir vor Schmerz Tränen über die Wangen gelaufen. Als aber alles vorüber war, ließ ich mich wie eine Frau gehen und in qualvoller Erschöpfung aufs Deck fallen.

Unterdessen zog man Thomas Mugridge wie eine abgesoffene Ratte aus der Backspitze, wo er sich feige verkrochen hatte. Ich sah, wie er nach achtern zur Kajüte geschleppt wurde, und bemerkte zu meiner Überraschung, dass die Kombüse verschwunden war. Nur ein leeres Stück Deck bezeugte, wo sie gestanden hatte.

In der Kajüte waren alle versammelt, einschließlich der Matrosen, und während auf dem kleinen Ofen Kaffee gekocht wurde, tranken wir Whiskey und kauten Schiffszwieback. Nie in meinem Leben war ich für Essbares so dankbar gewesen. Und noch nie hatte heißer Kaffee so gut geschmeckt. Die *Ghost* stampfte und schlingerte so stark, dass sich selbst die Matrosen ständig irgendwo festhalten mussten, und mehrere Male rief jemand: »Jetzt erwischt sie's!« Und wir wurden auf der Wand der Backbordkabinen durcheinandergewürfelt, als wäre sie das Deck.

»Zum Teufel mit dem Ausguck«, hörte ich Wolf Larsen sagen, nachdem wir gegessen und einen ordentlichen Schluck genommen hatten. »Auf Deck ist nichts weiter zu tun. Wenn uns etwas rammen sollte, können wir ihm ohnehin nicht ausweichen. Also alle Mann in die Kojen und nehmt eine ordentliche Prise Schlaf.«

Die Matrosen gingen nach vorn und zündeten unterwegs die Seitenlichter an, während die beiden Jäger zum Schlafen in der Kajüte blieben, da es nicht sehr ratsam schien, das Niedergangsluk zum Zwischendeck zu öffnen. Wolf Larsen und ich schnitten gemeinsam Kerfoots zerquetschten Finger ab und vernähten den Stumpf. Mugridge, der die ganze Zeit über dazu verdonnert gewesen war, Kaffee zu kochen, uns zu bedienen und das Feuer in Gang zu halten, und der dabei über Schmerzen im Brustraum geklagt hatte, schwor nun, dass ein oder zwei Rippen gebrochen seien. Bei einer Untersuchung stellten wir fest, dass es drei waren. Aber die Behandlung wurde auf den nächsten Tag verschoben, hauptsächlich deswegen, weil ich nichts über Rippenbrüche wusste und mir die Dinge erst anlesen musste.

»Ich glaube nicht, dass es die Sache wert war«, sagte ich zu Wolf Larsen, »ein kaputtes Boot für Kellys Leben.«

»Aber Kelly war auch nicht viel wert«, lautete die Antwort. »Gute Nacht.«

Nach all dem, was geschehen war, mit den unerträglichen Schmerzen in den Fingerkuppen und drei vermissten Booten, von den wilden Bocksprüngen, die die *Ghost* vollführte, ganz zu schweigen, war eigentlich an Schlaf nicht zu denken. Aber meine Augen müssen in dem Moment zugefallen sein, als mein Kopf das Kissen berührte, und völlig erschöpft schlief ich die ganze Nacht, während die *Ghost* sich einsam und führerlos durch den Sturm kämpfte.

# 18. KAPITEL

Am nächsten Tag, während sich der Sturm austobte, paukten Wolf Larsen und ich Anatomie und Chirurgie und bogen Mugridges Rippen wieder hin. Als die Windstärke dann nachgelassen hatte, kreuzte Wolf Larsen auf dem Teil des Ozeans hin und her, wo wir in das Unwetter hineingeraten waren, und auch etwas weiter westlich davon, während die Boote repariert und neue Segel angefertigt und angereiht wurden. Ein Robbenfänger nach dem anderen kam in Sicht, und wir gingen jeweils an Bord, da die meisten sich auf der Suche nach vermissten Booten befanden und selbst fremde Boote und Besatzungsmitglieder geborgen und aufgenommen hatten. Der Großteil der Flotte hatte sich westlich von uns befunden, und die weit verstreuten Boote hatten in panischer Flucht den nächstbesten Schoner angesteuert, der Schutz gewährte.

Zwei unserer Boote mitsamt ihrer Mannschaft übernahmen wir von der Cisco, und zu Wolf Larsens großer Freude und meinem Kummer sammelte er auch Smoke, Nilson und Leach auf der San Diego ein. Somit hatten wir nach fünf Tagen insgesamt nur vier Mann verloren – Henderson, Holyoak, Williams und Kelly – und jagten wieder an der Flanke der Herde.

Ihr nach Norden folgend, trafen wir auf die gefürchteten Seenebel. Tag für Tag wurden die Boote ausgesetzt und waren beinahe schon im Dunst verschwunden, bevor sie noch das Wasser berührten, während wir an Bord in regelmäßigen Abständen das Horn ertönen ließen und alle fünfzehn Minuten die Signalkanone abfeuerten. Ständig gingen Boote verloren und wurden wiedergefunden, wobei es üblich war, dass ein Boot mit einer entsprechenden Gewinnbeteiligung auf dem Schiff mitjagte, das es aufgelesen hatte, bis der eigene Schoner seine Leute wieder aufnahm. Wolf Larsen aber griff, wie bei ihm nicht anders zu erwarten, das erste verirrte Boot auf, zwang dessen Mannschaft, mit der *Ghost* zu jagen, und erlaubte es den Männern nicht, zu ihrem eigenen Schiff zurückzukehren, als wir es sichteten. Ich erinnere mich, wie er dem Jäger und den beiden Matrosen das Gewehr vor die Brust hielt und sie nach unten drängte, während der Kapitän des anderen Schiffes keinen Steinwurf entfernt an uns vorbeisegelte und uns anrief.

Thomas Mugridge, der sich so sonderbar zäh ans Leben klammerte, humpelte schon bald wieder umher und erfüllte seine doppelten Pflichten als Koch und Steward. Johnson und Leach wurden wie zuvor schikaniert und geschlagen und erwarteten, dass es mit dem Ende der Jagdsaison auch mit ihnen aus sein würde, während der Rest der Mannschaft ein Hundeleben führte und die Leute von ihrem erbarmungslosen Herrn auch wie Köter behandelt wurden. Was Wolf Larsen und mich betrifft, so kamen wir ziemlich gut miteinander aus, obwohl ich mich nie ganz von dem Gedanken freimachen konnte, dass ich recht handeln würde, wenn ich ihn umbrachte. Ich war von ihm über alle Maßen fasziniert, und ich fürchtete ihn nicht weniger. Und doch konnte ich ihn mir nicht als hingestreckten Leichnam vorstellen. Er besaß etwas Unverwüstliches, eine Art ewige Jugend, die sich vor dieses Bild schob und es auslöschte. Vor meinem inneren Auge war er unsterblich, der geborene Sieger, der kämpfte und zerstörte und dabei stets mit heiler Haut davonkam.

Wenn wir uns mitten in der Herde befanden und die See zu rau war, um die Boote auszusetzen, vertrieb er sich die Zeit damit, selbst in ein Boot zu steigen und mit zwei Ruderern und einem Steuermann loszufahren. Er war ein guter Schütze und brachte unter Wetterbedingungen, die die Jäger als unmöglich bezeichneten, viele Felle an Bord. Sein Leben in eigenen Händen zu halten und gegen ungeheure Widerstände anzukämpfen, das schien er zu brauchen wie die Luft zum Atmen.

Das Seemannshandwerk lernte ich immer besser. Und an einem klaren Tag, wie wir ihn nur noch selten erlebten, hatte ich die Genugtuung, die *Ghost* alleine zu führen und auch die Boote einzusammeln. Wolf Larsen litt wieder einmal unter seinen Kopfschmerzen, und ich stand den ganzen Tag am Ruder, segelte hinter dem letzten Leeboot her, drehte dann bei und nahm es ebenso wie die anderen fünf Boote an Bord, ohne einen Befehl oder Hinweis von ihm zu erhalten.

Hin und wieder gerieten wir in Stürme, denn wir befanden uns in einer rauen, windigen Gegend, und Mitte Juni brach ein Taifun über uns herein, der meine Zukunft veränderte und für mich deshalb unvergesslich und überaus bedeutsam wurde. Wir müssen uns ziemlich im Zentrum des Wirbelsturms befunden haben, und Wolf Larsen versuchte, nach Süden zu entkommen, zuerst mit doppelt gerefftem Focksegel und am Ende vor Topp und Takel. Nie hätte ich mir einen so gewaltigen Seegang vorstellen können. Wie leises Gekräusel erschienen mir die Wellen, denen wir vorher begegnet waren, gegenüber diesen Kaventsmännern, die sich von Wellenkamm zu Wellenkamm über eine halbe Meile erstreckten und, dessen bin ich sicher, unseren Mastbaum weit überragten. Die See war so aufgepeitscht, dass selbst Wolf Larsen nicht beizudrehen wagte, obwohl er weit nach Süden abgetrieben und von der Robbenherde getrennt wurde. Wir mussten uns schon zwischen den Routen der Transpazifikdampfer befinden, als der Taifun sich legte und wir uns zur Überraschung der Jäger von Robben umringt sahen – eine zweite Herde oder eine Art Nachhut, wie sie erklärten, eine ganz ungewöhnliche Sache. Doch dann hieß es »Boote zu Wasser!«, und der ganze lange Tag war angefüllt von Gewehrschüssen und einem erbarmungswürdigen Hinschlachten.

Damals kam Leach zu mir. Ich hatte soeben die Felle des zuletzt an Bord genommenen Bootes durchgezählt, als er sich in der Dunkelheit neben mich stellte und mit leiser Stimme flüsterte:

»Können Sie mir sagen, Mr. van Weyden, wie weit wir von der Küste entfernt sind und in welcher Richtung Yokohama liegt?«

Mein Herz machte einen Freudensprung, denn ich wusste, was er vorhatte, und ich gab ihm die genaue Peilung – Westnordwest und fünfhundert Meilen entfernt.

»Vielen Dank, Sir«, war alles, was er sagte, als er in der Dunkelheit verschwand.

Am nächsten Morgen fehlten Boot Nummer drei, Johnson und Leach. Die Wasserfässchen und Proviantkisten sämtlicher anderen Boote waren ebenfalls verschwunden wie auch das Bettzeug und die Seesäcke der beiden Männer. Wolf Larsen tobte. Er ließ Segel setzen und nahm Kurs in

Richtung Westnordwest, während zwei Jäger vom Masttopp mit ihren Gläsern das Meer absuchten und er wie ein wütender Löwe an Deck hin und her lief. Er kannte meine Sympathie für die Ausreißer viel zu gut, um mich als Ausguck nach oben zu schicken.

Der Wind war günstig, aber unbeständig, und der Versuch, das winzige Boot in der blauen Unendlichkeit aufzutreiben, glich der Suche nach einer Nadel im Heuhaufen. Aber er holte alles aus der *Ghost* heraus, um zwischen die Flüchtenden und das Festland zu gelangen. Nachdem er dies erreicht hatte, kreuzte er in dem Gebiet, durch das ihr Kurs sie führen musste.

Am Morgen des dritten Tages, kurz nach acht Glasen, rief Smoke vom Ausguck, dass er das Boot gesichtet habe. Alle Männer versammelten sich an der Reling. Von Westen her wehte eine steife Brise, die noch stärkeren Wind versprach. Und dort, in Lee, im flirrenden Silber der aufgehenden Sonne, konnte man einen schwarzen Fleck auftauchen und wieder verschwinden sehen.

Wir änderten den Kurs und hielten auf ihn zu. Mein Herz war bleischwer. Ich spürte, wie mir schon im Vorhinein schlecht wurde. Und als ich das triumphierende Leuchten in Wolf Larsens Augen sah, verschwamm seine Gestalt vor mir, und ich spürte einen nahezu unwiderstehlichen Zwang, mich auf ihn zu stürzen. Der Gedanke an die rohe Gewalt, die Leach und Johnson erwartete, raubte mir die letzten Nerven und den Verstand. Ich weiß nur noch, dass ich wie benommen nach unten ins Zwischendeck schlich und dass ich mich gerade mit einer geladenen Flinte auf dem Weg nach oben befand, als ich den erstaunten Ausruf hörte:

»Da sind ja fünf Mann im Boot!«

Ich hielt mich schwach und zitternd am Niedergang fest, während die Beobachtung durch andere Bemerkungen bestätigt wurde. Dann gaben meine Knie nach, und ich sank zu Boden, wieder ich selbst, jedoch überwältigt vom Erschrecken über die beinahe begangene Tat. Außerdem spürte ich ein Gefühl großer Dankbarkeit, als ich das Gewehr weglegte und zurück an Deck schlüpfte.

Niemand hatte meine Abwesenheit bemerkt. Wir waren nun nahe genug, um festzustellen, dass das Gefährt größer als jedes Robbenboot und auch anders gebaut war. Als die Entfernung noch weiter schrumpfte, wurde das Segel eingeholt und der Mast flachgelegt. Die Ruder wurden ins Boot gezogen, und die Insassen warteten, dass wir beidrehten und sie an Bord nahmen.

Smoke, der herabgestiegen war und nun neben mir stand, begann vielsagend zu kichern. Ich sah ihn fragend an.

»Da haben wir uns ja was Schönes eingehandelt!«, flachste er.

»Was ist denn los?«, wollte ich wissen.

Wieder musste er lachen.

»Sehen Sie denn nicht, dort unter dem Heckschot, am Boden. Ich will nie wieder eine Robbe vor die Flinte kriegen, wenn das keine Frau ist!«

Ich sah genauer hin, war mir aber nicht sicher, bis von allen Seiten das Geschrei losging. Im Boot waren vier Männer, und das fünfte Besatzungsmitglied war zweifellos eine Frau. Wir waren alle ganz außer uns, bis auf Wolf Larsen, dem die Enttäuschung allzu deutlich anzusehen war, dass es sich nicht um sein Boot mit den beiden Opfern seiner Rachsucht handelte.

Wir refften den Außenklüver, ließen die Fock nach Luv übergehen, holten das Großsegel an und gingen in den Wind. Die Ruder tauchten ins Wasser, und nach wenigen Schlägen lag das Boot längsseits. Erst jetzt konnte ich einen genaueren Blick auf die Frau werfen. Sie war in einen langen Ulstermantel gehüllt, denn der Morgen war frisch. So konnte ich nichts weiter sehen als ihr Gesicht und einen Schwall hellbrauner Haare, der unter der Seemannsmütze auf ihrem Kopf hervorquoll. Ihre Augen waren groß, braun und strahlten, sie hatte einen reizenden und gefühlvollen Mund, und ihr Gesicht selbst glich einem feinen Oval, obwohl die Sonne und der salzige Wind es scharlachrot gefärbt hatten.

Sie erschien mir wie ein Wesen aus einer anderen Welt. Ich spürte gieriges Verlangen – wie das eines Hungernden nach Brot. Immerhin hatte ich seit Wochen keine Frau mehr zu Gesicht bekommen. Ich weiß noch, dass ich in ein großes Staunen verfiel, beinahe in einen Stupor – dies also war eine Frau? –, sodass ich mich selbst und meine Pflichten als Maat vergaß und keinen Finger rührte, um den Neuankömmlingen an Bord zu helfen. Denn als einer der Matrosen sie in Wolf Larsens ausgestreckte Arme hob, sah sie in unsere neugierigen Gesichter und lächelte amüsiert und reizend, wie nur eine Frau lächeln kann und wie ich schon lange niemanden mehr hatte lächeln sehen. Dass es so etwas tatsächlich gab, war mir ganz entfallen.

»Mr. van Weyden!«

Wolf Larsens Stimme holte mich schlagartig in die Realität zurück.

»Würden Sie die Dame nach unten bringen und für ihre Bequemlichkeit sorgen? Richten Sie ihr die freie Backbordkabine her. Lassen Sie Smutje alles in Ordnung bringen. Und sehen Sie zu, was Sie für ihr Gesicht tun können. Es ist böse verbrannt.«

Er wandte sich brüsk von uns ab und begann, die Neuankömmlinge auszufragen. Das Boot war von Wind und Wellen abgetrieben worden, was einer von ihnen eine verfluchte Schande nannte, wo doch Yokohama so nahe läge.

Ich hatte auf sonderbare Weise Angst vor dieser Frau, die ich nach achtern geleitete. Und außerdem war ich verlegen. Mir schien es, als begriffe ich zum ersten Mal, was für ein zartes und zerbrechliches Wesen eine Frau doch ist. Und als ich ihren Arm ergriff, um ihr den Niedergang hinabzuhelfen, war ich überrascht, wie schmal und weich er war. Tatsächlich war sie nicht schwächlicher oder graziler als andere Frauen auch, aber sie kam mir so ätherisch und zart vor, dass ich schon fast meinte, ihr Arm würde meinem Griff nicht standhalten. Dies alles sage ich hier ganz frei heraus, um nach langer Entwöhnung meinen ersten Eindruck von Frauen im Allgemeinen und von Maud Brewster im Besonderen wiederzugeben.

»Machen Sie meinetwegen keine Umstände«, protestierte sie, als ich sie in Wolf Larsens Lehnstuhl setzte, den ich eiligst aus seiner Kabine herangeschafft hatte. »Die Männer erwarteten heute Morgen jeden Augenblick, Land zu sehen, und das Schiff müsste gegen Abend den Hafen erreichen, meinen Sie nicht auch?«

Ihr naiver Glaube an das unmittelbar Bevorstehende verblüffte mich. Wie konnte ich ihr die Situation begreiflich machen, diesen seltsamen Mann, der wie das Schicksal selbst die Meere unsicher machte, all das, was ich erst nach Monaten gelernt hatte? Doch ich antwortete aufrichtig:

»Unter jedem anderen Kapitän würde ich sagen, dass Sie morgen in Yokohama an Land gehen könnten. Aber unser Kapitän ist ein sehr eigenwilliger Mensch, und ich möchte Sie bitten, auf alles gefasst zu sein – Sie verstehen? –, wirklich auf alles.«

»Ich – ich muss zugeben, dass ich nicht ganz begreife«, sagte sie zögernd, mit verwirrtem, wenn auch nicht angstvollem Blick. »Oder handelt es sich um einen Irrtum meinerseits, dass Schiffbrüchigen jede erdenkliche Rücksichtnahme zuteil wird? Sehen Sie, es ist doch nur eine Kleinigkeit. Wir sind so nahe am Land.«

»Offen gesagt, ich kann es nicht absehen«, versuchte ich sie zu beruhigen. »Ich wollte sie nur auf das Schlimmste vorbereiten, wenn es denn wirklich eintreten sollte. Dieser Mensch, unser Kapitän, ist ein Tier, ein Dämon, und man kann nie wissen, welche Eskapaden ihm als Nächstes in den Sinn kommen.«

In mir wuchs die Erregung, aber sie unterbrach mich mit einem »Oh, ich verstehe«, und ihre Stimme klang müde. Das Nachdenken bereitete ihr sichtlich Mühe. Sie war ohne Zweifel am Rande des physischen Zusammenbruchs.

Sie stellte keine weiteren Fragen, und ich machte keine neuen Bemerkungen, sondern hielt mich streng an Wolf Larsens Befehl, es ihr bequem zu machen. Ich begann fast schon nach Hausfrauenart herumzuhantieren, besorgte eine lindernde Creme für ihren Sonnenbrand, durchwühlte Wolf Larsens private Vorräte nach der Flasche Port, die doch irgendwo stecken musste, und überwachte Thomas Mugridge beim Herrichten der freien Schlafkabine.

Der Wind frischte zügig auf, die *Ghost* krängte mehr und mehr, und als ihre Unterkunft bereit war, jagte das Schiff mit flottem Tempo durchs Wasser. Ich hatte die Existenz von Leach und Johnson beinahe vergessen, als plötzlich wie ein Donnerschlag »Boot in Sicht!« durch den offenen Niedergang tönte. Es war die unverwechselbare Stimme Smokes, die oben aus dem Ausguck kam. Ich warf einen kurzen Blick auf die Frau, aber sie hatte sich völlig erschöpft in den Sessel zurückgelehnt und hielt die Augen geschlossen. Ich bezweifelte, dass sie etwas gehört hatte, und beschloss, ihr den Anblick der Brutalität zu ersparen, die der Gefangennahme der Deserteure folgen musste. Sie war erschöpft. Nun gut. Sie sollte schlafen.

An Deck ertönten eilige Kommandos, Fußgetrappel und das Prasseln der Reffbändsel waren zu hören, als die *Ghost* durch den Wind auf den anderen Bug ging. Sobald die Segel dann wieder voll standen und sie überholte, begann der Sessel über den Kajütenboden zu rutschen, und ich sprang gerade noch rechtzeitig hinzu, um zu verhindern, dass die Gerettete hinausgeschleudert wurde.

Ihre Augen waren zu schwer und konnten die schläfrige Überraschung nur eben andeuten, als sie zu mir aufblickte. Sie stolperte und schwankte, während ich sie zu ihrer Kabine führte. Mugridge grinste mich vieldeutig an, aber ich schob ihn zur Tür hinaus und schickte ihn in die Kombüse an seine Arbeit zurück; er rächte sich, indem er den Jägern in den glühendsten Farben schilderte, wie vorzüglich ich mich doch zur Kammerzofe eigne.

Sie stützte sich mit ihrem ganzen Gewicht auf mich, und ich glaube, sie war auf dem Weg vom Lehnstuhl zur Kabine erneut eingeschlafen. Das aber ging mir erst auf, als sie bei einem plötzlichen Schlingern des Schiffs beinahe in die Koje stürzte. Sie wachte auf, lächelte schlaftrunken und war auch schon wieder weggetreten. Und so verließ ich sie, eingehüllt in zwei schwere Seemannsdecken und den Kopf auf ein Kissen gebettet, das ich aus Wolf Larsens Kabine entwendet hatte.

## 19. KAPITEL

Als ich an Deck kam, sah ich die *Ghost* über Steuerbordbug segeln und luvwärts auf ein vertrautes Sprietsegel zuhalten, das sich hart am Wind vor uns in die gleiche Richtung bewegte. Alle Mann standen an Deck, denn sie wussten, dass einiges bevorstand, wenn Leach und Johnson an Bord gezerrt wurden.

Es war vier Glasen. Louis kam nach hinten, um das Steuer zu übernehmen. Die Luft war feucht, und ich bemerkte, dass er sein Ölzeug trug.

»Was steht an?«, fragte ich ihn.

»Dem Lüftchen nach zu urteilen ein noch nicht ausgewachsener Sturm, Sir«, antwortete er, »mit ein paar Spritzern Regen, die gerade mal zum Kiemenbefeuchten reichen.«

»Schade, dass wir sie entdeckt haben«, sagte ich, als der Bug der *Ghost* von einer großen Welle einen Strich aus dem Kurs gedrückt wurde und das Boot für einen Moment hinter dem Klüver auftauchte und in unser Gesichtsfeld geriet.

Louis ließ eine Spake nach und suchte Zeit zu gewinnen. »Ich glaube, Sir, sie hätten es niemals bis zur Küste geschafft.«

»Meinst du?«, fragte ich zurück.

»Allerdings, Sir. Spüren Sie das?« (Ein Windstoß hatte den Schoner getroffen, und er musste das Rad schnell herumdrehen, um ihn am Wind zu halten.) »In einer Stunde hält sich bei dem Seegang keine Eierschale mehr über Wasser, und die beiden können von Glück reden, dass wir hier sind, um sie aufzufischen.«

Wolf Larsen kam von mittschiffs, wo er sich mit den Geretteten unterhalten hatte. Die katzenhafte Elastizität seiner Schritte war ein wenig ausgeprägter als sonst, und seine Augen strahlten lebhaft.

»Ein vierter Maschinist und drei Heizer«, sagte er zur Begrüßung. »Aber

wir werden schon Matrosen aus ihnen machen oder zumindest Ruderer. Nun, wie geht's der Dame?«
Ich weiß nicht warum, aber ich spürte einen schneidenden Schmerz wie von einem Messerstich, als er sie erwähnte. Ich hielt es für eine Albernheit meinerseits, aber das Gefühl war nicht loszuwerden, und ich antwortete nur mit einem Schulterzucken.
Wolf Larsen verzog die Lippen zu einem langen, spöttischen Pfiff.
»Darf man fragen, wie sie heißt?«, wollte er wissen.
»Keine Ahnung«, gab ich zur Antwort. »Sie schläft. Sie war sehr erschöpft. Eigentlich sind Sie dran mit den Neuigkeiten. Was für ein Schiff war es?«
»Ein Postdampfer«, antwortete er knapp. »Die *City of Tokio*, von Frisco nach Yokohama. Im Taifun havariert. Alter Kahn. Wurde oben und unten undicht wie ein Sieb. Vier Tage sind sie getrieben. Und du weißt nicht mal, wer oder was sie ist, wie? – Fräulein, Frau oder Witwe? Nun gut.«
Er wiegte scherzhaft den Kopf und zwinkerte mir zu.
»Haben Sie –«, setzte ich an. Die Frage lag mir auf der Zunge, ob er die Schiffbrüchigen nach Yokohama bringen werde.
»Was habe ich?«, fragte er.
»Was passiert mit Leach und Johnson?«
Er schüttelte den Kopf. »Ehrlich gesagt, Döspaddel, da bin ich überfragt. Dank der Neuzugänge ist die Mannschaft eigentlich komplett.«
»Die beiden dürften vom Ausbüchsen so ziemlich die Nase voll haben«, sagte ich. »Wie wäre es also zur Abwechslung mit einer anderen Behandlung? Nehmen Sie sie an Bord und packen Sie sie nicht mehr so grob an. Was immer sie verbrochen haben, man hat sie dazu getrieben.«
»Wer? Ich etwa?«
»Ja, Sie«, antwortete ich fest. »Und ich warne Sie, Wolf Larsen, der Wunsch, Sie zu töten, könnte stärker werden als meine Eigenliebe, wenn Sie bei diesen beiden armen Kreaturen zu weit gingen.«
»Bravo!«, rief er. »Ich bin stolz auf dich, Döspaddel. Und wie du gelernt hast, auf eigenen Beinen zu stehen! Du bist ein ganzer Kerl. Du hast nur das Pech gehabt, dein Leben im Wohlstand zu verbringen, aber du machst dich, und du gefällst mir immer besser.«

Seine Stimme und sein Ausdruck veränderten sich. Seine Züge wurden ernst. »Glaubst du an Versprechen?«, fragte er. »Sind sie dir heilig?«
»Selbstverständlich«, antwortete ich.
»Dann schlage ich dir einen Vertrag vor«, schauspielerte er weiter. »Wenn ich versichere, mich nicht an Leach und Johnson zu vergreifen, versprichst du mir dann, keine Mordanschläge mehr zu planen?«
»Oh, nicht dass ich mich vor dir fürchtete, nicht dass ich Angst hätte«, fügte er hastig hinzu.
Ich traute meinen Ohren nicht. Was war in diesen Mann gefahren?
»Also abgemacht?«, fragte er ungeduldig.
»Abgemacht«, erwiderte ich.
Er reichte mir die Hand, und während ich sie kräftig drückte, hätte ich schwören können, teuflischen Spott in seinen Augen aufblitzen zu sehen.
Wir gingen über das Hüttendeck nach Lee. Das Boot war nun ganz nah und befand sich in einer schlimmen Lage. Johnson steuerte, Leach schöpfte Wasser. Wir überholten sie langsam. Wolf Larsen gab Louis ein Zeichen, leicht abzufallen, und wir kreuzten keine zwanzig Fuß vor dem Boot nach Luv. Die *Ghost* nahm ihm den Wind aus den Segeln. Das Sprietsegel flatterte, das Boot richtete sich langsam auf und zwang die beiden Männer, eilig Gegenmaßnahmen zu ergreifen. Ihr Boot verlor an Fahrt, und als wir von einer großen Woge emporgehoben wurden, kippte es vornüber und sank in das Wellental.
Genau in diesem Moment schauten Leach und Johnson hinauf in die Gesichter ihrer Mannschaftskameraden, die mittschiffs an der Reling standen. Niemand grüßte. In den Augen ihrer Gefährten waren sie tot, und zwischen ihnen lag der Abgrund, der die Lebenden und die Toten trennt.
In der nächsten Sekunde befanden sie sich querab vom Hüttendeck, auf dem Wolf Larsen und ich standen. Nun sanken wir in das Wellental, während die Woge sie nach oben hievte. Johnson blickte mich an, und sein Gesicht wirkte erschöpft und abgehärmt. Ich winkte ihm, und er erwiderte den Gruß, aber die Geste war voller Hoffnungslosigkeit und Verzweiflung. Es war, als ob er Lebewohl sagte. Leach konnte ich nicht in die Augen sehen, denn sein Blick war fest auf Wolf Larsen geheftet,

und das alte, unversöhnliche und hasserfüllte Zähnefletschen verzerrte sein Gesicht.

Dann waren sie achtern hinter dem Hüttendeck zurückgeblieben. Das Sprietsegel füllte sich ganz plötzlich und ließ das zerbrechliche offene Fahrzeug so stark krängen, dass es aussah, als müsse es unweigerlich kentern. Eine Welle brach sich über ihm und begrub es in schneeweißer Gischt. Dann tauchte das Boot halb vollgelaufen wieder auf, und Leach öste, während sich Johnson mit bleichem und verängstigtem Gesicht ans Ruder klammerte.

Wolf Larsen lachte bellend in mein Ohr und ging hinüber zur Luvseite des Hüttendecks. Ich nahm an, er werde Befehl zum Beidrehen der *Ghost* geben, aber sie setzte ihre Fahrt fort, und er gab keine Anweisungen. Louis stand unbewegt am Ruder, aber ich bemerkte, dass die vorne versammelten Matrosen besorgt zu uns herübersahen. Immer noch jagte die *Ghost* dahin, bis das Boot zu einem winzigen Punkt geschrumpft war; da endlich ertönte Wolf Larsens Kommando, über Backbordbug zu gehen.

Wir segelten zwei Meilen oder auch mehr in Luv zurück zu der kämpfenden Nussschale, bevor der Außenklüver eingeholt wurde und der Schoner beidrehte. Die Robbenboote sind nicht dafür gebaut, gegen den Wind zu segeln. Ihre einzige Chance liegt darin, sich in Luvposition zu halten, sodass sie, wenn der Wind auffrischt, auf das Mutterschiff zulaufen können. Aber in dieser ganzen aufgepeitschten Wasserwüste gab es für Leach und Johnson keine andere Zuflucht als die *Ghost*, und entschlossen begannen sie damit, sich gegen den Wind vorzuarbeiten. Es war ein mühseliges Unterfangen in der rauen See. In jedem Moment konnten sie von einem der zischenden Brecher überrollt werden. Wieder und wieder mussten wir mit ansehen, wie das Boot in die schäumenden Wogenkämme hineinsteuerte, an Fahrt verlor und wie ein Korken zurückgeschleudert wurde.

Johnson war ein ausgezeichneter Seemann, der von kleinen Booten ebenso viel verstand wie von Schiffen. Nach anderthalb Stunden war er fast längsseits, erreichte mit dem letzten Schlag die Höhe unseres Hecks, um nach der nächsten Wende direkt auf uns zuzukreuzen.

»So, so, ihr habt's euch also anders überlegt«, hörte ich Wolf Larsen murmeln, halb zu sich selbst, halb an ihre Adresse, als ob sie ihn verstehen könnten. »Wollt wieder an Bord, was? Na, dann kommt nur.«

»Ruder hart Backbord!«, befahl er Oofty-Oofty, dem Kanaken, der Louis inzwischen abgelöst hatte.

Befehl folgte auf Befehl. Während das Schiff abdrehte, wurden die Fock- und Großschot aufgefiert. Und dann segelten wir wieder vor dem Wind und schossen davon, während Johnson, um der Gefahr des Kenterns zu entgehen, seinem Segel mehr Lose gab und dreißig Meter entfernt unser Kielwasser passierte. Wieder lachte Wolf Larsen und winkte ihnen gleichzeitig, nachzukommen. Er wollte offenbar Katz und Maus mit den beiden spielen und ihnen, wie ich vermutete, anstelle der Prügel eine Lektion erteilen, wenn es auch ein überaus gefährlicher Denkzettel war, denn das zerbrechliche Gefährt drohte jederzeit unterzugehen.

Johnson brasste unverzüglich an und fuhr uns hinterher. Es blieb ihm nichts anderes übrig. Überall lauerte der Tod, und es war nur eine Frage der Zeit, wann eine der vielen Sturzseen das Boot erfassen, einfach darüber hinwegschwappen und weiterrollen würde.

»Die Todesangst sitzt denen im Nacken«, murmelte Louis mir ins Ohr, als ich nach vorn ging, um den Außenklüver und das Stagsegel einholen zu lassen.

»Oh, er wird schon beidrehen und sie an Bord nehmen«, antwortete ich frohgemut. »Er ist nur versessen darauf, ihnen eine Lektion zu erteilen, mehr nicht.«

Louis sah mich durchtrieben an. »Meinen Sie?«, fragte er.

»Klar«, anwortete ich. »Was denkst du denn?«

»Ich denke in diesen Tagen nur an meine eigene Haut«, lautete seine Antwort. »Und ich muss mich sehr darüber wundern, wie die Dinge sich entwickeln. Der Whiskey in Frisco hat mich in einen schönen Schlamassel gebracht, aber in einen noch größeren werden Sie durch diese Frau da achtern geraten. Ach was, ich weiß ja, was für ein verdammter Trottel Sie sind.«

»Was meinst du damit?«, wollte ich wissen; denn kaum dass er seinen Pfeil abgeschossen hatte, wandte er sich zum Gehen.

»Was ich meine?«, rief er. »Und das fragen Sie mich! Es geht nicht darum, was ich meine, sondern was der Wolf meint. Der Wolf, habe ich gesagt, der Wolf!«

»Wenn's Ärger gibt, können wir dann auf dich zählen?«, fragte ich ohne Umschweife, denn er hatte meine eigenen Befürchtungen in Worte gekleidet.

»Mit mir rechnen? Dem dicken alten Louis halte ich die Stange, und Ärger satt wird's geben. Wir befinden uns am Anfang, ich sag's Ihnen, gerade erst am Anfang.«

»Ich hätte nicht gedacht, dass du so ein Feigling bist«, bemerkte ich höhnisch.

Er bedachte mich mit einem abschätzigen Blick. »Wenn ich schon keinen Finger für diesen armen Dummkopf da draußen gerührt habe« – und er wies nach achtern auf das winzige Segel – »glauben Sie, ich bin dann scharf darauf, mir wegen einer Frau, die mir vorher nie unter die Augen gekommen ist, den Schädel einschlagen zu lassen?«

Ich machte voller Verachtung kehrt und ging nach achtern.

»Sie geien besser die Toppsegel auf, Mr. van Weyden«, sagte Wolf Larsen, als ich auf das Hüttendeck kam.

Ich spürte Erleichterung, zumindest was die beiden Männer betraf. Es war klar, dass er sich nicht zu weit von ihnen entfernen wollte. Der Gedanke machte mir Hoffnung, und ich beeilte mich, die Order auszuführen. Ich hatte kaum die Lippen geöffnet, um die nötigen Befehle zu erteilen, da sprangen die Männer auch schon zu den Falltauen und Niederholern, während andere aufenterten. Wolf Larsen betrachtete diesen Eifer mit einem grimmigen Lächeln.

Immer noch vergrößerten wir unseren Vorsprung, und als das Boot mehrere Meilen hinter uns zurückgeblieben war, drehten wir bei und warteten. Alle Augen beobachteten, wie es näherkam, sogar die Wolf Larsens. Aber er war der Einzige an Bord, der keine Unruhe zeigte. Louis starrte unverwandt achteraus, aber sein Gesicht verriet eine Besorgnis, die er nicht völlig verbergen konnte.

Das Boot kam näher und näher, kämpfte sich wie ein lebendiges Wesen durch das brodelnde Grün, wurde von riesigen Wellenbergen emporgehoben und in die Luft geschleudert, oder es verschwand dahinter, um im nächsten Moment wieder hervorzuschnellen und gen Himmel zu schießen. Es schien ausgeschlossen, dass es sich weiter halten konnte, und doch vollbrachte es mit jeder schwindelerregenden Pendelbewegung das Unmögliche. Eine Regenböe zog vorbei, und durch den triefenden Vorhang tauchte das Boot plötzlich direkt hinter uns auf.

»Hart Ruder!«, rief Wolf Larsen, dabei selbst ans Ruder springend und es herumwirbelnd.

Wieder hetzte die *Ghost* davon und jagte vor dem Wind dahin, und zwei weitere Stunden folgten uns Johnson und Leach. Wir drehten bei und jagten davon, drehten bei und jagten davon, und die ganze Zeit über sah man achtern ein kämpfendes Stück Segel gen Himmel fliegen oder in sich fortwälzende Wellentäler hinabstürzen. Es war ungefähr noch eine halbe Meile entfernt, als eine dichte Regenböe es den Blicken entzog. Es tauchte nie wieder auf. Der Wind sorgte erneut für klare Sicht, aber kein Segel stand über der aufgewühlten Wasserfläche. Einen Moment lang glaubte ich, die schwarze Unterseite des Bootes in einem sich brechenden Wellenkamm zu erkennen. Das war aber auch schon alles. Für Johnson und Leach war der Kampf ums Dasein beendet.

Die Männer standen immer noch mittschiffs zusammen. Keiner war nach unten gegangen, und niemand sagte ein Wort. Nicht einmal Blicke wurden getauscht. Sie alle schienen wie betäubt – tief in Gedanken versunken, so als müssten sie sich erst darüber klar werden, was eigentlich geschehen war. Wolf Larsen ließ ihnen nicht viel Zeit zum Nachdenken. Sofort brachte er die *Ghost* wieder auf Kurs – einen Kurs, der auf die Verfolgung der Robbenherde und nicht auf den Hafen von Yokohama ausgerichtet war. Aber die Männer zeigten nun keinen Eifer mehr beim Ein- und Aufholen, und ich hörte sie Flüche ausstoßen, die gepresst über ihre Lippen kamen und so niedergedrückt und leblos wie ihre Urheber waren. Bei den Jägern standen die Dinge anders. Der unverwüstliche Smoke erzählte eine Geschichte, und sie stiegen unter dröhnendem Gelächter zum Zwischendeck hinab.

Als ich auf meinem Weg nach achtern an der Luvseite der Kombüse vorbeiging, trat der gerettete Maschinist auf mich zu. Sein Gesicht war bleich, und seine Lippen zitterten.

»Gütiger Gott, Sir, auf was für einem Schiff sind wir hier gelandet?«, rief er.

»Sie haben doch Augen im Kopf und müssen es gesehen haben«, antwortete ich ohne große Rücksichtnahme und voller Angst und Schmerz.

»Ihr Versprechen?«, sagte ich zu Wolf Larsen.

»Ich habe nicht daran gedacht, sie an Bord zu nehmen, als ich dieses Versprechen gab«, antwortete er. »Und außerdem musst du mir zugeben, dass ich mich nicht an ihnen vergriffen habe.«

»Ganz im Gegenteil, ganz im Gegenteil«, lachte er einen Moment später.

Ich gab keine Antwort. Es hatte mir die Sprache verschlagen, und in meinem Kopf ging es drunter und drüber. Ich brauchte Zeit zum Nachdenken. Für diese Frau, die immer noch in der unbelegten Kabine schlief, trug ich eine Verantwortung, die ich in Betracht ziehen musste, und der einzige vernünftige Gedanke, den ich fassen konnte, sagte mir, dass ich nichts überstürzen durfte, wenn ich ihr, wie auch immer, behilflich sein wollte.

## 20. KAPITEL

Der Rest des Tages verlief ohne weitere Zwischenfälle. Nachdem er uns die Kiemen befeuchtet hatte, flaute der mäßige Sturm ab. Der vierte Maschinist und die drei Heizer erhielten nach einer hitzigen Unterredung mit Wolf Larsen ihre Ausrüstung aus dem Magazin, wurden den Jägern in den einzelnen Booten und den Wachen zugeteilt und nach vorn in die Back verfrachtet. Protestierend zogen sie ab, aber ihre Stimmen blieben gedämpft. Sie waren eingeschüchtert durch das, was sie von Wolf Larsens Charakter bereits mitbekommen hatten, und das Lamento, das sie in der Back empfing, trieb ihnen auch noch den letzten Rest von Aufsässigkeit aus.

Miss Brewster – den Namen hatten wir von dem Maschinisten erfahren – schlief und schlief. Beim Abendessen bat ich die Jäger, sich leise zu unterhalten, damit sie nicht gestört würde. Und erst am nächsten Morgen ließ sie sich blicken. Ich hatte vorgehabt, ihr die Mahlzeiten getrennt servieren zu lassen, aber Wolf Larsen war entschieden dagegen. Ob sie etwa zu gut für den Kajütentisch und die dort versammelte Runde sei, wollte er von mir wissen.

Ihr Erscheinen bei Tisch hatte jedoch auch eine komische Seite. Die Jäger waren mit einem Mal stumm wie Fische. Nur Jock Horner und Smoke waren so unverfroren, hin und wieder einen verstohlenen Blick zu riskieren und sogar am Gespräch teilzunehmen. Die anderen vier Männer klebten mit ihren Blicken am Teller und kauten gleichmäßig und mit nachdenklicher Gründlichkeit, wobei ihre Ohren sich im Gleichtakt mit den Kinnladen bewegten und wackelten wie bei so vielen Tieren.

Wolf Larsen wusste zunächst wenig zu sagen und gab nur Antwort, wenn er angesprochen wurde. Nicht dass er verlegen gewesen wäre. Weit gefehlt. Diese Frau war ein neuer Menschentyp für ihn, ein anderer Schlag, als er ihn bisher kennengelernt hatte, und er war neugierig. Er musterte sie genau, und wenn seine Augen überhaupt einmal von ihrem Gesicht abließen, dann nur, um den Bewegungen ihrer Hände und Schultern zu folgen. Auch ich beobachtete sie genau, und obwohl ich die Unterhaltung in Gang hielt, erinnere ich mich doch, dass ich ein wenig schüchtern und nicht ganz ich selbst war. Er dagegen befand sich völlig im Lot und strahlte ein Selbstvertrauen aus, das durch nichts zu erschüttern war. Vor einer Frau hatte er ebenso wenig Angst wie vor einem Sturm oder einem Kampf.

»Und wann werden wir in Yokohama eintreffen?«, fragte sie, an ihn gewandt, und sah ihm direkt in die Augen.

Da war die Frage, klipp und klar formuliert. Die Kinnladen hörten auf zu mahlen, die Ohren standen still, und obwohl die Blicke weiterhin am Teller klebten, wartete jeder gespannt auf die Antwort.

»In vier Monaten, vielleicht auch in drei, wenn die Saison früh zu Ende geht«, sagte Wolf Larsen.

Sie rang nach Luft und stammelte: »Ich – ich dachte –, man hat mir erklärt, dass Yokohama nur eine Tagesreise entfernt sei. Es –« Hier unterbrach sie sich und blickte in die Runde teilnahmsloser Gesichter, die verbissen auf ihre Teller starrten. »Das ist nicht recht«, schloss sie.

»Das ist eine Frage, die Sie mit Mr. van Weyden klären müssen«, antwortete er, indem er mir mit einem schadenfrohen Zwinkern zunickte. »Mr. van Weyden kann man getrost als Autorität in Fragen des Rechts bezeichnen. Ich bin nur ein Seemann und würde die Situation ein wenig anders sehen. Für Sie mag es möglicherweise bedauerlich sein, bei uns mitsegeln zu müssen, aber für uns ist es zweifellos ein Gewinn.«

Er lächelte. Ihre Augen senkten sich unter seinem Blick, doch dann hob sie sie erneut und funkelte mich trotzig an. In ihren Pupillen konnte ich die unausgesprochene Frage lesen: War es recht? Aber ich hatte mich für die Rolle des Unparteiischen entschieden und gab keine Antwort.

»Was denken Sie darüber?«, fragte sie.

»Eine bedauerliche Situation, insbesondere dann, wenn Sie im Verlauf der nächsten Monate irgendwelche Verpflichtungen haben sollten. Da Sie aber sagten, dass Sie aus Gesundheitsgründen nach Japan gereist sind, kann ich Ihnen versichern, dass Sie sich nirgends so gut erholen werden wie an Bord der *Ghost.*«

Ich sah, wie ihre Augen entrüstet aufblitzten, und diesmal war ich es, der den Blick senkte, während ich spürte, dass mein Gesicht rot anlief. Es war feige, aber was sonst hätte ich tun können?

»Mr. van Weyden spricht als Fachmann«, lachte Larsen.

Ich nickte, und sie wartete gespannt, nachdem sie ihre Fassung wiedergewonnen hatte.

»Nicht dass er besonders vorzeigbar wäre«, fuhr Wolf Larsen fort, »aber er hat doch prächtige Fortschritte gemacht. Sie hätten ihn sehen sollen, als er an Bord kam. Ein schmächtigeres und jämmerlicheres menschliches Wesen hätte man sich schwerlich vorstellen können. Ist es nicht so, Kerfoot?«

Kerfoot erschrak über diese direkte Anrede so sehr, dass er sein Messer auf den Boden fallen ließ, aber er brachte immerhin noch ein zustimmendes Grunzen über die Lippen.

»Das Kartoffelschälen und Geschirrspülen hat ihn mächtig aufgebaut, stimmt's, Kerfoot?«

Wieder grunzte der gute Mann.

»Sehen Sie sich ihn jetzt an. Zugegeben, er ist nicht das, was man ein Muskelpaket nennen würde, aber er hat Kraft, und das ist mehr, als er beim Anheuern vorweisen konnte. Und dann hat er zwei Beine, die er zu gebrauchen weiß. Sie werden es nicht für möglich halten, wenn Sie ihn hier so sehen, aber zu Anfang war er völlig unfähig, auf eigenen Füßen zu stehen.«

Die Jäger kicherten, aber sie sah mich mit einem mitfühlenden Blick an, der mich für Wolf Larsens Niedertracht mehr als entschädigte. In Wahrheit hatte ich schon so lange keine Sympathie mehr zu spüren bekommen, dass mir das Herz aufging und ich von da an und mit Freuden ihr ergebener Sklave wurde. Aber ich war wütend auf Wolf Larsen. Er forderte mit seinen Verunglimpfungen meine Männlichkeit heraus und stellte damit eben jene Beine infrage, auf die er mich gebracht haben wollte.

»Ich mag gelernt haben, auf eigenen Beinen zu stehen«, gab ich zurück. »Aber dass ich damit auf anderen herumtrample, das steht noch aus.«

Er warf mir einen unverschämten Blick zu. »Also ist Ihre Erziehung erst zur Hälfte abgeschlossen«, sagte er trocken und wandte sich dann wieder Miss Brewster zu.

»Wir sind sehr gastfreundlich auf der *Ghost*, Mr. van Weyden hat es selbst erlebt. Wir tun alles, damit sich unsere Gäste wie zu Hause fühlen, stimmt's, Mr. van Weyden?«

»Einschließlich Kartoffelschälen und Geschirrspülen«, antwortete ich, »um vom Halsumdrehen aus purer Freundschaft erst gar nicht zu reden.«

»Bitte lassen Sie sich von Mr. van Weyden nichts Nachteiliges über uns einreden«, warf er mit gespielter Besorgnis ein. »Sie werden bemerkt haben, Miss Brewster, dass er einen Dolch am Gürtel trägt, was – hm – was für einen Schiffsoffizier äußerst ungewöhnlich ist. Einerseits überaus ehrenwert, ist Mr. van Weyden doch manchmal – nun, wie soll ich sagen – streitsüchtig, und da sind harte Maßnahmen angezeigt. In seinen ruhigen Momenten ist er ganz vernünftig und umgänglich, und da er gerade friedlich ist, wird er nicht abstreiten, dass er mir erst gestern mit Mord und Totschlag gedroht hat.«

Ich erstickte beinahe, bestimmt glühten meine Augen. Er lenkte die Aufmerksamkeit auf mich.

»Sehen Sie ihn nur an. Er kann sich trotz Ihrer Gegenwart kaum noch zusammenreißen. Nun ist er die Anwesenheit von Damen auch nicht gewohnt. Ich werde mich wohl erst bewaffnen müssen, bevor ich es wagen kann, mit ihm an Deck zu gehen.«

Er schüttelte bekümmert den Kopf und murmelte: »Schlimm, schlimm«, während die Jäger sich vor Lachen ausschütteten.

Das aus den Seemannskehlen dieser Männer aufsteigende Gelächter, das durch die enge Kabine dröhnte, hatte einen grotesken Effekt. Die ganze Situation war grotesk, und während ich die fremde Frau ansah und mir vergegenwärtigte, wie fehl am Platze sie hier war, wurde mir zum ersten Mal bewusst, wie sehr ich selbst Teil dieses Ganzen geworden war. Ich kannte diese Männer und ihre Gedanken, war selbst einer von ihnen, lebte das Leben eines Robbenfängers, aß die Robbenfängerkost und dachte meistenteils wie sie. Für mich hatten die grobe Kleidung, die rohen Ge-

sichter, das wilde Gelächter sowie die schwankenden Kajütenwände und die schaukelnden Schiffslampen nichts Befremdliches mehr.
Als ich mir eine Scheibe Brot mit Butter bestrich, fiel mein Blick zufällig auf meine Hand. Die Knöchel waren blank gescheuert und über die ganze Handbreite entzündet, die Finger geschwollen, die Nägel schwarz gerändert. An meinem Hals spürte ich einen verfilzten Bart und wusste auch, dass mein Rockärmel aufgerissen war und dass am Kragen des blauen Hemdes, das ich trug, ein Knopf fehlte. Der von Wolf Larsen erwähnte Dolch steckte in seiner Scheide an meiner Hüfte. Es war ganz selbstverständlich, dass er sich dort befand – wie selbstverständlich, ging mir erst jetzt auf, da ich ihn mit ihren Augen sah und bemerkte, wie seltsam er und alles andere auf sie wirken musste.
Aber sie hörte den Spott aus Wolf Larsens Worten heraus und bedachte mich erneut mit einem mitfühlenden Blick. In ihren Augen stand aber auch die Verblüffung. Der spöttische Ton machte die Situation für sie noch verwirrender.
»Vielleicht kann mich ein vorbeifahrendes Schiff mitnehmen«, schlug sie vor.
»Es werden keine Schiffe vorbeifahren, außer anderen Robbenfängern«, gab Wolf Larsen zur Antwort.
»Ich habe keine Kleider, nichts«, wandte sie ein. »Sie scheinen kaum zu begreifen, Sir, dass ich kein Mann bin und dass ich das unstete und unbekümmerte Leben, das Sie und Ihre Männer offenbar führen, nicht gewohnt bin.«
»Je früher Sie sich umstellen, desto besser«, sagte er.
»Ich werde Ihnen Stoff, Nadel und Faden zur Verfügung stellen«, fügte er hinzu. »Es wird Ihnen hoffentlich keine allzu große Mühe bereiten, sich ein oder zwei Kleider zu nähen.«
Sie verzog gequält ihren Mund, als ob sie so ihre Unkenntnis des Schneiderhandwerks kundtun wolle. Mir war völlig klar, dass sie verängstigt und verstört war und dass sie das tapfer zu überspielen suchte.
»Ich nehme an, Sie sind wie Mr. van Weyden dort daran gewöhnt, dass man die Dinge für Sie erledigt. Nun, ich denke, Sie werden sich schon

nicht die Glieder verrenken, wenn Sie einiges selbst in die Hand nehmen. Nebenbei gefragt, womit verdienen Sie eigentlich Ihren Lebensunterhalt?«
Sie sah ihn mit unverhülltem Erstaunen an.
»Ich möchte Sie nicht beleidigen, glauben Sie mir. Die Menschen wollen essen, also müssen sie das dazu Nötige auftreiben. Diese Männer hier schießen Robben, um zu leben; aus keinem anderen Grund kommandiere ich dieses Schiff; und Mr. van Weyden verdient sich, im Moment jedenfalls, sein salziges Brot, indem er mir dabei hilft. Was also tun Sie?«
Sie zuckte mit den Achseln.
»Ernähren Sie sich selbst? Oder werden Sie von jemand anderem durchgefüttert?«
»Ich fürchte, die meiste Zeit meines Lebens bin ich von jemand anderem ernährt worden«, lachte sie, wobei sie tapfer versuchte, auf seine ironische Ausfragerei einzugehen, obwohl ich in ihren Augen Entsetzen aufkeimen sah, während sie Wolf Larsen beobachtete.
»Und ich nehme mal an, dass ein anderer für Sie das Bett macht?«
»Ich habe schon Betten gemacht«, antwortete sie.
»Schon oft?«
Sie schüttelte mit gespielter Bekümmertheit den Kopf.
»Wissen Sie, was sie in den Staaten mit armen Leuten machen, die wie Sie nicht für den eigenen Lebensunterhalt aufkommen?«
»Ich bin ganz ahnungslos«, verteidigte sie sich. »Was machen sie mit den armen Leuten, die so sind wie ich?«
»Sie stecken sie ins Gefängnis. Das Verbrechen, nicht für den eigenen Lebensunterhalt aufzukommen, wird in jenem Fall Landstreicherei genannt. Wenn ich Mr. van Weyden wäre, der ständig auf der alten Leier von Recht und Unrecht herumklimpert, dann würde ich fragen, mit welchem Recht leben Sie, da Sie nichts dafür tun?«
»Da Sie nun aber nicht Mr. van Weyden sind, brauche ich Ihre Frage wohl auch nicht zu beantworten, oder?«
Sie sah ihn mit ihren schreckensweiten Augen an, und zwar so ergreifend, dass es mir ins Herz schnitt. Ich musste auf irgendeine Weise dazwischengehen und das Gespräch in andere Bahnen lenken.

»Haben Sie jemals auch nur einen Dollar selbst verdient?«, fragte er mit triumphierender Rachsucht in der Stimme, weil er von vornherein wusste, was sie erwidern würde.

»Ja, das habe ich«, sagte sie langsam, und ich hätte beim Anblick seines enttäuschten Gesichts laut auflachen können. »Ich erinnere mich, dass mein Vater mir einmal einen Dollar gab, als ich noch ein kleines Mädchen war, weil ich mich fünf Minuten lang absolut still verhalten hatte.«

Er lächelte nachsichtig.

»Aber das ist lange her«, fuhr sie fort, »und Sie werden kaum von einem neunjährigen Mädchen verlangen, dass es sich sein Brot selbst verdienen soll.«

»Gegenwärtig allerdings«, sagte sie nach einer weiteren kurzen Pause, »verdiene ich etwa achtzehnhundert Dollar im Jahr.«

Wie auf Kommando hoben sich alle Augen von den Tellern und richteten sich auf sie. Eine Frau, die achtzehnhundert Dollar im Jahr verdiente, war schon einen Blick wert. Wolf Larsen konnte seine Verwunderung gleichfalls nicht verbergen.

»Gehalt oder Stücklohn?«, fragte er.

»Stücklohn«, gab sie prompt zur Antwort.

»Achtzehnhundert«, rechnete er. »Das sind einhundertundfünfzig Dollar im Monat. Nun, Miss Brewster, auf der *Ghost* gibt's keine Kleinkrämerei. Ich zahle denselben Betrag, und Sie können sich für die Zeit, die Sie mit uns verbringen, als fest angestellt betrachten.«

Sie reagierte nicht darauf. Die Launen dieses Mannes waren ihr noch zu fremd, als dass sie sie mit Gleichmut hätte hinnehmen können.

»Ich vergaß zu fragen«, fuhr er verbindlich fort, »um welche Art von Arbeit es sich handelt. Welche Waren stellen Sie her? Welche Werkzeuge und Materialien benötigen Sie?«

»Papier und Tinte«, lachte sie. »Und, ja, auch eine Schreibmaschine.«

»Sie sind Maud Brewster«, sagte ich langsam und bestimmt, fast so, als ob ich ihr ein Verbrechen zur Last legen wollte.

Ihre Augen blickten verwundert zu mir auf. »Woher wissen Sie das?«

»Sind Sie es etwa nicht?«, fragte ich zurück.

Mit einem Nicken bestätigte sie ihre Identität. Nun war es an Wolf Larsen, verwirrt zu sein. Der Name und seine magische Wirkung sagten ihm nichts. Ich aber war stolz darauf, dass er mir etwas bedeutete, und zum ersten Mal auf dieser endlosen Reise war ich Wolf Larsen unzweifelhaft überlegen.

»Ich erinnere mich, einmal eine Besprechung eines schmalen Bändchens geschrieben zu haben …«, hob ich unbedacht an, als sie mich auch schon unterbrach.

»Sie!«, rief sie. »Sie sind …«

Jetzt starrte sie mich mit großen verwunderten Augen an.

Und nunmehr nickte ich meinerseits.

»Humphrey van Weyden«, schloss sie. Und dann fügte sie mit einem Seufzer der Erleichterung und ohne zu merken, dass sie sich damit Wolf Larsen gegenüber eine Blöße gab, hinzu: »Da bin ich aber froh.«

»Ich erinnere mich an die Besprechung«, fuhr sie hastig fort, nachdem sie sich der Deplatziertheit ihrer Bemerkung bewusst geworden war, »an diese viel zu wohlwollende, viel zu schmeichelhafte Rezension.«

»Ganz und gar nicht«, widersprach ich tapfer. »Sie stellen mein Urteilsvermögen infrage und entwerten meine kritischen Maßstäbe. Und außerdem waren alle Kollegen mit mir einer Meinung. Hat nicht Lang Ihren ›Geduldeten Kuss‹ zu den vier größten Sonetten gezählt, die je von Frauen in englischer Sprache geschrieben wurden?«

»Aber Sie haben mich die amerikanische Mrs. Meynell genannt!«

»Und, stimmte das etwa nicht?«, fragte ich.

»Nein, darum geht es nicht«, antwortete sie. »Ich habe mich dadurch verletzt gefühlt.«

»Wir können das Unbekannte nur am Bekannten messen«, antwortete ich in meiner feinsten akademischen Manier. »Als Kritiker war ich dazu verpflichtet, Sie einzuordnen. Nun sind Sie selbst zum Maßstab geworden. Auf meinem Bücherbrett stehen sieben Ihrer schmalen Bändchen. Und daneben stehen zwei dickere Bücher, die Essays, die, Sie werden verzeihen, wenn ich das sage, Ihren Gedichten ebenbürtig sind, wobei ich nicht weiß, ob das für Ihre Prosa oder Ihre Verse schmeichelhafter ist.

Der Tag ist nicht mehr fern, da wird in England eine Unbekannte auf sich aufmerksam machen, und die Kritiker werden sie die englische Maud Brewster nennen.«

»Sie sind wirklich sehr freundlich«, murmelte sie, und gerade das Konventionelle ihres Tons und ihrer Worte mit der davon ausgelösten Flut von Anklängen an das alte Leben auf der anderen Seite des Globus ließen in mir Gefühle aufwallen, die gesättigt waren mit Erinnerungen, aber auch durchdrungen von schmerzhaftem Heimweh.

»Sie also sind Maud Brewster«, sagte ich feierlich und blickte zu ihr hinüber.

»Und Sie sind Humphrey van Weyden«, sagte sie, während sie mich nicht weniger feierlich und ehrfurchtsvoll ansah. »Wie außergewöhnlich! Ich kann es kaum begreifen. Aber wir dürfen doch bestimmt keine wildromantische Seefahrergeschichte aus Ihrer Feder erwarten?«

»Nein, nein, ich sammle kein Material, ganz bestimmt nicht«, lautete meine Antwort. »Ich habe weder den Hang noch das Talent, einen Roman zu schreiben.«

»Sagen Sie, warum haben Sie sich immer in Kalifornien vergraben?«, fragte sie dann. »Das war nicht sehr nett. Wir im Osten haben so wenig von Ihnen zu sehen bekommen – viel zu wenig vom zweiten Kritikerpapst der amerikanischen Literatur.«

Ich dankte mit einer Verbeugung für das Kompliment, wies es aber zugleich zurück. »Fast wären wir uns einmal in Philadelphia begegnet, eine Browning-Geschichte oder etwas Ähnliches. Sie sollten einen Vortrag halten, erinnern Sie sich? Mein Zug hatte vier Stunden Verspätung.«

Und dann vergaßen wir völlig, wo wir uns befanden, und Wolf Larsen saß wortlos inmitten unserer geschwätzigen Unterhaltung auf dem Trockenen. Die Jäger standen vom Tisch auf und gingen an Deck, und wir redeten immer weiter. Nur Wolf Larsen blieb zurück. Plötzlich bemerkte ich, wie er zurückgelehnt am Tisch saß und neugierig den fremdartigen Reden lauschte, die aus einer Welt kamen, die er nicht kannte.

Ich hielt mitten im Satz inne. Die Gegenwart mit all ihren Gefahren und Nöten überfiel mich mit niederschmetternder Wucht. Auch Miss Brewster

wurde davon erfasst, und eine unbestimmte und namenlose Angst trat in ihre Augen, als sie Wolf Larsen betrachtete.
Er stand auf und lachte verlegen. Es klang wie Metall.
»Oh, nehmen Sie auf mich keine Rücksicht«, sagte er mit einer auf sich selbst gemünzten abschätzigen Gebärde. »Ich zähle doch nicht. Nur zu, nur zu, ich bitte Sie.«
Aber die Tore unserer Unterhaltung waren zugeschlagen, und so erhoben auch wir uns mit verlegenem Lachen vom Tisch.

## 21. KAPITEL

Wolf Larsens Ärger darüber, dass er während der Unterhaltung von Maud Brewster und mir übergangen worden war, musste sich irgendwie Luft machen, und es traf Thomas Mugridge. Weder an seinem Benehmen noch an seinem Hemd hatte sich etwas geändert, obwohl er das behauptete. Das Kleidungsstück selbst strafte ihn Lügen, und auch die Fettrückstände auf Ofen, Töpfen und Pfannen stellten der Sauberkeit der Kombüse ein schlechtes Zeugnis aus.

»Ich habe dich gewarnt, Smutje«, sagte Wolf Larsen, »und nun musst du deine Medizin schlucken.«

Mugridges Gesicht erbleichte unter der Rußschicht, und als Wolf Larsen nach einem Seil und ein paar Männern rief, floh der elende Cockney in wilder Hast aus der Kombüse und sauste Haken schlagend und sich wegduckend über Deck, die feixende Mannschaft ihm dicht auf den Fersen. Kaum etwas hätte mehr nach ihrem Geschmack sein können, als ihn ins Schlepptau zu nehmen, hatte er doch als Verpflegung einen Fraß der übelsten Sorte in die Back geschickt. Die äußeren Umstände begünstigten das Vorhaben. Die *Ghost* machte nicht mehr als drei Meilen Fahrt in der Stunde, und die See war ziemlich ruhig. Aber Thomas Mugridge verspürte wenig Lust auf ein Bad. Vermutlich hatte er die Prozedur bereits bei anderen miterlebt. Außerdem war das Wasser fürchterlich kalt, und er besaß alles andere als eine robuste Konstitution.

Wie üblich kamen die Freiwachen und die Jäger an Deck, weil sie sich Unterhaltung versprachen. Mugridge schien panische Angst vor dem Wasser zu haben und legte eine Gewandtheit und Geschwindigkeit an den Tag, die wir ihm nicht im Traum zugetraut hätten. Im rechten Winkel zwischen Hüttendeck und Kombüse in die Enge getrieben, sprang er wie eine Katze auf das Dach der Kajüte und hastete nach achtern. Da ihm seine Verfolger aber den Weg abschnitten, machte er kehrt und hastete über die Kajüte zurück, überquerte die Kombüse und gelangte über das Zwischendeckluk an Deck. Dort rannte er schnurstracks geradeaus, den Ruderer Harrison im Rücken. Als dieser ihn fast eingeholt hatte, machte Mugridge plötzlich einen Satz und packte die Klüverbaumdirk. Es geschah in Sekundenschnelle. Während er sich mit den Armen festhielt, klappte er den Körper in Hüfthöhe ein und ließ dann beide Füße nach vorn schnellen. Der heranstürmende Harrison bekam den Tritt genau in die Magengrube, stöhnte unwillkürlich auf, brach zusammen und fiel rücklings aufs Deck.

Mit Händeklatschen und dröhnendem Gelächter feierten die Jäger die Heldentat, während Mugridge, der am Fockmast der einen Hälfte seiner Verfolger entwischen konnte, wie beim Football quer durch die restliche Verfolgermeute nach achtern stürmte. Er hielt zuerst direkt auf das Hüttendeck zu, dann aufs Heck. Dabei flitzte er so schnell um die Kajüte, dass er ausrutschte und hinfiel. Nilson stand am Ruder, und der Cockney prallte ihm genau gegen die Beine. Beide gingen zu Boden, aber nur Mugridge stand wieder auf. Durch eine bizarre Hebelwirkung hatte sein schmächtiger Körper das Bein dieses kräftigen Mannes wie einen Pfeifenstiel brechen lassen.

Parsons übernahm das Ruder, und die Jagd ging weiter. Eine Runde nach der anderen hetzten sie über die Decks, Mugridge krank vor Angst, während die Matrosen grölten und sich gegenseitig Anweisungen zuriefen und die Jäger Anfeuerungen und Gelächter hinterherschickten. Beim Vorderluk wurde Mugridge von drei Männern zu Boden gerissen; aber er wand sich wie ein Aal zwischen den Körpern heraus, am Mund blutend und das anstößige Hemd in Fetzen, und hastete zur Hauptrigg. Dort enterte er auf, immer höher, über die Webeleinen hinaus direkt bis zum Ausguck.

Ein halbes Dutzend Matrosen schwärmte ihm hinterher, sammelte sich auf der Saling und wartete, während zwei von ihnen, Oofty-Oofty und Black (der Latimers Steuermann war), über die dünnen Stahlstegen weiterkletterten und sich mit den Armen höher und höher hinaufzogen.

Es war ein gefährliches Unterfangen, denn da sie sich in einer Höhe von mehr als dreißig Metern über Deck mit den Händen festhalten mussten, konnten sie sich nur schwer vor Mugridges Tritten schützen. Und Mugridge trat wild um sich, bis der Kanake, sich nur mit einer Hand anklammernd, mit der anderen den Fuß des Cockney erwischte. Black wiederholte dieses Kunststück kurze Zeit später mit dem anderen Fuß. Dann verknäuelten sich die drei zu einem schaukelnden Bündel, das zappelte, rutschte und direkt in die Arme der Kameraden auf der Saling fiel.

Der Luftkampf war vorüber, und Thomas Mugridge wurde winselnd und stammelnd und mit blutigem Schaum vor dem Mund nach unten an Deck geschafft. Wolf Larsen nahm ein Tau, machte einen Palstek in das eine Ende und schob es ihm unter die Achseln. Dann wurde er nach achtern gebracht und in die See geworfen. Zehn, fünfzehn, zwanzig Meter Leine wurden gegeben, bis Wolf Larsen »Festmachen!« rief. Oofty-Oofty legte das Seil um den Poller, es straffte sich, und die nach vorn schießende *Ghost* riss den Koch an die Oberfläche.

Es war ein mitleiderregendes Schauspiel. Obwohl er nicht ertrinken konnte und überdies neun Leben hatte wie eine Katze, durchlitt er doch all die Qualen des nicht eintretenden nassen Todes. Die *Ghost* segelte sehr langsam, und wenn ihr Heck von einer Welle gehoben wurde und sie nach vorn glitt, wurde der arme Teufel an die Oberfläche gezogen und konnte für einen Moment Luft schnappen. Aber zwischen jeder Woge senkte sich das Heck, und während der Bug gemächlich den nächsten Wellenberg emporkletterte, hing das Seil durch, und er sank unter.

Maud Brewster war mir ganz entfallen, aber ich erinnerte mich mit einem Schlag, als sie leichten Schritts zu mir trat. Nach ihrer Ankunft an Bord kam sie zum ersten Mal an Deck. Totenstille begleitete ihr Erscheinen.

»Warum haben die Leute solchen Spaß?«, fragte sie.

»Fragen Sie Kapitän Larsen«, sagte ich ruhig und kühl, obwohl mein Blut bei dem Gedanken kochte, dass sie Zeuge einer derartigen Grausamkeit werden sollte.

Sie folgte meinem Rat und wandte sich gerade ab, um ihn in die Tat umzusetzen, als ihr Blick auf Oofty-Oofty fiel, der direkt vor ihr stand und mit gespannter Aufmerksamkeit und Eleganz das um den Poller gelegte Seil hielt.

»Fischen Sie?«, fragte sie ihn.

Er gab keine Antwort. Und dann blitzten plötzlich seine Augen auf, die auf die Wasserfläche achteraus gerichtet waren.

»Hai in Sicht, Sir«, rief er.

»Einholen! Aber flott! Alle Mann ans Seil!«, kommandierte Wolf Larsen und sprang noch vor dem Ersten an das Tau.

Mugridge hatte den Warnruf des Kanaken gehört und schrie wie am Spieß. Ich sah eine schwarze Finne das Wasser durchschneiden und sich schneller auf ihn zubewegen, als er an Bord gezogen wurde. Es war völlig offen, ob wir oder der Hai ihn bekommen würden, und es ging dabei um Sekunden. Als Mugridge sich genau unter uns befand, glitt das Heck gerade in ein Wellental, und der Hai war im Vorteil. Die Flosse tauchte ab, und der weiße Bauch blitzte auf, als das Tier zustieß. Beinahe gleich schnell war Wolf Larsen, aber eben nicht ganz. Er legte seine ganze Kraft in einen gewaltigen Ruck. Der Körper des Cockney tauchte aus dem Wasser, zum Teil gefolgt von dem des Hais. Mugridge zog die Beine an, und die menschenfressende Bestie schien seinen Fuß nur eben berührt zu haben, um dann mit einem Aufplatschen ins Wasser zurückzufallen. Aber in dem Moment der gegenseitigen Berührung schrie Mugridge laut auf. Und dann kam er an Bord wie ein frisch gefangener Fisch an der Angelschnur; in hohem Bogen flog er über die Reling, landete auf allen vieren und rollte zur Seite.

Doch eine Blutfontäne spritzte über Deck. Der rechte Fuß fehlte, sauber am Knöchel abgetrennt. Ich sah sofort zu Maud Brewster hinüber. Ihr Gesicht war weiß, ihre Augen vor Schreck weit aufgerissen. Sie starrte aber nicht Thomas Mugridge an, sondern Wolf Larsen. Und er war sich dessen bewusst, denn er sagte mit dem gewohnten kurzen Auflachen:

»Männerspiele, Miss Brewster. Ein wenig rauer zweifellos als das, was Sie gewohnt sind, aber eben – Männerspiele. Der Hai war nicht eingeplant. Es –«

Aber in diesem Augenblick kam Mugridge, der seinen Kopf gehoben und das Ausmaß seines Verlustes festgestellt hatte, übers Deck gekrochen und schlug seine Zähne in Wolf Larsens Bein. Der bückte sich ohne Hast zu dem Cockney hinunter und drückte mit Daumen und Zeigefinger am Ende des Kiefers unterhalb der Ohren zu. Die Beißwerkzeuge öffneten sich widerstrebend, und Wolf Larsen war wieder frei.

»Wie ich schon sagte«, fuhr er fort, als ob nichts geschehen wäre, »der Hai war nicht mit eingeplant. Es war – tja – wie soll man sagen, Vorsehung?«

Sie ließ nicht erkennen, ob sie ihn verstanden hatte, obwohl aus ihren Augen abgrundtiefer Ekel sprach, als sie sich abwandte. Sie kam jedoch nicht weit, denn sie schwankte und taumelte und streckte ihre Hand kraftlos nach der meinen aus. Ich erreichte sie noch rechtzeitig, um sie vor dem Hinstürzen zu bewahren und half ihr dabei, sich auf dem Achterdeck niederzulassen. Ich dachte, sie werde auf der Stelle in Ohnmacht fallen, aber sie fasste sich wieder.

»Würden Sie eine Aderpresse besorgen, Mr. van Weyden«, rief mir Wolf Larsen zu.

Ich zögerte. Ihre Lippen zuckten, und obwohl sie kein Wort herausbrachte, trug sie mir mit ihren Augen nicht weniger unmissverständlich auf, dem unglücklichen Mann zu Hilfe zu kommen.

»Bitte«, flüsterte sie, und ich musste gehorchen.

Inzwischen operierte ich schon so geschickt, dass Wolf Larsen mir nach einigen Ratschlägen und mit ein paar Matrosen als Helfern die Sache ganz und gar selbst überließ. Seine eigene Aufgabe sah er darin, Rache an dem Hai zu nehmen. Ein schwerer Drehhaken mit fettem Pökelfleisch als Köder wurde über Bord geworfen, und gerade als ich die durchtrennten Venen und Arterien abgebunden hatte, hievten die lärmenden Matrosen das verhasste Monstrum an Bord. Ich selbst habe es nicht mitbekommen, aber meine Gehilfen verließen mich einer nach dem anderen für kurze Zeit, um nach mittschiffs zu laufen und mit anzusehen, was dort vor sich ging. Der Hai, ein Tier von fünf Metern Länge, wurde an der Hauptrigg hochgezogen. Dann hebelte man ihm die Kiefer auf, und ein kräftiger, an beiden Enden zugespitzter Pflock wurde so eingesetzt, dass die beiden aufgerissenen Kieferhälften nach Entfernung der Hebelstangen darauf festsaßen. Nachdem das erledigt war, wurde der Haken herausgeschnitten. Der Hai fiel zurück in die See, hilflos und doch im Vollbesitz seiner Kräfte, zu einem qualvollen Hungertod verdammt – einem Dahinsiechen, das er weniger verdient hatte als der Mann, dem diese Art der Bestrafung in den Sinn gekommen war.

## 22. KAPITEL

Ich wusste Bescheid, als sie auf mich zukam, denn ich hatte sie zehn Minuten lang eindringlich mit dem Maschinisten reden sehen. Ich gab ihr ein Zeichen zu schweigen und zog sie aus der Hörweite des Rudergängers. Ihr Gesicht war bleich und versteinert. Mit ihren ausdrucksvollen Augen, die durch ihre Entschlossenheit noch größer wirkten als sonst, sah sie mich durchdringend an. Ich war unsicher und fühlte mich nicht wohl in meiner Haut, denn sie war gekommen, um Humphrey van Weydens Seele auszuforschen – und Humphrey van Weyden hatte seit seiner Ankunft auf der *Ghost* nichts vorzuweisen, auf das er besonders stolz hätte sein können.

Wir gingen bis zum Rand des Hüttendecks, wo sie sich umwandte und mich ansah. Ich musterte die Umgebung, um sicher zu sein, dass uns niemand belauschte.

»Was gibt's?«, fragte ich behutsam, aber der entschlossene Ausdruck wich nicht aus ihrem Gesicht.

»Ich kann ja verstehen«, begann sie, »dass der Vorfall heute Morgen mehr oder weniger ein Unfall war, aber ich habe mit Mr. Haskins gesprochen. Er sagte mir, dass am Tag unserer Rettung, während ich in der Kabine schlief, zwei Männer umkamen, vorsätzlich ertränkt wurden – ermordet also.«

Ihre Stimme hatte einen fragenden Ton, dabei blickte sie mich so vorwurfsvoll an, als ob ich selbst der Tat oder zumindest der Beihilfe schuldig wäre.

»Die Information stimmt genau«, antwortete ich. »Die beiden Männer wurden ermordet.«

»Und Sie haben es zugelassen!«, rief sie aus.

»Es stand nicht in meiner Macht, es zu verhindern, würde ich sagen«, entgegnete ich ruhig.

»Aber Sie haben es versucht?« Die Betonung lag auf »versucht«, und ein flehender Ton war unverkennbar.
»Ach, nicht einmal das«, fuhr sie fort und nahm damit meine Antwort vorweg. »Aber warum nicht?«
Ich zuckte mit den Schultern. »Wissen Sie, Miss Brewster, Sie sind ein neuer Bewohner dieser kleinen Welt und kennen die Gesetze, die hier gelten, noch nicht. Sie bringen gewisse hohe Ideale wie Menschlichkeit, Mannhaftigkeit, gepflegte Umgangsformen und so weiter mit an Bord. Die aber sind hier ganz fehl am Platz. Wie ich selbst erleben musste«, fügte ich mit einem unfreiwilligen Seufzer hinzu.
Sie schüttelte ungläubig den Kopf.
»Was würden Sie mir denn raten?«, fragte ich. »Dass ich ein Messer, eine Axt oder einen Revolver nehmen und diesen Mann umbringen soll?«
Sie schrak zurück.
»Nein, das nicht!«
»Was soll ich dann tun? Mich selbst umbringen?«
»Sie denken rein materialistisch«, wandte sie ein. »Man kann auch moralisch kämpfen. Mut ist nie wirkungslos.«
»So?«, lächelte ich. »Sie raten mir damit, weder ihn noch mich umzubringen, sondern mich von ihm umbringen zu lassen.« Ich hob die Hand, als sie antworten wollte. »Denn auch Mut ist auf dieser schwimmenden Welt wertlos. Leach, einer der Männer, die ermordet wurden, war ungewöhnlich couragiert – und Johnson, der andere, auch. Das hat ihnen nicht nur nichts genutzt, es hat sie letztendlich umgebracht. Mir würde es nicht anders ergehen, wenn ich das bisschen Mut einsetzen würde, das ich möglicherweise besitze.
Eins müssen Sie klar und deutlich sehen, Miss Brewster, dieser Mann ist ein Monster. Er hat kein Gewissen. Nichts ist ihm heilig. Nichts ist so schrecklich für ihn, dass er es nicht tun würde. Ich verdanke es einer Laune, dass ich an Bord bleiben durfte, dass ich noch am Leben bin. Ich tue nichts, kann nichts tun, weil ich Sklave dieses Monsters bin, weil ich, wie Sie, am Leben hänge und weil ich ihn ebenso wenig bekämpfen und besiegen kann wie Sie.«
Sie wartete darauf, dass ich fortfuhr.

»Was bleibt mir übrig? Ich spiele die Rolle des Schwachen. Ich halte still und nehme die Schmach auf mich, so wie Sie es tun werden. Und das ist gut so. Es ist das Beste, was wir tun können, wenn wir überleben wollen. Der Kampf wird nicht immer von den Starken gewonnen. Wir haben nicht die Kraft, diesen Mann zu besiegen; wir müssen uns verstellen und, wenn möglich, durch Verschlagenheit gewinnen. Wenn Ihnen an meinem Rat etwas liegt, tun Sie dasselbe. Ich weiß, dass meine Lage gefährlich ist, aber Ihre ist, ehrlich gesagt, noch gefährlicher. Wir müssen zusammenhalten, insgeheim, ohne dass es offensichtlich wird. Ich werde mich nicht offen auf Ihre Seite stellen können, und – gleich welche Demütigungen mir zuteil werden – Sie müssen ebenfalls schweigen. Wir dürfen diesen Mann nicht provozieren, dürfen seinen Willen nicht durchkreuzen. Wir müssen ihn anlächeln und freundlich zu ihm sein, egal wie widerwärtig uns das vorkommen mag.«

Mit der Hand strich sie sich verwirrt über die Stirn und sagte: »Ich verstehe immer noch nicht.«

»Sie müssen tun, was ich sage«, unterbrach ich streng, denn ich sah, dass Wolf Larsen, der mittschiffs mit Latimer auf und ab ging, uns einen Blick zuwarf. »Tun Sie, was ich sage, und Sie werden mir in Kürze recht geben.«

»Was soll ich denn tun?«, fragte sie, als sie den besorgten Blick bemerkte, den ich dem Gegenstand unserer Unterhaltung zugeworfen hatte, und, wie ich mir schmeichle, unter dem Eindruck der Ernsthaftigkeit meiner Worte.

»Halten Sie mit Ihrem Mut hinter dem Berg, so gut es geht«, sagte ich knapp. »Machen Sie sich diesen Mann auf keinen Fall zum Feind. Behandeln Sie ihn freundlich, reden Sie mit ihm, diskutieren Sie mit ihm über Literatur und Kunst – diese Dinge mag er. Sie werden in ihm einen interessierten Zuhörer finden und keinen Dummkopf. Und machen Sie sich um Himmels willen nicht zum Zeugen der Brutalitäten auf diesem Schiff, soweit sich das vermeiden lässt. Dann können Sie Ihre Rolle leichter spielen.«

»Ich soll lügen«, sagte sie in festem, rebellischem Ton, »in Wort und Tat lügen.«

Wolf Larsen hatte sich von Latimer getrennt und kam zu uns herüber. Ich war verzweifelt.

»Bitte, bitte, verstehen Sie mich«, sagte ich schnell und senkte meine Stimme. »All Ihre Erfahrungen mit Menschen und Dingen sind hier wertlos. Sie müssen neu anfangen. Ich weiß – und sehe es ja –, Sie haben unter anderem gelernt, Menschen mit den Augen zu beeinflussen und Ihren Mut durch sie sprechen zu lassen. Sie haben auch mich schon mit ihren Augen im Griff und mir Befehle erteilt. Aber versuchen Sie das nicht mit Wolf Larsen. Sie könnten genauso gut versuchen, einen Löwen im Zaum zu halten, der mit seinem Opfer spielt. Er würde … Ich war immer stolz darauf, ihn entdeckt zu haben«, sagte ich und wechselte abrupt das Thema, als Wolf Larsen, der aufs Hüttendeck gestiegen war, zu uns trat. »Die Herausgeber hatten Angst, und die Verleger retournierten seine Manuskripte. Aber ich habe es gewusst, und sein Genius und mein Urteil fanden ihre Bestätigung, als ihm mit ›Die Schmiede‹ der große Wurf gelang.«

»Dabei war es ein Zeitungsgedicht«, antwortete sie schlagfertig.

»Zufällig erschien es tatsächlich in einer Zeitung«, erwiderte ich, »aber nicht, weil es den Herausgebern der Zeitschriften vorenthalten worden wäre.«

»Wir sprechen über Harris«, sagte ich zu Wolf Larsen.

»Ach ja«, bemerkte er. »Ich erinnere mich an ›Die Schmiede‹. Strotzend von schönen Gefühlen und dem unerschütterlichen Glauben an menschliche Einbildungen. Ach übrigens, Mr. van Weyden, Sie sehen besser mal nach dem Smutje. Er stöhnt und ist unruhig.«

So wurde ich unmissverständlich des Hüttendecks verwiesen, denn Mugridge, dem ich Morphium gegeben hatte, fand ich in tiefem Schlaf. Ich ließ mir also Zeit, bis ich wieder an Deck erschien, und war froh, dass Miss Brewster sich jetzt mit Wolf Larsen unterhielt. Wie gesagt, der Anblick freute mich. Sie folgte meinem Rat. Trotzdem schockierte oder verletzte es mich ein wenig, dass sie zu der Verstellung fähig war, um die ich sie gebeten und die doch offenbar ihren Widerwillen erregt hatte.

## 23. KAPITEL

Stetige Winde trieben die *Ghost* nordwärts auf die Robbenherde zu. Wir fanden sie in Höhe des vierundvierzigsten Breitengrades in rauer, stürmischer See, über die der Wind ständig Nebelbänke vor sich herjagte. Manchmal bekamen wir die Sonne tagelang nicht zu Gesicht und konnten keine Peilung vornehmen. Doch irgendwann fegte der Wind alles so blitzblank, dass die gekräuselten Wellen funkelten, und wir wussten wieder, wo wir waren. Ein klarer Tag folgte, manchmal auch drei oder vier. Dann aber senkte sich der Nebel von neuem herab, scheinbar dichter als je zuvor.

Die Jagd war gefährlich. Die Boote, die Tag für Tag zu Wasser gelassen und von dem grauen Nichts verschluckt wurden, blieben bis zum Einbruch der Nacht – und oft darüber hinaus – verschwunden, dann aber tauchten sie, eins nach dem anderen, wie Seeungeheuer wieder aus dem Nebel auf. Wainwright, der Jäger, den Wolf Larsen mit Boot und Besatzung gestohlen hatte, nutzte die schlechte Sicht, um sich davonzumachen. Er verschwand eines Morgens mit seinen beiden Männern hinter der Nebelwand, und wir sahen sie nie wieder. Aber nach einigen Tagen erfuhren wir, dass er von Schoner zu Schoner gewandert war, bis er zuletzt zu seinem Schiff zurückgefunden hatte.

Eine solche Flucht hatte ich mir auch vorgenommen, jedoch ergab sich nie eine Gelegenheit dazu. Es gehörte nicht zu den Aufgaben des Maats, in den Booten auf Jagd zu gehen, und obwohl ich auf jede erdenkliche Art darauf hinarbeitete, gestattete es Wolf Larsen nie. In diesem Fall hätte ich schon einen Weg gefunden, Maud Brewster mitzunehmen. Unterdessen spitzte sich die Situation an Bord weiter zu und näherte sich einem Punkt, den ich mir nicht ausmalen wollte. Unbewusst verdrängte ich immer wieder jeden Gedanken daran, doch wie ein Schreckgespenst stand mir die Vorstellung ständig vor Augen.

Früher hatte ich Abenteuerromane gelesen, in denen selbstverständlich auch eine einsame Frau auf einem Schiff voller Männer auftauchte. Aber erst jetzt begriff ich, dass mir die tiefere Bedeutung einer Situation, die von den Schriftstellern endlos ausgewalzt und ausgeschlachtet schien, immer entgangen war. Jetzt steckte ich nämlich selbst mittendrin. Und damit es mir richtig unter die Haut ging, musste die Frau, die mich jetzt durch ihre Person ebenso gefangen nahm wie vorher durch ihre Arbeiten, nur Maud Brewster heißen.

Man kann sich nichts Deplatzierteres vorstellen. Sie war ein zartes, vergeistigtes Geschöpf, schlank und von graziler Anmut. Ich hatte nie den Eindruck, als ginge sie; zumindest aber ging sie nicht wie gewöhnliche Sterbliche. Sie bewegte sich mit größter Geschmeidigkeit, und ihr Schritt hatte etwas undefinierbar Luftiges, sie schwebte heran wie eine Daune oder wie ein Vogel auf lautlosen Schwingen.

Sie schien aus Meißener Porzellan gemacht, und immer wieder beeindruckte mich ihre Zerbrechlichkeit. Wie zu Anfang, als ich ihren Arm ergriff, um sie unter Deck zu geleiten, war ich ständig darauf gefasst, dass ein Stoß oder eine rohe Behandlung sie zerbrechen könnten. Noch nie hatte ich Körper und Geist in so vollkommenem Einklang gesehen. Beschreibt man ihre Gedichte, die von Kritikern als ätherisch und jeder Erdenschwere bar bezeichnet wurden, so hat man ihren Körper beschrieben. Dieser schien Ausdruck ihrer Seele zu sein, die mit ihm im Einklang stand und durch ihn auf zarteste Weise mit dem Leben verbunden schien. Sie berührte den Boden kaum, und ihre Konstitution wies nur wenig robusten Lehm auf.

Somit unterschied sie sich auf das nachdrücklichste von Wolf Larsen. Jeder war das Gegenteil des anderen, und sie hatten nichts miteinander gemein. Ich sah sie eines Morgens auf Deck herumspazieren und verglich sie mit den Extremen der menschlichen Evolutionsleiter – er der Gipfel aller Barbarei, sie das vollkommene Endprodukt höchster Zivilisation. Natürlich besaß Wolf Larsen ungewöhnlich viel Verstand; da er ihn aber nur zur Befriedigung seiner bestialischen Instinkte einsetzte, machte ihn das nur zu einem noch schrecklicheren Wilden. Er war sehr muskulös, von kräftigem Körperbau und bewegte sich mit der Sicherheit und Zielstrebigkeit des rein physischen Menschen, jedoch niemals schwerfällig. Die Art und Weise, wie er ausschritt und auftrat, verrieten immer noch den Dschungel und die Wildnis. Er hatte die Leichtfüßigkeit und das Geschmeidige einer Katze und war stark, sehr stark. Ich verglich ihn mit einem großen Tiger, einem verwegenen Raubtier. Er hielt dem Vergleich stand, und das durchdringende Strahlen seiner Augen, das man hin und wieder bei ihm beobachten konnte, hatte ich schon einmal in den Augen gefangener Leoparden und anderer wilder Tiere gesehen.

An jenem Tag aber, an dem ich ihrem Spaziergang zusah, war sie es, die die Unterhaltung beendete. Beide kamen auf den Niedergang zu, an dessen oberem Ende ich stand. Obwohl sie sich äußerlich nichts anmerken ließ, hatte ich das Gefühl, dass sie sehr verstört war. Sie sah mich an, machte ein paar beiläufige Bemerkungen und lachte scheinbar unbeschwert, aber ich sah ihre Augen fasziniert und wie gebannt zu seinen zurückkehren. Dann schaute sie fort, aber nicht schnell genug, um die aufwallende Angst zu verbergen, die darin geschrieben stand.

In seinen Pupillen erblickte ich den Grund ihrer Verstörung. Normalerweise grau, kalt und hart, leuchteten sie jetzt weich, warm und golden, und darin tanzten lauter kleine Lichter, die glitzerten und verblassten oder so an Helligkeit zunahmen, bis seine Augen schließlich ganz von ihrem Glanz überströmt waren. Vielleicht erklärte das die goldene Färbung; jedenfalls strahlten seine Augen wie Gold, verführerisch und herrisch, gleichzeitig verlockend und unwiderstehlich, und aus ihnen sprach ein Verlangen und Tosen des Blutes, das keine Frau missverstehen konnte, und schon gar nicht Maud Brewster.

Ihre Furcht übertrug sich auf mich, und in diesem Moment der Angst, der schrecklichsten Angst, die ein Mann empfinden kann, wusste ich, dass sie mir teurer war, als Worte ausdrücken können. Das Wissen um meine Liebe zu ihr überwältigte mich mit dieser Furcht. Gleichzeitig erfassten beide Empfindungen mein Herz, ließen mein Blut gefrieren und aufbrausen. Ich fühlte mich von einer äußeren, über mir stehenden Macht ergriffen und bemerkte, dass ich abermals unwillkürlich in Wolf Larsens Augen starrte.

Aber er hatte seine Selbstbeherrschung wiedergewonnen. Das goldene Leuchten und die tanzenden Lichter waren verschwunden. Seine Augen waren kalt und grau und blitzten, als er sich abrupt verbeugte und ging.

»Ich habe Angst«, flüsterte Maud Brewster schaudernd. »Ich habe solche Angst.«

Auch ich hatte Angst, und durch die Entdeckung meiner Liebe zu ihr war mein Kopf völlig durcheinander; dennoch gelang es mir, ziemlich gelassen zu antworten:

»Es wird alles gut, Miss Brewster. Glauben Sie mir, es wird alles gut.«

Sie antwortete mit einem dankbaren Lächeln, das mein Herz höher schlagen ließ, und begann, den Niedergang hinabzusteigen.

Ich blieb noch lange an der Stelle stehen, wo sie mich verlassen hatte. Ich musste mich dringend neu orientieren, die Bedeutung der veränderten Umstände in Rechnung stellen. Sie war endlich gekommen, die Liebe, zu einer Zeit, wo ich am wenigsten damit gerechnet hatte, und unter den widrigsten Umständen. Meine Philosophie hatte natürlich schon immer die Unvermeidlichkeit ihres Anrufs erkannt, aber die Jahre inmitten stummer Bücher hatten mich zerstreut und unachtsam werden lassen.

Jetzt aber war sie gekommen! Maud Brewster! Ich erinnerte mich plötzlich an jenes erste schmale Büchlein auf meinem Tisch und sah die Reihe der dünnen Bände in meinem Bücherregal leibhaftig vor mir. Wie ich sie einzeln willkommen geheißen hatte! Jedes Jahr war einer erschienen, und jedes Mal war es für mich eine Art Weihnachtsgeschenk. Seelen- und geistesverwandt hatten sie zu mir gesprochen und waren zu trauten Weggefährten geworden. Jetzt aber hatten sie ihren Platz in meinem Herzen gefunden.

In meinem Herzen? Meine Gefühle standen plötzlich kopf. Es schien mir, als würde ich mich mit ungläubigem Staunen von außen betrachten. Maud Brewster! Humphrey van Weyden, der »kaltblütige Fisch«, das »Monster ohne Gefühl«, der »analytische Dämon«, wie Charley Furuseth mich getauft hatte, war verliebt! Dann aber erinnerte sich mein ewig skeptischer Kopf zusammenhanglos an eine biografische Notiz im rot eingebundenen *Who's Who*: »Sie wurde in Cambridge (Mass.) geboren und ist siebenund-

zwanzig Jahre alt.« Und ich fragte mich: »Siebenundzwanzig Jahre alt – unverheiratet und auch noch zu haben?« Aber woher sollte ich das wissen? Da packte mich die neugeborene Eifersucht und verscheuchte jeden Zweifel. Ich war eifersüchtig, daran war nicht zu rütteln, also liebte ich. Und die Frau, die ich liebte, hieß Maud Brewster.
Ich, Humphrey van Weyden, verliebt! Ich konnte es nicht glauben. Nicht, dass ich mich davor fürchtete oder etwa Bedenken hegte. Ganz im Gegenteil, als ausgesprochener Idealist hatte meine Philosophie die Liebe schon immer als das höchste Gut auf Erden gewürdigt, als Ziel und Höhepunkt allen Lebens, als des Daseins auserlesenste Wonne – etwas, das es willkommen zu heißen und ins Herz zu schließen galt. Aber jetzt, da sie zu mir gekommen war, konnte ich mein Glück kaum fassen. Es war zu schön, um wahr zu sein. Symons' Zeilen kamen mir in den Sinn:

»Jahr um Jahr durchwandert' ich
Die Welt der Frau'n und suchte dich.«

Und schließlich hatte ich es aufgegeben. Das Größte auf Erden war mir eben nicht beschieden, hatte ich mir gesagt. Furuseth hatte recht. Ich war nicht normal, ein gefühlloses Monster, ein seltsamer Bücherwurm, der sich nur den Freuden des Geistes hingeben konnte. Obwohl ich ständig von Frauen umgeben gewesen war, hatte ich sie nur als ästhetische Phänomene betrachtet – und als sonst nichts. Manchmal hatte ich mich für einen hoffnungslosen Außenseiter gehalten, für einen literarischen Mönch, dem die unsterblichen und die vergänglichen Leidenschaften, die er bei anderen erlebt und so gut versteht, verschlossen bleiben. Aber jetzt war sie da! Was ich mir nie erträumt hatte, war ohne Warnung über mich gekommen. In einem Zustand, den man nur als ekstatisch bezeichnen kann, verließ ich meinen Posten am Niedergangsluk und murmelte Mrs. Brownings wunderbare Zeilen vor mich hin:

»Visionen lud ich jahrelang zu mir,
bat keinen Gast aus Fleisch und Blut,

behaglich war's, sie musizierten gut,
ich glaubte nicht an höhere Daseinszier.«

Aber eine süßere Musik erklang jetzt in meinen Ohren und machte mich blind und taub für meine Umgebung. Die scharfe Stimme Wolf Larsens schreckte mich auf.

»Was zum Teufel haben Sie vor?«, rief er.

Ich war nach vorn gegangen, wo einige Matrosen einen neuen Anstrich auftrugen, und kam erst zu mir, als ich im Begriff war, einen Kübel Farbe umzustoßen.

»Schlafwandeln Sie oder haben Sie einen Sonnenstich, eh?«, bellte er.

»Nein, Verdauungsstörungen«, gab ich zurück und ging weiter, als wäre nichts geschehen.

## 24. KAPITEL

Die Geschehnisse auf der *Ghost* in den vierzig Stunden nach der Entdeckung meiner Liebe zu Maud Brewster gehören zu meinen lebhaftesten Erinnerungen. Ich hatte mein ganzes Leben in Beschaulichkeit zugebracht, nur um dann mit fünfunddreißig Jahren in ein verrückteres Abenteuer hineinzugeraten, als ich mir je hatte träumen lassen, und jetzt verdichteten sich die Ereignisse auf unerhörte Weise. Auch kann ich nach diesen vierzig aufregenden Stunden meine Ohren nicht ganz vor den Einflüsterungen des Stolzes verschließen, die mir bedeuten, dass ich dabei alles in allem gar keine so schlechte Figur gemacht habe.

Zunächst setzte Wolf Larsen beim Mittagstisch die Jäger davon in Kenntnis, dass sie von nun an im Zwischendeck essen würden. So etwas war auf einem Robbenschoner, wo Jäger üblicherweise wie Offiziere behandelt werden, noch nie da gewesen. Er begründete seine Entscheidung nicht, aber das Motiv war mehr als offensichtlich. Horner und Smoke hatten Maud Brewster gegenüber eine Artigkeit an den Tag gelegt, die lächerlich genug und für sie nicht störend war. Er hingegen fand sie offenbar geschmacklos. Die Ankündigung wurde mit finsterem Schweigen aufgenommen, und die vier Jäger warfen den beiden für die Verbannung Verantwortlichen vielsagende Blicke zu. Ruhig, wie er war, ließ Horner keine Reaktion erkennen, aber Smokes Stirn lief dunkelrot an, und er öffnete den Mund, als ob er etwas sagen wolle. Larsen beobachtete ihn und wartete mit stählernem Glitzern in den Augen auf seinen Einspruch, aber Smoke schloss unverrichteter Dinge wieder den Mund.

»Gibt's was?«, fragte sein Gegenüber angriffslustig. Es war eine deutliche Herausforderung, aber Smoke weigerte sich, sie anzunehmen.

»Was soll's geben?«, erwiderte er so unschuldig, dass Wolf Larsen verunsichert war und die anderen grinsten.

»Ach, nichts«, sagte Wolf Larsen lahm. »Ich dachte nur, Sie wollten sich beschweren.«
»Worüber?«, fragte Smoke unbewegt.
Das Grinsen der anderen Jäger wurde noch breiter. Sein Kapitän hätte ihn umbringen können, und ich habe keinen Zweifel, dass ohne Maud Brewster Blut geflossen wäre. Andererseits war es ihre Gegenwart, die Smokes Verhalten möglich machte. Er war ein zu gewitzter und vorsichtiger Mann, um sich Wolf Larsens Zorn zuzuziehen, wenn er sich dafür drastischere Konsequenzen als ein paar böse Worte eingehandelt hätte. Ich fürchtete schon, dass sich trotzdem etwas anbahnte, als ein Ruf des Rudergängers die Situation entspannte.
»Rauch in Sicht!«, tönte es den offenen Niedergang herunter.
»Welche Peilung?«, rief Wolf Larsen hinauf.
»Achteraus, Sir.«
»Vielleicht ist's ein Russe«, bemerkte Latimer.
Seine Worte sorgten bei den anderen Jägern für verängstigte Gesichter. Ein Russe konnte nur eines bedeuten – einen Kreuzer. Die Jäger, die immer nur vage ahnten, wo sich der Schoner befand, wussten natürlich, dass wir verbotenen Gewässern nahe waren und dass Wolf Larsen der Ruf eines Wilderers vorauseilte. Alle Augen ruhten auf ihm.
»Todsicher sind wir auf der richtigen Seite«, beruhigte er sie lachend. »Diesmal reicht's nicht für die Salzminen, Smoke. Aber ich glaube – ich wette fünf zu eins, dass das die *Macedonia* ist.«
Keiner nahm seine Wette an, und so fuhr er fort: »Und dann setze ich zehn gegen eins, dass sich Ärger zusammenbraut.«
»Nein, danke«, entgegnete Latimer. »Es macht mir nichts aus, mein Geld zu verlieren, aber es muss schon ein gewisser Reiz dabei sein. Das hat's noch nie gegeben, dass es ohne Ärger abging, wenn Sie und Ihr Bruder sich begegneten. Da wette ich zwanzig zu eins.«
Es folgte allgemeine Heiterkeit, in die auch Wolf Larsen einstimmte, und der Rest der Mahlzeit verlief ruhig. Das war nicht zuletzt mein Verdienst, denn er zog über mich her, verspottete mich und behandelte mich so von oben herab, dass ich schließlich vor unterdrückter Wut zitterte. Aber ich

wusste, dass ich mich um Maud Brewsters willen beherrschen musste, und ich erhielt meinen Lohn, als sich unsere Augen für einen kurzen Moment begegneten und ihr Blick mir so deutlich wie mit Worten zu verstehen gab: »Seien Sie tapfer, halten Sie aus.«

Wir erhoben uns, um an Deck zu gehen, denn der Dampfer war eine willkommene Unterbrechung der Monotonie, wobei die Vermutung, dass es sich um Tod Larsen und die *Macedonia* handelte, die Aufregung noch steigerte. Die steife Brise und die starke Dünung, die am vorhergehenden Nachmittag aufgekommen waren, hatten sich seit dem Morgen abgeschwächt, sodass wir jetzt die Boote für die Nachmittagsjagd absetzen konnten. Es sah vielversprechend aus. Seit Tagesanbruch waren wir keiner einzigen Robbe begegnet, jetzt aber segelten wir in die Herde hinein. Die Rauchsäule war noch Meilen hinter uns, holte uns aber schnell ein, während wir die Boote zu Wasser ließen. Diese verteilten sich in nördlicher Richtung über den Ozean. Hier und da konnten wir sehen, dass ein Segel eingeholt wurde, hörten Schüsse und sahen dann, wie das Segel wieder aufgezogen wurde. Die Robbenherde war dicht, und der Wind flaute weiter ab. Alles sprach für einen guten Fang. Während wir unsere Position in Lee des letzten Leebootes ansteuerten, sahen wir, dass das Meer von einem Teppich schlafender Robben bedeckt war. Sie umgaben uns von allen Seiten, in einer Dichte, wie ich sie nie zuvor gesehen hatte. Ausgestreckt lagen sie in Zweier- und Dreiergruppen im Wasser, wo sie der Welt entrückt wie junge Hunde schliefen.

Unter dem herannahenden Rauch wurden Rumpf und Aufbauten eines Dampfers allmählich größer. Es war die *Macedonia.* Ich las ihren Namen durch das Fernglas, als sie uns in weniger als einer Meile Abstand steuerbords passierte.

Wolf Larsen starrte das Schiff wütend an, während Maud Brewster neugierig hinüberschaute.

»Wo ist jetzt der Ärger, den Sie mit Sicherheit heraufziehen sahen, Kapitän Larsen?«, fragte sie fröhlich.

Er sah sie amüsiert an, und für einen Moment entspannten sich seine Züge.

»Was haben Sie erwartet? Dass die an Bord kommen und uns die Kehlen durchschneiden?«

»So etwas Ähnliches«, gestand sie. »Wissen Sie, Robbenjäger sind mir so völlig neu und fremd, dass ich auf alles gefasst bin.«

Er nickte. »Und zu Recht, zu Recht. Ihr Fehler ist, dass Sie nicht das Schlimmste erwartet haben.«

»Wie, was kann denn schlimmer sein als eine durchschnittene Kehle?«, fragte sie in naivem Erstaunen.

»Beutelschneiderei«, antwortete er. »Der Mensch von heute ist so geschaffen, dass seine Lebensfähigkeit davon abhängt, wie viel Geld er besitzt.«

»Wer meinen Geldbeutel stiehlt, der stiehlt nur Flöhe«, zitierte sie.

»Wer meinen Geldbeutel stiehlt, der stiehlt mein Recht auf Leben«, lautete seine Antwort, »auch wenn Sprichwörter das Gegenteil behaupten. Denn er stiehlt mein Brot, mein Fleisch und mein Bett und gefährdet so meine Existenz. Es gibt nicht genug Suppenküchen und Almosen für alle, wie Sie wissen, und wenn man nichts mehr in der Tasche hat, stirbt man normalerweise einen erbärmlichen Tod – es sei denn, man kann seine Taschen schnell genug wieder füllen.«

»Aber es gibt keine Anzeichen, dass der Dampfer es auf Ihren Geldbeutel abgesehen hat.«

»Warten Sie's nur ab; Sie werden's schon sehen«, entgegnete er grimmig.

Wir brauchten nicht lange warten. Nachdem die *Macedonia* unsere Boote um einige Meilen hinter sich gelassen hatte, begann sie, ihre eigenen Boote zu Wasser zu lassen. Wir wussten, dass sie uns mit vierzehn zu fünf Booten überlegen war (durch den Verlust von Wainwrights Boot hatten wir eins weniger). Sie setzte ihre ersten Boote weit leewärts von unserem letzten Boot aus und ließ die anderen dwars zu unserem Kurs ab, sodass das letzte weit in Luv unseres Wetterboots ablegte. Uns war damit die Jagd verdorben. Hinter uns gab es keine Robben mehr, und vor uns fegte die Linie der vierzehn Boote die Robbenherde wie mit einem großen Besen zusammen.

Unsere Boote jagten noch die zwei oder drei Meilen leer, die zwischen ihnen und der Linie lagen, auf der die *Macedonia* ihre Boote abgesetzt hatte. Dann kehrten sie zum Mutterschiff zurück. Der Wind war inzwischen fast vollkommen eingeschlafen und das Meer immer ruhiger geworden. Bei einer so großen Herde wären es ideale Jagdbedingungen gewesen – einer der zwei oder drei derartigen Tage, die man sich mit etwas Glück in einer guten Saison erhoffen durfte. Bitterböse Mannschaften, Ruderer, Steuerleute und Jäger, kletterten an Bord. Jedermann fühlte sich beraubt, und die Boote wurden unter Flüchen an Deck gehievt, die, könnten Flüche überhaupt etwas ausrichten, Tod Larsen für immer und ewig im Orkus hätten verschwinden lassen. »Tot und verdammt für ein Dutzend Ewigkeiten«, kommentierte Louis, nachdem er sein Boot vertäut hatte, und blinzelte zu mir herüber.

»Hören Sie sich die Männer an, und es wird Ihnen nicht schwerfallen, ihr seelisches Zentrum auszumachen«, sagte Wolf Larsen. »Glaube? Und Liebe? Und hohe Ideale? Das Gute? Das Schöne? Das Wahre?«

»Ihr angeborener Gerechtigkeitssinn ist verletzt worden«, mischte sich Maud Brewster in die Unterhaltung ein.

Sie stand ein paar Meter abseits, ihre Hand ruhte auf dem Hauptwanttau, und ihr Körper pendelte leicht mit dem schwachen Rollen des Schiffes. Sie hatte nicht laut gesprochen, und doch hallte der glockenklare Ton ihrer Stimme in mir nach. Oh, es klang süß in meinen Ohren! Aus Angst, mich zu verraten, traute ich mich kaum, sie in diesem Moment anzusehen. Auf dem Kopf hatte sie die Mütze eines Schiffsjungen. Darunter fiel ihr hellbraunes Haar offen und voll herab, und die sich darin spiegelnde Sonne schien ihr zartes, ovales Gesicht wie mit einer Aureole zu umgeben. Sie war wirklich bezaubernd und von einer Vergeistigung, die fast heilig zu nennen war. All meine ursprüngliche Bewunderung für das Leben kehrte bei diesem Anblick seiner grandiosesten Manifestation zurück. Wolf Larsens kalte Erklärung des Daseins und seiner Bedeutung war schlichtweg absurd und lächerlich.

»Ein ebenso sentimentales Gemüt wie Mr. van Weyden«, spottete er. »Diese Männer fluchen, weil ihre Begierden durchkreuzt worden sind. Das ist alles. Welche Begierden? Sie wollen den guten Fraß und die weichen Betten an Land, die ein anständiger Zahltag ihnen sichert, die Frauen und den

Suff, das Fressen und die Viechereien – das macht diese Kerle aus, das ist das Beste, was in ihnen steckt, und so heißen ihre höchsten Ziele, ihre Ideale, wenn sie so wollen. Die Art und Weise, wie sie ihre Gefühle zum Ausdruck bringen, nimmt einen nicht besonders für sie ein, aber das zeigt nur, wie tief sie getroffen sind, wie tief jemand in ihren Geldbeutel gelangt hat. Denn wer sich an ihrem Geldbeutel vergreift, vergreift sich an ihren Seelen.«

»Ihnen scheint es aber nichts auszumachen, geschröpft zu werden«, entgegnete sie lächelnd.

»Dann benehme ich mich eben anders als die Mannschaft, denn bei mir ist beides, Geldbeutel und Seele, in Mitleidenschaft gezogen worden. Beim derzeitigen Preis auf dem Londoner Markt hat die *Ghost* nach einer groben Schätzung des Nachmittagsfangs, der uns durch die *Macedonia* entgangen ist, Felle im Wert von etwa eintausendfünfhundert Dollar verloren.«

»Sie sagen das so ruhig …«, begann sie.

»Aber ich fühle mich nicht so. Ich könnte den Kerl umbringen, der mich beraubt hat«, unterbrach er sie. »Ja, ja, ich weiß, dieser Mann ist mein Bruder – nichts als sentimentaler Quatsch! Pah!«

Seine Gesichtszüge veränderten sich plötzlich. Seine Stimme wurde weniger barsch und klang vollkommen ehrlich, als er fortfuhr:

»Ihr müsst glücklich sein, ihr gefühlsseligen Menschen, wirklich und wahrhaft glücklich, wenn ihr vom Guten träumt. Denn wenn ihr etwas Gutes entdeckt, fühlt ihr euch selbst auch gut. Nun, ihr beiden, heraus mit der Sprache, findet ihr mich gut?«

»Sie sind ansehnlich – in gewisser Hinsicht«, schränkte ich ein.

»Alle Anlagen zum Guten sind in Ihnen vorhanden«, antwortete Maud Brewster.

»Da haben wir's wieder!«, fuhr er sie halb verärgert an. »Ihre Worte klingen für mich inhaltsleer. Der Gedanke, den Sie ausgedrückt haben, hat nichts Klares, Deutliches oder Definitives. Man kann ihn nicht in die Hand nehmen und betrachten. In Wirklichkeit handelt es sich nämlich überhaupt nicht um einen Gedanken, sondern um ein Gefühl, um reine Sentimentalität, etwas, das sich auf Illusionen gründet und gar keine Verstandesleistung voraussetzt.«

Während er dies sagte, wurde seine Stimme wieder sanft und nahm einen vertraulichen Ton an. »Wissen Sie, manchmal ertappe ich mich selbst bei dem Wunsch, blind für die Fakten des Lebens zu sein und nur Hirngespinste und Illusionen zu kennen. Die sind natürlich verlogen, vollkommen verlogen und wider alle Vernunft. Dennoch sagt mir mein Verstand – Verlogenheit hin, Verlogenheit her –, dass träumen und in Illusionen dahinzuleben mehr Freude macht. Und Freude ist der Lohn des Lebens. Ohne Freude ist das Leben wertlos. Sich mit dem Leben herumzuschlagen und nichts davon zu haben ist schlimmer als der Tod. Derjenige, der am frohsinnigsten lebt, lebt am besten – und eure Träume und Phantasmen irritieren euch weniger und bereiten euch mehr Freude als mir meine Fakten.«

Er schüttelte langsam und nachdenklich den Kopf.

»Ich zweifle oft, sehr oft, am Wert des Verstandes. Träume müssen viel substanzieller und befriedigender sein. Emotionale Freude ist erfüllender und dauerhafter als intellektuelle Freude. Außerdem bezahlt man für die Momente intellektuellen Vergnügens mit Depressionen. Emotionales Vergnügen aber führt nur zu einer Ermattung, von der man sich schnellstens wieder erholt. Ich beneide euch, ich beneide euch.«

Er hielt abrupt inne, und auf seinen Lippen erschien dieses seltsam spöttische Lächeln, als er hinzufügte:

»Mit meinem Kopf beneide ich euch, wohlgemerkt, aber nicht mit meinem Herzen. Mein Verstand zwingt mich dazu. Neid ist ein Produkt des Intellekts. Ich bin wie ein nüchterner Mann, der Betrunkenen zuschaut und sich in seinem Überdruss sehnlichst wünscht, ebenfalls betrunken zu sein.«

»Oder wie ein Weiser, der Idioten zuschaut und sich wünscht, selbst ein Idiot zu sein«, lachte ich.

»Genau richtig«, sagte er. »Ihr seid ein Paar begnadeter, bankrotter Idioten. Ihr habt keine Fakten in euren Brieftaschen.«

»Und doch geben wir das, was wir haben, so großzügig aus wie Sie«, versetzte Maud Brewster.

»Noch großzügiger, weil es euch nichts kostet.«

»Weil wir vom Konto der Ewigkeit zehren«, gab sie zurück.
»Ob ihr das wirklich tut oder es nur glaubt, bleibt sich gleich. Ihr gebt aus, was ihr nicht besitzt, und dafür erhaltet ihr auch noch einen höheren Gegenwert als ich, wenn ich ausgebe, was ich im Schweiße meines Angesichts erworben habe.«
»Warum ändern Sie dann nicht einfach Ihr Währungssystem?«, fragte sie spöttisch.
Er sah sie schnell und mit aufkeimender Hoffnung an, sagte dann aber voller Bedauern: »Zu spät. Ich möchte, vielleicht, aber ich kann nicht. Meine Brieftasche ist voll harter Altwährung. Es ist wie verhext. Ich kann mich einfach nicht dazu durchringen, etwas anderes als wertvoll zu akzeptieren.«
Er verstummte. Sein Blick wanderte abwesend an ihr vorbei und verlor sich auf der ruhigen See. Die alte, tief sitzende Melancholie hatte wieder Besitz von ihm ergriffen und ließ ihn erschaudern. Er hatte sich in eine seiner Depressionen hineinargumentiert, und in ein paar Stunden würde der Teufel in ihm Wiederauferstehung feiern. Ich erinnerte mich an Charley Furuseth und erkannte, dass die Traurigkeit dieses Mannes die Strafe war, mit der ein Materialist immer für seinen Materialismus wird büßen müssen.

## 25. KAPITEL

»Sie sind an Deck gewesen, Mr. van Weyden«, sagte Wolf Larsen am nächsten Morgen beim Frühstück zu mir. »Wie sieht's draußen aus?«

»Ganz gut«, antwortete ich mit Blick auf den Sonnenschein, der durch den offenen Niedergang fiel. »Leichte westliche Brise, die auffrischen wird, wenn Louis' Vorhersage stimmt.«

Er nickte zufrieden. »Irgendwelche Anzeichen von Nebel?«

»Dichte Bänke im Norden und Nordwesten.«

Er nickte wieder, offenbar noch zufriedener als zuvor.

»Was macht die *Macedonia*?«

»Nicht zu sehen«, antwortete ich.

Ich hätte schwören können, dass er bei dieser Nachricht ein langes Gesicht zog, aber ich konnte mir nicht erklären, warum.

Allerdings sollte ich es bald erfahren. »Rauch in Sicht!«, erklang der Ruf an Deck, und seine Miene hellte sich auf.

»Gut!«, rief er, verließ den Tisch sofort, um nach oben zu eilen, und verschwand im Zwischendeck, wo die Jäger das erste Frühstück in der Verbannung einnahmen.

Maud Brewster und ich ließen das Essen fast unberührt. In angespannter Stille sahen wir einander an und lauschten Wolf Larsens Stimme, die durch das Schott hindurch in der Kajüte zu hören war. Er sprach einige Zeit, und das Ende seiner Rede wurde mit wildem Jubel aufgenommen. Das Schott war allerdings so dicht, dass man nicht verstehen konnte, was er sagte, aber was immer es war, es erregte die Jäger sehr, denn dem Jubel folgten Hochrufe und Freudengejohle.

Den Geräuschen entnahm ich, dass die Matrosen zusammengetrommelt worden waren und die Boote klarmachten. Maud Brewster begleitete mich nach oben, aber ich ließ sie am Rand des Hüttendecks zurück, von wo sie alles beobachten konnte, ohne involviert zu sein. Auch die Matrosen waren offenbar eingeweiht. Der Mumm und Elan, mit dem sie bei der Arbeit waren, verrieten ihre Begeisterung. An Deck versammelten sich die Jäger mit Schrotflinten, Munitionskisten und – seltsamerweise – auch mit ihren Gewehren. Diese wurden fast nie mit in die Boote genommen, denn eine Robbe, die man auf große Entfernung mit dem Gewehr erlegt, ist normalerweise längst untergegangen, bevor man sie erreicht. Dennoch hatte an diesem Tag jeder der Jäger sein Gewehr und einen größeren Munitionsvorrat dabei. Mir fiel auf, dass sie zufrieden grinsten, wann immer sie die Rauchsäule der *Macedonia* erblickten, die höher und höher stieg, während sich der Dampfer von Westen her näherte.

Die fünf Boote waren im Nu abgelassen und verteilten sich fächerförmig mit nördlichem Kurs über das Meer, wie sie es auch am vorangegangenen Nachmittag getan hatten, und wieder würden wir ihnen folgen. Ich beobachtete sie einige Zeit neugierig, aber sie benahmen sich nicht außergewöhnlich. Sie holten ihre Segel ein, schossen Robben, zogen ihre Segel wieder auf und setzten die Jagd fort, so wie ich es schon oft gesehen hatte. Die *Macedonia* wiederholte ihr Manöver vom Vortag und graste alles ab, indem sie ihre Boote vor unseren und quer zu unserem Kurs absetzte. Vierzehn Boote benötigen ein ziemlich großes Jagdgebiet, wenn sie sich nicht gegenseitig in die Quere kommen wollen, sodass die *Macedonia* weiter über das Ende unserer Linie hinaus nach Nordosten lief, um weitere Boote abzusetzen.

»Was ist los?«, fragte ich Wolf Larsen, als ich meine Neugier nicht mehr zügeln konnte.

»Wirst schon sehen, was passiert«, entgegnete er schroff. »Und es wird keine Ewigkeit dauern, bis es so weit ist. Aber du kannst schon mal für eine ordentliche Mütze voll Wind beten.

»Ach was, ich kann's dir auch gleich sagen«, meinte er im nächsten Augenblick. »Ich werde meinem Brüderchen etwas von seiner eigenen Medizin verabreichen. Kurz gesagt, ich werde jetzt absahnen, und nicht nur für einen Tag, sondern für den Rest der Saison – wenn wir etwas Glück haben.«

»Und wenn wir keins haben?«, wollte ich wissen.

»Ausgeschlossen«, lachte er. »Wir müssen einfach Glück haben, sonst ist's aus und vorbei.«

Er stand gerade am Ruder, und so ging ich nach vorn zu meiner Krankenstation in der Back, wo die beiden Verletzten lagen, Nilson und Thomas Mugridge. Nilson war den Umständen entsprechend gut gelaunt, denn sein Knochenbruch verheilte problemlos, aber der Cockney war melancholisch bis zur Verzweiflung, und ich spürte tiefes Mitgefühl für dieses unglückliche Geschöpf in mir aufsteigen. Es war ein Wunder, dass er noch lebte und sich so ans Leben klammerte. Die Jahre unmenschlicher Behandlung hatten seinen mageren Körper in ein zersplittertes Wrack verwandelt, aber dennoch brannte der Lebensfunke in ihm mit unverminderter Stärke.

»Mit einer Fußprothese – und es gibt jetzt hervorragende – wirst du noch bis in alle Ewigkeit in den Kombüsen herumstapfen«, versicherte ich ihm aufmunternd.

Aber seine Antwort war ernst, ja feierlich. »Ich weiß nicht, ob Sie recht haben, Mr. van Weyden, aber eines weiß ich, ich finde keine Ruhe, wenn ich den Höllenhund nicht verrecken sehe. Der darf mich nicht überleben. Er hat kein Recht dazu. Wie sagt die Bibel noch: ›Er ist dem Tode geweiht.‹ Und ich sag Amen dazu und ›hoffentlich verdammt bald!‹«

Als ich an Deck zurückkehrte, sah ich, dass Wolf Larsen nur mit einer Hand steuerte. In der anderen hielt er das Fernglas, mit dem er die Boote beobachtete und insbesondere die Position der *Macedonia*. Die einzige Veränderung, die ich bei unseren Booten bemerkte, war, dass sie härter am Wind segelten und Kurs Nordnordwest steuerten. Die Bedeutung dieses Manövers leuchtete mir nicht ein, denn zwischen ihnen und der freien See befanden sich immer noch die luvseitigen Boote der *Macedonia*, die jetzt ebenfalls härter am Wind segelten. So gerieten sie langsam immer weiter nach Westen und entfernten sich von den übrigen Booten ihrer Linie. In unseren Booten wurde jetzt zusätzlich sogar gerudert. Selbst die Jäger legten sich ins Zeug, und mit drei Paar Rudern im Wasser überholten sie schnell diejenigen, die ich jetzt unumwunden als Feinde bezeichnen kann.

Die Rauchfahne der *Macedonia* war zu einem winzigen Punkt am nordöstlichen Horizont geschrumpft. Den Dampfer selbst konnte man nicht mehr sehen. Wir hatten bisher herumgetrödelt, unsere Segel schlugen die meiste Zeit und killten den Wind. Zweimal hatten wir sogar beigedreht. Das hatte jetzt ein Ende. Die Segel wurden getrimmt, und Wolf Larsen holte alles aus der *Ghost* heraus. Wir ließen die Linie unserer Boote hinter uns und hielten auf das erste Luvboot der gegnerischen Linie zu.

»Außenklüver einholen, Mr. van Weyden«, kommandierte Wolf Larsen, »und zum Backholen der Fock bereithalten.«

Ich rannte nach vorn und hatte den Niederholer des Außenklüvers angeholt und festgemacht, als wir das Boot etwa vierzig Meter leewärts passierten. Die drei Männer äugten misstrauisch zu uns herüber. Sie hatten abgegrast und kannten Wolf Larsen, zumindest aber seinen Ruf. Ich sah, dass der Jäger, ein hünenhafter Skandinavier, der im Bug saß, sein Gewehr, das normalerweise in der Halterung hing, griffbereit auf den Knien hatte. Als sie genau querab zum Heck lagen, winkte Larsen grüßend hinüber und rief: »Kommt an Bord auf einen Schnack.«

»Ein Schnack« bedeutet auf Segelschonern so viel wie »besuchen« und »einen Schwatz halten«. Es ist der Ausdruck für Klatschsucht auf See und eine stets willkommene Unterbrechung der Monotonie an Bord.

Die *Ghost* drehte wieder in den Wind, und ich war mit meinen Aufgaben vorn rechtzeitig fertig, um noch nach achtern zu laufen und an der Großschot mit Hand anzulegen.

»Sie bleiben bitte an Deck, Miss Brewster», sagte Wolf Larsen, während er nach vorn ging, um seine Gäste zu begrüßen. »Und Sie auch, Mr. van Weyden.«

Das Boot hatte sein Segel eingeholt und kam längsseits. Der Jäger, mit goldenem Bart wie ein Seegott, kletterte über die Reling und sprang an Deck. Selbst mit seiner hünenhaften Statur konnte er seine Nervosität nicht überspielen. Zweifel und Misstrauen standen ihm im Gesicht geschrieben. Trotz des Bartes war es wie ein offenes Buch, und sofort war ihm die Erleichterung anzusehen, als er von Wolf Larsen zu mir herüberschaute und bemerkte, dass nur wir beide an Bord waren. Dann warf er einen Blick auf die beiden Männer, die ihm folgten. Zweifellos hatte er wenig Grund, sich zu fürchten. Er überragte Wolf Larsen wie ein Goliath, maß wohl über zwei Meter, vielleicht zwei Meter zehn, und wog, wie ich später erfuhr, zweihundertvierzig Pfund. Dabei hatte er kein Gramm Fett am Leib. Er bestand nur aus Knochen und Muskeln.

Sein Argwohn kehrte zurück, als Wolf Larsen ihn in die Kajüte bat. Aber er blickte auf seinen Gastgeber herunter und beruhigte sich wieder – obwohl Larsen selbst ein stattlicher Mann war, wirkte er neben diesem Giganten eher wie ein Zwerg. Der Jäger zögerte nicht länger, und die beiden stiegen die Stufen des Niedergangs hinunter. In der Zwischenzeit waren seine beiden Männer, wie es bei Matrosen üblich ist, in die Back gegangen, um dort ihrerseits einen Plausch zu halten.

Plötzlich ertönte aus der Kabine ein lautes, abgewürgtes Gebrüll, dem wilde Kampfgeräusche folgten. Ein Leopard und ein Löwe kämpften, und der Löwe sorgte für den Lärm. Wolf Larsen aber war der Leopard.

»Da sehen Sie, wie heilig ihm die Gastfreundschaft ist«, sagte ich bitter zu Maud Brewster.

Ihr Kopfnicken deutete an, dass sie mich verstanden hatte, und ich erkannte in ihrem Gesicht die Anzeichen der gleichen von Gewaltausbrüchen hervorgerufenen Übelkeit, unter der auch ich während meiner ersten Wochen an Bord der *Ghost* so sehr zu leiden hatte.

»Wäre es nicht besser, wenn sie nach vorn gingen und sich am Niedergang zum Zwischendeck aufhielten, bis alles vorüber ist?«, schlug ich vor. Sie schüttelte den Kopf und sah mich mitfühlend an. Sie hatte zwar keine Angst, war aber entsetzt über die Bestialität dieses Menschen.

»Sie müssen verstehen«, erklärte ich bei dieser Gelegenheit, »welche Rolle ich auch immer spiele oder in Zukunft spielen werde, ich musste sie übernehmen, wenn – Sie und ich jemals mit heiler Haut hier herauskommen wollen.«

»Es ist wirklich kein Vergnügen für mich«, fügte ich hinzu.

»Ich weiß«, sagte sie mit schwacher Stimme wie von fern, und ihre Augen bedeuteten mir, dass sie wirklich verstanden hatte.

Die Geräusche von unten verstummten bald, und Wolf Larsen erschien allein an Deck. Seine sonnengebräunte Haut war etwas gerötet, aber sonst wies er keinerlei Kampfesspuren auf.

»Schicken Sie die beiden Männer nach achtern, Mr. van Weyden«, sagte er. Ich führte seinen Befehl aus, und ein oder zwei Minuten später standen sie vor ihm.

»Hievt euer Boot an Deck«, sagte er zu ihnen. »Euer Jäger hat sich entschlossen, etwas länger an Bord zu bleiben, und will nicht, dass es dauernd gegen den Rumpf schlägt.«

»Hievt euer Boot an Deck, hab' ich gesagt«, wiederholte er, diesmal in schärferem Ton, als sie zögerten.

»Wer weiß? Vielleicht müsst ihr ja eine Weile bei mir mitfahren«, sagte er ganz ruhig, während sie sich missmutig an die Arbeit machten, und mit einem drohenden Unterton in der Stimme, der seine Sanftheit Lügen strafte, »und wir sollten in gegenseitigem Einvernehmen beginnen. Zügig also! Tod Larsen hat euch sicher ganz anders Beine gemacht, oder wollt ihr das bestreiten?«

Unter seiner Anleitung ging es jetzt merklich flotter, und als das Boot an Bord schwang, wurde ich nach vorn geschickt, um die Fockschot loszuwerfen. Wolf Larsen stand am Ruder und steuerte die *Ghost* auf das zweite luvseitige Boot der *Macedonia* zu. Auf dem Weg dorthin hatte ich nichts zu tun und hielt nach den anderen Booten Ausschau. Das dritte Wetterboot der *Macedonia* wurde von zwei der unsrigen angegriffen, das vierte von unseren restlichen drei. Das fünfte hatte gewendet und kam seinem Nachbarn zu Hilfe. Der Kampf hatte schon auf weite Entfernung begonnen, und ständiges Gewehrfeuer war zu vernehmen. Der Wind hatte eine kurze, harte Dünung entstehen lassen, die das genaue Zielen erschwerte. Als wir uns näherten, konnten wir hier und da eine Kugel von Welle zu Welle springen sehen.

Das von uns verfolgte Boot hatte abgedreht und brasste an, um uns zu entkommen und sich unterwegs am Zurückschlagen des Angriffs unserer Boote zu beteiligen.

Ich war jetzt so mit Taljen und Schoten beschäftigt, dass ich kaum Zeit fand, dem Geschehen zu folgen, aber ich war zufällig auf dem Hüttendeck, als Wolf Larsen die beiden fremden Matrosen nach vorn in die Back schickte. Sie gingen unwillig, aber sie gingen. Als Nächstes wies er Miss Brewster an, sich unter Deck zu begeben, und lächelte über das plötzliche Erschrecken in ihren Augen.

»Es erwartet Sie dort kein grausiger Anblick«, sagte er, »nur ein unverletzter, an die Ringbolzen gefesselter Mann. Hier werden ein paar Kugeln herumstreichen, und ich möchte, dass Sie am Leben bleiben, verstehen Sie.«

Noch während er sprach, prallte eine Kugel von einer messingbeschlagenen Spake des Ruders, das er in der Hand hielt, ab und verschwand als kreischender Querschläger in Luv.

»Sehen Sie«, sagte er zu ihr, und dann an mich gerichtet: »Mr. van Weyden, übernehmen Sie das Ruder.«

Maud Brewster stand im Niedergang, sodass nur noch ihr Kopf zu sehen war. Wolf Larsen hatte sich ein Gewehr besorgt und schob eine Patrone in den Lauf. Ich bat Maud Brewster mit den Augen, unter Deck zu gehen, aber sie lächelte und sagte:

»Vielleicht sind wir schwache Landratten auf wackligen Beinen, aber wir können Kapitän Larsen doch beweisen, dass wir mindestens so viel Mut haben wie er.«

Er warf ihr einen kurzen bewundernden Blick zu.

»Damit verdoppelt sich meine Wertschätzung«, sagte er. »Bücher, Grips und Mut. Sie haben Format, ein Blaustrumpf, der würdig ist, Frau eines Piratenkapitäns zu sein. Ah – darüber sprechen wir später«, lächelte er, als eine Kugel in das Holz der Kajütenwand einschlug.

Ich sah das goldene Blitzen in seinen Augen, während er sprach, und bemerkte die aufsteigende Panik in ihren.

»Wir sind viel mutiger«, beeilte ich mich zu sagen. »Zumindest ich kann von mir behaupten, dass ich mutiger bin als Kapitän Larsen.«

Jetzt blickte er kurz zu mir herüber. Er war sich nicht sicher, ob ich es ernst meinte. Ich drehte das Ruder drei oder vier Spaken weiter, um zu verhindern, dass die *Ghost* ausscherte, und richtete sie dann wieder aus. Wolf Larsen wartete immer noch auf eine Erklärung, und ich zeigte auf meine Knie.

»Dort kann man ein leichtes Zittern beobachten«, sagte ich. »Weil ich Angst habe. Das Fleisch fürchtet sich, und auch mein Kopf ängstigt sich, denn ich will nicht sterben. Aber mein Geist triumphiert über das zitternde Fleisch und die Skrupel. Ich habe mehr als Mut, ich bin tapfer. Ihr Fleisch hat keine Angst, und Sie auch nicht. Zum einen macht es Ihnen nichts aus, der Gefahr ins Auge zu sehen, und zum anderen finden Sie sogar Gefallen daran. Sie vergnügen sich dabei. Sie mögen ohne Furcht sein, Mr. Larsen, aber Sie müssen mir zugeben, dass ich die Tapferkeit beanspruchen darf.«

»Sie haben recht«, gab er sofort zu. »So habe ich das noch nie gesehen. Aber ist der Umkehrschluss auch erlaubt? Wenn Sie mehr Mut haben als ich, bin ich dann der größere Feigling?«

Wir lachten beide über diese Absurdität. Er sprang auf das Deck herunter und legte sein Gewehr auf der Reling an. Die Kugeln, die wir abbekommen hatten, waren fast eine Meile geflogen, aber inzwischen hatte sich der Abstand halbiert. Er zielte sorgfältig und gab drei Schüsse ab. Der erste schlug knapp zwanzig Meter neben dem Boot ein, der zweite pfiff längsseits vorbei, und beim dritten ließ der Steuermann die Pinne los und sackte auf dem Boden des Bootes zusammen.

»Die sind bedient«, sagte Wolf Larsen und erhob sich wieder. »Ich konnte es mir nicht leisten, den Jäger zu treffen, und vermute, dass der Ruderer nichts vom Steuern versteht. In diesem Fall kann der Jäger nicht gleichzeitig schießen und steuern.«

Seine Überlegung erwies sich als richtig, denn das Boot drehte sofort in den Wind, und der Jäger sprang nach hinten auf den Platz des Steuermanns. Bei uns wurde nicht mehr geschossen. Lebhaftes Feuer war allerdings noch von den anderen Booten zu hören.

Der Jäger hatte das Boot wieder an den Wind gebracht, aber für jeden Knoten Fahrt, den er machte, machten wir zwei, und so holten wir ihn schnell ein. Als wir uns auf hundert Meter angenähert hatten, sah ich, dass der Ruderer dem Jäger sein Gewehr reichte. Wolf Larsen begab sich nach mittschiffs und nahm das aufgewickelte Ende des Klaufalls vom Haken. Dann blickte er, Gewehr im Anschlag, über die Reling. Zweimal sah ich den Jäger eine Hand vom Ruder nehmen, nach seinem Gewehr greifen und zögern. Wir waren jetzt längsseits und rauschten vorbei.

»He, du!«, rief Wolf Larsen plötzlich dem Ruderer zu. »Festmachen!« Gleichzeitig warf er ihm das aufgerollte Klaufall zu. Es traf genau und warf den Mann beinahe um, aber er folgte der Anweisung nicht. Stattdessen wartete er auf die Befehle seines Jägers. Der seinerseits war in einem Dilemma. Er hatte sein Gewehr zwischen den Knien, aber ließ er die Pinne los, um zu schießen, würde das Boot in den Wind drehen und mit dem Schoner kollidieren. Zudem sah er Wolf Larsens Gewehr auf sich gerichtet und wusste, dass er unter Beschuss geraten würde, bevor er seine Waffe einsetzen konnte.

»Festmachen«, sagte er leise zum Ruderer.

Dieser führte die Anweisung aus, machte an der vorderen Ducht fest und fierte die Leine, als sie sich mit einem Ruck straffte. Das Boot scherte aus und schnellte nach vorn, aber der Jäger steuerte gegen und hielt einen Parallelkurs zur *Ghost* im Abstand von etwa zehn Metern.

»Jetzt holt das Segel ein und kommt längsseits!«, befahl Wolf Larsen.

Er hatte sein Gewehr nicht aus der Hand gelegt und sogar die Läufer mit einer Hand bedient. Als sie mit Vorder- und Achterleine festgemacht hatten und die unverletzten Männer an Bord kommen wollten, griff der Jäger nach seinem Gewehr, als wolle er es sicher verstauen.

»Fallen lassen!«, rief Wolf Larsen, und der Jäger ließ das Gewehr los, als hätte er sich an dem glühenden Metall die Hände verbrannt.

Als sie an Bord waren, hievten die Gefangenen ihr Boot an Deck und trugen den verletzten Steuermann unter Wolf Larsens Aufsicht in die Back.

»Wenn unsere fünf Boote so erfolgreich sind wie wir, wird die Besatzung bald wieder ziemlich vollständig sein«, sagte Wolf Larsen zu mir.

»Der Mann, auf den Sie geschossen haben, ist … hoffentlich …«, begann Maud Brewster mit zitternder Stimme.

»Schulterschuss«, antwortete er. »Nichts Schlimmes. Mr. van Weyden wird ihn in drei oder vier Wochen wiederhergestellt haben.«

»Aber die Jungs da hinten wird auch er nicht wieder auf die Beine bringen, wie's aussieht«, fügte er hinzu und deutete auf das dritte Boot der *Ma-*

*cedonia*, auf das ich zugehalten hatte und das jetzt fast auf gleicher Höhe lag. »Das haben Horner und Smoke auf dem Gewissen. Dabei hatte ich ihnen doch eingeschärft, dass ich die Männer lebend wollte und nicht als Leichen. Aber das Vergnügen an Blattschüssen wird zur Sucht, sobald man's einmal richtig raus hat. Haben Sie das auch schon mal erlebt, Mr. van Weyden?«

Ich schüttelte den Kopf und betrachtete ihr Werk. Wahrhaftig ein Blutbad; aber Horner und Smoke hatten inzwischen ihren Kurs geändert und sich unseren drei Booten angeschlossen, die die beiden verbliebenen gegnerischen Gefährte bedrängten. Das verlassene Boot tauchte in die Wellentäler und wälzte sich trunken über jeden Brecher. Sein loses Sprietsegel stand quer, flatterte und schlug im Wind. Der Jäger und der Ruderer lagen verkrümmt auf den Planken, der Steuermann aber hing über dem Dollbord, halb drinnen und halb draußen, sodass seine Arme durchs Wasser schleiften und sein Kopf hin und her rollte.

»Schauen Sie um Gottes willen weg, Miss Brewster«, bat ich sie und war froh, dass sie der Aufforderung nachkam, sodass ihr der Anblick erspart blieb.

»Halten Sie genau auf die Gruppe zu, Mr. van Weyden«, befahl Wolf Larsen.

Als wir näher kamen, wurde das Gewehrfeuer eingestellt. Der Kampf war vorüber. Die restlichen beiden Boote waren von unseren fünf überwältigt worden. So lagen jetzt sieben Boote beisammen und warteten darauf, aufgenommen zu werden.

»Sehen Sie dort!«, entfuhr es mir, und meine Hand deutete auch schon in Richtung Nordosten.

Die Rauchfahne, die die Position der *Macedonia* verriet, war wieder aufgetaucht.

»Ja, ich habe sie die ganze Zeit beobachtet«, erwiderte Wolf Larsen gelassen. Er schätzte die Entfernung bis zur Nebelbank ab und hielt einen Augenblick lang inne, um den Winddruck auf seinem Gesicht zu prüfen. »Wir werden's schaffen, glaube ich. Aber Sie können Gift darauf nehmen, mein herzallerliebster Bruder hat unser kleines Spielchen durchschaut und ist stinksauer auf uns. Na, seht euch das an!«

Die Rauchsäule war plötzlich größer und noch dazu pechschwarz geworden.

»Ich werde dich trotzdem austricksen, Brüderchen«, gluckste er. »Austricksen werd' ich dich, und wünsche dir, dass du deine alte Maschine dabei auch noch in einen Schrotthaufen verwandelst.«

Als wir beidrehten, herrschte ein hastiges und doch geordnetes Durcheinander. Die Boote kamen von allen Seiten gleichzeitig an Bord. Sobald die Gefangenen über die Reling geklettert waren, wurden sie von den Jägern in die Back verfrachtet, während unsere Matrosen sich um die Boote kümmerten, die sie kreuz und quer auf Deck abstellten, ohne auch nur ans Festmachen zu denken. Alle Segel waren bereits gesetzt, getrimmt und für Wind querein aufgefiert, und wir nahmen schon Fahrt auf, als das letzte Boot aus dem Wasser gehoben wurde und noch in den Taljen hing.

Eile war geboten. Die *Macedonia* stürmte bedrohlich von Nordosten heran, und dabei quoll schwärzester Rauch aus ihrem Schornstein. Sie kümmerte sich nicht um die Boote, die ihr geblieben waren, und hatte ihren Kurs geändert, um uns aufzubringen. Sie hielt nicht direkt auf uns zu, sondern steuerte weit vor unseren Bug. Unsere Kurse liefen aufeinander zu wie die Seiten eines Dreiecks, dessen Spitze am Rand der Nebelbank lag. Dort und nur dort konnte die *Macedonia* hoffen, uns abzufangen. Und die *Ghost* hatte nur eine Chance zu entkommen, wenn sie diesen Punkt vor der *Macedonia* erreichte.

Wolf Larsen stand am Ruder, seine Augen glitzerten und blitzten, während er jede Einzelheit der Verfolgungsjagd in sich aufsog. Jetzt suchte er die See in Luv nach Anzeichen nachlassenden oder auffrischenden Windes ab, im nächsten Moment blickte er zur *Macedonia*. Dann wieder glitten seine Augen über jedes Segel, und er gab Befehl, hier ein wenig aufzufieren, dort etwas mehr dichtzuholen, bis er alles an Fahrt aus der *Ghost* herausgeholt hatte. Aller Hader, aller Streit waren vergessen, und mich überraschte der Eifer, mit dem jene, die so lange unter seiner Brutalität gelitten hatten, jetzt seine Befehle ausführten. Während wir auf und ab stampften und krängend voranstürmten, musste ich unwillkürlich an den unglücklichen Johnson denken und bedauerte aufrichtig, dass er nicht mehr lebte und dabei sein konnte – er, der die *Ghost* so geliebt und so viel Freude an ihrer Seetüchtigkeit gehabt hatte.

»Ihr holt besser eure Gewehre, Jungs«, rief Wolf Larsen den Jägern zu. Die fünf Männer nahmen mit dem Gewehr in der Hand an der Leereling Aufstellung und warteten.

Die *Macedonia* war jetzt weniger als eine Meile entfernt. Der schwarze Rauch strömte im rechten Winkel aus ihrem Schornstein, so schnell lief sie. Sie durchpflügte die See mit siebzehn Knoten – »himmelstürmend durch die Wogen«, zitierte Wolf Larsen, während er sie betrachtete. Wir machten nicht mehr als neun Knoten, aber die Nebelbank war sehr nah.

Eine Rauchwolke stieg vom Deck der *Macedonia* auf, wir hörten einen lauten Knall, und ein rundes Loch bildete sich im straffen Tuch unseres Großsegels. Sie beschossen uns mit der kleinen Kanone, die sie, Gerüchten zufolge, an Bord mitführten. Unsere Männer hatten sich mittschiffs versammelt, schwenkten ihre Mützen und brachen in höhnische Beifallsrufe aus. Wieder gab es eine Rauchwolke und einen lauten Knall. Diesmal schlug die Kanonenkugel etwas mehr als sechs Meter achteraus auf und sprang noch zweimal von Welle zu Welle, bevor sie luvseitig versank. Aber es gab kein Gewehrfeuer, denn alle ihre Jäger waren entweder noch in ihren Booten oder unsere Gefangenen. Als die beiden Schiffe nur noch eine halbe Meile auseinander waren, riss ein dritter Schuss ein weiteres Loch in unser Großsegel. Dann verschluckte uns der Nebel. Er umgab uns, verschleierte und verhüllte alles mit seiner dichten, feuchten Gaze.

Der plötzliche Wechsel war verblüffend. Eben noch glitten wir durch den Sonnenschein, blauer Himmel über uns, die offene See bis zum Horizont in Bewegung, und ein Schiff, das Feuer, Rauch und Geschosse ausspie, lief wie verrückt auf uns zu. Und plötzlich, von einem Augenblick zum anderen, verblasste die Sonne, verschwand der Himmel, sogar die Mastspitzen wurden unsichtbar, und der Horizont verwischte sich, als würde man ihn durch tränenblinde Augen sehen. Graue Nebelfetzen wehten an uns vorbei wie Regenschleier. Jede Wollfaser unserer Kleidung, jedes Haar auf unseren Köpfen und Gesichtern war von winzigen Kristallkugeln übersät. Das Tuch war im Nu klatschnass, und es regnete aus der Takelage. An den

Unterseiten der Bäume formten sich lange Reihen von Wassertropfen, die abfielen und wie kleine Schauer auf Deck niederprasselten, sobald der Schoner von einer Welle hochgedrückt wurde. Ich konnte mich des Gefühls erstickender Beengung nicht erwehren. Wie die Geräusche des Schiffs, das sich durch die Wellen vorankämpfte, vom Nebel zurückgeworfen wurden, so auch unsere eigenen Gedanken. Der Geist scheute geradezu vor der Betrachtung jener Welt zurück, die hinter dem feuchten Vorhang lag, der uns umgab. Dies war die Welt, unser Universum, dessen Grenzen einem so nahe kamen, dass man sich genötigt fühlte, seine Arme auszustrecken, um sie zurückzuschieben. Es war undenkbar, dass alles Übrige hinter diesen grauen Wänden liegen sollte. Dieser Rest war ein Traum, kaum mehr als die Erinnerung an einen Traum.

Es war höchst seltsam, geradezu unheimlich. Ich sah Maud Brewster an und wusste, dass sie genauso fühlte. Dann blickte ich zu Wolf Larsen hinüber, aber er zeigte keinerlei subjektive Regungen. Seine ganze Aufmerksamkeit gehörte der unmittelbaren objektiven Gegenwart. Er stand immer noch am Ruder, und ich spürte, dass er die Zeit maß, die Minuten zählte, die mit jedem Vorwärtsstürzen und leewärtigem Rollen der *Ghost* vergingen.

»Gehen Sie nach vorn und machen Sie alles klar zum Wenden, aber ohne jedes Geräusch«, sagte er mit leiser Stimme zu mir. »Geien Sie erst die Toppsegel auf. Dann alle Mann an die Schoten. Aber kein Gepolter mit den Blocks, keine lauten Stimmen. Keinen Ton, verstehen Sie, keinen Ton.«

Als wir klar waren, wurde das Kommando »Ree« von Mann zu Mann nach vorn weitergegeben, und die *Ghost* ging praktisch geräuschlos über Stag. Das wenige, was zu hören war – das Schlagen einiger Reffs, das Knarren von einer oder zwei Scheiben in ihren Blöcken –, klang geisterhaft unter dem geblähten, echoerfüllten Leichentuch, das uns einhüllte.

Die Segel hatten sich gerade wieder gestrafft, so schien es, als der Nebel sich abrupt lichtete, wir uns wieder im Sonnenschein befanden, und das wogende Meer sich erneut bis zum Horizont erstreckte. Aber der Ozean war leer. Keine rachsüchtige *Macedonia* schwamm darauf oder schwärzte den Himmel mit ihrem Rauch.

Wolf Larsen brasste sofort an und segelte am Rand der Nebelbank entlang. Sein Trick war klar. Er war auf der Luvseite des Dampfers in den Nebel hineingelaufen, und während der Dampfer blind hinterhergestampft war, um ihn vielleicht doch noch zu erwischen, hatte Wolf Larsen gewendet und war wieder aus seinem Versteck hervorgekommen. Jetzt lief er ein Stück, um leewärts wieder einzutauchen. Wenn ihm dies gelang, war der alte Vergleich von der Stecknadel im Heuhaufen noch zu schwach für die Chance seines Bruders, ihn zu finden.
Wolf Larsen hielt sich nicht lange draußen auf. Er halste mit Schoner- und Großsegel, setzte die Toppsegel und steuerte von Neuem in die Nebelbank hinein. Als sie uns verschluckte, hätte ich schwören können, dass ich die vagen Umrisse der *Macedonia* luvwärts auftauchen sah. Ich schaute schnell zu Wolf Larsen hinüber. Wir waren schon eingehüllt, aber er nickte. Er hatte sie auch bemerkt – die *Macedonia* hatte sein Manöver erahnt und war nur einen Augenblick zu spät gekommen, um es zu durchkreuzen. Fraglos waren wir unerkannt entwischt.
»Er kann unmöglich so weitermachen«, sagte Wolf Larsen. »Er muss zurück, um seine restlichen Boote aufzunehmen. Schicken Sie einen Mann ans Ruder, und halten Sie fürs Erste den anliegenden Kurs. Und teilen Sie die Wachen ein, denn wir werden diese Nacht nicht vertrödeln.«
»Aber ich würde fünfhundert Dollar geben«, fügte er hinzu, »um nur für fünf Minuten an Bord der *Macedonia* sein zu können und die Flüche meines Bruders zu hören.«
»Und nun, Mr. van Weyden«, sagte er zu mir, nachdem er als Rudergänger abgelöst worden war, »müssen wir unsere Neuankömmlinge willkommen heißen. Geben Sie reichlich Whiskey an die Jäger aus, und sorgen Sie dafür, dass auch ein paar Flaschen nach vorne kommen. Ich wette, dass jeder der Kerle morgen in die Boote steigt und genauso gern für Wolf Larsen jagt, wie er es bisher für Tod Larsen getan hat.«
»Aber werden sie nicht flüchten wie Wainwright?«, fragte ich.
Er lachte verschmitzt. »Nicht, solange unsere alten Jäger ein Wörtchen dabei mitzureden haben. Sie teilen sich einen Dollar für jedes Fell, das die neuen schießen. Mindestens die Hälfte ihrer heutigen Begeisterung

stammte daher. O nein, niemand wird entkommen, wenn unsere Jäger es verhindern können. Und jetzt gehen Sie besser in die Back und kommen Ihren ärztlichen Pflichten nach. Ein volles Krankenzimmer dürfte auf Sie warten.«

## 26. KAPITEL

Wolf Larsen nahm mir die Verteilung ab. Während ich in der Back die frisch Verwundeten versorgte, tauchten immer neue Flaschen auf. Ich war schon oft dabei gewesen, wenn im Klub Whiskey mit Soda getrunken wurde. Jedoch war mir neu, wie diese Männer tranken, aus Blechtassen und Bechern oder direkt aus der Flasche, in großen, vollen Zügen, jeder Schluck ein Gelage für sich. Aber sie sprachen dem Alkohol nicht nur ein- oder zweimal zu. Sie tranken und tranken, und ständig wurden weitere Flaschen nach vorn gereicht und geleert.

Alle tranken. Die Verletzten tranken. Oofty-Oofty, mein Helfer, trank. Nur Louis hielt sich zurück und nippte bloß an seinem Glas, stürzte sich aber mit der gleichen Ausgelassenheit in den Trubel wie die anderen. Es waren Saturnalien. Prahlend erzählten sie von den Kämpfen des Tages, stritten über Einzelheiten oder wurden rührselig und verbrüderten sich mit den Männern, die vor Kurzem noch ihre Feinde gewesen waren. Gefangene und Wächter kämpften in freundschaftlicher Umarmung den Schluckauf nieder und schworen hoch und heilig, dass sie nur Hochachtung und Respekt füreinander empfänden. Sie beweinten das Elend, das hinter ihnen lag, und die schlimmen Zeiten, die ihnen unter Wolf Larsens eiserner Faust noch bevorstanden. Alle verfluchten ihn und erzählten Schauergeschichten über seine Brutalität.

Es war ein seltsames, Furcht einflößendes Schauspiel in diesem engen, von Kojen eingefassten Raum, dessen Boden und Wände sich wild hoben und senkten; das Zwielicht, die schwankenden Schatten, die ins Monströse wuchsen und wieder zusammenschrumpften, die von Rauch und Körperausdünstungen geschwängerte, von Jodtinktur verpestete Luft und die erhitzten Gesichter der Männer, die ich eigentlich Halbmenschen nennen sollte. Ich sah Oofty-Oofty an, der eine Bandage hielt und die Szene betrachtete. Seine samtenen, klaren Augen glitzerten im Licht wie die eines Rehs, und doch wusste ich, dass eine Bestie in seiner Brust schlummerte, die die fast weibliche Weichheit und Zartheit seines Gesichts und seines Körpers Lügen strafte. Dann erblickte ich Harrisons jungenhafte Züge. Sein Gesicht hatte einmal gut ausgesehen, war aber jetzt zur Dämonenfratze verzerrt und von der Leidenschaft entstellt, mit der er Wolf Larsen lauthals verfluchte und den Neuankömmlingen von dem Höllenschiff erzählte, auf dem sie sich nunmehr befanden.

Immer ging es um Wolf Larsen, Sklavenhalter und Quälgeist dieser Männer, die männliche Circe dieser Schweine, dieser leidgeprüften Bestien, die vor ihm krochen und nur heimlich oder im Rausch gegen ihn aufbegehrten. Und war nicht auch ich eines seiner Schweine, kam mir in den Sinn. Und Maud Brewster? Nein! In entschlossener Wut biss ich die Zähne aufeinander, bis der Mann, den ich behandelte, zusammenzuckte und Oofty-Oofty mich verwundert ansah. Ich fühlte mich plötzlich von neuer Kraft erfüllt. Meine junge Liebe machte mich zum Riesen. Ich fürchtete nichts. Ich würde mich schon durchbeißen, trotz Wolf Larsen und meiner fünfunddreißig Jahre als Bücherwurm. Alles würde gut enden. Ich würde dafür sorgen. In dieser überschwänglichen Stimmung, getragen von einem Gefühl der Macht, kehrte ich dem fürchterlichen Inferno den Rücken und stieg an Deck, wo der Nebel geisterhaft durch die Nacht trieb und die Luft weich, rein und still war.

Im Zwischendeck, dem Aufenthaltsort der beiden verletzten Jäger, sah es aus wie in der Back, nur dass hier nicht über Wolf Larsen geflucht wurde. Erleichtert trat ich schließlich wieder an Deck und ging nach achtern zur Kajüte. Das Abendessen war fertig, und Wolf Larsen und Maud Brewster erwarteten mich.

Während sich das ganze Schiff in Windeseile betrank, blieb Larsen nüchtern, nahm keinen Tropfen zu sich. Er konnte sich das unter den gegebenen Umständen auch nicht leisten, denn außer Louis und mir – und Louis stand im Moment am Ruder – war auf niemanden Verlass. Wir segelten durch den Nebel, ohne Ausguck und ohne Positionslichter. Es wunderte mich, dass Larsen den Männern so freigebig Alkohol ausschenkte, aber er kannte ihre seelische Verfassung und die beste Methode, das Blutvergießen in Herzlichkeit umschlagen zu lassen und die Mannschaft zusammenzuschweißen.

Sein Sieg über Tod Larsen schien eine bemerkenswerte Wirkung auf ihn auszuüben. Noch am Vorabend hatte er sich in Depressionen hineinargumentiert, und ich hatte jeden Moment mit einem seiner Ausbrüche gerechnet. Aber nichts war geschehen, und jetzt war er bester Laune. Vielleicht hatte sein Erfolg, die vielen zusätzlichen Boote und Jäger, die übliche Reaktion verhindert. Auf jeden Fall war die Niedergeschlagenheit verschwunden, und die Teufel der Melancholie waren nicht erschienen. Das wenigstens glaubte ich damals. Ach, wie schlecht ich ihn kannte, und wie wenig ich ahnte, dass er möglicherweise gerade in diesem Moment über einem Ausbruch brütete, der schrecklicher ausfallen sollte als alles, was ich bisher erlebt hatte!

Wie gesagt, er fühlte sich offenbar hervorragend, als ich die Kajüte betrat. Er hatte seit Wochen keine Kopfschmerzen gehabt, seine Augen waren klar und himmelblau, seine Haut war braun, und er strotzte vor Gesundheit. Machtvoll durchströmte das Leben seine Adern. Während er auf mich wartete, hatte er Maud Brewster in eine angeregte Diskussion verwickelt. Sie sprachen über Versuchung, und den wenigen Worten, die ich mitbekam, entnahm ich, dass er behauptete, Versuchung liege nur dann vor, wenn jemand ihr nachgebe und erliege.

»Meiner Ansicht nach«, sagte er, »tut ein Mann Dinge aus Begierde. Er hat viele Begierden. Er mag begehren, keine Schmerzen zu haben oder sich dem Vergnügen hinzugeben. Aber was immer er tut, tut er, weil ihn die Begierde dazu treibt.«

»Aber gesetzt den Fall, er begehrt zwei gegensätzliche Dinge, von denen jedes das andere ausschließt?«, unterbrach Maud Brewster.

»Darauf wollte ich gerade eingehen«, sagte er.

»Und genau in diesem Zwiespalt offenbart sich die Seele eines Menschen«, fuhr sie fort. »Wenn es eine gute Seele ist, wird sie das Gute begehren und das Gute tun. Bei einer bösen Seele ist es umgekehrt. Aber die Seele entscheidet.«

»Völliger Blödsinn!«, rief er ungehalten. »Die Begierde gibt den Ausschlag. Da ist ein Mann, der sich, sagen wir, betrinken will. Gleichzeitig will er es aber auch nicht. Was tut er? Wie tut er es? Er ist eine Marionette. Er ist das Geschöpf seiner Begierden, und vor die Wahl gestellt, folgt er der stärkeren. Das ist alles. Seine Seele hat damit überhaupt nichts zu tun. Wie kann er versucht sein, sich zu betrinken, und es dann doch nicht tun? Wenn die Begierde, nüchtern zu bleiben, die Oberhand behält, dann, weil sie die stärkere Begierde ist. Versuchung spielt da keine Rolle, es sei denn …« Er hielt einen Moment inne, um den neuen Gedanken, der ihm gekommen war, in Worte zu kleiden: »Es sei denn, er ist in Versuchung, nüchtern zu bleiben.«

»Ha! Ha!«, lachte er. »Was denken Sie, Mr. van Weyden?«

»Dass Sie beide Haarspalterei betreiben!«, sagte ich. »Die Seele eines Menschen ist sein Begehren. Oder, wenn Sie so wollen, die Summe seines Begehrens macht seine Seele aus. Somit haben Sie beide unrecht. Sie betonen das Begehren und vernachlässigen die Seele, Miss Brewster hebt die Seele hervor und vergisst die Begehrlichkeit. Dabei sind Begehren und Seele ein und dasselbe.«

»Allerdings«, fuhr ich fort, »hat Miss Brewster recht, wenn sie behauptet, dass Versuchung Versuchung bleibt, unabhängig davon, ob jemand ihr widersteht oder ihr erliegt. Feuer wird vom Wind angefacht, bis die Flammen hochschlagen. Versuchung ist wie Feuer. Sie wird durch den Anblick des Begehrten oder durch seine neuerliche, verführerische Beschreibung oder Vorstellung gleichsam geschürt. Versuchung ist der Wind, der das Begehren anfacht, bis es alles überwältigt. Das ist die Versuchung. Vielleicht gelingt es ihr nicht, das Begehren übermächtig werden zu lassen, aber solange sie es anfacht, reden wir von Versuchung. Und wie Sie schon sagten, kann Gutes oder Böses dabei herauskommen.«

Ich war stolz auf mich, als wir uns an den Tisch setzten. Meine Stellungnahme hatte die Frage entschieden oder zumindest die Diskussion beendet. Aber Wolf Larsen war redselig an jenem Abend, so mitteilungsbedürftig, wie ich ihn noch nie erlebt hatte. Er platzte schier vor angestauter Energie. Fast sofort eröffnete er eine neue Debatte, diesmal über die Liebe. Wie üblich argumentierte er rein materialistisch und Maud Brewster rein idealistisch. Bis auf einige Anregungen oder Richtigstellungen nahm ich selbst kaum am Gespräch teil.

Er war brillant, aber Maud Brewster stand ihm nicht nach, und eine Zeit lang verlor ich den Faden, weil ich ihr Gesicht studierte, während sie sprach. Normalerweise wirkte es eher blass, aber heute Abend war es lebhaft und gerötet. Sie ließ ihrem Geist freien Lauf und genoss das Wortgefecht nicht weniger als Wolf Larsen, der sich königlich amüsierte. Ich wusste längst nicht mehr, worum es ging, so vertieft war ich in die Betrachtung einer vorwitzigen braunen Locke von Mauds Haar, als er aus irgendeinem Grund aus *Isolde in Tintagel* zitierte, wo diese sagt:

»Seliger denn jedes Weib bin ich darin,
Dass über mein Geschlecht mich mein Vergeh'n erhebt,
Und noch vollkommen ich in Sünde bin.«

So wie er Pessimismus in Omar hineingelesen hatte, ließ er jetzt in Swinburnes Zeilen Triumph, wehmütigen Triumph und Jubel erklingen. Aber er las richtig, und er las gut. Kaum hatte er das letzte Wort gesprochen, lugte Louis den Niedergang herunter und flüsterte:

»Ruhig doch! Der Nebel hat sich gelichtet, und das Backbordlicht eines Dampfers kreuzt gerade unseren Bug.«

Wolf Larsen sprang so schnell an Deck, dass er den trunkenen Lärm aus dem Zwischendeck mit dem Schiebeluk abgeschottet hatte und schon auf dem Weg zum Backluk war, bevor wir ihm folgen konnten. Der Nebel hatte sich zwar gehoben, er verdeckte aber nach wie vor die Sterne, sodass die Nacht pechschwarz war. Direkt vor uns konnte ich ein rotes und ein weißes Licht sehen und das Stampfen der Maschine hören. Ohne Zweifel war es die *Macedonia*.

Wolf Larsen kehrte zum Hüttendeck zurück, wo wir schweigend zusammenstanden und zusahen, wie die Lichter schnell vor unserem Bug vorüberglitten.

»Zum Glück hat er keinen Suchscheinwerfer«, sagte Wolf Larsen.

»Was passiert, wenn ich laut rufe?«, fragte ich flüsternd.
»Dann wäre alles vorbei«, antwortete er. »Aber haben Sie auch bedacht, was vorher passieren würde?«
Bevor ich Gelegenheit hatte, meine Wissbegier zu bekunden, packte er auch schon meine Kehle mit seinem Gorillagriff, und mit einem schwachen Zucken seiner Muskeln – andeutungsweise sozusagen – ließ er mich den Ruck ahnen, mit dem er mir ohne Zweifel das Genick gebrochen hätte. Im nächsten Augenblick ließ er wieder los, und wir blickten weiter auf die Lichter der *Macedonia.*
»Was wäre, wenn ich aufschreien würde?«, fragte Maud.
»Ich mag Sie zu sehr, um Ihnen wehzutun«, sagte er leise – dabei lag eine Art Zärtlichkeit und Sanftmut in seiner Stimme, die mich zusammenfahren ließ. »Aber tun Sie es trotzdem nicht, sonst drehe ich Mr. van Weyden den Hals um.«
»Dann hat sie mein Einverständnis, hinüberzurufen«, sagte ich trotzig.
»Ich kann nicht glauben, dass Sie den ›zweiten Kritikerpapst der amerikanischen Literatur‹ opfern wollen«, spottete er.
Wir schwiegen, aber da wir uns inzwischen gut kannten, war die Stille nicht peinlich. Als das rote und das weiße Licht verschwunden waren, kehrten wir in die Kajüte zurück, um unser unterbrochenes Abendessen zu beenden.
Wieder wurde viel zitiert, und Maud trug Dowsons »Impenitentia Ultima« vor. Sie sprach es wunderschön, aber ich beobachtete nicht sie, sondern Wolf Larsen und war fasziniert von dem gebannten Blick, mit dem er Maud betrachtete. Er wirkte entrückt, und ich stellte fest, dass seine Lippen unwillkürlich die Worte mitformten, die sie sprach. Er unterbrach sie, als sie sagte:

»Und ihre Augen spenden Licht mir, wenn die Sonne stirbt,
Und die Viola ihrer Stimme dringt als Letztes an mein Ohr.«

»Ihre Stimme ist auch eine Viola«, sagte er sehr direkt, und in seinen Augen blitzte das goldene Feuer.

Ich hätte vor Freude über ihre Beherrschung jubeln können. Sie beendete ihren Vortrag, ohne zu pausieren, und lenkte die Unterhaltung dann behutsam auf weniger verfängliche Themen. Die ganze Zeit saß ich wie benommen da. Der Lärm des Saufgelages im Zwischendeck drang durch das Schott, während der Mann, den ich fürchtete, und die Frau, die ich liebte, endlos redeten. Der Tisch wurde nicht abgedeckt. Der Matrose, der Mugridges Platz eingenommen hatte, war offenbar bei seinen Kameraden in der Back.

Wenn Wolf Larsen jemals den Höhepunkt des Lebens erreicht hat, muss es hier und jetzt gewesen sein. Ich hing meinen Gedanken nach, aber von Zeit zu Zeit tauchte ich auf und hörte ihm erstaunt zu, für einen Moment von seinem bemerkenswerten Intellekt in den Bann geschlagen und gefesselt von der Leidenschaft, mit der er die Revolte predigte. Es war nicht zu vermeiden, dass Miltons Luzifer erwähnt wurde, und das Einfühlungsvermögen, mit dem Wolf Larsen diesen Charakter beschrieb und analysierte, offenbarte sein verschüttetes Genie. Er erinnerte mich an Taine, aber ich wusste, dass er noch nie von diesem brillanten, wenn auch gefährlichen Denker gehört hatte.

»Er kämpfte für eine verlorene Sache und hatte keine Angst vor Gottes Strafgewittern«, sagte Wolf Larsen. »In die Hölle geworfen, blieb er unbesiegt. Ein Drittel der Engel hatte er mitgenommen, und unverzüglich stiftete er den Menschen zur Rebellion gegen Gott an und gewann in allen Generationen den größten Teil für sich und die Hölle. Warum wurde er aus dem Himmel vertrieben? Weil er weniger tapfer war als Gott? Weniger stolz? Weniger ehrgeizig? Nein! Tausendmal nein! Gott war einfach mächtiger, wie der zugab, der dem Donner gebot. Aber Luzifer war ein freier Geist. Dienen hieße ersticken. Dem bequemen Untertanendasein zog er es vor, in Freiheit zu leiden. Er war keine Galionsfigur. Er stand auf eigenen Beinen. Er war ein Individuum.«

»Der erste Anarchist«, lachte Maud und erhob sich, um sich in ihre Kajüte zurückzuziehen.

»Dann ist es gut, ein Anarchist zu sein!«, rief er. Er hatte sich ebenfalls erhoben, stand ihr, während sie an der Tür innehielt, gegenüber und fuhr fort:

»Hier endlich
Sind wir frei; hier baute der Allmächtige nicht;
Hier wird sein Neid uns nicht verjagen.
Es herrscht sich unbedrängt, und mir will scheinen,
Zu herrschen ist ein wertes Ziel, sei's in der Hölle:
Lieber Herrscher doch im Schwefelpfuhl als auf den Knien im
Himmel.«

Dies war die trotzige Herausforderung eines machtvollen Geistes. Die Kajüte hallte wieder von seiner Stimme. Er stand leicht schwankend da, mit herrisch hochgerecktem Kopf. Sein gebräuntes Gesicht strahlte, und seine goldenen Augen blitzten die in der Tür stehende Maud überaus männlich und überaus sanftmütig an.

Wieder sah ich eine unverkennbare und namenlose Furcht in ihren Augen aufsteigen, während sie fast flüsternd sagte: »Sie sind Luzifer.«

Die Tür schloss sich, und sie war verschwunden. Er starrte ihr wohl noch eine Minute lang nach, dann kam er zu sich und nahm auch mich wieder wahr.

»Ich löse Louis jetzt am Steuer ab«, sagte er kurz, »und wecke Sie um Mitternacht. Sie legen sich jetzt besser aufs Ohr und schlafen.«

Er zog ein Paar Handschuhe an, setzte seine Mütze auf und stieg den Niedergang hinauf, während ich seinem Rat folgte. Ich gab dabei – warum weiß ich nicht – einem geheimnisvollen Impuls nach und entkleidete mich nicht, sondern ging vollständig angezogen zu Bett. Einen Augenblick lang lauschte ich dem Getöse aus dem Zwischendeck und staunte über meine neu entdeckte Liebe. Doch hatte ich an Bord der *Ghost* einen natürlichen und gesunden Schlaf entwickelt, sodass sich Rufe und Lieder schon bald weiter und weiter entfernten. Meine Augen schlossen sich, und mein Bewusstsein sank in todesähnlichen Schlummer.

Ich kann nicht sagen, was mich weckte, aber ich stand plötzlich hellwach vor meiner Koje, mit dem Nachhall eines Warnsignals in meiner Seele, so als wäre mir ein Trompetenstoß durch Mark und Bein gegangen. Ich stieß die Tür auf. Die Kajütenlampe brannte schwach. Ich sah Maud, meine Maud, die mit aller Kraft versuchte, sich Wolf Larsens Armen zu entwinden, die sie beinahe erdrückten. Ich sah auch, dass sie ihr Gesicht gegen seine Brust gepresst hatte und sich trotz aller Gegenwehr nicht befreien konnte. Dies alles stürzte in dem Augenblick auf mich ein, in dem ich vorwärtssprang.

Als Wolf Larsen seinen Kopf hob, schlug ich ihm mit der Faust ins Gesicht, aber der Schlag war viel zu schwach. Er brüllte wild auf wie ein Tier und schob mich zur Seite. Es war nur ein Schubser aus dem Handgelenk, aber seine Kraft war so gewaltig, dass ich wie von einem Katapult zurückgeschleudert wurde. Ich schlug gegen die Tür von Mugridges ehemaliger Kabine, deren Bretter unter dem Aufprall meines Körpers zersplitterten und brachen. Ich hatte Mühe, mich aus den Trümmern zu befreien und wieder auf die Beine zu kommen. Doch spürte ich keinerlei Verletzung, sondern nur eine maßlose Wut. Ich glaube, dass auch ich laut aufschrie, als ich das Messer an meiner Hüfte zückte und ein zweites Mal vorschnellte.

Aber irgendetwas war geschehen. Die beiden hatten sich voneinander gelöst. Ich war ihm jetzt ganz nah, schwang mein Messer, aber ich stach nicht zu. Die Befremdlichkeit des Ganzen irritierte mich. Maud lehnte an der Wand und stützte sich mit einer Hand ab. Er aber taumelte, presste seine Linke gegen die Stirn, bedeckte die Augen und tastete mit der Rechten wie benommen um sich. Die Hand traf auf die Wand, und sein Körper schien sich durch die Berührung in jeder Faser zu entspannen, so als hätte er seine Orientierung wiedergefunden, seinen Platz im Raum und auch so etwas wie einen Halt.

Dann sah ich wieder rot. Alles Unrecht und alle Demütigungen standen auf einmal überscharf vor mir, alles, was ich und andere unter ihm hatten ertragen müssen, die ganze unerhörte, verwerfliche Existenz dieses Mannes. Blind und wie von Sinnen sprang ich auf ihn zu und stach ihm mein Messer in die Schulter. Ich wusste, dass es nur eine Fleischwunde war, denn ich hatte gespürt, wie der Stahl vom Schulterblatt abglitt. Also holte ich noch einmal aus, um einen lebenswichtigeren Körperteil zu treffen. Aber Maud hatte gesehen, wie ich zum ersten Mal zugestoßen hatte, und rief: »Tun Sie's nicht! Bitte nicht!«

Ich ließ meinen Arm für einen Augenblick sinken, nur für einen Augenblick. Dann hob ich das Messer von neuem, und Wolf Larsen wäre ohne Zweifel verloren gewesen, hätte sie sich nicht dazwischengeworfen. Sie legte ihre Arme um mich, und ihr Haar strich über mein Gesicht. Ich wusste nicht, wie mir geschah; mein Herz schlug höher, aber meine Wut steigerte sich ebenfalls. Sie sah mir tapfer in die Augen.

»Um meinetwillen«, flehte sie.

»Ich würde ihn Ihretwegen umbringen!«, rief ich und versuchte, meinen Arm zu befreien, ohne ihr weh zu tun.

»Still!«, sagte sie und legte mir die Finger leicht auf die Lippen. Ich hätte sie küssen mögen, wenn ich mich getraut hätte, sogar in meiner Wut, so süß, so unendlich süß war diese Berührung. »Bitte, bitte«, bat sie und entwaffnete mich mit Worten, wie sie es auch später immer wieder fertigbringen sollte.

Ich wich zurück, löste mich von ihr und steckte mein Messer in die Scheide zurück. Dann sah ich Wolf Larsen an. Seine linke Hand hatte er immer noch vor die Stirn gepresst und bedeckte damit seine Augen. Der Kopf war gesenkt. Seine Kraft schien ihn verlassen zu haben. Sein Körper war in sich zusammengesackt, die hängenden Schultern nach vorn geschoben.

»Van Weyden!«, rief er mit heiserer Stimme, in der Angst mitschwang. »Oh, van Weyden! Wo stecken Sie?«

Ich sah zu Maud hinüber. Sie sprach kein Wort, nickte mir aber zu.

»Hier bin ich«, antwortete ich und ging zu ihm. »Was ist los?«

»Helfen Sie mir auf einen Stuhl«, bat er mit derselben heiseren und angsterfüllten Stimme.

»Ich bin ein kranker Mann, Döspaddel, ein sehr kranker Mann«, sagte er zu mir, während er meinen Arm losließ und auf einen Stuhl niedersank. Er ließ den Kopf nach vorn auf den Tisch fallen und begrub ihn in seinen Händen. Von Zeit zu Zeit rollte sein Schädel hin und her, als durchzuckten ihn Schmerzen. Als Wolf Larsen sich einmal ein Stück weit aufrichtete, sah ich, dass auf seiner Stirn bis zum Haaransatz dicke Schweißperlen standen.

»Ich bin ein kranker Mann, ein sehr kranker Mann«, wiederholte er – und wiederholte es noch einmal.
»Was ist los?«, fragte ich und legte meine Hand auf seine Schultern. »Kann ich irgendetwas für Sie tun?«
Er aber schüttelte meine Hand mit einer unwirschen Bewegung ab, und so stand ich längere Zeit still neben ihm. Maud beobachtete alles furchtsam und fassungslos. Wir konnten uns nicht erklären, was mit ihm geschehen war.
»Döspaddel«, sagte er schließlich, »ich muss in meine Koje. Hilf mir. Ich bin gleich wieder in Ordnung. Es sind diese verdammten Kopfschmerzen, glaube ich. Ich hatte Angst vor ihnen. Ich hatte ein Gefühl – nein, ich weiß nicht, was ich da rede. Hilf mir in meine Koje.«
Aber als ich ihn in seine Koje gebracht hatte, begrub er das Gesicht wieder in seinen Händen und bedeckte die Augen. Schon auf dem Weg hinaus hörte ich, wie er abermals vor sich hinmurmelte: »Ich bin ein kranker Mann, ein sehr kranker Mann.«
Maud sah mich fragend an, als ich herauskam. Ich schüttelte den Kopf und sagte:
»Irgendetwas ist mit ihm geschehen. Was, weiß ich nicht. Er ist hilflos, und ich denke, er hat zum ersten Mal in seinem Leben Angst. Es muss vor dem Messerstich passiert sein, denn der hat ihm nur eine Fleischwunde beigebracht. Sie müssen doch gesehen haben, was passiert ist.«
Sie schüttelte den Kopf. »Ich habe nichts gesehen. Mir ist es genauso unerklärlich. Er hat mich plötzlich losgelassen und ist nach hinten getaumelt. Aber was sollen wir tun?«
»Wenn Sie sich bitte gedulden wollen, bis ich zurück bin«, antwortete ich. Ich ging an Deck, Louis stand am Ruder.
»Du kannst nach vorn gehen und dich hinlegen«, sagte ich und löste ihn ab.
Er verschwand schnell, und ich stand allein an Deck der *Ghost*. So leise wie möglich geite ich die Toppsegel auf, holte den Außenklüver und die Stagfock ein, setzte die Fock back und nahm das Großsegel aus dem Wind. Dann ging ich zu Maud hinunter. Ich legte einen Finger auf mei-

ne Lippen und bedeutete ihr so, still zu sein; dann trat ich in Wolf Larsens Kabine. Er lag noch genauso da, wie ich ihn verlassen hatte. Sein Kopf bewegte sich beinahe krampfartig hin und her.

»Kann ich irgendetwas für Sie tun?«, fragte ich.

Zunächst gab er keine Antwort, aber nachdem ich die Frage wiederholt hatte, sagte er: »Nein, nein; mir geht's gut. Lassen Sie mich bis morgen früh allein.«

Aber als ich ging, fiel mir auf, dass sein Kopf weiter hin und her schwang. Maud wartete geduldig auf mich, und ich bemerkte mit freudiger Erregung, dass sie ihr Haupt stolz erhoben hatte und mich mit wunderbar ruhigen Augen ansah, die so ungetrübt und selbstsicher waren wie ihr Geist.

»Würden Sie sich mir für eine etwa sechshundert Meilen lange Seereise anvertrauen?«, fragte ich.

»Sie wollen –?«, fragte sie zurück, und ich wusste, dass sie meinen Plan erraten hatte.

»Ja, genau«, entgegnete ich. »Jetzt bleibt uns nur noch ein offenes Boot.«

»Mir, meinen Sie«, sagte sie. »Sie sind auch jetzt nicht gefährdeter als vorher.«

»Nein, uns beiden bleibt nur diese Wahl«, beharrte ich. »Rasch, ziehen Sie sich bitte so warm an, wie Sie können, und packen Sie zusammen, was immer Sie mitnehmen wollen.«

»Und verlieren Sie keine Zeit«, fügte ich hinzu, als sie in ihre Kabine ging.

Die Vorratskammer lag direkt unter der Kajüte. Ich öffnete die Falltür im Boden, nahm eine Kerze und inspizierte die Schiffsvorräte. Ich wählte hauptsächlich Konserven, und als ich alles zusammen hatte, warteten helfende Hände darauf, das entgegenzunehmen, was ich hinaufreichte.

Wir arbeiteten in vollkommener Stille. Aus dem Magazin holte ich noch Decken, Handschuhe, Ölzeug, Mützen und dergleichen. Sich in einem kleinen Boot auf die raue und stürmische See hinauszuwagen war kein Kinderspiel. Es war überlebenswichtig, uns gegen Kälte und Nässe zu schützen.

Wir arbeiteten fieberhaft, um unsere Beute an Deck zu schaffen; so fieberhaft, dass Maud, bei der man kaum von Kräften reden konnte, erschöpft innehalten und sich auf den Stufen zum Hüttendeck ausruhen musste. Als ihr dies nicht genügte, legte sie sich auf den Rücken, streckte ihre Arme aus und entspannte ihren gesamten Körper. Das war ein Trick, den ich schon von meiner Schwester kannte, und so wusste ich, dass sie schon bald wiederhergestellt sein würde. Ich wusste auch, dass Gewehre immer nützlich waren, und so ging ich noch einmal in Wolf Larsens Kabine und nahm mir sein Gewehr und seine Schrotflinte. Ich sprach ihn an, aber er antwortete nicht, obwohl er nicht schlief und sein Kopf immer noch von einer Seite zur anderen rollte.

»Auf Wiedersehen, Luzifer«, flüsterte ich, als ich die Tür leise schloss.

Als Nächstes brauchte ich ausreichende Munitionsvorräte. Das war einfach, obwohl ich den Niedergang zum Zwischendeck hinuntersteigen musste. Hier bewahrten die Jäger die Munitionskisten auf, die sie mit in ihre Boote nahmen, und hier, wenige Schritte von ihrem geräuschvollen Gelage entfernt, entwendete ich zwei davon.

Als Nächstes musste das Boot zu Wasser gelassen werden, was für einen Mann allein nicht ganz einfach ist. Nachdem ich die festgezurrten Leinen gelöst hatte, heißte ich erst an der vorderen Talje, dann an der hinteren auf, bis das Boot über die Reling nach Außenbord geschwungen werden konnte. Dann fierte ich an, wieder abwechselnd vorne und hinten, immer nur etwa einen halben Meter, bis das Boot knapp über dem Wasser an der Seite des Schoners hing. Ich vergewisserte mich, dass die Ausrüstung – nämlich Riemen, Dollen und Segel – vollständig war. Dann sorgte ich für Trinkwasser, indem ich aus jedem der Boote an Bord das Wasserfässchen entwendete. Da es neun Boote waren, würden wir reichlich Wasser haben. Außerdem war es guter Ballast, auch wenn ich befürchtete, das Boot mit all den anderen großzügig bemessenen Vorräten zu überladen.

Während Maud mir den Proviant herunterreichte und ich ihn im Boot verstaute, kam ein Matrose aus der Back an Deck. Er blieb für einige Zeit an der Luvreling stehen (wir hatten das Boot über die Leereling abgelassen) und schlenderte dann langsam nach mittschiffs, wo er wiederum anhielt und uns den Rücken zuwandte. Ich duckte mich ins Boot und konnte mein Herz schlagen hören. Maud hatte sich aufs Deck niedersinken lassen, rührte sich nicht und war im Schatten der Bordwand nicht auszumachen. Aber der Mann drehte sich nicht um, reckte nur seine Arme hoch über den Kopf, gähnte hörbar, ging wieder zurück und verschwand im Backluk.

Nach wenigen Minuten waren wir mit dem Laden fertig, und ich fierte das Boot weiter an. Als ich Maud über die Reling half und ihr Körper mir sehr nahe war, musste ich mich zusammennehmen, um nicht auszurufen: »Ich liebe dich! Ich liebe dich!« Humphrey van Weyden hat es wahrhaftig doch noch erwischt, dachte ich, während sich unsere Finger verhakten und ich sie langsam ins Boot hinunterließ. Mit einer Hand hielt ich mich an der Reling fest, und mit der anderen trug ich ihr gesamtes Gewicht, und in jenem Moment war ich stolz, dass ich das fertigbrachte. Dazu war eine Kraft nötig, die ich vor einigen Monaten, als ich mich von Charley Furuseth verabschiedete, um auf der unglückseligen *Martinez* nach San Francisco überzusetzen, noch nicht besessen hatte.

Als das Boot von einer Welle hochgehoben wurde, fanden ihre Füße Halt, und ich gab ihre Hände frei. Dann warf ich die Leinen los und sprang hinter ihr her. Ich hatte nie zuvor gerudert, hängte aber jetzt die Riemen ein und manövrierte das Boot mit großer Anstrengung von der *Ghost* fort. Dann hantierte ich mit dem Segel. Ich hatte oft zugeschaut, wenn die Steuerleute und Jäger das Sprietsegel setzten, aber dies war mein erster eigener Versuch. Wozu sie vielleicht zwei Minuten brauchten, kostete mich etwa zwanzig, aber schließlich gelang es mir, das Segel zu setzen und zu trimmen und das Boot mit der Pinne in der Hand an den Wind zu bringen.

»Dort liegt Japan«, bemerkte ich, »genau vor uns.«

»Humphrey van Weyden«, sagte sie, »Sie sind ein tapferer Kerl.«

»Nein«, erwiderte ich, »Sie sind eine mutige Frau.«

Dem gleichen Impuls folgend, drehten wir beide die Köpfe nach achtern, um von der *Ghost* Abschied zu nehmen. Ihr niedriger Rumpf hob sich und rollte auf einer Woge luvwärts. Ihre Segel hingen dunkel in der Nacht. Das festgezurrte Steuerrad knirschte, als das Ruder schlug. Dann wurden die Geräusche immer schwächer, und schließlich entschwand sie unseren Blicken. Wir waren allein auf dem dunklen Meer.

## 27. KAPITEL

Der Tag dämmerte kalt und grau herauf. Das Boot segelte am Wind. Eine frische Brise wehte, und der Kompass zeigte an, dass wir genau Kurs auf Japan hielten. Obwohl meine Hände in dicken Handschuhen steckten, waren sie kalt und schmerzten vom ständigen Umklammern der Ruderpinne. In meinen Füßen spürte ich eine beißende Kälte, und ich hoffte inständig, dass bald die Sonne scheinen würde.

Vor mir, auf dem Boden des Bootes, lag Maud. Sie hatte es wenigstens warm, denn unter und über ihr lagen dicke Decken. Eine hatte ich ihr sogar übers Gesicht gezogen, um sie vor den Unbilden der Nacht zu schützen. So konnte ich nur ihre vagen Umrisse erkennen und ihr hellbraunes Haar, das unter der Decke hervorschaute und in dem der Tau wie Juwelen glitzerte.

Lange sah ich auf sie hinunter und betrachtete das Einzige, was von ihr zu sehen war, wie das nur einem Mann passieren konnte, dem sie das Teuerste auf der Welt war. Mein Blick war so beharrlich, dass sie sich schließlich unter den Decken zu regen begann, den oberen Zipfel umschlug und mich aus verschlafenen Augen anlächelte.

»Guten Morgen, Mr. van Weyden«, sagte sie. »Haben Sie schon Land gesichtet?«

»Nein«, erwiderte ich, »aber wir laufen mit etwa sechs Meilen in der Stunde darauf zu.«

Enttäuscht verzog sie den Mund zu einem Schmollen.

»Aber das sind immerhin hundertvierundvierzig Meilen pro Tag«, fügte ich beruhigend hinzu.

Ihr Gesicht hellte sich auf. »Und wie weit ist es noch?«

»Sibirien liegt dort drüben«, sagte ich und deutete nach Westen, »aber im Südwesten, etwa sechshundert Meilen vor uns, liegt Japan. Wenn sich der Wind hält, sind wir in fünf Tagen dort.«

»Und wenn es stürmt? Würde das Boot dann sinken?«
Sie hatte eine bestimmte Art, einem in die Augen zu schauen und nach der Wahrheit zu forschen, und während sie die Frage stellte, sah sie mich mit einem solchen Blick an.
»Da müsste es schon ziemlich schlimm stürmen«, wich ich aus.
»Und wenn es ziemlich schlimm stürmt?«
Ich nickte. »Aber wir könnten auch jeden Moment von einem Robbenfänger aufgenommen werden. Davon gibt es in diesem Teil des Ozeans nicht wenige.«
»Aber Sie sind ja völlig durchgefroren!«, rief sie aus. »Da! Wie Sie zittern! Streiten Sie es nicht ab. Sie frieren. Und ich liege hier, behaglich wie eine Katze.«
»Ich glaube nicht, dass es helfen würde, wenn Sie aufständen und mitfrören«, lachte ich.
»Es würde aber helfen, wenn ich wüsste, wie man steuert, und das will ich lernen.«
Sie erhob sich und machte eine kurze Toilette, schüttelte ihr Haar aus und ließ es wie eine braune Wolke herunterfallen, in der ihr Gesicht und ihre Schultern verschwanden. Geliebtes, feuchtes, braunes Haar! Ich wollte es küssen, es durch meine Finger gleiten lassen, mein Gesicht darin verstecken. Ich starrte es wie verzaubert an, bis sich das Boot in den Wind drehte und das flatternde Segel mich darauf hinwies, dass ich meine Pflichten vernachlässigte. Als Idealist und Romantiker, der ich trotz meines analytischen Geistes immer geblieben war, hatte ich bis dahin die physischen Aspekte der Liebe fast nie in Betracht gezogen. Ich hatte immer geglaubt, die Liebe zwischen Mann und Frau sei etwas Körperloses, Geistiges, ein spirituelles Band, das ihre Seelen verknüpfte und zusammenhielt. Körperliche Bande hatten in meinem Kosmos der Liebe kaum eine Rolle gespielt. Jetzt aber machte ich jene wunderbare Erfahrung selbst, dass nämlich die Seele sich im Leib ausdrückt und aufgeht. Jetzt erst begriff ich, was es heißt, das Haar der Geliebten zu sehen, es zu berühren und zu fühlen, dass es genauso Stimme, Atem und Inbegriff des Geistes ist wie das Licht, das in den Augen leuchtet, oder die Gedanken, die über die Lippen kom-

men. Schließlich ist reiner Geist nicht erfahrbar, man kann ihn nur erahnen. Er kann sich auch nur in der Andersheit ausdrücken. Jehova hatte anthropomorphe Züge, weil er sich den Juden nur in einer Form offenbaren konnte, die für sie begreifbar war. Daher formte er sich nach ihrem Bilde, wurde zur Wolke, Feuersäule, zum handgreiflichen physischen Etwas, das den Verstand der Israeliten nicht überforderte.

Und genauso betrachtete ich Mauds hellbraunes Haar, liebte es und erfuhr mehr über die Liebe, als mich alle Poeten und Sänger mit all ihren Liedern und Sonetten je hatten lehren können. Schließlich warf sie ihr Haar mit einer schnellen, geschickten Bewegung zurück, und ihr lächelndes Gesicht tauchte wieder auf.

»Warum tragen Frauen ihr Haar nicht immer offen?«, fragte ich. »Das ist doch viel schöner.«

»Wenn es sich nur nicht so schrecklich verheddern würde«, lachte sie. »Da! Jetzt habe ich eine meiner kostbaren Haarnadeln verloren!«

Ich kümmerte mich nicht genug um das Boot, und das Segel flatterte immer wieder, weil ich mit solcher Verzückung jede ihrer Bewegungen verfolgte, während sie zwischen den Decken nach ihrer Haarnadel suchte. Ich war überrascht und glücklich, dass sie so vollkommen weiblich war. Jeder typisch weibliche Wesenszug, jede Eigenheit, die ich an ihr entdeckte, steigerte meine Freude noch. Bisher hatte ich sie in meinen Vorstellungen zu hoch gehoben, weit über die Ebene des Menschlichen, weit über mich selbst hinaus. Ich hatte sie zur gottgleichen, unnahbaren Kreatur stilisiert. Deshalb begrüßte ich nun die Kleinigkeiten, die erkennen ließen, dass sie doch nur eine Frau war, die Kopfbewegung etwa, mit der sie ihr Haar in einer Wolke zurückwarf, oder die Tatsache, dass sie nach einer Haarnadel suchte. Sie war eine Frau und also ein Mensch und auf meiner Ebene. Die intime Vertrautheit von Mann und Frau war genauso möglich wie Respekt und Verehrung, die ich immer für sie empfinden würde.

Sie fand ihre Nadel mit einem liebenswerten Ausruf, und ich konzentrierte meine Aufmerksamkeit wieder aufs Steuern. Ich experimentierte weiter mit dem Ruder, zurrte es fest und verkeilte es, bis das Boot auch ohne meine Hilfe ziemlich gut am Wind lief. Hin und wieder luvte es zu sehr oder fiel zu stark ab, aber jedes Mal fing es sich wieder, und ich war mit dem Ergebnis ganz zufrieden.

»Und jetzt wird gefrühstückt«, sagte ich. »Aber als Erstes müssen Sie sich etwas wärmer anziehen.«

Ich suchte ein neues, dickes Hemd heraus, das aus dem Magazin stammte. Ich wusste, dass dieser dicht und fest gewebte Stoff keinen Regen durchließ und selbst nach Stunden noch nicht durchgeweicht war. Nachdem sie das Hemd über den Kopf gestreift hatte, tauschte ich ihre Jungenmütze gegen eine Männermütze aus, die so groß war, dass ihr Haar vollständig darunter verschwand, und deren Klappen ihren Nacken und ihre Ohren völlig bedeckten. Sie sah wirklich reizend aus. Ihr Gesicht konnte einfach nichts entstellen. Nichts konnte von dem wunderbaren Oval, ihren nahezu klassischen Zügen, ihren zart geschwungenen Brauen und den großen braunen Augen ablenken, die immer klar und wunderbar ruhig waren.

Plötzlich packte uns eine etwas heftigere Böe. Sie erfasste das Boot, als es schräg einen Wellenkamm querte. Es legte sich für einen Moment auf die Seite, tauchte sein Dollbord unter die Wasseroberfläche und nahm etwa einen Eimer Wasser über. Ich öffnete gerade eine Dose Zungenwurst, sprang aber sofort auf und warf das Schot gerade noch rechtzeitig los. Das Segel schlug und flatterte, und das Boot drehte ab. Einige Minuten genügten, um es wieder auf Kurs zu bringen. Dann konnte ich mich erneut dem Frühstück zuwenden.

»Mir scheint, dass die Steuerung sehr gut funktioniert, obwohl ich keine Ahnung von nautischen Dingen habe«, sagte sie und deutete anerkennend auf meine Behelfskonstruktion.

»Aber es funktioniert nur, wenn wir am Wind laufen«, erklärte ich. »Wenn wir abfallen, mit Wind querein, oder wenn wir Vorwindkurs laufen, muss ich trotzdem steuern.«

»Ich muss zugeben, dass ich Ihre Spezialausdrücke nicht verstehe«, sagte sie, »aber Ihre Schlussfolgerung habe ich doch begriffen, und sie gefällt mir nicht. Sie können nicht Tag und Nacht steuern, nicht für längere Zeit. Folglich gehe ich davon aus, dass ich nach dem Frühstück die erste Segelstunde erhalte. Dann werden Sie sich hinlegen und schlafen. Und wir werden abwechselnd die Wachen übernehmen, wie es auf See üblich ist.«

»Ich weiß nicht, wie ich Sie unterweisen soll«, wandte ich ein. »Ich lerne ja selbst noch. Als Sie sich mir anvertrauten, haben Sie sicher nicht daran gedacht, dass ich keinerlei Erfahrung mit kleinen Segelbooten habe. Ich befinde mich zum ersten Mal in einem solchen Gefährt.«

»Dann lernen wir eben gemeinsam, Sir. Und da Sie schon eine Nacht Vorsprung haben, werden Sie mir beibringen, was Sie bereits wissen. Jetzt aber ans Frühstück. Meine Güte! Diese Seeluft macht einem richtig Appetit!«

»Kein Kaffee«, sagte ich mit Bedauern und reichte ihr einen mit Butter bestrichenen Schiffszwieback sowie einen Streifen Zungenwurst aus der Dose. »Es wird leider auch keinen Tee geben, keine Suppe, überhaupt nichts Warmes, bis wir irgendwo und irgendwie landen können.«

Nach einem schlichten Frühstück, das wir mit einer Tasse kalten Wassers abschlossen, erhielt Maud ihre erste Segelstunde. Während ich sie unterwies, lernte ich selbst eine Menge, auch wenn ich dabei auf die Erfahrungen zurückgreifen konnte, die ich am Ruder der *Ghost* gesammelt hatte; außerdem hatte ich den Steuerleuten in den kleinen Booten einiges abgeschaut. Sie war eine gute Schülerin und lernte schnell, wie man Kurs hält, in Böen anluvt und die Schot bei Gefahr loswirft.

Von der Anstrengung sichtlich ermüdet, überließ sie mir schließlich wieder das Ruder. Ich hatte die Decken zusammengelegt, aber sie breitete sie jetzt wieder auf dem Bootsboden aus. Als alles gemütlich hergerichtet war, sagte sie:

»Und nun, Sir, ist Schlafenszeit. Sie werden bis zum zweiten Frühstück schlafen. Bis zum Mittagessen«, verbesserte sie sich in Anlehnung an die Gepflogenheiten auf der *Ghost*.

Was sollte ich tun? Sie bestand darauf und sagte: »Bitte, bitte.« Daraufhin blieb mir nichts anderes übrig, als ihr folgsam das Ruder zu überlassen. Ich empfand körperliches Wohlbehagen, als ich in das von ihr gemachte Bett kroch. Ruhe und Gelassenheit, die unverwechselbar zu ihren Charaktereigenschaften gehörten, schienen sich sogar auf die Decken übertragen zu haben. Ich spürte, dass ich von einer verträumten Ruhe und Zufriedenheit umgeben war, ich spürte die Nähe eines ovalen Gesichts und brauner Augen unter einer Fischermütze. Dieses Gesicht bewegte sich mal vor dem Hintergrund einer grauen Wolke, mal vor der grauen See. Dann wurde mir bewusst, dass ich geschlafen hatte.

Ich sah auf meine Uhr. Es war eins. Ich hatte sieben Stunden geschlafen! Und sie hatte sieben Stunden gesteuert! Um das Ruder zu übernehmen, musste ich ihre verkrampften Finger erst vom Holz lösen. Ihr bisschen Kraft hatte sie vollkommen verausgabt, und sie konnte sich nicht einmal aufrichten. Ich musste das Segel schießen lassen, um ihr in das Nest aus Decken zu helfen und ihre Hände und Arme warm zu reiben.

»Ich bin so müde«, sagte sie, holte tief Luft, seufzte und ließ erschöpft den Kopf hängen.

Aber im nächsten Augenblick richtete sie sich wieder auf. »Jetzt schimpfen Sie nicht mit mir. Schimpfen Sie bloß nicht!«, rief sie mit gespieltem Trotz.

»Ich hoffe, ich sehe nicht so aus, als ob ich ärgerlich wäre«, antwortete ich ernst, »denn ich kann Ihnen versichern, dass ich überhaupt nicht böse bin.«

»N-Nein«, überlegte sie. »Ihr Gesicht sieht nur vorwurfsvoll aus.«

»Dann ist es ein ehrliches Gesicht, das zeigt, was ich fühle. Sie haben weder sich selbst noch mir einen Gefallen getan. Wie kann ich Ihnen je wieder vertrauen?«

Sie sah mich reumütig an. »Ich werde folgsam sein«, sagte sie wie ein ungezogenes Kind. »Ich verspreche es.«

»Versprechen Sie, Befehlen zu folgen wie ein Matrose den Befehlen seines Kapitäns?«

»Ja«, antwortete sie. »Es war dumm von mir, ich weiß.«

»Dann müssen Sie mir noch etwas versprechen«, fügte ich hinzu.

»Gern.«

»Dass Sie nicht zu oft ›bitte, bitte‹ sagen werden, denn wenn Sie das tun, können Sie sicher sein, dass Sie damit meine Autorität vollkommen untergraben.«

Sie lachte amüsiert und anerkennend zugleich. Auch sie hatte die Wirkung des wiederholten »bitte« bemerkt.

»Es ist ein gutes Wort …«, begann ich.

»Aber ich darf es nicht übertreiben«, unterbrach sie mich.

Sie lachte schwach, und ihr Kopf fiel wieder nach vorn. Ich kehrte erst zum Ruder zurück, nachdem ich die Decken um ihre Füße geschlagen und einen Zipfel über ihr Gesicht gedeckt hatte. Mein Gott! Sie war wahrhaftig nicht kräftig. Ich blickte mit einem unguten Gefühl nach Südwesten und dachte an die sechshundert beschwerlichen Meilen, die vor uns lagen – ja, wenn es nicht noch schlimmer kam. In diesen Gewässern konnte jeden Augenblick ein Sturm aufkommen und uns vernichten. Aber ich hatte keine Angst. Ich besaß kein Vertrauen in die Zukunft, war im Gegenteil höchst skeptisch, verspürte jedoch keine tief sitzende Furcht. Es muss gut gehen, es muss einfach gut gehen, sagte ich mir wieder und wieder.

Am Nachmittag frischte der Wind auf, die See wurde rauer und verlangte mir und dem Boot einiges ab. Unsere Vorräte und die neun Fässchen Wasser aber machten es sehr stabil, sodass es sich gegen Wind und Wellen behauptete. Ich hielt so lange wie möglich aus. Dann entfernte ich den Sprietbaum, holte die Piek nieder und zurrte sie fest. Jetzt segelten wir mit einem Fledermaussegel, wie die Seeleute das nennen.

Später am Nachmittag sichtete ich den Rauch eines Dampfers am leeseitigen Horizont. Das konnte nur ein russischer Kreuzer sein oder, wahrscheinlicher noch, die *Macedonia*, die weiter nach der *Ghost* suchte. Die Sonne hatte den ganzen Tag nicht geschienen, und es war bitterkalt. Mit dem Einbruch der Dunkelheit verdüsterten sich die Wolken, und der Wind frischte weiter auf, sodass Maud und ich unser Abendessen in Handschuhen einnahmen, während ich am Ruder saß und zwischen den Böen einige Happen aß.

Als es dunkel geworden war, wurden Wind und Wellen zu heftig für unser Boot. Widerwillig holte ich das Segel ein und machte mich daran, einen See- oder Treibanker herzustellen. Ich hatte von den Jägern gehört, wie man so etwas macht, und es war relativ einfach. Ich barg das Segel und zurrte es fest um den Mast, den Baum, die Spriet und zwei Paar Ersatzruder. Dann warf ich das Ganze über Bord. Mit einer Leine war der Anker am Bug befestigt. Da er flach im Wasser lag und dem Wind praktisch nicht ausgesetzt war, trieb er langsamer als das Boot. Folglich richtete er dessen Bug gegen Wind und Wellen aus. Dies ist die sicherste Methode, um nicht überrollt zu werden, wenn die Brecher weiße Gischtkronen aufsetzen.

»Und jetzt?«, fragte Maud frohgemut, als ich fertig war und meine Handschuhe wieder anzog.

»Jetzt segeln wir nicht mehr auf Japan zu«, antwortete ich. »Wir treiben mit mindestens zwei Meilen in der Stunde nach Südosten oder Südsüdosten ab.«

»Das macht ja nur vierundzwanzig Meilen, wenn der Wind die ganze Nacht anhält.«

»Ja, und nur etwa hundertvierzig Meilen, wenn er drei Tage und drei Nächte weiterbläst.«

»Aber das tut er nicht«, sagte sie leichthin und voll Zuversicht. »Er wird sich drehen und bald wieder günstiger wehen.«

»Die See ist die große Treulose.«

»Aber doch nicht der Wind!«, gab sie zurück. »Ich habe gehört, wie Sie die tapferen Passate gepriesen haben.«

»Hätte ich doch daran gedacht, Wolf Larsens Chronometer und Sextanten mitzunehmen«, sagte ich, immer noch missmutig. »Wir segeln in die eine Richtung, driften in eine zweite und werden dazu noch von einer unbekannten Strömung in eine dritte Richtung versetzt. Die Resultante lässt sich nicht so einfach über den Daumen peilen. In kürzester Zeit wissen wir nicht einmal mehr auf fünfhundert Meilen genau, wo wir sind.«

Dann bat ich sie um Verzeihung und versprach ihr, nicht mehr niedergeschlagen zu sein. Auf ihr Drängen hin überließ ich ihr die Wache bis Mitternacht – es war gerade neun Uhr. Bevor ich mich hinlegte, wickelte ich sie noch in Decken und Ölzeug. Aber ich döste nur. Das Boot rollte und stampfte, wenn es die Wellenkämme passierte. Ich konnte die Brecher vorbeirauschen hören, und ständig wurde Gischt ins Boot geweht. Trotzdem war es keine schlechte Nacht, kam mir in den Sinn – verglichen mit den Nächten, die ich an Bord der *Ghost* durchlebt hatte, und vielleicht nichts im Vergleich zu den Nächten, die uns in dieser Nussschale noch bevorstanden. Ihre Planken waren nicht einmal zwei Zentimeter dick, zwischen uns und dem Grund des Ozeans befanden sich weniger als zwei Zentimeter Holz.

Aber ich sagte es schon und betone es noch einmal, dass ich keine Angst verspürte. Der Tod, den mich Wolf Larsen und sogar Thomas Mugridge fürchten lehrten, ängstigte mich nicht mehr. Maud Brewster war in mein Leben getreten und hatte mich verwandelt. Letztlich, dachte ich, ist es besser und schöner, zu lieben als geliebt zu werden, da die Liebe etwas so Wertvolles im Leben entstehen lässt, dass es einem nicht schwerfällt, dafür zu sterben. Ich vergaß mein eigenes Leben vor lauter Liebe zu einem anderen; und doch hing ich paradoxerweise niemals mehr am Leben als jetzt, da ich ihm einen so geringen Wert beimaß. Ich hatte niemals einen so guten Grund gehabt zu leben, war mein abschließender Gedanke; danach gab ich mich in den wachen Intervallen meines Halbschlafs damit zufrieden, durch die Dunkelheit nach achtern zu blicken, wo, wie ich wusste, Maud tief geduckt unter der Heckschot kauerte und die schäumende See wachsam beobachtete, jeden Augenblick bereit, mich zur Hilfe zu rufen.

## 28. KAPITEL

Es ist nicht nötig, lang und breit zu erzählen, welche Prüfungen wir in dem winzigen Boot durchstehen mussten, das viele Tage lang auf Gedeih und Verderb mal hierhin, mal dorthin getrieben wurde. Der starke Wind blies vierundzwanzig Stunden lang aus Nordwest, flaute dann ab und schlief ein, um während der Nacht aus südwestlicher Richtung erneut aufzufrischen. Er blies uns genau ins Gesicht, aber ich holte den Seeanker ein, setzte Segel und lief einen Amwindkurs, der uns in südsüdöstliche Richtung führte. Der Wind ließ mir die Wahl zwischen diesem Kurs und einem westnordwestlichen; aber die lauen Lüfte des Südens weckten mein Verlangen nach einer wärmeren See und gaben den Ausschlag für meine Entscheidung.

Nach drei Stunden – es war Mitternacht, wie ich mich gut erinnere, und stockdunkel – frischte der Wind, der immer noch aus Südwesten wehte, stark auf, sodass ich wieder gezwungen war, den Seeanker auszubringen. Der Tag brach an, und vor meinen übermüdeten Augen schäumte der Ozean, in dem das Boot fast pausenlos stampfend an seinem Anker zerrte. Wir waren ständig in Gefahr, von einem Brecher überrollt zu werden. Schon jetzt kam eine solche Menge Gischt an Bord, dass ich ununterbrochen ausösen musste. Die Decken waren durchnässt, alles war durchnässt, bis auf Maud, die in Ölzeug, Gummistiefeln und Südwester trocken geblieben war, von ihrem Gesicht, ihren Händen und einer heraushängenden Haarsträhne einmal abgesehen. Sie löste mich hin und wieder beim Ösen ab, kippte das Wasser über Bord und trotzte dem Wetter. Alles ist relativ. Es war nicht mehr als eine steife Brise, aber für uns, die wir in einem zerbrechlichen Boot um unser Leben kämpften, war es in der Tat ein Sturm.

Frierend und in schlechter Stimmung quälten wir uns durch den Tag, und der Wind blies uns ins Gesicht. Die Nacht brach herein, aber keiner von uns schlief. Der Tag dämmerte, und immer noch kam der Wind von vorn, und die schäumenden Brecher rauschten vorüber. Während der zweiten Nacht nickte Maud vor Erschöpfung immer wieder ein. Ich deckte sie mit Ölzeug zu und legte eine Persenning über sie. So lag sie ziemlich trocken, wenn auch gefühllos vor Kälte. Ich hatte große Angst, dass sie über Nacht sterben würde. Der folgende Tag brach an, kalt und grau, mit dem gleichen tief hängenden Himmel, dem gleichen peitschenden Wind und der gleichen tosenden See.

Ich hatte seit achtundvierzig Stunden nicht geschlafen, war nass und bis ins Mark durchgefroren und fühlte mich mehr tot als lebendig. Mein Körper war steif vor Anstrengung und Kälte, meine Muskeln schmerzten höllisch bei jeder Bewegung, und ich bewegte sie ununterbrochen. Die ganze Zeit aber drifteten wir weiter in Richtung Nordosten, weiter fort von Japan und auf die trostlose Leere der Beringsee zu.

Doch wir lebten noch, und auch das Boot hielt sich, obwohl der Wind ohne Unterlass blies. Gegen Abend des dritten Tages nahm er sogar noch ein wenig zu, und dann noch etwas. Plötzlich tauchte der Bug in einen Wellenkamm ein, und das Boot schlug zu einem Viertel voll. Ich öste wie verrückt. Die Wahrscheinlichkeit, noch einmal einzutauchen, wurde durch das Gewicht des übergenommenen Wassers, das das Boot niederdrückte und ihm den Auftrieb nahm, erheblich gesteigert. Noch ein solcher Brecher wäre das Ende gewesen. Nachdem ich das Boot ausgeschöpft hatte, war ich gezwungen, die Persenning, die Maud schützte, über den Bug zu spannen. Nur gut, dass ich dies getan hatte, denn sie deckte ein gut Teil des Bootes ab, und als in den folgenden Stunden der Bug noch dreimal in eine Sturzsee eintauchte, lief das meiste Wasser sofort wieder ins Meer.

Mauds Zustand war bemitleidenswert. Mit blauen Lippen kauerte sie auf dem Boden des Bootes, und ihrem aschgrauen Gesicht waren unschwer die Strapazen anzusehen, die sie ertrug. Aber ihre Augen blickten mich tapfer an, und ihre Lippen sprachen mir beständig Mut zu.

Am schlimmsten musste der Sturm in der Nacht über uns hinweggefegt sein, obwohl ich nicht viel davon gemerkt hatte. Unter der Heckschot sitzend war ich vom Schlaf übermannt worden. Am Morgen des vierten Tages war der Wind zu einer sanften Brise abgeflaut, die See hatte sich beruhigt, und die Sonne schien auf uns herab. Gepriesen sei der Sonnenschein! Wie wir unsere geschundenen Körper genüsslich in der Wärme badeten und wie Käfer und Kriechtiere nach einem Sturm zu neuem Leben erwachten. Wir lachten wieder, machten Witze und betrachteten unsere Lage mit neuem Optimismus. Dabei war sie, nüchtern betrachtet, schlechter als je zuvor. Wir waren weiter von Japan entfernt als in der Nacht, in der wir die *Ghost* verlassen hatten. Außerdem konnte ich unsere Position nach Längen- und Breitengrad nur sehr grob abschätzen. Wenn ich eine Drift von zwei Meilen pro Stunde annahm, waren wir in den ungefähr siebzig Stunden des Sturms mindestens hundertundfünfzig Meilen nach Nordosten versetzt worden. Aber stimmte diese Berechnung? Vielleicht waren es ja auch vier Meilen pro Stunde. In diesem Fall wären wir noch einmal hundertundfünfzig Meilen schlimmer dran gewesen.

Wo wir uns befanden, wusste ich nicht, aber es war schon möglich, dass die *Ghost* sich in unserer Nähe aufhielt. Robben umgaben uns, und ich war ständig darauf gefasst, einen Robbenfänger zu sichten. Am Nachmittag sahen wir tatsächlich einen, nachdem die nordwestliche Brise wieder aufgefrischt hatte. Aber das unbekannte Schiff verschwand hinter dem Horizont, und unser Gesichtskreis war wieder leer.

Dann kamen nebelverhangene Tage, an denen selbst Mauds Stimmung gedrückt war und kein frohes Wort über ihre Lippen kam; Tage der Flaute, in denen wir einsam auf dem endlosen Ozean trieben, erdrückt von seiner Weite, aber trotzdem froh über das Wunder unseres winzigen Daseins, denn wir lebten immer noch und kämpften weiter; es gab Tage mit Schneeregen und Schneeschauern, an denen nichts uns warmhalten konnte; oder Tage mit Nieselregen, an denen wir unsere Fässchen mit dem Wasser füllten, das aus dem nassen Segel tropfte.

Und ich liebte Maud immer mehr. Sie hatte so viele Facetten, so viele Stimmungen, war – »von proteischem Gemüt«, wie ich es nannte. Aber mit dieser Bezeichnung, und noch viel zärtlicheren, bedachte ich sie nur insgeheim. Auch wenn das Geständnis meiner Liebe tausendfach auf meinen Lippen brannte, wusste ich, dass dies nicht die Zeit für eine solche Erklärung war. Schon allein aus dem Grund, weil es nicht richtig ist, eine Frau, die man beschützt und zu retten versucht, um ihre Liebe zu bitten. Wenn die Situation Takt erforderte, und nicht allein in dieser Hinsicht, so schmeichelte ich mir, dass ich sie taktvoll meisterte; und außerdem bildete ich mir ein, dass ich meine Liebe weder durch Blicke noch andere Zeichen zu erkennen gegeben hatte. Wir waren gute Kameraden und wurden von Tag zu Tag bessere.

Sie setzte mich besonders dadurch in Erstaunen, dass sie völlig ohne Furcht oder Angst war. Die wilde See, das zerbrechliche Boot, die Stürme, die Strapazen, das Ungewohnte unserer Lage, die Isolation – all das hätte selbst eine robuste Frau schrecken können, sie aber schien es überhaupt nicht zu beeindrucken, obwohl sie bisher nur ein behütetes und durch und durch künstliches Leben kennengelernt hatte und selbst nur aus Feuer, Tau und Nebel bestand, vergeistigt und der Inbegriff dessen, was an Frauen sanft, zart und anschmiegsam ist. Natürlich bin ich im Irrtum. Sie war furchtsam und ängstlich, aber sie hatte Mut. Sie war Fleisch und allen Schwächen des Fleisches ausgesetzt, aber diese drückten sie auch nur körperlich. Denn zuallererst war sie Geist, eine ätherische Essenz des Lebens, gelassen wie ihre gelassenen Augen und sich der Beständigkeit in einem sich ewig wandelnden Universum gewiss.

Wieder kamen stürmische Tage und Nächte, in denen der Ozean uns mit Gischt und Getöse bedrohte und der Wind mit titanischen Böen über unser tapferes Boot herfiel. Und immer weiter wurden wir nach Nordosten abgetrieben. In einem solchen Orkan, dem schlimmsten, den wir erlebt hatten, ließ ich meinen erschöpften Blick nach Lee wandern, nicht um etwas zu suchen, sondern weil ich des Kampfes mit den Elementen müde war und die wütenden Gewalten gleichsam im Stillen anflehte, doch endlich Ruhe zu geben und von uns abzulassen. Zuerst konnte ich nicht glauben, was ich sah. Die Tage und Nächte angespannten Wachens hatten mir offenbar die Sinne verwirrt. Ich blickte wieder auf Maud, um mich gleichsam in Zeit und Raum wiederzufinden. Der Anblick ihrer geliebten nassen Wangen, ihres zerzausten Haares und ihrer tapferen braunen

Augen überzeugte mich, dass mein Sehvermögen noch normal funktionierte. Wieder blickte ich leewärts, und wieder sah ich jenes Kliff, dunkel, steil und kahl, und die schäumende Brandung, die sich an seinem Fuß brach und in mächtigen Fontänen an ihm emporgeschleudert wurde, sah die schwarze, abweisende Küstenlinie, die sich nach Südosten erstreckte und von einem gewaltigen weißen Schal umgeben war.

»Maud«, sagte ich. »Maud.«

Sie drehte den Kopf und sah es auch.

»Das kann doch nicht Alaska sein«, rief sie.

»Leider nicht«, antwortete ich und fragte: »Können Sie schwimmen?«

Sie schüttelte den Kopf.

»Ich auch nicht«, sagte ich. »Dann müssen wir sehen, dass wir anders an Land kommen, durch eine Öffnung zwischen den Felsen, durch die wir das Boot steuern und an Land klettern können. Aber wir müssen uns beeilen, sehr beeilen – und uns unserer Sache sicher sein.«

Ich redete mit einer Zuversicht, von der ich wusste, dass ich sie nicht besaß, denn sie sah mich mit ihrem unbestechlichen Blick an und sagte:

»Ich habe Ihnen noch nicht gedankt für alles, was Sie bisher für mich getan haben, aber …«

Sie stockte, als wüsste sie nicht, wie sie ihren Dank am besten in Worte kleiden sollte.

»Nun?«, sagte ich ungehalten, denn es gefiel mir überhaupt nicht, dass sie mir danken wollte.

»Sie könnten mir zu Hilfe kommen«, lächelte sie.

»Um Ihrem Dank Ausdruck zu verleihen, bevor Sie sterben? Kommt überhaupt nicht infrage. Wir werden nicht sterben. Wir werden auf dieser Insel landen und noch vor Tagesende in einem warmen Nest sitzen.«

Ich sprach mit fester Stimme, glaubte selbst aber kein Wort. Dabei war es nicht die Furcht, die mich lügen ließ. Ich empfand keine Furcht, auch wenn ich mir sicher war, in der brodelnden Brandung zwischen den Felsen sterben zu müssen, die schnell näher kamen. Ich konnte unmöglich Segel setzen und von dieser Küste freikreuzen. Der Wind würde das Boot sofort zum Kentern bringen, die Wogen würden sogleich über ihm zusammenschlagen, wenn es in ein Wellental geriet, und außerdem war das Segel fest um die Ersatzruder gewickelt, die im Wasser vor uns hertrieben. Wie gesagt, vor meinem eigenen Tod, dort, einige hundert Meter leewärts, hatte ich keine Angst; aber mich entsetzte der Gedanke, dass Maud würde sterben müssen. Meine verfluchte Einbildungskraft sah sie schon zerschmettert zwischen den Klippen liegen, und das war eine zu entsetzliche Vorstellung. Ich versuchte, mich dazu zu bringen, an eine sichere Landung zu glauben, und so sprach ich nicht das aus, was ich glaubte, sondern was ich mir einredete.

Ich schauderte bei dem Gedanken an diesen schrecklichen Tod, und für einen Moment hatte ich die verrückte Idee, Maud in die Arme zu schließen und mit ihr zusammen über Bord zu springen. Dann entschloss ich mich doch, abzuwarten und sie erst im letzten Augenblick, wenn das Ende nahte, zu umarmen, ihr meine Liebe zu gestehen, den verzweifelten Kampf aufzunehmen und zu sterben.

Unwillkürlich waren wir auf dem Bootsboden näher zusammengerückt. Ich fühlte, wie sie ihre behandschuhte Hand nach mir ausstreckte. Und so erwarteten wir still das Ende. Wir waren nur noch ein Stückchen von der Linie entfernt, auf der der Wind wieder ungehindert an der westlichen Kante des Vorsprungs vorbeistrich, und ich hielt in der Hoffnung Ausschau, dass irgendeine Strömung oder der Druck der Wellen uns an den Klippen vorbeidriften lassen könnte, bevor wir in die Brandung gerieten.

»Wir werden problemlos vorbeikommen«, sagte ich in zuversichtlichem Ton, der uns beide nicht täuschte.

»Himmelsakrament, wir werden problemlos vorbeikommen!«, rief ich fünf Minuten später.

Der Fluch verließ meine Lippen im Eifer des Gefechts – der erste meines Lebens, glaube ich, es sei denn, man bezeichnet mein jugendliches »Scheibenkleister« als Verwünschung.

»Verzeihung«, sagte ich.

»Sie haben mich von Ihrer Aufrichtigkeit überzeugt«, antwortete sie mit schwachem Lächeln. »Ich bezweifle in keinster Weise mehr, dass wir problemlos vorbeikommen werden.«

Hinter der äußersten Kante des Kliffs hatte ich in einiger Entfernung eine Landzunge ausgemacht, und als wir genauer hinsahen, konnten wir auch den Küstenstreifen erkennen, der sich zwischen beiden erstreckte und offenbar eine weit ins Landesinnere reichende Bucht bildete. Gleichzeitig drang ein lautes und beständiges Bellen an unser Ohr. Es war in der Stärke entferntem Donner vergleichbar, kam von leewärts und übertönte das Getöse der Brandung, obwohl es sich gegen den Sturm durchsetzen musste. Als wir glücklich an den Klippen vorbei waren, konnten wir die ganze Bucht einsehen, einen sichelförmigen, weißen Sandstrand mit gewaltiger Brandung, der von unzähligen Robben bevölkert war. Von ihnen kam das mächtige Bellen.

»Eine Kolonie!«, rief ich aus. »Jetzt sind wir wirklich gerettet. Hier gibt es sicher Männer und Kreuzer, die die Robben vor den Jägern schützen. Vielleicht gibt es sogar einen Stützpunkt.«

Nachdem ich die gegen den Strand tosende Brandung genauer betrachtet hatte, sagte ich: »Schon besser, aber immer noch nicht gut. Wenn uns die Götter gewogen sind, passieren wir auch die nächste Landzunge und finden einen vollkommen geschützten Strand, an dem wir landen können, ohne uns nasse Füße zu holen.«

Und die Götter waren uns gewogen. Die erste und zweite Landzunge lagen direkt in der Linie des Südwestwindes; aber sobald wir die zweite passiert hatten – und wir kamen ihr gefährlich nahe –, machten wir eine dritte aus, die mit den anderen und dem Wind immer noch eine Linie bildete. Aber die Bucht dazwischen! Sie reichte tief ins Inselinnere, und die gerade einsetzende Flut trieb uns in den Windschatten des Vorsprungs. Hier war das Meer bis auf eine schwere Dünung ruhig, sodass ich den Treibanker einholte und zu rudern begann. Von der Landzunge trat der Strand weiter und weiter zurück, bis zuletzt eine Bucht in der Bucht vor unseren Augen lag, ein kleiner, von Land umgebener natürlicher Hafen, dessen Wasser so ruhig war wie das eines Tümpels. Seine Oberfläche wurde nur von vereinzelten Böen gekräuselt, die sich verirrt hatten und die steile Felswand herunterjagten, die den Strand etwa fünfunddreißig Meter landeinwärts umschloss.

Nicht eine Robbe war zu sehen. Der Kiel des Bootes knirschte auf den harten Kiesstrand. Ich sprang hinaus und reichte Maud meine Hand. Im nächsten Augenblick stand sie neben mir. Als meine Finger sich aus ihren lösten, griff sie hastig nach meinem Arm. Im gleichen Moment torkelte ich und wäre fast in den Sand gefallen. Die ewige Bewegung hatte zu plötzlich aufgehört. Wir waren so lange auf der unruhigen See gewesen, dass der feste Boden wie ein Schock auf uns wirkte. Wir glaubten, auch der Strand müsse sich heben und senken und die Felswand hin und her schwanken wie die Seiten eines Schiffes; da wir uns inzwischen wie selbstverständlich auf diese Bewegungen eingestellt hatten, warf uns ihr Ausbleiben völlig aus dem Gleichgewicht.

»Ich muss mich erst einmal hinsetzen«, sagte Maud leicht benommen mit einem nervösen Lachen und ließ sich in den Sand sinken.

Ich machte das Boot fest und setzte mich dann zu ihr. So kamen wir auf Endeavor Island an, landkrank von der langen Gewöhnung an die See.

## 29. KAPITEL

»Idiot!«, machte ich meinem Ärger Luft.

Ich hatte das Boot entladen und alles, was es enthielt, ein gutes Stück den Strand hinaufgetragen, wo ich mit der Errichtung des Lagers begann. Es gab Treibholz am Strand, wenn auch nicht viel, und der Anblick einer Kaffeedose, die ich aus der Speisekammer der *Ghost* mitgenommen hatte, brachte mich auf den Gedanken, Feuer zu machen.

»Verdammter Idiot!«, schimpfte ich weiter.

»Aber, aber«, sagte Maud nicht allzu vorwurfsvoll und wollte dann wissen, warum ich ein verdammter Idiot sei.

»Keine Streichhölzer«, stöhnte ich. »Nicht eine Schachtel habe ich eingesteckt. Also gibt es keinen heißen Kaffee, keine Suppe, keinen Tee, nichts dergleichen.«

»Hat nicht dieser … äh … Crusoe Stöcke aneinandergerieben?«, fragte sie gedehnt.

»Ach was, ich habe selbst verfasste Berichte von mehr als einem Dutzend Schiffbrüchiger gelesen, die es alle versucht haben, und keiner hat es geschafft«, antwortete ich. »Ich erinnere mich an Winters, einen Kollegen von der Zeitung, der als Alaska- und Sibirienkenner gerühmt wurde. Bin ihm einmal im Bibelot begegnet, und er erzählte uns damals, wie er versucht hatte, mit zwei Stöcken Feuer zu machen. Eine überaus unterhaltsame Geschichte. Und er konnte sie so unnachahmlich erzählen, obwohl es sich eben nicht um eine Erfolgsstory handelte. Ich erinnere mich noch an den Schluss, als seine dunklen Augen aufblitzten und er sagte: ›Meine Herren, der Südseeinsulaner mag es schaffen und auch der Malaie, aber glauben Sie mir, ein Weißer bringt es einfach nicht fertig.‹«

»Also gut, wir sind bislang ohne Streichhölzer ausgekommen«, sagte sie aufmunternd. »Und ich sehe keinen Grund, warum wir nicht auch weiterhin darauf verzichten können.«

»Aber denken Sie an den Kaffee!«, rief ich. »Noch dazu guter Kaffee. Ich muss es wissen, denn schließlich habe ich ihn selbst aus Larsens Privatvorräten mitgehen lassen. Und dann sehen Sie nur all das schöne Holz.«

Ich gebe zu, ich war ganz verrückt auf den Kaffee; und bald erfuhr ich, dass auch Maud eine Schwäche für diese Bohnen besaß. Außerdem hatten wir so lange von kalter Kost gelebt, dass wir innen wie außen ganz erstarrt waren. Etwas Warmes hätte uns gewiss sehr gutgetan. Aber ich jammerte nicht weiter, sondern machte mich daran, für Maud aus dem Segel ein Zelt zu bauen.

Ich hatte es für eine Kleinigkeit gehalten, verfügte ich doch über Riemen, Mast, Baum und Spriet, ganz abgesehen von den vielen Leinen. Aber da ich ohne alle Erfahrung war, bedeutete jede Kleinigkeit ein Experiment und jedes funktionierende Detail eine Erfindung, sodass der Tag längst vorüber war, als ihr Unterschlupf endlich stand. Und dann regnete es noch in derselben Nacht, und sie wurde nass und musste erneut im Boot Zuflucht suchen.

Am nächsten Morgen hob ich um das Zelt herum einen flachen Graben aus, aber eine Stunde später fuhr ein Windstoß über die Felskante in unseren Rücken, packte das Zelt und schleuderte es dreißig Meter weiter auf den Strand.

Maud lachte über mein betretenes Gesicht, und ich sagte: »Sobald der Wind nachlässt, werde ich mit dem Boot die Insel erkunden. Irgendwo muss es eine Station und Menschen geben. Schiffe müssen die Station anlaufen. Die vielen

Robben müssen unter dem Schutz irgendeiner Regierung stehen. Aber bevor ich aufbreche, mache ich es Ihnen hier so angenehm wie möglich.«

»Ich würde gerne mit Ihnen fahren«, sagte sie nur.

»Es wäre besser, Sie blieben. Sie haben genug durchgemacht. Es ist ein Wunder, dass Sie noch am Leben sind. Und bei diesem Regenwetter ist das Rudern und Segeln mit dem Boot bestimmt kein Vergnügen. Sie brauchen Erholung, und ich möchte, dass Sie hierbleiben und sich ausruhen.«

Etwas, das verdächtig nach Feuchtigkeit aussah, trübte ihre bezaubernden Augen, bevor sie den Blick senkte und ihren Kopf halb abwandte.
»Ich würde lieber mitfahren«, sagte sie mit einem leisen Flehen in der Stimme.
»Ich könnte Ihnen vielleicht …«, ihre Stimme versagte, »ein wenig behilflich sein. Und bedenken Sie, wenn Ihnen etwas zustößt, bin ich hier ganz allein.«
»Oh, ich werde schon aufpassen«, antwortete ich, »und mich nur so weit entfernen, dass ich vor Einbruch der Dunkelheit zurück sein kann. Kurz und gut, ich halte es für sehr viel besser, wenn Sie hierbleiben, schlafen, sich ausruhen und die Hände in den Schoß legen.«
Sie wandte den Kopf und sah mir in die Augen. Ihr Blick war bestimmt, und doch sanft.
»Bitte, bitte«, sagte sie ganz, ganz leise.
Ich zwang mich dazu, hart zu bleiben, und schüttelte den Kopf. Immer noch sah sie mich geduldig an. Ich suchte nach Worten für meine Entscheidung, geriet aber ins Stolpern. Da sah ich die Freude in ihren Augen aufleuchten und wusste, dass ich verloren hatte. Danach konnte ich einfach nicht mehr nein sagen.
Der Wind flaute am Nachmittag ab, und wir wollten am nächsten Morgen aufbrechen. Von unserer Bucht aus bestand keine Möglichkeit, ins Landesinnere vorzudringen, da der Strand von Steilfelsen umgeben war, die zu beiden Seiten weit ins Wasser hinausragten.
Der nächste Morgen war trüb und grau, aber windstill, und ich war früh auf den Beinen, um das Boot klarzumachen.
»Idiot! Schwachkopf! Yahoo!«, rief ich laut, als es an der Zeit war, Maud zu wecken. Aber diesmal waren es Freudenschreie, während ich barhäuptig und in gespielter Verzweiflung am Strand herumtanzte.
Ihr Kopf tauchte unter dem herabhängenden Segeltuch auf.
»Was ist denn los?«, fragte sie schläfrig, aber doch voller Neugier.
»Kaffee!«, rief ich. »Was halten Sie von einer Tasse Kaffee? Heißem Kaffee? Frisch aufgebrüht?«
»Also wirklich«, murmelte sie. »Sie haben mich erschreckt, und Sie sind

obendrein gemein. Da habe ich mich nun damit abgefunden, dass es keinen Kaffee gibt, und dann kommen Sie und ärgern mich mit Ihren leeren Versprechungen.«

»Jetzt passen Sie auf«, sagte ich.

Zwischen den Felsspalten suchte ich ein paar trockene Stöcke und Holzstücke zusammen. Daraus schnitzte ich Kienspäne oder spaltete sie zu Feuerhölzern. Dann riss ich eine Seite aus meinem Notizbuch und nahm eine Patrone aus der Munitionskiste. Nachdem ich den Pfropf mit dem Messer entfernt hatte, verteilte ich das Pulver auf einem flachen Stein. Danach löste ich das Zündplättchen aus der Patrone und legte es in die Mitte des ausgestreuten Pulvers. Nun war alles bereit. Maud sah mir immer noch vom Zelt aus zu. Das Papier in der Linken, schlug ich mit einem Stein, den ich in der Rechten hielt, auf das Zündplättchen. Es gab eine kleine weiße Rauchwolke, eine kurze Stichflamme, und die Abrisskante des Papiers brannte.

Maud klatschte begeistert in die Hände. »Prometheus!«, rief sie.

Aber ich war zu beschäftigt, um ihre Freude zu teilen. Das schwache Flämmchen musste sorgsam gehätschelt werden, wenn es zu Kräften kommen sollte. Ich fütterte es, Span um Span und Splitter um Splitter, bis es endlich knackend und knisternd auf die kleineren Scheite und Stöcke übergriff. Ich hatte bei meinen Vorkehrungen nicht daran gedacht, dass wir auf eine Insel verschlagen werden könnten, sodass wir ohne Kessel oder sonstiges Kochgerät waren; aber ich behalf mich mit der Blechdose, mit der wir das Boot ausgeschöpft hatten, und später, als wir uns über den Konservenvorrat hermachten, kam eine ansehnliche Menge Kochgeschirr zusammen.

Ich kochte das Wasser, aber Maud bereitete den Kaffee. Und wie gut er war! Mein Beitrag bestand in einer Dose Büchsenfleisch, geschmort in zerbröseltem Schiffszwieback und Wasser. Das Frühstück war ein voller Erfolg, und wir saßen viel länger am Feuer, als es sich für tatendurstige Forscher gehörte, schlürften den heißen schwarzen Kaffee und besprachen unsere Lage.

Ich war zuversichtlich, in einer der Buchten eine Station zu finden, denn

ich wusste, dass die Robbenkolonien der Beringsee bewacht wurden. Maud hingegen entwickelte die Theorie – wohl um mich auf eine Enttäuschung vorzubereiten –, dass wir ein unbekanntes Eiland entdeckt hätten. Dennoch war sie bester Laune und scherzte über unsere gar nicht so rosige Lage.
»Wenn Sie recht haben«, sagte ich, »dann müssen wir uns darauf einstellen, hier zu überwintern. Unser Proviant wird nicht ausreichen, aber es gibt ja die Robben. Sie ziehen im Herbst fort, sodass ich bald damit anfangen muss, einen Fleischvorrat anzulegen. Dann müssen wir Hütten bauen und Treibholz sammeln. Außerdem werden wir Robbentran ausschmelzen, um für Beleuchtung zu sorgen. Somit werden wir alle Hände voll zu tun haben, wenn die Insel unbewohnt sein sollte. Aber ich weiß, dass dem nicht so ist.«
Doch sie behielt recht. Wir segelten mit Dwarswind die Küste entlang, suchten die Buchten mit unseren Gläsern ab und landeten gelegentlich, ohne ein Zeichen menschlichen Lebens zu finden. Trotzdem stellten wir fest, dass wir nicht als Erste auf Endeavor Island gelandet waren. In der von uns aus gesehen zweiten Bucht entdeckten wir weit oben am Strand ein zersplittertes Wrack – das Boot eines Robbenfängers, denn die Ruderklampen waren mit Platting umwickelt, innen an der Steuerbordseite des Bugs befand sich eine Gewehrhalterung, und in verblichenen weißen Lettern war außenbords *Gazelle No. 2* zu lesen. Das Boot musste bereits lange Zeit dort gelegen haben, denn es war halb voll Sand, und das gesplitterte Holz, das schutzlos den Elementen preisgegeben war, befand sich in einem entsprechend verwitterten Zustand. Achtern entdeckte ich eine verrostete großkalibrige Schrotflinte und ein abgebrochenes Seemannsmesser, das vor lauter Rost kaum noch als solches zu erkennen war.
»Sie sind gerettet worden«, sagte ich frohgemut, doch auf meinem Herzen lastete eine Schwere, als seien irgendwo auf diesem Strand gebleichte Knochen zu finden.
Ich wollte nicht, dass Maud durch einen solchen Fund deprimiert wurde, deshalb legte ich wieder ab und umsegelte die Nordspitze der Insel. Die Südküste war ohne Strände, sodass wir bereits am frühen Nachmittag das dunkle Kliff passierten und damit die ganze Insel umsegelt hatten. Ich

schätzte ihren Umfang auf fünfundzwanzig Meilen, mit einem Durchmesser zwischen zwei und fünf Meilen. Und sehr vorsichtigen Schätzungen nach befanden sich etwa zweihunderttausend Robben am Strand. Der höchste Punkt der Insel lag an ihrer Südwestspitze, von wo die Landzungen und der Gebirgsrücken in der Mitte gleichmäßig abfielen, sodass der nordöstliche Inselteil nur noch wenige Fuß über dem Meeresspiegel lag. Mit Ausnahme unserer kleinen Bucht stiegen die übrigen Strände über etwa eine halbe Meile sanft zum Hinterland an und endeten in Steinauen, wie ich sie nennen möchte, auf denen sich ab und an Flecken von Moos und Tundragras zeigten. Hier hinauf zog es die Robben, und die alten Bullen bewachten ihre Harems, während die Jungbullen sich abseits hielten.

Mehr als diese kurze Beschreibung verdient Endeavor Island nicht. Klamm und feucht, wo sie nicht scharfkantig und felsig war, von Sturmwinden umtost und von der See gepeitscht, mit einer Atmosphäre, die unaufhörlich unter dem Gebrüll der zweihunderttausend Amphibien erzitterte, war die Insel ein trübseliger und trister Aufenthaltsort. Maud, die mich auf eine Enttäuschung vorbereitet hatte und die den ganzen Tag über heiter und ausgelassen gewesen war, brach bei der Ankunft in unserer kleinen Bucht zusammen. Sie bemühte sich tapfer, es nicht zu zeigen, aber während ich Feuer machte, wusste ich, dass sie ihr Schluchzen im Zelt unter den Decken erstickte.

Nun war es an mir, guten Mut zu beweisen, und ich spielte meine Rolle nach besten Kräften und mit so großem Erfolg, dass ich das Lachen in ihre teuren Augen zurückholte und sie sogar zum Singen brachte; denn früh am Abend, bevor sie zu Bett ging, sang sie ein Lied für mich. Es war das erste Mal, dass ich sie singen hörte, und ich lag am Feuer und lauschte ganz hingerissen. Wie bei allem, was sie tat, war sie auch hier eine wahre Künstlerin, und ihre keineswegs sonderlich kräftige Stimme klang wunderbar melodisch und ausdrucksvoll.

Ich schlief noch immer im Boot, und in dieser Nacht lag ich lange wach, schaute wie in so vielen Nächten zuvor zu den Sternen auf und dachte über unsere Lage nach. Diese Art von Verantwortung war neu für mich.

Wolf Larsen hatte ganz recht gehabt. Ich hatte auf den Beinen meines Vaters gestanden. Meine Anwälte und Bevollmächtigten hatten mein Geld für mich verwaltet. Verantwortung hatte ich nie gekannt. An Bord der *Ghost* hatte ich dann gelernt, auf mich selbst aufzupassen. Und nun war ich zum ersten Mal in meinem Leben für jemand anders verantwortlich. Und es war meine Pflicht, alles, aber auch alles an diese Aufgabe zu setzen, denn sie war für mich die eine Frau auf der Welt – die eine kleine Frau, wie ich sie in Gedanken gern nannte.

## 30. KAPITEL

Kein Wunder, dass wir der Insel den Namen Endeavor Island, Insel der Mühsal, gaben. Zwei Wochen lang plagten wir uns mit dem Bau einer Hütte ab. Maud bestand darauf, mir zu helfen, und ich hätte weinen können angesichts ihrer wunden und blutenden Hände. Und doch, ich war stolz auf sie. Es lag etwas Heroisches darin, wie diese behütet aufgewachsene Frau den furchtbaren Anstrengungen trotzte und sich mit ihren schwachen Kräften den Aufgaben einer Bäuerin stellte. Sie trug viele der Steine zusammen, aus denen ich die Mauern der Hütte aufschichtete, und sie hörte nicht auf mich, als ich sie bat, sich zu schonen. Immerhin war sie zu einem Kompromiss bereit, indem sie die leichteren Arbeiten wie Essenkochen und das Sammeln von Treibholz und Moos für den Winter übernahm.

Die Mauern der Hütte ließen sich ohne Schwierigkeiten hochziehen, und alles ging glatt, bis das Problem der Überdachung auftauchte. Was waren vier Wände ohne Dach schon wert? Und woraus nur ließ sich das herstellen? Schon wahr, es gab die Ersatzriemen. Sie konnte man als Dachbalken verwenden. Aber womit sollte ich das Dach decken? Moos würde sich mit Wasser vollsaugen, und Tundragras war ebenfalls ungeeignet. Das Segel benötigten wir für das Boot, und die Persenning war nicht mehr dicht.

»Winters hat seine Hütte mit Walrossfellen abgedeckt«, sagte ich.

»Hier haben wir die Robben«, meinte sie.

Also begann am nächsten Tag die Jagd. Ich hatte keine Ahnung vom Schießen, war jedoch fest entschlossen, es zu lernen. Aber nachdem ich mit etwa dreißig Patronen ganze drei Robben erlegt hatte, kam ich zu dem Schluss, dass die Munition ausgehen würde, bevor ich mir das nötige Wissen angeeignet hatte. Acht Patronen hatte ich fürs Feuermachen verwendet, bis ich darauf kam, die glühende Asche mit feuchtem Moos abzudecken, sodass sich nun noch etwa einhundert Patronen in der Munitionskiste befanden.

»Wir müssen die Robben erschlagen«, verkündete ich, als an meinen kläglichen Schießkünsten nicht mehr zu deuteln war. »Ich habe die Robbenjäger davon reden hören, dass man es so macht.«

»Aber es sind so wunderschöne Tiere«, wandte sie ein. »Ich kann die Vorstellung nicht ertragen. Wissen Sie, es ist so unverhohlen brutal, ganz anders, als wenn man sie erschießt.«

»Wir müssen das Dach fertig bekommen«, antwortete ich grimmig. »Der Winter ist schon fast da. Unser Leben steht gegen ihres. Es ist jammerschade, dass wir nicht mehr Munition haben, aber bestimmt leiden sie weniger darunter, mit einem Knüppel erschlagen als völlig durchlöchert zu werden. Und außerdem werde ich die Sache übernehmen.«

»Gerade das ist es ja«, ereiferte sie sich und hielt dann plötzlich verwirrt inne.

»Aha«, setzte ich an. »Also, wenn Sie lieber …«

»Und was soll ich inzwischen tun?«, unterbrach sie mich mit einer Sanftheit, die ich schon als Verkleidung ihrer Hartnäckigkeit kannte.

»Feuerholz sammeln und das Essen zubereiten«, antwortete ich leichthin.

Sie schüttelte den Kopf. »Für Sie allein ist das zu gefährlich.«

»Ich weiß, ich weiß«, kam sie meinen Einwänden zuvor. »Ich bin nur ein schwaches Weib, aber vielleicht kann gerade mein unerheblicher Beistand Sie vor großem Unheil bewahren.«

»Und was ist mit dem Totschlagen?«, wollte ich wissen.

»Das ist selbstverständlich Ihre Aufgabe. Vermutlich werde ich laut aufschreien. Ich sehe zur Seite, wenn …«

»Wenn es wirklich ernst wird«, lachte ich.

»Ich kann selbst entscheiden, wann ich hinzusehen und wann wegzuschauen habe«, antwortete sie stolz.

Das Ende der Geschichte war, dass sie mich am nächsten Morgen begleitete. Ich ruderte in die benachbarte Bucht und legte dort an. Im Wasser um uns herum waren lauter Robben, und das Gebrüll der vielen tausend Tiere am Strand zwang uns dazu, uns durch Zurufe miteinander zu verständigen.

»Ich weiß, man schlägt sie tot«, sagte ich, um mir Mut zu machen, während ich unsicher zu einem großen Bullen hinübersah, der sich keine hundert Meter entfernt auf den Vorderflossen aufgerichtet hatte und mich wachsam fixierte. »Die Frage ist nur, wie genau macht man das?«

»Sammeln wir lieber Tundragras für das Dach«, schlug Maud vor.

Der Anblick ängstigte sie nicht weniger als mich, und wir hatten auch allen Grund dazu, fast in Reichweite der blitzenden Zähne und hundeähnlichen Schnauzen.

»Ich dachte immer, sie hätten Angst vor Menschen«, sagte ich.

»Aber woraus schließe ich eigentlich, dass das hier nicht der Fall ist?«, fragte ich mich kurze Zeit später, nachdem ich ein paar Schläge weiter den Strand entlanggerudert war. »Vielleicht nähmen sie ja sofort Reißaus, wenn ich beherzt an Land ginge, und ich könnte nicht eine erwischen.« Aber immer noch zögerte ich.

»Ich habe einmal von jemandem gehört, der in eine Brutkolonie von Wildgänsen eingedrungen war«, sagte Maud. »Sie haben ihn getötet.«

»Die Gänse?«

»Ja doch, die Gänse. Mein Bruder hat es mir erzählt, als ich noch ein kleines Mädchen war.«

»Aber ich bin sicher, dass sie mit Knüppeln totgeschlagen werden«, beharrte ich.

»Tundragras wird bestimmt ein ebenso gutes Dach abgeben«, sagte sie.

Es lag nicht in ihrer Absicht, aber ihre Worte brachten mich auf und stachelten mich an. Ich wollte vor ihr nicht als Feigling dastehen.

»Auf geht's«, sagte ich, während ich mit einem Riemen rückwärtsruderte und den Bug auf den Strand auflaufen ließ.

Ich sprang heraus und schritt mutig auf einen langmähnigen Bullen inmitten seines Harems zu. Ich war mit der Keule bewaffnet, mit der die Ruderer üblicherweise die verwundeten Robben töten, sobald sie von den Jägern mit einem Fleischerhaken an Bord gezogen werden. Sie war nur 40 Zentimeter lang, und in meiner grenzenlosen Ahnungslosigkeit hätte ich mir nicht träumen lassen, dass die an Land benutzten Knüppel bis eineinhalb Meter maßen. Die Kühe schoben sich behäbig aus dem Weg, und der

Abstand zwischen mir und dem Bullen schrumpfte unaufhörlich. Mit drohender Gebärde richtete er sich auf seinen Flossen auf. Wir waren noch gut vier, fünf Meter voneinander entfernt. Und immer noch ging ich unbeirrt weiter, da ich annahm, er werde im nächsten Moment kehrtmachen und davonlaufen.

Bei zwei Meter Abstand durchfuhr mich der panische Gedanke: Was, wenn er nicht das Weite sucht? Nun, dann werde ich ihn eben erschlagen, kam die Antwort. Vor lauter Angst hatte ich ganz vergessen, dass ich mit der Absicht anrückte, den Bullen zu töten, nicht, ihn davonzujagen. Genau in diesem Augenblick schnaubte und orgelte er und stürzte auf mich los. Seine Augen funkelten, sein Maul war weit aufgerissen, und seine Zähne schimmerten grausig weiß. Ich mache keinen Hehl daraus, dass ich nun derjenige war, der auf dem Absatz kehrtmachte und die Beine in die Hand nahm. Er bewegte sich zwar unbeholfen, aber er war schnell. Ganze zwei Schritte trennten uns noch, bevor ich das Boot erreichte, und als ich uns mit dem Ruder abstoßen wollte, gruben sich seine Zähne knirschend ins Ruderblatt. Das solide Holz wurde zerquetscht wie eine Eierschale. Maud und ich waren fassungslos. Im nächsten Moment war er unter das Boot getaucht, hatte sich im Kiel verbissen und schaukelte es heftig hin und her.

»Gütiger Gott!«, rief Maud. »Lassen Sie uns verschwinden.«

Ich schüttelte den Kopf. »Was andere können, kann ich auch, und ich weiß, man erschlägt sie mit Keulen. Aber ich denke, beim nächsten Versuch lasse ich die Bullen lieber in Frieden.«

»Warum lassen Sie es nicht ganz bleiben?«, fragte sie.

»Nun sagen Sie bloß nicht auch noch ›Bitte, bitte‹«, fuhr ich sie ziemlich barsch an.

Sie gab keine Antwort, und ich wusste, dass mein rüder Ton sie verletzt hatte.

»Ich bitte um Verzeihung«, sagte oder vielmehr rief ich, um mich vor der Lärmkulisse der Kolonie verständlich zu machen. »Wenn Sie es wollen, werde ich sofort umkehren und zurückrudern, aber offen gestanden würde ich lieber bleiben.«

»Sagen Sie dann aber bloß nicht, das hat man nun davon, wenn man eine Frau mitnimmt«, erklärte Maud. Dabei sah sie mich mit einem ebenso verschmitzten wie strahlenden Lächeln an, und ich wusste, dass die kleine Unstimmigkeit ausgeräumt war.

Ich ruderte einige hundert Meter am Strand entlang, um meine Nerven zu beruhigen, und ging dann erneut an Land.

»Seien Sie vorsichtig«, rief sie mir nach.

Ich nickte und machte mich dann daran, den nächsten Harem von der Flanke her anzugreifen. Alles ging gut, bis ich den Kopf einer ganz außen liegenden Kuh zu treffen suchte und dabei zu kurz zielte. Sie schnaubte und versuchte davonzurutschen. Ich rannte hinterher und holte ein zweites Mal aus, traf jedoch wieder nicht den Kopf, sondern bloß die Schulter.

»Vorsicht!«, hörte ich Maud schreien.

In meiner Aufregung hatte ich auf nichts anderes geachtet, und als ich nun aufblickte, sah ich das Oberhaupt des Harems auf mich zustürmen. Wieder erreichte ich nach einer wilden Verfolgungsjagd das Boot, aber diesmal machte Maud nicht die kleinste Andeutung, umzukehren.

»Ich glaube, es wäre besser, Sie ließen die Harems in Ruhe und hielten nach einsamen und ungefährlich aussehenden Robben Ausschau«, schlug sie vor. »Ich meine etwas über diese Tiere gelesen zu haben. In Dr. Jordans Buch, wenn ich mich recht entsinne. Es handelt sich dabei um die jungen Bullen, die noch nicht alt genug sind, einen eigenen Harem zu unterhalten. Er nannte sie Holluschicki oder so ähnlich. Mir scheint, wenn wir herausbekämen, wo sie an Land gehen –«

»Und mir scheint, Ihre Kämpfernatur ist erwacht«, lachte ich.

Ihr Gesicht überflog eine plötzliche und hübsch anzusehende Röte: »Ich gebe zu, dass mir Niederlagen ebenso wenig gefallen wie Ihnen – und wie die Vorstellung, diese wunderbaren, unschuldigen Kreaturen töten zu müssen.«

»Wunderbar!«, stieß ich verächtlich hervor. »Ich habe an diesen sabbernden Bestien nichts Wunderbares entdecken können, als sie hinter mir her waren.«

»Das ist Ihre Sichtweise«, sagte sie lachend. »Ihnen fehlt die umfassende

Perspektive. Wenn Sie ein wenig mehr Abstand zu Ihrem Gegenstand gewönnen …«

»Genau das ist es!«, rief ich. »Was ich brauche, ist eine längere Keule. Und da kommt der gebrochene Riemen gerade recht.«

»Mir fällt da eben ein«, sagte sie, »dass Wolf Larsen mir davon erzählt hat, wie die Männer die Kolonien überfallen. Sie treiben die Robben in kleinen Gruppen ein Stück landeinwärts und töten sie dann.«

»Ich habe nicht vor, es mit einem dieser Harems aufzunehmen«, wehrte ich ab.

»Aber da sind doch die Holluschicki«, erwiderte sie. »Die Holluschicki sind Einzelgänger, und Dr. Jordan sagt, zwischen den einzelnen Harems werden Durchgänge freigehalten, und solange sich die Holluschicki in diesen Korridoren bewegen, werden sie von den alten Bullen auch nicht belästigt.«

»Dort drüben ist einer«, sagte ich und zeigte auf einen jungen Bullen im Wasser. »Wir wollen ihn im Auge behalten und ihm folgen, wenn er an Land geht.«

Er schwamm direkt auf den Strand zu und benutzte dann einen schmalen Durchgang zwischen zwei Harems, deren Oberhäupter zwar warnende Laute ausstießen, ihn aber nicht angriffen. Wir beobachteten ihn, wie er sich langsam landeinwärts bewegte und sich dabei offensichtlich auf einem dieser Pfade zwischen den Harems hindurchschlängelte.

»Ich versuch's«, sagte ich und sprang an Land. Aber ich muss gestehen, dass mir bei dem Gedanken, durch diese riesige Herde einfach hindurchzugehen, das Herz bis zum Halse schlug.

»Es wäre klug, das Boot festzumachen«, sagte Maud.

Sie war mit ausgestiegen, und ich starrte sie verwundert an.

Entschlossen nickte sie mit dem Kopf. »Ja doch, ich komme mit, also machen Sie das Boot fest und geben Sie mir auch eine Keule.«

»Machen wir kehrt«, sagte ich entmutigt. »Zur Not tut's auch Tundragras.«

»Sie wissen, dass das nicht stimmt«, gab sie zurück. »Soll ich die Führung übernehmen?«

Mit einem Schulterzucken, aber auch mit Stolz und einiger Bewunderung für diese Frau, rüstete ich sie mit dem zerbissenen Riemen aus und nahm den anderen für mich selbst. Nervös und unruhig brachten wir das erste Stück des Weges hinter uns. Einmal schrie Maud erschrocken auf, als eine Kuh neugierig ihren Fuß beschnupperte, und auch ich legte aus demselben Grund mehrmals einen Schritt zu. Außer einem warnenden Bellen von beiden Seiten war jedoch kein Anzeichen von Feindseligkeit zu bemerken. Es handelte sich um eine Kolonie, die nie zuvor von Jägern heimgesucht worden war, und aus diesem Grunde waren die Robben friedlich und hatten auch keine Angst.

Im Zentrum der Herde herrschte ein ungeheurer Lärm, der einen beinahe schwindlig machte. Ich hielt an und lächelte Maud aufmunternd zu, weil ich mein inneres Gleichgewicht schneller zurückgewonnen hatte als sie. Ich sah, dass sie immer noch arg verstört war. Sie trat dicht an mich heran und sagte:

»Ich habe furchtbare Angst!«

Ich hatte keine. Obwohl der Eindruck des gänzlich Ungewohnten weiter anhielt, hatte das friedliche Verhalten der Robben meine Nervosität abklingen lassen. Maud dagegen zitterte.

»Ich habe Angst und auch wieder nicht«, brachte sie mit klappernden Zähnen heraus. »Es ist mein jämmerlicher Körper, nicht ich.«

»Schon gut, schon gut«, beruhigte ich sie und legte ganz unwillkürlich meinen schützenden Arm um ihre Schulter.

Ich werde nie vergessen, wie mir in diesem Moment plötzlich meine Männlichkeit ins Bewusstsein trat. Die Urtriebe meines Wesens erwachten. Ich fühlte mich als ganzer Kerl, als Beschützer der Schwachen, als kämpfender Mann. Und das Großartigste war, ich fühlte mich als Beschützer meiner Geliebten. Sie lehnte sich an mich, so leicht und so zerbrechlich, und während ihr Zittern langsam nachließ, spürte ich, wie sich in mir eine ungeheure Kraft regte. Ich fühlte mich dem wildesten Bullen in der Herde gewachsen, und ich bin mir sicher, hätte sich ein solcher Bulle auf mich gestürzt, ich hätte mich ihm ohne zu zögern und kaltblütig in den Weg gestellt, und ich hätte ihn gewiss auch getötet.

»Es geht wieder«, sagte sie und blickte dankbar zu mir auf. »Wir wollen weitergehen.«

Die Tatsache, dass meine innere Kraft sie beruhigt und ihr Vertrauen gestärkt hatte, erfüllte mich mit grenzenloser Freude. Die Jugend des Menschengeschlechts schien in mir, dem Überzivilisierten, wiederaufzuerstehen, und im Geiste durchlebte ich noch einmal die alten Tage der Jagd und die Waldesnächte meiner entfernten und vergessenen Vorfahren. Während wir uns weiter zwischen dem Gedränge hindurchschlängelten, musste ich daran denken, wie viel ich Wolf Larsen zu verdanken hatte.
Eine Viertelmeile landeinwärts stießen wir auf die Holluschicki – glatte junge Bullen, die ihre einsame Junggesellenzeit hinter sich brachten und Kräfte sammelten für den Tag, an dem sie sich ihren Weg in die Reihen der Frischvermählten erkämpfen würden.
Von nun an lief alles glatt. Es war, als wüsste ich genau, was zu tun war und wie man es anging. Durch lautes Rufen, drohendes Fuchteln mit der Keule und sogar durch nachhelfendes Schubsen der Faulpelze hatte ich sehr bald zwanzig Jungtiere von ihren Gefährten getrennt. Jedes Mal, wenn eines zum Wasser hin zu entkommen suchte, schnitt ich ihm den Weg ab. Auch Maud beteiligte sich an der Jagd und leistete durch ihr Schreien und das Schwenken des lädierten Riemens wertvolle Hilfe. Ich bemerkte aber, dass sie einzelne Robben immer dann entkommen ließ, wenn sie müde und erschöpft wirkten. Andererseits stellte ich fest, dass ihre Augen aufblitzten, wenn ein Tier kampfeslustig durchzubrechen versuchte, und dass sie es dann mit kräftigen Schlägen zurücktrieb.
»Herrje, ist das aufregend!«, rief sie, als sie vor lauter Erschöpfung eine Pause einlegen musste. »Ich setze mich besser einen Augenblick hin.«
Ich trieb die kleine Herde (die nun, da sie einige hatte entwischen lassen, auf zwölf Tiere zusammengeschrumpft war) etwa hundert Meter weiter. Und als sie sich wieder zu mir gesellte, war das Abschlachten vorüber, und ich hatte mit dem Abhäuten der Tiere begonnen. Eine Stunde später marschierten wir stolz zwischen den Harems zurück. Noch zwei weitere Male nahmen wir, mit Fellen bepackt, diesen Weg, bis ich der Meinung war, wir seien nun ausreichend versorgt, um das Dach der Hütte zu decken. Ich setzte Segel und kreuzte aus der großen Bucht heraus und in unsere kleine hinein.

»Grad so, als kehrte man heim«, sagte Maud, als ich das Boot auf den Strand laufen ließ.

Mich durchzuckte es bei diesen Worten, denn auch mir schien alles ganz vertraut und selbstverständlich, und ich sagte:

»Mir ist, als hätte ich dieses Leben schon immer geführt. Die Welt der Bücher und Literatenzirkel ist weit fort, mehr Traumbild als Wirklichkeit. Zweifellos habe ich mein Lebtag nur gejagt, geraubt und gekämpft. Und auch Sie sind ein Teil dieses Lebens. Sie sind …«, ich war nahe daran zu sagen, »mein Weib, meine Gefährtin«, hatte aber noch die Zungenfertigkeit, ein »hart im Nehmen« daraus zu machen.

Aber das kurze Stolpern war ihr nicht entgangen, der Absturz mitten im Fluge auch nicht. Sie warf mir einen kurzen Blick zu.

»Ach wo. Eigentlich wollten Sie sagen …?«

»Dass die amerikanische Mrs. Meynell das Leben einer Wilden führt und sich dabei ganz tapfer hält«, formulierte ich um.

»Oh«, war ihre ganze Antwort, doch ich hätte schwören können, dass in ihrer Stimme Enttäuschung mitschwang.

Das »mein Weib, meine Gefährtin« wollte mir bis zum Abend und danach noch viele Tage lang nicht aus dem Kopf. Nie allerdings war es vernehmlicher als in jener Nacht, als ich sie dabei beobachtete, wie sie die Moosdecke von der Kohle nahm, das Feuer anfachte und das Abendessen kochte. Eine verborgene Wildheit musste in mir aufgebrochen sein, sodass die alten Worte, die so eng mit den Wurzeln unserer Rasse verflochten sind, mich in ihren Bann schlugen und verzückten. Und das taten sie, bis ich, sie wieder und wieder vor mich hin murmelnd, endlich einschlief.

## 31. KAPITEL

»Es wird übel riechen«, sagte ich, »aber es wird die Wärme halten und uns vor Regen und Schnee schützen.«

Wir prüften das fertige Dach aus Robbenfellen.

»Nicht gerade elegant, aber es erfüllt seinen Zweck, und das ist die Hauptsache«, fuhr ich fort und wartete sehnlichst auf ein Wort der Anerkennung.

Sie klatschte in die Hände und erklärte, dass sie mit der Lösung überaus zufrieden sei.

»Aber es ist dunkel hier drinnen«, bemerkte sie im nächsten Augenblick, ihr schauderte, und unwillkürlich zuckten ihre Schultern. »Warum haben Sie mich nicht beim Hochziehen der Wände darauf hingewiesen«, erwiderte ich. »Es ist Ihre Hütte, und Sie hätten eigentlich früher merken müssen, dass man ein Fenster braucht.«

»Aber Sie wissen doch, dass ich das Naheliegende übersehe«, gab sie lachend zurück. »Und außerdem können Sie ja jederzeit ein Loch in die Wand schlagen.«

»Genau. Darauf bin ich gar nicht gekommen«, antwortete ich und nickte bedächtig. »Aber haben Sie auch daran gedacht, das Fensterglas zu bestellen? Rufen Sie doch eben bei der Firma an – Red, 4451, glaube ich –, und geben Sie durch, wie groß die Scheibe und welche Art Glas es sein soll.«

»Das heißt …«, setzte sie an.

»Kein Fenster.«

Unsere Hütte war düster und scheußlich anzusehen und hätte in einem zivilisierten Land gerade mal als Schweinestall getaugt. Aber für uns, die wir das Elend des offenen Bootes kennengelernt hatten, war es eine gemütliche kleine Behausung. Auf die Einweihung, bei der wir unsere Bleibe mit Robbentran und einem Baumwolldocht ins rechte Licht rückten, folgte die Jagd für die Wintervorräte und der Bau einer zweiten Hütte. Es gehörte nun zum Alltag, am Morgen loszufahren und gegen Mittag mit einem Boot voller Robben zurückzukehren. Und während ich an der zweiten Hütte arbeitete, ließ Maud den Speck zu Tran aus und unterhielt ein schwelendes Feuer unter den mit Fleisch bestückten Trockengestellen. Ich hatte davon gehört, wie man in der Prärie Fleisch an der Sonne dörrt, und auch unser Robbenfleisch ließ sich, in schmale Streifen geschnitten und in den Rauch gehängt, ganz vorzüglich konservieren.

Der Bau der zweiten Hütte war bedeutend leichter, da ich sie an die erste anbaute und nur drei Wände brauchte. Aber es war gleichwohl Arbeit, harte Arbeit, und zwar vom Anfang bis zum Ende. Maud und ich schufteten von früh bis spät bis zur Erschöpfung, sodass wir bei Anbruch der Nacht mit steifen Gliedern in unsere Betten krochen und vor lauter Erschöpfung in einen animalischen Schlaf fielen. Und dennoch erklärte Maud, sie habe sich niemals in ihrem Leben besser und stärker gefühlt. Ich wusste, dass diese Feststellung auf mich zutraf, aber sie besaß eine so zarte Konstitution, dass ich ständig fürchtete, sie werde zusammenbrechen. Wie oft habe ich sie beobachtet, wenn sie sich völlig verausgabt hatte und lang ausgestreckt auf dem Rücken am Strand lag, um sich auszuruhen und neue Kräfte zu sammeln. Und dann stand sie wieder auf den Beinen und schuftete so hart wie zuvor. Wo sie all diese Kraft hernahm, war mir unerklärlich.

»Denken Sie an die lange Winterpause«, entgegnete sie auf meine Vorhaltungen. »Wir werden ganz versessen darauf sein, etwas zu tun zu haben.«

Die Einweihungsfeier in meiner Hütte veranstalteten wir, nachdem ich das Dach gedeckt hatte. Seit drei Tagen schon wütete ein Sturm, der von Südost auf Nordwest gedreht hatte und an diesem Abend genau von vorn kam. Am Rand der Außenbucht donnerte die Brandung laut auf den Strand, und selbst in unserer landgeschützten inneren Bucht herrschte ein beachtlicher Seegang. Kein Höhenzug schützte uns vor dem Wind, der um unsere Hütte pfiff und heulte, sodass ich zuweilen um die Standfestigkeit der Wände fürchtete. Das Felldach, von dem ich angenommen hatte, es sei straff gespannt wie ein Trommelfell, flatterte mit jedem Windstoß.

Auch wurden in den Mauern unzählige Lücken offenkundig, die nicht so fest mit Moos verstopft waren, wie Maud geglaubt hatte. Doch unser Licht aus Robbentran brannte hell, und wir hatten es warm und gemütlich.

Es war in der Tat ein angenehmer Abend, und wir waren einstimmig der Meinung, dass er als bisher bedeutendstes gesellschaftliches Ereignis auf Endeavor Island zu gelten hatte.

Wir waren zufrieden. Wir hatten uns nicht nur mit der Aussicht auf den harten Winter abgefunden, sondern wir waren auch darauf vorbereitet. Die Robben konnten von uns aus jederzeit ihre geheimnisvolle Reise nach Süden antreten, und die Stürme schreckten uns nicht. Wir würden es nicht nur trocken und warm haben und vor dem Wind geschützt sein, sondern wir besaßen auch die herrlichsten Matratzen, die sich aus Moos herstellen ließen. Es war Mauds Idee gewesen, und sie selbst hatte eifrig all das Moos gesammelt. In dieser Nacht sollte ich zum ersten Mal darauf schlafen, und ich wusste, ich würde noch besser ruhen, weil sie sie gemacht hatte.

Bevor sie sich zurückzog, wandte sie sich in ihrer sprunghaften Art an mich und sagte:

»Irgendetwas wird geschehen oder ist schon passiert. Ich spüre es. Etwas kommt hierher. Genau in diesem Augenblick. Ich weiß nicht, was es ist, aber es ist unterwegs.«

»Gut oder schlimm für uns?«, fragte ich.

Sie schüttelte den Kopf. »Das kann ich nicht sagen, aber es ist da, irgendwo da draußen.«

Sie deutete aufs Meer und gegen den Wind.

»Wir sind an einer Leeküste«, lachte ich, »und ich weiß wohl, dass ich in einer Nacht wie dieser lieber hier bin als dort draußen unterwegs zu sein.«

»Sie haben doch keine Angst?«, fragte ich, während ich vorausging, um ihr die Tür zu öffnen.

Ihre Augen blickten mich tapfer an.

»Und Sie fühlen sich wohl? Ganz bestimmt?«

»Ich fühle mich so gut wie selten«, kam die Antwort.

Wir redeten noch eine Weile, dann ging sie hinüber.
»Gute Nacht, Maud«, sagte ich.
»Gute Nacht, Humphrey«, gab sie zurück.
Der Gebrauch unserer Vornamen hatte sich ganz zwanglos ergeben, wie von selbst und genauso natürlich. Ich hätte in diesem Augenblick meine Arme um sie legen und sie an mich ziehen mögen. In der Welt, zu der wir gehörten, hätte ich bestimmt auch nicht anders gehandelt. Hier aber endete das alles auf die einzig mögliche Weise. Ich blieb allein in meiner Hütte zurück, mit einem Gefühl der Befriedigung, das sich warm und wohlig in mir ausbreitete. Denn ich wusste, dass zwischen uns ein neues Band oder stillschweigendes Einverständnis entstanden war, das vorher nicht existiert hatte.

## 32. KAPITEL

Ich erwachte mit einem unguten Gefühl. Irgendetwas schien in meiner Umgebung zu fehlen. Aber die unheimliche Bedrückung verschwand bereits nach wenigen Sekunden, als ich merkte, dass das, was ich vermisste, der Wind war. Ich war in einem Zustand nervöser Anspannung eingeschlafen, in den mich das unaufhörliche Heulen und Toben versetzt hatte, und ich war mit der gleichen Anspannung aufgewacht, da ich mich intuitiv gegen einen Druck zu wappnen suchte, der mit einem Mal nicht mehr auf mir lastete.

Es war die erste Nacht seit Monaten, die ich im Schutz einer Behausung verbracht hatte, und ich räkelte mich einige Minuten lang unter meinen Decken (diesmal nicht klamm von Nebel und Gischt), wobei ich mir erst klarmachte, wie das Aufhören des Sturms auf mich wirkte, und mir dann die Freude vergegenwärtigte, die ich beim Ausruhen auf der von Maud hergestellten Matratze empfand. Als ich mich angezogen und die Tür geöffnet hatte, hörte ich die Wellen immer noch gegen den Strand schlagen und geschwätzig vom Aufruhr der vergangenen Nacht künden. Es war ein klarer Tag, und die Sonne schien. Ich hatte lange geschlafen und trat nun voller Energie und mit der festen Absicht hinaus, die vergeudete Zeit wettzumachen, wie es sich für einen Bewohner von Endeavor Island gehörte.

Vor der Tür hielt ich mit einem Ruck inne. An der Zuverlässigkeit meiner Augen zweifelte ich absolut nicht, und doch war ich für einen Moment wie betäubt von dem Anblick, der sich mir bot. Dort am Strand, keine zwanzig Meter entfernt, lag Bug voran und entmastet der schwarze Rumpf eines Schiffes. Mastbäume und Spieren, an denen in heillosem Durcheinander Wanten, Schoten und zerrissene Segel hingen, scheuerten sacht an der Bordwand. Ich hätte mir beim Hinsehen die Augen reiben mögen. Da war die selbst gezimmerte Kombüse, der vertraute Absatz des Achterdecks, die niedrige Jachtkajüte, die fast mit der Reling abschloss. Es war die *Ghost*.

Welche Laune des Schicksals hatte sie hierhergetrieben – ausgerechnet an diesen Fleck? Welcher unglaubliche Zufall? Ich blickte auf die kahle, nicht zu erklimmende Felswand in meinem Rücken und spürte eine grenzenlose Verzweiflung. An Flucht war gar nicht zu denken. Maud kam mir in den Sinn, die dort in der von uns erbauten Hütte schlief; ich erinnerte mich an ihr »Gute Nacht, Humphrey«; »mein Weib, meine Gefährtin« ging mir wieder durch den Kopf, doch nun hatte es den Klang einer Totenglocke. Dann wurde mir schwarz vor Augen.

Möglicherweise dauerte es nur den Bruchteil einer Sekunde, aber ich hätte nicht sagen können, wie viel Zeit vergangen war, bis ich wieder zu mir kam. Da lag die *Ghost*, Bug voran, ihr zersplitterter Bugspriet ragte über den Strand und ihre ineinander verkeilten Spieren scheuerten im Singsang der Wellen an der Schiffswand. Es musste etwas geschehen, und zwar unverzüglich.

Dann wurde mir mit einem Mal bewusst, dass sich an Bord nichts rührte. Seltsam. Sie werden alle noch schlafen, erschöpft vom Kampf und vom nächtlichen Schiffbruch, dachte ich. Mein nächster Gedanke war, dass Maud und ich vielleicht doch noch entkommen könnten. Wenn wir nun unser Boot nähmen und um die Spitze der Insel herumsegelten, bevor sich dort jemand regte? Ich musste sie wecken und sofort mit ihr aufbrechen. Ich war schon im Begriff anzuklopfen, als mir einfiel, wie winzig die Insel war. Wir konnten uns unmöglich auf ihr verstecken. Uns blieb nichts als der weite, ungestüme Ozean. Ich dachte an unsere gemütlichen kleinen Hütten, an die Vorräte an Fleisch, Tran, Moos und Feuerholz, und ich wusste, dass wir die winterliche See und ihre heftigen Stürme niemals überleben würden. So stand ich ratlos mit schon zum Klopfen erhobener Hand vor ihrer Tür. Es war unmöglich, ganz einfach unmöglich. Der irre Gedanke, hineinzustürzen und sie im Schlaf zu töten, jagte mir durch den Kopf. Doch dann fiel mir blitzartig eine bessere Lösung ein. Alle an Bord schliefen. Warum sollte ich mich nicht an Deck schleichen – der Weg zu

Wolf Larsens Koje war mir ja bestens vertraut – und ihn im Schlaf umbringen? Danach – nun, man würde sehen. War er erst einmal tot, gab es genügend Zeit und Spielraum, die weiteren Schritte zu überdenken. Und was auch immer geschehen mochte, schlimmer als im Augenblick konnte es gar nicht kommen.

Mein Messer trug ich an der Hüfte. Ich holte die Schrotflinte aus meiner Hütte, vergewisserte mich, dass sie geladen war, und lief hinunter zur *Ghost.* Nach Überwindung einiger Schwierigkeiten stand ich, bis zur Hüfte durchnässt, an Deck. Das Backluk war offen. Ich hielt inne, um auf das Atmen der Männer zu horchen, aber ich hörte nichts. Der nächste Gedanke ließ mich nach Luft schnappen: Was, wenn die *Ghost* verlassen wäre? Ich horchte genauer hin. Kein Laut. Vorsichtig stieg ich die Leiter hinab. Unten spürte ich die Leere und roch die Muffigkeit, die verlassenen Behausungen eigen ist. Überall häuften sich abgelegte und zerrissene Kleidungsstücke, alte Seestiefel, durchlöchertes Ölzeug – der ganze wertlose Plunder, der bei einer langen Fahrt anfällt.

In aller Eile geräumt, schloss ich, als ich an Deck stieg. In meiner Brust regte sich wieder Hoffnung, und ich sah mich mit größerer Kaltblütigkeit um. Mir fiel auf, dass sämtliche Boote fehlten. Auf dem Zwischendeck bot sich derselbe Anblick wie in der Back. Die Jäger hatten ihr Hab und Gut genauso überstürzt zusammengerafft. Die *Ghost* war verlassen. Sie gehörte Maud und mir. Ich dachte an die Vorräte im Schiff und an den Proviantraum, und dann hatte ich den Einfall, Maud mit etwas Hübschem zum Frühstück zu überraschen.

Die große Erleichterung und die Gewissheit, die schreckliche Tat, die ich im Sinn gehabt hatte, nicht mehr ausführen zu müssen, ließen mich übermütig und ungeduldig werden. Auf der Treppe nach oben nahm ich immer gleich zwei Stufen auf einmal, von Freude übermannt und mit der einzigen Sorge, ob Maud auch weiterschlafen werde, bis alles vor- und zubereitet war. Als ich um die Kombüse bog, verspürte ich ein neues Glücksgefühl beim Gedanken an die dort vorhandenen wunderbaren Gerätschaften. Ich sprang zum Achterdeck hoch und erblickte – Wolf Larsen. Durch meinen Schwung und weil es mich aus heiterem Himmel traf, polterte ich noch drei, vier Schritt über Deck, ehe ich anhalten konnte. Er verharrte auf dem Niedergang, wobei nur Kopf und Schultern sichtbar waren, und starrte mich an. Seine Arme ruhten auf dem halb geöffneten Schiebeluk. Auch er war wie erstarrt – stand einfach nur da und fixierte mich.

Ich begann zu zittern. Die alte Übelkeit krampfte mir den Magen zusammen. Ich legte meine Hand auf den Absatz der Aufbauten, um mich abzustützen. Meine Lippen waren wie ausgetrocknet, und ich befeuchtete sie vorsorglich. Dabei ließ ich ihn nicht eine Sekunde aus den Augen. Keiner von uns beiden sagte etwas. In seinem Schweigen und seiner Unbeweglichkeit lag etwas Unheilvolles. All meine alte Furcht vor ihm kehrte zurück und wurde durch ein neues Gefühl der Angst hundertfach verstärkt. Und immer noch standen wir da und starrten uns an.

Ich spürte, dass etwas geschehen musste, aber da meine alte Hilflosigkeit von mir Besitz ergriffen hatte, wartete ich auf seine Initiative. Während die Sekunden verstrichen, wurde mir plötzlich bewusst, wie sehr die Situation meiner Begegnung mit dem langmähnigen Bullen ähnelte, bei der mich meine Furcht die Tötungsabsicht vergessen ließ, bis ich nur noch von dem Gedanken beseelt war, ihn in die Flucht zu schlagen. Und so begriff ich schließlich, dass ich Wolf Larsen nicht das Feld überlassen durfte, sondern selbst den ersten Schritt tun musste.

Ich spannte beide Hähne und legte die Flinte auf ihn an. Hätte er sich bewegt oder versucht, sich den Niedergang hinabfallen zu lassen, ich hätte ohne Zweifel gefeuert. Aber er rührte sich nicht und starrte bloß weiter wie zuvor. Als ich ihm so gegenüberstand und mit zitternden Händen auf ihn angelegt hatte, bemerkte ich seinen ausgemergelten und abgehärmten Gesichtsausdruck. Er sah aus wie von abgrundtiefem Kummer verwüstet. Die Wangen waren eingefallen, die zerfurchte Stirn zeugte von Erschöpfung. Auch befremdeten mich seine Augen, nicht nur was ihren Ausdruck anging, sondern schon vom rein organischen Erscheinungsbild her, so als wären Sehnerv und die unterstützende Augenmuskulatur angegriffen und hätten für eine leichte Verdrehung der Augäpfel gesorgt.

Während ich all dies registrierte, arbeitete mein Verstand fieberhaft, und tausend Gedanken jagten mir durch den Kopf und doch konnte ich einfach nicht abdrücken. Ich ließ das Gewehr sinken und ging weiter bis zur Ecke der Kajüte, hauptsächlich um die nervliche Anspannung abzubauen und den Bann zu brechen, aber in zweiter Linie auch, um näher an ihn heranzukommen. Wieder hob ich die Flinte. Er war kaum mehr als eine Armeslänge von mir entfernt. Es gab für ihn keine Rettung mehr. Ich war fest entschlossen. Es war unmöglich, ihn zu verfehlen, wie armselig meine Schießkünste auch sein mochten. Und doch kämpfte ich weiter mit mir selbst und konnte einfach nicht abdrücken.

»Nun?«, fragte er ungeduldig.

Weder gelang es mir, meinen Finger zu krümmen, noch irgendetwas zu antworten.

»Warum schießt du nicht?«, fragte er.

Ich schluckte den Kloß in meinem Hals hinunter, der mich am Sprechen hinderte.

»Döspaddel«, sagte er langsam, »du schaffst es nicht. Dabei hast du nicht einmal Angst. Du bist einfach unfähig. Die moralischen Konventionen sind stärker als du. Du bist der Sklave von Anschauungen, die dir deine Umwelt und deine Lektüre vermittelt haben. Diese Verhaltensnorm hat man dir von frühester Kindheit an eingehämmert, und ungeachtet deiner Philosophie und jener Dinge, die ich dir beigebracht habe, hindert sie dich daran, einen unbewaffneten und wehrlosen Menschen umzubringen.«

»Ich weiß«, krächzte ich.

»Und du weißt auch, dass ich einen unbewaffneten Gegner so beiläufig töten würde, wie ich eine Zigarre rauche«, fuhr er fort. »Du weißt, wie ich bin – kennst den Wert, den deine Standards mir zubilligen. Du hast mich Schlange, Tiger, Hai, Monstrum und Kaliban genannt. Und doch bist du Jammerlappen und bewusstloses Plappermaul außerstande, mich so zu erledigen, wie du eine Schlange oder einen Hai erledigen würdest, und nur, weil ich Hände und Füße und einen Körper habe, der dem deinen ähnlich ist. Pah! Ich hätte mehr von dir erwartet, Döspaddel.«

Er kam aus dem Niedergangsluk und trat auf mich zu. »Nimm die Flinte runter. Ich möchte dir ein paar Fragen stellen. Ich konnte mich hier noch nicht umsehen. Wo sind wir? Ich welcher Position befindet sich die *Ghost*? Warum bist du so durchnässt? Und wo ist Maud? – Entschuldige, Miss Brewster – oder soll ich Mrs. van Weyden sagen?«

Ich war vor ihm zurückgewichen, den Tränen nahe, weil ich nicht auf ihn schießen konnte, blieb aber umsichtig genug, das Gewehr nicht sinken zu lassen. Inständig hoffte ich auf eine feindselige Regung. Denn wenn er versuchte, mich zu schlagen oder mir an die Kehle zu gehen, dann würde ich es bestimmt fertigbringen abzudrücken.

»Dies ist Endeavor Island«, sagte ich.

»Nie gehört«, fuhr er dazwischen.

»So jedenfalls haben wir die Insel getauft«, ergänzte ich.

»Wer?«, hakte er nach. »Wer ist wir?«

»Miss Brewster und ich. Und die *Ghost* liegt, wie Sie selbst sehen, mit dem Bug zum Strand.«

»Es gibt Robben hier«, sagte er. »Ihr Gebrüll hat mich geweckt, sonst würde ich jetzt noch schlafen. Ich habe sie schon gehört, als ich letzte Nacht ankam. Sie waren das erste Anzeichen dafür, dass ich mich an einer Leeküste befand. Das hier ist eine Kolonie, genau das, was ich seit Jahren suche. Hier kann man ein Vermögen verdienen, und wem hab ich's zu verdanken? Meinem Bruder Tod. Dies ist eine Goldgrube. Wie steht's mit der Peilung?«

»Nicht die leiseste Ahnung«, sagte ich. »Aber Sie müssten doch ziemlich genau Bescheid wissen. Was haben die letzten Standortbestimmungen ergeben?«

Er lächelte zweideutig, gab aber keine Antwort.

»Wo sind denn all die anderen?«, fragte ich. »Wie kommt es, dass Sie allein sind?«

Ich hatte erwartet, er werde meine Frage abermals übergehen, und war deshalb erstaunt über seine bereitwillige Antwort.

»Mein Bruder erwischte mich innerhalb von achtundvierzig Stunden, und ganz ohne mein Verschulden. Enterte bei Nacht, als nur eine Wache an Deck war. Die Jäger fielen mir in den Rücken. Er versprach ihnen höhere Gewinne. Hab' mit eigenen Ohren gehört, wie er das Angebot machte.

Natürlich ließ mich auch die übrige Mannschaft im Stich. War nicht anders zu erwarten. Alle schlugen sie sich auf seine Seite, und ich blieb zurück, ausgesetzt auf meinem eigenen Schiff. Das war Tods Rache, aber es bleibt ja ohnehin alles in der Familie.«

»Aber warum haben Sie alle Masten verloren?«, fragte ich.

»Geh nur rüber und sieh dir die Taljereepe an«, sagte er und wies mit der Hand dorthin, wo die Besanwanten hätten sein sollen.

»Mit dem Messer durchtrennt!«, rief ich.

»Nicht ganz«, lachte er. »Auf die etwas feinere Art eingefädelt. Sieh genauer hin.« Das tat ich. Die Taljereepe waren so weit eingeschnitten, dass sie die Wanten noch eben gehalten hatten, aber bei der ersten wirklichen Belastung reißen mussten.

»Smutjes Werk«, lachte er wieder. »Weiß ich genau, auch wenn ich es nicht mitbekommen habe. Hat die Rechnung wohl ein wenig ausgeglichen.«

»Eins vor für Mugridge«, rief ich laut.

»Tja, das hab' ich auch gedacht, als das ganze stehende Gut über Bord kippte. Nur kam es mir als Fluch über die Lippen.«

»Aber was haben Sie denn unternommen, als das passierte?«, fragte ich.

»Ich habe mein Bestes gegeben, da kannst du sicher sein, aber unter den gegebenen Umständen war das nicht gerade viel.«

Ich drehte mich um, weil ich mir Thomas Mugridges Arbeit noch einmal genauer ansehen wollte.

»Ich glaube, ich werde mich ein wenig in die Sonne setzen«, hörte ich Wolf Larsen sagen.

Es lag eine Andeutung, nur eine winzige Andeutung von körperlicher Schwäche in seiner Stimme, und das war so ungewöhnlich, dass ich auf der Stelle zu ihm hinüberblickte. Er fuhr sich nervös mit der Hand übers Gesicht, als wolle er Spinnweben daraus entfernen. Ich war verblüfft. Das Ganze war mit dem Wolf Larsen, den ich kannte, nicht zusammenzubringen.

»Was machen Ihre Kopfschmerzen?«, fragte ich.

»Die plagen mich immer noch«, lautete seine Antwort, »ich glaube, es ist gerade mal wieder so weit.« Er hatte sich hingesetzt und streckte sich jetzt auf Deck aus. Dann rollte er sich auf die Seite, legte den Kopf auf den Bizeps und schützte mit dem Unterarm seine Augen vor der Sonne. Ich stand da und sah ihn verwundert an.

»Das ist deine Chance, Döspaddel«, sagte er.

»Ich verstehe nicht«, log ich, denn ich hatte sehr wohl begriffen.

»Ach, nichts«, fügte er leise und wie schlaftrunken hinzu, »nur, dass du mich jetzt da hast, wo du mich immer haben wolltest.«

»Nein, das stimmt nicht«, erwiderte ich, »ich wünschte Sie viel lieber einige tausend Meilen weit weg.«

Er lachte kurz auf und verfiel dann in Schweigen. Er rührte sich nicht, als ich an ihm vorbei und hinunter in die Kajüte ging. Ich öffnete die Falltür im Boden und starrte einen Moment unschlüssig in die Dunkelheit des Proviantraums. Ich zögerte hinabzusteigen. Was, wenn er sich ausgestreckt hatte, nur um mich in eine Falle zu locken? Eine feine Sache, dort unten wie eine Ratte eingesperrt zu sein. Leise schlich ich den Niedergang hoch und spähte zu ihm hinüber. Er lag immer noch so da wie zuvor. Ich ging wieder unter Deck. Aber bevor ich mich in den Proviantraum hinabgleiten ließ, hängte ich vorsichtshalber die Klappe aus. Zumindest hatte die Falle nun keinen Deckel mehr. Aber das alles war unnötig. Ich gelangte ungestört zurück in die Kajüte mit einem Vorrat an Marmelade, Zwieback, Büchsenfleisch und ähnlichen Dingen – so viel ich nur eben tragen konnte – und setzte die Falltür wieder ein.

Mit einem Blick registrierte ich, dass Wolf Larsen sich nicht bewegt hatte. Mir kam eine glänzende Idee. Ich schlich in seine Schlafkabine und nahm die Revolver an mich. Weitere Waffen gab es nicht, denn ich durchsuchte auch die drei anderen Schlafkabinen. Und um ganz sicher zu sein, warf ich auch noch einen Blick ins Zwischendeck und in die Back und sammelte in der Kombüse alle scharfen Fleisch- und Gemüsemesser ein. Dann fiel mir das große Seglermesser ein, das er stets bei sich trug, und ich ging zu ihm und sprach ihn an, erst leise, dann lauter. Er rührte sich nicht. Ich beugte mich über ihn und zog das Messer aus seiner Tasche. Danach atmete ich freier. Nun verfügte er über keinerlei Waffen mehr, mit

denen er mich aus der Entfernung hätte angreifen können. Ich hingegen war bewaffnet und konnte ihm jederzeit zuvorkommen, sollte er den Versuch wagen, mich mit seinen furchtbaren Gorillapranken zu packen.
Nachdem ich einen Teil meiner Beute in einer Kaffeekanne und einer Bratpfanne verstaut und außerdem einiges Porzellan aus dem Geschirrschrank an mich genommen hatte, ließ ich Wolf Larsen in der Sonne liegen und watete zurück an Land.
Maud schlief noch. Ich fachte das Feuer an (wir hatten drinnen noch keine Küche eingerichtet) und bereitete in aller Eile das Frühstück. Nach einer Weile hörte ich, dass sie in ihrer Hütte mit der Morgentoilette begonnen hatte. Gerade als alles fertig und der Kaffee eingegossen war, ging die Tür auf, und sie trat hinaus.
»Das ist nicht fair von Ihnen«, sagte sie zur Begrüßung. »Sie nehmen sich eines meiner Vorrechte heraus. Wie Sie wissen, besteht zwischen uns eine Abmachung, nach der das Kochen meine Angelegenheit ist, und …«
»Nur dieses eine Mal«, verteidigte ich mich.
»Wenn Sie mir versprechen, dass es bei dieser Ausnahme bleibt«, sagte sie lächelnd. »Oder sind Sie meiner bescheidenen Kochkünste überdrüssig?«
Zu meiner großen Freude blickte sie nicht einmal zum Strand hinunter, und ich setzte die Neckereien mit so großem Erfolg fort, dass sie, ohne es zu merken, ihren Kaffee aus einer Porzellantasse trank, Bratkartoffeln aß und ihren Zwieback mit Marmelade bestrich. Aber irgendwann musste ihr etwas auffallen. Ich sah ihr plötzliches Erstaunen. Sie hatte entdeckt, welches ungewöhnliche Geschirr sie da benutzte. Sie ließ ihren Blick hin und her wandern, und jetzt entging ihr nichts mehr. Dann sah sie mich an und wandte ihr Gesicht langsam dem Strand zu.
»Humphrey!«, sagte sie.
Das alte, namenlose Entsetzen stieg in ihre Augen.
»Ist – er –?«, stammelte sie.
Ich nickte.

## 33. KAPITEL

Wir warteten den ganzen Tag, dass Wolf Larsen an Land käme. Die Ungewissheit wurde immer unerträglicher. Ständig wanderten unsere Blicke zur *Ghost*. Aber er kam nicht. Er zeigte sich nicht einmal an Deck.

»Vielleicht liegt es an seinen Kopfschmerzen«, sagte ich. »Als ich ihn verließ, lag er auf dem Achterdeck. Möglicherweise wird er dort die ganze Nacht verbringen. Ich gehe besser hinüber und sehe nach.« Maud sah mich flehentlich an.

»Es ist alles in Ordnung«, beruhigte ich sie. »Ich werde die Revolver mitnehmen. Und außerdem habe ich ja alle Waffen an Bord eingesammelt.«

»Aber er hat immer noch seine Arme und Hände, seine furchtbaren Hände!«, warf sie ein. Und dann rief sie: »Oh, Humphrey! Ich habe Angst vor ihm. Gehen Sie nicht – ich bitte Sie, gehen Sie nicht!«

Beschwörend legte sie ihre Hand auf meine und trieb meinen Puls in die Höhe. Für einen Augenblick muss mein Herz offen vor ihr gelegen haben. Meine liebe und teure Frau! Und war sie nicht ganz Frau, wie sie sich an mich klammerte und mich anflehte? Sie war wie Sonnenschein und Tau für meine Männlichkeit, die durch sie tiefere Wurzeln schlug und frisches Mark in sich aufnahm. Ich war versucht, meinen Arm um sie zu legen, wie ich es inmitten der Robbenherde getan hatte. Doch dann besann ich mich und gewann meine Selbstbeherrschung zurück.

»Ich werde kein Risiko eingehen«, sagte ich. »Ich werfe nur einen kurzen Blick über den Bug.«

Sie drückte mir fest die Hand und ließ mich ziehen. Aber der Platz an Deck, an dem er gelegen hatte, war leer. Er hatte sich offensichtlich nach unten begeben. In dieser Nacht hielten wir abwechselnd Wache, denn wer konnte schon sagen, was Wolf Larsen im Schilde führte. Er war zweifellos zu allem fähig.

Wir warteten den ganzen nächsten Tag und auch den übernächsten, und immer noch gab es kein Lebenszeichen von ihm.

»Diese anfallartigen Kopfschmerzen«, sagte Maud am Nachmittag des vierten Tages, »vielleicht ist er krank, sehr krank. Er könnte sogar tot sein.«

»Oder er liegt im Sterben«, war ihr nächster Gedanke, nachdem sie eine Zeit lang auf meine Antwort gewartet hatte.

»Auch gut«, sagte ich.

»Aber Humphrey, bedenken Sie doch, ein Mitmensch in seiner letzten Stunde.«

»Vielleicht ist es so«, wandte ich ein.

»Ja, nur vielleicht«, gab sie zu. »Aber wir wissen es nicht. Es wäre schrecklich, wenn er im Sterben läge. Ich könnte mir das nie verzeihen. Wir müssen etwas unternehmen.«

»Vielleicht«, erwiderte ich ein zweites Mal.

Ich wartete und musste dabei innerlich über ihre Weiblichkeit schmunzeln, die sie dazu brachte, sich ausgerechnet um Wolf Larsen zu sorgen. Wo aber war ihre Sorge um mich, dachte ich – wo sie doch bereits um mich gebangt hatte, als ich nur einen kurzen Blick an Bord werfen wollte?

Sie war zu feinfühlig, um mein Schweigen nicht zu durchschauen. Aber sie war ebenso ehrlich wie scharfsinnig.

»Sie müssen an Bord gehen, Humphrey, und sich Klarheit verschaffen«, sagte sie. »Und wenn Sie mich jetzt auslachen wollen, bitte, ich erlaube und ich verzeihe es Ihnen.«

Gehorsam stand ich auf und ging zum Strand hinunter.

»Seien Sie vorsichtig«, rief sie mir nach.

Ich winkte ihr von der Backspitze zu und sprang dann an Deck. Dann ging ich nach achtern zum Niedergang, begnügte mich jedoch damit, hinunterzurufen. Wolf Larsen gab Antwort, und als er dann die Treppe hinaufstieg, spannte ich meinen Revolver. Ich versteckte ihn während unserer Unterredung keineswegs, aber ihn kümmerte das nicht. Sein körperlicher Zustand schien mir unverändert, nur war er jetzt düster und schweigsam. Genau genommen konnten die wenigen Sätze, die wir miteinander wechselten, kaum als Unterredung bezeichnet werden. Ich versuchte nicht herauszufinden, warum er nicht an Land ging, und auch er fragte nicht, warum ich nicht wieder an Bord gekommen war. Sein Kopf sei wieder in Ordnung, erklärte er, und so verließ ich ihn ohne ein weiteres Wort.

Maud nahm meinen Bericht mit sichtlicher Erleichterung auf, und der Anblick des Rauchs, der später aus der Kombüse aufstieg, hob ihre Stimmung. Auch am nächsten und übernächsten Tag sahen wir das Rauchzeichen, und bisweilen ließ er sich auch kurz auf dem Achterdeck blicken. Mehr aber auch nicht. Er machte keinen Versuch, an Land zu kommen. Wir wussten das genau, denn wir hielten nachts immer noch Wache. Wir warteten darauf, dass er etwas unternehmen, gewissermaßen die Karten aufdecken würde, und seine Untätigkeit verwirrte und beunruhigte uns.

So verstrich eine Woche. Unser ganzes Interesse konzentrierte sich auf Wolf Larsen, und seine Anwesenheit versetzte uns in einen Zustand lähmender Angst, die uns daran hinderte, auch nur eine der vielen Kleinigkeiten zu erledigen, die wir uns vorgenommen hatten.

Gegen Ende der Woche jedoch zeigte sich kein Rauch mehr, und auch das Achterdeck blieb leer. Ich merkte, wie sich Maud wieder zu sorgen begann, obwohl sie es sich diesmal aus Zaghaftigkeit – wohl aber auch aus Stolz – versagte, ihre Bitte zu wiederholen. Doch warum hätte ich sie tadeln sollen? Sie war von einem fast übermenschlichen Altruismus, und sie war eine Frau. Außerdem verspürte ich selbst einen feinen Stich bei dem Gedanken an diesen Mann, den ich fast getötet hätte, und der nun einsam starb, obwohl seine Mitmenschen so nahe waren. Er hatte recht. Die Verhaltensnormen meiner sozialen Gruppe waren stärker als ich. Die Tatsache, dass er über Hände, Füße und einen Körper verfügte, der dem meinen ähnlich war, verlangte mir etwas ab, dem ich mich nicht entziehen konnte.

Ich wartete also nicht, bis Maud mich ein zweites Mal losschickte. Mir war aufgefallen, dass wir Kondensmilch und Marmelade brauchten, und so teilte ich ihr mit, dass ich an Bord klettern würde. Ich bemerkte ihr Zögern. Sie ging sogar so weit, leise vor sich hinzumurmeln, diese Dinge seien doch wirklich nicht notwendig und der Ausflug überflüssig. Aber wie sie zuvor mein Schweigen durchschaut hatte, so verstand sie jetzt auch das, was ich eigentlich sagen wollte, und begriff, dass ich mich nicht wegen

Kondensmilch und Marmelade auf den Weg machte, sondern allein ihretwegen und wegen jener Besorgnis, die sie, auch das war ihr klar, nicht vor mir hatte verbergen können.

Nachdem ich die Backspitze erklommen hatte, zog ich die Schuhe aus und schlich auf leisen Sohlen nach achtern. Auch rief ich diesmal nicht herunter, als ich den Niedergang erreicht hatte. Vorsichtig stieg ich hinab und fand die Kajüte verlassen. Die Tür zur Schlafkabine war geschlossen. Zuerst dachte ich daran anzuklopfen, dann fiel mir aber meine vorgeschobene Besorgung ein, und ich beschloss, sie zu erledigen. Sorgsam darauf bedacht, jedes Geräusch zu vermeiden, öffnete ich die Bodenklappe und legte sie um. Außer den Lebensmitteln befand sich auch die Kleiderkiste im Proviantraum, und ich nutzte die Gelegenheit, mir zusätzlich einen ordentlichen Vorrat an Unterwäsche zuzulegen.

Gerade als ich wieder heraufgeklettert war, drangen Laute aus Wolf Larsens Schlafkabine. Ich duckte mich und lauschte. Der Türknauf knarrte. Flink und ohne zu überlegen versteckte ich mich hinter dem Tisch und zog und spannte meinen Revolver. Die Tür öffnete sich, und er trat hinaus. Nie zuvor hatte ich eine solch abgrundtiefe Hoffnungslosigkeit gesehen wie jetzt auf dem Gesicht Wolf Larsens, des Kämpfers, des starken Mannes, des Unbezwingbaren. Ganz wie eine Frau verzweifelt die Hände ringt, so hob er seine geballten Fäuste und stöhnte. Dann öffnete er eine Faust und fuhr sich mit der offenen Handfläche über die Augen, als wolle er Spinnweben fortwischen.

»Mein Gott! Mein Gott!«, stöhnte er, und die geballten Fäuste stiegen wieder hoch, während ein Laut unendlicher Verzweiflung aus seiner Kehle drang.

Es war schrecklich. Ich zitterte am ganzen Körper und fühlte, wie mir ein Schauer nach dem anderen den Rücken hinabjagte und wie mir der Schweiß auf die Stirn trat. Es gibt wohl auf der ganzen Welt nichts Grauenvolleres als den Anblick eines starken Mannes, wenn er ganz und gar hilflos und gebrochen ist.

Aber Wolf Larsen gewann durch eine bemerkenswerte Willensanstrengung die Herrschaft über sich selbst zurück. Und es war in der Tat eine

Anstrengung. Sein ganzer Körper bebte, während er mit sich kämpfte. Er glich einem Mann, der kurz vor einem Anfall steht. Sein Gesicht rang um Fassung und zuckte und verkrampfte sich unter der Anspannung, bis er erneut zusammenbrach. Wieder reckten sich die geballten Fäuste in die Höhe, und er stöhnte. Ein- oder zweimal holte er tief Luft und schluchzte laut auf. Dann hatte er es geschafft. Man hätte ihn für den alten Wolf Larsen halten können, und doch haftete seinen Bewegungen eine Andeutung von Schwäche und eine gewisse Zögerlichkeit an. Mit ausgreifenden Schritten steuerte er auf den Niedergang zu, ganz so, wie ich es von ihm gewohnt war. Und doch schien es mir abermals, als ließe auch sein Gang jenen Hauch zögerlicher Entkräftung erkennen.

Gerade jetzt aber ging es mir mehr um die eigene Person. Die offene Bodenklappe lag genau auf seinem Weg, und wenn er sie entdeckte, würde sie ihm meine Anwesenheit verraten. Es ärgerte mich, dass er mich feige am Boden kauernd überraschen sollte. Noch aber war Zeit. Mit einem Ruck richtete ich mich auf und nahm ganz instinktiv eine herausfordernde Haltung an. Doch er übersah mich einfach. Und er bemerkte auch die offene Falltür nicht. Bevor ich die Situation überhaupt begreifen oder etwas unternehmen konnte, war er auch schon über der Luke. Ein Fuß verschwand in der Öffnung, der andere war im Begriff, sich vom Boden zu heben. Als aber der sich absenkende Fuß statt auf festen Boden ins Leere trat, kam der alte Wolf Larsen zum Vorschein, dessen Tigermuskeln den strauchelnden Körper noch im Fall über die Öffnung katapultierten, sodass er auf der anderen Seite der Länge nach und mit ausgestreckten Armen hinschlug. Im nächsten Augenblick hatte er bereits die Beine angezogen und ließ sich zur Seite rollen, wobei er gegen meine Marmelade, den Unterwäschestapel und die Klappe stieß.

Sein Gesichtsausdruck verriet, dass ihm plötzlich ein Licht aufgegangen war. Aber noch ehe ich seine Gedanken erraten konnte, hatte er die Falltür zugeworfen und damit den Proviantraum verschlossen. Da verstand ich. Er glaubte, mich in der Falle zu haben. Also war er blind, stockblind. Ich beobachtete ihn, leise atmend, damit ich mich nicht verriet. Er eilte zurück in seine Schlafkabine. Ich sah, wie seine Hand knapp den Türknauf verfehlte, flink hin und her tastete und dann auf ihn stieß. Das war meine Chance. Auf Zehenspitzen durchquerte ich die Kajüte und stieg die Treppe hinauf. Er tauchte wieder auf, schleppte eine schwere Seemannskiste hinter sich her und setzte sie über der Falltür ab. Nicht zufrieden damit, holte er eine zweite Kiste und wuchtete sie auf die erste. Dann suchte er die Marmelade und die Unterwäsche zusammen und legte alles auf den Tisch. Als er den Niedergang emporstieg, zog ich mich lautlos zurück, indem ich mich auf das Kajütendach rollte.

Er stieß das Schiebeluk ein Stück zur Seite und legte seinen Arm darauf, während er auf der Treppe stehen blieb. Es sah so aus, als ob er über das Deck des Schoners blickte oder vielmehr stierte, denn seine Augen waren starr, und er blinzelte nicht einmal. Ich befand mich nur eineinhalb Meter von ihm entfernt und darüber hinaus genau in seiner Sichtlinie. Es war geradezu unheimlich. Ich kam mir vor wie ein Phantom, durch das man hindurchsehen kann. Ich winkte mit der Hand, natürlich ohne Erfolg. Als aber der wandernde Schatten auf sein Gesicht fiel, bemerkte ich sofort, dass er auf diesen Eindruck reagierte. Sein Gesicht spannte sich erwartungsvoll, während er die Empfindung zu deuten und einzuordnen suchte. Er wusste, dass er auf einen Außenreiz reagierte, dass sein Empfindungsvermögen eine Veränderung seiner Umwelt registriert hatte, aber was das war, konnte er nicht ausmachen. Ich hielt meine Hand an, sodass der Schatten auf seinem Gesicht ruhte. Langsam bewegte er den Kopf vor und zurück, drehte ihn von einer Seite zur anderen, sodass Hell und Dunkel einander abwechselten und er den Umriss des Schattens auf diese Weise gleichsam erfühlte.

Aber auch ich war beschäftigt und versuchte herauszufinden, wie er etwas so Immaterielles wie einen Schatten spüren konnte. Waren nur seine Augäpfel angegriffen und der Sehnerv nicht völlig zerstört, so gab es eine einfache Erklärung. Andernfalls blieb nur die eine Möglichkeit, dass seine sensible Haut den Temperaturunterschied zwischen Licht und Schatten bemerkte. Oder aber – wer konnte das sagen? – es handelte sich um jenen sprichwörtlichen sechsten Sinn, der ihm ein vages Gefühl von den Gegenständen in seiner unmittelbaren Nähe vermittelte.

Nachdem er es aufgeben hatte, die Herkunft des Schattens zu deuten, trat er an Deck und ging nach vorn, wobei mich die Gewandtheit und Sicherheit seiner Schritte erstaunte. Und dennoch hatte sein Gang etwas von der Unbeholfenheit eines Blinden. Jetzt wusste ich, was mich vorher so befremdet hatte.

Zu meiner Erheiterung, aber auch zu meinem Verdruss, entdeckte er meine Schuhe vorn auf der Back und nahm sie mit in die Kombüse. Ich beobachtete ihn dabei, wie er Feuer machte und mit den Essensvorbereitungen begann. Dann schlich ich in die Kajüte, nahm die Marmelade und die Unterwäsche, schlüpfte an der Kombüse vorbei und kletterte auf den Strand hinunter, um barfuß Bericht zu erstatten.

## 34. KAPITEL

»Es ist zu schade, dass die *Ghost* ihre Masten verloren hat. Sonst könnten wir von hier fortsegeln. Meinen Sie nicht auch, Humphrey?«

Erregt sprang ich auf. »Ich muss nachdenken, nachdenken«, wiederholte ich und lief dabei auf und ab.

Mauds Augen folgten mir, und die Hoffnung leuchtete aus ihnen. Sie brachte mir unbegrenztes Vertrauen entgegen. Und der Gedanke daran gab mir zusätzlich Kraft. Ich erinnerte mich an Michelets Ausspruch: »Die Frau ist dem Mann, was die Erde ihrem sagenumwobenen Sohn war; er braucht nur niederzusinken und ihre Brust zu küssen, schon erstarkt er wieder.« Zum ersten Mal erkannte ich die wunderbare Wahrheit dieser Worte, mehr noch, ich lebte sie. Maud war all dies für mich, eine nie versiegende Quelle der Kraft und des Muts. Ich brauchte sie nur anzuschauen oder an sie zu denken, und schon wich alle Schwäche.

»Es muss irgendwie gehen, es muss einfach irgendwie gehen«, dachte ich laut und bestimmt. »Was andere geschafft haben, kann ich auch. Und selbst wenn es noch nie jemand fertiggebracht hat, dann bin ich eben der Erste.«

»Was denn, um Himmels willen?«, fragte Maud. »Klären Sie mich auf. Was werden Sie schaffen?«

»Wir beide werden es schaffen«, verbesserte ich mich. »Nun, nichts anderes, als auf der *Ghost* die Masten wieder aufzurichten und davonzusegeln.«

»Humphrey!«, rief sie aus.

Und ich war so stolz auf meinen Einfall, als hätte ich ihn bereits in die Tat umgesetzt.

»Aber wie wollen Sie das machen?«, fragte sie.

»Keine Ahnung«, gab ich zurück, »ich weiß nur, dass ich zurzeit einfach alles zuwege bringe.«

Selbstbewusst strahlte ich sie an – zu selbstbewusst, denn sie senkte den Blick und sagte eine Weile lang nichts.

»Aber Kapitän Larsen ist auch noch da«, warf sie dann ein. »Blind und hilflos«, gab ich prompt zurück und fegte ihn mit einer Handbewegung wie einen Strohhalm beiseite.

»Aber seine furchtbaren Pranken! Außerdem waren Sie doch Zeuge, wie er über die Lukenöffnung des Proviantraums gesprungen ist.«

»Und Sie erinnern sich, dass ich um ihn herumgeschlichen bin und ihn ausgetrickst habe«, konterte ich ausgelassen.

»Unter Hinterlassung Ihrer Schuhe.«

»Sie können nicht erwarten, dass sie Wolf Larsen entwischen, wenn meine Füße nicht drinstecken.«

Wir mussten beide lachen und begannen dann Pläne zu schmieden, wie wir die Masten der *Ghost* wieder aufrichten und in die Welt zurückkehren könnten. Der Physikunterricht meiner Schulzeit war mir noch vage in Erinnerung, während ich in den letzten Monaten einige Erfahrung mit Flaschenzügen und anderen Hebevorrichtungen gesammelt hatte. Dennoch muss ich zugeben, dass mich, als wir zur *Ghost* hinuntergingen, um die vor uns liegende Aufgabe genauer in Augenschein zu nehmen, beim Anblick der großen, im Wasser hängenden Masten beinahe der Mut verließ. Wo sollten wir anfangen? Wenn wenigstens ein Mast stehen geblieben wäre, etwas Hochaufragendes, an dem man Blöcke und Taljen hätte festmachen können! Aber da war nichts dergleichen. Das Ganze erinnerte mich an die schwierige Aufgabe, sich am eigenen Schopf aus dem Sumpf zu ziehen. Zwar kannte ich die Gesetze der Hebelwirkung, aber wo ließ sich ein Angelpunkt finden?

Da war der Großmast, vierzig Zentimeter im Durchmesser an seiner derzeitigen Basis, immer noch achtzehn Meter lang und mit einem Gewicht von grob geschätzt dreitausend Pfund. Dann kam der Fockmast, mit noch größerem Durchmesser und mindestens dreieinhalbtausend Pfund schwer. Wo sollte ich anfangen? Maud stand schweigend neben mir, während ich mir jene Hilfskonstruktion ausdachte, die Matrosen einen »Scherenkran« nennen. Für sie war das nichts Neues, aber ich musste das Gerät auf Endeavor Island neu erfinden. Indem ich zwei Rundhölzer kreuzte, an den

Enden zusammenband und sie dann wie ein umgekehrtes V aufrichtete, konnte ich mir über dem Deck einen Halt schaffen, an dem sich mein Flaschenzug befestigen ließ. Bei Bedarf konnte an diese Talje noch eine zweite angehängt werden. Und dann war da ja auch noch das Ankerspill!

Maud sah, dass ich eine Lösung gefunden hatte, und aus ihrem Blick sprach freudige Erwartung.

»Was werden Sie tun?«, fragte sie.

»Klar Schiff machen«, antwortete ich und wies dabei auf das Durcheinander der seitwärts herabhängenden Wrackteile.

Ah, diese Bestimmtheit, der bloße Klang der Worte tat meinen Ohren wohl. »Klar Schiff machen!« Ein solcher nach Salz schmeckender Satz auf den Lippen Humphrey van Weydens wäre nur ein paar Monate früher ein Unding gewesen.

In meiner Haltung und meiner Stimme muss eine Andeutung von Melodramatik gelegen haben, denn Maud lächelte. Sie hatte ein feines Gespür für das Lächerliche und sah und bemerkte unweigerlich selbst noch den leisesten Anflug von Verstellung, das zu dick Aufgetragene und den falschen Ton. Eben dies hatte ihrer eigenen Arbeit Ausgewogenheit und Tiefgang verliehen und ihr zu literarischem Ansehen verholfen. Denn der aufrichtige Kritiker, der über Humor und Ausdruckskraft verfügt, wird sich in der Welt zwangsläufig Gehör verschaffen. Und so hatte ihre Stimme Gewicht bekommen. Doch ihr Humor war in Wirklichkeit nichts anderes als der Instinkt des Künstlers fürs rechte Maß.

»Ich bin sicher, das irgendwo schon einmal in einem Buch gelesen zu haben«, bemerkte sie keck.

Auch ich besaß einen Sinn fürs Angemessene und machte, dass ich von meinem hohen Roß herunterkam, indem ich aus der Rolle des Herrn der Lage in einen Zustand kleinmütiger Verwirrung hinüberwechselte und mir ziemlich elend vorkam.

Sofort streckte sie ihre Hand nach meiner aus.

»Es tut mir so leid«, sagte sie.

»Nicht nötig«, schluckte ich. »Es ist nur gut für mich. In mir steckt noch zu viel von einem kleinen Schuljungen. Aber das gehört jetzt nicht hierher. Es geht schlicht und einfach darum, dass wir das Gerümpel hier wegschaffen müssen. Wenn Sie im Boot mitkommen wollen, können wir uns an die Arbeit machen und für Ordnung sorgen.«

»›Wenn die Männer im Topp die Taue entwirr'n und das Klappmesser blitzt zwischen den Zähnen‹«, zitierte sie, und für den Rest des Nachmittags scherzten wir bei der Arbeit.

Ihre Aufgabe bestand darin, das Boot in Position zu halten, während ich das Durcheinander zu entwirren suchte. Und was für ein Durcheinander – Falltaue, Schoten, Baumgeien, Niederholer, Wanten und Stagen, alles von der See hin und her geschaukelt, ordentlich durcheinandergespült, ineinander geschlungen und verknotet. Ich kappte so wenig, wie nur eben ging, und da ich die langen Taue unter den Spieren und Masten durch und um sie herumführen, die Fallen und Schoten ausscheren, im Boot zusammen- und wieder ausrollen musste, um einen weiteren Knoten im Tauwerk zu lösen, war ich bald nass bis auf die Haut.

Bei den Segeln ließ sich das Zerschneiden nicht immer vermeiden, und die Handhabung der schweren, durchnässten Leinwand ging fast über meine Kräfte. Trotzdem gelang es mir, noch vor Anbruch der Nacht alles am Strand zum Trocknen auszubreiten. Wir waren beide hundemüde, als wir Feierabend machten, und wir hatten wahrlich gute Arbeit geleistet, obwohl es auf den ersten Blick nicht danach aussah.

Am nächsten Morgen stieg ich mit Maud in den Laderaum der *Ghost*, um die Mastspuren von Holzresten zu säubern. Kaum hatten wir mit der Arbeit begonnen, da rief mein Hämmern und Schlagen Wolf Larsen auf den Plan.

»Hallo da unten!«, rief er durch die offene Luke.

Beim Klang seiner Stimme drängte sich Maud sofort Schutz suchend an mich und hielt sich an meinem Arm fest, während Wolf Larsen und ich uns unterhielten.

»Hallo an Deck«, gab ich zurück. »Wünsche einen guten Morgen.«

»Was machst du da unten?«, fragte er. »Willst wohl mein Schiff versenken?«

»Ganz im Gegenteil. Ich mache es wieder flott«, antwortete ich.

»Aber was zum Teufel reparierst du denn?« Seine Stimme drückte ungläubiges Erstaunen aus.

»Ich treffe gerade Vorkehrungen, um die Masten wieder einzusetzen«, antwortete ich leichthin, als ob sich nichts Einfacheres vorstellen ließe.
»Anscheinend stehst du nun endlich auf eigenen Beinen, Döspaddel«, hörten wir ihn sagen. Dann schwieg er eine Weile.
»Aber ich sage dir, Döspaddel«, rief er hinunter, »du kriegst es nicht hin.«
»Oh, und ob ich es hinkriege«, gab ich zurück, »bin schon dabei.«
»Aber dies ist mein Boot, mein persönliches Eigentum. Was, wenn ich es dir verbiete?«
»Sie vergessen da etwas«, antwortete ich. »Sie sind nicht mehr das stärkste Teilchen in der Hefe. Früher waren Sie es und imstande, mich zu verschlingen, wie Sie sich auszudrücken beliebten, aber inzwischen hat eine Schrumpfung stattgefunden, und nun bin ich derjenige, der Sie verschlingen könnte. Ihre Hefe quillt nicht mehr.«
Er lachte kurz und abschätzig. »Du versuchst also, meine Philosophie auf Biegen und Brechen gegen mich selbst zu kehren. Aber mach nur nicht den Fehler, mich zu unterschätzen. Zu deinem eigenen Vorteil – ich habe dich gewarnt.«
»Seit wann sind Sie ein Menschenfreund?«, fragte ich. »Sie müssen zugeben, dass Sie sich reichlich inkonsequent verhalten, wenn Sie mir zu meinem eigenen Besten Vorhaltungen machen.«
Er ging nicht auf meinen Sarkasmus ein und sagte: »Angenommen, ich klappte jetzt die Luke zu. Du würdest mich nicht noch einmal hinters Licht führen wie neulich im Proviantraum.«
»Wolf Larsen«, sagte ich ernst, indem ich ihn zum ersten Mal mit seinem gängigen Namen anredete, »ich bin nicht in der Lage, einen wehrlosen Menschen zu erschießen. Sie haben das zu unser beider Zufriedenheit demonstriert. Aber ich warne Sie, und das weniger in Ihrem als vielmehr in meinem eigenen Interesse, ich werde Sie erschießen, sobald Sie irgendetwas Feindseliges unternehmen. Ich könnte Sie jetzt erschießen, so wie ich hier stehe. Wenn Sie's so wollen, bitte sehr, der Griff zum Lukendeckel genügt.«
»Trotzdem verbiete ich dir, und zwar ausdrücklich, an meinem Schiff herumzupfuschen.«

»Aber, guter Mann!«, wies ich ihn zurecht, »Sie berufen sich hier auf die Tatsache, dass es Ihr Schiff ist, als handle es sich dabei um einen moralischen Anspruch. Nie haben Sie im Umgang mit anderen moralische Ansprüche gelten lassen. Und Sie glauben doch wohl nicht im Traum daran, dass ich in Ihrem Fall darauf Rücksicht nehmen werde?«
Ich war direkt unter die Luke getreten, sodass ich ihn sehen konnte. Die Ausdruckslosigkeit seines Gesichts, das ganz anders gewirkt hatte, als ich ihn unbemerkt beobachten konnte, wurde durch die reglosen und starren Augen noch verstärkt. Es war kein angenehmer Anblick.
»Und keiner, der ihm noch ein Fünkchen Achtung entgegenbrächte, nicht einmal Döspaddel«, höhnte er.
Der Hohn lag ausschließlich in seiner Stimme. Sein Gesicht blieb so ausdruckslos wie zuvor.
»Wie geht's, Miss Brewster?«, fragte er unvermittelt nach einer Pause.
Ich erschrak. Sie hatte nicht das leiseste Geräusch von sich gegeben, ja, sie hatte sich nicht einmal bewegt. Konnte es sein, dass er einen schwachen Schimmer seiner Sehkraft behalten hatte? Oder dass sie langsam zurückkehrte?
»Gut, und Ihnen, Kapitän Larsen?«, antwortete sie. »Sagen Sie, woher wussten Sie, dass ich hier bin?«
»Hab' Sie atmen hören, was sonst. Döspaddel macht Fortschritte, finden Sie nicht auch?«
»Ich weiß nicht recht«, gab sie zurück und lächelte mich an. »Ich habe ihn nie anders kennengelernt.«
»Da hätten Sie ihn mal vorher erleben sollen.«
»Wolf Larsen in großen Dosen«, murmelte ich, »vor und nach der Behandlung.«
»Ich möchte dir noch einmal dringend raten, Döspaddel«, sagte er drohend, »die Finger vom Schiff zu lassen.«
»Aber wollen Sie denn nicht wie wir von hier fort?«, fragte ich ungläubig.
»Nein«, antwortete er, »ich gedenke hier zu sterben.«
»Schön, wir aber nicht«, beschied ich ihn herausfordernd und hämmerte und klopfte weiter.

# 35. KAPITEL

Nachdem die Mastspur gesäubert und alles vorbereitet war, versuchten wir am folgenden Tag, die beiden Marsstengen an Bord zu holen. Die Stenge des Großmasts war über zehn Meter lang und die des Fockmasts nur wenig kürzer. Aus beiden wollte ich den Scherenkran bauen. Das war keine leichte Aufgabe. Ich befestigte das eine Ende der schweren Talje am Ankerspill und das andere am Fuß der Fockmaststenge und begann zu hieven. Maud hielt den Törn um das Spill und schoss das lose Seil auf.

Wir waren überrascht, wie leicht sich die Maststenge heben ließ. Das Spill war ein gutes Kurbelspill mit überraschend großer Zugkraft. Natürlich zahlten wir für den Kraftzuwachs mit Seillänge; für jede Verdoppelung meiner Kraft musste ich auch doppelt so viel Seil einholen. Das Tauwerk lief schwer durch den Block, und die Reibung wurde immer größer, je weiter sich die Stenge aus dem Wasser hob, sodass auch der Ankerspill sich immer schwerer bewegen ließ.

Als die Stenge endlich die Höhe des Relingdurchzugs erreicht hatte, kam alles zum Stillstand.

»Das hätte ich mir denken können«, sagte ich ungehalten. »Jetzt kann ich von vorn anfangen.«

»Warum befestigen Sie die Talje nicht weiter in der Mitte?«, schlug Maud vor.

»Das hätte ich sofort machen sollen«, entgegnete ich, alles andere als zufrieden mit mir selbst.

Ich nahm einen Törn vom Spill und ließ den Mast wieder ins Wasser. Diesmal befestigte ich die Talje an einer Stelle, die etwa bei einem Drittel der Masthöhe lag. Nach einer Stunde, Ruhepausen eingerechnet, hatte ich wieder den Punkt erreicht, an dem ich nicht weiterhieven konnte. Etwa drei Meter des Masts waren oberhalb des Durchzugs, jedoch war ich noch weit davon entfernt, ihn an Bord zu haben. So setzte ich mich hin, um über das Problem nachzudenken. Aber schon bald sprang ich mit einem Jubelschrei wieder auf.

»Jetzt hab ich's«, entfuhr es mir. »Ich muss die Talje am Schwerpunkt befestigen. Und wenn wir später alles Übrige an Bord hieven, wird uns zugutekommen, was wir hier gelernt haben.«

Wieder einmal hatte ich mich umsonst geplagt und ließ den Mast ins Wasser gleiten. Da ich aber den Schwerpunkt nicht ganz richtig getroffen hatte, hob sich jetzt die Mastspitze und nicht das Mastende aus dem Wasser. Maud schaute verzweifelt, aber ich lachte und sagte, es würde auch so funktionieren.

Ich zeigte ihr, wie sie den Törn halten und auf meine Anordnung hin fieren musste. Dann griff ich den Mast mit beiden Händen und versuchte, ihn über den Durchzug der Reling an Bord zu bringen. Als ich glaubte, ich hätte ihn weit genug herumgehebelt, rief ich ihr zu, anzufieren, aber der Mast kippte zurück und klatschte ins Wasser. Also hievte ich noch einmal an. Inzwischen hatte ich mir einen neuen Plan ausgedacht, denn ich erinnerte mich an eine kleine Talje, die nur aus einem einfachen und einem doppelten Block bestand. Das Gerät holte ich mir jetzt.

Während ich die Talje an der Mastspitze und der gegenüberliegenden Reling befestigte, erschien Wolf Larsen an Deck. Wir tauschten nur ein »Guten Morgen« aus. Obwohl er nichts sehen konnte, setzte er sich etwas abseits auf das Geländer und verfolgte mittels der Geräusche alles, was ich tat. Noch einmal erinnerte ich Maud daran, auf mein Zeichen das Seil am Spill zu fieren, dann begann ich, mit der kleinen Talje anzuholen. Langsam schwenkte der Mast an Bord, bis er horizontal über dem Durchzug lag. Jetzt stellte ich zu meiner Überraschung fest, dass Maud hätte gar nicht fieren müssen. Genau das Gegenteil war notwendig. Also machte ich die Talje fest und hievte den Mast mit dem Spill Zentimeter um Zentimeter an Bord, bis seine Spitze auf die Planken kippte und er schließlich vollständig an Deck lag.

Ich schaute auf meine Uhr. Es war zwölf. Mein Rücken schmerzte heftig, außerdem war ich hundemüde und hungrig. Dabei lag als Ergebnis der

Mühen eines ganzen Vormittags nur eine einzige Stenge an Deck. Zum ersten Mal wurde mir das ganze Ausmaß der Aufgabe bewusst, die noch vor uns lag. Aber ich lernte ständig dazu. Der Nachmittag würde bessere Resultate bringen. Als wir gegen ein Uhr ausgeruht und von einem herzhaften Mahl gestärkt zurückkehrten, ging alles viel besser.

In weniger als einer Stunde hatte ich die Stenge des Großmasts an Deck und begann, den Scherenkran zu bauen. Dazu band ich die beiden Masten zusammen und richtete sie so ein, dass ihre unterschiedliche Länge ausgeglichen wurde. Am Schnittpunkt befestigte ich den Doppelblock des Hauptklaufalls. Mit diesem, einem einfachen Block und dem zweiten Klaufall verfügte ich über ein brauchbares Hebezeug. Damit die Mastenden nicht verrutschen konnten, nagelte ich Halterungen aus Kanthölzern auf die Decksplanken. Nachdem alles fertig war, befestigte ich ein Tau an der Spitze des Hebezeugs und das andere Ende direkt am Ankerspill. Ich hatte mehr und mehr Vertrauen zu diesem Spill gewonnen, da es mir größere Kraft verlieh, als ich erwartet hatte. Wie zuvor hielt Maud den Törn, während ich hievte. So richtete sich der Scherenkran langsam auf.

Als er stand, erkannte ich, dass ich die Geileinen vergessen hatte. Deshalb musste ich zweimal am Kran hinaufklettern, bis er nach vorn, nach hinten und zu beiden Seiten abgespannt war. Als ich das erledigt hatte, war die Dämmerung hereingebrochen. Wolf Larsen, der den ganzen Tag herumgesessen hatte und meinem Tun und Lassen, ohne ein Wort zu verlieren, mit den Ohren gefolgt war, verschwand in der Kombüse, um sein Abendessen zu bereiten. Mein Kreuz war so steif, dass ich mich nur mühsam und unter Schmerzen aufrichten konnte. Aber ich blickte stolz auf mein Werk. Ich hatte gute Arbeit geleistet. Jetzt war ich so neugierig darauf, etwas mit meinem Scherenkran anzuheben, wie ein kleines Kind, dem man ein Spielzeug geschenkt hat.

»Ich wünschte, es wäre noch nicht so spät«, sagte ich. »Ich würde zu gern sehen, ob es funktioniert.«

»Übertreiben Sie nicht, Humphrey«, schalt mich Maud. »Denken Sie daran, morgen ist auch noch ein Tag, und Sie sind schon jetzt zum Umfallen müde.«

»Und Sie?«, sagte ich, plötzlich besorgt. »Sie müssen auch ganz erschöpft sein. Sie haben tapfer mitgeschuftet. Ich bin stolz auf Sie, Maud.«

»Nicht halb so stolz wie ich auf Sie und nicht mit halb so viel Grund«, antwortete sie und blickte mich dabei für einen Moment direkt an. Dabei nahmen ihre Augen einen eigenartigen Ausdruck an, ein Tanzen und schüchternes Leuchten war darin, das ich noch nie gesehen hatte. Es durchzuckte mich wohlig dabei, obwohl ich nicht wusste, weshalb. Dann senkte sie den Blick und schaute sofort wieder lachend zu mir auf.

»Wenn unsere Freunde das miterleben könnten«, sagte sie. »Wie wir aussehen. Haben Sie sich jemals klargemacht, welches Erscheinungsbild wir bieten?«

»Allerdings, denn Ihr Erscheinungsbild hatte ich ja oft genug vor Augen«, antwortete ich, verwundert über das Leuchten in ihrem Blick und den plötzlichen Themawechsel.

»Um Himmels willen«, rief sie. »Und wie bitte sehe ich aus?«

»Wie eine Vogelscheuche, fürchte ich«, gab ich zurück. »Schauen Sie sich bloß Ihre zerschlissenen Röcke an und die vielen hineingerissenen Dreiecke. Und diese Bluse! Es bedarf kaum der Fähigkeiten eines Sherlock Holmes, um herauszufinden, dass da jemand über offenem Feuer gekocht hat, vom Auslassen des Robbenfetts ganz zu schweigen. Und als Krönung die Mütze! Dabei steckt in all dem die Frau, die den ›Erduldeten Kuss‹ geschrieben hat.«

Sie machte einen ausgefeilten, überaus würdevollen Knicks und erwiderte dann: »Und was Sie angeht, mein Herr …«

Hinter der Neckerei der nächsten fünf Minuten verbarg sich jedoch weiterhin ein Ernst, den ich nur mit dem flüchtigen und seltsamen Ausdruck ihrer Augen in Verbindung bringen konnte. Was hatte er zu bedeuten? War es möglich, dass unsere Augen etwas aussprachen, das wir nicht in Worte kleiden wollten? Meine Augen hatten gesprochen, bis ich sie dabei ertappt und zum Schweigen gebracht hatte. Aber hatte sie den Tumult darin wahrgenommen und verstanden? Und hatten ihre Augen sich mir auf ähnliche Weise mitgeteilt? Was sonst hätte dieser Blick, dieses tanzende, schüchterne Leuchten und das unaussprechliche Etwas, das noch darüber hinausging, bedeuten sollen? Aber das konnte nicht sein. Es war unmöglich. Außerdem verstand ich es nicht, Blicke zu lesen. Ich war Humphrey van Weyden, ein Bücherwurm, der sich verliebt hatte. Zu lieben, zu warten und ihre Zuneigung zu gewinnen war schon herrlich genug für mich. Solche Überlegungen gingen mir durch den Kopf, während wir über unser Aussehen scherzten. Als wir dann an Land waren, gab es ohnehin andere Dinge zu bedenken.

»Es ist eine Schande, dass wir nach einem harten Tagewerk nicht einmal eine Nacht durchschlafen können«, beklagte ich mich nach dem Abendessen.

»Aber es droht uns doch keine Gefahr mehr? Nicht von einem Blinden?«, wollte sie wissen.

»Ich traue ihm nicht«, wandte ich ein, »und jetzt, wo er blind ist, traue ich ihm noch weniger. Wahrscheinlich wird ihn seine Hilflosigkeit bösartiger machen als je zuvor. Ich weiß, was ich morgen als Erstes tue. Ich werde einen leichten Anker ausbringen und den Schoner in tieferes Wasser verholen. So wird Wolf Larsen jeden Abend, wenn wir mit dem Boot an Land zurückrudern, als Gefangener an Bord bleiben. Dies ist also die letzte Nacht, in der wir Wache halten müssen, und das macht es schon etwas erträglicher.«

Wir standen früh auf und waren schon mit dem Frühstück fertig, als es hell wurde.

Plötzlich hörte ich ein bestürztes »Oh, Humphrey!«, dann versagte Mauds Stimme.

Ich sah sie an. Sie blickte zur *Ghost*, ich folgte ihrem Blick, konnte aber nichts Außergewöhnliches entdecken. Sie sah mich an, und ich blickte fragend zurück.

»Der Scherenkran«, brachte sie mit zitternder Stimme heraus.

Daran hatte ich gar nicht mehr gedacht. Ich schaute noch einmal hin, konnte das Hebezeug aber nicht ausmachen.

»Wenn er das …«, stammelte ich wutentbrannt.

Sie legte ihre Hand beschwichtigend auf meine und sagte: »Sie werden wieder von vorn anfangen müssen.«

»Ach, glauben Sie mir, meine Wut hat nichts zu bedeuten. Ich könnte keiner Fliege etwas zuleide tun«, lächelte ich bitter zurück. »Und das Schlimmste ist, er weiß es auch. Sie haben recht. Wenn er den Kran zerstört hat, werde ich ihn einfach wieder aufbauen.«

»Aber von jetzt an halte ich an Bord Wache«, stieß ich wenig später hervor. »Und wenn er etwas anrührt …«

»Aber ich möchte die Nacht nicht allein an Land verbringen«, sagte Maud, als ich mich wieder beruhigt hatte. »Es wäre so viel angenehmer, wenn er sich freundlicher verhielte und uns helfen würde. Wir könnten uns alle bequem an Bord einrichten.«

»Das werden wir auch«, bekräftigte ich, immer noch gereizt, denn die Zerstörung meines teuren Hebezeugs hatte mich hart getroffen. »Das heißt, wir beide werden an Bord unterkommen, ob es Wolf Larsen gefällt oder nicht.«

»Es ist kindisch«, lachte ich später, »dass er so etwas tut und dass ich mich auch noch darüber ärgere.«

Aber es gab mir doch einen Stich, als ich an Bord kletterte und die Verwüstung sah, die er angerichtet hatte. Der Scherenkran war vollkommen verschwunden. Die Leinen rechts und links waren durchtrennt, das Klaufall, das ich aufgeriggt hatte, zerstückelt. Natürlich wusste er genau, dass ich nicht spleißen konnte. Einer Eingebung folgend rannte ich zum Ankerspill. Es ließ sich nicht bewegen. Er hatte es unbrauchbar gemacht. Wir sahen einander wie betäubt an. Dann lief ich zur Reling. Die Masten, Bäume und Gaffeln, die ich aufgeklart hatte, waren verschwunden. Er hatte die Leinen gefunden, mit denen wir sie festgemacht hatten, und sie losgeworfen.

Tränen standen in Mauds Augen, und ich glaube, sie galten mir. Ich hätte selbst losheulen können. Was würde nun aus unserem Versuch werden, die *Ghost* wieder aufzutakeln? Er hatte ganze Arbeit geleistet. Ich setzte mich auf das Lukensüll und stützte mein Kinn verzweifelt in beide Hände.

»Er verdient den Tod«, stieß ich hervor. »Und Gott möge mir vergeben, dass ich nicht Manns genug bin, sein Henker zu sein.«

Aber Maud war an meiner Seite und fuhr mir mit der Hand durch die Haare, als wäre ich ein Kind, und sagte:

»Ganz ruhig, ganz ruhig, alles wird wieder gut. Wir sind im Recht, und alles wird wieder gut.«

Ich erinnerte mich an Michelet, lehnte meinen Kopf an Maud und fühlte mich schon bald gestärkt. Diese Frau war ein Gottesgeschenk und eine unerschöpfliche Kraftquelle für mich. Was machte es schon? Es war nur ein Rückschlag, eine Verzögerung. Die Flut konnte die Masten nicht weit hinausgetragen haben, da es windstill war. Es bedeutete lediglich Mehrarbeit, sie zu finden und zurückzuschleppen. Außerdem war es mir eine Lehre. Jetzt wusste ich, woran ich bei Wolf Larsen war. Zumal er auch hätte abwarten können, bis wir beinahe fertig gewesen wären, um dann unsere Arbeit viel wirkungsvoller zu sabotieren.

»Da, jetzt kommt er«, flüsterte Maud.

Ich blickte auf. Er schlenderte über die Backbordseite des Hüttendecks.

»Schenken Sie ihm keine Beachtung«, flüsterte ich. »Er will sehen, wie wir reagieren. Lassen Sie ihn nicht merken, dass wir das wissen. Die Genugtuung soll er nicht haben. Ziehen Sie Ihre Schuhe aus, ganz leise, und nehmen Sie sie in die Hand.«

So spielten wir Versteck mit dem blinden Mann. Während er die Backbordseite abschritt, gingen wir an der Steuerbordseite an ihm vorbei, und vom Hüttendeck sahen wir, wie er umkehrte und uns nach achtern folgte.

Er muss irgendwie gewusst haben, dass wir an Bord waren, denn sein »Guten Morgen« klang sehr sicher, und er erwartete offenbar eine Erwiderung des Grußes. Dann ging er nach achtern, und wir schlichen nach vorne.

»Ach, ich weiß, dass ihr an Bord seid«, rief er, und ich konnte sehen, dass er danach angestrengt lauschte.

Er erinnerte mich an eine große Eule, die ihr Opfer mit einem lauten Ruf aufschreckt und dann horcht, um es auszumachen. Aber wir gaben keinen Laut von uns und bewegten uns nur, wenn auch er sich bewegte. So huschten wir Hand in Hand über das Deck wie zwei Kinder, die von einem bösen Ungeheuer gejagt werden, bis Wolf Larsen, des Spielchens offenbar überdrüssig, wieder in seiner Kajüte verschwand. Unsere Augen leuchteten vor Freude, und wir mussten ein Kichern unterdrücken, als wir unsere Schuhe wieder anzogen und über die Seite des Schoners in unser Boot kletterten. Als ich in Mauds klare braune Augen blickte, vergaß ich sein bösartiges Zerstörungswerk. Ich wusste nur, dass ich Maud liebte und dass sie mir die Kraft gab, uns den Weg zurück in die vertraute Welt zu erkämpfen.

## 36. KAPITEL

Zwei Tage lang suchten Maud und ich das Meer und die Strände vergeblich nach den verschwundenen Masten ab. Erst am dritten Tag fanden wir sie alle zusammen, einschließlich des Hebezeugs, an einer der gefährlichsten Stellen, in der Brandung des trostlosen südwestlichen Kliffs. Wie wir schufteten! Am Abend des ersten Tages kehrten wir mit dem Großmast im Schlepp völlig erschöpft in unsere kleine Bucht zurück, denn bei totaler Flaute hatten wir die gesamte Strecke rudern müssen.

Nach einem weiteren Tag gefährlicher Plackerei lagen die beiden Marsstengen vor uns am Strand. Am nächsten Tag band ich voller Verzweiflung den Fockmast, den Fock- und den Großbaum mit der Fock- und der Hauptgaffel zusammen. Der Wind stand günstig, und ich wollte sie unter Segel zurückschleppen; dann aber begann der Wind abzuflauen und schlief schließlich völlig ein. Mit den Riemen kamen wir nur im Schneckentempo voran. Zudem war es einfach entmutigend, sich mit ganzer Kraft ins Zeug zu legen und dennoch zu spüren, dass das Boot mit der schweren Last kaum von der Stelle kam.

Die Nacht brach an, und schlimmer noch, ein ablandiger Wind frischte auf. Dieser machte nicht nur jedes Vorankommen unmöglich, sondern trieb uns vom Land weg auf die See hinaus. Ich ruderte, bis ich mich völlig verausgabt hatte. Die arme Maud, die sich von mir nie davon abhalten ließ, bis an den Rand der Erschöpfung mitzuarbeiten, lag müde unter der Heckschot. Schließlich ging es nicht mehr weiter. Meine zerschundenen und geschwollenen Hände konnten die Riemen einfach nicht länger halten. Meine Gelenke und Arme schmerzten höllisch, und obwohl ich ein reichhaltiges Mittagessen zu mir genommen hatte, war mir fast schwindelig vor Hunger.

Ich zog die Ruder ein und beugte mich vor, um die Schleppleine zu lösen. Aber Mauds Hände hielten meine zurück.

»Was haben Sie vor?«, fragte sie mit erschöpfter und angespannter Stimme.
»Die Leine loswerfen«, antwortete ich und löste dabei den ersten Schlag. Aber ihre Finger hinderten mich.
»Tun Sie's bitte nicht«, flehte sie.
»Es hat keinen Sinn«, erwiderte ich. »Die Nacht ist da, und der ablandige Wind treibt uns aufs Meer.»
»Aber überlegen Sie, Humphrey. Wenn es uns nicht gelingt, mit der *Ghost* davonzusegeln, müssen wir vielleicht viele Jahre auf dieser Insel zubringen – möglicherweise sogar ein Leben lang hierbleiben. Sie ist bisher nicht entdeckt worden, und wer weiß, ob sich das jemals ändert.«
»Sie vergessen das Boot, das wir am Strand gefunden haben«, erinnerte ich sie.
»Es war das Boot eines Robbenfängers«, entgegnete sie, »und Sie wissen so gut wie ich, wären die Männer entkommen, dann wären sie auch zurückgekehrt, um hier ein Vermögen zu verdienen. Es ist klar, dass sie die Insel nicht lebend verlassen haben.«
Ich schwieg unentschlossen.
»Außerdem«, fügte sie zögernd hinzu, »war es Ihre Idee, und ich möchte, dass Sie sie verwirklichen.«
Jetzt konnte ich ihr Widerstand entgegensetzen. Sobald sie persönlich wurde und mir schmeichelte, gebot mir mein Anstand, ihr den Wunsch abzuschlagen.
»Lieber Jahre auf der Insel leben, als heute Nacht, morgen oder übermorgen hier im Boot zu sterben. Wir sind nicht darauf vorbereitet, der See zu trotzen. Wir haben nichts zu essen, kein Wasser, keine Decken, nichts. Und Sie würden keine Nacht ohne Decken überleben. Ich kenne Ihre Kräfte. Sie zittern ja jetzt schon.«
»Nur aus Nervosität«, antwortete sie. »Ich habe Angst, dass Sie die Masten trotz meiner Bitte losbinden.«
»Oh, bitte, bitte, Humphrey, tun Sie's nicht!«, entfuhr es ihr einen Moment später.
So entschied sie die Sache mit den Worten, mit denen sie mich, wie sie wusste, in den Bann schlagen konnte. Die ganze Nacht froren wir er-

bärmlich. Von Zeit zu Zeit döste ich kurz ein, aber die beißende Kälte weckte mich immer wieder auf. Wie Maud es aushielt, war mir unbegreiflich. Ich war zu erschöpft, um mit den Armen zu schlagen und mich so aufzuwärmen, aber ich fand die Kraft, ihre Hände und Füße immer wieder zu reiben, um die Durchblutung anzuregen. Trotzdem flehte sie mich an, die Leine nicht loszuwerfen. Gegen drei Uhr morgens verkrampfte sie sich vor Kälte, und nachdem ich ihre Glieder durch weitere Massagen wieder gelockert hatte, blieben sie fast gefühllos. Ich hatte schreckliche Angst, legte die Riemen ein und zwang sie zu rudern, obwohl sie so schwach war, dass sie bei jedem Schlag in Ohnmacht zu fallen drohte.

Der Tag brach an, und wir hielten im heller werdenden Licht nach unserer Insel Ausschau. Schließlich tauchte sie am Horizont auf, klein, düster und mehr als fünfzehn Meilen entfernt. Ich suchte die See mit meinem Fernglas ab. Weitab im Südwesten konnte ich eine dunkle Linie erkennen, die sich merklich voranschob.

»Günstiger Wind!«, rief ich mit heiserer Stimme, die ich nicht als meine eigene erkannte. Maud versuchte zu antworten, brachte aber nichts heraus. Ihre Lippen waren blau vor Kälte und ihre Augen eingefallen, aber trotzdem blickten sie mich tapfer an. Welche herzzerreißende Tapferkeit! Ich begann wieder, ihre Hände zu reiben und ihre Arme auf und ab zu bewegen, bis sie sie selbst rühren konnte. Dann musste sie aufstehen, und obwohl sie ohne meine Hilfe umgefallen wäre, zwang ich sie, die wenigen Schritte zwischen der Ducht und der Heckschot hin und her zu gehen. Schließlich brachte ich sie sogar dazu, auf und ab zu hüpfen.

»Sie sind eine sehr tapfere Frau«, sagte ich, als wieder Leben in ihr Gesicht kam. »Haben Sie das schon gewusst?»

»Ich bin nie tapfer gewesen«, antwortete sie. »Nie, bevor ich Sie kennenlernte. Sie haben mich tapfer gemacht.«

»Ich war auch nicht tapfer, bevor ich Sie kannte«, erwiderte ich.

Sie warf mir einen kurzen Blick zu, und wieder sah ich dieses tanzende scheue Leuchten und noch etwas anderes in ihren Augen. Aber nur für eine Sekunde, dann lächelte sie.

»Es hat sich einfach durch die Umstände ergeben«, sagte sie; aber ich wusste, dass sie unrecht hatte, und fragte mich, ob sie sich das auch eingestand.

Dann wehte der Wind, gleichmäßig und frisch, und das Boot pflügte bald durch die schwere See auf die Insel zu. Gegen halb vier nachmittags segelten wir am südwestlichen Kliff vorbei. Inzwischen waren wir nicht nur hungrig, sondern auch sehr durstig. Unsere Lippen waren trocken und rau, und wir konnten sie schon nicht mehr mit der Zunge befeuchten. Erneut flaute der Wind langsam ab. Bei Einbruch der Dunkelheit war es vollkommen windstill, und ich quälte mich wieder an den Riemen – kraftlos, unter Einsatz der letzten Reserven. Gegen zwei Uhr morgens lief das Boot auf den Strand der inneren Bucht, und ich wankte an Land, um die Fangleine festzumachen. Maud konnte nicht mehr stehen, und ich hatte nicht die Kraft, sie zu tragen. So fielen wir zusammen in den Sand. Nachdem ich mich etwas erholt hatte, blieb mir nichts anderes übrig, als sie bei den Schultern zu packen und den Strand hinauf in unsere Hütte zu ziehen.

Am folgenden Tag arbeiteten wir nicht, sondern schliefen bis drei Uhr nachmittags; zumindest ich schlief so lange, denn als ich erwachte, sah ich, dass Maud dabei war, das Essen zuzubereiten. Ihre Fähigkeit, sich zu erholen, war erstaunlich. Es gab eine Zähigkeit in ihrem lilienhaften Körper, die sich mit einer Kraft ans Leben klammerte, die mit der offensichtlichen Zerbrechlichkeit nicht in Einklang zu stehen schien.

»Wie Sie wissen, bin ich wegen meiner angegriffenen Gesundheit nach Japan gereist«, sagte sie, als wir nach dem Essen am Feuer verweilten und froh waren, uns nicht bewegen zu müssen. »Ich fühlte mich nicht sehr kräftig, war schon immer schwächlich. Die Ärzte rieten mir zu einer Seereise, und ich entschied mich für die längste.«

»Wobei Sie nicht ahnen konnten, worauf Sie sich da eingelassen hatten«, lachte ich.

»Aber nach dieser Erfahrung werde ich eine andere sein, dazu robuster«, antwortete sie, »und hoffentlich überhaupt eine patentere Frau.«

Als der kurze Tag schließlich zur Neige ging, sprachen wir über Wolf Larsens Blindheit. Sie war unerklärlich. Und es musste schlimm um ihn stehen, denn er hatte gesagt, er wolle auf Endeavor Island bleiben und hier sterben. Wenn ein starker Mann, der das Leben so liebte wie er, sich auf den Tod gefasst machte, dann war anzunehmen, dass ihn Schlimmeres heimsuchte als der Verlust des Augenlichts. Zudem wurde er von diesen schrecklichen Kopfschmerzen gequält, und wir schlossen daraus, dass seine Gehirnfunktionen irgendwie gestört sein mussten und dass er während seiner Anfälle unglaubliche Schmerzen zu ertragen hatte.

Während wir über seinen Zustand redeten, bemerkte ich, dass in Maud immer mehr Mitleid mit ihm aufstieg; aber dafür liebte ich sie noch mehr, weil es so fraulich war. Außerdem wurde sie dabei nicht sentimental. Sie hatte akzeptiert, dass eine kompromisslose Härte ihm gegenüber notwendig war, wenn wir von der Insel entkommen wollten. Dennoch schreckte sie vor der Vorstellung zurück, ich könnte eines Tages gezwungen sein, ihn umzubringen, um mein eigenes Leben zu retten – »unser Leben«, wie sie es ausdrückte.

Am nächsten Morgen frühstückten wir und nahmen beim ersten Tageslicht die Arbeit wieder auf. In der Zeugkammer im Bug, wo solche Dinge aufbewahrt werden, fand ich einen leichten Warpanker, den ich mit einiger Mühe an Deck und ins Boot schaffte. Mit einer langen, im Heck des Bootes aufgerollten Muringleine ruderte ich ein gutes Stück in unsere kleine Bucht hinaus und ließ den Anker ins Wasser fallen. Es war windstill, und die Flut war aufgelaufen, sodass der Schoner flott war. Nachdem ich die Landleinen losgeworfen hatte, verholte ich die *Ghost* allein mit der Kraft meiner Arme (das Ankerspill war ja unbrauchbar), bis sie beinahe direkt am Anker dümpelte. Natürlich war dieser Anker zu schwach, um sie auch nur in der leichtesten Brise zu sichern. So ließ ich den großen Steuerbordanker ab und gab ihm genügend Lose. Am Nachmittag machte ich mich an die Reparatur des Ankerspills.

Drei Tage lang arbeitete ich daran. Ich war kein Fachmann und schaffte in dieser Zeit etwa so viel wie ein normaler Mechaniker in drei Stunden bewerkstelligt hätte. Ich musste erst lernen, welche Werkzeuge zu benutzen waren, und jedes technische Prinzip, das einem solchen Mann geläufig war, musste ich mir ebenfalls mühsam aneignen. Nach drei Tagen hatte ich ein

Ankerspill, das schwerfällig arbeitete. Es war bei Weitem nicht so gut, wie es einmal gewesen war, aber es funktionierte, und ich konnte es benutzen. Nach einem halben Tag hatte ich die beiden Stengen an Bord und den Scherenkran wie zuvor aufgeriggt und abgespannt. In dieser Nacht schlief ich neben meinem Werk an Deck. Maud, die sich weigerte, allein an Land zu schlafen, übernachtete in der Back. Wolf Larsen hatte den ganzen Tag herumgesessen, meiner Reparatur des Ankerspills zugehört und mit mir und Maud Banalitäten ausgetauscht. Sein Sabotageakt wurde weder von uns noch von ihm erwähnt, und er sagte auch nicht mehr, dass ich sein Schiff in Ruhe lassen solle. Jedoch fürchtete ich ihn immer noch, blind und hilflos wie er war, aber ganz Ohr, immer ganz Ohr; und solange ich arbeitete, achtete ich darauf, nie in die Reichweite seiner starken Arme zu geraten.

In dieser Nacht, als ich unter meinem geliebten Scherenkran schlief, weckten mich seine Schritte. Die Nacht war sternenklar, und so konnte ich die Umrisse seines massigen Körpers ausmachen, während er an Deck herumging. Ich rollte mich aus meinen Decken und schlich ihm auf Socken lautlos hinterher. Er hatte sich mit einem Abziehmesser aus dem Werkzeugschrank bewaffnet, mit dem er das Klaufall zerschneiden wollte, das ich wieder am Hebezeug angeschlagen hatte. Dazu ergriff er das Fall mit der Hand, musste aber feststellen, dass ich es nicht gespannt hatte. Damit war sein Instrument unbrauchbar. Er tastete nach der laufenden Part, straffte das Klaufall und machte es fest. Dann traf er Anstalten, es mit dem Messer zu durchtrennen.

»Das würde ich an Ihrer Stelle nicht tun«, sagte ich ruhig.

Er hörte das Klicken meiner Pistole und lachte.

»Hallo Döspaddel«, sagte er. »Ich wusste die ganze Zeit, dass du da bist. Meine Ohren kannst du nicht täuschen.«

»Das ist gelogen, Wolf Larsen«, sagte ich so ruhig wie zuvor. »Aber ich warte nur auf einen Anlass, Sie umzubringen, also, nur zu, schneiden Sie.«

»Sie könnten mich jederzeit umbringen«, erwiderte er verächtlich.

»Also los, schneiden Sie«, forderte ich ihn drohend auf.

»Ich muss dich enttäuschen«, lachte er, machte auf dem Absatz kehrt und verschwand nach achtern.

»Es muss etwas geschehen, Humphrey«, sagte Maud am nächsten Morgen, als ich ihr von dem nächtlichen Ereignis berichtete. »Solange er in Freiheit ist, kann er alles Mögliche anrichten. Er könnte den Schoner versenken oder Feuer legen. Er ist unberechenbar. Wir müssen ihn gefangen setzen.«

»Aber wie?«, fragte ich mit hilflosem Schulterzucken. »Ich wage mich nicht in die Reichweite seiner Arme, und er weiß, dass ich ihn nicht erschießen kann, solange er nur passiv Widerstand leistet.«

»Es muss einen Weg geben«, beharrte sie. »Lassen Sie mich überlegen.«

»Es gibt eine Möglichkeit«, sagte ich grimmig.

Sie wartete.

Ich griff nach einem Robbenschläger.

»Es wird ihn nicht umbringen«, sagte ich. »Und bevor er wieder aufwacht, habe ich ihn gefesselt.«

Schaudernd schüttelte sie den Kopf. »Nein, so nicht. Es muss sich eine weniger brutale Methode finden lassen. Warten wir noch etwas ab.«

Aber es dauerte nicht lange, bis sich das Problem von selbst löste. Am Morgen fand ich nach mehreren Versuchen den Schwerpunkt des Fockmasts und befestigte die Talje etwas oberhalb dieser Stelle. Während ich hievte, hielt Maud die Törns am Spill und schoss das Lose auf. Mit einem intakten Spill wäre es weniger anstrengend für mich gewesen, so aber musste ich mich mit aller Kraft und mit meinem ganzen Gewicht ins Zeug legen und jeden Zentimeter erkämpfen. Folglich musste ich mich immer wieder ausruhen. Um die Wahrheit zu sagen, die Pausen waren länger als die Arbeitszeiten. Wenn meine ganze Kraft nicht ausreichte, um das Spill zu bewegen, versuchte Maud sogar zeitweise, die Törns mit einer Hand zu halten, um mir mit der anderen und dem ganzen Gewicht ihres schlanken Körpers zu helfen.

Nach einer Stunde stießen der einfache und der doppelte Block oben am Hebezeug aneinander. Weiter konnte ich nicht hieven. Dabei war der Mast noch nicht ganz an Bord. Der Mastfuß ruhte außen auf der Backbordreling, während die Mastspitze jenseits der Steuerbordreling aufs Wasser hinausragte. Der Scherenkran war nicht hoch genug. Meine ganze Arbeit war umsonst gewesen. Aber diesmal verzweifelte ich nicht. Ich hatte

Vertrauen in meine Fähigkeiten gewonnen und auch in die Möglichkeiten, die mir Ankerspill, Seilzüge und Hebezeuge eröffneten. Es gab eine Lösung; ich brauchte sie nur zu finden.

Während ich über das Problem nachdachte, kam Wolf Larsen an Deck. Wir erkannten sofort, dass etwas nicht stimmte. Die Unsicherheit und Schwäche seiner Bewegungen hatte sich offenbar verschlimmert. Als er an der Backbordseite der Kajüte nach vorn ging, taumelte er sogar. Am Rand des Hüttendecks schwankte er, fuhr sich mit der vertraut wischenden Handbewegung über die Augen und fiel – immer noch aufrecht – die Stufen herunter aufs Hauptdeck, über das er mit ausgestreckten Armen weiterstolperte, immer in Gefahr, hinzuschlagen. Am Niedergang zum Zwischendeck fing er sich wieder und stand dort einen Moment wie benommen. Dann sackte sein Körper plötzlich in sich zusammen, seine Beine gaben unter ihm nach, und er stürzte auf die Planken.

»Einer seiner Anfälle«, flüsterte ich Maud zu.

Sie nickte, und ich konnte Mitleid in ihren Augen aufsteigen sehen.

Wir gingen zu ihm. Er schien bewusstlos und atmete keuchend. Sie nahm sich seiner an, hob seinen Kopf zur Verhinderung eines Blutstaus und schickte mich in die Kajüte, um ein Kissen zu holen. Ich brachte auch Decken mit, und wir machten es ihm so angenehm wie möglich. Ich fühlte seinen Puls. Er war ruhig und gleichmäßig, völlig normal. Das wunderte mich. Ich schöpfte Verdacht.

»Und wenn er nur simuliert?«, fragte ich, während ich noch sein Handgelenk hielt.

Maud schüttelte mit einem tadelnden Blick den Kopf. Aber just in diesem Moment entriss er mir sein Handgelenk, und seine Finger schlossen sich wie eine Eisenfalle um meinen Unterarm. Erschrocken stieß ich einen lauten, wilden, unartikulierten Schrei aus. Für einen Moment sah ich eine triumphierende Bosheit in seinem Gesicht, dann hatte er mit der anderen Hand meinen Körper umfasst und zog mich mit furchtbarer Gewalt zu sich herunter.

Mein Unterarm kam frei, aber mit dem anderen Arm, den er um meinen Oberkörper geschlungen hatte, umklammerte er nun auch meine Arme, sodass ich mich nicht bewegen konnte. Seine freie Hand griff nach meiner Kehle, und in diesem Moment spürte ich den bitteren Vorgeschmack eines Todes, den man seiner eigenen Dummheit zu verdanken hat. Warum hatte ich mich nur in die Reichweite dieser schrecklichen Arme begeben. Dann spürte ich noch andere Hände an meiner Kehle. Es waren Mauds Hände, die vergeblich versuchten, die Pranke zu lösen, die mich erdrosselte. Sie gab auf, und ich hörte sie schreien, dass es mir durch Mark und Bein ging, denn es war der angsterfüllte und herzzerreißende Verzweiflungsschrei einer Frau, wie ich ihn erst einmal in meinem Leben gehört hatte – als die *Martinez* unterging.

Wolf Larsen hatte mein Gesicht gegen seinen Brustkorb gepresst, sodass ich nichts sehen konnte. Aber ich hörte, dass Maud sich umgedreht hatte und hastig über die Planken davonlief. Bisher ging alles sehr schnell. Ich war noch nicht bewusstlos geworden; aber nun schien eine Ewigkeit zu verstreichen, bis ich ihre eiligen Schritte wieder vernahm. Im gleichen Moment spürte ich, dass der Mann unter mir zusammensackte. Der Atem entwich seinen Lungen, und sein Brustkorb schien unter meinem Gewicht nachzugeben. Ein lautes, tiefes Stöhnen entfuhr ihm; jedoch war ich mir nicht sicher, ob es sich dabei nur um seinen austretenden Atem handelte oder um eine Klage über seine zunehmende Schwäche. Der Griff an meiner Kehle lockerte sich. Ich bekam Luft. Seine Hand zitterte und schloss sich wieder. Jedoch war selbst sein eiserner Wille nicht imstande, der Zerrüttung Einhalt zu gebieten, die ihn überkam. Alle Entschlusskraft verließ ihn, und er wurde bewusstlos.

Mauds Schritte waren sehr nahe, als seine Hand zum letzten Mal zuckte und endlich meine Kehle freigab. Ich rollte von ihm weg und lag mit dem Rücken auf Deck, japste und blinzelte in die Sonne. Maud war bleich, aber gefasst – meine Augen hatten sofort ihr Gesicht gesucht –, und sie sah mich mit einer Mischung aus Bestürzung und Erleichterung an. Ich bemerkte den schweren Robbenschläger in ihrer Hand, und in diesem Moment senkte sie den Blick und folgte meinen Augen. Der Robbenschläger entfiel ihr, als hätte er sie gestochen, und im gleichen Augenblick bebte mein Herz vor Freude. Sie war wirklich mein Weib, meine Genossin, die mit mir und für mich kämpfte, wie es die Gefährtin eines Höhlenmenschen getan hätte, eine Frau, in der alle primitiven Instinkte wieder erwacht waren, die ihre Kultur vergessen hatte und jene Härte an den Tag legte, die sich unter der weichen Schale einer allgegenwärtigen Zivilisation verbarg.

»Meine Teuerste!«, rief ich und rappelte mich auf.

Im nächsten Augenblick lag sie in meinen Armen und schluchzte an meiner Schulter, während ich sie an mich drückte. Ich sah auf den braunen Glanz ihres Haares, das im Sonnenschein glitzerte wie Edelstein, mir aber mehr bedeutete als die Schätze aller Könige dieser Erde. Ich beugte mich zu ihrem Haar hinunter und küsste es zärtlich, so zärtlich, dass sie es nicht bemerkte.

Dann kam mir ein ernüchternder Gedanke. Trotz allem war sie nur eine Frau, die jetzt, da die Gefahr vorüber war, erleichtert in den Armen ihres Beschützers – oder eines der Gefahr entronnenen Menschen – weinte. Wäre ich ihr Vater oder ihr Bruder gewesen, hätte sie nicht anders reagiert. Weder Zeit noch Ort waren passend, und ich wünschte mir eine bessere Gelegenheit, um ihr meine Liebe zu gestehen. Als ich spürte, dass sie sich meiner Umarmung entzog, küsste ich nur noch einmal zärtlich ihr Haar.

»Diesmal ist es ein echter Anfall«, sagte ich, »eine Attacke wie die, die ihn blind gemacht hat. Durch die Simulation eines Anfalls hat er einen richtigen heraufbeschworen.«

Maud war bereits dabei, sein Kissen zu richten.

»Nein«, sagte ich, »noch nicht. Jetzt ist er wehrlos, und wehrlos soll er auch bleiben. Von heute an werden wir in der Kajüte wohnen, und Wolf Larsen zieht ins Zwischendeck.«

Ich packte ihn und schleppte ihn zum Niedergang. Auf meine Anweisung holte Maud ein Tau. Dieses legte ich um seine Schultern, zog ihn über die Schwelle und ließ ihn die Stufen hinunter auf den Boden gleiten. Allein konnte ich ihn nicht in die Koje schaffen, aber mit Mauds Hilfe gelang es, zuerst seinen Kopf und seine Schultern, dann seinen Rumpf über die Kojenkante zu hieven. Schließlich rollte ich ihn ganz auf die untere Pritsche. Aber dabei ließ ich es nicht bewenden. Ich erinnerte mich an die Handschellen in seiner Kammer, die er statt der umständlichen und veralteten Eisen zur Disziplinierung der Matrosen verwendet hatte. Als wir ihn verließen, lag er mit Handschellen an Händen und Füßen in seiner Koje. Zum ersten Mal seit langer Zeit konnte ich frei atmen. Ich fühlte mich seltsam leicht, als ich an Deck trat, so als wäre ein Gewicht von meinen Schultern genommen. Ich spürte auch, dass Maud und ich einander wieder näher gekommen waren. Während wir Seite an Seite über das Deck dorthin zurückkehrten, wo der vermaledeite Mast immer noch im Hebezeug hing, fragte ich mich, ob sie wohl auch so fühlte.

## 37. KAPITEL

So bezogen wir also umgehend unsere alten Kammern an Bord der *Ghost* und kochten wieder in der Kombüse. Die Gefangennahme Wolf Larsens kam gerade rechtzeitig, denn der Altweibersommer in diesen hohen Breiten war vorüber, und stürmisches, nieseliges Wetter setzte ein. Wir aber hatten es gemütlich, und der zu niedrige Scherenkran, unter dem der Fockmast hing, zeigte, dass etwas an Bord geschah und auf die Abreise hingearbeitet wurde.

Jetzt, wo wir Wolf Larsen in Eisen gelegt hatten, war es fast nicht mehr nötig! Wie nach seinem ersten Anfall blieb auch nach dem zweiten eine ernsthafte Behinderung zurück. Maud entdeckte sie, als sie ihm am Nachmittag etwas zu essen geben wollte. Er war bei Bewusstsein, und sie hatte ihn angesprochen, ohne eine Antwort zu erhalten. Er lag auf der linken Seite und hatte offensichtlich Schmerzen. Mit einer ruhelosen Bewegung rollte er seinen Kopf zur Seite und hob das Ohr, auf dem er bisher gelegen hatte. Augenblicklich hörte er sie und antwortete ihr. Sie kam sofort zu mir. Ich drückte ihm ein Kissen auf sein linkes Ohr und fragte, ob er mich verstehen könne, aber er reagierte nicht. Dann nahm ich das Kissen fort, fragte noch einmal, und er antwortete prompt.

»Wissen Sie, dass Ihr rechtes Ohr taub ist?«, fragte ich.

»Ja«, antwortete er mit tiefer, fester Stimme, »aber es steht noch schlimmer. Meine ganze rechte Seite ist betroffen. Sie scheint eingeschlafen zu sein. Ich kann weder den Arm noch das Bein bewegen.«

»Simulieren Sie wieder?«, fragte ich ärgerlich.

Er schüttelte den Kopf, und sein ernster Mund verzog sich zu einem höchst seltsamen halben Lächeln. Es war wirklich halbiert, denn es war nur auf der linken Seite zu erkennen, die Muskeln der rechten Gesichtshälfte hatten sich überhaupt nicht bewegt.

»Das war die letzte Vorstellung des Wolfs«, sagte er. »Ich bin gelähmt. Ich werde nie wieder herumlaufen. Es sei denn, auf einem Bein«, fügte er hinzu, als ob er den misstrauischen Blick geahnt hätte, mit dem ich sein linkes Bein bedachte, als er es unter der Decke anzog.

»Es ist wirklich schade«, fuhr er fort. »Ich hätte dich gern vorher erledigt, Döspaddel. Und ich dachte, dazu würde es noch reichen.«

»Aber warum denn?«, fragte ich, teils erschrocken, teils neugierig.

Wieder verzog sich sein ernster Mund zu dieser Grimasse, und er sagte: »Ach, nur um mir zu beweisen, dass ich noch lebe, lebe und handle, und dass ich bis zuletzt das größte Stück Ferment geblieben bin, das dich verschlingt. Aber so zu sterben …«

Er zuckte mit den Schultern oder versuchte es jedenfalls, aber nur die linke Schulter bewegte sich. Sein Schulterzucken war genauso entstellt wie sein Lächeln.

»Aber wo liegt die Krankheitsursache?«, wollte ich wissen. »Wie erklären Sie sich die Beschwerden?«

»Das Gehirn«, antwortete er ohne Zögern. »Es hat mit diesen verdammten Kopfschmerzen zu tun.«

»Symptome«, sagte ich.

Er nickte. »Es ist unbegreiflich. Ich war in meinem ganzen Leben nicht einmal krank. Irgendetwas ist mit meinem Gehirn passiert. Krebs, ein Tumor oder so etwas – etwas, das verschlingt und zerstört. Es greift meine Nervenstränge an, frisst sie auf, Stück für Stück, Zelle um Zelle; daher die Schmerzen.«

»Aber auch das motorische Zentrum«, fügte ich hinzu.

»Es scheint so; und das Teuflische daran ist, dass ich bei vollem Bewusstsein hier liegen muss und weiß, dass die Verbindungen abreißen und die Kommunikation mit der Außenwelt Stück für Stück zusammenbricht. Ich kann nichts mehr sehen, verliere Gehör und Gefühl. Wenn es so weitergeht, kann ich bald nicht mehr sprechen. Trotzdem werde ich immer noch präsent sein, lebendig, aktiv und machtlos.«

»Wenn Sie sagen, dass Sie selbst dann noch präsent sind, klingt das für mich ganz nach der Fortdauer der Seele«, erklärte ich.

»Stuss!«, gab er zurück. »Es bedeutet nur, dass die höheren Verstandesfunktionen nicht beeinträchtigt sind, denn ich kann mich erinnern, kann denken und argumentieren. Wenn das verschwindet, verschwinde ich auch und existiere nicht mehr. Die Seele?«

Er brach in Hohngelächter aus, legte dann sein linkes Ohr auf das Kissen und gab damit zu verstehen, dass die Unterhaltung für ihn beendet war.

Maud und ich gingen unserer Arbeit nach, bedrückt von dem furchtbaren Schicksal, das ihn ereilt hatte. Aber wie schrecklich es wirklich war, wurde uns erst später klar. Es hatte etwas von einer ungeheuerlichen Vergeltung. Wir waren beide tief in Gedanken versunken und unterhielten uns fast im Flüsterton.

»Sie können die Handschellen ruhig abnehmen«, sagte er am Abend, als wir uns an seinem Bett berieten. »Es besteht keinerlei Gefahr. Ich bin jetzt gelähmt, und man sollte darauf achten, dass ich mich nicht wund liege.«

Wieder lächelte er sein schiefes Lächeln, und Maud, die ihn mit schreckensweiten Augen ansah, musste ihren Kopf abwenden.

»Ist Ihnen klar, dass Ihr Lächeln eine Grimasse ist?«, fragte ich ihn, denn ich wusste, dass Maud ihn würde versorgen müssen, und ich wollte es ihr so leicht wie möglich machen.

»Dann werde ich nicht mehr lächeln«, erwiderte er ruhig. »Ich hatte mir schon gedacht, dass etwas nicht stimmt. Meine rechte Wange ist schon den ganzen Tag taub. Ich habe die Anzeichen seit drei Tagen gespürt; meine rechte Seite schien in Schüben gefühllos zu werden, mal der Arm oder die Hand, ein anderes Mal das Bein oder der Fuß.«

»Mein Lächeln ist also fratzenhaft?«, fragte er wenig später noch einmal nach. »Also dann werde ich von jetzt an innerlich lächeln, mit meiner Seele, wenn Sie so wollen, mit meiner Seele. Und genau das tue ich jetzt, denken Sie mal an.«

Und für einige Minuten lag er ruhig da und beschäftigte sich mit dieser grotesken Vorstellung.

Sein Wesen hatte sich offenbar nicht verändert. Es handelte sich um den alten, unbeugsamen, schrecklichen Wolf Larsen, eingekerkert in diesem Körper, der einmal so unbezwingbar und herrlich gewesen war. Jetzt aber hatte er ihn in die Fesseln der Fühllosigkeit geschlagen, seine Seele in Dunkelheit und Stille versenkt und ließ die Welt überbordender Aktivität, in der er zu Hause gewesen war, nicht mehr zu ihm vordringen. Nie wieder würde er das Wort »tun« in allen Formen und Zeiten durchkonjungieren. »Sein«‹ war alles, was ihm blieb. Diese Bewegungslosigkeit aber war nach seiner Definition gleichbedeutend mit dem Tod: zu wollen, aber seinen Willen nicht ausführen zu können, zu denken und zu argumentieren, im Geiste so lebendig zu sein wie immer, aber im Fleische ohnmächtig und abgestorben.

Selbst nachdem ich ihm die Handschellen abgenommen hatte, konnten wir uns nicht an seinen neuen Zustand gewöhnen. Unsere Köpfe rebellierten. Für uns steckte er immer noch voller Unwägbarkeiten. Wir wussten nicht, was wir als Nächstes erwarten sollten, zu welchen schrecklichen Taten er fähig war, wenn es ihm gelang, sich noch einmal aufzuraffen und über die Schwächen des Fleisches zu erheben. Unsere Erfahrungen ließen uns alles für möglich halten, und die Anspannung überschattete unser ganzes Tun.

Ich hatte das Problem der zu geringen Höhe des Scherenkrans gelöst. Mithilfe der kleinen Talje (die ich zusammengebaut hatte) hievte ich den Fuß des Fockmasts über die Reling und ließ ihn dann auf Deck ab. Als Nächstes beförderte ich den Großbaum an Bord. Er war etwa vierzehn Meter lang und würde mir die Höhe geben, die notwendig war, um den Mast ganz an Deck zu holen. Mithilfe der zweiten Talje, die ich am Hebezeug befestigt hatte, brachte ich den Großbaum in beinahe senkrechte Position und ließ dann ein Ende auf Deck ab, wo ich es mit dicken Kanthölzern verkeilte und am Wegrutschen hinderte. Den einfachen Block meines ursprünglichen Hebezeugs hatte ich am Großbaum befestigt. Nun konnte ich, nachdem ich das andere Ende des Takels mit dem Ankerspill verbunden hatte, die Spitze des Großbaums nach Belieben auf- und abbewegen, während das untere Ende immer fest stehen blieb, und außerdem konnte ich ihn mithilfe der Geitaue auch seitwärts schwenken. Am Ende des Baums hatte ich ebenfalls ein Hebetakel aufgeriggt; und als das Ganze fertig war, staunte ich nicht schlecht, welche Kraft- und Bewegungsfreiheit es mir verlieh.

Natürlich brauchte ich zwei Tage, um diesen Teil meines Vorhabens abzuschließen, und so konnte ich erst am Morgen des dritten Tages den Fockmast vom Deck hieven und den Mastfuß vierkantig behauen, damit er in die Mastspur passte. Dabei stellte ich mich besonders ungeschickt an. Ich sägte, hobelte und stemmte an dem wettergegerbten Holz herum, bis es aussah, als wäre es von einer gigantischen Maus angenagt worden. Aber schließlich ging es.

»Es funktioniert, ich weiß, dass es funktionieren wird!«, rief ich.

»Kennen Sie Dr. Jordans entscheidenden Wahrheitstest?«, fragte Maud.

Ich schüttelte den Kopf und hörte für einen Moment auf, mir die Späne, die ins Hemd gefallen waren, mit der Hand herauszubürsten.

»›Funktioniert die Sache? Können wir der Erfindung unser Leben anvertrauen?‹ Das ist die Nagelprobe.«

»Er ist wohl Ihr besonderer Liebling?«, sagte ich.

»Als ich mein altes Pantheon geschleift und Napoleon, Cäsar und ihre Kumpane hinausgeworfen hatte, habe ich gleich einen neuen Göttersitz errichtet«, antwortete sie ernst, »und der Erste, der herein durfte, war Dr. Jordan.«

»Ein moderner Held.«

»Und gerade deswegen ein noch größerer«, fügte sie hinzu. »Wie können sich die Helden der Alten Welt nur mit unseren messen wollen!«

Ich schüttelte den Kopf. Wir waren einander in vielen Dingen zu ähnlich, um zu streiten. Zumindest unsere Welt- und Lebensanschauung deckte sich weitgehend.

»Dafür, dass wir zwei Kritiker sind, kommen wir wirklich glänzend miteinander aus«, lachte ich.

»Und als Schiffszimmermann und fixer Handlanger ebenfalls«, lachte sie zurück.

Sonst gab es in diesen Tagen, angesichts von Schwerarbeit und Wolf Larsens schrecklichem Absterben, wenig zu lachen.

Er hatte einen weiteren Schlaganfall erlitten, der ihn seiner Stimme beraubte. Oder er war zumindest im Begriff, sie zu verlieren, denn seine Sprechwerkzeuge gehorchten ihm nur noch zeitweise. Wie er es ausdrückte, waren die Nervenstränge wie die Börse, mal freundlich, mal keine Notierungen. Zuweilen funktionierten die Verbindungen gut, und er sprach wie immer, wenn auch langsam und schwerfällig. Dann verließ ihn plötzlich mitten im Satz die Sprache, und wir warteten oft stundenlang, bis der Kontakt wiederhergestellt war. Er klagte über starke Kopfschmerzen, und in dieser Zeit schlug er ein System vor, mit dem er die Kommunikation aufrechterhalten konnte, sollte seine Stimme völlig versagen – ein einmaliges Drücken der Hand sollte »Ja« bedeuten, ein zweimaliges »Nein«. Es war gut, dass wir das ausgemacht hatten, denn am Abend desselben Tages verlor er seine Sprechfähigkeit endgültig. Von nun an beantwortete er unsere Fragen durch Händedruck, und wenn er etwas mitteilen wollte, kritzelte er es ziemlich leserlich auf ein Blatt Papier.

Der harte Nordwinter war inzwischen über uns hereingebrochen. Ein Sturm jagte den anderen. Wir hatten Regen, Schneeregen und Schnee. Die Robben waren zu ihrer großen Südwanderung aufgebrochen, und die Kolonie lag praktisch verlassen da. Ich arbeitete fieberhaft. Trotz des schlechten Wetters und des Sturms, der mich besonders behinderte, war ich vom Morgengrauen bis zur Dämmerung an Deck und machte gute Fortschritte.

Ich profitierte von der Lektion, die ich gelernt hatte, als ich das Hebezeug baute und es besteigen musste, um nachträglich die Geileinen anzubringen. Diesmal befestigte ich die Takelage, die Stagen, das Klaufall und das Piekfall sofort an der Spitze des Fockmasts, der dicht über dem Deck hing. Wie üblich hatte ich das Arbeitspensum unterschätzt und brauchte zwei volle Tage dafür. Dabei war noch so viel mehr zu tun, zum Beispiel mussten die Segel praktisch ganz neu angefertigt werden.

Während ich mich an der Takelage des Fockmasts abmühte, nähte Maud, war aber immer bereit, alles fallen zu lassen, um mir zu helfen, wenn mehr als zwei Hände erforderlich waren. Das Segeltuch war schwer und steif, und sie arbeitete mit dem üblichen Segelhandschuh und der dreieckigen Segelnadel. Ihre Hände waren nach kurzer Zeit von Blasen übersät, aber sie ließ sich nicht unterkriegen, obwohl sie daneben kochen und den kranken Wolf Larsen pflegen musste.

»Ich pfeife auf den Aberglauben«, sagte ich eines Freitagmorgens. »Heute wird der Mast aufgestellt.«

Alles war für den ersten Versuch bereit. Ich zog die laufende Part des Baumtakels zum Ankerspill und hievte den Mast in die Höhe. Dann machte ich fest und wiederholte die Operation mit der Talje des Scherenkrans (die mit dem Großbaum verbunden war). Nach einigen Umdrehungen hatte ich den Mast senkrecht und klar.

Als sie die Törns loslassen konnte, klatschte Maud begeistert in die Hände und rief:

»Es funktioniert! Es funktioniert! Wir vertrauen ihm unser Leben an!«

Dann nahm ihr Gesicht einen bekümmerten Ausdruck an.

»Er ist nicht über dem Loch«, sagte sie. »Müssen Sie jetzt noch einmal von vorn anfangen?«

Ich setzte ein überlegenes Lächeln auf, fierte eine der Baumgeien und holte die andere an. So brachte ich den Mast genau in die Decksmitte. Er war aber immer noch nicht über dem Loch. Wieder zeigte sie sich betrübt, und wieder lächelte ich als Herr der Lage. Ich fierte das Baumtakel, holte dafür die Scherenkrantalje an und brachte so den Mastfuß exakt über die Decköffnung. Dann gab ich Maud detaillierte Anweisungen, wie sie fieren sollte, und begab mich in den Schiffsbauch zur Mastspur im Boden des Schoners.

Ich rief das Kommando, und der Mast senkte sich schwerelos und zielgenau herab. Der quadratische Mastfuß bewegte sich exakt auf die Mastspur zu, drehte sich dabei aber langsam, sodass die Quadrate nicht ineinander passten. Ich zögerte keinen Moment, sondern rief Maud zu, nicht weiter abzulassen. Dann ging ich an Deck und befestigte eine Talje mit einem Stopperstek am Mast. Ich gab Maud die Leine und ging wieder unter Deck. Beim Licht der Laterne sah ich, dass sich der Mastfuß langsam drehte, bis seine Seiten parallel zur Mastspur standen. Maud machte die Leine fest und kehrte zum Ankerspill zurück. Langsam senkte sich der Mastfuß die restlichen Zentimeter, verdrehte sich dabei aber wieder leicht. Maud korrigierte erneut mit dem Stek nach und fierte dann wieder mit dem Spill. Schließlich passte Quadrat in Quadrat, und der Mast war eingesetzt.

Ich stieß einen Freudenruf aus, und sie kam heruntergerannt, um sich mit eigenen Augen vom Erfolg zu überzeugen. Im gelben Laternenschein betrachteten wir unser Gesellenstück. Wir sahen uns an, unsere Hände suchten und fanden sich. Unsere Augen wurden feucht vor Freude.

»Zum Schluss war alles so einfach«, bemerkte ich. »Die ganze Arbeit steckte in der Vorbereitung.«

»Aber das Wunder, die Sache zum Abschluss gebracht zu haben«, setzte Maud hinzu.

»Ich kann kaum glauben, dass der große Mast wirklich montiert ist und steht; dass Sie ihn aus dem Wasser gehoben haben, ihn durch die Luft schweben ließen, um ihn hier einzusetzen, wo er hingehört. Eine Aufgabe für Titanen.«

»Auch die waren ja sehr erfindungsreich«, sagte ich fröhlich, hielt dann aber inne, um prüfend die Luft einzuziehen.

Ich warf einen Blick zur Laterne. Aber sie rußte nicht. Ich schnupperte noch einmal.

»Irgendetwas brennt«, sagte Maud mit Nachdruck.

Wir stürzten beide zur Leiter, aber ich überholte sie und war auch schon an Deck. Rauch quoll aus dem Niedergang zum Zwischendeck.

»Der Wolf ist noch nicht tot«, murmelte ich, als ich eilig durch den Rauch nach unten kletterte.

In der Enge dort unten war er so dicht, dass ich mir den Weg ertasten musste. Die Gewalt Wolf Larsens über meine Einbildungskraft war immer noch so groß, dass ich die ganze Zeit darauf gefasst war, von der Hand des hilflosen Riesen gepackt und gewürgt zu werden. Ich zögerte, und das Verlangen, die Stufen wieder hinaufzuspringen, wurde fast übermächtig. Dann erinnerte ich mich an Maud, wie ich sie zuletzt gesehen hatte, im Laternenlicht im Bauch des Schoners, die braunen Augen feucht vor Freude, und als dieses Bild vor mir aufblitzte, wusste ich, dass ich nicht einfach davonlaufen konnte.

Dem Ersticken nahe erreichte ich Wolf Larsens Koje. Ich tastete mit meiner Hand nach seiner. Er lag reglos da, bewegte sich aber leicht, als ich ihn berührte. Keine Hitze war zu spüren, kein Feuer zu sehen. Aber der

Rauch, der mich blind machte, husten und nach Luft ringen ließ, musste von irgendwoher kommen. Ich verlor kurzzeitig den Kopf und rannte wild umher. Erst ein Zusammenstoß mit dem Tisch, der mir den Atem raubte, brachte mich wieder zur Besinnung. Ich sagte mir, dass ein hilfloser Mann nur in seiner nächsten Umgebung Feuer legen kann.

So kehrte ich zu Wolf Larsens Koje zurück. Dabei traf ich auf Maud. Wie lange sie sich schon in dieser verräucherten Luft aufhielt, konnte ich nur ahnen.

»Gehen Sie an Deck!«, befahl ich herrisch.

»Aber Humphrey …«, protestierte sie mit einer seltsam heiseren Stimme.

»Bitte! Bitte!«, fuhr ich sie an.

Sie kehrte folgsam um, aber ich dachte, was ist, wenn sie die Treppe nicht findet? So ging ich ihr nach und kam zu den Stufen des Niedergangs. Vielleicht war sie ja schon hinaufgestiegen. Während ich noch zögernd dort stand, hörte ich sie leise rufen:

»Oh, Humphrey, ich habe mich verirrt.«

Als ich sie fand, tastete sie sich an der Wand des hinteren Schotts entlang. Halb führte, halb trug ich sie den Niedergang hinauf. Die frische Luft war wie reiner Nektar. Maud war nur benommen und schwindelig, und so ließ ich sie an Deck zurück und tauchte ein zweites Mal in den Qualm hinab.

Der Rauchherd musste sich nahe bei Wolf Larsen befinden, das war mir jetzt klar, und so ging ich direkt zu seiner Koje. Als ich zwischen seinen Decken herumtastete, fiel etwas Heißes auf meine Hand. Ich verbrannte mich und zog meine Finger schnell zurück. Dann hatte ich begriffen. Durch die Spalten der Koje über ihm hatte er die Matratze in Brand gesetzt. Dazu reichte die Kraft in seinem linken Arm gerade noch aus. Das feuchte Stroh, das von unten entzündet worden war, hatte aus Sauerstoffmangel schon länger geschwelt.

Als ich die Matratze aus der Koje zerrte, schien sie sich in der Luft aufzulösen und ging gleichzeitig in Flammen auf. Ich schlug die brennenden Strohreste in der Koje aus und rannte dann wieder an Deck, um frische Luft zu schöpfen.

Einige Eimer Wasser genügten, um die brennenden Überbleibsel auf dem Zwischendeckboden abzulöschen. Nach zehn Minuten, als sich der Rauch verzogen hatte, gestattete ich Maud, herunterzukommen. Wolf Larsen war bewusstlos, aber die frische Luft brachte ihn nach ein paar Minuten wieder zu sich. Wir massierten ihn trotzdem, als er mit einer Geste nach Papier und Bleistift verlangte.

»Bitte stört mich nicht«, schrieb er. »Ich lächle gerade.«

»Ich bin immer noch ein Stück Ferment«, schrieb er wenig später.

»Ich bin froh, dass Sie kein größeres Stück mehr sind«, sagte ich.

»Schönen Dank«, schrieb er. »Aber bedenken Sie, wie weit ich noch schrumpfen werde, bevor ich sterbe.«

»Trotzdem bin ich noch ganz da, Döspaddel«, schrieb er schließlich triumphierend. »Ich denke jetzt klarer als je zuvor. Nichts lenkt mich ab. Absolute Konzentration. Ich bin ganz da und mehr als das.«

Es war wie eine Botschaft aus der Nacht des Grabes, denn der Körper dieses Mannes war zu seinem Mausoleum geworden. Dort, in jener seltsamen Gruft, lebte und pulsierte sein Geist. Er würde leben und sich regen, bis die letzte Verbindung mit der Außenwelt abgerissen war. Und danach? Es war unmöglich zu sagen, wie lange er darüber hinaus weiterleben und weiterdenken würde.

## 38. KAPITEL

»Ich glaube, meine rechte Seite wird jetzt auch gefühllos«, schrieb Wolf Larsen am Morgen nach seiner Brandstiftung. »Die Taubheit nimmt zu. Ich kann meine Hand kaum noch bewegen. Sie werden lauter sprechen müssen. Die letzten Verbindungen reißen ab.«

»Haben Sie Schmerzen?«, fragte ich.

Ich musste die Frage sehr laut wiederholen, bevor er antwortete.

»Nicht ständig.«

Seine linke Hand kratzte schmerzlich langsam über das Papier, und wir hatten große Schwierigkeiten, das Gekrakel zu entziffern. Es sah aus wie eine jener »spirituellen Botschaften«, die man für einen Dollar bei Jahrmarktsséancen erhält.

»Aber ich bin noch da, voll da«, kritzelte die Hand immer langsamer und verkrampfter.

Der Bleistift entglitt ihm, und wir mussten ihn wieder zwischen seine Finger drücken.

»Wenn ich keine Schmerzen habe, finde ich vollkommene Ruhe, vollkommenen Frieden. Ich habe noch nie so klar denken können. Ich kann über Leben und Tod meditieren wie ein weiser Hindu.«

»Und die Unsterblichkeit?«, rief Maud in sein Ohr.

Dreimal versuchte die Hand zu schreiben, zuckte aber nur hilflos. Der Bleistift fiel herunter. Vergebens versuchten wir, ihn zurückzudrücken. Seine Finger konnten ihn nicht mehr führen. Schließlich hielt Maud den Stift, und mit ihrer Hilfe formte seine Hand große Buchstaben, für die er jeweils Minuten brauchte:

»S-T-U-S-S.«

»Stuss.« Das war Wolf Larsens letztes Wort. Bis zum Ende blieb er ein unverbesserlicher Skeptiker. Sein Arm und seine Hand entspannten sich. Sein massiger Körper bewegte sich kaum merklich. Dann lag er still. Maud ließ seine Hand los. Seine Finger spreizten sich ein wenig, lösten sich durch ihr eigenes Gewicht voneinander, und der Bleistift rollte davon.

»Können Sie uns noch hören?«, rief ich, ergriff seine Hand und wartete auf das einmalige Drücken, das »Ja« bedeutete. Sie zeigte keine Reaktion. Die Hand war tot.

»Ich habe gesehen, dass sich seine Lippen leicht bewegt haben«, sagte Maud.

Ich wiederholte die Frage. Die Lippen bewegten sich. Maud legte ihre Fingerspitzen darauf. Ich stellte die Frage zum dritten Mal. »Ja«, verkündete Maud. Wir blickten einander erwartungsvoll an.

»Was hilft das schon?«, fragte ich. »Worüber sollen wir uns noch unterhalten?«

»Ach, fragen Sie ihn …« Sie zögerte.

»Fragen Sie ihn etwas, auf das er mit ›Nein‹ antworten muss«, schlug ich vor. »Dann können wir sicher sein.«

»Sind Sie hungrig?«, schrie sie.

Die Lippen bewegten sich unter ihren Fingern, und sie antwortete: »Ja.«

»Möchten Sie etwas Rindfleisch?«, war ihre nächste Frage.

»Nein«, stellte sie fest.

»Rinderbouillon?«

»Ja, er möchte eine Bouillon«, sagte sie leise und sah zu mir auf. »Bis er sein Gehör verliert, werden wir mit ihm Verbindung halten können. Aber danach …«

Sie sah mich seltsam an. Ich bemerkte, dass ihre Lippen zitterten und Tränen in ihre Augen traten. Sie wankte auf mich zu, und ich nahm sie in meine Arme.

»Oh, Humphrey«, schluchzte sie, »wann ist es endlich vorbei? Ich bin so müde, so schrecklich müde.«

Sie barg ihren Kopf an meiner Schulter, ihr ganzer Körper wurde von einem Weinkrampf geschüttelt. Sie war wie eine Feder in meinen Armen, leicht und zart. »Jetzt ist sie doch noch zusammengebrochen«, dachte ich.

»Was soll ich nur ohne ihre Hilfe anfangen?«
Aber ich beruhigte und tröstete sie, bis sie tapfer ihre Fassung zurückgewann und sich geistig genauso schnell erholte, wie sie es sonst körperlich tat.
»Ich sollte mich was schämen«, sagte sie und fügte dann mit ihrem bewundernswert verschmitzten Lächeln hinzu: »Aber ich bin ja nur eine kleine Frau.«
Die Worte »eine kleine Frau« ließen mich wie elektrisiert zusammenfahren. Das war mein bestgehütetes Geheimnis, der schönste Ausdruck meiner Liebe für sie.
»Wie kommen Sie auf diesen Ausdruck?«, fragte ich so abrupt, dass sie erschrak.
»Welchen Ausdruck?«, wollte sie wissen.
»Eine kleine Frau.«
»Ist er von Ihnen?«, fragte sie.
»Ja«, sagte ich. »Es ist mein Ausdruck. Ich habe ihn erfunden.«
»Dann müssen Sie im Schlaf gesprochen haben«, lächelte sie.
Das tanzende schüchterne Leuchten trat wieder in ihre Augen. Meine verrieten, das wusste ich, mehr, als mir recht war. Ohne es zu beabsichtigen, lehnte ich mich an sie wie ein vom Wind herübergedrückter Baum. Wir waren uns in diesem Moment sehr nahe. Sie aber schüttelte den Kopf, als wolle sie den Schlaf oder einen Traum verscheuchen, und sagte:
»Ich kenne diese Worte schon ein Leben lang. So nannte mein Vater meine Mutter.«
»Aber es ist auch mein Ausdruck«, sagte ich trotzig.
»Für Ihre Mutter?«
»Nein«, erwiderte ich, und sie fragte nicht weiter, aber ich hätte schwören können, dass die Spottlust noch einige Zeit aus ihren Augen schaute.
Nachdem der Fockmast eingesetzt war, ging die Arbeit jetzt zügig voran. Im Handumdrehen und ohne ein ernsthaftes Problem hatte ich den Großmast eingepasst. Dazu hatte ich einen Derrickkran am Fockmast aufgeriggt. Nach wenigen Tagen waren alle Stagen und Wanten an ihrem Platz und alles war durchgesetzt. Toppsegel würden eine Zweimanncrew nur

behindern und gefährden, also hievte ich die Stengen einfach an Deck und machte sie fest.

Ein paar Tage dauerte es noch, bis die Segel fertig waren und angeschlagen werden konnten. Es waren nur drei, die Fock, das Schonersegel und das Großsegel, die, dazu noch verkürzt, zusammengeflickt und verzogen wie ein schlecht sitzendes Kleid, überhaupt nicht zu der klaren Linienführung der *Ghost* passten.

»Aber sie werden funktionieren!«, jubilierte Maud. »Wir kriegen das hin und vertrauen ihnen unser Leben an!«

Von den vielen neu erworbenen Fertigkeiten beherrschte ich das Handwerk des Segelmachens zweifellos am schlechtesten. Zum Glück konnte ich besser mit Segeln umgehen als sie herstellen, und so war ich mir sicher, dass ich den Schoner in einen nordjapanischen Hafen bringen konnte. Zudem hatte ich mithilfe der Lehrbücher an Bord Navigation gepaukt und verfügte ja auch über Wolf Larsens Sternenschablone, die sich so kinderleicht bedienen ließ.

Bis auf weiteren Hörverlust und immer schwächer werdende Lippenbewegungen hatte sich der Zustand des Erfinders dieses Hilfsmittels während der vergangenen Woche kaum verändert. Jedoch hörte er uns an dem Tag, an dem wir mit dem Anschlagen der Segel fertig wurden, zum letzten Mal. Auch seine Lippenbewegungen erstarben, nachdem ich ihn noch einmal gefragt hatte »Sind Sie geistig noch anwesend?« und seine Lippen »Ja« signalisiert hatten.

Die letzte Verbindung war abgerissen. Irgendwo in diesem Grab aus Fleisch und Blut lebte die Seele des Mannes nach wie vor. Eingemauert in lebendigem Lehm brannte das Feuer des ungestümen Geistes, den wir gekannt hatten, in Stille und Dunkelheit weiter. Er war körperlos; dieser Intellekt konnte seinen Körper nicht mehr wahrnehmen. Er war ihm unbegreiflich geworden. Unsere Welt existierte nicht mehr. Er kannte nur noch sich selbst und eine unermessliche, abgrundtiefe Stille und Dunkelheit.

## 39. KAPITEL

Der Tag unserer Abreise war gekommen. Es gab nichts mehr, was uns auf Endeavor Island hätte halten können. Die Maststümpfe der *Ghost* waren an ihrem Platz, die zusammengestückelten Behelfssegel angeschlagen. Meine Hände hatten solide, wenn auch keine schöne Arbeit geleistet. Ich war sicher, dass alles funktionieren würde. Während ich mein Werk betrachtete, überkam mich ein Gefühl von Stärke.

»Ich habe es geschafft! Ich habe es tatsächlich geschafft! Mit meinen eigenen Händen habe ich es geschafft!«, hätte ich laut herausschreien mögen. Aber Maud und ich hatten eine Art, die Gedanken des anderen auszusprechen. Als wir uns daranmachten, das Großsegel zu setzen, sagte sie:

»Kaum vorzustellen, Humphrey, dass Sie dies alles mit eigenen Händen geschafft haben.«

»Aber zwei Hände haben mir dabei geholfen«, antwortete ich. »Zwei zierliche Hände, und jetzt behaupten Sie bloß nicht, Ihr Vater hätte das auch immer gesagt.«

Sie lachte, schüttelte den Kopf und hielt ihre Hände hoch.

»Ich werde sie nie wieder sauber kriegen«, jammerte sie, »und die raue Haut wird auch nie wieder verschwinden.«

»Dann wollen wir diese Spuren als Auszeichnungen betrachten«, sagte ich und nahm ihre Hände in meine. Und trotz meiner guten Vorsätze hätte ich diese lieben Hände geküsst, wenn sie sie mir nicht schnell entzogen hätte. Unsere Kameradschaft geriet ins Wanken. Ich hatte meine Liebe lange und gut unter Kontrolle gehabt, aber jetzt begann sich das Blatt zu wenden. Eigensinnig hatte mein Herz aufbegehrt und meine Augen zum Sprechen gebracht, und jetzt war es dabei, mir die Zunge zu lösen – ja, und die Herrschaft über meine Lippen an sich zu reißen, denn sie waren wie verrückt danach, die zierlichen Hände zu küssen, die sich so tapfer und treu geschunden hatten. Ich selbst war verrückt. Fanfarenklänge erfüllten mich und trieben mich zu ihr. Ein Sturm, dem ich nicht widerstehen konnte, blies meinen Körper auf ihren zu, ohne dass ich wusste, wie mir geschah. Ihr aber entging nichts. Sie musste im Bilde gewesen sein, als sie mir ihre Hände entzog, und doch konnte sie sich einen kurzen suchenden Blick nicht versagen, bevor sie ihre Augen abwandte.

Ich hatte die Fallen mit Decktakeln nach vorne zum Ankerspill gebracht und setzte jetzt das Großsegel mit Piek und Klau gleichzeitig. Es war etwas umständlich, ging aber relativ schnell, und schon stand auch das Schonersegel und flatterte im Wind.

»Wenn der schwere Anker vom Grund klarkommt, bleibt uns in dieser engen Bucht nicht genug Zeit, um ihn vollständig zu lichten«, sagte ich. »Bis dahin wären wir längst auf die Felsen gelaufen.«

»Was können wir tun?«, fragte sie.

»Ihn kappen«, antwortete ich. »Während ich das erledige, müssen Sie zum ersten Mal mit dem Ankerspill anholen. Ich laufe nämlich anschließend sofort zum Ruder, und Sie setzen die Fock.«

Das Auslaufmanöver hatte ich ein dutzendmal im Kopf durchgespielt. Mit dem um das Ankerspill gelegten Fockfall würde es Maud möglich sein, dieses sehr wichtige Segel zu setzen. Eine steife Brise wehte in unsere Bucht hinein, und obwohl das Wasser ruhig war, tat Eile not, um sicher hinauszugelangen.

Als ich den Bolzen des Schäkels herausgeschlagen hatte, ratterte die Ankerkette durch die Klüse ins Meer. Ich lief nach achtern und legte das Ruder um. Die Ghost schien zu neuem Leben zu erwachen und krängte, als der Wind ihre Segel füllte. Die Fock wurde gesetzt. Als sie sich blähte, schwang der Bug herum, und ich musste die Ruderstellung korrigieren, um den Schoner auf Kurs zu halten.

Ich hatte ein automatisches Fockschot gebastelt, das die Fock von selbst übergehen ließ, sodass Maud sich darum nicht zu kümmern brauchte. Sie war immer noch damit beschäftigt, die Fock zu setzen, als ich das Ruder hart überlegte. Dies war der kritische Augenblick, denn jetzt segelte die *Ghost* direkt auf den Strand zu, der nur einen Steinwurf entfernt war.

Doch sie drehte sich gehorsam in den Wind. Das große Flattern und Schlagen des Tuchs und der Reffbändsel war Musik in meinen Ohren. Dann füllten sich die Segel auf dem neuen Schlag.
Maud hatte ihre Aufgabe beendet und war nach achtern gekommen, wo sie sich neben mich stellte, eine kleine Mütze auf ihrem im Wind wehenden Haar, mit vor Anstrengung geröteten Wangen, mit großen Augen, die vor Aufregung leuchteten, und mit Nasenflügeln, die leicht zitternd die raue und salzige Seeluft einsogen. Ihre braunen Augen glichen denen eines aufgeschreckten Rehs. Ein unbändiger, durchdringender Blick, wie ich ihn noch nie gesehen hatte, funkelte darin. Ihre Lippen öffneten sich, und sie hielt den Atem an, während die Ghost auf die Felswand neben dem Eingang zur inneren Bucht zuhielt, dann in den Wind lief und sicheres Wasser gewann.
Meine Erfahrung als erster Maat in den Robbengründen kam mir jetzt zugute. Nachdem wir die innere Bucht verlassen hatten, segelte ich einen langen Schlag parallel zum Strand der äußeren Bucht. Dann halsten wir erneut, und jetzt lief die *Ghost* auf die offene See hinaus. Sie hatte wieder teil am gleichmäßigen Auf und Nieder des Ozeans, wurde eins mit seinem Atem, während sie sanft die flachen Hänge der langen Dünung hinauf- und hinabglitt. Es war ein bedeckter, grauer Tag gewesen, aber plötzlich brach die Sonne wie ein gutes Omen durch die Wolken und schien auf das Halbrund des Strandes, wo wir zusammen den Oberhäuptern der Harems getrotzt und die Holluschicki erschlagen hatten. Dann lag ganz Endeavor Island im Sonnenschein. Sogar die unwirtliche südwestliche Landzunge sah weniger grimmig aus, und hier und da, wo die Gischt die Felsen benetzte, leuchteten und blitzten sie im Sonnenlicht.
»Ich werde stets mit Stolz daran zurückdenken«, sagte ich zu Maud. Sie warf den Kopf zurück wie eine Königin und erwiderte: »Liebes, geliebtes Endeavor Island! Ich habe es auf immer ins Herz geschlossen.«
»Ich auch«, beeilte ich mich hinzuzufügen.
Mir schien, als müssten sich unsere Augen in einem großen Einverständnis finden, aber nein, sie rissen sich voneinander los, und unsere Blicke trafen sich nicht.

Eine Stille trat ein, die fast peinlich zu nennen war. Doch dann brach ich das Schweigen und sagte:

»Sehen Sie nur diese schwarzen Wolken in Luv. Ich habe ja schon gestern Abend gesagt, dass das Barometer fällt.«

»Und auch die Sonne ist verschwunden«, sagte sie, ihren Blick immer noch unverwandt auf unsere Insel gerichtet, wo wir alle Widrigkeiten überwunden und zu der echtesten Kameradschaft gefunden hatten, die zwischen Mann und Frau entstehen kann.

»Jetzt heißt es, Schoten auffieren und Kurs auf Japan!«, rief ich frohgemut. »Ein steter Wind die Segel bläht, oder wie war das noch?«

Ich band das Steuer fest und lief nach vorn, fierte die Fock und das Großsegel auf, holte an den Baumtakeln etwas an und trimmte alles für den achterlichen Wind, der wehte. Es war eine steife Brise, sehr steif, aber ich nahm mir vor, so lange wie möglich vorm Wind zu segeln. Leider kann man bei achterlichem Wind das Steuerrad nicht auf Dauer festlegen, und so hatte ich eine lange Nacht vor mir. Maud bestand darauf, mich abzulösen, aber es stellte sich heraus, dass sie einfach nicht die Kraft besaß, in schwerer See zu steuern, selbst wenn sie es in so kurzer Zeit hätte lernen können. Dies bedrückte sie offensichtlich sehr, aber während sie alle losen Takel, Fallen und Leinen aufschoss, hob sich ihre Stimmung wieder. Dann musste sie in die Kombüse, um Essen zu kochen, musste die Betten machen und sich um Wolf Larsen kümmern. Sie beendete den Tag mit einem großen Frühjahrsputz der Kajüte und des Zwischendecks.

Ich verbrachte die ganze Nacht ohne Ablösung am Ruder, während der Wind weiter auffrischte und die See immer höher ging. Gegen fünf Uhr morgens brachte Maud mir heißen Kaffee und Kekse, die sie gebacken hatte, und um sieben wurde mir ein üppiges und warmes Frühstück serviert, das meine Lebensgeister wieder weckte.

Den ganzen Tag lang nahm der Wind weiter zu. Und es war schon beeindruckend, mit welcher Unbeirrbarkeit er immer mehr zulegte. Die *Ghost* stürmte Meile um Meile voran, und ich war sicher, dass sie am Ende mindestens elf Knoten Fahrt machte. Das musste man unbedingt ausnutzen, aber bei Einbruch der Dunkelheit war ich erschöpft. Obwohl in bester körperlicher Verfassung, hatte ich nach sechsunddreißig Stunden am Ruder die Grenze meiner Leistungsfähigkeit erreicht. Auch Maud bat mich beizudrehen, und ich wusste selbst, dass dies bald unmöglich sein würde, wenn Windgeschwindigkeit und Seegang sich über Nacht so weiterentwickelten wie bisher. Als es dunkel war, nahm ich die *Ghost* also erleichtert und zugleich widerwillig aus dem Wind.

Allerdings hatte ich nicht geahnt, welche gewaltige Aufgabe es für einen Mann sein würde, die drei Segel zu reffen. Vor dem Wind laufend hatte ich seine wahre Stärke unterschätzt, aber als wir kaum noch Fahrt machten, wurde mir schlagartig und fast bis zur Verzweiflung klar, wie er tobte. Der Sturm behinderte jede meiner Arbeiten, riss mir die Segel aus der Hand und machte das in einem Augenblick zunichte, wofür ich mich vorher zehn Minuten abgeschuftet hatte. Bis acht Uhr war es mir lediglich gelungen, das zweite Reff des Schonersegels festzumachen. Um elf war ich noch nicht wesentlich weiter. Blut rann aus meinen Fingerspitzen, und die Fingernägel waren bis zum Leben eingerissen. Vor Schmerz und Erschöpfung weinte ich in der Dunkelheit, aber heimlich, damit Maud es nicht bemerkte.

Verzweifelt gab ich schließlich den Versuch auf, das Großsegel zu reffen, und entschloss mich, das Experiment zu wagen, mithilfe des gerefften Schonersegels beizudrehen. Ich brauchte drei weitere Stunden, um das Großsegel und die Fock zu bergen, und gegen drei Uhr morgens war ich todmüde, zerschlagen und fast leblos. Mir wurde kaum bewusst, dass das Experiment erfolgreich verlaufen war. Das gereffte Schonersegel funktionierte. Die *Ghost* war beigelegt, lief am Wind und zeigte keinerlei Neigung, abzufallen und ihre Breitseite den Brechern darzubieten.

Obwohl ich völlig ausgehungert war, versuchte Maud vergeblich, mich zum Essen zu bewegen. Mit vollem Mund döste ich und schlief ein, während ich noch den Löffel zum Mund führte, um einen Moment später aufzuwachen und gequält festzustellen, dass der Vorgang noch nicht beendet war. So schläfrig und hilflos war ich, dass Maud mich auf meinem Stuhl festhalten musste, damit ich nicht durch das schwere Stampfen des Schoners zu Boden geworfen wurde.

Ich weiß nicht, wie ich von der Kombüse zur Kajüte gekommen bin. Wie ein Schlafwandler wurde ich von Maud geführt und gestützt. Ich nahm überhaupt nichts mehr wahr, bis ich in meiner Koje erwachte, ohne zu wissen, wie lange ich dort gelegen hatte, und bemerkte, dass ich meine Stiefel nicht mehr anhatte. Es war noch nicht hell. Ich war steif und wie gelähmt, und als meine zerschundenen Fingerspitzen das Bettzeug berührten, schrie ich vor Schmerzen auf.

Der Morgen war wohl noch nicht da. So schloss ich meine Augen und dämmerte wieder ein. Ich wusste nicht, dass ich rund um die Uhr geschlafen hatte und dass es zum zweiten Mal dunkel geworden war.

Wieder erwachte ich, beunruhigt, weil ich nicht tiefer schlief. Ich zündete ein Streichholz an und schaute auf meine Uhr. Es war Mitternacht. Dabei hatte ich das Deck erst gegen drei verlassen! Zuerst war ich verwirrt, erriet dann aber den Grund. Kein Wunder, dass ich immer wieder aufwachte. Ich hatte einundzwanzig Stunden durchgeschlafen. Eine Weile hörte ich auf die Geräusche der *Ghost*, lauschte dem Anprall der Wellen und dem gedämpften Pfeifen des Sturms an Deck, dann drehte ich mich auf die Seite und schlief friedlich bis zum Morgen.

Als ich um sieben aufstand, war von Maud nichts zu sehen. Sie bereitete also wohl das Frühstück. An Deck konnte ich mich davon überzeugen, dass die *Ghost* mit ihrem Fetzen Tuch bestens lief. Aber in der Kombüse, wo das Feuer brannte und Wasser kochte, war Maud auch nicht.

Ich fand sie im Zwischendeck an Wolf Larsens Koje. Ich sah ihn an, diesen Mann, der vom Gipfel des Lebens abgestürzt war und jetzt lebendig begraben dalag. Es war schlimmer als der Tod. Doch schienen mir seine ausdruckslosen Gesichtszüge seltsam entspannt. Maud sah mich an, da begriff ich.

»Sein Leben ist im Sturm erloschen«, sagte ich.

»Aber er wird weiterleben«, antwortete sie mit grenzenloser Zuversicht in der Stimme.

»Er hatte zu viel Kraft.«

»Ja«, sagte sie, »aber die fesselt ihn nicht länger. Seine Seele ist jetzt frei.«

»Sicher, sie ist jetzt frei«, sagte ich, nahm sie bei der Hand und führte sie an Deck.

Der Sturm überschritt in dieser Nacht seinen Höhepunkt, flaute aber ebenso allmählich ab, wie er aufgekommen war. Als ich Wolf Larsens Leichnam am folgenden Morgen nach dem Frühstück an Deck gehievt hatte und seine Beisetzung vorbereitete, blies er immer noch kräftig, und die See ging hoch. Das Deck wurde ständig von überkommenden Brechern geflutet, die sich über die Reling und durch die Speigatts ergossen. Dann erfasste eine plötzliche Böe den Schoner, der krängte, bis die Leereling wegtauchte und das Pfeifen in der Takelage zu einem Kreischen wurde. Wir standen bis zu den Knien im Wasser, als ich meine Mütze abnahm.

»Ich kann mich nur an einen Teil der Zeremonie erinnern«, sagte ich, »und der lautet: ›Und der Leib soll dem Meer übergeben werden!‹«

Maud sah mich überrascht und schockiert an, aber die Erinnerung an das, was ich vor nicht allzu langer Zeit miterlebt hatte, war noch sehr lebendig, und daher bestattete ich Wolf Larsen genauso, wie er einen anderen Mann bestattet hatte. Ich hob das Ende des Lukendeckels an, und der in Segeltuch gehüllte Körper rutschte mit den Füßen voran ins Meer. Eisengewichte zogen ihn hinab, und er verschwand.

»Auf Wiedersehen, Luzifer, stolzer Geist«, flüsterte Maud so leise, dass der Satz vom Tosen des Sturms verschluckt wurde, aber ich sah, wie sich ihre Lippen bewegten, und verstand.

Als wir uns an die Leereling angeklammert nach achtern zurückkämpften, blickte ich zufällig leewärts. Die *Ghost* wurde in diesem Augenblick von einer See hochgetragen, und so konnte ich deutlich sehen, dass ein kleiner Dampfer in etwa zwei bis drei Meilen Entfernung rollend und stampfend durch die schwere See auf uns zuhielt. Er war schwarz gestrichen, und aus den Wilderergeschichten der Jäger wusste ich, dass es sich um einen Zollkutter der Vereinigten Staaten handeln musste. Ich sagte Maud, was ich gesehen hatte, und führte sie dann schnell nach achtern auf das sichere Hüttendeck.

Ich wollte schon nach unten eilen, um die Seenotflagge zu holen, aber dann fiel mir ein, dass ich nicht daran gedacht hatte, eine Flaggleine anzuschlagen.

»Wir brauchen kein Notsignal«, sagte Maud. »Es genügt völlig, nur einen Blick auf das Schiff zu werfen.«
»Wir sind gerettet«, sagte ich prosaisch und feierlich zugleich. Dann fügte ich in überschäumender Freude hinzu: »Ich weiß nicht, ob ich glücklich darüber sein soll oder nicht.«
Ich sah sie an. Unsere Augen wichen sich nicht mehr aus. Wir kamen uns näher, und bevor ich wusste, was geschah, hatten meine Arme sie umschlungen.
»Muss ich?«, fragte ich.
Sie antwortete: »Nein, du musst nicht, aber es wäre schön, einfach herrlich, es zu hören.«
Ihre Lippen erwiderten meinen Kuss. Ich weiß nicht, welchen Streich mir meine Erinnerung spielte, aber plötzlich stand mir die Szene in der Kajüte der *Ghost* vor Augen, als sie ihre Finger sanft auf meine Lippen gelegt und »Ruhig, ganz ruhig« gesagt hatte.
»Meine Frau, meine kleine Frau«, sagte ich und streichelte zärtlich ihre Schulter, wie es alle Liebenden tun, ohne es je irgendwo gelernt zu haben.
»Mein Mann«, sagte sie und sah mich einen Augenblick mit zitternden Lidern an, bevor sie ihre Augen schloss und den Kopf mit einem glücklichen Seufzer an meine Brust schmiegte.
Ich sah zum Kutter hinüber. Er war sehr nahe. Ein Boot wurde zu Wasser gelassen.
»Einen Kuss noch, Liebste«, flüsterte ich. »Noch einen Kuss, bevor sie kommen.«
»Und uns vor uns selbst retten«, vervollständigte sie meinen Satz mit einem zauberhaft verschmitzten Lächeln, das ich so noch nicht bei ihr gesehen hatte, denn ich entdeckte die Liebe darin.

# Wolfsblut

Roman

Aus dem amerikanischen Englisch
von Isabelle Fuchs

ERSTER TEIL

# Die Wildnis

KAPITEL I

# Auf der Fährte nach Fleisch

Dunkler Tannenwald lag finster zu beiden Seiten des zugefrorenen Wasserlaufs. Der Wind hatte unlängst die weiße Frostdecke von den Bäumen gestreift, und sie sahen aus, als drängten sie sich im schwindenden Tageslicht schwarz und unheimlich aneinander. Tiefe Stille beherrschte die Landschaft. Eine Landschaft voller Trostlosigkeit, ohne Leben, ohne Bewegung, so einsam und kalt, dass man ihre Atmosphäre nicht einmal traurig nennen konnte. Ein Hauch von Gelächter lag über allem, doch ein Gelächter, das schrecklicher war als jede Schwermut – ein Gelächter so freudlos wie das Lächeln der Sphinx, eisig wie der Frost und an die grimmige Härte der Unfehlbarkeit gemahnend. Es war die herrische, nicht mitteilbare Weisheit der Ewigkeit, die sich über die Nutzlosigkeit des Lebens und seine Mühen lustig machte. Es war die Wildnis, die ungezähmte, kaltherzige Wildnis des Nordens.

Und doch gab es Leben in diesem Land, herausforderndes Leben. Eine Reihe wolfsähnlicher Hunde quälte sich den zugefrorenen Wasserlauf hinunter. Ihr struppiges Fell war von Raureif überzogen. Ihr Atem gefror in der Luft, sobald er ihre Mäuler verließ, und quoll in dichten Dampfwolken daraus hervor, die auf ihren Fellen niedersanken und sich in Frostkristalle verwandelten. Die Hunde trugen Ledergeschirre und lederne Riemen verbanden sie mit einem Schlitten, den sie hinter sich her schleiften. Der Schlitten hatte keine Kufen. Er war aus dicker Birkenrinde gefertigt und ruhte mit seiner gesamten Unterfläche auf dem Schnee. Das vordere Ende war schneckenförmig aufwärts gebogen, um den weichen Schnee, der sich wie eine Welle vor ihm auftürmte, niederzuzwingen und aus der Bahn zu schieben. Auf dem Schlitten war ein langer, schmaler, rechteckiger Kasten sorgfältig festgebunden. Außerdem befanden sich dort Decken, eine Axt, eine Kaffeekanne und eine Bratpfanne. Ins Auge

aber fiel der lange, schmale, rechteckige Kasten, der den größten Raum einnahm.
Vor den Hunden ging mühsam ein Mann auf breiten Schneeschuhen. Hinter dem Schlitten kämpfte sich ein zweiter durch den Schnee. Auf dem Schlitten lag in dem Kasten ein dritter Mann, dessen Mühsal vorbei war – ein Mann, den die Wildnis besiegt und überwältigt hatte, bis er sich niemals wieder rührte oder regte. Die Wildnis mag keine Bewegung. Das Leben ist für sie Beleidigung, denn Leben bedeutet Bewegung, und die Wildnis ist immer bestrebt, Bewegung zu verhindern. Sie lässt das Wasser gefrieren, damit es nicht ins Meer fließen kann; sie treibt den Saft aus den Bäumen, bis sie bis in ihr mächtiges Mark erstarren; aber am grausamsten und schrecklichsten hetzt sie den Menschen und zwingt ihn, sich zu unterwerfen. Den Menschen, das ruheloseste aller Wesen, das in ständiger Auflehnung gegen den Grundsatz lebt, dass am Ende jede Bewegung zum Stillstand kommen muss.
Vor und hinter dem Schlitten schleppten sich dennoch unablässig und unerschrocken die beiden Männer voran, die noch nicht tot waren. Ihre Körper waren in dicke Pelze und weichgegerbtes Leder gehüllt. Ihre Wimpern, Wangen und Lippen waren so vollständig mit den Eiskristallen ihres gefrorenen Atems bedeckt, dass ihre Gesichter unkenntlich waren. Sie sahen aus wie gespenstische Masken, wie Leichenbestatter aus einer geisterhaften Welt beim Begräbnis eines Spukgestalt. Trotzdem waren es Menschen, die eindrangen in das Land der Trostlosigkeit, des Hohns und der Stille; erbärmliche Glücksritter, die auf ein gigantisches Abenteuer erpicht waren und die sich gegen die Macht einer Welt stellten, die so fern und fremd und leblos war wie die Abgründe im Weltraum.
Sie wanderten schweigend und sparten sich ihren Atem für die Anstrengung ihrer Körper. Rings um sie herrschte Stille, deren fühlbare Präsenz sie niederdrückte. Sie lastete auf ihren Seelen wie die gewaltigen Wassermassen auf einem Taucher am Meeresgrund. Sie warf sie nieder mit dem Gewicht unendlicher Weite und eines unabänderlichen Gebotes. Sie drängte sie zurück in die tiefsten Winkel ihrer Seele und presste – wie den Saft aus der Traube – allen unechten Überschwang, alle falsche Begeiste-

rung, alle übertriebene Wertschätzung menschlicher Belange aus ihnen heraus, bis sie sich klein und endlich vorkamen wie Staubkörner, die ahnungslos und unwissend mitten im Kräftespiel der mächtigen, dunklen Elemente herumwirbelten.

Eine Stunde verging, dann eine zweite. Das fahle Licht des kurzen, sonnenlosen Tages begann soeben zu verblassen, als in der Stille ein schwacher Schrei aus der Ferne ertönte. Er schraubte sich rasch in die Höhe bis er seinen höchsten Ton erreichte, dort hielt er sich gespannt und zitternd und erstarb dann langsam. Es hätte der klagende Ruf einer verlorenen Seele sein können, doch ihm haftete eine bestimmte schwermütige Wildheit und eine hungrige Gier an. Der Vordermann wandte den Kopf zurück, bis seine Augen denen seines Gefährten begegneten. Dann nickten sie einander über den schmalen, länglichen Kasten zu.

Ein zweites Heulen erklang, wie eine spitze Nadel durchdrang es die Stille. Beide Männer wussten, woher es kam. Es ertönte hinter ihnen, irgendwo in der unendlichen Schneeweite, die sie gerade durchquert hatten. Ein dritter Ruf stieg empor, aus derselben Richtung und links neben dem zweiten.

»Sie sind hinter uns her, Bill«, sagte der Vordermann.

Seine Stimme klang heiser und unwirklich, es hatte ihn offenbar Mühe gekostet zu sprechen.

»Fleisch ist knapp«, entgegnete sein Gefährte. »Hab seit Tagen keine Kaninchenspur gesehen.«

Dann sagten sie nichts mehr, lauschten aber aufmerksam dem Jagdgeheul, das weiter hinter ihnen ertönte.

Bei Einbruch der Dunkelheit lenkten sie die Hunde in ein Tannenwäldchen am Rand des Wasserlaufs und schlugen ein Lager auf. Der Sarg neben dem Feuer diente als Sitz und Tisch. Die Wolfshunde drängten sich auf der anderen Seite des Feuers zusammen, knurrten und zankten sich, machten jedoch keinerlei Anstalten, sich in die Dunkelheit davonzustehlen.

»Mir scheint, sie bleiben heute merkwürdig dicht beim Lager, Henry«, meinte Bill.

Henry, der am Feuer kauerte und mit einem Klumpen Eis den Kaffeetopf aufstellte, nickte. Er antwortete nicht, bis er seinen Platz auf dem Sarg wieder eingenommen hatte und zu essen begann.

»Sie wissen, wo ihr Fell am sichersten ist«, sagte er. »Sie fressen lieber, bevor sie sich selbst fressen lassen. Sind ziemlich klug, diese Hunde.«

Bill schüttelte den Kopf. »Ach, ich weiß nicht.«

Sein Gefährte sah ihn verwundert an. »Das ist das erste Mal, dass ich dich sagen höre, sie seien nicht klug.«

»Henry«, entgegnete der andere und kaute dabei bedächtig Bohnen, »hast du gehört, was für einen Krawall die Hunde gemacht haben, als ich sie gefüttert hab?«

»Ja, heute waren sie lauter als sonst«, bestätigte Henry.

»Wie viele Hunde haben wir, Henry?«

»Sechs.«

»Hör mal, Henry …« Bill hielt einen Augenblick inne, um seinen Worten mehr Nachdruck zu verleihen. »Wir haben sechs Hunde, wie du gesagt hast. Ich nahm sechs Fische aus dem Sack. Ich gab jedem Hund einen Fisch. Aber, Henry, ich hatte einen zu wenig.«

»Du hast dich verzählt.«

»Wir haben sechs Hunde«, wiederholte Bill ungerührt. »Ich hab sechs Fische rausgeholt. Einohr bekam aber keinen. Ich ging danach an den Sack und gab ihm seinen.«

»Wir haben nur sechs Hunde«, beharrte Henry.

»Henry«, fuhr Bill fort, »ich sag ja nicht, dass es alles Hunde waren, aber sieben haben Fisch bekommen.«

Henry unterbrach seine Mahlzeit, blickte über das Feuer und zählte die Hunde.

»Jetzt sind es jedenfalls sechs«, sagte er.

»Ich sah den andern über den Schnee weglaufen«, verkündete Bill mit kühler Bestimmtheit. »Es waren sieben.«

Henry blickte ihn mitleidig an. »Werde mächtig froh sein, wenn wir diese Tour hinter uns haben.«

»Wie meinstn das?«, fragte Bill.

»Ich mein, dass unsere Fracht dir an die Nerven geht und dass du anfängst, Gespenster zu sehen.«

»Das hab ich auch gedacht«, antwortete Bill ernsthaft. »Deswegen hab ich den Schnee untersucht, als ich das Vieh weglaufen sah. Ich hab seine Spuren gesehen. Dann hab ich die Hunde gezählt und es warn sechs. Die Spuren sind noch im Schnee. Willst du sie sehen? Ich zeig sie dir.«

Henry erwiderte nichts, sondern kaute schweigend weiter, bis er den Rest seiner Mahlzeit mit einer Tasse Kaffee hinuntergespült hatte. Dann wischte er sich mit dem Handrücken über den Mund und sagte:

»Du glaubst also, es war …«

Er wurde von einem langgezogenen, tieftraurigen Geheul unterbrochen, das irgendwo in der Dunkelheit ertönte. Er hielt inne, um zu lauschen, und beendete den Satz mit einer Handbewegung in Richtung des Geheuls, »… einer von denen?«

Bill nickte. »Ich würd lieber was anderes glauben, aber du hast ja selber gehört, wie sich die Hunde aufgeführt haben.«

Ein Geheul nach dem anderen, das jeweils vom nächsten beantwortet wurde, verwandelte die Stille in den Lärm eines Tollhauses. Die Rufe ertönten von allen Seiten, die Hunde drängten sich angstvoll aneinander und so dicht ans Feuer, dass ihr Fell von der Hitze versengt wurde. Bill legte mehr Holz nach, bevor er sich die Pfeife anzündete.

»Ich glaube, du lässt den Kopf hängen«, meinte Henry.

»Henry …« Bill sog eine Weile nachdenklich an der Pfeife, bevor er weitersprach. »Weißt du, Henry, ich hab gerade gedacht, wie viel tausend Mal glücklicher als du und ich es jemals sein werden, ist doch der da dran.«

Dabei deutete er mit dem Daumen nach unten auf den dritten Mann in der Kiste, auf der sie saßen.

»Du und ich, Henry, wenn wir sterben, dann können wir von Glück reden, falls genug Steine über unsere Kadaver gelegt werden, dass die Hunde von uns fernbleiben.«

»Wir haben auch keine Verwandten wie der, mit Geld und all so was«, stimmte Henry zu. »Langstreckentransport als Leiche ist, was du und ich uns schwerlich leisten können.«

»Was mich wundert, Henry, ist, wie so'n Kerl wie der, der in seinem Land ein Lord oder so was war und der sich nie um Essen oder warme Decken sorgen musste, was den an dieses gottverlassene Ende der Welt verschlagen hat: Das versteh ich nicht.«
»Er hätte ein hübsches Alter erreichen können, wenn er zu Hause geblieben wär«, pflichtete Henry ihm bei.
Bill öffnete den Mund, um etwas zu erwidern, besann sich jedoch eines anderen. Stattdessen deutete er in das Dunkel hinein, das sie wie eine Mauer von allen Seiten umgab. In der pechschwarzen Finsternis waren keine Umrisse zu erkennen, das Einzige, was sie sahen, war ein Augenpaar, das wie glühende Kohlen daraus hervorleuchtete. Henry deutete mit dem Kopf auf ein zweites Augenpaar, dann auf ein drittes. Ein Kreis aus glühenden Augen hatte sich um ihr Lager gebildet. Hin und wieder bewegte sich ein Augenpaar, verschwand und tauchte einen Augenblick später wieder auf.
Die Ruhelosigkeit der Hunde war stärker geworden und in einem Ausbruch plötzlicher Angst stürmten sie panisch zu den Männern ans Feuer, drängten sich an sie und krochen zwischen ihren Beinen umher. Ein Hund war bei dem Gedrängel dicht an den Flammen zu Fall gekommen und winselte vor Schmerz und Schrecken, als der Geruch seines versengten Fells die Luft erfüllte. Der Tumult bewirkte, dass sich der Kreis glühender Augen kurz unruhig hin und her bewegte, für kurze Zeit sogar etwas zurückwich, doch als die Hunde verstummten, formierte er sich von Neuem.
»Verdammtes Pech, Henry, dass wir keine Munition mehr haben.«
Bill hatte seine Pfeife ausgeraucht und half dem Gefährten, das Nachtlager aus Pelzen und Decken auf die Tannenzweige zu breiten, die er vor dem Abendessen auf den Schnee gelegt hatte. Henry brummte zustimmend und fing an, seine Mokassins aufzuschnüren.
»Wie viele Patronen haben wir noch, sagtest du?«, fragte er.
»Drei«, lautete die Antwort. »Und ich wünschte, es wären dreihundert, dann würde ich es den Biestern schon zeigen!«
Bill schwang zornig die Faust nach den glühenden Augen und befestigte seine Mokassins sorgfältig vor dem Feuer.

»Und ich wünschte, diese Kälte ließe endlich nach«, fuhr er fort. »Wir haben jetzt seit zwei Wochen fünfzig Grad unter Null. Und ich wünschte, ich hätte diese Reise nie angetreten, Henry. Gefällt mir nicht. Mir ist nicht wohl dabei, und wenn ich schon beim Wünschen bin, dann wünsch ich mir, die Fahrt wär vorbei, und du und ich, wir sitzen jetzt am Feuer in Fort McGurry und spielen Karten. Ja, das wünsch ich.«

Henry kroch brummend unter die Decken. Er döste gerade ein, da weckte ihn die Stimme seines Gefährten.

»Sag mal, Henry, dieser andere, der dazukam und einen Fisch abkriegte – warum haben ihn die Hunde nicht weggebissen? Das beunruhigt mich.«

»Du machst dir zu viele Gedanken, Bill«, kam schläfrig die Antwort. »Früher warst du nie so. Jetzt sei still und schlaf, dann bist du morgen wieder frisch. Dein Magen ist sauer, das ist es, was dich quält.«

Die Männer schliefen schwer atmend nebeneinander unter derselben Decke. Das Feuer erstarb, und der Kreis glühender Augen zog sich immer enger um das Lager. Die Hunde drängten sich angstvoll aneinander und knurrten jedes Mal drohend, wenn ihnen ein Augenpaar zu nahe kam. Einmal veranstalteten sie einen derartigen Lärm, dass Bill aufwachte. Er kroch vorsichtig aus dem Bett, um den Schlaf seines Gefährten nicht zu stören, und warf mehr Holz aufs Feuer. Als es aufflammte, zog sich der Augenkreis zurück. Bill sah beiläufig zu den kauernden Hunden hinüber. Er rieb sich die Augen und sah genauer hin. Dann kroch er wieder unter die Decke.

»Henry«, sagte er, »du Henry, hör mal.«

Henry knurrte, als er aus dem Schlaf gerissen wurde. »Was denn jetzt wieder?«, wollte er wissen.

»Nichts«, erwiderte Bill, »nur, dass es jetzt wieder sieben sind. Ich hab sie gerade gezählt.«

Henry reagierte auf die Mitteilung mit einem Grunzen, das in Schnarchen überging, als er wieder einschlief.

Am Morgen erwachte Henry zuerst und jagte seinen Gefährten vom Lager. Obwohl es bereits sechs Uhr war, fehlten bis zum Tageslicht noch drei Stunden, also machte Henry das Frühstück im Dunkeln, während Bill die

Decken zusammenrollte und den Schlitten zur Abfahrt bereitmachte.
»Henry«, rief er plötzlich, »wie viele Hunde, sagtest du, hatten wir?«
»Sechs.«
»Falsch!«, verkündete Bill triumphierend.
»Wieder sieben?«, wollte Henry wissen.
»Nein, fünf, einer ist weg.«
»Zum Teufel!«, rief Henry wütend, überließ das Frühstück sich selbst und zählte die Hunde.
»Du hast recht, Bill«, schloss er, »Fatty ist weg.«
»Schoss davon wie ein geölter Blitz, sobald er einmal losgelaufen war. Löste sich praktisch in Rauch auf.«
»Nein, er hatte keine Chance, sie haben ihn schlicht bei lebendigem Leib verschlungen. Ich wette, er jaulte noch, als er in ihren Rachen verschwand, verdammte Biester!«, erwiderte Henry.
»Er war ja immer ein bisschen dämlich«, versetzte Bill.
»Aber kein dämlicher Hund ist so dämlich, dass er wegläuft und damit Selbstmord begeht.« Henry ließ den Blick prüfend über die übrig gebliebenen Hunde gleiten, als wolle er sich die besonderen Eigenarten jedes einzelnen vergegenwärtigen.
»Ich wette, von den anderen würde das keiner tun.«
»Die könnte man nicht mal mit nem Knüppel vom Feuer vertreiben«, stimmte Bill zu. »Ich hab immer gedacht, dass mit Fatty irgendwas nicht stimmt.«
So lautete die Grabrede auf einen toten Hund auf dem Nordland-Treck – nicht dürftiger als die so manchen anderen Hunds und so mancher Männer.

KAPITEL 2

# Die Wölfin

Als das Frühstück verzehrt war und die wenigen Lagergerätschaften auf dem Schlitten festgebunden waren, kehrten die Männer dem hellen Feuer den Rücken und brachen in die Dunkelheit auf. Sofort erhob sich wieder das tieftraurige Geheul, die Rufe tönten durch Kälte und Finsternis und antworteten einander. Die Männer wechselten kein Wort mehr. Um neun Uhr zeigte sich das Tageslicht. Mittags färbte sich der Himmel im Süden rosa und markierte die Stelle, an der sich die Erdwölbung zwischen die Sonne des Meridians und die nördliche Welt schiebt. Das verbliebene graue Tageslicht hielt bis drei Uhr nachmittags vor, dann verblasste es und die Polarnacht breitete ihr Leichentuch über das einsame, stille Land.

Bei Einbruch der Dunkelheit näherte sich das Geheul, das zu ihrer Rechten, ihrer Linken und hinter ihnen erklang. Mehrere Male war es so nahe, dass die sich vorwärtskämpfenden Hunde vor Furcht erzitterten und für kurze Zeit in Panik gerieten.

Nachdem die Männer nach einer solchen Panikattacke das Hundegespann wieder in Ordnung gebracht hatten, sagte Bill:

»Ich wünschte, sie würden irgendwo Wild aufspüren, verschwinden und uns in Ruhe lassen.«

»Stimmt, sie gehen einem schrecklich auf die Nerven«, sagte Henry verständnisvoll.

Die Männer schwiegen, bis das Nachtlager aufgeschlagen war.

Henry beugte sich gerade über den Topf, in dem die Bohnen köchelten, um Eis hinzuzufügen, als ein lauter Schlag, ein Ausruf von Bill und ein scharfer, knurrender Schmerzensschrei eines Hundes ihn zusammenfahren ließen. Er richtete sich auf und sah, wie eine schummrige Gestalt über den Schnee lief und im Schutz der Dunkelheit verschwand. Dann erblickte er Bill, halb triumphierend, halb bedrückt, mitten zwischen den Hunden, in der einen Hand hielt er einen dicken Knüppel, in der anderen das Schwanzstück eines sonnengetrockneten Lachses.

»Die Hälfte hat er erwischt«, rief er, »aber dafür hab ich ihm nen ordentlichen Schlag verpasst. Hast du ihn jaulen gehört?«

»Wie sah er aus?«, fragte Henry.

»Konnt ich nicht erkennen. Aber er hatte vier Beine, ein Maul und ein Fell, sah wie ’n gewöhnlicher Hund aus.«

»Muss ein zahmer Wolf sein, schätz ich.«

»Verdammt zahm, was es auch ist – kommt einfach zur Fütterungszeit vorbeispaziert und holt sich seine Portion Fisch.«

In dieser Nacht, als das Abendessen vorüber war und die beiden Männer Pfeife rauchend auf dem länglichen Kasten saßen, formierte sich der Kreis glühender Augen enger um sie als je zuvor.

»Wenn sie doch nur auf eine Herde Elche oder so was stoßen und uns in Frieden lassen würden«, seufzte Bill.

Henry gab einen Knurrlaut von sich, in dem nicht nur Zustimmung mitschwang, und eine Viertelstunde lang saßen sie schweigend da. Henry starrte ins Feuer und Bill auf die Augenpaare, die knapp hinter den Flammen in der Dunkelheit glühten.

»Ich wünschte, wir würden in diesem Moment in Fort McGurry ankommen«, fing Bill wieder an.

»Hör endlich auf mit deiner Wünscherei und dem Gejammer«, rief Henry wütend. »Dein Magen ist sauer, das ist es, was dich plagt. Nimm einen Löffel Natron, das wird dich süßer und zu einer angenehmeren Gesellschaft machen.«

Am folgenden Morgen wurde Henry von leidenschaftlichen Flüchen geweckt, die Bill ausstieß. Er stützte sich auf den Ellenbogen und erblickte seinen Gefährten, der mitten unter den Hunden neben dem frisch aufflackernden Feuer stand, das Gesicht wutverzerrt und die Arme tadelnd erhoben.

»He!«, rief Henry. »Was ist los?«

»Frosch ist weg!«, war die Antwort.

»Nein!«

»Wenn ich dir's sage.«

Henry sprang unter der Decke hervor und zu den Hunden. Er zählte sie sorgfältig und stimmte dann in die Verwünschungen ein, mit denen sein Partner die Mächte der Wildnis verfluchte, die ihnen abermals einen Hund geraubt hatten.

»Frosch war der stärkste von allen«, verkündete Bill am Ende.

»Außerdem war er nicht dämlich«, fügte Henry hinzu.

So lautete die zweite Grabrede innerhalb von zwei Tagen.

Das Frühstück wurde in düsterer Stimmung eingenommen und die vier verbliebenen Hunde vor den Schlitten gespannt. Der Tag war eine Wiederholung der vorangegangenen. Die Männer schleppten sich schweigend über die gefrorene Erde. Die Stille wurde nur durch das Geheul ihrer Verfolger unterbrochen, die unsichtbar an ihren Fersen hingen. Als am frühen Nachmittag die Nacht hereinbrach, ertönte das Geheul wieder näher, da die Verfolger ihrer Gewohnheit gemäß dichter aufschlossen. Die Hunde wurden aufgeregt und furchtsam und verwickelten sich in ihrer Angst in den Lederriemen, was die beiden Männer noch mehr entmutigte.

»So, das wird euch dumme Viecher hoffentlich festhalten«, sagte Bill am Abend befriedigt, als er sich nach Erledigung seiner Tätigkeit wieder aufrichtete.

Henry ließ den Kochtopf stehen und kam hinzu. Bill hatte nicht nur die Hunde angebunden, sondern dies nach Art der Indianer mit Stöcken getan. Er hatte um den Hals eines jeden Hundes einen Lederriemen geschlungen. An diesen hatte er einen eineinhalb Meter langen, kräftigen Stock befestigt, der so eng am Hals saß, dass der Hund ihn mit den Zähnen nicht fassen konnte. Das andere Ende des Stockes hatte er mit einem zweiten Lederriemen an einem Pfahl im Boden fixiert. So konnte der Hund wegen des Stockes weder an den einen noch an den anderen Lederriemen gelangen, um ihn durchzubeißen.

Henry nickte anerkennend.

»Ist die einzige Methode, um Einohr festzuhalten«, sagte Henry. »Der beißt Leder so glatt durch wie ein Messer, bei ihm dauert's nur ein wenig länger. Morgen werden alle gesund und munter an ihrem Platz sein.«

»Darauf kannst du wetten«, bekräftigte Bill. »Wenn morgen einer fehlt, verzichte ich auf meinen Kaffee.«

»Die wissen ganz genau, dass wir zu wenig Munition haben«, bemerkte Henry beim Schlafengehen und deutete dabei auf den glimmenden Kreis, der sie umschloss. »Wenn wir ein paar Schüsse auf sie loslassen könnten, hätten sie mehr Respekt. Sie kommen jede Nacht näher. Sieh eine Weile nicht ins Feuer und schau dann genau hin. Da! Siehst du den da?«

Die Männer amüsierten sich eine Zeitlang damit, die Bewegungen der undeutlichen Gestalten am Rand des Feuerscheins zu beobachten. Wenn sie fest dorthin blickten, wo ein Augenpaar in der Dunkelheit glühte, nahm der Umriss des Tieres allmählich Gestalt an. Zuweilen konnten sie sogar erkennen, wann eines sich rührte.

Ein Laut bei den Hunden zog die Aufmerksamkeit der Männer auf sich. Einohr winselte in einem fort jämmerlich, drängte in voller Länge seines Stockes in die Dunkelheit hinein und unterbrach sich darin nur, um den Stock wie wahnsinnig mit seinen Zähnen zu attackieren.

»Sieh doch mal, Bill«, flüsterte Henry.

Im vollen Feuerschein schlich von der Seite verstohlen ein hundeähnliches Tier heran. Es bewegte sich mit einer Mischung aus Misstrauen und Kühnheit, beobachtete vorsichtig die Männer, konzentrierte seine Aufmerksamkeit aber gänzlich auf die Hunde. Einohr zog seinen Stock verzweifelt in Richtung des Eindringlings und winselte laut.

»Der Trottel Einohr scheint sich nicht sehr zu fürchten«, sagte Bill leise.

»Es ist eine Wölfin«, flüsterte Henry, »jetzt wissen wir, warum Fatty und Frosch weg sind. Sie ist der Lockvogel für das Rudel. Sie ködert den Hund, und dann stürzen sich alle drauf und fressen ihn.«

Das Feuer knisterte. Ein Scheit fiel mit lautem Zischen heraus. Bei dem Geräusch sprang das fremde Tier in die Dunkelheit zurück.

»Henry, ich glaube …«, setzte Bill an.

»Was denn?«

»Ich glaub, das war das Vieh, das ich verprügelt hab.«

»Daran gibt's nicht den geringsten Zweifel«, gab Henry zurück.

»Eins sag ich dir«, fuhr Bill fort, »die Vertrautheit des Tiers mit Lagerfeuern ist verdächtig und unanständig.«
»Auf jeden Fall weiß es davon mehr als ein anständiger Wolf wissen sollte«, pflichtete Henry ihm bei. »Ein Wolf, der weiß, dass er mit den Hunden zur Fütterungszeit kommen muss, hat Erfahrungen gemacht.«
»Der alte Villan hatte mal einen Hund, der sich mit den Wölfen aus dem Staub gemacht hat«, meinte Bill nachdenklich. »Ich muss es wissen, weil ich ihn auf einer Elchweide drüben am Little Stick erschossen hab, als er mit dem Rudel unterwegs war. Der alte Villan weinte wie ein Kind. Hatte ihn drei Jahre lang nicht gesehn, sagte er. Der Köter ist die ganze Zeit bei den Wölfen gewesen.«
»Schätze, du hast den Nagel auf den Kopf getroffen, Bill. Dieser Wolf ist ein Hund und hat schon oft Fisch aus der Hand eines Menschen gefressen.«
»Und wenn ich ihn vor die Flinte bekäme, wäre der Wolf, der ein Hund ist, bald Hackfleisch«, erklärte Bill. »Wir können nicht noch mehr Hunde verlieren.«
»Du hast doch nur drei Patronen«, wandte Henry ein.
»Ich warte eben auf einen todsicheren Schuss«, gab Bill zurück.
Am Morgen schürte Henry das Feuer und kochte das Frühstück, während sein Partner noch schnarchte.
»Hab's nicht übers Herz gebracht, dich zu wecken, du hast so tief geschlafen«, verkündete Henry, als er Bill zum Frühstück rief.
Bill begann schlaftrunken zu essen. Er bemerkte, dass seine Tasse leer war und streckte die Hand nach dem Kaffeetopf aus. Der stand jedoch neben Henry außer Reichweite.
»Du, Henry«, sagte er leicht vorwurfsvoll, »hast du nicht was vergessen?«
Henry sah sich gründlich um und schüttelte den Kopf. Bill hielt ihm die leere Tasse hin.
»Du bekommst keinen Kaffee«, erklärte Henry.
»Haben wir keinen mehr?«, fragte Bill besorgt.
»Doch.«
»Meinst du, ich werde mir den Magen damit verderben?«
»Nein.«

Bills Gesicht überzog sich mit Zornesröte.
»Dann wär ich dir äußerst dankbar, wenn du mich aufklären könntest«, stieß er hervor.
»Spanker ist weg«, entgegnete Henry.
Langsam und mit der Miene eines Menschen, der sich mit seinem Unglück abgefunden hat, wandte Bill den Kopf und zählte die Hunde.
»Wie ist das passiert«, fragte er benommen.
Henry zuckte die Achseln. »Keine Ahnung. Einohr muss seinen Riemen durchgebissen haben. Selber kann er's nicht getan haben, so viel ist sicher.«
»Dieser verfluchte Mistkerl.« Bill sprach bedächtig und ernst, ohne Anzeichen der Wut, die in seinem Innern bebte. »Nur weil er sich selbst nicht befreien konnte, nagte er Spanker los.«
»Na, Spanker hat sein Elend jedenfalls hinter sich. Wahrscheinlich ist er jetzt schon verdaut und springt in den Bäuchen von zwanzig Wölfen in der Landschaft umher«, war Henrys Grabrede auf diesen jüngst abhanden gekommenen Hund. »Trink einen Schluck Kaffee, Bill.«
Bill schüttelte ablehnend den Kopf.
»Mach schon«, drängte ihn Henry und hob den Kaffeetopf in die Höhe.
Bill schob seine Tasse zur Seite. »Ich will verdammt sein, wenn ich's tu. Ich sagte, ich trink keinen Kaffee, wenn ein Hund fehlt, und dabei bleibt's.«
»Ist verflucht guter Kaffee«, sagte Henry verlockend.
Doch Bill war starrköpfig, er nahm sein Frühstück ohne Getränk zu sich und spülte es mit gemurmelten Flüchen über Einohrs Machenschaften herunter.
»Heute Abend bind ich sie weit voneinander entfernt an«, verkündete Bill, als sie aufbrachen.
Sie hatten kaum hundert Meter zurückgelegt, als Henry, der vorne ging, sich bückte und etwas aufhob, an das er mit seinem Schneeschuh gestoßen war. Es war zu dunkel, um es genau sehen zu können, aber er erkannte es, indem er es befühlte. Er warf den Gegenstand hinter sich, der sprang am Schlitten auf und landete vor Bills Schneeschuhen.
»Kannst du vielleicht noch brauchen«, meinte Henry.

Bill stieß einen überraschten Schrei aus. Es war der Stock, an dem er Spanker angebunden hatte, und alles, was von ihm übrig geblieben war.

»Sie ham ihn mit Haut und Haaren verschlungen«, stellte Bill fest. »Der Stock is blitzblank, sogar die Lederriemen an beiden Enden sind weg. Sie sind verdammt hungrig, Henry, und wenn du mich fragst, sind wir beide fällig, noch bevor diese Reise vorüber is.«

Henry lachte trotzig. »Ich bin zwar noch nie so von Wölfen verfolgt worden, aber ich hab schon weit Schlimmeres überstanden. Es braucht schon mehr als ne Handvoll nervtötender Viecher, um dir und mir den Garaus zu machen, mein Lieber.«

»Ich weiß nicht, ich weiß nicht«, murmelte Bill unheilverheißend.

»Schön, du wirst es wissen, wenn wir in McGurry ankommen.«

»Ich bin mir da nicht so sicher«, beharrte Bill.

»Du bist nur nicht ganz auf dem Damm«, behauptete Henry mit Bestimmtheit. »Was du brauchst, ist Chinin, und sobald wir in McGurry sind, werd ich dir eine ordentliche Dosis davon verpassen.«

Bill schnaubte unwillig über diese Diagnose und verfiel in Schweigen. Der Tag verging wie alle anderen. Um neun Uhr wurde es hell. Um zwölf erwärmte die unsichtbare Sonne den südlichen Horizont, worauf das kalte Grau des Nachmittags einsetzte, das drei Stunden später in dunkler Nacht versank.

Kurz nachdem die Sonne vergeblich versucht hatte hervorzukommen, zog Bill das Gewehr unter den Stricken am Schlitten hervor und sagte: »Geh ruhig weiter, Henry, ich schau, was ich ausrichten kann.«

»Bleib lieber beim Schlitten«, widersprach Henry. »Du hast nur drei Patronen, und man weiß nie, was passieren kann.«

»Wer jammert jetzt?«, versetzte Bill triumphierend.

Henry gab keine Antwort und stapfte alleine weiter, obgleich er häufig einen besorgten Blick zurück in die graue Einöde warf, in der sein Gefährte verschwunden war. Eine Stunde später tauchte Bill wieder auf, er hatte die Biegungen, die der Schlitten machen musste, abgeschnitten.

»Sie sind weit verstreut«, berichtete er. »Sie folgen uns und suchen gleichzeitig nach Wild. Sie wissen, dass wir ihnen sicher sind, verstehst du, sie müssen nur warten, um uns zu kriegen. Mittlerweile nehmen sie alles Essbare, was ihnen vor die Nase kommt.«

»Du meinst, sie *glauben*, uns sicher zu haben«, wandte Henry mit Nachdruck ein.

Bill ignorierte diese Bemerkung. »Ich hab ein paar gesehen. Sie sind ziemlich mager. Schätze, sie haben seit Wochen keinen Bissen zwischen die Zähne gekriegt, außer Fatty, Frosch und Spanker natürlich; aber es sind so viele, dass es nicht gereicht hat. Sie sind wirklich furchtbar mager. Ihre Rippen sehen aus wie ein Waschbrett und ihre Bäuche hängen dicht unter dem Rückgrat. Sie sind kurz vorm Verhungern, sag ich dir. Die werden toll und dann Gnade uns Gott.«

Ein paar Minuten später stieß Henry, der nun hinter dem Schlitten ging, einen leisen Warnpfiff aus. Bill wandte sich um und schaute, dann brachte er ruhig die Hunde zum Stehen. Hinter ihnen an der letzten Biegung des Weges und deutlich sichtbar auf der Bahn, die sie soeben genommen hatten, trottete schleichend ein Wesen in dickem Pelz. Das Tier hielt die Nase dicht am Boden und trabte mit eigentümlich leichten, gleitenden Schritten. Als die Männer stehenblieben, hielt es ebenfalls an, hob den Kopf und blickte sie unverwandt an. Seine Nasenlöcher zuckten, als es ihre Witterung aufnahm und prüfte.

»Das ist die Wölfin«, flüsterte Bill.

Die Hunde hatten sich in den Schnee gelegt, und er ging an ihnen vorbei, um sich neben seinen Partner am Schlitten zu stellen. Gemeinsam beobachteten sie das seltsame Tier, das sie seit Tagen verfolgt und es fertig gebracht hatte, ihr halbes Hundegespann zu vernichten.

Das Tier musterte seine Umgebung prüfend und ging dann vorsichtig ein paar Schritte weiter. Diese Prozedur wiederholte es mehrere Male, bis es auf knapp hundert Meter herangekommen war. Bei einer Tannengruppe blieb es mit erhobenem Kopf stehen, fixierte die beobachtenden Männer und nahm erneut ihre Witterung auf. Es blickte sie in merkwürdig sehnsüchtiger Weise an wie ein Hund; doch diese Sehnsucht war frei von jener Zuneigung, die Hunde gewöhnlich zeigen. Es war eine von Hunger erzeugte Sehnsucht, so grausam wie die Zähne des Tiers und so unbarmherzig wie die Kälte.

Für einen Wolf war es groß, sein ausgemergelter Körper zählte sicherlich zu den größten seiner Art.
»Seine Schulterhöhe beträgt an die achtzig Zentimeter«, bemerkte Henry, »und ich wette, er ist fast anderthalb Meter lang.«
»Komische Farbe für nen Wolf«, meinte Bill kritisch. »Ich hab noch nie einen roten Wolf gesehen, dieser hier ist beinahe zimtbraun.«
Die Wölfin war zweifellos nicht zimtbraun, denn sie hatte das Fell eines echten Wolfes. Die vorherrschende Farbe war Grau, dennoch lag darüber ein rötlicher Schimmer – ein rätselhafter Schimmer, der kam und ging und mehr einer optischen Täuschung glich. Mal war das Fell grau, entschieden grau, mal tendierte es zu einem schwachen Rot, zu einer Farbe, für die es in der herkömmlichen Palette keine rechte Bezeichnung gibt.
»Sieht aus wie ein gewöhnlicher großer Schlittenhund«, sagte Bill. »Würd mich nicht wundern, wenn er gleich mit Schwanz wedelt.«
»He, du Husky!«, rief er. »Komm her, wie du auch heißen magst.«
»Er hat überhaupt keine Angst vor dir«, lachte Henry.
Bill schüttelte drohend die Hand in Richtung des Tiers und schrie laut, doch es zeigte keine Furcht. Die einzige wahrnehmbare Veränderung war eine erhöhte Wachsamkeit. Es betrachtete die Männer nach wie vor mit der erbarmungslosen Wehmut des Hungers. Sie waren Fleisch, und die Wölfin war hungrig; und wenn sie es gewagt hätte, hätte sie sich auf sie gestürzt und sie gefressen.
»Hör mal, Henry«, sagte Bill und senkte die Stimme angesichts seines Vorhabens unbewusst zu einem Flüstern. »Wir haben drei Patronen, aber es ist ein sicherer Schuss. Ich kann sie gar nicht verfehlen. Sie hat drei unserer Hunde auf dem Gewissen und wir sollten ihr ein Ende machen. Was meinst du?«
Henry nickte zustimmend. Vorsichtig zog Bill das Gewehr unter den Stricken am Schlitten hervor. Er hob es in Richtung Schulter, doch bis dahin gelangte es nicht. Denn in diesem Augenblick sprang die Wölfin zu Seite und verschwand in der Tannengruppe.
Die Männer sahen einander an. Henry pfiff laut und vernehmlich.
»Ich hätte es wissen müssen«, schalt Bill sich selbst, als er das Gewehr wie-

der verstaute. »Ein Wolf, der zur Fütterungszeit bei den Hunden auftaucht, kennt natürlich auch Schießeisen. Ich sag's dir, Henry, dieses Viech ist an unserem ganzen Unglück schuld. Wir könnten noch sechs Hunde haben anstatt drei, wenn sie nicht gewesen wär. Und eins sag ich dir, Henry, die werd ich erledigen. Sie ist zu schlau, um auf freiem Feld erschossen zu werden. Aber ich werd mich auf die Lauer legen. Der werd ich auflauern, so wahr ich Bill heiße.«

»Geh dabei aber nicht zu weit weg«, mahnte ihn sein Partner. »Wenn das Rudel dich angreift, helfen dir drei Patronen ebenso wenig wie drei Schreie in der Hölle. Die Viecher sind verdammt hungrig, Bill, und wenn sie dich erst mal umringt haben, bist du verloren.«

An jenem Abend schlugen sie das Lager frühzeitig auf. Drei Hunde konnten den Schlitten nicht so schnell und lange ziehen wie sechs, und die Tiere zeigten deutliche Anzeichen von Erschöpfung. Auch die Männer begaben sich früh zur Ruhe, nachdem Bill dafür gesorgt hatte, dass die Hunde so weit entfernt voneinander angebunden waren, dass sie sich gegenseitig nicht losbeißen konnten.

Die Wölfe waren jedoch dreister geworden, und mehr als einmal wurden die Männer aus dem Schlaf gerissen. Die Wölfe kamen so nahe, dass die Hunde vor Schrecken außer sich gerieten und die Männer genötigt waren, das Feuer regelmäßig zu schüren, um die wagemutigen Plünderer in sicherer Entfernung zu halten.

»Ich hab Matrosen von Haien erzählen hörn, die ein Schiff verfolgen«, sagte Bill, als er wieder unter die Decke kroch, nachdem er frisches Holz aufs Feuer gelegt hatte. »Tja, diese Wölfe sind wie Haie an Land. Sie verstehen ihr Geschäft besser als wir und folgen unserer Spur nicht zum Vergnügen. Sie kriegen uns, sie kriegen uns ganz sicher, Henry.«

»Sie haben dich schon halb, wenn du so redest«, erwiderte Henry schneidend. »Ein Mann gibt sich halb geschlagen, wenn er zugibt, dass man ihn schlagen kann. Und so wie du daherredest, bist du längst zur Hälfte aufgefressen.«

»Sie haben schon bessere Männer als uns besiegt«, beharrte Bill.

»Ach, hör endlich auf mit dem Gejammer. Ich hab's endgültig satt.«

Henry drehte sich missmutig zur Seite und war erstaunt, dass Bill nicht mit einem ähnlichen Temperamentsausbruch reagierte. Das war nicht seine Art, denn Bill ließ sich durch scharfe Worte leicht reizen. Henry dachte lange darüber nach, bevor er einschlief, und als ihm die Augenlider zufielen und er eindöste, war sein letzter Gedanke: »Bill ist wirklich schwer am Boden. Ich werde ihn morgen aufmuntern müssen.«

KAPITEL 3

## Der Gesang des Hungers

Der Tag begann verheißungsvoll. In dieser Nacht hatten sie keine Hunde verloren, und als sie sich auf den Weg durch die Stille, die Dunkelheit und die Kälte begaben, waren sie einigermaßen zuversichtlich gestimmt. Bill schien seine düsteren Vorahnungen vom Vorabend vergessen zu haben und scherzte sogar mit den Hunden, als sie den Schlitten um die Mittagszeit an einer unwegsamen Stelle umwarfen.

Es war ein fatales Durcheinander. Der Schlitten stand Kopf und war zwischen einem Baumstamm und einem mächtigen Felsen eingeklemmt. Die Männer waren gezwungen, die Hunde auszuspannen, um die verhedderten Leinen zu entwirren. Als sie sich über den Schlitten beugten, um ihn umzudrehen, sah Henry, dass Einohr im Begriff war, sich davonzuschleichen.

»Hierher, Einohr!«, rief er, richtete sich dabei auf und wandte sich dem Hund zu.

Doch Einohr begann über den Schnee zu laufen und zog seine Leinen hinter sich her. Und da, mitten auf dem verschneiten Pfad, der hinter ihnen lag, stand die Wölfin und wartete auf ihn. Als Einohr sich ihr näherte, wurde er plötzlich vorsichtig. Er verlangsamte seinen Lauf zu wachsamen, tänzelnden Schritten und blieb schließlich stehen. Er beäugte sie aufmerksam und misstrauisch, gleichzeitig aber begehrlich. Sie schien ihn anzulächeln, entblößte ihre Zähne nicht drohend, sondern einschmeichelnd. Spielerisch machte sie ein paar Schritte auf ihn zu und hielt dann inne. Einohr kam näher, immer noch auf der Hut und vorsichtig, mit gespitzten Ohren, erhobenem Schwanz und den Kopf in der Höhe. Er versuchte, ihre Schnauze zu beschnuppern, aber sie wich ihm neckisch und scheu aus. Auf jede seiner Annäherungen erfolgte auf ihrer Seite ein entsprechender Rückzug. Sie lockte ihn Schritt für Schritt fort von der Sicherheit, die ihm seine menschlichen Gefährten boten. Einmal, als ob eine Warnung vage durch seinen Sinn gehuscht wäre, wandte er sich um und blickte zurück auf den umgedrehten Schlitten, die anderen Hunde und die beiden Männer, die ihn fortwährend riefen.

Doch was immer in seinem Kopf auch vorgehen mochte, es wurde durch die Wölfin zerstreut, die auf ihn zukam, ihn flüchtig beschnupperte und dann wieder scheu vor ihm zurückwich, als er sich ihr von Neuem näherte.

Unterdessen hatte sich Bill auf das Gewehr besonnen, das jedoch unter dem umgeworfenen Schlitten eingeklemmt war. Bis Henry ihm geholfen hatte, die Fracht aufzurichten, standen Einohr und die Wölfin zu dicht beisammen und die Entfernung war zu groß, um einen Schuss riskieren zu können.

Einohr begriff seine Fehlentscheidung zu spät. Noch ehe die Männer die Ursache dafür erkennen konnten, hatte er sich umgedreht und begann auf sie zuzulaufen. Plötzlich bemerkten sie, wie ein Dutzend hagerer grauer Wölfe über den Schnee springend sich im rechten Winkel dem Pfad näherten und ihm den Rückzug abschnitten. In diesem Augenblick verschwand die Scheu und Verspieltheit der Wölfin. Knurrend sprang sie auf Einohr los. Er wehrte sie mit der Schulter ab und versuchte, da ihm der Rückweg zum Schlitten verwehrt war, in einem Kreis dorthin zu gelangen. Immer mehr Wölfe erschienen und beteiligten sich an der Hatz. Die Wölfin war nur einen Sprung von Einohr entfernt.

»Wo willst du hin?«, fragte Henry unvermittelt und legte die Hand auf den Arm seines Partners.

Bill schüttelte ihn ab. »Ich kann das nicht länger mit ansehen«, sagte er. »Sie sollen keinen von den Hunden mehr haben, wenn ich's verhindern kann.«

Mit dem Gewehr in der Hand stürzte er sich in das Unterholz, das den Pfad säumte. Sein Plan war offensichtlich. Der Schlitten bildete den Mittelpunkt des Kreises, den Einohr beschrieb. Wenn es ihm gelänge, diesen Kreis an einem bestimmten Punkt vor Einohrs Verfolgern zu durchbrechen, könnte er die Wölfe im hellen Tageslicht mit seinem Gewehr vielleicht einschüchtern und den Hund retten.

»He, Bill!«, rief Henry ihm nach. »Sei vorsichtig! Riskier nichts!«
Henry setzte sich auf den Schlitten und sah zu, mehr konnte er nicht tun. Bill war bereits außer Sichtweite; aber hin und wieder erhaschte er einen Blick auf Einohr, der abwechselnd im Unterholz oder hinter den Tannen verschwand und wieder auftauchte. Henry hielt seine Lage für hoffnungslos. Der Hund war sich vollkommen bewusst, in welcher Gefahr er schwebte, dennoch rannte er weiter auf dem äußeren Bogen, während das Wolfspack den inneren, kleineren Kreis beschrieb. Es war aussichtslos, zu glauben, Einohr würde über seine Verfolger einen so großen Vorsprung gewinnen, dass er den Kreis vor ihnen durchbrechen und zum Schlitten gelangen könne.
Die unterschiedlichen Parteien näherten sich einander rasch. Henry wusste, dass irgendwo da draußen im Schnee, verdeckt von Bäumen und Gebüsch, das Wolfspack, Einohr und Bill aufeinandertreffen würden. Nur allzu schnell, wesentlich schneller als er erwartet hatte, geschah es. Er hörte einen Schuss, dann zwei in rascher Folge, und wusste, dass Bills Munition aufgebraucht war. Daraufhin vernahm er einen fürchterlichen Tumult, wildes Knurren und Gejaule. Er erkannte Einohr, der vor Schmerz und Schrecken aufheulte, und er hörte das Wehgeschrei eines verwundeten Wolfes. Dann war alles vorbei. Das Knurren und Jaulen erstarb. Stille senkte sich abermals über die einsame Landschaft.
Henry blieb lange auf dem Schlitten sitzen. Er brauchte nicht hinzugehen, um zu sehen, was geschehen war. Er wusste es, als ob es sich direkt vor seinen Augen zugetragen hätte. Einmal fuhr er auf und zog hastig die Axt unter den Stricken hervor. Aber er setzte sich wieder und grübelte weiter, während die beiden übrig gebliebenen Hunde sich zitternd an seine Beine schmiegten.
Schließlich erhob er sich ermattet, es war, als ob alle Widerstandskraft aus seinem Körper gewichen sei, und schickte sich an, die Hunde vor den Schlitten zu spannen. Er schlang ein Seil um seine Schulter, den Zugriemen für einen Menschen, und zog mit den Hunden gemeinsam. Er ging nicht weit. Beim ersten Anzeichen von Dunkelheit schlug er rasch ein Lager auf und sorgte für reichlichen Holzvorrat. Er fütterte die Hunde,

kochte und verzehrte das Abendessen und errichtete sein Nachtlager dicht am Feuer.

Es war ihm jedoch nicht bestimmt, diese Ruhestätte auszukosten. Noch ehe er die Augen schloss, waren die Wölfe gefährlich nahe herangekommen. Er brauchte seine Augen nicht länger anstrengen, um sie zu sehen. Sie waren überall, sie hatten einen engen Kreis um ihn und das Feuer geschlossen. Er konnte sie deutlich im Feuerschein erkennen: Sie lagen, saßen auf ihren Hinterbeinen, krochen auf dem Bauch heran oder schlichen vor und zurück. Einige schliefen sogar. Hier und da konnte er einen sehen, der wie ein Hund zusammengerollt im Schnee lag und sich dem Schlaf hingab, der ihm versagt blieb.

Er sorgte für ein hell flackerndes Feuer, da er wusste, dass es das Einzige war, was ihre gierigen Zähne vom Fleisch seines Körpers fernhielt. Die beiden Hunde wichen nicht von seiner Seite, sie nahmen ihn in ihre Mitte, lehnten sich schutzsuchend an ihn, wimmerten, winselten und knurrten verzweifelt, wenn sich ein Wolf näher als zuvor heranwagte. In solchen Augenblicken, wenn die Hunde knurrten, geriet der ganze Kreis in Aufruhr. Die Wölfe sprangen auf und drängten vorwärts; und Henry war von einem Chor aus Knurren und Kläffen umgeben. Danach beruhigten sie sich wieder, und der eine oder andere Wolf nahm seinen unterbrochenen Schlaf wieder auf.

Doch der Kreis um ihn wurde stetig enger. Allmählich, Zentimeter um Zentimeter, zog er sich zusammen, ein Wolf nach dem anderen kroch näher, bis die Tiere nur noch auf Sprungweite von ihm entfernt waren. Dann ergriff Henry jedes Mal ein brennendes Holzscheit und schleuderte es unter das Rudel. Die Wölfe stoben immer hastig auseinander, manchmal unter zornigem Gekläff und erschrecktem Knurren, wenn ein wohlgezielter Wurf ein zu dreistes Tier traf und versengte.

Am nächsten Morgen war der Mann gerädert und ausgelaugt, hohläugig vom Schlafmangel. Er bereitete das Frühstück im Dunkeln zu, und als um neun Uhr das Tageslicht einsetzte und sich das Wolfspack zurückzog, machte sich Henry daran, das Vorhaben, das er in den langen Stunden der Nacht gefasst hatte, in die Tat umzusetzen. Er fällte junge Bäume und fertigte daraus Querbalken, die er hoch oben in den Stämmen einiger Bäume zu einem Gerüst zusammenband. Er nutzte die Schlittenleine als Zugseil und bugsierte den Sarg mithilfe der Hunde auf das Gerüst.

»Sie haben Bill erwischt, und vielleicht kriegen sie auch mich, aber dich, guter Mann, bekommen sie bestimmt nicht«, sagte er zu der Leiche in ihrer Grabstätte in den Bäumen.

Dann machte er sich auf den Weg, der nunmehr leichte Schlitten tänzelte hinter den willigen Hunden her, denn auch sie wussten, dass ihre Sicherheit ausschließlich davon abhing, dass sie Fort McGurry erreichten. Die Wölfe verfolgten ihn nun unverhohlener, trabten ruhig neben und hinter ihm her; ihre roten Zungen hingen heraus und bei jeder Bewegung waren ihre hervorstehenden Rippen an den ausgemergelten Flanken sichtbar. Sie waren außerordentlich mager, bestanden nur noch aus Haut und Knochen, und ihre Muskeln waren zu Bindfäden zusammengeschrumpft. Sie waren so elend, dass Henry sich im Stillen fragte, wie sie sich überhaupt noch auf den Beinen halten konnten und warum sie nicht auf der Stelle im Schnee zusammenbrachen.

Er wagte es nicht, bis Einbruch der Dunkelheit unterwegs zu sein. Mittags erwärmte die Sonne nicht nur den südlichen Horizont, sie bildete sogar einen blassen, goldenen Streifen am Himmel. Er deutete das als Zeichen. Die Tage wurden wieder länger. Die Sonne kehrte zurück. Aber kaum war ihr freundlicher Schein verschwunden, schlug er das Lager auf. Noch blieben ihm einige Stunden graues Tageslicht und düstere Dämmerung, er nutzte sie, um einen enormen Vorrat an Brennholz zu schlagen.

Mit der Nacht kam das Grauen. Die ausgehungerten Wölfe wurden zunehmend unerschrockener, außerdem machte sich der Mangel an Schlaf bei Henry bemerkbar. Er nickte immer wieder gegen seinen Willen ein, als er am Feuer hockte, mit Decken um die Schultern und der Axt zwischen den Knien. Die Hunde drängten sich zu beiden Seiten eng an ihn. Einmal schreckte er auf und erblickte keine zwölf Schritte vor sich einen großen grauen Wolf, einen der größten des Rudels. Selbst als er ihn ansah, streckte sich das Tier bedächtig wie ein träger Hund, gähnte ihm ins Gesicht und betrachtete ihn mit gebieterischem Blick, als wäre er nur eine hinausgeschobene Mahlzeit, die bald verzehrt werden würde.

Diese Gewissheit legte das gesamte Rudel an den Tag. Er zählte zwanzig Tiere, sie starrten ihn gierig an oder schliefen unbehelligt im Schnee. Sie erinnerten ihn an eine Schar Kinder, die an einem gedeckten Tisch sitzt und auf die Erlaubnis wartet, mit dem Essen anfangen zu dürfen. Und er selbst war diese Mahlzeit! Er fragte sich, wie und wann der Schmaus beginnen würde.

Als er neues Holz nachlegte, empfand er mit einem Mal eine zuvor nie da gewesene Wertschätzung seines eigenen Körpers. Er beobachtete das Spiel der Muskeln, und der ausgefeilte Mechanismus seiner Finger machte ihn neugierig. Er krümmte sie langsam und mehrfach im Schein des Feuers, erst einen einzelnen, dann alle zusammen, er spreizte sie weit auseinander oder führte rasche Greifbewegungen aus. Er betrachtete eingehend die Form der Fingernägel und betastete seine Fingerspitzen abwechselnd stark und sanft, um die Reaktion der Nerven abzuschätzen. Das begeisterte ihn und mit einem Mal mochte er die Feinfühligkeit seines Körpers, der so wunderbar glatt und leicht funktionierte. Dann warf er einen angstvollen Blick auf die Wölfe, die ihn erwartungsvoll eingekreist hatten, und mit einem Schlag wurde ihm bewusst, dass sein herrlicher Leib, dieses lebendige Fleisch nichts weiter war als schieres Fleisch, eine heißbegehrte Speise ausgehungerter Tiere, die ihn mit ihren gierigen Zähnen zerreißen und zerfetzen würden. Er war Nahrung für sie, ganz so, wie ein Elch oder ein Kaninchen häufig Nahrung für ihn gewesen war.

Er fuhr aus seiner Versunkenheit empor, die fast ein Albtraum gewesen war, und sah die rötliche Wölfin vor sich. Sie saß kaum sechs Schritte von ihm entfernt im Schnee und blickte ihn sehnsüchtig an. Die beiden Hunde ihm zu Füßen knurrten und winselten, aber die Wölfin beachtete sie nicht. Sie blickte den Mann an, und eine Zeitlang erwiderte er ihren Blick. Sie hatte nichts Bedrohliches an sich. Sie sah ihn lediglich mit großer Wehmut an, doch er wusste, dass es die Wehmut eines ebenso großen Hungers war. Er war das Futter, und sein Anblick reizte ihre Geschmacksnerven. Sie öffnete ihr Maul, der Speichel troff herab und sie leckte sich mit sichtlicher Vorfreude über die Lefzen.

Wilde Angst durchzuckte ihn. Er streckte rasch die Hand nach einem brennenden Holzscheit aus, um es nach ihr zu werfen. Noch ehe er die Hand ausgestreckt und seine Finger das Wurfgeschoss erfasst hatten, sprang sie schnell zurück; und er erkannte, dass sie es gewohnt war, mit Dingen beworfen zu werden. Sie hatte beim Wegspringen geknurrt und all ihre weißen Zähne bis zur Wurzel entblößt; ihre Wehmut war ganz verschwunden und an ihre Stelle war eine boshafte Gier getreten, die ihn schaudern ließ. Er blickte auf seine Hand, die noch das brennende Scheit hielt, und bemerkte erneut das bewundernswerte Feingefühl der Finger, die es umschlossen. Wie sie sich der unregelmäßigen Oberfläche des Scheits anpassten, wie sie sich um das raue Holz krümmten und wie der kleine Finger, der dem glühenden Teil des Holzes zu nahe kam, feinfühlig von selbst vor der sengenden Hitze zurückfuhr und eine kühlere Stelle ergriff. Im selben Augenblick schien ihm das Bild zu kommen, wie eben dieser feinfühlige, zarte Finger von den weißen Zähnen der Wölfin zerrissen und zermalmt wurde. Nie zuvor war ihm sein Körper so lieb und teuer gewesen wie jetzt, wo er vielleicht bald nicht mehr sein Eigentum sein würde.

Die ganze Nacht verscheuchte er das aufdringliche Pack mit brennenden Scheiten. Wenn er gegen seinen Willen doch einschlief, weckte ihn das Gewinsel und Knurren der Hunde. Der Morgen kam, aber zum ersten Mal sprengte das Licht des Tages die Wölfe nicht mehr auseinander. Der Mann wartete vergebens auf ihren Rückzug. Sie hielten den Kreis um ihn und das Feuer geschlossen und zeigten einen Besitzanspruch, der seinen durch das Morgenlicht gestärkten Mut erschütterte.

Er unternahm einen verzweifelten Versuch, den Kreis zu durchbrechen. Aber in dem Augenblick, in dem er den Schutz des Feuers verließ, setzte der kühnste Wolf zum Sprung an und verfehlte ihn nur knapp. Henry rettete sich, indem er rasch zurückwich, doch kaum zwei Handbreit von seiner Hüfte entfernt schnappten die Kiefer des Wolfes zusammen. Nun bedrängte ihn auch das übrige Rudel, und nur durch Brandfackeln, die er rechts und links um sich warf, trieb er die Wölfe in eine respektvolle Entfernung zurück.

Selbst im Tageslicht wagte er es nicht, das Feuer zu verlassen, um neues

Holz zu schlagen. Sechs Meter von ihm entfernt ragte eine mächtige vertrocknete Tanne empor. Es kostete ihn die Hälfte des Tages, das Feuer allmählich neben den Baum zu verlagern, wobei er stets ein halbes Dutzend brennender Reisigbündel bereithielt, um sie gegen seine Feinde zu schleudern. Als er den Baum endlich erreicht hatte, musterte er eingehend den Wald, der ihn umgab; er wollte die Tanne in die Richtung fällen, wo es das meiste Brennholz gab.

Die Nacht verlief wie die vorangegangene, außer dass sein Bedürfnis nach Schlaf überwältigend wurde. Das Knurren der Hunde hielt ihn nicht länger wach. Außerdem knurrten sie jetzt fortwährend, und seine vernebelten, schlaftrunkenen Sinne nahmen es nicht mehr wahr, wenn der Ton lauter und eindringlicher wurde. Er schreckte hoch. Die Wölfin befand sich kaum einen Meter vor ihm. Mechanisch und ohne es loszulassen stieß er ein brennendes Scheit in ihren offenen, geifernden Rachen. Sie sprang zurück und schrie vor Schmerz. Hochbefriedigt sog er den Geruch von verbranntem Fleisch und Haar ein und beobachtete, wie sie einige Meter entfernt zornig knurrend ihren Kopf schüttelte.

Daraufhin band er sich, bevor er wieder einschlummerte, einen brennenden Kiefernast an seine rechte Hand. Er hatte die Augen nur wenige Augenblicke geschlossen, da weckte ihn die Flamme, die seine Haut versengte. Diese Taktik befolgte er mehrere Stunden lang: Die Hitze der Flamme weckte ihn regelmäßig und jedes Mal drängte er die Wölfe mit fliegenden Fackeln zurück, schürte das Feuer und band einen neuen Kiefernast an seine Hand. Alles ging gut, bis er den Ast einmal nicht fest genug anband. Als seine Augenlider herabsanken, fiel ihm der Ast aus der Hand.

Er träumte. Er träumte, er sei in Fort McGurry. Es war warm und gemütlich, und er spielte mit dem Händler Karten. Das Fort war scheinbar von Wölfen umzingelt. Sie heulten direkt vor dem Tor und zuweilen unterbrachen er und der Händler das Spiel, um zu lauschen und über die vergeblichen Versuche der Wölfe, einzudringen, zu lachen. Der Traum war seltsam, denn plötzlich ertönte ein Krachen. Die Tür flog auf und er konnte sehen, wie die Wölfe in den großen Wohnraum des Forts strömten. Sie stürzten sich auf ihn und den Händler. Der Lärm ihres Geheuls war mit dem Aufbrechen der Tür ungeheuer angestiegen. Dieses Geheul störte ihn jetzt. Der Traum wechselte den Schauplatz – er wusste nicht, zu welchem; aber das Geheul verfolgte ihn und hielt auch dort noch an.

Er erwachte und merkte, dass das Geheul echt war, durchmischt von lautem Knurren und Jaulen. Die Wölfe fielen über ihn her. Sie waren überall an seinem Körper. Ein Tier hatte seine Zähne in seinem Arm versenkt. Instinktiv sprang er ins Feuer, und als er sprang, spürte er, wie sein Bein von scharfen Zähnen aufgeschlitzt wurde. Er begann zu kämpfen, und das Feuer war seine Waffe. Die dicken Fausthandschuhe schützten eine Zeitlang seine Hände, und so warf er nach allen Richtungen glühende Kohlen in die Luft, bis das Lagerfeuer einem Vulkan glich.

Doch lange konnte das nicht gutgehen. Seine Gesichtshaut warf in der Hitze Blasen, seine Augenbrauen und Wimpern waren abgesengt, und die Glut unter seinen Füßen wurde unerträglich. Er nahm in jede Hand eine brennende Fackel und schnellte an den Rand des Feuers. Die Wölfe waren zurückgetrieben worden. Überall, wohin die glühenden Kohlen gefallen waren, zischte es im Schnee, und häufig verriet ein wilder Satz, der von knurrendem Schnauben begleitet wurde, dass ein fliehender Wolf auf eine der glühenden Kohlen getreten war.

Henry schleuderte die Fackeln den noch vorhandenen Feinden hinterher, warf seine schwelenden Handschuhe in den Schnee und stapfte umher, um seine Füße abzukühlen. Die beiden Hunde waren fort, und er wusste sehr wohl, dass auch sie einen Gang in jenem langgezogenen Festmahl gebildet hatten, dass mit Fatty begonnen hatte und wahrscheinlich in den nächsten Tagen mit ihm selbst beendet werden würde.

»Aber noch habt ihr mich nicht!«, schrie er und schüttelte die Faust heftig gegen die hungrigen Bestien. Beim Klang seiner Stimme geriet das ganze Rudel in Aufruhr, alle Tiere knurrten und die Wölfin glitt über den Schnee nahe zu ihm hin und betrachtete ihn mit gieriger Schwermut.

Er machte sich daran, einen neuen Plan in die Tat umzusetzen. Er dehnte das Feuer zu einem großen Kreis aus und ließ sich in dessen Mitte auf der Schlafdecke nieder, um sich gegen den schmelzenden Schnee zu schützen. Kaum war er auf diese Weise hinter der Mauer aus Flammen verschwunden, kam das ganze Rudel neugierig an den Rand des Feuers, um zu sehen, was aus ihm geworden war. Bisher war ihnen der Zugang zum Feuer verwehrt gewesen, nun ließen sie sich in einem engen Kreis darum nieder. Wie Hunde schlossen sie die Augen, gähnten und dehnten die mageren Glieder in der ungewohnten Wärme. Die Wölfin setzte sich nieder, richtete die Nase zu einem Stern empor und begann zu heulen. Ein Wolf nach dem anderen stimmte ein, bis das ganze Rudel mit himmelwärts gerichteten Nasen den Gesang des Hungers ertönen ließ.

Die Morgendämmerung setzte ein, dann das Tageslicht. Das Feuer war heruntergebrannt. Der Vorrat an Brennholz war zur Neige gegangen, und er musste neues beschaffen. Er versuchte, aus seinem Flammenkreis herauszutreten, wurde aber umgehend von den Wölfen bedrängt. Brennende Fackeln ließen die Tiere zwar auseinanderstieben, trieben sie jedoch nicht mehr zurück. Er versuchte es mehrere Male ohne Erfolg. Als er schließlich aufgab und in den Flammenkreis zurücktaumelte, sprang ihn ein Wolf an, verfehlte ihn und landete mit allen vier Pfoten in der Glut. Das Tier jaulte erschrocken auf, fletschte grimmig die Zähne und kroch in den Schnee zurück, um seine Pfoten abzukühlen.

Der Mann kauerte auf der Decke nieder. Sein Oberkörper war nach vorne geneigt, die Schultern schlaff, und sein Kopf ruhte auf den Knien. Seine Haltung verriet, dass er den Kampf aufgegeben hatte. Von Zeit zu Zeit hob er den Kopf, um das Erlöschen des Feuers zu beobachten. Der Kreis aus Flammen und Glut zerfiel in Einzelteile und wies Lücken auf, die allmählich größer wurden.

»Ich schätze, ihr werdet bald kommen, um mich zu holen«, murmelte er, »auf jeden Fall muss ich jetzt schlafen.«

Einmal erwachte er und sah in einer Lücke zwischen den Flammen die Wölfin unmittelbar vor sich stehen und ihn unverwandt anblicken.

Wenig später erwachte er abermals, obwohl es ihm vorkam, als seien Stunden verstrichen. Eine geheimnisvolle Veränderung hatte stattgefunden, eine derart seltsame Veränderung, dass er mit einem Schlag hellwach wurde. Etwas war geschehen. Anfangs begriff er nicht, was es war, doch dann entdeckte er es: Die Wölfe waren fort. Nur der zertretene Schnee ringsum zeugte noch davon, wie sehr sie ihn bedrängt hatten. Das Bedürfnis nach Schlaf durchfloss und übermannte ihn von Neuem, sein Kopf sank auf die Knie herab. Plötzlich fuhr er zusammen.

Er hörte Männerstimmen, das Knirschen des Schnees unter Schlitten, das Knarren von Ledergeschirr, das ungeduldige Winseln von sich vorwärtskämpfenden Hunden. Vier Schlitten kamen vom Flussbett herauf und zum Lager unter den Bäumen. Ein halbes Dutzend Männer umringte den Mann, der inmitten des ersterbenden Feuers kauerte. Sie rüttelten ihn und brachten ihn gewaltsam zu sich. Er blickte sie wie ein Betrunkener an und lallte benommen und zusammenhangslos:

»Rote Wölfin … kam mit den Hunden zum Füttern … fraß zuerst das Hundefutter … dann die Hunde … und danach Bill …«

»Wo ist Lord Alfred?«, schrie einer der Männer ihm ins Ohr und schüttelte ihn derb.

Henry schüttelte langsam den Kopf. »Nein, den hat sie nicht gefressen … Der schläft friedlich in einem Baum beim letzten Lager.«

»Tot?«, schnauzte der Mann.

»Und in nem Kasten«, erwiderte Henry. Gereizt befreite er sich vom Griff seines Peinigers: »Hör mal, lass mich in Ruhe, ich bin völlig erledigt – Gute Nacht allerseits.«

Seine Augenlider flatterten und fielen zu. Sein Kinn sank auf die Brust und kaum ließen sie ihn auf die Decke niedergleiten, ertönte sein Schnarchen in der eisigen Luft.

Es gab aber noch ein anderes Geräusch, schwach und in weiter Ferne – das Geheul des hungrigen Wolfsrudels, das sich auf einer neuen Fährte nach Fleisch befand, nachdem ihnen dieser Mann entgangen war.

ZWEITER TEIL

# Die Kinder der Wildnis

KAPITEL I

## Kampf mit den Zähnen

Die rote Wölfin hatte als Erste den Klang von Männerstimmen und das Winseln der Schlittenhunde vernommen; und sie war es auch, die zuerst von dem in die Enge getriebenen Mann im erlöschenden Flammenkreis weggesprungen war. Das übrige Pack wollte die Beute, die sie so lange gejagt hatte, nur widerwillig aufgeben, und verweilte ein wenig länger, um sich des Klangs zu versichern. Dann folgte es der Spur der Wölfin.

An der Spitze des Rudels lief ein großer grauer Wolf, eines von mehreren Leittieren. Er war es, der die anderen zwang, sich an die Fersen der Wölfin zu heften. Er war es, der die jüngeren Mitglieder des Rudels drohend anknurrte oder nach ihnen schnappte, wenn sie ihn frech überholen wollten. Er war es auch, der das Tempo erhöhte, als er die Wölfin erblickte, die nun langsam über den Schnee trabte.

Sie lief neben ihm, als sei das ihr gebührender Platz und passte sich der Geschwindigkeit des Rudels an. Er knurrte sie nicht an und fletschte nicht die Zähne, wenn sie ihm zufällig einen Schritt voraus war. Im Gegenteil, er schien ihr gegenüber freundlich gestimmt zu sein – zu freundlich für ihren Geschmack, denn er drängte sich gerne an sie heran, und wenn er ihr zu nahe kam, war sie es, die knurrte und die Zähne zeigte. Gelegentlich biss sie ihn sogar in die Schulter. Er nahm es ohne Groll hin, sprang lediglich zur Seite und vollführte steifbeinig ein paar ungelenke Sätze nach vorne, wobei seine Haltung und sein Gebaren an einen verlegenen jungen Burschen vom Land erinnerten.

Dies war seine einzige Unannehmlichkeit beim Lauf mit dem Rudel, die Wölfin hatte mehrere. Auf ihrer anderen Seite lief ein ausgemergelter alter Wolf, ein graues Tier, das die Narben von vielen Kämpfen trug. Es lief stets zu ihrer Rechten. Möglicherweise, weil es nur noch ein Auge hatte, und zwar das linke. Auch der Graue suchte ihre Nähe und drängte sich von rechts an sie heran, bis seine vernarbte Schnauze ihre Flanken, ihre Schulter oder ihren Hals berührte. Wie bei dem Rudelmitglied zu ihrer Linken wies sie auch diese Zuwendung mit den Zähnen zurück; wenn aber beide gleichzeitig um ihre Gunst warben, wurde sie grob gestoßen und war gezwungen, wild um sich zu beißen, um beide Verehrer zu vertreiben, während sie zugleich ihre Leitposition im Rudel wahren und auf den Boden zu ihren Füßen achten musste. In solchen Momenten knurrten die beiden Verehrer sich drohend und zähnefletschend an. Normalerweise wäre es zum Kampf gekommen, aber das Rudel war so ausgehungert, dass selbst Liebeswerben und Rivalität eine untergeordnete Rolle spielten.

Jedes Mal, wenn der alte Wolf abgewiesen wurde und dem mit scharfen Zähnen bewehrten Objekt seiner Begierde rasch auswich, prallte er gegen ein junges, dreijähriges Männchen, das an seiner blinden Seite lief. Dieser junge Wolf war bereits völlig ausgewachsen und besaß aufgrund des elenden, ausgehungerten Zustands des Rudels mehr als durchschnittliche Vitalität und Kraft. Trotzdem befand sich sein Kopf stets auf gleicher Linie mit der Schulter des einäugigen Alten, wenn er im Rudel lief. Sollte er es wagen, den älteren Wolf zu überholen – was selten vorkam –, wies ihn ein Knurren und ein Schnappen an seinen angestammten Platz zurück. Zuweilen ließ er sich allerdings langsam und vorsichtig zurückfallen und drängte sich zwischen den alten Leitwolf und die Wölfin. Dies trug ihm jedes Mal eine zwei-, ja dreifache Bestrafung ein. Die Wölfin fletschte grimmig die Zähne und der Alte raste auf ihn los. Manchmal attackierte ihn die Wölfin und manchmal zusätzlich der Graue, der links neben der Wölfin lief.

Dann hielt der junge Wolf, der sich von drei gefährlich scharfen Gebissen konfrontiert sah, abrupt inne, hockte sich auf seine Hinterbeine, stemmte die Vorderbeine fest in den Boden, sträubte das Fell und zog drohend die Lefzen hoch. Ein derartiges Innehalten an der Spitze des trabenden Rudels verursachte an seinem Ende stets ein gehöriges Durcheinander. Die hinteren Wölfe stießen mit dem jungen Wolf zusammen und drückten ihr Missfallen durch schmerzhafte Bisse in seine Hinterbeine und Flanken aus.

Er allein war schuld an diesem Debakel, denn Mangel an Nahrung und Angriffslust gehen Hand in Hand, doch die grenzenlose Zuversicht der Jugend ließ ihn das Manöver in regelmäßigen Abständen wiederholen, obwohl es ihm nichts als Niederlagen einbrachte.

Wäre Futter vorhanden gewesen, hätten Paarung und Kampf einander in raschem Wechsel abgelöst, und das Rudel hätte sich zerstreut. Aber die Wölfe befanden sich in einer verzweifelten Lage. Die lange Hungersnot hatte sie abmagern lassen und sie bewegten sich langsamer als gewöhnlich fort. Am Ende des Rudels hinkten die Schwachen, die Jüngsten und die Ältesten. An der Spitze liefen die Stärksten. Doch im Grunde sahen alle eher wie Skelette als wie ausgewachsene Wölfe aus. Dessen ungeachtet waren die Bewegungen der Tiere, mit Ausnahme der Lahmen, leicht und mühelos. Ihre zähen Muskeln schienen ein Quell unerschöpflicher Energie zu sein. Unter jedem stahlgleichen, angespannten Muskel lag ein weiterer, darunter ein weiterer und darunter wieder ein weiterer, sie waren offenbar endlos.

An diesem Tag legten sie viele Meilen zurück. Sie liefen auch die ganze Nacht hindurch. Und am nächsten Tag waren sie immer noch in Bewegung. Sie liefen über das Antlitz einer öden, gefrorenen Welt. Kein Leben regte sich. Sie allein durchstreiften die unermessliche Reglosigkeit. Sie allein waren lebendig und suchten andere lebendige Wesen, um sie verschlingen und dadurch weiterleben zu können.

Sie überquerten niedrige Wasserscheiden und passierten ein Dutzend kleiner Ströme in einer tiefer gelegenen Gegend, bevor ihre Suche endlich belohnt wurde. Sie stießen auf Elche und es war ein mächtiger Bulle, den sie zuerst aufspürten. Er bedeutete Fleisch und Leben, und er wurde von keinem geheimnisvollen Feuer oder fliegenden Flammengeschossen bewacht. Gespaltene Hufe und Schaufelgeweihe waren ihnen vertraut, und sie schlugen ihre gewohnte Geduld und Vorsicht in den Wind. Es war ein kurzer, heftiger Kampf. Der mächtige Bulle wurde von allen Seiten umzingelt. Er schlitzte sie auf oder zerschmetterte ihre Schädel mit präzise gesetzten Schlägen seiner riesigen Hufe. Er zermalmte sie und brach ihnen mit seinem großen Geweih die Knochen. Er stampfte sie mit seinem

Gewicht in den Schnee, als er sich beim Ringen umherwälzte. Aber sein Schicksal war besiegelt und als ihn die Wölfin an der Kehle packte und die Zähne der anderen sich überall in seinen Körper eingruben, sank er nieder. Sie verschlangen ihn bei lebendigem Leib, noch ehe sein letztes Aufbäumen vorüber und die eigentliche tödliche Wunde zugefügt worden war.

Es gab Fleisch im Überfluss. Der Bulle wog über achthundert Pfund, folglich kamen auf jeden der rund vierzig Wölfe zwanzig Pfund Fleisch. Die Tiere konnten zwar außerordentlich ausgiebig fasten, aber sie konnten sich ebenso außerordentlich ausgiebig den Bauch vollschlagen, und bald waren ein paar verstreute Knochen alles, was von dem herrlichen Geschöpf übrig war, das noch vor wenigen Stunden dem Rudel die Stirn geboten hatte.

Danach ruhten und schliefen sie ausgiebig. Mit vollem Magen begannen die jüngeren Männchen wieder, sich zu zanken und sich gegenseitig den Rang streitig zu machen, und so dauerte das Hadern, bevor das Rudel sich auflöste, einige Tage an. Die Hungersnot war zu Ende. Die Wölfe befanden sich jetzt in einem Landstrich, in dem es Wild gab, und obwohl sie nach wie vor im Rudel jagten, jagten sie umsichtiger und wählten aus den kleinen Elchherden, auf die sie trafen, schwerfällige Kühe oder angeschlagene alte Bullen.

Irgendwann kam in diesem Schlaraffenland der Tag, an dem sich das Rudel teilte und in verschiedene Richtungen zerstreute. Die Wölfin, der Graue zu ihrer Linken und der Einäugige zu ihrer Rechten führten ihre Hälfte des Rudels zum Fluss Mackenzie hinunter und in das Land der Seen im Osten. Die Anzahl der Rudelmitglieder sank von Tag zu Tag. Paarweise, jeweils ein Männchen und ein Weibchen, gingen sie ihrer eigenen Wege. Gelegentlich wurde auch ein einzelner Wolf von den scharfen Zähnen eines Rivalen vertrieben. Am Ende waren nur noch vier Tiere übrig: die Wölfin, der Graue, der Einäugige und der dreijährige Heißsporn.

Die Wölfin machte aus ihrem grausamen Naturell inzwischen keinen Hehl mehr. Jeder ihrer drei Verehrer trug die Spuren ihrer Zähne. Trotzdem verteidigten sie sich nie oder schlugen auf die gleiche Weise zurück. Selbst bei ihren ungestümsten Attacken wandten sie ihr die Schulter zu und suchten, mit dem Schwanz wedelnd und sie mit affektierten Schritten umtänzelnd, ihren Zorn zu beschwichtigen. Ihr gegenüber waren sie lammfromm, untereinander bekämpften sie sich erbarmungslos. Der Dreijährige war dabei besonders erbittert. Eines Tages griff er den Einäugigen auf seiner blinden Seite an und zerfetzte sein Ohr. Der Alte konnte zwar nur auf einer Seite sehen, warf jedoch gegen die Jugend und den Übereifer des Gegners die Weisheit und Erfahrung vieler Jahre in die Waagschale. Sein verlorenes Auge und seine vernarbte Schnauze zeugten von der Natur dieser Erfahrungen. Er hatte zu viele Kämpfe überlebt, um über das, was er zu tun hatte, einen Augenblick im Zweifel zu sein.

Der Kampf begann fair, endete aber unfair. Der Ausgang wäre schwer vorauszusagen gewesen, wenn der dritte Wolf dem Alten nicht beigestanden hätte. Das alte und das junge Leittier griffen den übermütigen Dreijährigen zusammen an, in der Absicht, ihn zu töten. Von beiden Seiten fielen ihn die unbarmherzigen Reißzähne seiner einstigen Kameraden an. Vergessen waren die Tage der gemeinsamen Jagd, des gemeinsam erlegten Wilds, der gemeinsam erlittenen Hungersnot. Diese Dinge lagen in der Vergangenheit, jetzt zählte nur das Buhlen um ein Weibchen, und das war eine wesentlich ernstere und grausamere Angelegenheit als das Beschaffen von Nahrung.

Die Wölfin, die Ursache des Ganzen, setzte sich unterdessen stillvergnügt hin und sah zu. Sie war hochzufrieden. Das war ihre Stunde – und eine solche ereignete sich nicht allzu oft –, nur ihretwegen sträubten sich Nackenhaare, schlugen Eckzähne aufeinander oder rissen Wunden in weiches Fleisch.

Und bei diesem Liebeswerben musste der Dreijährige, der dieses Abenteuer zum ersten Mal wagte, sein Leben lassen. Die Nebenbuhler standen zu beiden Seiten seines Leichnams. Sie blickten die Wölfin an, die im Schnee saß und aussah, als würde sie lächeln. Aber der alte Wolf war klug, sehr klug, sowohl bei der Liebe als auch im Kampf. Der Jüngere wandte den Kopf, um eine Wunde an seiner Schulter zu lecken und bot dem Rivalen dadurch die Kehle offen dar. Der Ältere erfasste die günstige Gelegenheit mit seinem einen Auge. Er schoss geduckt auf ihn los und packte ihn an der Gurgel. Er biss tief und fest zu und zerriss ihm die große Halsschlagader. Dann sprang er zurück.

Das junge Leittier knurrte fürchterlich, doch sein Knurren verwandelte sich mittendrin in ein gereiztes Husten. Blutend, hustend und bereits stark geschwächt sprang er auf den Älteren los und kämpfte, während das Leben aus ihm wich. Die Beine gaben unter ihm nach, ihm wurde schwarz vor Augen und seine Angriffe erfolgten in immer längeren Abständen.

Die ganze Zeit über saß die Wölfin zufrieden da. Der Zweikampf verschaffte ihr ein unbestimmtes Vergnügen, denn er gehörte zum Liebeswerben der Wildnis, zur Tragödie der Geschlechter in der freien Natur, die nur für diejenigen eine Tragödie war, die dabei starben. Für die Überlebenden war es keine Tragödie, sondern Verwirklichung und Triumph.

Als der junge Wolf reglos im Schnee lag, ging Einauge steifbeinig zur Wölfin hinüber. Seine Haltung war eine Mischung aus Behutsamkeit und Siegesfreude. Er erwartete augenscheinlich eine Abfuhr und war ebenso augenscheinlich überrascht, als sie ihm nicht erzürnt die Zähne zeigte. Zum ersten Mal verhielt sie sich ihm gegenüber freundlich. Sie beschnupperte seine Nase und ließ sich sogar dazu herab, herumzutollen und wie ein Welpe mit ihm zu spielen. Und trotz seiner ergrauten Schnauze und seiner großen Erfahrung betrug sich Einauge ebenso kindisch und vielleicht noch ein bisschen närrischer.

Schon waren die besiegten Rivalen und die mit roten Lettern in den Schnee geschriebene Liebesgeschichte vergessen, bis auf jenen Moment vergessen, da der alte Einäugige stillstand, um sich die allmählich verkrustenden Wunden zu lecken. Unwillkürlich zog er die Lefzen zu einem halben Knurren hoch, sträubte die Nacken- und Schulterhaare, duckte sich zum Sprung und schlug die Krallen krampfhaft in die Schneedecke, um einen besseren Halt zu bekommen. Aber im nächsten Augenblick war alles vergessen und er sprang der Wölfin hinterher, die ihn kokett zu einer Verfolgungsjagd durch die Wälder aufforderte.

Danach liefen sie Seite an Seite, wie gute Freunde, die alle Missverständ-

nisse zwischen sich ausgeräumt haben. Die Tage vergingen und sie blieben beisammen, jagten, töteten ihre Beute und verzehrten sie gemeinsam. Nach einiger Zeit begann die Wölfin ruhelos zu werden. Es war, als ob sie etwas suchte, was sie nicht finden konnte. Hohlräume unter umgestürzten Bäumen zogen sie offenbar an, und sie verbrachte viel Zeit damit, in größeren, schneeverwehten Felsspalten und in Höhlen an überhängenden Flussufern herumzuschnüffeln. Den alten Einäugigen interessierte das überhaupt nicht, aber er folgte ihr gutmütig bei der Suche, und wenn sich ihre Nachforschungen an bestimmten Stellen ungewöhnlich in die Länge zogen, legte er sich hin und wartete, bis sie bereit war weiterzuziehen.
Sie blieben niemals lange an einem Ort, sondern zogen quer übers Land, bis sie wieder zum Fluss Mackenzie gelangten. Langsam folgten sie seinem Lauf, verließen ihn häufig, um entlang der kleinen Nebenflüsse, die dem Hauptstrom zuflossen, Wild nachzustellen, kehrten aber immer zum Hauptstrom zurück. Manchmal stießen sie auf andere Wölfe, gewöhnlich auf Pärchen, doch weder sie noch die anderen zeigten sich freundlich gesinnt; es gab keine Freude über das Zusammentreffen und keinen Wunsch, sich erneut zu einem Rudel zu formieren. Zuweilen trafen sie auf einen einzeln lebenden Wolf. Es waren stets Männchen, die begierig versuchten, sich dem Einäugigen und seiner Gefährtin anzuschließen. Einauge nahm dies immer übel, und wenn sich die Wölfin zähnefletschend und mit gesträubtem Fell an seine Seite gesellte, zogen sich die eifrig Anschluss Suchenden zurück, ergriffen die Flucht und setzten ihren einsamen Weg fort.
Als sie in einer hellen Mondnacht durch den stillen Wald liefen, blieb Einauge plötzlich stehen. Er reckte die Schnauze empor, versteifte seinen Schwanz und weitete die Nasenlöcher, während er die Luft einsog. Er hob auch wie ein Hund eine Pfote in die Höhe. Er war verunsichert, fuhr fort zu wittern, und bemühte sich, die Kunde, die die Luft ihm brachte, zu deuten. Bei seiner Gefährtin hatte hingegen ein flüchtiges Schnüffeln genügt und sie trottete weiter, um ihn zu beruhigen. Er folgte ihr zwar, war aber immer noch unsicher und konnte nicht umhin, gelegentlich stehenzubleiben, um das Warnzeichen gründlicher zu erspüren.

Die Wölfin kroch vorsichtig bis an den Rand einer großen, von Bäumen gesäumten Lichtung. Eine Zeitlang kauerte sie dort alleine. Dann kam Einauge leise schleichend an ihre Seite, alle Sinne angespannt, jedes Haar am Körper argwöhnisch gesträubt. Sie standen dicht beieinander, lauernd, horchend und witternd.

Das Geräusch von sich balgenden Hunden drang an ihr Ohr, kehlige Männerstimmen, schrillere Stimmen von schimpfenden Frauen und einmal das durchdringende und klagende Geschrei eines Kindes. Außer den großen Zelten aus Tierhaut und den Flammen des Feuers war wenig zu erkennen. Die Flammen wurden hin und wieder durch vorbeiwandelnde Gestalten verdeckt und Rauch stieg langsam in die reglose Luft empor. In ihre Nase stiegen die tausendfachen Gerüche eines Indianerlagers, sie schilderten Begebenheiten, die für den Einäugigen nahezu unverständlich, der Wölfin hingegen in allen Einzelheiten bekannt waren.

Sie war merkwürdig erregt und sog die Witterung mit zunehmender Wonne ein. Der alte Einäugige war jedoch misstrauisch. Er verriet seine Besorgnis, indem er zaghaft begann, sich zurückzuziehen. Die Wölfin wandte sich ihm zu, berührte beruhigend seinen Hals mit ihrer Schnauze, und sah dann wieder zum Lager. Ihr Blick drückte abermals Wehmut aus, aber es war nicht die Wehmut des Hungers. Sie zitterte vor Verlangen, vorwärtszudrängen, diesem Feuer näher zu sein, sich mit den Hunden zu balgen und die Männer zum Stolpern zu bringen, indem sie zwischen ihre Füße lief.

Einauge sprang ungeduldig neben ihr her, und sie wurde abermals von Unruhe und dem brennenden Wunsch erfasst, das zu finden, wonach sie suchte. Sie kehrte um und lief in den Wald zurück – zur großen Erleichterung des Einäugigen, der ihr vorantrabte, bis sie sich wieder vollständig im Schutz der Bäume befanden.

Geräuschlos wie Schatten glitten sie im Mondlicht dahin, bis sie auf Spuren im Schnee stießen. Ihre Nasen senkten sich gleichzeitig zu den Spuren herab, die ganz frisch waren. Einauge lief vorsichtig voraus, und seine Gefährtin folgte ihm auf den Fersen. Die breiten Ballen ihrer Pfoten waren gespreizt und glitten wie Samt über den Schnee. Einauge nahm die undeutliche Bewegung von etwas Weißem inmitten der weißen Landschaft wahr. Sein gleitender Gang war verblüffend flink gewesen, war aber nichts gegen das Tempo, das er jetzt vorlegte, da der weiße Fleck, den er entdeckt hatte, vor ihm hersprang.

Sie rannten einen schmalen Hohlweg entlang, der auf beiden Seiten von jungen Fichten gesäumt war. Durch die Bäume konnte man das Ende des Weges erkennen, der in eine mondbeschienene Lichtung mündete. Der alte Einäugige holte die fliehende weiße Gestalt rasch ein; jeder Satz brachte ihn ihr näher. Nun hatte er sie. Noch ein Sprung und seine Zähne hätten zugepackt. Doch zu diesem Sprung sollte es nicht kommen. Denn hoch oben, unmittelbar über ihm, schwebte plötzlich das weiße Ding, ein zappelnder Schneeschuhhase, der dort über ihm in der Luft hüpfend und springend einen wilden Tanz aufführte und dabei kein einziges Mal den Boden berührte.

Einauge wich mit ängstlichem Schnauben zurück, kauerte sich in den Schnee und knurrte das unerklärliche, Furcht erregende Ding drohend an. Die Wölfin aber drängte sich kaltblütig an ihm vorbei, verharrte einen Augenblick und setzte dann zum Sprung auf den zappelnden Hasen an. Sie sprang hoch empor, aber nicht so hoch wie die Beute, und ihre Zähne klappten leer und mit einem metallischen Klang aufeinander. Sie unternahm einen weiteren Versuch und dann noch einen.

Ihr Gefährte hatte sich langsam aus seiner kauernden Haltung erhoben und beobachtete sie. Ihre wiederholten Fehlschläge missfielen ihm sichtlich und er machte selbst einen mächtigen Satz in die Höhe. Tatsächlich packte er den Hasen mit den Zähnen und zog ihn zu Boden. Doch im selben Moment vernahm er neben sich ein verdächtiges Rascheln, und erstaunt sah er ein junges Bäumchen sich herabneigen, als wolle es ihn schlagen. Er ließ die Beute fahren und sprang zurück, um dieser seltsamen Gefahr zu entkommen; die Lefzen bis zum Äußersten hochgezogen, mit kehligem Knurren und jedes Haar vor Angst und Wut gesträubt. Plötzlich stand das Bäumchen wieder aufrecht und der Hase tanzte von Neuem in der Luft.

Die Wölfin war wütend. Sie biss ihren Gefährten tadelnd in die Schulter. Erschrocken und ohne sich diesen unerwarteten Angriff erklären zu können, schnappte er vehement zurück, bekam noch größere Angst und riss eine Seite ihrer Schnauze auf. Sie erschrak genauso, sie war es nicht gewohnt, dass er sich einer Zurechtweisung widersetzte, und stürzte sich unwillig knurrend auf ihn. Er erkannte seinen Fehler und versuchte, sie zu besänftigen. Aber sie fuhr fort, ihn gründlich zu malträtieren, bis er jeglichen Besänftigungsversuch aufgab, sich mit abgewandtem Kopf im Kreis drehte und seine Schultern ihren Zähnen preisgab.

Der Hase tanzte unterdessen über ihnen in der Luft. Die Wölfin ließ sich im Schnee nieder, und der alte Einäugige, der vor seiner Gefährtin nun mehr Angst hatte als vor dem geheimnisvollen jungen Bäumchen, setzte erneut zum Sprung auf den Hasen an. Als er ihn diesmal mit den Zähnen packte, behielt er das Bäumchen genau im Auge. Wie zuvor folgte es ihm zu Boden. Mit gesträubtem Fell duckte er sich vor dem drohenden Schlag, umklammerte den Hasen jedoch weiterhin fest mit den Zähnen. Aber der Schlag erfolgte nicht, das Bäumchen blieb nur über ihn gebeugt. Wenn er sich regte, regte sich das Bäumchen auch, und er knurrte es durch die zusammengebissenen Zähne an; verharrte er still, verharrte es ebenfalls still – er schloss daraus, dass es sicherer wäre, stillzuhalten, obgleich das warme Blut des Hasen in seinem Maul verlockend gut schmeckte.

Da befreite ihn seine Gefährtin aus der Zwickmühle, in der er sich befand. Sie nahm ihm den Hasen weg, und während das Bäumchen über ihr schwankte und bedrohlich raschelte, biss sie dem Tier seelenruhig den Kopf ab. Das Bäumchen schnellte auf der Stelle in die Höhe und verursachte fortan keine Unannehmlichkeiten mehr, es verharrte in der schicklichen, aufrechten Position, die die Natur ihm vorgegeben hatte. Daraufhin verschlangen die Wölfin und Einauge gemeinsam die Beute, die das rätselhafte Bäumchen für sie gefangen hatte.

Es gab noch weitere Hohlwege, wo Hasen in der Luft zappelten, und das Wolfspaar spürte einen nach dem anderen auf. Die Wölfin übernahm dabei die Führung, Einauge folgte ihr aufmerksam und lernte, wie man Schlingen ausraubt – eine Fähigkeit, die ihm in Zukunft noch gute Dienste leisten sollte.

KAPITEL 2

## Die Höhle

Zwei Tage lang blieben die Wölfin und Einauge in der Nähe des Indianerlagers. Er war misstrauisch und furchtsam, doch seine Gefährtin fühlte sich von dem Lager magisch angezogen und war unwillig weiterzuziehen. Als aber eines Morgens die Luft über ihnen vom Knall eines Gewehrs zerrissen wurde und eine Kugel wenige Zentimeter vom Kopf des Einäugigen entfernt in einen Baumstamm einschlug, zögerten sie nicht länger, sondern verfielen in einen langen, weitausholenden Trab, der sie rasch meilenweit von der Gefahr entfernte.

Sie gingen nicht weit – nur wenige Tagesmärsche. Das Bedürfnis der Wölfin, das zu finden, wonach sie suchte, war inzwischen überwältigend geworden. Sie wurde sehr schwerfällig und konnte nur langsam laufen. Als sie einmal ein Kaninchen jagte, das sie normalerweise mit Leichtigkeit gefangen hätte, gab sie mittendrin auf und legte sich nieder, um zu ruhen. Einauge kam zu ihr; aber als er ihren Hals sanft mit der Schnauze berührte, schnappte sie so schnell und wild nach ihm, dass er bei seinem Bemühen, ihren Zähnen auszuweichen, einen Purzelbaum schlug und eine lächerliche Figur abgab. Sie war jetzt ungehaltener als je zuvor, doch er war geduldiger geworden und fürsorglicher als je.

Schließlich fand sie, wonach sie suchte. Es war wenige Meilen flussaufwärts an einem kleinen Wasserlauf, der im Sommer in den Mackenzie strömte, nun aber bis zum Grund seines Felsenbettes zugefroren war und von der Quelle bis zur Mündung starr und weiß dalag. Die Wölfin trottete erschöpft vor sich hin und ihr Gefährte war ihr ein gehöriges Stück voraus, als sie an das überhängende, steile Lehmufer gelangte. Sie wandte sich zur Seite und trabte hinüber. Frühlingsstürme und die Schneeschmelze hatten das Ufer unterwaschen und an einer Stelle eine enge Spalte in eine kleine Höhle verwandelt.

Am Eingang der Höhle hielt sie inne und blickte die Böschung prüfend an. Dann lief sie zuerst auf der einen Seite, dann auf der anderen am Fuß der Böschung entlang, bis dorthin, wo die flachere Landschaft steil zum Ufer abfiel. Sie kehrte zur Höhle zurück und kroch in die enge Öffnung. Sie musste sich nur einen Meter hineinzwängen, dann wichen die Felswände zurück und bildeten höher aufsteigend einen kleinen, runden Raum mit einem Durchmesser von nahezu einem Meter achtzig. Die Decke war dicht über ihrem Kopf. Es war trocken und behaglich. Sie inspizierte den Raum akribisch, während Einauge, der zu ihr zurückgelaufen war, am Eingang stand und sie geduldig beobachtete. Sie senkte den Kopf, hielt die Nase dicht am Boden und drehte sich mehrere Male um sich selbst; schließlich rollte sie sich mit einem müden Seufzer, der fast wie ein Grunzen klang, zusammen, streckte die Beine aus und legte sich mit dem Kopf zum Eingang hin nieder. Einauge blickte sie mit aufmerksam gespitzten Ohren freundlich an, sie konnte gegen das helle Licht sehen, wie er gutmütig mit dem Schwanz wedelte. Sie ließ ihre Ohren einen Augenblick lang bequem hängen, öffnete das Maul, ließ ihre Zunge friedfertig heraushängen und bekundete auf diese Weise, dass sie zufrieden war und sich wohlfühlte.

Einauge war hungrig. Zwar legte er sich vor dem Eingang zum Schlafen nieder, doch sein Schlaf war unruhig. Er wachte immer wieder auf und spitzte die Ohren in Richtung der hellen Welt draußen, wo die Aprilsonne warm auf den Schnee schien. Wenn er wieder eindöste, drang das schwache Wispern von unsichtbar tröpfelndem Schmelzwasser an sein Ohr, dann fuhr er auf und lauschte gespannt. Die Sonne war wiedergekehrt, und das gesamte erwachende Nordland sandte seinen verlockenden Ruf aus. Leben regte sich. Das Gefühl des Frühlings lag in der Luft, das Gefühl von unter dem Schnee heranwachsendem Leben, von Saft, der in den Bäumen aufsteigt, und von Knospen, die die Bande des Frosts durchbrechen.

Er warf seiner Gefährtin unruhige Blicke zu, doch sie machte keinerlei Anstalten, sich zu erheben. Er sah nach draußen, und ein halbes Dutzend auffliegender Schneehühner versperrte ihm die Sicht. Er sprang auf, blickte nach der Gefährtin hin, legte sich wieder nieder und döste weiter. Er vernahm ein durchdringendes, feines Surren. Er fuhr ein paar Mal schläfrig mit der Pfote über die Nase. Dann wachte er vollends auf. Direkt über seiner Nasenspitze summte eine einsame Mücke. Es war eine ausgewachsene Mücke, die den ganzen Winter hindurch in einem trockenen Stück Holz gelegen hatte und nun von der Sonne aufgetaut worden war. Da konnte er dem Ruf der Natur nicht länger widerstehen und außerdem war er hungrig.

Er kroch zu der Wölfin und versuchte, sie zum Aufstehen zu bewegen. Doch sie knurrte ihn nur an, deshalb ging er allein in den hellen Sonnenschein hinaus, wo er feststellen musste, dass der Schnee an der Oberfläche weich und das Vorwärtskommen beschwerlich war. Er lief aufwärts am gefrorenen Flussbett entlang, dort war der Schnee im Schatten der Bäume noch hart und kristallen. Er blieb acht Stunden fort, und als er in der Dunkelheit zurückkam, war er noch hungriger als zuvor. Zwar hatte er Wild aufgespürt, aber nichts gefangen. Er war in der schmelzenden Schneekruste eingebrochen und im Schmutz gelandet, die Schneeschuhhasen hingegen waren leichtfüßig wie eh und je über den Schnee gesprungen.

Am Eingang der Höhle blieb er plötzlich misstrauisch stehen. Aus ihrem Innern ertönten schwache, seltsame Laute. Diese Laute kamen nicht von seiner Gefährtin, trotzdem klangen sie ihm vage vertraut. Er legte sich auf den Bauch, kroch vorsichtig hinein und wurde von der Wölfin mit einem warnenden Knurren begrüßt. Er ließ sich davon nicht beirren, obgleich er gehorsam gebührenden Abstand hielt, denn die seltsamen Laute faszinierten ihn – sie klangen wie ein schwaches, halberstickte Schluchzen und Gesabber.

Die Wölfin vertrieb ihn gereizt, und so rollte er sich am Eingang zusammen und schlief. Als der Morgen anbrach und ein schwaches Licht in die Höhle drang, versuchte er abermals, herauszufinden, woher die vage vertrauten Laute kamen. In dem warnenden Knurren seiner Gefährtin schwang ein neuer Unterton, der sich wie Eifersucht anhörte, er war deshalb sorgsam darauf bedacht, respektvollen Abstand zu halten. Trotzdem erkannte er entlang ihres Körpers unter ihren Beinen fünf sonderbare, lebendige winzige Bündel, die sehr schwach und hilflos schienen und leise winselten, und deren Augen dem Licht nicht geöffnet waren. Er war überrascht. Es war nicht das erste Mal im Laufe seines langen und erfolgreich bewältigten Lebens, dass sich Derartiges ereignete. Er hatte es schon viele Male erlebt, aber jedes Mal hatte er es als Überraschung empfunden. Die Wölfin beobachtete ihn besorgt. Hin und wieder ließ sie ein leises Grollen hören, das jedes Mal, wenn er ihr scheinbar zu nahe kam, in ihrer Kehle zu einem scharfen Knurren anstieg. Aus eigener Erfahrung hatte sie keine Erinnerung an ein derartiges Ereignis; aber ihr Instinkt, der auf der Erfahrung aller Wolfsmütter beruhte, sagte ihr, dass es Wolfsväter gegeben hatte, die ihre neugeborene, hilflose Nachkommenschaft aufgefressen hatten. Dieser Instinkt erzeugte eine tiefe Furcht in ihr, deshalb ließ sie es nicht zu, dass Einauge den Jungen, die er gezeugt hatte, zu nahe kam.

In diesem Fall bestand jedoch keine Gefahr. Der alte Einäugige folgte einem Trieb, der wiederum einem Instinkt entsprach, der ihm von allen Wolfsvätern überliefert worden war. Er hinterfragte das Ereignis nicht, er rätselte auch nicht darüber. Der Trieb war da, in jeder Faser seines Wesens, und es war die natürlichste Sache der Welt, ihm zu gehorchen, indem er seiner neugeborenen Familie den Rücken kehrte und sich auf die Jagd nach Nahrung für sich und die Seinen begab.

Acht oder neun Kilometer von der Höhle aufwärts teilte sich der Strom, und die Gabelung führte im rechten Winkel bis in die Berge. Er folgte dem linken Flussarm und stieß auf eine frische Fährte. Er beschnüffelte sie und fand sie so frisch, dass er sich eilig niederkauerte und in die Richtung spähte, in der sie sich verlor. Dann kehrte er bedächtig um und lief den rechten Flussarm entlang. Die Fußspuren, die er gesehen hatte, waren wesentlich größer als seine eigenen, und er wusste, dass die Verfolgung der Fährte ihm nur wenig Fleisch einbringen würde.

Nach einer halben Meile flussaufwärts vernahmen seine scharfen Ohren das Geräusch nagender Zähne. Er pirschte sich heran und entdeckte ein Stachelschwein, das aufrecht an einem Baum stand und dessen Rinde mit den Zähnen bearbeitete. Einauge schlich sich vorsichtig und aussichtslos an. Er kannte diese Tierart, obwohl sie ihm so weit nördlich noch nie begegnet war, und ein Stachelschwein hatte ihm im Verlauf seines langen Lebens noch nie als Mahl gedient. Er wusste aber seit langem, dass es so etwas wie einen glücklichen Zufall oder eine günstige Gelegenheit gab, und schlich sich näher heran. Schließlich konnte man nie wissen, was geschehen würde, denn sobald lebendige Wesen im Spiel waren, geschah alles immer irgendwie anders als erwartet.

Das Stachelschwein rollte sich zu einer Kugel zusammen und stellte die langen, scharfen Stacheln in alle Richtungen auf, um einem Angriff zu trotzen. In seiner Jugend war Einauge einer solchen, scheinbar regungslosen Kugel aus Stacheln einmal mit der Nase zu nahe gekommen, und plötzlich war ihm der Schwanz des Tiers ins Gesicht geschossen. Ein Stachel war in seiner Schnauze steckengeblieben, wo er wochenlang wie Feuer gebrannt hatte, bis er endlich herauseiterte. Also kauerte er sich in bequemer Stellung nieder, die Nase gut einen halben Meter vom Schwanz des Tiers entfernt. Er wartete bewegungslos. Man konnte nie wissen. Das Stachelschwein könnte sich aufrollen, und dann ergäbe sich vielleicht die Gelegenheit, ihm rasch und derb die Krallen in den weichen, ungeschützten Bauch zu schlagen.

Nachdem eine halbe Stunde vergangen war, erhob er sich, knurrte die regungslose Kugel zornig an und trottete weiter. Er hatte zu oft vergeblich darauf gewartet, bis Stachelschweine sich aufrollen, um noch weiter Zeit zu vergeuden zu wollen. Er folgte dem rechten Flusslauf. Aber der Tag schwand dahin und bescherte ihm keine erfolgreiche Jagd.

Der erwachte Vaterinstinkt löste einen machtvollen Trieb in ihm aus. Er musste Fleisch auftreiben. Am Nachmittag stolperte er über ein Schneehuhn. Er kam gerade aus dem Dickicht und sah sich mit einem Mal von Angesicht zu Angesicht dem einfältigen Vogel gegenüber. Er saß auf einem umgefallenen Baumstamm, keine dreißig Zentimeter von seiner Nase entfernt. Sie blickten sich an und der Vogel fuhr erschrocken auf, doch Einauge schlug mit der Pfote nach ihm, warf ihn zu Boden, sprang auf das Tier und packte es mit den Zähnen, als es beim Versuch aufzufliegen über den Schnee trippelte. Als seine Zähne in das zarte Fleisch und die zerbrechlichen Knochen drangen, begann er automatisch zu fressen. Dann besann er sich, kehrte um und lief heim, das Schneehuhn im Maul tragend.

Wie gewöhnlich lief er wie ein gleitender Schatten auf Samtpfoten dahin und hielt bei jeder Biegung des Wegs sorgfältig Ausschau. Eine Meile vor der Flussgabelung stieß er auf frische Abdrücke der großen Fußspuren, die er am frühen Morgen entdeckt hatte. Sie führten seinen Weg entlang, und so folgte er ihnen in der Erwartung, an jeder Biegung des Flusses dem Tier zu begegnen, das die Spuren hinterlassen hatte.

Er schob den Kopf um einen Felsvorsprung, an dem eine ungewöhnlich langgezogene Biegung des Flusses begann. Da erspähte sein schnelles Auge etwas, das ihn rasch niederducken ließ. Es war der Verursacher jener Spuren, ein großer weiblicher Luchs. Die Luchsin kauerte vor einer dichten Kugel aus Stacheln, gerade so wie er früher am Tag. War er vorher wie ein Schatten dahingeglitten, verwandelte er sich jetzt in den Geist eines solchen, so behutsam kroch er näher, immer von der Seite gegen den Wind, bis er dicht an das regungslose, lautlose Paar herangekommen war. Er legte das Schneehuhn neben sich in den Schnee und duckte sich nieder. Dann spähte er durch die Zweige einer niedrigen Tanne auf das Schauspiel vor sich: den lauernden Luchs und das lauernde Stachelschwein, die sich beide an das Leben klammerten. Und das Seltsame an dem Schauspiel war, dass für den einen das Leben darin bestand, den anderen zu verspeisen, und für den anderen, nicht verspeist zu werden. Der alte Einäugige, der kauernde Wolf, spielte in dem Schauspiel ebenfalls eine Rolle, denn er rechnete auf einen glücklichen Zufall, der ihm auf der Jagd nach Beute, die für ihn gleichfalls Leben bedeutete, behilflich sein könnte.

Eine halbe Stunde verstrich, eine ganze, und nichts ereignete sich. Die stachlige Kugel hätte aus Stein sein können, so wenig bewegte sie sich, der Luchs hätte zu Marmor erstarrt, der alte Einäugige tot sein können. Dennoch pulsierte angespanntes Leben in allen drei Tieren, so angespannt, dass es nahezu schmerzte, sie hatten sich selten lebendiger gefühlt als während der scheinbaren Versteinerung.

Einauge machte eine leichte Bewegung und spähte mit wachsender Spannung. Jetzt geschah etwas. Das Stachelschwein war endlich zu dem Schluss gekommen, dass der Feind fort war. Langsam und vorsichtig rollte es den undurchdringlichen Panzer auf. Nicht die leiseste Vorahnung warnte es. Die stachlige Kugel streckte sich sehr langsam und dehnte sich in die Länge. Einauge starrte wie gebannt, das Wasser lief ihm plötzlich im Maul zusammen, gegen seinen Willen tropfte der Speichel herab, ausgelöst durch das lebendige Fleisch, das sich wie eine Mahlzeit vor ihm ausbreitete.

Das Stachelschwein hatte sich noch nicht zur Gänze aufgerollt, da erblickte es seinen Feind. In diesem Augenblick schlug der Luchs zu. Der Angriff war wie ein Blitzschlag. Die Pfote mit den ausgefahrenen Klauen, die sich wie Krallen krümmten, schoss in den weichen Bauch und wurde mit einer flinken, reißenden Bewegung wieder zurückgezogen. Wäre das Stachelschwein ganz aufgerollt gewesen oder hätte es den Feind nicht den Bruchteil einer Sekunde vor dem Schlag entdeckt, wäre die Pfote unversehrt geblieben, doch beim Zurückziehen trieb ein seitlicher Schlag des Schwanzes spitze Stacheln in sie.

Alles war gleichzeitig geschehen – der Hieb, der Gegenschlag, der Schmerzensschrei des Stachelschweins und das Gebrüll der großen Katze, die verwundet und erstaunt aufheulte. In seiner Aufregung erhob sich Einauge halb, die Ohren gespitzt, der Schwanz steif und bebend. Der Schmerz der Luchsin ließ sie jede Vorsicht vergessen. Wütend sprang sie auf das Geschöpf los, das sie verletzt hatte. Aber das grunzende, quiekende Stachelschwein, das wegen seines aufgeschlitzten Bauches vergeblich versuchte, sich zu einer wehrhaften Kugel zusammenzurollen, hieb mit dem Schwanz nach der großen Katze, die abermals vor Schmerz und Schreck aufheulte. Die Luchsin wich prustend zurück, ihre Nase war voller Stacheln und sah wie ein riesiges Nadelkissen aus. Sie fuhr mit den Pfoten darüber, um die brennenden Pfeile loszuwerden, stieß die Nase in den Schnee und rieb sich an Ästen und Zweigen, wobei sie in rasendem Schmerz und vor Angst fortwährend vorwärts und seitwärts, auf und ab umhersprang.

Sie nieste immerfort, der kurze Schwanz peitschte mit raschen heftigen

Bewegungen hin und her, um Hiebe auszuteilen. Plötzlich stellte sie die Eskapaden ein und legte sich eine Weile ruhig hin. Einauge beobachtete sie. Er fuhr erschreckt zusammen und seine Nackenhaare sträubten sich unwillkürlich, als sie mit einem Mal unvermutet hoch in die Luft sprang und gleichzeitig einen langen, gellenden Schrei ausstieß. Dann sprang sie davon, den Weg hinauf, und heulte bei jedem Satz laut auf.

Einauge wartete, bis sich das Gebrüll der Luchsin in der Ferne verlor und schließlich erstarb. Erst dann wagte er es, sich dem Stachelschwein zu nähern. Er setzte die Pfoten so vorsichtig in den Schnee, als wäre dieser mit Stacheln übersät, die herausragen und in seine weichen Ballen dringen könnten. Das Stachelschwein reagierte auf sein Herannahen mit wütendem Gequieke und schlug drohend die langen Zähne zusammen. Es war ihm gelungen, sich erneut zu einer Kugel zusammenzurollen, die allerdings nicht sonderlich kompakt war, dazu waren seine Muskeln zu sehr zerrissen. Das Tier war fast halbiert worden und blutete immer noch stark. Einauge biss in den blutgetränkten Schnee und löste Stücke heraus, die er kaute, schmeckte und verschlang. Diese Kostprobe steigerte seinen Hunger enorm, er war jedoch schon zu lange auf der Welt, um seine Vorsicht zu vergessen. Er wartete. Er legte sich hin und wartete, während das Stachelschwein mit den Zähnen knirschte, stöhnte und grunzte und gelegentlich helle Quieklaute von sich gab. Nach einer Weile bemerkte Einohr, dass die Stacheln herabhingen und dass das Stachelschwein am ganzen Körper stark zitterte. Plötzlich hörte das Zittern auf. Die langen Zähne klappten noch einmal herausfordern zusammen, dann sanken die Stacheln vollends herab, der Körper entspannte sich und bewegte sich nicht mehr. Ängstlich und zögernd streckte Einohr das Stachelschwein seiner vollen Länge nach mit der Pfote aus und drehte es auf den Rücken. Nichts geschah, es war also sicher tot. Er betrachtete es einen Moment lang eingehend, dann packte er es vorsichtig mit den Zähnen und trabte damit den Fluss hinunter, indem er es teils schleppte, teils trug und dabei den Kopf zur Seite drehte, um nicht auf die Stacheln zu treten. Dann besann er sich auf etwas, ließ die Beute fallen und lief zu der Stelle zurück, an der er das Schneehuhn gelassen hatte. Er zögerte keinen Augenblick. Er wusste genau, was zu tun war, und führte es aus, indem er das Schneehuhn unverzüglich auffraß. Dann kehrte er zurück und nahm seine Last wieder auf. Als er die Jagdbeute des Tages in die Höhle schleppte, besah die Wölfin sie genau, dann drehte sie ihm die Schnauze zu und leckte ihn sanft am Hals. Das Knurren, mit dem sie ihn einen Augenblick später von den Jungen wegscheuchte, war weniger scharf als bisher, es klang mehr entschuldigend als drohend. Ihre instinktive Furcht vor dem Vater ihrer Nachkommenschaft legte sich allmählich. Schließlich verhielt er sich wie ein vorbildlicher Wolfsvater und zeigte kein ruchloses Verlangen, das junge Leben zu verschlingen, das sie in die Welt gesetzt hatte.

## KAPITEL 3

# Das graue Junge

Es war anders als seine Brüder und Schwestern. Deren Fell zeigte bereits den rötlichen, von der Mutter geerbten Schimmer, während es als einziges auffallend seinem Vater glich. Es war das einzige graue Junge in dem Wurf. Es vertrat die reine Wolfslinie, im Äußeren war es ein echter Sohn des alten Einäugigen, mit dem einen Unterschied, dass es zwei Augen hatte statt nur eines wie sein Vater.

Die Augen des grauen Jungen waren noch nicht lange offen, da konnte es schon mit großer Deutlichkeit sehen. Und als sie noch geschlossen waren, hatte es gefühlt, gerochen und geschmeckt. Es kannte seine beiden Brüder und seine beiden Schwestern sehr genau. Es hatte schon angefangen, linkisch und spielerisch mit ihnen herumzutollen, ja sogar sich mit ihnen zu zanken, und wenn es dabei wütend wurde, vibrierte in seiner kleinen Kehle ein drolliger, rasselnder Ton, der später zum Knurren werden sollte. Und lange bevor sich seine Augen geöffnet hatten, lernte es, seine Mutter durch Berührung, Geschmack und Geruch zu erkennen – eine Quelle von Wärme, flüssiger Nahrung und Zärtlichkeit. Sie hatte eine sanfte, liebkosende Zunge, die es beruhigte, wenn sie über seinen kleinen weichen Körper glitt, und die es veranlasste, sich dicht an sie zu schmiegen und einzuschlummern.

Die ersten vier Wochen seines Daseins hatte es deshalb größtenteils schlafend verbracht; aber jetzt konnte es recht gut sehen, blieb länger wach und lernte die Welt kennen, die es umgab. Diese Welt war düster, doch das wusste der kleine Wolf nicht, denn er kannte keine andere. Sie war nur schwach erleuchtet, aber seine Augen hatten sich niemals an ein anderes Licht gewöhnen müssen. Seine Welt war sehr klein, ihr Ende bildeten die Wände der Höhle, aber da er keine Kenntnis von der großen Welt hatte, bedrückten ihn die engen Grenzen seiner Existenz niemals.

Schon früh hatte er herausgefunden, dass eine Wand seiner Welt anders war als die übrigen. Dies war der Eingang zur Höhle und die Quelle des Lichts. Dass sie sich von den anderen Wänden unterschied, hatte er entdeckt, lange bevor er irgendwelche eigenen Gedanken oder bewusste Willensregungen entwickelte. Noch bevor er seine Augen öffnete und sie anblickte, hatte diese Wand eine unwiderstehliche Anziehungskraft auf ihn ausgeübt. Das Licht, das von ihr ausging, war an seine verschlossenen Lider gedrungen; Augen und Sehnerven hatten seltsam angenehme Empfindungen verspürt, wenn sie von kleinen, funkenartigen Lichtstrahlen und warmen Farben getroffen wurden. Das Leben in seinem Körper und in jeder Faser seines Körpers, das Leben, das den eigentlichen Kern seines Seins ausmachte und unabhängig von seinem Bewusstsein war, dieses Leben hatte sich nach dem Licht gesehnt und seinen Körper in genau der gleichen Weise dahin getrieben, wie die ausgeklügelte Chemie einer Pflanze selbige zur Sonne drängt.

Von Anfang an, noch ehe sein Bewusstsein zu dämmern begann, war er zum Eingang der Höhle gekrochen. In diesem Punkt war er mit seinen Geschwistern einig. Keines der Jungen war jemals zu den dunklen Winkeln der rückwärtigen Wand gekrochen. Das Licht zog sie an, als wären sie Pflanzen; die chemischen Bestandteile, die Leben in ihnen erzeugten, verlangten nach Licht als einer Notwendigkeit des Daseins; und ihre kleinen, puppenartigen Körper suchten dessen Nähe wie die Ranken eines Weinstocks. Später, als jedes von ihnen Persönlichkeit, eigene Vorlieben und Antriebe entwickelte, wurde die Anziehungskraft des Lichts immer stärker. Sie krochen und taumelten stets in seine Richtung und wurden stets von der Mutter zurückgetrieben.

Dadurch erfuhr das graue Junge, dass seine Mutter außer der weichen, wohltuenden Zunge noch andere Eigenschaften hatte. Bei seinem ständigen Streben nach dem Licht entdeckte es an ihr eine Nase, die ihm durch einen unsanften Stoß einen Verweis erteilte, und später auch eine Pfote, die ihn mit einem raschen, wohlgezielten Hieb zu Boden drückte oder auf den Rücken rollte. Auf diese Weise lernte es den Schmerz kennen, vor allem aber, wie man ihn vermied: zum einen, indem man ihn nicht heraufbeschwor, zum anderen, wenn man ihn doch heraufbeschworen hatte, wie man seitwärts oder rückwärts auswich. Dies waren bewusste Vorgänge und das Ergebnis seines ersten Versuchs, die Welt auf eine allgemeine Formel zu bringen. Vorher war es vor dem Schmerz automatisch zurückgeschreckt, genauso wie es automatisch zum Licht gekrochen war. Nun wich es vor dem Schmerz zurück, weil es *wusste*, dass es Schmerz war.

Er war ein wilder Welpe und seine Geschwister waren es gleichfalls. Das war zu erwarten gewesen. Er war ein fleischfressendes Tier. Er stammte von Raubtieren und Fleischfressern ab. Sein Vater und seine Mutter ernährten sich ausschließlich von Fleisch. Die Milch, die er zu Beginn seines aufflackernden Lebens gesaugt hatte, hatte sich aus Fleisch gebildet, und nun, im Alter von einem Monat und kaum eine Woche, nachdem sich seine Augen geöffnet hatten, fing er an, selbst Fleisch zu fressen – halbverdautes, das die Wölfin für die fünf Welpen herauswürgte, weil ihre Milch für deren Nahrungsansprüche nicht mehr ausreichte.

Überdies war er der wildeste von allen kleinen Wölfen. Er konnte lauter grollen und knurren als alle anderen. Seine kleinen Wutanfälle waren schrecklicher als ihre. Er war der Erste, der lernte, wie man ein Geschwister mit einem geschickten Pfotenhieb auf den Rücken wirft. Er war es auch, der ein anderes Junges zuerst am Ohr packte, daran zog und riss und dabei durch die fest zusammengebissenen Zähne knurrte. Er war zweifellos derjenige, der seiner Mutter die meiste Mühe bereitete, wenn sie ihren Wurf vom Eingang der Höhle fernhalten wollte.

Mit jedem Tag wuchs die Faszination, die das Licht auf das graue Junge ausübte. Es begab sich ständig auf kleine Abenteuerausflüge in Richtung des Höhleneingangs und wurde ebenso häufig zurückgetrieben. Allerdings wusste es nicht, was ein Eingang war, nämlich ein Übergang, durch den man von einem Ort zum anderen gelangt. Es kannte keine anderen Orte, geschweige denn, wie man sie erreichen konnte. Für ihn war der Eingang zur Höhle eine Wand, und zwar eine Wand aus Licht. Was die Sonne für die außerhalb Lebenden war, das war diese Wand für ihn, die Sonne seiner Welt. Sie zog ihn an wie eine Kerze die Motten; es strebte unablässig danach. Die Lebenskraft, die sich so schnell in ihm ausbreitete, drängte ihn ohne Unterlass zu der Wand aus Licht. Diese Lebenskraft wusste, dass es der einzige Weg hinaus war, der Weg, den es eines Tages beschreiten würde. Es selbst wusste nichts davon. Es wusste nicht, dass es überhaupt ein Draußen gab.

Diese Wand aus Licht hatte allerdings etwas Seltsames an sich. Sein Vater – der junge Wolf hatte bereits begriffen, dass sein Vater der einzige weitere Bewohner seiner Welt war, ein ähnliches Wesen wie seine Mutter, das nahe am Licht schlief und Fleisch brachte – sein Vater hatte die sonderbare Gewohnheit, mitten durch die weiße ferne Wand zu gehen und zu verschwinden. Das verstand der graue Welpe nicht. Zwar erlaubte ihm die Mutter nie, sich jener Wand zu nähern, doch er war den anderen Wänden nahe gekommen und war mit der Nasenspitze auf ein hartes Hindernis gestoßen. Das tat weh. Also ließ er die Wände nach mehreren Abenteuern dieser Art in Ruhe. Ohne darüber nachzudenken, hielt er irgendwann das Verschwinden des Vaters durch die Wand für eine Eigentümlichkeit von ihm, so wie Milch und halbverdautes Fleisch Eigentümlichkeiten seiner Mutter waren.

Übrigens dachte der kleine Wolf im Allgemeinen nicht viel nach, zumindest nicht so, wie Menschen es gewöhnlich tun. Sein Gehirn arbeitete in unklarer Weise. Trotzdem kam er zu Schlussfolgerungen, die ebenso scharf und richtig waren wie jene, die Menschen vollbringen. Er nahm die Dinge hin, ohne das Warum und Wozu zu hinterfragen. Eigentlich war das bereits eine Einstufung. Er kümmerte sich nie darum, *warum* etwas geschah. Ihm genügte die Erkenntnis, *wie* es geschah. Als er daher mehrmals mit der Nase gegen die rückwärtige Wand gestoßen war, sah er ein, dass er durch Mauern nicht verschwinden konnte. Gleichzeitig fand er sich damit ab, dass sein Vater sehr wohl dazu in der Lage war. Aber der Wunsch, den Unterschied zwischen sich und dem Vater herauszufinden, quälte ihn nicht im mindesten. Logik und Physik gehörten nicht zur Ausstaffierung seines Gehirns.

Er lernte früh, was Hunger ist – wie die meisten Geschöpfe der Wildnis. Es kam eine Zeit, in der nicht nur der Nachschub an Fleisch versiegte, sondern auch die Milch in den Zitzen der Mutter. Anfangs winselten und

jaulten die kleinen Wölfe, obwohl sie meistens ohnehin schliefen. Es dauerte nicht lange, bis sie vor Hunger in eine Art Koma fielen. Nun gab es keine Balgereien mehr, kein Gezänke, keinen kleinen Wutanfall, keinen Versuch zu knurren; und kleine Abenteuerausflüge zu der fernen weißen Wand fanden überhaupt nicht mehr statt. Die Jungen schliefen, während das Leben in ihnen nur schwach glimmte und allmählich niedersank.
Einauge war verzweifelt. Er unternahm weite Streifzüge und schlief nur noch wenig vor der Höhle, in der die Atmosphäre elend und trübselig geworden war. Die Wölfin verließ ihren Wurf und begab sich ebenfalls auf Nahrungssuche. In den ersten Tagen nach der Geburt der Jungen war Einauge mehrmals zum Indianerlager zurückgelaufen und hatte Kaninchen aus den Schlingen geraubt, als aber die Schneeschmelze einsetzte und die Ströme auftauten, waren die Indianer weitergezogen, daher war ihm diese Nahrungsquelle nun verwehrt.
Als das graue Junge wieder zu sich kam und abermals Interesse an der fernen weißen Wand zeigte, stellte es fest, dass die Bewohner seiner Welt weniger geworden waren. Ihm blieb nur eine Schwester, alle anderen waren fort. Als es kräftiger wurde, war es gezwungen, allein zu spielen, denn seine Schwester lief nicht mehr herum, sie hob nicht einmal mehr den Kopf. Sein kleiner Körper wurde runder durch das Fleisch, das er bekam; aber für seine Schwester war die Nahrung zu spät gekommen. Sie schlief nur noch, ein winziges Skelett aus Haut und Knochen, in dem die Lebensflamme schwach und schwächer flackerte und schließlich verlosch.
Dann kam eine Zeit, in der das graue Junge den Vater in der Wand nicht mehr erscheinen und verschwinden sah, er legte sich auch nicht mehr am Höhleneingang zum Schlafen nieder. Dies geschah am Ende einer zweiten, weniger harten Hungersnot. Die Wölfin wusste, warum Einauge nicht zurückgekommen war, sie konnte ihrem Jungen aber nicht mitteilen, was sie gesehen hatte. Einmal war sie auf der Jagd dem linken Flussarm gefolgt, und dort, wo die Luchsin lebte, war sie auf eine einen Tag alte Spur von Einauge gestoßen. Und am Ende dieser Spur fand sie ihn, oder besser gesagt, was von ihm übrig war. Es gab viele Zeichen des Kampfes, der ausgefochten worden war, und von der Luchsin, die sich

nach dem errungenen Sieg in ihre Höhle zurückgezogen hatte. Die Wölfin hatte die Höhle entdeckt, bevor sie umkehrte, aber da alle Anzeichen dafür sprachen, dass sich die Luchsin darin befand, hatte sie sich nicht hineingewagt.

Von da an mied die Wölfin den linken Flussarm auf ihren Jagdzügen. Sie wusste, dass in der Höhle der Luchsin ein Wurf Junge lag, und sie wusste auch, dass Luchse grimmige, leicht reizbare Geschöpfe und grausame Kämpfer sind. Für ein halbes Dutzend Wölfe war es zwar ein Leichtes, einen fauchenden, zornigen Luchs einen Baum hinaufzujagen, doch eine Begegnung zwischen einem einzelnen Wolf und einem Luchs war eine gänzlich andere Sache – besonders, wenn der Luchs eine Handvoll hungriger Jungen zu versorgen hatte.

Aber Wildnis bleibt Wildnis, und Mutterschaft bleibt Mutterschaft. Ob in oder außerhalb der Wildnis, eine Mutter wird ihre Kinder immer schützen und verteidigen. Es sollte eine Zeit kommen, in der sich die Wölfin dem grauen Jungen zuliebe an den linken Flusslauf wagte, hin zur Höhle in den Felsen und zur zornigen Luchsin.

KAPITEL 4

# Die Grenze zur Außenwelt

Als die Wölfin anfing, die Höhle für Jagdzüge zu verlassen, hatte das Junge das Verbot, sich dem Eingang zu nähern, längst verinnerlicht. Es war ihm nicht nur von der mütterlichen Nase und Pfote oftmals nachdrücklich eingeschärft worden, auch in ihm selbst hatte sich eine instinktive Furcht entwickelt. Bisher war ihm während seines kurzen Daseins in der Höhle noch nie irgendetwas begegnet, vor dem es hätte Angst haben müssen. Doch es war eine angeborene Furcht, vererbt von lange zurückreichenden, Abertausenden von Vorfahren. Es war ein direktes Erbe von Einauge und der Wölfin, und beide hatten es ihrerseits von all den Wolfsgenerationen geerbt, die vor ihnen gelebt hatten. Die Furcht war ein Vermächtnis der Wildnis, dem sich kein Tier entziehen konnte, sie ließ sich selbst gegen einen Teller Linsen nicht tauschen.*

Das graue Junge kannte also bereits die Furcht, ohne zu wissen, was sie eigentlich bedeutete. Vielleicht betrachtete es sie als eine Einschränkung des Lebens, denn es hatte bereits gelernt, dass es solche Einschränkungen gab. Dazu zählte beispielsweise Hunger; der kleine Wolf empfand es als Einschränkung, wenn er seinen Hunger nicht stillen konnte. Die unnachgiebigen Wände der Höhle, der unsanfte Stoß der mütterlichen Nase, der herrische Schlag ihrer Pfote – all diese Dinge hatten ihm gezeigt, dass die Welt nicht nur aus Freiheit bestand, sondern dass das Leben auch Einschränkungen und Hemmnisse bereithielt. Diese Einschränkungen und Hemmnisse waren Gesetze. Gehorchte man ihnen, entging man dem Schmerz und führte ein unbeschwertes Dasein.

* Anspielung auf die biblische Erzählung (Gen 25, 29–34), der zufolge Jakob seinem älteren Bruder Esau dessen Erstgeburtsrecht gegen einen Teller Linsen abkaufte. Anm. d. Ü.

Natürlich erwog er das Für und Wider einer Sache nicht wie ein Mensch. Er unterteilte die Dinge in solche, die weh taten, und in solche, die angenehm waren. Dementsprechend mied er die Dinge, die Schmerz verursachten, Einschränkungen wie Hemmnisse, um die angenehmen und einträglichen Seiten des Lebens zu genießen.

Folglich hielt er sich vom Eingang der Höhle fern, weil er zum einen dem Gebot der Mutter gehorchte und zum anderen der Furcht, diesem unerfindlichen und namenlosen Gefühl. Der Eingang blieb für ihn eine weiße Wand aus Licht. War die Mutter abwesend, schlief er die meiste Zeit; wenn er zwischendrin wach war, verhielt er sich sehr ruhig und unterdrückte den Kitzel im Hals, der sich in winselnden Tönen Luft machen wollte.

Als er eines Tages wach dalag, vernahm er in der weißen Wand ein seltsames Geräusch. Er ahnte nicht, dass dort draußen ein Vielfraß stand, der ob seiner eigenen Kühnheit zitterte und den Inhalt der Höhle vorsichtig zu erschnüffeln suchte. Er wusste nur, dass es ein unvertrautes Schnüffeln war, eines, das er noch nie gehört hatte und das darum voller Schrecken war, denn es war in erster Linie das Unbekannte, das ihm Furcht einflößte.

Das Haar auf seinem Rücken sträubte sich, und es sträubte sich lautlos. Woher wusste der kleine Wolf, dass das schnüffelnde Wesen eines war, bei dem man das Haar emporrichten sollte? Es war kein angeborenes Wissen, nur der sichtbare Ausdruck der ihm innewohnenden Furcht, für die es aus seiner Sicht keine Erklärung gab. Die Furcht war außerdem von einem weiteren Instinkt begleitet – dem, sich zu verbergen. Der Kleine war außer sich vor Schrecken, trotzdem blieb er so regungslos und still liegen, als ob er versteinert oder tot wäre. Die Wölfin knurrte, als sie zurückkam und den Vielfraß witterte. Sie eilte in die Höhle und leckte und liebkoste ihr Junges mit ungewohnter Zärtlichkeit. Und das Junge glaubte, dass es einer großen Gefahr entronnen wäre.

In dem jungen Wolf waren aber noch andere Kräfte am Werk, und die stärkste war das Wachstum. Instinkt und Naturgesetz verlangten ihm Gehorsam ab, doch sein Wachstum forderte Ungehorsam. Die Mutter und instinktive Furcht zwangen ihn, die weiße Wand zu meiden. Aber Wachstum ist Leben, und das Leben strebt von jeher nach dem Licht. Es gab keinen Damm, der die in ihm wachsende Lebenskraft hätte zurückhalten können, sie stieg mit jedem Stück Fleisch, das er fraß, mit jedem Atemzug, den er tat. Furcht und Gehorsam wurden eines Tages schließlich vom Lebensdrang hinweggefegt, und der kleine Wolf bewegte sich unsicher wackelnd und breitbeinig auf den Eingang zu.

Im Gegensatz zu anderen Wänden, mit denen er es bisher zu tun gehabt hatte, schien diese vor ihm zurückzuweichen, als er näher kam. Seine zarte kleine Nase, die er zaghaft vorstreckte, kollidierte mit keiner harten Fläche. Die Substanz der Wand war offenbar so durchlässig und nachgiebig wie Licht. Und da in seinen Augen Substanz und scheinbare Form ein und dasselbe waren, trat er in das hinein, was ihm als Wand erschienen war und badete sich gleichsam darin.

Es war höchst seltsam. Man konnte also durch etwas Festes schreiten und das Licht wurde währenddessen immer heller. Die Furcht gemahnte ihn zur Umkehr, doch die Neugier trieb ihn vorwärts. Plötzlich stand er im Eingang der Höhle. Die Wand, vor der er sich gewähnt hatte, wich unversehens in unermessliche Ferne zurück. Das Licht war blendend hell geworden und schmerzte in seinen Augen. Die jähe und gewaltige Ausdehnung des Raums vor ihm blendete ihn ebenfalls. Unwillkürlich gewöhnten sich seine Augen an die Helligkeit und passten sich an die größere Entfernung an. Anfangs war die Wand aus seinem Sichtfeld verschwunden. Jetzt erschien sie wieder, war aber merkwürdig weit entfernt, und außerdem hatte sie ihr Aussehen verändert. Sie war nämlich bunt und bestand aus Bäumen, die einen Fluss säumten, aus einem gegenüberliegenden Berg, der die Bäume überragte sowie dem Himmel, der über dem Berg thronte.

Er wurde von großer Angst ergriffen. Hier war noch mehr von dem schauderhaft Unbekannten. Er kauerte am Rand der Höhle nieder und blickte in die Welt hinaus. Er fürchtete sich sehr. Da ihm die Welt unbekannt war, musste sie feindlich gesinnt sein. Das Haar auf seinem Rücken sträubte sich so hoch wie irgend möglich und bei dem zaghaften Versuch, grimmig und drohend zu knurren, zog er die Lefzen hoch. Obwohl er winzig und ängstlich war, forderte er die ganze weite Welt trotzig heraus.

Nichts geschah. Er schaute und schaute und war so vertieft, dass er zu knurren vergaß. Er vergaß auch seine Angst. Für den Augenblick wurde die Furcht von der Lebensgier besiegt und die Lebensgier hatte sich als Neugier maskiert. Er fing an, nahe Gegebenheiten wahrzunehmen – eine eisfreie Stelle im Fluss, der in der Sonne glitzerte, eine vom Blitz zerschmetterte Kiefer unten am Ufer, und das Ufer selbst, das sich bis zu ihm hinauf erstreckte und einen halben Meter unterhalb der Höhle endete, an deren Rand er kauerte.

Das Wolfsjunge allerdings hatte all seine Tage auf ebener Erde verbracht und nie erfahren, wie schmerzvoll ein Fall sein kann. Es wusste nicht, was ein Fall überhaupt ist. Also marschierte es kühn in die Luft hinaus. Seine Hinterbeine befanden sich noch auf dem Rand der Höhle, deshalb fiel es kopfüber hinunter. Seine Nase prallte so heftig gegen die Felsen, dass es aufjaulte. Dann rutschte es unaufhaltsam den Abhang hinunter, wie betäubt vor Schrecken. Jetzt hatte es das Unbekannte doch gepackt, mit brutaler Hand gepackt und würde ihm bestimmt ein fürchterliches Leid antun. Nun wurde die Lebensgier von der Furcht besiegt und der kleine Wolf winselte erbärmlich wie ein beliebiger, verängstigter Welpe.

Das Unbekannte trieb ihn immer weiter den Abhang hinunter – aus seiner Sicht zu neuartigen Schmerzen – und er winselte und heulte ohne Unterlass. Einst hatte er sich starr vor Angst geduckt, als das Unbekannte dicht vor ihm lauerte. Doch dies war etwas völlig anderes, nun hatte es ihn fest im Griff. Stillhalten nutzte gar nichts und außerdem war es nicht bloß Furcht, sondern Entsetzen, das ihn schüttelte.

Aber allmählich wurde der Abhang sanfter und sein Grund war von Gras bedeckt. Sein Körper verlor an Schwung und als er endlich still dalag, stieß er einen letzten Schmerzensschrei aus und anschließend ein langes, klägliches Wimmern. Dann, als hätte er in seinem Leben schon tausendmal Fellpflege betrieben, ging er mit großer Selbstverständlichkeit dazu über, sein staubverschmutztes Fell zu lecken.

Danach setzte er sich aufrecht hin und blickte um sich, in etwa so, wie es der erste Mensch auf dem Mars tun würde. Der kleine Wolf hatte tatsächlich die Wand in die Welt durchbrochen, das Unbekannte hatte ihn aus seinem Zugriff entlassen und er hatte alles unversehrt überstanden. Aber der erste Mensch auf dem Mars würde sich dort weniger fremd fühlen, als er im Augenblick. Ohne irgendeine Vorkenntnis, ohne jegliche Warnung vor dem Vorhandensein einer solchen, befand er sich mit einem Mal als Forscher mitten in einer vollkommen neuen Welt.

Nun, da ihn das schauderhafte Unbekannte aus seinen Fängen entlassen hatte, vergaß er, dass es irgendwelche Schrecken bereithielt. Er verspürte nur die Neugier, die seine Umgebung in ihm weckte. Er untersuchte das Gras zu seinen Pfoten, den Moosbeerenstrauch neben sich und den abgestorbenen Stamm der vom Blitz getroffenen Kiefer am Rande einer Lichtung zwischen den Bäumen. Ein Eichhörnchen, das rund um den Stamm lief, kam direkt auf ihn zu und jagte ihm große Angst ein. Er duckte sich und knurrte. Doch das Eichhörnchen war ebenso erschrocken. Es rannte den Baumstamm hinauf und schnatterte erst vom sicheren Standort aus erbost zurück.

Dies spornte den Mut des kleinen Wolfes an, und obwohl der Specht, auf den als nächstes traf, ihn erschreckte, setzte er seinen Weg zuversichtlicher fort. Als ihm ein Häher frech entgegenhüpfte, fühlte er sich schon so selbstsicher, dass er spielerisch die Pfote nach ihm ausstreckte. Was einen scharfen Schnabelhieb auf seine Nase nach sich zog. Der Welpe kauerte sich nieder und winselte laut. Dieser Lärm wurde dem Häher zu viel und er erhob sich in die sicheren Lüfte.

Aber der kleine Wolf lernte rasch. Sein noch schwacher, nebelhafter Verstand war bereits in der Lage, eine unbewusste Unterteilung in lebendige und leblose Dinge vorzunehmen. Dass man sich vor lebendigen Dingen in Acht nehmen muss, hatte er auch schon begriffen. Leblose Dinge blieben stets an ihrem Platz, die lebendigen dagegen bewegten sich, und man wusste nie, was sie im Schilde führten. Bei ihnen musste man immer mit Überraschungen rechnen und darauf sollte man vorbereitet sein.

Er bewegte sich äußerst unbeholfen vorwärts und kollidierte häufig mit Ästen oder anderen Gegenständen. Ein Zweig, den er weit weg wähnte, versetzte ihm im nächsten Augenblick einen Schlag auf die Nase oder peitschte gegen seine Flanken. Außerdem war der Boden uneben. Er fiel entweder aufs Gesicht oder stolperte über seine Pfoten. Kleine und größere Steine rutschten unter ihm weg, wenn er auf sie trat, und er musste feststellen, dass nicht alle leblosen Dinge so unbeweglich waren wie jene in der Höhle und dass kleine Dinge schneller umfielen und wegrollten als große. Er lernte jedoch aus jedem Missgeschick. Je länger er umherwanderte, desto gewandter wurde er. Er passte sich an die Umgebung an. Er lernte seine Muskelbewegungen berechnen, die Begrenzungen seines Körpers kennen, den Abstand zwischen Gegenständen sowie zwischen Gegenständen und sich selbst einschätzen.

Er hatte das Glück, das einem Anfänger hold ist. Ein Fleischfresser von Geburt – obwohl ihm das nicht bewusst war – stolperte er bei seinem ersten Streifzug in die Welt unmittelbar vor seiner Höhle über Fleisch. Aus reinem Ungeschick stieß er zufällig auf das schlau versteckte Nest eines Schneehuhns. Er fiel einfach hinein. Er hatte versucht, über den Stamm einer umgestürzten Kiefer zu balancieren. Die vermoderte Rinde gab unter seinen Pfoten nach und mit einem verzweifelten Aufjaulen rutschte er an dem runden Stamm hinunter, krachte durch Blätter und Zweige eines kleinen Strauchs und landete mitten unter sieben Schneehuhnküken.

Sie gaben Geräusche von sich und zuerst hatte er Angst vor ihnen. Dann sah er, dass sie sehr klein waren und wurde kühner. Sie zappelten. Er legte eine Pfote auf ein Küken und das Zappeln wurde stärker. Das war ein lustiges Gefühl. Er beroch das Küken und nahm es ins Maul. Es schlug wild um sich und kitzelte seine Zunge. Zu gleicher Zeit verspürte er Hunger. Er ließ seine Kiefer zuschnappen. Er hörte die zarten Knochen knirschen und warmes Blut lief in sein Maul. Es schmeckte gut. Dies war Fleisch, Fleisch wie seine Mutter es ihm gab, nur, dass es dieses Mal lebendig zwischen seinen Zähnen war und deshalb umso besser. Er fraß das Küken und hörte nicht eher auf, bis die ganze Brut verschlungen war. Dann leckte er sich die Schnauze, wie seine Mutter es tat, und begann, aus dem Strauch zu kriechen.

Plötzlich hatte er einen Wirbelwind von Federn vor sich. Der heftige Angriff und die wütenden Flügelschläge der Schneehuhnmutter blendeten und verwirrten ihn. Er steckte den Kopf zwischen die Pfoten und jaulte.

Die Flügelschläge wurden heftiger. Die Schneehuhnmutter war sehr zornig. Da wurde auch er zornig. Er hob knurrend den Kopf und schlug mit den Pfoten nach ihr. Er hieb seine winzigen Zähne in einen Flügel und riss und zerrte mit aller Macht daran. Das Schneehuhn wehrte sich gegen ihn und nutzte den freien Flügel, um Schläge auf ihn niederprasseln zu lassen. Es war sein erster Kampf und er ermutigte ihn. Er vergaß das Unbekannte vollständig. Er fürchtete sich vor nichts mehr. Er kämpfte gegen ein lebendiges Wesen, das ihn angriff. Das lebendige Wesen war zudem Fleisch. Die Lust zu töten regte sich in ihm. Er hatte soeben kleinen lebendigen Wesen den Garaus gemacht, nun würde er ein großes lebendiges Wesen vernichten. Er war zu eifrig bei der Sache und zu glückselig, um zu begreifen, wie zufrieden er war. Er war in einer Weise freudig erregt, die ihm neu war. Der Kampf verschaffte ihm eine Befriedigung, die er nie zuvor gekannt hatte.

Er hielt den Flügel fest und knurrte durch die zusammengebissenen Zähne. Die Schneehenne schleppte ihn aus dem Strauch. Als sie sich umdrehte und ihn in den Schutz des Strauchs zurückziehen wollte, zerrte er sie in offenes Gelände. Sie schrie immerfort und schlug so heftig mit dem Flügel, dass die weißen Federn wie Schneeflocken aufstoben. Der kleine Wolf war unbeschreiblich erregt. Das kämpferische Blut seiner Rasse wallte in ihm auf und pulsierte durch seine Adern. Das war Leben, obgleich er es nicht wusste. Er verwirklichte seine Rolle auf Erden; er tat das, wofür er geschaffen war, nämlich seine Nahrung zu töten und darum zu kämpfen. Er rechtfertigte seine Existenz, er vollbrachte Großes, denn wenn ein Dasein seinen Zweck bis zum Äußersten ausfüllt, erreicht es seinen Höhepunkt.

Nach einer Weile stellte die Schneehenne den Kampf ein. Er hielt ihren Flügel immer noch fest, und die beiden lagen auf der Erde und sahen einander an. Er versuchte grimmig und drohend zu knurren. Sie versetzte ihm einen Schnabelhieb auf die Nase, die durch die vorangegangen Abenteuer inzwischen wund war. Er zuckte zusammen, hielt jedoch fest. Sie hackte wieder und wieder nach ihm. Er wand sich winselnd und versuchte, rückwärts auszuweichen, wobei er gar nicht bemerkte, dass er die

Schneehenne durch sein Festhalten hinter sich her zog. Schnabelhiebe prasselten wie Hagel auf seine geschundene Nase. Da ebbte sein Kampfgeist ab, er ließ seine Beute los, ergriff die Flucht und hetzte in schmachvollem Rückzug quer über die Lichtung.

Auf der anderen Seite, am Rand des Gebüschs, ließ er sich mit heraushängender Zunge erschöpft nieder. Seine Brust hob und senkte sich keuchend, und er winselte, weil seine Nase immer noch weh tat. Wie er so dalag, überkam ihn plötzlich das Gefühl, ihm stünde etwas Entsetzliches bevor. Das Unbekannte mit all seinen Schrecken überfiel ihn wieder und instinktiv kroch er in den Schutz des Gebüschs. Da verspürte er einen mächtigen Luftzug und ein großes, geflügeltes Wesen strich geräuschlos und unheilvoll über ihn hinweg. Ein Habicht war aus dem Nichts herabgestoßen und hatte ihn nur um Haaresbreite verfehlt.

Während er im Gebüsch lag, sich von dem Schreck erholte und furchtsam um sich spähte, flatterte die Schneehuhnmutter auf der anderen Seite der Lichtung aus dem verwüsteten Nest heraus. Ihr Verlust ließ sie den geflügelten Pfeil am Himmel vergessen. Aber der kleine Wolf sah und hörte alles – und es war ihm eine Lehre und eine Warnung: das rasend schnelle Niedersausen des Habichts, sein flüchtiges Streifen des Bodens, die Fänge, die in das Schneehuhn schlugen, dessen Schmerzensschrei, und wie der Habicht in den blauen Himmel emporstieg und das Schneehuhn mit sich forttrug.

Es dauerte lange, bis der Welpe sein Versteck verließ. Er hatte viel gelernt. Lebendiges war Nahrung und schmeckte. Aber wenn es groß genug war, konnte es einen auch verletzten. Es war besser, kleine Geschöpfe wie Schneehuhnküken zu fressen und die großen wie Schneehennen in Ruhe zu lassen. Dessen ungeachtet verspürte er einen winzigen Stachel des Ehrgeizes und den heimlichen Wunsch, sich erneut mit der Schneehenne anzulegen – leider hatte der Habicht sie weggetragen. Vielleicht gab es noch mehr Schneehennen. Er würde losziehen und es herausfinden.

Über ein sanft abfallendes Ufer gelangte er zum Fluss hinunter. Er hatte noch nie zuvor Wasser gesehen. Es versprach guten Halt, die Oberfläche war glatt und wies keine Unebenheiten auf. Mutig betrat er das Wasser und ging sofort unter, vor Angst schreiend, denn das Unbekannte hielt ihn umklammert. Es war kalt und er schnappte keuchend nach Luft. Anstelle von Luft, die er sonst bei seinen Atemzügen eingesogen hatte, drang nun Wasser in seine Lungen. Er war dem Ersticken nahe und litt Todesqualen. Für ihn bedeutete es den Tod. Er hatte zwar keine bewusste Vorstellung vom Tod, aber wie jedes Tier der Wildnis hatte er eine angeborene Ahnung davon. Für ihn war er der tiefste aller Schmerzen. Der Tod war der eigentliche Kern des Unbekannten, die Summe all seiner Schrecken, die größte anzunehmende Katastrophe, die ihm widerfahren konnte, über die er nichts wusste und die er am meisten fürchtete.

Er kam wieder an die Oberfläche und süße Luft strömte in sein geöffnetes Maul. Er ging nicht wieder unter. Fast wie aus alter Gewohnheit streckte er alle Viere aus und begann zu schwimmen. Das nächste Ufer war kaum einen Meter entfernt, aber es lag hinter ihm, und das Erste, was er beim Auftauchen sah, war das gegenüberliegende Ufer, in dessen Richtung er unverzüglich schwamm. Der Fluss war nur schmal, aber in seinem Becken dehnte er sich auf fast vier Meter aus.

In der Mitte des Flusses wurde er von einer Strömung erfasst und flussabwärts in eine winzige Stromschnelle am Grund des Beckens gezogen. Schwimmen war hier recht aussichtslos. Das ruhige Wasser war unvermutet ungestüm geworden. Mal befand er sich unter, mal über Wasser. Und die ganze Zeit über wurde er heftig durchgewirbelt, bald auf den Rücken, bald auf den Bauch, bald gegen einen Felsen geworfen. Und bei jedem Felsen heulte er auf. Seine wilde Fahrt wurde von regelmäßigem Aufjaulen begleitet, anhand dessen man die Anzahl der Felsen ermitteln konnte, gegen die er geschleudert wurde.

Unterhalb der Stromschnelle lag ein weiteres Becken, und hier wurde er durch die kreisende Bewegung des Wassers ans Ufer getragen und sanft auf Kiesgrund gebettet. Er kroch verzweifelt aus dem Wasser und sank nieder. Er hatte eine weitere Lektion erhalten. Wasser war nicht lebendig, bewegte sich aber trotzdem. Außerdem sah es so stabil aus wie die Erde, besaß aber überhaupt keine Festigkeit. Er schloss daraus, dass die Dinge nicht immer das waren, was sie schienen. Die Furcht des kleinen Wolfes vor dem Unbekannten war ein ererbtes Misstrauen, und nun wurde diese Furcht durch Erfahrung verstärkt. Es lag darum in der Natur der Dinge, dass er fortwährend vor dem Schein auf der Hut sein musste. Er musste sich der Beschaffenheit einer Sache erst vergewissern, ehe er sich darauf verlassen konnte.

An diesem Tag war ihm noch ein Abenteuer vorherbestimmt. Er entsann sich, dass er ja eine Mutter hatte, und auf einmal wünschte er sich nichts sehnlicher auf der Welt, als dass sie bei ihm wäre. Nicht nur sein Körper war nach all den erlebten Aufregungen ermattet, auch sein kleines Hirn war müde. In seinem ganzen bisherigen Dasein hatte er sich nicht so anstrengen müssen wie heute. Er war schläfrig, also machte er sich auf, zur Höhle und zu seiner Mutter zurückzukehren. Überdies begann ihn das Gefühl der Einsamkeit und Hilflosigkeit zu überwältigen.

Er schritt gerade breitbeinig zwischen einigen Büschen dahin, als er einen scharfen, bedrohlichen Schrei vernahm. Etwas Gelbliches schoss blitzschnell an seinen Augen vorüber. Er sah ein Wiesel rasch wegspringen. Es war klein und er hatte keine Angst. Dann erblickte er zu seinen Füßen ein noch viel kleineres Wiesel, er war nur wenige Zentimeter lang und ebenso wie er unerlaubt auf einen Erkundungsstreifzug gegangen. Es versuchte, vor ihm wegzulaufen. Er drehte es mit seiner Pfote um. Es gab einen seltsamen, schrillen Ton von sich, und im nächsten Augenblick tauchte der gelbliche Blitz wieder vor seinen Augen auf. Abermals hörte er den bedrohlichen Schrei, aber dieses Mal erhielt er gleichzeitig einen schmerzhaften Schlag gegen den Hals und spürte die scharfen Zähne der Wieselmutter in seinem Fleisch.

Während er winselnd rückwärts kroch, sah er, wie die Wieselmutter auf ihr Junges zusprang und mit ihm im nahen Dickicht verschwand. Der Biss im Hals schmerzte, aber tiefer noch war er in seinem Ehrgefühl verletzt. Er setzte sich auf die Hinterbeine und winselte kläglich. Diese Wieselmutter war so klein und trotzdem so angriffslustig! Er musste erst noch lernen, dass ein Wiesel trotz seiner Kleinheit und seines geringen Gewichts der erbarmungsloseste, rachsüchtigste und gefährlichste Mörder der Wildnis ist. Doch dies sollte er bald am eigenen Leib erfahren.

Er winselte noch, als die Wieselmutter wieder erschien. Sie stürzte sich nicht auf ihn, weil ihr Junges bereits in Sicherheit war. Sie näherte sich vorsichtig und der kleine Wolf konnte in Ruhe ihren schlanken, schlangenartigen Körper und den hoch erhobenen, ebenfalls schlangenartigen Kopf in Augenschein nehmen. Ihr durchdringender Warnschrei ließ ihm die Haare zu Berge stehen und er knurrte sie drohend an. Sie kam immer näher. Schließlich machte sie einen Satz, schneller, als das ungeübte Auge des Kleinen ihm folgen konnte, und der dünne, gelbliche Körper, der einen Augenblick aus seinem Sichtfeld verschwunden war, hing im nächsten an seiner Kehle und die Zähne des Wiesels gruben sich tief in sein Fell und Fleisch.

Zuerst knurrte er und versuchte, sich zur Wehr zu setzen, aber er war noch sehr jung und dies war sein erster Tag draußen in der Welt. Deshalb wurde das Knurren zum Gewinsel und die Verteidigung zum Fluchtversuch. Das Wiesel ließ keine Sekunde locker. Es hielt ihn fest und mühte sich, mit den Zähnen die große Schlagader zu erreichen, in der sein Lebensblut pulsierte. Das Wiesel war ein Blutsauger und am liebsten trank es den Saft aus einer noch lebendigen Kehle.

Wenn die Wölfin nicht plötzlich aus dem Gebüsch gesprungen wäre, wäre der kleine Wolf gestorben und man hätte keine Geschichte über ihn schreiben können. Das Wiesel ließ den Kleinen los und schoss blitzschnell der Wölfin an die Kehle, verfehlte sie und verbiss sich stattdessen in deren Kinnbacke. Die Wölfin schwang ihren Kopf hin und her, als wäre er eine knallende Peitsche, löste dadurch die zusammengebissenen Zähne des Wiesels und schleuderte es hoch in die Luft. Dann fing sie es auf, schloss ihre Kiefer um den schlanken, gelblichen Körper und zwischen ihren zermalmenden Zähnen hauchte das Wiesel sein Leben aus.

Die Wölfin begrüßte ihr Junges abermals mit überquellender Zärtlichkeit. Ihre Freude darüber, ihn wiedergefunden zu haben, schien größer zu sein als seine, von ihr entdeckt worden zu sein. Sie liebkoste ihn mit der Schnauze und leckte ihm die Wunden, die die Zähne des Wiesels ihm beigebracht hatten. Anschließend verzehrten sie gemeinsam den Blutsauger und gingen dann zur Höhle, um zu schlafen.

KAPITEL 5

## Das Gesetz des Fleisches

Der kleine Wolf entwickelte sich rasch. Er ruhte sich zwei Tage aus und wagte sich dann wieder aus der Höhle. Bei diesem Ausflug stieß er auf das junge Wiesel, dessen Mutter er mitverspeist hatte, und sorgte dafür, dass es seiner Mutter nachfolgte. Diesmal verirrte er sich nicht. Als er müde wurde, kehrte er zur Höhle zurück und schlief. Er begab sich nun jeden Tag auf einen Streifzug, der jedes Mal ausgedehnter wurde.
Er lernte immer besser, seine Stärken und Schwächen abzuschätzen, wann er mutig und wann er vorsichtig sein musste. Er hielt es für ratsam, stets vorsichtig zu sein, bis auf jene seltenen Augenblicke, in denen er sich seiner eigenen Unerschrockenheit so sicher sein konnte, dass er sich kurzen Wutanfällen wie Gelüsten hingeben konnte.
Wenn er auf ein umherirrendes Schneehuhn traf, gebärdete er sich immer wie ein kleiner, wildgewordener Teufel. Er versäumte es auch nie, wütend auf das Geschnatter des Eichhörnchens zu reagieren, das er einst an der verdorrten Kiefer getroffen hatte. Der Anblick eines Hähers versetzte ihn nahezu unweigerlich in wilden Zorn, denn er vergaß nie den Schnabelhieb, den ihm der erste Vogel dieser Gattung, dem er begegnet war, auf seine Nase versetzt hatte.
Es gab jedoch Zeiten, wo selbst ein Häher ihn nicht aufregen konnte, und das war, wenn er sich vor einem lauernden Fleischfresser in Gefahr glaubte. Nie vergaß er den Habicht, und sobald er dessen gleitenden Schatten wahrnahm, floh er ins nächste Dickicht. Er wackelte nicht länger breitbeinig und unsicher durch die Gegend, sondern nahm allmählich den schleichenden, verstohlenen Gang der Mutter an, bei dem man scheinbar ohne Anstrengung mit einer Schnelligkeit dahinglitt, die ebenso irreführend wie unmerklich war.
Was die Jagd anging, so hatte er nur am Anfang Glück gehabt. Die sieben

Schneehuhnküken und das junge Wiesel waren bis jetzt seine gesamte Ausbeute. Sein Verlangen zu töten wuchs mit jedem Tag, und ganz besonders hatte er es auf das Eichhörnchen abgesehen, das so gewandt schnatterte und alle wilden Geschöpfe vor seinem Herannahen warnte. Leider konnten Vögel fliegen und Eichhörnchen auf Bäume klettern, und der kleine Wolf konnte sich nur dann unbemerkt an das Eichhörnchen heranschleichen, wenn es auf dem Boden war.

Vor seiner Mutter hatte er großen Respekt. Sie konnte Fleisch herbeischaffen und brachte ihm stets seinen Anteil. Außerdem hatte sie vor nichts Angst. Es kam ihm nicht in den Sinn, dass diese Furchtlosigkeit auf Erfahrung und Wissen beruhte. Für ihn wirkte ihr Verhalten wie Macht. Seine Mutter verkörperte Macht, und als er älter wurde, spürte er diese Macht in der härter strafenden Pfote und dem scharfen Biss ihrer Zähne, der an die Stelle des tadelnden Stoßes ihrer Nase getreten war. Auch aus diesem Grund respektierte er sie. Sie zwang ihn zum Gehorsam, und je älter er wurde, desto strenger wurde sie.

Wieder brach eine Hungersnot aus, und der kleine Wolf erfuhr von Neuem, diesmal mit klarerem Bewusstsein, wie sich nagender Hunger anfühlt. Die Wölfin magerte bei der Suche nach Fleisch ab. Sie schlief kaum mehr in der Höhle und befand sich die meiste Zeit auf vergeblicher Jagd. Diese Hungersnot währte zwar nicht lange, war aber sehr bitter. Das Junge fand in den Zitzen seiner Mutter keinen Tropfen Milch mehr und bekam auch keinen Bissen Fleisch.

Früher hatte er aus reinem Vergnügen und spielerisch gejagt, jetzt tat er es mit tödlichem Ernst und erwischte nichts. Doch dieser Misserfolg beschleunigte gleichzeitig seine Entwicklung. Er beobachtete die Gewohnheiten des Eichhörnchens mit größerer Sorgfalt und bemühte sich, sich geschickter an das Tier heranzuschleichen und es zu übertölpeln. Er belauerte die Waldmäuse und versuchte, sie aus ihrem Bau zu graben; er lernte auch viel über das Verhalten der Häher und Spechte. Und eines Tages ließ ihn der Schatten des Habichts nicht länger in die Büsche kriechen. Er war stärker, klüger und selbstbewusster geworden. Außerdem war er halbverhungert. Er setzte sich in offenem Gelände weithin sichtbar auf seine Hinterbacken und forderte den Habicht am Himmel zum Herunterkommen heraus. Denn er wusste, dass das, was dort über ihm kreiste, Fleisch war, Fleisch, nach dem sein Magen so beharrlich verlangte. Doch der Habicht wollte nicht herabkommen, um zu kämpfen, und der kleine Wolf kroch ins Dickicht und winselte vor Enttäuschung und Hunger.

Die Hungersnot ging vorüber. Die Wölfin kam mit Fleisch in die Höhle. Es schmeckte seltsam, anders als irgendein Fleisch zuvor. Es war ein junger, halb ausgewachsener Luchs, nicht ganz so groß wie der kleine Wolf. Und er war nur für ihn. Die Mutter hatte ihren Hunger anderweitig gestillt, der Kleine ahnte nicht, dass der Luchs der letzte von dem Wurf war, der ihr vollständig zum Opfer gefallen war. Er wusste auch nicht, dass sie es aus Verzweiflung getan hatte. Er begriff nur, dass das Kätzchen mit dem samtenen Fell Fleisch war, also fraß er es und mit jedem Bissen wurde er zufriedener.

Ein voller Bauch verführt zu Trägheit, und der Kleine lag eng an seine Mutter geschmiegt schlafend in der Höhle. Ihr Knurren weckte ihn. Er hatte sie noch nie so grimmig knurren gehört. Möglicherweise war es das schrecklichste Knurren, das jemals in ihrer Kehle ertönt war. Es gab einen Grund dafür, und niemand kannte ihn besser als sie selbst. Der Unterschlupf eines Luchses wird nicht ungestraft beraubt. Im hellen Licht der Nachmittagssonne sah der kleine Wolf die Luchsin geduckt vor dem Eingang der Höhle liegen. Sämtliche Haare auf seinem Rücken sträubten sich. Vor diesem Wesen sollte man Angst haben, und es bedurfte keines Instinktes, um das zu wissen. Wenn der Anblick allein nicht genügt hätte, so wäre das wütende Geschrei des Eindringlings, das mit einem Fauchen begann und unvermittelt zu heiserem Kreischen wurde, hinreichend überzeugend gewesen.

Der kleine Wolf spürte seinen Überlebenswillen, er stand auf und stellte sich tapfer knurrend neben seine Mutter. Doch sie schob ihn verächtlich zur Seite und hinter sich. Wegen des niedrigen Eingangs konnte die Luchsin keinen Satz in die Höhle machen, und als sie behände hineinkroch, sprang die Wölfin auf sie und drückte sie zu Boden. Der Kleine sah kaum etwas von dem Kampf, er hörte nur gewaltiges Knurren, Fauchen und

Gekreisch. Die beiden Tiere droschen aufeinander ein, die Katze, indem sie mit dem Krallen riss und kratzte und auch die Zähne gebrauchte, während die Wölfin nur ihre Zähne einsetzte.

Der kleine Wolf hüpfte nach vorn und versenkte seine Zähne in ein Hinterbein der Luchsin. Er hielt fest daran und knurrte wütend. Ohne dass er es wusste, lähmte das Gewicht seines Körpers die Bewegung der Beine und das ersparte seiner Mutter manche Wunde. Bei einem Positionswechsel wurde er unter die beiden Kämpfenden gepresst und musste das Bein wieder loslassen. Einen Augenblick später trennten sich die beiden Mütter, und bevor sie von Neuem aufeinander losstürzten, versetzte die Luchsin dem Kleinen einen Schlag mit der kräftigen Vorderpfote, der ihm die Schulter bis zu den Knochen aufriss und ihn seitlich gegen die Wand schleuderte. Nun mischte sich auch sein gellendes Wehgeschrei in den Lärm. Aber der Kampf dauerte so lange, dass ihm Zeit blieb, sich auszuheulen und einen weiteren mutigen Angriff zu wagen – als die Schlacht vorüber war, hing er abermals an einem Hinterbein der Luchsin und knurrte zornig.

Die Luchsin war tot. Doch die Wölfin war schwer verwundet und sehr schwach. Sie liebkoste ihr Junges und leckte seine verletzte Schulter, zu mehr war sie aufgrund ihres starken Blutverlusts nicht fähig, und einen Tag und eine Nacht lag sie beinahe bewegungslos und kaum atmend neben der toten Feindin. Eine Woche lang verließ sie die Höhle nur, um Wasser zu trinken, und dabei schmerzte jeder langsame Schritt. Im Lauf dieser Woche wurde die Luchsin verzehrt, und die Wunden der Wölfin verheilten so weit, dass sie wieder auf die Jagd gehen konnte.

Nach dem fürchterlichen Schlag, den der kleine Wolf erhalten hatte, blieb seine Schulter eine Zeitlang steif und tat sehr weh, er konnte nur humpeln. Aber die Welt hatte sich seither irgendwie verändert. Er bewegte sich mit stärkerem Selbstvertrauen, er verspürte eine Tapferkeit in sich, die vor dem Kampf mit der Luchsin nicht vorhanden gewesen war. Er hatte sein Leben heftig verteidigt; er hatte gekämpft und seine Zähne in das Fleisch eines Gegners geschlagen und war am Leben geblieben. Aus diesem Grund trat er nun kühner und mit neuartigem Trotz auf. Kleinere

Geschöpfe jagten ihm keine Angst mehr ein. Seine Schüchternheit war größtenteils verschwunden, obgleich das unfassbare Unbekannte ihm nach wie vor geheimnisvolle Schrecken einflößte.

Fortan begleitete er seine Mutter bei ihren Jagdzügen. Er sah, wie sie Beute schlug und begann, seinen Part darin zu übernehmen. Auf unbewusste Weise lernte er das Gesetz des Fleisches kennen. Es gab zwei Arten von lebendigen Wesen, seine eigene und die anderen. Die eigene Art bestand aus ihm und seiner Mutter, die anderen Arten waren alle lebendigen Wesen. Diese bildeten jedoch zwei Lager: Das eine umfasste Geschöpfe, die seine Art tötete und fraß, das waren die Pflanzenfresser oder kleine Raubtiere. Das andere Lager tötete und fraß entweder ihn und die Seinen, oder es wurde Opfer von ihm und den Seinen. Und aus dieser Einteilung entstand das Gesetz. Fleisch war die Grundbedingung des Lebens, Fleisch war selbst Leben. Leben ernährte sich von Leben. Es gab jene, die fraßen, und jene, die gefressen wurden. FRISS ODER WERDE GEFRESSEN, so lautete das Gesetz. Dieses Gesetz formulierte der kleine Wolf natürlich nicht in klaren, gesetzten Worten, er moralisierte auch nicht darüber. Er dachte nicht weiter darüber nach, er lebte einfach nach dem Gesetz, ohne einen Gedanken daran zu verschwenden.

Er sah, dass das Gesetz rings um ihn her in Kraft war. Er hatte die Schneehuhnküken gefressen. Der Habicht hatte die Schneehuhnmutter gefressen und auch ihn fressen wollen. Später, als er stärker geworden war, hatte er den Habicht fressen wollen. Er hatte das Luchsjunge gefressen, und dessen Mutter würde dasselbe mit ihm getan haben, wäre sie nicht selbst getötet und gefressen worden. Und so ging es immer weiter. Alle Lebewesen ringsum befolgten das Gesetz, und er selbst war ein fester Bestandteil des Gesetzes. Er war ein Fleischfresser. Er ernährte sich ausschließlich von Fleisch, lebendigem Fleisch, das rasch vor ihm davonlief, wegflog, auf Bäume kletterte, sich in der Erde versteckte oder den Spieß umdrehte, sich zur Wehr setzte, ihn bekämpfte und verfolgte.

Wenn der kleine Wolf wie ein Mensch gedacht hätte, dann hätte das Leben für ihn wahrscheinlich eine unersättliche Gier verkörpert und die Welt einen Ort, an dem zahllose ähnliche Begierden herrschten, wo man verfolgte und verfolgt wurde, jagte und gejagt wurde, fraß und gefressen wurde; und das Ganze geschah wirr und blind, gewalttätig und ohne Ordnung, eine chaotische Völlerei und ein wildes Gemetzel, gelenkt nur durch den Zufall, unbarmherzig, plan- und endlos.

Aber der kleine Wolf dachte nicht wie ein Mensch, er betrachtete die Dinge nicht mit großem Weitblick. Er hatte jeweils nur ein Ziel vor Augen, nur den einen Gedanken, die eine Begierde. Außer dem Gesetz des Fleisches gab es noch unzählige, weniger wichtige Gesetze, die er lernen und befolgen musste. Die Welt war voller Überraschungen. Seine Lebensenergie, das Spiel seiner Muskeln bereitete ihm unendliches Vergnügen. Die Jagd auf Beute war ein hinreißendes, herrliches Erlebnis. Wutausbrüche und Kämpfe waren Genuss. Selbst Schrecken und das Geheimnis des Unbekannten verstärkten die Lebensgeister.

Außerdem gab es Leichtigkeit und Zufriedenheit. Ein voller Bauch, faul in der Sonne zu dösen, diese Dinge waren ein wunderbarer Lohn für seinen Feuereifer und seine Mühen, wobei der Feuereifer und die Mühen ihren Lohn auch in sich selbst fanden. Sie waren Ausdruck von Leben, und Leben ist dann erfüllt, wenn es zum Ausdruck kommt. Der kleine Wolf hatte an seiner feindlichen Umgebung also nichts auszusetzen. Er war quicklebendig, sehr glücklich und sehr stolz auf sich selbst.

DRITTER TEIL

# Die Götter der Wildnis

KAPITEL I

## Die Schöpfer des Feuers

Der kleine Wolf stieß völlig unvermutet auf sie. Es war sein eigener Fehler, er war nachlässig gewesen. Er hatte die Höhle verlassen und war zum Fluss hinuntergelaufen, um zu trinken. Vielleicht hatte er sie auch nicht wahrgenommen, weil er schlaftrunken war – er war die ganze Nacht auf der Jagd gewesen und eben erst aufgewacht. Seine Sorglosigkeit mochte auch mit der Vertrautheit des Weges zusammenhängen. Er hatte ihn schon oft gemacht, und niemals war dort etwas geschehen.

Er kam an der verdorrten Kiefer vorbei, überquerte die Lichtung und trabte zwischen den Bäumen entlang. Im selben Augenblick sah und witterte er sie. Vor ihm hockten fünf Lebewesen ruhig auf dem Boden, etwas Ähnliches hatte er nie zuvor gesehen. Es waren die ersten Menschen, die er zu Gesicht bekam. Doch die fünf Männer sprangen bei seinem Anblick nicht auf, sie zeigten ihm auch nicht die Zähne oder knurrten. Sie saßen unbeweglich da, schweigsam und unheilvoll.

Der kleine Wolf rührte sich ebenfalls nicht. All seine Instinkte trieben ihn zu einer überstürzten Flucht an, doch plötzlich und zum ersten Mal regte sich ein anderer, entgegengesetzte Trieb in ihm. Große Scheu überkam ihn. Ein überwältigendes Gefühl der eigenen Schwäche und Kleinheit zwang ihn zu erstarren. Hier war Macht und Herrschaft, etwas, das viel größer war als er selbst.

Er hatte Menschen zwar noch nie gesehen, aber dem Instinkt nach kannte er sie. Unklar erkannte er in ihnen das Tier, das sich unter allen Tieren der Wildnis die Vorherrschaft erkämpft hatte. Er betrachtete die Menschen nicht bloß mit eigenen Augen, sondern auch mit denen seiner Vorfahren – mit Augen, die sich in der Dunkelheit um zahllose Lagerfeuer gedrängt, in tiefem Dickicht aus sicherer Entfernung auf das seltsame, zweibeinige Wesen geschaut hatten, das Herr über die lebenden Wesen war. Sein Erbgut lag wie ein Bann auf ihm, die Furcht und der Respekt, den ein jahrhundertelanger Kampf und die gesammelte Erfahrung ganzer Generationen erzeugt hatten. Dieses Erbgut war zwingend für einen so jungen Wolf wie ihn. Wäre er ausgewachsen gewesen, wäre er davongelaufen. Doch unter den gegebenen Umständen kauerte er sich gelähmt vor Angst nieder und trug damit jene halbherzige Unterwerfungsgeste zur Schau, die seine Art den Menschen ab dem Zeitpunkt dargebracht hatte, als der erste Wolf herangekommen war, um sich an ihrem Feuer zu wärmen.

Einer der Indianer erhob sich, kam heran und beugte sich über ihn. Der kleine Wolf duckte sich tiefer. Es war das Unbekannte, das Wirklichkeit, das echtes Fleisch und Blut geworden war, das sich über ihn beugte, um ihn zu packen. Sein Fell richtete sich unwillkürlich auf, er zog die Lefzen hoch und entblößte die kleinen Zähne. Die Hand, die wie ein Verhängnis über ihm schwebte, zögerte, und der Mann sagte lachend: »Wabam wabisca ip pit tah – Seht doch nur die weißen Zähne!«

Die anderen Indianer lachten laut und drängten den Mann, das Wolfsjunge emporzuheben. Als sich die Hand mehr und mehr näherte, befand sich der Kleine im Widerstreit der Instinkte. Er kämpfte mit zwei starken Impulsen, nämlich entweder nachzugeben oder sich zur Wehr zu setzen. Das Resultat war ein Kompromiss, er tat beides. Er hielt still, bis ihn die Hand fast berührte. Dann wehrte er sich und schnappte blitzschnell zu. Im nächsten Augenblick bekam er einen Schlag gegen den Kopf, der ihn umwarf. Da verging ihm jegliche Kampflust. Seine Jugend und der instinktive Wunsch, sich zu unterwerfen, gewannen die Oberhand. Er setzte sich aufrecht und winselte kläglich. Aber der Mann, dem er in die Hand gebissen hatte, war wütend. Der kleine Wolf erhielt noch einen Schlag auf die andere Seite, worauf er noch kläglicher winselte.

Die vier Indianer lachten noch lauter, und selbst der Mann, der gebissen worden war, fing an zu lachen. Die Männer umringen den Kleinen und lachten ihn aus, während er vor Schmerz und Schrecken heulte. Da hörte er etwas, die Indianer hörten es auch. Der kleine Wolf wusste, was es war, und nachdem er noch einmal ein langgezogenes Heulen ausgestoßen hatte, in dem mehr Triumph als Kummer schwang, verstummte er und wartete auf die Ankunft seiner Mutter, seiner wilden, unbezwingbaren Mutter, die jedes Lebewesen bekämpfte und tötete und die niemals Angst hatte. Sie kam knurrend herangestürmt. Sie hatte den Ruf ihres Jungen vernommen und stürzte herbei, um es zu retten.

Sie sprang mitten unter die Männer und bot aufgrund ihrer mütterlichen Besorgnis und Streitbarkeit einen Furcht erregenden Anblick. Dem Kleinen gefiel er, ihr rasender Zorn verhieß Schutz. Er stieß ein kurzes, frohes Geheul aus und sprang ihr entgegen, während die Zweibeiner hastig ein paar Schritte zurückwichen. Die Wölfin stellte sich mit gesträubtem Haar vor ihr Junges und blickte die Männer mit einem Knurren an, das tief und grollend in ihrer Kehle ertönte. Ihre Züge waren drohend verzerrt und ihr Knurren war so gewaltig, dass sich ihre Nase von der Spitze bis zu den Augen in tiefe Falten legte.

Auf einmal rief einer der Männer erstaunt: »Kiche!« Das Junge fühlte, wie seine Mutter bei dem Ruf zusammenzuckte.

»Kiche!«, rief der Mann noch einmal, diesmal scharf und gebietend.

Und da sah das Junge wie seine Mutter, die sonst so unerschrockene Wölfin, sich duckte, bis ihr Bauch den Boden berührte und winselnd und schwanzwedelnd um Frieden bat. Das Junge verstand nicht. Es war entsetzt. Die Ehrfurcht vor Menschen übermannte es von Neuem. Sein Instinkt war also richtig gewesen. Seine Mutter bestätigte es. Auch sie unterwarf sich den Zweibeinern.

Der Mann, der sie gerufen hatte, ging zu ihr. Er legte seine Hand auf ihren Kopf und sie duckte sich noch tiefer. Sie schnappte nicht nach ihm, noch drohte sie, es zu tun. Die anderen Männer kamen hinzu, umringten sie, betasteten und berührten sie, was sie sich geduldig gefallen ließ. Sie waren sehr aufgeregt und aus ihren Mündern kamen viele Töne. Diese Töne waren keine Anzeichen von Gefahr, beschloss das Junge, als es näher an seine Mutter herankroch. Hin und wieder sträubte sich zwar immer noch sein Haar, aber es tat sein Bestes, um seine Unterwerfung zu bezeugen.

»Es ist nicht verwunderlich«, sagte einer der Indianer. »Ihr Vater war ein Wolf. Ihre Mutter war zwar eine Hündin, aber mein Bruder hat sie zur

Paarungszeit drei Nächte lang in den Wäldern angebunden. Darum war Kiches Vater ein Wolf.«

»Ist es nicht ein Jahr her, Grauer Biber«, fragte ein anderer Indianer, »seitdem sie weglief?«

»Ja, Lachszunge, und das ist kein Wunder. Es war die Zeit des Hungers und wir hatten kein Fleisch für die Hunde«, antwortete Grauer Biber.

»Sie hat bei den Wölfen gelebt«, bemerkte ein dritter Indianer.

»Sieht ganz so aus, Drei Adler«, entgegnete Grauer Biber und legte die Hand auf das Wolfsjunge, »und das ist das sichere Zeichen dafür.«

Bei der Berührung der Hand knurrte das Junge leise. Sofort wurde die Hand zurückgezogen, um ihm einen Schlag zu versetzen. Daraufhin zeigte es nicht länger die Zähne und sank gehorsam nieder. Die Hand erschien wieder, kraulte ihn hinter den Ohren und streichelte seinen Rücken.

»Ja, das ist das sichere Zeichen dafür«, fuhr Grauer Biber fort. »Kiche ist eindeutig seine Mutter, aber sein Vater war ein Wolf. Deshalb ist nur wenig Hunde-, aber viel Wolfsblut in ihm. Sein Name soll ›Wolfsblut‹ sein. Ich habe gesprochen. Er ist mein Hund. War nicht Kiche der Hund meines Bruders? Und ist mein Bruder nicht tot?«

Der kleine Wolf, der auf diese Weise einen Namen erhalten hatte, lag da und schaute. Eine Zeitlang fuhren die Zweibeiner fort, mit ihren Mündern Geräusche zu erzeugen. Dann nahm Grauer Biber ein Messer aus der Scheide, die er um den Hals trug, ging ins Dickicht und schnitt einen Stock ab. Wolfsblut beobachtete ihn. Er kerbte den Stock oben und unten ein und befestigte ungegerbte Lederriemen in den Kerben. Einen Riemen band er um Kiches Hals. Anschließend führte er sie zu einer jungen Kiefer, um die er den zweiten Riemen schlang.

Wolfsblut lief zu ihr und legte sich neben sie. Lachszunge streckte die Hand aus und rollte ihn auf den Rücken. Kiche sah besorgt zu. Wolfsblut spürte, wie erneut Angst in ihm hochstieg. Er konnte ein Knurren nicht unterdrücken, machte aber keine Anstalten zu beißen. Die Finger der Hand spreizten und krümmten sich, rieben ihm spielerisch den Bauch und rollten ihn hin und her. Es war lächerlich und unwürdig, so auf dem Rücken zu liegen und die Beine in die Luft zu strecken. Außerdem war

es eine so völlig hilflose Stellung, dass sich Wolfbluts gesamtes Wesen dagegen auflehnte. Er konnte nichts tun, um sich zu verteidigen. Sollte dieser Zweibeiner Böses im Schilde führen, dann gab es für ihn kein Entrinnen, das wusste Wolfsblut. Wie sollte er mit allen Vieren in der Luft auch wegspringen? Gehorsam bezwang er seine Furcht und knurrte nur leise. Er konnte dieses Knurren nicht unterdrücken, und der Zweibeiner nahm es auch nicht übel und schlug ihm nicht auf den Kopf. Und das Seltsamste war, dass Wolfsblut ein unerklärliches Wohlgefühl empfand, als die Hand über seinen Bauch strich. Wurde er zur Seite gerollt, stellte er das Knurren ein, und wenn die Finger ihn hinter den Ohren kraulten, wurde die angenehme Empfindung stärker. Als der Mann ihn nach einem letzten Kraulen und Streicheln losließ und wegging, war Wolfsbluts ganze Furcht verschwunden. Beim Umgang mit Menschen sollte er zwar noch viele Male Furcht verspüren, doch diesen Beweis für eine vertrauensvolle Gemeinschaft mit einem Menschen würde er niemals vergessen.
Nach einer Weile vernahm Wolfsblut seltsame Geräusche, die näher kamen. Er erkannte sofort, dass es der Lärm war, den die Zweibeiner verursachten. Kurz darauf erschien der übrige Stamm in langer Marschlinie. Da waren noch mehr Männer und viele Frauen und Kinder, im Ganzen vierzig Seelen, alle mit Lagergerätschaften und -ausrüstung schwer beladen. Es gab auch viele Hunde, und diese waren mit Ausnahme der halbwüchsigen Welpen ebenfalls beladen. In Taschen, die fest um ihren Leib gebunden waren, trugen die Hunde ein Gewicht von zwanzig bis dreißig Pfund.
Wolfsblut hatte Hunde noch nie gesehen, wusste aber bei ihrem Anblick, dass sie zu seiner Gattung gehörten, obwohl sie ein wenig anders waren. Ihr Verhalten unterschied sich kaum von dem der Wölfe, als sie Wolfsblut und seine Mutter entdeckten. Sie stürzten auf die beiden zu. Wolfsblut Fell sträubte sich und er knurrte und schnappte nach der Hundemeute, die mit offenen Mäulern herbeigeeilt kam. Er wurde umgerissen, geriet unter ihre Pfoten und fühlte ihre scharfen Zähne an seinem Körper, während er selbst in die Beine und Bäuche über ihm biss. Es gab einen ungeheuren Tumult. Er konnte Kiche knurren hören, die ihn verteidigte, das Geschrei der Zweibeiner, das Geräusch von Knüppeln, die auf Körper

niedersausen und die Hunde, die vor Schmerz aufjaulten, wenn sie von einem Knüppel getroffen wurden.

Ein paar Minuten später stand er wieder auf den Beinen. Er sah jetzt, wie die Zweibeiner die Hunde mit Knüppeln und Steinen vertrieben – sie verteidigten und schützen ihn vor den gefährlichen Zähnen seiner Gattung, die aus irgendeinem Grund nicht die seine war. Und obwohl sein Gehirn nicht dazu geschaffen war, einen derart abstrakten Begriff wie Gerechtigkeit klar zu erfassen, so fühlte er auf seine Weise den Gerechtigkeitssinn der Zweibeiner, und er erkannte, was sie waren – Schöpfer und Vollstrecker des Gesetzes. Er begrüßte auch die Macht, mit der sie das Gesetz anwandten. Im Gegensatz zu allen anderen Tieren, die er bisher getroffen hatte, bissen oder kratzten sie nicht. Sie setzten ihren Willen mit leblosen Dingen durch. Leblose Dinge, die taten, was sie wollten. Stöcke und Steine, die von diesen eigenartigen Kreaturen gelenkt wurden, sprangen durch die Luft wie lebende Gegenstände und fügten den Hunden schwerwiegende Verletzungen zu.

Aus seiner Sicht war das eine ungewöhnliche Macht, eine unfassbare und übernatürliche Macht, eine Macht, die gottgleich war. Natürlich konnte Wolfsblut nichts von Göttern wissen, er kannte höchstens Dinge, die unbegreiflich waren; aber das Staunen und die Ehrfurcht, die er vor diesen Zweibeinern empfand, glich in mancher Hinsicht dem Staunen und der Ehrfurcht, die der Mensch beim Anblick eines himmlischen Wesens haben würde, das von einer Bergspitze herab aus beiden Händen Blitze auf die verblüffte Welt schleudert.

Der letzte Hund war verjagt worden. Der Lärm erstarb. Wolfsblut leckte seine Wunden und sann über seine erste Bekanntschaft mit der Grausamkeit eines Rudels nach. Er hätte es sich nie träumen lassen, dass seine eigene Art aus mehr als Einauge, seiner Mutter und ihm selbst bestehen könnte. Sie hatten eine Gattung für sich gebildet, und jetzt hatte er unvermutet noch viele, scheinbar ähnliche Geschöpfe gesehen. Unterbewusst verstimmte es ihn, dass diese Verwandten gleich beim ersten Anblick über ihn hergefallen waren und ihn vernichten wollten. Ebenso verstimmte es ihn, dass seine Mutter mit einem Stock angebunden wurde, obwohl das durch die überlegenen Zweibeiner geschehen war. Es schmeckte nach einer Falle, nach Knechtschaft. Wenngleich er von Falle und Knechtschaft nichts wusste. Frei umherzustreifen, herumzulaufen und sich hinzulegen, wann und wo er wollte, das war sein Erbgut gewesen, und das war ihm nun verwehrt. Die Bewegungen seiner Mutter waren auf die Länge eines Stockes beschränkt, und auf jene Länge war auch er beschränkt, denn er bedurfte noch der mütterlichen Nähe.

Das gefiel ihm nicht. Es gefiel ihm auch nicht, dass ein winziger Zweibeiner das andere Ende des Stocks ergriff und Kiche wie eine Gefangene hinter sich her führte, als der Stamm aufbrach und weiterzog. Wolfsblut folgte seiner Mutter, aber dieses neue Abenteuer verstörte und ängstigte ihn.

Sie marschierten das Flusstal entlang und weiter, als er sich je gewagt hatte, bis sie an die Stelle kamen, wo der Fluss in den mächtigen Mackenzie mündete. Hier waren Kanus hoch in der Luft an Stangen befestigt und Gestelle zum Trocknen von Fischen standen herum. Hier wurde das Lager aufgeschlagen und Wolfsblut beobachtete das Treiben mit großen runden Augen. Die Übermacht dieser Zweibeiner schien mit jedem Augenblick größer zu werden. Allein ihre Beherrschung der mit scharfen Zähnen bewehrten Hunde! Das sprach eindeutig für Macht. Aber noch größer war für ihn ihre Macht über die leblosen Dinge; ihre Fähigkeit, diese in Bewegung zu setzen; ihre Fähigkeit, das Aussehen der Welt zu verändern.

Es war jene letztgenannte Fähigkeit, die ihn am meisten beeindruckte. Hatten schon die hohen Gerüste aus Latten und Stangen seine Aufmerksamkeit gefesselt, so war das nicht das Bemerkenswerteste, was diese Geschöpfe vollbringen konnten, die Stöcke und Steine in große Entfernungen schleuderten. Denn indem die Gerüste mit Stoffen und Fellen verkleidet wurden, verwandelten sie sich in Indianerzelte; und da kannte Wolfsbluts Erstaunen keine Grenzen. Vor allem der ungeheure Umfang der Zelte imponierte ihm. Sie erhoben sich auf allen Seiten um ihn herum, wie riesige, schnell wachsende Lebewesen. Sie erstreckten sich, so weit sein Auge reichte, und er fürchtete sich vor ihnen. Sie türmten sich unheilvoll vor ihm auf, und wenn ein leichter Wind sie schaukelnd hin und her bewegte, duckte er sich ängstlich und ließ sie nicht aus den Augen, stets bereit wegzuspringen, sollten sie versuchen, sich auf ihn zu stürzen.

Doch nach kurzer Zeit verflüchtigte sich seine Angst vor den Zelten. Er sah, wie Frauen und Kinder in sie hineingingen und unversehrt wieder herauskamen, und er sah, wie die Hunde oft versuchten, sich hineinzuschleichen und mit scharfen Worten und fliegenden Steinen verjagt wurden. Eines Tages verließ er Kiches Seite und kroch vorsichtig zur Wand des nächstgelegen Zelts. Es war jugendliche Neugier, die ihn antrieb, das dringende Bedürfnis, zu lernen und Erfahrungen am eigenen Leib zu sammeln. Die letzten Zentimeter bis zur Zeltwand wurden äußerst langsam und vorsichtig zurückgelegt. Die Ereignisse des Tages hatten ihn gelehrt, dass das Unbekannte sich in höchst erstaunlicher und unvorstellbarer Weise offenbart. Schließlich berührte seine Nase die Zeltleinwand. Er wartete. Nichts geschah. Dann nahm er den Geruch des seltsamen Gewebes wahr, das von den Ausdünstungen der Menschen durchtränkt war. Er biss in die Leinwand und zog sachte daran. Außer dass sich die Leinwand ein wenig bewegte, geschah nichts weiter. Er zerrte stärker und die Bewegung wurde heftiger. Das machte Spaß. Er zerrte noch stärker und ohne Unterlass, bis das ganze Zelt schwankte. Da ertönte von innen der scharfe Protest einer Indianerin und er huschte schnell zu Kiche zurück. Fortan hatte er keine Angst mehr vor den massiv aufragenden Gebilden.

Einen Augenblick später stahl er sich abermals von seiner Mutter fort. Ihr Stock war an einen Pflock im Boden gebunden und sie konnte ihm nicht folgen. Ein halbwüchsiger Welpe, etwas größer und älter als er, bewegte sich langsam mit sichtlich feindseligen Absichten in seine Richtung. Sein Name war Liplip, wie Wolfsblut später herausfand, als der Hund gerufen wurde. Liplip war in Kämpfen mit jungen Hunden bereits erfahren und ein ziemlicher Raufbold.

Er gehörte Wolfsbluts Gattung an, und da er noch jung war, erschien er ihm nicht gefährlich, deshalb wollte Wolfsblut ihm freundlich entgegentreten. Als aber der Gang des anderen steifbeinig wurde und er die Zähne zeigte, versteifte sich Wolfsblut ebenfalls und fletschte die Zähne. Knurrend und mit gesträubtem Fell belauerten sie einander und beschrieben dabei einen Halbkreis. Diese Prozedur dauerte einige Minuten, sodass Wolfsblut anfing, sie fröhlich als eine Art Spiel anzusehen. Doch plötzlich schnellte Liplip mit frappierender Geschwindigkeit nach vorne, hieb seine Zähne in den Gegner und sprang wieder zurück. Der Biss hatte Wolfsblut in jene Schulter getroffen, die von der Luchsin bis auf die Knochen verwundet worden war. Vor Überraschung und Schmerz entwich ihm ein lautes Aufheulen, aber im nächsten Moment stürzte er sich rasend vor Wut auf Liplip und biss zu, so fest er konnte.

Doch Liplip war im Indianerlager aufgewachsen und hatte viele Kämpfe mit jungen Hunden ausgefochten. Dreimal, viermal, ja ein halbes Dutzend Mal trafen seine scharfen Zähne den Neuankömmling, bis Wolfsblut schamlos winselnd Schutz bei seiner Mutter suchte. Das war der erste von vielen Kämpfen, die er mit Liplip bestehen sollte, denn sie waren von Anfang an geborene Feinde, deren Charaktere zu ununterbrochenem Konflikt bestimmt waren.

Kiche leckte besänftigend Wolfsblut Wunden und versuchte, ihn bei sich zu behalten. Aber seine Neugier ließ sich nicht zügeln und kurz darauf wagte er sich in ein neues Abenteuer. Er traf auf einen der Zweibeiner, es war Grauer Biber, der am Boden saß und mit Stöcken und trockenem Moos, das vor ihm lag, herumhantierte. Grauer Biber gab Mundgeräusche von sich, die für Wolfsblut nicht feindselig klangen, also kam er näher.

Frauen und Kinder trugen noch mehr Stöcke und Zweige zu Grauer Biber. Es war augenscheinlich eine wichtige Angelegenheit. Wolfsblut kam so dicht heran, dass er Grauer Bibers Knie berührte, er war so neugierig, dass ihm entfiel, dass er einen schrecklichen Zweibeiner vor sich hatte. Plötzlich sah er etwas Sonderbares, das wie Nebel aussah, aus den Stöcken und dem Moos unter Grauer Bibers Hand aufsteigen. Dann erschien zwischen den Holzstücken etwas scheinbar Lebendiges, das sich drehte und wendete und eine Farbe wie die Sonne am Himmel hatte. Wolfsblut wusste nichts vom Feuer. Es zog ihn an wie das Licht im Eingang der Höhle in seinen ersten Lebenswochen. Er kroch die wenigen Schritte bis zur Flamme hin. Er hörte Grauer Biber hinter sich kichern und begriff, dass die Laute wohlmeinend waren. Er berührte die Flamme mit der Nase und streckte im selben Moment seine kleine Zunge heraus.

Einen Augenblick lang war er wie gelähmt. Das Unbekannte, das in den Stöcken und im Moos gelauert hatte, zwickte ihn äußerst heftig in die Nase. Er taumelte zurück und brach in überraschtes Geheul aus. Beim Klang seiner Stimme sprang Kiche, so weit der Stock es erlaubte, knurrend vorwärts und raste, weil sie ihm nicht zu Hilfe kommen konnte. Grauer Biber schlug sich laut lachend auf die Schenkel und erzählte dem ganzen Lager, was sich zugetragen hatte, bis alle laut lachten. Nur Wolfsblut saß kläglich heulend da, ein einsames und bedauernswertes kleines Geschöpf mitten unter den Menschen.

Es war der schlimmste Schmerz, den er jemals empfunden hatte. Seine Nase und seine Zunge waren von dem sonnenfarbigen Wesen, das aus den Händen von Grauer Biber emporgestiegen war, versengt worden. Er heulte unausgesetzt, und jeder neue Klagelaut wurde von den Zweibeinern mit einer Lachsalve begrüßt. Er leckte sich die Schnauze, um den Schmerz zu lindern, aber seine Zunge war ebenfalls verbrannt, und das Aufeinandertreffen der beiden verletzten Körperteile erzeugte noch größeren Schmerz; woraufhin er verzweifelter und hilfloser heulte denn je.

Und dann fing er an, sich zu schämen. Er wusste, was Gelächter bedeutet. Woher manche Tiere wissen, was Gelächter ist und wann man über sie lacht, entzieht sich unserer Kenntnis, Wolfsblut war jedenfalls im Bilde. Und er fühlte sich beschämt, weil die Zweibeiner über ihn lachten. Er machte kehrt und nahm Reißaus, er floh nicht vor den schmerzhaften Flammen, sondern vor dem Gelächter, das ihn viel tiefer und in seiner Seele verletzte. Er floh zu Kiche, die sich am Ende ihres Stocks wie toll gebärdete, zu Kiche, dem einzigen Wesen in der Welt, das nicht über ihn lachte.

Die Dämmerung brach herein und dann die Nacht, und Wolfsblut lag dicht neben seiner Mutter. Seine Nase und Zunge taten ihm noch weh, aber ein größerer Kummer plagte ihn. Er hatte Heimweh. Er fühlte eine Leere in sich, eine Sehnsucht nach der Stille und Ruhe am Fluss und in der Höhle im Felsvorsprung. Sein Umfeld war zu dicht bevölkert. Es gab so viele von den Zweibeinern, Männer, Frauen und Kinder, und alle lärmten und störten ihn. Und dann waren da noch die Hunde, die sich unaufhörlich zankten und stritten und dabei Tumult und Trubel verursachten. Die ruhige Einsamkeit seines bisherigen Lebens war dahin. Hier war sogar die Luft mit Leben erfüllt. Es summte und surrte beständig, die Töne wechselten in einem fort in Höhe und Tiefe, in Stärke und Schwäche, das reizte seine Nerven und Sinne, machte ihn nervös und ruhelos und quälte ihn durch das andauernde ungute Gefühl, dass etwas geschehen könne.

Er beobachtete, wie die Zweibeiner kamen und gingen und sich im Lager umherbewegten. Wolfsblut blickte die Menschen vor sich ungefähr so an, wie Menschen die Götter anschauen, die sie sich geschaffen haben. Für ihn waren sie tatsächlich höhere Wesen, Götter. Seinem unklaren Verständnis nach waren sie ebenso große Wundertäter wie Götter es für Menschen sind. Sie waren mächtige Wesen, die allerlei unbekannte, unvorstellbare Kräfte besaßen, sie herrschten über das Lebendige und das Leblose, zwangen das Bewegliche zum Gehorsam, verliehen dem Unbeweglichen Regung. Und sie schufen Leben, sonnenfarbiges Leben, das biss und aus dürrem Moos und totem Holz erwuchs. Sie waren die Schöpfer des Feuers! Sie waren Götter!

KAPITEL 2

## Die Knechtschaft

Die Tage waren für Wolfsblut drangvoll mit neuen Erfahrungen. Während Kiche an den Stock gefesselt blieb, lief er überall im Lager herum, sah sich neugierig um, erkundete seine Umgebung und lernte. Die meisten Gepflogenheiten der Zweibeiner waren ihm rasch vertraut, aber die Vertrautheit erzeugte keine Verachtung. Je näher er sie kennenlernte, desto stärker bewahrheitete sich ihre Überlegenheit. Je mehr er von ihren geheimnisvollen Kräften sah, desto gottgleicher erschienen sie ihm.
Menschen widerfährt häufig das Unglück, dass ihre Götter gestürzt werden und die Altäre zerfallen, dem Wolf aber oder dem wilden Hund, der sich in die Obhut des Menschen begibt, bleibt dieser Kummer erspart. Seine Götter sind nicht unsichtbar und erdacht, sind keine nebelhafte Gestalten, die der Phantasie entsprungen sind, keine umherstreifenden Gespenster, die ersehnte Güte und Macht verkörpern, und keine unfassbaren Auswüchse des Selbst im Reich des Überirdischen. Die Götter, die der Wolf oder der wilde Hund am Feuer findet, sind greifbare Wesen aus Fleisch und Blut, die die Erde für sich beanspruchen und Zeit brauchen, um ihre Ziele und ihre Existenz zu verwirklichen. Um an einen solchen Gott zu glauben, muss man keine Inbrunst entwickeln; es gibt keine Willensanstrengung, welche die Loslösung von einem solchen Gott herbeiführen könnte. Es gibt schlicht kein Entrinnen. Er steht mit einem Knüppel in der Hand auf seinen zwei Hinterbeinen da, ungemein mächtig, heißblütig und bald zornig, bald liebevoll. Sein Fleisch blutet, wenn man es zerreißt, und ist Nahrung wie jedes andere Fleisch, dennoch ist es von einer göttlichen, rätselhaften und machtvollen Aura erfüllt.
So erging es auch Wolfsblut. Die Zweibeiner waren unverkennbar Götter, denen man nicht entrinnen konnte. Und wie seine Mutter Kiche beim ersten Ruf ihres Namens ihnen gefolgt war, so lernte auch er, ihnen ergeben

zu sein. Er überließ ihnen überall den unangefochtenen Vortritt. Kamen sie, ging er ihnen aus dem Weg. Riefen sie, eilten er zu ihnen. Drohten sie, duckte er sich. Befahlen sie ihm wegzugehen, entfernte er sich fluchtartig. Denn hinter jedem ihrer Wünsche lauerte die Macht, ihm Nachdruck zu verleihen – Macht, die wehtat, Macht, die durch Kopfnüsse und Knüppelschläge zu Tage trat, durch Steinwürfe und Peitschenhiebe.

Wie alle Hunde war er ihr Eigentum. Sie befehligten sein gesamtes Tun. Sie konnten ihn nach Belieben malträtieren, mit Füßen treten oder um sich dulden. Diese Lektion war ihm schnell eingebläut worden. Es war eine harte Lektion, da sie in direktem Widerspruch zu vielem stand, was in seiner eigenen Natur stark und dominant war, und sie gefiel ihm nicht. Aber ohne dass es ihm bewusst war, lernte er sie schätzen. Er legte damit sein Schicksal in die Hände anderer, er übergab anderen die Verantwortung für die Bedürfnisse seines Daseins. Das war genaugenommen ein Ausgleich, denn es ist immer leichter, sich auf andere zu stützen, als auf eigenen Füßen zu stehen.

Das geschah jedoch nicht an einem Tag. Er lieferte sich selbst, seinen Körper und seine Seele nur zögernd an die Zweibeiner aus. Er konnte auf sein Erbgut der Wildnis und die Erinnerungen an das freie Leben nicht innerhalb kürzester Zeit verzichten. Es gab Tage, an denen er bis zum Rand des Waldes kroch und dort auf etwas lauschte, was ihn aus der Ferne zu rufen schien. Ruhelos und trübselig kehrte er dann zurück, schmiegte sich leise und sehnsüchtig winselnd an Kiche und leckte ihr eifrig und fragend das Gesicht.

Rasch lernte er die Gebräuche des Lagers kennen. Er begriff, wie gierig und ungerecht die älteren Hunde waren, wenn die Meute mit Fleisch oder Fisch gefüttert wurde. Er erkannte, dass die Männer meistens gerecht, die Kinder grausam und die Frauen gutmütig genug waren, um ihm mitunter ein Stück Fleisch oder einen Knochen hinzuwerfen. Und nach zwei oder drei unangenehmen Begegnungen mit den Müttern halbwüchsiger Welpen wurde ihm klar, dass es immer ratsam ist, solche Mütter in Ruhe zu lassen, ihnen so weit wie möglich aus dem Weg zu gehen und sie zu meiden, wenn man sie kommen sieht.

Aber der Fluch seines Lebens war Liplip. Größer, älter und stärker als Wolfsblut, hatte Liplip ihn zum bevorzugten Gegenstand seiner Verfolgung auserkoren. Es machte Wolfsblut zwar Freude, seine Kräfte zu messen, aber diesen Gegner konnte er nicht bezwingen. Er war einfach zu groß. Liplip wurde zum Albtraum für ihn. Sobald er sich von seiner Mutter fortwagte, war der Raufbold zur Stelle, heftete sich an seine Fersen, knurrte ihn an und schnappte nach ihm, und wenn kein Zweibeiner in der Nähe war, nutzte er jede Gelegenheit, um sich auf ihn zu stürzen und einen Kampf zu erzwingen. Und da Liplip immer als Sieger hervorging, genoss er diese Auseinandersetzungen außerordentlich. Sie wurden sein höchstes Vergnügen und Wolfsbluts schlimmste Qual.
Dieser Umstand hatte jedoch keine einschüchternde Wirkung auf ihn. Obwohl er den größeren Schaden davontrug und stets unterlag, blieb sein Mut ungebeugt. Eine negative Auswirkung gab es allerdings: Er wurde bösartig und verdrossen. Er besaß zwar von Geburt an ein wildes Temperament, aber diese unaufhörliche Hetzjagd machte ihn noch wilder. Seine freundliche, verspielte und jugendliche Seite kam fast gar nicht mehr zum Ausdruck. Nie spielte oder sprang er mit den anderen Welpen des Lagers umher, denn das erlaubte Liplip nicht. Sobald er in ihrer Nähe auftauchte, wurde er von Liplip drangsaliert und eingeschüchtert oder so lange bekämpft, bis er die Flucht ergriff.
Das alles hatte zur Folge, dass Wolfsblut seiner Jugend größtenteils beraubt wurde und dass er sich erwachsener gebärdete als er eigentlich war. Weil er seine überschüssige Energie im Spiel nicht ausleben konnte, zog er sich in sich selbst zurück und konzentrierte seine Kräfte auf seine geistige Entwicklung. Er wurde durchtrieben, denn er hatte ausreichend Zeit, allerlei Kniffe zu ersinnen. Erhielt er bei der Fütterung der Lagerhunde nicht seinen Anteil an Fleisch oder Fisch, wurde er zum schlauen Dieb. Er musste selbst nach Futter suchen und darin war er äußerst geschickt, oftmals sehr zum Ärger der Indianerinnen. Er lernte, listig im Lager herumzuschleichen, erfasste genau, was vorging, sah und hörte alles, zog dementsprechende Schlüsse und ersann erfolgreich Mittel und Wege, wie er seinem unversöhnlichen Widersacher aus dem Weg gehen könnte.

In den allerersten Tagen dieser Feindschaft spielte er seinem Verfolger einen wirklich schlauen Streich und erhielt prompt eine erste Kostprobe von Rache. Kiche hatte einst bei den Wölfen die Hunde aus dem Lager der Menschen gelockt und damit in ihren sicheren Tod. Auf ähnliche Weise lockte Wolfsblut jetzt Liplip bis zu den rächenden Zähnen seiner Mutter. Er zog sich zum Schein zurück und floh vor Liplip im Zickzack um die Wigwams herum. Er war ein schneller Läufer, flinker als irgendein junger Hund seines Alters und flinker als Liplip. Bei dieser Jagd aber gab er nicht sein Bestes, sondern blieb immer nur ein paar Schritte vor seinem Verfolger.
Liplip war durch die Jagd und die beständige Nähe seines Opfers erregt, vergaß alle Vorsicht und achtete nicht auf die Umgebung. Er merkte erst, wo er war, als es zu spät war. Er bog in vollem Lauf um einen Wigwam und rannte geradewegs in Kiche hinein, die am Ende ihres Stockes lag. Er jaulte bestürzt auf, aber da hatten ihn ihre strafenden Zähne schon gepackt. Obwohl sie angebunden war, gelang es ihm nicht, von ihr fortzukommen, denn sie warf ihn zu Boden und bearbeitete ihn ausgiebig mit den Zähnen.
Als es ihm endlich gelang, sich ihrem Zugriff zu entwinden, kroch er schwer zerzaust und an Leib und Seele tief verletzt davon. Dort, wo ihre Zähne ihn zerfleischt hatten, stand ihm das Fell in Büscheln ab. Er erhob sich, öffnete das Maul und brach in das langgezogene, klägliche Geheul der Welpen aus. Aber auch dies wurde ihm nicht gestattet, denn Wolfsblut schoss auf ihn los und verbiss sich in seinem Hinterbein. Die Kampflust war Liplip gründlich vergangen, schmachvoll rannte er davon, während sein Opfer ihm dicht auf den Fersen folgte und ihm auf dem ganzen Weg bis zum Wigwam seiner Besitzer zusetzte. Dort kamen die Frauen Liplip zu Hilfe und verscheuchten Wolfsblut, der sich in einen rasenden Dämon verwandelt hatte, schließlich durch einen Hagel von Steinen.
Es kam der Tag, an dem Grauer Biber beschloss, dass die Gefahr gebannt sei, dass Kiche wegläuft, und dass er sie freilassen könne. Wolfsblut begeisterte die Freiheit seiner Mutter. Er begleitete sie freudig durchs Lager, und solange er dicht neben ihr blieb, hielt Liplip respektvollen Abstand. Wolfsblut nahm sogar eine drohende, steifbeinige Haltung an, doch Liplip

ignorierte die Herausforderung. Er war nicht dumm, und wie auch immer die Rache aussehen mochte, die er im Sinn hatte, er konnte damit warten, bis er Wolfsblut allein vor sich hatte.

Später am Tag liefen Kiche und Wolfsblut ein Stück in den nahe am Lager gelegenen Wald. Der junge Wolf hatte seine Mutter Schritt für Schritt hierhergeführt, und als sie nun innehielt, versuchte er, sie vorwärts zu locken. Denn der Fluss, die Höhle und die stillen Wälder riefen ihn, und er wünschte, dass sie mitkäme. Er lief ein wenig voraus, blieb stehen und blickte sich nach ihr um. Sie hatte sich keinen Zentimeter vorwärtsbewegt. Er winselte flehend und rannte ausgelassen in das Unterholz hinein und wieder hinaus. Darauf kam er zu ihr zurück, leckte ihr Gesicht und lief wieder weiter. Sie rührte sich immer noch nicht. Er stand still und sah sie an, jeder Nerv, jede Faser seines Wesens voll gespannter Aufmerksamkeit und Eifer, die langsam nachließen, als sie den Kopf umwandte und zum Lager zurückblickte.

Etwas da draußen in der Freiheit rief ihn. Seine Mutter vernahm den Ruf ebenfalls, doch sie hörte noch einen anderen, lauteren Ruf, den des Feuers und der Menschen – den Ruf, dem unter allen Tieren nur der Wolf und sein Bruder, der Wildhund, gefolgt waren.

Kiche machte kehrt und trabte langsam zum Lager zurück. Die Anziehungskraft, die das Lager auf sie ausübte, war stärker als das physische Festgehaltenwerden durch den Stock. Unmerklich und magisch hielten die Götter sie mit ihrer Macht umfangen und ließen sie nicht wieder los. Wolfsblut legte sich im Schatten einer Birke nieder und winselte leise. Es roch stark nach Kiefern und der feine Duft des Waldes erfüllte die Luft. Das alles erinnerte ihn an das alte, freie Leben vor den Tagen der Knechtschaft. Aber er war noch ein halbwüchsiger Welpe, und die Bindung an seine Mutter war stärker als der Ruf der Menschen oder der Wildnis. In jeder Stunde seines bisherigen, kurzen Lebens war er von ihr abhängig gewesen. Die Zeit seiner Unabhängigkeit sollte erst kommen. Darum stand er auf und trabte unglücklich zum Lager zurück, wobei er mehrere Male anhielt, sich setzte, winselte und auf die Stimme lauschte, die immer noch aus der Tiefe des Waldes zu erklingen schien.

In der Wildnis ist die Zeit, die eine Mutter mit ihren Jungen verbringt, kurz; aber unter der Herrschaft des Menschen ist sie zuweilen noch kürzer. Dies war auch bei Wolfsblut der Fall. Grauer Biber hatte an Drei Adler eine Schuld zu bezahlen. Drei Adler wollte den Mackenzie hinauf an den Großen Sklavensee ziehen, und ein Stück rotes Tuch, ein Bärenfell, zwanzig Patronen und Kiche waren erforderlich, um diese Schuld zu tilgen. Wolfsblut musste mit ansehen, wie seine Mutter in Drei Adlers Kanu gebracht wurde. Er versuchte, ihr zu folgen, aber ein Schlag von Drei Adler warf ihn an Land zurück. Das Kanu wurde abgestoßen. Wolfsblut sprang ins Wasser und schwamm hinterher, taub gegen die Befehle von Grauer Biber zurückzukommen. Die Angst, seine Mutter zu verlieren, war so groß, dass er sogar den zweibeinigen Gott ignorierte.

Aber Götter sind es gewohnt, dass man ihnen gehorcht. Grauer Biber bestieg deshalb zornig ein Kanu und fuhr ihm hinterher. Als er Wolfsblut eingeholt hatte, streckte er die Hand nach ihm aus und zog ihn beim Nacken aus dem Wasser. Er setzte ihn nicht gleich auf den Boden des Kanus, sondern hielt ihn mit der einen Hand empor, während er ihm mit der anderen eine Tracht Prügel verabreichte. Und es war eine *gehörige* Tracht. Die Hand war kräftig, jeder Schlag war schmerzhaft, und es gab ihrer sehr viele!

Wolfsblut wurde unter den Schlägen, die auf ihn herabhagelten, wie ein wild gewordenes Pendel ruckartig hin und her gebeutelt. Dabei durchwogten ihn die unterschiedlichsten Gefühlsregungen; zuerst Erstaunen, dann einen Moment lang Furcht, die ihn unter der gewalttätigen Hand mehrmals aufheulen ließ. Doch die Furcht verwandelte sich rasch in Zorn. Sein wildes und freies Wesen verschaffte sich Geltung, und unerschrocken knurrte er den erzürnten Gott zähnefletschend an. Das machte den Gott noch zorniger, der immer schneller und heftiger zuschlug.

Grauer Biber fuhr fort, ihn zu schlagen, und Wolfsblut fuhr fort, ihn anzuknurren. Das konnte natürlich nicht ewig dauern; einer der beiden musste nachgeben, und dieser eine war Wolfsblut. Abermals wurde er von Furcht erfasst. Zum ersten Mal wurde er von einem Menschen misshandelt. Denn im Vergleich mit dieser Tracht Prügel waren die gelegentlichen Schläge, die er bisher durch Stöcke oder Steine erlebt hatte, Liebkosungen. Sein Wille brach und er begann jämmerlich zu jaulen. Eine Zeitlang jaulte er bei jedem Schlag auf, aber schließlich wurde aus der Furcht Todesangst, und er heulte nicht mehr lediglich im Takt der Schläge, sondern ohne Unterlass.

Endlich ließ Grauer Biber die Hand sinken. Wolfsblut war zum schlaffen Bündel geworden und wimmerte leise. Dies schien seinen Herrn zufriedenzustellen, der ihn grob auf den Boden des Kanus warf, das unterdessen stromabwärts getrieben war. Grauer Biber griff nach dem Paddel, Wolfsblut war ihm dabei im Weg und er stieß ihn brutal mit dem Fuß zur Seite. Da flammte Wolfsbluts wildes und freies Wesen noch einmal auf und er vergrub die Zähne in den mit einem Mokassin bekleideten Fuß.

Die Prügel, die er vorhin erhalten hatte, waren nichts im Vergleich zu den Schlägen, die jetzt auf ihn niederprasselten. Grauer Bibers Zorn war entsetzlich, und Wolfsbluts Angst war es gleichermaßen. Dieses Mal malträtierte ihn nicht nur die Hand, sondern auch das harte, hölzerne Paddel, und sein ganzer kleiner Körper war wund und schmerzte, als er wieder ins Kanu geschleudert wurde. Wieder, und diesmal absichtlich, trat Grauer Biber nach ihm. Wolfsblut wiederholte seinen Angriff auf den Fuß nicht. Er hatte eine weitere Lektion darüber erhalten, was Knechtschaft bedeutet. Er durfte es niemals, unter keinen Umständen, wagen, den Gott, der sein Herr und Meister war, zu beißen; der Leib des Herrn und Meisters war heilig und durfte durch die Zähne von seinesgleichen nicht besudelt werden. Das war augenscheinlich das größte Vergehen, ein Verstoß, der nicht übersehen und verziehen werden konnte.

Als sie das Ufer erreichten, lag Wolfsblut regungslos und wimmernd da und wartete ab, was Grauer Biber wünschte. Grauer Biber wünschte offenbar, dass er an Land gehen sollte, denn er schleuderte ihn aufs Ufer, wo er hart zu Boden fiel, sodass sein geschundener Körper von Neuem zu schmerzen begann. Zitternd stellte er sich auf die Beine und stand winselnd da. Liplip, der vom Ufer aus alles mit angesehen hatte, stürzte sich auf ihn, warf ihn zu Boden und bearbeitete ihn mit den Zähnen. Wolfsblut war zu schwach, um sich zu verteidigen, und es wäre ihm sicher schlimm ergangen, hätte nicht Grauer Biber rasch den Fuß ausgestreckt, Liplip hoch in die Luft gehoben und ihn ein paar Meter weit mit aller Macht zur Erde geschmettert. Dies war menschliche Gerechtigkeit, und selbst in seiner jämmerlichen Verfassung durchfuhr Wolfsblut ein Gefühl der Dankbarkeit. Gehorsam hinkte er hinter Grauer Biber durchs Lager zu dessen Wigwam. Und so lernte Wolfsblut, dass die Götter das Recht zu strafen für sich allein beanspruchten und es geringeren Geschöpfen verwehrten.

In dieser Nacht, als alles still war, trauerte Wolfsblut um den Verlust seiner Mutter. Er tat es zu geräuschvoll, sein Winseln weckte Grauer Biber, der ihn schlug. Daraufhin trauerte er in Anwesenheit der Götter nur noch leise. Wenn er jedoch manchmal an den Rand des Waldes fliehen konnte, ließ er seinem Kummer in lauten, winselnden Klagelauten freien Lauf.

In solchen Momenten hätte er vielleicht den Erinnerungen an die Höhle und den Fluss Gehör geschenkt und wäre in die Wildnis zurückgekehrt. Doch der Gedanke an seine Mutter hielt ihn zurück. Wie die zweibeinigen Jäger, die hinauszogen und wieder zurückkamen, so würde auch sie eines Tages ins Lager zurückkehren. Also blieb er in der Knechtschaft und wartete auf sie.

Doch es war keine vollkommen unglückliche Knechtschaft. Vieles, was um ihn herum geschah, interessierte ihn, es gab ständig Abwechslung. Diese Götter taten unendlich viele seltsame Dinge und er sah stets neugierig zu. Außerdem lernte er, wie er sich Grauer Biber gegenüber zu verhalten hatte. Gehorsam, absoluter, unentwegter Gehorsam, das war es, was von ihm erwartet wurde; wenn er den leistete, bekam er keine Schläge und seine Gegenwart wurde geduldet.

Grauer Biber warf ihm sogar zuweilen ein Stück Fleisch hin und beschützte ihn beim Fressen vor den anderen Hunden. Und ein solches Stück Fleisch war von Wert. Seltsamerweise war es mehr wert als ein ganzes Dutzend Fleischstücke aus der Hand einer Indianerin. Grauer Biber liebkoste oder streichelte ihn nie. Vielleicht war es seine gewichtige Hand, vielleicht sein Sinn für Gerechtigkeit, vielleicht seine absolute Macht über den jungen Wolf; vielleicht war es auch all dies zusammen, was sich auf Wolfsblut auswirkte – jedenfalls entwickelte sich zwischen ihm und seinem mürrischen Herrn ein gewisses Band der Anhänglichkeit.

Heimtückisch und fast unmerklich wurden Wolfsblut durch die Kraft des Stockes, des Steins und den Schlag der Hand die Fesseln der Knechtschaft immer enger angelegt. Die Eigenschaften seiner Gattung, die es überhaupt erst ermöglichten, dass sie vom Feuer der Menschen angezogen wurde, waren einer Entwicklung fähig. Sie entwickelten sich auch in ihm weiter und allmählich wurde ihm das Leben im Lager der Indianer, obgleich es oft voller Elend für ihn war, immer lieber. Das war Wolfsblut allerdings nicht bewusst. Er fühlte lediglich den Kummer über Kiches Verlust, die Hoffnung auf ihre Wiederkehr und eine verzehrende Sehnsucht nach dem freien Leben, das er einst geführt hatte.

KAPITEL 3

## Der Ausgestoßene

Liplip machte Wolfsblut das Leben fortan so schwer, dass er wilder und bösartiger wurde als er es von Natur aus gewesen wäre. Wildheit war zwar ein Bestandteil seines Wesens, aber die dergestalt sich ausprägende Wildheit ging über sein eigentliches Wesen hinaus. Selbst bei den Menschen war er wegen seiner Boshaftigkeit verschrien. Wann immer es im Lager Tumult und Lärm gab, wann immer man sich zankte und stritt oder eine Indianerin laut über ein gestohlenes Stück Fleisch schalt, man konnte sicher sein, dass Wolfsblut darin verwickelt war, und meist hatte er das Ganze angezettelt. Die Menschen machten sich nicht die Mühe, nach den Ursachen seines Verhaltens zu forschen, sie sahen nur die Auswirkungen, und die waren schlecht. Für sie war er ein Schleicher und ein Dieb, ein Unheilstifter und ein Tunichtgut. Wütende Indianerinnen sagten es ihm ins Gesicht, sie sagten auch, dass er ein Wolf und gar nichts wert sei und dass es mit ihm einmal ein schlimmes Ende nehmen würde, während er sie aufmerksam beobachtete, immer auf der Hut vor einem Wurfgeschoss.

Inmitten dem dicht bevölkerten Lager wurde er zum Ausgestoßenen. Alle jungen Hunde folgten Liplip als ihrem Führer. Wolfsblut war anders als sie. Möglicherweise spürten sie seine Herkunft aus der Wildnis und empfanden jene instinktive Feindschaft gegen ihn, die der Haushund gegen den Wolf hegt. In jedem Fall schlossen sich alle Liplip in der Verfolgung Wolfsbluts an. Und nachdem sie ihm einmal den Krieg erklärt hatten, fanden sie bald gute Gründe, dabei zu bleiben. Ein jeder bekam dann und wann Wolfsbluts Zähne zu spüren und zu seiner Ehre sei gesagt, dass er mehr austeilte als einsteckte. Viele hätte er im Einzelkampf besiegen können, aber das blieb ihm verwehrt, denn beim ersten Anzeichen eines Konflikts kamen alle jungen Hunde herbeigelaufen und fielen über ihn her.

Zwei wichtige Dinge lernte er durch diese ständige Belästigung: erstens, wie man sich in einem Massenkampf behauptet, und zweitens, wie man einem einzelnen Hund in kürzester Zeit so viel Schaden wie möglich zufügt. Inmitten der feindseligen Meute auf den Füßen zu bleiben, hieß, sich das Leben zu bewahren, und das lernte er schnell und meisterhaft. Er wurde geschmeidig wie eine Katze. Selbst ausgewachsene Hunde vermochten ihn mit dem Gewicht ihrer schweren Körper nur seitwärts oder rückwärts zu schieben, und ob sie ihn nun in die Luft hoben oder schoben, er hatte stets die Beine unter sich und die Pfoten gegen Mutter Erde gestemmt.

Bei Auseinandersetzungen zwischen Hunden gibt es vor dem eigentlichen Kampf für gewöhnlich Plänkeleien in Form von Knurren, Fellsträuben und steifbeinigem Umherstolzieren. Wolfsblut lernte, diese Plänkeleien auszulassen, denn jede Verzögerung des Kampfes bedeutete für ihn, den Ansturm aller jungen Hunde heraufzubeschwören. Er musste schnell zuschlagen und dann fliehen. Folglich lernte er, seine Absichten zu verbergen und ohne Vorwarnung unvermittelt loszustürzen, zu schnappen und zu beißen, und das alles, bevor der Gegner mit seinem Angriff rechnete. Er lernte, wie man im Bruchteil einer Sekunde schwere Verletzungen zufügt. Er lernte den Wert des Überraschungsangriffs schätzen. War ein Hund nicht auf der Hut, wurde ihm die Schulter aufgeschlitzt oder das Ohr zerrissen, ehe er wusste, wie ihm geschah und dass er besiegt worden war.

Außerdem war es erstaunlich einfach, einen Hund durch einen Überraschungsangriff umzustoßen und an die Stelle zu kommen, die tödlich verwundbar ist, weil der Hund seine Kehle beim Sturz unweigerlich für einen Augenblick preisgab. Wolfsblut kannte die Stelle genau, dieses Wissen hatten ihm Generationen von jagenden Wölfen vermacht. Wolfsblut eignete sich also eine Taktik an, wenn er in die Offensive ging: zuerst galt es, einen einzelnen jungen Hund auszumachen, dann ihn unerwartet zu Fall bringen und schließlich die Zähne in die weiche Kehle zu schlagen.

Da er aber noch nicht ganz ausgewachsen war, waren seine Kiefer weder stark noch groß genug, um einen Angriff auf die Kehle tödlich ausgehen zu lassen. Dennoch lief im Lager so mancher junger Hund mit verwundetem Hals umher – ein Zeichen für Wolfsbluts Absichten. Als er eines

Tages einen seiner Feinde allein am Waldrand antraf, gelang es ihm durch mehrmalige Attacken auf die Kehle tatsächlich, die große Ader durchzubeißen und dem Leben seines Feindes ein Ende zu setzen. An diesem Abend kam es im Lager zu einem großen Streit. Wolfsblut war beobachtet und die Kunde seiner Tat dem Besitzer des getöteten Hundes hinterbracht worden. Die Indianerinnen erinnerten sich sogleich an all das Fleisch, das er ihnen gestohlen hatte und Grauer Biber musste ihr ärgerliches Geschrei über sich ergehen lassen. Aber er stand unerschütterlich im Eingang seines Zeltes, in das er den Übeltäter gesetzt hatte und weigerte sich, ihn der geforderten Rache seines Stammesgenossen auszuliefern.

Inzwischen wurde Wolfsblut von Hunden und Menschen gleichermaßen gehasst. In dieser Phase seines Werdegangs war er keinen Augenblick seines Lebens sicher. Der Zahn eines jeden Hundes, die Hand eines jeden Menschen war gegen ihn. Er wurde von seiner Gattung mit Knurren, von den Menschen mit Flüchen und Steinen begrüßt. Er war fortwährend angespannt und aufgeregt, immer auf einen plötzlichen Angriff, auf ein unerwartetes Wurfgeschoß gefasst, immer bereit, schnell und kaltblütig zu reagieren, um entweder mit gefletschten Zähnen loszustürzen oder mit drohendem Knurren wegzuspringen.

Kein Hund im ganzen Lager, ob alt oder jung, konnte schrecklicher knurren als er. Knurren dient normalerweise der Warnung oder Abschreckung, und es bedarf einiger Erfahrung zu wissen, wie und wann es eingesetzt werden sollte. Wolfsblut war ein Meister darin. In seinem Knurren erklang alles vorstellbare Grausame, Bösartige und Schreckliche. Seine gekrauste Nase zuckte unaufhörlich, sein Fell sträubte sich wellenartig, seine Zunge schnellte wie eine rote Schlange aus dem Maul und wieder zurück, seine Ohren waren vollständig angelegt, seine Augen funkelten hasserfüllt und die hochgezogenen Lefzen entblößten Zähne, von denen der Geifer tropfte. Durch seinen Anblick konnte er beinahe jeden Angreifer kurz stutzig machen – ein wertvoller Augenblick, in dem er nicht auf der Hut zu sein brauchte und der ihm Zeit zur Überlegung und zum Entschluss verschaffte. Oftmals zog sich eine derart gewonnene Pause so in die Länge, dass der Gegner schließlich von einem Angriff absah. Durch sein

Knurren gelang es Wolfsblut selbst bei ausgewachsenen Hunden mehr als einmal, einen ehrenvollen Rückzug antreten zu können.

Das Rudel junger Hunde betrachtete ihn als Ausgestoßenen, und Wolfsblut vergalt ihnen ihre Feindschaft durch seine tödliche Angriffsweise und sein erstaunliches Kampfgeschick. Sie duldeten ihn nicht in ihren Reihen und die merkwürdigen Umstände führten dazu, dass keiner von ihnen sich außerhalb des Rudels bewegen konnte. Wolfsblut erlaubte es nicht. Mit Ausnahme von Liplip fürchteten alle jungen Hunde seine Überfälle aus dem Hinterhalt und sahen sich gezwungen zusammenzubleiben – zu gegenseitigem Schutz gegen den schrecklichen Feind, den sie sich gemacht hatten. Ein junger Hund allein am Ufer des Flusses bedeutete einen toten Hund, oder er schreckte das Lager bei seiner Flucht vor Wolfsblut, der ihm aufgelauert hatte, durch schrille Schmerz- und Schreckenslaute auf.

Aber Wolfsbluts Vergeltungssucht ließ nicht nach, selbst nachdem die jungen Hunde gründlich begriffen hatten, dass sie zusammenbleiben mussten. Er griff an, wenn er einen allein erwischte, und sie griffen ihn im Rudel an. Sein schierer Anblick genügte, um sie zur Verfolgung anzustacheln, und seine Schnelligkeit brachte ihn meist in Sicherheit. Doch wehe dem Hund, der bei der Jagd nach ihm seinen Gefährten vorauslief! Wolfsblut pflegte sich nach dem Verfolger, der zuerst kam, umzudrehen und ihn vollständig zu zerfetzen, bevor ihm die anderen zu Hilfe kommen konnten. Dies geschah häufig, denn in der Erregung der Hatz waren die Hunde, wenn sie vollem Lauf waren, leicht geneigt, sich zu vergessen. Etwas, das Wolfsblut niemals tat. Er sah beim Laufen zurück und war stets bereit, herumzuwirbeln und den übereifrigen Verfolger, der das restliche Rudel überholte, zu bezwingen.

Junge Hunde sind immer zum Spielen aufgelegt, daher machten sie aus diesem possenhaften Krieg notgedrungen ein Spiel. So kam es, dass die Jagd auf Wolfsblut ihr vorrangiges Spiel wurde, obendrein ein tödliches und allzeit ernstes Spiel. Wolfsblut, der flinker war als sie, wagte sich überall hin. Während der Phase, in der er vergeblich auf die Rückkehr seiner Mutter wartete, führte er das Rudel oft in wilder Jagd durch die angrenzenden Wälder. Dabei verloren ihn die Hunde immer aus den Augen.

Denn der Lärm, den sie machten, warnte ihn, während er auf Samtpfoten, wie einst sein Vater und seine Mutter, einem Schatten gleich, geräuschlos unter den Bäumen dahinglitt. Auch stand er der Wildnis näher als sie und kannte mehr der dort herrschenden Geheimnisse und Listen. Es war zum Beispiel ein beliebter Trick von ihm, seine Spur in fließendem Wasser verschwinden zu lassen und dann ruhig im nahen Dickicht zu liegen, während das verblüffte Rudel lautes Gekläff um ihn herum erhob. Von seiner Gattung und von den Menschen gehasst, unbezähmbar, fortwährend verfolgt und selbst fortwährend im Kriegszustand, ging seine Entwicklung rasch vonstatten. Sie war allerdings einseitig. Dies war kein Boden, in dem Freundlichkeit und Liebe erblühen konnten. Von solchen Dingen hatte er nicht die geringste Ahnung. Er lebte nach dem Kodex, den Starken zu gehorchen und die Schwachen zu unterdrücken. Grauer Biber war ein Gott und stark, deshalb gehorchte er ihm. Aber kleinere oder schwächere Hunde, die konnte er vernichten. Sein Heranwachsen war von Macht geprägt. Um der ständigen Gefahr, verletzt oder gar getötet zu werden, gegenübertreten zu können, entwickelten sich seine Raubtierhaftigkeit und Abwehrbefähigung über die Maßen. Er wurde flinker, behänder, schlauer und blutdürstiger als die anderen Hunde. Er war geschmeidiger und schlanker, seine Muskeln und Sehnen waren wie aus Stahl, er war ausdauernder, grausamer, grimmiger und klüger. Dies alles musste er sein, sonst hätte er in der feindseligen Umgebung, in der er aufwuchs, sich nicht behaupten und überleben können.

## KAPITEL 4

# Die Spur der Götter

Als die Tage im Herbst immer kürzer wurden und beißender Frost die Luft abkühlte, hatte Wolfsblut die Chance, seine Freiheit wiederzuerlangen. Seit einiger Zeit herrschte im Lager großer Trubel. Das Sommerlager wurde abgebrochen und der Stamm schickte sich an, mit Sack und Pack in die herbstlichen Jagdgründe zu ziehen. Wolfsblut beobachtete das Treiben mit aufmerksamem Auge, und als die Wigwams sich senkten und die Kanus am Ufer beladen wurden, begriff er. Die Kanus legten bereits ab und einige waren flussabwärts verschwunden.

Er war fest entschlossen zurückzubleiben und wartete auf eine günstige Gelegenheit, um sich aus dem Lager und in den Wald zu schleichen. Dort angekommen, verwischte er seine Spur im Wasser, das schon zu gefrieren begann. Dann kroch er tief in dichtes Dickicht und wartete. Die Zeit verstrich, dann und wann schlief er ein paar Stunden, bis ihn Grauer Bibers Stimme weckte, der seinen Namen rief. Er vernahm noch andere Stimmen: Grauer Bibers Frau und sein Sohn Mitsah beteiligten sich an der Suche.

Wolfsblut zitterte vor Angst, und obgleich der Impuls, aus seinem Versteck zu kommen, stark war, widerstand er ihm. Nach einer Weile wurden die Stimmen schwächer und kurze Zeit darauf kroch er ins Freie, um den Erfolg seines Unterfangens zu genießen. Die Dunkelheit brach herein, und eine Zeitlang tollte er unter den Bäumen umher und kostete seine Freiheit in vollen Zügen aus. Dann wurde ihm mit einem Mal seine Einsamkeit bewusst. Er setzte sich nieder und lauschte auf die Stille im Wald, die ihn beunruhigte. Es war unheimlich, dass sich nichts bewegte, dass kein Ton laut wurde. Eine unsichtbare, nicht einschätzbare Gefahr musste irgendwo lauern. Er fürchtete sich vor den hoch aufragenden Bäumen und vor den dunklen Schatten, die alle möglichen gefahrvollen Dinge verbergen konnten.

Außerdem war es kalt. Hier gab es keine warme Zeltwand, an die er sich schmiegen konnte. Er fror an den Pfoten und hob abwechselnd die Vorderbeine, um sie zu wärmen. Er deckte seinen buschigen Schwanz über sie und im selben Augenblick hatte er eine Vision. Das war durchaus nichts Sonderbares, vor seinem inneren Auge zogen Bilder der Erinnerung vorüber. Er sah wieder das Lager, die Wigwams, den Schein der Feuer. Er hörte die schrillen Stimmen der Frauen, die barschen Bässe der Männer, das Knurren der Hunde. Er war hungrig und dachte an die Stücke Fleisch und Fisch, die ihm hingeworfen worden waren. Hier gab es kein Fleisch, nichts als bedrohliches Schweigen, von dem er nicht satt wurde.

Die Knechtschaft hatte ihn verweichlicht, die Verantwortungslosigkeit geschwächt. Er hatte vergessen, wie man für sich selbst sorgt. Die Nacht ringsum gähnte ihn an. Seine an den Lärm und Tumult des Lagers, an unablässige optische und akustische Eindrücke gewöhnten Sinne waren nun müßig. Hier war nichts zu sehen, nichts zu hören oder zu tun. Angestrengt versuchte er, einen Laut in der Stille auszumachen, eine Bewegung im starren Umfeld. Die Ruhe und das Gefühl, etwas Furchtbares stände ihm bevor, entsetzten ihn.

Er zuckte erschrocken zusammen. Ein riesiges, formloses Etwas türmte sich vor ihm auf. Als der Mond aus den Wolken hervortrat, sah er, dass es nur der Schatten eines Baumes war. Vor Erleichterung winselte er leise, unterdrückte aber diesen Laut sofort wieder, aus Angst, er könne die Aufmerksamkeit der um ihn lauernden Gefahren auf sich ziehen.

Ein Baum, dessen Holz sich in der kalten Nachtluft zusammenzog, knarrte laut. Das Geräusch ertönte unmittelbar über ihm. Er jaulte furchtsam auf. Von Panik ergriffen rannte er wie toll in Richtung des Lagers. Er verspürte ein überwältigendes Verlangen nach dem Schutz und der Gesellschaft von Menschen. Er hatte den Geruch des Feuerrauchs in der Nase, der Lärm und die Stimmen des Lagers dröhnten in seinen Ohren. Er lief aus dem Wald hinaus und auf die vom Mondlicht beschienene freie Fläche, wo es keine Schatten, keine Dunkelheit gab. Doch vor seinen Augen erschien kein Lager. Er hatte vergessen, dass es abgebrochen worden war. Seine wilde Flucht endete jäh. Es gab keinen Ort, zu dem er fliehen konnte. Verlassen schlich er über den verwaisten Lagerplatz und beschnupperte die Abfallhaufen und weggeworfenen Lumpen der Götter. Mit Freude hätte er jetzt den Steinhagel, mit dem eine zornige Indianerin ihn bedachte, über sich ergehen lassen; mit Freude hätte er die Prügel eines erbosten Grauen Bibers empfangen; und mit Entzücken würde er Liplip und das ganze knurrende, feige Rudel begrüßt haben.

Er kam zu der Stelle, an der Grauer Bibers Wigwam gestanden hatte. Dort, wo sich die Zeltmitte befunden hatte, setzte er sich nieder und hob die Nase zum Mond. Es zuckte krampfhaft in seiner Kehle, er öffnete das Maul und ein herzzerreißendes Geheul gurgelte empor. In ihm lagen seine Einsamkeit, seine Furcht, seine Sehnsucht nach Kiche, sein gesamter Kummer, sein gesamtes Elend der Vergangenheit und seine Besorgnis vor den Leiden und Gefahren der Zukunft. Es war das langgezogene Heulen eines Wolfes, aus tiefster Kehle und schwermütig, das erste Wolfsgeheul, das er ausstieß.

Das anbrechende Tageslicht vertrieb seine Ängste, ließ seine Einsamkeit aber noch stärker hervortreten. Die kahle Erde, die noch vor kurzem so dicht besiedelt gewesen war, brachte ihm sein Alleinsein schmerzhaft zu Bewusstsein. Er brauchte nicht lange, um einen Entschluss zu fassen. Er stürzte in den Wald und lief am Flussufer stromabwärts. Er rannte den ganzen Tag. Er ruhte sich nicht aus. Er schien wie dafür gemacht, ewig zu laufen. Sein eiserner Körper kannte keine Ermüdung, und selbst als diese eintrat, verhalf ihm seine ererbte Ausdauer zu unaufhörlicher Anstrengung, die den klagenden Körper vorwärtstrieb.

Als der Fluss von steil abfallenden Uferklippen gesäumt wurde, erklomm er die hohen, dahinterliegenden Berge. Bäche und Nebenflüsse, die in den Hauptstrom mündeten, durchschwamm oder durchwatete er. Oder er lief auf dem Eis am Rand, das sich zu bilden begann, wobei er mehr als einmal einbrach und in den eiskalten Fluten um sein Leben kämpfte. Stets aber hielt er nach der Spur der Götter Ausschau und prüfte, ob sie den Strom verließ und landeinwärts weiterführte.

Wolfsblut war zwar klüger als der Durchschnitt seiner Gattung, doch die Kraft seines Verstandes reichte nicht aus, um das andere Ufer des Mackenzie in seine Suche mit einzuschließen. Unter Umständen verlief die

Spur der Götter ja auf der gegenüberliegenden Seite. Diese Idee lag ihm fern. Später, als er älter und erfahrener war, mehr durchs Land gezogen und vielen Spuren und Flüssen gefolgt war, hätte er diese Möglichkeit vielleicht erwogen. Eine derartige mentale Leistung lag aber noch in der Zukunft. Im Augenblick rannte er blind vorwärts, weil ihm nur das diesseitige Ufer des Mackenzie in den Sinn kam.

Er lief die ganze Nacht hindurch, stolperte in der Dunkelheit über Hindernisse und strauchelte, was ihn zwar aufhielt, aber nicht entmutigte. Zur Mittagsstunde des zweiten Tages war er ohne Pause dreißig Stunden lang gelaufen und seine stählernen Muskeln gaben allmählich nach. Nur sein eiserner Wille trieb ihn weiter. Er hatte seit vierzig Stunden nichts gefressen und war schwach vor Hunger. Das mehrmalige Bad im eisigen Wasser war ebenfalls nicht ohne Auswirkung geblieben. Sein prächtiges Fell war schmutzig, die breiten Ballen seiner Pfoten waren wund und bluteten. Er hatte zu hinken begonnen, und es wurde von Stunde zu Stunde schlimmer. Zu allem Übel verdunkelte sich der Himmel und es fing an zu schneien – frischer, nasser Schnee, der an den Pfoten klebte und schmolz, den Boden rutschig machte und die Sicht so weit verschlechterte, dass er kaum sah, wo er hintrat. Außerdem bedeckte der Schnee die Unebenheiten im Erdreich und das Laufen wurde schwierig und schmerzhaft.

An jenem Abend hatte Grauer Biber beabsichtigt, das Nachtlager am jenseitigen Ufer des Mackenzie aufzuschlagen, da die Jagdgründe in dieser Richtung lagen. Doch kurz vor Einbruch der Dunkelheit war ein Elch am diesseitigen Ufer zum Fluss gekommen, um zu saufen, und von Klukutsch, Grauer Bibers Frau, erspäht worden. Wäre der Elch nicht zum Trinken gekommen, hätte Mitsah wegen des Schneefalls nicht beim Steuern des Kanus den Kurs verloren, Klukutsch den Elch nicht gesehen und Grauer Biber nicht das Tier mit einem glücklichen Schuss aus seinem Gewehr erlegt, wäre alles anders gekommen. Grauer Biber hätte nicht am diesseitigen Ufer des Mackenzie übernachtet, und Wolfsblut wäre weitergelaufen und entweder gestorben oder auf seine wilden Brüder gestoßen und bis an das Ende seiner Tage ein Wolf geblieben.

Es war Nacht geworden. Der Schnee fiel immer dichter, und leise vor sich hin wimmernd stolperte und hinkte Wolfsblut vorwärts, als er mit einem Mal eine frische Spur im Schnee witterte. Sie war so frisch, dass er sie sogleich erkannte. Freudig winselnd verfolgte er sie vom Flussufer aus bis unter die Bäume. Die Geräusche des Lagers drangen an sein Ohr. Er sah den Schein des Feuers, Klukutsch beim Kochen und Grauer Biber, der auf dem Boden hockte und an einem Stück rohem Talg knabberte. Es gab frisches Fleisch im Lager!

Wolfsblut rechnete mit Schlägen. Beim Gedanken daran duckte er sich und sträubte leicht das Fell. Dann wagte er sich weiter vorwärts. Er wusste, dass ihn eine Tracht Prügel erwartete, er fürchtete sie und hatte einen Widerwillen davor. Er wusste aber auch, dass er sich am Feuer wärmen, den Schutz der Götter und die Gesellschaft der Hunde genießen durfte – letztere war zwar von Feindschaft geprägt, aber nichtsdestotrotz war es Gesellschaft und nach einer solchen sehnte er sich.

Auf dem Bauch kriechend näherte er sich dem Feuer. Grauer Biber erblickte ihn und hörte auf zu kauen. Langsam kroch Wolfsblut näher, demütig und unterwürfig, geradewegs auf Grauer Biber zu, wobei er jeden Zentimeter der Entfernung immer langsamer und mühseliger zurücklegte. Schließlich lag er seinem Herrn zu Füßen, in dessen Hände er sich mit Leib und Seele nun freiwillig begab. Aus freien Stücken suchte er die Nähe des Menschen, um sich von ihm beherrschen zu lassen. Zitternd wartete er auf die bevorstehende Strafe. Die Hand über ihm bewegte sich. In Erwartung des Schlages zuckte er unwillkürlich zusammen. Doch es kam keiner. Verstohlen sah er nach oben. Grauer Biber brach den Talgklumpen in zwei Hälften! Grauer Biber reichte ihm ein Stück Talg! Er beschnupperte es vorsichtig und misstrauisch, dann fing er an, es zu verschlingen. Grauer Biber ließ ihm Fleisch bringen und wehrte die anderen Hunde ab, solange er fraß. Danach legte sich Wolfsblut dankbar und zufrieden zu Füßen von Grauer Biber nieder und schaute blinzelnd in das wärmende Feuer, bis er eindöste, genau wissend, dass er am nächsten Tag nicht einsam durch trostlose Waldflächen streifen, sondern im Lager bei den Zweibeinern sein würde, bei den Göttern, denen er sich hingegeben hatte und von denen er fortan abhängig war.

KAPITEL 5

## Der Pakt

Gegen Ende Dezember zog Grauer Biber mit Klukutsch und Mitsah den Mackenzie hinauf. Einen Schlitten, vor den gekaufte oder geborgte Hunde gespannt waren, steuerte er selbst, den anderen, kleineren, dessen Gespann aus jungen Hunden bestand, lenkte Mitsah. Mitsahs Schlitten war eher ein Spielzeug, aber dessen ganzer Stolz, weil er endlich die Arbeit eines Mannes verrichten durfte: Hunde abrichten und lenken. Gleichzeitig wurden die jungen Tiere an das Gespann gewöhnt. Außerdem war der Schlitten von gewissem Nutzen, denn er trug annähernd zweihundert Pfund an Gerätschaften und Lebensmitteln.

Wolfsblut hatte gesehen, wie die Hunde der Indianer im Gespann gingen, also nahm er es nicht sonderlich übel, als er zum ersten Mal angespannt wurde. Ihm wurde ein mit Moos gepolstertes Halsband übergestreift, das durch zwei Zugleinen mit einem Riemen verbunden war, der um seine Brust und über den Rücken verlief. An diesen Riemen wurde der lange Strick gebunden, mit dem er den Schlitten zog.

In dem Gespann gingen sieben junge Hunde. Die anderen waren vor Wolfsblut geboren und neun bis zehn Monate alt, Wolfsblut war hingegen erst acht Monate alt. Jeder Hund war mit einem einzelnen Strick an den Schlitten gebunden, alle von ungleicher Länge, sodass die Entfernung zwischen den Stricken mindestens die Körperlänge eines Hundes betrug. Jeder Strick war an einem Ring am vorderen Ende des Schlittens befestigt. Der Schlitten selbst hatte keine Kufen und war aus Birkenrinde gemacht, das Vorderende hochgebogen, damit es den Schnee leichter zur Seite pflügen konnte. Durch diese Bauart verteilte sich das Gewicht des Schlittens wie der Ladung auf die breiteste Fläche des weichen, lockeren Schnees. Nach demselben Prinzip teilte sich auch das Gespann der Hunde am Ende ihrer Stricke fächerförmig vor dem Schlitten auf, sodass kein Hund in die Fußstapfen des anderen trat.

Die fächerförmige Anordnung hatte noch einen weiteren Vorteil: Die ungleiche Länge der Stricke verhinderte, dass die hinten laufenden Hunde die vorderen anfielen. Wollte einer den andern angreifen, musste er sich nach dem an einem kürzeren Strick ziehenden umwenden, und dann stand er nicht nur dem Angegriffenen gegenüber, sondern auch der Peitsche des Lenkers. Doch der größte Vorteil dieses Gespanns lag darin, dass der Hund, der einen vorderen angreifen wollte, den Schlitten schneller ziehen musste, und je schneller der Schlitten fuhr, desto schneller konnte der angegriffene Hund weglaufen. Der hintere Hund konnte den vorderen also niemals einholen. Je schneller er selbst lief, desto schneller lief derjenige, den er verfolgte und desto schneller liefen alle Hunde. Sie selbst waren es, die für eine hohe Geschwindigkeit sorgten. Durch diese List erhöhte der Mensch seine Macht über die Tiere.

Mitsah ähnelte seinem Vater und besaß auch ein Gutteil von dessen düsterer Klugheit. Er hatte früher beobachtet, wie Wolfsblut von Liplip schikaniert wurde, aber damals gehörte Liplip einem anderen Indianer, und Mitsah hatte nur gewagt, zuweilen halbherzig einen Stein nach ihm zu werfen. Doch nun war Liplip sein Hund und er rächte sich an ihm, indem er ihn an den längsten Strick band. Liplip wurde dadurch zum Leithund, was scheinbar eine Ehre war, aber in Wirklichkeit nahm ihm das jede Ehre, denn er wurde von den anderen gehasst und verfolgt, anstatt Herr und Meister des Rudels zu sein.

Da Liplip am längsten Strick zog, kam es den anderen immer vor, also ob er vor ihnen wegliefe. Sie sahen nur seinen buschigen Schwanz und die flüchtenden Hinterbeine – ein wesentlich weniger einschüchternder und grimmiger Anblick als gesträubte Nackenhaare und blitzende Zähne. Die mentale Verfassung der Hunde sorgte zudem dafür, dass der Anblick eines fliehenden Artgenossen den Impuls auslöste, ihn zu verfolgen, und das Gefühl, er liefe aus Angst vor ihnen davon.

Von dem Augenblick an, in dem der Schlitten losfuhr, jagte das Gespann hinter Liplip her, und so ging es den ganzen Tag. Anfangs war Liplip geneigt, seine Würde eifersüchtig und wütend zu verteidigen und sich gegen seine Verfolger umzuwenden; aber bei jedem Versuch versetzte Mitsah ihm einen brennenden Hieb ins Gesicht mit der neun Meter langen Peitsche aus Karibudärmen und zwang ihn, den Schädel nach vorne zu wenden und weiterzulaufen. Liplip konnte vielleicht dem Rudel die Stirn bieten, aber nicht der Peitsche, daher blieb ihm nichts anderes übrig, als den langen Strick gespannt und seine Flanken außer Reichweite der Zähne seiner Verfolger zu halten.

Der junge Indianer hatte aber einen noch weitaus tückischeren Racheplan ausgeheckt. Um den Leithund zur Zielscheibe unablässiger Verfolgung zu machen, zog Mitsah ihn allen andern Hunden vor. Diese Gunstbezeugungen erregten den Hass und die Eifersucht der anderen. Mitsah pflegte Liplip mit Fleisch zu füttern und gab dem restlichen Gespann keines. Das versetzte die Hunde in rasende Wut. Knapp außerhalb der Reichweite der Peitsche gebärdeten sie sich wie toll, während Liplip das Fleisch verschlang und Mitsah ihn beschützte. Und wenn es kein Fleisch mehr gab, pflegte Mitsah das Gespann auf Abstand zu halten und so zu tun, als ob er ihn noch weiter füttere.

Das Laufen im Gespann gefiel Wolfsblut. Er hatte einen erheblich weiteren Weg als jeder der anderen Hunde zurückgelegt, um sich der Herrschaft der Götter zu unterwerfen, und er hatte gründlicher als jene gelernt, wie nutzlos es ist, sich ihrem Willen zu widersetzen. Außerdem ließ die Anfeindung, die er durch das Rudel hatte erleiden müssen, dieses ihm weit unwichtiger erscheinen als die Menschen. Die Abhängigkeit von einer Gemeinschaft im Rudel war ihm fremd und Kiche hatte er fast ganz vergessen; die einzige Form der Anhänglichkeit, die er noch besaß, fand daher ihren Ausdruck in seiner Loyalität gegenüber den Göttern, die er als seine Herren anerkannt hatte. Er war also eifrig bei der Sache, gehorsam und lernte, sich zu disziplinieren. Treue und Willigkeit kennzeichneten seine mühevolle Arbeit im Gespann. Dies sind wesentliche Charakterzüge des gezähmten Wolfs wie des Wildhunds, und Wolfsblut besaß sie in ungewöhnlich hohem Maß.

Zwischen ihm und den anderen Hunden bestand durchaus eine Verbindung, allerdings war sie von Feindseligkeit und Kampf geprägt. Er hatte nie gelernt, mit ihnen zu spielen, er wusste nur, wie man kämpft, und das tat er ausgiebig: Er zahlte ihnen hundertfach die Angriffe und Bisse zurück, die er in den Tagen von Liplips Herrschaft über das Rudel empfangen hatte. Doch jetzt war Liplip nicht mehr der Führer, außer wenn er am Ende seines Stricks vor seinen Artgenossen floh und dabei den Schlitten hinter sich her schleifte. Im Lager blieb Liplip dicht bei Mitsah, Grauer Biber oder Klukutsch. Er wagte es nicht, sich von den Göttern zu entfernen, denn nun waren die Zähne aller Hunde gegen ihn gerichtet, und die Verfolgung, die er einst Wolfsblut angedeihen ließ, traf aufs Härteste ihn. Nach der Entmachtung Liplips hätte Wolfsblut dessen Stelle einnehmen können. Aber dazu war er zu mürrisch und zu sehr ein Einzelgänger. Er verdrosch seine Teamkollegen lediglich, ansonsten ignorierte er sie. Sie gingen ihm aus dem Weg, wenn er kam; und nicht einmal der Mutigste unter ihnen traute sich, ihm sein Fleisch zu stehlen. Im Gegenteil, aus Furcht, er könne sie ihnen entwenden, verschlangen sie hastig die eigene Ration. Wolfsblut kannte das Gesetz sehr genau: *Unterdrücke die Schwachen und gehorche den Starken.* Er verzehrte seinen Anteil, so schnell er konnte, und wehe dem Hund, der dann noch etwas übrig hatte! Ein Knurren, ein Aufblitzen der Zähne und schon heulte der betreffende Hund entrüstet die gleichgültigen Sterne an, während Wolfsblut dessen restliche Portion hinunterschlang.

Mitunter flammte bei so manchem Hund Empörung gegen eine solche Behandlung auf, diese wurde aber unverzüglich niedergeschlagen. So blieb Wolfsblut in Übung. Er beharrte auf der Sonderstellung, die er sich innerhalb des Rudels geschaffen hatte und verteidigte sie unerbittlich. Aber solche Kämpfe waren von kurzer Dauer. Er war einfach zu flink für die anderen. Sie hatten klaffende Wunden und bluteten, ehe sie wussten, was geschehen war, sie waren geschlagen, ehe sie angefangen hatten, sich zu wehren.

Die Disziplin, die Wolfsblut seinen Artgenossen abverlangte, war ebenso strikt wie jene der Götter beim Lenken des Schlittens. Er gestattete ihnen keinerlei Freiraum. Er zwang sie zu unablässigem Respekt vor ihm. Unter sich konnten sie treiben, was sie wollten, das ging ihn nichts an. Aber ihm mussten sie seine Sonderstellung zugestehen, ihm aus dem Weg gehen, wenn es ihm einfiel, sich unter sie zu mischen, seine Herrschaft über sie zu jeder Zeit anerkennen. Wer es wagte, ihm mit steifen Beinen, hochgezogenen Lefzen oder gesträubtem Haar entgegenzutreten, der konnte sicher sein, umgehend mit unbarmherziger Grausamkeit von seinem Fehlverhalten überzeugt zu werden.

Er war ein fürchterlicher Tyrann und seine Macht unbeugsam wie Stahl. Die Schwachen wurden von ihm mit Gewalt unterdrückt. Nicht umsonst war er als Welpe dem mitleidlosen Kampf ums Dasein ausgesetzt gewesen, als er und seine Mutter sich allein und ohne Hilfe durchschlagen und in der feindseligen Wildnis überleben mussten. Nicht umsonst hatte er gelernt, auf leisen Sohlen zu wandeln, wenn ein Stärkerer vorüberging. Er tyrannisierte zwar die Schwachen, aber die Starken respektierte er. Wenn er und Grauer Biber im Verlauf ihrer langen Reise auf andere Stämme trafen, schlich er im Lager der fremden Indianer unter den erwachsenen Hunden tatsächlich vorsichtig umher.

Die Monate verstrichen und Grauer Biber zog immer weiter. Wolfsbluts Widerstandskraft wuchs durch die langen Stunden der Wanderschaft und die beständige Plackerei vor dem Schlitten, und es sah so aus, als ob auch seine geistige Entwicklung zur Reife gekommen sei. Er kannte die Welt, in der er lebte, inzwischen recht gründlich. Aus seiner Sicht war sie düster und raffgierig. Ihm erschien sie rau und roh, eine Welt ohne Wärme, eine Welt, in der Liebkosungen, Zuneigung und innige Regungen des Gemüts nicht vorhanden waren.

Er war Grauer Biber nicht zugetan. Dieser war zwar ein Gott, aber ein äußerst grausamer Gott. Wolfsblut erkannte seine Überlegenheit gerne an, aber nur, weil diese Überlegenheit auf höherer Intelligenz und brutaler Macht beruhte. In Wolfsbluts Wesen lag etwas, das nach einem Herrn verlangte, sonst wäre er nicht aus der Wildnis zurückgekommen, um Grauer Biber Gefolgschaft zu leisten. Es gab in seiner Natur Tiefen, die bis dahin nie ergründet worden waren. Ein freundliches Wort, eine zärtliche Berührung hätte vielleicht bis in diese Tiefen vordringen können, aber Grauer Biber streichelte ihn nicht, noch sprach er freundliche Worte zu ihm. Das lag ihm fern. Er übte seine Vorrangstellung unbarmherzig aus und herrschte schonungslos; er vollstreckte Gerechtigkeit mit einem Knüppel und bestrafte Übertretungen mit einem schmerzhaften Schlag. Aber ein Verdienst wurde nicht durch Güte belohnt, sondern dadurch, dass er keinen Schlag erhielt.

Wolfsblut erfuhr also nichts von den Freuden, die menschliche Hände für ihn bereithalten konnten. Im Übrigen mochte er die Hände der Zweibeiner nicht, sie waren ihm verdächtig. Zwar teilten sie manchmal Fleisch aus, doch öfter noch Prügel. Hände waren etwas, von dem man sich fernhalten sollte. Sie schleuderten Steine, schwangen Stöcke, Knüppel und Peitschen, verabreichten Schläge und Püffe, und wenn sie einen anrührten, zwickten, knufften und kniffen sie. In fremden Lagern hatte er mit Kinderhänden Bekanntschaft gemacht und erfahren, wie grausam sie sein können. Einmal wäre ihm von einem Indianerkleinkind, das kaum laufen konnte, um ein Haar ein Auge ausgestochen worden. Durch solche Erfahrungen wurde er Kindern gegenüber misstrauisch. Er mochte sie nicht leiden, und wenn sie ihm mit ihren unheilverkündenden Händen zu nahe kamen, stand er auf und lief weg.

In einem Indianerdorf am Großen Sklavensee lernte er noch etwas mehr über jenes Gesetz, das Grauer Biber ihm eingebläut hatte, nämlich, dass es ein unverzeihliches Verbrechen sei, einen Menschen zu beißen, wenn man sich gegen ein von ihm zugefügtes Unrecht auflehnen wollte. In diesem Dorf ging Wolfsblut, wie alle Hunde in allen Lagern, auf Futtersuche. Ein Indianerjunge hieb gerade mit einem Beil gefrorenes Elchfleisch in kleine Stücke, dabei flogen Bröckchen in den Schnee. Wolfsblut, der auf seiner Suche nach Fleisch vorbeischlich, hielt inne und fraß die Bröckchen. Er sah, wie der Junge das Beil weglegte und nach einem robusten Knüppel griff. Als der Knüppel niedersauste, sprang Wolfsblut gerade noch rechtzeitig zur Seite. Der Junge verfolgte ihn, und da Wolfsblut im Dorf fremd war, verirrte er sich zwischen zwei Wigwams und stand plötzlich vor einem hohen Erdwall.

Hier war kein Entkommen. Der einzige Ausweg befand sich zwischen den beiden Wigwams, und den bewachte der Knabe. Er hielt den Knüppel hoch über den Kopf und ging auf sein in die Enge getriebenes Opfer los.

Wolfsblut war wütend. Knurrend und mit gesträubtem Fell trat er seinem Angreifer entgegen. Sein Ehrgefühl war verletzt, er kannte das Gesetz des Futters. Er wusste, dass Fleischabfälle wie die gefrorenen Stückchen gewöhnlich dem Hund gehören, der sie fand. Er hatte nichts Unrechtes getan und kein Gesetz gebrochen, und dennoch wollte dieser Junge ihn schlagen. Wolfsblut wusste kaum, was er tat, so sehr übermannte ihn die Wut. Und es geschah alles so schnell, dass auch der Junge erst zur Besinnung kam, als er aus unerfindlichen Gründen im Schnee lag und seine Hand, die den Knüppel gehalten hatte, eine klaffende Wunde aufwies, die Wolfsbluts Zähne ihm zugefügt hatten.
Wolfsblut wusste, dass er das Gesetz der Götter missachtet hatte. Er hatte seine Zähne in göttliches, geheiligtes Fleisch getrieben, darauf konnte nur eine äußerst schreckliche Strafe folgen. Er floh zu Grauer Biber und kroch hinter dessen schützende Beine, als der verletzte Junge sowie dessen ganze Familie kam und Vergeltung forderte. Doch sie mussten unverrichteter Dinge wieder abziehen. Grauer Biber verteidigte Wolfsblut, und dasselbe taten Mitsah und Klukutsch. Wolfsblut hörte das Wortgefecht, er sah die ärgerlichen Gebärden und begriff, dass sein Verhalten gerechtfertigt wurde. Und so lernte er, dass es Götter und Götter gab: seine und andere, und dass zwischen den beiden ein Unterschied bestand. Ob gerecht oder ungerecht, das war ganz gleich, von den eigenen Göttern musste er alles hinnehmen. Doch von den anderen Göttern musste man sich kein Unrecht gefallen lassen. Da hatte man das Vorrecht, sich mit den Zähnen zu wehren. Auch das war also ein Gesetz der Götter.
Ehe der Tag zu Ende ging, sollte Wolfsblut noch mehr über dieses Gesetz erfahren. Mitsah ging allein in den Wald, um Holz zu sammeln, und traf dabei auf den Jungen, der gebissen worden war. Er war in Gesellschaft anderer Jungen. Hitzige Worte wurden gewechselt. Dann griffen alle Jungen Mitsah an, dem es übel erging. Von allen Seiten prasselten Schläge auf ihn nieder. Zuerst sah Wolfsblut zu. Das war eine Angelegenheit der Götter, die ihn nichts anging. Plötzlich dämmerte es ihm, dass hier Mitsah, einer seiner Götter, misshandelt wurde. Es war kein bewusster Impuls, der Wolfsblut zum Eingreifen veranlasste. Von wildem Zorn getrieben sprang

er mitten unter die Kämpfenden. Fünf Minuten später flohen die Jungen in alle Richtungen, und der Schnee färbte sich mit ihrem Blut, ein Zeichen, dass Wolfsbluts Zähne bei einigen nicht müßig gewesen waren. Als Mitsah im Lager berichtete, was geschehen war, ließ Grauer Biber Fleisch für Wolfsblut bringen. Es war sehr viel Fleisch, und als Wolfsblut vollgefressen und schläfrig am Feuer lag, wusste er, dass sich das Gesetz bewahrheitet hatte.

Anhand dieser Ereignisse begriff Wolfsblut das Gesetz von Eigentum und die Pflicht, es zu verteidigen. Vom Schutz seines Gottes zum Schutz von dessen Besitztum war es nur ein Schritt, und diesen Schritt unternahm er. Was seinem Gott gehörte, musste gegen die ganze Welt verteidigt werden, da durfte man sogar andere Götter beißen. Eine solche Tat aber war nicht nur frevelhaft, sie war auch voller Gefahren. Die Götter waren allmächtig, und ein einzelner Hund kam gegen sie nicht an; trotzdem lernte Wolfsblut, ihnen unerschrocken und mutig die Stirn zu bieten. Die Pflicht ging über die Angst, und diebische Götter lernten, das Eigentum von Grauer Biber in Ruhe zu lassen.

In diesem Zusammenhang begriff Wolfsblut schnell, dass ein diebischer Gott gewöhnlich ein feiger Gott war und beim ersten Alarmschlagen das Weite suchte. Er lernte auch, dass Grauer Biber ihm in kürzester Zeit zu Hilfe kam, wenn er Alarm schlug. Und es war offensichtlich, dass es nicht die Angst vor ihm war, die den Dieb vertrieb, sondern die vor Grauer Biber. Wolfsblut schlug nicht durch Bellen Alarm, er bellte nie. Seine Methode bestand darin, sich ohne Vorwarnung auf den Eindringling zu stürzen und ihn wenn möglich zu beißen. Als mürrischer Einzelgänger gab er sich nie mit den anderen Hunden ab, deshalb war er ungemein dazu geeignet, das Eigentum seines Herrn zu bewachen; und darin wurde er von Grauer Biber bestärkt und geschult. Die Folge war, dass Wolfsblut immer wilder, unbezähmbarer und einsamer wurde.

Die Monate vergingen, und das Bündnis zwischen Hund und Mensch wurde enger. Es war der gleiche Pakt, den der erste Wolf, der aus der Wildnis kam, einst mit den Menschen geschlossen hatte. Und wie alle nachfolgenden Wölfe und Wildhunde vor ihm fand Wolfsblut selbst he-

raus, wie der Pakt funktionierte. Die Bedingungen waren einfach. Gegen einen Gott aus Fleisch und Blut tauschte Wolfsblut die eigene Freiheit ein. Dafür erhielt er von dem Gott neben anderen Dingen Futter und Wärme, Schutz und Gesellschaft. Im Gegenzug behütete er das Eigentum des Gottes, schützte dessen Leib, arbeitete für ihn und gehorchte ihm.
Einem Gott zu gehören bedeutet, ihm zu dienen. Wolfsblut diente ihm aus Pflichtgefühl und Furcht, doch nicht aus Liebe. Die kannte er nicht, die hatte er nie erfahren. Kiche war nur noch eine blasse Erinnerung. Außerdem hatte er nicht nur auf das freie Leben in der Wildnis und auf seine Gattung verzichtet, als er sich in die Obhut des Menschen begab; der Pakt war so stark, dass er seinen Gott selbst dann nicht verlassen hätte, wenn er Kiche jemals wieder begegnet wäre. Seine Bindung an den Menschen war scheinbar ein Gesetz für sich, das bedeutender war als die Liebe zu Freiheit und zu den eigenen Blutsverwandten.

## KAPITEL 6

# Die Hungersnot

Als Grauer Biber seine lange Reise beendete, stand der Frühling bereits vor der Tür. Es war April und Wolfsblut ein Jahr alt, als er in das heimische Lager einzog und von Mitsah ausgespannt wurde. Obgleich noch nicht völlig ausgewachsen, war er neben Liplip der größte Hund seines Alters. Da er von beiden Eltern Statur und Stärke geerbt hatte, konnte er sich bereits mit ausgewachsenen Hunden messen, nur an Kompaktheit fehlte es ihm noch ein wenig. Er war hager und langgliedrig und eher zäh als massiv. Sein graues Fell entsprach der Farbe eines Wolfes und dem Anschein nach war er ein echter Wolf. Der Anteil an Hundestammbaum, den Kiche ihm vermacht hatte, hatte sich nicht auf seinen Körper ausgewirkt, spielte aber in seinem Charakter durchaus eine Rolle.
Er durchstreifte das Lager und erkannte mit nüchterner Genugtuung jene Dinge wieder, die ihm vor der langen Reise großen Respekt eingeflößt hatten. Auch die Hunde besah er sich, junge, die wie er herangewachsen waren, und ausgewachsene, die ihm gar nicht so groß und beeindruckend erschienen, wie er sie in Erinnerung hatte. Er hatte jetzt weniger Angst vor ihnen und stolzierte mit einer gewissen Lässigkeit unter ihnen umher, die ihm ebenso neu wie angenehm war.
Da gab es zum Beispiel Basik, einen grauhaarigen, alten Köter, der früher nur die Zähne zu fletschen brauchte, um Wolfsblut seine Unterlegenheit spüren zu lassen. Durch ihn hatte Wolfsblut viel über seine Bedeutungslosigkeit erfahren und durch ihn sollte er nun herausfinden, welche Veränderung mit ihm vorgegangen war. Im gleichen Maß, in dem der jugendliche Wolfsblut erstarkt war, hatte Basik das Alter geschwächt.
Beim Zerlegen eines frisch erlegten Elchs sollte sich Wolfsblut seiner neuartigen Stellung unter den Hunden bewusst werden. Er hatte einen Huf und einen Teil des Schienbeins ergattert, an dem noch ein ordentliches

Stück Fleisch hing. Er hatte sich von dem dichten Gerangel der anderen Hunde zurückgezogen – oder besser gesagt hinter einem Gebüsch verborgen – und wollte gerade seine Beute verschlingen, als Basik sich auf ihn stürzte. Ohne sich lange zu besinnen hatte Wolfsblut den Störenfried zweimal gebissen und war dann zur Seite gesprungen. Die Verwegenheit und Schnelligkeit seines Angriffs überraschte Basik. Er starrte Wolfsblut verblüfft an. Zwischen ihnen lag der blutige Knochen.

Der alte Basik hatte bereits feststellen müssen, dass Hunde, die er einst nach Belieben tyrannisiert hatte, ihm nun mutig entgegentraten. Diese bittere Erkenntnis musste er wohl oder übel schlucken und es bedurfte all seiner langen Erfahrung, um mit den jungen Rabauken fertig zu werden. Früher wäre er in einem Anfall von angebrachtem Zorn auf Wolfsblut losgesprungen. Doch solch ein Vorgehen erlaubten seine nachlassenden Kräfte nicht mehr. Er sträubte nur wild das Fell und blickte Wolfsblut über den Knochen hinweg finster an. Wolfsblut verspürte einen Gutteil der alten Ehrfurcht, und während er erwog, wie er einen nicht allzu unrühmlichen Rückzug antreten konnte, schien er nachzugeben und wieder zu einem Welpen zu schrumpfen.

Aber genau in diesem Punkt irrte Basik. Hätte er sich damit begnügt, weiterhin wild und finster dreinzublicken, wäre die Angelegenheit zu seinen Gunsten ausgegangen. Wolfsblut, der kurz vor dem Rückzug stand, hätte ihm am Ende das Fleisch überlassen. Aber Basik konnte nicht warten. Seines Sieges sicher, machte er einen Schritt auf die Beute zu. Als er sorglos den Kopf senkte, um daran zu schnuppern, sträubten sich Wolfsblut Haare leicht. Selbst dann wäre es für Basik nicht zu spät gewesen, den Streit für sich zu entscheiden. Wäre er mit erhobenem Kopf und grollend blickend stehen geblieben, hätte sich Wolfsblut irgendwann weggeschlichen. Aber der Geruch des frischen Fleisches stieg Basik verlockend in die Nase, er konnte seine Gier nicht zügeln und wollte unbedingt hineinbeißen. Das war zu viel für Wolfsblut. Die monatelange Herrschaft über sein Gespann war ihm noch frisch im Gedächtnis, er würde es keinesfalls ruhig hinnehmen, wenn ein anderer Fleisch verschlang, das ihm gehörte. Wie üblich schlug er ohne Vorwarnung zu und zerfetzte Basiks rechtes Ohr.

Die Plötzlichkeit des Angriffs erstaunte den alten Hund, doch er sollte – mit der gleichen Plötzlichkeit – noch Schlimmeres erleiden. Er wurde zu Boden geworfen und erhielt einen Biss in die Kehle. Während er krampfhaft versuchte, wieder auf die Beine zu kommen, fügte ihm der junge Hund zwei tiefe Wunden in der Schulter zu. Die Schnelligkeit, mit der dies alles geschah, war verwirrend. Er unternahm einen vergeblichen Angriff gegen Wolfsblut und seine wütenden Zähne schnappten ins Leere. Einen Augenblick später war seine Schnauze aufgeschlitzt und er taumelte von dem Fleisch zurück.

Das Blatt hatte sich gewendet. Nun stand Wolfsblut drohend und mit gesträubtem Fell über dem Knochen, während Basik im Rückzug begriffen war. Er wagte keinen weiteren Kampf mit diesem jungen, blitzschnellen Gegner, und abermals fühlte er mit verstärkter Bitterkeit die Schwäche des herannahenden Alters. Heroisch versuchte er, seine Würde zu wahren. Als ob ihn beides überhaupt nicht interessieren würde und zu unwichtig sei, um seine Beachtung zu verdienen, kehrte er dem jungen Hund und dem Knochen ruhig den Rücken und stolzierte davon. Erst als er außer Sichtweite war, blieb er stehen, um sich die blutenden Wunden zu lecken.

Dieser Vorfall festigte Wolfsbluts Selbstvertrauen und erhöhte seinen Stolz. Fortan wandelte er mit sichererem Schritt unter den großen Hunden; seine Haltung war unnachgiebiger. Er suchte zwar keinen Streit, beileibe nicht, aber er verlangte Achtung. Er wollte ungestört seines Weges gehen und vor keinem Hund zur Seite treten müssen. Er wollte beachtet werden, weiter nichts. Er wollte nicht länger missachtet und ignoriert werden, nicht länger das Los der jungen Hunde und das seiner Genossen im Gespann teilen. Diese wichen den erwachsenen Hunden aus, ließen ihnen den Vortritt und sich zwingen, etwas von ihrer Fleischration abzugeben. Wolfsblut hingegen, der ungesellig, einsam und verdrossen kaum nach links oder rechts sah, der gefürchtet, schwer einzuschätzen, unnahbar und fremd war, wurde von den ratlosen älteren Hunden wie ihresgleichen behandelt. Sie begriffen rasch, dass es besser war, ihn in Frieden zu lassen, und wagten weder feindseliges Verhalten noch freundliche Annäherungen. Wenn sie ihn in Ruhe ließen, tat er dasselbe, und dieser Zu-

stand erschien ihnen nach einigen erbitterten Zusammenstößen äußerst wünschenswert.
Im Hochsommer erlebte er eine herbe Enttäuschung. Als er lautlos und neugierig um einen neuen Wigwam strich, der am Rand des Lagers errichtet worden war, während er gemeinsam mit den Jägern auf Elchjagd gewesen war, stand er mit einem Mal vor Kiche. Er hielt inne und sah sie an. Er erinnerte sich nur dunkel an sie, hatte sie jedoch nicht *vergessen*, und das war mehr, als man von ihr behaupten konnte. Drohend zeigte sie ihm mit jenem wohlbekannten Knurren die Zähne, das belebte seine Erinnerung. Sein Dasein als hilfloser Welpe, alles, was mit diesem vertrauten Knurren zusammenhing, fiel ihm wieder ein. Bevor er den Göttern begegnet war, war sie für ihn der Mittelpunkt der Welt gewesen. Die alten vertrauten Gefühle jener Zeit kehrten zurück und stiegen in ihm auf. Er sprang freudig auf sie zu und sie empfing ihn mit scharfen Zähnen, die ihm die Wange bis zu den Knochen aufschlitzten. Er verstand das nicht. Bestürzt und verwirrt zog er sich zurück.
Es war jedoch nicht Kiches Schuld. Eine Wolfsmutter ist nicht dazu ausersehen, sich an ihren Wurf aus dem Vorjahr zu erinnern. Sie hatte Wolfsblut vergessen, er war ein Fremder, ein Eindringling, und ihre jetzigen Jungen gaben ihr das Recht, seine Zudringlichkeit übel zu nehmen.
Eines der Jungen wackelte auf Wolfsblut zu. Sie waren Halbbrüder, allerdings wussten sie das nicht. Wolfsblut schnupperte neugierig an dem Kleinen, woraufhin Kiche auf ihn lossprang und ihn ein zweites Mal biss. Er wich noch weiter zurück. Die alten Erinnerungen und Vorstellungen verblassten und sanken wieder in das Grab zurück, aus dem sie auferstanden waren. Er beäugte Kiche, die ihr Junges leckte und sich dabei hin und wieder unterbrach, um ihn anzuknurren. Sie bedeutete ihm nichts mehr. Er hatte gelernt, ohne sie zurechtzukommen. Ihr Stellenwert war vergessen. In seiner Welt hatte sie keinen Platz mehr, so wie er in der ihren keinen mehr hatte.
Seiner Erinnerung beraubt stand er immer noch bestürzt und ratlos da, sich wundernd, was das wohl alles bedeuten möge, als Kiche ihn ein drittes Mal angriff, um ihn endgültig zu vertreiben. Und Wolfsblut ließ sich

vertreiben. Er hatte ein Weibchen seiner Gattung vor sich und laut Gesetz dieser Gattung durfte ein Männchen ein Weibchen niemals angreifen. Er kannte dieses Gesetz nicht aus Erfahrung, es war ihm nicht beigebracht worden. Es war eher ein unerklärlicher Trieb, ein selbstverständlicher Instinkt – ein Instinkt von ähnlicher Natur wie der, der ihn veranlasste, nachts den Mond und die Sterne anzuheulen und den Tod sowie das Unbekannte zu fürchten.

Die Monate vergingen. Wolfsbluts Körper wurde kräftiger, schwerer und massiger, während sich sein Charakter entsprechend seiner Erbanlagen und seiner Umgebung entwickelte. Die Erbanlagen waren gleichsam der Lehm, aus dem er geformt war, dieser war vielseitig und konnte in verschiedene Formen geknetet werden, die Umgebung diente hingegen dazu, dem Lehm besondere Gestalt zu verleihen. Hätte sich Wolfsblut niemals dem Feuer der Menschen genähert, wäre er von der Wildnis zu einem echten Wolf geformt worden. Doch die Götter hatten ihn mit einer anderen Umgebung versehen, er war zu einem Hund geworden, der zwar Wölfisches an sich hatte, aber in erster Linie trotzdem ein Hund war. Die Kombination aus seiner ursprünglichen Natur und dem Druck, den sein Umfeld auf ihn ausübte, sorgte dafür, dass sein Charakter eine ganz bestimmte Form annahm. Das war nicht zu ändern. Er wurde immer mürrischer, ungeselliger, einsamer und bösartiger. Die Hunde begriffen immer stärker, dass es besser war, mit ihm in Frieden als im Streit zu leben und Grauer Biber fing an, ihn von Tag zu Tag höher zu schätzen.

Obwohl Wolfsbluts Fähigkeiten scheinbar stetig zunahmen, litt er an einer hartnäckigen Schwäche: Er konnte es nicht ertragen, ausgelacht zu werden. Er hasste das Gelächter der Menschen. Unter sich konnten sie gerne über alles Mögliche lachen, das war ihm gleichgültig. Aber wenn er zur Zielscheibe ihres Spottes wurde, geriet er in schreckliche Wut. Ernst, würdevoll und düster, wie er war, versetzte ihn Gelächter in wahnwitzige Raserei. Es beleidigte und regte ihn so sehr auf, dass er sich stundenlang wie ein Besessener gebärdete. Und wehe dem Hund, der ihm dann in die Quere kam! An Grauer Biber durfte er sich nicht rächen, das wusste er, der hatte einen Knüppel und seine höhere Macht hinter sich. Aber hinter den Hunden befand sich nichts als leerer Raum, und in jenen flohen sie, sobald der durch Gelächter tollwütig gewordene Wolfsblut auf der Bildfläche erschien.

In seinem dritten Lebensjahr brach über die Indianer am Mackenzie eine große Hungersnot herein. Im Sommer gab es keine Fische und im Winter verließen die Karibus ihre gewöhnlichen Wanderwege. Die Elche wurden rar, die Kaninchen verschwanden fast ganz, und die Raubtiere verendeten. Ihrer üblichen Nahrungsquelle beraubt und vom Hunger geschwächt, fielen sie übereinander her und fraßen sich gegenseitig auf. Nur die Starken blieben am Leben. Wolfsbluts Götter waren ebenfalls Jäger, also starben die Alten und Schwachen vor Hunger. Es herrschte Wehklagen im Lager, die Frauen und Kinder hungerten, damit das wenige, was noch da war, den hageren und hohläugigen Männern zugute käme, die auf der Suche nach Fleisch vergeblich in den Wald zogen.

Die Not der Götter war so groß, dass sie das weiche Leder ihrer Mokassins und Handschuhe verzehrten. Die Hunde fraßen die Lederriemen ihres Geschirrs und sogar die Peitschenschnüre. Die Hunde fraßen auch einander auf, und die Menschen aßen die Hunde. Die schwächsten und wertlosesten kamen zuerst an die Reihe. Die noch lebenden Hunde sahen zu und begriffen. Einige der kühnsten und klügsten verließen das Feuer der Götter, das zur Schlachtbank geworden war, und flohen in den Wald, wo sie entweder verhungerten oder von den Wölfen zerrissen wurden.

Auch Wolfsblut stahl sich in jener Zeit des Elends in die Wälder davon. Er war für ein Leben in der Wildnis besser geeignet als die anderen Hunde, da ihm die Schulung seiner frühen Welpenzeit als Leitfaden diente. Besonders geschickt wurde er darin, kleinen Lebewesen nachzustellen. Er pflegte stundenlang im Verborgenen auf der Lauer zu liegen, um jede Bewegung eines vorsichtigen Eichhörnchens zu verfolgen, und die Geduld, die er dabei aufbrachte, war ebenso groß wie sein peinigender Hunger. Selbst wenn sich das Eichhörnchen endlich auf den Boden wagte, war Wolfsblut nicht voreilig, sondern wartete ab, bis ihm seine Beute sicher war und nicht auf den nächstgelegen Baum flüchten konnte. Dann erst und keine Sekunde früher, sprang er wie ein Blitz aus seinem Versteck hervor, und sofern das Eichhörnchen nicht zu rasch davonlief, verfehlte er sein Ziel nie.

So sehr ihm das Jagdglück auch beschieden war, es gab eine Schwierigkeit, die verhinderte, dass er sich von den Tieren ernähren und Fett ansetzen konnte. Es gab zu wenige Eichhörnchen. Also musste er noch kleinere Tiere erlegen. Mitunter wurde er von so gewaltigem Hunger geplagt, dass er sich nicht zu schade war, Waldmäuse aus ihrem Bau zu graben. Er verschmähte auch keinen Kampf mit einem Wiesel, das ebenso hungrig wie er und wesentlich blutrünstiger war.

War der Hunger besonders quälend, schlich er zu den Feuern der Götter zurück, näherte sich ihnen aber nicht zu sehr, sondern hielt sich lieber im Wald versteckt, wo er in dem seltenen Fall, dass Wild sich darin verfangen hatte, die Schlingen ausraubte. Er stahl sogar Grauer Biber ein Kaninchen, als dieser vor Schwäche taumelnd und durch Atemnot oftmals genötigt, sich hinzusetzen, durch den Wald torkelte.

Eines Tages begegnete Wolfsblut einem jungen Wolf, einem ausgemergelten, völlig abgemagerten Tier. Wäre er nicht so hungrig gewesen, hätte Wolfsblut sich ihm vielleicht angeschlossen und hätte den Weg zurück zu seinen wilden Brüdern gefunden. Doch unter den gegebenen Umständen überrannte er den jungen Wolf, tötete und fraß ihn.

Das Glück schien auf seiner Seite zu sein. Immer wenn er kurz vor dem Verhungern war, stieß er auf Beute, und wenn er besonders schwach war, traf er durch einen glücklichen Zufall nie auf ein größeres Raubtier. So wurde er zum Beispiel einmal von einem Rudel hungriger Wölfe gehetzt, als er sich gerade zwei Tage lang an einem Luchs sattgefressen hatte. Es war eine lange, grausame Jagd, aber er war besser genährt als die Wölfe und konnte ihnen schließlich entkommen. Es gelang ihm nicht nur, ihnen davonzulaufen, er tötete sogar einen seiner erschöpften Verfolger, als er in weitem Bogen um das Rudel herumlief.

Danach verließ er die Gegend und wanderte hinüber zu dem Tal, in dem er geboren worden war. Dort traf er in der alten Höhle auf Kiche. Wie er hatte sie die ungastlichen Feuerstätten der Götter verlassen und war in ihren alten Unterschlupf zurückgekehrt, um ihre Jungen zur Welt zu bringen. Als Wolfsblut auftauchte, lebte nur noch ein Junges aus dem Wurf und seine Aussichten, bei einer solchen Hungersnot am Leben zu bleiben, waren verschwindend gering.

Kiche empfing ihren nunmehr ausgewachsenen Sohn nicht sonderlich liebevoll, doch das kümmerte Wolfsblut nicht. Er brauchte seine Mutter nicht mehr. Also kehrte er ihr gelassen den Rücken und trabte den Fluss hinauf. An der Gabelung schlug er den Weg zur Linken ein und kam zur Höhle der Luchsin, gegen die er und seine Mutter vor langer Zeit auf Leben und Tod gekämpft hatten. Er kroch in die verlassene Höhle und ruhte sich einen Tag lang aus.

Im Frühsommer, als die Hungersnot zu Ende ging, traf er auf Liplip, der ebenfalls in die Wälder geflohen war und dort ein erbärmliches Dasein geführt hatte. Er stieß völlig unerwartet auf ihn. Sie kamen in entgegengesetzter Richtung um den Fuß eines steilen Berghangs getrabt, und als sie um einen Felsvorsprung bogen, standen sie sich mit einem Mal von Angesicht zu Angesicht gegenüber. Sie hielten sofort erschrocken inne und beäugten sich argwöhnisch.

Wolfsblut befand sich in hervorragender Verfassung. Seine Jagd war in den letzten acht Tagen erfolgreich gewesen und er hatte sich gründlich sattgefressen. Die letzte Beute lag ihm jetzt noch angenehm im Magen. Als er jedoch Liplip erblickte, sträubten sich seine Rückenhaare. Es war ein unwillkürliches Sträuben, ein körperlicher Ausdruck für den inneren Zustand, in dem er sich früher durch Liplips Schikane und Verfolgungssucht immer befunden hatte. Bei Liplips Anblick hatte er stets geknurrt und die Haare aufgestellt, deshalb tat er es nun automatisch. Er zögerte keine Sekunde. Er erledigte die Sache gründlich und todbringend. Liplip versuchte auszuweichen, doch Wolfsblut stieß ihn so kräftig mit der Schulter, dass jener das Gleichgewicht verlor und auf den Rücken rollte. Wolfsblut vergrub die Zähne in den mageren Hals. Liplip rang mit dem Tod, und Wolfsblut stolzierte währenddessen steifbeinig und abwartend um ihn herum. Danach setzte er seine Wanderung fort und trabte weiter den Bergabhang entlang.

Wenig später kam er an den Rand des Waldes, an dem sich ein schmaler

Streifen offenen Geländes bis zum Mackenzie hinabzog. Er war schon einmal hier gewesen, damals war die Stelle kahl, jetzt stand dort ein Indianerdorf. Er verbarg sich zwischen den Bäumen, um in Ruhe die Lage zu prüfen. Der Anblick, die Töne und Gerüche waren ihm vertraut. Es war sein altes Dorf, nur an einem anderen Platz. Doch der Anblick, die Töne und Gerüche waren anders als damals, als er geflohen war. Es gab kein Jammern, kein Wehklagen mehr. Töne behaglicher Zufriedenheit drangen an sein Ohr, und als er den ärgerlichen Ausruf einer Frau vernahm, wusste er, dass der Ärger von einem vollen Magen herrührte. Außerdem roch die Luft nach Fisch. Es gab also Nahrung. Die Hungersnot war vorüber. Er trat kühn aus dem Wald und trabte ins Lager, geradewegs zum Wigwam von Grauer Biber. Dieser war nicht da, aber Klukutsch begrüßte ihn mit einem Freudenschrei und einem ganzen, frisch gefangenen Fisch. Wolfsblut legte sich nieder, um Grauer Bibers Rückkehr zu erwarten.

VIERTER TEIL

# Die erhabenen Götter

KAPITEL I

## Der Feind seiner Gattung

Hätte in Wolfsbluts Wesen jemals irgendeine Neigung, und sei sie noch so schwach ausgeprägt, dazu bestanden, sich mit seiner Gattung zu verbrüdern, so wurde diese unwiderruflich zerstört, als er zum Leithund des Gespanns wurde. Von nun an hassten ihn die Hunde – sie hassten ihn für die extra Ration Fleisch, die Mitsah ihm zukommen ließ; sie hassten ihn für alle tatsächlichen und eingebildeten Begünstigungen; sie hassten es, dass er stets an ihrer Spitze lief, der ewige Anblick seines wehenden Schwanzes und der fliehenden Hinterbeine war für sie unerträglich.

Und Wolfsblut hasste sie ebenso erbittert. Die Position des Leithunds war alles andere als ein Vergnügen. Drei Jahre lang hatte er jeden einzelnen Hund verdroschen und beherrscht. Nun musste er vor der kläffenden Horde davonlaufen, das war fast mehr, als er ertragen konnte. Aber die Devise lautete: ertragen oder zugrunde gehen, und seine Lebensgeister verspürten nicht den Wunsch, zugrunde zu gehen. Sobald Mitsah das Signal zum Aufbruch gab, stürzte das ganze Gespann mit lautem, wütendem Gebell hinter Wolfsblut her.

Verteidigen konnte er sich nicht. Wenn er sich nach ihnen umwandte, traf ihn ein schmerzender Peitschenhieb von Mitsah ins Gesicht. Es blieb ihm nichts anderes übrig, als wegzulaufen. Mittels Schwanz und Hinterbeinen konnte er der heulenden Horde nichts anhaben. Das waren kaum die richtigen Waffen, um die vielen unbarmherzigen Reißzähne abzuwehren. Also lief er davon, er lief den ganzen Tag, und jeder Satz, den er machte, verletzte sein wahres Wesen und seinen Stolz.

Wenn die Triebe eines Wesens gewaltsam unterdrückt werden, dann wird sich dieses Wesen unweigerlich dagegen auflehnen. Es ist wie bei einem Haar, das aus dem Körper herauswachsen soll, sich gegen die Natur aber umdreht und in den Körper hineinwächst: Es frisst sich hinein, eitert und schmerzt. So erging es auch Wolfsblut. Jede Faser seines Wesens drängte ihn, sich auf das kläffende Rudel an seinen Fersen zu stürzen; doch der Wille der Götter ließ das nicht zu; und eine neun Meter lange, beißende Peitsche aus Karibudarm sorgte dafür, dass dieser Wille durchgesetzt wurde. Folglich konnte Wolfsblut sich nur in Bitterkeit verzehren und einen Hass und einen Groll nähren, die das gleiche Ausmaß hatten wie die Wildheit und Unbezähmbarkeit seines Wesens.

Wenn je ein Geschöpf der Feind seiner Gattung wurde, so war es Wolfsblut. Er gab kein Pardon und verlangte auch keines. Die Zähne des Rudels fügten ihm fortwährend Wunden und Narben zu, und er zahlte es ihnen fortwährend mit gleicher Münze heim. Im Gegensatz zu den meisten Leithunden, die sich schutzsuchend an die Menschen drängen, nachdem das Lager aufgeschlagen wurde und die Hunde ausgespannt sind, verschmähte Wolfsblut einen derartigen Schutz. Er schritt dreist im Lager umher und teilte nachts für das, was er tagsüber erdulden musste, Strafe aus. Als er noch nicht Leithund gewesen war, hatte das Rudel gewusst, wie man ihm am besten aus dem Weg ging. Das war nun anders. Die den ganzen Tag währende Verfolgung Wolfsbluts hatte die Hunde erregt, der ständige Anblick seiner Flucht vor ihnen sie unbewusst gereizt. Das Gefühl der Überlegenheit, das sie tagsüber genossen, war noch so übermächtig, dass sie es nicht über sich brachten, ihm auszuweichen. Sobald er in ihren Reihen auftauchte, gab es Streit. Wo er hintrat, wurde geknurrt, geschnappt und böse gebrummt. Selbst die Luft, die er atmete, war von Hass und Groll erfüllt, was dazu führte, dass Hass und Groll in ihm selbst zunahmen.

Wenn Mitsah dem Gespann Halt gebot, gehorchte Wolfsblut unverzüglich. Das brachte die anderen Hunde anfangs in Schwierigkeiten. Sie stürzten sich sofort auf den verhassten Leithund, mussten jedoch erkennen, dass sich das Blatt gewendet hatte. Denn hinter Wolfsblut stand Mitsah, der die lange Peitsche schwang. Irgendwann fingen die Hunde an zu begreifen, dass sie Wolfsblut in Ruhe lassen mussten, wenn das Gespann auf Befehl anhielt. Aber wenn der Leithund von sich aus stehen blieb, durften sie über ihn herfallen und ihn vernichten, wenn sie konnten.

Nach mehreren derartigen Erfahrungen blieb Wolfsblut nie mehr ohne Befehl stehen. Er lernte schnell. Dass er schnell lernte, lag in der Natur der Dinge, sofern er unter den ungewöhnlich schweren Bedingungen, die ihm das Dasein bot, überleben wollte.

Doch die Hunde lernten nie, ihn im Lager zufrieden zu lassen. An jedem Abend, an dem sie ihn wütend angriffen und verfolgten, war die Lektion des vorhergehenden Abends vergessen; sie wurde von Neuem gelernt, um sogleich wieder vergessen zu werden. Außerdem gab es für ihre Abneigung gegen ihn noch tiefere Gründe. Sie spürten seine Andersartigkeit, was an sich schon ein hinreichender Grund für Feindschaft ist. Wie er waren sie gezähmte Wölfe. Doch sie waren seit Generationen gezähmt. Sie hatten einen Großteil ihrer ursprünglichen Wildheit verloren, deshalb war die Wildnis für sie das Unbekannte und Schreckliche, das Drohende und Feindselige. Und an Wolfsblut haftete die Wildnis noch immer, an seinem Auftreten, seinem Gebaren und seinen Trieben. Er symbolisierte und verkörperte sie, und wenn sie ihm die Zähne zeigten, wehrten sie sich gegen die zerstörerischen Kräfte, die in den Schatten der Wälder und im Dunkel hinter dem Lagerfeuer lauerten.

Eine Lektion lernten die Hunde allerdings gründlich, nämlich, dass sie stets zusammenbleiben mussten. Für den Einzelnen war Wolfsblut ein zu schrecklicher Gegner. Sie traten ihm nur als dicht geschlossenes Rudel entgegen, ansonsten hätte er sie in einer einzigen Nacht alle nacheinander umgebracht. Sie boten ihm nie die Gelegenheit dazu. Er mochte vielleicht einen zu Boden werfen, doch bevor er den tödlichen Biss in die Kehle anbringen konnte, war das restliche Gespann zur Stelle. Beim ersten Anzeichen eines Konflikts rotteten sie sich zusammen und boten ihm Trotz. Es kam zwar auch unter den Hunden zu Streitigkeiten, doch diese waren sofort vergessen, sobald sich Zank mit Wolfsblut anbahnte.

Andererseits gelang es ihnen trotz aller Anstrengungen nicht, Wolfsblut zu töten. Er war zu schnell für sie, zu Respekt einflößend, zu klug. Er ließ sich nie in die Enge treiben und suchte stets das Weite, wenn sie ihn umzingeln wollten. Außerdem war es schier unmöglich, ihn zu Boden zu werfen, das brachte keiner der Hunde zustande. Seine Pfoten hielten mit derselben Zähigkeit an der Erde fest, mit der er sich an das Leben klammerte. Auf den Beinen und am Leben zu bleiben, das war in dem nicht enden wollenden Kampf gegen das Gespann gleichbedeutend, und niemand wusste das besser als Wolfsblut.

So kam es, dass er der Feind seiner Gattung wurde, der gezähmten Wölfe, die an den Feuerstätten des Menschen verweichlicht und im schützenden Schatten von dessen Macht schwächer geworden waren. Wolfsblut war rau und unversöhnlich. Das war ein Wesenszug von ihm. Er schwor allen Hunden Blutrache. Und diese Blutrache vollführte er so erbittert, dass Grauer Biber, der doch selbst ein grimmiger Rohling war, sich über Wolfsbluts Grausamkeit nur wundern konnte. Niemals zuvor, beteuerte er fluchend, hatte es einen solchen Hund gegeben, und auch die Indianer in den fremden Lagern fluchten, wenn sie die Zahl seiner Opfer unter ihren Hunden zusammenzählten.

Als Wolfsblut fast fünf Jahre alt war, nahm ihn Grauer Biber erneut auf eine weite Reise mit, und noch lange erinnerte man sich an das Gemetzel, das er unter den Hunden in den zahlreichen Dörfern am Mackenzie, in den Rocky Mountains, an den Ufern des Porcupine und des Yukon anrichtete. Es war ihm eine Wollust, sich an seiner Gattung zu rächen. Es waren gewöhnliche, arglose Hunde. Sie waren auf seine Schnelligkeit und Geradlinigkeit, seinen Angriff ohne Vorwarnung nicht gefasst. Sie wussten nicht, wen sie vor sich hatten: einen blitzschnellen Schlächter. Sie traten ihm mit gesträubtem Haar und steifen Beinen entgegen und forderten ihn heraus, er hingegen vergeudete keine Zeit mit solchen Lappalien, sondern schnellte wie eine Stahlfeder an ihre Kehlen und machte ihnen den Garaus, bevor sie wussten, wie ihnen geschah, und während sie noch damit beschäftigt waren, sich von ihrer Überraschung zu erholen.

Er wurde ein meisterlicher Kämpfer. Er teilte sich seine Kräfte ein und verschwendete sie nie, er balgte sich niemals. Dafür war er zu schnell, und falls er verfehlte, schlug er abermals rasend schnell zu. Die Abneigung des Wolfes gegen drangvolle Nähe war bei ihm außergewöhnlich stark ausgeprägt. Er konnte eine längere Berührung mit einem anderen Körper nicht ertragen. Das schmeckte nach Gefahr. Es machte ihn rasend. Er musste frei dastehen, auf eigenen Füßen, ohne Tuchfühlung zu einem anderen Lebewesen. Das war die Wildnis, die ihm noch anhaftete und die sich durch ihn behauptete. Dieses Gefühl war durch sein Dasein als Verstoßener, das er seit seiner Welpenzeit geführt hatte, noch verstärkt worden. In der Berührung lauerte Gefahr. Sie war eine Falle, nichts als eine Falle, und die Furcht vor ihr lag tief in seinem Wesen verborgen, sie war mit jeder Faser verwoben. Die Folge war, dass ihm die fremden Hunde, auf die er traf, nichts anhaben konnten. Er wich ihren Zähnen aus. Er besiegte sie oder floh und blieb in jedem Fall unversehrt. Natürlich erging es selbst ihm zuweilen übel. Wenn mehrere Hunde über ihn herfielen, kam es vor, dass er malträtiert wurde, bevor er weglaufen konnte, und mitunter brachte ihm ein einzelner Hund tiefe Wunden bei. Aber das war die Ausnahme. In der Regel kam er aufgrund seines Kampfgeschicks unverletzt davon.

Sein Augenmaß und feines Gefühl für den richtigen Zeitpunkt waren weitere Pluspunkte, die er seinen Gegnern voraushatte. Es waren unbewusste Fähigkeiten, die er ganz mechanisch und ohne Kalkül einsetzte. Seine Augen schätzten Entfernungen richtig ein und seine Nerven vermittelten das Gesehene korrekt ans Gehirn. Diesbezüglich war er besser ausgestattet als gewöhnliche Hunde; bei ihm war alles reibungsloser und konstanter koordiniert. Nerven, Hirn und Muskeln arbeiteten besser zusammen. Wenn die Augen dem Gehirn das bewegliche Bild einer Handlung überbrachten, wusste das Gehirn ohne bewusste Anstrengung, welcher Zeitraum zu ihrer Ausführung erforderlich war. Wolfsblut wusste also genau, wann ein anderer Hund zum Sprung oder Biss ansetzte; er konnte beidem ausweichen und zugleich die Sekunde festlegen, in der er selbst angreifen musste. Körper und Gehirn standen bei ihm besser im Einklang. Nicht, dass man ihn dafür preisen müsste. Die Natur war ihm gegenüber einfach großzügiger gewesen als gegenüber anderen, weiter nichts.

Es war Sommer, als Wolfsblut nach Fort Yukon gelangte. Im späten Winter hatte Grauer Biber die große Wasserscheide zwischen dem Mackenzie und dem Yukon überquert und den Frühling über hatte er in den westlichen Ausläufern der Rocky Mountains gejagt. Nachdem das Eis auf dem Porcupine geschmolzen war, hatte er ein Kanu gebaut und war den Fluss bis zu dem Punkt hinabgepaddelt, wo dieser sich genau unter dem Polarkreis mit dem Yukon vereinigt. Hier stand das alte Fort der Hudson's Bay Company*, hier lebten viele Indianer, es gab reichlich Nahrung und eine noch nie dagewesene Aufregung. Es war der Sommer des Jahres 1898, und Tausende von Goldsuchern zogen den Yukon hinauf nach Dawson und Klondike. Sie waren noch Hunderte von Meilen von ihrem Ziel entfernt und dennoch waren viele schon ein Jahr unterwegs gewesen. Die mindeste Wegstrecke, die jeder von ihnen bis jetzt zurückgelegt hatte, betrug fünftausend Meilen, manche waren sogar vom anderen Ende der Welt angereist.

Hier machte Grauer Biber Halt. Die Kunde vom Goldrausch war auch bis zum ihm vorgedrungen und er hatte einige Ballen Pelze sowie aus Fell gefertigte und mit Därmen vernähte Handschuhe und Mokassins mitgebracht. Er rechnete mit reichlichem Gewinn, sonst hätte er nicht eine so lange Reise auf sich genommen. Doch die Wirklichkeit übertraf bei weitem seine Erwartungen. Selbst in seinen kühnsten Träumen hatte er nicht mehr als hundert Prozent Profit erhofft, und nun waren es tausend. Und wie es bei Indianern üblich war, ließ er sich häuslich nieder, um wohlüberlegt und bedächtig zu feilschen. Er wollte seine gesamte Ware loswerden – und wenn es den ganzen Sommer und bis in den Winter hinein dauern sollte.

In Fort Yukon sah Wolfsblut zum ersten Mal weiße Männer. Im Vergleich zu den Indianern, die er bisher gekannt hatte, erschienen sie ihm wie eine andere Rasse, eine Rasse erhabener Götter. Er hatte den Eindruck, als besäßen sie größere Macht, und auf Macht beruhte alle Gottheit. Dieser Eindruck war nicht das Ergebnis eines Denkvorgangs, sein Gehirn zog nicht den eindeutigen Schluss, dass die weißen Götter mächtiger waren. Es war mehr ein Gefühl, aber deshalb nicht weniger stark. Wie ihm als Welpen die hohen, breiten Wigwams als Offenbarungen der Macht der Menschen vorgekommen waren, so imponierten ihm jetzt die massiven

* 1670 gegründetes, kanadisches Handelsunternehmen. Die Hudson's Bay Company besteht noch heute. Anm. d. Ü.

Blockhäuser und das riesige, solide Fort. Hier war Macht. Diese weißen Götter waren stark. Sie besaßen eine noch höhere Gewalt über die Dinge als die Götter, die er bislang gekannt hatte und unter denen Grauer Biber der einflussreichste gewesen war. Aber im Vergleich zu den hellhäutigen Zweibeinern war Grauer Biber ein Kindergott.

Natürlich spürte Wolfsblut das nur, er war sich dessen nicht bewusst. Doch Tiere handeln ja meist nach Gefühl und nicht nach dem Denken, und jedes Verhalten Wolfsbluts beruhte von nun an auf dem Gefühl, dass die Weißen die überlegenen Götter waren. Erst einmal waren sie ihm äußerst verdächtig. Man konnte nie wissen, welche unbekannten Schrecken hinter ihnen lauerten, welche unbekannten Schmerzen sie verursachen konnten. Er beobachtete sie neugierig und war dabei sorgsam darauf bedacht, nicht von ihnen entdeckt zu werden. In den ersten paar Stunden schlich er nur in sicherer Entfernung umher, um sie zu betrachten. Dann sah er, dass die Hunde, die ihnen nahe kamen, keinen Schaden erlitten und wagte sich dichter heran.

Doch er erregte ihre Neugier ebenso stark. Sein wölfisches Aussehen fiel ihnen sogleich auf, und einer zeigte ihn dem anderen. Dieses Fingerdeuten ließ Wolfsblut auf der Hut sein, und wenn sie näherkommen wollten, fletschte er die Zähne und wich zurück. Es glückte keinem, ihn mit der Hand zu berühren, und sie taten wohl daran, es nicht zu tun.

Bald begriff er, dass nur wenige dieser weißen Götter – kaum mehr als ein Dutzend – vor Ort lebten. Alle zwei, drei Tage kam ein Dampfer (noch eine kolossale Offenbarung ihrer Macht) und legte für ein paar Stunden am Ufer an. Die Weißen, die mit diesen Dampfern kamen, fuhren damit auch wieder ab. Offenbar gab es zahllose dieser weißen Männer. In den ersten Tagen sah er mehr von ihnen als er in seinem ganzen Leben Indianer gesehen hatte, und wie die Tage vergingen, kamen mehr und mehr den Fluss herauf, blieben kurz, fuhren wieder fort und verschwanden.

Die weißen Götter mochten allmächtig sein, doch ihre Hunde taugten nicht viel. Das fand Wolfsblut schnell heraus, indem er sich unter jene mischte, die mit ihren Herren an Land kamen. An Gestalt und Größe waren sie höchst verschieden. Die einen hatten zu kurze, die anderen zu lange Beine. Anstatt des Pelzes hatten sie glattes Fell und einige hatten fast gar keine Haare. Und keiner von ihnen verstand es zu kämpfen.

Da Wolfsblut ein Feind seiner Gattung war, gehörte es zu seiner Domäne, sie zu bekämpfen. Und schon bald hegte er tiefe Verachtung für sie. Sie waren einfältig und ungeschickt, sie veranstalteten großen Lärm, taumelten unbeholfen umher und suchten durch schiere Kraft das zu tun, was er durch Geschicklichkeit und List vollbrachte. Sie stürzten sich unter lautem Gebell auf ihn. Er sprang zur Seite. Sie wussten nicht, wo er hingeraten war, und in diesem Augenblick stieß er gegen ihre Schultern, warf sie zu Boden und biss ihnen in die Kehle.

War der Biss gut platziert und wälzte sich der Hund schwer verwundet im Schmutz, dann fielen die Indianerhunde, die wartend im Kreis herumstanden, über das Opfer her und rissen es in Stücke. Wolfsblut war klug. Er hatte längst begriffen, dass es die Götter zornig machte, wenn ihre Hunde getötet wurden. Die weißen Männer bildeten da keine Ausnahme. Also begnügte er sich damit, einen Hund umzuwerfen, ihm die Kehle aufzureißen, sich anschließend zurückzuziehen und es der Horde zu überlassen, seinem Gegner den Rest zu geben. In diesem Moment kamen stets die weißen Männer herbeigeeilt und ließen ihre Wut am Gespann aus, während Wolfsblut ungestraft seiner Wege ging. Er stellte sich dann ein wenig abseits hin und sah zu, wie seine Kameraden mit Steinen, Knüppeln, Äxten und allen möglichen Waffen bombardiert wurden. Wolfsblut war sehr klug.

Aber die Horde wurde gleichfalls ein wenig schlauer und gemeinsam mit Wolfsblut begriff sie, dass man kurz nach dem Anlegen des Dampfers am meisten Spaß haben konnte. Denn sobald zwei oder drei fremde Hunde bezwungen und umgebracht worden waren, schafften die weißen Männer ihre Tiere rasch wieder an Bord und rächten sich fürchterlich an den Missetätern. Ein Weißer, der mit ansehen musste, wie sein Hund, ein Setter, vor seinen Augen zerrissen wurde, zog einen Revolver. Er feuerte schnell sechsmal hintereinander in die Horde und danach lagen sechs Hunde tot oder im Sterben da – eine weitere Machtdemonstration, die sich tief in Wolfsbluts Gedächtnis grub.

Wolfsblut amüsierte sich in Fort Yukon prächtig. Er mochte seine Gattung nicht und war gerissen genug, ohne Schaden davonzukommen. Anfangs war es für ihn ein Zeitvertreib gewesen, die Hunde der weißen Männer zu töten. Später wurde es zur Hauptbeschäftigung, da es sonst keinerlei Arbeit für ihn gab. Grauer Biber widmete sich emsig dem Handel und dem Anhäufen von Reichtum. Wolfsblut hingegen trieb sich mit der verruchten Bande der Indianerhunde an der Anlegestelle herum und wartete auf die Dampfschiffe. Sobald ein Dampfer angelegt hatte, begann der Spaß. Er dauerte nur so lange, bis sich die weißen Männer von ihrer Überraschung erholt hatten. Die Bande stob auseinander. Bis zur Ankunft des nächsten Schiffes war der Spaß vorüber.

Allerdings konnte man nicht behaupten, dass Wolfsblut ein Mitglied der Bande war. Er mischte sich nicht unter die anderen Hunde, sondern hielt sich abseits, er war immer allein und wurde von den anderen sogar gefürchtet. Er machte insofern mit ihnen gemeinsame Sache, als er den Streit mit dem fremden Hund anfing und die Bande unterdessen wartete. Und wenn er das Opfer niedergeworfen hatte, kamen die anderen, um es zu töten. Dann zog er sich zurück und überließ sie der Strafe der erzürnten Götter.

Es bereitete ihm nicht viel Mühe, einen Streit vom Zaun zu brechen. Er brauchte sich den fremden Hunden nur zu zeigen, wenn sie an Land kamen. Kaum erblickten sie ihn, stürzten sie auf ihn los. Dies geschah aus Instinkt. Er war für sie die Wildnis, er verkörperte das Unbekannte, das Schreckliche und Bedrohliche, er war das Ungeheuer, das in der Dunkelheit um das Feuer im Urwald herumschlich, während sie näher ans Feuer krochen, ihre Instinkte neu formten und die Wildnis, aus der sie gekommen waren, die sie verlassen und verraten hatten, fürchten lernten. Diese Angst vor der Wildnis hatte sich über viele Generationen in ihr Wesen eingeprägt. Seit Jahrhunderten war die Wildnis für sie ein Sinnbild des Schreckens und der Zerstörung. Und während all dieser Zeit gewährten ihnen ihre Herren die Freiheit, die Geschöpfe der Wildnis zu töten. Auf diese Weise hatten sie sowohl sich selbst als auch ihre Herren geschützt, deren Gefährten sie geworden waren.

Diese Hunde kamen aus dem lieblichen Süden, und wenn sie gemächlich über das Laufbrett trabten, das Ufer des Yukon betraten und mit einem Mal Wolfsblut gegenüberstanden, verspürten sie den unwiderstehlichen Drang, sich auf ihn zu stürzen und ihn zu vernichten. Mochten sie auch in der Stadt aufgewachsen sein, so hatten sie doch instinktiv Angst vor der Wildnis. Denn sie nahmen das wolfsähnliche Tier, das da im hellen Tageslicht vor ihnen stand, nicht nur mit den eigenen Augen wahr. Sie sahen es auch mit den Augen ihrer Vorfahren und erkannten durch ererbtes Gedächtnis in ihm den Wolf, den Gegenstand uralter Fehde.

Wolfsblut kümmerte das nicht weiter, im Gegenteil, es sorgte dafür, dass er sich vergnügen konnte. Wenn sein Anblick dazu führte, dass diese fremden Hunde ihn angriffen, dann war das gut für ihn und schlecht für sie. Sie betrachteten ihn als rechtmäßige Beute und er tat Selbiges.

Nicht umsonst hatte er das Licht der Welt in einer einsamen Höhle erblickt und seine ersten Kämpfe mit dem Schneehuhn, dem Wiesel und dem Luchs ausgefochten. Und nicht umsonst war ihm seine Welpenzeit durch die Verfolgung Liplips und der ganzen Meute junger Hunde vergällt worden. Es hätte anders gewesen sein können, dann wäre auch er anders geworden. Wäre Liplip nicht gewesen, hätte er die Welpenzeit spielend mit den Gefährten verbracht, er wäre mehr wie ein Hund aufgewachsen und hätte seine Gattung mehr gemocht. Wäre Grauer Biber zu Liebe und Zuwendung fähig gewesen, wäre er vielleicht in die Tiefen von Wolfsbluts Charakter vorgedrungen und hätte allerhand freundliche Eigenschaften an die Oberfläche bringen können. Aber all das war nicht geschehen. Der Lehm, aus dem Wolfsblut gemacht war, war so lange verformt worden, bis er zu dem wurde, was er war: mürrisch und einsam, lieblos und grausam, der Feind seiner gesamten Gattung.

KAPITEL 2

## Der wahnsinnige Gott

In Fort Yukon lebte nur eine Handvoll weißer Männer. Sie waren dort schon lange ansässig und nannten sich ›Sauerteig‹, eine Bezeichnung, auf die sie sehr stolz waren. Für Neuankömmlinge hatten sie nur Verachtung übrig. Die Männer, die von den Dampfern strömten, waren Neuankömmlinge. Die Einheimischen nannten sie ›Cheekakos‹, Grünschnäbel, und die Fremden zuckten jedes Mal zusammen, wenn sie so gerufen wurden. Sie bereiteten ihr Brot mit Backpulver zu, und dies war der hauptsächliche Grund für die Gehässigkeit der Sauerteigler, deren Brot nur deshalb mit Sauerteig gemacht wurde, weil sie kein Backpulver hatten.

Letztlich war das jedoch ohne Belang. Die Ansässigen sahen aus Prinzip auf die Neuankömmlinge herab und freuten sich, wenn sie zu Schaden kamen. Sie freuten sich besonders über den verheerenden Schaden, den Wolfsblut und seine anrüchige Bande unter den Hunden der Fremden anrichteten. Sobald ein Dampfer ankam, erschienen die Leute des Forts am Ufer, um sich an dem Schauspiel zu ergötzen. Ihre Vorfreude auf den Spaß war genauso groß wie die der Indianerhunde und sie begriffen sehr wohl, welche grausame und raffinierte Rolle Wolfsblut dabei spielte.

Unter ihnen war ein Mann, dem das Treiben besonderen Hochgenuss bot. Beim ersten Pfeifton des Dampfers kam er herbeigeeilt und war der letzte Kampf vorüber und Wolfsblut und die Bande verschwunden, kehrte er langsam mit bedauerndem Gesichtsausdruck ins Fort zurück. Wenn ein verweichlichter Hund aus dem Süden zu Boden ging und unter dem mit scharfen Zähnen bewehrten Ansturm der Horde den Todesschrei ausstieß, konnte dieser Mann zuweilen nicht an sich halten: Er sprang vor Freude in die Luft und jubelte laut. Und immer ruhte sein Blick fest und begehrlich auf Wolfsblut.

Die anderen Männer im Fort nannten ihn ›Schöner‹. Keiner kannte sei-

nen Vornamen, und in der Gegend wurde er meist als Schöner Schmidt bezeichnet. Er war allerdings alles andere als eine Schönheit. Im Gegenteil, er war auffallend hässlich. Bei ihm war die Natur geizig gewesen. Erstens war er ein kleiner Mann und zweitens wurde sein magerer Körper von einem kümmerlich kleinen Kopf gekrönt, der nach oben spitz zulief. In seiner Jugend hatte er deshalb den Spitznamen ›Stecknadel‹ getragen. Das war, bevor er allgemein Schöner genannt wurde.
Seine Stirn war flach und der Hinterkopf zeigte keine Wölbung. Und als ob die Natur ihre übertriebene Sparsamkeit bereute, waren die Gesichtszüge verschwenderisch breit. Seine Augen waren groß und standen so weit auseinander, dass dazwischen ein weiteres Augenpaar Platz gehabt hätte. Im Verhältnis zu seiner übrigen Erscheinung war das Gesicht gewaltig. Das lag an seinem ungeheuer stark vorspringenden Kiefer, mit dem ihn die Natur auf der Suche nach dem einen unerlässlichen Körperteil ausgestattet hatte. Es war breit und massig und stand so stark nach vorne und unten, dass es auf seiner Brust zu ruhen schien. Dieser Eindruck rührte vielleicht auch von dem hageren Hals her, der eine so enorme Last eigentlich nicht tragen konnte.
Dieser Kinnladen hätten wilde Entschlossenheit verheißen können. Aber irgendetwas fehlte. Vielleicht lag es am Übermaß. Vielleicht war er zu groß. In jedem Fall war er eine Lüge. Denn Schöner Schmidt war weit und breit als erbärmlicher, wehleidiger Feigling bekannt. Bleibt noch anzufügen, dass seine Zähne groß und gelb waren und die beiden Eckzähne, größer als ihre Gefährten, wie Stoßzähne zwischen den schmalen Lippen hervorragten. Die Augen waren schmutzig gelb, als wäre der Natur die Farbe ausgegangen und als hätte sie die Reste all ihrer Tuben zusammengepanscht. Das Gleiche galt für sein Haar, das spärlich und unregelmäßig wuchs und dessen Farbe zwischen schmutzigem und schlammigem Gelb schwankte. Es stand auf dem Kopf zu Berge und sprießte im Gesicht in überraschenden Büscheln, wie niedergetrampeltes und vom Wind zerzaustes Getreide.
Kurzum, Schöner Schmidt war eine Missgeburt, was man ihm jedoch nicht zum Vorwurf machen konnte. Er konnte nichts dafür. Der Lehm, aus dem er bestand, war im Zuge seiner Entstehung eben so geformt wor-

den. Er besorgte für die Männer im Fort das Kochen, den Abwasch und alle groben Arbeiten. Er wurde von den anderen nicht verachtet. Vielmehr duldeten sie ihn auf unbestimmte Weise, so wie man jedes Geschöpf duldet, das von der Natur stiefmütterlich behandelt wurde. Außerdem hatten sie Angst vor ihm. Aufgrund seiner feigen Wutanfälle fürchteten sie, er könne sie von hinten erschießen oder Gift in ihren Kaffee mischen. Doch irgendjemand musste sich um die Verpflegung kümmern, und welche Unzulänglichkeiten Schöner Schmidt auch aufweisen mochte, kochen konnte er.

Das war also der Mann, der Wolfsblut genau im Auge hatte, der von dessen blutrünstigen Heldentaten entzückt war und der ihn unbedingt besitzen wollte. Von Anfang an unternahm er Annäherungsversuche, die von Wolfsblut zunächst ignoriert wurden. Als die Annäherungen zudringlicher wurden, sträubte Wolfsblut das Fell, fletschte die Zähne und wich zurück. Er mochte den Mann nicht. Er hatte eine üble Ausstrahlung. Er spürte das Böse, das in ihm schlummerte, er fürchtete die ausgestreckte Hand und die vorgetäuschten, sanften Worte. Wegen all dem hasste er ihn. Tiere unterscheiden mühelos zwischen Gut und Böse. Das Gute steht für alle Dinge, die Behagen, Zufriedenheit und Freiheit von Schmerzen bedeuten. Deshalb mögen sie es. Das Böse steht für alle Dinge, die Unbehagen, Bedrohung oder Pein verursachen. Darum hassen sie es. Wolfsblut fühlte, dass Schöner Schmidt böse war. Sein missgestalteter Körper und der verschlagene Charakter verströmten auf geheimnisvolle Weise ungesunde Ausdünstungen, sie glichen dem Nebel, der aus malariaverseuchten Sümpfen emporsteigt. Nicht vom Verstand her und auch nicht allein aus seinen fünf Sinnen, sondern von einem tieferen, noch unerforschten Empfindungsvermögen her entstand in Wolfsblut das Gefühl, dass dieser Mann Übles im Schilde führte, dass er ihm schaden konnte und folglich etwas Schlimmes war, das man besser verabscheut.

Wolfsblut befand sich an Grauer Bibers Lagerplatz als Schöner Schmidt diesen zum ersten Mal aufsuchte. Beim entfernten Klang seiner Schritte, noch bevor er ihn sah, wusste Wolfsblut, wer da kam, und stellte die Haare auf. Er hatte entspannt dagelegen, erhob sich jedoch rasch, und als der

Mann eintraf, schlich er wie ein echter Wolf ans äußerste Ende des Lagers. Er wusste zwar nicht, was sie sagten, aber er sah Grauer Biber und den Mann miteinander sprechen. Einmal zeigte der Mann mit dem Finger auf ihn, da knurrte Wolfsblut, als ob die Hand sich unmittelbar über ihm befände, obwohl sie doch viele Meter von ihm entfernt war. Der Mann lachte darüber. Wolfsblut schlich in den Schutz des Waldes und wandte wachsam den Kopf zurück, als er lautlos über den Boden glitt.

Grauer Biber weigerte sich, den Hund zu verkaufen. Er war durch seinen Handel reich geworden und benötigte nichts weiter. Außerdem war Wolfsblut ein wertvolles Tier, er war der stärkste Schlittenhund und der beste Leithund, den er jemals besessen hatte. Am ganzen Mackenzie und Yukon gab es keinen vergleichbaren Hund. Er verstand es zu kämpfen. Er tötete Hunde so mühelos wie Menschen Moskitos – bei diesen Worten leuchteten die Augen von Schöner Schmidt und er leckte sich gierig die dünnen Lippen. Nein, Wolfsblut war für keinen Preis zu haben.

Aber Schöner Schmidt wusste mit Indianern umzugehen. Er besuchte Grauer Biber regelmäßig und unter seinem Mantel waren stets ein paar dunkle Flaschen verborgen. Neben anderen Eigenschaften besitzt Whiskey die Macht, Durst zu erzeugen, und Grauer Biber bekam Durst. Seine erhitzten Schleimhäute und sein brennender Magen verlangten immer mehr von der beißenden Flüssigkeit und sein Gehirn, durch das ungewohnte Reizmittel völlig verstört, trieb ihn an, alles zu tun, um ihrer habhaft zu werden. Das Geld, das er für Pelze, Handschuhe und Mokassins bekommen hatte, begann zu schwinden. Es schwand immer schneller, und je leerer sein Geldbeutel wurde, desto schlechter wurde seine Laune. Schließlich waren Geld, Waren und gute Laune dahin. Ihm blieb nichts übrig als sein Durst, eine fürchterliche Besessenheit, die mit jedem nüchternen Atemzug mächtiger wurde. Zu diesem Zeitpunkt sprach Schöner Schmidt abermals mit ihm über den Verkauf von Wolfsblut, und diesmal bot er ihm den Preis in Flaschen, nicht in Dollar an. Da spitzte Grauer Biber bereitwillig die Ohren.

»Wenn du den Hund einfangen kannst, soll er dir gehören«, lautete sein letztes Wort.

Die Flaschen wurden geliefert, aber zwei Tage später sagte Schöner Schmidt zu Grauer Biber: »Du fängst den Hund ein.«

Eines Abends schlich sich Wolfsblut ins Lager und ließ sich mit einem zufriedenen Seufzer fallen. Der gefürchtete weiße Gott war nicht da. Seit Tagen waren dessen Versuche, ihn zu fassen zu kriegen, immer beharrlicher geworden und Wolfsblut war gezwungen gewesen, das Lager zu meiden. Er wusste nicht, welches Unheil von diesen beharrlichen Händen ausging. Er wusste nur, dass sie irgendein Unheil bedeuteten und es besser war, sich außerhalb ihrer Reichweite aufzuhalten.

Er hatte sich jedoch kaum niedergelegt, als Grauer Biber zu ihm torkelte und einen Lederriemen um seinen Hals schlang. Dann setzte er sich neben Wolfsblut und hielt das Ende des Riemens in der Hand. In der anderen hielt er eine Flasche, die er hin und wieder umgedreht über den Kopf hob und dabei gurgelnde Geräusche machte.

So verging eine Stunde, da verkündeten die Erschütterungen des Bodens, der von Füßen berührt wurde, wer nahte. Wolfsblut vernahm sie zuerst und sträubte misstrauisch das Fell, während Grauer Biber einfältig vor sich hin döste. Wolfsblut versuchte vorsichtig, den Riemen aus der Hand seines Herrn zu ziehen, doch der lockere Griff wurde fest und Grauer Biber erwachte.

Schöner Schmidt schritt ins Lager und blieb vor Wolfsblut stehen. Der knurrte den Gefürchteten leise an und beobachtete scharf die Haltung der Hände. Eine Hand wurde ausgestreckt und senkte sich langsam in Richtung seines Kopfes. Er knurrte lauter und heftiger. Die Hand senkte sich weiter. Wolfsblut duckte sich, beäugte sie feindselig und sein Knurren wurde durch die schnelleren Atemzüge immer kürzer, bis es seinen Höhepunkt erreichte. Plötzlich schnappte er zu, flink wie eine Schlange. Die Hand wurde rasch zurückgezogen und die Zähne klappten mit einem lauten Klicken leer aufeinander. Schöner Schmidt war erschrocken und wütend. Grauer Biber verpasste Wolfsblut ein paar derbe Schläge gegen den Kopf, sodass er sich in respektvollem Gehorsam niederkauerte.

Argwöhnisch verfolgte Wolfsblut jede Bewegung der beiden Männer. Er sah Schöner Schmidt weggehen und mit einem robusten Stock zurückkommen. Dann reichte ihm Grauer Biber das Ende des Riemens. Schöner Schmidt schickte sich zum Gehen an und zerrte am Riemen. Wolfsblut sträubte sich. Grauer Biber schlug ihn beidseitig, um ihn zum Aufstehen und Loslaufen zu bewegen. Er gehorchte, allerdings mit einem Satz gegen den Fremden, der ihn fortschleppen wollte. Schöner Schmidt wich nicht aus, er hatte mit dieser Reaktion gerechnet. Er schwang gekonnt den Stock, traf Wolfsblut mitten im Sprung und schmetterte ihn zu Boden. Grauer Biber lachte und nickte anerkennend. Schöner Schmidt zog wieder kräftig am Riemen und Wolfsblut kroch kraftlos und benommen auf die Beine.

Er lehnte sich kein zweites Mal auf. Ein kräftiger Schlag mit dem Stock genügte, um ihn davon zu überzeugen, dass der weiße Gott ihn zu gebrauchen verstand. Wolfsblut war zu klug, um das Unvermeidliche zu bekämpfen. Missmutig, leise knurrend und mit eingezogenem Schwanz folgte er Schöner Schmidt. Dieser hielt ihn skeptisch im Auge und den Stock immer zum Schlag bereit.

Im Fort angekommen band der Mann ihn fest und ging schlafen. Wolfsblut wartete eine Stunde. Dann bearbeitete er den Riemen mit den Zähnen und war innerhalb von zehn Sekunden frei. Er brauchte keine Zeit damit zu vergeuden, sinnlos am Riemen zu nagen. Er biss ihn fast so glatt durch, als wäre er mit einem Messer durchschnitten worden. Wolfsblut blickte knurrend und mit gesträubtem Haar zum Fort empor. Dann kehrte er ihm den Rücken und trottete ins Lager von Grauer Biber zurück. Diesem seltsamen und schrecklichen Gott schuldete er keine Treue. Er war Grauer Biber ergeben, und seiner Ansicht nach gehörte er immer noch zu ihm.

Doch was sich zuvor ereignet hatte, wiederholte sich – mit einem Unterschied. Wieder band Grauer Biber ihn abends mit einem Riemen fest und übergab ihn am folgenden Morgen Schöner Schmidt. Aber der Unterschied war, dass Schöner Schmidt ihm eine Tracht Prügel verpasste. Da Wolfsblut festgebunden war, half alles Rasen nichts, er musste die Strafe erdulden. Der Mann setzte sowohl den Stock als auch die Peitsche ein, und Wolfsblut erfuhr die schlimmsten Prügel seines Lebens. Was

Grauer Biber ihm als Welpe angetan hatte, war milde im Vergleich zu diesen Schlägen.

Schöner Schmidt genoss die Aufgabe in vollen Zügen und begeisterte sich daran. Seine Augen glühten stumpfsinnig und er freute sich hämisch, als er Stock und Peitsche schwang und dem Schmerzgeschrei, dem hilflosen Geheul und Knurren seines Opfers lauschte. Denn wie alle Feiglinge war Schöner Schmidt grausam. Er krümmte und bückte sich unter den Hieben oder den ärgerlichen Worten eines Mannes und rächte sich später dafür an schwächeren Geschöpfen. Alles, was lebt, liebt die Macht, und Schöner Schmidt bildete da keine Ausnahme. Da ihm bei seiner eigenen Gattung kein Einfluss vergönnt war, griff er auf niedrigere Wesen zurück, um seine Macht zu demonstrieren. Dennoch traf ihn keine Schuld, denn Schöner Schmidt hatte sich selbst nicht erschaffen. Er war mit einem missgestalteten Körper und einem rohen Verstand auf die Welt gekommen. Das war sozusagen sein Ausgangsmaterial und das war von seinem Umfeld ohne Wohlwollen gestaltet worden.

Wolfsblut wusste, warum er geschlagen wurde. In dem Augenblick, als Grauer Biber ihm den Riemen um den Hals gebunden und das Ende Schöner Schmidt übergeben hatte, wusste er, dass es der Wille seines Gottes war, mit Schöner Schmidt zu gehen. Und als der Mann ihn draußen am Fort anband, wusste er, dass es Schöner Schmidts Wille war, dass er da bliebe. Er hatte den Willen beider Götter missachtet und die Strafe verdient. Er hatte früher beobachtet, wie Hunde den Eigentümer wechselten und dass Ausreißer so geschlagen wurden wie er jetzt. Er war klug, doch in seinem Wesen lagen noch höhere Kräfte als Klugheit. Eine davon war Treue. Er liebte Grauer Biber zwar nicht, doch selbst wenn dieser zornig war und ihn unterdrückte, war er ihm treu ergeben. Er konnte nicht anders. Treue war Bestandteil des Stoffes, aus dem er gemacht war. Diese Eigenschaft war eine Besonderheit seiner Gattung, es war diejenige Eigenschaft, die seine Spezies vor anderen Tieren auszeichnete; jene Eigenschaft, die es möglich gemacht hatte, dass der Wolf und der Wildhund ihre Freiheit aufgaben, um Gefährten des Menschen zu werden.

Nach der Misshandlung wurde Wolfsblut ins Fort zurückgeschleppt. Diesmal band ihn Schöner Schmidt mit einem Stock fest. Doch man verzichtet nicht so ohne weiteres auf seinen Gott. Grauer Biber war der von ihm erwählte Gott und obgleich Grauer Biber dagegen war, hing Wolfsblut noch immer an ihm und wollte ihn nicht aufgeben. Grauer Biber hatte ihn verraten und im Stich gelassen, aber das machte ihm nichts. Nicht umsonst hatte er sich ihm einst mit Leib und Seele hingegeben. Auf Wolfsbluts Seite hatte es keinerlei Vorbehalte gegeben und der Pakt konnte nicht so leicht gelöst werden.

Also machte er sich nachts, als die Männer im Fort schliefen, daran, den Stock, mit dem er angebunden war, mit den Zähnen durchzunagen. Das Holz war zwar hart und trocken, aber so dicht an seinem Hals befestigt, dass er kaum mit den Zähnen daran kam. Nur durch äußerste Anspannung der Muskeln und wilde Verrenkungen des Halses gelang es ihm, das Holz zwischen die Zähne zu bekommen, und es bedurfte unendlicher Geduld sowie vieler Stunden, bis er den Stock endlich zerbissen hatte. So ein Kunststück brachten Hunde für gewöhnlich nicht zustande, es war beispiellos. Aber Wolfsblut gelang es. Am frühen Morgen trabte er vom Fort weg und das Ende des Stockes hing immer noch an seinem Hals.

Er war klug. Aber noch klüger wäre es gewesen, nicht zu Grauer Biber zurückzulaufen, der ihn bereits zweimal verraten hatte. Doch seine Treue zwang ihn dazu; er kehrte zu Grauer Biber zurück, um sich ein drittes Mal verraten zu lassen. Wieder ließ er sich den Lederriemen um den Hals binden und wieder erschien Schöner Schmidt, um ihn zu holen. Und dieses Mal wurde er noch heftiger geschlagen als zuvor.

Grauer Biber sah unbewegt zu, während der weiße Mann die Peitsche schwang. Er gewährte Wolfsblut keinen Schutz, er war ja nicht mehr sein Hund. Als es vorüber war, war Wolfsblut krank. Ein verweichlichter Hund aus dem Süden wäre daran gestorben, aber Wolfsbluts Lebensschule war eine härtere gewesen und das Material, aus dem er gemacht war, zäher. Also überlebte er es. Er verfügte über enorme Vitalität und hing über die Maßen am Leben. Aber er war sehr elend und konnte nicht einmal kriechen. Schöner Schmidt musste eine halbe Stunde warten, bis

Wolfsblut aufstehen konnte. Daraufhin schleppte er sich halb blind und taumelnd hinter Schöner Schmidt zum Fort.

Nun wurde er an eine Kette gebunden, der seine Zähne nichts anhaben konnten und die er vergebens mit dem Holzpflock aus dem Boden zu reißen versuchte. Einige Tage später zog ein nüchterner und bankrotter Grauer Biber den Porcupinefluss hinauf, um die lange Reise an den Mackenzie anzutreten. Wolfsblut blieb am Yukon zurück, das Eigentum eines Menschen, der halb wahnsinnig und durch und durch grausam war. Aber wie soll ein Hund wissen, was menschlicher Wahnsinn ist? Schöner Schmidt war ein wahrhaftiger, wenn auch schrecklicher Gott für ihn. Er war bestenfalls ein verrückter Gott, doch Wolfsblut wusste nichts von Verrücktheit; er wusste nur, dass er sich dem Willen dieses neuen Herrn zu unterwerfen und jeder seiner Launen zu gehorchen hatte.

KAPITEL 3

## Die Herrschaft des Hasses

Unter der Obhut des wahnsinnigen Gottes wurde Wolfsblut zum Teufel. Schöner Schmidt hielt ihn in einem Pferch hinter dem Fort an einer Kette. Er ärgerte und reizte ihn dort mit engherzigen Quälereien, die das Tier zur Raserei brachten. Er entdeckte bald, dass Wolfsblut auf Gelächter empfindlich reagierte, und jedes Mal, wenn er ihn ausgiebig gequält hatte, lachte er ihn aus. Dieses Lachen war laut und höhnisch und gleichzeitig wies er mit dem Finger spöttisch auf ihn. In solchen Momenten setzte bei Wolfsblut der Verstand aus und bei seinen Tobsuchtsanfällen gebärdete er sich verrückter als Schöner Schmidt selbst.

Einst war Wolfsblut lediglich der Feind seiner Gattung gewesen und hatte nach ihrem Blut gelechzt. Nun wurde er jedermanns Feind und war dabei erbitterter denn je. Er wurde so sehr gequält, dass er blind und ohne den geringsten Anlass hasste. Er hasste die Kette, die ihn festhielt, er hasste die Menschen, die ihn durch die Latten des Pferchs hindurch anstarrten, die Hunde, die mit den Menschen kamen und ihn in seiner Hilflosigkeit boshaft anknurrten. Er hasste sogar das Holz des Verschlages, in dem er gefangen gehalten wurde. Aber an allererster Stelle und am meisten hasste er Schöner Schmidt.

Dieser verfolgte bei alledem jedoch einen Zweck. Eines Tages versammelte sich eine Anzahl von Männern um den Pferch. Schöner Schmidt ging mit einem Stock hinein und löste die Kette vom Hals des Tiers. Als sein Herr wieder draußen war, tobte Wolfsblut im Pferch herum und versuchte die Männer durch die Latten hindurch anzufallen. Er bot einen Furcht einflößenden, prachtvollen Anblick. Seine Schulterhöhe betrug fünfundsiebzig Zentimeter, seine Körperlänge gut einen Meter fünfzig und er war wesentlich schwerer als ein Wolf seiner Größe. Seine Mutter hatte ihm die gewaltigeren Proportionen eines Hundes vererbt, sodass er ohne eine Spur von Fett und ohne ein Gramm überschüssiges Fleisch über neunzig Pfund wog. Er bestand nur aus Muskeln, Knochen und Sehnen – er war Kampfmaterial allererster Güte.

Die Tür des Verschlages wurde wieder geöffnet. Wolfsblut hielt inne. Er wartete, denn etwas Ungewöhnliches geschah. Die Tür öffnete sich weiter. Ein riesiger Hund wurde hineingeschoben und gleich darauf schloss sich die Tür. Es war eine Dogge und einen solchen Hund hatte Wolfsblut noch nie gesehen, aber die Größe und das grimmige Aussehen des Eindringlings schreckten ihn nicht ab. Hier war weder Holz noch Eisen, sondern ein Lebewesen, an dem er seine Wut auslassen konnte. Er sprang mit einem Blitzen der Zähne auf die Dogge los und riss ihr den Hals an der Seite auf. Die Dogge schüttelte den Kopf, knurrte heiser und stürzte sich auf ihn. Aber Wolfsblut war überall und nirgends, wich aus, griff an, verwundete mit den Zähnen und sprang rechtzeitig wieder weg, um der Rache des Gegners zu entgehen.

Die Männer jubelten und applaudierten. Schöner Schmidt war außer sich vor Entzücken und frohlockte über die tiefen Wunden, die Wolfsblut dem anderen beibrachte. Die Dogge hatte von Anfang an keine Chance. Sie war zu langsam und zu schwerfällig. Schließlich trieb Schöner Schmidt Wolfsblut mit einem Schlagstock zurück und die Dogge wurde von ihrem Besitzer hinausgeschleift. Dann wurden die Wetten ausbezahlt und in Schöner Schmidts Hand klimperte Geld.

Wolfsblut begann der Ansammlung von Männern um seinen Pferch freudig entgegenzufiebern. Das bedeutete einen Kampf und die einzige Möglichkeit, seine Lebensgeister zum Ausdruck zu bringen. Da er als Gefangener gehalten, gequält und zum Hass angestachelt wurde, konnte er diesen Hass nur stillen, wenn es seinem Herrn gefiel, ihn gegen einen anderen Hund antreten zu lassen. Schöner Schmidt hatte seine Fähigkeiten richtig eingeschätzt, denn er ging stets als Sieger hervor. Einmal wurden in rascher Abfolge drei Hunde zu ihm hineingelassen, ein andermal ein ausgewachsener, gerade erst eingefangener Wolf. Und einmal wurden zwei Hunde zu gleicher Zeit auf ihn gehetzt. Das war sein schwierigster Kampf, und obwohl er zum Schluss beide umbrachte, hätte ihn die Schlacht beinahe das Leben gekostet.

Als im Herbst des Jahres der erste Schnee fiel und kleine Eisstücke den Fluss hinabtrieben, löste Schöner Schmidt für sich und Wolfsblut eine Fahrkarte zu einer Dampferfahrt nach Dawson, den Yukon hinauf. Wolfsblut hatte sich in der Gegend inzwischen einen Namen gemacht. Weit und breit war er als »Der Kampfwolf« bekannt und der Käfig, in dem er an Deck des Dampfers untergebracht wurde, war stets von Neugierigen umdrängt. Er knurrte sie entweder wütend an oder lag still und betrachtete sie mit kaltem Hass. Warum sollte er sie auch nicht hassen? Diese Frage stellte sich ihm nie. Er kannte nur den Hass, der ihm zur Leidenschaft, so wie ihm das Leben zur Hölle geworden war. Er war nicht dafür geschaffen, sein Dasein in einem engen Käfig zu fristen – ein Los, das alle wilden Tiere in der Hand des Menschen erleiden müssen. Doch genau das widerfuhr ihm jetzt. Die Leute starrten ihn an, stießen Stöcke zwischen die Gitterstäbe, damit er sie anknurrte, und lachten ihn dann aus.

Diese Menschen waren seine Umgebung, die den Lehm, aus dem er gemacht war, zu einem grimmigeren Wesen formten, als es die Natur beabsichtigt hatte. Dafür hatte sie ihm große Formbarkeit verliehen. Ein anderes Tier wäre vielleicht gestorben oder willenlos geworden, Wolfsblut passte sich dagegen den Umständen an und lebte ungebeugt weiter. Sein Erzfeind und Quälgeist Schöner Schmidt wäre eventuell imstande gewesen, Wolfsbluts Willen am Ende zu brechen, aber bis jetzt waren keine Anzeichen dafür sichtbar.

Schöner Schmidt mochte einen Teufel in sich tragen, doch Wolfsblut stand ihm darin in nichts nach; und die beiden rasten unablässig gegeneinander. Früher war Wolfsblut klug genug gewesen, vor einem mit einem Stock bewaffneten Mann zu kuschen und sich ihm zu unterwerfen, aber damit war es jetzt vorbei. Der bloße Anblick Schöner Schmidts genügte, um ihn in Raserei zu versetzen, und wenn sie sich zu nahe kamen und er mit dem Stock zurückgetrieben worden war, hörte er nicht auf, die Zähne zu fletschen und zu knurren. Das letzte Knurren konnte Schöner Schmidt ihm nicht nehmen. Wie sehr er auch geschlagen wurde, er fuhr fort zu knurren, und wenn Schöner Schmidt aufgab und sich zurückzog, schickte Wolfsblut ihm ein trotziges Knurren hinterher oder sprang mit hasserfülltem Gebell gegen die Gitterstäbe.

Als der Dampfer in Dawson anlegte, wurde Wolfsblut an Land gebracht. Aber er blieb weiterhin im Käfig, zur Schau gestellt und von Neugierigen umringt. Die Leute zahlten fünfzig Cent in Goldstaub, um den »Kampfwolf« sehen zu dürfen. Nie hatte er Ruhe. Legte er sich zum Schlafen nieder, störte ihn ein scharfer Stoß mit dem Stock, denn das Publikum wollte für sein Geld eine Gegenleistung. Um die Vorstellung möglichst interessant zu gestalten, versetzte ihn Schöner Schmidt die meiste Zeit über in Wut. Aber schlimmer als alles andere war die Atmosphäre, in der er lebte. Er galt als das wildeste und fürchterlichste aller Tiere und diese Unterstellung drang durch die Stäbe des Käfigs zu ihm. Jedes Wort, jede vorsichtige Bewegung der Leute draußen führte ihm die eigene schreckliche Wildheit vor Augen. Die Flamme seiner Wildheit wurde dadurch fortwährend genährt und das Resultat war, dass seine Wildheit immer mehr zunahm. Dieser Prozess war ein weiteres Beispiel für seine Anpassungsfähigkeit, er reagierte damit auf den Druck seiner Umgebung.

Neben diesen Schaustellungen setzte Schöner Schmidt ihn auch als professionellen Kampfhund ein. Wann immer ein Kampf organisiert werden konnte, wurde Wolfsblut aus dem Käfig und ein paar Meilen außerhalb der Stadt in den Wald geführt. Dies geschah meist nachts, um ein Eingreifen der örtlichen berittenen Polizei zu vermeiden. Dann musste er einige Stunden warten, und sobald das Tageslicht anbrach, kamen die Zuschauer und der Hund, gegen den er kämpfen sollte. So bekam er Gelegenheit, mit Hunden unterschiedlichster Größe und Rasse zu kämpfen. Es war ein unzivilisiertes Land und die Männer waren es ebenfalls. Die Kämpfe endeten gewöhnlich mit dem Tod eines Hundes.

Es liegt auf der Hand, dass die anderen Hunde starben. Wolfsblut kämpfte munter weiter. Er erlitt nie eine Niederlage. Seine Fehde mit Liplip und der ganzen Meute junger Hunde hatte ihn früh trainiert und leistete ihm jetzt gute Dienste. Er hatte eine derartige Geschicklichkeit erlangt, auf den Beinen zu bleiben, dass kein Hund imstande war, ihn umzuwerfen. Unter wolfsähnlichen Hunden war es ein beliebter Trick, auf den Gegner loszustürzen und ihm einen schwungvollen Stoß gegen die Schulter zu versetzen, in der Hoffnung, ihn dadurch zu Fall zu bringen. Jagdhunde, Eskimohunde, Labradore, Huskys und Malamuten – sie alle versuchten den Kniff an ihm, und alle scheiterten. Wolfsbluts Pfoten waren wie festgewurzelt. Die Männer erzählten sich gegenseitig davon und warteten darauf, dass es anders käme, aber er erfüllte ihre Erwartungen nie.

Dann war da noch seine unglaubliche Schnelligkeit. Sie verschaffte ihm einen ungeheuren Vorteil. Wie kampferprobt seine Gegner auch sein mochten, sie waren nie auf einen Hund getroffen, der so flink in der Bewegung war. Hinzu kam sein unvermittelter Angriff. Ein gewöhnlicher Hund hielt sich mit Drohgebärden auf, knurrte, fletschte die Zähne und sträubte das Fell, und ein gewöhnlicher Hund wurde von Wolfsblut zu Boden geworfen und erledigt, bevor er überhaupt zu kämpfen begonnen oder sich von seiner Überraschung erholt hatte. Dies geschah so häufig, dass es Brauch wurde, Wolfsblut so lange zurückzuhalten, bis der andere Hund sein Vorgeplänkel abgeschlossen hatte und zum Kampf bereit war.

Aber der größte Vorteil war Wolfsbluts Erfahrung. Er verstand mehr vom Kämpfen als irgendein anderer Hund. Er hatte unzählige Kämpfe ausgefochten, er kannte jeden Trick und jede Methode, er hatte mehr Tricks auf Lager als alle anderen und eine Methode, die vortrefflicher nicht hätte sein können.

Mit der Zeit wurden die Kämpfe immer seltener. Die Männer taten sich schwer, einen ihm ebenbürtigen Gegner aufzutreiben. Schöner Schmidt musste sich Wölfe besorgen, die er von den Indianern einfangen ließ. Ein Kampf zwischen Wolfsblut und einem solchen Wolf zog stets eine große Zuschauermenge an. Einmal ging ein ausgewachsener, weiblicher Luchs in die Falle der Indianer, und Wolfsblut kämpfte mit der Luchsin auf Leben und Tod. Sie war genauso schnell und grimmig wie er und setzte neben ihren Zähnen auch noch ihre scharfen Krallen gegen ihn ein.

Nach diesem Kampf hatte Wolfsblut seine Ruhe. Es gab kein Tier mehr, gegen das er kämpfen, oder besser gesagt, das sich mit ihm messen konnte. Also wurde er bis zum Frühjahr nur mehr zur Schau gestellt. Dann kam ein gewisser Tim Keenan, ein Bankhalter des Farospiels*, ins Land. Er brachte die erste Bulldogge nach Klondike. Ein Kampf zwischen diesem Hund und Wolfsblut schien unvermeidlich, und das bevorstehende Ereignis war in gewissen Kreisen der Stadt eine Woche lang Hauptgesprächsthema.

* Faro ist ein Karten-Glücksspiel, das im 19. Jahrhundert in den USA äußerst beliebt war, bis es vom Poker verdrängt wurde. Der Bankhalter verteilt die Karten und spielt somit gegen alle übrigen Spielteilnehmer. Anm. d. Ü.

KAPITEL 4

# Im Griff des Todes

Schöner Schmidt streifte die Kette von seinem Hals und trat zurück.
Wolfsblut ging ausnahmsweise nicht unmittelbar zum Angriff über. Er stand still, mit gespitzten Ohren, und blickte das seltsame Tier vor sich aufmerksam und prüfend an. Solch einen Hund hatte er noch nie gesehen. Tim Keenan schob die Bulldogge vorwärts und murmelte: »Fass ihn!« Das Tier watschelte bis zur Mitte des Kreises, es war klein, breit und unschön. Es hielt inne und blinzelte Wolfsblut an.
Aus der Menge wurden Rufe laut: »Los, Cherokee, mach ihn fertig! Lass nichts von ihm übrig!«
Aber Cherokee schien auf einen Kampf nicht erpicht zu sein. Er sah blinzelnd zu den schreienden Männern und wackelte dabei gutmütig mit dem Schwanzstumpf. Er hatte keine Furcht, er war nur faul. Außerdem leuchtete ihm nicht ein, warum er gegen diesen Hund kämpfen sollte. Gegen einen derartigen Hund war er noch nie angetreten, und er wollte abwarten, bis sie ihm den richtigen brachten.
Tim Keenan trat heran, beugte sich zu Cherokee hinab und strich ihm mit beiden Händen die Schultern entlang mit leichten, ruckhaften Bewegungen gegen das Fell. Die Bulldogge wusste nicht genau, was ihr Herr wollte, fing aber gereizt an, sehr leise und tief unten in der Kehle zu knurren. Sie knurrte im Rhythmus der Handbewegungen des Mannes. Bei jeder vorwärtsschiebenden Bewegung wurde das Knurren lauter, es erstarb, wenn die Hände innehielten und setzte mit dem nächsten Ruck von Neuem ein.
Dadurch ergab sich ein gewisser Rhythmus, der auf Wolfsblut nicht ohne Wirkung blieb. Sein Haar fing an, sich am Nacken und an den Schultern zu sträuben. Tim Keenan schob Cherokee ein letztes Mal vorwärts und trat dann wieder zurück. Als der Anstoß verebbte, lief Cherokee aus eigenem Willen krummbeinig und geschwind los. In diesem Augenblick griff

Wolfsblut an. Ein bewundernder Aufschrei wurde hörbar. Denn Wolfsblut hatte die Entfernung mehr wie eine Katze als ein Hund erfasst, war auch wie eine Katze vorwärts gesprungen, hatte zugebissen und war mit derselben katzenartigen Geschwindigkeit zurückgesprungen.

Cherokee blutete hinter einem Ohr, da er eine klaffende Wunde in seinem massigen Hals hatte. Das schien ihn nicht weiter zu beeindrucken, er knurrte nicht einmal, sondern machte kehrt und verfolgte Wolfsblut. Die Gegensätzlichkeit der beiden, die Behändigkeit des einen und die Beharrlichkeit des anderen, heizte die Parteinahme der Zuschauer an, es wurden neue und höhere Wetten abgeschlossen. Wolfsblut griff wieder und wieder an, biss zu und sprang unverletzt davon, sein seltsamer Feind verfolgte ihn aber trotzdem: ohne große Eile, nicht langsam, aber immer absichtsvoll und entschlossen, in einer geschäftsmäßigen Art und Weise. Mit dieser Methode verfolgte er eine bestimmte Absicht, ein Ziel, von dem er nicht abzubringen war.

Sein gesamtes Gebaren, jede seiner Handlungen war von diesem Ziel geprägt. Wolfsblut war verwirrt. Mit solch einem Hund hatte er noch nie zu tun gehabt. Er hatte kein schützendes Haar, keinen dichten Pelz wie seine eigene Gattung, in den die Zähne nicht eindringen konnten, sondern überall weiches Fleisch, das leicht blutete. Jedes Mal, wenn er zuschnappte, drangen seine Zähne tief ein, während das Tier sich scheinbar nicht verteidigen konnte. Verwirrend war auch, dass es nicht aufheulte, wenn es verletzt wurde. Das hatten bisher alle Hunde getan, gegen die er gekämpft hatte. Dieser Hund grollte oder grunzte nur kurz, ansonsten nahm er jeden Angriff schweigend hin. Und nie erlahmte er in seiner Verfolgung.

In Wirklichkeit war Cherokee gar nicht langsam. Er konnte sich sehr wohl schnell wenden und im Kreise drehen, aber Wolfsblut war ja nie da. Cherokee war gleichfalls verwirrt. Er hatte nie zuvor gegen einen Hund gekämpft, dem man nicht nahe kommen konnte. Das Verlangen, dem anderen nahe zu kommen, hatte stets auf Gegenseitigkeit beruht. Doch dieser Hund hielt Abstand, er tänzelte und sprang hin und her, er war überall und nirgends. Und wenn er blitzschnell mit den Zähnen zupackte, ließ er sofort wieder los und schoss davon.

Doch Wolfsblut brachte es nicht fertig, unten an die weiche Stelle der Kehle zu gelangen. Die Bulldogge war zu niedrig und außerdem durch ihren gewaltigen Kiefer geschützt. Wolfsblut sprang unversehrt hin und her, während Cherokees Wunden zunahmen. Kopf und Hals waren an beiden Seiten tief aufgerissen. Er blutete stark, zeigte jedoch keine Spur von Betroffenheit. Er setzte seine Verfolgung unbeirrt fort und unterbrach sie nur ein einziges Mal, als er verblüfft innehielt, die Zuschauer anblinzelte und mit dem Stummelschwanz wedelte, als ob er ihnen seine Bereitschaft zum Weiterkämpfen zu verstehen geben wolle.

Wolfsblut schoss sofort auf ihn los und zerfetzte eines seiner kupierten Ohren. Cherokee war nun doch leicht verstimmt, nahm die Verfolgung wieder auf. Er lief auf der inneren Seite des Kreises, den Wolfsblut vollführte, und versuchte einen tödlichen Biss in dessen Kehle anzubringen. Er verfehlte ihn nur um Haaresbreite, da Wolfsblut der Gefahr durch einen Sprung in die entgegengesetzte Richtung entging, was ihm lauten Jubel einbrachte.

Die Zeit verstrich. Wolfsblut war immer noch in ständiger Bewegung, er sprang hin und her und teilte Wunden aus. Und die Bulldogge rannte immer noch mit grimmiger Gewissheit hinter ihm her. Früher oder später würde sie ihr Vorhaben vollenden und ihm den Biss versetzen, der die Schlacht zu ihren Gunsten entschied. Bis dahin nahm Cherokee alle Züchtigungen unbewegt hin, die ihm der andere zuteil werden lassen konnte. Seine kurzen Ohren hingen in Fetzen herab, sein Hals und seine Schultern waren an vielen Stellen schwer verletzt, selbst seine Schnauze war aufgerissen und blutete – all dies rührte von den blitzschnellen Angriffen her, die er nicht vorhersehen konnte und gegen die er nicht gewappnet war.

Wolfsblut hatte ein ums andere Mal versucht, Cherokee zu Fall zu bringen; doch ihre Körpergröße war zu unterschiedlich. Cherokee war zu gedrungen, zu dicht am Boden. Einmal trieb er das Spiel jedoch zu weit. Als Cherokee sich umwandte, um Wolfsblut bei seinen flinken Kreuz- und Quersprüngen zu folgen, gab er seine Schulter preis und Wolfsblut stieß dagegen. Da aber Wolfsbluts Schulter die des anderen weit überragte und der Zusammenprall sehr heftig gewesen war, verlor er das Gleichgewicht und purzelte über die Bulldogge. Zum ersten Mal in seiner Karriere als Kampfhund sahen die Zuschauer, wie er den Boden unter den Füßen verlor. Er überschlug sich und wäre auf dem Rücken gelandet, hätte er sich nicht wie eine Katze in der Luft gedreht, um mit den Beinen zuerst auf die Erde zu gelangen. Trotzdem fiel er schwer auf die Seite. Im nächsten Augenblick stand er zwar wieder auf den Beinen, doch in just diesem Augenblick packte Cherokee ihn an der Kehle.

Es war kein gut gezielter Biss, er war zu nahe an der Brust, aber Cherokee ließ nicht locker. Wolfsblut sprang wie wild in die Höhe und im Kreis, um den Widersacher abzuschütteln. Dieses hartnäckige Gewicht am Hals machte ihn rasend. Es behinderte seine Bewegung, beschränkte seine Freiheit. Es war wie eine Falle, seine gesamten Instinkte nahmen es übel und empörten sich dagegen. Es war eine wahnwitzige Auflehnung. Einige Minuten lang gebärdete er sich wie toll und wurde von einem nicht zu zügelnden Drang überwältigt. Schierer Überlebenswillen durchflutete ihn. Die Liebe zum Leben nahm ihn völlig in Besitz. Jegliche Verstandeskraft verließ ihn. Es war, als ob er kein Gehirn hätte. Die Vernunft wurde durch den blinden Drang zu leben und sich zu bewegen verdrängt. Er wollte sich um jeden Preis bewegen und sich auch weiterhin bewegen, weil Bewegung Leben bedeutet.

Er rannte im Kreis herum, wand und drehte sich, um die fünfzig Pfund schwere Last an seinem Hals loszuwerden. Cherokee tat nichts außer eisern festzuhalten. Selten nur kam er mit den Füßen auf den Boden und suchte sich dann gegen Wolfsblut zu stemmen. Aber im nächsten Augenblick verlor er wieder den Halt und wurde durch Wolfsbluts wilde Drehbewegungen im Kreis herumgeschleppt. Cherokee wurde eins mit seinem Instinkt. Er wusste, dass es richtig war, wenn er festhielt, und das verschaffte ihm zwischendrin eine gewisse Befriedigung. In solchen Momenten schloss er sogar die Augen und ließ sich wohl oder übel hin und her schleudern, unbekümmert um die Schläge, die er dabei abbekam. Das zählte nicht. Wichtig war nur, keinesfalls loszulassen, und das tat er.

Endlich blieb Wolfsblut stehen; er war müde. Er konnte nichts tun, und das verstand er nicht. So etwas war ihm bei all seinen Kämpfen noch nie passiert. Keiner der Hunde, gegen die er gekämpft hatte, hatte sich so verhalten. Es war stets schnappen, zubeißen und wegspringen gewesen, schnappen, zubeißen und wegspringen, mehr war nicht nötig. Er legte sich halb auf die Seite und rang nach Luft. Cherokee, der ihn immer noch gepackt hielt, drängte sich gegen ihn und wollte ihn ganz umwerfen. Wolfsblut wehrte sich und spürte, wie die Kiefer des anderen sich leicht lockerten, um sich mit einer Kaubewegung wieder fest zu schließen. Jede Verlagerung brachte die Kiefer näher an seine Kehle. Die Taktik der Bulldogge bestand darin, an dem festzuhalten, was sie im Maul hatte, und sich nach Möglichkeit noch mehr zu holen. Hielt Wolfsblut still, bewegten sich die Kiefer weiter nach oben, zappelte er, begnügte sich Cherokee damit festzuhalten.

Cherokees wulstiger Nacken war der einzige Körperteil, den Wolfsbluts Zähne erreichen konnten. Er packte ihn dort, wo der Hals aus den Schultern ragt, konnte sich aber nicht wie die Bulldogge darin verbeißen. Diese Kampfweise war ihm fremd, außerdem waren seine Kiefer nicht dafür geschaffen. Er zerrte und riss krampfhaft mit den Zähnen, um die richtige Stelle zu finden. Dann ergab sich ein Positionswechsel und er ließ davon ab. Es war Cherokee schließlich gelungen, ihn auf den Rücken zu rollen, und ohne seine Kehle loszulassen, stand er über ihm. Wolfsblut krümmte sich wie eine Katze, stemmte seine Hinterbeine in den Unterleib des über ihm dräuenden Feindes und hätte ihm mit seinen langen, scharfen Krallen den Leib aufgerissen, wenn Cherokee nicht rasch den Zugriff seiner Zähne verlagert hätte und im rechten Winkel zu Wolfsblut seitwärts getreten wäre.

Aus diesem Zugriff gab es kein Entrinnen, er war so unerbittlich wie das Schicksal. Stück um Stück näherten sich die Zähne der Halsschlagader. Das Einzige, was Wolfsblut vor dem Tod noch rettete, war die Hautwulst an seinem Hals und der dicke Pelz, der sie bedeckte. Diesen Wulst hatte Cherokee im Maul und seine Zähne konnten den Pelz nicht durchdringen. Aber allmählich arbeiteten sie sich in die Höhe, und bei jedem Lockern des Bisses bekam die Bulldogge mehr Hautfalten und Pelz zwischen die Kiefer. Was dazu führte, dass Wolfsblut langsam erdrosselt wurde. Je länger das Ringen dauerte, desto schwerer wurden seine Atemzüge.

Es hatte den Anschein, als ob der Kampf entschieden sei. Cherokees Anhänger wurden zunehmend siegessicher und boten lächerlich hohe Wetten. Wolfsbluts Partei dagegen war niedergeschlagen und weigerte sich, Wetten von zehn zu eins und zwanzig zu eins anzunehmen, obgleich ein Mann tollkühn genug war, fünfzig zu eins zu bieten. Dieser Mann war Schöner Schmidt. Er trat vor und wies mit dem Finger auf Wolfsblut. Dann fing er an, laut und höhnisch zu lachen. Dies rief den gewünschten Effekt hervor. Wolfsblut wurde rasend vor Wut. Er bot seine letzten Kraftreserven auf und rappelte sich hoch. Als er sich mit seinem fünfzig Pfund schweren Feind am Hals über den Kampfplatz schleppte, verwandelte sich seine Wut in blankes Entsetzen. Der Wille zum Leben gewann von Neuem die Oberhand, sein Lebensdrang war stärker als jegliche Einsicht. Mühsam beschrieb er einen Kreis in die eine und dann in die entgegengesetzte Richtung. Er strauchelte, fiel hin, stand wieder auf und stellte sich zuweilen sogar mitsamt seiner hartnäckigen Last auf die Hinterbeine in der Hoffnung, sie loszuwerden. Aber alle Mühe, dem Griff des Todes zu entkommen, war vergebens.

Schließlich fiel er erschöpft hintenüber und prompt schob die Bulldogge die Kiefer weiter hinauf, bekam noch mehr Pelz und Fleisch zwischen die Zähne und schnürte ihm den Hals noch enger zusammen. Jubelnder Beifall ertönte für den Sieger, viele Männer riefen: »Cherokee! Cherokee!«, und dieser antwortete durch kräftiges Wedeln mit dem Stummelschwanz. Aber der laute Beifall konnte ihn nicht von seinem Ziel abbringen. Zwischen den mächtigen Kiefern und dem Schwanz bestand keine teilnahmsvolle Beziehung: mochte Letzterer auch wedeln, so hielten Erstere Wolfsblut weiterhin mit eisernem Griff an der Kehle gepackt.

Plötzlich kam Bewegung in das Publikum. Der Ton von Schlittenglocken und die Rufe von Hundetreibern erklangen. Bis auf Schöner Schmidt sahen alle besorgt um sich, sie hatten große Angst vor der Polizei. Doch nur zwei Männer mit einem Hundeschlitten kamen den Weg am Fluss herauf. Offenbar waren sie auf Goldsuche gewesen. Beim Anblick der Menschenmenge hielten sie die Hunde an und kamen neugierig näher, um den Grund für den Aufruhr zu erfahren. Der Hundeschlittenführer trug einen Schnurrbart, aber der andere, größere und jüngere Mann war glattrasiert und sein Gesicht sah durch die schnelle Bewegung in der kalten Luft und seinen erhöhten Puls ganz rosig aus.

Wolfsblut hatte praktisch aufgehört, sich zu wehren. Hin und wieder unternahm er den krampfhaften, doch zwecklosen Versuch, sich zu befreien. Er bekam kaum Luft und unter dem erbarmungslosen, stetig enger werdenden Griff wurde es immer weniger. Die große Ader am Hals wäre trotz des dicken Pelzes schon längst durchbissen worden, wenn ihn die Bulldogge beim ersten Zupacken nicht so tief unten an der Brust erwischt hätte. Cherokee hatte deshalb lange gebraucht, um die Zähne aufwärts zu schieben, wobei ihm die Hautfalte und das dicke Fell hinderlich gewesen waren.

Schöner Schmidt war unterdessen die ihm innewohnende, abgrundtiefe Rohheit zu Kopf gestiegen und diese nahm das bisschen gesunden Verstand, das er im günstigsten Fall besaß, völlig in Beschlag. Als er sah, dass Wolfsbluts Augen allmählich glasig wurden, wusste er, dass der Kampf verloren war. Da gab es für ihn kein Halten mehr. Er sprang auf Wolfsblut los und trat ihn heftig mit den Füßen. Die Menge zischte unwillig und einige protestierten laut, aber das war auch alles. Schöner Schmidt fuhr fort, Wolfsblut mit den Füßen zu traktieren, als die Zuschauer mit einem Mal unruhig wurden. Der große junge Mann drängte sich entschlossen durch die Menge und schob die Männer zu seiner Rechten und Linken ohne Umstände oder Rücksicht zur Seite. Als er den Kampfplatz erreichte, holte Schöner Schmidt gerade zu einem weiteren mächtigen Tritt aus. Das ganze Gewicht seines Körpers ruhte dabei auf einem Fuß und er hatte keinen sicheren Stand. Da versetzte ihm der Neuankömmling einen derben Faustschlag ins Gesicht. Schöner Schmidts linker Fuß verlor den Kontakt zum Boden, sein Körper flog durch die Luft und landete der Länge nach rücklings im Schnee. Der junge Mann wandte sich an die Zuschauer.

»Ihr Feiglinge!«, schrie er. »Ihr Bestien!«

Auch er war wütend – doch es war eine gesunde Wut. Seine grauen Augen blitzten wie Stahl, als er den empörten Blick über die Menge gleiten ließ.

Schöner Schmidt stand auf und kam schniefend und unterwürfig herangeschlichen. Der Fremde war ratlos. Er ahnte nicht, was für ein erbärmlicher Feigling Schöner Schmidt war und dachte, der andere käme zurück, um mit ihm zu kämpfen. Folglich empfing er ihn mit dem Ausruf »Du Bestie!« und einem zweiten Fausthieb ins Gesicht, der Schöner Schmidt umwarf. Daraufhin hielt es Schöner Schmidt für ratsam, dort im Schnee liegenzubleiben, wo er hingefallen war, und machte vorläufig keinen Versuch mehr, aufzustehen.
»Komm her, Matt, und hilf mir«, rief der Fremde dem Hundeschlittenführer zu, der ihm zum Kampfplatz gefolgt war.
Die Männer beugten sich über die Hunde. Matt ergriff Wolfsblut, um ihn aus Cherokees Fängen zu ziehen, sobald dieser locker ließ. Der jüngere Mann wollte dies bewerkstelligen, indem er Cherokees Kiefer mit beiden Händen packte und versuchte, sie auseinanderzustemmen. Es war ein nutzloses Unterfangen. Er zog, zerrte und riss und rief bei jedem angestrengtem Ausatmen: »Bestien!«
Die Menge begann unruhig zu werden und einige Männer beklagten sich lauthals über den Spielverderber. Dieser brachte sie allerdings rasch zum Schweigen, indem er kurz innehielt, den Kopf hob und sie zornig anstarrte.
»Ihr verfluchten Bestien!«, brach es aus ihm hervor. Daraufhin widmete er sich wieder Cherokees Kiefer.
»Es hat keinen Sinn, Mr. Scott, so kriegen wir sie nicht auseinander«, sagte Matt schließlich.
Die beiden hielten inne und besahen sich die ineinander verbissenen Hunde.
»Er blutet gar nicht so sehr«, verkündete Matt. »Hat ihn noch nicht voll erwischt.«
»Das kann aber jeden Augenblick passieren«, entgegnete Scott.
»Da, haben Sie das gesehen? Er hat tiefer hineingebissen.«
Die Erregung des jungen Mannes und seine Sorge um Wolfsblut nahm zu. Er schlug Cherokee mehrmals heftig gegen den Kopf, aber der ließ nicht locker. Er wedelte mit dem Schwanz, um zu zeigen, dass er die Bedeutung der Schläge verstünde, sich aber im Recht wüsste und nur seine Pflicht täte, wenn er festhielt.

»Will denn keiner helfen?«, rief Scott verzweifelt in die Menge.

Aber niemand rührte sich. Stattdessen begannen die Männer, ihn höhnisch anzufeuern und sarkastische Ratschläge zu erteilen.

»Sie müssten einen Hebel gebrauchen«, empfahl Matt.

Scott griff zu dem Halfter an seiner Hüfte, zog den Revolver heraus und versuchte, dessen Lauf zwischen die Kiefer der Bulldogge zu zwängen. Er schob und drückte so kräftig, dass der Stahl laut knirschte, als er gegen die zusammengebissenen Zähne stieß. Beide Männer knieten vornübergebeugt vor den Hunden. Tim Keenan kam heran, blieb neben Scott stehen, berührte dessen Schulter und sagte drohend:

»Brechen Sie ihm nicht die Zähne, Mister.«

»Ich brech ihm gleich den Hals«, versetzte Scott ärgerlich und fuhr fort, den Lauf des Revolvers gegen die Zähne der Bulldogge zu drücken.

»Ich sagte, Sie sollen ihm die Zähne nicht brechen!«, wiederholte der Glücksspieler mit Nachdruck.

Das sollte eine Drohung sein, sie zeigte aber keine Wirkung. Scott setzte seine Bemühungen unbeirrt fort und blickte nur kurz kaltblütig auf:

»Ihr Hund?«

Tim Keenan bejahte durch ein Grunzen.

»Dann kommen Sie her und lösen Sie diese Kiefer.«

»Hören Sie, Mister«, sagte der andere langsam und gereizt. »Lassen Sie sich gesagt sein, dass ich noch nicht herausgefunden hab, wie das geht. Den Dreh kenn ich nicht.«

»Dann gehn Sie weg und stören Sie mich nicht«, lautete die Antwort. »Ich habe zu tun.«

Tim Keenan blieb neben ihm stehen, aber Scott beachtete ihn nicht weiter. Es war ihm gelungen, den Lauf auf einer Seite zwischen die Zähne zu zwängen und nun versuchte er, ihn auf der anderen Seite durchzubekommen. Als dies geglückt war, bewegte er den Lauf behutsam und vorsichtig wie einen Hebel und lockerte dadurch allmählich die Kiefer, während Matt ebenso behutsam Wolfsbluts zerfleischten Hals herauszog.

»Halten Sie sich bereit, Ihren Hund zu nehmen«, sagte er in knappem Befehlston zu Cherokees Eigentümer.

Der Glücksspieler bückte sich gehorsam und packte Cherokee mit festem Griff.

»Jetzt!«, rief Scott warnend, als er den Hebel ein letztes Mal ansetzte.

Die Hunde wurden getrennt, wobei die Bulldogge mit aller Macht wieder vorwärtsstrebte.

»Bringen Sie ihn weg!«, befahl Scott und Tim Keenan schleifte Cherokee in den Kreis der Zuschauer zurück.

Wolfsblut machte einige sinnlose Anstrengungen aufzustehen. Einmal schaffte er es, aber seine Beine waren zu schwach, ihn zu tragen, und er sank kraftlos in den Schnee. Seine Augen waren halb geschlossen und glasig. Sein Maul stand offen und die Zunge hing schmutzig und schlaff heraus. Allem Anschein nach sah er wie ein Hund aus, der erwürgt worden ist. Matt untersuchte ihn.

»Das war knapp«, erklärte er. »Aber er atmet noch.«

Schöner Schmidt hatte sich hochgerappelt und kam herbei, um Wolfsblut zu betrachten.

»Matt, wie viel ist ein guter Schlittenhund wert?«, wollte Scott wissen.

Der Schlittenhundführer war immer noch über Wolfsblut gebeugt und rechnete einen Augenblick schweigend.

»Dreihundert Dollar«, antwortete er.

»Und wie viel kostet einer, der so zerfleischt ist wie der da?«, fragte Scott und berührte Wolfsblut leicht mit der Fußspitze.

»Die Hälfte«, schätzte der Hundetreiber.

Scott wandte sich an Schöner Schmidt.

»Hast du das gehört, du Scheusal? Ich werde dir den Hund wegnehmen und gebe dir hundertfünfzig Dollar dafür.«

Er öffnete seine Brieftasche und zählte die Scheine ab.

Schöner Schmidt legte die Hände auf den Rücken und wollte das dargebotene Geld nicht anrühren.

»Ich verkauf ihn nicht«, sagte er trotzig.

»Oh doch, das tust du«, versicherte ihm der andere. »Weil ich ihn kaufe. Hier ist dein Geld. Der Hund gehört mir.«

Schöner Schmidt, die Hände noch immer auf dem Rücken, machte einige Schritte rückwärts.

Scott sprang auf ihn zu und holte mit der Faust zum Schlag aus. Schöner Schmidt duckte sich vor dem drohenden Treffer.
»Ich hab ein Recht auf ihn«, jammerte er.
»Du hast dein Recht auf den Besitz des Hundes verwirkt«, versetzte Scott. »Nimmst du jetzt das Geld? Oder muss ich dich noch mal schlagen?«
»Na gut«, sagte Schöner Schmidt schnell ängstlich. »Aber ich nehm das Geld unter Protest«, fügte er hinzu. »Der Hund is eine Goldgrube. Ich lass mich nicht berauben. Ein Mann hat schließlich Rechte.«
»Stimmt«, entgegnete Scott. »Ein Mann hat Rechte. Aber du bist kein Mann. Du bist eine Bestie.«
»Warten Sie nur ab, bis ich nach Dawson komme, dann verklag ich Sie«, drohte Schöner Schmidt.
»Wenn du den Mund aufmachst, wenn du wieder in Dawson bist, lasse ich dich aus der Stadt jagen. Verstanden?«
Schöner Schmidt gab ein Grunzen von sich.
»Verstanden?«, donnerte der andere mit plötzlicher Wut.
»Ja«, brummte Schöner Schmidt und wich dabei zurück.
»Ja – was?«
»Ja, Sir«, knurrte Schöner Schmidt.
»Vorsicht! Der beißt noch«, rief jemand, worauf schallendes Gelächter ertönte.
Scott wandte ihm den Rücken zu und kam Matt zu Hilfe, der sich um Wolfsblut bemühte.
Einige Männer brachen bereits auf, andere standen in Gruppen herum, gafften und schwatzten. Tim Keenan gesellte sich zu einer Gruppe.
»Wer ist der Trottel?«, fragte er.
»Weedon Scott«, antwortete einer.
»Und wer zum Henker ist Weedon Scott?«, hakte der Glücksspieler nach.
»Ach, einer von den obersten Minenexperten. Verkehrt mit allen großen Tieren. Wenn Sie keinen Ärger wollen, halten Sie sich besser von ihm fern, das rat ich Ihnen. Versteht sich mit allen Beamten bestens. Der Goldbeauftragte ist ein guter Freund von ihm.«
»Hab mir gleich gedacht, dass der was Besonders ist«, meinte der Glücksspieler. »Deswegen hab ich von Anfang an die Finger von ihm gelassen.«

KAPITEL 5

## Der Unzähmbare

»Es ist hoffnungslos«, gestand Weedon Scott.

Er saß auf der Treppe seiner Blockhütte und blickte den Hundeschlittenführer starr an, der mit einem Achselzucken reagierte, das die gleiche Hoffnungslosigkeit ausdrückte.

Die beiden sahen zu Wolfsblut hinüber, der mit gesträubtem Fell und gefletschten Zähnen wie wild an seiner Kette zerrte, um die Schlittenhunde anfallen zu können. Diese hatten von Matt allerlei Lektionen erhalten, besagte Lektionen wurden durch einen Schlagstock vermittelt und hatten die Hunden gelehrt, Wolfsblut in Ruhe zu lassen. Sie hatten sich in einiger Entfernung niedergelegt und dessen Vorhandensein scheinbar vergessen.

»Das ist ein Wolf, den kann man nicht zähmen«, verkündete Weedon Scott.

»Ach, ich weiß nicht«, widersprach Matt. »Könnte auch viel von einem Hund haben, das ist schwer zu sagen. Aber eins weiß ich ganz sicher, das lässt sich keinesfalls leugnen.«

Matt schwieg einen Augenblick und nickte überzeugt zum Moosehide-Hügel hinüber.

»So? Jetzt mach kein Geheimwissen draus«, stieß Scott gereizt aus, nachdem er eine Weile gewartet hatte. »Spuck es aus. Was meinst du?«

Der Hundetreiber wies mit dem Daumen über die Schulter auf Wolfsblut.

»Wolf oder Hund, das ist ganz gleich – gezähmt isser schon.«

»Nein!«

»Wenn ich es Ihnen sage. Der ist es gewöhnt, angespannt zu werden. Schauen Sie mal genau hin. Sehn Sie die Spuren auf der Brust?«

»Du hast Recht, Matt. Bevor ihn Schöner Schmidt in die Finger bekam, war er ein Schlittenhund.«

»Und es spricht nichts dagegen, warum er nicht wieder ein Schlittenhund sein sollte.«

»Meinst du wirklich?«, fragte Scott eifrig. Aber die Hoffnung schwand sogleich wieder und er fügte kopfschüttelnd hinzu: »Wir haben ihn jetzt zwei Wochen und er ist noch genauso wild wie am ersten Tag.«

»Geben Sie ihm eine Chance. Lassen Sie ihn mal kurz los«, riet Matt.

Scott schaute ihn zweifelnd an.

»Ich weiß«, fuhr Matt fort, »ich weiß, dass Sie's schon versucht haben, aber Sie hatten keinen Stock dabei.«

»Dann probier du es doch.«

Der Hundetreiber ergriff einen Stock und begab sich zu dem angeketteten Tier. Wolfsblut behielt den Stock ebenso genau im Auge wie ein Löwe im Käfig die Peitsche des Dompteurs.

»Sehn Sie, wie er den Stock beobachtet?«, sagte Matt. »Das ist ein gutes Zeichen. Dumm ist er nicht. Solang ich den Stock in der Hand hab, wird er mir nichts tun. Der ist nicht völlig verrückt, so viel is sicher.«

Als Matts Hand sich seinem Hals näherte, sträubte Wolfsblut knurrend das Fell und duckte sich. Misstrauisch beäugte er sowohl die näher kommende Hand als auch den Stock, der drohend über ihm schwebte. Matt löste die Kette vom Halsband und trat zurück.

Wolfsblut konnte seine Freiheit kaum fassen. Viele Monate waren vergangen, seit er in Schöner Schmidts Besitz übergegangen war, und während der ganzen Zeit war er keinen Augenblick frei gewesen, außer wenn man ihn losließ, um gegen andere Hunde zu kämpfen. Nach den Kämpfen war er immer sofort wieder angekettet worden.

Er wusste nicht, wie er das zu deuten hatte. Vielleicht war es irgendeine unbekannte Teufelei der Götter, die an ihm verübt werden sollte. Langsam und vorsichtig setzte er einen Fuß vor den anderen, darauf gefasst, jeden Moment angegriffen zu werden. Er wusste nicht, wie er sich verhalten sollte, das Ganze war völlig ungewohnt für ihn. Sicherheitshalber entfernte er sich von den beiden wachsamen Göttern und schlich bis zur Ecke der Blockhütte. Nichts geschah. Verwundert kehrte er wieder zurück, blieb ein Dutzend Schritte weit von den beiden Männern stehen und sah sie aufmerksam an.

»Wird er nicht weglaufen?«, fragte sein neuer Besitzer.
Matt zuckte die Schultern. »Das Risiko müssen wir eingehen. Das können wir nur herausfinden, indem wir's ausprobieren.«
»Armer Teufel«, murmelte Scott mitleidig. »Was der braucht, ist ein Beweis, dass Menschen auch freundlich sein können«, fügte er hinzu, stand auf und ging in die Hütte.
Er kam mit einem Stück Fleisch heraus, das er Wolfsblut hinwarf. Der sprang zurück und beäugte es argwöhnisch aus der Entfernung.
»He, Major, weg da!«, schrie Matt, aber die Warnung kam zu spät.
Major hatte einen Satz nach dem Fleisch gemacht, aber in dem Augenblick, in dem er es mit den Zähnen packte, griff Wolfsblut an. Er warf ihn zu Boden. Matt stürzte herbei, aber Wolfsblut war schneller als er. Major stand taumelnd auf, das Blut sprudelte wie eine Fontäne aus seiner Kehle und färbte den Schnee rot.
»Was für ein Pech, aber hat's nicht anders verdient«, versetzte Scott rasch.
Doch Matt hatte bereits den Fuß erhoben, um Wolfsblut einen Tritt zu geben. Ein Sprung, ein Aufblitzen der Zähne, ein lauter Aufschrei, und Wolfsblut kroch heftig knurrend mehrere Meter weit zurück, während Matt sich bückte und sein Bein untersuchte.
»Hat mich voll erwischt«, stellte er fest und deutete auf die zerrissene Hose, das zerrissene Unterzeug und den größer werdenden Blutfleck.
»Ich sagte ja, dass es hoffnungslos ist, Matt«, seufzte Scott entmutigt. »Ich hab immer wieder darüber nachgedacht, obwohl mir der Gedanke überhaupt nicht gefiel. Aber nun ist es soweit. Wir haben keine andere Wahl.«
Bei diesen Worten zog er widerwillig seinen Revolver, öffnete die Trommel und überprüfte die Munition.
»Schauen Sie, Mr. Scott«, wandte Matt ein, »dieser Hund is durch die Hölle gegangen. Da kann man keinen weißen, leuchtenden Engel erwarten. Gebm Sie ihm Zeit.«
»Und Major?«, erwiderte der andere.
Der Hundetreiber begutachtete den verwundeten Hund. Dieser war in den blutigen Schnee gesunken und lag offensichtlich in den letzten Zügen.
»Geschieht ihm Recht. Das haben Sie selber gesagt, Mr. Scott. Wollte

Wolfsblut sein Fleisch wegnehmen und is mausetot. Damit war zu rechnen. Also, auf einen Hund, der sein Fleisch nicht verteidigt, gäb ich keinen Pfifferling!«

»Aber schau dich doch an, Matt. Solange es nur die Hunde betrifft, ist ja alles gut und schön, aber irgendwo muss Schluss ein.«

»Geschieht mir Recht«, beteuerte Matt starrköpfig. »Warum wollte ich ihn treten? Sie haben selbst gesagt, er sei im Recht gewesen. Also hatte ich kein Recht, ihn zu treten.«

»Es wäre eine Gnade, ihn zu töten«, beharrte Scott. »Er ist unzähmbar.«

»Schauen Sie, Mr. Scott, trauen Sie dem armen Teufel doch was zu. Er hat doch bis jetzt keine Chance gehabt. Er kommt frisch aus der Hölle und is zum ersten Mal in seinem Leben frei. Geben Sie ihm eine echte Chance, und wenn er die Erwartungen nicht erfüllt, bring ich ihn selber um. Abgemacht?«

»Ich will ihn weiß Gott nicht töten oder töten lassen«, erwiderte Scott und steckte den Revolver wieder ein. »Wir wollen ihn frei herumlaufen lassen und sehen, ob Güte was ausrichten kann. Ich werde gleich den Anfang machen.«

Er ging zu Wolfsblut und begann, leise und beschwichtigend auf ihn einzureden.

»Sie sollten einen Stock griffbereit halten«, warnte Matt.

Scott schüttelte verneinend den Kopf und versuchte weiter, Wolfsbluts Vertrauen zu gewinnen.

Wolfsblut war misstrauisch. Irgendetwas drohte ihm. Er hatte den Hund dieses Gottes getötet und den Gefährten des Gottes gebissen, darauf konnte nur eine schreckliche Strafe folgen. Aber die wollte er nicht brav hinnehmen. Er fletschte die Zähne und stellte die Haare auf, seine Augen waren wachsam, sein ganzer Körper war auf der Hut und zum Kampf bereit. Der Gott hatte keinen Stock, deshalb ließ er ihn ziemlich nahe an sich heran. Der Gott hatte die Hand ausgestreckt und senkte sie langsam auf ihn herab. Wolfsblut fuhr zusammen, duckte und verspannte sich. Hier drohte Gefahr, irgendein Verrat oder Ähnliches. Er kannte die Hände der Götter, ihre bewährte Herrschaft, wie arglistig sie Schmerz zufügen konnten.

Hinzu kam seine tief sitzende Abscheu vor Berührung. Er knurrte drohender und duckte sich noch tiefer, aber die Hand senkte sich trotzdem weiter. Er wollte die Hand nicht beißen und ertrug die von ihr ausgehende Tücke so lange, bis sein Instinkt aufwallte und ihn mit seinem unstillbaren Verlangen nach Leben überwältigte.

Weedon Scott hatte geglaubt, er sei schnell genug, um einem Biss oder Schnappen ausweichen zu können. Aber er kannte die erstaunliche Behändigkeit von Wolfsblut noch nicht, der so flink und sicher zuschlug wie eine aufgerollte Schlange.

Scott schrie überrascht auf, riss seine verletzte Hand zurück und hielt sie mit der anderen fest. Matt stieß einen derben Fluch aus und war mit einem Satz an seiner Seite. Wolfsblut kroch geduckt rückwärts, mit aufgestelltem Haar und hochgezogenen Lefzen, und seine Augen funkelten böse. Nun durfte er so fürchterliche Prügel erwarten, wie er sie stets von Schöner Schmidt erhalten hatte.

»He! Was machst du da?«, rief Scott plötzlich.

Matt war in die Hütte gestürzt und kam mit einem Gewehr zurück.

»Nichts«, erwiderte er langsam und mit vorgetäuschter Seelenruhe, »ich halte nur mein Versprechen. Schätze, ich muss ihn töten. So wie ich gesagt hab.«

»Nein, das wirst du nicht!«

»Oh, doch. Passen Sie auf.«

Nachdem er gebissen worden war, hatte Matt für Wolfsblut plädiert, nun setzte sich Weedon Scott für das Tier ein.

»Du wolltest ihm eine Chance geben, also mach es auch. Wir haben gerade erst angefangen und dürfen nicht gleich aufgeben. Diesmal bin ich es, der es verdient hat. Und – schau ihn dir an!«

Wolfsblut stand dicht an der Ecke der Blockhütte, gute zwölf Meter von ihnen entfernt, und knurrte grauenerregend, aber nicht gegen Scott gewandt, sondern gegen Matt.

»Na, alle Henker solln mich holen!« Mit diesen Worten verlieh der Hundetreiber seiner Verwunderung Ausdruck.

»Schau, wie klug er ist«, warf Scott rasch ein. »Er weiß genauso gut wie du, was eine Feuerwaffe ist. Er ist intelligent, und dieser Intelligenz sollten wir eine Chance geben. Tu das Gewehr weg.«

»Also gut, ich mach's«, murmelte Matt bereitwillig und lehnte das Gewehr gegen einen Holzstoß.

»Jetzt schaun Sie sich das an!«, rief er einen Augenblick später.

Wolfsblut hatte sich beruhigt und knurrte nicht mehr.

»Das sollten wir uns genauer ansehn. Passen sie auf.«

Matt griff nach dem Gewehr und sogleich zeigte Wolfsblut die Zähne. Matt ließ das Gewehr los, Wolfsblut senkte die Lefzen und die Zähne verschwanden.

»Jetzt bloß zum Spaß.«

Matt nahm das Gewehr und hob es langsam zur Schulter empor. Je höher die Waffe gehalten wurde, desto grimmiger knurrte Wolfsblut. Aber kurz bevor Matt zum Schuss ansetzte, sprang er zur Seite und verschwand hinter der Ecke der Blockhütte. Matt starrte auf die leere Stelle im Schnee, an der Wolfsblut eben noch gestanden hatte.

Der Hundetreiber stellte feierlich das Gewehr weg. Dann wandte er sich an seinen Dienstherrn.

»Ich stimme Ihnen zu, Mr. Scott. Dieser Hund ist viel zu klug, um umgebracht zu werden.«

KAPITEL 6

## Der liebevolle Gebieter

Wolfsblut stellte die Haare auf und knurrte, als er Weedon Scott herankommen sah, um zu verkünden, dass er sich keiner Strafe unterwerfen wollte. Vierundzwanzig Stunden waren vergangen, seitdem er in die Hand gebissen hatte, die nun verbunden in einer Schlinge hing, um die Blutzirkulation zu verlangsamen. Er hatte bereits die Erfahrung gemacht, dass Strafen aufgeschoben werden, und fürchtete, eine solche würde ihm nun zuteil. Wie sollte es auch anders sein? Er hatte einen Frevel begangen, als er seine Zähne in das geheiligte Fleisch eines Gottes geschlagen hatte, noch dazu in das Fleisch eines hellhäutigen, erhabenen Gottes. So wie die Dinge lagen und gemäß seinem bisherigen Umgang mit Göttern stand ihm sicher etwas Furchtbares bevor.

Der Gott setzte sich in einiger Entfernung nieder. Darin konnte Wolfsblut nichts Gefährliches entdecken. Wenn die Götter straften, dann taten sie es aufrecht stehend. Außerdem hatte dieser weder einen Knüppel noch eine Peitsche noch ein Gewehr in der Hand. Und er selbst war frei. Keine Kette, keine Fessel hinderte ihn. Er konnte sich in Sicherheit bringen, ehe der Gott wieder auf den Beinen war. Bis dahin wollte er abwarten und zusehen.

Der Gott blieb ruhig und rührte sich nicht. Da verwandelte sich Wolfsbluts Knurren allmählich in ein Grollen, das in seiner Kehle leiser wurde und schließlich erstarb. Dann fing der Gott an zu sprechen und beim ersten Klang seiner Stimme stellten sich Wolfsbluts Nackenhaare auf und das Grollen in seiner Kehle stieg wieder an. Aber der Gott machte keine feindselige Bewegung und fuhr fort, besonnen zu ihm zu sprechen. Eine Zeitlang grollte Wolfsblut im Einklang mit der Stimme; setzte sie aus, hörte er auf zu knurren; ertönte sie von Neuem, grollte auch er von Neuem. Aber der Gott redete ohne Unterlass. Er sprach zu ihm in einer Weise, wie noch nie jemand zu ihm gesprochen hatte. Er sprach sanft und beschwichtigend, mit einer Freundlichkeit, die Wolfsblut irgendwo in seinem Innern angenehm berührte. Gegen seinen Willen und trotz der schrillen Alarmtöne seines Instinkts fing er an, Vertrauen zu diesem Gott zu fassen. Er fühlte eine Sicherheit, die all seine bisherigen Erfahrungen mit Menschen Lügen strafte.

Lange Zeit sprach der Gott zu ihm, dann erhob er sich und ging in die Hütte. Wolfsblut musterte ihn besorgt, als er wieder herauskam. Er hatte weder Peitsche noch Knüppel noch eine Waffe bei sich. Auch war die verletzte Hand nicht hinter seinem Rücken, um irgendetwas zu verbergen. Er setzte sich am selben Fleck einige Schritte von Wolfsblut entfernt nieder und hielt ihm ein kleines Stück Fleisch hin. Wolfsblut spitzte die Ohren und beäugte es argwöhnisch, wobei er zugleich den Gott nicht aus den Augen ließ. Er war auf jeglichen Übergriff gefasst, sein Körper war angespannt und bereit, beim ersten Anzeichen von Feindseligkeit wegzuspringen.

Doch die Züchtigung erfolgte immer noch nicht. Der Gott hielt ihm lediglich ein Stück Fleisch vor die Nase, und daran schien nichts Verkehrtes zu sein. Wolfsblut traute dem Frieden trotzdem nicht, und obgleich ihm das Fleisch mit einladender Handbewegung dargeboten wurde, wollte er es nicht anrühren. Die Götter waren mächtig schlau, man konnte nie wissen, welch ausgeklügelte Heimtücke hinter so einem harmlosen Stück Fleisch lauerte. In der Vergangenheit waren es vor allem die Indianerinnen gewesen, bei denen Fleisch und Strafe oftmals unheilvoll Hand in Hand gegangen waren.

Schließlich warf der Gott das Fleisch dicht vor Wolfsbluts Pfoten in den Schnee. Er sog dessen Geruch sorgfältig ein, sah es aber nicht an, da seine Augen auf den Gott gerichtet waren. Nichts geschah. Er nahm das Fleisch zwischen die Zähne und verschlang es. Wieder geschah nichts. Stattdessen hielt ihm der Gott ein weiteres Stück Fleisch hin. Abermals weigerte sich Wolfsblut, es von der Hand zu nehmen, und abermals wurde es ihm hingeworfen. Das wiederholte sich mehrere Male. Endlich kam der Augenblick, da der Gott sich weigerte, ihm das Fleisch hinzuwerfen. Er behielt es in der Hand und bot es ihm unverwandt dar.

Das Fleisch schmeckte gut und Wolfsblut war hungrig. Zentimeter um Zentimeter, mit unendlicher Vorsicht, näherte er sich der Hand. Zuletzt entschloss er sich, das Fleisch aus der Hand zu fressen, aber er ließ den Gott nicht aus den Augen und streckte den Kopf mit angelegten Ohren und unwillkürlich gesträubtem Nackenhaar vor. Ein leises Grollen in seiner Kehle warnte zudem, dass mit ihm nicht zu spaßen war. Er verzehrte das Fleisch, und nichts geschah. Er fraß ein Stück nach dem anderen, und wieder geschah nichts. Es folgte keine Strafe.
Er leckte sich das Maul und wartete. Der Gott sprach abermals zu ihm. In seiner Stimme lag Güte, etwas, womit Wolfsblut keinerlei Erfahrung hatte. Sie weckte Empfindungen, die er niemals zuvor gekannt hatte. Er verspürte eine unbestimmte, seltsame Erfüllung, als ob irgendein Bedürfnis befriedigt, irgendeine Leere in seinem Innern ausgefüllt würde. Dann machten sich sein Instinkt und die warnende Erinnerung an frühere Erfahrungen wieder bemerkbar. Die Götter waren abgefeimt und kannten unzählige Methoden, um ihr Ziel zu erreichen.
Da, genau wie er befürchtet hatte! Die Hand des Gottes, die so arglistig Schmerzen zufügen konnte, streckte sich nach ihm aus und senkte sich auf seinen Kopf herab. Dabei redete der Gott immer weiter. Seine Stimme war sanft und beruhigend. Die Hand war zwar bedrohlich, die Stimme aber weckte Vertrauen. Ungeachtet der versichernden Stimme flößte die Hand Misstrauen ein. Wolfsblut wurde von widerstreitenden Gefühlen und Regungen ergriffen. Er glaubte, in zwei Teile brechen zu müssen, so ungeheuerlich war das Ringen um die Kontrolle über die gegensätzlichen Kräfte, die in ihm um die Vorherrschaft kämpften, doch von einer ungewohnten Unentschlossenheit zusammengehalten wurden.
Er wählte den Mittelweg: Er knurrte, er sträubte das Haar, er legte die Ohren an, aber er biss nicht zu und sprang auch nicht fort. Die Hand senkte sich und kam immer näher. Jetzt berührte sie die Spitzen der zu Berge stehenden Haare. Er duckte sich, doch die Hand folgte ihm und presste sich dichter an ihn. Bebend, fast zitternd, bezwang er sich. Es war eine Qual für ihn, dass diese Hand ihn berührte und seinen Instinkt missachtete. Er konnte all das Böse, dass ihm Menschenhände angetan hatten,

unmöglich an einem Tag vergessen. Aber es war der Wille dieses neuen Herrn, und er bemühte sich, ihm zu folgen.
Die Hand hob und senkte sich wieder in einer tätschelnden, liebkosenden Bewegung. Sie tat es mehrere Male, und jedes Mal, wenn sie sich hob, stellte sich das Fell darunter auf. Und jedes Mal, wenn sie sich senkte, legte er die Ohren an und in seiner Kehle ertönte ein tiefes Grollen. Dieses Grollen war eine eindringliche Warnung. Er wollte damit kundtun, dass er für jeden ihm zugefügten Schmerz Vergeltung üben würde, schließlich konnte man nie wissen, wann die verborgenen Absichten eines Gottes sich offenbarten. Diese sanfte, Vertrauen erweckende Stimme könnte jeden Moment in Wutgebrüll ausbrechen, die zärtliche, liebkosende Hand sich in den Griff eines Schraubstocks verwandeln und ihn hilflos einer Misshandlung ausliefern.
Aber der Gott sprach freundlich weiter, die Hand hob und senkte sich immer wieder und tätschelte ihn freundschaftlich. Wolfsblut befand sich in einem Zwiespalt. Sein Instinkt wehrte sich gegen die Liebkosung, sie beeinträchtigte ihn und seinen Drang nach individueller Freiheit. Andererseits verursachte sie keine Pein. Im Gegenteil, sie war sogar angenehm. Das Tätscheln ging langsam und behutsam in ein Kraulen hinter den Ohren über, und das war noch wohltuender. Er blieb trotzdem furchtsam und auf der Hut, rechnete mit ungeahnten Boshaftigkeiten und durchlebte ein Wechselbad der Gefühle. Mal litt er unter der Liebkosung, mal genoss er sie.
»Zum Teufel! Himmelkreuzdonnerwetter!«
Dieser Ausruf kam von Matt, der mit aufgekrempelten Ärmeln aus der Blockhütte kam und eine Wanne mit schmutzigem Abwaschwasser in den Händen hielt. Beim Anblick von Weedon Scott, der Wolfsblut streichelte, vergaß er völlig, die Wanne auszuleeren.
Seine laute Stimme durchbrach die Stille. Wolfsblut sprang unvermittelt zurück und knurrte Matt grimmig an.
Matt blickte seinen Dienstherrn bekümmert und missbilligend an.
»Nehmn Sie mir's nicht übel, Mr. Scott, wenn ich meine Meinung frei heraussage, aber unter all den verdammten Narren sind Sie wahrscheinlich der größte.«

Weedon Scott lächelte gelassen, stand auf und ging zu Wolfsblut. Er redete beschwichtigend auf ihn ein, aber nicht sehr lange, dann legte er behutsam die Hand auf dessen Kopf und nahm die Liebkosungen, bei denen er unterbrochen worden war, wieder auf. Wolfsblut ließ ihn gewähren und starrte dabei argwöhnisch nicht auf den Mann, der ihn streichelte, sondern auf den, der in der Tür der Hütte stand.

»Sie sind vielleicht ein erstklassiger Minenexperte und darin die Nummer eins, das geb ich gern zu«, orakelte der Hundetreiber, »aber Sie hättn als Junge von zu Hause weglaufen und zum Zirkus gehen solln, das wär die Chance Ihres Lebens gewesen.«

Beim Klang seiner Stimme knurrte Wolfsblut, aber dieses Mal sprang er nicht unter der Hand weg, die ihm Kopf und Rücken mit langen Streichbewegungen liebkoste.

Dies war für Wolfsblut der Anfang vom Ende – vom Ende seines alten Lebens und der Herrschaft des Hasses. Ein neues, unbegreiflich viel schöneres Leben dämmerte herauf. Es erforderte viel Nachdenken und endlose Geduld von Seiten Weedon Scotts, um das fertigzubringen. Und von Seiten Wolfsbluts erforderte es nichts Geringeres als eine vollständige Umwälzung seines Wesens. Er musste den Drang und die Triebe des Instinkts außer Acht lassen, sich über seine bisherige Erfahrung und Einsicht hinwegsetzen, ja das Leben selbst Lügen strafen.

Denn in dem Leben, das er bisher gekannt hatte, gab es nicht nur keinen Platz für die Dinge, die er jetzt tat, es war auch jenem direkt entgegengesetzt, dem er sich nun hingab. Kurzum, genau betrachtet war es weitaus schwieriger, sich darin zurechtzufinden, als damals, da er freiwillig aus der Wildnis zurückkehrte und Grauer Biber als seinen Herrn akzeptierte. Damals war er noch ein Welpe gewesen, weich und ungeformt, der sich willig der Hand der Verhältnisse überließ, damit sie ihm Form verlieh. Das war nun anders. Die Hand der Verhältnisse hatte ihr Werk mehr als gründlich vollbracht. Sie hatte ihn zu jenem harten, grimmigen, kalten und ungeliebten Kampfwolf gemacht. Die Umwandlung seines Wesens glich einer Rückführung zum Anfang, und das zu einem Zeitpunkt, wo die Formbarkeit der Jugend längst vorüber und jede Faser zäh und knotig geworden war; wo Kette und Schuss des Gewebes, das ihn ausmachte, hart wie Diamant, schroff und unnachgiebig waren; wo die Oberfläche seiner Seele zu Eisen geworden war und Instinkte wie Maximen sich zu festen Regeln, Warnungen, Abneigungen und Begierden verdichtet hatten.

Doch auch bei dieser Umwandlung seines Wesens waren es erneut die Verhältnisse, die ihn bedrängten und anspornten, die das Harte in ihm aufweichten und in eine schönere Form verwandelten. Es war die Hand von Weedon Scott, die es tat. Er war in die Tiefen von Wolfsbluts Natur vorgedrungen, seine Güte erweckte dort Kräfte zum Leben, die ermattet und fast zu Grunde gegangen waren. Eine dieser Kräfte war *Liebe*. Sie trat an die Stelle der *Neigung*, dem einstmals höchsten Gefühl, das ihn beim Umgang mit den Göttern ergriffen hatte.

Diese Liebe entstand natürlich nicht innerhalb eines Tages. Sie begann mit der *Neigung* und entwickelte sich allmählich daraus. Wolfsblut lief nicht weg, obwohl er sich frei bewegen durfte, er mochte seinen neuen Gott. Dieses Leben war zweifellos besser als jenes, das er bei Schöner Schmidt im Käfig geführt hatte, und irgendeinen Herrn musste er schließlich haben, seine Natur verlangte nach der Unterordnung unter den Menschen. Das Siegel dieser Abhängigkeit war ihm in jenen Tagen aufgedrückt worden, als er der Wildnis den Rücken kehrte und unterwürfig zu Grauer Biber kroch, um die gefürchteten Prügel zu empfangen. Dieses Siegel war ihm später – und diesmal unauslöschlich – abermals eingeprägt worden, als er nach der langen Hungersnot ein zweites Mal aus der Wildnis zurückkehrte und es in Grauer Bibers Dorf wieder Fisch gab.

Weil er also einen Gott brauchte und er Weedon Scott Schöner Schmidt vorzog, blieb Wolfsblut. Seine Treue zeigte er, indem er dazu überging, das Eigentum seines Herrn zu bewachen. Während die Schlittenhunde schliefen, strich er um die Blockhütte herum und der erste nächtliche Besucher musste sich mit einem Stock verteidigen, bis ihm Weedon Scott zu Hilfe kam. Bald lernte Wolfsblut Diebe von ehrbaren Männern zu unterscheiden, er erkannte sie an ihrem Gang und ihrer Körperhaltung. Einen Mann, der mit lauten Schritten geradewegs auf den Eingang der Hütte zumarschierte, ließ er zufrieden, obgleich er ihn scharf beobachtete, bis die

Tür sich öffnete und sein Urteil von seinem Herrn bestätigt wurde. Einen Mann jedoch, der leise und auf Umwegen heranschlich und sich dabei vorsichtig umblickte, den empfing Wolfsblut ohne langes Besinnen als Feind, der musste überstürzt und würdelos fliehen.

Weedon Scott hatte sich vorgenommen, Wolfsblut reinzuwaschen oder besser gesagt: die Menschheit von dem Unrecht, das sie ihm angetan hatte. Das war eine Frage des Prinzips und des Gewissens. Durch das Wolfsblut zugefügte Übel hatten die Menschen aus seiner Sicht eine Schuld auf sich geladen, die es zu tilgen galt. Deshalb gab er sich besondere Mühe, den Kampfwolf ausnehmend freundlich zu behandeln. Jeden Tag machte er es sich zur Pflicht, Wolfsblut ausgiebig zu liebkosen und zu streicheln. Anfangs war Wolfsblut argwöhnisch und feindselig, doch mit der Zeit behagte ihm das Streicheln. Es gab allerdings eine Sache, die er sich niemals abgewöhnen konnte, und das war sein Grollen. Er grollte stets von Anfang bis Ende der Liebkosung. Doch in dem Grollen lag ein neuer Klang. Ein Fremder hätte ihn nicht gehört, für den hätte das Grollen etwas urwüchsig Wildes gehabt, das einem auf die Nerven fiel und das Blut in den Adern gefrieren ließ. Wolfsbluts Kehle aber war durch die vielen grimmigen Laute rau geworden, die er in den langen Jahren ausgestoßen hatte, seitdem er als Welpe in der Höhle das erste, ärgerliche Gerassel hervorgebracht hatte, und nun konnte er diese Töne, die Freundlichkeit ausdrücken sollten, nicht sanfter machen. Doch Weedon Scotts Ohr und Mitgefühl waren fein genug, um trotz aller Wildheit den neuen Klang darin zu entdecken, einen Klang, der einem schwachen, zufriedenen Summen glich und den nur er zu hören vermochte.

Im Lauf der Zeit schritt die Entwicklung der Neigung zur Liebe immer schneller voran. Wolfsblut selbst wurde sich dessen bewusst; er fühlte sie, ohne zu wissen, was Liebe ist. Sie offenbarte sich als Leere in seinem Innern, eine nimmersatte, schmerzhafte, sehnsuchtsvolle Leere, die lautstark danach verlangte, gefüllt zu werden. Sie verursachte peinigende Unruhe, die nur durch die Gegenwart und Berührung seines neuen Herrn vertrieben werden konnte. Dann war ihm die Liebe eine Freude, eine ungestüme, sein ganzes Wesen durchdringende Befriedigung. Aber wenn sein

Herr nicht zugegen war, kehrte die peinigende Unruhe wieder; die innere Leere war wieder da, ihre Inhaltslosigkeit erdrückte ihn und die Sehnsucht quälte ihn unaufhörlich.

Wolfsblut war im Begriff, sein eigentliches Wesen zu entdecken. Trotz seines fortgeschrittenen Alters und der unbarmherzig starren Prägung seines Charakters erfuhr seine Natur eine Erweiterung. In ihm war ein Wachsen, ein Entfalten ungeahnter Empfindungen, ungeahnter Triebe. Seine gewohnten Verhaltensregeln veränderten sich. Bisher hatte er Behaglichkeit und Schmerzfreiheit geschätzt, dagegen Pein und Unbehagen verabscheut, und entsprechend dieser Grundsätze gelebt. Jetzt wurde das anders. Aufgrund dieses neuen Gefühls nahm er seinem Herrn zuliebe oft Unbehagen und Mühen auf sich. Statt am frühen Morgen auf Futtersuche umherzustreifen oder in einem geschützten Winkel zu liegen, wartete er stundenlang auf der trostlosen Treppenstufe der Hütte auf das Erscheinen des Herrn. Nachts verließ er bei dessen Heimkehr den warmen Schlafplatz, den er sich im Schnee gegraben hatte, um eine freundliche Berührung und ein Grußwort zu erhalten. Er verzichtete sogar auf Fleisch, um bei ihm sein zu können, eine Liebkosung zu empfangen oder ihn die Stadt zu begleiten.

*Zuneigung* war durch *Liebe* ersetzt worden, und Liebe war das Senkblei gewesen, das Tiefen seines Wesens auslotete, die Zuneigung niemals erreicht hatte. Und aus diesen Tiefen war etwas Neues emporgestiegen – Gegenliebe. Er gab zurück, was er empfing. Nun hatte Wolfsblut einen wahrhaftigen Gott, einen liebevollen, warmen und strahlenden Gott, in dessen Licht seine Natur sich wie eine Blume im Strahl der Sonne entfaltete.

Doch Wolfsblut trug seine Gefühle nicht zur Schau. Er war zu alt, zu fest geformt, um sich eine neue Ausdrucksweise aneignen zu können. Er war zu selbstbeherrscht und ruhte zu stark in seiner eigenen Isolation. Die lange Einsamkeit hatte ihn zurückhaltend, selbstgenügsam und scheu gemacht. Er hatte niemals gebellt und lernte es auch jetzt nicht, seinen Herrn mit freudigem Gebell zu begrüßen. Er war nie aufdringlich und brachte seine Liebe nie überschwänglich oder töricht zum Ausdruck. Er rannte Scott nie entgegen. Er wartete in einiger Entfernung, aber er wartete immer, er war stets da. Seine Liebe war eine Art Anbetung, eine stumme, unartikulierte, lautlose Verehrung. Nur der stete Blick, mit dem er jede Bewegung seines Herrn verfolgte, verriet seine Liebe. Wenn sein Gebieter ihn ansah und zu ihm sprach, zeigte er manchmal eine linkische Verlegenheit, weil er mit sich rang, seine Liebe zu äußern, aber unfähig war, es zu tun.

Er lernte, sich seiner neuen Lebensform in vielfältiger Weise anzupassen. Ihm wurde klar, dass er die Hunde des Herrn in Frieden lassen musste. Doch seine Herrschernatur verschaffte sich Geltung, indem er die Hunde zwang, seine Überlegenheit und Führerschaft anzuerkennen. Nachdem dies geschehen war, bereiteten sie ihm kaum mehr Unannehmlichkeiten. Sie gingen ihm aus dem Weg, wenn er kam und unter ihnen umherging; und wenn er seinen Willen durchsetzte, gehorchten sie ihm. Auf ähnliche Weise lernte er, Matt zu dulden, nämlich als Eigentum seines Herrn. Scott fütterte ihn selten, denn das war Matts Aufgabe. Dennoch ahnte Wolfsblut, dass es das Futter seines Gebieters war und dass er eigentlich von Letzterem ernährt wurde. Es war Matt, der versuchte, ihn anzuspannen, damit er den Schlitten mit den anderen Hunden zöge. Doch Matt scheiterte. Erst als Weedon Scott ihm die Riemen anlegte und mit ihm fuhr, begriff er, dass es der Wille seines Herrn war, dass Matt ihn wie die übrigen Hunde anspannen und mit ihm fahren sollte.

Die Schlitten von Klondike waren anders als die am Mackenzie; sie hatten Kufen. Und die Hunde wurden anders angespannt, nicht fächerförmig, sondern in einer Reihe. Sie liefen einer hinter dem anderen und zogen an doppelten Strängen. In Klondike war der Leithund wirklich der Leithund. Der klügste und stärkste Hund war der Führende, das Gespann musste ihm gehorchen und fürchtete ihn. Dass Wolfsblut diesen Posten schnell erringen würde, war unvermeidlich. Er gab sich mit weniger nicht zufrieden, wie Matt nach vielen Scherereien und Ärgernissen feststellen musste. Wolfsblut wählte diese Position ganz von allein, und Matt bestätigte die Wahl durch manch derben Fluch, nachdem der Versuch geglückt war. Obwohl Wolfsblut nun den ganzen Tag vor dem Schlitten ging, gab er nachts die Wache über das Eigentum seines Herrn nicht auf. Folglich war er ständig im Einsatz, immer wachsam und treu und somit der wertvollste aller Hunde.

»Also, ich sag's frei heraus, wenn Sie gestatten«, meinte Matt eines Tages, »Sie warn wirklich schlau, als sie einen solchen Preis für den Hund zahlten. Sie habn Schöner Schmidt nicht nur die Visage poliert, sondern ihn sauber betrogen.«

Die grauen Augen von Weedon Scott funkelten zornig, und er murmelte grimmig: »Diese Bestie!«

Im späten Frühling brach großer Kummer über Wolfsblut herein. Sein liebevoller Gebieter verschwand plötzlich und ohne Vorwarnung. Zwar hatte es Anzeichen gegeben, doch Wolfsblut war in diesen Dingen unerfahren und verstand nicht, was das Packen einer Reisetasche bedeutet. Später erinnerte er sich, dass das Packen dem Verschwinden des Herrn vorangegangen war, aber damals hatte er noch keine Ahnung davon. In dieser Nacht wartete er auf die Rückkehr seines Herrn. Um Mitternacht zwang ihn ein aufkommender kalter Wind, eine geschützte Stelle hinter der Blockhütte aufzusuchen. Dort verfiel er in einen unruhigen Schlummer und lauschte mit gespitzten Ohren auf den ersten Ton des vertrauten Schritts. Zwei Stunden später trieb ihn die Sorge wieder nach vorn, wo er sich auf die kalten Stufen kauerte und wartete.

Aber der Herr erschien nicht. Am Morgen öffnete sich die Tür und Matt trat heraus. Wolfsblut blickte ihn sehnsüchtig an. Es gab keine gemeinsame Sprache, mit der die beiden sich hätten verständigen und durch die er hätte erfahren können, was er wissen wollte. Die Tage kamen und gingen, aber kein Herr erschien. Wolfsblut, der in seinem Leben nie krank gewesen war, fing an zu kränkeln. Er wurde so krank und schwach, dass Matt ihn schließlich zu sich in die Hütte nehmen musste. Darum widmete er Wolfsblut einen ausführlichen Nachsatz, als er an seinen Dienstherrn schrieb.

Weedon Scott, der den Brief in Circle City erhielt, las Folgendes:

»Der verdammte Wolf will nicht arbeiten. Er frisst auch nichts. Ist völlig antriebslos. Alle Hunde haun ihn in die Pfanne. Er will wissen, was aus Ihnen geworden is, und ich kann es ihm nicht sagen. Am Ende stirbt er noch.«

Matt hatte die Wahrheit gesagt. Wolfsblut hatte Appetit und Lebensmut verloren und ließ sich von jedem einzelnen Schlittenhund unterkriegen. Er lag in der Hütte nahe beim Ofen auf dem Boden und zeigte für nichts Interesse: weder für Futter noch für Matt noch für das Leben.

Egal ob Matt freundlich mit ihm sprach oder über ihn fluchte, es war ihm alles gleich. Er richtete höchstens kurz seinen trüben Blick auf ihn und ließ dann seinen Kopf wieder auf die Vorderpfoten sinken.

Eines Abends jedoch, als Matt halblaut und murmelnd las, überraschte ihn ein leises Gewinsel Wolfsbluts. Er hatte sich erhoben, spitzte die Ohren zur Tür hin und lauschte aufmerksam. Einen Augenblick später hörte Matt Schritte. Die Tür öffnete sich und Weedon Scott kam herein. Die beiden Männer schüttelten sich die Hände. Scott blickte sich um.

»Wo ist der Wolf?«, fragte er.

Dann entdeckte er ihn. Er stand an der gleichen Stelle, wo er gelegen hatte, nahe beim Ofen. Er stürzte nicht wie andere Hunde auf ihn zu. Er stand beobachtend da und wartete.

»Heiliger Strohsack!«, rief Matt. »Jetzt schaun Sie sich das an, er wedelt mit dem Schwanz!«

Weedon Scott durchquerte rasch den halben Raum und rief Wolfsblut. Dieser kam heran, nicht mit einem großen Satz, aber flink. Er war linkisch und verlegen, und als er näher kam, nahmen seine Augen einen seltsamen Ausdruck an. Irgendetwas, ein unsagbar großes und tiefes Gefühl stieg darin empor und leuchtete seinem Herrn mit hellem Glanz entgegen.

»Mich hat er in der ganzen Zeit, in der Sie weg warn, nie so angesehen«, bemerkte Matt.

Weedon Scott hörte ihn nicht. Er hockte auf den Fersen, damit er Wolfsblut in die Augen blicken konnte und liebkoste ihn. Er kraulte ihn hinter den Ohren, streichelte ihn vom Hals aus über Schulter und Rücken und klopfte mit den Handballen sanft sein Rückgrat entlang. Und Wolfsblut grollte als Antwort, der summende Klang darin war deutlicher als je vernehmbar.

Das war aber noch nicht alles. Seine Freude und die große Liebe, die in ihm emporquoll und nach Ausdruck rang, fand eine neue Form, um sich kundzutun. Plötzlich streckte er den Kopf vor und schob ihn unter die Achsel seines Herrn. Er schob ihn tief hinein, sodass nichts als seine Ohren zu sehen waren, er grollte nicht länger, sondern schmiegte sich nur enger an.

Die beiden Männer sahen einander an und in Scotts Augen schimmerte es feucht.

»Donnerwetter!«, sagte Matt leise und ehrfürchtig.

Einen Augenblick später, als er sich von seinem Staunen erholt hatte, fügte er hinzu:

»Ich hab's ja immer gesagt, dieser Wolf ist ein Hund. Schaun Sie sich den an.«

Die Rückkehr des liebevollen Gebieters bewirkte, dass Wolfsblut sich schnell erholte. Er blieb noch zwei Nächte und einen Tag in der Hütte. Dann rannte er hinaus. Die Schlittenhunde hatten seinen Mut und seine Stärke vergessen, sie erinnerten sich nur noch an seine Schwäche und Krankheit. Als sie ihn aus der Hütte kommen sahen, fielen sie über ihn her.

»Verrückte Bande«, murmelte Matt vergnügt, der in der Tür stand und zuschaute. »Mach sie fertig, Wolf! Gib's ihnen, und zwar anständig!«

Wolfsblut brauchte keinen Ansporn. Die Rückkehr des liebevollen Gebieters genügte ihm. Das Leben floss wieder durch seine Adern, prachtvoll und unaufhaltsam. Er kämpfte aus reiner Freude, er fand darin einen Ausdruck seiner Gefühle, die nicht anders artikuliert werden konnten. Der Ausgang des Kampfes stand von vornherein fest. Nach einer schmachvollen Niederlage zerstreuten sich die Hunde und erst nach Einbruch der Dunkelheit kamen sie einer nach dem anderen zurückgeschlichen und bezeugten Wolfsblut demütig und unterwürfig ihren Gehorsam.

Nachdem Wolfsblut gelernt hatte, den Kopf unter die Achsel des Herrn zu schmiegen, tat er es häufig. Es war der äußerste Liebesbeweis, dessen er fähig war, mehr konnte er nicht geben. Sein Kopf war stets etwas gewesen, das er eifersüchtig behütet hatte. Er hatte es nie leiden können, dass er berührt wurde. Es war die Wildnis in ihm, die Furcht vor Schmerz und vor der Falle, die dazu führte, dass er auf jegliche Berührung seines Kopfes panisch reagiert hatte. Es war das Gebot seines Instinkts, dass dieser Körperteil unbehelligt bleiben musste. Doch bei seinem liebevollen Gebieter brachte er sich absichtlich in eine völlig hilflose Lage. Es war der Ausdruck vollkommenen Vertrauens, gänzlicher Hingabe, als ob er damit sagen wollte: »Ich begebe mich in deine Hände. Verfahre mit mir, wie es dir beliebt.«

Eines Abends, nicht lange nach Scotts Heimkehr, saß dieser mit Matt vor dem Zubettgehen beim Kartenspiel Kribbage.

»Fünfzehn-zwei, fünfzehn-vier und 'n Paar gibt sechs«, zählte Matt gerade die Stiche, als draußen ein gellender Schrei ertönte, dem lautes Knurren folgte. Die beiden Männer blickten sich an und standen langsam auf.

»Der Wolf hat einen gepackt!«, rief Matt aus.

Ein wilder Schrei, der Todesangst verriet, beschleunigte ihre Schritte.

»Bring Licht!«, befahl Scott, als er hinausstürzte.

Matt folgte ihm mit der Lampe und in deren Schein sahen sie einen Mann im Schnee auf dem Rücken liegen. Er bedeckte Gesicht und Hals mit den Armen, um sich vor Wolfsbluts Zähnen zu schützen. Was auch nötig war, denn Wolfsblut war außer sich vor Wut und versuchte immer wieder, an die verletzlichste Stelle des Mannes, seine Kehle, zu gelangen. Die Ärmel des Rocks, der blauen Unterjacke aus Flanell und des Unterhemds waren von oben bis unten in Fetzen gerissen und die Arme waren schrecklich zerbissen und blutüberströmt.

Dies alles erkannten die Männer in einem Augenblick, im nächsten hatte Weedon Scott Wolfsblut am Nacken gepackt und zerrte ihn weg. Wolfsblut widersetzte sich und knurrte, machte jedoch keine Anstalten zu beißen, und nach einem scharfen Wort seines Herrn beruhigte er sich schnell.

Matt half dem Mann auf die Beine. Beim Aufstehen ließ er die Arme sinken und das bestialische Antlitz von Schöner Schmidt kam zum Vorschein. Der Hundetreiber ließ ihn überstürzt los, als hätte er hell flackerndes Feuer angefasst. Schöner Schmidt schaute blinzelnd ins Licht der Lampe, dann sah er sich um. Als er Wolfsblut erblickte, verzog sich sein Gesicht in jähem Schrecken.

In dem Augenblick bemerkte Matt zwei Gegenstände, die im Schnee lagen. Er leuchtete mit der Lampe in die Richtung und wies mit der Fußspitze darauf, um sie seinem Dienstherrn zu zeigen. Es waren eine stählerne Hundekette und ein mächtiger Knüppel.

Weedon Scott sah die Sachen und nickte. Kein Wort wurde gesprochen. Matt legte Schöner Schmidt die Hand auf die Schulter und drehte ihn mit dem Gesicht von der Hütte weg. Er musste nichts sagen. Schöner Schmidt verstand den Wink und setzte sich in Bewegung.

Unterdessen streichelte der liebevolle Gebieter Wolfsblut und sprach zu ihm.

»Wollte dich stehlen, was? Und du wolltest das nicht zulassen! Ja, ja, der hat sich mächtig geirrt, nicht wahr?«

»Er muss geglaubt ham, dass hundert Teufel hinter ihm her sind«, kicherte Matt.

Wolfsblut war immer noch aufgebracht. Er sträubte das Fell und knurrte in einem fort. Allmählich legten sich die Haare und in seiner Kehle stieg leise der summende Ton an.

FÜNFTER TEIL

# Der Gezähmte

KAPITEL I

# Der lange Weg

Es lag in der Luft. Wolfsblut spürte das nahende Unglück, noch bevor es greifbare Anzeichen dafür gab. Auf diffuse Weise wurde ihm zugetragen, dass eine Veränderung bevorstünde. Er wusste nicht wie noch warum, doch es waren die Götter selbst, die ihm das Gespür für das Bevorstehende vermittelten. Sie ahnten nicht, wie subtil sie ihre Absichten dem wolfsähnlichen Hund verrieten, der draußen um die Stufen herumstrich. Und obgleich er niemals in die Hütte kam, wusste er genau, was in ihnen vorging.

»Hörn Sie sich das bloß an!«, rief der Hundetreiber eines Tages aus, als sie beim Abendessen saßen.

Weedon Scott lauschte. Durch die Tür drang ein leises, angstvolles Winseln, das wie ein unterdrücktes, kaum hörbares Schluchzen klang. Gefolgt von einem langgezogenen Schnüffeln, mit dem Wolfsblut sich überzeugte, dass sein Herr noch drinnen war und nicht abermals allein und unerklärlich die Flucht ergriffen hatte.

»Ich glaub wirklich, dass dieser Wolf Sie durchschaut«, sagte Matt.

Weedon Scott blickte seinen Gefährten fast flehend an, obgleich seine Äußerung etwas Gegenteiliges ausdrückte.

»Was zum Teufel soll ich in Kalifornien mit einem Wolf?«, stieß er hervor.

»Ganz meine Meinung«, erwiderte Matt. »Was zum Teufel solln Sie in Kalifornien mit einem Wolf.«

Dies stellte Weedon Scott nicht zufrieden. Matt schien ihn allzu selbstverständlich abzuurteilen.

»Die Hunde der Weißen hätten keine Chance gegen ihn«, fuhr Scott fort. »Er würde sie töten, sobald er sie erblickt. Ich würde entweder durch Schadenersatzklagen bankrott gehen oder die Behörden würden ihn mir wegnehmen und mit einem Stromschlag töten.«

»Ja, ich weiß, er ist ein echter Mordgeselle«, entgegnete der Hundetreiber. Weedon Scott sah ihn misstrauisch an.

»Nein, es geht nicht«, sagte er entschlossen.

»Es geht wirklich nicht«, stimmte Matt zu. »Sie müssten ja extra einen Mann anstellen, der auf ihn aufpasst.«

Das Misstrauen des anderen zerstreute sich. Er nickte befriedigt. In dem Schweigen, das nun entstand, ließ sich das leise, halb schluchzende Winseln vor der Tür vernehmen, dem das langgezogene, prüfende Schnüffeln folgte.

»Es lässt sich allerdings nicht leugnen, dass er höllisch an Ihnen hängt«, warf Matt ein.

Scott starrte ihn in plötzlicher Wut an. »Verdammt noch mal! Ich weiß genau, was ich zu tun habe und was das Beste ist!«

»Ich stimme Ihnen ja zu, aber …«

»Aber was?«, schnauzte Scott.

»Aber …«, hob der Hundetreiber sachte an, besann sich dann eines anderen und brauste plötzlich auf: »Na, Sie brauchen wegen der Sache nicht gleich so hitzig zu werden. So wie Sie sich aufführen, könnte man meinen, Sie wüsstn selber nicht, was Sie tun sollen.«

Weedon Scott überlegte eine Weile und sagte dann leiser: »Du hast Recht, Matt. Ich weiß nicht, was ich tun soll, das ist ja das Schlimme.«

Er schwieg einen Augenblick, dann brach es aus ihm hervor: »Es wäre vollkommen lächerlich, den Hund mitzunehmen!«

»Natürlich«, gab Matt zurück, und wieder war sein Dienstherr mit der Antwort nicht zufrieden.

»Aber woher er in drei Teufels Namen weiß, dass Sie weggehen, ist mir wirklich ein Rätsel«, fuhr der Hundetreiber unschuldig fort.

»Mir auch«, erwiderte Scott und schüttelte bekümmert den Kopf.

Dann kam der Tag, an dem Wolfsblut durch die offene Tür der Blockhütte die verhängnisvolle Reisetasche auf dem Boden stehen sah und wie der liebevolle Gebieter sie packte. Außerdem gab es ein ständiges Kommen und Gehen und die einst so friedliche Atmosphäre der Hütte wurde durch seltsame Ruhelosigkeit und Unrast gestört. Dies waren ohne

Zweifel Anzeichen. Wolfsblut hatte es bereits geahnt, nun wusste er es. Sein Herr schickte sich abermals zur Flucht an. Und da er ihn früher nicht mitgenommen hatte, musste er damit rechnen, erneut zurückgelassen zu werden.

In der folgenden Nacht brach er in ein langgezogenes Wolfsgeheul aus. Er heulte, wie er in seiner Welpenzeit geheult hatte, als er aus der Wildnis geflohen und ins Dorf zurückgekehrt war, es aber verlassen vorfand und nichts als ein Abfallhaufen die Stelle markierte, an der Grauer Bibers Zelt gestanden hatte. Genau wie damals richtete er nun die Schnauze zu den kaltherzigen Sternen empor und klagte ihnen sein Leid.

Die beiden Männer in der Hütte waren soeben zu Bett gegangen.

»Er hat sein Futter wieder nicht angerührt«, ertönte es von Matts Lagerstätte.

Weedon Scott antwortete mit einem Grunzen und rutschte unter der Bettdecke hin und her.

»Würd mich nicht wundern, wenn er diesmal stirbt, so wie er sich's damals zu Herzen genommen hat, als Sie weg warn.«

Die Decke auf der Lagerstätte des anderen wurde abermals laut vernehmlich bewegt.

»Halt endlich den Mund!«, rief Scott durch die Dunkelheit. »Du nörgelst ja schlimmer als ein Frauenzimmer.«

»Stimmt«, sagte der Hundetreiber, und Weedon Scott war nicht sicher, ob der andere dabei gekichert hatte.

Am nächsten Tag zeigte sich Wolfsbluts Unruhe und Besorgnis noch offenkundiger. Jedes Mal, wenn sein Herr die Hütte verließ, heftete er sich an dessen Fersen, und wenn Scott drinnen blieb, verharrte er auf der Treppe. Durch die offene Tür erhaschte er einen Blick auf das Gepäck, das auf dem Boden stand. Zu der Reisetasche hatten sich zwei große Leinentaschen und eine Kiste gesellt. Matt rollte die Decken sowie den Pelzmantel seines Herrn in Planen ein. Wolfsblut winselte, als er es sah.

Einige Zeit später trafen zwei Indianer ein. Wolfsblut behielt sie genau im Auge, als sie sich das Gepäck aufluden und Matt, der das Bettzeug und die Reisetasche trug, den Hügel hinabfolgten. Wolfsblut ging nicht mit, denn sein Herr war noch in der Hütte. Nach einer Weile kehrte Matt zurück. Scott kam zur Tür und rief Wolfsblut herein.

»Du armer Kerl«, sagte er liebevoll, indem er Wolfsbluts Ohren kraulte und ihm auf den Rücken klopfte. »Ich gehe auf eine lange Reise, alter Knabe, und dorthin kann dich nicht mitnehmen. Jetzt groll noch einmal, noch ein letztes Mal zum Lebewohl.«

Aber Wolfsblut weigerte sich. Stattdessen sah er seinen Herrn sehnsuchtsvoll und fragend an und vergrub dann seinen Kopf tief unter dessen Arm.

»Da, es pfeift!«, rief Matt. Vom Yukon her tönte das heisere, heulende Signal eines Dampfschiffs.

»Sie müssen den Abschied kurz halten. Vergessen Sie nicht, die Vordertür abzuschließen. Ich geh hinten raus. Beeilen Sie sich!«

Die beiden Türen schlugen zu gleicher Zeit zu, und Weedon Scott wartete, bis Matt nach vorne kam. Hinter der Tür erklang ein leises Winseln und Seufzen, dann ein langes, tiefes Schnüffeln.

»Du musst gut auf ihn Acht geben, Matt«, sagte Scott, als sie den Hügel hinuntergingen. »Schreib mir und lass mich wissen, wie es ihm geht.«

»Mach ich«, antwortete der Hundetreiber. »Aber hörn Sie sich das an!«

Die Männer hielten inne. Wolfsblut heulte, wie es Hunde tun, wenn ihre Herren gestorben sind. Es war eine herzzerreißende Wehklage, sie erhob sich zu lauten Jammertönen, erstarb in zitterndem Elend und brach dann von Neuem in lautes, kummervolles Geheul aus.

Die *Aurora* war das erste Dampfboot des Jahres, das in die Ferne fuhr, und das Deck war gedrängt voll von reich gewordenen Abenteurern und glücklosen Goldsuchern. Alle waren genauso begierig darauf, den Landstrich zu verlassen, wie sie ihn einst erreichen wollten. Scott stand nahe beim Laufsteg und schüttelte Matt die Hand, der im Begriff war, ans Ufer zurückzukehren. Matts Hand erschlaffte mit einem Mal in der des anderen, als sein Blick sich auf etwas hinter Scotts Rücken heftete. Scott drehte sich um. Nicht weit von ihnen entfernt saß Wolfsblut auf dem Deck und sah sie wehmütig an.

Der Hundetreiber fluchte leise vor Schreck und Scott erstarrte staunend.

»Haben Sie die Vordertür abgeschlossen?«, fragte Matt.

Scott nickte zustimmend und gab zurück: »Und du die Hintertür?«
»Darauf können Sie Gift nehmen«, lautete die entrüstete Erwiderung.
Wolfsblut legte einschmeichelnd die Ohren zurück, blieb aber, wo er war, und machte keinerlei Anstalten, näher zu kommen.
»Ich werd ihn an Land bringen müssen«, meinte Matt und machte ein paar Schritte auf das Tier zu, das geschickt davonglitt. Der Hundetreiber lief ihm hinterher, doch Wolfsblut entwischte zwischen den Beinen einer Männergruppe. Sich duckend, drehend und wendend lief er über Deck und machte Matts Versuche, ihn einzufangen, zunichte.
Doch als sein Gebieter die Stimme erhob, kam er unverzüglich und gehorsam zu ihm.
»Läuft vor der Hand davon, die ihn all die Monate gefüttert hat«, brummte Matt beleidigt. »Und Sie – Sie haben ihn nach den ersten Annäherungsversuchen nie mehr gefüttert. Möcht wirklich wissen, wie er merkt, dass Sie der Boss sind.«
Scott, der Wolfsblut gestreichelt hatte, beugte sich plötzlich tiefer über ihn und deutete auf einige frische Wunden an der Schnauze und einen Schlitz zwischen den Augen.
Matt beugte sich herab und ließ seine Hand über Wolfsblut Bauch gleiten.
»Wir ham doch glatt das Fenster vergessen. Er is unten ganz zerschnitten und aufgerissen. Muss mit einem Satz durchgesaust sein, alle Wetter!«
Aber Weedon Scott hörte ihm nicht zu. Er dachte rasch nach. Die Pfeife der Aurora gab das letzte Signal zur Abfahrt. Männer hasteten über den Laufsteg ans Ufer zurück. Matt löste sein Halstuch und fing an, es Wolfsblut umzubinden. Scott ergriff seine Hand.
»Leb wohl Matt, alter Knabe. Wegen dem Wolf musst du mir nicht mehr schreiben. Weißt du, ich …«
»Was!«, schrie der Hundetreiber. »Sie wolln doch nicht …?«
»Doch, ganz genau. Hier ist dein Halstuch. Ich werde *dir* schreiben, wie es ihm geht.«
Matt blieb auf halbem Weg auf dem Laufsteg stehen.
»Er wird das warme Klima nicht vertragen!«, rief er über die Schulter zurück. »Höchstens, wenn Sie ihn scheren!«

Der Laufsteg wurde eingezogen und die *Aurora* löste sich in weitem Bogen vom Ufer. Weedon Scott winkte Matt ein letztes Mal zu. Dann wandte er sich ab und beugte sich über Wolfsblut, der an seiner Seite stand. »Jetzt darfst du grollen, verdammter Wolf, groll nur«, sagte er, streichelte den sich anschmiegenden Kopf und kraulte die angelegten Ohren.

KAPITEL 2

## Das Südland

Wolfsblut ging in San Franzisco an Land. Er war überwältigt. Tief im Innern, ohne darüber nachzudenken oder sich dessen bewusst zu sein, hatte er Macht mit den Göttern gleichgesetzt. Doch nie zuvor waren ihm die weißen Männer als derart prachtvolle Götter erschienen wie jetzt, wo er durch die schlammigen Straßen von San Franzisco trabte. Anstelle der Blockhütten, die er bisher gekannt hatte, erhoben sich himmelhohe Gebäude. In den Straßen lauerten Gefahren aller Art: Kutschen, Karren, Automobile, mühsam von Pferden gezogene, riesige Lastfuhrwerke; und mittendrin bahnten sich mit Hupen und Klirren ungeheure Straßenbahnen den Weg, ihr Kreischen klang wie eine unablässige Drohung und erinnerte ihn an das Kreischen der Luchse, denen er in den Wäldern des Nordens begegnet war.

All dies bekundete Macht und dahinter stand der Mensch, der das Ganze beherrschte und lenkte, und wie von jeher kam darin dessen Herrschaft über die Dinge zum Ausdruck. Es war ungeheuerlich, atemberaubend. Wolfsblut war eingeschüchtert, Angst überkam ihn. Als Welpe war ihm seine Kleinheit und Bedeutungslosigkeit an dem Tag vor Augen geführt worden, als er zum ersten Mal aus der Wildnis in das Dorf von Grauer Biber kam. Jetzt erging es ihm ähnlich, er fühlte sich winzig und unbedeutend, obwohl er ganz ausgewachsen und im Vollbesitz seiner Kräfte war. Außerdem gab es unglaublich viele Menschen! Sie umschwärmten ihn von allen Seiten, das machte ihn schwindelig. Das Getöse in den Straßen quälte seine Ohren. Die gewaltige, unaufhörliche Hektik und die ständige Bewegung verwirrten ihn. Wie nie zuvor spürte er die Abhängigkeit von seinem Gebieter, er heftete sich dicht an dessen Fersen und wollte ihn um keinen Preis aus den Augen verlieren.

Die Stadt sollte für Wolfsblut eine albtraumhafte Erscheinung bleiben –

ihr Getümmel war wie ein schlechter Traum, unwirklich und schrecklich, und es verfolgte ihn noch lange danach. Sein Herr brachte ihn in den Gepäckwagen einer Eisenbahn, dort wurde er in einer Ecke mitten unter aufgetürmten Koffern und Reisetaschen angekettet. Hier herrschte ein untersetzter, kräftiger Gott, der mit viel Lärm Koffer und Kisten umherschleuderte, zur Tür hereinschleppte und übereinanderstapelte oder sie mit großem Krach zur Tür hinauswarf zu anderen Göttern, die darauf warteten.

Und hier, in diesem Hexenkessel aus Gepäckstücken, wurde Wolfsblut von seinem Herrn im Stich gelassen. Zumindest dachte er es, bis er dessen Kleidertaschen aus Leinen neben sich witterte und sich sogleich zu deren Wächter erkor.

»Wird echt Zeit, dass Sie kommen«, knurrte der Gott des Wagens, als Weedon Scott eine Stunde später an der Tür erschien. »Ihr Hund lässt mich Ihre Sachen nicht anrühren.«

Wolfsblut sprang aus dem Wagen und stutzte. Die albtraumhafte Stadt war verschwunden. Der Wagen war für ihn wie ein Zimmer in einem Haus gewesen, und als er ihn betreten hatte, war um ihn her die Stadt. Nun war sie plötzlich nicht mehr da. Ihr lärmendes Getöse drang nicht länger an sein Ohr. Vor ihm lag eine liebliche, sonnendurchflutete Landschaft, deren Ruhe zum Faulenzen einlud. Er vergeudete nicht viel Zeit damit, sich über die Verwandlung zu wundern. Er nahm sie hin, so wie er alle unerklärlichen Narreteien und Offenbarungen der Götter hinnahm. So waren sie eben.

Eine Kutsche wartete auf sie. Ein Mann und eine Frau gingen auf den Herrn zu. Die Frau streckte die Arme aus und schlang sie um den Nacken des Herrn – eine feindselige Gebärde! Im nächsten Augenblick hatte sich Weedon Scott aus der Umarmung gelöst und Wolfsblut gepackt, der wie ein Dämon raste und knurrte.

»Schon gut, Mutter«, sagte Scott, als er Wolfsblut festhielt und beruhigte. »Er dachte, du würdest mir wehtun und das hätte er nicht zugelassen. Schon gut. Keine Sorge. Er wird es schon noch lernen.«

»Und bis es soweit ist, darf ich meinen Sohn wohl nur umarmen, wenn sein Hund nicht in der Nähe ist«, erwiderte die Mutter lachend, obwohl sie vor Schreck ganz blass geworden war und zitterte.

Sie blickte auf Wolfsblut, der mit gesträubtem Haar knurrte und sie wütend anstarrte.

»Er wird es lernen müssen, das wird er, und zwar unverzüglich«, erklärte Scott.

Er sprach sanft zu Wolfsblut, bis er sich beruhigt hatte, und gebot dann mit fester Stimme:

»Platz! Runter mit dir!«

Dies zählte zu den Dingen, die sein Herr ihm beigebracht hatte, und Wolfsblut gehorchte, obwohl er sich widerwillig und missmutig niederlegte.

»Jetzt, Mutter.«

Scott breitete die Arme aus, richtete den Blick jedoch auf Wolfsblut.

»Runter!«, befahl er. »Bleib!«

Wolfsblut, der sich mit gesträubtem Haar stumm halb wie zum Sprung erhoben hatte, sank wieder zu Boden und beobachtete, wie die feindselige Gebärde wiederholt wurde. Weder bei dieser noch bei der darauf folgenden Umarmung mit dem fremden Mann ereignete sich irgendein Unheil. Dann wurde das Gepäck in die Kutsche geladen, die Fremden und der Gebieter stiegen ein, und Wolfsblut folgte wachsam dem Wagen, indem er bald hinter ihm, bald neben den galoppierenden Pferden herlief, die er mit gesträubtem Fell warnte, dass es seine Aufgabe war, dafür zu sorgen, dass dem Gott, den sie so rasch davontrugen, kein Leid geschehe.

Eine Viertelstunde später bog die Kutsche durch ein steinernes Tor und rollte unter dem dichten Laubdach einer Allee aus Walnussbäumen dahin. Zu beiden Seiten erstreckten sich Rasenflächen, auf denen hier und da große, mächtige Eichen standen. Nicht weit entfernt schimmerten sonnenverbrannte Heufelder in bräunlichem Gold, die mit dem saftigen Grün des wohlgepflegten Rasens kontrastierten, darüber erhoben sich lohfarbene Hügel und Hochweiden. Auf der ersten sanften Anhöhe am Ende der Rasenfläche thronte ein Haus mit ausladender Veranda und vielen Fenstern.

Wolfsblut erhielt wenig Gelegenheit, alles genau zu betrachten. Denn kaum war die Kutsche in die Allee gebogen, wurde er von einem Schäferhund mit hellen Augen und spitzer Schnauze zornig angefallen. Der Hund rannte zwischen ihn und den Herrn und schnitt ihm den Weg ab. Wolfsblut gab kein warnendes Knurren von sich, er sträubte nur das Fell, als er zum stummen, tödlichen Angriff ansetzte. Aber auf halbem Weg hielt er linkisch abrupt inne, stemmte die Vorderbeine steif gegen den Boden, um nicht das Gleichgewicht zu verlieren und setzte sich fast auf seine Hinterbeine, so sehr war er darum bemüht, jeglichen Kontakt zu dem Hund zu vermeiden, den er soeben noch angreifen wollte. Es war ein Weibchen, und das Gesetz seiner Gattung ließ automatisch eine Barriere entstehen. Ein Angriff auf sie bedeutete nichts Geringeres als einen Verstoß gegen seinen Instinkt.

Bei dem Schäferhund lagen die Dinge anders. Es war ein Weibchen und sie verfügte über keinen derartigen Instinkt. Als Schäferhund hatte sie andererseits instinktive Furcht vor der Wildnis, und bei Wölfen war diese Furcht besonders stark. Für sie war Wolfsblut ein Wolf, der Erbfeind, der ihren Herden seit der Zeit aufgelauert hatte, als einem ihrer fernen Vorfahren erstmals Schafe anvertraut worden waren. Darum stürzte sie sich auf ihn, als er von seinem Angriff abließ und versuchte, ihr nicht nahe zu kommen. Er knurrte unwillkürlich, als er ihre Zähne in seiner Schulter fühlte, setzte sich aber nicht zur Wehr. Er zog sich steifbeinig und verlegen zurück und bemühte sich, ihr auszuweichen. Doch wohin er sich auch wendete, sie stellte sich immer zwischen ihn und die Richtung, die er einschlagen wollte.

»Hierher, Collie!«, rief der fremde Mann in der Kutsche.

Weedon Scott lachte.

»Lass nur, Vater. Das ist eine gute Übung. Wolfsblut wird viele Dinge lernen müssen, und er kann gleich damit anfangen. Er wird sich schon daran gewöhnen.«

Die Kutsche fuhr weiter und immer noch versperrte Collie Wolfsblut den Weg. Er versuchte, die Hündin zu überholen, indem er den Fahrweg verließ und auf dem Rasen einen Halbkreis beschrieb; doch sie lief im inne-

ren, kleineren Kreis, war stets präsent und zeigte ihm ihre doppelte Reihe schimmernder Zähne. Er überquerte den Weg und rannte auf der gegenüberliegenden Rasenfläche weiter, doch auch hier fing sie ihn ab.
Die Kutsche trug den Herrn fort. Wolfsblut sah, wie sie unter den Bäumen verschwand. Die Lage war aussichtslos. Er schlug einen anderen Bogen und Collie verfolgte ihn in schnellem Lauf. Mit einem Mal drehte er sich nach ihr um und stieß mit seiner Schulter heftig gegen die ihre. Das war ein alter Kampftrick von ihm. Er erwischte ihre volle Breitseite. Sie verlor nicht nur den Boden unter den Füßen, aufgrund ihres hohen Lauftempos überschlug sie sich mehrmals und rollte bald auf den Rücken, bald auf die Seite. Sie kämpfte vergebens darum, auf die Füße zu kommen, wühlte den Kies mit ihren Krallen auf und jaulte dabei gellend aus verletztem Stolz und vor Empörung.
Wolfsblut zögerte keine Sekunde. Endlich war der Weg frei, mehr hatte er nicht gewollt. Mit wütendem Gebell nahm Collie die Verfolgung auf. Sie rannten nun geradeaus, und was einen echten Wettlauf anging, da konnte Wolfsblut ihr noch ein, zwei Dinge beibringen. Sie rannte wie wahnsinnig, mit höchster Anspannung ihrer Kräfte, und bellte bei jedem Satz, den sie machte. Wolfsblut hingegen glitt lautlos und ohne jede Anstrengung wie ein Schatten über den Boden und konnte seinen Vorsprung mühelos einhalten.
Als er um das Haus zur Wagenauffahrt bog, stieß er auf die Kutsche. Sie hatte angehalten und sein Herr stieg gerade aus. Wolfsblut, der sich noch in vollem Lauf befand, bemerkte plötzlich, dass ihm ein Angriff von der Seite drohte. Ein Jagdhund stürzte auf ihn los. Wolfsblut wollte sich ihm zuwenden, war aber zu sehr im Schwung und der andere zu nahe. Der Stoß traf ihn so unerwartet von der Seite, dass Wolfsblut zu Boden geschleudert wurde und sich überschlug. Als er wieder auf den Beinen stand, bot er einen grauenvollen Anblick: flach angelegte Ohren, hochgezogene Lefzen, gekrauste Nase und zuschnappende Zähne, die die weiche Kehle des Jagdhunds nur knapp verfehlten.
Scott kam herbeigelaufen, war jedoch zu weit entfernt und es war Collie, die dem Jagdhund das Leben rettete. Bevor Wolfsblut zum Sprung anset-

zen und den tödlichen Biss anbringen konnte, war Collie zur Stelle. Sie kam exakt in dem Moment, in dem er losspringen wollte. Sie war ins Abseits gedrängt und beim Wettlauf geschlagen worden, ganz zu schweigen von ihrem schmachvollen Purzelbaum in den Kies, darum glich ihr Eintreffen einem Wirbelsturm, beflügelt von verletzter Würde, gerechtem Zorn und instinktivem Hass gegen diesen Räuber aus der Wildnis. Sie stieß im rechten Winkel gegen Wolfsblut, als dieser mitten im Sprung war, und abermals verlor er das Gleichgewicht und überschlug sich.

Im nächsten Augenblick war Scott da und hielt ihn mit einer Hand zurück, während der Vater die Hunde zurückrief.

»Ich muss schon sagen, das ist ja ein reizender Empfang für einen einsamen Wolf aus der Arktis«, bemerkte Scott, während Wolfsblut sich unter seiner liebkosenden Hand beruhigte. »In seinem ganzen Leben ist er nur ein einziges Mal umgeworfen worden, und hier ist ihm das innerhalb von dreißig Sekunden gleich zweimal passiert.«

Die Kutsche war weggefahren und aus dem Haus kamen weitere fremde Götter zum Vorschein. Einige hielten sich in respektvoller Entfernung, aber zwei von ihnen, es waren Frauen, begingen die Missetat, seinem Herrn um den Hals zu fallen. Wolfsblut hatte inzwischen gelernt, dieses Verhalten zu dulden. Es schien nichts Böses zu sein, in jedem Fall klangen die Geräusche, die die Frauen dabei von sich gaben, nicht bedrohlich. Sie wollten sich auch Wolfsblut freundlich nähern, doch der verscheuchte sie mit einem Knurren, und sein Herr tat es mit Worten. Da schmiegte sich Wolfsblut dicht an die Beine des Herrn und wurde von ihm beruhigend am Kopf getätschelt.

Der Jagdhund war auf den Befehl: »Mach Platz, Dick!« die Stufen hinaufgegangen und legte sich auf einer Seite der Veranda hin, wobei er immer noch knurrte und den Eindringling verdrießlich im Auge behielt. Um Collie kümmerte sich eine der Frauen, sie schlang ihre Arme um den Hals des Schäferhunds und streichelte ihn liebevoll. Doch Collie war schwer verwirrt und beunruhigt, sie winselte nervös. Es empörte sie, dass man die Anwesenheit dieses Wolfes erlaubte, und sie war fest davon überzeugt, dass die Götter damit einen Fehler begingen.

Alle schickten sich an, die Stufen hinaufzugehen und das Haus zu betreten. Wolfsblut folgte dem Herrn dicht auf den Fersen. Dick knurrte von der Veranda her und Wolfsblut auf den Stufen sträubte das Haar und knurrte zurück.

»Nimm Collie mit hinein und lass es die beiden anderen ausfechten«, schlug Scotts Vater vor. »Danach werden sie Freunde sein.«

»Dann wird Wolfsblut zum Zeichen seiner Freundschaft bei Dicks Begräbnis derjenige sein, der am meisten trauert«, erwiderte Scott lachend.

Scotts Vater blickte ungläubig zuerst auf Wolfsblut, dann auf Dick, und schließlich auf seinen Sohn.

»Du meinst wirklich …?«

Weedon nickte. »Allerdings. Dick wäre nach einer, höchstens zwei Minuten tot.«

Er wandte sich an Wolfsblut: »Komm mit, du Wolf. Du bist es, der hineingehen muss.«

Steifbeinig erklomm Wolfsblut die Stufen und schritt über die Veranda, den Schwanz hoch erhoben und den Blick fest auf Dick geheftet, um gegen einen Flankenangriff gewappnet zu sein. Gleichzeitig war er auf etwaige unbekannte Schrecknisse gefasst, die aus dem Innern des Hauses auf ihn losstürzen könnten. Es sprang jedoch nichts Furchterregendes heraus, und als er in das Innere des Hauses gelangt war, spähte er gründlich umher und konnte auch hier nichts entdecken. Daraufhin ließ er sich mit einem zufriedenen Seufzer zu Füßen seines Herrn nieder, beobachtete alles, was vor sich ging, und war stets bereit, aufzuspringen und mit all den Ungeheuern, die sicherlich noch unter dem verräterischen Dach der Behausung lauerten, um sein Leben zu kämpfen.

KAPITEL 3

# Das Besitztum des Herrn

Wolfsblut war nicht nur von Natur aus anpassungsfähig, er war auch viel herumgekommen und wusste, wie wichtig es war, sich auf Situationen einstellen zu können. In Sierra Vista, wie Richter Scotts Anwesen hieß, fühlte er sich bald heimisch. Die Hunde bereiteten ihm nicht länger ernsthafte Schwierigkeiten. Sie konnten das Verhalten der Menschen im Südland besser einschätzen als er und in ihren Augen hatte er sich in dem Moment qualifiziert, als er die Götter ins Haus begleitet hatte. Er war zwar ein Wolf und obgleich es unerhört war, dass die Menschen seine Gegenwart zuließen, waren sie die Hunde der Menschen und als solche mussten sie diese Billigung anerkennen.

Dick musste anfangs zwangsläufig ein paar steife Förmlichkeiten hinter sich bringen, doch danach tolerierte er Wolfsblut als neues Mitglied des Anwesens. Wenn es nach Dick gegangen wäre, hätten sie gute Freunde werden können, aber Wolfsblut war Freundschaft zuwider. Er verlangte von anderen Hunden lediglich, in Ruhe gelassen zu werden. Sein Lebtag hatte er sich von seiner Gattung ferngehalten und so wollte er es auch weiterhin halten. Dicks Annäherungsversuche fielen ihm auf die Nerven, und er knurrte ihn so lange an, bis er weglief. Im Norden hatte er gelernt, die Hunde seines Herrn in Frieden zu lassen und diese Lektion war nicht vergessen. Aber er bestand auf seiner Privatsphäre und seiner selbst gewählten Einsamkeit, deshalb ignorierte er Dick derart vollständig, dass das gutmütige Geschöpf es schließlich aufgab und von ihm nicht mehr Notiz nahm als vom Anbindepflock bei den Ställen.

Anders verhielt es sich mit Collie. Sie akzeptierte ihn zwar, weil ihre Herren es geboten, doch das war für sie noch lange kein Grund, ihn in Ruhe zu lassen. Die Erinnerung an zahllose Verbrechen, die er und die seinen an ihren Vorfahren verübt hatten, war tief mit ihrem Wesen verwoben.

Die verwüsteten Schafherden konnten wohl kaum an einem Tag oder innerhalb einer Generation vergessen werden. Dies war ein Sporn, der sie zur Rache antrieb. Den Menschen, die Wolfsblut duldeten, konnte sie sich nicht offen widersetzen, doch das hinderte sie nicht daran, ihm das Leben mittels kleiner Sticheleien sauer zu machen. Zwischen ihr und ihm bestand eine jahrhundertealte Fehde und sie würde zumindest dafür sorgen, ihn daran zu gemahnen.

Collie nutzte ihr Geschlecht schamlos aus, um auf Wolfsblut herumzuhacken und ihn zu quälen. Sein Instinkt erlaubte es nicht, sie anzugreifen, gleichzeitig konnte er sie aufgrund ihrer Hartnäckigkeit nicht außer Acht lassen. Wenn sie auf ihn zustürmte, wandte er ihren scharfen Zähnen die mit dickem Pelz geschützte Schulter zu und schritt danach steifbeinig und würdevoll von dannen. Wenn sie ihn allzu sehr bedrängte, sah er sich gezwungen, mit abgewandtem Kopf und zugewandter Schulter im Kreis zu laufen, wobei seine Augen einen geduldigen und gelangweilten Ausdruck annahmen. Zuweilen beschleunigte ein Zwicken in die Hinterbeine allerdings seinen Rückzug, der dann alles andere als würdevoll verlief. In der Regel gelang es ihm jedoch, eine Würde zu wahren, die fast an Feierlichkeit grenzte. Er ignorierte ihre Anwesenheit so weit wie möglich und war darauf bedacht, ihr aus dem Weg zu gehen. Sah oder hörte er sie kommen, stand er auf und machte sich aus dem Staub.

Wolfsblut musste noch viele andere Dinge lernen. Im Vergleich zu den komplizierten Verhältnissen in Sierra Vista war das Leben im Norden ein Kinderspiel gewesen. Zuallererst musste er die Familie des Herrn verstehen. Das fiel ihm nicht sonderlich schwer, da ja Mitsah und Klukutsch auch zu Grauer Biber gehört und mit ihm die Mahlzeiten, das Feuer und das Lager geteilt hatten, und nun gehörten eben alle Bewohner des Hauses in Sierra Vista zu seinem Herrn.

Doch es gab einen gehörigen Unterschied. Sierra Vista war eine wesentlich weitläufigere Behausung als das Zelt von Grauer Biber. Es galt, viele Personen zu berücksichtigen: Richter Scott und seine Frau, Beth und Mary, die Schwestern des Herrn, Alice, die Frau des Herrn, und schließlich dessen Kinder Weedon und Maud, Knirpse von vier und sechs Jahren. Niemand konnte ihm etwas über all diese Leute erzählen, von Blutsbanden und Verwandtschaftsgraden wusste er nichts und würde es auch nie erfahren. Trotzdem begriff er bald, dass sie zu seinem Herrn gehörten. Wann immer sich eine Gelegenheit bot, beobachtete er ihre Handlungs- und Sprechweise, lauschte auf ihren Tonfall, und so fand er allmählich heraus, in welchem Verhältnis die Personen zu seinem Herrn standen und ob dieses vertraut oder innig war. Und nach dieser ermittelten Maßgabe wurden sie von Wolfsblut behandelt. Was seinem Herrn teuer war, das war auch ihm teuer; und was diesem lieb war, wurde von Wolfsblut in Ehren gehalten und sorgsam behütet.

So war es zum Beispiel mit den beiden Kindern. Kinder hatte er noch nie gemocht. Er hasste und fürchtete ihre Hände. Wie grausam und tyrannisch diese Hände sein konnten, das war eine bittere Lektion, die er während seiner Zeit im Indianerdorf gelernt hatte. Als Weedon und Maud sich ihm zum ersten Mal näherten, knurrte er warnend und sah böse drein. Ein Klaps und ein scharfes Wort seines Herrn nötigten ihn, die Liebkosungen der Kinder zuzulassen, obgleich er fortwährend grollte, wenn er von ihren winzigen Händen berührt wurde, und in dem Grollen schwang kein summender Ton. Irgendwann bemerkte er, dass das Mädchen und der Knabe seinem Herrn sehr am Herzen lagen. Fortan waren kein Klaps und kein scharfes Wort mehr nötig, damit sie ihn streicheln durften.

Überschwänglich zugetan war Wolfsblut ihnen aber nie. Er fügte sich den Kindern seines Herrn mit erzwungenem, aber ehrlichem Anstand und ertrug ihr albernes Benehmen so, wie man eine schmerzhafte Operation über sich ergehen lässt. Wenn er es nicht mehr aushielt, stand er auf und stolzierte entschlossen davon. Mit der Zeit konnte er die Kinder sogar leiden. Das aber zeigte er nicht und lief ihnen nie entgegen. Aber er floh nicht länger, sobald er sie kommen sah, sondern wartete auf sie. Und nach einer Weile trat ein erfreuter Glanz in seine Augen, wenn er sie erblickte, außerdem sah er ihnen eigenartig bedauernd hinterher, wenn sie sich einem anderen Zeitvertreib zuwandten.

All dies entwickelte sich jedoch erst allmählich. Derjenige, den er neben den Kindern am liebsten mochte, war Richter Scott. Wahrscheinlich gab es dafür zwei Gründe: erstens, weil dieser offensichtlich ein wertvoller Besitz seines Herrn war, und zweitens, weil er sich nicht aufdrängte. Wolfsblut lag Richter Scott gern zu Füßen, wenn er auf der breiten Veranda die Zeitung las und ihn gelegentlich mit einem Wort oder einem Blick bedachte – ein Beweis dafür, dass er Wolfsbluts Anwesenheit für selbstverständlich hielt. Aber dies geschah nur, wenn der Herr nicht zugegen war. Erschien er, waren alle anderen Wesen für Wolfsblut Luft.

Er erlaubte den Mitgliedern der Familie durchaus, ihn zu streicheln und viel Aufhebens um ihn zu machen, war ihnen jedoch in keiner Weise so zugetan wie seinem Herrn. Keine ihrer Liebkosungen konnte seiner Kehle den summenden Ton entlocken und niemals gelang es ihnen, ihn dazu zu bringen, sich anzuschmiegen. Dieses Zeichen tiefer Hingabe und absoluten Vertrauens war ausschließlich dem Herrn vorbehalten. Genau genommen waren die Familienmitglieder für ihn lediglich Besitztümer des liebevollen Gebieters.

Wolfsblut hatte außerdem schon bald gelernt, zwischen der Familie und den Dienstboten zu unterscheiden. Letztere fürchteten sich vor ihm, er hingegen verzichtete bloß darauf, sie anzugreifen, weil er sie ebenfalls als Besitztümer seines Herrn betrachtete.

Sie waren Wolfsblut relativ gleichgültig. Sie kochten für den Herrn, erledigten den Abwasch und taten andere Dinge, so wie Matt es in Klondike getan hatte. Kurz, sie waren Zubehör des Hauses.

Außerhalb des Hauses musste Wolfsblut noch viel mehr lernen. Der Herrschaftsbereich des Herrn war groß und vielschichtig, hatte aber seine Grenzen. Das Anwesen reichte nur bis zur Landstraße. Jenseits davon erstreckte sich das gemeinsame Gebiet aller Götter – die Wege und Straßen. Und innerhalb der anderen Zäune lagen die jeweiligen Besitztümer der anderen Götter. Unzählige Gesetze, die man beachten musste, regelten dies alles, und da Wolfsblut die Sprache der Götter nicht verstand, konnte er diese Gesetze nur durch Erfahrung erlernen. Er gehorchte seinen Trieben, bis er gegen ein Gesetz verstieß. Sobald dies mehrere Male geschehen war, begriff er das Gesetz und befolgte es fortan.

Doch das wirksamste Erziehungsmittel war ein Klaps von der Hand des Gebieters und ein tadelndes Wort aus seinem Mund. Da Wolfsblut ihn innig liebte, verletzte ein Klaps des Herrn ihn wesentlich mehr als jede Tracht Prügel, die ihm Grauer Biber oder Schöner Schmidt je erteilt hatte. Sie hatten nur seinem Körper wehgetan, seine Seele hatte sich wütend und unbeugsam dagegen empört. Scotts Klaps war stets zu leicht, um ihm wehzutun, dafür reichte er tiefer. Er drückte das Missfallen seines Herrn aus, und darunter litt seine Seele sehr.

Ein Klaps war eigentlich selten nötig, die Stimme des Herrn genügte. Sie verriet Wolfsblut, ob er recht oder unrecht tat, nach ihr richtete er sein Betragen aus und regulierte sein Verhalten. Die Stimme war der Kompass, nach dem er steuerte, um die Sitten und Gebräuche eines neuen Lebens und Landes zu erlernen.

Im Land des Nordens waren Hunde die einzigen Haustiere gewesen. Alle anderen Tiere lebten in der Wildnis, und sofern sie nicht zu groß waren, bildeten sie die rechtmäßige Beute jedes Hundes. Sein Leben lang hatte Wolfsblut sie verfolgt und verzehrt, also kam es ihm nicht in den Sinn, dass es im Südland anders sein könnte. Doch das sollte er im Tal von Santa Clara, seinem jetzigen Aufenthaltsort, nur allzu bald feststellen. Als er eines frühen Morgens um die Ecke des Hauses bog, stieß er auf ein Huhn, das aus dem Hühnerhof entwischt war. Für Wolfsblut war es die natürlichste Sache der Welt, es zu verschlingen. Ein paar Sätze, ein Aufblitzen der Zähne, ein erschrecktes Kreischen, und er hatte den Ausreißer gepackt. Das Huhn war gut gemästet, fett und zart; Wolfsblut leckte sich das Maul und fand das Mahl vortrefflich.

Später am Tag begegnete ihm bei den Ställen abermals ein verirrtes Huhn. Ein Stallknecht rannte herbei, um es zu retten. Er wusste nicht, dass er einen Wolf vor sich hatte, und wählte eine leichte Peitsche als Waffe. Beim ersten Peitschenhieb überließ Wolfsblut das Huhn dem Mann. Ein Knüppel hätte ihn vielleicht aufhalten können, aber nicht eine Peitsche. Lautlos und ohne zusammenzuzucken nahm er im Sprung einen zweiten Hieb hin und fuhr dem Mann an die Kehle. Der Stallknecht rief: »Großer Gott!« und taumelte zurück. Er ließ die Peitsche fallen und schützte seine Kehle mit den Armen. Daraufhin wurde ihm ein Unterarm bis zum Knochen aufgerissen. Der Mann hatte Todesangst. Er erschrak nicht so sehr über die Grimmigkeit, sondern über die Lautlosigkeit des Angriffs. Er bedeckte Kehle und Gesicht mit dem zerfleischten, blutenden Arm und versuchte, sich in die Scheune zu retten. Und wenn Collie nicht aufgetaucht wäre, wäre es ihm übel ergangen. Wie sie einst Dicks Leben gerettet hatte, so rettete sie nun das des Stallknechts. In wahnwitziger Wut stürzte sie sich auf Wolfsblut. Sie hatte Recht gehabt, war klüger gewesen als die verblendeten Menschen. Ihr Argwohn war gerechtfertigt. Der alte Plünderer war wieder einmal am Werk!

Der Knecht floh in die Stallungen, und Wolfsblut wich vor Collies scharfen Zähnen zurück, indem er ihr die Schulter zukehrte und sich im Kreis drehte. Aber Collie gab die Verfolgung nicht wie sonst nach kurzer Zeit auf. Im Gegenteil, sie wurde immer aufgebrachter und zorniger. Schließlich schlug Wolfsblut jegliche Würde in den Wind und hetzte wie ein Hase über die Felder davon.

»Er wird schon noch begreifen, dass er die Hühner nicht anfallen darf«, sagte Scott. »Aber das kann ich ihm erst beibringen, wenn ich ihn auf frischer Tat ertappe.«

Diese Tat ereignete sich zwei Tage später, doch in einem größeren Ausmaß, als sein Herr erwartet hatte. Wolfsblut hatte den Hühnerhof und die Gewohnheiten seiner Bewohner genau studiert. Als diese nachts auf den Stangen ruhten, kletterte er auf einen frisch aufgeschichteten Holzhaufen, erreichte von dort das Dach eines Hühnerstalls, kroch über den Firstbalken und sprang auf der anderen Seite in den Hof. Kurz darauf war er im Stall, und dann begann das Gemetzel.

Als Scott am nächsten Morgen auf die Veranda trat, erblickte er fünfzig tote weiße Leghorn-Hennen, die der Knecht in einer Reihe ausgelegt hatte. Er pfiff leise, erst vor Überraschung, dann vor Bewunderung. Auch Wolfsblut erblickte er, der keinerlei Anzeichen von Scham oder Schuldbewusstsein an den Tag legte. Seine Haltung war vielmehr stolz, als hätte er tatsächlich ein lobenswertes und verdienstvolles Werk vollbracht. Er ahnte nicht, dass er eine Sünde begangen hatte. Scotts Lippen wurden schmal, als er der unangenehmen Aufgabe ins Auge sah. Dann schalt er den unabsichtlichen Missetäter laut und sehr zornig. Er stieß Wolfsbluts Nase auf die ermordeten Hennen und versetzte ihm dabei einige heftige Klapse.

Wolfsblut plünderte nie wieder einen Hühnerstall. Das war gesetzwidrig, so viel hatte er begriffen. Eines Tages nahm ihn der Herr mit auf den Hühnerhof. Als Wolfsblut die lebendige Speise um sich und vor seiner Nase herumflattern sah, trieb ihn sein Instinkt, darauf loszuspringen. Er folgte dem Instinkt, wurde jedoch durch die Stimme seines Herrn zurückgehalten. Sie verweilten eine halbe Stunde im Hühnerhof. Wolfsblut wurde immer wieder von seinem Trieb erfasst, und jedes Mal, wenn er ihm nachgab, gebot ihm die Stimme des Herrn Einhalt. Auf diese Weise wurde ihm das Gesetz beigebracht, und ehe er das Reich der Hühner verließ, hatte er gelernt, dass er sie nicht beachten durfte.

»Einen Hühnermörder wirst du niemals heilen«, bemerkte Richter Scott und schüttelte betrübt den Kopf, als ihm sein Sohn beim Mittagessen erzählte, welche Lektion er Wolfsblut erteilt hatte. »Sobald er auf den Geschmack gekommen ist und Blut geleckt hat …«

Richter Scott schüttelte erneut traurig den Kopf.

Weedon Scott war anderer Meinung als sein Vater.

»Ich werde dir sagen, was ich mache«, stieß er trotzig hervor. »Ich werde Wolfsblut den ganzen Nachmittag bei den Hühnern einsperren.«

»Denk doch an die armen Hühner«, wandte der Richter ein.

»Außerdem werde ich dir für jedes Huhn, das er umbringt, einen Dollar in Gold zahlen«, fügte sein Sohn hinzu.

»Vater sollte auch Strafe zahlen, wenn er verliert«, mischte sich Beth ein.

Ihre Schwester pflichtete ihr bei, und die ganze Tischgesellschaft brach in Beifall aus. Richter Scott nickte zustimmend. »Also gut.«

Weedon Scott überlegte einen Augenblick, dann sagte er: »Und sollte Wolfsblut am Ende des Nachmittags keinem Huhn ein Haar gekrümmt haben, dann wirst du für jede zehn Minuten, die er im Hühnerhof zugebracht hat, ernst und bedächtig, als ob du zu Gericht säßest und das Urteil sprächest, zu ihm sagen: ›Wolfsblut, du bist klüger, als ich dachte‹.«

Die Familie beobachtete das Schauspiel von einem versteckten Blickwinkel aus. Die Vorstellung war jedoch alles andere als fesselnd. Kaum sah sich Wolfsblut im Hühnerhof eingeschlossen und vom Herrn verlassen, legte er sich nieder und schlief. Einmal stand er auf und ging an den Trog, um zu trinken. Die Hühner ließ er links liegen. Soweit es ihn betraf, waren sie gar nicht vorhanden. Gegen vier Uhr nahm er Anlauf, sprang auf das Dach des Hühnerstalls und auf der anderen Seite wieder hinab und schritt von dort aus gravitätisch zum Haus. Er hatte seine Lektion gelernt. Und auf der Veranda sagte Richter Scott vor der begeisterten Familie sechzehnmal langsam und feierlich: »Wolfsblut, du bist klüger, als ich dachte.«

Es gab aber derart viele Gesetze, dass Wolfsblut davon ganz benebelt war und sich oftmals eine Blamage einhandelte. Er musste lernen, dass er die Hühner anderer Götter auch nicht anrühren durfte. Ferner gab es Katzen, Kaninchen und Truthähne, die musste er ebenfalls in Ruhe lassen. Er gewann allmählich den Eindruck, als ob er alle lebendigen Geschöpfe unbehelligt lassen müsse. Wenn draußen auf der Weide eine Wachtel vor seiner Nase aufflatterte, so geschah ihr nichts. Angespannt und vor Begierde zitternd, bezwang er seinen Instinkt und hielt still. Er gehorchte dem Willen der Götter.

Aber eines Tages sah er, wie Dick auf der Weide einen Wildhasen aufscheuchte und verfolgte. Der Herr sah zu und griff nicht ein, er ermunterte Wolfsblut sogar, an der Jagd teilzunehmen. Und so lernte er, dass Hasen von dem Tabu ausgenommen waren. Schließlich begriff er, wie das Gesetz aufzufassen war. Zwischen ihm und allen Haustieren durfte keine Feindschaft herrschen. Gutes Einvernehmen wurde nicht verlangt, aber zumindest Neutralität. Eichhörnchen, Wachteln und Hasen waren hingegen Geschöpfe der Wildnis und hatten dem Menschen keine Treue geschworen. Darum waren sie für einen Hund rechtmäßige Beute. Die Menschen schützten nur die zahmen Tiere, deshalb war es verboten, einen tödlichen Zwist mit ihnen anzuzetteln. Die Götter hielten die Gewalt über Leben und Tod ihrer Untertanen in den Händen, und diese Gewalt hüteten sie eifersüchtig.

Im Norden hatte es einfache Richtlinien gegeben, doch im Tal von Santa Clara war das Leben kompliziert. Was in dieser unwägbaren Zivilisation hauptsächlich gefordert wurde, war Selbstbeherrschung – eine Ausgeglichenheit so zart wie das Flattern von hauchdünnen Flügeln und zugleich so hart wie Stahl. Das Leben hatte tausenderlei Facetten und Wolfsblut musste sich mit jeder einzelnen auseinandersetzen – etwa, wenn er mit in die Stadt San José genommen wurde und hinter der Kutsche herlief oder durch die Straßen streunte, wenn diese anhielt. Dort floss das Leben wie ein breiter, tiefer Strom in mannigfachen Windungen an ihm vorüber, beeinflusste fortwährend seine Sinne, verlangte von ihm, unverzüglich und ohne Unterlass darauf zu reagieren und sich anzupassen, und zwang ihn fast immer, seine natürlichen Triebe zu unterdrücken.

Da gab es Fleischerläden, wo das Fleisch direkt vor seiner Nase hing und er es trotzdem nicht anrühren durfte. In den Häusern, die der Herr besuchte, gab es Katzen, die er in Ruhe lassen musste. Überall waren Hunde, die ihn anknurrten und an denen er sich nicht vergreifen durfte. Auf den belebten Bürgersteigen gab es zahllose Personen, deren Aufmerksamkeit er erregte. Sie pflegten stehen zu bleiben und ihn anzustarren, sie deuteten mit dem Finger auf ihn, betrachteten ihn eingehend, sprachen zu ihm und was das Schlimmste war: sie streichelten ihn. Und diese gefährliche Berührung all der fremden Hände musste er ertragen. Er bestand die Belastungsprobe und überwand darüber hinaus sein Unbehagen und seine Verlegenheit. Hochmütig nahm er die Aufmerksamkeiten der zahllosen fremden Götter hin und verhielt sich ebenso herablassend wie sie. Andererseits hatte er etwas an sich, das allzu große Vertraulichkeit nicht zuließ. Die Fremden tätschelten seinen Kopf und gingen dann zufrieden und stolz auf die eigene Kühnheit weiter.

Es gab jedoch Dinge, die ihm nicht leicht fielen. Wenn er am Stadtrand von San José hinter der Kutsche trabte, traf er manchmal auf kleine Jungen, die stets mit Steinen nach ihm warfen. Er wusste, dass er sie nicht verfolgen und zu Boden werfen durfte, und das bedeutete, dass er seinen Selbsterhaltungstrieb missachten musste. Er tat sich selbst Zwang an, weil er zunehmend zahmer wurde und die Kriterien der Zivilisation erfüllte.

Doch so ganz überzeugte ihn das Abkommen nicht. Gerechtigkeit und ehrliches Spiel waren für ihn zwar keine abstrakten Vorstellungen, aber jedes Lebewesen verfügt über ein gewisses Gerechtigkeitsgefühl, und exakt jenes Gefühl empörte sich dagegen, dass er sich gegen die Steinewerfer nicht verteidigen durfte. Das war unfair. Der Pakt, den er mit den Göttern geschlossen hatte, verpflichtete sie doch dazu, ihn zu beschützen und für ihn zu sorgen. Und tatsächlich sprang der Herr eines Tages mit der

Peitsche in der Hand aus der Kutsche und verdrosch die Steinewerfer. Von da an unterließen es die Jungen, ihn mit Steinen zu bewerfen, und Wolfsblut verstand und war zufrieden.

Eine ähnliche Prüfung war die folgende. Auf dem Weg zur Stadt lungerten beim Saloon an der Kreuzung immer drei Hunde herum, die sich auf ihn stürzten, wenn er vorbeikam. Da Weedon Scott seine tödliche Kampfweise kannte, hatte er Wolfsblut das Gesetz eingeschärft, niemals zu kämpfen. Wolfsblut hatte die Lektion zwar wohl begriffen, aber es kam ihn hart an, gleichmütig an dem Saloon vorüberzutraben. Sein Knurren trieb die drei Hunde nach dem ersten Ansturm stets zurück, doch sie hefteten sich laut kläffend an seine Fersen, und das ärgerte und kränkte ihn.

So ging es eine ganze Weile. Die Männer im Saloon drängten die Hunde sogar, Wolfsblut anzugreifen, und eines Tages hetzten sie die Tiere offen auf ihn. Der Herr hielt die Kutsche an und rief Wolfsblut zu:

»Fass!« Wolfsblut konnte es nicht glauben. Er sah den Herrn an, dann die Hunde und dann wieder aufmerksam und fragend seinen Herrn.

Dieser nickte aufmunternd: »Fass sie, mein Alter. Mach sie fertig.«

Da zögerte Wolfsblut nicht länger. Er wandte sich um sprang ohne einen Laut unter die Feinde. Alle drei griffen ihn an. Fürchterliches Knurren und Grollen wurde laut, Zähne blitzten und bissen, Leiber verkeilten sich ineinander. Der Staub auf der Straße stieg in einer dichten Wolke auf und verhüllte den Kampf. Nach wenigen Minuten lagen zwei Hunde im Dreck und rangen mit dem Tod, während der dritte hastig die Flucht ergriff. Er sprang über einen Graben, kroch unter einem Lattenzaun hindurch und rannte über ein Feld davon. Wolfsblut folgte ihm, glitt nach Wolfsart und mit Wolfeseile rasch und lautlos über den Boden, holte den Hund mitten auf dem Feld ein, warf ihn zu Boden und machte ihm den Garaus.

Diese dreifache Ermordung beendete die ärgsten Belästigungen durch andere Hunde. Die Kunde verbreitete sich im ganzen Tal, und die Männer sorgten dafür, dass ihre Hunde den Kampfwolf unbehelligt ließen.

KAPITEL 4

# Der Ruf der Gattung

Die Monate kamen und gingen. Im Land des Südens gab es reichlich Futter und keine Arbeit. Wolfsblut lebte im Überfluss und war glücklich. Denn er lebte nicht nur geografisch im Süden, menschliche Güte wärmte ihn wie die südliche Sonne und er gedieh wie eine Pflanze in nährstoffreichem Boden. Er befand sich im Südland des Lebens.

Dennoch war und blieb er andersartig als andere Hunde. Er kannte das Gesetz besser als Hunde, die nie etwas anderes kennengelernt hatten, er befolgte es auch minutiöser, und trotzdem umgab ihn ein Hauch lauernder Wildnis, als klinge sie noch in ihm nach und der Wolf in ihm schliefe nur.

Er freundete sich nie mit anderen Hunden an. Was seine Gattung anging, hatte er stets einsam gelebt und wollte auch weiterhin einsam leben. In seiner Welpenzeit war er von Liplip und der Meute junger Hunde verfolgt worden, und als er Schöner Schmidt gehört hatte, musste er ständig gegen Hunde kämpfen – deshalb hatte er eine entschiedene Abneigung gegen ihresgleichen gefasst. Seine natürliche Entwicklung war verfremdet worden und er hatte sich, von seiner Gattung verstoßen, an den Menschen geklammert.

Außerdem blickten alle Hunde des Südens mit Argwohn auf ihn. Er weckte die instinktive Furcht vor der Wildnis in ihnen und sie begrüßten ihn stets mit Knurren, Grollen und angriffslustiger Abscheu. Er lernte bald, dass er seine Zähne nicht gegen sie einzusetzen brauchte. Seine entblößten Eckzähne und hochgezogenen Lefzen waren genauso wirksam, sie genügten meist, um einen keifenden, auf ihn losstürmenden Hund zu schleunigem Rückzug zu bewegen.

Eine Plage aber gab es in Wolfsbluts Leben und das war Collie. Sie ließ ihn keinen Augenblick in Ruhe. Sie fügte sich dem Gesetz nicht so gehorsam wie er. Sie widerstand allen Bemühungen des Herrn, sich mit Wolfsblut zu befreunden. Ihr scharfes, gereiztes Knurren verfolgte ihn überall. Sie hatte ihm den fatalen Vorfall mit den Hühnern nie verziehen und hielt hartnäckig an dem Glauben fest, dass er üble Absichten hege. In ihren Augen war er schuldig, bevor er etwas getan hatte, und entsprechend behandelte sie ihn. Sie wurde sein Quälgeist, wie ein Häscher folgte sie ihn überall hin, um die Ställe und in den Park, und wenn er eine Taube oder ein Huhn auch nur neugierig anblickte, brach sie in empörtes, zorniges Gebell aus. Das probateste Mittel, sie zu ignorieren, war, den Kopf auf die Vorderpfoten zu legen und so zu tun, als schliefe er. Das verblüffte sie immer und brachte sie zum Schweigen.

Abgesehen von Collie ging es Wolfsblut bestens. Er hatte sich Selbstbeherrschung und Gelassenheit angeeignet, er kannte das Gesetz. Es gelang ihm, gesetzt, ruhig und unerschütterlich zu sein. Er empfand seine Umgebung nicht mehr als feindselig. Gefahr, Schmerz und Tod lauerten ihm nicht mehr überall auf. Das Unbekannte, das Schrecken und drohende Gefahr verkörperte, verblasste mit der Zeit. Das Leben war angenehm und leicht. Es floss reibungslos dahin, weder Angst noch Feind störten seinen Lauf.

Er vermisste den Schnee, ohne sich dessen bewusst zu sein. Hätte er Denken und Sprechen können, hätte er gesagt: »Was für ein ungewöhnlich langer Sommer!« Da er aber weder das eine noch das andere konnte, vermisste er den Schnee nur unbewusst und nebelhaft. Ähnlich erging es ihm in der Sommerhitze. Wenn er unter der heißen Sonne litt, fühlte er eine schwache Sehnsucht nach dem Land des Nordens. Diese Sehnsucht ließ ihn unruhig und rastlos werden, ohne dass er eigentlich wusste, was ihm fehlte.

Es war ihm nicht gegeben, seine Liebe zu zeigen; nur durch Anschmiegen und den summenden Ton in seinem Grollen konnte er sie ausdrücken. Doch er sollte noch eine dritte Ausdrucksform entdecken. Auf Gelächter hatte er stets empfindlich reagiert, es hatte ihn verrückt und rasend vor Wut gemacht. Auf den liebenden Gebieter aber konnte er unmöglich böse sein, wenn dieser ihn gutmütig neckend auslachte. Da wusste er nicht, was er tun solle, er fühlte das Stechen und Beißen des alten Ärgers, der in ihm aufsteigen wollte, gegen die Liebe aber nichts ausrichten konnte. Er konnte nicht zornig werden, aber irgendetwas musste er ja tun. Also versuchte er es mit Würde und der Herr lachte noch lauter. Er blickte noch würdevoller drein, aber je gravitätischer er wurde, desto ärger lachte der Herr. Schließlich vertrieb das Lachen des Herrn die Würde. Wolfsblut öffnete ein wenig das Maul, zog die Lefzen leicht nach oben und ein sonderbarer Ausdruck, der mehr von Liebe als von Belustigung an sich hatte, kam in seine Augen. Er hatte lachen gelernt.

Er lernte auch, mit dem Herrn herumzutollen, ließ sich zu Boden werfen und hin und her rollen; er wurde zum Opfer zahlloser gemeiner Tricks. Im Gegenzug täuschte er Zorn vor, sträubte das Haar, knurrte grimmig und schnappte mit den Zähnen, als ob es ihm todernst sei. Aber er hatte sich immer unter Kontrolle. Stets schnappte er in die leere Luft. Am Ende einer solchen Balgerei, wenn Schlag und Klaps und Knurren und Zähnefletschen schnell und scheinbar wütend ausgetauscht worden waren, trennten sich die beiden plötzlich, stellten sich einige Meter voneinander entfernt auf und sahen sich in die Augen. Und ebenso plötzlich, wie wenn die Sonne aus stürmischem Meer emporsteigt, fingen sie an zu lachen. Das Spiel gipfelte immer darin, dass der Herr Wolfsblut die Arme um Hals und Schultern schlang und dieser sein Liebesgrollen anstimmte.

Ansonsten wagte es niemand, mit Wolfsblut zu tollen. Er ließ es nicht zu. Er bestand auf seiner Würde, und wenn sie es dennoch versuchten, waren sein warnendes Knurren und sein gesträubtes Fell alles andere als spielerisch. Dass sein Herr sich diese Freiheit herausnehmen durfte, war noch lange kein Grund, den gewöhnlichen Hund zu markieren, den jeder liebhaben durfte, der jedermann gehörte und mit dem jeder herumtollen und sich vergnügen konnte. Er liebte nur einen und verwahrte sich dagegen, sich oder seine Liebe herabwürdigen zu lassen.

Der Herr ritt sehr viel aus und es zählte zu Wolfsbluts Hauptpflichten, ihn dabei zu begleiten. Im Nordland hatte er seine Treue durch mühevolles Laufen im Geschirr bewiesen, aber hier im Süden gab es weder Schlitten, noch trugen die Hunde Lasten auf dem Rücken. Folglich diente er seinem Herrn, indem er neben dessen Pferd herlief. Selbst der längste Ritt ermüdete Wolfsblut nie. Er hatte den Gang eines echten Wolfs, leichtfüßig, ausdauernd und mühelos, und so pflegte er nach einem fünfzig Meilen langen Lauf frisch und munter dem Pferd voranzutraben.

Bei einem dieser Ritte gelang Wolfsblut noch eine weitere Äußerung seiner Gefühle, und es ist merkwürdig, dass er sie nur zweimal im Leben anwandte. Das erste Mal geschah es, als der Herr einem feurigen Vollblut beizubringen versuchte, Gatter zu öffnen und zu schließen, ohne dass der Reiter dabei absteigen muss. Immer wieder lenkte er das Pferd an das Tor, um es zu schließen, und jedes Mal scheute das Tier, trat zurück und sprang zur Seite. Es wurde immer nervöser und unruhiger. Als das Pferd stieg, drückte ihm der Herr die Sporen in die Flanken, um es wieder auf den Boden zu bringen, doch da fing es an, mit den Hinterbeinen auszuschlagen. Wolfsblut beobachtete den Vorgang mit wachsender Unruhe, schließlich konnte er sich nicht länger zurückhalten, stellte sich vor das Pferd und bellte laut und drohend.

Obgleich er danach öfter zu bellen versuchte und vom Herrn auch dazu ermuntert wurde, glückte es ihm nur noch einmal und zwar in Abwesenheit des Herrn. Bei einem Galopp über die Weide hüpfte plötzlich ein Hase dicht vor den Hufen des Pferdes in die Höhe. Das Pferd machte einen Satz zur Seite, stolperte, stürzte und die Folge war ein Beinbruch des Herrn. Wütend sprang Wolfsblut dem verbrecherischen Reittier an die Kehle, aber ein Befehl des Herrn rief ihn zurück.

»Nach Hause! Lauf nach Hause!«, gebot er ihm, als er sich von seiner Verletzung überzeugt hatte.

Wolfsblut war nicht geneigt, ihn zu verlassen. Scott dachte daran, eine Nachricht zu schreiben und durchsuchte seine Taschen vergeblich nach Papier und Bleistift. Wieder befahl er Wolfsblut, nach Hause zu gehen.

Dieser sah ihn wehmütig an, machte ein paar Schritte, kehrte wieder um und winselte leise. Der Herr sprach sanft, aber in ernstem Tonfall zu ihm, und Wolfsblut spitzte die Ohren und lauschte äußerst gespannt.

»Hör zu, mein Freund, du musst schnurstracks nach Hause laufen«, so begann die Rede. »Lauf nach Hause und sag ihnen, was mir passiert ist. Nach Hause, Wolfsblut! Vorwärts, ab nach Hause!«

Wolfsblut wusste, was »nach Hause« bedeutet und obwohl er den Rest der Rede nicht verstand, war ihm klar, dass es der Wille des Herrn sei, dass er heimging. Er wandte sich um und trabte widerstrebend fort. Dann hielt er unentschlossen inne und blickte über die Schulter zurück.

»Lauf nach Hause!«, kam es in scharfem Befehlston und diesmal gehorchte Wolfsblut.

Die Familie genoss die Kühle des Nachmittags auf der Veranda, als Wolfsblut eintraf. Er kam keuchend und staubbedeckt heran.

»Weedon ist zurück«, verkündete Weedons Mutter. Die Kinder begrüßten Wolfsblut mit freudigen Ausrufen und rannten ihm entgegen. Er wich ihnen aus und wollte die Veranda verlassen, aber sie drängten ihn in eine Ecke zwischen einem Schaukelstuhl und dem Geländer. Er grollte und suchte an ihnen vorbeizukommen. Die Mutter schaute besorgt auf ihre Kinder.

»Ich muss gestehen, es macht mich nervös, wenn er bei den Kindern ist«, sagte sie. »Ich habe Angst, dass er sie eines Tages plötzlich anfällt.«

Wolfsblut grollte grimmig und sprang aus der Ecke, wobei er die Kinder umwarf. Die Mutter rief sie zu sich, tröstete sie und sagte ihnen, sie sollten Wolfsblut nicht ärgern.

»Wolf bleibt Wolf«, bemerkte Richter Scott. »Man kann ihm einfach nicht trauen.«

»Aber er ist ja nur zur Hälfte ein Wolf«, wandte Beth ein, die in Abwesenheit des Bruders dessen Partei ergriff.

»Das behauptet Weedon zumindest«, entgegnete der Richter. »Dabei vermutet er nur, dass Wolfsblut die Veranlagung eines Hundes in sich trägt. Aber wie er dir selbst sagen wird, weiß er nichts Genaues. Und was sein Aussehen betrifft …«

Er vollendete den Satz nicht. Wolfsblut stand vor ihm und grollte wie wild.

»Aus! Mach Platz!«, befahl Richter Scott.

Wolfsblut wandte sich zu der Frau des Gebieters. Sie schrie vor Schreck auf, als er ihr Kleid mit den Zähnen packte und daran zerrte, bis das dünne Gewebe zerriss. Inzwischen hatte er die Aufmerksamkeit aller gewonnen. Er hörte auf zu grollen, stand mit hoch erhobenem Kopf da und blickte sie an. In seiner Kehle zuckte es heftig, er gab jedoch keinen Laut von sich, und sein ganzer Körper wand sich krampfhaft in der Anstrengung, einen Ausdruck für das zu finden, was nach Mitteilung rang.

»Hoffentlich wird er nicht toll«, meinte Weedons Mutter. »Ich habe Weedon meine Befürchtung mitgeteilt, dass das warme Klima einem Tier aus der Arktis nicht gut bekommen kann.«

»Ich glaube, er möchte uns etwas sagen«, erklärte Beth.

In diesem Augenblick fand Wolfsblut tatsächlich die Sprache und machte sich in lautem Bellen Luft.

»Weedon muss etwas passiert sein«, sagte Weedons Frau entschieden.

Alle sprangen auf, während Wolfsblut die Stufen hinablief und sich umblickte, damit sie ihm folgten. Zum zweiten und letzten Mal in seinem Leben hatte er gebellt und sich dadurch verständlich gemacht.

Nach diesem Ereignis schlossen ihn die Bewohner von Sierra Vista enger in ihr Herz und selbst der Stallknecht, dessen Arm er zerfetzt hatte, gab zu, dass er ein kluger Hund sei, obwohl er doch eigentlich ein Wolf war. Richter Scott hielt an seiner Meinung fest und belegte sie zu jedermanns Missfallen durch Messungen und Beschreibungen, die er dem Konversationslexikon sowie verschiedenen naturwissenschaftlichen Werken entnahm.

Die Tage kamen und gingen und nie endender Sonnenschein überflutete das Tal von Santa Clara. Als sie aber kürzer wurden und Wolfsbluts zweiter Winter im Südland herannahte, machte er eine seltsame Entdeckung. Collies Zähne waren nicht mehr scharf. Sie zwickte ihn jetzt fast spielerisch und so sanft, dass es nicht mehr weh tat. Er vergaß, dass sie ihm das Leben zur Hölle gemacht hatte, und wenn sie ihn neckisch umkreiste, ging er feierlich darauf ein, darum bemüht, selbst ausgelassen zu sein, wobei er eine höchst lächerliche Figur abgab.

Eines Tages forderte sie ihn zu einer langen Jagd über die Weiden und in die Wälder auf. Es war an einem Nachmittag, an dem der Herr ausreiten wollte, wie Wolfsblut wohl wusste. Das Pferd wartete gesattelt vor der Tür. Wolfsblut zögerte. Aber etwas in ihm lag tiefer als all die Gesetze, die er gelernt hatte, all die Bräuche, die ihn geprägt hatten, tiefer selbst als die Liebe zu seinem Herrn und der Wille zum Leben, und als Collie ihn im Augenblick des Zauderns zwickte und davonstürmte, kehrte er um und rannte hinter ihr her. An diesem Tag ritt der Herr allein aus; und in den Wäldern liefen Wolfsblut und Collie Seite an Seite, so wie einst vor vielen Jahren seine Mutter Kiche und Einauge im stillen Wald des Nordens nebeneinander gelaufen waren.

KAPITEL 5

# Der schlafende Wolf

Ungefähr um diese Zeit waren die Zeitungen voll von der gewagten Flucht eines Sträflings aus dem Gefängnis von San Quentin. Der Sträfling war ein brutaler Mann, der von Natur aus bösartig war. Er war bereits mit üblen Anlagen geboren und die Prägung, die er durch die Gesellschaft erhielt, hatte ihn nicht besser gemacht. Die Gesellschaft ist erbarmungslos, und dieser Mann war ein frappantes Beispiel für ihr Wirken. Er war eine Bestie, ein menschliche Bestie zwar, aber nichtsdestotrotz eine derart furchtbare Bestie, das man ihn getrost als raubtierhaft bezeichnen konnte.

Im Gefängnis von San Quentin hatte man ihn für unverbesserlich gehalten. Züchtigung hatte seinen Willen nicht brechen können. Er wäre eher halb wahnsinnig und bis zuletzt kämpfend gestorben, als sich schlagen zu lassen, solange noch ein Funken Leben in ihm war. Je erbitterter er sich zur Wehr setzte, desto schroffer ging die Gesellschaft mit ihm um, und das einzige Ergebnis der Härte war, dass er noch erbitterter wurde. Zwangsjacke, Nahrungsentzug, Schläge und Prügel waren für Jim Hall nicht die richtige Behandlung, doch genau eine solche wurde ihm zuteil. Er war von jeher so behandelt worden, schon als nichtsnutziger Junge in einem Elendsviertel in San Francisco – weicher Lehm in den Händen der Gesellschaft, aus dem man alles Mögliche hätte formen können.

Im dritten Jahr seiner Haft traf Jim Hall auf einen Wärter, der eine fast ebenso schlimme Bestie war wie er selbst. Der Wärter war ungerecht, verleumdete ihn beim Gefängnisdirektor, ruinierte seinen Ruf und schikanierte ihn. Der Unterschied zwischen den beiden bestand lediglich darin, dass der Wärter einen Schlüsselbund und einen Revolver trug. Jim Hall hatte nur seine nackten Hände und seine Zähne. Eines Tages fiel er über den Wärter her und bearbeitete dessen Kehle wie ein Tier im Dschungel mit den Zähnen.

Daraufhin sperrte man Jim Hall in eine Zelle für unverbesserliche Verbrecher. Drei Jahre brachte er dort zu. Die Zelle war vollständig aus Eisen: der Fußboden, die Wände und die Decke. Nie durfte er sie verlassen, nie sah er den Himmel und die Sonne. Tagsüber herrschte Zwielicht, nachts dunkles Schweigen. Lebendig war er in der eisernen Gruft begraben. Er sah kein menschliches Antlitz, sprach mit keinem menschlichen Wesen. Wenn sein Essen zu ihm hereingeschoben wurde, knurrte er wie ein wildes Tier. Er hasste alles und jeden. Ganze Tage und Nächte lang brüllte er seine Wut gegen die Welt hinaus. Wochen und Monate gab er keinen Laut von sich und fraß im finsteren Schweigen seine eigene Seele auf. Er war ein Mensch und ein Ungeheuer, ein entsetzliches, Furcht erregendes Wesen, so wie jene, die in den Visionen eines vom Wahnsinn Befallenen Kauderwelsch sprechen.

Und dann brach er eines Nachts aus. Der Gefängnisdirektor behauptete, das sei eine Unmöglichkeit, dennoch war die Zelle leer, nur der Leichnam des Wärters lag am Eingang. Zwei weitere tote Wärter kennzeichneten seinen Weg durch das Gefängnis bis zu den Außenmauern; er hatte sie mit bloßen Händen umgebracht, um jeglichen Lärm zu vermeiden.

Er hatte die Revolver der erschlagenen Wärter an sich genommen – ein wandelndes Waffendepot, das in die Berge floh und von der organisierten Macht der Gesellschaft verfolgt wurde. Ein hoher Goldpreis wurde auf seinen Kopf ausgesetzt. Habgierige Farmer jagten ihn mit Flinten, um mit dem Blutgeld eine Hypothek zu tilgen oder einen Sohn auf die Universität zu schicken. Sozial gesinnte Bürger nahmen ihre Büchsen von der Wand und stellten ihm nach. Eine Meute Bluthunde wurde auf die Spur seiner blutenden Füße angesetzt. Und die Spürhunde des Gesetzes, die bezahlten Kampftiere der Gesellschaft, hefteten sich Tag und Nacht mit Telefon, Telegraph und Sonderzug an seine Fersen.

Manchmal spürten sie ihn auf und die Männer traten ihm heldenhaft entgegen oder stürmten wie wild durch Stacheldrahtzäune – zum Entzücken der Bürger des Commonwealth, die den Bericht darüber am nächsten

Morgen beim Frühstück lasen. Nach einem derartigen Gefecht wurden die Toten und Verwundeten in die Städte geschafft und durch Männer ersetzt, die auf die Menschenjagd begierig waren.

Und dann verschwand Jim Hall. Die Bluthunde suchten vergebens nach der verlorenen Spur. Harmlose Viehzüchter in entlegenen Tälern wurden von bewaffneten Männern aufgehalten und gezwungen, sich auszuweisen; und ein Dutzend Mal wurden die sterblichen Überreste von Jim Hall in den Bergen von gierigen Leuten entdeckt, die das Blutgeld beanspruchen wollten.

In Sierra Vista wurden die Zeitungen unterdessen nicht unbedingt aus Neugier, sondern eher aus Angst gelesen. Die Frauen fürchteten sich. Richter Scott tat die Sache verächtlich ab und lachte, hatte aber wenig Grund dazu, denn in den letzten Tagen seines Richteramtes hatte Jim Hall vor ihm gestanden und sein Urteil entgegengenommen. Und im öffentlich zugänglichen Gerichtssaal hatte Jim Hall damals vor allen Leuten laut verkündet, der Tag werde kommen, an dem er sich an dem Richter rächen würde, der ihn verurteilt habe.

Jim Hall hatte ausnahmsweise Recht. Er hatte das Verbrechen nicht begangen, für das er verurteilt wurde. In der Sprache der Diebe und der Polizei nannte man so einen Fall einen Prozess ohne ausreichende Beweise. Jim Hall wurde vorschnell und zu Unrecht verurteilt. Da er zuvor bereits zweimal für schuldig befunden worden war, verhängte Richter Scott eine Gefängnisstrafe von fünfzig Jahren.

Richter Scott war nicht allwissend und er wusste nicht, dass er an einem Komplott der Polizei beteiligt gewesen war, dass die Beweise erfunden und gefälscht waren und dass Jim Hall unschuldig eines Verbrechens angeklagt wurde. Und Jim Hall wusste nicht, dass Richter Scott schlicht ahnungslos gewesen war. Jim Hall glaubte, dass der Richter eingeweiht war und bei der Begehung dieses ungeheuerlichen Unrechts mit der Polizei unter einer Decke gesteckt hatte. Und so kam es, dass Jim Hall, der alles an der Gesellschaft hasste, die ihn missbrauchte, aufsprang und im Gerichtssaal tobte, als Richter Scott das Urteil von fünfzig Jahren trostlosem Dasein aussprach. Er tobte so lange, bis er von einem halben Dutzend seiner blaugewandeten Feinde niedergerungen wurde. Für ihn verkörperte Richter Scott den Grundpfeiler im Gewölbe der Ungerechtigkeit, er überschüttete ihn mit Hohn und Spott und schleuderte ihm wilde Drohungen entgegen, sich dereinst dafür zu rächen. Dann begab Jim Hall sich in sein trostloses Dasein … und entkam.

Wolfsblut wusste von all dem nichts. Aber zwischen ihm und Alice, der Gattin des Herrn, gab es ein Geheimnis. Nachts, wenn alle Bewohner in Sierra Vista zu Bett gegangen waren, stand sie auf und ließ Wolfsblut im großen Hausflur schlafen. Da er aber kein Haushund war und nicht im Haus schlafen durfte, schlich sie jeden Morgen früh hinab, und ließ ihn hinaus, ehe die Familie wach war.

In einer solchen Nacht, als das ganze Haus schlief, erwachte Wolfsblut und lag ganz still. Er sog still die Luft ein, die ihm die Kunde von der Gegenwart eines Fremden überbrachte. Seine Ohren vernahmen Laute, die ihm verrieten, dass sich der Fremde irgendwo bewegte. Wolfsblut brach nicht in wütendes Bellen aus, das tat er nie. Der Fremde schlich leise umher, doch Wolfsblut schlich noch leiser, denn er hatte keine Kleider an, die an seinem Körper raschelten. Er folgte ihm lautlos. In der Wildnis hatte er unsäglich scheue Beute gejagt und er kannte den Vorteil des Überraschungsangriffs.

Der Fremde blieb am Fuß der großen Treppe stehen und lauschte. Wolfsblut hätte ausgestopft sein können, so reglos verharrte, beobachtete und wartete er. Die Treppe führte zum liebevollen Gebieter und seinen kostbarsten Besitztümern empor. Wolfsblut sträubte das Haar, wartete aber ab. Der Fremde hob den Fuß und setzte ihn auf die unterste Stufe.

In diesem Augenblick schlug Wolfsblut zu. Er gab keinen Warnlaut und kein Knurren von sich, er handelte einfach. Er sprang in die Höhe und landete auf dem Rücken des Fremden. Er klammerte sich mit den Vorderpfoten an den Schultern des Mannes fest und vergrub die Zähne in dessen Nacken. Er klammerte sich nur wenige Sekunden an, dann hatte er den Mann rückwärts umgerissen. Gemeinsam fielen sie mit lautem Krach zu Boden. Wolfsblut sprang zur Seite und als der Mann sich hochrappeln wollte, griffen ihn die scharfen Zähne abermals an.

Sierra Vista erwachte voller Angst. Das Getöse im Flur klang, als ob eine Schar Dämonen miteinander kämpfte. Dazwischen ertönten Revolverschüsse und die Stimme eines Menschen, der vor Schrecken und in Todesnöten schrie, begleitet von unaufhörlichem Knurren und Grollen, in das sich das Geräusch von zersplitternden Möbeln und zerbrechendem Glas mischte.

Doch nahezu ebenso schnell, wie der Lärm entstanden war, erstarb er wieder. Der Kampf hatte nicht länger als drei Minuten gedauert. Die erschrockene Familie versammelte sich oben an der Treppe. Wie aus einem tiefen Abgrund kam von unten ein gurgelnder Laut herauf, als ob Luftblasen im Wasser emporstiegen. Zuweilen verwandelte sich der Ton in zischendes Pfeifen. Aber auch dieses wurde leiser und hörte bald auf. Darauf ertönte in der Finsternis nichts mehr als ein schweres Keuchen, wie wenn ein Erstickender nach Luft ringt.

Weedon Scott drückte einen Knopf, und Treppe und Hausflur wurden von Licht überflutet. Dann stiegen er und Richter Scott mit Revolvern in den Händen vorsichtig die Treppe hinunter. Diese Vorsicht war nicht vonnöten. Wolfsblut hatte ganze Arbeit geleistet. Inmitten eines Trümmerhaufens aus umgestürzten und zerschmetterten Möbeln lag ein Mann halb auf der Seite, das Gesicht unter einem Arm verborgen. Weedon Scott beugte sich über ihn, schob den Arm zur Seite und drehte das Gesicht des Mannes nach oben. Eine klaffende Wunde am Hals erklärte, woran er gestorben war.

»Jim Hall«, sagte Richter Scott, und Vater und Sohn blickten sich bedeutungsvoll an.

Dann wandten sie sich Wolfsblut zu, der ebenfalls auf der Seite lag. Seine Augen waren geschlossen, aber die Lider hoben sich ein wenig, als er die beiden Männer, die sich über ihn beugten, ansehen wollte. Er versuchte, mit dem Schwanz zu wedeln, konnte ihn jedoch nur unmerklich bewegen. Weedon Scott streichelte ihn und aus Wolfsblut Kehle stieg als Antwort ein Grollen empor, das sehr leise und schwach war und rasch erstarb. Die Lider senkten und schlossen sich, der Körper entspannte sich scheinbar und streckte sich flach auf dem Boden aus.

»Armer Kerl, es ist aus mit ihm«, murmelte sein Herr.

»Das wollen wir doch sehen«, beteuerte der Richter und ging zum Telefon.

»Offen gesagt, seine Chancen stehen eins zu Tausend«, verkündete der Doktor, nachdem er Wolfsblut anderthalb Stunden lang operiert hatte.

Die Dämmerung erhellte die Fenster und ließ das elektrische Licht trübe erscheinen. Bis auf die Kinder war die ganze Familie um den Doktor versammelt, um dessen Urteil zu hören.

»Ein Hinterbein ist gebrochen«, fuhr dieser fort, »sowie drei Rippen, von denen mindestens eine in die Lunge gedrungen ist. Außerdem hat er fast alles Blut, das er im Körper hatte, verloren. Innere Verletzungen sind höchstwahrscheinlich, auf ihm muss herumgetrampelt worden sein. Ganz zu schweigen von den drei Kugeln, die glatt durch ihn hindurchgegangen sind. Eins zu Tausend ist wirklich optimistisch. Es steht eher eins zu Zehntausend.«

»Trotzdem darf nichts versäumt werden, um ihn durchzubringen«, rief Richter Scott aus. »Koste es, was es wolle. Durchleuchten Sie ihn mit Röntgenstrahlen, tun Sie Ihr Möglichstes. Weedon, telegrafiere umgehend nach San Francisco an Doktor Nichols. Nehmen Sie es nicht übel, Doktor, aber wir dürfen nichts unversucht lassen, verstehen Sie.«

Der Doktor lächelte nachsichtig. »Natürlich, ich verstehe das. Er verdient es, dass alles Menschenmögliche für ihn getan wird. Er muss übrigens wie ein Mensch, wie ein krankes Kind gepflegt werden. Und vergessen Sie nicht, was ich Ihnen über die Temperatur gesagt habe. Um zehn Uhr bin ich wieder da.«

Wolfsblut wurde vorbildlich gepflegt. Der Vorschlag von Richter Scott, eine ausgebildete Krankenschwester kommen zu lassen, wurde von seinen Töchtern entrüstet zurückgewiesen, da sie selbst die Pflege übernehmen wollten. Und schließlich erhielt Wolfsblut die eine Chance von jenen eins zu Zehntausend, die der Doktor ihm nicht zusprechen wollte.

Allerdings konnte man dem Doktor seine Fehleinschätzung nicht zum Vorwurf machen. Sein Leben lang hatte er nur verzärtelte Geschöpfe der Zivilisation behandelt und operiert, die wohlbehütet lebten und aus vielen wohlbehüteten Generationen hervorgegangen waren. Verglichen mit

Wolfsblut waren sie gebrechlich und schlaff und klammerten sich kraftlos ans Leben. Wolfsblut kam geradewegs aus der Wildnis, dort gehen die Schwachen frühzeitig unter und niemandem wird Schutz gewährt. Weder sein Vater noch seine Mutter noch die Generationen vor ihm hatten Schwäche gekannt. Wolfsbluts Erbe waren eine eiserne Konstitution und die Vitalität der Wildnis und er hing mit jeder Faser seines Wesens, mit Körper und Seele am Leben; er klammerte sich mit jener Hartnäckigkeit daran, die einst allen Geschöpfen eigen war.

Gefesselt wie ein Gefangener und jeder Bewegung durch Bandagen und Gipsverbände beraubt, brachte Wolfsblut viele Wochen zu. Er schlief stundenlang und träumte viel, und vor seinem inneren Auge zogen in endloser Reihe die Bilder des Nordlands vorüber. Die Geister der Vergangenheit tauchten auf und umgaben ihn. Abermals lag er bei Kiche in der Höhle, kroch zitternd zu den Knien von Grauer Biber, um ihm die Treuepflicht zu leisten, und rannte vor Liplip und der heulenden Rotte junger Hunde um sein Leben.

Wieder lief er durch die Stille und jagte während der monatelangen Hungersnot im Wald, rannte abermals an der Spitze des Gespanns, Mitsah und Grauer Biber knallten hinter ihm mit der Peitsche aus Karibudarm und schrien: »Raa! Raa!«, wenn sie an einen Hohlweg kamen und das Gespann sich wie ein zusammengeklappter Fächer dicht aneinanderdrängen musste. Er durchlebte erneut die Schreckenstage bei Schöner Schmidt und all die Kämpfe, die er ausgefochten hatte. Bei solchen Visionen winselte und knurrte er im Schlaf, und dann sagten seine Betreuer, dass er schlimme Träume habe.

Am meisten aber litt er unter einem bestimmten Albtraum – wenn die rasselnden, klirrenden Ungeheuer der elektrischen Straßenbahnwagen vor ihm auftauchten, die ihm wie gigantische, kreischende Luchse erschienen. Er träumte, er läge im Gebüsch verborgen und lauerte darauf, dass ein Eichhörnchen es wagte, sich weit genug von seiner Zuflucht am Baum zu entfernen. Sprang er jedoch darauf zu, verwandelte es sich in einen elektrischen Straßenbahnwagen, der sich schrecklich und drohend wie ein Berg vor ihm auftürmte und fauchend, kreischend und klirrend Feuer spie. Ein andermal forderte er einen Habicht am Himmel heraus. Der Vogel stürzte aus der Bläue auf ihn herunter und als er dicht vor ihm war, verwandelte auch er sich in den allgegenwärtigen elektrischen Wagen. Oder er wähnte sich im Verschlag von Schöner Schmidt. Draußen hatten sich Männer versammelt und er wusste, dass ein Kampf bevorstand. Er beobachtete die Tür, durch die sein Widersacher eintreten sollte. Die Tür öffnete sich und der fürchterliche Wagen wurde hineingeschoben. Dies geschah tausendfach und jedes Mal war der Schrecken, den er dabei empfand, so groß und lebhaft wie beim ersten Mal.

Endlich kam der Tag, an dem die letzte Bandage, der letzte Gipsverband abgenommen wurde. Es war ein großer Festtag und ganz Sierra Vista fand sich ein. Der Herr kraulte ihm die Ohren und Wolfsblut summte sein Liebesgrollen. Die Frau des Gebieters nannte ihn den lieben, guten Wolf, dieser Name wurde unter lautem Jubel aufgenommen und fortan hießen ihn alle Frauen den lieben, guten Wolf.

Er versuchte, auf die Beine zu kommen, doch nach mehreren Anläufen fiel er vor Schwäche zurück. Er hatte so lange gelegen, dass seine Muskeln ihre Spannkraft verloren hatten und alle Kraft daraus geschwunden war. Er schämte sich ein wenig für seine Schwäche, als sei er tatsächlich in dem Dienst, den er den Menschen schuldete, gebrechlich geworden. Darum unternahm er heroische Anstrengungen, sich zu erheben, und stand schließlich schwankend und taumelnd auf allen vieren.

»Der liebe, gute Wolf!«, riefen die Frauen im Chor.

Richter Scott musterte sie triumphierend.

»Da habt ihr's!«, rief er aus. »Genau, wie ich es immer gesagt habe! Kein gewöhnlicher Hund hätte das vollbringen können. Er ist ein Wolf!«

»Ein lieber, guter Wolf!«, verbesserte ihn seine Frau.

»Ja, ein lieber, guter Wolf«, gab der Richter zu. »Und das soll fortan mein Name für ihn sein.«

»Er wird wieder lernen müssen zu gehen«, bemerkte der Doktor, »er kann ja gleich damit anfangen. Es wird ihm nicht schaden. Bringen Sie ihn hinaus.«

Wie ein König schritt Wolfsblut hinaus, ganz Sierra Vista im Gefolge und um ihn besorgt. Er war sehr schwach, und als er den Rasen erreichte, legte er sich nieder und ruhte eine Weile.

Als sich die Prozession wieder in Gang setzte, kam langsam etwas Spannkraft in Wolfsbluts Muskeln und das Blut kreiste lebhafter darin. Man kam zu den Ställen und dort lag Collie in der Tür, umgeben von einem halben Dutzend rundlicher Welpen, die in der Sonne spielten.

Wolfsblut blickte sie staunend an. Collie knurrte warnend und er war sorgsam darauf bedacht, Abstand zu wahren. Der Herr hob die Fußspitze und schob einen krabbelnden Welpen näher zu ihm hin. Er sträubte misstrauisch das Fell, doch der Herr versicherte ihm, dass alles in Ordnung sei. Collie, die von einer der Frauen umarmt wurde, beobachtete ihn eifersüchtig und ihr Knurren besagte, dass nicht alles in Ordnung sei.

Der Kleine stand breitbeinig vor ihm, spitzte die Ohren und betrachtete ihn neugierig. Dann berührten sich ihre Nasen und er fühlte die warme kleine Zunge an seiner Schnauze. Wolfsbluts streckte ebenfalls die Zunge heraus – er wusste nicht warum – und leckte dem Hündchen das Gesicht. Händeklatschen und Jubelrufe von Seiten der Götter begrüßten sein Tun. Er war überrascht und sah sie verwundert an. Dann überkam ihn von Neuem die Schwäche und er sank mit gespitzten Ohren nieder, den Kopf zur Seite geneigt und das Hündchen nicht aus den Augen lassend. Auch die anderen Welpen kamen zu Collies großer Entrüstung herbeigewackelt; und er ließ es gravitätisch zu, dass auf ihm herumgeklettert wurde und sie über ihn purzelten. Zuerst zeigte er unter dem Applaus der Götter ein wenig von seiner alten linkischen Verlegenheit. Doch diese ging vorüber, als die Kleinen fortfuhren, ihn zu zausen und Possen mit ihm zu treiben. Schließlich lag er mit halb geschlossenen, langmütigen Augen schlummernd in der Sonne.

# Anhang

## Nachwort zu den »Nordland-Storys«

Wann immer bei Gesprächen über Literatur der Begriff »Abenteuer« ins Spiel kommt, fällt sofort der Name Jack London. Das hat sich in den 100 Jahren seit seinem Tod nicht verändert – was sehr deutlich für die Qualität seines Werkes spricht. Seine Romane und Erzählungen fesseln die Leser heute noch genauso wie vor einem Jahrhundert.

Über zwanzig Romane hat Jack London geschrieben – darunter die unsterblichen Tiergeschichten *Wolfsblut (White Fang)* und *Der Ruf der Wildnis (The Call of the Wild)* und den mehrfach verfilmten Seefahrerroman *Der Seewolf (The Sea-Wolf)* – sowie fast zweihundert Erzählungen, die mit den berühmten Nordland-Storys begannen. Diese schildern die durch den Goldrausch beschleunigte Erschließung des Hohen Norden Amerikas gegen Ende des 19. Jahrhunderts.

Der vorliegende Band stellt von diesen Erzählungen vierzehn der besten zur spannenden Lektüre bereit. Die eigens hierfür angefertigten Übersetzungen orientieren sich eng an den originalen Fassungen, da Jack London einen schönen und prägnanten Stil geschrieben hat, der sich gut ins Deutsche übertragen lässt.

Jack London wurde am 12. Januar 1876 in San Francisco in ärmlichen Verhältnissen geboren. Bereits als zehnjähriger Schüler musste er Geld für seinen Lebensunterhalt als Zeitungsboy hinzuverdienen. In seiner wenigen Freizeit verschlang er aber alles an Lektüre, was ihm die öffentliche Bibliothek zu bieten hatte. Mit vierzehn Jahren war die Schule für Jack London beendet, und er arbeitete vom frühen Morgen bis in den späten Abend in einer Konservenfabrik. Um aus dieser Tretmühle herauszukommen, riss er ein Jahr später von zu Hause aus, lieh sich Geld für ein kleines Boot und wurde Austernräuber in der Bucht von San Francisco. Nachdem er dabei von der Fischereipolizei erwischt wurde, heuerte er 1893 sechzehnjährig als Matrose auf einem Robbenschoner an und fuhr mit diesem zur Robbenjagd bis an die japanische und sibirische Küste. Aus diesen Erfahrungen entstand seine erste Erzählung *Ein Taifun vor der japanischen Küste (Story of a Typhoon off the Coast of Japan)*, mit der er einen Schreibwettbewerb gewann. Eine Schriftstellerexistenz war jedoch noch in weiter Ferne. Zunächst musste Jack London sich in Kalifornien erneut mit Gelegenheitsjobs durchschlagen. 1894 nahm er an einem Marsch amerikanischer Arbeitsloser in die Hauptstadt Washington teil. Dabei kam er mit sozialistischem Gedankengut in Kontakt. Als Tramp lernte er Nordamerika kennen und schrieb auf diesen Erfahrungen beruhend zehn Jahre später den autobiografischen Bericht *Abenteurer des Schienenstrangs (The Road)*. Zunächst kehrte Jack London jedoch 1895 nach Kalifornien zurück, um sich an einer Highschool in Oakland und an der Universität in Berkeley weiterzubilden, was er sich durch gleichzeitige Arbeit finanzierte. In dieser Zeit stand er der Socialist Labor Party nahe und wurde Anfang 1897 wegen einer öffentlichen Rede gegen den Kapitalismus verhaftet.

Im Juni 1897 erlag Jack London wie so viele in Kalifornien und anderswo dem Lockruf des Goldes, der aus dem Norden vom Gebiet an den Flüssen Yukon und Klondike kam. Auch er brach seine Zelte in Kalifornien ab und zog an die südliche Küste Alaskas und von dort über den Chilkoot Pass in das kanadische Yukon-Territorium. Die ungeheuren Strapazen, die damit verbunden waren, hat er später zum Beispiel in seinem Episodenroman *Goldrausch in Alaska (Smoke Bellew)* eindrucksvoll und authentisch beschrieben. Ein Jahr lang war er auf dieser Expedition unterwegs. Gold fand Jack London dabei allerdings kaum. Er erkannte wohl, dass das nicht sein Metier war, und begann deshalb bald – besonders im Winter 1897/98 – einen anderen Stoff zu schürfen, der ebenso wertvoll für ihn werden sollte: spannende Geschichten, die sich die Goldsucher und Trapper in den endlos langen Winternächten zur Unterhaltung erzählten. Nach seiner Rückkehr nach Kalifornien im Sommer 1898 begann er, diese zu den Erzählungen zu verarbeiten, die mittlerweile zu Weltliteratur geworden sind.

Als Dreiundzwanzigjähriger konnte Jack London 1899 seine ersten Erzählungen in Zeitschriften platzieren; das führende literarische Magazin der USA, *Atlantic Monthly*, veröffentlichte die große Erzählung *Eine Odyssee des Nordens (An Odyssee of the North)*, die eine Saga des Nordlandes ist. Jack London etablierte sich nun rasch als Schriftsteller und veröffentlichte seine Erzählungen regelmäßig in Zeitschriften sowie in Buchform in Sammelbänden, wodurch er bald zum meistgelesenen Schriftsteller Amerikas wurde. Neben den Abenteuerstoffen versuchte er außerdem, sein sozialistisches Engagement in seine Bücher einfließen zu lassen. 1902 reiste er in die englische Hauptstadt London und studierte dort die erschütternden Lebensumstände der Unterschicht, die er dann in dem Reportageroman *Menschen des Abgrunds (The People of the Abyss)* schilderte. Diese sozial engagierten Schriften verschafften ihm ebenfalls Aufmerksamkeit, aber nicht in dem Maße wie seine Abenteuergeschichten.

Privat hatte Jack London zunächst weniger Glück. Seine erste Ehe mit der Bürgerstochter Elisabeth »Bessie« Maddern, aus der 1901 und 1902 zwei Töchter hervorgingen, hielt nicht. 1905 heiratete er Charmian Kittredge, die seine abenteuerliche Seite mehr zu teilen vermochte. In dieser Zeit stand er bereits unter erheblichem Schreibdruck, um sein aufwendiges Leben finanzieren zu können. 1906 ließ er sich die Segeljacht »Snark« bauen, um mit ihr seine Sehnsucht nach Abenteuern zu erfüllen, vor allem aber auch, um mit ihr neuen Stoff für seine Schriftstellerei zu besorgen – diesmal in der Südsee. Ein Jahr später brach er mit Charmian auf der »Snark« zu einer zweijährigen Segelreise auf, wobei sie von San Francisco über Hawai und die Fiji-Inseln bis nach Australien reisten. 1909 musste er die Reise aus gesundheitlichen Gründen abbrechen. Aus den Südsee-Erlebnissen formte er anschließend zahlreiche Geschichten.

Auf seiner Farm in Glen Ellen, 40 Meilen nördlich von San Francisco, begann er rastlos ein neues Projekt: Er wollte die Farm zu einer naturnah wirtschaftenden Musterfarm für ganz Amerika ausbauen. Dafür benötigte er natürlich viel Geld, gleichzeitig hatte er von der Segelreise jedoch noch Schulden, was ihn schriftstellerisch unter großen Produktionszwang setzte. Er schrieb in dieser Zeit unter anderem den autobiografisch inspirierten Roman *Martin Eden*, dann *Lockruf des Goldes (Burning Daylight)* und zahlreiche Erzählungen.

1913 galt Jack London als der bestverdienende Schriftsteller der Welt, aber seine Ausgaben waren außerordentlich hoch. Zu dieser Zeit brannte auch das soeben erbaute riesige Wohnhaus seiner Musterfarm ab, das »Wolf House«. Sein kurz zuvor erschienener autobiografisch motivierter Roman *John Barleycorn*, der Alkoholismus thematisiert, wirft ein Schlaglicht auf seine damalige Lebenssituation. Er schrieb in den folgenden Jahren noch mehrere Romane: *Das Mondtal (The Valley of the Moon)*, *Die Meuterei auf der Elsinore (The Mutiny of the Elsinore)* und *Die Herrin des Großen Hauses (The Little Lady of the Big House)*. Gesundheitlich hatte Jack London aber mehr und mehr Probleme und starb am 22. November 1916 an Nierenversagen.

Mit seinem frühen Tod im Alter von nur 40 Jahren verband sich von Anfang an das Gerücht, es sei Selbstmord gewesen, den er durch Einnahme von Tabletten herbeigeführt habe. Dies ließ sich indes nicht nachweisen; es ist wahrscheinlicher, dass der Alkohol und ein Leben, bei dem die Lebenskerze immer gleichzeitig an beiden Enden brannte, zu seinem frühen Ende geführt haben.

## Zur Auswahl der Geschichten

Die vorliegende Auswahl »Beste Geschichten« legt den Schwerpunkt auf Jack Londons Nordlandgeschichten, die im hohen Norden Amerikas spielen, am Yukon, im Klondike, am Mackenzie River oder in Alaska. Das bedeutet natürlich keineswegs, dass es in den anderen thematischen Bereichen seiner Erzählungen, wie den Seefahrer- und Südseegeschichten, nicht auch welche gäbe, die für eine Sammlung bester Geschichten geeignet wären.

Es gibt allerdings plausible Gründe, bei einer Auswahl von Jack Londons besten Geschichten zunächst seinen Nordland-Storys einen ganzen Band zu widmen. Mit ihnen begann sein bis heute anhaltender Ruhm. Sie hat er mit der ganzen Energie und Kraft seiner Jugend geschaffen auf der Basis des authentischen Erzählmaterials, das er in dem Jahr zwischen den

Sommern 1897 und 1898 gesammelt hat, als er sich im langen Nordland-Winter am Yukon und Klondike in der Goldgräberszene herumtrieb und in den Blockhütten der Miner und Trapper viele aufregende und anrührende Geschichten hörte.

Jack Londons Abenteuergeschichten sind mehr als nur spannende abenteuerliche Geschichten, es sind heroische und tragische Erzählungen von der Erschließung des rauen und wilden Nordlandes. Und sie offenbaren sich als glänzende Psychogramme, die detailliert zeigen, was die oftmals menschenfeindlichen Bedingungen aus Menschen machen, die plötzlich ganz anders als in der Zivilisation agieren müssen und sich dadurch selbst auch anders verhalten. Sie handeln davon, wie die Eroberung des neuen Lebensraumes in einem unberechenbaren Tanz von zivilisatorischen Fortschritten als auch barbarischen Rückschritten vor sich ging.

Da sind beispielsweise die beiden Männer aus der Erzählung *In einem fernen Land*, die aus amerikanischen Städten in den Norden gezogen sind: Sie verlieren nach und nach ihr gesamtes zivilisatorisches Verhalten, als sie aufgrund von Frost und Schnee über viele Wochen hinweg in einer 10 Quadratmeter kleinen Hütte eingeschlossen sind.

In *Der Bund der alten Männer* klagt die zivilisierte weiße Welt mit ihrem Rechtssystem einen Indianer an, der zahlreiche Weiße deshalb getötet hat, weil er versuchte, die Welt der indianischen Ureinwohner vor der Invasion der Weißen und deren Folgen zu schützen und zu retten. Während des Prozesses verschwimmen plötzlich die sicher geglaubten Grenzen zwischen Recht und Unrecht, und es ist nicht mehr leicht zu sagen, wer tatsächlich Opfer und wer Täter ist.

Ähnliches geschieht in der als Nordland-Saga aufgezogenen großen Erzählung *Eine Odyssee des Nordens*, welche ebenfalls die Problematik der weißen Kolonisierung des Nordlandes zum Vorschein bringt.

Den kulturellen Umsturz *(cultural clash)*, den dies für die vorher weltfern lebenden Indianer- und Inuit-Stämme brachte, verdeutlicht Jack London in der Parabel *Nam-Bok, der Lügner*. Der Inuit Nam-Bok, den es in die Welt der Weißen verschlagen hat, kehrt nach Jahren zurück, um seinem isoliert lebenden Volk Kunde aus dieser Welt zu bringen. Von diesem wird

er jedoch wieder weggeschickt und als Lügner bezeichnet, da diese fremde Welt für sie weder vorstellbar noch begreifbar ist.
Allein diese Beispiele zeigen bereits, welche Tiefendimensionen hinter Jack Londons Erzählungen stecken, die als »Abenteuergeschichten« nur scheinbar unter der harmlosen Flagge der Unterhaltungsliteratur segeln.

*Herbert Schnierle-Lutz*

# Nachwort zum »Seewolf«

Ein solcher Fang musste legendär werden, sogar im verwöhnten Kalifornien. Und noch dazu ohne Netz und Angel, mit der bloßen Hand! An einem verhangenen Sommermorgen des Jahres 1892 zieht ihn ein Fischer in der San Pablo Bay weit draußen vor Vallejo in sein Boot. Über fünfzig Bücher, einhundertachtundachtzig Kurzgeschichten, dazu Artikel, Besprechungen, sozialistische Pamphlete, summa summarum mehr als fünfhundert Publikationen.
Allerdings hatte das alles damals noch nicht die Gestalt angenommen, die die Druckerpressen verleihen, sondern sah ganz anders aus, ungleich menschlicher und völlig ausgepumpt. Was der Mann nördlich von San Francisco aus dem Wasser fischte, war, um es buchstäblich zu sagen, ein sechzehnjähriger Tunichtgut und Herumtreiber, ein durchdringend nach billigem Fusel riechender Austernräuber namens Jack London. Aber auch der andere, der vorausschauende Blick behält seine Berechtigung, denn ohne diesen einen Handgriff, dieses seltsame Erbeuten, hätte es den gleichnamigen Literaten nie gegeben und die Früchte seiner manischen Produktivität auch nicht, die also gleichzeitig mit dem schlaffen und japsenden Körper an Bord gehievt wurden.
Jack London hat sein damaliges selbstmörderisches Sich-Treibenlassen, den gleichermaßen von Alkohol, Verweigerung und Risikobereitschaft beflügelten Abschied eines jungen »drifters«, in dem autobiografischen Roman *John Barleycorn* beschrieben. Am eindringlichsten gegenwärtig aber ist diese Episode zu Beginn des *Seewolfs*, als der Ebbesog Humphrey van Weyden aufs offene Meer hinausträgt. Und auch er macht die Erfahrung, die seinen Autor noch ein Vierteljahrhundert lang über Wasser hielt, führt modellhaft vor, wie derjenige, der sein vertrautes Milieu hinter sich lässt, notwendig andere, neue, fremde Wirklichkeiten entdeckt, von denen er sich bisher nichts träumen ließ.

Bis zu seinem dreiundzwanzigsten Lebensjahr verfügte Jack London schon über eine erstaunliche Sammlung solcher miterlebten und abenteuerlichen Welten. Als uneheliches Kind des herumvagabundierenden Astrologen William Henry Chaney und der aus Ohio stammenden Spiritistin und Musiklehrerin Flora Wellman – der Hausname London stammt vom späteren Stiefvater – wuchs er in ärmlichen Verhältnissen auf dem Land und später in Oakland auf, verdingte sich als »Arbeitstier« in einer Konservenfabrik und plünderte als Bandenmitglied Austernbänke, bevor er kurzfristig zur Gegenseite, der »California Fish Patrol«, überlief. 1893 heuerte er für sieben Monate auf dem Robbenfänger *Sophia Sutherland* an, durchquerte anschließend als »hobo« die USA von West nach Ost, bis er an den Niagarafällen wegen Landstreicherei verhaftet und in das »Erie County Penitentiary« eingewiesen wurde. Der einmonatige Gefängnisaufenthalt wurde zum Wendepunkt. In der ersten der für ihn charakteristischen ›Arbeitsorgien‹ holte er in Oakland seinen Schulabschluss nach, bezog für ein Semester die Universität, ließ sich dann aber vom Klondike-Fieber anstecken und verbrachte den Winter 1897/98 als Goldsucher am Yukon.
Mit leeren Taschen, aber überbordend von den Erzählungen, die er in den langen Polarnächten gehört hatte, kehrte er zurück, fest entschlossen, sein Claim nicht in den Einöden des hohen Nordens, sondern in der Literatur abzustecken. Ein heute in der Bibliothek der Utah State University aufbewahrtes Notizbuch mit der Aufschrift »Magazine Sales 1898–1900« dokumentiert die Anfänge und die verbissene Zähigkeit, mit der London auf dem damals prosperierenden und lukrativen Zeitschriftenmarkt Fuß zu fassen suchte. In dem Büchlein sind die gut einhundert Beiträge verzeichnet, die er im genannten Zeitraum angeboten hat. Davon wurden ganze fünfzehn ohne Weiteres akzeptiert, der Rest brachte es auf insgesamt vierhundert Ablehnungen, wobei London die »rejection slips« auf einem Draht auffädelte. Bis zu seinem literarischen Durchbruch mit den Alaska-Erzählungen hatte der Stapel die Metermarke längst überschritten.
Der Mensch, der 1892 dem nassen Tod so knapp entronnen war, schrieb jetzt wie ein Ertrinkender. Mindestens tausend Wörter täglich, sommers wie winters, zu Hause oder unterwegs, sonn- oder feiertags, siebzehn

Jahre lang. Er zehrte dabei von dem, was er in seinen ›wilden Jahren‹ an Erlebnissen gespeichert hatte, und dieser unsichtbare ›Erzählspeck‹ hielt lange vor.

Der *Seewolf* liefert ein augenfälliges Beispiel für die literarische Umsetzung und Verarbeitung derartigen existenziellen Rohstoffs. Er entstand 1903/04, als London schon neun Buchveröffentlichungen, darunter *Ruf der Wildnis*, vorzuweisen hatte, wobei das vom *Century Magazine* gezahlte üppige Vorabdruckshonorar und die rund vierzigtausend Vorbestellungen Londons Rang als Erfolgsautor nachdrücklich unterstrichen. Inzwischen hatte er nämlich die Goldmine seines knapp einjährigen Alaska-Aufenthalts fast restlos ausgebeutet und die Nuggets des Miterlebten und Mitgehörten in eine Nordlandsaga umgemünzt, die allein vier Kurzgeschichtenbände füllte. Nun aber wird ein ganz neues Erinnerungsreservoir angezapft, das noch frisch und unverbraucht sprudelte und dem der *Seewolf* seine teilweise drastische Anschaulichkeit und atmosphärische Dichte verdankt.

Die Rede ist von Seefahrt und Robbenjagd. Denn wie der meisterliche Schluss des ersten Kapitels wohl nur einem Verfasser gelingen konnte, dem selbst einmal das Wasser bis zum Hals gestanden hatte, so setzte auch die überzeugende Inszenierung der Vorgänge an Bord der *Ghost* ein gerüttelt Maß an Erfahrungen aus erster Hand voraus. Jack London sammelte sie 1893/94 auf dem Schoner *Sophia Sutherland*, und die Kontaktstellen zwischen Fiktion und Faktum sind von ihm denn auch keineswegs wegretuschiert oder verwischt worden. Im Gegenteil. Auf der damaligen Besatzungsliste der *Sutherland* standen die Namen Johnson und Lewis, der »Telegraph Hill Boy« Jack Waters war das Vorbild für den rebellischen George Leach, und auch ein Seebegräbnis hat Jack London vor Kap Jerimo miterlebt. Weitere Verankerungen in der Realität liefern das Fährunglück in der Bucht von San Francisco im Jahre 1901, die Entsprechung zwischen dem Poe-Artikel van Weydens und Londons im Juni 1903 in *The Critic* erschienenem Essay »The Terrible and Tragic in Fiction« sowie der in Seemannskreisen berühmte und berüchtigte Kapitän Alexander McLean, über den London sich in einem Brief aus dem Jahre 1914 wie folgt äußert: »Ich bin ihm niemals persönlich begegnet. Aber als ich vor der

Küste Japans Robben jagte, haben wir den Kurs seines Schoners viele Male gekreuzt. Damals fuhr sein Bruder, Kapitän Dan McLean, auf dem Dampfschiff *Alexandria*, einem anderen Robbenfänger.«
Auch die Rivalität zwischen Wolf und »Tod« Larsen hat also ein fundamentum in re, und man muss sich fragen, warum London sich so eng an die Vorgaben der Wirklichkeit hielt und weshalb er seinem Erzählmosaik solche Realitätspartikel nahezu unbearbeitet einpasste. Der bloße Hinweis aufs Lebensechte und den ›Salzgeschmack‹ des Romans befriedigt dabei ebenso wenig wie das literaturgeschichtliche Etikett ›Naturalist‹, das Jack London gemeinhin anhaftet. Nautisches Lokalkolorit hätte sich womöglich unaufwendiger, mit Sicherheit aber freizügiger erzeugen lassen, und Zola'sche Faktomanie war London als Ausgeburt einer »Schule von Klötzen« (»school of clod«) ebenso zuwider wie die in der Gegenpartei, der »Schule von Götzen« (»school of god«), grassierende sentimentale Schönfärberei.
Der zureichende Grund muss also anderswo zu finden sein, und man entdeckt ihn wie von selbst, wenn man sich bei *Seewolf*-Lesern danach erkundigt, was ihnen von der Lektüre in Erinnerung geblieben ist. In der überwiegenden Zahl der Fälle stellt sich nämlich heraus, dass das, was haftet, gerade nicht die Initiationsgeschichte und sozialdarwinistische Parabel ist, die Jack London zu Papier bringen wollte. »Meine Idee ist folgende«, schrieb er am 20. Januar 1903 an George Brett, »ich nehme einen kultivierten, gebildeten und überzivilisierten Mann und die entsprechende Frau und verfrachte beide in ein primitives Seemannsmilieu, wo es nur Kampf und Reibereien gibt und das Leben darin besteht, sich einen vollen Bauch und ein Dach über dem Kopf zu sichern. Und dann sorge ich dafür, dass dieses Paar über sich hinauswächst und mit fliegenden Fahnen über die widrigen Umstände triumphiert.«
Hätte Jack London nur diese Ankündigung wahr gemacht, wäre sein Buch längst vergessen, denn Humphrey van Weyden und Maud Brewster beginnen zu verblassen, kaum dass man die Buchdeckel geschlossen hat. Ihre Prüfungen, Niederlagen und Erfolge bilden nicht mehr als die Rahmenhandlung. Aber von diesem Rahmen eingefasst wie ein Porträt und entsprechend hervorgehoben wird der eigentliche Souverän des Textes

und der *Ghost*: Wolf Larsen. Diese Schöpfung brennt sich in das Gedächtnis des Rezipienten ein, und zwar selbst dann, wenn er nicht einmal mehr den Originalroman, sondern nur noch seine Fernsehfilmversion kennt. Und bereits die zeitgenössische Kritik hat zugestanden, dass die mythische Präsenz des Seewolfs alle Mängel und Schwachstellen der Fabel, alle Unausgewogenheiten des Stils, ja selbst die unverzeihlich hölzernen Dialoge und Umgangsformen der beiden Liebenden mühelos überstrahlt und ganz und gar nebensächlich werden lässt. »Über diesem Buch schläft man nicht ein«, so schon 1905 der kalifornische Großzyniker, Journalist und Schriftstellerkollege Ambrose Bierce, »aber das Große, das wirklich Große daran ist die überwältigende Figur des Wolf Larsen. Man wird ihn nicht wieder los. Er begleitet einen bis ans Lebensende. Wie Jack London ihn uns einbläut, ist nicht so wichtig. An den Methoden mag es etliches auszusetzen geben, aber das Ergebnis ist nahezu einzigartig. Wer eine solche Gestalt zurechtgemeißelt und vor uns aufgerichtet hat, der hat wahrlich nicht umsonst gelebt.«

Diese besondere Einprägsamkeit, über deren Ursachen Bierce hier nicht weiter nachdenkt, hat aber gerade mit der Häufung der Wirklichkeitspartikel und Realitätseinschlüsse im *Seewolf* zu tun. Eben weil Wolf Larsen eine ins Surreale gesteigerte, ins Sagenhafte entrückte, ur- und überwirkliche Gestalt ist, braucht London ein massives Gegengewicht, um sie gleichsam auf dem Boden der Tatsachen zu halten und ein Entschweben ins Unverbindlich-Märchenhafte zu verhindern. Diesen Glaubwürdigkeitsballast liefert die Verfasserbiografie und eine Kette eingewobener Faktizitäten, vom datierbaren Schiffsunglück in der Bucht von San Francisco über einen aus eigener Anschauung beschriebenen Bordalltag bis zu den real existierenden Sachbuchtiteln in Wolf Larsens Handbibliothek. Die Plausibilität der Umgebung färbt so ständig auf das Phantasma Seewolf, das den heillosesten Gefilden des Unbewussten entsprungen ist, ab, und verwandelt es aus einem Gespenst in ein Wesen aus Fleisch und Blut, in dem wir gleichwohl unserem eigenen Innersten begegnen.

Es ist das Vor-Ich mit seinem unstillbaren Macht-, nein Allmachtshunger, das in Wolf Larsen Gestalt angenommen hat und sein Selbstvergottungsprogramm rücksichtslos in die Tat umsetzt. Solche Weltusurpationen mitzuerleben ist überaus faszinierend und – wegen der befürchteten Ansteckungsgefahr – gemeinhin verboten. Deshalb hinkt Richard der Dritte zu Beginn des Shakespeare-Dramas an die Rampe und schaltet gekonnt unsere Zensurmechanismen aus, deshalb erfolgen moralische Schutzimpfungen, sobald wir das Monstrositätenkabinett der Weltgeschichte mit seinen Ausradierern und Massenmördern betreten, in dem der Besucherstrom trotzdem nicht abreißen will. Und aus keinem anderen Grund erzählt Jack London eine jugendfreie Liebesgeschichte und singt das Hohelied des grundanständigen und nur etwas verzärtelten Humphrey van Weyden, aus dem am Ende doch noch ein Mann geworden ist. Beides macht uns, genau wie der ums spätviktorianische Dekorum besorgten ersten Lesergeneration, ein gutes Gewissen. Untadelige Lektüre, signalisiert jede dritte Seite, eine Ladung Seemannsgarn mit einwandfreien, mit mustergültigen Frachtpapieren. Aber das ist Fassade. In Wahrheit transportiert der *Seewolf* Konterbande, und es ist eben diese nicht deklarierte, illegale Ware, die bis auf den heutigen Tag unsere Neugier anstachelt.

Ein Mensch auf dem Weg zum ganzen Kerl mag ja eine Zeit lang für Unterhaltung sorgen, aber was ist das schon gegen einen ganzen Kerl, der Gott werden will oder doch wenigstens Gegengott und Luzifer. Als Wolf Larsen unter dem Trommelwirbel eines Sterbenden die Szene betritt, ist er auf diesem Weg schon ein ordentliches Stück vorangekommen. In dem Mikrokosmos der *Ghost* herrscht er unumschränkt; sein Wort ist Gesetz. Er gebietet über Leben und Tod seiner Kreaturen, seine eigene Sterblichkeit dagegen scheint suspendiert oder bereits überwunden. Das Auftauchen aus dem Meer in Kapitel XIV, das Emporkämpfen aus der ›Unterwelt‹ der Back, beides gewinnt mythische Dimensionen, führt die Wiedergeburt eines Unzerstörbaren vor, dem selbst das Wüten der Elemente nur noch trotziges Hohngelächter entlockt.

Und Larsens letzte Tage? Die ungeheuerliche Vergeltung, die uns Humphrey van Weyden einflüstern möchte? Die Deutungsschablonen von Schuld und Sühne, von Hybris und Höllenfahrt, von Hochmut und Fall, die die Interpreten wie spanische Wände vor die Koje schieben, in

der es zu Ende geht? Wieder Verstellungen, Scheuklappen, Beruhigungsmittel. Die wirkliche Ungeheuerlichkeit, die uns Jack London zumutet, ist nämlich nicht die Tatsache, dass die Selbstüberhebung Wolf Larsens mit einem Untoten, einem lebendigen Leichnam endet, sondern dass sie gleichzeitig auf ganz und gar unheimliche, auf diabolische Weise gelingt. »Ich denke jetzt klarer als je zuvor«, lässt der zunehmend Entrückte die Hinterbliebenen noch wissen. »Nichts lenkt mich ab. Absolute Konzentration. Ich bin ganz da und mehr als das. Ich finde vollkommene Ruhe, vollkommenen Frieden.« So pflegen sich Heilige zu verabschieden, die in die Transzendenz abberufen werden. Und fraglos umgibt den völlig hilflosen Gewalttäter dort unten im Schiffsbauch eine Aura des Numinosen, der sich auch der zunehmend realitätstüchtige und -süchtige van Weyden nicht entziehen kann: »Er war körperlos. Unsere Welt existierte nicht mehr. Er kannte nur noch sich selbst und eine unermessliche, abgrundtiefe Stille und Dunkelheit.«
Wer diesen Satz liest, denkt unwillkürlich an die biblische Schöpfungsgeschichte und den Zustand vor der Erschaffung der Welt. Wolf Larsen, der »prachtvolle Atavismus«, ist am Ende seines Erdenwegs wieder in dieser großen Latenz, der Zeit vor aller Zeit, angekommen. Die sterbliche Hülle ist von ihm abgefallen, der Widerstand alles Äußerlichen erloschen. Der Seewolf ruht und meditiert, ein ohnmächtig-allmächtiger Gottgeist in den Intermundien des Zwischendecks. Unerreichbar und unsterblich geworden – zumindest in sterblichen Köpfen.
Denn etwas in uns allen, das sich nie mit den Begrenztheiten des Möglichen, den Sachzwängen, Rücksichtnahmen und Gutwilligkeiten, die unser Tun und Lassen bestimmen, abgefunden hat, will sich genauso ungebrochen ausleben, genauso tragisch verausgaben wie der Seewolf. Und der Verdacht ist nicht von der Hand zu weisen, dass wir diese megalomanen Räusche zu einer zivilisationsstiftenden Selbstvergottungswut gebündelt haben, die uns ohne Rücksicht auf die Opfer den Himmel stürmen und nach den Sternen greifen lässt, die ja auch Kapitän Larsen mit seiner Schablone ganz »kinderleicht« in den Griff bekommt.
Aber warum konnte ausgerechnet Jack London den dämonischen Arche-

typ des Willens zur Macht auf so unvergessliche Weise beschwören? Der geistesgeschichtliche Erklärungsversuch kreist fast litaneihaft um Darwin, Spencer und Nietzsche, mit deren Ideen London sich in der Tat rückhaltlos identifiziert hat. Doch wer einen Blick auf die Biografie und in die Briefe dieses Autors wirft, dem muss ein weiterer Faktor ins Auge fallen, die Tatsache nämlich, dass sein Lebensprogramm in wesentlichen Zügen mit dem seines geistigen Geschöpfs übereinstimmte.

Auch Jack London wollte nach oben, und zwar gleich in zwei Himmel, ins Pantheon der Literatur und in das Schlaraffenland des Geldes. Einen Bestseller-Gott würde er aus sich machen, beschloss der sozial deklassierte Streuner, koste es, was es wolle. »Wenn ich sterbe«, bedeutete er seiner Jugendliebe Mabel Applegarth, »dann will ich kämpfend untergehen, und die Hölle kann sich über einen Satansbraten mehr freuen. Wäre ich eine Frau, ich würde mich bedenkenlos prostituieren, nur um Erfolg zu haben – und erfolgreich werde ich sein.« Diese Ankündigung hat er wahr gemacht, Wort für Wort und Satz für Satz. Erst schrieb er seitenweise Kipling ab, um sich einen marktgängigen Stil anzueignen, dann begann er zu liefern, was verlangt wurde. Schamlos beugte er sich dem ›gesunden Volksempfinden‹ der »American prudes«, schulterzuckend akzeptierte er die Streichungen der Redakteure, ohne zu erröten betrachtete er sich in dem Spiegel, den die selbst ernannte literarische Elite dem Emporkömmling vorhielt: »Frag die Leute, die mich kennen, wer ich bin«, fordert er seine spätere Frau Charmian Kittredge auf. »Ein ungehobelter, wilder Bursche, werden sie sagen, einer, der sich für Boxkämpfe und Brutalitäten begeistert, der beim Schreiben den Dreh heraushat und mit dem oberflächlichen Kunstsinn eines Scharlatans die unvermeidlichen Bildungslücken des ›selfmade man‹ zu überspielen sucht.«

Durchbeißen hieß seine Devise, und sie steht für eben jenes wölfische Prinzip, dem auch der junge Larsen auf norwegischen Küstenschiffen und in der englischen Handelsmarine folgte und das er selbst als *Ghost*-Gott nicht vergisst. Noch als unumstrittenes Alpha- und Herrentier beißt er alles weg, was nicht kuscht und damit seinen Absolutheitsanspruch zu gefährden droht. Und auch sein geistiger Vater, oder besser, Zwilling, Jack London konnte

als Rassist, Militarist und Macho Zähne zeigen, die uns Nachgeborene heute noch das Fürchten lehren.
Überhaupt war der Wolf so etwas wie sein Totemtier, das nicht nur im Titel seines ersten Erzählbandes *The Son of the Wolf* und als Exlibris in den Bänden seiner Bibliothek auftauchte. Er baute sich auch ein »Wolf House«, das vor der Fertigstellung abbrannte, taufte seinen Husky »Brown Wolf«, unterzeichnete ab 1903 alle Privatbriefe mit dem Namen dieses für seine Ausdauer und Unerbittlichkeit bekannten Räubers und verschlang mit Wolfshunger selbst dann noch seine Lieblingsspeise – halbrohes Wild und Geflügel –, als diese einseitige Kost längst Gift für seinen zerrütteten Körper war.
Was Wunder, dass auch seine Identifikation mit dem Seewolf keine Grenzen kannte. Die *Ghost* war eine für den Robbenfang umgebaute Jacht gewesen. Zwei Jahre nach Erscheinen des Buches legte London sie sozusagen im Urzustand wieder auf Kiel, um damit um die Welt zu segeln. Aber die Reise mit der *Snark* endete vorzeitig mit einer fürchterlichen Epiphanie und monatelanger Rekonvaleszenz in einem australischen Krankenhaus.
An Bord hatte London den Roman *Martin Eden* in Angriff genommen, in dem er die gleichnamige Stellvertreterfigur noch einmal alle Torturen seines eigenen schriftstellerischen Existenzkampfes durchleben und auch sie schließlich im siebenten Himmel des Erfolgs ankommen ließ, in jenem Garten Eden, der sich für London mit dem *Seewolf* endgültig aufgetan zu haben schien. Nur machen Urbild und Abbild jetzt die gleiche Erfahrung: Das Himmelreich wird aus Hoffnungen und hohen Erwartungen erbaut, die Hölle aber besteht aus der glühenden Schlacke all jener Wünsche, die in Erfüllung gegangen sind.
Der existenzielle Ekel und die Ernüchterung des allgewaltigen Wolf Larsen, eines anderen wunschlos Unglücklichen, holt Martin Eden, den literarischen Demiurgen und Weltenschöpfer, ein und lässt ihn genau dort untergehen, wo Humphrey van Weydens zweites Leben begann: »Mit den Füßen zuerst schob er sich durch das Bullauge. Die Schultern passten nicht hindurch, und er stemmte sich zurück, presste einen Arm an den

Leib und versuchte es ein zweites Mal. Das Rollen des Dampfers kam ihm zu Hilfe, jetzt war er draußen, klammerte sich noch mit den Händen fest. Als die See um seine Füße schwappte, ließ er los. Er trieb im milchigen Schaum. Die Flanke der *Mariposa* glitt wie ein schwarzer Wall an ihm vorüber, in dem hier und da Lichtflecken schimmerten. Sie hatte es wirklich eilig. Ehe er sich's versah, blieb er achteraus in ihrem Kielwasser zurück, während überall um ihn herum die Schaumblasen platzten.«

Das Schlussbild spricht für sich. Ozeanische Desillusion. Es ist, als hätte Wolf Larsen diesmal in eine andere Richtung geblickt, als würde der Fischer auf der San Pablo Bay das in der Ferne vorbeidriftende Bündel seinem Schicksal überlassen. Wenn sich der *Seewolf* als Jack Londons rückhaltlose Apotheose lesen lässt, dann ist *Martin Eden* ihr vernichtender Widerruf.

Bis sich der alkohol- und drogenabhängige Meisterillusionist auf seiner »Beauty Ranch« tatsächlich aus der Welt schaffte, sollten noch sieben produktive Jahre vergehen, in denen London seine Gebrochenheit vor sich selbst und anderen überspielte und weiter Seifenblase um Seifenblase erzeugte. Natürlich haben auch davon viele nicht überdauert. Andere aber werden noch sehr lange in den abenteuerlichsten und verlockendsten Farben funkeln. *Der Seewolf*, Ikone und Verklärung eines Unheiligen, gehört ganz ohne Frage dazu.

*Ulrich Horstmann*

## Wort- und Sacherklärungen zu den Nordland-Storys

*Akutan:* Insel im Osten der Aleuten, 31 km lang, 24 km breit, 334 km², hat heute ca. 700 Bewohner.

*Alaska:* Von aleutisch »Alaxsxag« = »Land, dem das Meer zufließt«; Bundesstaat der USA im äußersten Nordwesten Amerikas; 1 717 854 km² (fünffache Fläche von Deutschland); ca. 700 000 Einwohner; Hauptstadt Juneau. Wurde 1867 von den USA dem russischen Zarenreich für 7,2 Millionen Dollar abgekauft; erlebte 1889 einen Goldrausch im Gebiet von Nome.

*Aleuten:* Kette von ca. 70 Inseln, die sich zwischen Beringmeer und Pazifischem Ozean von Alaska nach Kamtschatka (Ostsibirien) zieht.

*Alkoholthermometer:* Die bei uns meist gebräuchlichen Quecksilberthermometer frieren bei −37 Grad Fahrenheit (entspricht ca. −38 Grad Celsius) ein. Mit Alkohol gefüllte Thermometer können dagegen tiefere Temperaturen messen, da reiner Äthylalkohol erst bei −166 °F (−110 °C) gefriert. Die Trapper und Goldsucher besaßen allerdings meist keine Thermometer; sie wussten, dass es sehr kalt war, wenn ihr Whiskey einfror (−55 °F/−48 °C), und verdammt kalt, wenn das Petroleum in ihren Lampen hart wurde (−75 °F/−59 °C).

*Anvig:* Als Missionsstation gegründete Siedlung am Unterlauf des Yukon, ca. 250 km vor seiner Mündung in das Beringmeer.

*Athabasca River und Lake Athabasca:* See in Nordwestkanada; mit einer Fläche von ca. 7900 km² etwa fünfzehn mal größer als der Bodensee (539 km²); wird vom 1200 km langen Athabasca River gespeist, der in den Rocky Mountains hinter Edmonton entspringt.

*Barren Grounds:* Englisch für »unfruchtbare Gründe«; Bezeichnung für die großen subarktischen Gebiete Kanadas zwischen Neufundland im Osten und der Grenze zu Alaska im Westen. Landschaft mit kahlen Felsen, zahlreichen Sümpfen, Flüssen und Seen; fast nur von Flechten und Moosen bewachsen, kaum besiedelt.

*Beringmeer (Beringsee):* Randmeer des Pazifischen Ozeans zwischen Alaska, Sibirien und den Aleuten. Benannt nach dem dänischen Seefahrer und Forscher Vitus Bering (1681–1741), der diese Gegend in russischem Auftrag erkundete.

*Bidarka:* Mit Robbenhaut bezogenes Boot für ein oder zwei Personen, das die Inuit in Alaska benutzten.

*Blizzard:* Schneesturm mit mehr als 50 km/h Geschwindigkeit.

*Bois-Brûlés:* Französischer Name eines Unterstammes der nordamerikanischen Dakota-Indianer.

*Bonanza:* Englisches Wort spanischen Ursprungs für »ergiebige Goldgrube«.

*Bonanza Creek:* Bach, der ursprünglich Rabbit Creek hieß und in den Klondike River mündet. Die Goldfunde an ihm lösten 1896 wesentlich den Goldrausch am Klondike aus.

*»Boston Burglar«, »Handsome Cabin Boy«:* Volkstümliche nordamerikanische Lieder, die in Moritatenform von besonderen Geschehnissen wie Verbrechen (englisch »burglar« = »Einbrecher«), Liebe und Leidenschaft handeln.

*Captains:* Befehlshabende der frühen Polizeiposten im Yukon-Territorium.

*Caribou Crossing:* Wegkreuzung bei der heutigen Siedlung Carcross, südlich von Whitehorse, bei der sich die Wege über den Chilkoot Pass und den White Pass gabeln, die zur am Meer gelegenen früheren Haines-Mission (heute: Haines) hinunterführen.

*Chechaquo:* Bezeichnung indianischen Ursprungs für einen Neuling, einen »Grünschnabel« im Hohen Norden.

*Chilkat:* Fjordartiger Meeresarm bei Haines.

*Chilkoot Pass:* Steiler über 1000 m hoher Pass, der von der Küste bei Dyea kommend von den Goldsuchern überwunden werden musste, um zu den Seen und Wasserläufen Richtung Yukon zu kommen.

*Chippewa:* Indianerstämme, die in Kanada an den großen Seen und nach Nordwesten bis in die Gegend des Lake Athabasca siedeln.

*Circle City:* Siedlung in Alaska am Yukon, ca. 80 km vor Fort Yukon.

*Constantine:* Name eines damals befehlshabenden Polizeioffiziers im Yukon-Territorium.

*Copper Island:* Insel in Verlängerung der Aleuten vor der sibirischen Kamtschatka-Halbinsel.

*Coronation-Golf:* Meeresarm in Kanada nördlich des Polarkreises zwischen der Victoria-Insel und dem kanadischen Festland, der über den Amundsen-Golf und die Beaufortsee Verbindung mit dem Nordpolarmeer hat.

*Coureurs des bois:* Französisch für »Waldläufer«; vor allem französischstämmige Pelzjäger und -händler, die ab dem 18. Jahrhundert auf eigene Faust westwärts in Richtung Rocky Mountains zogen und dabei oft Indianerfrauen heirateten.

*Creek:* Bach, kleiner Fluss.

*Cripple Creek:* Stadt und Gebiet in Colorado/USA, wo in den 1890er-Jahren reichhaltige Goldminen erschlossen wurden.

*Dakota:* North Dakota und South Dakota sind Bundesstaaten im Mittleren Westen der USA; North Dakota grenzt im Norden an Kanada an.

*Dawson:* Ansiedlung am Zusammenfluss von Yukon und Klondike River; schwoll durch die Goldfunde im Klondike-Gebiet 1896 innerhalb von zwei Jahren auf zeitweise über 30 000 Einwohner an und besaß Oper und Theater; schrumpfte danach wieder zur Siedlung; heute ein Tourismus-Städtchen.

*Dease River:* Fluss, der von Norden in den Great Bear Lake fließt.

*Dollbord:* Bootsrand mit den Halterungen (Dollen) für die Ruder.

*Dominion, Gold Bottom, To Much Gold:* Siedlungen im Yukon-Territorium.

*Dyea:* Siedlung am Meeresarm oberhalb von Haines; hier begann der Weg zum Chilkoot Pass.

*Edmonton:* Hauptstadt der westkanadischen Provinz Alberta.

*Eldorado Creek:* spanisch »El Dorado« = »der Goldene«; Bach am Klondike, an dem viel Gold gefunden wurde.

*Elk River:* Fluss in der kanadischen Provinz Alberta. Die Expedition in *In einem fernen Land* geht von Edmonton aus über den Athabasca River zum Lake Athabasca, von dort über den Slave River zum Great Slave Lake, folgt dann dem Mackenzie River bis in dessen Delta, um von dort den von Westen einmündenden Peel River bzw. den von ihm abzweigenden Little Peel River hinauf zu paddeln und zu treideln und über die Wasserscheide nach Westen zum Porcupine River zu gelangen, der bei Fort Yukon in den Yukon River fließt.

*Elritze:* Kleiner, fingerlanger Süßwasserfisch.

*Erdbeerbaum (Madrone):* Amerikanischer Erdbeerbaum; immergrüner Baum, bis zu 40 Meter hoch, hat ledrig grüne Blätter, die sich im Sommer purpurrot verfärben, sowie abblätternde, leuchtend rotbraune Rinde und essbare Früchte.

*Fahrenheit:* Temperaturskala, die durch den Danziger Physiker Gabriel Daniel Fahrenheit (1686–1736) festgelegt wurde. Auf ihr liegt der Gefrierpunkt des Wassers bei 32 °F (= 0 °C) und der Siedepunkt bei 212 °F (=100 °C). Die Fahrenheitskala wird bis heute in den USA benutzt. Weltweit gebräuchlicher ist die von den schwedischen Naturforschern Anders Celsius (1701–1744) und Carl von Linné (1707–1778) entwickelte Celsius-Temperaturskala, bei der der Gefrierpunkt bei 0 Grad und der Siedepunkt bei 100 Grad liegt. Fahrenheit-Werte werden mit folgender Formel in Celsius-Werte umgerechnet: n Grad Fahrenheit = 5/9 (n −32) Grad Celsius. Die Umkehrformel lautet: n Grad Celsius = 9/5 (n +32) Grad Fahrenheit.

*Fort Good Hope:* Als militärisches Fort gegründete Siedlung am Mackenzie River in der Nähe des Polarkreises.

*Fort Yukon:* Als Fort entstandene Siedlung in Alaska in den Yukon Flats am Yukon, der sich ab hier westwärts wendet und durch Alaska zum Beringmeer fließt.

*Forty Mile:* Eine der ersten Goldgräbersiedlungen am Yukon. Zur Zeit des Goldrausches lief ihm Dawson den Rang ab.

*Fuß (foot):* In englischsprachigen Ländern gebräuchliches Längenmaß; 1 foot = 30,48 cm.

*Goldtasche:* Konzentrierte, flächenmäßig begrenzte Goldlagerstelle in einem Berghang.

*Golovin Bay:* Bucht und Mission an der Westküste Alaskas.

*Great Barren Grounds:* Siehe Barren Grounds.

*Great Bear Lake:* See am Polarkreis in Nordwestkanada, der über den Great Bear River in den Mackenzie River entwässert. Mit 31 800 km² etwa 59-mal so groß wie der Bodensee.

*Great Slave Lake:* 28 500 km² großer See in Nordwestkanada, aus dem der Mackenzie River herausfließt.

*Haines-Mission (heute: Haines):* Ort am Meeresarm von Alaska, an dem viele Goldsucher landeten, um von dort über den Chilkoot Pass in Richtung Yukon zu ziehen.

*Henderson Creek, Sulphur Creek:* Bäche bzw. kleine Flüsse im Klondike-Gebiet, ca. 100 km südlich von Dawson.

*Hiyu skookum:* Indianischer Ausdruck zur Bekräftigung einer wichtigen Sache: »beim heiligen Geist«.

*Hudson Bay Company:* 1670 gegründete Handelsgesellschaft, die als erste die noch unerschlossenen nördlichen und nordwestlichen Gebiete Nordamerikas von der Hudson Bay aus bis hin nach Alaska mit Handelsposten erschloss und vor allem Pelzhandel mit den Indianern und Pelztierjägern betrieb.

*Inch:* Längenmaß in englischsprachigen Ländern; 1 inch = 2,54 cm.

Indian River: Fluss, der ca. 25 Meilen vor Dawson in den Yukon fließt.

*Kajak:* Mit Tierhaut bespanntes, auch oben bis auf das Sitzloch geschlossenes Ein- oder Zweimannboot, das von den Inuit und den Küstenindianern gebaut und mit Doppelpaddel gefahren wurde.

*Karibu (Caribou):* Nordamerikanisches Rentier.

*Khartum:* Hauptstadt des Sudan am Zusammenfluss des Weißen und Blauen Nil. 1884 versuchte die englische Kolonialmacht unter Wolseley die Stadt zu erobern.

*Klondike:* Fluss, der bei Dawson in den Yukon fließt und an dessen Bächen (Bonanza Creek, Eldorado Creek) 1896 Goldvorkommen entdeckt wurden, die zum Goldrausch am Klondike führten. Klondike wurde auch zur Bezeichnung für die gesamte Goldwaschregion dort.

*Kodiak:* Insel vor der südlichen Küste Alaskas.

*Kootenays:* Gebirgsregion im Süden British Columbias.

*Koshim:* Ehemaliger Handelsposten im Mackenzie-Gebiet.

*Lake Bennett:* See zwischen der kanadischen Provinz British Columbia und dem Yukon-Territorium; war Ausgangspunkt während des Goldrausches für die Bootsfahrt zum Yukon, nachdem der Chilkoot Pass oder White Pass zu Fuß überwunden waren.

*Lake Le Barge:* See nördlich von Whitehorse, durch den der Yukon fließt.

*Little Peel River:* Nebenfluss des Peel River, der in das Delta des Mackenzie River fließt.

*Mackenzie River:* 3780 km langer Fluss in Nordkanada, der östlich der Rocky Mountains entlangfließt und in das Nordpolarmeer mündet. Seine Quellflüsse sind der Athabasca River und der Peace River.

*Manila-Seile:* Aus Blattfasern der philippinischen Faserbanane hergestellte zähe gelbe Seile.

*Manzanita:* Sträucher aus der Familie der Heidekrautgewächse.

*Mariposa-Lilien:* Liliengewächs des nordamerikanischen Westens, auch »Mormonen-Tulpe« genannt, da die essbaren Zwiebeln die ersten Siedler in Utah vor dem Verhungern retteten.

*Marsh Lake:* See aus dem der Yukon herausfließt.

*Mayo:* See, Fluss und Siedlung in der Nähe des Stewart River.

*Mazy May:* Bach, der ca. 90 km flussaufwärts von Dawson in den Yukon fließt.

*McQuesten River:* 80 km langer Nebenfluss des Stewart River.

*Meile (mile):* Längenmaß in englischsprachigen Ländern; 1 Meile = 1,609 Kilometer.

*Mokassins:* Aus Fell und Leder gefertigtes indianisches Schuhwerk.

*Nebensonnen:* In Amerika »sundogs« (»Sonnenhunde«) genannt; Lichteffekt rechts und links der Sonne, der bei großer Kälte durch in der Luft schwebende Eiskristalle entsteht.

*North-West Mounted Police:* Vorläufer der »Royal Canadian Mounted Police«; berittene kanadische Polizeitruppe.

*Norton Sound (Sund):* Große Meeresbucht an der Westküste Alaskas.

*Nulato:* 1869 gegründeter Handelsposten, 600 Meilen flussaufwärts von der Mündung des Yukon.

*Oomiak:* Mit Walrosshaut bezogenes Boot für mehrere Personen, das die Indianer und Inuit in Alaska benutzten.

*Panhandle (»Pfannenstiel«) Alaskas:* die schmale Landzunge, die sich von Alaska ca. 900 km an der Küste südwärts zieht; auf ihr liegen Skagway, Dyea, Haines und Juneau.

*Pastilik:* Siedlung an der Westküste Alaskas.

*Patois:* Französisch für »Kauderwelsch«, »Mundart«; hier Bezeichnung des Sprachgemischs, mit dem sich die frankokanadischen Mischlinge verständigten.

*Pelly:* Alte Siedlung bzw. Missionsstation an der Mündung des Pelly River in den Yukon, ca. 180 km vor Dawson. Name der am Pelly River und den Pelly Mountains lebenden Indianer.

*Pemmikan:* Wort der Cree-Indianer für »Fleischkonserve«, die aus luftgetrocknetem, gestampftem und mit Fett und Beeren angereichertem Fleisch als Winter- und Reisevorrat hergestellt und in Tierhäute eingenäht aufbewahrt wurde.

*Porcupine River:* 916 km langer Fluss, der am Polarkreis bei Fort Yukon in den Yukon fließt.

*Portage:* Passage an Flüssen oder zwischen Seen, an der Boote über Land transportiert werden müssen.

*Potlatsch (auch Potlach):* Hohes Fest der Indianer, bei dem Geschenke ausgetauscht werden.

*Pribilof-Inseln:* Vier zu den USA gehörige Inseln vor der Küste Alaskas nördlich der Aleuten..

*Ramparts:* Ansiedlung am Yukon in Alaska hinter den Yukon Flats; benannt nach den gleichnamigen Hügeln.

*Riel:* Louis Riel (1844–1885), kanadischer Politiker und Rebell, der die Interessen der Métis vertrat, der Mischlingsnachkommen der frühen französisch- und britischstämmigen Pelzjäger und -händler und ihrer indianischen Frauen. Um für sie mehr Rechte zu erreichen, entfachte er mehrere Aufstände; 1885 wurde er nach der »Nordwest Rebellion« von den kanadischen Regierungstruppen gefasst und hingerichtet.

*Salmon-Indianer:* Indianerstamm am Salmon-Fluss, der in den Yukon fließt.

*Schneeschuhe:* Länglich-ovale mit Sehnen und Fellstreifen bespannte Holzrahmen, die unter die Mokassins gespannt werden, damit die Füße nicht so weit in den Schnee einsinken; wird auch zum Festtreten der Spur für Schlittenhundegespanne benutzt.

*Schoner:* Mehrmastiges Segelschiff, das statt der Querbesegelung an Rahen längsschiff stehende oft dreieckige Segel führt.

*Shylock:* Skrupelloser Wucherer in Shakespeares Drama *Der Kaufmann von Venedig.*

*Sitka-Indianer:* Küstenindianerstamm im Panhandle Alaskas.

*Siwash:* Von französisch »sauvage« = »Wilder«; abschätzige Bezeichnung für die Indianer der Nordwestküste.

*Sixty Mile:* Ehemaliger Handelsposten und Goldgräbersiedlung ca. 50 Meilen vor Dawson.

*Skookum:* In der indianischen Chinook-Sprache Wort für »kraftvoll«, »stark«, »gut«.

*Smith & Wesson:* amerikanische Revolvermarke.

*Speigatten:* Pump- und Ablaufvorrichtungen an Segelschiffen, durch die in das Schiff gelangtes Wasser nach draußen befördert wird.

*St. Michael:* Alter Handelsposten am Beringmeer in der Nähe der Yukon-Mündung.

*Stewart River:* 644 km langer Fluss, der ca. 70 Meilen vor Dawson von rechts in den Yukon fließt.

*Tagish Lake:* Ca. 100 km langer See, der Teil des Wasserweges vom Chilkoot Pass zum Yukon ist.

*Tahkeena:* Fluss, der kurz vor Whitehorse in den Yukon fließt.

*Tanana Country:* Gebiet entlang des Tanana River, der vom Grenzgebiet zwischen Yukon-Territorium und Alaska 1060 km nach Norden fließt und in den Yukon mündet.

*Thirty Mile River:* Fluss der zwischen Pelly und Whitehorse in den Yukon fließt.

*Trail:* Weg, Route, Spur.

*Unalaska:* Eine der Hauptinseln der Aleuten, 2721 km².

*Unimak Island:* Östlichste und mit 4070 km² größte Insel der Aleuten.

*Unze (ounce):* Gewicht in englischsprachigen Ländern; 1 Unze = 28,35 Gramm.

*Voyageurs:* Französisch für »Reisende«; Trapper meist französisch-kanadischer Herkunft, die in den fast unerschlossenen Gebieten Kanadas im 18. und 19. Jahrhundert für die Handelskompanien Transporte besorgten und dabei vor allem mit Booten auf den Flüssen und Seen mit Kanus unterwegs waren. Sie gingen oft Ehen mit Frauen aus Indianerstämmen ein, weshalb es unter ihnen viele Mischlinge (»Halbbluts«) gab.

*West Rat River:* Fluss, der in den Porcupine River fließt.

*White Horse:* Berg bei der Stadt Whitehorse, die heute mit knapp 30 000 Einwohnern die Hauptstadt des kanadischen Territoriums Yukon ist.

*White Pass:* Alternativ zum Chilkoot Pass die weniger steile, aber längere Route von der Küste zum Yukon.

*White River:* Fluss, der ca. 80 Meilen vor Dawson in den Yukon fließt.

*Windy Arm:* Wasserstrecke zwischen dem Lake Bennett und dem Tagish Lake; Teil der Wasserstraße vom Chilkoot Pass zum Yukon.

*Wolseley:* Garnet Joseph Wolseley (1833–1913), britischer Feldmarschall, versuchte 1884 ohne Erfolg mit einer Bootsexpedition über den Nil Khartum zu erreichen, um den britischen Generalgouverneur im Sudan Charles George Gordon (1833–1885) zu befreien, der von den aufständischen Mahdi in Khartum gefangen gesetzt worden war.

*Yankee:* Heute Spitzname für die US-Amerikaner allgemein; damals vor allem für die Einwohner der Nordstaaten der Ostküste der USA.

*Yard:* Längenmaß in englischsprachigen Ländern; 1 yard = 3 feet = 91,44 cm.

*Yeddo-Bucht:* Alter Name für die Bucht der heutigen japanischen Hauptstadt Tokio, die Edo (»Flusstor«) oder auch Yeddo genannt wurde.

*Yoshiwara:* Japanisch für »Glück verheißende Wiese«; im 17.–19. Jahrhundert das Bordellviertel der japanischen Hauptstadt Edo (heute Tokio).

*Yukon-Ofen:* Kistenförmiger Ofen oder Herd aus Blech, der auf den Schlitten, Booten oder von den Lasttieren mitgenommen werden konnte und zur Beheizung des Zeltes oder der Hütte sowie zum Kochen und Backen diente.

*Yukon River:* Hauptfluss im amerikanischen Nordwesten zwischen Küstengebirge und Rocky Mountains, 3185 km lang; durchfließt das kanadische Yukon-Territorium und Alaska, bevor er in das Beringmeer mündet.

*Yukon-Territorium:* Kanadische Verwaltungsprovinz entlang des Yukon River mit 482 443 km$^2$ und weniger als 50 000 Einwohnern, darunter ca. 9000 Angehörige der indianischen First Nations. Das Territorium lebt vor allem vom Gold-, Silber-, Blei-, Zink- und Erzbau sowie Holzwirtschaft, Pelztierfang und Tourismus; Hauptstadt ist Whitehorse.

## Glossar zum »Seewolf«

*Abdrift:* die durch den Wind verursachte seitliche Bewegung eines Bootes nach Lee.

*achtern:* hinten.

*Achterdeck:* bei einem größeren Boot das Deck des Achterschiffes.

*Außenklüver:* das dritte, am weitesten vorn vor dem Mast gesetzte Vorsegel.

*Ankerspill:* Winde mit senkrechter Antriebswelle zum Ankerlichten

*Back:* vorderer, vielfach überhöhter Teil des Schiffes.

*Backbord:* die linke Seite des Schiffes, im Unterschied zum Steuerbord. Die Bezeichnung stammt aus der Zeit, als die Schiffe durch einen Steuerriemen gelenkt wurden, wobei der Steuermann der linken Schiffsseite den Rücken zukehrte.

*Backstag:* den Mast von hinten haltendes Drahtseil.

*Backstagwind:* Bezeichnung für die Richtung des Bordwindes, wenn er schräg von achtern auf das Segel trifft.

*Backbordhalsen:* ein Boot segelt mit Backbordhalsen, wenn der Hals der Segel nach Backbord zeigt, auf die gleiche Seite, aus der der Bordwind weht.

*Baum:* ein längsschiffs fest angebrachtes Rundholz oder eine nur einseitig befestigte und schwengbare Spiere (z. B. ein Ladebaum).

*Baumgei:* eine Gei, die das seitliche Schwenken eines Baumes verhindern soll.

*Besan:* Segel am hintersten Mast.

*Block:* Gehäuse aus Holz oder Metall mit Rollen oder Scheiben zur Führung von Tauwerk.

*Bramstenge:* die obere Verlängerung der meist dreiteiligen Segelschiffsmasten.

*Brasse:* Tau zum Schwenken (Brassen) einer Rah.

*Bugspriet:* ein über den Bug hinausragendes Rundholz.

*Davit:* kranartig gebogene und senkrecht stehende Vorrichtung zum Fieren und Hieven von Lasten.

*Dollbord:* oberste Bordplanke eines offenen Bootes; in ihm sind die Dollen zur Aufnahme der Riemen eingelassen.

*Dolle:* Metallklaue, die in das Dollbord gesteckt wird und in der die Riemen beim Pullen bewegt werden.

*Ducht:* eine Bank in einem offenen Boot.

*dwars:* quer zur Längsachse des Schiffes.

*Dwarswind:* ein Wind, der dwars weht.

*entern:* in die Takelage eines Segelschiffes klettern.

*Fall* Tauwerk zum Aufziehen von Rahen, Segeln.

*fieren:* herunterlassen.

*Fockmast:* vorderster Mast eines mehrmastigen Segelschiffes.

*Gaffel:* Rundholz zum Halten des Gaffelsegels.

*Gaffelpiek:* das äußere, obere Ende der Gaffel, an dem die Piek eines Gaffelsegels angeschlagen ist.

*Gaffeltoppsegel:* an einer schräg nach oben zeigenden Spiere der Gaffel befestigtes Segel.

*Gei:* Tau zum seitlichen Bewegen von Davits und Ladebäumen.

*glasen:* Anschlagen der Schiffsglocke nach Ablauf jeder halben Stunde.

*halsen:* das Wechseln der Windseite bei achterlichem Wind.

*Kaventsmann:* eine besonders hohe Welle, die durch Überlagerung von Wellensystemen entstehen kann, wenn Wind und Strom einander entgegengerichtet sind.

*Klampe:* Stütze für auf Deck mitgeführte Boote; doppelarmige Krücke aus Holz oder Metall, um die eine Festhalteleine geschlungen wird.

*Klau.* gabelförmiger Beschlag an der Gaffel.

*Klaufall:* Fall, mit dem der am Mast liegende Teil des Segels gesetzt wird

*Klüse:* eine runde Öffnung in der Bordwand.

*Klüver:* vorderes Stagsegel eines Segelschiffes.

*Klüverbaum:* vordere Verlängerung des Bugspriets.

*Klüverbaumdirk:* dünne Leine zum Halten des Klüverbaums.
*Krängung:* seitliche Neigung eines Schiffes durch Winddruck, Zentrifugalkraft beim Drehen, einseitigen Wassereinbruch oder einseitige Belastung
*Lee:* die Richtung, in die der Wind weht.
*Log:* Gerät zum Messen der Fahrt eines Bootes oder der Geschwindigkeit des Stromes vom Ankerplatz aus.
*Lose:* das Durchhängen einer Leine.
*Luk:* eine durch einen Lukendeckel verschließbare Öffnung im Deck, die gleichzeitig als Passagiergang dient und zum Schutz gegen Wasser mit einem Lukensüll umgeben ist.
*Lukensüll:* die wasserdicht mit dem entsprechenden Deck verbundene hochkantige Umrandung eines Luks.
*Luv:* die Richtung, aus der der Wind kommt.
*marlen:* das Anreihen des Segels an einen Baum mit einer dünnen Leine.
*Marsstenge:* die Stenge, die den Untermast verlängert.
*Muring:* jede Verankerung mit zwei Ankern.
*Muringleine:* die Bug- und Heckleine, mit der man an einer Muringboje festmacht.
*Niedergang:* die Treppe an Bord, z. B. in die Kajüte, die steiler, schmaler und kürzer als an Land ist.
*Niederholer:* ist eine Leine, die das Niederholen von Stagsegeln sicherstellt oder erleichtert.
*ösen:* eingedrungenes Wasser wieder aus dem Boot entfernen.
*Palstek:* seemännischer Knoten, der am Leinenende eine Schlinge bildet, die sich nicht zusammenzieht und die zum Festmachen eines Schiffes über einen Pfahl (Pal) geworfen wird.
*Part:* bei einer Talje ein Ende, das durch die Blöcke läuft.
*Persenning:* Schutzbezug aus wasserdicht imprägniertem Segeltuch.
*Piek:* obere, spitzwinklige Ecke eines Gaffelsegels.
*Pinne:* Hebelarm am Steuerruder.
*Platting:* Flechtwerk aus Kabelgarnen in kunstvollen Mustern.
*Rah:* drehbares, waagerecht vor dem Mast angebrachtes Rundholz, an dem die Segel befestigt werden.

*reffen:* die Segelflächen bei starkem Wind durch Zusammenschnüren der unteren Segelteile verkleinern.

*Reffbändsel:* kurze Taue zum Einbinden der gerefften Segel.

*Rigg:* Bezeichnung der Takelage mit allen Teilen des stehenden und laufenden Gutes einschließlich Mast und Spieren.

*Rudergänger:* das Mitglied der Besatzung, das die Ruderpinne oder das Steuerrad bedient.

*Saling:* Stange am Mast zur Abstützung der Wanten.

*Schäkel:* handlicher, unterschiedlich verschließbarer Bügel aus Stahl, Eisen oder Spezialbronze, der als Verbindungselement zwischen Blöcken, Leinen, Segeln, Ketten und Takelageteilen aller Art dient.

*scheren:* eine Leine durch einen Block hindurchführen .

*Schot:* die meistens durch Blöcke geführte und als Talje geschorene Leine

*Schott:* eine Trennwand an Bord.

*Sextant:* Winkelmessgerät zur Standortbestimmung.

*Spake:* kräftige Holzstange zum Handbetrieb des Spills, Steuerradspeiche.

*Speigatt:* Öffnung in der Fußreling oder im Schanzkleid zum Abfluss übergekommenen Wassers.

*Spieker:* beim Holzschiffbau schmiedeeiserner Nagel von flach rechteckigem Querschnitt.

*Spiere:* mit Ausnahme der Masten alle Rundhölzer an Bord eines Schiffes.

*Spill:* Winde zum Ankerlichten oder zur Leinenbedienung.

*spleißen:* Tauenden dauerhaft verbinden.

*Spriet:* eine leichte Spiere für das Sprietsegel.

*Sprietsegel:* viereckiges Segel für leichte, offene Boote.

*Stag:* festes Tauwerk, das die Masten in Schiffslängsrichtung hält.

*Stagfock:* ein Vorsegel, auch nur Fock genannt.

*Stagsegel:* an den Stagen gefahrene Segel.

*Stek:* Bezeichnung für seemännische Knoten.

*Stenge:* oberer, abnehmbarer Teil des Mastes.

*Steven:* vordere oder hintere Begrenzung des Schiffskörpers.

*Stopper:* Vorrichtung zum Festhalten einer Leine oder Ankerkette.

*Takelung:* die gesamte, aus Masten, Stengen, stehendem und laufendem

Gut (Tauwerk, Ketten), Segeln u. a. bestehende Segeleinrichtung eines Segelschiffes.

*Talje:* Flaschenzug.

*Taljereep:* flaschenzugartige Führung einer kurzen Verbindungsleine zum Steifsetzen von Wanten.

*Törn:* einmaliges Umschlingen eines Rundholzes mit einem Tau.

*Vorsegel:* die am Klüverbaum gefahrenen Segel.

*Vorschot:* die Schot der Vorsegel.

*Want, Wanttau:* das Drahttauwerk oder die massiven Stangen, die zur seitlichen Verspannung des Mastes dienen.

*Warpanker*: kleinerer, leichterer Anker, der zum kurzzeitigen Ankern bei gutem Wetter benutzt und auch mit dem Beiboot ausgefahren werden kann.

# Zeittafel

1876 Jack London (eig. John Griffith London) wird in San Francisco geboren.

1880 Umsiedlung auf eine Farm nach Alameda, Kalifornien.

1881 Einschulung.

1886 Umzug der Familie nach Oakland.

1887 Gelegenheitsarbeiten neben der Schule, Zeitungsjunge.

1891 Arbeit in einer Konservenfabrik.

1893 Matrose auf dem Robbenfänger »Sophia Sutherland«. Niederschrift der Erzählung *Typhoon off the Coast of Japan (Taifun vor der japanischen Küste).*

1894 Jack London schließt sich »Kellys Arbeitslosenarmee« auf ihrem Protestmarsch nach Washington an. Nach dem Scheitern des Marschs lebt er als Tramp, wird wegen Landstreicherei verhaftet und kehrt nach Oakland zurück.

1895 Besuch der »Oakland Highschool«, Verbindungen zur »Socialist Labor Party«.

1896 Jack London schreibt sich an der »University of California« in Berkeley ein. Publikation von Aufsätzen und Erzählungen. Mitglied der »Socialist Labor Party«.

1897 Er verlässt die Universität, um als freier Schriftsteller seinen Lebensunterhalt zu verdienen. Der Erfolg bleibt jedoch aus. Am 12. März Einschiffung nach Alaska, um als Goldgräber sein Glück zu versuchen.

1898 Nach erfolgloser Goldsuche Rückkehr nach Oakland. Jack London fristet sein Dasein als Verfasser von Kurzgeschichten; Gelegenheitsarbeiten.

1899 Veröffentlichung von *An Odyssey of the North (Eine Odyssee des Nordens)* in der Zeitschrift *Atlantic Monthly.*

1900 Veröffentlichung der Kurzgeschichtensammlung *The Son of the Wolf (Der Sohn des Wolfs)*. Heiratet Elizabeth (Bessy) Maddern.

1901 Geburt Joan Londons. Veröffentlichung der Kurzgeschichtensammlung *The God of His Fathers (Der Gott seiner Väter)*. Eintritt in die »Socialist Party«.

1902 Veröffentlichung des Romans *A Daughter of the Snows (An der weißen Grenze)*, der Kurzgeschichtensammlung *Children of the Frost (In den Wäldern des Nordens)* und des Jugendbuchs *The Cruise of the Dazzler (Joe unter Piraten)*. Reise nach England. Geburt der zweiten Tochter Bess (Becky) London.

1903 Publikation des Romans *The Call of the Wild (Ruf der Wildnis)*, des Briefwechsels mit Anna Strunsky *The Kempton-Wace Letters* und der Reportage *The People of the Abyss (Die Menschen des Abgrunds)*.

1904 Reise nach Japan, Korrespondent im Russisch-Japanischen Krieg. Veröffentlichung des Romans *The Sea-Wolf (Der Seewolf)* und des Erzählbandes *The Faith of Men (Das Vertrauen der Menschen)*.

1905 Veröffentlichung des Romans *The Game (Das Spiel)*, des Erzählbandes *Tales of the Fish-Patrol (Austernpiraten)* und des Essaybandes *The War of the Classes (Der Klassenkampf)*. Nach der Scheidung von seiner ersten Frau heiratet er Charmian Kittredge.

1906 Publikation des Romans *White Fang (Wolfsblut)* und des Erzählbandes *Moon Face and Other Stories (Das Mondgesicht)*. Umzug nach Glen Ellen, Kalifornien.

1907/08 Veröffentlichung des Romans *The Iron Heel (Die eiserne Ferse)* sowie der Erzählbände *Love of Life (Liebe zum Leben)*, *Before Adam (Vor Adam)* und *The Road (Abenteuer des Schienenstrangs)*. Reise in die Südsee mit Charmian.

1909 Erscheinen des Romans *Martin Eden*. Die geplante Weltumsegelung auf der »Snark« muss aus Krankheitsgründen unterbrochen werden.

1910 Publikation des Erzählbandes *Lost Face (Verlorenes Gesicht)*, des Essaybandes *Revolution* und des Romans *Burning Daylight (Lockruf des Goldes)*.

1911 Veröffentlichung von: *South Sea Tales (Südseegeschichten)*, *When God*

*Laughs and Other Stories (Nur Fleisch)*, *Adventure* (*Die Insel Berande*) und *The Cruise of the Snark (Die Fahrt der Snark)*.

1912 Es erscheinen: *A Son of the Sun (Ein Sohn der Sonne)*, *The House of Pride* und *Smoke Bellew (Alaska Kid, Kid & Co.)*. Jack London und Charmian umsegeln als Passagiere des Viermasters »Dirigo« Kap Hoorn.

1913 *The Abysmal Brute (Die Bestie des Abgrunds)* und *John Barleycorn (König Alkohol)* erscheinen.

1914 Veröffentlichung von *The Valley of the Moon (Das Mondtal)*, *The Mutiny of the Elsinore (Die Meuterei auf der Elsinore)* und des Erzählbands *The Strength of the Strong*.

1915 Jack London wird Kriegskorrespondent in Mexiko. Veröffentlichung der Romane *The Scarlet Plague* und *The Star Rover (Die Zwangsjacke)*.

1916 Reise nach Hawaii. Austritt aus der »Socialist Party«. Am 22. November stirbt London auf seiner Ranch in Kalifornien an einer Medikamentenüberdosis.

# Quellenverzeichnis

*Nordland-Storys*

Erzählungen, Nachwort sowie Wort- und Sacherklärungen erschienen zuerst in dem Band Jack London: *Die besten Geschichten. Nordland-Storys.* Zusammengestellt und aus dem Amerikanischen neu übersetzt von Herbert Schnierle-Lutz. Köln 2016. © 2016 Anaconda Verlag GmbH, Köln.

Einzelnachweise und amerikanische Originaltitel:

»In einem fernen Land« – »In a Far Country« (1899), aus: *The Son of the Wolf. Tales of the Far North* (Boston 1900)

»Die Liebe zum Leben« – »Love of Life« (1905), aus: *Love of Life and Other Stories* (New York 1907)

»Die Goldschlucht« – »All Gold Canyon« (1905), aus: *Moon Face and Other Stories* (New York 1906)

»Der Held von Mazy May« – »The King of Mazy May« (1899), aus: *The Youth's Companion Magazine* (30. November 1899)

»Die Weisheit des Trails« – »The Wisdom of the Trail« (1900), aus: *The Son of the Wolf. Tales of the Far North* (Boston 1900)

»Weiter, immer weiter« – Titel vom Herausgeber eingesetzt. Es handelt sich um die Binnenerzählung aus der Erzählung »The Sun-Dog Trail« (1905), aus: *Love of Life and Other Stories* (New York 1907)

Eine Hütte für die Nacht« – »A Day's Lodging« (1907), aus: *Love of Life and Other Stories* (New York 1907)

»Ein Feuer machen« – »To Built a Fire« (1908), aus: *Lost Face and Other Stories* (New York 1910)

»Das Weiße Schweigen« – »The White Silence« (1899), aus: *The Son of the Wolf. Tales of the Far North* (Boston 1900)

»Die Willenskraft der Frauen« – »Grit of Women« (1901), aus: *The God of his Fathers and Other Stories* (New York 1901)

»Eine Odyssee des Nordens« – »An Odyssee of the North« (1900), aus: *The Son of the Wolf. Tales of the Far North* (Boston 1900)

»Der Bund der alten Männer« – »The League of the Old Men« (1902), aus: *Children of the Frost. Stories* (New York 1902)

»Nam-Bok, der Lügner« – »Nam-Bok the Unveracious« (1902), aus: *Children of the Frost. Stories* (New York 1902)

»Das Gesetz des Lebens« – »The Law of Life« (1901), aus: *Children of the Frost. Stories* (New York 1902)

### *Ruf der Wildnis*

Die Übersetzung von Bernd Samland erschien zuerst in der zweisprachigen Ausgabe Jack London: *The Call of the Wild / Ruf der Wildnis.* Köln 2011. © 2011 Anaconda Verlag GmbH, Köln

Titel der amerikanischen Originalausgabe: *The Call of the Wild* (New York, London 1903)

### *Der Seewolf*

Roman, Nachwort, Glossar und Zeittafel erschienen in der Ausgabe Jack London: *Der Seewolf.* Herausgegeben und – unter Mitarbeit von Georg Heinemann und Josef Pesch – aus dem Amerikanischen übersetzt von Ulrich Horstmann. Köln 2013. © 2013 Anaconda Verlag GmbH, Köln

Titel der amerikanischen Originalausgabe: *The Sea-Wolf* (New York 1904)

### *Wolfsblut*

Die Übersetzung von Isabelle Fuchs erschien zuerst in der Ausgabe Jack London: *Wolfsblut.* Köln 2012. © 2012 Anaconda Verlag GmbH, Köln

Titel der amerikanischen Originalausgabe: *White Fang* (New York 1906)